Dictionnaire Des Sciences Médicales: Composé Des Meilleurs Articles Puisés Dans Tout Les Dictionnaires Et Traités Spéciaux Qui Ont Paru Jusqu'à Ce Jour, Volume 4

Anonymous

Nabu Public Domain Reprints:

You are holding a reproduction of an original work published before 1923 that is in the public domain in the United States of America, and possibly other countries. You may freely copy and distribute this work as no entity (individual or corporate) has a copyright on the body of the work. This book may contain prior copyright references, and library stamps (as most of these works were scanned from library copies). These have been scanned and retained as part of the historical artifact.

This book may have occasional imperfections such as missing or blurred pages, poor pictures, errant marks, etc. that were either part of the original artifact, or were introduced by the scanning process. We believe this work is culturally important, and despite the imperfections, have elected to bring it back into print as part of our continuing commitment to the preservation of printed works worldwide. We appreciate your understanding of the imperfections in the preservation process, and hope you enjoy this valuable book.

DICTIONNAIRE

DES

SCIENCES MÉDICALES.

DICTIONNAIRE

DES

SCIENCES MÉDICALES,

COMPOSÉ DES MEILLEURS ARTICLES

PUISÉS DANS TOUS LES DICTIONNAIRES

Et Traités Spéciaux

QUI ONT PARU JUSQU'A CE JOUR.

TOME QUATRIÈME.

Bruxelles,

AUG. WAHLEN, LIBRAIRE-IMPRIMEUR DE LA COUR;

LEIPZIG ET LIVOURNE, MÊME MAISON.

M DCCC XXVIII.

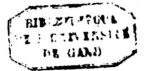
BIBLIOTHÈQUE
DE L'UNIVERSITÉ
DE GAND

DICTIONNAIRE

DES

SCIENCES MÉDICALES.

C.

CHOLERA-MORBUS. Dans les diverses dénominations données à cette maladie, ou pour mieux dire, à cet ensemble de symptômes gastriques, les auteurs n'ont eu en vue que la présence de la bile ; et le mot composé *cholera* (χολὴ, bile, ῥέω, je coule), d'abord employé par Hippocrate, est arrivé jusqu'à nous, en ne recevant que de légères modifications. C'est le cholera-morbus ou passio-cholerica de Sydenham et de la plupart des modernes ; pour quelques-uns c'est la diarrhée cholérique, la cholerée (Beaumes), la choler-ragie (Chaussier). Le nom de trousse-galant, adopté par d'autres, ne peut qu'indiquer la promptitude des résultats, si fréquemment fâcheux, de cette maladie.

Le cholera est une affection aiguë, avec vomissemens bilieux fréquens, déjections alvines répétées, contracture des membres et refroidissement des extrémités. Chez ces malades, le pouls devient aussi plus faible et plus obscur. Cette définition, extraite de Galien et citée par Bianchi, nous semble préférable à quelques autres plus récentes, en ce qu'elle énonce les caractères essentiels du mal, sans s'attacher à sa nature première, qui varie presque dans chaque individu. Si, au contraire, on ne considère le cholera-morbus que suivant l'étymologie du mot (déjections bilieuses), on est forcé de rapprocher par un seul symptôme plusieurs maladies essentiellement différentes. Ainsi, la diarrhée, le vomissement bilieux, peuvent appartenir tantôt à une gastro-entérite, à une hépatite, etc., tantôt à l'action de substances vénéneuses ; enfin ne sait-on pas que ces phénomènes dépendent souvent d'une cause dont l'action a d'abord porté sur l'appareil nerveux cérébral ? Autant vaudrait, ce nous semble, désigner sous un même nom toutes les affections dans lesquelles la sueur est plus abondante. Les nosologistes, pressentant cette objection, ont cherché à déterminer la nature précise du cholera-morbus ; et ils en ont fait tour-à-tour, dans leurs définitions et dans leurs classifications, ou une maladie inflammatoire ou une maladie nerveuse. Cullen l'a rangé parmi les spasmes, en admettant toutefois une variété produite par l'ingestion des substances âcres. M. Pinel, qui a tant fait pour ramener les désordres généraux à de simples affections locales, a cru devoir classer le cholera-morbus près de la fièvre *meningo-gastrique ;* enfin, plusieurs médecins de nos jours, et entre autres MM. Broussais et Geoffroy, le considèrent plus précisément comme une phlegmasie gastrique.

Cette diversité d'opinions sur la nature du cholera-morbus a dû s'étendre aux différentes variétés de cette maladie. Ainsi il a fallu distinguer un cholera résultant de l'usage de substances végétales vénéneuses ; un autre dû aux poisons animaux ; une troisième espèce produite par les acides et les sels minéraux ; enfin on cite encore un cholera vermineux, un cholera *crapulosa*, un cholera symptomatique, etc. ; à peine Sauvages a-t-il pu rassembler dans une douzaine d'espèces toutes les variétés de cette maladie décrites par les auteurs qui ont ainsi réuni, sous un seul point de vue, les objets les plus disparates. Qu'est-ce, par exemple, qu'un cholera accidentel ? On donne ce nom aux déjections et aux vomissemens abondans qui suivent quelquefois l'ingestion de médicamens salins très-actifs, ou même de poisons minéraux : mais n'est-il pas évident que, dans ces cas, on a purement affaire à une phlegmasie gastrique, et que les évacuations alvines et les vomissemens ne sont que des symptômes de cette lésion locale. Tout ce que l'on a écrit sur le choléra-morbus symptomatique appartient encore bien plus directement à des maladies d'un caractère tranché, et qui ne peuvent se rallier à l'histoire des phénomènes cholériques, telle que nous devons la présenter dans cet article. On sait que ces vomissemens et ces évacuations de nature bilieuse se rencontrent fréquemment dans la péritonite ordinaire ou dans la puerpérale, l'hépatitis, etc. On a vu aussi de semblables déjections cholériques masquer une fièvre intermittente pernicieuse. (*Voyez* la description de ces maladies en leurs lieux particuliers.) Je ne parlerai pas davantage du choléra sec admis par Sydenham, Bianchi et quelques autres, car c'est tout-à-fait abuser des mots que de donner cette dénomination à une simple émission de gaz intestinaux. Quelle espèce de rapport a-t-on pu établir entre une sorte de tympanite et le choléra-morbus ? Mais encore ce développement de fluides gazeux n'est jamais essentiel ; il est constamment le résultat d'une autre maladie ; ainsi c'est un phénomène concomitant de l'hystérie, de l'hypocondrie, d'une gastro-entérite, ou enfin d'une affection cancéreuse du canal intestinal.

On entrevoit, d'après ce qui précède, que nous ne devons nous occuper ici que du choléra-morbus *spontané* ou *essentiel* des auteurs ; et quelque désir que nous puissions avoir de ne considérer les maladies que comme des lésions organiques, et de découvrir toujours les altérations de tissus qui correspondent aux désordres des fonctions, nous conviendrons, 1° que dans certains cas, l'investigation la plus attentive ne découvre aucune altération organique à laquelle on puisse rattacher les symptômes cholériques ; 2° que, dans les circonstances où l'autopsie montre quelques désordres locaux, le peu de fixité qu'ils affectent dans leur siége leur fait perdre la plus grande partie de leur valeur. En effet que conclure des observations qui relatent indifféremment qu'on a vu de la rougeur, des traces d'inflammation, et quelquefois même de la gangrène sur les voies digestives ; quand on apprend que c'est tantôt l'estomac, tantôt le duodénum, ou toute autre portion de l'intestin, qui offraient ces lésions ; que d'autres fois enfin c'était le pancréas, le foie ou ses

annexes ? Qui nous assurera d'ailleurs que ce que l'on remarque alors est cause déterminante du choléra, plutôt que son résultat morbide ? Il est connu que c'est particulièrement dans les cas où cette maladie suit une marche très-rapide, que l'autopsie ne découvre aucune altération matérielle.

Il est peut-être un milieu à tenir dans le sujet qui nous occupe. Les propriétés vitales de la membrane muqueuse des voies digestives sont susceptibles de modifications autres que l'inflammation. Par exemple, il est des personnes qui ne peuvent pas du tout supporter les moules, les champignons, etc. : dira-t-on alors que chez elles ces alimens déterminent une gastrite, une entérite ? D'autres fois, une influence générale frappe tout le système nerveux, et elle n'est nulle part mieux marquée que sur les organes de la digestion. Cette influence peut être de nature différente. Ne considérons ici que celle déterminée par la chaleur atmosphérique. M. Broussais, établissant qu'elle peut causer la gastrite, s'exprime ainsi : « Les organes de la digestion sont dans un cas fort différent (que les poumons) : il est bien vrai que l'appel des fluides vers l'extérieur tend à décharger leur tissu capillaire : mais il est également certain que la chaleur a considérablement augmenté la susceptibilité des nombreuses papilles qui viennent s'épanouir dans le tissu de leur membrane muqueuse ; et voici ce qui le prouve. Ces papilles sont très-désagréablement affectées par les corps irritans qu'elles recevaient avec plaisir dans un temps froid, comme l'alcohol, les vins chauds, les alimens animaux. Elles témoignent du plaisir à être touchées par des corps de propriété opposée, l'eau, les acides, les végétaux ; mais si, malgré cette aversion, on *s'opiniâtre* à stimuler la membrane avant l'époque où sa susceptibilité diminue, on y entretient un surcroît d'action qui dégénère en phlogose. Je dis plus : à *force de persévérer* dans cette stimulation mal entendue, on peut entretenir, dans les capillaires de la muqueuse, une modification inflammatoire ou une aptitude à l'explosion de ce phénomène, lors même que les forces iront s'épuisant. Il pourra même arriver que cette aptitude soit d'autant plus considérable, que l'individu sera moins fort. D'autres fois, *cette excitation prolongée, qui menace d'inflammation*, entretient la susceptibilité générale, quoique les forces et les matériaux de la vie aillent en diminuant. » (*Phlegmasies chroniques.*) Non-seulement M. Broussais, dans ce passage, explique par l'observation et d'une manière à peu près satisfaisante la fréquence du choléra dans les saisons chaudes et les climats brûlans, mais il reconnaît, en même temps, que la gastrite peut être de long-temps précédée d'une susceptibilité nerveuse et déjà maladive du canal digestif. Cette disposition n'est réellement point inflammatoire, et, avant de le devenir, elle peut donner lieu à des accidens intenses et nombreux; nous croyons aussi qu'elle doit, suivant quelques circonstances, être le résultat d'agens locaux: ainsi, un verre d'eau glacée, un émétique léger, qui chez un individu produiront une gastrite, détermineront, dans d'autres cas, une simple perversion ou exaltation de la sensibilité, qui sera suivie de vomissemens et d'évacuations alvines opiniâtres, ou autrement du choléra-morbus.

D'après ce qui précède, nous pouvons, je crois, distinguer parmi les causes de cette maladie, 1° celles qui portent leur action directe sur les voies digestives; 2° celles qui semblent agir sur le système nerveux général, ou primitivement sur le cerveau, et déterminer ce moteur central à réagir d'une manière morbide sur les organes de la digestion. Parmi les causes qui sont seulement portées sur l'estomac, il est, comme nous l'avons déjà indiqué, des alimens d'un usage journalier; mais leurs effets nuisibles ne sont que circonstanciels, c'est-à-dire qu'ils ne se développent qu'avec le concours de certaines dispositions particulières. Celles de ces substances, que l'expérience a surtout signalées, sont les viandes salées ou faisandées, la chair de porc, certains poissons marinés, ou seulement quelques-unes de leurs parties, les œufs de brochet, de barbeau, etc., et, parmi les végétaux, les pêches, les prunes, l'ananas, le melon, le concombre, etc. Dans la plupart des cas de ce genre cités par les auteurs, on voit que les malades s'étaient, après l'usage de ces nourritures, gorgés de liqueurs froides, de bière, d'eau de puits, de citerne; ces boissons seules, prises après tous autres alimens, ont déterminé, dans plus d'une circonstance, les accidens cholériques.

Dans le second ordre de causes, les effets sont toujours plus prompts, quoique les agens semblent moins immédiats. Comme agissant d'abord sur le cerveau ou le système nerveux général, nous noterons d'abord l'habitation sous un ciel brûlant. Quelques voyageurs disent le choléra-morbus endémique aux Indes et dans certaines contrées de l'Amé-

rique; mais, comme la fièvre jaune, il attaque surtout les non acclimatés. Hippocrate parle du choléra-morbus comme d'une maladie commune en Grèce. Il est fréquent aussi en Espagne et en Italie. Le passage subit dans ces climats méridionaux est une cause d'autant plus efficace que l'individu quitte un pays plus froid; le changement inverse peut, dit-on, produire le même effet. L'insolation, en agissant sur le système nerveux cérébral, un mouvement circulaire rapide et continu, ont souvent été suivis de déjections cholériques. Un ancien instrument de supplice, espèce de cage mue sur un axe vertical, faisait périr les condamnés par de semblables vomissemens (P. Frank). Les mouvemens oscillatoires d'une voiture, d'une escarpolette peuvent avoir les mêmes suites. Je crois qu'on peut encore rapprocher de cette sorte de cause le roulis d'un vaisseau: le mal de mer n'est-il pas une espèce de choléra?

Les impressions morales, qui agissent directement sur l'organe encéphalique, déterminent souvent des troubles consécutifs dans les phénomènes de la digestion. On a vu le choléra-morbus suite d'un accès de colère, d'une terreur subite. L'état de plénitude de l'estomac favorise encore l'action de ces causes. Mahon assure que les émotions vives peuvent, chez les nourrices, altérer le lait, de manière à ce que l'enfant soit aussitôt frappé du choléra-morbus (*Encyclopédie*). Cette maladie appartient à tous les âges; cependant elle attaque plus particulièrement les adultes. L'observation n'apprend pas qu'elle soit plus commune chez l'homme que chez la femme. La fréquence de cette maladie coïncide, dans nos climats tempérés, avec l'état électrique de l'atmosphère et les dernières chaleurs d'un long été. Sydenham insistait sur le retour régulier du choléra-morbus vers le commencement de l'automne, surtout, remarquait-il, quand quelques pluies d'orages ont fait subitement baisser la température. Cependant on voit quelquefois aussi cette maladie pendant les saisons froides et dans les contrées septentrionales; mais ce doit être particulièrement l'espèce de choléra déterminée par l'action de causes immédiates sur les organes de la digestion.

L'invasion du choléra-morbus, relativement à sa rapidité, est en raison de l'intensité des causes; mais, en général, les symptômes se manifestent d'une manière plus impétueuse dans la variété qui se développe sous l'influence de la constitution atmosphérique. Quelquefois donc le début est subit; il suit immédiatement la cause déterminante ; les déjections et les vomissemens paraissent d'emblée , et plus souvent , dans ces cas, la terminaison est funeste. D'autres fois les accidens graves sont annoncés, plusieurs heures d'avance , par des éructations acides ou de mauvaise odeur , une céphalalgie plus ou moins intense , un frisson général , une pesanteur , une douleur à l'épigastre , quelques coliques , des borborygmes , et enfin par des nausées fatigantes. Dans l'un et l'autre cas , les matières évacuées sont d'abord aqueuses , mêlées d'alimens , si la maladie a commencé peu de temps après le repas. Bientôt les vomissemens deviennent entièrement bilieux ; ils s'opèrent sans beaucoup de douleur, et laissent encore quelques momens de repos ; ils sont aussi sans odeur marquée. Les premières évacuations alvines présentent à peu près les mêmes caractères ; quelquefois alors elles amènent une quantité considérable de mucus, ou de matières glaireuses plus ou moins épaisses. A peine quelques heures se sont écoulées, que tous ces phénomènes s'aggravent. La cardialgie est insupportable , les secousses de l'estomac, du canal intestinal et les contractions forcées des muscles abdominaux sont accompagnées de douleurs très-vives et d'une extrême anxiété ; la matière des déjections *gastriques* et *intestinales* a aussi changé de nature ; elles sont brunes , noirâtres , érugineuses ou porracées , répandent une odeur fétide ; quelquefois elles sont acides , et , parfois aussi , presque entièrement composées de sang noir. Maintenant le malade est tourmenté d'une soif ardente ; toutes ses fonctions sont altérées ; la respiration est courte, suspirieuse ; la voix est rauque ; le pouls petit, fréquent, serré, devient irrégulier et disparaît sous la pression. La face, qui d'abord était animée, devient d'une pâleur effrayante ; elle est baignée d'une sueur froide, qui s'étend plus particulièrement à toutes les parties susdiaphragmatiques ; les lipothymies , les syncopes même sont fréquentes , l'abattement moral est extrême, et la prostration des forces portée au dernier degré. Malgré cette grande faiblesse, les membres se contractent encore, mais c'est par des secousses convulsives , ou bien avec une rigidité en quelque sorte tétanique ; les bras, les jambes restent immobiles en différens sens pendant quelques minutes, jusqu'à ce qu'une nouvelle douleur vienne les jeter dans une attitude nouvelle. Toujours les malades se plaignent de *crampes* fort douloureuses. Il est alors difficile de faire prendre quelques breuvages ; les contractions de l'estomac envahissent l'œsophage ; tout est

repoussé par les efforts du vomissement et par un hoquet fréquemment répété ; l'émission des gaz intestinaux rend impossible aussi l'emploi des lavemens. En général, quoi qu'en aient dit quelques auteurs, la sécrétion des urines est peu altérée dans cette maladie.

Par des secours habilement administrés , ou par sa nature moins intense, le cholera-morbus peut se borner à la première série des symptômes énoncés, et le retour à la santé se faire peu attendre ; des sueurs abondantes, non interrompues, annoncent ordinairement cette heureuse terminaison. D'autres fois , la mort est la suite des vives douleurs et des abondantes déperditions, qui sont toujours allées en augmentant d'intensité. Les signes qui peuvent faire prévoir cette fin sont une chaleur brûlante de l'épigastre , une soif inextinguible ; la couleur noire des matières évacuées , ou leur suppression soudaine , malgré la persistance des plus violens efforts ; enfin les sueurs froides et visqueuses , et surtout la plus grande énergie des symptômes nerveux.

Le prognostic doit varier suivant les circonstances individuelles. En général le cholera-morbus parait plus grave chez les hommes. Il est à remarquer aussi que les vieillards et les enfans, qui en sont moins fréquemment atteints, le sont, en revanche, d'une manière bien plus dangereuse. On peut dire encore que la maladie a une sorte d'individualité dépendante de ses causes ou du moment de son apparition. Le cholera, suite d'une indigestion, ou de l'usage de quelques mauvais alimens , est, pour l'ordinaire, peu sérieux et promptement terminé. Celui, au contraire, qui dépend d'une influence générale, qui règne épidémiquement, est presque toujours mortel. Sauvages, qui , d'après Bontius , a décrit un *cholera indica*, en fait une maladie des plus terribles : peut-être aussi avait-on affaire au typhus ictérode, qui s'accompagne si souvent de déjections cholériques. Ce qui pourrait faire soupçonner cette méprise, c'est que plusieurs pathologistes signalent, au nombre des symptômes du cholera-morbus , la couleur jaune de la peau.

Diagnostic différentiel. — Quelques maladies de l'appareil digestif peuvent simuler le cholera-morbus , lorsqu'elles sont accompagnées de vomissemens et de déjections alvines. L'entérite, dans les cas assez rares où il y a nausées et efforts pour vomir, se fera reconnaître par la plus grande sensibilité du ventre, la sécheresse de la peau et le mouvement fébrile. Mais le peu de durée du cholera-morbus établira une différence encore plus tranchée entre ces deux affections. Nous en dirons autant par rapport à la dyssenterie. La *colique de plomb*, dont un des principaux symptômes est l'opiniâtreté du vomissement, se rapproche de la maladie que nous étudions, en ce qu'elle est aussi sans fièvre, et qu'elle s'accompagne de phénomènes nerveux généraux; mais il lui reste, pour caractère pathognomonique, une constipation long-temps rebelle. L'iléus nerveux, ou la colique de *miserere*, qui offre plusieurs points de ressemblance avec le cholera-morbus, a cependant cela de particulier que les évacuations alvines sont rares et difficiles, et qu'elles sont de long-temps précédées par le vomissement; de plus, ce dernier symptôme ne lui est pas absolument indispensable, comme il l'est au cholera. Les phénomènes morbides de l'empoisonnement par les préparations d'antimoine, d'arsenic, sont surtout difficiles à distinguer de ceux propres au cholera-morbus. Les déjections, dans l'une et l'autre circonstances, ont la même intensité, et les résultats sont également funestes. On fait observer néanmoins que, dans la maladie produite par le poison, la diarrhée ne se montre qu'après les vomissemens; ces deux symptômes sont, au contraire, simultanés dans l'affection cholérique. Les traces d'une substance vénéneuse dans les matières évacuées lèvent les derniers doutes. Ce diagnostic différentiel se trouve établi, avec une précision remarquable, dans la *Toxicologie générale* de M. le professeur Orfila.

L'ouverture des cadavres, comme nous l'avons déjà annoncé, n'apprend rien de positif sur la nature matérielle du cholera-morbus. Sans en tirer aucune conséquence, nous nous contenterons de rapporter ici les lésions organiques qu'on a le plus souvent rencontrées. Ainsi, presque toujours on a vu de la rougeur sur toute l'étendue des voies digestives, rougeur qui paraît tenir à une simple injection du système vasculaire, et qui ne peut manquer de suivre des efforts de vomissemens nombreux et long-temps continués. On a aussi fréquemment trouvé les vaisseaux de l'estomac gorgés de sang, et, quelquefois même dilatés ou rompus. Les auteurs disent encore que, dans certains cas, le foie a paru plus volumineux et enflammé; d'autres assurent l'avoir vu endurci, desséché, et d'une teinte presque noire. La vésicule biliaire peut présenter des altérations aussi variées; tantôt elle est dilatée, tantôt elle est contractée sur elle-même. C'est surtout dans la bile que les médecins du dernier siècle

ont cru remarquer de grands changemens. Suivant eux, il s'était développé dans ce liquide des principes âcres et caustiques, dont F. Hoffmann comparait l'action aux poisons les plus énergiques. Selon Cullen, la seule chaleur de l'atmosphère amène cette singulière acrimonie, à laquelle il faisait ensuite jouer un rôle si important. Personne n'ignore aujourd'hui que de pareils changemens se remarquent dans le produit des sécrétions, toutes les fois qu'elles sont influencées par l'état maladif des organes. La seule secousse des efforts pour vomir peut bien, suivant nous, modifier la vitalité du foie, et troubler ses fonctions, quoique la sensibilité de l'estomac soit la première atteinte. Dans quelle maladie la sécrétion biliaire est-elle plus altérée que dans la fièvre jaune d'Espagne? Néanmoins on sait combien les recherches anatomiques ont encore jeté peu de lumières sur ce terrible fléau. Il semble ici que tout le système nerveux est à la fois frappé : ira-t-on en accuser la bile?

Le *traitement* est absolument le même pour les deux espèces de cholera-morbus que nous avons admises; la modification reçue par les organes digestifs, étant aussi la même dans ces deux cas. Cette manière d'être de la sensibilité nous est inconnue; il serait aussi hasardé de soutenir que cette propriété est en plus, que de vouloir prouver, au contraire, qu'elle a subi quelques diminutions. Les moyens thérapeutiques à employer ne seront donc réglés que sur un sage empirisme. La plupart des praticiens, depuis Arétée, s'accordent à conseiller, dans le début du cholera, l'usage de simples délayans, les boissons aqueuses, gommeuses et abondantes. Il importe peu, qu'avec Sydenham on donne l'eau de poulet, ou que, suivant Celse et Hoffmann, on ne prescrive que l'eau pure : mais la différente température de ces boissons présentera peut-être quelque intérêt. Généralement les tisanes sont prises tièdes; cependant quelques médecins, et parmi eux M. le professeur Recamier, préfèrent les administrer tout-à-fait froides. Sans discuter longuement cette opinion, nous rappellerons que le froid devient dans plusieurs cas un sédatif très-puissant, et que c'est probablement de cette manière qu'il peut agir dans la maladie qui nous occupe. Les anciens, en conseillant les boissons abondantes, en en distendant l'estomac, avaient pour but, disaient-ils, de délayer l'humeur âcre et mordicante qui irritait ce viscère; et quel que soit le raisonnement, leur pratique était fréquemment suivie de succès. Dans ces derniers temps, Alphonse Le Roi introduisit une méthode tout opposée, et qui néanmoins compte aussi, dit-on, de nombreuses réussites. Ce professeur voulait qu'on laissât le malade souffrir de la soif: alors il permettait seulement d'humecter la bouche avec quelques gorgées d'eau froide, qui devaient être aussitôt rejetées. Alphonse Le Roi fondait cette médication sur l'impossibilité où se trouve le ventricule de garder quoi que ce soit dans le choléra-morbus; et tout son traitement consistait à donner d'heure en heure un tiers de grain de *laudanum opiatum purifié par l'éther*. (*Dissert. sur le choléra-morbus*, par S.-B. Giraud, *thèse* 1812). Cette préparation d'opium est la même que celle que l'on préconise aujourd'hui sous le nom d'extrait d'opium privé de narcotine, ou préparé par la méthode de M. Robiquet. A doses graduées, on a pu, sans accident, ou plutôt avec avantage, donner jusqu'à huit grains de ce médicament actif dans l'espace de vingt-quatre heures.

Nous puiserons, dans les diverses méthodes curatives des auteurs, les moyens thérapeutiques que nous croyons devoir indiquer pour le traitement du choléra-morbus. Pendant les premières heures des évacuations, il convient de prescrire une boisson légère, un peu mucilagineuse; trop chargée de mucilage, elle pourrait fatiguer l'estomac; elle sera légèrement tiède, plutôt froide que chaude; il faut se garder d'en gorger le malade: on ne la lui fera prendre que par quart de verre; cette quantité suffit pour calmer la soif, et rendre moins douloureuses les contractions du ventricule. (Celse, Sydenham, etc.) M. le professeur Pinel prescrit, et nous avons nous-mêmes donné avec avantage, une eau de groseilles très-peu chargée, également à froid et à très-petites doses, mais fréquemment répétées. On pourra joindre à ces boissons des applications locales, émollientes et sédatives; de simples compresses imbibées d'une décoction de guimauve et de têtes de pavots rempliront ce but; ces topiques seront aussi à une température modérée. Dans ce début de la maladie, on peut aussi conseiller les lavemens gommeux et narcotiques, donnés au degré de chaleur humaine. Il n'est pas besoin de recommander la diète la plus sévère; mais nous rappellerons que le système nerveux général réclame aussi le plus grand calme: nous prescrirons d'abord le repos absolu des forces musculaires et des organes sensoriaux. Le malade sera donc placé dans un lieu frais, autant à l'abri

de la lumière et du bruit que de toute odeur pénétrante. Enfin il importe autant qu'il ne souffre pas du froid, que de ne point l'accabler par de nombreuses couvertures.

Ces simples secours ayant été d'abord mis en usage, on doit, si l'on a obtenu quelque amendement dans les symptômes, les continuer, ou leur en adjoindre d'une autre nature s'ils n'ont point été heureux. Dans cette seconde période du choléra-morbus, on a surtout vanté les narcotiques; c'est toujours le laudanum liquide ou l'extrait gommeux d'opium qu'on administre: la première préparation à la dose de quinze à vingt gouttes dans une potion; et l'autre en pilules d'un tiers de grain à un grain, jusqu'à en prendre trois à quatre grains dans les vingt-quatre heures. On peut employer, à cette même dose, l'opium privé de la narcotine. Il est ainsi plus franchement sédatif. Les lavemens seront aussi rendus calmans par l'addition du laudanum. Enfin on peut essayer de l'application d'un emplâtre de thériaque sur l'épigastre. (Sydenham, Douglas.) Plus tard, et dans le but d'établir une dérivation, on devra recourir aux rubéfians, ou même aux vésicatoires opposés dans cette même région ou aux extrémités inférieures. Dans plusieurs circonstances, on a vu disparaître en peu d'heures tous les accidens du choléra-morbus par le seul secours d'un large vésicatoire appliqué sur la partie du ventre, qui répond à l'estomac et au lobe gauche du foie. (MM. les professeurs Fouquier et Orfila.) Un moyen précieux et trop rarement employé, est le bain tiède; il ne faut pas craindre d'y tenir le malade plusieurs heures: l'adynamie, qu'on dit suivre constamment le choléra-morbus, ne trouve sa cause que dans la maladie même; on ne l'amènera jamais en calmant les douleurs par quelque moyen que ce soit. Nous ne voulons point par là proposer les évacuations sanguines; l'expérience a depuis long-temps appris qu'elles étaient funestes. Nous n'hésiterions pas cependant à recourir à l'usage de quelques sangsues, si, dans un cas particulier, le concours des symptômes et des causes nous indiquait une fluxion locale; si encore le malade était pléthorique ou sujet à une hémorrhagie qui aurait disparu depuis peu de temps. Les évacuans, purgatifs et émétiques, sont aussi repoussés du traitement du choléra-morbus; Ettmuller, en les préconisant, s'est attiré le blâme de tous ceux qui ont écrit après lui.

De nos jours, cependant, M. Hallé employait quelquefois une potion dans laquelle entre l'ipécacuanha associé aux calmans. Un médecin (M. Gallereux) dit en avoir retiré les plus grands avantages. En Angleterre, M. Bowes préconise, comme spécifique du cholera-morbus, l'acide nitrique affaibli. La dose est de quinze à vingt gouttes que l'on fait prendre étendues dans une infusion de colombo. Nous ne connaissons aucun détail plus précis sur l'administration et les effets de ces médicamens.

Un fait aussi intéressant que singulier nous a été récemment communiqué, et, quoique son isolement ne nous permette pas d'en tirer des conséquences, nous croyons utile de le publier. M. Bourdois, appelé auprès d'un homme de moyen âge, accablé, depuis plus de trente-six heures, par un cholera-morbus très-intense, crut entendre le malade proférer dans son délire le mot *pêche*. Cet habile praticien, profitant de cette sorte de mouvement instinctif, fit apporter un de ces fruits. Le malheureux agonisant le mange avec avidité ; il en demande un second, qui est également accordé. Les vomissemens, jusqu'alors opiniâtres et déterminés par la moindre gorgée de tisane, ne reparaissent plus ; leur absence enhardit le médecin. Enfin le malade mangea, ou plutôt dévora, dans une nuit, une trentaine de pêches, non-seulement sans accident, mais même avec un tel avantage, que le lendemain sa guérison était parfaite.

Le vomissement, comme le symptôme le plus grave, a été particulièrement combattu par quelques-uns ; on a tour-à-tour proposé le camphre, le musc, le colombo, etc. Nous ne croyons pas que ces moyens puissent entrer dans une médication rationnelle ; les exemples de succès dus à leur emploi sont d'ailleurs fort rares. Au reste, il serait superflu de vouloir rapporter tous les moyens mis en usage pour calmer les accidens du cholera-morbus : ici, comme dans toutes les maladies où le danger est imminent, les praticiens ont plutôt suivi l'impulsion de l'humanité, qui fait partout chercher des secours, qu'ils n'ont écouté les règles d'une thérapeutique sévère.

(G. FERRUS.)

[C'est avec un peu trop de réserve que l'auteur de cet article recommande l'emploi des évacuations sanguines locales. Nous avons vu plusieurs cas de cholera subitement améliorés par l'application d'une vingtaine de sangsues à l'épigastre et à l'anus. L'essentiel est de bien reconnaître l'époque à laquelle cette médication peut être mise en usage. C'est ordinairement lorsqu'on a en vain employé les boissons émollientes légèrement opiacées. Remarquez en effet qu'alors elles sont impérieusement exigées par la nature même du mal. Nerveux dans le principe, le cholera devient essentiellement inflammatoire après un certain temps. Quoi qu'en dise M. Ferrus, des autopsies cadavériques nombreuses ont mis cette assertion hors de doute, et il est d'ailleurs impossible de concevoir que les papilles nerveuses, qui viennent s'épanouir dans le tissu de la membrane muqueuse, entremêlées avec les vaisseaux sanguins, et lymphatiques, ne transmettent point à ces derniers une partie de leur surexcitation au bout d'un certain temps. Peut-être est-il vrai que les papilles nerveuses ne sont jamais isolément affectées, et que les vaisseaux sanguins et lymphatiques participent *toujours* plus ou moins à leur irritation.]

CHOLÉRIQUE, adject. , qui a rapport au cholera. Torti a donné le nom de fièvre cholérique à une variété de la fièvre pernicieuse, caractérisée par d'abondantes évacuations bilieuses par haut et par bas, accompagnées des accidens graves qu'on voit dans le choleramorbus. Quelquefois la pernicieuse cholérique affecte plus particulièrement la forme dyssentérique. *Voyez* FIÈVRE INTERMITTENTE PERNICIEUSE.   (COUTANCEAU.)

CHOLESTÉRATE, s. m., *cholesteras*. Sel composé d'une base et d'acide cholestérique. (*Voyez* ce mot.) Aucun de ces sels n'est employé en médecine.

CHOLESTÉRINE, s. f., *cholesterina*; mot dérivé de χολή, bile, et de στερεός, solide. M. Chevreul a désigné ainsi la *substance cristallisée des calculs biliaires humains*, décrite par Fourcroy sous le nom d'*adipocire*. (*Voy.* ce mot.) On la trouve dans la plupart des calculs biliaires de l'homme, dans le musc, dans quelques espèces de champignons, dans certaines concrétions cérébrales, dans le tissu squirrheux, dans la sérosité de certains hydrocèles, et dans quelques humeurs animales ; suivant Powel elle fait quelquefois partie de la bile. Elle est formée, d'après Bérard, de 1000 parties de vapeur de carbone, de 1510 de gaz hydrogène, et de 47 de gaz oxygène en volume. Suivant Théodore de Saussure, elle contient 84,068 de carbone, 12,08 d'hydrogène, et 3,914 d'oxygène. Il est probable que la cholestérine retirée des substances dont nous avons parlé, n'est pas parfaitement identique.

Celle que fournissent les calculs biliaires est en écailles blanches, brillantes, inodores, insipides : on peut la fondre à la température de 137° th. centigr., et l'obtenir par le refroidissement sous forme de lames rayonnées. Lorsqu'on la distille, il se forme un produit liquide huileux qui n'est ni acide ni ammoniacal; il ne reste dans la cornue qu'un atome de matière charbonneuse. Elle est insoluble dans l'eau, soluble dans l'éther et dans l'alcohol: cent parties de ce dernier liquide bouillant, d'une densité de 0,816, en dissolvent 18, tandis que la même quantité d'alcohol à 0,840 n'en dissout que 11,24; aussi la majeure partie de la cholestérine se dépose-t-elle par le refroidissement de la liqueur. Les alcalis ne la saponifient point. L'acide nitrique la convertit en un acide gras, connu sous le nom d'acide cholestérique. On l'obtient en traitant par l'alcohol bouillant les calculs biliaires de l'homme, cristallisés et pulvérisés; ce liquide dissout la cholestérine: on filtre et l'on voit cette matière se séparer sous forme d'écailles, à mesure que le liquide se refroidit; on lave les cristaux avec de l'alcohol froid, on les égoutte et on les redissout dans l'alcohol bouillant pour les faire cristalliser de nouveau par refroidissement: alors la cholestérine est pure. Cette matière n'a point d'usage.

CHOLESTÉRIQUE (acide): acide qui se produit lorsqu'on chauffe la cholestérine avec de l'acide nitrique concentré; on enlève l'excès d'acide nitrique en faisant bouillir le mélange avec du sous-carbonate de plomb; il a été découvert par Pelletier et Caventou. Il est sous forme d'aiguilles d'un blanc-jaunâtre, qui paraissent d'un jaune-orangé lorsqu'elles sont réunies; il a une odeur analogue à celle du beurre: sa saveur est faible et légèrement styptique; sa pesanteur spécifique, inférieure à celle de l'eau, est plus considérable que celle de l'alcohol; il rougit l'eau de tournesol. On peut le fondre à 58° th. centigr.; il se décompose sans fournir de sous-carbonate d'ammoniaque, lorsqu'on le distille, ce qui prouve qu'il ne contient point d'azote. Il est peu soluble dans l'eau, tandis qu'il se dissout bien dans l'alcohol, dans l'éther acétique, l'éther sulfurique, les huiles volatiles, et l'acide nitrique; il est insoluble dans les acides végétaux. L'acide sulfurique concentré le charbonne. Il n'a point d'usages. (ORFILA.)

CHONDRO-GLOSSE, adj. *chondro-glossus*, nom donné par quelques-uns à une portion du muscle HYO-GLOSSE. (*Voy.* ce mot.) (A. B.)

CHONDROGRAPHIE, —LOGIE, —TOMIE, description, traité, dissection des cartilages. Ces mots sont peu usités. (A. B.)

CHORDAPSE, s. m., *chordapsus*, de χορδή, intestin, et de ἄπτω, lier, synonyme d'*iléus*. (*Voyez* ce mot.)

CHORÉE, *chorea*, dérivé de χορεία, danse; c'est le nom d'une maladie qui a pour caractères distinctifs certains mouvemens désordonnés, partiels ou généraux, du système musculaire, avec une légère altération de l'exercice des facultés intellectuelles, sans fièvre: phénomènes qui indiquent une affection du cerveau. On a encore appelé cette maladie *scelotyrbe*, *choréomanie*, *myotyrbie*, *danse de Saint-Guy* ou de *Saint-Wit*. Souvent le malade ne peut marcher qu'en courant et en sautant; de là les différentes dénominations précitées. L'enfance, le sexe féminin, une disposition héréditaire, une constitution nerveuse et très-irritable, une habitude convulsive, telles sont les circonstances les plus favorables au développement de la chorée. La frayeur est sa cause excitante la plus fréquente; viennent ensuite les accès violens de colère, les grandes contrariétés, la jalousie, la masturbation. Les auteurs ajoutent à ces causes celles de la plupart des autres maladies, et notamment la présence des vers dans le canal alimentaire. L'on observe quelquefois la chorée à la suite des attaques d'épilepsie et d'hystérie.

Les symptômes les plus apparens sont ceux qui résultent des désordres musculaires. Tantôt ces désordres sont généraux, et tantôt ils sont partiels, n'existent que d'un seul côté, par exemple; dans ce cas il est probable que la maladie a son siége dans l'hémisphère cérébral du côté opposé. Quelquefois les yeux, une joue, le col, le bras ou la jambe, présentent seuls des désordres. La partie affectée est plus ou moins soustraite à l'empire de la volonté; les muscles se contractent et se relâchent continuellement et avec rapidité, ce qui produit ces grimaces, ces gestes insolites, ces sauts involontaires, ces contorsions si variées et si singulières. Lorsqu'on saisit un membre avec la main, l'on sent très-bien les contractions musculaires, et l'on ne peut les empêcher par une compression modérée. Les malades ne prononcent que difficilement, et souvent en bégayant beaucoup: ils éprouvent parfois des serremens de gosier, de légères suffocations. Les autres symptômes sont, quelquefois des engourdissemens, des picotemens, des fourmillemens dans les muscles affectés, toujours un léger degré d'affaiblissement intellectuel, dans quelques cas même un premier degré d'imbécillité: le malade, qui est ordinairement un enfant, ne peut fixer son attention, se livrer à l'étude; sa mémoire est affaiblie ; il éprouve souvent de l'agitation, portée dans des instans jusqu'à un véritable délire ; il se plaint de maux de tête, d'étourdissemens; il ne dort pas , ou bien son sommeil est léger, incomplet, agité, interrompu par des rêves effrayans. La plupart de ces malades sont très-susceptibles, capricieux, irascibles. Presque tous sont maigres, grêles, souvent assez pâles, fort sujets aux palpitations ; quelques-uns ont des attaques d'hystérie ou d'épilepsie. Dans la grande majorité des cas, les poumons, l'estomac et les autres viscères remplissent assez bien leurs fonctions ; il n'y a pas de mouvement fébrile.

L'invasion de la chorée est subite ou lente; dans ce dernier cas le désordre musculaire survient peu à peu, et est précédé de quelques-uns des phénomènes cérébraux énoncés. La marche de cette maladie est continue, rémittente, ou irrégulièrement intermittente. Les contrariétés, la frayeur, la colère, l'usage du café ou des boissons spiritueuses, produisent des exacerbations très-marquées, ou même le renouvellement des accès. La durée de la chorée est indéterminée, elle peut être de plusieurs jours, de plusieurs mois ou de plusieurs années. Cette maladie a rarement une issue fâcheuse; souvent elle se termine d'elle-même à l'époque de la puberté, lors de l'éruption du flux menstruel chez les filles. La guérison est toujours plus probable, plus facile à obtenir lorsque la chorée est à son début. Après la guérison il reste ordinairement une grande susceptibilité nerveuse, beaucoup de disposition à une rechute. Quelquefois le malade conserve des tics convulsifs dans les muscles des yeux, des paupières, d'une partie de la face, etc. Il arrive pourtant quelquefois que les malades maigrissent, sont atteints de phlegmasies chroniques, tourmentés de fièvre lente, qu'ils tombent dans la consomption et terminent insensiblement leurs jours. L'on a vu aussi l'aliénation mentale, l'épilepsie ou l'hystérie succéder à la chorée.

Les phénomènes musculaires de la chorée sont si remarquables, si distincts, qu'il serait difficile de ne pas la reconnaître au premier abord. L'absence de la fièvre, du coma ou du délire, et de la prostration musculaire, empêchera toujours qu'on ne se méprenne sur le caractère de cette maladie, et qu'on ne la confonde avec les affections graves du cerveau qui présentent les phénomènes de la carphologie, les soubresauts des tendons, et autres désordres convulsifs. L'observateur se gardera cependant de n'arrêter son attention que sur les symptômes musculaires ; les autres désordres cérébraux lui fourniront aussi des signes non-seulement pour établir son diagnostic, mais encore pour baser ses indications de traitement. Il faut rapprocher de la chorée certains tics convulsifs, le branlement de tête des vieillards, le beriberi des Indiens, le tremblement qui succède à des maladies du cerveau, ou qui suit souvent les excès vénériens, l'abus des liqueurs alcoholiques, celui que présentent les ouvriers qui travaillent aux mines de plomb ou à des objets pour lesquels on emploie du mercure.   (GEORGET.)

Si l'on réfléchit un instant à la nature des symptômes de la chorée, aux circonstances qui la font naître ou qui en favorisent le développement, on verra que le plus ordinairement le siège primitif en est dans le cerveau, que dans tous les cas ce viscère est lésé, et qu'il est en proie à une irritation idiopathique ou sympathique, peu intense il est vrai, mais cependant assez grave pour déterminer le mélange de symptômes convulsifs et paralytiques qui annoncent l'encéphalite. Ce qui prouve encore la part que le cerveau prend à la production de cette maladie, c'est qu'elle est fort souvent accompagnée d'un certain degré d'imbécillité, et que l'on voit assez fréquemment dans la démence, le malade traîner une jambe, comme il arrive dans la chorée.

Il ne faut point s'étonner que jusqu'ici le traitement de la chorée ait été la proie de l'empirisme; on ne pouvait qu'appliquer la médecine symptomatique, ou donner des toniques pour faire cesser l'asthénie, la paralysie, à laquelle on attribuait le spasme. Sydenham, qui prescrivait la saignée répétée pour toutes les maladies, n'eut garde de l'oublier dans le traitement de celle-ci ; il recommande de la pratiquer trois ou quatre fois dans l'espace de six jours. On a cité plusieurs guérisons obtenues par ce moyen ; je dois dire que dans le seul cas de chorée que j'aie eu occasion d'observer, il a complètement échoué, quoique la malade fût une jeune fille d'une force peu commune, non encore réglée, et offrant tous les signes de la suractivité du système artériel. Cet exemple ne doit cependant pas engager à renoncer à la saignée : Geoffroy la recommande vivement chez les sujets maigres comme chez les sujets pléthoriques.

On a employé les vomitifs et plus encore les purgatifs, les antispasmodiques et les toniques, depuis l'infusion de feuilles d'oranger jusqu'au quinquina. S'il faut en croire les auteurs, tous ces moyens ont réussi dans cer-

tains cas ; aucun d'eux ne dit à quels signes on pourrait reconnaître qu'il serait nécessaire de choisir l'un d'eux plutôt que les autres. Heureusement la chorée n'est point une maladie dangereuse ; du moins lorsqu'on en est affecté , on a la satisfaction de ne jamais en mourir , car dès qu'elle devient dangereuse , soit qu'elle s'accompagne d'assoupissement , de délire , ou de convulsions bien caractérisées , elle change de nom , et devient *apoplexie , ataxie , épilepsie , manie.*

Nous ne nous arrêterons pas à tracer d'après des vues purement théoriques , un traitement approprié aux symptômes de la chorée , il serait facile de déployer un luxe thérapeutique purement stérile , en lui appliquant spécialement ce que nous dirons en général du traitement des maladies *nerveuses* , ou plutôt des lésions de la *locomotion* , de l'*encéphalite* , et des *convulsions.* Les amateurs de spécifiques peuvent d'ailleurs choisir entre le camphre , la valériane , la pivoine , les végétaux narcotiques , l'asa fœtida , l'opium , le protochlorure de mercure , l'oxyde de zinc sublimé , le fer , l'électricité et le galvanisme ; tous ces moyens ont , dit-on, guéri la chorée. Ce qu'il y a de certain , c'est qu'elle cesse presque toujours lorsque la puberté est bien établie , soit qu'on ait ou qu'on n'ait pas eu recours à ces divers agens. L'on doit donc en général se borner à surveiller l'encéphale , afin de prévenir l'accroissement de l'irritation de ce viscère. Peut-être les bains et l'opium à haute dose suffisent-ils pour remplir cette indication, combinés à quelques émissions sanguines, pratiquées aux tempes ou derrière les oreilles. Peut-être , enfin , les exercices méthodiques des bras et des jambes, souvent répétés et dirigés d'après un examen approfondi du mode convulsif, seraient-ils souvent avantageux. N'en est-il pas de la chorée comme du *bégaiement* , qui guérit par l'assurance que l'on inspire au sujet, et par l'influence des mouvemens forcés auxquels l'organe lésé se trouve nécessité par la présence des cailloux ou de l'instrument inventé par Itard ? Le frère de la jeune fille chez laquelle nous avons observé la chorée, bégayait, et, chez leur sœur, ainsi que chez leur père, la prononciation était embarrassée. (DICT. ABRÉGÉ DE MÉD.)

CHORION , s. m., *chorion.* L'étymologie de ce mot a varié selon que l'on a adopté la manière de l'écrire par un ι ou un ω, et peut fournir un exemple frappant du peu de sens de beaucoup de commentateurs et d'étymologistes. Ceux qui écrivent χόριον le font dériver soit de χορός , chœur, parce que les vaisseaux y sont disposés comme les personnages d'un chœur , ou , dit Moschion, parce que cette membrane est formée de plusieurs parties comme un chœur l'est de plusieurs personnages , soit de χορηγεῖν , payer les frais, fournir , parce qu'elle fournit la nourriture au fœtus , et Riolan se déclare partisan de cette opinion. Quand on écrit χώριον , on trouve son opinion dans le verbe χωρεῖν, sortir , parce que le chorion sort en même temps que le fœtus , ou dans le mot χῶρος , χωρίον , lieu, demeure , parce qu'il est le lieu , la demeure où le fœtus se développe. Cette dernière étymologie paraît si évidente, qu'elle aurait dû exclure l'idée des autres. Le mot *chorion* désigne , chez les anciens anatomistes , qui avaient des notions peu exactes de la disposition de ces parties, tantôt le placenta , tantôt une des membranes qui enveloppent le fœtus. Cette dernière acception est la seule qui soit conservée. *Voyez* ŒUF HUMAIN.   (DESORMEAUX.)

CHOROÏDE , adj., *choroïdeus, choroïdes,* χοροειδής, qui ressemble au chorion. On désigne sous ce nom, d'après les anciens, une des membranes de l'œil. (*Voyez* ŒIL.) On appelle encore *plexus choroïdes,* deux replis membraneux et vasculaires, situés dans les ventricules latéraux du cerveau. *Voyez* ENCÉPHALE.

(A. B.)

CHOROÏDIEN , adj. Ce mot, synonyme de choroïde, indique pourtant plus particulièrement ce qui appartient à la membrane ou aux plexus choroïdes : ainsi on nomme *toile choroïdienne* une membrane qui unit les deux plexus choroïdes, *enduit choroïdien* le liquide noirâtre qui revêt la membrane choroïde. Des veines sont même appelées choroïdiennes , parce qu'elles appartiennent à la toile de ce nom : ce sont les veines de Galien. *Voy.* ENCÉPHALE.

(A. BÉCLARD)

CHOROÏDITE , s. f., *choroïditis* ; inflammation de la membrane choroïde. Cette maladie n'est point encore connue, et nous n'en parlons , nous ne lui avons même imposé un nom particulier , que pour appeler sur elle l'attention des praticiens.

La choroïde n'est vraisemblablement pas très-sujette à l'inflammation, puisqu'elle reçoit peu d'artères, et que la plupart de ses vaisseaux sont veineux; mais elle ne saurait être garantie entièrement de ce genre d'affection, que nous voyons survenir dans des organes doués d'une vitalité encore moins grande. Peut-être la choroïdite a-t-elle lieu toutes les fois que, dans une ophthalmie, on voit une teinte bleuâtre percer à travers le tissu de la sclérotique. Quoi qu'il en soit, elle ne peut manquer de gêner les fonctions de la rétine, comprimée entre la choroïde et le corps vitré ; et de là peut-être ces amblyopies, ou même ces apparitions d'étincelles, ou de masses lumineuses, de flammes plus ou moins étendues, que les malades aperçoivent quelquefois dans l'inflammation de l'œil.

La choroïdite peut sans doute revêtir aussi la forme chronique, et produire alors un épaississement notable de la membrane. Plusieurs fois, en effet, on a trouvé celle-ci convertie en une masse épaisse et comme spongieuse ; c'est probablement encore à la même cause qu'on doit rapporter les adhérences de la choroïde à la sclérotique, ainsi que les collections de sérosité, les plaques osseuses et les tumeurs enkystées qu'on a souvent observées entre les deux membranes.   (DICT. ABRÉGÉ DE MÉD.)

CHOSE, s. f., *res*; expression vague, indéterminée, aujourd'hui justement bannie du langage médical. Elle servait autrefois à classer tout ce qui a rapport à l'homme. On distinguait trois espèces de *choses* : 1° les *choses naturelles*, c'est-à-dire inhérentes à la nature de l'homme ; 2° les *non-naturelles* au nombre de six : *et res non-naturales quæ sunt sex : aer, cibus et potus, inanitio et repletio, motus et quies, somnus et vigilia, et accidentia animi*; 3° les *extra-naturelles*, c'est-à-dire différentes du cours ordinaire de la nature, telles que les maladies, etc.   (ROSTAN.)

CHOU, s. m., *brassica*. C'est à la famille des crucifères, à la tétradynamie siliqueuse qu'appartient ce genre de plantes, intéressant par ses usages dans l'économie domestique. Il se distingue par un calice formé de quatre sépales connivens, et renflé à sa base, par les quatre glandes qui entourent son ovaire, et par son fruit qui est une silique presque conique et s'ouvrant en deux valves. Nous ne parlerons ici que de deux espèces de ce genre ; savoir : le chou ordinaire et le navet.

1° CHOU ORDINAIRE, *brassica oleracea*, L. De toutes les plantes potagères, le chou est, sans contredit, celle qui présente le plus grand nombre de variétés, à tel point qu'il paraîtrait presque impossible, au premier coup d'œil, de les rapporter toutes à une seule espèce primitive. La nature de cet ouvrage ne nous permet point d'entrer dans des détails étendus sur chacune de ces variétés, connues sous les noms de *Choux pommés, Choux de Milan ou frisés, Choux-raves, brocolis, et Choux-fleurs*. Dans les deux premières variétés, ce sont les feuilles que l'on mange ; dans la troisième, c'est la base de la tige qui se renfle, devient charnue, et offre, quand elle est cuite, une saveur très-analogue à celle du navet. Les parties que l'on mange dans les brocolis et les choux-fleurs sont les boutons de fleurs, qui, dans ces deux variétés, sont très-serrées et compactes.

Les propriétés médicales du chou ont été pendant long-temps en grande réputation auprès des anciens, qui le regardaient comme un médicament extrêmement énergique. Mais, de nos jours, cette plante, si l'on en excepte la variété désignée sous le nom de *Chou rouge*, n'est plus employée comme médicament. Le chou rouge a été vanté par plusieurs auteurs comme fort efficace dans les inflammations chroniques du poumon et en particulier dans la phthisie ; mais les tisanes dans lesquelles entre cette plante, qui est principalement mucilagineuse et sucrée, n'exercent pas une action plus spéciale sur les organes de la respiration que les autres boissons adoucissantes, parmi lesquelles on doit la ranger ; mais, comme ces dernières, elles peuvent être souvent avantageuses.

C'est donc surtout comme aliment que l'on fait usage du chou et de ses variétés ; et, sous ce dernier rapport, on en fait en France et dans le nord de l'Europe une énorme consommation. Les choux sont, pendant l'hiver, la principale nourriture du peuple des villes et des campagnes. Ce sont surtout ses variétés, les choux-fleurs et les brocolis, qui sont servies sur la table des riches ; elles sont aussi plus tendres, d'un goût plus agréable, et l'estomac les digère plus facilement. Quant au chou proprement dit, il est en général fort sain ; mais, comme tous les autres légumes très-aqueux, il est assez difficile à digérer, et beaucoup de personnes ne peuvent impunément en faire usage. On remédie quelquefois à cet inconvénient en mélangeant aux choux quelques substances aromatiques et excitantes qui en facilitent la digestion, tels que les fruits de cumin, de fenouil, de carvi, etc.

Il est une préparation que l'on fait subir aux choux, dont nous devons dire ici deux mots à cause de son emploi habituel et général dans les contrées septentrionales de l'Europe, je veux parler de la *sauer-kraut*, désignée en France sous le nom de *chou-croûte*. Ce sont des choux grossièrement hâchés et auxquels on a fait subir un commencement de fermentation acide, après y avoir ajouté du sel et quelques aromates. Dans cet état, ils ont une saveur acide particulière, et sont pour tout le nord de l'Europe un mets fort recherché, et que l'on emploie journellement, après les avoir fait cuire de différentes manières, La choucroûte est un aliment excitant qui se trouve en quelque sorte en rapport avec le climat plus froid, avec le tempérament généralement plus mou, plus lymphatique des peuples qui en font spécialement usage. Elle est très-précieuse pour les voyages maritimes de long cours, parce qu'elle se conserve long-temps sans s'altérer, et qu'elle remplace assez bien les végétaux frais. Aussi la regarde-t-on généralement comme antiscorbutique.

2° Le *navet* appartient aussi au genre *brassica*, et les botanistes lui ont donné le nom de *brassica napus*. Il se distingue du chou par sa taille toujours plus petite et plus grêle, par sa racine tubéreuse et charnue, et par ses feuilles hérissées de poils rudes. Sa racine est la seule partie employée; elle est charnue, sucrée, aqueuse et légèrement piquante. C'est un aliment que l'on peut parfaitement comparer au chou pour la saveur et pour son mode d'alimentation.

Nous ne terminerons pas ce qui a rapport aux espèces du genre *brassica*, sans rappeler que leurs graines sont toutes extrêmement oléagineuses, et que l'on cultive abondamment, dans les provinces du nord de la France, le colza (*brassica arvensis*) pour en retirer une huile grasse qui est surtout employée pour l'usage des lampes.   (A. RICHARD.)

CHOU-CROUTE, s. f. *Voyez* CHOU.

CHOU-FLEUR, s m. *Voyez* CHOU.

CHOU-FLEUR, s. m., espèce d'excroissance syphilitique rangée dans la classe des végétations, présentant, sur un pédicule plus ou moins étroit, un grand nombre de lobes ou tubercules, variables dans leur forme, leur volume, leur couleur et leur consistance. Les choux-fleurs sont communément assez multipliés. Ils naissent de préférence sur les membranes muqueuses, et aux régions où la peau, fine et assouplie par une transpiration habituelle, se trouve fréquemment en contact avec le virus vénérien. Ces végétations sont quelquefois primitives; mais le plus ordinairement elles ont été précédées par des écoulemens ou des chancres, et annoncent une infection consécutive. *Voyez* EXCROISSANCE, VÉGÉTATION.   (LAGNEAU.)

CHROMATE, s. m., *chromas;* genre de sels formés d'une base et d'acide chromique. (*Voyez* ce mot.) Aucun chromate n'est employé en médecine; celui de potasse sert quel-

quefois comme réactif pour découvrir certains poisons minéraux. *Voyez* POTASSE, PLOMB, ARGENT et MERCURE.   (ORFILA.)

CHROME, s. m., *chromum,* du grec χρῶμα, couleur: métal découvert, par M. Vauquelin, en 1797, dans le plomb rouge de Sibérie (chromate de plomb), et ainsi nommé, parce qu'il forme des composés colorés avec beaucoup de corps. Il est rangé parmi les métaux acidifiables de la quatrième classe de Thénard. (*Voyez* MÉTAL.) On ne le rencontre jamais pur dans la nature, mais il y existe à l'état d'oxyde et de sel; on le trouve dans les aérolithes, l'émeraude, la serpentine, le fer natif et le plomb rouge de Sibérie, etc. La mine de chrome, que l'on rencontre abondamment près de Gassin en Provence, et que l'on a considérée comme du chromate de fer, est principalement composée d'oxyde de chrome et d'oxyde de fer.

Le chrome est solide, d'un blanc-grisâtre et très-fragile. Sa pesanteur spécifique est de 5,900. Il n'entre en fusion qu'à une température fort élevée, et alors il est sous forme de petits grains. L'air et l'oxygène n'agissent sur lui que lorsqu'il a été fortement chauffé; il se forme alors du protoxyde de chrome vert: toutefois on parvient, à l'aide d'autres moyens, à combiner ce métal une plus grande quantité d'oxygène, et à former le deutoxyde de chrome et l'acide chromique.

Lorsqu'on expose à l'air un mélange de chrome et de potasse, le métal absorbe assez d'oxygène pour passer à l'état d'acide chromique, et il se forme du chromate de potasse. On obtient le chrome, en décomposant le protoxyde par le charbon, dans un creuset brasqué. Il n'a point d'usages.

CHROME (oxydes de). Le *protoxyde* se trouve rarement dans la nature; il est vert, infusible, inaltérable par le feu, par le gaz oxygène et par l'air. Soumis à l'action de la pile électrique, il se décompose en oxygène et en chrome; il se dissout difficilement dans les acides; on l'emploie pour colorer en vert la porcelaine et le verre, et pour en extraire le chrome: on l'obtient en chauffant graduellement dans une cornue de grès du chromate de mercure; celui-ci se décompose, laisse l'oxyde dans la cornue, tandis qu'il se dégage du mercure et du gaz oxygène. — Le *deutoxyde* est brun, brillant, insoluble dans l'eau et dans les acides, presque insoluble dans les alcalis. Il n'a point d'usages. —*Peroxyde,* voyez CHROMIQUE.   (ORFILA.)

CHROMIQUE (acide): acide composé de

87,72 parties d'oxygène, et de 100 parties de chrome ; il entre dans la composition du rubis spinelle et du plomb rouge de Sibérie (chromate de plomb). C'est dans ce dernier minéral que M. Vauquelin le découvrit en 1797. Il est sous forme de prismes de couleur rouge *purpurine*, doués d'une saveur âcre, styptique, déliquescens et plus pesans que l'eau, dans laquelle ils se dissolvent très-bien. Cette dissolution est rouge, et se transforme en hydrochlorate de chrome vert, lorsqu'on la chauffe avec de l'acide hydro-chlorique. L'acide sulfureux et le protohydrochlorate d'étain enlèvent aussi une portion d'oxygène à l'acide chromique, et les transforment en protoxyde vert. Il précipite le nitrate d'argent en rouge, les sels de plomb en jaune, et les sels de protoxyde de mercure en orangé-rougeâtre. Il n'est pas employé en médecine. On s'en sert comme réactif pour déceler les sels d'argent, de plomb et de mercure ; mais on lui préfère pour cet usage le chromate de potasse. *Voyez* POTASSE. (ORFILA.)

CHRONIQUE, adj., *chronicus*. On appelle ainsi les maladies dont la durée se prolonge indéfiniment, ou dont les phénomènes se succèdent avec lenteur, eu égard au degré de vitalité des organes affectés. Ces maladies, qui sont absolument de même nature que les aiguës, sont, comme elles, continues, rémittentes ou intermittentes, et elles offrent les mêmes indications ; mais le diagnostic en est ordinairement très-obscur ; elles sont le plus souvent incurables, et toujours difficiles à guérir. Il faut donc s'attacher à les prévenir, soit par une prophylaxie bien entendue, soit en ne négligeant rien pour que les maladies aiguës se terminent promptement et sans aucun reliquat.

Si les anciens ont étudié avec un talent supérieur les maladies aiguës, ils n'ont presque rien laissé sur les maladies chroniques. Ne trouvant point dans le pronostic, ordinairement fâcheux, de ces dernières, l'occasion de faire briller leur sagacité, il semble qu'ils aient renoncé à l'espoir de répandre sur elles la vive lumière qu'ils ont quelquefois jetée sur les maladies aiguës, et que, rebutés par l'excessive difficulté du traitement, ils en aient abandonné l'étude. Privés des documens précieux que fournit l'anatomie pathologique, ce qu'Hippocrate et les auteurs de quelques écrits qui lui sont attribués, Arétée, Alexandre de Tralles et Cœlius Aurelianus ont écrit se réduit à des considérations purement symptomatiques sur les phénomènes de l'hydropisie, de

la phthisie, de la folie, de la goutte, de l'épilepsie, de la paralysie, et surtout de la *fièvre hectique*, etc. Ici, comme dans les maladies aiguës, les anciens ont rassemblé avec beaucoup de sagacité les signes d'une mort prochaine ; mais cette recherche n'a pu, comme on le pense bien, éclairer beaucoup le diagnostic des maladies chroniques. Si leurs symptômes, leur nature et leur siège, sont mieux connus aujourd'hui, nous le devons aux travaux de Baillou, de Sydenham, de Stahl, d'Hoffmann, de Baglivi, de Willis, de Morton, de Whytt, de Lind, de Lorry, de Tissot, de Bonet, de Morgagni, de Bordeu, de Barthez, de Baumes, de Reil, de Corvisart, de Portal, de Pinel, de Bichat, de Bayle, de Laënnec, et de Broussais.

Bordeu a, le premier, connu l'analogie des maladies chroniques avec les maladies aiguës ; il chercha dans les premières les temps d'irritation, de coction et d'évacuation, les métastases, les changemens, les efforts conservateurs de la nature, que les anciens ont signalés dans les dernières. Il voulut faire pour celles-là ce qu'Hippocrate a fait pour celles-ci : il prétendit assigner les momens favorables pour agir et ceux où il faut se livrer à l'expectation, prouver, ainsi qu'il le dit lui-même, jusqu'à quel point une maladie chronique peut devenir aiguë pour se terminer, et qu'ainsi que les aiguës, les chroniques ont leurs crises, leurs redoublemens, leurs évacuations, leur temps de calme, de repos, d'intermittence, de rémittence, leurs temps de maturation, de douceur, leur sujétion à la nature des tempéramens et aux grandes secousses des âges, des saisons, des variations de l'atmosphère, leurs rhythmes particuliers du pouls, leurs urines, leur admirable dépendance des passions. Pour arriver à ce résultat, il dédaigna la théorie régnante de son temps, celle des globules de sang, des petits vaisseaux, en un mot, le mécanisme. Inspiré par la belle théorie de la sensibilité et de la motilité, riche des conceptions ingénieuses de Van Helmont sur le rôle que jouent dans les maladies les parties situées vers l'épigastre, il considéra le corps vivant comme un assemblage harmonique de divers organes, jouissant chacun d'un sentiment et d'un mouvement particuliers, il entrevit le rôle important que l'inflammation, et notamment celle des voies digestives, joue dans la production des maladies chroniques. On dut croire, lors de l'apparition de ses *Recherches* sur ces maladies, qu'un sujet si important fixerait l'attention de tous les médecins : il n'en fut pas ainsi ; Bordeu n'était pas professeur , et il avait le tort de devancer son siècle ! On continua comme par le passé à négliger les maladies chroniques, ou bien à les traiter par les toniques. Bordeu, du moins , avait recommandé les eaux minérales ; Brown les remplaça par le vin , et bientôt la thérapeutique de ces maladies se réduisit, pour la plupart des médecins, à l'art de combiner les toniques de toutes les manières possibles. Plus tard , quelques observateurs s'efforcèrent de perfectionner le diagnostic des maladies chroniques de la poitrine et de celles du foie. Corvisart, Bayle et Laënnec se livrèrent à des recherches d'anatomie pathologique sur les affections latentes et prolongées du poumon et de la plèvre, du cœur et de ses dépendances; on connut mieux les traces que l'état morbide laisse dans ces organes , et les diverses dégénérescences dont les tissus sont susceptibles de devenir le siége; on apprit à les prévoir pendant la vie : pour le traitement, on ne s'en occupa en aucune manière ; toutes les affections étaient réputées incurables, parce que, disait-on , on n'avait jamais pu les guérir lorsqu'elles étaient à leur dernière période , c'est-à-dire, lorsqu'on les avait laissées devenir *incurables*. Ce raisonnement, appliqué à la péripneumonie, ferait croire à l'incurabilité de cette inflammation, car il est certain qu'on ne peut la guérir quand elle est arrivée au plus haut période d'intensité.

Malgré les généreux efforts de Bordeu , Pinel, à qui nous devons de si beaux travaux sur la folie, prétendit qu'il fallait, en parlant des maladies chroniques , exclure toute considération des maladies aiguës , afin de déterminer d'une manière plus précise l'idée générale qu'on doit s'en former, comme si une inflammation qui dure trois mois était d'une autre nature que celle qui ne dure que huit jours. Il eut raison d'ajouter qu'on ne pouvait former une classe des maladies chroniques ; mais l'unique but des travaux du médecin serait-il donc la *nosographie*, la *classification* des maladies ? Enfin , Pinel crut devoir attribuer à l'asthénie, dans le plus grand nombre des cas , le passage des maladies de l'état aigu à l'état chronique. Le vague le plus désespérant régna dès-lors sur la partie la plus difficile de la médecine pratique; pour trancher le nœud gordien, quelques maladies chroniques seulement furent insérées dans le cadre nosographique , toutes les phlegmasies chroniques en furent exclues, ou n'y trouvèrent place qu'à la faveur de dénominations qui en

donnaient une idée fausse, et loin des phlegmasies aiguës , avec lesquelles on devait les mettre en parallèle , comme l'avait fait Bordeu. La thérapeutique se ressent nécessairement de l'imperfection de la pathologie.

Quelques efforts peu fructueux avaient été faits en France , notamment par Prost, pour arriver à une théorie physiologique des maladies, lorsque Broussais fit paraître son *Histoire des phlegmasies chroniques*, ouvrage que nos pères auraient décoré du titre d'*opus aureum*, prodigué à des productions bien inférieures sous tous les rapports. Broussais n'occupait alors aucune place dans l'enseignement; médecin militaire, il n'était venu passer à Paris que le temps nécessaire pour faire paraître un livre dont peut-être il ne connaissait pas lui-même tout le prix. Quelques bons esprits le lurent avec attention, et en firent leur profit, mais la renommée aux cent bouches demeura muette : écho fidèle de l'intérêt, de l'enthousiasme ou du scandale, elle n'a point de voix pour le mérite obscur. Pinel déclara que Broussais avait comblé une lacune en médecine , mais cette lacune demeura dans la Nosographie. La nouvelle théorie des maladies chroniques fut notée de *subtilité*, reproche léthifère auquel Cullen dut l'espèce de dédain dans lequel il tomba parmi les élèves de la Faculté de Paris, malgré les efforts de quelques savans professeurs que la vogue de la Nosographie n'avait pu éblouir. Il a fallu la nomination de l'auteur de l'Histoire des phlegmasies chroniques à une place de professeur à l'hôpital militaire de Paris, les leçons cliniques qu'il y donne, ses cours publics , et l'attaque qu'il dirigea contre la plupart de ses collègues, pour qu'on rendît justice à l'ouvrage le plus remarquable qui eût paru en France depuis la mort de Bichat. La plupart des hommes ne savent que penser d'un livre lorsque le nom de l'auteur ne retentit pas sans cesse à leurs oreilles avec les épithètes pompeuses, et souvent si peu méritées, de *célèbre* et d'*illustre*.

Nous n'avons point encore de doctrine générale des maladies, et par conséquent point de doctrine générale des maladies chroniques: celle de Dumas n'offre que des généralités sur les parties accessoires d'un si vaste sujet ; c'est une volumineuse introduction à l'histoire de ces maladies, dans laquelle on a omis de parler de ce qu'elles offrent de plus important, se réservant sans doute d'en parler plus tard; enfin, c'est un ouvrage qui contient *pauca multis*.

Tout n'est pas fait sans doute pour la connaissance et le traitement des maladies chroniques, mais la route est tracée ; les travaux de l'école de Paris et l'impulsion que Broussais vient de donner indiquent la marche à suivre ; il est donc permis de concevoir de grandes espérances. Honneur au médecin qui ose s'engager dans cette carrière, aussi longue que difficile, où l'on n'arrive au but qu'à travers mille obstacles, dont malheureusement plusieurs sont insurmontables !

Nous croyons devoir terminer ici ces considérations sur les maladies chroniques : ce qui nous reste à dire trouvera mieux sa place à l'article MALADIE. (DICT. ABRÉGÉ DE MÉD.)

CHUTE, s. f., *prolapsus*; on a donné le nom de chute à ce mode de déplacement de certains organes qui paraissent s'abaisser ou tomber en obéissant en quelque sorte à leur propre poids. Comme le nom de chute s'applique à des maladies de nature très-différente, il est impossible d'en tracer une histoire générale, et il faut les décrire chacune en particulier.

Les parties qui peuvent devenir le siége de chute ou *prolapsus* sont la paupière supérieure, la luette, la langue, le rectum, l'utérus, le vagin.

CHUTE OU PROLAPSUS DE LA PAUPIÈRE SUPÉRIEURE, *prolapsus palpebræ*.—Cette maladie, caractérisée par l'abaissement permanent de la paupière au-devant de l'œil, sans aucune lésion organique apparente, est le résultat de la paralysie du muscle élévateur de la paupière (*orbito-palpébral*). Elle est assez souvent compliquée d'un strabisme produit par la paralysie du muscle droit externe de l'œil. On a observé le prolapsus de la paupière à la suite de coups portés sur la région surcilière ; on l'a vu également occasioné par l'action du froid et de l'humidité. Cette affection survient quelquefois sur des individus affectés d'épanchemens séreux ou sanguins dans le cerveau ; chez d'autres personnes épuisées par la masturbation ou par l'abus du coït ; sur des sujets fatigués par des veilles prolongées, ou par des travaux propres à fatiguer la vue. Cette maladie a quelquefois été la suite de fièvres ataxiques ou de névralgies. On l'a vue produite sympathiquement par des affections qui avaient leur siége dans la cavité abdominale. Dans le plus grand nombre des cas, ses causes restent ignorées.

Il est très-rare que les deux paupières supérieures soient en même temps affectées de prolapsus. La paralysie qui y donne lieu est tantôt complète, tantôt incomplète. Elle est quelquefois précédée pendant quelque temps par une espèce de clignotement très-incommode. Cette maladie, qui n'offre aucun danger par elle-même, est souvent très-difficile à guérir ; dans quelques cas, elle est incurable.

Lorsque le prolapsus de la paupière supérieure paraît dépendre d'un engorgement des vaisseaux sanguins de l'intérieur du crâne et des orbites, on a recours avec avantage à l'application des sangsues sur la tempe et sur les régions surcilière et mastoïdienne. On prescrit en même temps les purgatifs minoratifs, les pédiluves révulsifs, les boissons rafraîchissantes, et un régime atténuant et assez sévère. On conseille au contraire un régime analeptique, les infusions aromatiques de sauge, de menthe, de mélisse, d'arnica, lorsque la maladie paraît dépendre d'un état de faiblesse locale ou générale. C'est particulièrement dans cette dernière circonstance qu'il convient de faire des embrocations, des frictions sur les tempes et sur le front avec le baume de Fioraventi, le baume opodeldoch, le baume nerval, l'ammoniaque unie à des huiles essentielles. On a aussi, dans quelques circonstances, obtenu de très-bons résultats de fumigations avec l'acide sulfureux dirigées avec précaution vers la partie malade. On peut seconder l'action de ces moyens par l'usage intérieur et par les douches d'eaux thermales, par l'application des vésicatoires sur le front, la tempe, le vertex. Quand ces moyens échouent, on peut encore essayer l'application de la pommade de Gondret ou du moxa sur les mêmes régions, ou bien l'administration de l'électricité.

Le prolapsus de la paupière ayant beaucoup de rapports avec l'amaurose, soit par ses causes, soit par sa nature, le traitement de ces deux affections doit reposer sur les mêmes bases. Comme nous avons exposé avec détail les méthodes curatives conseillées contre l'amaurose, nous renvoyons à ce mot.

[Lorsque cette affection est due à une paralysie incurable du muscle élévateur de la paupière supérieure, il faut pratiquer l'opération suivante.

Le malade étant assis sur une chaise, la tête fixée contre la poitrine d'un aide, on saisit avec une pince la peau de la paupière vers sa partie moyenne ; un aide en soulève une autre partie, de manière à former un pli longitudinal et parallèle au tarse de la paupière. L'opérateur, armé de ciseaux déliés, courbés sur leur plat, excise franchement ce pli, en conduisant les ciseaux de dehors en dedans.

Les lèvres de la plaie se rapprochent, se cicatrisent, et la paupière se trouve nécessairement élevée. La partie excisée doit être telle, qu'après la cicatrisation le bord libre de la paupière ne se trouve qu'à la hauteur suffisante pour ne pas couvrir la pupille.]

CHUTE DE LA LANGUE, *prolapsus linguæ, lingua vitulina, lingua pendula*; cette affection chronique ne doit pas être confondue avec le gonflement aigu de la langue produit par une glossite, par l'impression d'une substance vénéneuse, par une petite vérole de mauvaise nature, par une fièvre typhoïde.

La chute de la langue est quelquefois la suite, chez les enfans, de l'habitude de tirer habituellement la langue, et chez les adultes, de salivations mercurielles abondantes et prolongées. Elle peut dépendre de la constitution lymphatique des sujets qui en sont affectés, de leur séjour habituel dans les lieux humides. Elle est quelquefois compliquée de paralysie. Dans des cas plus rares le prolapsus de la langue est occasioné par un état d'hypertrophie congénial de cet organe, qui augmente avec l'âge.

Chez les individus atteints de cette maladie, la bouche est maintenue entr'ouverte par la langue qui s'avance entre les dents, les lèvres, et qui tombe même quelquefois sur le menton. Les dents sont poussées en devant, le bord de la mâchoire inférieure se creuse; la salive s'écoule involontairement, et continuellement les malades sont fatigués par la soif et la sécheresse de la bouche; la déglutition et la prononciation sont difficiles. Lorsque la langue n'est pas fortement tuméfiée, on parvient, chez quelques individus, à la repousser dans la bouche, dans l'intervalle des repas, et à l'y maintenir au moyen d'un bandage destiné à maintenir les mâchoires fortement rapprochées. On a employé avec succès, comme moyens de guérison, les lotions et les gargarismes âcres, astringens; les purgatifs drastiques, les lavemens irritans. Lorsque ces moyens sont insuffisans, on peut essayer de dégorger la langue et d'irriter ses muscles en appliquant des sangsues sur sa surface, à plusieurs reprises, en pratiquant dans son tissu des scarifications profondes. On a même, dans cette circonstance, au rapport de Velschius, et de Th. Bartholin, d'après Walæus, pratiqué avec succès la résection de la portion excédante de la langue.

CHUTE DE LA LUETTE, *prolapsus uvulæ, uvula pendula*. La chute de la luette présente deux espèces de variétés bien distinctes: l'une d'elles consiste dans une infiltration séreuse, et la seconde dans un engorgement inflammatoire chronique.

L'infiltration séreuse de la luette affecte ordinairement des individus lymphatiques, sujets aux affections catarrhales. Elle est assez fréquente dans les lieux froids humides. Elle survient quelquefois assez brusquement, à la suite du refroidissement de tout le corps, ou des pieds seulement, ou après l'usage des boissons froides lorsque la peau est couverte de sueur. La luette infiltrée devient beaucoup plus longue et plus volumineuse que dans l'état naturel; elle perd quelquefois sa forme, et devient bosselée, pâle et demi-transparente; elle n'est pas d'ailleurs douloureuse.

Lorsque la luette est affectée d'une inflammation chronique, son volume est légèrement augmenté; sa couleur est plus foncée que dans l'état naturel; elle est le siège d'un sentiment d'ardeur, de cuisson qui se propage aux parties voisines. Son extrémité pend plus ou moins bas sur la base de la langue.

La chute de la luette, quelle que soit d'ailleurs la nature de la maladie, donne lieu à une sensation désagréable de chatouillement dans le fond de la gorge, à une toux plus ou moins fréquente, à des mouvemens involontaires et souvent répétés de déglutition, à des envies de vomir, à des efforts de vomissement. Lorsque la luette est devenue très-longue et très-volumineuse, la respiration est gênée, les malades sont quelquefois menacés de suffocation, la déglutition est difficile, les liquides reviennent en partie par le nez, la voix devient nasale.

On remédie quelquefois à l'infiltration de la luette, lorsqu'elle est récente, par l'usage des infusions diaphorétiques, des bains chauds, et des gargarismes astringens. Les boissons mucilagineuses, les bains tièdes, l'application d'un large vésicatoire à la nuque sont indiqués lorsque la maladie est entretenue par une infiltration chronique. Lorsque ces moyens échouent, et surtout lorsque les incommodités produites par la maladie sont portées à un haut degré, il faut en venir à l'excision d'une portion de la luette tuméfiée. Cette opération, qui a été conseillée par Celse, est très-simple et n'offre aucun danger.

Pour l'exécuter, l'on fait asseoir le malade en face d'une croisée; sa tête doit être légèrement renversée en arrière et assujettie, si on le juge convenable, par un aide. La bouche étant ouverte, le chirurgien saisit avec une pince à polypes l'extrémité pendante de la luette, et il la coupe d'un seul coup avec des ciseaux. A la suite de cette excision, il ne s'écoule qu'une très-petite quantité de sang, et il suffit de prescrire de l'eau fraîche, soit pour boisson, soit pour gargarisme.

Paré, Fabrice de Hilden, Scultet ont conseillé et pratiqué la ligature de la luette, dans des cas où elle était très-volumineuse. L'excision nous paraît, sous tous les rapports, plus avantageuse.

On a d'ailleurs proposé d'exécuter cette dernière opération avec le coupe-bride de Desault, et avec d'autres instrumens plus ou moins compliqués; mais leur emploi est beaucoup moins commode et moins sûr que celui des ciseaux ordinaires.

CHUTE DU RECTUM, *prolapsus seu providentia intestini recti*: Cette maladie est assez commune chez les enfans, mais elle survient aussi à des adultes et surtout aux vieillards. Elle paraît consister dans le relâchement et l'engorgement de la membrane interne du rectum qui franchit le sphincter de l'anus, et vient former à l'extérieur une tumeur rouge, plissée, rugueuse, humide, douloureuse, d'un volume plus ou moins considérable. On a aussi donné, mais improprement, les noms de chute et de renversement du rectum, du fondement à une autre affection qui consiste dans l'invagination d'une portion du colon et quelquefois de la totalité de cet intestin et du cœcum dans le rectum avec issue hors de l'anus d'une portion de l'intestin invaginé. Dans ce cas la tumeur extérieure est quelquefois très-longue. Muralt a fait insérer, dans les *Mémoires des Curieux de la nature*, l'observation d'une tumeur de cette espèce, longue de deux pieds, survenue à la femme d'un forgeron à la suite d'un accouchement. On a vu souvent de ces tumeurs longues de six à huit pouces. Sabatier a réuni, dans un *Mémoire* inséré dans le cinquième volume de ceux *de l'Académie de chirurgie*, plusieurs observations très-importantes de cette maladie, dont l'issue est assez souvent funeste. *Voyez* INVAGINATION.

Les causes de la chute de la membrane interne du rectum sont chez les enfans, suivant quelques praticiens, la grande laxité et le grand développement de cette membrane; ce qui vient à l'appui de cette opinion, c'est que la maladie diminue et finit ordinairement par guérir à mesure qu'ils approchent de l'âge de la puberté. On convient généralement que la diarrhée qui accompagne l'éruption des dents, que les affections vermineuses et dys-

sentériques prédisposent à cette maladie, et suffisent même pour y donner lieu. On l'observe assez souvent chez les sujets calculeux et chez ceux qui sont affectés de catarrhe vésical ou de rétentions fréquentes d'urine. La constipation habituelle, les efforts violens pour aller à la garde-robe, l'usage trop fréquent des bains de siége, des lavemens tièdes et mucilagineux, des suppositoires irritans et surtout les hémorrhoïdes habituelles, anciennes, volumineuses, enflammées, en sont les autres causes les plus ordinaires.

Lorsque la chute de la membrane interne du rectum est récente, la tumeur à laquelle elle donne lieu est peu volumineuse, elle rentre spontanément, ou par l'effet d'une légère pression après que les malades ont été à la garde-robe. Quand elle est ancienne et parvenue à un certain degré, la tumeur reste habituellement au dehors. Cette tumeur, exposée au contact des vêtemens, à des pressions, à des frottemens réitérés, augmente de volume; la membrane qui la forme s'épaissit; elle prend une teinte rouge, foncée, et fournit une sécrétion muqueuse, puriforme, sanguinolente. Lorsque la maladie est compliquée d'hémorrhoïdes volumineuses, il en résulte souvent des douleurs très-vives et des pertes de sang abondantes. Quelques malades sont presque continuellement tourmentés par des épreintes, et ne peuvent retenir les matières fécales; d'autres ne les rendent qu'à la suite de violens efforts, et en éprouvant de grandes souffrances.

La chute du rectum peut être compliquée d'inflammation aiguë, d'étranglement et même de gangrène de la tumeur; nous ferons cependant observer que ces accidens sont plus fréquens dans le cas d'invagination.

On peut parvenir à distinguer ces deux affections l'une de l'autre, parce que l'invagination survient ordinairement dans un temps très-court, qu'elle est souvent accompagnée de coliques et de tiraillemens dans l'abdomen, avant l'apparition de la tumeur à l'extérieur : on parvient quelquefois à la sentir en portant le doigt dans le rectum. La tumeur formée par la membrane muqueuse du rectum a ordinairement la forme globuleuse, et sa surface présente des replis rayonnans de son centre vers sa circonférence. La tumeur résultant de l'invagination est irrégulièrement cylindroïde, allongée, plus ou moins recourbée sur elle-même. On peut porter le doigt indicateur très-haut dans la rainure circulaire qui se trouve entre cette tumeur et l'anus, tandis qu'il est bientôt arrêté par l'espèce de cul-de-sac qui existe à l'endroit où la membrane muqueuse simplement relâchée se replie vers l'anus. L'invagination du colon dans le rectum, et la chute de la membrane interne de cet intestin peuvent d'ailleurs se rencontrer sur le même individu. J'ai vu cette double maladie sur une dame âgée de cinquante ans, qui avait eu neuf enfans, et avait été depuis sa jeunesse fatiguée par une constipation opiniâtre; cette dame était très-maigre; la tumeur, formée par le bourrelet appartenant à la membrane muqueuse du rectum, était à peu près du volume de la tête d'un fœtus; en introduisant le doigt dans son ouverture centrale, on sentait, à peu près à deux pouces de hauteur, l'extrémité de la tumeur résultant de l'invagination. Dans les efforts violens, prolongés et très-douloureux que cette malade était obligée de faire pour aller à la garde-robe, l'intestin invaginé était poussé vers l'anus sans s'y engager, mais alors tout l'espace compris entre le coccyx, la vulve et les tubérosités sciatiques était également poussé avec violence en bas; on eût dit que ces parties eussent été sur le point de se rompre. Cette dame, après de longues souffrances, a fini par succomber.

Lorsque la chute de la membrane interne du rectum est récente, il est facile de la réduire; on y procède, après avoir fait coucher le malade sur le dos, de manière à ce que les cuisses soient fléchies et le bassin plus élevé que la poitrine, en repoussant la tumeur de bas en haut avec le doigt indicateur recouvert d'un linge fin imbibé d'huile ou de crême. On fait pénétrer ce doigt dans l'anus, et si la réduction présente quelque difficulté, on comprime tout le pourtour de la tumeur avec l'autre main.

Lorsque la tumeur existe au dehors depuis quelque temps, qu'elle est dure, enflammée, très-douloureuse, qu'il est impossible de la comprimer pour la réduire, il faut d'abord calmer l'inflammation par des lotions avec du lait, ou avec des infusions mucilagineuses presque froides; on a aussi recours dans cette circonstance à des bains de siège fœis et quelquefois à l'application de quelques sangsues sur la tumeur. Lorsque la tumeur est réduite, on applique sur l'anus un tampon de charpie imbibé d'une liqueur astringente et quelques compresses épaisses que l'on soutient au moyen d'un bandage en T. Pour empêcher l'accident de se reproduire, il faut éloigner les causes qui pourraient y donner lieu, et chercher ensuite à fortifier le malade et les parties affaiblies par les bains froids, pourvu d'ailleurs qu'ils ne soient pas contre-indiqués par quelque circonstance particulière.

Lorsque la maladie n'a point cédé aux lotions, aux injections astringentes, aux bains froids, aux bains de mer, aux douches ferrugineuses ascendantes, qu'elle est devenue habituelle, les malades sont forcés de porter habituellement dans l'anus une espèce de pessaire, ou de le soutenir avec une plaque d'ivoire percée à sa partie moyenne. On contient cette plaque avec des courroies élastiques fixées à une ceinture. Chez quelques individus ces moyens sont insuffisans pour empêcher la sortie de la tumeur, ou bien on ne peut les employer parce qu'elle est habituellement irréductible. Que reste-t-il alors à faire? J'ai vu, dit Sabatier, des individus « chez qui l'intestin formait un bourrelet surmonté de sacs hémorrhoïdaux desquels il suintait une sérosité. âcre et corrosive qui rougissait et excoriait les parties voisines, ou une quantité de sang considérable. Un des grands de l'état avait été obligé de garder le lit pendant huit à dix ans. Une célèbre actrice perdait journellement deux ou trois palettes de sang, ce qui l'avait conduite à un état de cachexie qui faisait craindre pour sa vie. Tous deux ont été guéris par la rescision de la partie la plus saillante du bourrelet formé par le rectum, faite avec des ciseaux courbes sur leur plat, après qu'on eut soulevé ces parties saillantes avec des pinces ou avec une airigne. On aurait pu craindre une hémorrhagie grave qui cependant n'eut pas lieu. C'est pour cela que l'opération hardie dont je viens de parler a été rarement pratiquée et par peu de personnes. Peut-être réussirait-on aussi bien en entamant le bourrelet hémorrhoïdal avec un cautère, en forme de couteau, rougi au feu. Du moins on n'aurait pas d'hémorrhagies à craindre, et on pourrait de même compter sur le dégorgement de la partie malade et sur son resserrement, de manière qu'elle ne peut se déplacer de nouveau. »

M. Dupuytren ayant eu l'occasion de constater fréquemment l'inefficacité de la plupart des moyens conseillés pour guérir les adultes affectés de chute de l'anus, et ayant observé en même temps que l'excision des tumeurs hémorrhoïdales, fongueuses ou d'autre nature, qui compliquent si souvent ces renversemens, prévenait ordinairement le retour de cette dernière infirmité, imagina que l'excision plus ou moins considérable de parties de la membrane interne du rectum près de l'anus pourrait, aussi bien que celle des tumeurs hémorrhoïdaires, prévenir le renversement du rectum. Il a exécuté quatre fois cette opération avec une airigne et avec des ciseaux courbes, et il a réussi à guérir complètement la chute du rectum; mais une hémorrhagie grave survenue presque immédiatement chez un de ses malades, et une suppuration très-abondante et très-opiniâtre éprouvée par un autre lui ont fait rechercher un procédé qui eût moins d'inconvéniens. Celui qu'il emploie maintenant consiste à exciser, à l'aide de pinces à ligature et de ciseaux courbes sur le plat, un plus ou moins grand nombre des plis saillans qu'on voit se porter en rayonnant de la circonférence au centre de la marge de l'anus. Il les saisit à un pouce et demi de l'anus, et il les enlève de ce point jusqu'à l'entrée même de l'anus et le plus avant possible en remontant dans le rectum. Le nombre des plis que M. Dupuytren enlève est proportionné au volume de l'intestin renversé et à la dilatation de l'anus. Plusieurs individus ont été traités par cette méthode; l'un de ces malades était une femme adulte; elle avait depuis dix ans un renversement du rectum du volume d'une livre d'eau distillée. La tumeur, qui était permanente et ovoïde lorsque la malade était debout, l'empêchait de marcher. Elle fournissait un suintement continuel de matière muqueuse et sanguinolente, et entretenait de continuels besoins d'aller à la garde-robe; réduite, elle causait des pesanteurs, des épreintes, et se reproduisait presque immédiatement. Cinq ou six des plis saillans et rayonnés qu'elle présentait, furent excisés de dehors en dedans. L'opération fut courte et ne fut suivie d'aucune hémorrhagie. La malade, qui allait douze ou quinze fois à la garde-robe en un jour avant l'opération, resta six jours entiers sans avoir besoin de s'y présenter. Le septième, il y eut une selle abondante qui ne donna lieu à aucun renversement. La malade se leva au bout de vingt jours, sans que le renversement reparût; elle se livra pendant les dix jours suivans à toutes sortes d'exercices sans aucun inconvénient. Depuis cette époque, sa guérison s'est complètement soutenue. Les autres malades opérés par M. Dupuytren n'ont pas été moins heureux; aussi ce praticien regarde-t-il, avec raison, l'invention de cette méthode comme une des meilleures choses qu'il ait faites pour l'art et pour l'humanité. Si l'on ouvrait une artère dans cette opération, il faudrait à l'instant même la cautériser; on ne pourrait guère remédier à une hémorrhagie consécutive que par le tamponnement fait avec beaucoup de soin. (MARJOLIN.)

[Les excisions, telles que les pratique M. Dupuytren, n'ont pas seulement l'avantage de dégorger l'intestin au moyen du sang qui s'écoule, et de faciliter ainsi la réduction; mais elles déterminent l'inflammation des lèvres des petites plaies faites sur la muqueuse, et produisent ainsi son adhérence avec la tunique musculaire; ce qui empêche la récidive, résultat heureux, très-difficile, et souvent impossible à obtenir en suivant la méthode ordinaire, qui consiste simplement à réduire et à appliquer un pessaire, des compresses et un bandage approprié.]

CHUTE DE MATRICE, *uteri prolapsus, procidentia, hysteroptosis :* déplacement de l'utérus en en-bas. Ce déplacement a été confondu par les anciens et quelques modernes avec la chute du vagin et le renversement de matrice. Au mot DÉPLACEMENT DE MATRICE, je traiterai succinctement de ce point d'histoire de la médecine intéressant pour la pathologie de ces affections. Sabatier et Astruc distinguent trois degrés dans cette maladie. Dans le premier, qu'ils appellent *relâchement, rélaxion* de matrice, cet organe est seulement un peu plus bas que dans l'état naturel; dans le second, *chute* ou *descente, semi-prolapsus,* il est descendu dans le fond du bassin; dans le troisième, *précipitation, prolapsus* de matrice, il fait saillie hors de la vulve. Mais Astruc avertit que, comme le premier degré n'est presque jamais suivi d'aucun accident digne d'attention, et qu'il est assez commun aux femmes qui ont eu plusieurs enfans, on se contente de le regarder comme un état ordinaire. Aussi je pense qu'on ne doit admettre que deux degrés : le premier, dans lequel l'utérus n'a pas encore franchi le détroit inférieur, et qu'on appellera *relâchement* ou *chute incomplète,* avec quelques auteurs; et le second, dans lequel cet organe est totalement hors du bassin, ce sera la *précipitation* ou *chute complète.*

Dans le premier degré, l'utérus, en descendant, a entraîné avec lui la partie supérieure du vagin; le museau de tanche appuie sur la partie supérieure du coccyx, ou d'un des ligamens sacro-ischiatiques, ou bien se présente vers l'orifice du vagin; le fond de l'utérus est le plus souvent incliné, soit en avant, soit sur les côtés; les trompes utérines se trouvent dans une situation presque verticale, ainsi que les ligamens ronds; les intestins grêles occupent la place de l'utérus. Dans le second degré, le vagin est renversé sur lui-même dans une grande portion de son étendue, et quelquefois dans sa totalité; il forme la surface extérieure d'une tumeur à la partie inférieure de laquelle on remarque l'orifice de la matrice, et cette surface, continuellement exposée au contact de l'air, prend dans quelques cas l'apparence de la peau. La matrice, contenue dans cette espèce de sac, y entraîne nécessairement le bas-fond de la vessie, et même quelquefois cette poche membraneuse tout entière. La paroi antérieure du rectum finit par être entraînée aussi, et occupe la partie supérieure et postérieure de la tumeur. Les ligamens larges et ronds sont fortement tiraillés, ainsi que les trompes utérines qui sont dans une direction verticale, leur pavillon restant avec l'ovaire sur le bord du détroit supérieur; mais quelquefois l'une d'elles, avec l'ovaire correspondant, ou toutes les deux sont entraînées dans le petit bassin. Les intestins grêles descendent dans ce cul-de-sac, et quelquefois même jusque dans la partie supérieure de la tumeur extérieure, que l'on a vue, dans certains cas, se prolonger jusque vers les genoux. Dans le premier degré, il y a quelquefois allongement du col de l'utérus, et plus souvent allongement d'une des lèvres du museau de tanche, et surtout de la lèvre antérieure; allongement qui m'a paru produit, dans certains cas, par le tiraillement exercé par la paroi correspondante du vagin elle-même en état de *prolapsus*, et dans d'autres parce que cette partie, répondant à l'orifice du vagin, s'y moulait, et tendait continuellement à s'y engager, à raison du défaut de résistance. La matrice peut, dans ces deux degrés de déplacement, être en état de vacuité ou de gestation, saine ou malade. Les maladies dont on l'a trouvée affectée sont l'inflammation aiguë, et plus souvent chronique, la dégénérescence squirrheuse et carcinomateuse, les tumeurs fibreuses développées dans son tissu, les polypes implantés à son col, qui ont souvent été la cause même du déplacement. Enfin les parties entraînées avec elle peuvent aussi être dans un état de maladie. Ainsi on a vu quelquefois la vessie contenir des calculs. M. Gagnare rapporte, dans une *thèse* (in-8°, an XI), soutenue à la Faculté de Médecine de Paris, qu'à l'ouverture du cadavre d'une femme morte avec une chute de matrice, on trouva la vessie racornie, épaisse, présentant deux cavités; la plus large contenait un calcul de forme triangulaire, hérissé de pointes et du poids de deux onces; le bas-fond de la vessie était situé à la partie antérieure et un peu

inférieure de la masse précipitée, et sa partie antérieure était derrière la symphyse des pubis. Une observation de Saviard a pour objet une jeune fille dont la vessie contenait également un calcul; il put d'abord réduire la tumeur, et il fit ensuite l'extraction d'un calcul. Le sujet de la *première observation anatomique* de Ruisch, femme de quatre-vingts ans, était dans un cas analogue; mais, avant de réduire la matrice, il fallut faire une incision sur la partie antérieure de la tumeur, pour extraire de la vessie des calculs, au nombre de quarante-deux, depuis le volume d'un pois jusqu'à celui d'un marron. Tolet, dans un cas semblable, avait aussi été obligé d'extraire de la vessie six calculs qu'elle contenait, avant de pouvoir replacer l'utérus.

On a regardé la faiblesse et le relâchement des ligamens de l'utérus comme *la cause prochaine* de la chute de cet organe. Astruc remarque que les ligamens ronds sont, par leur direction, absolument impropres à soutenir l'utérus; et que la duplicature du péritoine, qui forme des ligamens larges, n'a pas assez de fermeté pour en prévenir le déplacement. Il attribue cet effet à la partie supérieure du vagin, et le déplacement de l'utérus à la faiblesse des parois de ce conduit. Levret pense aussi que le relâchement, l'extension des ligamens de l'utérus sont l'effet et non la cause de la chute de l'organe. On remarque souvent en effet que le déplacement survient d'une manière rapide à la suite d'une cause accidentelle, et qu'on ne peut admettre une laxité préalable des ligamens. Cependant on ne peut se refuser à reconnaître que l'utérus est retenu en place par les ligamens larges, par ses connexions avec le vagin, et par l'appui que lui prêtent toutes les parties voisines; et que, lorsque ces soutiens, ou l'un d'eux, viennent à être affaiblis, ou sont naturellement peu solides, il y a prédisposition aux divers déplacemens de cet organe. Ainsi l'action des causes efficientes est bien plus marquée après l'accouchement qu'à toute autre époque. Quelques auteurs ont aussi pensé que le déplacement de l'utérus n'était jamais que consécutif à celui du vagin, qui, en se renversant sur lui-même, entraînait cet organe. Cette opinion est insoutenable actuellement que l'on a mieux étudié ces affections. En effet, si, dans quelques cas rares, la chute du vagin a précédé et a entraîné celle de l'utérus, le plus souvent, surtout dans les cas de chute incomplète, le vagin n'a subi d'autres dérangemens que le renversement de sa partie supérieure immédiatement adhérente au col de l'utérus. On met au nombre des *causes prédisposantes* une constitution molle, la leucorrhée, des accouchemens précédens, l'ampleur de la cavité du bassin, l'amaigrissement, la constipation, l'existence d'une hydropisie ascite ou enkystée, ou d'une tumeur volumineuse qui presse sur l'utérus. Il est facile de concevoir, et il serait superflu d'expliquer la manière d'agir de chacune de ces causes. Je ferai seulement remarquer que l'extrême largeur du détroit supérieur dispose très-prochainement à la chute incomplète, et celle du détroit inférieur à la chute complète. Quoique la chute de matrice soit beaucoup plus fréquente chez les femmes qui ont eu des enfans, il n'est cependant pas très-rare d'en voir chez celles qui n'en ont pas eu, et même chez des vierges. Mauriceau, Levret et autres en rapportent des exemples; j'en ai rencontré plusieurs fois, et je crois qu'il n'est pas de praticien qui ne puisse en citer. Al. Monro donne, dans les *Essais de Médecine* de la société d'Edimbourg (t. III), l'observation, remarquable sous plus d'un rapport, d'une petite fille de trois ans, affectée d'une chute complète de matrice. Les *causes occasionelles* sont des efforts violens, des chutes sur les parties inférieures du corps, des secousses éprouvées dans une voiture rude, ou autrement; la station, la marche prolongée; des coups reçus, une pression exercée sur la paroi antérieure de l'abdomen; le tiraillement de la matrice par une excroissance volumineuse. L'action de ces causes est quelquefois subite; d'autres fois elle est lente.

Les *symptômes* qui accompagnent la chute de matrice, au premier degré, sont un sentiment de tiraillement dans la région lombaire et aux aines, de douleur dans les lombes, de pesanteur sur la partie inférieure du rectum, des épreintes; quelquefois la sensation d'un corps prêt à franchir la vulve; souvent la dysurie, et même quelquefois l'ischurie. L'irritation que l'utérus éprouve de cette nouvelle situation, peut-être même la gêne que ce déplacement apporte à la circulation du sang dans les vaisseaux utérins, donnent quelquefois lieu à une inflammation chronique, accompagnée d'une tuméfaction plus ou moins considérable. L'augmentation de poids qui en résulte contribue à maintenir l'utérus dans sa situation vicieuse; dans quelques cas aussi l'inflammation et la tuméfaction paraissent avoir précédé la descente de l'organe et l'avoir déterminée. Un écoulement leucorrhéique est

souvent aussi la suite de cet état. Enfin beaucoup de femmes éprouvent un sentiment de tiraillement à l'estomac, et quelques dérangemens des digestions, effets sympathiques du malaise de l'utérus. Dans le second degré, tous ces symptômes sont plus marqués; en outre l'impression des urines qui, pendant leur émission, baignent la surface de la tumeur, les frottemens qu'elle éprouve de la part de la peau des cuisses et des vêtemens, pendant la marche, déterminent souvent une inflammation accompagnée de gonflement, d'excoriations de la membrane du vagin, et quelquefois suivie de la gangrène de quelque portion ou de la totalité de la tumeur. Saviard donne l'histoire d'une fille de Toulouse qui passait pour hermaphrodite, et dont la conformation vicieuse n'était, selon lui, autre chose qu'une chute complète de l'utérus sans renversement. Levret, après avoir analysé avec beaucoup de sagacité cette observation, reste persuadé qu'elle a pour objet un cas d'allongement du col de l'utérus, et non un prolapsus de cet organe. A. Paré raconte qu'une femme, pour exciter la pitié et s'attirer des aumônes, en avait simulé une semblable au moyen d'une *vessie demi pleine de vent, et barbouillée de sang,* qu'elle fixait au moyen d'une éponge introduite dans le vagin.

Le *diagnostic* se tire de l'existence des symptômes, qui peuvent, il est vrai, dépendre d'autres affections des organes génitaux, mais qui engagent à examiner l'état de ces organes. On trouve alors une tumeur piriforme, dont la partie la plus large est en haut et à la partie inférieure de laquelle on trouve l'orifice utérin. Le gonflement inflammatoire, l'état cancéreux, les tumeurs de diverse nature de l'utérus, des lèvres de l'orifice ou des parties environnantes, la présence des calculs dans la vessie, peuvent altérer la forme de la tumeur; mais la circonstance essentielle, l'existence de l'orifice vers la partie inférieure, servira toujours à distinguer cette tumeur de celle qui est formée par le renversement de l'utérus ou par un polype. Les affections avec lesquelles il serait le plus facile de la confondre, sont la chute du vagin et l'allongement du col de l'utérus. La chute du vagin a une forme et des signes qui lui sont propres, et outre cela on sent le museau de tanche au fond de la cavité cylindrique qui occupe l'axe de la tumeur. La chute de l'utérus se distingue de l'allongement du col par une forme moins cylindroïde, par la moindre profondeur à laquelle pénètre la sonde introduite dans la cavité utérine, et par la situation basse du fond de l'utérus que l'on peut distinguer par le tact à sa forme et à sa consistance. Dans la chute incomplète, la tumeur est renfermée dans le vagin, et ne peut être explorée que par le *toucher*; dans la chute complète la tumeur, qui est au dehors, est soumise à la vue et au toucher. Les complications se feront reconnaître par les signes propres aux diverses maladies qui les forment. La chute complète de matrice, dans l'état de grossesse, a des signes tellement évidens, qu'il est inutile d'entrer dans quelques détails à cet égard; quant à la chute incomplète, la coïncidence des signes de grossesse avec la situation de la matrice empêchera de la confondre avec toute autre affection, quand on apportera l'attention convenable.

Le *pronostic* varie selon la nature des causes, l'ancienneté de la maladie, l'état des parties, l'embonpoint des malades. Ainsi, lorsque la chute de matrice reconnaît pour cause une disposition qu'il est impossible de corriger, telle que la constitution générale ou la mauvaise conformation du bassin, elle est incurable; on ne peut espérer que de remédier à ses effets au moyen de la cure palliative. On ne peut obtenir la cure radicale que d'une chute récente, incomplète, dans des circonstances favorables, et au moyen d'un traitement long-temps continué; la cure palliative elle-même offre souvent beaucoup de difficultés, comme cela a lieu dans les cas où le détroit inférieur du bassin est très-large, où l'orifice du vagin présente aussi beaucoup de largeur, soit naturellement, soit par suite de la rupture du périnée. Les maladies de l'utérus et des parties environnantes doivent être considérées sous le rapport de leur pronostic particulier; il me suffit de faire remarquer ici que l'inflammation de la tumeur, les ulcérations de sa surface, dans les chutes complètes, guérissent facilement, quand on est parvenu à la réduire; que la gangrène, qui s'en empare quelquefois, n'est pas toujours d'un très-fâcheux augure, car on a vu souvent des malades guérir après la séparation de l'utérus sphacélé. Chez les femmes qui ont le bassin dans de justes proportions, une grossesse peut amener la guérison de la chute de l'utérus, surtout si on prend les précautions convenables après l'accouchement; et dans les cas même où l'on n'obtient pas un résultat si heureux, la matrice, au quatrième ou cinquième mois de la gestation, reprend sa hauteur naturelle, et la maladie ne reparaît qu'après l'accouchement.

Mais, quand le bassin est fort large, les grossesses successives ne font que rendre le déplacement de l'utérus de plus en plus considérable. Par rapport à l'embonpoint, il est d'observation que les malades qui sont fort grasses ne guérissent jamais radicalement, et que si elles maigrissent la maladie augmente. Celles qui sont maigres peuvent espérer de guérir, si elles viennent à engraisser.

Traitement. — La chute de l'utérus présente deux indications : réduire l'organe en sa place naturelle, et s'opposer à un nouveau déplacement. Dans les cas de chute de matrice incomplète et sans complications, la réduction est facile. Pour l'obtenir, il suffit de faire coucher la malade sur le dos, de manière que les muscles des parois abdominales soient dans le plus grand relâchement possible et le bassin plus élevé que la poitrine, et de porter un ou deux doigts dans le vagin pour soulever la matrice et la reporter à sa hauteur ordinaire. Mais, dès qu'on cesse de l'y soutenir, le moindre effort, souvent son seul poids, en reproduisent le déplacement. Quand il y a chute complète, après avoir donné la même situation à la malade, et avoir pris la précaution de vider la vessie au moyen de la sonde, si cela est nécessaire, et de faire évacuer par des lavemens les matières contenues dans le gros intestin, on embrasse la tumeur avec les doigts d'une des mains, et on la repousse dans l'intérieur du bassin, en la dirigeant suivant l'axe du détroit inférieur, les doigts de l'autre main étant placés vers les lèvres de la vulve pour faciliter la rentrée des parties. Une fois que la partie la plus large de l'utérus a franchi l'orifice du vagin, le reste rentre bientôt de lui-même. Mais il n'est pas toujours facile, ni même possible de réduire sur-le-champ la chute complète de la matrice; le volume de la tumeur produit, soit par un état inflammatoire, soit par l'infiltration du tissu cellulaire et l'épaississement des tissus dans les maladies fort anciennes, peut s'y opposer. Le repos dans une situation horizontale, la saignée, une diète plus ou moins rigoureuse, des boissons délayantes et rafraîchissantes, l'application des émolliens sur la tumeur, devront être employés pendant quelques jours pour combattre l'inflammation et préparer la réduction. Dans le second cas, la plupart de ces moyens sont encore indiqués, et suffisent presque toujours pour produire le dégorgement, quand on les emploie pendant un temps suffisamment long. On peut encore, comme je l'ai vu pratiquer avec succès à Desault, exercer sur la tumeur une compression douce et graduée au moyen d'un bandage circulaire. Si la gangrène s'était emparée d'une grande partie de la tumeur, il faudrait attendre la séparation des escarres pour tenter la réduction de ce qui reste, si toutefois cette réduction ne s'effectuait pas d'elle-même, comme cela a lieu le plus souvent. Mais si la gangrène était peu étendue, je crois qu'il vaudrait mieux réduire la tumeur le plus promptement possible. Ce serait le meilleur moyen d'empêcher les progrès ultérieurs de la désorganisation. C'est aussi, d'après l'avis de Saviard, d'Heister et de Levret, la conduite qu'il faudrait tenir si la surface de la tumeur était ulcérée. Quelques médecins cependant ont craint que, si on reportait ces ulcérations à l'intérieur, elles ne prissent un caractère cancéreux. Mais cette crainte est chimérique, car cette dégénérescence ne peut dépendre de la circonstance que les ulcères seraient au dedans du vagin, où on peut d'ailleurs porter les médicamens que l'on juge convenables. La réduction, en faisant cesser le contact des urines et des corps extérieurs, seules causes de ces ulcères, suffira le plus ordinairement pour déterminer leur guérison. On fera faire quelques injections émollientes ou détersives, et on s'opposera à la formation de brides ou d'adhérences nuisibles au moyen de mèches introduites à propos dans le vagin. Lorsque la matrice est affectée de squirrhe, doit-on en faire l'extirpation? cette extirpation ne doit-elle pas même être employée dans les cas où la réduction est impossible? Ces questions, agitées par quelques auteurs, ont été résolues diversement. Ruisch (*Obs. anat.* 7) rapporte que chez une femme de trente ans l'utérus déformé, squirrheux, et fort volumineux, pendait hors de la vulve. On lia la tumeur au moyen d'un fil double; la vessie se trouva comprise dans la tumeur, et la mort suivit bientôt cette opération. Ce mauvais succès, et surtout la crainte qu'inspirait la présence de la vessie dans la tumeur, firent rejeter par plusieurs chirurgiens l'idée qu'on dût jamais pratiquer cette extirpation. D'un autre côté des exemples de séparation de semblables tumeurs par la gangrène, quelques opérations faites avec succès, quoique souvent sans prudence ni méthode, engagèrent d'autres à en admettre la pratique; mais il me semble qu'on n'a pas examiné avec assez d'attention les faits particuliers pour établir la marche que l'on doit suivre. Je ne puis me livrer ici à cet examen; il me suffit de dire que, dans quelques cas, il y avait seulement chute du vagin, et que l'on a simplement extirpé une partie de la membrane interne de ce conduit, c'est ce que prouve la fécondité qui a continué malgré cette opération; et que dans d'autres l'utérus, ayant été entraîné par un polype, on peut bien croire qu'il existait un allongement du col, et que le déplacement total de l'organe n'était pas aussi considérable qu'il paraissait. Cependant je crois que, dans les cas où l'utérus serait squirrheux et pourrait être isolé des parties voisines, on pourrait tenter son extirpation avec un juste espoir de succès; mais il ne faudrait pas se borner à inciser ou à lier la tumeur à sa base. Il faudrait avoir bien soin de s'assurer de la disposition de la vessie et du rectum pour éviter de les blesser. Pour terminer ce qui a rapport à la réduction de ce déplacement, il me reste à indiquer que les médecins anciens et quelques-uns même des temps modernes, quand les moyens ordinaires avaient échoué, cherchaient à forcer l'utérus à rentrer dans sa place, en produisant chez les malades quelque terreur inopinée ou en approchant un fer rouge de la tumeur. Cette conduite, qui a quelquefois et par hasard eu des succès, est trop facile à apprécier pour croire qu'elle puisse trouver des imitateurs parmi les gens instruits.

La seconde indication à remplir est de s'opposer au retour de l'affection. En effet nous avons vu que la chute incomplète se reproduit dès qu'on cesse de soutenir l'utérus. Après la réduction de la tumeur, dans le cas de chute complète, le rétrécissement naturel de l'orifice du vagin peut bien quelquefois retenir l'utérus pendant un certain temps, mais il ne tarderait pas à sortir de nouveau. Cette indication se présente sous deux points de vue : guérir radicalement la maladie, ou pallier ses effets en soutenant l'utérus par quelque moyen mécanique. La guérison radicale ne peut s'obtenir qu'en faisant cesser la cause prochaine : dans quelques cas en enlevant une excroissance qui a entraîné l'utérus; dans le plus grand nombre, en redonnant du ton aux parois du vagin et aux parties qui environnent l'utérus. On a recommandé, à cet effet, des injections avec des liqueurs toniques et astringentes; mais, comme elles s'écoulent promptement du vagin, on a proposé d'y fixer ces substances, en introduisant dans ce conduit des éponges qui en seraient imbibées. Leur emploi doit être long-temps continué, et il faut qu'il soit secondé par le repos dans une situation favorable; mais, quoi qu'on ait dit de l'emploi de ces moyens , ils réussissent bien rarement , et seulement quand la maladie est récente. Alors on arrive aussi quelquefois au même résultat , en faisant porter un pessaire pendant un certain temps. Th. Bartholin (*Cent.* 4, *obs.* 2.) rapporte ainsi le traitement qu'il employa chez la femme d'un sculpteur. « J'appliquai sur le périnée un emplâtre matrical , je fis poser une grande ventouse sèche au-dessus de l'ombilic , et deux sur les régions iliaques , et je fis approcher des narines des substances odorantes. » On ne conçoit guère quel put être l'effet d'un semblable traitement, que je cite comme un modèle de ceux que l'on a long-temps opposés à cette maladie. Il ne pouvait être d'aucune utilité par lui-même ; mais le repos ou les pessaires, que l'on mettait concurremment en usage, guérissaient ou palliaient le déplacement. Dans plusieurs cas, la nature fait beaucoup plus que l'art, en donnant aux femmes un embonpoint qui rend inutiles les pessaires que l'on a placés. La cure palliative consiste dans l'emploi d'un moyen qui soutienne l'utérus, sinon dans sa situation naturelle, du moins à une hauteur suffisante pour que les effets de son déplacement ne soient plus sensibles. Le meilleur et le plus usité de ces moyens est un pessaire que l'on place dans l'intérieur du vagin. Dans un article à part , je traiterai des PESSAIRES, de leurs formes variées , des matières diverses dont on les fait, de leurs avantages et de leurs inconvéniens, soit en général, soit en particulier, de la manière de les placer et de leur action. Il me suffira d'exposer ici ce qui est particulier à leur emploi dans le cas de chute de matrice. Les pessaires en anneaux sont en général préférables ; mais ils sont insuffisans , quand le périnée a été complètement déchiré dans un accouchement précédent, quand le détroit inférieur est très-large, et dans beaucoup de cas de chute complète. Il faut alors avoir recours à un pessaire à tige, soutenu par un bandage ou par un ressort , et si ce pessaire est encore insuffisant, à un tampon de linge ou à un pessaire en bondon, maintenu en place au moyen d'un chauffoir. Lorsque plusieurs des circonstances ci-dessus énoncées sont réunies, ces moyens eux-mêmes sont insuffisans ; ils peuvent aussi être quelquefois insupportables à la femme, soit par eux-mêmes, soit par les moyens employés par les maintenir en place. On est alors obligé de se borner à empêcher la matrice de faire saillie au dehors, au moyen d'un chauffoir ou d'un bandage analogue. Il est enfin des cas , rares à la vé-

rité, où la réduction d'une chute complète serait impossible : la seule ressource que l'art pourrait offrir serait de faire soutenir la tumeur par une sorte de suspensoir, et de recommander la plus grande propreté pour obvier à l'effet du contact des urines et des objets extérieurs. Mais Denmann , M. Béclard et d'autres praticiens distingués pensent que la réduction sera toujours possible , si on tient les malades pendant long-temps dans une situation horizontale. Les inconvéniens que l'on a reconnus à l'usage des pessaires , et que l'on s'est parfois exagérés , ont engagé quelques chirurgiens à leur substituer des éponges , dont la grosseur doit être proportionnée à l'ampleur de la cavité du vagin et de l'orifice de ce conduit. Ces éponges , introduites dans un état de dessiccation et d'affaissement, se gonflent en s'imbibant des humidités de la partie, ou des liquides qu'on y injecte, se maintiennent d'elles-mêmes en place, ou peuvent être soutenues par un chauffoir. Mais j'ai rarement vu des femmes qui n'en fussent pas plus incommodées que de l'usage d'un pessaire bien fait. Trop petites, elles ne soutiennent pas l'utérus, et s'échappent au dehors; trop volumineuses, elles exercent sur les parties voisines une compression fort gênante et souvent insupportable. Quand la matrice est dans un état inflammatoire , on ne doit employer ces moyens mécaniques qu'après avoir obtenu la résolution de l'inflammation, car leur action sur la matrice ne pourrait qu'être nuisible, et aggraver les accidens, à moins que l'inflammation ne soit évidemment due à la position vicieuse de l'organe.

L'état de grossesse présente quelques considérations particulières. En général, lorsque la chute de matrice est incomplète, elle se réduit d'elle-même, et les symptômes qu'elle produit cessent, dès que l'utérus a acquis un volume suffisant pour se soutenir au-dessus du détroit supérieur ; ce qui arrive du quatrième au cinquième ou sixième mois de la grossesse, suivant que le développement de cet organe est plus ou moins rapide, et le détroit supérieur plus ou moins spacieux. Quelquefois cependant l'utérus reste plongé dans l'excavation du bassin, jusqu'à l'époque de l'accouchement, et son segment inférieur vient , pendant le travail, proéminer entre les lèvres de la vulve. La présence de l'utérus ainsi développé dans l'excavation du bassin , outre les autres symptômes énumérés plus haut, produit surtout la dysurie et l'ischurie, et la difficulté de l'émission des matières fécales. Kulm a vu , dans un cas de grossesse de deux enfans, l'utérus

comprimer le méat urinaire, au point d'empêcher totalement l'émission des urines. La
vessie était tellement distendue, qu'elle présentait deux pieds de longueur, les uretères
et les bassinets des reins étaient aussi excessivement distendus. L'utérus dans l'état de
grossesse peut aussi, comme il a été dit plus
haut, former une tumeur au dehors de la
vulve, soit que la chute existât avant l'imprégnation, comme dans un cas dont Harvée fut
témoin, soit qu'elle ne se soit manifestée que
dans le cours de la grossesse, comme on en a
plusieurs exemples, un surtout cité par Van
Leuwen, d'après Mullner (*Dissert. de art.
obst. hodiern. præstantia, apud Schlegel*), et
deux par Mauriceau, dans lesquels la chute
de matrice eut lieu du quatrième au cinquième
mois de la grossesse. Portal (*Prat. des Acc.,
obs.* 10.) rapporte même que, chez une femme
enceinte pour la première fois, à laquelle il
donna des soins, la matrice, formant entre
les cuisses une tumeur du volume d'un ballon,
était sortie pendant le travail de l'accouchement. Quoiqu'il ne soit pas très-rare de voir
un segment plus ou moins considérable de l'u-
térus faire, à l'instant de l'accouchement,
saillie hors de la vulve, il serait cependant
difficile de concevoir comment une masse aussi
volumineuse a pu franchir le canal du bassin,
tout spacieux qu'on le suppose, si les circonstances dont Portal a entouré son récit per-
mettaient le moindre doute. On trouve, dans
l'ancien *Journal de Médecine*, un fait encore
plus extraordinaire (1776). Un chirurgien,
nommé Giraud, assure avoir réduit l'utérus
en état de prolapsus chez une femme enceinte
de neuf mois, et que l'accouchement eut lieu
naturellement neuf jours après, sans récidive
du déplacement. Levret (*Anc. Journal de
Méd.,* 1770) dit avoir vu plusieurs femmes,
chez lesquelles la tête de l'enfant était sortie
de la vulve, quoiqu'encore renfermée dans le
col utérin allongé à ce point. Il pense que ce
cas en a imposé à plusieurs praticiens qui,
comme Portal, ont cru alors que toute la matrice, chargée de l'enfant en entier, était
sortie du corps de la femme. Il en était bien
certainement ainsi dans un cas rapporté par
Deventer, et je serais porté à croire avec Levret que telle a toujours été la disposition
des parties, si je ne voyais dans quelques observations, telles que celle qui est citée par
Van Leuwen, que l'on a introduit la main
dans l'utérus pour retourner le fœtus, et l'amener par les pieds; ce qui aurait été impossible dans la supposition admise par Levret.

La conduite à tenir dans ces cas varie suivant diverses circonstances. Quand la chute
de l'utérus est incomplète, le plus souvent il
est inutile de placer un pessaire, et dans beaucoup de cas, il ne pourrait rester en place.
Le pessaire en anneau serait le seul admissible, si l'on jugeait à propos d'en faire porter
un. Il suffit que la malade garde, le plus long-
temps possible, chaque jour, le repos dans
une situation horizontale, et que, pour faciliter l'émission des urines, elle prenne une
position telle que le bassin se trouve élevé,
et que l'utérus soit par son propre poids entraîné vers le diaphragme, ou qu'avec un ou
deux doigts introduits dans le vagin, elle soulève cet organe pour faire cesser la compression qu'il exerce sur le méat urinaire. Pendant
l'accouchement, l'accoucheur doit engager la
femme à suspendre, autant qu'il est en elle,
les contractions des muscles abdominaux et
du diaphragme; à confier, s'il est possible,
l'expulsion du fœtus aux seules contractions
utérines. Il doit aussi, avec une main placée
sur la région hypogastrique, et avec les doigts
de l'autre main portés à l'entrée du vagin, soutenir la matrice, et s'opposer aux efforts qui
tendent à la pousser au dehors. Si le prolapsus est complet, il faut, pendant la grossesse,
tâcher d'en obtenir la réduction, comme Mauriceau et d'autres praticiens y sont parvenus,
placer un pessaire en anneau ou un tampon
de linge que la malade devra porter jusque
vers le dernier mois de sa grossesse, et à l'é-
poque de l'accouchement se comporter comme
dans le cas précédent. Si le volume de la tumeur s'oppose à sa réduction, il faut la soutenir par un bandage convenable, faire garder
à la femme la situation horizontale le plus
qu'elle pourra. Quand l'accouchement devra
se faire, on le confiera aux seules forces de
la nature, employant seulement quelques fomentations émollientes, quelques embrocations onctueuses pour faciliter la dilatation
de l'orifice. Levret réprouve avec raison les incisions que quelques personnes ont proposées
et pratiquées sur les bords de cet orifice. On
pourrait en dire autant des dilatations employées par Portal, et des autres moyens qu'on
doit réserver pour les cas où la nature ne peut
se suffire à elle-même. L'état de gêne où se
trouve l'utérus ne permettra pas toujours le
développement complet de la gestation. Dans
le cas rapporté par Harvée, le fœtus périt et
fut expulsé long-temps avant le terme; dans
un autre cité par Éberhard-Gœkel, on retira
de l'utérus un fœtus déjà endurci.

CHUTE DU VAGIN. *Vaginæ prolapsus ; uteri vaginæ, seu vulvæ, relaxatio, lapsus, inversio, procidentia.* Rélaxation, descente, renversement du vagin. On a compris, sous ce nom, divers états qui diffèrent essentiellement, et n'ont de commun que la saillie de la membrane interne du vagin, à l'intérieur de ce conduit et même entre les lèvres de la vulve. Ainsi le bas-fond de la vessie peut éprouver une distension considérable, pousser au-devant d'elle la paroi correspondante du vagin. La même chose arrive aussi quelquefois à la partie antérieure du rectum ; mais ces tumeurs sont de véritables hernies vaginales du rectum et de la vessie, et je ne dois pas en traiter ici. (*Voyez* HERNIE.) Je ne dois pas non plus parler du renversement de ce conduit qui est l'effet nécessaire de la chute de matrice. Je rappellerai seulement qu'on a long-temps confondu cette dernière maladie avec la chute du vagin, maladie que l'on rencontre moins fréquemment. Cette confusion, qui règne dans les descriptions générales et dans les observations particulières, répand de l'obscurité sur l'étude littéraire de ces maladies, et y fait naître plus d'une difficulté. On n'entend généralement et on ne doit entendre par chute du vagin qu'une maladie analogue à la chute du rectum, et qui consiste dans le boursouflement de la membrane interne de ce canal.

On a distingué la chute du vagin en *complète*, lorsque la tumeur proémine hors de la vulve ; *incomplète*, quand elle proémine seulement à l'intérieur du vagin ; *universelle*, quand toute la circonférence du vagin forme la tumeur ; *partielle*, quand elle n'est formée que par une partie de la circonférence. Dans ce dernier cas, qui est très-fréquent, c'est le plus ordinairement la partie antérieure qui est affectée. Loder, qui dans divers programmes a très-bien traité de cette maladie, prétend que la *chute partielle* seule peut être simple, et que l'*universelle* est toujours compliquée de chute de matrice et de déplacement du méat urinaire et même de la vessie. Mais plusieurs observations complétées par la dissection de la tumeur, prouvent qu'il n'en est pas toujours ainsi. La membrane interne ne se sépare pas du tissu propre du vagin, comme quelques auteurs l'ont dit, ou plutôt cette séparation est produite par l'infiltration du tissu cellulaire qui les unit. Il y a bien séparation complète et déchirure du tissu intermédiaire dans quelques cas d'accouchemens laborieux, par l'effet du frottement exercé par la tête de l'enfant ; mais alors il y a un épanchement considérable de sang entre les deux membranes. Ce cas ne doit pas être considéré comme chute du vagin. L'infiltration, qui permet ainsi à la membrane de faire saillie, est bien rarement primitive, si cela a jamais lieu, et la conséquence de la laxité, de la débilité des tissus ; elle est toujours, ou presque toujours, l'effet de l'inflammation de cette membrane interne ; mais toutes les causes qui peuvent produire le relâchement et la faiblesse des tissus, surtout si elles agissent spécialement sur les organes génitaux, et celles qui déterminent une surabondance de sucs séreux, doivent être considérées comme des causes prédisposantes : tels sont une constitution lymphatique, un état cachectique causé par la mauvaise nourriture ou par toute autre cause, l'abus des bains chauds et des boissons relâchantes, la leucorrhée ancienne et abondante, la ménorrhagie, la fréquence des accouchemens ou des avortemens.

On doit mettre au nombre des causes occasionelles les violences dépendantes du frottement ou de la pression exercé par la tête du fœtus pendant l'accouchement, ou de l'action inconsidérée de la main de l'accoucheur ou des instrumens qu'il emploie ; l'abus du coït, la masturbation ; des efforts violens pour soulever un fardeau, la constipation, les secousses résultantes de sauts, de chute, de ris immodérés, de toux, de vomissemens ; des violences extérieures. Ainsi on l'a vue causée par un coup de corne de vache qui avait porté dans le vagin. J'ai vu souvent, surtout chez des femmes arrivées à l'âge critique, la chute partielle de la paroi antérieure être le résultat d'une inflammation chronique dont la cause pouvait être attribuée à une acrimonie dartreuse ; quelquefois aussi il était impossible d'arriver à la détermination de la cause.

Les symptômes, qui sont plus ou moins intenses selon l'étendue du déplacement et l'état inflammatoire de la tumeur, sont : un sentiment de pesanteur à l'orifice du vagin ; une tumeur plus ou moins proéminente, arrondie dans le prolapsus partiel simple, double dans le prolapsus partiel qui occupe les parois antérieure et postérieure, en forme de bourrelet circulaire dans le prolapsus universel ; gêne dans la marche et difficulté à rester assise, dépendant de la présence de la tumeur ; ténesme vésical, quelquefois strangurie ; constipation ; écoulement de mucosité puriforme. Dans le prolapsus complet, l'action de l'urine sur la surface de la tumeur, et le frottement qu'elle éprouve pendant la marche, peuvent déterminer une inflammation plus forte, des excoriations accompagnées de douleurs vives, de tension dans la tumeur et qui se propagent vers les lombes ; et le gonflement de la partie produisant une sorte d'étranglement à l'endroit où elle traverse l'orifice du vagin, la gangrène peut s'en emparer. Cet effet peut aussi être la suite d'efforts inconsidérés pour obtenir la réduction, comme Heister en rapporte un exemple. L'urine peut corroder la surface de la tumeur, s'infiltrer dans son tissu et y former des concrétions calculeuses. Loder en cite un exemple d'après Stoeller.

Le *diagnostic* se tire de l'existence des symptômes et de la forme de la tumeur, qui offre des rides transversales dans le prolapsus partiel de la paroi antérieure. Dans le prolapsus universel, la tumeur est cylindroïde ; sa surface est sillonnée par des rides circulaires ; à sa partie inférieure, on trouve un orifice qui communique à un conduit au fond duquel on distingue le museau de tanche. La base de la tumeur se continue avec la membrane interne de la vulve ; cependant quelquefois un cul-de-sac peu profond l'environne. La forme et le volume de la tumeur formée par la chute complète du vagin, varient quelquefois au point de rendre le diagnostic difficile, comme dans les cas rapportés par Bartholin (*cent.* 5, *hist.* 9. *Casus pudendi muliebris monstruosè conformati*) et Hagendorn (*cent.* 3, *hist.* 3. *Procidentia uteri instante partu.*) Schacher (*Progr. de prolapsu vag. uteri*) cite, d'après Widmann, l'observation d'une tumeur qui par sa forme piriforme simulait une chute de matrice, et que la dissection prouva n'être formée que par la membrane interne du vagin.

Le *pronostic* est en général peu fâcheux ; mais la maladie est souvent fort rebelle, surtout quand elle est ancienne. Rarement on parvient à obtenir la guérison de la chute du vagin complète et universelle. Cette guérison a été quelquefois la suite accidentelle de l'inflammation développée par la présence d'un pessaire dans le vagin. Morand en rapporte un exemple dans les *Mémoires de l'Académie de chirurgie.* Schacher cite celui d'une femme qui, pour remédier aux inconvéniens d'une chute de vagin, s'introduisit dans ce conduit un pot de porcelaine, qui y resta un an et ne put être extrait que par morceaux et avec beaucoup de peine, à cause de l'inflammation qu'il avait fait naître. Elle se trouva complètement guérie de sa maladie. On raconte aussi que des femmes ont été guéries par une grossesse, ou ont trouvé dans des grossesses successives un

soulagement à cette incommodité ; mais ces cas se rapportent évidemment à la chute de matrice.

Le *traitement* du prolapsus partiel exige d'abord l'emploi des antiphlogistiques, surtout des moyens locaux, et quand l'inflammation est dissipée, celui des toniques et des astringens. La cause spéciale de l'inflammation peut aussi exiger un traitement particulier, et l'emploi des exutoires. Mais il est rare qu'on soit obligé de soutenir les parois du vagin par un pessaire ou autre moyen mécanique, si ce n'est quand le relâchement a été porté à un point extrême. La chute universelle présente les mêmes indications que la chute de matrice. Ainsi, il faut réduire la tumeur, soit immédiatement, soit après avoir dissipé l'inflammation et le gonflement, lorsqu'ils sont considérables ; ensuite on s'oppose au renouvellement du déplacement, par l'emploi des toniques et des astringens, sous forme d'injections, de douches, de fumigations, d'applications au moyen d'éponges ou de sachets introduits dans le vagin, quand on peut espérer d'obtenir une cure radicale, ce qui est beaucoup plus fréquent que pour la chute de l'utérus. Lorsqu'il y a des escarres gangréneuses étendues, Heister recommande de faire des scarifications. Les eaux ferrugineuses conviennent, et ont été spécialement recommandées. Excepté dans les cas où il faut combattre une disposition générale, les remèdes internes sont inutiles. Quand on ne peut espérer de réussir par ce traitement, il faut alors pallier au moins les effets du prolapsus et s'opposer à son renouvellement en faisant porter continuellement un pessaire en bondon, une éponge, ou un tampon de linge. (*Voyez* PESSAIRE.) Enfin je pense que, dans le cas de chute du vagin, ancienne et incurable par les moyens ci-dessus indiqués, on pourrait, sans inconvéniens et même avec avantage, tenter la résection de la portion excédente de la membrane du vagin, comme on le fait avec succès pour les chutes du rectum. En effet, des observations assez nombreuses de semblables résections de la membrane du vagin, citées par Stalpart, Wanderwiel, J.-A. Mekreen, et d'autres auteurs, prouvent qu'on l'a quelquefois faite avec succès ; mais pour imiter ces exemples, il faudrait, avant d'entreprendre l'opération, s'assurer bien exactement de la disposition de la vessie et du rectum pour ne pas courir le risque de les intéresser. (DESORMEAUX.)

CHYLE, s. m., *chylus*, de χυλὸς, suc. On appelle ainsi le fluide que les vaisseaux absorbans, dits chylifères, ouverts à la surface interne de l'intestin grêle, puisent dans les alimens convenablement digérés, c'est-à-dire changés en chyme, et à l'aide duquel le sang est renouvelé. Au mot CHYLIFÈRE, nous traiterons de l'action d'absorption qui fait le chyle, de la voie par laquelle il est conduit de l'intestin grêle jusque dans le sang, et de sa quantité. Ici, nous nous bornerons à indiquer ses propriétés physiques et sa nature chimique.

Le chyle est un liquide d'un blanc de lait, limpide et transparent dans les animaux herbivores, au contraire opaque dans les animaux carnivores, qui n'est ni visqueux ni collant au toucher, dont la consistance varie selon la nature des alimens et la quantité des boissons surtout, qui a une odeur de sperme, une saveur douce, et qui ne ressemble en rien à celle des alimens, qui n'est ni acide ni alcalin, et qui enfin a une pesanteur spécifique supérieure à celle de l'eau distillée, mais inférieure à celle du sang. Les savans qui l'ont observé, MM. Thénard, Dupuytren, Vauquelin, Emmert, Marcet, Magendie, Gmelin et Tiedemann, varient du reste dans la description qu'ils en donnent; tandis que les premiers disent qu'il a une saveur douce, les derniers disent qu'il a une saveur salée, qu'il happe à la langue et est sensiblement alcalin.

Relativement à sa nature chimique, il a beaucoup de ressemblance avec le sang. En effet, abandonné à lui-même, il se concrète et se partage, comme le sang, en deux parties, un liquide et un caillot. Le premier est un sérum albumineux, comme celui du sang, par conséquent coagulable de même par le feu, l'alcohol, les acides, tenant les mêmes sels en dissolution, et n'en différant qu'en ce qu'il contient de plus une matière grasse particulière. Le caillot est, comme celui du sang, formé de fibrine et d'une matière colorante; les seules différences sont que ce caillot contient aussi, de plus que celui du sang, une matière grasse particulière; que la matière colorante est blanche au lieu d'être rouge, et qu'enfin la fibrine du chyle est un peu moins fibrine que celle du sang, encore plus albumineuse, comme le montrent sa moindre ténacité, sa moindre élasticité, et sa plus grande et plus prompte solubilité dans la potasse caustique.

Remarquons toutefois sur cette description du chyle, 1° que celui sur lequel on a opéré était retiré du canal thoracique, c'est-à-dire d'un lieu où il n'est déjà plus seul, mais où il est mêlé à de la lymphe; 2° qu'il doit exister en ce chyle des différences selon le degré de perfection avec lequel a agi l'organe qui l'a fait; 3° qu'il doit enfin en présenter aussi selon les alimens desquels il dérive, abstraction faite des parties de ces alimens qui pénètrent en lui sous leur forme étrangère. Des alimens de mauvaise qualité feront un mauvais chyle, et *vice versâ*. On dit que le degré de liquidité des alimens influe sur celui du chyle. M. Marcet dit que le chyle qui provient d'alimens végétaux contient trois fois plus de carbone que celui qui provient d'alimens animaux. M. Magendie enfin dit que les trois parties constituantes du chyle, savoir, le sérum, le caillot et la matière grasse, sont dans des proportions différentes selon la nature de l'aliment; que le chyle qui provient du sucre, par exemple, contient peu de fibrine par opposition à celui qui provient de la chair, que la partie grasse prédomine en celui qui dérive d'huile, etc.   (ADELON.)

[Après 12, 24, et même 36 heures d'abstinence absolue, les vaisseaux chylifères d'un chien contiennent une petite quantité d'un fluide demi-transparent avec une teinte légèrement laiteuse et qui d'ailleurs présente les propriétés les plus analogues au chyle : ce fluide qu'on ne rencontre que dans les vaisseaux lactés et dans le canal thoracique, et qui n'a jamais été analysé, paraît être un chyle qui provient de la digestion de la salive et des mucosités de l'estomac : cela paraît d'autant plus probable que les causes qui accélèrent la sécrétion de ces fluides, comme les boissons alcoholiques ou acides, augmentent sa quantité.

Quand la privation de toute nourriture s'est prolongée au-delà de trois ou quatre jours, les vaisseaux chylifères sont dans le même cas que les lymphatiques; on les trouve tantôt remplis de lymphe tandis que d'autres fois ils sont complètement vides.

Il résulte de ces faits que le chyle des alimens qu'on extrait des vaisseaux chylifères est toujours mêlé, soit au *chyle du mucus digestif* dont nous venons de parler, soit à la lymphe; le résultat est le même si l'on extrait le chyle du canal thoracique, car celui-ci est constamment rempli de lymphe, même après huit jours et plus d'abstinence.

Ainsi donc, la matière qui, sous le nom de chyle, a été examinée par les chimistes, est loin de devoir être considérée comme extraite en entier des substances alimentaires; il est évident que celles-ci n'y entrent que pour une certaine quantité.]

CHYLEUX, adj., *chylosus*, qui appartient au chyle. Ainsi on appelle *vaisseaux, ganglions chyleux*, les organes de ce genre qui servent à la formation et à la circulation du chyle. *Voyez* CHYLIFÈRE.   (ADELON.)

CHYLIFÈRE, adj., *chylifer*, de *chylus*, chyle, et *fero*, je porte. On appelle chylifères les vaisseaux et glandes lymphatiques des intestins, particulièrement de l'intestin grêle, parce qu'ils transmettent le chyle au canal thoracique. Ils sont situés dans l'épaisseur du mésentère, entre les deux feuillets du péritoine qui le constituent.

Les vaisseaux chylifères prennent naissance à la surface libre ou dans l'épaisseur de la membrane muqueuse de l'intestin grêle, d'une manière qui n'est pas exactement connue; on ne sait pas bien, en effet, si chacun d'eux commence par un ou plusieurs orifices distincts et béants à la surface, ou bien s'ils ne naissent pas plutôt d'une substance molle spongieuse, susceptible d'imbibition, d'une sorte de *spongiole*, qui garnirait la surface libre de la membrane muqueuse.

Outre ces premiers vaisseaux, très-déliés, situés transversalement ou annulairement entre les membranes muqueuse et musculaire, et qui se rendent de là entre les feuillets du mésentère, d'autres vaisseaux lymphatiques beaucoup plus volumineux, situés entre le péritoine et la membrane musculaire, longitudinalement, ou au moins très-obliquement, se rendent aussi dans le mésentère, où bientôt ils ne se distinguent plus des premiers. Les uns et les autres paraissent plus volumineux près de leur origine que dans le reste de leur trajet. Les vaisseaux chylifères et lymphatiques de l'intestin grêle, tous interrompus par les glandes du mésentère, vont, depuis leur origine jusqu'à leur terminaison, en diminuant de nombre et de volume; ils se terminent par plusieurs troncs assez volumineux, mais qui le sont beaucoup moins que l'ensemble des racines, dans la partie lombaire du canal thoracique.

Les glandes chylifères ou lymphatiques du mésentère sont en très-grand nombre; il y en a ordinairement plus de cent. Leur volume n'est pas égal; les plus petites et les plus nombreuses sont situées à environ un pouce du bord adhérent de l'intestin : ce sont les premières que l'on rencontre sur le trajet des vaisseaux chylifères; les autres, de plus en plus volumineuses, et de moins en moins nombreuses, occupent le reste du mésentère depuis son bord intestinal jusqu'à sa racine.

Les vaisseaux et les glandes chylifères ont la même structure que les vaisseaux et les glandes lymphatiques en général. C'est dans cette partie du système lymphatique que les communications avec le système veineux paraissent le plus évidentes. Nulle part le volume des origines visibles des vaisseaux lymphatiques n'est dans une disproportion aussi manifeste avec leurs troncs, nulle part les vaisseaux afférens à une glande ne sont aussi supérieurs en nombre et en volume aux vaisseaux efférens; nulle part les veines des glandes lymphatiques ne sont aussi nombreuses et volumineuses relativement aux artères, nulle part enfin les liquides absorbés par les vaisseaux lymphatiques ou injectés dans leur cavité n'ont été aussi constamment retrouvés, au-delà des glandes lymphatiques qu'ils ont traversées, en partie dans les vaisseaux lymphatiques efférens, et en partie dans les veines.

Le système chylifère ou lymphatique du mésentère existe dans les quatre classes d'animaux vertébrés : des observations récentes à ce sujet ont confirmé celles de Hewson. Les vaisseaux et les glandes chylifères conduisent et élaborent les substances liquides absorbées dans l'intestin. Une partie passe des glandes et peut-être même immédiatement des radicules lymphatiques dans les racines de la veine-porte, une autre partie est conduite par les vaisseaux efférens dans le canal thoracique.

L'affection tuberculeuse des glandes chylifères ou mésentériques constitue la maladie vulgairement connue sous le nom de CARREAU.

Long-temps avant la découverte du système lymphatique général, la couleur blanche laiteuse que présentent les vaisseaux chylifères des animaux carnivores pendant la digestion leur avait fait donner le nom de *vaisseaux lactés*, de *veines lactées*.   (A. BÉCLARD.)

CHYLIFÈRES (Physiologie). L'appareil de vaisseaux et de ganglions qui vient d'être décrit accomplit dans l'économie la principale des absorptions nutritives externes, celle qui puise dans l'intestin grêle la partie nutritive des alimens digérés, et qu'on appelle *absorption chyleuse*, parce que le fluide qui en est le produit est appelé *chyle*. Nous avons déjà parlé de cette action au mot *absorption*; mais c'est ici que nous devons en traiter avec détails; et pour ne rien omettre d'important sur elle, nous allons successivement indiquer, 1° quels sont les matériaux sur lesquels l'appareil chylifère agit; 2° ce qu'est l'action d'absorption qu'exécute cet appareil à son origine dans l'intestin ; 3° quel est enfin le cours du fluide qui en résulte, et quelles altérations ce fluide peut éprouver dans ce cours.

1° *Matériaux du chyle.* — Les matériaux dans lesquels puise l'appareil chylifère, sont la masse chymeuse en laquelle se sont changées les alimens par le travail de l'estomac, après que cette masse a subi dans le duodénum l'influence inconnue de la bile et du suc pancréatique, et au moment qu'elle traverse l'intestin grêle. Ce n'est pas ici le lieu de discuter en quoi ont consisté les altérations digestives qui ont fait ce chyme ; on le dira au mot DIGESTION : il doit nous suffire ici de dire qu'il provient en grande partie des alimens et un peu des sucs mêmes de l'appareil digestif ; qu'il s'offre sous l'apparence d'une substance pultacée, grisâtre, d'une fluidité visqueuse, d'une saveur légèrement acide, mêlée à de la bile, et qu'il est enfin la forme sous laquelle l'aliment est apte à fournir à l'action d'absorption sa partie nutritive.

2° *Action absorbante des chylifères.* — Nous serons également court sur cet objet, parce que nous en avons traité à l'article ABSORPTION, tom. 1, pag. 81 et suiv. Nous avons dit que les vaisseaux chylifères, qui ont une communication médiate ou immédiate dans la cavité de l'intestin, qui conséquemment sont en contact avec le chyme, puisent en lui certains principes et fabriquent avec eux un fluide blanc qui se laisse voir aussitôt dans son intérieur, et qui est le chyle. Nous avons dit que, trop moléculaire pour tomber sous les sens, cette action n'était manifestée que par son résultat, la formation du chyle ; qu'il n'était pas plus possible d'indiquer le point précis où elle s'effectue, que de savoir quelle est la disposition des chylifères à leur origine ; que cette action n'est pas une simple action de pompement, mais une action d'élaboration qui a pour résultat la formation du fluide qui en est le produit. Le chyle en effet n'existe pas tout formé dans le chyme ; en vain on a cherché à le reconnaître dans celui-ci contenu encore dans l'intestin ; en vain on a soumis le chyme à une pression pour en exprimer le chyle ; jamais on n'a vu le chyle avant les premiers vaisseaux chylifères. L'analogie des végétaux devant d'ailleurs porter à le croire ; à coup sûr le fluide nutritif de ces êtres organisés n'existe pas tout formé dans le sol ; celui-ci n'en contient que les matériaux, et les vaisseaux absorbans des racines le constituent par l'élaboration qu'ils font subir à ces matériaux

au moment qu'ils les saisissent. Or, il en est de même du chyle dans les animaux. M. Magendie, qui a cherché dans des expériences à signaler la forme qu'avait la matière chymeuse au moment de sa préhension par les vaisseaux chylifères, dit que, dans les cas où cette matière provenait d'alimens végétaux et animaux qui contenaient de l'huile et de la graisse, il avait vu quelques filamens irréguliers auxquels il donne le nom de *chyle brut*; mais que dans d'autres cas il n'avait remarqué qu'une couche grisâtre, qui, apparaissant à la surface du chyme, était probablement celle sur laquelle agissaient les vaisseaux chylifères. Enfin nous avons dit que cette action des chylifères ne pouvait être assimilée à aucune action physique et chimique, et par conséquent devait être dite une action organique et vitale ; et qu'étant une action d'élaboration, on devait dire d'elle ce qu'on dit de toutes les autres actions élaboratrices de notre économie, savoir : 1° qu'une seule substance peut la subir, le chyme ; toutes les parties d'alimens qui peuvent se trouver dans l'intestin grêle sans être changées en chyme, ne se changent pas non plus en chyle. 2° Que son produit, le chyle, est toujours identique, puisque c'est toujours une même substance, le chyme, qui en est la base, et un même appareil qui le fabrique. Il n'y aura de différences qu'en raison de l'état plus ou moins bon du chyme dont il provient ; de la perfection avec laquelle aura agi l'appareil chylifère qui le fait, et du nombre des parties non chymifiées et chylifiées des alimens qui peuvent être absorbées avec lui. Encore une fois, nous ne faisons qu'énoncer les diverses propositions déjà présentées à l'article auquel nous renvoyons. Nous ne nous arrêterons un peu que sur la dernière.

Cependant cette assertion de l'identité du chyle que nous émettons ici, est un point en litige chez les physiologistes. D'abord on s'est demandé si c'est un même chyle qui revient des divers points de l'intestin grêle ; si, par exemple, celui qui est fait à la partie inférieure de cet intestin n'est pas plus parfait que celui qui provient de la partie supérieure ? On ne peut répondre par des faits directs ; on n'a pas examiné et analysé comparativement du chyle pris à la fin du jéjunum et dans l'iléon, et du chyle pris dans le duodénum. Mais des raisonnemens rendent très-probable que le chyle est le même, quel que soit le lieu de l'intestin grêle d'où il provienne. En effet, ne sont-ce pas toujours et un même chyme qui en est la base, et un même appareil qui le fabrique ? Si des chylifères existent dès la fin du duodénum, n'est-ce pas une preuve que, dès ce lieu, l'aliment a subi toutes les altérations qui le rendent propre à faire le chyle ?

Ensuite, ce chyle est-il toujours le même, et n'offre-t-il jamais de variétés dans ses propriétés physiques et chimiques ? Nous avouons qu'il varie selon trois circonstances : 1° l'état plus ou moins bon du chyme dont il provient. Quoique, en effet, il n'y ait aucun rapport chimique entre le chyme et le chyle, l'état du chyme pourrait-il être sans influence sur celui du chyle ? Avec un mauvais chyme sans doute se fait un mauvais chyle, et *vice versá*. Mais le plus souvent, ces différences ne pourront être saisies par aucun moyen physique ni chimique, et ne seront reconnues que lors de l'emploi du chyle pour la nutrition. Cependant M. Marcet a vu sur des chiens que, si le chyle provenait d'alimens végétaux, ce fluide était transparent, laissait déposer un caillot presque incolore, ne se putréfiait que très-tardivement, donnait à la distillation moins de sous-carbonate d'ammoniaque, et contenait peu de carbone ; tandis que s'il provenait d'alimens animaux, il était toujours laiteux, laissait déposer un caillot opaque et rosé, se recouvrait d'une matière grasse qui manquait dans le premier, était promptement putrescible, fournissait à la distillation plus de sous-carbonate d'ammoniaque, contenait moins de carbone ; 2° le degré de perfection avec lequel a agi l'appareil chylifère. On conçoit, en effet, que, si l'appareil chylifère malade a opéré imparfaitement, il devra en résulter un chyle moins bon, et *vice versá* ; mais il en est encore de ces différences comme des précédentes ; elles ne sont reconnues aussi que par le résultat général de la nutrition ; 3° enfin si, en même temps que les chylifères font le chyle, ils saisissent quelques-uns des principes non chymifiés et chylifiés des alimens, le chyle pourra être altéré plus ou moins par ce mélange. Ainsi on a vu quelquefois les matières colorantes, odorantes, salines des alimens, passer sous leur forme étrangère dans les chylifères, et modifier le chyle. Musgrave, Lister, en colorant les alimens avec l'indigo, ont vu le chyle revêtir une couleur bleue ; Viridet l'a vu coloré en jaune, et Mattei en rouge, à la suite de l'usage d'alimens colorés par du jaune d'œuf et de la betterave. Encore, si on en croit les derniers travaux de Tiedemann et de Gmelin sur l'absorption intestinale, cette absorption de matières étrangères par les chylifères n'arrive que très-rarement.

Déjà Dumas, à Montpellier, MM. Hallé et Magendie, à Paris, avaient cherché vainement à faire pénétrer dans le chyle les matières colorantes ; MM. Tiedemann et Gmelin ont en vain soumis à l'action absorbante des chylifères, des substances colorantes comme de l'indigo, de la garance, de la rhubarbe, de la cochenille, de la teinture de tournesol, d'alcanna, de la gomme-gutte, du vert d'iris ; des substances odorantes, comme du musc, du camphre, de l'alcohol, de l'esprit de térébenthine, de l'huile animale de Dippel, de l'assa-fœtida, de l'ail, enfin des sels comme ceux de plomb, de mercure, de fer, de baryte, etc. Ils ont toujours vu que tandis que l'absorption faisait pénétrer ces substances dans le sang des veines mésaraïques, ils ne pouvaient les retrouver dans le chyle. Le prussiate de potasse et le sulfate de potasse sont les seules substances que dans leurs expériences ils aient vues pénétrer dans le chyle ; et ils en ont conclu que les chylifères étaient, de tous les vaisseaux absorbans, ceux qui sont les moins disposés à effectuer des absorptions accidentelles. Toutefois, tels sont les seuls cas dans lesquels le chyle diffère.

Or, aucun d'eux ne contredit notre assertion de l'identité du chyle. Dans les deux premiers, en effet, les matériaux du chyle et son instrument fabricateur variant, il est naturel que ce fluide soit lui-même un peu différent ; et quant au dernier, le chyle est toujours le même considéré comme chyle ; il est seulement mêlé à des substances étrangères qui altèrent plus ou moins ses qualités naturelles. C'est à ce dernier cas qu'il faut rapporter l'influence que les boissons sont dites avoir sur la consistance du chyle, ces boissons étant alors absorbées comme substances étrangères, ou au moins par une action d'absorption autre que celle de la chylose.

Telle est l'absorption chyleuse effectuée par les radicules des chylifères : commençant à la fin du duodénum, elle se continue dans toute la longueur du jéjunum, dans la première moitié de l'iléon, et cesse à la fin de ce dernier intestin ; c'est dans le jéjunum qu'elle se fait avec le plus d'énergie. Les chylifères, aboutissant à la surface des valvules conniventes de l'intestin, se trouvent par là dans un contact immédiat avec le chyme sur lequel ils doivent opérer. La pression de l'intestin, en enfonçant ces valvules dans la masse chymeuse, rend ce contact encore plus exact. Enfin, c'est pour que l'absorption ait tout le temps de se faire, que l'intestin grêle est très-long, fait de nombreux contours, et que la matière chymeuse y chemine avec lenteur. Toutefois on conçoit comment on a pu dire que le chyme est aux animaux ce que le sol est aux végétaux, *ventriculus sicut humus,* et que les animaux ont leurs racines nourricières dans leurs intestins.

3° *De la circulation du chyle.* Le produit de l'action d'absorption que nous venons de décrire, le chyle se montre dans les vaisseaux chylifères dès le lieu où ces vaisseaux abandonnent l'intestin; et même Cruishank, dans une expérience, l'a aperçu dès les villosités de l'intestin. Il suit de là toute la série de ces vaisseaux, traversant les nombreux ganglions qu'ils forment; il aboutit au tronc central, dit *réservoir de Pecquet,* où il afflue dans l'un des fluides de l'absorption interne, la lymphe; et enfin il est versé avec celle-ci par le canal thoracique dans la veine sous-clavière gauche. Ce cours du chyle est visible à l'œil nu dans les expériences que l'on fait sur les animaux vivans : il ne peut être autre à en juger par la disposition des vaisseaux chylifères qui, commençant à l'intestin, aboutissent tous au réservoir de Pecquet, et par celle de leurs valvules qui sont toutes dirigées de manière à permettre le cours du fluide en ce sens, et à y mettre obstacle dans le sens opposé : enfin, si on lie le canal thoracique, on voit tout le système chylifère se gorger de plus en plus. Ne fallait-il pas d'ailleurs que le produit de l'absorption alimentaire fût porté dans le sang?

Mais quelles sont les causes qui impriment au chyle ce mouvement déterminé que nous venons de décrire? La principale, sans contredit, est l'action même d'absorption qui se fait aux radicules des chylifères. Cette action, en effet, se continuant sans cesse, et faisant sans interruption du nouveau chyle, celui-ci doit nécessairement pousser le chyle qui était déjà dans le vaisseau, et ainsi le faire arriver de proche en proche dans le canal thoracique. C'est ainsi que des botanistes ont vu s'élever la sève dans des tubes de verre qu'ils avaient ajoutés à des branches d'arbre. Une seconde cause prochaine de la circulation du chyle est une contraction exercée par les vaisseaux chylifères, et en vertu de laquelle ces vaisseaux pousseraient ce fluide de proche en proche, dans leur intérieur, depuis les radicules d'origine jusqu'au réservoir de Pecquet. A la vérité, les vaisseaux chylifères ne présentent rien de musculeux dans leur texture; et observés sur un animal vivant, on ne voit en

eux aucune contraction. Mais on admet généralement en eux l'action dont nous parlons d'après les considérations suivantes : 1° ces vaisseaux sont grêles, et généralement on admet des contractions toniques dans tous les vaisseaux capillaires ; 2° les ganglions qui les séparent d'intervalles en intervalles doivent épuiser graduellement l'impulsion imprimée par l'action des radicules, et nécessiter conséquemment une autre cause de circulation ; 3° si l'on ouvre un vaisseau chylifère sur un animal vivant, comme on ouvre la veine dans la saignée, on voit le chyle jaillir, ce que ne peut produire la seule action absorbante des radicules; 4° enfin, dans l'abstinence, on trouve tous les chylifères vides, ce qui prouve que lors même que l'action d'absorption a cessé à leurs origines, ils ont poussé dans le réservoir de Pecquet tout le chyle qu'ils contenaient. Quant à l'essence de cette action, elle n'est pas certainement une simple élasticité, mais la vie y a part, car le jet de fluide que darde un chylifère a d'autant plus d'étendue, que la vie est entière; et ce jet n'a plus lieu après la mort.

A ces deux causes principales de la circulation du chyle, s'en ajoutent d'auxiliaires, savoir : 1° le battement des artères qui sont dans le voisinage des vaisseaux chylifères ; 2° la pression des parties abdominales lors des mouvemens de la respiration. Quand sur un animal vivant on a mis à nu le canal thoracique, et qu'on examine le cours du chyle dans ce canal, on reconnaît qu'il s'accélère au moment de l'inspiration, lorsque le diaphragme refoulé dans l'abdomen exerce une pression sur les viscères gastriques, ou même seulement quand on comprime l'abdomen de l'animal avec les mains. Il n'y a pas dans la circulation du chyle, comme dans celle du sang, un organe d'impulsion, un cœur. A la vérité quelques physiologistes ont voulu considérer comme tels les ganglions. Mais rien ne justifie cette idée : ces ganglions n'ont rien de musculeux dans leur texture; mis à nu chez un animal vivant, et observés avec attention, on n'y a jamais reconnu de contractions; on n'a jamais pu y en provoquer par quelque stimulus que ce soit; loin que le cours du chyle s'accélère entre eux, il paraît s'y ralentir un peu; enfin il est plus probable que ces ganglions sont, comme les organes de cet ordre, des agens de mixtion, d'élaboration, et servent conséquemment à perfectionner le chyle.

Pour apprécier avec toute rigueur le phénomène de la circulation du chyle, il faudrait pouvoir, à la connaissance des causes motrices du fluide, ajouter celle des résistances qui y portent obstacle, et ensuite évaluer les unes et les autres afin d'en conclure toutes les particularités du cours du fluide, savoir : quelle est la rapidité de ce cours, si cette rapidité est la même à toutes les origines du système; si elle est la même dans toute sa longueur, ou si, au contraire, elle augmente ou diminue graduellement à mesure que le fluide s'approche du tronc central, du réservoir de Pecquet. Or, ces diverses données ne peuvent pas être obtenues, encore moins calculées, et par conséquent l'analyse rigoureuse du phénomène est impossible. Quelles sont en effet, d'une part, les résistances à vaincre ? Ce sont la masse du fluide à faire circuler, les frottemens contre les parois des vaisseaux, son passage de vaisseaux plus petits dans des vaisseaux plus gros, son cours dans des vaisseaux flexueux et souvent dirigés de bas en haut, son heurtement contre les éperons qui existent aux points de bifurcation, etc., etc. D'autre part, y a-t-il possibilité d'évaluer chacune de ces influences physiques et mécaniques, ainsi que les causes organiques que nous avons vues être les puissances motrices du chyle ? Il est évident que ce sont là autant de données vraiment incalculables, et qui, par leur nombre seul et la nécessité de les faire entrer toutes dans le calcul, seraient déjà très-propres à arrêter le géomètre le plus habile.

Aussi se borne-t-on à dire par conjecture que la circulation du chyle doit être lente, en considérant la faiblesse des causes organiques qui y président, et l'existence des ganglions; et l'on signale dans l'appareil chylifère plusieurs précautions mécaniques que la nature semble avoir prises pour faciliter cette circulation, ou remédier aux mauvais effets de son retard. Telles sont, par exemple : 1° les anastomoses multipliées qui existent entre les vaisseaux chylifères, et qui sont telles que, si le fluide est arrêté d'un côté par quelque obstacle, il peut refluer et passer d'un autre côté; 2° les valvules qui sont dans l'intérieur de ces vaisseaux, et qui ont le double avantage de prévenir la marche rétrograde du chyle, et de partager ce fluide en colonnes qui sont petites, et dès-lors plus facilement ébranlables. M. Magendie ayant, sur un chien de taille ordinaire, et qui avait mangé avec discrétion des alimens animaux, ouvert le canal thoracique au col, en vit couler une demionce de liquide en cinq minutes. La vitesse, du reste, doit dépendre un peu de la quan-

tité du chyme qui arrive à l'intestin, et de celle qui se fait aux origines du système : s'il y a plus de chyle de fait aux extrémités du système, plus il en coule par le canal thoracique, et plus probablement le cours en est rapide.

Mais ce cours est-il égal à toutes les origines du système chylifère, aux vaisseaux qui viennent du duodénum, par exemple, à ceux qui viennent de l'iléon ? Cela est probable, en tant cependant que toutes fabriquent en même temps et en égale quantité du chyle; car il est aisé de concevoir que là où du chyle ne se fait plus, celui que contient le système doit couler moins vite que là où du nouveau chyle est fait et vient pousser devant lui celui qui y était déjà. Dans le premier cas, en effet, il n'y a qu'une des puissances motrices de la circulation chyleuse qui agisse, la contraction des chylifères, et, dans le second, il y a de plus l'action d'absorption des radicules.

Enfin, n'y a-t-il pas une différence de vitesse dans le cours du chyle, selon le point du système auquel le fluide est parvenu, et la circulation du chyle ne va-t-elle pas en se ralentissant ou s'accélérant graduellement à mesure que ce fluide s'approche du réservoir de Pecquet ? On l'ignore; on ne voit dans le système chylifère aucune des conditions mécaniques qui, dans les systèmes artériel et veineux font concevoir pourquoi le sang diminue graduellement de vitesse dans le premier, et augmente dans le second. Le système chylifère, en effet, n'offre pas une capacité successivement plus grande ou plus petite. Les ganglions qui existent sur le trajet des vaisseaux empêchent surtout qu'on ne puisse lui appliquer ces mêmes lois d'hydrodynamique. Il est donc seulement probable que le chyle circule dans le système plus vite au commencement qu'à la fin, et surtout tantôt plus vite et tantôt plus lentement, selon qu'il en est fabriqué plus ou moins aux origines.

Toutefois, sans qu'on sache combien de temps un globule déterminé du chyle emploie à parcourir tout le système et à arriver au réservoir de Pecquet, il est sûr qu'il y parvient. Là, il se mêle avec la lymphe dans la proportion d'un tiers, et ensuite il va avec celle-ci se verser par le canal thoracique goutte à goutte dans la veine sous-clavière gauche. Au mot LYMPHATIQUE nous décrirons avec la circulation de la lymphe cette dernière partie de celle du chyle. Disons seulement qu'au moment où il parvient dans le sang, une légère excitation s'observe dans toutes les fonctions par suite du changement de nature qu'il amène dans ce liquide.

Mais une autre question bien importante se présente ici; le chyle, dans tout le trajet que nous venons de lui voir parcourir, reste-t-il identique, ou s'est-il animalisé de plus en plus? Pour répondre à cette question, il faut examiner comparativement du chyle pris entre l'intestin et les premiers ganglions mésentériques, et du chyle pris près de son arrivée dans le réservoir de Pecquet. Or, voici tout ce qu'a appris cet examen. Ruisch et Cowper disent que le chyle leur a paru plus clair et plus aqueux en sortant des ganglions qu'en y entrant. MM. Reuss, Emmert, Gmelin, et Tiedemann disent que le chyle pris avant les ganglions était d'un blanc-jaunâtre, ne rougissait pas par le contact de l'air, ne se coagulait qu'imparfaitement, ne laissait déposer qu'une petite pellicule jaunâtre; et qu'au contraire, au-delà des ganglions et d'autant plus près du canal thoracique, il était d'une couleur rougeâtre, se coagulait entièrement, et laissait déposer un cruor d'un rouge écarlate. Enfin M. Vauquelin assure aussi que ce fluide passe graduellement de la couleur blanche à une teinte rosée à mesure qu'il avance dans le système, et que graduellement aussi la fibrine devient plus abondante en lui. D'après ces faits, on professe généralement que le chyle va en s'animalisant de plus en plus dans le cours des chylifères, et on se fonde en outre sur les quatre considérations suivantes : 1° les vaisseaux chylifères sont grêles, et c'est ordinairement dans les vaisseaux grêles et surtout capillaires, que se font la plupart des élaborations de matière que nous offre l'économie. Ils semblent être trop grêles pour n'être que des vaisseaux de transport et de conduite. 2° La circulation du chyle est lente, et c'est une nouvelle présomption pour croire que le fluide éprouve chemin faisant quelque élaboration continuelle; 3° le chyle dans son cours est mêlé à la lymphe de l'abdomen qui aboutit avec lui aux ganglions mésentériques. 4° Enfin, dans ce cours, il traverse les ganglions mésentériques, et ces organes, n'ayant pas de fonctions analogues à celles du cœur, doivent être regardés comme des agens de mixtion destinés à élaborer le chyle. En effet, probablement ils sont au chyle ce que sont les ganglions lymphatiques à la lymphe, et l'on sait quelle influence prochaine exercent sur la nutrition et la vie les maladies de ces ganglions. Il resterait à savoir comment ces ganglions ajoutent à l'animalisation du chyle; les uns disent que c'est en faisant subir à ce fluide une nouvelle mixtion, une nouvelle digestion; d'autres, que c'est en lui fournissant un suc qu'exhalent dans leurs aréoles intérieures les nombreux vaisseaux sanguins qu'ils reçoivent; quelques-uns enfin pensent que c'est en épurant le chyle de ce qu'il contient de mauvais, les veines de ces ganglions reportant dans le sang tout ce qu'ils enlèvent à ce fluide. Il faut avouer que chacune de ces assertions est également hypothétique, et qu'on ignore comment les ganglions animalisent le chyle, et en quoi consiste le perfectionnement graduel de ce fluide : l'essence de ce perfectionnement est aussi obscure que celle de la formation première du fluide.

A l'occasion de cette action présumée des ganglions chylifères, MM. Gmelin et Tiedemann ont voulu faire remplir le même office à la rate, qu'ils ont regardée comme un ganglion dépendant du système absorbant et préparant un fluide coagulable destiné à être mêlé au chyle, pour en effectuer l'animalisation. Pour prouver le premier point, c'est-à-dire que la rate est une dépendance du système lymphatique, ils disent que la rate n'existe que dans les seuls animaux qui ont un système absorbant distinct, les vertébrés; que son volume dans les animaux est en raison du développement du système absorbant; que les lymphatiques prédominent dans la structure de cet organe; que sa texture est celle des ganglions lymphatiques; et qu'enfin, en disséquant une tortue, ils ont vu manifestement tous les lymphatiques de l'abdomen aboutir d'abord à la rate, pour aller ensuite au sortir de cet organe, étant devenus plus gros, se rendre au canal thoracique, et y animaliser le chyle; ils arguent du gros volume de l'artère splénique, qui évidemment fournit plus de sang à la rate qu'il ne lui en faut pour sa nutrition; de ce que dans leurs expériences ils ont souvent trouvé, pendant la digestion et la chylose, les vaisseaux lymphatiques de la rate tout gorgés d'un fluide rougeâtre qui était porté par eux dans le canal thoracique, et aussi de ce que, dans les injections, une matière poussée dans l'artère splénique passe aisément dans les lymphatiques de la rate. Enfin ils présentent comme dernière preuve, que c'est au canal thoracique que le chyle a la couleur le plus rosée. À la vérité, ils ont extirpé impunément la rate dans des animaux; mais le chyle de ces animaux leur a paru beaucoup plus clair, moins coagulable, ne plus laisser déposer de caillot; et les ganglions lymphatiques de l'abdomen leur parurent avoir pris un volume plus considérable. Nous laissons au lecteur à porter un jugement sur la fonction qui est ici attribuée à la rate.

Tel est le cours du fluide qui résulte de l'action d'absorption, exercée par les radicules des vaisseaux chylifères sur le chyme convenablement élaboré, et telle est l'histoire de la chylose. Il resterait à indiquer quelle est la quantité du chyle, mais on ne peut rien dire de précis sur elle. Hors le temps de digestion, il n'y a presque pas de chyle; le peu qui en existe provient des sucs digestifs eux-mêmes qu'ont élaborés les appareils digestif et chylifère; et encore après vingt-quatre heures d'abstinence manque-t-il tout-à-fait, et il n'y a plus dans les chylifères que de la lymphe ordinaire. Dans le temps des digestions, cette quantité est nécessairement en rapport avec la quantité et la puissance nutritive des alimens. M. Magendie, d'après une expérience qu'il a faite sur un chien, et dont nous avons parlé plus haut, estime qu'il arrive six onces au moins de chyle dans le torrent circulatoire, par heure, et que cela continue pendant deux ou trois heures.   (ADELON.)

CHYLIFICATION, s. m., *chylificatio*, formation du chyle. Ce mot est pris tour-à-tour dans deux significations différentes. Tantôt il exprime l'action d'absorption qui s'exerce sur le chyme à la surface interne de l'intestin grêle, et qui a pour résultat la formation du chyle, et il est ainsi synonyme du mot chylose. Tantôt il désigne seulement l'altération que subit le chyme dans l'intestin grêle, par l'influence de la bile et du suc pancréatique, et indique l'élaboration digestive particulière qui rend ce chyme apte à être changé en chyle par l'action absorbante des vaisseaux chylifères. Sous le premier rapport, *voyez* CHYLIFÈRE, sous le second, DIGESTION.

              (ADELON.)

CHYME, s. m., *chymus*, χυμός; sorte de liqueur animale, propre aux organes digestifs, et qui résulte de l'une des premières élaborations éprouvées par les alimens, reçus dans la cavité de ces organes.

On rencontre le chyme chez les animaux qui ont bu et mangé depuis quelque temps. Il existe principalement dans l'estomac, le duodénum et les parties supérieures du jéjunum. On le trouve néanmoins successivement encore dans le reste de l'intestin grêle et même dans plusieurs parties des gros intestins. Mais alors, en partie dépouillé de ceux de ses principes qui, par suite de l'absorption intesti-

nale, ont contribué à former le *chyle*, il se rapproche de plus en plus des *fèces* ou excrémens, avec lesquels il finit peu à peu par se confondre, tellement qu'il n'est plus possible de l'en distinguer.

Le chyme présente de notables différences suivant le lieu du canal alimentaire dans lequel on l'examine. Il varie beaucoup encore d'après l'espèce et la nature des alimens qui ont servi à nous nourrir. De là, sans doute, les difficultés qui ont régné jusqu'ici et qui sont loin encore d'être surmontées sur l'appréciation rigoureuse et la fixation positive des qualités physiques et de la composition de cette humeur.

Toutefois, envisagé sous le premier rapport le chyme consiste généralement en une masse demi-fluide, pultacée, plus ou moins homogène dans ses diverses parties, visqueuses au toucher, d'une couleur grisâtre, blanc-salé, ou brune. Sa saveur est douceâtre, souvent acide, son odeur est fade et désagréable. Sa température, qui est égale à celle du corps, est de 30 à 32° du thermomètre de Réaumur. Sa pesanteur spécifique, supérieure à celle de l'eau, varie; déterminée par M. le docteur W. Prout, dans le chyme extrait de l'estomac d'un chien, elle s'est trouvée de 1,056 quand ce fluide provenait d'une nourriture végétale, et de 1,022 seulement, quand la nourriture avait été tirée des substances animales. Elle était de 1,023 dans le chyme du duodénum d'un bœuf. L'examen microscopique du chyme, soit de l'estomac, soit du duodénum, montre, suivant M. Home (*Trans. phil.*, années 1818 et suiv.) que cette humeur contient déjà ceux des globules du sang qu'il nomme lymphatiques et qui sont plus nombreux et plus petits que les globules rouges, enveloppés de matière colorante, que les recherches du même auteur ont constatés dans le sang. *Voyez* SANG.

Quant à sa composition intime, le chyme n'est devenu parmi nous l'objet d'aucune analyse exacte. On s'était en effet contenté de dire que tantôt acide, rougissant le tournesol, et coagulant le lait, soit à froid, soit à l'aide de la chaleur, tantôt alcalin, et verdissant le sirop de violettes, il n'était, le plus souvent encore, ni acide, ni alcalin. Mais les travaux de M. le docteur Marcet, médecin de l'hôpital de Guy à Londres, ont commencé à répandre quelque jour sur la nature de cette humeur, par l'analyse qu'il a faite du chyme recueilli dans l'estomac d'un dindon, qui avait été nourri de matière végétale. Ce chyme, putrescible en quelques jours, n'agissait ni sur la couleur du papier de tournesol, ni sur celle du sirop de violettes. Son résidu sec, obtenu par une évaporation long-temps continuée, égalait le cinquième de son poids. Sa calcination a fourni sur 100 parties, 12 parties de charbon et 6 parties de matière saline formée de chaux et de chlorure alcalin. Le macéré aqueux, filtré et traité par l'acide sulfurique ou la chaleur, formait un précipité floconneux abondant. Dissous en entier dans l'acide acétique, le chyme traité par l'hydrocyanate de potasse laissa précipiter une quantité notable de petits flocons blancs.

Or, il résulte de cette analyse, suivant M. Marcet, que le chyme qui provient d'alimens végétaux donne plus de matière animale que tout autre fluide de l'économie, mais qu'il contient moins de parties salines, qu'il offre de l'albumine, et que, comparé au chyle provenant d'une nourriture végétale, il présente quatre fois plus de charbon que ce dernier. Il ne paraît pas d'ailleurs contenir de gélatine non plus que le chyle lui-même.

M. le docteur W. Prout, partant du premier travail de M. Marcet, s'est livré, dans l'analyse du chyme, à de nouvelles recherches curieuses et étendues consignées dans son *Mémoire sur la sanguification*. Il a en effet examiné cette humeur non-seulement d'après les différences qu'elle offre suivant chaque partie du canal alimentaire où on la rencontre, mais encore comparativement dans chacune d'elles, en particulier, suivant qu'elle provient d'alimens végétaux ou bien d'une nourriture purement animale.

Parmi les tableaux propres à indiquer les résultats obtenus par M. Prout, nous croyons devoir faire connaître en particulier celui qui lui a été fourni par l'examen comparatif de la matière chymeuse contenue dans le duodénum de deux chiens, dont l'un avait été nourri de pain et l'autre de substances animales.

La première était composée d'une partie semi-fluide, opaque, blanche, jaunâtre, mêlée avec une autre partie de même couleur, mais plus consistante; elle coagulait complètement le lait; la seconde plus épaisse, plus visqueuse, d'une couleur plus inclinante au rouge, n'exerçait aucune action sur le lait. Cent parties de chacune de ces deux matières contenaient d'ailleurs savoir :

	Pour le chyme de nourrit. végét.	Pour le chyme de nourr. anim.
Eau	86,5	80,2
Principe gastrique uni à des matières alimentaires, et apparemment composant le chyme, mêlé avec des matières excrémentitielles.	6,0	15,8
Matière albumineuse consistant en partie en fibrine provenant de la chair des alimens.	0,0	1,3
Principe biliaire.	1,6	1,7
Gluten ou extrait végétal.	5,0	0,0
Matière saline.	0,7	0,7
Résidu insoluble.	0,2	0,3
	100,0	100,0

M. Prout, étendant ses recherches à l'examen physique et chimique de la matière chymeuse contenue dans le duodénum d'animaux de diverses classes, les a ainsi de plus en plus confirmées. Il a retrouvé en effet dans le duodénum du bœuf en particulier, sauf les proportions, et plus le *picromel*, les mêmes principes que ceux fournis par le chyme provenant d'alimens végétaux chez le chien. On verra dans le mémoire même de M. Prout, auquel nous renvoyons, les résultats qu'il a obtenus en traitant les divers chymes du pigeon, du dindon, du lapin, de quelques poissons, notamment de la tanche et du maquereau. Nous reviendrons nous-mêmes en partie sur ce travail, lorsque nous nous occuperons de la digestion. *Voyez* DIGESTION.   (RULLIER.)

CHYMIFICATION, s. f., digestion stomacale. C'est la conversion des alimens en chyme. *Voyez* DIGESTION.   (RULLIER.)

CICATRICE, s. f., *cicatrix*, ἐλή, tissu de nouvelle formation qui réunit toutes les solutions de continuité des systèmes organiques animaux ou végétaux. Dans les premiers, ce tissu résulte du dépôt d'une matière liquide qui se condense, s'organise et devient fibro-cellulleuse. La nature de cette nouvelle substance est la même partout. (*Voyez* CICATRISATION.) On voit, d'après cette définition, que le mot *cicatrice* s'applique spécialement au mode de réunion des parties molles, tandis que celui de *cal* appartient à la consolidation des solutions de continuité des os et des cartilages. L'étendue de la cicatrice est subordonnée à la quantité de substance perdue primitivement ou secondairement par l'organe dont la continuité du tissu a été interrompue, ou au degré de rétraction des fibres, dépendant de leur force de contraction, et d'où résulte un écartement plus ou moins considérable des lèvres de la plaie.

La formation de la *cicatrice* arrive par le même procédé que celle des fausses membranes; la structure est la même, et plus le tissu divisé ressemblera à un tissu fibro-celluleux et vasculaire, plus la réparation de ses solutions de continuité, opérée par la production de la cicatrice, sera parfaite ou se rapprochera de sa substance propre. La peau, les membranes muqueuses, séreuses, le tissu cellulaire, etc., ont les plus grandes analogies de composition anatomique; aussi ces systèmes peuvent-ils passer les uns dans les autres, et leurs cicatrices diffèrent-elles moins de leur propre substance que celles des muscles diffèrent de la nature de la fibre musculaire.

Il est cependant des cicatrices dont la structure fibro-celluleuse et vasculaire ne se voit que dans le premier période; plus tard elles passent à l'état osseux. Ici la matière saline est déposée dans la trame fibro-celluleuse, et cette nouvelle sécrétion n'est destinée qu'à donner plus de solidité à la réunion, et à s'opposer à la séparation des parties divisées. Ce mode de cicatrisation appartient aux os et aux cartilages.

Le tissu de la cicatrice est ordinairement dense, serré, peu extensible; moins les parties où le tissu se forme sont celluleuses, et plus la cicatrice paraît être déprimée par son adhérence aux parties solides sous-jacentes.

L'organisation de la cicatrice est facile à démontrer, 1° par la dissection et l'injection; 2° par la nutrition; 3° par la sensibilité; 4° par les maladies dont elle peut être le siège, et surtout par l'inflammation dont on peut y provoquer le développement.

L'organisation de la cicatrice paraît dépendre du travail qui s'opère dans la *matière organisante* ou lymphe coagulable, épanchée entre les lèvres de la plaie peu après la production de la solution de continuité. La théorie de la formation des fausses membranes est en tout applicable à celle de la cicatrice. Les vaisseaux qu'on y voit se développent dans cette matière organisante, et communiquent ensuite avec ceux des tissus voisins. On en a la preuve par l'examen du tissu de cette cicatrice lors des premiers temps de sa formation; les vaisseaux paraissent au centre et s'étendent à la circonférence. Ces vaisseaux ne sont donc pas le résultat de l'extension de

ceux des lèvres de la solution de continuité. Plus tard, ils s'anastomosent avec les vaisseaux du tissu divisé, car si l'on coupe sur un animal vivant les tégumens en décrivant un demi-cercle et en décollant cette peau, et si après avoir obtenu la réunion de ce limbe, on en forme un second qui lui soit opposé et forme avec lui un cercle complet, il faudra bien que la continuité se rétablisse entre le disque cutané et les tissus voisins, pour que cette partie puisse continuer à vivre. J'ai fait cette expérience plusieurs fois, et toujours avec le même succès.

La vascularité n'est pas égale pour toutes les cicatrices; en général elle augmente avec le temps, et c'est au développement d'un plus grand nombre de vaisseaux ou à leur plus grand calibre qu'on doit la teinte plus animée des cicatrices anciennes de la peau. Tout ce qui peut augmenter l'apparence vasculaire de la peau, tout ce qui peut produire une pléthore locale dans le réseau des vaisseaux capillaires, rend les cicatrices plus apparentes par le contraste de leur blancheur et par leur dépression.

Ainsi lorsque la figure s'anime par l'effet des passions vives, par un exercice violent ou par une excitation quelconque, on voit les cicatrices qui sont sur cette région du corps, devenir plus apparentes par leur blancheur comparée à la rougeur des autres points et par leur dépression plus grande, résultat de la turgescence inhérente à l'augmentation de la circulation dans les vaisseaux capillaires.

Le tissu des cicatrices est-il pourvu de nerfs? Je présume qu'il peut s'y former des nerfs de la vie organique comme il s'y forme des vaisseaux; mais je n'ai jamais pu reconnaître de filets nerveux dans ces tissus de nouvelle formation, et les nerfs de la vie animale appartenant aux systèmes que la cicatrice a réunis ne vont jamais jusqu'à elle.

La dépression de la cicatrice tient à sa structure essentiellement fibreuse ou de nature analogue à la fibre blanche des tendons et des aponévroses. Ce tissu est plus dense et plus serré dans les cicatrices nouvelles que dans les anciennes, c'est ce qui fait que cette dépression diminue un peu avec le temps. Une autre raison de cette diminution dans l'enfoncement offert par les cicatrices, c'est la laxité du tissu cellulaire sous-jacent; plus ce tissu sera abondant, moins la cicatrice restera déprimée. Enfin, lorsque la cicatrice porte sur l'extrémité d'un os, comme par exemple après une amputation, ou lorsqu'elle porte sur une

surface solide, un tendon, un cartilage, etc.,
il se forme entre elle et ces corps une poche
synoviale, alors la cicatrice devient mobile,
et cette mobilité diminue l'enfoncement.

La dépression dont nous parlons paraît appartenir particulièrement aux cicatrices qui
succèdent à des solutions de continuité accidentelles qui se réunissent, comme on le dit
communément, par première intention. Tandis que les cicatrices des solutions de continuité qui n'ont guéri que par la suppuration,
et dont les causes et les formes peuvent être
très-variées, ne présentent pas toujours cette
dépression, puisque souvent on voit un relief
au lieu d'un enfoncement.

Les cicatrices sont le plus souvent indélébiles : leurs formes et leurs apparences extérieures méritent d'être étudiées avec soin par
le pathologiste, car elles peuvent servir à reconnaître les maladies dont le sujet a été affecté. Quel est le praticien observateur qui
confondra la cicatrice suite d'une brûlure avec
celle d'une simple solution de continuité par
instrument tranchant, la cicatrice d'un ulcère
vénérien avec celle d'un ulcère scrofuleux ou
cancéreux ? Ne savons-nous pas que les cicatrices de la vaccine, de la variole, du pemphi-
gus, du furoncle, ont des caractères faciles à
saisir et à reconnaître ? Les cicatrices, sous le
rapport de la séméiologie et de la médecine
légale sont donc importantes à étudier. Cette
forme différente dans les cicatrices est peut-
être liée à la nature des ulcérations, et elle
dépend peut-être aussi de la différence du siége
de la maladie. Aussi l'étiologie et l'anatomie
pathologique ont de l'intérêt à ce qu'on s'occupe de ce genre de recherches.

Le chirurgien doit favoriser la formation
de la cicatrice, en diriger le développement
pour que la réunion de la solution de continuité soit régulière, que la cicatrice ait peu
d'étendue et qu'elle laisse peu de difformité ;
il doit prévenir les adhérences vicieuses, la
formation des brides, l'union de parties qui
doivent rester distinctes et séparées. Enfin,
il faut qu'il protége la cicatrice en ne l'exposant point à des tiraillemens forts et continus,
qu'il évite tout frottement capable de l'enflammer et d'amener une altération, et pour
cela il convient de la recouvrir d'une plaque
métallique, d'un morceau de cuir bouilli ou
de carton ; on conseille aussi l'usage des bandages lacés ou roulés, etc.

Il se fait très-souvent sur les cicatrices une
sécrétion d'une matière qui par son dessèche-
ment forme des croûtes, des écailles furfuracées ou squammeuses. Si l'on n'a pas l'attention de nettoyer fréquemment les cicatrices
sur lesquelles ce suintement s'opère, cette
matière s'accumulera de plus en plus sous les
écailles et deviendra une cause d'irritation et
d'ulcération.

Lorsque les tissus voisins ou subjacens ne
sont pas sains, la cicatrice est la partie où se
manifeste le premier développement de la
maladie ou de son retour. Lorsqu'un virus ou
une substance vénéneuse a été insérée dans
l'épaisseur de la peau, les cicatrices qui ont lieu
après l'insertion sont les premières à annoncer
l'existence du virus et le commencement de
son action sur toute l'économie animale. Après
les morsures d'animaux enragés ou venimeux,
après l'inoculation et la vaccination, c'est
dans le lieu de l'insertion du principe délétère,
c'est dans la cicatrice elle-même qu'on aperçoit
les premiers phénomènes de la maladie ; mais
ils ne sont plus simplement locaux, ils annoncent le commencement d'une réaction générale. Alors un travail s'opère dans la cicatrice
qui s'enflamme, suppure et s'ulcère. C'est
aussi dans le tissu de la cicatrice que le cancer
commence à reparaître. Cette facilité très-
grande des cicatrices à s'enflammer et à s'ulcérer s'accorde avec ce qu'on voit dans les
enfans. Leur disposition aux inflammations et
aux ulcérations est d'autant plus grande qu'ils
se rapprochent davantage de l'époque de leur
naissance ; je serais disposé à dire de l'époque
de leur formation, si nous connaissions mieux
les maladies de l'embryon et du fœtus. Si les
inflammations sont suivant quelques modernes
les maladies les plus fréquentes des sujets
adultes et des vieillards, nous pourrons dire
qu'elles constituent toutes les maladies de
l'enfance ; excepté celles qui dépendent d'un
dérangement dans l'évolution ou le développement des organes. Plus nos tissus organiques
sont voisins du moment de leur formation,
plus ils ont de tendance à s'enflammer, et plus
aussi cette inflammation est facilement suivie
d'ulcération dans quelques tissus, ce qui tient
à leur défaut de résistance, ou à la formation
de concrétions membraniformes, ce qui dépend
de la force et de la faculté organisatrice de
certaines humeurs.

J'ai eu souvent, dans les pavillons de la
Faculté de Médecine, l'occasion d'examiner
et de disséquer des cicatrices sur plusieurs
parties du corps ; j'ai fait aussi sur les animaux
quelques expériences ; voici ce que j'ai observé.
Le tissu de la cicatrice ressemble à celui de la
peau ; sur l'homme, le système pileux se dé-

veloppe rarement et difficilement sur la cicatrice , mais les poils des parties voisines
prennent plus de force et de longueur et offrent sous les doigts une rudesse plus grande.
Chez les animaux les poils repoussent toujours
lentement, ordinairement ils sont plus courts
que les autres, leur teinte est plus claire et le
plus souvent ils sont blancs. Cette circonstance
est bien connue des maquignons , car ils font
quelquefois des cautérisations avec le fer
rouge, pour obtenir une tache ou marque
blanche sur le front ou sur toute autre partie
du corps du cheval. Si la cicatrice reste glabre, cette blancheur est plus prononcée que
celle du reste de la peau, elle n'offre point de
rides, ni d'éminences correspondant aux papi-
illes. L'épiderme existe, et sa présence peut
être démontrée pendant la vie, par l'application d'un vésicatoire, ou après la mort en
faisant macérer la cicatrice. Le système vasculaire du réseau de Malpighi est peu développé, et le tissu muqueux ne paraît pas exister.
C'est peut-être à cette circonstance que la
cicatrice doit sa blancheur et que celle du
nègre n'acquiert jamais la teinte foncée du
reste de la face cutanée. Enfin n'est-ce pas
aussi la cause pour laquelle les productions
pileuses sont toujours d'une teinte pâle. Ces
faits tendent à démontrer que dans le tissu
muqueux de Malpighi réside la matière colorante de la peau et du système pileux. Le
chorion est dense, composé de tissu fibreux
résistant; on n'y voit ni papilles ni bourgeons;
la texture aréolaire de la peau ne se remarque
pas ici, et l'on n'aperçoit pas non plus d'espaces pour les cellules adipeuses. Sous la
cicatrice le tissu cellulaire est dense, serré,
adhère fortement aux parties sous-jacentes.
Cependant, si c'est le bout de l'os amputé,
une bourse synoviale se forme dans ce point.
Dans des cicatrices des plaies résultant de
l'amputation de la cuisse, de la jambe ou du
pied d'après la méthode de Chopart, j'ai trouvé
les artères de la cicatrice formant un cordon
fibreux, et un peu au-dessus elles étaient
complètement oblitérées. Les injections de
liqueurs fines n'ont pu faire parvenir qu'en
très-petite quantité la matière colorante jusqu'au tissu de la cicatrice. Les veines n'étaient
pas distinctes, mais les nerfs présentaient une
disposition fort remarquable. On voyait ces
cordons offrir des renflemens sphériques de la
partie inférieure desquels partaient des prolongemens ou filamens fibreux qu'on pouvait
suivre jusque dans le tissu du chorion. Ces
renflemens variaient beaucoup pour leur gros-

seur. La substance de ces renflemens sphériques était légèrement rougeâtre et ressemblait
à celle d'un ganglion des nerfs rachidiens ou
du nerf trisplanchnique. Leur structure m'a
paru être simplement fibreuse, et je n'ai distingué que très-difficilement au centre quelques filets très-déliés et d'apparence nerveuse.
Au-dessus de ces boutons ou nodosités termi-
nales, les cordons nerveux reprenaient leur
structure naturelle.

Les muscles étaient convertis dans l'extrémité correspondant à la cicatrice en un tissu
adipeux, mais si la cicatrice n'était pas très-
ancienne, le muscle conservait la forme d'un
faisceau fibreux jaunâtre. Les tendons eux-
mêmes s'aplatissent et deviennent des lames
fibreuses dont l'extrémité inférieure se perd
dans le tissu de la cicatrice.

L'extrémité des os dans le point où l'ablation du membre a été faite, est arrondie et
conique, recouverte manifestement par un
feuillet fibreux ressemblant au périoste et
adhérent d'une part à l'os et d'autre part au
tissu de la cicatrice, lorsqu'une bourse muqueuse ne s'est pas développée. Dans l'examen
d'une cicatrice ancienne de la jambe, après
l'amputation, j'ai trouvé que le tibia adhérait
à la cicatrice, mais que la partie supérieure
du péroné avait acquis dans son articulation
beaucoup de mobilité, et que son bout inférieur conique était pourvu d'une membrane
synoviale. J'ai examiné plusieurs de ces cicatrices avec MM. Bogros, Amussat, Delmas
fils , et Lélut.

Pendant la vie, j'ai observé sur plusieurs
personnes auxquelles on avait amputé un
membre, que les cicatrices ont peu de sensibilité, et cependant les changemens de température s'y font assez vivement sentir. Ces
personnes se plaignent souvent d'éprouver une
sensation de froid dans leur cicatrice; les
premiers froids de l'hiver font rougir ce tissu,
et j'ai observé une fois une inflammation semblable à celle des engelures , sur la cicatrice
d'un ancien militaire, résultant de l'amputation d'une cuisse. On sait aussi que la surface
des cicatrices est peu perspirable et très-peu
absorbante.   (BRESCHET.)

[S'il existe sur la peau du cou des cicatrices
laissées par des tumeurs scrofuleuses passées
à l'état de suppuration, on les circonscrit par
deux incisions; on dissèque et on emporte la
peau comprise entre les incisions; puis on
réunit par première intention , au moyen de
bandelettes agglutinatives. Mais si l'on ne
pouvait rapprocher les bords de l'incision, à

cause de leur trop grande distance ou de leurs
adhérences, on détacherait la peau en disséquant les parties sous-jacentes, comme pour
l'incision des lèvres, et la réunion se ferait
alors très-facilement. La guérison s'opère, et
les traces de l'incision, s'il en reste, simulent
les plis du cou, surtout si, comme cela doit
être, on incise transversalement. On peut
pratiquer la même opération à l'égard des
grandes cicatrices qui déparent le visage; l'on
peut même fixer les bords de la solution de
continuité avec des aiguilles, s'il est nécessaire.]

CICATRISATION, s. f., *cicatrisatio*; opération de la nature, par laquelle tous les systèmes organiques et vivans peuvent être réunis, après avoir éprouvé une solution de continuité, avec ou sans perte de leur substance.

Pour mieux apprécier les phénomènes de
la cicatrisation, nous la considérerons d'abord
dans chaque tissu séparément, puis nous en
ferons l'histoire générale.

Cicatrisation du tissu cellulaire. — Ce tissu
formant la trame de presque tous les organes,
et constituant les enveloppes de ceux dans le
parenchyme desquels il n'entre pas, ou dans
lesquels il n'entre qu'en très-petite proportion, nous devons le considérer comme le
système où la cicatrisation est la plus facile et
la plus simple. La *matière organisante* est déposée sur la surface divisée; elle parcourt tous
les périodes de formation, et l'adhérence s'établit entre les parties dont la continuité avait
été simplement interrompue. Nous verrons
plus tard qu'il n'y a ici aucun bourgeon charnu
de formé. Dans la substance de la cicatrice
du tissu cellulaire on n'aperçoit jamais d'aréoles ou vacuoles pour la graisse. Le tissu cellulaire nouveau est fibreux, dense, peu extensible, et d'une apparence moins vasculaire
que le tissu d'ancienne formation.

Cicatrisation de la peau. — Simplement divisé, ce tissu se cicatrise très-facilement,
l'écartement des lèvres de la plaie étant presque toujours faible. Si la plaie est avec perte
de substance, la cicatrisation sera plus longue
et se fera d'après le même procédé. Une portion de peau entièrement divisée et détachée
du corps vivant peut-elle s'unir et se cicatriser
avec la peau d'une autre partie d'un autre individu? *Voyez* le mot CICATRICE.

Cicatrisation des membranes muqueuses. —
Nous avons souvent vu des plaies des membranes muqueuses, et nous pouvons affirmer
que si ces solutions de continuité sont dangereuses, c'est moins par la nature du tissu lésé
que par l'altération de l'organe dans lequel

entrent les membranes muqueuses, et surtout
par l'interruption des fonctions de ces organes
et par l'épanchement des matières et des liquides renfermés dans les canaux et les réservoirs qu'elles contribuent à former. La cicatrisation des membranes muqueuses s'opère
de la même manière que celle de la peau. Si
cette réunion se fait parfois long-temps attendre, cela tient à ce que la plaie est baignée
constamment par une humeur irritante, ou
que des corps étrangers s'introduisent entre
ses lèvres. Nous voyons dans les opérations
pratiquées sur les membranes muqueuses,
telles que les simples incisions, les excisions, etc., la réunion s'opérer, et la cicatrice
blanchâtre offrir une ligne plus ou moins proéminente. J'ai souvent trouvé des traces de cicatrices sur la face interne des intestins; sans
doute elles indiquaient que des ulcérations
avaient affecté la membrane muqueuse, et
que cependant la cicatrisation s'en était opérée. Si la lésion de la membrane muqueuse
n'est pas compliquée de la solution de continuité des tissus extérieurs de l'intestin, la
cicatrisation peut s'opérer. On la voit survenir
rapidement après l'excision des bourrelets formés à l'anus par la membrane muqueuse, et
après l'excision de cette même membrane dans
la chute du rectum. Nous possédons plusieurs
exemples de cicatrisation de la membrane muqueuse à la suite d'une invagination et de la
séparation de toute la portion de cette membrane formant l'invagination. Dans les observations publiées d'élimination par l'anus d'une
portion du tube intestinal, sans que la mort
du sujet s'en soit suivie, il faut concevoir le
phénomène par la simple séparation d'une partie du cylindre de la membrane muqueuse,
les autres tuniques n'ayant pas été comprises
dans cette séparation. Une plaie de l'intestin
ne comprenant que l'épaisseur de la membrane
muqueuse, lors même que la solution de continuité est étendue, se cicatrise très-bien et
assez promptement; mais une plaie dans laquelle toute l'épaisseur du canal est intéressée
ne se cicatrise pas, ou cette cicatrisation ne
se fait que très-difficilement, parce qu'alors
la membrane musculaire se contractant, la
membrane muqueuse se renverse, forme un
bourrelet à l'extérieur; les lèvres de la solution de continuité sont recouvertes par ce
renversement de la membrane interne, et les
surfaces en contact ne sont pas celles de la
solution de continuité elle-même.

Si l'on fait à un chien une incision circulaire dans un point du canal intestinal de ma-

nière à ne diviser que le péritoine et la tunique charnue, qu'on applique ensuite une
ligature, on voit que la cicatrisation se fait
sur la ligature, et que, pendant un temps,
ce lien constricteur est emprisonné dans l'é-
paisseur des parois intestinales. Bientôt après,
soit que la ligature coupe la membrane muqueuse, soit que cette section arrive par un
procédé d'élimination, la ligature passe dans
l'intestin; elle est rendue par l'anus, et l'animal résiste à l'expérience. Au bout de quelque
temps, on trouve une cicatrice circulaire à la
face interne de l'intestin.

Si la ligature a été appliquée sans faire
d'incision circulaire à l'extérieur de l'intestin,
et si la constriction médiocre amène la division des tuniques extérieures avant celle de
la membrane muqueuse, l'animal ne meurt
pas, et les résultats sont les mêmes que dans
l'expérience précédente. Enfin, si l'on serre
très-fortement la ligature, toutes les membranes sont divisées à peu près en même temps,
et l'animal meurt. Il faut dans ces expériences
faire jeûner l'animal avant et après l'opération. M. B. Travers a publié des faits analogues à ceux dont nous parlons. Je ne crois pas
qu'on puisse penser que les résultats seraient
les mêmes dans l'homme où nous voyons l'inflammation et la mort succéder à des irritations légères de l'intestin, ou à une constriction bien moins forte que celle des ligatures
dont nous venons de parler.

Cicatrisation des membranes séreuses. —
Les membranes séreuses sont presque entièrement composées de vaisseaux blancs; dans
leurs solutions de continuité les lèvres de la
plaie sont trop minces pour pouvoir se rencontrer ou être mises en rapport; la membrane se trouve en contact avec elle-même par
sa face interne, ou un des points de sa surface touche les tissus intéressés dans la solution de continuité. La cicatrisation s'opère par
la couche couenneuse qui se forme très-prompt-
tement à la superficie de la membrane séreuse.
Cette lymphe coagulable se dépose d'une manière très-prompte et en abondance sur les
membranes séreuses, comme sur la membrane
interne des vaisseaux, et la cicatrisation s'o-
père par le procédé de l'adhésion. (*Voyez* ce
mot.)

*Cicatrisation des vaisseaux : Cicatrisation
des artères.* — Pour étudier la cicatrisation
du tissu artériel, il faut le considérer dans
deux conditions différentes : 1° *lorsqu'on applique des ligatures*; 2° *lorsque ces vaisseaux
ont éprouvé une solution de continuité.*

*Cicatrisation des artères après l'application
d'une ligature.* — Il est reconnu aujourd'hui,
d'après de nombreuses expériences faites par
beaucoup de physiologistes et que j'ai répétées, que quel que soit le degré de constriction de l'artère et la ténuité de la ligature, on
ne parvient point à couper entièrement les
vaisseaux. Les deux membranes intérieures
sont seules divisées, tandis que la tunique
fibro-celluleuse résiste.

Il faut, pour que cette section des deux membranes ait lieu (la moyenne et l'interne), que
la compression circulaire soit portée à un degré supérieur à celui qui intercepte le cours
du sang dans le vaisseau lié; cette solution
de continuité de ces deux feuillets de l'artère
est d'autant plus nette et plus prompte, que
la ligature est plus fine. Lorsque le lien dont
on se sert est mince, que la ligature soit ronde
ou plate, peu importe, elle agit de la même
manière, et par une forte constriction on divise non-seulement les deux membranes, mais
en outre on fronce circulairement le vaisseau
et on le met dans des conditions favorables
au développement de l'inflammation adhésive.

Une ligature plate d'une ligne ou une ligne
et demie agit comme une ligature ronde, mais
une ligature plus large et en forme de ruban,
lors même que la constriction est forte, ne
divise pas, ou ne divise qu'imparfaitement les
membranes interne et moyenne, et se bornant à aplatir le vaisseau, l'inflammation ulcéreuse ou la suppuration surviennent sans qu'il
existe d'adhérence entre les parois de l'artère,
et sans que son canal soit oblitéré.

Si l'on place un petit cylindre de sparadrap, un morceau de liége entre la ligature
ronde ou plate et le vaisseau, la section des
deux membranes n'est pas produite ou n'est
produite qu'imparfaitement, et l'artère simplement aplatie devient le siége d'une inflammation ulcéreuse ou d'une inflammation éliminatoire; la partie comprimée est frappée
de mort, forme une escarre qui laisse lors de
sa chute le canal artériel béant et perméable
au sang. La tunique extérieure ou fibro-celluleuse de l'artère est celle dont la section et
la séparation par la suppuration se fait le plus
attendre, et ce temps est d'autant plus long
qu'il y a eu plus de parties comprises dans
l'anse de la ligature, surtout s'il y a eu des
portions aponévrotiques ou tendineuses.

Petit, Morand, Pouteau se sont occupés de
la cicatrisation des plaies des artères et du
mode d'agir des ligatures, mais c'est surtout
aux observations de Desault, et aux expé-

riences de MM. Thomson, Jones, Travers, Hogdson, Béclard et à celles que j'ai faites, qu'on doit la connaissance du véritable procédé de la cicatrisation des plaies et du mode d'action des ligatures.

Lorsqu'on a mis une artère à nu pour l'embrasser par une ligature ronde et fine, on interrompt le cours du sang, on divise les membranes interne et moyenne. Bientôt une matière albumineuse est exhalée à l'extérieur du vaisseau par les tissus ambians, dans la cavité du vaisseau par la membrane interne, dans le point de la division des feuillets par les lèvres mêmes de la plaie, enfin dans l'épaisseur des parois artérielles. Cet épanchement est surtout abondant à l'extérieur; la matière recueillie est blanche, d'une consistance molle, d'une apparente organisation, mais d'une structure difficile à déterminer. Cependant on lui remarque une sorte de contexture fibrineuse. Présentée sous le microscope, elle offre des globules non colorés, semblables, par leur volume et leur forme, à ceux du sang. Analysée chimiquement par M. Barruel, chef des travaux chimiques de la Faculté de Médecine, cette substance ne se dissout pas dans l'eau froide. Soumise à l'action de l'eau bouillante, elle ne se dissout pas non plus, mais elle se solidifie et se retire un peu sur elle-même. Si alors on la casse par morceaux, on reconnaît distinctement une structure fibrineuse. Il surnage sur l'eau où cette substance a bouilli quelques gouttelettes de matière grasse. Une portion de cette matière animale plongée dans une solution froide de potasse caustique, s'y dissout en grande partie, et la dissolution s'opère moins promptement que celle de l'albumine épaissie, mais un peu plus rapidement que celle de la fibrine. Au bout de quelques minutes on voit de petits globules de matière blanche, d'une consistance molle, surnager la liqueur; ces globules, après avoir été lavés à l'eau froide, très-bien essuyés dans du papier Joseph et chauffés entre deux morceaux de papier blanc, se fondent et pénètrent le papier, absolument comme le fait la graisse.

Un autre morceau de cette matière animale placé sur un fer assez chaud pour la décomposer, s'y est cuite en se retirant un peu sur elle-même, puis s'est charbonnée en répandant exactement la même odeur que la fibrine soumise à la même expérience et bien différente de l'odeur que donne l'albumine dans sa combustion.

Il résulte de ces recherches, que la nature de cette matière animale diffère sensiblement par sa structure de l'albumine et de la fibrine, qu'elle se rapproche cependant davantage de cette dernière, et que d'après l'action des agens chimiques, elle ressemble beaucoup plus à la fibrine qu'à l'albumine; si l'on ne peut pas la regarder comme de la fibrine, on doit la considérer comme une matière qui n'a plus besoin que d'une légère élaboration vitale pour parvenir à l'état de fibrine parfaite.

Cette matière, que je nomme *matière organisante*, parce qu'elle forme le tissu de la cicatrice, qu'on doit considérer comme un tissu organisé et différent sous beaucoup de rapports des tissus déjà existans; cette *matière organisante*, répandue à l'extérieur de l'artère, entre ce vaisseau et sa membrane fibrocelluleuse ou dans les mailles de cette dernière, forme surtout à l'extérieur une couche solide, plus ou moins épaisse, adhérant au tissu cellulaire ambiant et se continuant avec la matière épanchée entre les lèvres de la solution de continuité et avec celle que contient le vaisseau près de sa section. Il se fait ici un travail semblable à celui du *cal* (*voyez* ce mot), où l'on voit le canal médullaire, l'intervalle des fragmens et la surface externe des bouts de l'os fracturé remplis ou couverts d'une matière semblable à celle dont nous parlons. La nature varie peu dans ses procédés, cependant les résultats de ses opérations sont immenses et prodigieux par leurs différences.

Le dépôt de cette matière organisante considéré dans tous les tissus m'a montré la plus grande analogie, et souvent une identité parfaite de phénomènes. Récemment j'ai fait répéter ces recherches, pour le tissu artériel, par M. Pécot, et ses expériences dont j'ai été le témoin dans les pavillons de la Faculté ont donné des résultats semblables à ceux que j'avais obtenus et que j'ai déjà fait connaître. Nous avons vu que cette *matière organisante* affecte à l'égard du vaisseau une disposition différente suivant le genre de ligature employé.

Voici les principaux phénomènes observés dans ces dernières expériences:

Lorsqu'on a lié l'artère circulairement et que les extrémités de la ligature sortent et pendent au dehors, la virole albumineuse, comparable au cal extérieur ou cal provisoire, n'est pas complète, mais l'ouverture qu'elle présente en avant vers le nœud des fils est d'autant plus étroite, que la ligature est plus mince, et plus exactement serrée. Si l'on a coupé le bout de la ligature au niveau du nœud, la virole albumineuse fusiforme est complète, n'offre aucune ouverture; elle ferme et recouvre de toutes parts l'anse de la ligature. Opère-t-on en plaçant un cylindre de sparadrap entre la ligature et l'artère, pour aplatir ce vaisseau, d'une part, toute la portion du vaisseau sur laquelle agit cet appareil de compression est privée du dépôt de *matière organisante* qui recouvre les parties environnantes; en second lieu la virole formée par cette substance est interrompue en devant, dans toute l'étendue qu'occupe le cylindre de sparadrap.

Il est facile de concevoir que la disposition de cette exsudation par rapport à l'artère, sera plus défavorable encore, quand on se sera servi des diverses pinces ou *presse-artères* qui ont été proposées. Lorsqu'on embrasse l'artère avec une ligature dont les bouts sont reçus dans un serre-nœud, comme dans le procédé de M. le professeur Dubois, la virole offre en devant une grande ouverture pour laisser passer les extrémités de la ligature et la tige du serre-nœud. Cette virole est encore bien plus incomplète si l'on a employé le presse-artère de M. Deschamps.

En même temps que cette virole extérieure se ferme et devient un appareil de protection et un obstacle à toute hémorrhagie, il se fait dans le canal de l'artère un dépôt de substance semblable. Le sang se coagule au-dessus de ce cylindre intérieur, jusqu'à l'origine de la première artère collatérale, et quelquefois le coagulum se prolonge jusque dans la cavité de ce dernier vaisseau, lorsqu'il est d'un petit calibre.

Si la ligature a été placée immédiatement au-dessous de la naissance d'une grosse branche, le mouvement du sang dans ce vaisseau collatéral et sa trop grande proximité du lieu comprimé par la ligature sont des circonstances défavorables à la formation du caillot. L'inconvénient est moindre si l'on s'est servi d'une ligature mince et ronde; mais si l'on a employé une ligature plate, si elle a été appliquée médiatement, etc., l'artère n'étant qu'aplatie, ses membranes n'étant qu'imparfaitement divisées, le dépôt intérieur de matière albumineuse ne pouvant pas se faire, et la virole extérieure n'existant que sur un point de la circonférence du vaisseau, on doit redouter l'hémorrhagie, et je l'ai vue arriver et faire périr des malades qui étaient dans les meilleures conditions pour la réussite de l'opération.

Le caillot dans le bout de l'artère correspondant au cœur, est toujours le plus long et le plus consistant.

Dans le cas de ligature cylindrique, mince et immédiate, les lèvres de la plaie aux membranes artérielles se trouvent en contact par le froncement du vaisseau, et elles s'unissent par première intention, en contractant aussi des adhérences avec la base du caillot. La ligature qui s'est enfoncée entre ces membranes internes divisées, les a éloignées ainsi de la sphère d'ulcération, qui n'agit, après un certain temps, que sur la membrane fibro-celluleuse.

Cette inflammation ulcéreuse est une opération de la nature sur la promptitude ou la longueur de laquelle le volume de la ligature et le degré de constriction du vaisseau n'ont guère d'influence. C'est le plus ou moins de disposition individuelle à l'inflammation ulcéreuse, qui hâte ou qui retarde la section de l'artère. Les circonstances locales les plus capables de l'avancer sont la situation de la ligature immédiatement au-dessous d'une ou de plusieurs grosses branches collatérales. Alors il ne se forme point de caillot au-dessus de la ligature; le vaisseau continue d'être agité par l'impulsion du sang, et ce mouvement continuel semble accélérer l'ulcération par laquelle l'artère doit être divisée.

Cette section opérée, les bouts des vaisseaux renfermés sous la virole albumineuse se rétractent bien moins que si l'on coupait l'artère entre deux ligatures, immédiatement après leur application, ainsi que Jones et Maunoir le font. A cette époque les bouts du vaisseau sont réellement formés par l'adhérence primitive des lèvres de la plaie des deux membranes internes de l'artère. Ces adhérences s'étendent bientôt jusqu'à la virole extérieure et la substance albumineuse qui s'enfonce dans l'espace qui sépare les deux portions de l'artère. Toutes ces adhérences, d'abord d'apparence inorganique, s'organisent manifestement peu à peu. La virole albumineuse diminue de volume; elle se convertit en une substance fibreuse qui réunit les deux bouts du vaisseau, puis se change enfin en tissu fibro-cellulaire; en même temps le caillot diminue de volume et finit par être entièrement absorbé. La portion correspondante de l'artère dégénère en un cordon fibreux qui devient plus tard un tissu fibro-cellulaire. Chaque extrémité de l'artère se termine alors à l'extérieur par un bout obtus, d'où se détache un petit prolongement fibro-celluleux qui s'unit au tissu cellulaire environnant. La cavité du vaisseau finit comme l'extrémité d'un tuyau de plume, et pendant assez long-temps elle offre une papille grisâtre qui n'est que le sommet et le reste du caillot.

A une époque un peu moins avancée, si l'on pousse par l'un des deux bouts du vaisseau de l'alcohol coloré, de l'huile de térébenthine, de l'ichtyocolle ou du mercure, on découvre que les petits vaisseaux qui se sont formés dans la substance organisante constituant la virole, se sont étendus, ont augmenté de calibre, et qu'ils ont établi la continuité entre les deux bouts de l'artère, qui, au lieu de présenter un canal unique et continu, offre plusieurs filets vasculaires. Ce phénomène a surtout été mis hors de doute par les expériences de Parry. (*Additionnal experiments on the arteries of Warm-Blooded animals, etc.* London, 1819.)

D'un autre côté, quand on a aplati l'artère, toute la portion du vaisseau soumise à la compression ne contracte que difficilement des adhérences avec elle-même; car, privée de l'exsudation albumineuse, serrée entre la ligature et le cylindre, elle ne tarde pas à être frappée de mortification. Comme celle-ci s'étend jusqu'à la base des caillots, cette base est mise à nu lors de la chute des parties sphacélées, et les orifices de l'artère restent béans, nullement rétrécis, et bouchés seulement par les caillots, dont le pourtour de la base n'a contracté que de faibles adhérences avec l'intérieur du vaisseau. On pourrait éviter un état aussi défavorable, si, en retirant l'appareil de compression du troisième au quatrième jour, l'artère ne se coupait pas toujours consécutivement, comme Vacca l'a prouvé, et comme je l'ai vu moi-même dans les expériences que j'ai faites à cet égard. Il y a, de plus, d'assez grandes difficultés attachées à cette manière d'opérer.

Cependant les orifices de l'artère se resserrent peu à peu, et se ferment enfin comme dans une plaie suppurante qui se rétrécit et se cicatrise. En même temps l'exsudation albumineuse extérieure s'unit et se confond avec ces adhérences, remplit l'intervalle qui sépare les bouts du vaisseau. La continuité rétablie à cette époque entre les bouts de l'artère par la virole albumineuse, est ce qui en grande partie avait d'abord fait croire à la non-division du vaisseau dans le cas où l'on avait retiré la ligature et le cylindre du troisième au quatrième jour. Ensuite tout se consolide et s'achève comme dans la dernière période du travail de l'oblitération par la ligature cylindrique mince et immédiate.

Il est facile maintenant de faire le parallèle entre ces deux méthodes, la ligature circulaire et immédiate, et l'aplatissement; on sait à quoi s'en tenir sur cette proposition si souvent avancée et si long-temps soutenue, que la ligature qui aplatit l'artère la coupe moins vite que celle qui la lie circulairement; et toutes choses égales du côté de la disposition individuelle à l'inflammation ulcéreuse, qui est la véritable cause de la promptitude ou du retard de la section du vaisseau, on doit croire au contraire qu'une ligature étroite et serrée immédiatement sera éliminée moins promptement que celle qui présentera des conditions opposées. Nous avons vu en second lieu comment le dépôt de la matière organisante extérieure était plus favorablement disposé dans le premier cas que dans le second; comment la virole extérieure formée par cette matière était plus complète, entourait plus exactement les bouts de l'artère et soutenait plus immédiatement leurs adhérences. Dans la ligature circulaire, la plaie récente faite aux membranes internes de l'artère se réunit par première intention, et ferme de suite le vaisseau. Dans l'aplatissement au contraire, l'artère, d'abord divisée par une inflammation ulcéreuse, ne se ferme que consécutivement et par seconde intention. Dans le premier procédé, à la chute de la ligature, le vaisseau est réellement clos par l'adhérence des lèvres de la plaie des membranes internes, rapprochées par le froncement qu'a éprouvé le tube artériel. Cette disposition soutient le caillot et l'empêche d'être poussé au dehors. Dans le second procédé, au moment de la section de l'artère, son ouverture n'est ni froncée, ni rétrécie, elle n'est bouchée que par le caillot, qui lui-même n'est retenu en place et ne résiste à l'effort circulatoire qu'au moyen de faibles adhérences que le pourtour de sa base a contractées avec l'intérieur du vaisseau.

Nous sommes autorisés à conclure que la constriction circulaire et immédiate du vaisseau par un fil cylindrique est bien préférable à son aplatissement, et que la forme, le volume des ligatures et le degré de constriction de l'artère doivent être tels que les membranes internes du vaisseau soient divisées entièrement et le plus nettement possible. On rejettera donc l'usage des ligatures plates d'une largeur capable de ménager en partie ou de diviser inégalement ces membranes. Les ligatures les plus convenables seront composées de quelques brins de fil ou de cordonnet de soie disposés en cylindre, mais ne dépassant jamais la largeur d'une ligne pour les plus grosses artères : encore, un seul cordonnet de soie, d'une grosseur proportionnée à celle du vaisseau, est-il préférable. On aura soin de ne pas comprendre le tissu cellulaire voisin ou quelque partie environnante dans la ligature. On l'appliquera le plus immédiatement possible sur le vaisseau, on rapprochera ensuite les lèvres de la plaie, et on la pansera simplement. Pour obtenir plus immédiatement la réunion de cette plaie, il n'est pas prudent d'incarcérer l'anse de la ligature en coupant les extrémités du fil près du nœud, parce que son élimination consécutive est loin d'être sans danger quand il s'agit d'artères aussi volumineuses que celles qu'on lie d'ordinaire dans l'opération de l'anévrisme.

Il ne faut pas non plus espérer obtenir l'oblitération de l'artère, en ne laissant la ligature appliquée que pendant quelques heures seulement, comme le conseille M. B. Travers. Nous avons vu, dans nos expériences, la circulation se rétablir dans l'artère après avoir laissé la ligature huit, douze, et même vingt-quatre heures appliquée.

Un des accidens les plus fréquens et des plus graves qui appartiennent à l'opération de l'anévrisme, est l'hémorrhagie secondaire. Les causes sont en général un état morbide des parois de l'artère, le voisinage d'une grosse branche collatérale ; un mouvement inconsidéré du malade, des tiraillemens exercés à dessein ou par mégarde sur la ligature. Mais la cause la plus ordinaire est l'ulcération des bouts de l'artère et le défaut d'adhérence de leurs parois soit entre elles, soit avec le caillot, par suite d'un état particulier et caché de la constitution, état individuel qui dispose beaucoup plus à l'inflammation ulcéreuse qu'à l'inflammation adhésive. Une circonstance que l'on doit aussi regarder généralement comme prédisposant à l'hémorrhagie, est l'usage que l'on aura pu faire de ligatures plates et capables, par leur largeur, de ménager en partie les membranes internes de l'artère. Si c'est par le bout supérieur qu'a lieu l'hémorrhagie, il faut, quand la disposition des parties le permet, lier de nouveau l'artère à une certaine distance au-dessus de la plaie. Si ce moyen n'est pas praticable, il n'y a d'autre ressource que le tamponnement de la plaie. On peut compter davantage sur le tamponnement, quand c'est par le bout inférieur de l'artère que le sang s'écoule ; on doit y joindre aussi la compression exercée sur le trajet de l'artère, soit au moyen de compresses graduées, soit par un tourniquet.

On a long-temps cherché à remédier à l'accident qui nous occupe par les ligatures d'attente ; elles sont plus nuisibles qu'utiles, en ce que l'artère s'ulcère et se divise par leur simple contact aussi promptement que sous la ligature ordinaire, et que par conséquent elles doivent mettre à découvert la cavité du vaisseau au-dessus des adhérences produites par le lien qui aura été serré. En faisant des expériences relatives aux ligatures d'attente, nous avons vu sur des chiens de petite taille, une ligature, étant passée sous une artère et sans être serrée, diviser le vaisseau et se détacher sans qu'il survint d'hémorrhagie. Les hémorrhagies consécutives sont beaucoup plus rares chez les animaux et surtout chez les chiens que chez l'homme, où le sang est bien moins coagulable. J'ai divisé transversalement de gros troncs artériels sur des chiens, sans chercher à arrêter le sang par la compression ou la ligature, et presque toujours un caillot s'est formé, l'écoulement du sang s'est arrêté et la vie de l'animal a été conservée.

Voilà ce que mes propres recherches et celles de M. Pécot nous ont appris ; tous ces faits s'accordent parfaitement avec ceux que Jones et que mon savant ami M. Hogdson, ont consigné dans leurs ouvrages.

Cicatrisation des artères lorsqu'elles ont éprouvé une solution de continuité. — Depuis J.-L. Petit les auteurs ont émis des opinions très-variées sur le mode de réunion des artères blessées. On a droit de s'étonner qu'un point que la simple expérience peut éclairer et mettre hors de discussion, soit encore en litige. C'est pour dissiper les doutes sur ce sujet que Jones et M. le professeur Béclard ont entrepris une série d'expériences curieuses d'après lesquelles presque toutes les incertitudes sont dissipées. Nous allons rapporter presque littéralement les résultats que M. Béclard a obtenus de ses recherches sur les animaux. « Si c'est une simple piqûre avec la pointe d'une aiguille, par exemple, il s'écoule un peu de sang, un caillot se forme dans la gaine celluleuse et arrête l'hémorrhagie. Plus tard ce caillot disparait, les bords de l'ouverture s'enflamment, leur adhésion s'établit, la cavité de l'artère est conservée. Si la plaie a une certaine étendue, l'issue varie selon l'état de la gaine celluleuse, la direction, la largeur de la solution de continuité. La gaine a-t-elle été détruite, le sang coule sans qu'un caillot se forme, et l'animal périt d'hémorrhagie. Mais si la gaîne est restée intacte, et si la plaie est longitudinale, du sang s'écoule par l'ouverture; bientôt après le caillot se forme pour opérer la cicatrisation comme dans le cas de simple piqûre. Lorsque la blessure est transversale, et lorsqu'elle n'occupe que le tiers de la circonférence du vaisseau, la plaie prend une forme ronde par la rétraction des fibres de l'artère; à un écoulement plus ou moins fort de sang succède la formation d'un caillot et enfin la plaie se cicatrise; mais si l'étendue de la division est plus considérable, la cicatrisation ne peut avoir lieu, et l'animal meurt d'hémorrhagie. Enfin si l'artère a été divisée dans presque toute sa circonférence, l'écartement est considérable, les bouts du vaisseau sont allongés, ils ne tiennent l'un à l'autre que par une petite languette qui finit par se rompre, et bientôt après la guérison arrive par l'oblitération du vaisseau. Dans les sections transversales complètes, la mort n'a lieu que s'il y a eu dénudation du vaisseau; car si la gaîne subsiste, on voit chez les animaux la guérison se faire par l'oblitération de l'artère que la rétraction de ses deux bouts vient encore favoriser, puisque l'enveloppe celluleuse du vaisseau se trouve alors dépasser le niveau des extrémités vasculaires, et les mettre dans une condition qui facilite la formation du caillot. Le sang se coagule dans l'artère, jusqu'à la hauteur des premières branches collatérales.

Dans les chiens le sang se coagule avec une grande facilité; et cette rapidité qu'il met à se concréter rend les hémorrhagies moins graves chez ces animaux que chez l'homme, où il est rare que les piqûres des artères se guérissent par la formation d'un caillot, ainsi que J.-L. Petit l'a avancé. Il prétend qu'il se forme un caillot entre les lèvres de la plaie de l'artère et à l'extérieur du vaisseau. La première partie, appelée *bouchon*, a peu d'étendue; le *couvercle*, au contraire, en a davantage, et n'a besoin, pour être soutenu, que d'une légère compression qui n'intercepte pas la circulation. Quelquefois même le couvercle du caillot est solidement soutenu; c'est quand, par exemple, l'artère a été blessée par un instrument très-aigu, comme une lancette qui ouvre plus largement l'artère, dont le tissu est ferme, que la gaîne dont le tissu est extensible; le sang coagulé est soutenu par ce dernier. L'hémorrhagie n'est difficile à arrêter que quand la plaie est considérable ou le *couvercle* mal soutenu. J.-L. Petit compare ce caillot au tissu des cicatrices. Dans d'autres circonstances,

l'hémorrhagie ne s'arrête pas, comme le dit J.-L. Petit; elle continue, le sang s'infiltre dans le tissu cellulaire, et produit l'anévrisme faux, primitif; ou bien si le caillot se fait lorsqu'on en favorise la formation par une légère compression, la cure n'existe pas réellement, car le plus souvent il arrive que cette barrière est soulevée ou déplacée, et que peu à peu le sang se forme un foyer dans le tissu cellulaire. Cette dernière disposition est nommée anévrisme faux circonscrit ou consécutif.

La section complète du cylindre artériel amène une hémorrhagie que l'art seul peut arrêter, et la mort en est un effet plus ou moins immédiat, si, par la compression, le tampon, la ligature ou la cautérisation, on ne se rend pas maître du sang.

Dans les plaies par arrachement, on a vu l'hémorrhagie causer la mort. Quelquefois cependant, et presque toujours sur les animaux, l'accident n'a pas une fin aussi malheureuse. Outre la rétraction et le resserrement indiqués par Bichat, deux causes s'opposent encore à l'écoulement du sang, et favorisent l'oblitération de l'artère. M. Béclard a vu « qu'à l'instant de l'accident, le vaisseau cède, et s'allonge avant de se rompre; les membranes internes, moins extensibles, se déchirent d'abord inégalement et en divers endroits, puis se séparent complètement, tandis que la tunique extérieure continue à s'allonger, en se rapprochant de plus en plus de l'axe du vaisseau, comme le fait un tube de verre fondu qu'on tire par les deux bouts. La séparation achevée, l'artère offre à son extrémité un prolongement conique, terminé par une ouverture étroite, et dans son intérieur des lambeaux irréguliers qui en obstruent la cavité. » Alors le caillot se forme, la matière albumineuse est déposée pour produire l'adhérence des tissus dilacérés, et la cicatrisation est complète.

Cicatrisation des veines et des vaisseaux lymphatiques. — On sait aujourd'hui que les veines sont très-sujettes à s'enflammer, et que cette phlegmasie se propage parfois dans le sens de la circulation du sang veineux avec une grande rapidité. La cicatrisation des plaies des grandes veines est difficile à obtenir, et les lésions de ces vaisseaux sont peut-être plus graves que celle des artères du même volume.

Dans les petites veines, les plaies se réunissent aisément. L'on sait que la piqûre d'une veine du bras est cicatrisée en vingt-quatre heures ou quarante-huit heures. Cette cicatrisation diffère de celle des artères, puisque le calibre du vaisseau est conservé, et que la même veine, dans le même point, peut être ouverte un grand nombre de fois à des époques différentes. Il paraît que les lèvres de la plaie se réunissent entre elles par le dépôt de la *matière organisante* ou lymphe coagulable, et que le canal vasculaire reste libre pour le cours du sang veineux. Dans les ligatures des veines d'une grosseur médiocre, ou dans la division complète de ces vaisseaux, la réunion s'opère par le dépôt de la matière, par une véritable inflammation adhésive. J'ai vu dans ces circonstances la couche membraniforme sur la face interne de la veine, ainsi que le dépôt de la matière organisante à l'extrémité du vaisseau. Je puis aussi affirmer que la membrane interne était enflammée, circonstance sur l'existence de laquelle des personnes ont élevé des doutes. Quant à la cicatrisation des vaisseaux lymphatiques, on présume qu'elle se fait par le même procédé que celle des veines, mais on ne sait rien de positif à cet égard. Le vaisseau reste-t-il libre ou s'oblitère-t-il?... L'observation et l'expérience se taisent sur ce sujet.

Cicatrisation des nerfs. — Lorsque l'on divise un nerf transversalement, les bouts ne se rétractent pas, comme le font les lèvres des plaies de la plupart des autres tissus, et si les extrémités nerveuses restent en rapport, la cicatrisation peut s'en opérer assez rapidement. Mais lorsqu'il y a une perte de substance, la réunion se fait plus long-temps attendre, et quoique dans les deux circonstances il y ait formation d'une substance intermédiaire, on conçoit que le travail sera d'autant plus long, plus difficile, que la perte de substance aura été plus grande. Beaucoup d'expériences ont été tentées pour découvrir ce procédé de la nature; les physiologistes ne sont pas d'accord sur ce point. Peu de temps après la section d'un nerf, on voit ses bouts et surtout celui qui correspond au cerveau se gonfler et ressembler à un petit ganglion ou à une petite sphère. Ce corps est d'une couleur grise, d'une consistance solide, presque dure, résistant à l'instrument tranchant, et faisant entendre dans sa section un bruit semblable à celui que produit le cartilage qu'on divise. Le volume de ce renflement est en raison directe de la quantité de tissu cellulaire ambiant, et du temps qui s'est écoulé depuis l'excision du nerf. J'ai disséqué plusieurs cadavres de sujets auxquels on avait amputé à une époque fort antérieure, la cuisse, la jambe, ou le pied par la méthode de Chopart, et j'ai

dans quelques cas rencontré ces renflemens ou corps sphériques de l'extrémité des nerfs, de la grosseur d'une aveline; j'ai aussi observé que ces boutons ne formaient pas précisément l'extrémité du nerf, et qu'au-dessous il existait un cordon fibreux qui se rendait dans le tissu de la cicatrice où l'amputation avait été pratiquée.

Van Horn dit avoir vu, dans des conditions semblables à celles dont nous parlons, les filets nerveux retirés à un pouce au-dessus du lieu de la solution de continuité, se terminant par de petits mamelons charnus, mous et dépassant le niveau de la section des muscles.

Lorsque le bout inférieur n'a pas été enlevé, les deux portions du nerf peuvent se réunir et se cicatriser; mais la réunion n'est pas immédiate : une substance se forme entre les deux extrémités nerveuses, et quelques physiologistes veulent que cette substance intermédiaire soit du tissu nerveux proprement dit, tandis que d'autres la regardent simplement comme du tissu cellulaire ou de la lymphe coagulable, *substance organisante*, qui ne parvient jamais à revêtir les caractères propres à la structure des nerfs. De là naissent les discussions et la divergence d'opinion sur la régénération ou la non régénération du tissu nerveux.

Il y a deux moyens de reconnaître la régénération d'un organe : 1° l'examen de ses fonctions; 2° l'examen de la structure de la substance formée à la place de la partie enlevée. Le premier moyen peut ici induire facilement en erreur, parce que des filets anastomotiques peuvent agir à la place du nerf coupé, et l'on sait qu'une substance qui ne ressemble pas parfaitement à la substance normale peut en remplir les fonctions. On sait que l'influx nerveux se transmet en plaçant, entre les bouts du nerf, du tissu cellulaire humide, et qu'en faisant passer un courant galvanique, on voit les muscles auxquels le nerf divisé se distribue, se contracter. Le deuxième moyen est moins incertain, mais cependant il est sujet à erreur.

Cruikshank, Haighton, Fontana, Michaëlis, Monro, Meyer, ont, en s'appuyant sur les deux ordres de preuves dont nous venons de parler, soutenu que les nerfs pouvaient se régénérer. C'est exact, si l'on n'examine cette reproduction que dans les animaux à sang froid, dans quelques reptiles, les salamandres par exemple, chez lesquelles on voit les pattes et la queue repousser après qu'on en a fait l'ablation. Mais il n'en est pas de même pour les animaux des classes supérieures. Arnemann affirme, et il appuie son sentiment sur de nombreuses observations, que les nerfs ne se régénèrent point. Suivant ce physiologiste, l'union des deux bouts du nerf coupé se fait toujours par du tissu cellulaire gonflé et épaissi par l'inflammation, et quelquefois ce tissu acquiert la dureté du cartilage et remplit plus ou moins complètement l'intervalle des deux bouts, lorsque beaucoup de tissu cellulaire existe dans la partie où le nerf a été divisé. Monro dit avoir vu la substance de la cicatrice, constamment d'une couleur plus foncée que celle des nerfs. Fontana croit avoir reconnu une reproduction de la véritable substance nerveuse dans les expériences où l'on avait excisé une portion de cinq ou six lignes de longueur du nerf intercostal. Suivant lui les filamens nerveux allaient à travers la substance intermédiaire et sans interruption du bout supérieur au bout inférieur du nerf. Je ferai remarquer que Fontana ne parle ici que des nerfs de la vie organique, et qu'on ne doit pas établir de parité entre ce système nerveux et les nerfs cérébro-rachidiens. Cependant il pourrait se faire pour les nerfs ce qui s'opère pour les artères et que Parry a décrit. (Voyez *cicatrisation des vaisseaux*.) Michaëlis enleva sur des cordons nerveux des portions de neuf à douze lignes de longueur, et au bout de deux mois il vit les extrémités du nerf divisé réunies par une substance qui ressemblait entièrement ou presque entièrement à la véritable substance nerveuse. Cependant le microscope faisait aisément distinguer le passage de l'ancien nerf à la portion de nouvelle création. Des anatomistes disent avoir vu dans certaines circonstances, à la surface des nerfs, des aspérités en forme de crochets. Molinelli avait déjà aperçu et décrit cette sorte de structure qu'Arnemann appelle structure propre des nerfs, et il nie formellement la régénération de ces organes, parce qu'après les avoir coupés, il ne retrouvait jamais cette structure dans la substance qui réunissait leurs extrémités. Mais, comme le dit Meyer, il n'y a pas plus de raison de compter sur cet indice que sur tous les autres. Prochaska fait très-bien observer que l'aspect des nerfs examinés au microscope change suivant qu'on éloigne l'objet ou qu'on le rapproche de l'instrument. Fontana ne jugeait de la régénération que par le microscope, et il n'admettait cette reproduction que lorsque les filets médullaires étaient entourés d'enveloppes en spirale ou en zones. Meyer a observé le phénomène dont parle Arnemann, et c'est dans les petits animaux, notamment dans les oiseaux et les grenouilles. Il lui a paru devoir tenir à quelque propriété des gaines des nerfs, ou aux fluides contenus dans ces gaines. Meyer dit qu'on pourrait supposer qu'il dépend de la forme serpentante des fibres médullaires elles-mêmes. En ce cas, le nerf privé de son enveloppe devrait paraître beaucoup plus long que dans son état naturel, ou bien il devrait se présenter sous la même forme. Or c'est ce qui n'arrive pas, car un nerf dépouillé de son enveloppe ne se montre pas plus long qu'auparavant, et les filets médullaires mis à nu paraissent courir parallèlement les uns aux autres. D'où il résulte que, la structure dont nous parlons ne dépendant que de l'organisation des parties extérieures aux filets médullaires, on ne peut tirer de sa non existence aucune conclusion rigoureuse contre la régénération des nerfs. On a remarqué aussi des brides transversales qui règnent dans toute la longueur des nerfs, et sous lesquelles on aperçoit distinctement, surtout chez les oiseaux, les filets déliés de la moelle nerveuse. Mais ces filets disparaissent aussi quelquefois pendant qu'on examine le nerf au microscope, ou lorsqu'on a laissé le nerf quelque temps à découvert.

De tous ces considérans, Meyer en conclut que l'apparence extérieure de la portion de nerf reproduite ne peut pas servir à décider la question. Il réduit cette question à savoir si la communication entre deux bouts de nerf peut se rétablir telle qu'elle était avant l'incision ou l'excision, et s'il se reproduit véritablement entre les deux extrémités séparées une nouvelle substance médullaire, seule capable de rappeler dans la portion inférieure du nerf la faculté dont le principe est dans l'encéphale. Ni l'anatomie, ni la physiologie ne peuvent seules, suivant Meyer, résoudre cette question. La première est dénuée de moyens assez délicats pour examiner et reconnaître la nature de la substance reproduite; car le scalpel est tout-à-fait insuffisant; la macération détruit les filets médullaires en laissant subsister les autres parties, et l'on ne peut s'en rapporter aux illusions du microscope. Meyer conseille, pour atteindre le but important qu'il se propose, d'employer le moyen de Reil, par lequel ce dernier anatomiste est parvenu à déterminer, avec plus d'exactitude qu'on ne l'avait fait avant lui, la structure des nerfs. Il a observé qu'en plongeant ces organes dans l'acide nitrique, leurs enveloppes et le tissu cellulaire qui les entoure sont décomposés par ce menstrue, sans que la substance médullaire en éprouve aucune altération.

Par ces expériences, Meyer a été conduit à penser que les nerfs se reproduisent, et que cette reproduction se fait plus ou moins facilement suivant les parties du corps où le nerf a été coupé. Il a toujours vu qu'elle s'opérait avec plus de facilité dans le nerf tibial, dont les bouts séparés ne peuvent être déplacés par le mouvement des muscles de manière à les empêcher de se correspondre, que dans le nerf cubital où la substance de nouvelle formation présente des bourrelets plus marqués. Le nerf sciatique, dont les extrémités sont plus sujettes à se déplacer par l'action musculaire, a constamment présenté la reproduction et la réunion les plus imparfaites. Mais quelles sont les conditions favorables à la régénération des nerfs? quel est le maximum d'étendue de la portion qu'on peut retrancher d'un cordon nerveux avec l'espérance qu'elle se reproduira? Combien de temps faut-il pour que cette reproduction ait lieu? Meyer déclare ne pouvoir répondre à toutes ces questions qui demandent de nouvelles et de nombreuses expériences. Haighton a fait la section des nerfs pneumogastriques : lorsqu'il ne divisait qu'un nerf, l'animal n'en périssait pas, mais la mort était immédiate si les nerfs des deux côtés étaient coupés dans la même expérience, tandis que la vie pouvait être conservée si les deux sections des nerfs n'étaient produites qu'à un long intervalle l'une de l'autre. Cette dernière circonstance le porte à croire que les nerfs sont réellement reproduits, mais il ne dit pas que son opinion repose sur l'examen anatomique des parties, il déclare seulement que la dissection fait reconnaître l'existence d'une substance intermédiaire développée entre les bouts du nerf divisé. Cette expérience d'Haighton, quelque concluante qu'elle paraisse, laissera, de son propre aveu, encore des doutes dans l'esprit de bien des gens. Ne serait-il pas possible que l'estomac et les organes de la voix reçussent l'influence nerveuse de toute autre source? Le larynx, du nerf laryngé supérieur qui naît au-dessus du point où l'on coupe le cordon pneumo-gastrique; et l'estomac, des nombreuses branches des plexus du grand-sympathique? une augmentation d'énergie nerveuse dans ces branches pourrait suppléer à l'action des nerfs dont la continuité a été interrompue, et l'analogie du système vasculaire, dont les branches collatérales se dilatent lorsque la circulation dans le tronc

principal est interrompue, est une objection qui vient à l'esprit de tout le monde. Pour prévenir cette objection, ou pour y répondre, Haighton a eu l'idée de couper une seconde fois les deux nerfs de la huitième paire immédiatement l'un après l'autre : car si l'animal supporte cette opération, il restera démontré que les organes dont l'action était primitivement soutenue par ces nerfs, reçoivent maintenant par quelqu'autre voie l'influence vitale, et que la substance nerveuse n'a réellement pas été reproduite après la première division; mais que si au contraire l'animal périt par cette seconde opération, il sera permis d'en conclure que la substance régénérée est réellement une portion de nerf. Haighton a donc fait sur un chien, opéré dix-neuf mois auparavant, une section des deux nerfs de la huitième paire, et les accidens ordinaires survinrent à l'instant, et continuèrent jusqu'au second jour où l'animal périt.

Par ce dernier fait, le physiologiste anglais se croit en droit de penser que les nerfs se reproduisent, et que dans leur cicatrisation il n'y a pas seulement une substance de nouvelle formation, mais une reproduction du véritable tissu nerveux.

Nous regardons cette expérience comme plus spécieuse que démonstrative, car il n'est pas reconnu que l'influx nerveux exige toujours pour sa transmission la continuité d'un tissu identique, puisque l'on sait que le simple contact entre les bouts du nerf tibial, qu'une substance intermédiaire placée entre les extrémités nerveuses mettent le nerf coupé dans des conditions favorables à l'exercice de l'action nerveuse. M. Desmoulins a reconnu nouvellement sur quelques poissons, que les cordons nerveux rachidiens ne se confondaient pas dans la substance médullaire spinale, et qu'il n'y avait pas continuité de substance, mais simple contact de l'extrémité arrondie du nerf avec la moelle épinière; cette disposition anatomique peut faire comparer le courant de l'influx nerveux avec certains appareils électriques. Suivant l'observation de M. Desmoulins, l'insertion des nerfs sur l'axe cérébrospinal se fait par juxta-position du névrilème aux méninges; néanmoins les nerfs olfactifs et optiques montrent constamment continuité de substance avec la moelle, excepté dans le cycloptère où la juxta-position des nerfs optiques est plus manifeste que pour aucun autre nerf. (*Desmoulins, mémoire anat. et physiol. sur le système nerveux des poissons.*) J'ajouterai encore qu'il serait possible que la substance formant le moyen d'union des deux bouts du nerf divisé, ne soit pas du tissu nerveux proprement dit, et que cependant la transmission de l'influence nerveuse s'opérât médiatement, c'est-à-dire en traversant cette matière étrangère?

Arnemann a eu tort de condamner comme insignifiantes, pour prouver la régénération, des expériences dans lesquelles on n'a fait qu'une simple division sans perte de substance, parce qu'il croit qu'il y avait dans ce cas une réunion immédiate. N'est-il pas évident que dans les deux circonstances la cicatrisation s'opère de la même manière par le dépôt d'une *matière organisante* dont la source varie, mais dont la nature est la même.

J'ai disséqué plusieurs chiens sur lesquels j'avais fait la section de différens nerfs plusieurs mois auparavant, et je n'ai jamais reconnu dans le nœud correspondant à la cicatrice un tissu qu'on pût comparer à celui des nerfs. Peut-être n'y avait-il pas assez de temps d'écoulé entre la section du cordon nerveux et l'examen anatomique de la cicatrice. D'après mes expériences je suis porté à croire qu'il n'y a pas de régénération pour les nerfs de la vie animale. Quant à ceux des ganglions, cette reproduction me paraît possible, sans cependant que je puisse donner, à l'appui de ce sentiment, des faits qui me soient propres. Si les nerfs se régénèrent, pourquoi les muscles ne se reproduiraient-ils pas? Nous savons que cette reproduction n'a jamais lieu. Ces questions, pour être complètement résolues, demandent encore beaucoup de recherches expérimentales.

Cicatrisation de l'encéphale. — Les organes dont l'intégrité est nécessaire à la vie n'offrent que rarement des traces de cicatrisation, et parmi ces organes l'encéphale doit occuper le premier rang. Cependant toutes les parties de ce viscère ne sont pas également indispensables à l'entretien de la vie, et si les altérations, telles que les plaies du cervelet, de la protubérance annulaire, de la base du cerveau, du bulbe ou du prolongement rachidien sont considérées comme nécessairement et promptement mortelles, il n'en est pas de même des lésions des couches supérieures des hémisphères cérébraux; les ouvrages de chirurgie contiennent de nombreuses observations sur les plaies du cerveau avec ou sans perte de substance, d'épanchemens sanguins, séreux, purulens, de tumeurs cancéreuses, de tubercules scrofuleux de ces organes, sans que les sujets en soient morts assez rapide-

ment pour qu'un travail de cicatrisation n'ait pas été commencé par la nature.

Quant aux plaies simples ou avec perte de substance du cerveau, je ne trouve dans les auteurs aucun fait qui puisse éclairer la question, et depuis long-temps j'avais cherché à jeter quelque jour sur ce point de la science en recourant aux expériences sur les animaux.

J'ai fait, soit seul, soit de concert avec mon ami le docteur Villermé, plusieurs expériences à ce sujet. Le plus souvent les animaux ont succombé aux altérations que nous avions produites dans le cerveau, mais lorsque je me suis borné à inciser l'organe dans une petite étendue ou à n'altérer qu'une faible partie de sa substance, j'ai trouvé, en l'examinant au bout de plusieurs mois, une véritable cicatrice. Ces essais ont été entrepris sur des chiens. L'année dernière j'ai emporté à un grand nombre de tritons ou salamandres aquatiques, toute la partie antérieure de la tête; plusieurs de ces animaux ont survécu à cette expérience, et en les tenant dans un vase avec un peu d'eau, j'en ai conservé pendant plusieurs mois. J'ai pu voir dans ces circonstances, une cicatrice se former sur la plaie et sur la partie du cerveau mise à nu. M. le professeur Duméril avait bien long-temps avant moi fait de semblables expériences sur des salamandres, et les résultats que je lui ai entendu rapporter et qui sont cités dans l'ouvrage de Legallois, sont les mêmes que les miens. Voilà, à n'en pas douter, des exemples de cicatrisation dans la substance cérébrale.

Peut-on assimiler à ce travail, ce qui se passe dans les épanchemens sanguins, séreux ou purulens du cerveau? Lorsque le liquide est en petite quantité, et lorsque les accidens qu'il produit, ou qui dépendent de la maladie dont il est le principal effet, ne sont pas mortels immédiatement, une membrane mince se forme et enveloppe bientôt toute la collection du liquide; molle, peu résistante, d'une apparence albumineuse, d'une teinte jaunâtre, n'adhérant que faiblement à la substance cérébrale et à la matière épanchée dans les premiers temps, et à ces mêmes époques d'une apparence inorganique, cette membrane prend peu à peu de la consistance; des vaisseaux s'y développent et se montrent manifestement; bientôt elle adhère par sa face externe à la substance cérébrale, et sa face interne ressemble sous le doigt à une membrane muqueuse; elle est douce, présente à la loupe une infinité de petits filets déliés. Immédiatement derrière ce kyste, la substance du cerveau est d'une consistance moindre, d'une teinte jaune; plus loin elle est d'un rouge foncé et à une plus grande distance encore, elle est seulement sablée de points rouges, et reprend peu à peu sa couleur naturelle.

J.-F. Meckel a bien observé que les plaies du cerveau avec perte de substance se cicatrisent par la formation d'une substance nouvelle qui ne ressemble pas parfaitement à celle de l'organe. Son tissu est lâche, mou, et souvent on le prendrait pour du mucus; quelquefois aussi, il présente des circonvolutions comme celles du cerveau lui-même. Un fait très-remarquable, observé par plusieurs physiologistes dans la cicatrisation des plaies du cerveau, est l'élargissement du ventricule cérébral correspondant au côté lésé. Cette augmentation de capacité est compatible avec l'état de vie et de santé. On trouve au milieu de la substance nouvellement formée, et constituant la cicatrice cérébrale, une matière tenace, qui, suivant Arnemann, est un produit de la lymphe coagulable, mais qui dépend, selon nous, de la fausse membrane par laquelle la cicatrisation s'opère. Les épanchemens sanguins qui se forment dans les cavités organiques, ou dans le parenchyme des organes, présentent donc une série de phénomènes semblables. Quelques-uns de ces phénomènes ont été indiqués par les chirurgiens français pour les épanchemens dans les cavités splanchniques; mais pour les hémorrhagies cérébrales, ou apoplexies sanguines, c'est à Hoffmann et à Morgagni que l'on en doit les premières notions. Depuis ces médecins célèbres, le mode de guérison des épanchemens a été décrit par M. Dupuytren, par son élève Marandel, et plus récemment par MM. Rochoux, Riobé et Cruveilhier.

Si des épanchemens se font dans la substance cérébrale et qu'ils surviennent à différens intervalles les uns des autres, on voit que le dernier, par lequel la mort a été produite plus ou moins immédiatement, présente, dans la matière qui le forme, le départ des deux parties constituantes du sang, le sérum et le caillot. Le premier se trouve très-souvent au centre, et enveloppé par le second.

Dans l'épanchement récent une matière muqueuse, une lymphe coagulable entoure déjà le sang devenu corps étranger. Cette *substance organisante* n'adhère ni au caillot ni au cerveau; bientôt elle se condense, se dispose en membrane; elle se distingue du tissu de l'organe, dont on peut la séparer, mais elle commence à y adhérer et beaucoup plus qu'au coagulum sanguin. Sa teinte blanchâtre se prononce de plus en plus; sa face cérébrale est inégale et se confond parfois avec une matière cérébriforme jaunâtre, ramollie; l'autre surface est lisse, perspirable et absorbante, car à la loupe et surtout au microscope, on y reconnaît des viscosités ou des franges vasculaires comme sur la membrane muqueuse des intestins ou sur les membranes synoviales. Par cette double fonction d'exhalation et d'inhalation, la matière de l'épanchement se trouve délayée, puis absorbée; dans le plus grand nombre des cas, j'ai trouvé les parties cruorique et fibrineuse absorbées les premières et l'épanchement réduit à un liquide visqueux et jaunâtre; mais dans plusieurs circonstances, le contraire s'est opéré; les parties séreuses ont été reprises et le coagulum, réduit de volume, a conservé sa couleur, sa texture fibrineuse et tous les caractères propres au caillot. Enfin, dans un petit nombre de sujets, j'ai vu une matière de même apparence, et dont la teinte était blanchâtre.

Dernièrement, dans le cerveau d'un vieillard, j'ai découvert une tumeur de cette nature; la chimie a démontré que cette matière provenait d'une hémorrhagie, car elle avait les caractères de la fibrine. Beaucoup de tumeurs rencontrées dans la substance cérébrale ne reconnaissent pas d'autre origine.

A mesure que l'épanchement est résorbé, la cavité qui le contient diminue d'étendue; mais cette diminution arrive-t-elle par une reproduction de la substance cérébrale pour remplir ce vide? Je ne le pense pas; et ne pourrions-nous pas expliquer le rapprochement des parois de la caverne contenant le liquide épanché par l'agrandissement du ventricule cérébral correspondant à l'hémisphère affecté. J'ai déjà dit que cette augmentation de capacité du ventricule avait été notée par plusieurs anatomistes. On pourra objecter, et avec raison, que les ventricules cérébraux ne sont que des cavités à parois contiguës, et pour servir, comme nous l'entendons, au travail de la cicatrisation, il faudrait admettre que les parois des ventricules ne restent plus en contact entre elles. Si le caillot se durcit en diminuant de volume, la membrane nouvelle se moule sur toutes ses inégalités, et bientôt elle lui forme un véritable kyste. Son adhérence au corps étranger paraît être plus forte qu'aux parois de la cavité accidentelle. Le caillot ressemble parfois à celui des tumeurs anévrismales, avec cette différence que, dans les anévrismes, les couches extérieures sont les plus consistantes et les moins colorées , tandis qu'ici on voit souvent le centre dur et résistant , et les feuillets extérieurs blanchâtres et mollasses. .

Quelques mois suffisent pour l'organisation de la membrane nouvelle et pour la résorption des épanchemens peu abondans. L'on peut juger de l'absorption du caillot par la diminution des phénomènes de compression , et par le retour successif des fonctions des parties frappées de paralysie. Si l'épanchement a été copieux , il exige plusieurs années de travail, et souvent la matière qui le forme n'a pas complètement été reprise , lorsqu'une seconde apoplexie survient.

Dans les épanchemens peu abondans , lorsque le liquide a été résorbé , les parois du kyste se rapprochent, s'unissent et finissent par se confondre. L'on ne trouve , en l'examinant , qu'une partie de l'hémisphère moins dense dans une petite étendue qu'indique fréquemment une ligne jaunâtre, composée par un feuillet membraniforme et vasculaire. Il est probable que ce feuillet , formé par les parois du kyste , sera lui-même résorbé plus tard. C'est présumable, mais difficile à démontrer autrement que par analogie.

M. Rochoux pense que les cavernes apoplectiques aperçues et signalées par Conrad Brunner , Wepfer et Morgagni , décrites avec soin par Marandel , Riobé et par M. Rochoux lui-même , ne se cicatrisent que rarement par l'organisation d'un kyste accidentel. C'est , suivant ce médecin , le mode de guérison le moins ordinaire, et il ne s'est guère présenté à son observation qu'une fois sur douze ou quinze cas où il rencontrait des cicatrisations par des liens vasculaires. Je crois que, sur ce point, notre confrère est dans l'erreur, et que les liens ou filamens vasculaires dont il parle ne sont que des restes des membranes formées accidentellement ; à une époque moins avancée, il aurait découvert la pseudo-membrane. Il arrive pour le cerveau ce qu'on voit survenir dans tous les cas d'adhérences anciennes, où les fausses membranes ne tiennent plus rapprochées, que par des filamens celluloso-vasculaires, les parties qu'elles unissaient intimement par l'effet de l'inflammation adhésive. M. Riobé a considéré la réunion par les kystes membraneux comme presque constante , et M. Rochoux, comme rare ; cette divergence d'opinion s'explique par les différences dans les époques où les observateurs ont examiné des cerveaux d'apoplectiques. La présence des liens vasculaires dans les cavernes est une preuve certaine de la préexistence des pseudo-membranes dans lesquelles ces vaisseaux se sont développés , car il ne se forme jamais de vaisseaux, sans le dépôt préalable d'une couche albumineuse constituant la première époque des kystes et des pseudo-membranes.

Quelle est l'origine de la membrane accidentelle ; est-elle le produit d'une exsudation albumineuse analogue à celle qui a lieu sur la surface des plaies récentes, demande M. Riobé ? ou bien est-elle due à une transformation de la substance cérébrale qui est en contact avec le sang épanché ?... On s'étonne qu'après avoir montré tant de sagacité dans l'observation des kystes des apoplectiques, M. Riobé ait pu être arrêté sur l'origine de leur formation. Le procédé de la nature est le même partout , et le mode de cicatrisation d'un tissu est semblable dans tous les autres. Comment concevoir que le cerveau se transforme et se *désorganise* pour produire une *organisation* nouvelle, et réparer l'altération de sa substance ?

Cicatrisation des muscles. — Nous comparons sous beaucoup de rapports le système musculaire au système nerveux ; dans l'un et dans l'autre il existe deux parties distinctes : 1° la portion fibreuse commune aux deux tissus , et ne formant peut-être dans les deux cas qu'une enveloppe; 2° la partie médullaire ou nerveuse proprement dite, et la partie musculaire ou contractile. La reproduction ne doit s'opérer que pour l'enveloppe ou portion fibreuse, mais elle n'a pas lieu pour le principe médullaire, ni pour le principe contractile, qui constituent essentiellement, l'un le tissu nerveux , et l'autre le tissu musculaire. Nous avons vu que beaucoup de physiologistes niaient formellement la régénération du tissu nerveux, et nous avons hasardé une explication pour rendre compte du rétablissement des fonctions, ou le retour de l'action des nerfs sur les organes auxquels ils se rendent; cette non-reproduction, qui n'est qu'une présomption à l'égard des nerfs, est une certitude à l'égard des muscles. Dans les plaies de ce tissu, lorsque tout un faisceau a été divisé avec ou sans perte de substance, la réunion n'est jamais immédiate ; la rétraction des deux bouts étant considérable, une substance est déposée entre les lèvres de la plaie, et ce lieu est toujours reconnaissable par une dépression. La *matière organisante* parcourt ses périodes rapidement ; l'on y voit des vaisseaux plus promptement, et en plus grand nombre, que dans le tissu de la cicatrice des autres parties.

Cette substance, d'abord d'apparence géla-tineuse, puis d'un blanc-jaunâtre, molle, durcit bientôt; et jamais par aucun genre d'ir-ritans elle ne donne de marque de contracti-lité; les fibres qu'on y voit lorsque son déve-loppement est complet n'ont aucune régularité, elles ne ressemblent en rien au tissu charnu; et si toutes les fibres appartenant au même muscle ont été divisées, l'irritation de la por-tion supérieure ne provoque la contraction que jusqu'à la cicatrice, et réciproquement.

Le tissu fibreux formant la cicatrice des muscles nuit d'autant plus à leurs fonctions, que l'écartement entre les deux portions de l'organe est plus grand. Le muscle y perd de sa force, sa nutrition est moindre, sans ce-pendant qu'il y ait atrophie. Dans cet état, il a été comparé aux muscles digastriques; le tissu fibreux de la cicatrice représentant le tendon situé entre les deux ventres.

Cicatrisation des tendons et des ligamens.—
La difficulté de la cicatrisation des tendons tient moins à la nature de leur tissu qu'à l'é-cartement des lèvres de leurs solutions de con-tinuité. En effet les tendons se continuent avec les muscles; ils en sont une partie, et lors-qu'ils sont divisés, les muscles se contractent. Un espace plus ou moins grand existe entre les deux bouts du tendon. La solution de con-tinuité est-elle imparfaite, c'est-à-dire toutes les fibres du faisceau tendineux n'ont-elles pas été coupées ou déchirées? la réunion s'o-père beaucoup plus vite, et les fonctions de l'organe sont conservées dans presque toute leur intégrité.

Quant au procédé de cicatrisation, on voit encore ici le dépôt de la matière organisante dans le tissu cellulaire ambiant, puis entre les deux bouts du tendon. Cette matière passe par tous les degrés d'organisation que nous lui connaissons, et la cicatrisation devient par-faite.

Mais la cicatrice a une étendue subordon-née à celle de l'écartement des bouts du ten-don, et on sent cette cicatrice sous la forme d'un nœud dans le trajet de la corde tendi-neuse. Cette nodosité tient au dépôt de la ma-tière albumineuse à l'extérieur des bouts du tendon, comme on le voit pour les vaisseaux, les os, les cartilages.

La cicatrisation des ligamens est peu con-nue; nous pouvons présumer qu'elle s'exécute d'après les mêmes principes et le même pro-cédé que celle des tendons. Quant à la cicatri-sation des ligamens intervertébraux, ces tissus participant de la nature fibreuse et cartilagi-neuse, la cicatrisation s'y fait par la produc-tion d'une substance fibro-osseuse. J'ai vu, dans quelques cas de maladie de Pott, des vertèbres soudées entre elles par une cicatrice fibreuse et osseuse, et l'on ne pouvait pas croire que ce mode de réunion fût une consé-quence de l'âge, car les sujets étaient jeunes, et quelques-unes de leurs vertèbres portaient les traces manifestes d'une altération. Dans presque tous les muséums d'anatomie patho-logique, on voit des exemples de ce genre de réunion des vertèbres, après les altérations des fibro-cartilages.

Cicatrisation des os. (*Voyez* l'article CAL.) Lorsqu'une plaie présente dans son fond une surface osseuse, la cicatrisation ne peut s'y faire qu'après que l'os a été ramolli par la ré-sorption de sa portion saline. Alors seulement la trame organique peut contribuer à la cica-trisation. Dans la nécrose, le même phéno-mène est observé; l'inflammation éliminatoire sépare la portion frappée de mort, et au-dessous l'os ramolli exhale une *matière orga-nisante*, qui devient fibreuse, puis osseuse. Le périoste ayant été détruit, on ne peut pas lui attribuer la production de la cicatrice; dans cette circonstance, comme dans la for-mation du cal, la cicatrisation peut s'opérer indépendamment du périoste, par l'action des tissus en contact avec la surface osseuse; la substance osseuse de nouvelle formation ad-hère et se continue avec l'os lui-même. L'os est-il frappé de mort dans toute son épaisseur, par une maladie qui commence par le canal médullaire? il se forme un séquestre.

Les altérations des os à cavité médullaire commençant par l'extérieur, produisent la né-crose, l'exfoliation de portions plus ou moins grandes de la substance osseuse, mais la ci-catrisation s'opère comme dans les autres sys-tèmes, et le tissu de la cicatrice fait partie du corps de l'os; tandis que l'os mourra dans toute son épaisseur, et cette portion nécrosée sera bientôt renfermée dans un os nouveau, si l'appareil vasculaire du canal central de l'or-gane est détruit ou altéré. Il faut donc, pour qu'il se forme un séquestre, que la maladie commence par la cavité médullaire, ou que l'altération d'abord extérieure soit parvenue dans un point de l'étendue de l'os, jusque dans le canal médullaire. Vous pourrez pro-duire simplement la nécrose, ou bien des sé-questres, en attaquant et altérant, dans le premier cas, l'os par sa surface extérieure, et, dans le second cas, par sa cavité centrale.

Nous pouvons placer après la cicatrisation

du tissu osseux proprement dit, ce qui regarde l'émail ou la substance éburnée. Il faut que la composition et le mode de formation de ces substances diffèrent beaucoup de ce qu'on observe dans les os, car on n'y voit pas de reproduction ; leur solution de continuité n'est pas suivie de la formation d'une nouvelle substance. Sous ce rapport comme sous quelques autres, l'émail des dents offre de l'analogie avec les cartilages.

Une dent extraite de son alvéole peut-elle y être replacée, et sa continuité, avec les tissus desquels on l'a séparée, peut-elle être rétablie?.... Beaucoup de faits semblent répondre affirmativement à cette question. On assure que des dents, arrachées et restées un ou deux jours hors de leurs alvéoles, y ayant été replacées, ont repris de la solidité. M. Dupuytren a observé un fait de ce genre sur une jeune fille, et M. Duval m'a cité plusieurs cas semblables. Y a-t-il cicatrisation réelle, la dent continue-t-elle à vivre, ou bien n'est-ce qu'une simple implantation, et la gencive devient-elle l'unique lien qui retienne la dent en place ?

Cicatrisation des cartilages et des fibro-cartilages. — La vie paraît être moins développée dans les cartilages et les fibro-cartilages que dans la plupart des autres tissus, et cette circonstance donne peut-être la raison de la lenteur de leur cicatrisation et de leur non reproduction lorsqu'ils ont été détruits. Les plaies des cartilages ne guérissent pas comme les plaies des autres tissus par l'union des surfaces divisées. Long-temps après la production de la solution de continuité du cartilage, on ne voit aucun travail s'opérer entre les lèvres de la plaie. Les parties environnantes sont le siége de la cicatrisation, et quelques physiologistes font jouer ici au périchondre le même rôle qu'ils ont attribué au périoste dans la formation du cal. Une autre particularité de la consolidation des fractures des cartilages, c'est que presque jamais les bouts des parties divisées ne sont affrontés ; il se fait à l'extérieur un cal osseux qui environne les deux extrémités du cartilage, les retient et remplit les mêmes fonctions que celles du cal provisoire dans les os. La seule différence, c'est qu'ici la durée de cette virole externe se prolonge quelquefois indéfiniment, et toujours beaucoup plus long-temps que celle du cal provisoire des os. Ce même phénomène a été signalé par beaucoup de physiologistes, et surtout par Autenrieth, par son disciple Christian-Fréd. Doërner, par M. Magendie, qui a consigné,

dans sa *dissertation* pour le doctorat, plusieurs observations sur le cal osseux des cartilages, etc. Nous avons reconnu, dans nos expériences, M. Villermé et moi, l'exactitude de ce que les médecins que nous venons de nommer ont avancé.

Nous avons coupé sur plusieurs chiens les cartilages des côtes, et au bout de soixante à soixante-dix jours, nous avons trouvé les surfaces de la section comme le premier jour, seulement une virole s'était formée à l'extérieur. Les mêmes expériences ont été faites sur les fibro-cartilages de la conque auriculaire, sur ceux des ailes du nez, etc. ; et après plus de deux mois, nous avons vu que les surfaces de la solution de continuité étaient comme le jour de l'expérience; seulement une matière muqueuse, rougeâtre, peu abondante, était placée entre les deux lèvres; l'on aurait pu la comparer à de la colle non encore sèche.

Nous avons l'habitude de pratiquer aux chiens destinés à nos expériences, et que nous désirons conserver, des incisions aux cartilages du larynx, de la trachée-artère, etc., pour produire l'aphonie, que nous obtenons d'une manière plus sûre encore et plus durable, en coupant et détruisant les cordes vocales. Ces animaux, examinés très-long-temps après ces opérations, nous ont toujours présenté, dans le lieu des solutions de continuité, des dépôts de matière d'apparence osseuse. M. Magendie a fait des observations semblables, et nous a dit avoir vu les plaies du larynx, particulièrement celles du cartilage thyroïde, se cicatriser au moyen d'un dépôt de matière calcaire, peu dense et souvent très-volumineux. Cette matière s'accumule particulièrement sur la face externe du cartilage, et une membrane accidentelle mince la recouvre.

Le docteur Doërner avait observé long-temps avant nous le mode de réunion des cartilages et des fibro-cartilages, nous ne connaissons sa dissertation que depuis peu de temps, et tout ce qu'il y rapporte, s'accorde avec les résultats que nous avons obtenus. (*De gravioribus quibusdam cartilaginum mutationibus. Tubingæ,* 1798.) Seulement il attribue trop exclusivement au périchondre la virole ou cal extérieur qui se forme dans la cicatrisation des cartilages et des fibro-cartilages. Il a reconnu que les fibro-cartilages du nez et de l'auricule ne se cicatrisent point, au moins pendant le temps qui suffit pour la réunion des parties molles; que les cartilages non diarthrodiaux et les fibro-cartilages ne s'enflamment pas ; si l'on a observé quelquefois de la rougeur, elle doit être attribuée au sang qui les baignait et qui s'y était attaché ; que les effets qui suivent l'application des agens chimiques et physiques, comme par exemple le fer incandescent, doivent être moins attribués à la réaction vitale des cartilages qu'aux propriétés des agens employés, et que la couleur jaune et même noire que présentent les cartilages dans les expériences, dépend de l'action de ces moyens, dont les effets sont les mêmes sur l'épiderme, qui ne jouit d'aucune force vitale, et sur les chairs d'un animal mort ; que dans les maladies de l'articulation de la cuisse, les os sont altérés avant les cartilages qui les recouvrent. Morand trouva sur la femme Supiot, dont l'observation est si connue, les os de tout le corps altérés et ramollis, tandis que les cartilages du genou et de l'articulation coxo-fémorale étaient sains.

Les cartilages ne s'enflamment pas, leur destruction ou leur séparation totale ou partielle devient nécessaire, suivant Doërner, pour que les os se soudent par ankylose. Mais, puisque l'inflammation n'appartient point aux cartilages, d'où peut donc provenir le pus qui s'accumule dans les articulations ?..... Des os subjacens aux cartilages qui s'enflamment, et dont le pus perfore le cartilage pour pénétrer dans la cavité articulaire ?

Je ne crois pas qu'on puisse adopter toutes les idées de Doërner ; exiger la destruction des cartilages pour que l'inflammation adhésive s'établisse entre les surfaces articulaires, me paraît erroné. Bichat n'a-t-il pas fait connaître l'existence d'un feuillet séreux, très-vasculaire sur les cartilages diarthrodiaux, et l'inflammation de cette membrane synoviale ne peut-elle pas suffire pour amener l'adhérence ? Dans les ankyloses qui surviennent lorsqu'un membre est resté long-temps étendu et immobile dans un appareil de fracture, faut-il admettre la destruction des cartilages ; et après des rhumatismes aigus dans lesquels toutes les articulations mobiles sont prises successivement, si l'inflammation adhésive arrive, ou si une suppuration est la terminaison de la phlegmasie, peut-on ici croire qu'en très-peu de jours, les cartilages articulaires ont été détruits ?.... Cette idée n'est pas admissible. J'ai examiné des membres ankylosés, et j'ai trouvé que les os étaient encore coiffés de leurs cartilages diarthrodiaux. J'ai vu à l'Hôtel-Dieu plusieurs cas d'inflammation aiguë des articulations, et je me rappelle que sur deux sujets qui succombèrent aux accidens

de cette maladie, toutes les articulations mobiles contenaient du pus liquide ou des membranes couenneuses, et que dans quelques-unes, des adhérences s'étaient formées, constituaient une ankylose réelle, et pourtant les cartilages n'avaient pas été détruits.

Suivant Doerner, les cartilages diarthrodiaux mis à nu par les amputations, dans la contiguïté des membres, n'exposent le malade à aucun danger. Faut-il les laisser intacts, ou convient-il mieux de les racler pour les emporter plus ou moins complètement ? Presque tous les chirurgiens conseillent de les conserver dans leur intégrité, et plusieurs recommandent même d'éviter avec le plus grand soin de les blesser pendant l'opération. Si le tissu cartilagineux ne s'enflamme pas, si l'inflammation adhésive lui est étrangère, et si, lorsqu'il est intéressé dans une plaie, il ne participe pas au travail de la cicatrisation, ne point le détruire dans une amputation, c'est placer la surface traumatique dans des conditions peu favorables à une prompte et solide cicatrisation. C'est pourquoi Richter affirme qu'il n'est d'aucune utilité d'épargner les cartilages des surfaces articulaires, que la chair croît au-dessus d'eux s'ils sont respectés, mais qu'elle croît bien plus vite encore si le cartilage est ruginé. Les expériences 30 et 35 de Doërner confirment cette assertion, et elles apprennent en outre que la cicatrice qui se forme sur l'os lui-même, est plus ferme, plus solide, et adhère plus à l'os que celle dans laquelle le cartilage est resté intact.

M. Laennec assure que les cartilages peuvent se reproduire. Il considère, sur les surfaces articulaires, les points où les cartilages sont minces, comme des cartilages nouveaux, ou comme de véritables cicatrices qui n'obtiennent jamais l'épaisseur du cartilage normal. M. J.-F. Meckel ne partage pas ce sentiment ; il dit qu'il n'est nullement prouvé que, dans les points où les cartilages ont peu d'épaisseur, ces corps n'ont pas été atrophiés, et que les circonstances dans lesquelles il a observé plusieurs fois cette disposition, lui rendent cette conjecture plus que vraisemblable.

Cicatrisation du parenchyme de quelques organes. — 1° *Du poumon.* Les plaies de cet organe ne sont mortelles que lorsque l'instrument vulnérant a divisé quelque branche principale des vaisseaux, ou lorsque des complications d'inflammation, d'emphysème, de la présence d'un corps étranger viennent donner à la solution de continuité une gravité qu'elle n'a pas naturellement. Dans les cas les plus simples de plaie au poumon, l'organe s'affaisse; il ne prend plus aucune part aux phénomènes de la respiration. Comprimé entre la colonne d'air des bronches et celle qui est renfermée dans le thorax, son ampliation ne peut s'effectuer, et cette distension ne recommence qu'après la cicatrisation. Les bords de la plaie se gonflent légèrement, l'humeur coagulable est sécrétée, et l'adhésion, ainsi que la cicatrisation, se font ici avec facilité et promptitude, si une chirurgie peu éclairée ne trouble pas les opérations, et si l'on éloigne toutes les causes de complication. La science possède un grand nombre d'observations de plaies pénétrantes de poitrine avec lésion du poumon, où la guérison est arrivée. Quelques personnes ont pensé que des adhérences se formaient entre les lèvres de la plaie et la plèvre costale; mais c'est une erreur. Cette disposition suppose la complication d'une pleurésie, ou bien que les adhérences existaient avant la solution de continuité du tissu pulmonaire. (*Voyez* l'article EMPHYSÈME et l'article PLAIE PÉNÉTRANTE DE LA POITRINE.) 2° *Du foie*. — Les plaies et les déchirures de cette glande sont peut-être plus fréquentes que celles du poumon, si on en juge par ce qu'on voit sur les cadavres. J'ai rencontré fréquemment des lignes fibreuses sur la surface du foie, et qui s'étendaient dans la substance de cette glande; je ne doute pas que le tissu fibreux ne fût celui d'une cicatrice. La même disposition ne se montre pas sur la rate. Ce dernier organe, plus mou que le foie, donne lieu, dans ses plaies, à un épanchement de sa substance dans la cavité abdominale, et la guérison ne peut pas s'en opérer; ou si cette guérison arrive, les phénomènes de la cicatrisation ne sont pas encore connus.

De la cicatrisation de quelques organes malades. — Cette opération vitale se fait plus rarement et plus difficilement dans les tissus malades que dans les tissus sains. Cependant l'anatomie pathologique a démontré que, dans quelques altérations graves du poumon, du foie, etc., la cicatrisation des ulcérations et des cavernes peut se faire comme nous l'avons vu pour le cerveau. Un trajet fistuleux s'établit du foyer purulent ou de l'épanchement jusque dans la cavité des bronches, et peu à peu le réservoir se vide, une membrane muqueuse se forme dans toute la longueur de la fistule, et ce tissu nouveau passe ensuite à l'état cartilagineux ou à l'état osseux. Il est à remarquer que les tissus de nouvelle formation sont facilement affectés d'inflammation ulcé-

reuse, mais que l'inflammation adhésive ne s'y établit presque jamais, ou que très-difficilement. C'est à cette circonstance qu'il faut attribuer la résistance des fistules urinaires, et surtout des fistules stercorales à s'oblitérer. Le meilleur moyen pour en obtenir la cicatrisation est de détruire par la cautérisation et dans toute son épaisseur la membrane muqueuse, puis de maintenir en contact les surfaces ulcérées, afin qu'elles adhèrent entre elles avant la formation d'un nouveau tissu à leur surface. Cette membrane accidentelle doit être considérée comme une nouvelle cicatrice, car le tissu de la cicatrice de la peau devient semblable aux membranes muqueuses accidentelles, lorsqu'on la met dans des conditions analogues à celles où sont habituellement les membranes muqueuses primitives. Si les différences entre les tissus originaires et les tissus analogues, mais secondaires et accidentels, ne sont pas bien démontrés par l'anatomie, elles deviennent manifestes, lorsqu'on étudie ces tissus dans leur état maladif. Nous sommes disposés à regarder beaucoup de concrétions cartilagineuses ou d'ossifications dans le parenchyme des organes, comme un mode de cicatrisation des solutions de continuité opérées dans les tissus altérés par des maladies.

De la cicatrisation en général. — À mesure qu'on s'éloigne des classes inférieures des animaux dont l'organisation est des plus simples, ou, dans les animaux d'un organisme plus complexe, à mesure qu'on s'éloigne de l'époque de leur formation, on voit la faculté de reproduire leurs parties perdues diminuer et cesser d'exister. Nous n'avons plus aujourd'hui à nous occuper de réfuter les opinions de beaucoup d'auteurs sur la régénération ou l'incarnation dans les plaies. Fabre et Louis ont fait justice de ces erreurs, et depuis cette époque J. Hunter a renversé tout ce qui restait de ces idées de reproduction, idées présentées par Bordenave, sous le nom de développement des bourgeons charnus, et dont le génie de Bichat n'a pas pu s'affranchir. Les anciens connaissaient l'impossibilité d'une régénération de quelques-uns de nos tissus; cependant la difficulté que plusieurs présentent dans la cicatrisation de leurs solutions de continuité leur avait fait dire d'une manière trop absolue que ces tissus ne pouvaient ni se reproduire, ni se cicatriser : *quodcumque os, sive cartilago, sive nervus præcisus fuerit in corpore, neque augetur, neque coalescit.* (Hipp., Aph. xix, sect. vi.) Galien est du même sentiment qu'Hippocrate; mais ils portaient la chose trop loin, car si nos tissus ne se reproduisent pas, ils peuvent se cicatriser après avoir été divisés. Les théories, lorsqu'elles ne sont pas la conséquence d'une longue observation, deviennent sujettes à l'erreur ; et des raisonnemens faux ne seraient d'aucune importance, si en médecine on ne les appliquait pas à la pratique. La reproduction des tissus une fois admise, on a cherché les moyens de la favoriser, et de là naquirent les prétendus suppuratifs, détersifs, incarnatifs, cicatrisans, etc. L'on introduisit dans le traitement des plaies une multitude de médicamens dont le moindre inconvénient de leur emploi était d'être inutiles et de retarder la cicatrisation. Les écrits de Fabre et de Louis ont porté plus de simplicité dans cette partie de la chirurgie française ; mais sous ce rapport elle n'a pas profité de tous les avantages que les chirurgiens anglais ont retirés des travaux de Jean Hunter. A voir la méthode suivie encore dans beaucoup d'hôpitaux français, on croirait que les chirurgiens veulent plutôt s'opposer à la guérison des affections traumatiques que l'aider et l'obtenir. Les onguens, dont Desault a réduit le nombre de beaucoup, sont encore trop en usage, et l'habitude vicieuse de recouvrir les plaies de corps gras, de les remplir de charpie sèche, de s'opposer au contact des surfaces destinées à adhérer entre elles pour produire la cicatrisation primitive, est un reste des anciens préjugés, et une routine que la raison réprouve. *Natura est vera morborum medicatrix.* Laissons agir davantage la nature, car elle seule peut produire la cicatrisation. *Quisquis sibi gloriam sanati vulneris adscribere volet, decipiet, et seipsum, et eos qui illi confidunt.* Les peuples les moins policés et les animaux guérissent leurs plaies promptement par les moyens les plus simples ; ils en confient le traitement à la nature, et ne contrarient pas ses vues bienfaisantes par des agens plus ou moins nuisibles.

Les anciens admettaient cinq périodes dans la guérison des plaies : l'inflammation, la suppuration, la détersion, l'incarnation et enfin la cicatrisation. Chaque temps avait ses médicamens propres, c'est-à-dire ses obstacles à la guérison. Heureusement ces distinctions scolastiques ne sont plus admises de nos jours, où l'on sait par l'expérience journalière qu'une plaie parcourt tous ses périodes, et qu'elle parvient à une cure complète sans le secours d'aucun médicament, ou par l'aide du plus petit nombre.

D'autres causes du retard de la cicatrisation des plaies se trouvent dans les craintes chimériques de l'influence nuisible de l'air. Une plaie simple, exposée à l'air pur, guérit sans danger et plus promptement qu'une plaie comprimée par le poids de boulettes, de plumasseaux de charpie, de cataplasmes, de compresses et de bandages compressifs. Si, dès l'origine, la plaie a été exposée à l'air, aucun danger ne peut en résulter, car bientôt une couche albumineuse recouvrira la surface traumatique, et sera le meilleur protecteur que les tissus dénudés puissent avoir.

Les lavages multipliés, les abstersions répétées et l'enlèvement journalier du pus et de la couche albumineuse dont nous parlons, sont des pratiques vicieuses et condamnables. Le pus est une liqueur protectrice, une humeur destinée à servir à la cicatrisation. Sa quantité ne devient trop abondante que par la fréquence des pansemens, par l'usage des corps gras, des résineux, des balsamiques, des oxydes métalliques, qui irritent, enflamment les surfaces traumatiques et les tissus voisins, appellent une fluxion humorale sur ce point, et provoquent une fièvre de réaction qui n'existerait pas sans leur emploi. Magatus blâmait avec raison les pansemens fréquens, les lavages et les soins trop rigoureux d'absterger les plaies. Enlever les corps étrangers, rapprocher avec le moins de compression possible les lèvres de la solution de continuité, les tenir dans cet état en les recouvrant légèrement ou en ne les recouvrant pas, voilà le moyen d'obtenir promptement la réunion d'une plaie simple. Cependant si la solution de continuité est compliquée, si les tissus mis à nu ne peuvent prendre une part à peu près égale à la cicatrisation, si ces tissus sont pénétrés de graisse ou ont un développement hypertrophique, enfin si un principe virulent ou venimeux a été instillé dans la plaie, le pansement réclame d'autres soins, et la suppuration devient nécessaire. Dans les plaies, suite d'abcès ou de collections d'autres liquides que du pus, il ne faut pas chercher à obtenir la cicatrisation trop vite. Quelques excitans sont ici convenables, et l'ouverture du foyer ne doit être fermée qu'après le dégorgement opéré, et après que l'adhérence des parois de ce foyer se sera faite du fond vers l'ouverture. Dans les plaies simples, il faut aussi que la cicatrisation se fasse des parties profondes vers la superficie. Alors le pansement s'exécutera de manière à obtenir par adhésion le fond de la plaie, tandis que de la charpie placée entre les lèvres de cette même solution de continuité ne lui permettra qu'une guérison par seconde intention.

La couche albumineuse et le pus ont une organisation identique, une composition chimique semblable, et ils sont destinés à la même fonction. La réunion des plaies par première et par seconde intention, ou l'inflammation adhésive et la suppuration appartiennent à la cicatrisation, et c'est toujours le même procédé employé par la nature. Pibrac avait raison de dire que d'absorber scrupuleusement le pus, et de regarder comme un excrément nuisible une humeur que la nature prépare et répand pour la conservation des tissus animaux, est un étrange aveuglement.

Les partisans de la régénération des chairs expliquent cette prétendue reproduction, en la comparant à ce que font des ouvriers, lorsqu'ils veulent élever la maçonnerie d'un puits; ils posent, dans sa circonférence, plusieurs rangs de pierres les unes sur les autres, jusqu'à ce que l'édifice soit parvenu à la hauteur déterminée : de même, lorsque l'anneau de nouvelle chair est exactement formé, les gouttes du suc nourricier qui suivent recommencent un nouvel anneau sur le premier, et par ce moyen chaque fibre ou chaque tuyau divisé s'allonge peu à peu pour remplir le vide de la solution de continuité. Cette théorie toute mécanique n'a pu soutenir un examen rigoureux, et Bordenave a cherché à la remplacer, en présentant celle qui est fondée sur la prétendue existence de bourgeons charnus cellulosovasculaires : théorie plus spécieuse, mais qui ne repose pas sur des bases plus solides que la première. En effet, l'incarnation dans les plaies et la production des bourgeons charnus ne sont que de vains fantômes qui peuvent faire illusion un instant, mais qui disparaissent lorsqu'on les poursuit avec les armes de la raison et le flambeau de l'expérience.

Dans la cicatrisation d'une plaie, le rapprochement des bords ou la diminution de l'étendue de la surface traumatique, tient à l'affaissement des tissus gonflés par l'inflammation. L'amaigrissement des parties favorise aussi ce rapprochement. La fonte sensible qu'on observe dans le tissu adipeux et même dans le volume des muscles, diminue l'intervalle qui sépare les bords de la plaie. La peau soulevée par une moins grande quantité de graisse est plus mobile, et cède plus aisément lorsqu'on rapproche les lèvres de la plaie, dont la surface sécrète une liqueur qui est produite aux dépens des tissus voisins dont la nutrition diminue; et conséquemment cette humeur sert à produire l'affaissement des tissus, puis à former la couche membraniforme dont le développement successif et l'organisation progressive l'ameneront à l'état d'une véritable cicatrice. Elle n'est d'abord qu'une pellicule mince, une pseudo-membrane, recouvrant les chairs, les protégeant contre l'action des agens extérieurs, pouvant se déchirer et être détruite par le moindre effort. Ses progrès se font de la circonférence au centre; quelquefois cependant cette sécrétion s'opère par plusieurs points, qu'on peut comparer aux points d'ossification du tissu osseux dans l'embryon.

Cette couche albumineuse, formée par la partie la plus dense du pus, constitue le premier degré de la cicatrice; si on l'enlève dans les pansemens, on détruit le travail de la nature, et l'on aperçoit au-dessous de cette pellicule un tissu rougeâtre granuleux, résultant du gonflement des vaisseaux et de la turgescence du tissu cellulaire par l'abord d'une plus grande quantité de sang. Ce tissu est l'organe à la surface duquel les vaisseaux exhalans viennent verser l'humeur concrescible plus ou moins liquide qui doit rétablir la continuité des tissus en s'organisant et en devenant une véritable cicatrice.

Il est facile de reconnaître, d'après l'examen que j'ai fait de la cicatrisation dans les tissus organiques, que cette opération est la même partout, qu'elle s'exécute d'après les mêmes lois, et que la cicatrisation doit être considérée comme résultant de la sécrétion d'une humeur particulière qui n'est produite que lors d'un état pathologique des tissus, que cette humeur homogène, douce, nullement irritante, organisée et ressemblant sous ce rapport au sang lui-même, est déposée sur les surfaces traumatiques et sur les ulcères, pour devenir, en prenant de la consistance, un tissu nouveau dans lequel l'anatomie a reconnu tous les caractères de l'organisation. *Voyez*, pour d'autres détails, les mots ADHÉSION, PLAIE.   (G. BRESCHET.)

CICUTAIRE, *cicutaria*. M. de LAMARCK appelle ainsi le genre de plantes que Linnée avait désigné sous le nom de *ciguë*, et qui est différent du genre *cicuta* de Tournefort, auquel Linnée a donné le nom de *conium*, et dont nous traiterons au mot CIGUË. (*Voyez ce* mot.) Le genre cicutaire, de la famille naturelle des ombellifères et de la pentandrie digynie, se distingue par ses pétales égaux et cordiformes, par ses fruits presque globuleux, dont chaque moitié est marquée de cinq côtes longitudinales; par ses ombelles nues et sans involucre, par ses ombellules accompagnées d'un involucelle formé de huit à dix petites folioles linéaires étalées. C'est à ce genre qu'appartient la ciguë vireuse (*cicuta virosa*, L., ou *cicutaria aquatica* de Lamarck). Cette plante est vivace ; sa racine est épaisse, charnue, offrant dans son intérieur plusieurs cavités irrégulières, pleines d'un suc laiteux et très-âcre ; la tige est haute de deux à trois pieds, portant des feuilles décomposées, dont les folioles sont lancéolées, aiguës, irrégulièrement et profondément dentées, souvent confluentes deux ou trois ensemble par leur base. La ciguë vireuse croit, sur le bord des fossés et des ruisseaux, en Alsace, en Picardie, en Bretagne, etc., où elle fleurit vers les mois de juin et de juillet. La plante figurée sous le nom de ciguë vireuse par Bulliard, dans son *Herbier de la France*, planche 151, est la ciguë maculée, *cicutaria maculata*, LAMK., et non la cicutaire aquatique. Nous ne connaissons que les planches qui accompagnent les *Leçons de médecine légale* du professeur Orfila, où elle soit exactement représentée.

La ciguë vireuse est une plante essentiellement délétère, qui doit être comptée parmi les poisons narcotico-âcres. Elle a souvent donné lieu à des accidens très-graves. Quoiqu'elle possède à peu près les mêmes propriétés que la grande ciguë, cependant on n'en fait plus usage de nos jours. Aussi nous nous croyons dispensés d'entrer ici dans des détails que l'on trouvera à l'article *grande ciguë*. V. CIGUE.   (A. RICHARD.)

CIDRE, s. m., *pomaceum*. Le cidre est une liqueur fermentée extraite des pommes, et quelquefois des poires et même des cormes.

1° *Composition.* — On n'a point fait encore d'analyse exacte du cidre. Sa composition doit différer suivant une foule de circonstances, mais les substances qu'il contient généralement et dont les proportions seulement varient, sont les suivantes : 1° du sucre en plus grande quantité que dans les autres liqueurs fermentées ; 2° de l'alcohol ; d'après M. Brande, proportion pour cent par mesure, 9, 87 ; 3° du mucilage ; 4° un principe extractif amer ; 5° une matière colorante ; 6° une grande quantité d'acide carbonique ; 7° de l'acide malique ; 8° plusieurs substances salines ou terreuses. Ces diverses substances varient non-seulement dans les différens cidres, mais encore dans le même s'il est récent ou ancien, s'il a été conservé dans des bouteilles ou dans des tonneaux, etc.

2° *Circonstances qui peuvent influer sur la qualité du cidre.* — La qualité des fruits qu'on met en usage pour faire le cidre est la cause la plus puissante des différences de cette liqueur. (*Voyez* POMMES.) Quant à leur saveur, on a remarqué que le cidre qu'on obtenait était différent selon que les pommes étaient douces, acides, amères ou âpres. Les premières font un cidre doux, peu généreux, qui se conserve peu ; les secondes font un cidre léger, qui noircit à l'air, passe facilement à l'aigre ; les fruits âpres et amers donnent un cidre fort, généreux, coloré, et qui se conserve. Les terrains où croissent les pommes, comme ceux où croit la vigne, font singulièrement varier la qualité de la liqueur dont nous parlons ; on distingue en Normandie trois crus principaux. Les crus les plus estimés sont ceux qui renferment des terres fortes, élevées, et qui sont éloignées du bord de la mer. A mesure qu'on avance vers les côtes, le cidre devient de qualité inférieure. Le cidre d'Angleterre et d'Amérique est extrêmement estimé. L'âge du cidre le fait varier encore ; dans les premiers temps de sa fabrication, il est riche en mucoso-sucré ; au bout de quelque temps il se pare, il contient alors un peu d'alcohol ; enfin, au bout de quelques années, plus ou moins, il devient plat et n'est plus potable.

3° *Fabrication et conservation.* — Non-seulement chaque pays, chaque canton fabrique le cidre à sa manière, mais chaque propriétaire a son procédé particulier. Lorsqu'on a cueilli les pommes par un temps sec, qu'on les a laissées sécher en petit tas, qu'on les a mélangées convenablement, on les écrase à l'aide d'un pilon, d'un maillet, mais mieux d'une meule ; on y ajoute ordinairement une certaine quantité d'eau, selon le cidre qu'on veut obtenir ; on met ensuite cuver le marc et le jus pendant quelques heures ou même pendant quelques jours. On dispose ensuite le marc sur le parquet du pressoir, en couches minces, séparées par de la paille ou par un tissu de crin ; on le laisse égoutter pendant deux jours. Ce suc donne le meilleur cidre. On le presse et on le reçoit dans des cuves dans lesquelles il fermente bientôt. Après cette première fermentation, on le soutire dans des tonneaux qu'on ne ferme que lorsque toute l'écume a été rejetée, et qu'on les a remplis. Bientôt la liqueur est éclaircie, et le cidre est fait ; mais quelquefois il fermente encore pendant six mois. Les petits cidres se fabriquent avec des pommes de qualités inférieures ou avec le marc des gros cidres, etc.

On a coutume de conserver le cidre dans des tonneaux ; mieux vaudrait le mettre en bouteilles ; car le liquide qui reste long-temps en vidange, s'altère ; il devient brun, verdâtre, perd son acide carbonique et son alcohol. Il passe d'ailleurs facilement à la fermentation acéteuse.

4° *Altérations et sophistications.* — On altère le cidre de diverses manières : on le colore avec le coquelicot, un sirop de miel rouge, avec la cochenille, la cannelle, les merises, les baies d'hyèble ou de sureau ; on y ajoute quelquefois de l'eau-de-vie, ce qui le rend âcre et excitant. Les sophistications les plus dangereuses sont celles que l'on fait avec la céruse, la litharge, la potasse, la chaux, etc. Ces substances étant les mêmes que l'on emploie pour sophistiquer le vin, nous exposerons à ce mot les moyens de reconnaître la fraude ; nous dirons seulement ici que les accidens graves qui ont quelquefois résulté de l'usage du cidre, et surtout les coliques violentes, paraissent souvent devoir être attribués à ces substances malfaisantes.

5° *Effets du cidre sur l'économie animale.* — Ces effets sont immédiats ou consécutifs ; ils varient selon les espèces de cidre. On en reconnaît plusieurs espèces : 1° les *gros cidres sucrés et mousseux* qui contiennent encore beaucoup de mucoso-sucré ; ils sont lourds, difficiles à digérer, et quelquefois purgatifs. Lorsqu'ils ont vieilli, ils perdent beaucoup de ce principe, sont plus légers, plus agréables et fort nourrissans ; 2° les *cidres composés et cuits,* dont les ingrédiens sont très-rapprochés, et qui par leur goût et leurs effets se rapprochent des vins cuits du Midi ; 3° on appelle cidres parés, ceux qui ne fermentent plus, qui sont d'une belle couleur ambrée, qui contiennent une certaine quantité d'alcohol et d'acide carbonique ; ils sont fortifians, généreux et nourrissans ; 4° les cidres moyens sont des cidres de première qualité qu'on a brassés avec une certaine quantité d'eau, ou des cidres de diverses qualités mêlés ensemble, ou bien enfin des gros cidres étendus d'eau quelques jours avant d'en faire usage. C'est une boisson très-salutaire ; 5° nous n'en dirons pas autant du petit cidre fait avec des pommes de mauvaise qualité ou du marc plusieurs fois pressé : cette boisson est aussi peu bienfaisante que peu agréable. Enfin, les cidres troubles et altérés faits avec la lie du gros cidre, avec des fruits pourris ou simplement trop mûrs, sont indigestes et peuvent produire beaucoup d'accidens. Le bon cidre, lorsqu'il n'est pas trop nouveau, est une boisson saine et généreuse, qui produit la plupart des effets du

vin. Les habitans des pays qui en font leur boisson ordinaire sont forts, robustes, frais et d'un bel embonpoint.

On a imaginé de faire des cidres médicamenteux, pour la classe indigente. A cause de la cherté du vin, on est quelquefois obligé de les rendre scillitiques, amers, antiscorbutiques, opiacés. etc. Pour ces préparations, il faut préférer le cidre moyen, paré, spiritueux et léger. On peut les faire par macération ou par l'addition d'alcohol amer, antiscorbutique, etc. On doit éviter de faire des cidres purgatifs, émétiques ou autres, puisque dans ce cas le cidre n'ajoute rien à la vertu du médicament.   (ROSTAN.)

CIGUE, *conium,* L. ; *cicuta,* TOURNEF., LAMARCK. Le genre *ciguë,* qui fait partie de la famille des ombellifères et de la pentandrie digynie, présente une corolle formée de cinq pétales inégaux et cordiformes, un fruit globuleux et didyme, dont chaque moitié offre cinq côtes crénelées. Ses ombelles sont accompagnées d'un involucre de trois à cinq folioles, et ses ombellules d'un involucelle dont les folioles sont profondément trifides.

LA GRANDE CIGUE, *conium maculatum,* LINNÉE, ou *cicuta major,* LAMARCK, est bisannuelle. Sa tige cylindrique, rameuse, haute de trois à cinq pieds, est creuse et marquée, dans sa partie inférieure surtout, de taches pourpres ; ses feuilles sont fort grandes, décomposées ; ses folioles sont étroites, incisées et aiguës ; ses fleurs blanches forment de grandes ombelles à la partie supérieure des ramifications de la tige. Elle croit dans les lieux incultes et près des habitations. Nous avons dû exposer avec soin les caractères distinctifs de ce genre, à cause de sa ressemblance avec quelques autres plantes qui jouissent de propriétés tout-à-fait différentes.

Les chimistes ne nous ont point encore fait connaître d'une manière exacte la composition chimique de ce végétal. On y a trouvé de l'albumine, de la chlorophylle ou matière verte colorante, un principe résineux, une sorte d'huile très-odorante, quelques sels, et enfin un principe particulier, de nature alcaline, selon M. Brande, qui lui a donné le nom de *cicutin.* Ces résultats ne nous éclairent en rien sur les propriétés délétères de la ciguë.

Nous ne nous engagerons point ici dans une discussion, aussi difficile que peu concluante, pour chercher à déterminer si la grande ciguë est la même plante que le κώνειον des Grecs, auquel la mort tragique de Socrate et de Phocion a donné une malheureuse célébrité. Le nom de *conium*, qui lui a été imposé par Linnée, semblerait indiquer que cet immortel naturaliste a décidé affirmativement cette question, tandis que plusieurs auteurs célèbres, et entr'autres Haller, pensent que la ciguë vireuse, dont nous avons traité au mot CICUTAIRE, est la véritable ciguë des anciens. Quoi qu'il en soit de ces deux opinions, la grande ciguë est un végétal essentiellement vénéneux, mais qui, pour jouir de la plénitude de ses propriétés, doit avoir été recueilli à l'époque où les fruits commencent à succéder aux fleurs; car avant ce moment, la prédominance des fluides aqueux masque singulièrement l'énergie de cette plante. Il paraît même certain que le climat exerce sur la ciguë une influence marquée, et que celle qu'on récolte dans les contrées méridionales est incomparablement plus active que celle qui croît dans les régions du Nord.

La grande ciguë est un de ces médicamens dont les vertus ont été prônées par quelques auteurs jusqu'à l'exagération. L'expérience clinique les a réduites à leur juste valeur. Aussi, quoiqu'il soit impossible de nier l'action puissante que la racine et surtout les feuilles de cette plante exercent sur les différentes fonctions de l'économie animale, les médecins de nos jours l'emploient beaucoup plus rarement, et avec moins de confiance.

Lorsque l'on administre la ciguë en poudre ou en extrait, à petites doses plusieurs fois répétées, tantôt elle ne détermine aucun phénomène sensible, tantôt elle développe les symptômes suivans : son action primitive paraît s'exercer principalement sur l'encéphale; de là, les vertiges, les éblouissemens, la céphalalgie, les tintemens d'oreille que le malade ressent. Cependant quelquefois les effets de la ciguë sont tout-à-fait différens, et elle agit comme calmante à la manière des autres substances narcotiques; elle émousse le sentiment de la douleur, calme les spasmes et jette dans un état d'affaissement et de somnolence. Si la dose est augmentée, les symptômes augmentent aussi d'intensité et la réaction devient alors générale; tantôt l'appétit reste bon, tantôt il disparaît entièrement et fait place à un malaise dont le siége est à la région épigastrique; la sécheresse de la langue, la soif, le sentiment d'ardeur dans la cavité de l'estomac, annoncent l'irritation de cet organe; le pouls est plus vif, plus plein; la sécrétion de l'urine et la perspiration cutanée sont souvent augmentées; enfin, si la dose est encore portée plus loin, l'excitation cérébrale devient

plus violente, et la mort peut survenir. *Voyez* POISON.

De toutes les affections morbides contre lesquelles on a vanté l'usage de la grandeciguë, il n'en est aucune qui lui ait fait momentanément une plus grande réputation que le cancer. Stœrck est de tous les praticiens celui qui a cherché à donner à la ciguë la plus grande vogue dans le traitement des maladies cancéreuses. Selon cet auteur et ses partisans, le médicament qui nous occupe a rarement manqué son effet. Mais malheureusement ces éloges, pompeusement prodigués à la ciguë, n'ont point été justifiés par les essais tentés par un grand nombre de médecins français; et jamais l'extrait de ciguë n'a pu guérir un cancer bien confirmé. Cependant on a constaté les bons effets de ce remède, pris intérieurement ou appliqué sous forme de cataplasme, dans certains engorgemens chroniques, particulièrement des glandes, quand ces tumeurs n'étaient le siége d'aucune douleur. Par l'excitation qu'il y développait, on les a vus souvent se résoudre et disparaître entièrement; mais les tumeurs déjà dégénérées en squirrhe ou en cancer n'ont jamais pu être guéries par l'usage de ce médicament. S'il a quelquefois été utile dans ces maladies cruelles, c'est seulement en émoussant en quelque sorte la sensibilité et en calmant les douleurs atroces dont elles sont accompagnées. On pourrait, avec plus de fondement, espérer de bons effets de la ciguë dans le traitement de plusieurs affections du système nerveux. Ainsi elle a combattu avec avantage certaines espèces de névralgies, surtout lorsqu'on aide l'action de l'extrait pris intérieurement par des applications topiques. On a vu particulièrement des tics douloureux de la face céder entièrement à l'usage de ce médicament. Plusieurs auteurs l'ont également donné avec succès dans la toux convulsive des enfans, surtout lorsque la période d'irritation, que cette maladie présente ordinairement à son début, s'est apaisée. Le mode d'action de la ciguë dans cette circonstance, paraît être absolument le même que celui de la belladone et des narcotiques en général. L'administration de l'extrait de ciguë dans la phthisie pulmonaire et laryngée ne doit être considérée que comme un secours palliatif et non comme un moyen de guérison. En général elle diminue le nombre et l'intensité des accès de toux, et procure un calme et un sommeil, seuls soulagemens que l'art puisse apporter aux maladies réellement incurables. On a encore signalé dans la ciguë la propriété de diminuer la sécrétion des mamelles et de résoudre les engorgemens laiteux de ces organes. Pour obtenir cet effet, il faut à la fois faire usage du médicament à l'intérieur et sous forme de cataplasmes.

L'action que la ciguë exerce sur les organes génitaux est trop variable pour que son usage puisse être recommandé d'une manière particulière dans les maladies dont ils sont le siége. Ainsi, tandis que Bergius, Stœrck, et quelques autres la conseillent contre l'impuissance, nous voyons les anciens la considérer comme essentiellement antiaphrodisiaque, et plusieurs médecins disent l'avoir mise en usage avec avantage dans les névroses des organes de la génération, telles que le priapisme et la nymphomanie.

Enfin nous pourrions encore citer ici plusieurs maladies contre lesquelles la ciguë a été recommandée, telles sont la syphilis, les scrofules. Mais il est fort rare qu'on y ait recours actuellement.

Modes d'administration et doses. — La manière la plus simple et probablement la plus efficace d'administrer la ciguë, est d'en donner les feuilles récemment desséchées et réduites en poudre. Cette poudre doit être fréquemment renouvelée dans les officines, car elle s'altère avec une grande facilité et perd alors la plus grande partie de ses propriétés. Quant à l'extrait de ciguë, on le prépare de deux manières différentes : 1° On exprime le suc des feuilles fraîches, on l'évapore au bain-marie jusqu'à consistance sirupeuse, et on y ajoute alors de la poudre des feuilles pour l'amener à celle d'un extrait mou. C'est par ce procédé que Stœrck préparait l'extrait de ciguë dont il dit avoir obtenu de si merveilleux succès. 2° Le second procédé consiste à filtrer le suc exprimé des feuilles fraîches, à l'évaporer lentement à l'air libre ou au bain-marie et à y ajouter ensuite la matière verte restée sur le filtre. Préparé de cette manière, l'extrait de ciguë paraît très-efficace. La dose de l'extrait et de la poudre de ciguë varie singulièrement suivant l'âge et l'idiosyncrasie du malade, et surtout suivant les effets qu'on se propose d'en obtenir. Si l'on veut qu'elle agisse comme sédative, comme par exemple quand on l'emploie contre la coqueluche, les toux rebelles, on doit toujours commencer par des doses très-faibles. Ainsi un ou deux grains d'extrait ou la même quantité de la poudre, à laquelle on donne la consistance d'un extrait au moyen d'un mucilage ou d'un sirop quelconques, suffisent dans les premiers jours,

surtout si l'individu est jeune, irritable, et n'a point encore fait usage de ce médicament. Cette dose doit être ensuite graduellement augmentée, et portée même assez loin pour obtenir quelque effet sensible.

Mais si l'on veut que la ciguë agisse promptement et avec énergie, comme lorsqu'on la donne contre les névralgies sciatique ou faciale, on doit débuter par une dose plus considérable, par dix à quinze grains et aller successivement en l'augmentant. Le médecin prudent devra surveiller avec soin l'action que la ciguë portée à des doses élevées exerce sur le cerveau et les organes de la digestion, et en suspendre l'usage dans le cas où ces organes en recevraient une impression trop forte.

On fait rarement usage de l'infusion et du suc exprimé des feuilles fraîches de ciguë, quoique cette dernière préparation soit une des plus convenables et une des plus actives. La racine est également fort peu usitée, quoique plus énergique que les feuilles.

(A. RICHARD.)

CIL, s. m., *cilium.* On donne ce nom aux poils qui surmontent la peau au niveau de l'ouverture des paupières. *Voyez* POIL, PAUPIÈRES.

(A. B.)

CILIAIRE, adj., *ciliaris.* Ce mot signifie proprement qui appartient aux cils, mais il a été détourné de son acception, et désigne généralement aujourd'hui plusieurs parties qui entrent dans la structure de l'œil, et n'ont rien de commun avec les cils : tels sont le cercle ou ligament ciliaire; les procès ou les corps ciliaires, etc. *Voyez* ŒIL.

CILIAIRES (artères et veines). Elles sont ainsi nommées parce qu'elles se distribuent en partie aux procès ciliaires : ce sont des rameaux fournis par l'artère et la veine ophthalmiques ou leurs branches principales, et destinés à l'intérieur de l'œil. On les distingue en ciliaires postérieures ou courtes, en longues et en antérieures. *Voyez* OPHTHALMIQUE.

CILIAIRES (nerfs). Ils doivent leur nom à ce qu'ils ont des connexions intimes avec le cercle ciliaire. Ils sont destinés à l'iris et proviennent du nerf nasal, branche de l'ophthalmique, et du ganglion ophthalmique. *Voyez* OPHTHALMIQUE.   (A. BÉCLARD.)

CILLEMENT, s. m., synonyme de clignotement. (*Voyez* ce mot.)

CIMETIÈRE, s. m., lieu destiné à enterrer les morts. *Voyez*, pour toutes les considérations communes à ce sujet d'hygiène publique, l'article INHUMATION.

CIMOLÉE (terre), *cimolia terra;* nom

donné à une argile grise, que l'on faisait venir autrefois de *Cimolis*, île de l'Archipel, et que l'on employait comme astringente et résolutive; on ne s'en sert plus aujourd'hui. La *boue des couteliers* (oxyde de fer), que l'on applique quelquefois à l'extérieur comme résolutif, est également désignée sous le nom de *terre cimolée*.

CINABRE ou CINNABRE, s. m., *cinnabaris*, *cinnabarium*, sulfure rouge de mercure. *Voyez* MERCURE.

CINABRE D'ANTIMOINE, nom donné au sulfure de mercure provenant de l'action du sublimé corrosif (deuto-chlorure de mercure) sur le sulfure d'antimoine. (ORFILA.)

CINCHONINE, s. f., nom donné dans ces derniers temps à une substance alcaline composée d'oxygène, d'hydrogène et de carbone, qui se trouve combinée à l'acide quinique dans plusieurs quinquina, et surtout dans le quinquina gris. Elle est sous forme d'aiguilles prismatiques déliées, ou de plaques blanches, translucides, cristallines, d'une saveur amère, particulière, qui ne se développe qu'au bout d'un certain temps, à moins que la cinchonine n'ait été rendue soluble par son union avec les acides. Lorsqu'on la chauffe dans des vaisseaux fermés, elle ne se fond pas avant de se décomposer, et fournit des produits semblables à ceux que donnent les matières végétales non azotées, soumises à l'action de la chaleur; une petite portion de cinchonine se volatilise cependant, surtout lorsqu'elle retient de l'humidité. Exposée à l'air, elle en absorbe peu à peu l'acide carbonique, et n'éprouve pas d'autre altération. Elle exige deux mille cinq cents fois son poids d'eau bouillante pour se dissoudre; elle est encore moins soluble à froid. Les huiles fixes et volatiles, l'éther et surtout l'alcohol bouillant, dissolvent la cinchonine; ces diverses dissolutions, douées d'une saveur très-amère, ramènent au bleu le papier de tournesol rougi par un acide. Il suffit de mêler de la cinchonine avec de l'iode et de l'eau, pour que ce liquide soit décomposé, et l'on obtient de l'iodate et de l'hydriodate de cinchonine; d'où il suit que l'iode a été transformé en deux acides par l'oxygène et par l'hydrogène de l'eau. La cinchonine s'unit à tous les acides, sans en excepter les plus énergiques, et forme des sels neutres qui n'ont point d'action sur le tournesol. On l'obtient, en traitant par la magnésie les eaux-mères et les eaux de lavage, provenant de l'opération qui fournit le sulfate de quinine (*voyez* ce mot): ces eaux contiennent du sulfate de cinchonine et un peu de sulfate de quinine; la magnésie s'empare de l'acide sulfurique, et précipite ces deux alcalis: le précipité, lavé et desséché, est dissous dans l'alcohol bouillant; la cinchonine étant prédominante, cristallise par refroidissement, et il suffit, pour l'obtenir pure, de la dissoudre de nouveau dans l'alcohol, et de la faire cristalliser. Elle n'a point d'usage; mais on emploie quelquefois le sulfate de cinchonine.

[Cette substance est composée de carbone 76,97, d'azote 9,02, d'hydrogène 6,22, et d'oxygène 7,97. On la prépare encore en traitant à chaud le quinquina gris pulvérisé par l'acide hydro-chlorique faible; on filtre la liqueur, puis on ajoute de la chaux en excès; on fait bouillir quelques instans, on filtre de nouveau, on lave le dépôt, puis on le traite par l'alcohol bouillant, qui dissout la cinchonine seulement et duquel on la sépare par l'évaporation. Si, comme il arrive presque toujours, elle retient de la matière colorante, on la combine avec un acide et on décolore le sel par le charbon animal, puis on sépare de nouveau la base végétale par la chaux et par l'alcohol.

La cinchonine jouit des propriétés du quinquina gris qui la fournit; mais elle est presque inusitée à cause de son insolubilité presque complète.]

M. Gomès de Lisbonne est le premier qui ait indiqué la présence d'une matière cristallisable dans le quinquina gris; il la désigna sous le nom de *cinchonin*, et assura qu'elle n'était ni acide, ni alcaline. La cinchonine, découverte par le chimiste portugais, n'était pas entièrement pure, et contenait une matière grasse, qui néanmoins ne masquait pas entièrement ses propriétés alcalines, comme M. Houton Labillardière le vit le premier. MM. Pelletier et Caventou établirent les premiers, dans leur beau travail sur le quinquina, que ce principe, dégagé de tout autre corps, était une base salifiable organique, qu'ils décrivirent avec le plus grand soin.

CINCHONINE (sulfate de), sel formé de 100 parties de cinchonine, et de 13,0210 d'acide sulfurique; on l'obtient directement, en traitant la base par l'acide, [ou bien en faisant évaporer et cristalliser les eaux-mères qui ont servi à la préparation du sulfate de quinine.] Il est sous forme de prismes à quatre pans, dont deux plus larges; ils sont terminés par une face inclinée: ces cristaux sont ordinairement réunis en faisceaux; ils sont un peu luisans, flexibles, d'une saveur excessivement amère. Ils sont fusibles, comme la cire, à une température un peu supérieure à celle de l'eau bouillante : si on les chauffait plus fortement, ils acquerraient une belle couleur rouge, et se décomposeraient. Ils sont insolubles dans l'éther, très-solubles dans l'eau et dans l'alcohol. Le sulfate de cinchonine exerce sur l'économie animale la même action que celui de quinine ; il paraît cependant agir avec moins d'énergie, et doit être administré à plus forte dose : on le fait prendre sous forme de poudre, ou dissous dans du sirop, du vin, de l'alcohol, pour combattre les fièvres intermittentes, etc. *Voyez* QUININE.

(ORFILA.)

[M. Bally, qui a administré ce sel avec un succès complet, à la dose de 6 à 8 grains, dans un grand nombre de fièvres intermittentes, le préfère au sulfate de quinine, en ce qu'il est beaucoup moins irritant.

M. P. Mariani, médecin à Mortora (Milanais), a publié un mémoire intéressant sur l'emploi de la cinchonine pure, et du sulfate de cinchonine dans le traitement des fièvres intermittentes. Il regarde l'effet de ce médicament comme aussi sûr que celui du sulfate de quinine, et lui trouve divers avantages, tels que plus de solubilité dans l'eau et moins d'amertume.

M. Mariani assure que, par des lavages fréquens avec l'alcohol, on peut priver la cinchonine de son amertume, qu'il faut la présence d'un acide libre pour développer cette sensation, parce qu'alors le sel qui se forme devient soluble.

Il donne ordinairement la cinchonine ou son sulfate dans quelques onces d'eau de menthe poivrée, et la première dose qu'il donne est toujours la plus forte : il en donne jusqu'à 3o grains en trois prises dans un jour, et débute quelquefois par 20 grains.]

CIRCÉE, s. f., *circæa lutetiara*, L. : nom d'une petite plante vivace, qui croît dans les bois ombragés aux environs de Paris, et qui fait partie de la famille des onagres et de la diandrie monogynie. Nous ne mentionnons ici cette plante que pour rappeler son inefficacité. Sa saveur est légèrement astringente, un peu désagréable. On l'appliquait à l'extérieur comme résolutive. A une époque où l'art de la sorcellerie et des enchantemens était une partie importante de la thérapeutique, la circée a joui d'une réputation dont elle est totalement déchue aujourd'hui. (A. B.)

CIRCONCISION, s. f., *circumcisio*; opération qui consiste à retrancher circulairement une partie du prépuce. Dans les contrées où la chaleur est très-forte, comme dans celles qui sont voisines de la zone torride, la religion ou les lois ont consacré l'usage de soumettre les enfans du sexe mâle à cette opération. Cet usage remonte à la plus haute antiquité : il était en vigueur chez les prêtres égyptiens, qui en faisaient un des moyens de la propreté à laquelle ils s'astreignaient si sévèrement. C'est de là qu'il passa probablement comme dogme de religion aux Hébreux et aux Musulmans. On le retrouve aussi chez les habitans de plusieurs parties de l'Afrique où le mahométisme n'a pas pénétré. On croit généralement que cette pratique, qui n'offre aucun danger, a été prescrite dans le but de prévenir les effets que pourraient causer l'abondance et l'accumulation de la matière sébacée sécrétée à la base du gland, en tenant cet organe habituellement découvert. Cette coutume, en devenant religieuse, s'est propagée dans des pays pour lesquels elle n'avait pas été instituée. On fait chez les filles une opération qui a quelque analogie avec celle-ci, et qui est destinée à réprimer le trop grand accroissement que prennent certaines parties des organes génitaux dans les climats ardens. Cette sorte de circoncision, sur laquelle on n'a que des documens incertains, paraît consister en une excision d'une partie des petites lèvres de la vulve. On dit cet usage établi vers le golfe Persique, auprès de la mer d'Arabie, et parmi quelques peuples de l'Afrique occidentale.

On pratique sur le prépuce, dont la conformation congéniale ou accidentelle s'oppose à l'excrétion de l'urine ou à la fonction de la génération, diverses opérations qu'on a quelquefois désignées sous le nom de *circoncision*, mais elles n'ont qu'un rapport plus ou moins éloigné avec cette opération proprement dite. Elles sont mieux connues sous le nom d'opérations du phimosis et du paraphimosis. C'est en traitant de ces vices de conformation ou de ces maladies, qu'il en sera parlé. *Voyez* PHIMOSIS ET PARAPHIMOSIS. (RAIGE DELORME.)

CIRCONFLEXE, adj., *circumflexus*, qui tourne autour. Cette épithète s'applique à plusieurs branches artérielles et veineuses qui se contournent autour des os du bras et de la cuisse, et à l'un des nerfs du bras qui suit un trajet analogue. Les vaisseaux circonflexes du bras, distingués en antérieurs et postérieurs, sont fournis par l'artère et la veine axillaires. Ceux de la cuisse, qui sont externes et internes, viennent médiatement ou immédiatement des vaisseaux cruraux. Le nerf circonflexe est le même que l'axillaire. *Voyez* AXILLAIRE, CRURAL.

On appelle encore *circonflexes* de l'ilium les vaisseaux ILIAQUES antérieurs; et les auteurs qui ont écrit en latin nomment *circumflexus palati* le muscle péristaphylin externe ou contourné du voile du palais.

(A. BÉCLARD.)

CIRCONVOLUTION, s. f., de *circumvolutus*, roulé autour. L'usage a consacré ce mot pour exprimer, 1° les courbures que décrit l'intestin grêle replié en tout sens sur lui-même; 2° les saillies diversement contournées que présente la surface du cerveau. Les auteurs latins appellent les unes et les autres *gyri. Voyez* INTESTIN, ENCÉPHALE. (A. B.)

CIRCULAIRE, adj., *circularis*. Qui a la forme d'un cercle, qui décrit un cercle. Ainsi, l'on dit que l'amputation est circulaire, lorsque l'on coupe les chairs circulairement. — On emploie aussi le mot circulaire substantivement, pour désigner le cercle que forme une bande autour d'une partie quelconque du corps.

CIRCULATION, s. f., *circulatio, motus circularis*. Ce mot en général désigne le mouvement progressif, déterminé auquel sont assujettis, dans les vaisseaux qui les contiennent, les divers fluides qui entrent dans la composition des corps vivans : ainsi l'on dit la *circulation du chyle*, celle de la *lymphe*, etc., mais ce mot s'applique surtout au cours que suit celui de ces fluides qui immédiatement nourrit et vivifie les organes, et qui, dans les animaux supérieurs et dans l'homme, est appelé *sang*. La circulation, dans la physiologie humaine, s'entend surtout du mouvement progressif du sang.

Comme en ce sens la circulation est une des fonctions principales des animaux, mais qui n'existe pas dans tous, et qui a dans ceux qui la présentent des degrés divers de complication, d'abord elle ne devra exister que dans les animaux qui ont un sang distinct; et à ce titre, elle manque 1° dans tous les *animaux amorphes*, qui absorbent leurs matériaux nutritifs par la surface externe de leur corps, et chez lesquels ces matériaux vont immédiatement nourrir les parties; 2° dans tous les *animaux radiaires*, bien que chez ces animaux l'absorption nutritive se fasse déjà, pour la plupart, dans une cavité digestive, mais le produit de cette absorption va également nourrir aussitôt les organes; 3° enfin dans les *insectes* eux-mêmes, bien que chez ces animaux l'absorption de l'air se fasse dans un autre

lieu que celle des autres matériaux nutritifs, mais la respiration étant chez eux, comme on dit, *disséminée*, on ne distingue pas encore le fluide qui effectue immédiatement la nutrition. Au contraire, la circulation existe dans tous les animaux chez lesquels les divers matériaux nutritifs n'accomplissent pas immédiatement la nutrition, mais sont changés seulement en un fluide distinct appelé *sang*, lequel va ensuite s'assimiler aux parties; et c'est ce qui arrive toutes les fois qu'il y a, comme on dit, une *respiration locale*, c'est-à-dire que la respiration ou l'absorption de l'air se fait non-seulement dans un lieu autre que celui où se fait l'absorption des autres matériaux nutritifs, mais encore dans un organe séparé. Il est sûr en effet 1° que les êtres vivans doivent tous puiser au dehors d'eux, pour leur nutrition, deux sortes de substances, savoir : de l'air et d'autres matières solides ou liquides, qui sont pour les animaux supérieurs et l'homme, ce qu'on appelle des *alimens*; 2° que ces derniers ne sont assimilables qu'après que l'air a agi sur eux par un de ses principes composant, l'oxygène. Or, on conçoit que dès que l'absorption de ces deux sortes de matériaux ne se fait pas au même lieu, et que surtout celle de l'air s'effectue dans un organe séparé, il n'est plus possible que ces divers matériaux effectuent la nutrition aussitôt après leur absorption; mais il faut que le produit des premiers soit transporté dans l'organe où se fait l'absorption de l'air, et qu'ensuite ce produit, changé là en fluide apte à effectuer la nutrition, soit porté de cet organe à toutes les parties qu'il doit nourrir. Alors ce fluide nutritif est distinct, son cours est manifeste; il y a évidemment circulation, et c'est ainsi qu'une respiration locale entraîne toujours à sa suite cette fonction dans l'économie des animaux. La circulation existe dans tous, au-delà des insectes.

Mais ensuite cette fonction offre des différences, relativement au degré de complication de l'appareil qui fait circuler le sang, et relativement au cours que suit ce fluide. Sous le premier rapport, tantôt l'appareil de la circulation se compose exclusivement de canaux ou vaisseaux, qui d'un côté recueillent le sang dans l'organe de la respiration où il a été fait, et le portent dans les parties qu'il doit nourrir, et qui, d'un autre côté, le rapportent de ces parties, et le reconduisent à l'organe de la respiration où il doit se refaire. Ces vaisseaux, les uns *afférens*, les autres *référens*, sont très-distincts; car, 1° le sang n'est pas le même dans les uns et dans les autres ; dans les premiers, il est apte à nourrir et vivifier les parties, et est appelé *rouge* ou *artériel;* et dans les seconds, il n'a plus cette aptitude, et est appelé *noir* ou *veineux;* 2° le sang circule dans les uns et les autres dans une direction opposée, de l'organe respiratoire aux parties dans les premiers, et des parties à l'organe respiratoire dans les seconds : telle est par exemple la circulation dans les *vers*, et cette fonction peut dans ce cas être définie, l'envoi du sang, alors artériel, de l'organe de la respiration à toutes les parties, et le retour de ce sang, dès-lors veineux, de toutes les parties à l'organe de la respiration. Évidemment dans sa progression le fluide a décrit un cercle, comme semble l'annoncer le mot circulation. Tantôt au contraire l'appareil de la circulation comprend, outre ces vaisseaux, un muscle creux placé sur leur trajet, dans un point déterminé de l'espace qu'a à parcourir le sang, tant de l'organe respiratoire aux parties, que des parties à l'organe respiratoire, et qui est destiné à imprimer par ses contractions un mouvement au fluide, c'est ce qu'on appelle un *cœur*. Alors, comme le cœur fonde une des principales puissances de la circulation; comme il est le point où se rassemblent d'abord et le sang veineux qui revient des parties pour être envoyé à l'organe respiratoire, et le sang artériel qui revient de celui-ci pour être envoyé aux parties, on l'a considéré comme le centre de la fonction; et on a dès-lors défini la circulation, non plus l'envoi du sang de l'organe respiratoire aux parties, et le retour de ce sang des parties à l'organe respiratoire; mais l'envoi du sang du cœur à toutes les parties, et le retour de ce sang de toutes les parties au cœur. Envisagée ainsi, la circulation offre toujours un cercle; mais au lieu de fixer, comme dans le cas précédent le commencement et la fin de ce cercle à l'organe respiratoire, lieu où le sang se fait primitivement et revient se refaire sans cesse, on les fixe au cœur, qui est l'organe de projection. Faisons remarquer aussitôt que, comme le cours du sang est continu, et que, lorsqu'il y a un cœur, c'est par les contractions de cet organe que le liquide est projeté dans les vaisseaux qui sont au-delà, tout cœur doit être nécessairement composé de deux cavités qui se suivent et se communiquent, une par laquelle il reçoit le sang, et l'autre par laquelle il le projette : il était en effet impossible qu'une même cavité pût à la fois et se dilater pour recevoir du sang, et se contracter pour en

lancer. La cavité par laquelle le cœur reçoit le sang est appelée *oreillette*, et les vaisseaux qui le lui apportent sont nommés *veines*; et on appelle *ventricule* la cavité par laquelle il lance le sang, et *artères* les vaisseaux qui émanent de ce ventricule, et dans lesquels il projette le liquide. Tous les animaux qui sont au-dessus des vers, présentent dans leur appareil de circulation ce degré de complication.

Sous le second rapport, celui du cours que suit le sang, la circulation présente une différence encore plus importante. Il est des animaux chez lesquels il n'est pas nécessaire que le sang qui revient des parties, et qui est, comme on l'a dit, veineux, aille en entier se refaire dans l'organe de la respiration; une partie de ce sang seulement y est conduite, et suffit pour revivifier toute la masse : tel est le cas des *reptiles*. Il est d'autres animaux au contraire chez lesquels tout le sang veineux, qui revient des parties, doit à chaque cercle circulatoire repasser en entier par l'organe de la respiration, et ne peut être renvoyé aux parties qu'après avoir été rétabli, dans cet organe, sang artériel; c'est ce qui est dans tous les animaux autres que les *reptiles*, dans les *vers*, les *mollusques*, les *poissons*, les *oiseaux*, les *mammifères* et l'homme. Dans le premier cas, il n'est pas nécessaire que les deux sangs restent isolés; dès-lors il peut n'y avoir qu'un seul cœur; et en effet il n'y en a jamais qu'un seul. A l'oreillette de ce cœur aboutissent à la fois, et le sang revivifié, artériel, qui revient de l'organe de la respiration, et le sang veineux qui revient des parties; le mélange s'en fait dans cette oreillette et le ventricule; celui-ci donne naissance à une seule artère, et cette artère se partage ensuite en deux sections, une qui conduit à l'organe de la respiration la portion du sang qui va y subir l'influence de l'air, l'autre qui distribue aux parties la portion du sang qui doit les nourrir. Le fluide dans son cours ne décrit qu'un seul cercle qui commence au cœur, et la circulation est ce qu'on appelle *simple*. Le cœur est un, a un seul ventricule et une seule oreillette, comme on dit quelquefois; cependant celle-ci est comme subdivisée en deux pour chaque espèce de sang, et quelquefois aussi le ventricule est partagé en loges qui servent à diriger différemment les deux sangs, ou à en faciliter mécaniquement le mélange. Dans le second cas, au contraire, il faut nécessairement que les deux sangs restent isolés, ne se mêlent pas l'un à l'autre; dès-lors un même cœur ne peut plus suffire à leur envoi, et l'on observe l'une ou l'autre des trois dispositions suivantes : 1° ou bien il n'y a pas de cœur, et la circulation est exclusivement accomplie par des vaisseaux, comme nous avons dit que cela était dans les *vers*; 2° ou bien il n'y a de cœur que pour l'un des deux sangs, soit pour le sang artériel, comme cela est dans les *crustacées* et la plupart des *mollusques*, qui n'ont de cœur que pour conduire le sang artériel de l'organe respiratoire aux parties, et chez lesquels des vaisseaux seuls rapportent le sang veineux des parties à l'organe respiratoire; soit pour le sang veineux, comme cela est chez les *poissons*, qui n'ont de cœur que sur le trajet du sang veineux des parties à l'organe respiratoire, et chez lesquels des vaisseaux seuls conduisent le sang artériel de l'organe de la respiration aux parties. Dans ces deux classes d'animaux, le cœur est unique aussi, a un seul ventricule et une seule oreillette, comme dans les reptiles; mais au lieu d'appartenir aux deux sangs, il n'appartient qu'à l'un des deux; il est *artériel* ou *aortique* chez les premiers; *veineux* ou *pulmonaire* chez les seconds; 3° ou bien enfin, il y a deux cœurs, un pour chaque espèce de sang : l'un qui reçoit le sang veineux du corps et l'envoie à l'organe de la respiration où il est changé en sang artériel, qu'on peut appeler *cœur veineux* ou *pulmonaire*; l'autre qui reçoit de l'organe de la respiration le sang artériel, et l'envoie aux parties qu'il doit nourrir, appelé *cœur artériel* ou *aortique*; c'est ce qui est dans les *oiseaux*, les *mammifères* et l'*homme*. Seulement comme ces deux cœurs sont accolés l'un à l'autre, ils paraissent ne former qu'un seul organe, qu'on dit partagé en deux moitiés, une pour chaque espèce de sang, chacune ayant une oreillette et un ventricule, chacune recevant ses veines propres et donnant naissance à son artère spéciale; ils semblent ne constituer qu'un seul cœur, qu'on a dit être à deux ventricules et à deux oreillettes, mais ce n'est là qu'une pure dispute de mots. Toutefois, il résulte que, dans ce cas qui est le plus complexe, si l'on fait toujours dériver du cœur la circulation, il faut la reconnaître *double*, admettre deux circulations, l'une qui consiste dans l'envoi du sang veineux de l'une des moitiés du cœur, du cœur veineux ou pulmonaire, à l'organe de la respiration, et du retour de ce sang, alors redevenu artériel, à l'autre moitié du cœur, au cœur artériel ou aortique; l'autre qui consiste dans l'envoi du sang artériel de cette moitié du cœur, de ce cœur aortique, aux divers organes du corps, et du

retour de ce sang, alors redevenu veineux, à la moitié du cœur, au cœur pulmonaire, qui avait servi de point de départ à la première circulation. Dans chacune, le sang décrit un cercle, dont chacune des moitiés du cœur, ou dont chaque cœur est le centre. L'une est dite *circulation pulmonaire* ou *petite circulation*, parce qu'elle aboutit à l'organe de la respiration, qui, ici, est un poumon, et qu'elle embrasse un cercle plus petit. L'autre est dite la *circulation générale* ou *la grande circulation*, parce qu'elle aboutit à tout le corps, et constitue un cercle plus grand. Seulement ces deux circulations s'alimentent réciproquement; c'est le sang qui a été fait dans la circulation pulmonaire et qui est rapporté par elle, qui va alimenter la circulation du corps; et de même c'est le sang veineux que rapporte la circulation du corps, qui va constituer la circulation pulmonaire, pour y redevenir pendant son cours sang artériel. Pour cela l'oreillette du cœur pulmonaire reçoit le sang veineux que rapporte la circulation du corps, et l'oreillette du cœur aortique reçoit le sang artériel que rapporte la circulation du poumon.

Telle est, en général, la série des différences que présente la circulation dans l'ensemble des animaux, et tel est, en particulier, l'état sous lequel cette fonction s'offre dans l'homme. Mais il faut maintenant entrer dans les détails du mécanisme selon lequel elle s'effectue chez ce dernier; et pour cela commençons par rappeler brièvement les parties qui en sont les agens.

L'appareil circulatoire se compose des parties dans lesquelles circule le sang, et par l'action desquelles ce fluide est mis en mouvement. Chez l'homme, il est double comme l'est la circulation elle-même, et comprend pour chaque cercle, un *cœur*, une *artère* par laquelle ce cœur lance le sang, des *veines* par lesquelles il le reçoit, et enfin une masse considérable de vaisseaux très-déliés, intermédiaires aux terminaisons de l'artère et aux origines des veines, et qu'on appelle *systèmes capillaires*. Mais, comme chacune de ces quatre parties est semblablement disposée et organisée dans l'un et l'autre cercle, que même les cœurs sont confondus en un seul et même organe, ce que l'on dit de ces parties dans l'un des cercles est entièrement applicable à ces mêmes parties dans l'autre cercle; et on peut, par conséquent, les rapporter à quatre chefs : *cœur*, *artères*, *veines* et *systèmes capillaires*. Nous ne rappellerons pas ici la structure de ces diverses parties : un collabotateur, M. le professeur Béclard, ayant déjà consacré ou devant consacrer un article à chacune d'elles aux mots ARTÈRE, CAPILLAIRE, CŒUR et VEINE.

Tel est l'appareil de parties dans lesquelles et par l'action desquelles circule le sang. Décrivons maintenant le mécanisme et les traits de cette circulation, et commençons par indiquer la direction dans laquelle se meut le fluide à travers ces parties. Supposons le sang veineux qui revient du corps, versé dans l'oreillette du cœur droit : ce sang passe de cette oreillette dans le ventricule correspondant, et celui-ci le projette par l'artère pulmonaire et ses ramifications dans le système capillaire du poumon; traversant alors ce système, il y est, par l'acte de la respiration, changé en sang artériel, et il revient sous cette forme par les veines pulmonaires dans l'oreillette du cœur gauche. Celle-ci alors le projette dans le ventricule correspondant, puis ce ventricule par l'artère aorte et ses ramifications dans le système capillaire général; là il est changé en sang veineux, et il est rapporté sous cette forme par les veines du corps dans l'oreillette du cœur droit, où nous avions supposé commencer le cours du sang. Tel est le mouvement entier de la circulation, et il est aisé d'y reconnaître les deux cercles que nous avions annoncés, le cercle pulmonaire et le cercle général. Mais nous ferons aussitôt sur l'un et sur l'autre les deux observations suivantes : 1° loin d'être isolés, ils se font suite; le cercle du poumon commence où a fini celui du corps, et finit où celui du corps commence; 2° ils s'accomplissent en même temps, ce qui semble les réduire à un seul pour le mécanisme de la circulation : c'est en effet en même temps que les deux oreillettes de l'un et de l'autre cœurs se dilatent et se contractent pour recevoir et projeter du sang; il y a de même harmonie dans l'action des deux ventricules; et de même que les appareils de chacun de ces deux cercles circulatoires sont composés des mêmes parties, de même dans chaque cercle, le rôle de ces parties est respectivement semblable, et s'accomplit en même temps.

Ce cours du sang ne fut pas toujours connu; la découverte en est moderne, et la gloire en est rapportée à Harvey, qui effectivement en a présenté le premier une démonstration rigoureuse. Il prit ses preuves dans l'anatomie, et dans des observations et des expériences. D'une part en effet, la disposition mécanique des parties est telle que le cours du sang doit être ainsi qu'il a été décrit : les valvules tri-

cuspides et mitrales qui sont aux ouvertures auriculo-ventriculaires de l'un et l'autre cœurs, les valvules sigmoïdes qui sont à l'origine de l'un et l'autre troncs artériels, enfin les valvules des veines sont disposées de manière à permettre le cours du sang dans la direction que nous avons annoncée, et non dans la direction inverse. D'autre part, qu'on coupe une artère et une veine, c'est du bout supérieur que sortira le sang dans le premier vaisseau, et du bout inférieur dans le second : que l'on fasse une ligature à l'un et à l'autre, c'est au-dessus de la ligature que l'artère se gonflera, et au-dessous que le fera la veine. Enfin, indépendamment de ce que Leeuwenhoek, Malpighi, Spallanzani, ont pu, à l'aide du microscope, voir la circulation se faire dans la direction que nous venons de dire, et acquérir ainsi une preuve directe de ce fait, le raisonnement seul aurait dû la faire préjuger; car ne fallait-il pas que le sang veineux fût rapporté au poumon, qui est l'organe de l'hématose, et que le sang artériel, destiné à nourrir les parties, leur fût au contraire distribué? Aujourd'hui ce fait est universellement reconnu.

Mais maintenant quelles causes président à cette circulation? et quelle part y a chacune des quatre parties qui composent l'appareil circulatoire? C'est ici qu'il y a beaucoup de débats, partant beaucoup de points inconnus, ou au moins encore peu éclaircis; et pour en présenter un historique à la fois clair et complet, nous allons successivement étudier la circulation dans le cœur, les artères, les systèmes capillaires et les veines. Nous n'avons pas besoin de répéter que ce que nous allons dire doit s'entendre de l'un et l'autre cercles.

§ Ier. *Circulation dans le cœur, et rôle de cet organe dans cette fonction.*—Le sang circule dans chaque cœur, avons-nous dit, de l'oreillette dans le ventricule correspondant, et de celui-ci dans l'artère qui en émane. Quelle puissance le fait se mouvoir dans cette direction? La principale, sans contredit, consiste dans les dilatations et contractions alternatives de chacune de ces cavités, dilatations et contractions qui font évidemment du cœur une espèce de pompe aspirante et foulante. Ces actions du cœur sont aperçues, quand on met le cœur à nu chez un animal vivant; et ce sont elles qui produisent les battemens que fait éprouver cet organe à la main qu'on applique sur la région du corps qu'il occupe; examinées en elles-mêmes, elles offrent la succession des phénomènes suivans : 1° *Dila-*

tation de l'oreillette, écartement de ses parois, et par suite réplétion de cette oreillette par le sang auquel elle offre un accès plus libre, et sur lequel elle exerce peut-être une action d'aspiration. 2° *Contraction de cette oreillette,* resserrement de ses parois, et par suite expression dans le ventricule du sang dont cette oreillette s'était remplie dans le temps précédent. En effet, c'est de haut en bas et dans la direction de l'ouverture ventriculaire que se fait la contraction de l'oreillette; en outre le ventricule, qui est alors en état de dilatation, offre un accès libre au sang, et peut-être même exerce une action d'aspiration sur lui. Son ouverture est libre, parce que son état de dilatation a abaissé les valvules qui la garnissent; enfin le sang ne peut pas suivre une autre voie, à moins qu'il ne reflue dans les veines qui l'ont apporté, ce que ne permet pas le sang nouveau que ces vaisseaux apportent. Cependant, il y a ici une première controverse. Selon les uns, il y a toujours, lors de la contraction de l'oreillette, un léger reflux dans les veines, surtout si le ventricule est déjà plein et n'a pas pu se vider librement dans les temps précédens. Selon les autres, ce reflux n'a jamais lieu dans l'état normal, et même le ventricule reçoit alors, non-seulement tout le sang que contenait l'oreillette, mais encore celui qu'apportent actuellement les veines. Ceux-ci donnent comme preuves, que le ventricule, ayant plus de capacité que l'oreillette, ne pouvait pas être rempli par le sang seul que contenait cette cavité, et qu'aussi le temps que dure la dilatation de ce ventricule est plus long que celui pendant lequel l'oreillette se contracte. Les mêmes mouvemens s'observent ensuite dans le ventricule, avec ce fait cependant qu'ils alternent avec ceux de l'oreillette. Ainsi, 1° coïncidemment à la contraction de l'oreillette, *dilatation du ventricule,* écartement de ses parois pour recevoir le sang que l'oreillette projette dans sa cavité et peut-être pour l'aspirer; 2° coïncidemment à la dilatation de l'oreillette, *contraction du ventricule,* resserrement de ses parois, et par suite expression, dans l'artère qui émane de lui, du sang dont il s'était rempli dans le temps précédent. Ce sang en effet n'avait pu, lors de son arrivée dans le ventricule, pénétrer aussitôt dans cette artère, parce que les valvules de l'ouverture auriculo-ventriculaire qui étaient alors abaissés en couvraient l'orifice; mais il s'y engage alors, car, le ventricule étant en état de contraction, ces valvules au sommet desquelles aboutissent les

tendons des colonnes charnues, sont relevées et en laissent libre l'orifice; c'est dans la direction de cet orifice que se fait la contraction du ventricule; et enfin les valvules sigmoïdes qui sont à l'origine de l'artère, sont disposées de manière à ne pas mettre d'obstacles; elles s'abaissent sous le flot de sang qui est projeté. D'ailleurs le sang, pressé par la contraction du ventricule, ne peut que suivre cette voie, ou refluer dans l'oreillette; et cette dernière chose est impossible, car les valvules mitrales et tricuspides, que la contraction du ventricule a relevées, interrompent la communication avec cette cavité, et de plus c'est alors que cette oreillette étant en état de dilatation se remplit d'un sang nouveau. Il n'y a tout au plus de reporté en elle que la petite quantité de sang que soulèvent les valvules tricuspides et mitrales, quand elles reprennent la position horizontale. Cependant se présente ici la même controverse que tout-à-l'heure: y a-t-il toujours reflux d'un peu de sang dans l'oreillette, et même dans les veines qui y aboutissent? ou bien au contraire ce reflux n'a-t-il lieu que dans des cas insolites, quand les systèmes artériels qui reçoivent le sang sont engorgés et ne peuvent pas le verser librement dans les systèmes capillaires auxquels ils se terminent? Ce dernier fait au moins est sûr: dans des embarras du poumon, on voit battre les veines du cou par suite du reflux qui se fait dans les veines caves lors de la contraction du ventricule droit. Souvent même le reflux s'étend jusqu'au foie, qui par suite s'engorge. De même, quand il y a un obstacle au cours du sang dans l'aorte, le fluide reflue par les veines pulmonaires, et va engorger le poumon.

Telle est l'action des deux cœurs: tout est semblable dans l'un et dans l'autre, sinon que dans le cœur pulmonaire, 1° l'oreillette a plus de colonnes charnues, afin de mieux mêler le chyle, la lymphe et le sang veineux qui y aboutissent; 2° le ventricule a des parois moins épaisses parce qu'il a à projeter le sang à une distance moindre. Nous avons déjà dit qu'ils agissaient simultanément; et comment pourrait-il en être autrement, puisque la paroi interne de leur cavité leur est commune? Il n'y a alternative d'action qu'entre les oreillettes et les ventricules. Aussi ne distingue-t-on dans les mouvemens des cœurs, considérés comme un organe unique, que deux temps: celui où les oreillettes se contractent, et les ventricules se dilatent, qu'on appelle *diastole;* et celui où les oreillettes se dilatent et les ventricules se contractent, qu'on appelle *systole*. Chaque cavité a bien à la vérité sa diastole et sa systole; mais d'abord quand il y a diastole de l'une, il y a systole de l'autre, et *vice versâ*; et ensuite, comme ce sont les ventricules qui forment la grande masse du cœur, et que c'est leur jeu surtout qui modifie la forme et le volume de cet organe, on y a plus d'égard qu'aux mouvemens des oreillettes; et quand on parle de la diastole et de la systole du cœur, on entend seulement la dilatation et la contraction des ventricules. La diastole est toujours plus longue, trois fois plus que la systole.

De nombreuses questions ont été faites relativement à ce jeu particulier des cœurs. D'abord, à chaque contraction d'une cavité, cette cavité se vide-t-elle en entier du sang qu'elle contient? Haller le croit, et s'appuie sur ce qu'examinant au microscope la circulation dans des grenouilles et dans le petit poulet, il a vu le cœur pâlir tout-à-fait à chaque contraction. Sa doctrine de l'irritabilité, d'ailleurs, lui faisait une loi de penser ainsi, attendu que le moindre reste de sang dans le cœur, en irritant cet organe, aurait empêché la dilatation de succéder à la contraction. Si le cœur des cadavres en offre toujours un peu, c'est, dit-il, un effet de la mort. D'autres physiologistes, Weitbrecht, Fontana, Spallanzani, professent le contraire, et arguent aussi d'observations microscopiques sur les animaux vivans.

Ensuite, quelle quantité de sang est envoyée par le cœur dans les artères à chaque contraction de ses cavités? Si on admet que le cœur se vide en entier à chaque systole, il suffira, pour évaluer cette quantité, d'estimer la capacité du ventricule. Mais comment y parvenir? celle-ci varie en chaque individu, et surtout selon qu'il est apporté plus ou moins de sang par les veines. Si on admet que le cœur ne se vide pas en entier à chaque contraction, le problème est encore plus difficile à résoudre, car il faut établir combien de sang reflue dans l'oreillette, combien est projeté dans l'artère, et combien reste dans le ventricule. On professe généralement que le ventricule contient six onces de sang, et en projette à chaque contraction deux onces dans le système artériel; on en a jugé par la quantité de sang qui jaillit du ventricule qu'on ouvre exprès dans une expérience sur un animal vivant. La question me semble insoluble. La quantité de sang que projette le cœur doit dépendre et de la force avec laquelle cet or-

gane se contracte, et de la quantité de sang qui lui a été apportée; et ces deux conditions sont extrêmement variables. On ne sait pas quelle quantité de sang lui arrive; peut-on évaluer dès-lors quelle est celle qu'il projette? tout ce qu'il y a de certain, c'est que cette quantité varie, est tantôt plus grande, tantôt plus petite, d'où résultent ce qu'on appelle les pouls *gros* et *plein*, *petit* et *vide*.

Au moment du jeu des cavités du cœur, des changemens apparens se font dans cet organe. Lors de la systole, son tissu durcit, le viscère se raccourcit, se déplace, et va de sa pointe frapper la paroi latérale gauche du thorax, entre la sixième et la septième côtes. Dans la diastole, les phénomènes sont inverses. La cause pour laquelle le cœur bat contre le thorax, a été le sujet de beaucoup de débats. Vésale, Riolan, Borelli, Winslow, disent que c'est parce que le cœur s'allonge lors de la systole; d'autres nièrent cet allongement, et Bassuel surtout fit remarquer que, s'il avait lieu, les valvules tricuspides et mitrales ne pourraient pas être relevées et laisser libres les ouvertures des artères. Aujourd'hui on reconnaît que le cœur se raccourcit dans tous les sens lors de la systole, que toutes les parois se rapprochent de la cloison moyenne; que cependant les fibres en se raccourcissant augmentent d'épaisseur, et l'on attribue le heurtement de sa pointe contre les côtes aux trois raisons suivantes : 1° à ce que tout le mouvement étant dirigé sur la base de l'organe qui est fixe, doit faire basculer l'organe sur cette base; 2° à ce que les oreillettes, qui, lors de la systole du ventricule, sont en dilatation et remplies de sang, doivent alors soulever l'organe et le porter en avant; 3° enfin à ce que les artères aorte et pulmonaire recevant, du sang qui est projeté en elles, une impulsion telle qu'elles en éprouvent un déplacement, font partager ce déplacement au cœur lui-même.

Sans aucun doute, la systole est active; mais en est-il de même de la diastole? D'abord, certainement la dilatation des cavités du cœur n'est pas le produit mécanique de la pression qu'exerce en elles le sang qui y est versé, car cette dilatation précède l'arrivée du sang, et elle se fait lors même qu'il ne peut plus y en arriver, comme dans un cœur qui est séparé du corps. Ensuite, quoi qu'en ait dit Hamberger, qui voulait qu'elle fût active, et même plus active que la systole, il est sûr qu'elle n'est que l'effet du relâchement des fibres, de la cessation de la contraction, car si l'on serre fortement dans la main le cœur qu'on vient d'extraire du corps d'un animal vivant, on reconnaît que c'est pendant la contraction que cet organe écarte les doigts qui le serrent.

Enfin, qu'est cette action du cœur? quelle en est la cause? d'où provient la succession alternative du jeu des oreillettes et des ventricules? Stahl est le premier qui ait émis sur d'action de ce viscère une opinion un peu raisonnable : remarquant que le tissu du cœur est musculeux, que les contractions de cet organe sont toutes semblables à celles qu'exécutent les muscles; qu'elles sont influencées, modifiées par les passions; et qu'enfin le cœur reçoit, comme tout autre muscle, des nerfs qu'on ne peut altérer sans modifier le jeu de ce viscère; Stahl, séduit par toutes ces analogies, assimila les mouvemens du cœur à ceux des muscles volontaires. Il argua surtout d'un fait rare, celui d'un capitaine appelé Towsend, qui réglait à sa volonté les contractions de son cœur; il dit que, si d'ordinaire on ne peut ni percevoir ni diriger les mouvemens du cœur, c'est que l'habitude les a rendus involontaires, de même que certains tics, qui d'abord ne l'étaient pas, le sont devenus avec le temps. C'était d'ailleurs rentrer dans son système chéri, qui était de rapporter à l'influence de l'ame tous les phénomènes quelconques de l'économie animale. Sans doute les actions du cœur sont du genre de celles des organes musculaires, c'est-à-dire des contractions; mais évidemment elles ne sont ni perçues, ni volontaires, et doivent être rapportées à ces contractions musculaires involontaires que Bichat a réunies sous le titre de contractilité organique sensible. Haller ensuite, pour expliquer les mouvemens du cœur, en appela à sa force d'irritabilité à laquelle il rapportait toutes les contractions musculaires tant volontaires qu'involontaires. Le cœur, comme muscle, possédait cette force aussi bien que tout autre, et le contact du sang dans son intérieur était ce qui à chaque instant la mettait en jeu. Il donna comme preuves, que tout excitant appliqué au dedans ou au dehors du cœur en détermine les contractions; et il ajouta qu'il est impossible de méconnaître que c'est le sang qui provoque ces contractions, puisque on les voit être d'autant plus fortes et plus rapprochées que le sang est plus abondant, se succéder dans les diverses cavités du cœur dans l'ordre même selon lequel le sang arrive à ces cavités, et se prolonger plus ou moins

dans les unes et dans les autres selon qu'on fait accumuler le sang en elles. Ce physiologiste, dominé même par l'idée qu'il avait de faire de l'irritabilité une propriété différente de celle de la sensibilité, alla jusqu'à nier toute influence nerveuse sur les mouvemens du cœur. Mais cette théorie de Haller n'est pas plus exempte de reproches que celle de Stahl : d'abord, expliquer les mouvemens du cœur par l'irritabilité, c'est rentrer dans la philosophie des forces occultes, c'est se payer d'un mot. Ensuite, selon Haller, il faut toujours qu'un excitant mette en jeu l'irritabilité; et que de fois le cœur se contracte sans excitant, comme quand il est isolé du corps ! Enfin il est faux que le cœur soit indépendant d'une influence nerveuse dans l'exécution de ses mouvemens : ne reçoit-il pas des nerfs? ses contractions ne sont-elles pas modifiées dans les passions, dans les lésions des grands centres nerveux, dans celles des nerfs qui se distribuent à son tissu? A la vérité, Sœmmering et Behrends ont établi que les nerfs cardiaques n'allaient pas au tissu même du cœur, mais seulement aux ramifications des artères coronaires, et qu'ainsi ces nerfs ne présidaient pas à la fonction de cet organe, mais seulement à la nutrition. Mais c'est là une assertion anatomique, à laquelle Scarpa, par son bel ouvrage sur les nerfs du cœur, a donné, pour me servir de l'expression de M. Percy, le plus superbe démenti.

Aujourd'hui l'on reconnaît que les mouvemens du cœur sont du genre de ceux qui sont effectués par les muscles, avec cette différence qu'ils sont involontaires. On convient qu'on ne peut pas plus pénétrer leur essence que celle des mouvemens volontaires; mais on consacre leur irrésistibilité contre ce que disait Stahl, et leur dépendance d'une influence nerveuse, ainsi qu'il en est de tous les autres phénomènes organiques, dans les animaux supérieurs, contre ce que disait Haller. Les seules dissidences portent sur celui des systèmes nerveux qui les régit, et sur le degré de dépendance dans lequel ils sont des centres nerveux. Sous le premier rapport, on a présenté tour-à-tour, comme système nerveux spécial du cœur, la huitième paire encéphalique, le grand-sympathique et un ganglion particulier appelé *cardiaque*, et situé derrière cet organe. Il est sûr, en effet, que les nerfs cardiaques ont des communications intimes avec chacune de ces trois parties du système nerveux, et peuvent conséquemment en être également dérivés; mais on les rapporte surtout ou à la huitième paire, ou au grand-sympathique, qu'on regarde spécialement comme les systèmes nerveux des viscères. Sous le second point de vue, il est certain que les nerfs cardiaques, quelle que soit leur origine, exercent sur les mouvemens du cœur une influence nécessaire; si on lie ou coupe ces nerfs, bientôt le cœur est paralysé; ses mouvemens cessent après le temps qu'emploie à s'éteindre l'influence nerveuse dans la portion du nerf qui est au-dessous de la ligature. Il est certain aussi que ces nerfs, comme tous les autres, réclament, pour exercer leur office, leur communication avec les centres nerveux, l'intégrité de ces centres, et cela dans la mesure conforme aux lois de l'innervation ; c'est-à-dire en raison du rang élevé qu'occupe parmi les fonctions de l'animal celle à laquelle ils président, en raison de l'âge plus ou moins avancé de l'animal sur lequel on observe, et enfin à raison du rang plus ou moins élevé que cet animal occupe dans l'échelle. A tous ces titres, le cœur est plus indépendant des grands centres nerveux que beaucoup d'autres organes. D'abord il l'est assez de l'encéphale : des reptiles décapités ont continué de vivre pendant six mois, et par conséquent le cœur a continué ses fonctions. Dans l'espèce humaine, des acéphales ont vécu jusqu'au terme de la grossesse, et quelquefois même quelques jours au-delà. Enfin, on a fait survivre plusieurs animaux mammifères décapités, et l'on a entretenu les mouvemens du cœur, en ayant soin de lier les vaisseaux du cou pour prévenir l'hémorrhagie et en remplaçant la respiration par une insufflation d'air dans le poumon. Il est bien certain que ce n'est qu'en paralysant le jeu du cœur que la section de la huitième paire fait périr; et dans les lésions du cerveau, les apoplexies, les fonctions du cœur ne sont-elles pas des dernières à s'arrêter? L'influence du cerveau sur le cœur n'est donc pas aussi prochaine que sur d'autres organes, bien qu'elle soit réelle, puisqu'à la fin la mort arrive, et que dans certains cas l'état du cerveau modifie son action assez promptement, comme on le voit, dans les passions, par exemple. Au contraire, à en juger d'après des expériences de Legallois, le cœur serait davantage sous la subordination de la moelle spinale : un animal, qui à l'aide de l'insufflation pulmonaire survit quelques heures à l'ablation du cerveau, à la décapitation, meurt bien plus tôt par la destruction de la moelle spinale et même d'une de ses parties; il expire après quatre minutes, quand on détruit la portion lombaire; après

deux, quand on détruit la portion cervicale, à moins qu'on n'extirpe quelques parties de cet animal, et qu'ainsi on ne limite en lui le champ de la circulation dans la même proportion qu'a été affaiblie la puissance du cœur. Legallois même avait conclu de ces faits, que la source de la puissance nerveuse à laquelle le cœur est soumis, résidait dans la moelle épinière, et que celle-ci était l'origine du grand-sympathique. Mais quoi qu'il en soit de ces deux dernières conséquences contre-lesquelles il est possible de s'élever, il est sûr qu'on retrouve, dans cette dépendance sous laquelle est le cœur de la moelle spinale, les lois générales de l'innervation, c'est-à-dire l'influence de l'âge et du rang qu'occupe l'animal dans l'échelle des êtres : des fœtus acéphales et sans moelle spinale ont offert un cœur agissant. Ph. Wilson, dans des expériences calquées sur celles de Legallois, a vu les battemens du cœur continuer après la destruction de la moelle, surtout si les animaux soumis à l'expérience étaient jeunes, et si c'était avec lenteur que la moelle était détruite. Enfin M. Clift l'a expérimenté de même sur des poissons, et particulièrement sur des carpes. Cette question d'ailleurs se rattache à l'*innervation*. (*Voyez* ce mot.)

Dans le jeu du cœur, il y a d'abord alternative de diastole et de systole pour chaque cavité, et ensuite opposition, espèce d'antagonisme entre ces cavités; quand l'une se contracte, l'autre se dilate. On a aussi cherché les causes de cet ordre merveilleux. On a dit que, si dans toute cavité la contraction succède à la dilatation et la dilatation à la contraction, c'est que le cœur est sans antagoniste, que la contraction est l'état naturel de la fibre qui le forme, et que cependant cette contraction est, de sa nature, intermittente, et exige après elle un court instant de repos : le sang alors, lui arrivant dans le temps de repos, rappelle la contraction par sa présence. Quant à l'alternative d'action des oreillettes et des ventricules, on avait imaginé que, lorsque le sang remplissait une cavité, il comprimait les nerfs de l'autre cavité, par conséquent la paralysait et amenait la fin de la contraction à laquelle elle était en proie; mais ce n'est là qu'une hypothèse. Cette alternative est un fait certain, mais inexplicable dans l'état actuel de la science.

Telle est l'action du cœur : par elle le sang est d'abord reçu dans les oreillettes, puis porté des oreillettes dans les ventricules, et enfin projeté dans les artères. Le cœur a assez de puissance sous ces divers rapports, pour faire circuler le liquide et triompher des résistances qui s'opposent à sa progression, et qui sont ici la masse du sang à mouvoir et les frottemens de ce fluide contre les parois de l'organe. Dans aucun autre point du cercle circulatoire, le mouvement n'est plus rapide; mais il est intermittent, puisqu'il y a même un moment où il est rétrograde. Ce n'est pas ici le lieu de discuter jusqu'où s'étend l'influence du cœur dans le cercle circulatoire; Harvey lui faisait accomplir à lui seul le cercle entier; d'autres ont restreint sa puissance au commencement des artères, d'autres enfin l'ont étendue jusqu'aux extrémités du système artériel. Cette question nous occupera ci-après: nous dirons seulement ici que, selon qu'on a adopté l'une ou l'autre de ces trois opinions, on a dû différemment évaluer la force du cœur. Borelli, comparant le cœur à un muscle de même volume, et évaluant la résistance que ce dernier était capable de vaincre par sa contraction, estima la puissance du cœur égale à 180,000 livres. Keil, ouvrant une artère sur un animal vivant, et évaluant la force qu'il faudrait employer pour produire un jet semblable à celui que présentait cette artère ouverte, n'estima la force du cœur que de 5 à 8 onces: quelle immense disproportion? ne suffit-elle pas pour prouver le vide de pareilles recherches? Mais d'ailleurs il est bien facile de prouver que ce fait est un de ceux auxquels le calcul n'est pas applicable. D'abord la force du cœur est mille fois variable en elle-même, selon l'âge, le sexe, l'idiosyncrasie, l'état de santé, de maladie, l'état de veille ou de sommeil, d'exercice ou de repos, les passions, etc. Ensuite, il est impossible d'avoir des bases pour établir son calcul; comment évaluer la puissance impulsive du cœur, d'une part, et d'autre part, ce que font perdre à cette puissance impulsive les résistances, c'est-à-dire la masse du sang à mouvoir, et ses frottemens contre les parois du cœur?

§ II. *Circulation artérielle, et rôle des artères dans la fonction.* Dans les artères, le sang circule, dans l'aorte, du cœur au système capillaire général, et, dans l'artère pulmonaire, du cœur au système capillaire pulmonaire. La contraction des ventricules en est certainement une des principales causes. La disposition des parties est telle qu'à coup sûr les artères sont des tuyaux dans lesquels le cœur projette le sang; nous les avons vues émaner de chaque ventricule par un tronc unique; et cette circonstance a cet avantage, que

rien de l'action impulsive de l'organe n'est perdu. D'ailleurs l'influence de cette première cause se laisse voir; si on met à nu, sur un animal vivant, une artère, on la voit, à chaque contraction du ventricule, se dilater, éprouver une légère locomotion, par suite de l'ondée de sang qui est projetée en elle; si on la touche en cet instant elle fait éprouver au doigt un battement qui résulte de ces deux changemens qu'elle éprouve, et qui est ce qu'on appelle le *pouls*; si on l'ouvre, on en voit sortir le sang par jets qui sont saccadés, et dont les saccades coïncident avec les contractions du ventricule.

Mais cette cause est-elle la seule qui préside à la circulation artérielle? ou bien, les artères y ont-elles aussi une part active? Harvey croyait ces vaisseaux entièrement passifs dans la circulation, ayant seulement assez de solidité pour résister au choc qu'exerce sur elles le sang projeté par le cœur, et il regardait celui-ci comme l'agent unique de la circulation artérielle. Cette opinion est fausse. D'abord, il est sûr que l'influence du cœur sur la circulation artérielle va en s'affaiblissant graduellement dans l'étendue de ce système; par exemple, la locomotion et la dilatation des artères, ou autrement leur pouls, et le jet saccadé que présente une artère ouverte, sont d'autant moindres dans les artères qu'elles sont plus éloignées du cœur; ces phénomènes n'existent même plus dans les dernières artérioles : or, cet affaiblissement graduel de l'influence du cœur est déjà une raison de présumer qu'à cette première cause de circulation il en est joint une seconde, et celle-ci ne peut résider que dans les artères. Voici ensuite des faits et des expériences qui mettent cette cause hors de doute. Si le sang ne circulait dans les artères que par l'action du cœur, ce fluide ne devrait couler d'une artère ouverte qu'avec des intermittences coïncidentes avec les contractions du ventricule; au lieu de cela, il coule d'une manière continue, et seulement avec des saccades qui correspondent aux contractions ventriculaires. Si l'artère carotide est mise à nu, qu'on établisse sur elle deux ligatures à quelques centimètres de distance l'une de l'autre, et qu'ensuite on fasse une ponction entre ces deux ligatures, on voit le sang jaillir, quoique la ligature inférieure l'affranchisse de l'action impulsive du cœur. Enfin, M. Magendie met à nu sur un chien l'artère crurale, puis la comprimant entre ses doigts, il la voit se rétracter au-dessous du lieu qu'il comprime, au point d'exprimer de son intérieur tout le sang qu'elle contenait. Il est donc certain que les artères agissent.

Maintenant en quoi consiste leur action? Des physiologistes, tombant dans un extrême opposé à celui de Harvey, et limitant au commencement du système artériel l'influence du cœur, admirent dans les artères des contractions et des dilatations analogues à celles que le cœur exécute, en alternant avec elles. Suivant eux, les artères se dilatent pour recevoir et même aspirer le sang, lors de la contraction des ventricules; elles se contractent ensuite pour projeter ce fluide au loin dans les systèmes capillaires; et les valvules sigmoïdes, qui sont à l'origine de ces vaisseaux, préviennent le reflux dans les ventricules, comme les valvules mitrales et tricuspides empêchent son retour dans les oreillettes lors du jeu des ventricules. Les artères étaient une troisième cavité contractile à ajouter aux deux qui composent le cœur, ayant de même leur systole et leur diastole, mais enchaînant leur jeu avec celui du cœur, de manière que leur systole coïncide avec celle des oreillettes et la diastole des ventricules; et leur diastole avec celle des oreillettes et la systole des ventricules. Pour justifier une pareille opinion, il fallait considérer comme musculeuse la tunique propre des artères; et l'on arguait en outre de diverses expériences et observations dans lesquelles on disait avoir vu les artères évidemment se contracter. Ainsi Galien introduit un tube solide dans une artère d'un animal vivant, puis applique une ligature sur le tube, et voit les pulsations disparaître au-delà de la ligature, bien que le tube solide n'empêche pas le sang d'y parvenir et d'y circuler. Lamure et Lafont. dans l'expérience de la carotide citée plus haut, croient voir le vaisseau battre entre les deux ligatures qu'on a appliquées sur lui; ils en voient jaillir le sang, quand une petite piqûre lui est faite. Des artères excitées avec la pointe du scalpel, soumises à l'influence de l'électricité, du galvanisme, paraissent à Verschuur, à Bikker, à Rossi, développer une évidente irritabilité. Enfin, on faisait observer que le pouls n'est pas toujours le même dans les diverses parties du corps, ce qui devrait être si les artères étaient passives dans la circulation.

Mais de nombreuses objections ont ruiné tout ce point de doctrine. La tunique propre des artères n'a certainement rien de musculeux, et paraît exclusivement formée du tissu jaune qui forme, dans l'économie des animaux, toutes les parties qui ont à développer à la fois de l'élasticité et de la solidité. En vain une artère, après la mort, est soumise à un irritant quelconque, on ne peut y développer une véritable irritabilité. Une artère, mise à nu sur un animal vivant, et observée pendant que le sang y circule, ne présente pas de contractions ni de dilatations actives, mais une dilatation passive, résultat de la projection du sang dans son intérieur, et un retour, sinon exclusivement élastique, au moins lent, du vaisseau sur lui-même. Si, sur un animal vivant, on découvre l'aorte et qu'on mette promptement le doigt dans sa cavité, on ne sent pas que ce doigt y soit pressé, comme cela est quand on le met dans le cœur. Il est vrai que quelquefois le pouls diffère dans les diverses artères du corps; mais ce phénomène peut s'expliquer sans admettre l'irritabilité dans les artères; et le plus souvent ce pouls est semblable en tout et isochrone aux mouvemens du cœur. Faire dépendre le pouls de l'irritabilité des artères, serait se montrer par trop contraire aux faits: le pouls, en effet, dépend bien plus du jeu du cœur que des artères, il en suit les modifications, manque au-dessous d'une artère liée, disparaît dans la syncope, n'existe jamais dans les animaux qui n'ont pas de cœur: on peut simuler les phénomènes du pouls dans des tubes inertes, dans lesquels est reçu le sang artériel; Bichat, par exemple, ajoute à la carotide, dans un animal vivant, un tuyau inerte, et voit ce tuyau battre comme la carotide; il lui adapte une poche de taffetas gommé dans la vue de simuler une tumeur anévrismale, et il observe des battemens dans cette poche: si le sang artériel est reçu dans une veine, ce vaisseau, qui d'ordinaire n'a pas de pouls, en présente un alors; on le remarque dans ce qu'on appelle anévrisme variqueux, qui n'est que la réalisation de la supposition que nous venons de faire. Au contraire, si l'on dirige le sang veineux dans une artère, ce vaisseau cesse de battre. Certes, on ne peut réunir plus d'objections contre l'opinion qui voudrait faire dépendre le pouls de l'irritabilité des artères. Enfin, comment concevoir un long système vasculaire se contractant et se dilatant alternativement? Ce n'est donc pas là le mode d'action des artères.

D'autres ont voulu réduire l'action de ces vaisseaux à une simple élasticité; dilatés lors de la projection du sang dans leur intérieur, ils reviendraient ensuite sur eux-mêmes dans une mesure qui serait proportionnelle à la dilatation qu'ils auraient éprouvée, et influeraient par là sur le cours du sang. Mais certainement, dans l'action des artères, il y a plus que de l'élasticité, il y a influence vitale. Si vous établissez deux ligatures sur la carotide d'un animal vivant et qu'ensuite vous piquiez ce vaisseau dans l'intervalle, le sang jaillit avec assez de force; si vous faites la même expérience après la mort, ou le sang coule sans jaillir, ou son jet est bien moindre. Si, pendant la vie, on éprouve une hémorrhagie, ces artères se resserrent dans la proportion de la perte de sang qui est éprouvée; mais, si l'on meurt des suites de cette hémorrhagie, après la mort ces vaisseaux reviennent à leur dimension première. Sir Év. Home met à nu, sur des chiens, des lapins, l'artère carotide, en sépare avec soin les nerfs vagues et sympathiques par l'interposition d'une sonde; puis touchant ces nerfs avec un alcali, il voit graduellement les battemens de l'artère augmenter, et devenir très-violens au bout de cinq minutes. Enveloppant le poignet d'un homme avec de la glace, et celui d'un autre homme avec des linges trempés d'eau chaude, ce même savant rend, dans le premier homme, les battemens du pouls du poignet sur lequel on expérimente, plus forts que ceux du côté opposé; et, dans le deuxième, il les rend plus faibles.

Nous croyons donc que les artères agissent dans la circulation, non par une action d'irritabilité du genre de celle qu'on observe dans le cœur, non par une simple élasticité, mais par une action de contraction qui est en quelque chose organique et vitale. Cette action de contraction est plus grande dans les petites artères que dans les grosses, qui semblent davantage ne développer qu'une pure élasticité, et elle fonde une seconde cause de la circulation artérielle. Sans contredit le cœur est la principale, puisque c'est lui qui imprime la première impulsion au liquide, et que de plus en dilatant l'artère, il met en jeu sa force d'élasticité et de contractilité; mais enfin cette dernière doit aussi entrer en ligne de compte.

Par le concours de ces deux causes, le sang est poussé jusqu'aux extrémités des systèmes artériels, jusque dans les systèmes capillaires; les valvules sigmoïdes s'opposent à son reflux dans les ventricules, ainsi que le sang nouveau que reçoivent alors ces cavités qui sont en état de dilatation. En poussant de la cire ou du suif fondus dans l'aorte d'un cadavre du côté du cœur, on voit comment les valvules sigmoïdes s'appliquent l'une à l'autre et empêchent tout mouvement rétrograde du sang.

Maintenant il s'agit de spécifier aussi les résistances diverses qui s'opposent au cours du sang, et dont triomphent les deux causes que nous venons d'indiquer, et d'évaluer les unes et les autres, afin d'en déduire tous les traits de la circulation artérielle, savoir : quelle est sa vitesse, si elle est uniforme dans toute l'étendue du système, combien de temps elle emploie à se faire, etc.; mais une analyse aussi rigoureuse de la circulation est, comme on va le voir, impossible.

D'abord, peut-on apprécier la puissance respective de chacune des deux causes de la circulation artérielle, et par conséquent évaluer leur puissance totale? D'une part, l'action du cœur est tout-à-fait incommensurable, et tellement variable d'ailleurs qu'on ne pourrait rien dire que de général et d'approximatif sur elle. Il en est de même, d'autre part, de l'action élastique et contractile des artères; elle est en raison de la puissance développée préalablement, et par conséquent variable comme elle, et en raison de la structure plus ou moins parfaite de ces vaisseaux. Ensuite, quelles sont les résistances dont ces causes motrices doivent triompher? Est-il plus facile de les évaluer? La première question seule a donné lieu à de nombreux débats : les auteurs n'ont pas été d'accord sur le nombre des résistances qui s'opposent ici à la progression du sang; nous croyons pouvoir les ramener à trois : 1° la masse du sang à ébranler, masse qui résiste en raison de sa force d'inertie, et d'autant plus qu'en beaucoup de lieux elle doit être mue contre l'ordre de la gravitation; 2° les frottemens de ce fluide contre les parois des vaisseaux, frottemens qui seront en raison de l'étendue des surfaces, et conséquemment en raison de la longueur des vaisseaux, de leurs divisions, de leurs rétrécissemens, de leurs courbures, de leurs anastomoses, des éperons qui existent aux points où ils se bifurquent, etc.; 3° la résistance générale qu'opposent les artères au choc du sang, et qui ne peut être vaincue sans consumer une partie de la puissance motrice développée par le cœur. Je sais bien que les auteurs n'admettent pas également la réalité de ces résistances, que certaines en admettent d'autres encore, mais qui me paraissent hypothétiques; nous reviendrons là-dessus ci-après. Mais, je le demande, est-il un moyen d'évaluer chacune de ces résistances en particulier, et par conséquent leur puissance totale?

Ce que nous venons de dire prouve donc qu'il est impossible d'analyser avec une rigueur absolue le phénomène qui nous occupe : beaucoup de traits de la circulation artérielle sont encore ignorés. Voici ce qui en a été découvert. D'abord le cours du sang dans les artères présente une véritable intermittence; il est alternativement plus vite et plus lent; plus vite, au moment de la systole du cœur, parce qu'alors le fluide se meut sous l'influence de la plus puissante des forces motrices; plus lent, lors de sa diastole, parce qu'alors il ne se meut que sous l'influence de la réaction élastique et contractile des artères. Dans le premier moment, il coule par jets qui coïncident avec les contractions des ventricules, et qui sont d'autant plus étendus que l'artère est plus près du cœur; dans le second, il ne coule d'une artère ouverte que par nappes. Ce trait de la circulation artérielle est plus prononcé dans les grosses artères que dans les petites; il manque même dans les dernières; le cours du sang y est uniforme, l'influence du cœur n'étant pas assez forte pour le produire.

Ensuite le cours du sang n'est pas uniforme dans toute l'étendue du système artériel : il est en général d'autant plus rapide que les artères sont plus grosses et plus près du cœur; et au contraire il va en diminuant graduellement jusqu'à la fin du système artériel. Les causes en sont faciles à indiquer; il y en a deux : l'une, qui est la réaction sinon contractile au moins élastique des artères, qui est une des puissances motrices du sang, va en diminuant à mesure que les artères sont plus petites; l'autre est, que les résistances à vaincre, savoir, la masse du sang à mouvoir, les frottemens, vont au contraire en augmentant graduellement de l'origine à la fin du système artériel. Sauvages a dit que le sang circule d'un tiers plus vite dans l'aorte que dans les artères moyennes, et d'un tiers plus vite encore dans ces artères moyennes que dans les dernières artérioles.

A la vérité, Bichat a contesté ce fait du ralentissement graduel de la circulation artérielle, et a professé l'uniformité de cette circulation dans toute l'étendue du système. Son grand argument a été que, le système artériel étant toujours plein, l'impulsion qu'il reçoit à une de ses extrémités doit être à l'instant propagée à l'autre. Selon lui, les retardemens dont on parle ne seraient réels que si l'ondée, projetée à chaque contraction du ventricule, était lancée dans un système vasculaire vide. Il invoque l'analogie d'une seringue dont le tuyau se terminerait par de nombreuses sub-

divisions; au moment où le piston projetterait le fluide dans la seringue, on verrait ce fluide jaillir par toutes les divisions à la fois. D'après cela, ce physiologiste nie toute influence de retard exercée sur le cours du sang par les frottemens, les angles des vaisseaux, les anastomoses à choc opposé, et surtout par le passage continuel du sang d'un lieu plus étroit dans un lieu plus large; et il croit que la contraction du ventricule, le mouvement général du sang dans tout le système artériel, et l'entrée du sang dans les systèmes capillaires, sont trois choses qui arrivent en même temps.

Sans doute il faut convenir que, parmi les causes que les auteurs ont assignées au retard du sang dans la circulation artérielle, il en est beaucoup d'hypothétiques, comme la viscosité du sang, la tendance qu'a ce fluide à se coaguler, et qu'une partie du mouvement qui lui est imprimé est, dit-on, destinée à prévenir; son passage continuel d'un lieu plus étroit dans un lieu plus large, d'après une loi d'hydraulique connue; la pesanteur de l'air, qui certainement au moins a une influence sur la circulation capillaire, comme le prouvent le phénomène des ventouses et les hémorrhagies qui surviennent à l'homme sur le sommet des montagnes ou dans des aérostats, etc. Peut-on surtout adopter l'idée de ceux qui, partant de notions subtiles sur la nature du sang, admettent une vitesse inégale dans les divers globules de ce fluide, et, par exemple, distinguent en lui deux mouvemens : l'un dit *progressif*, qui porte sur les globules rouges du sang, lesquels, plus pesans, occupent le centre du vaisseau, et par conséquent circulent dans son axe, et plus vite, comme éprouvant moins de frottemens; l'autre, dit *latéral*, qui s'entend de tous les autres globules, lesquels, déjetés au pourtour du vaisseau, en produisent la dilatation, frottent contre lui, et à cause de cela circulent avec moins de rapidité. Mais cependant Bichat n'a-t-il pas exagéré, en niant l'existence d'aucune résistance? et n'a-t-il pas erré en professant l'uniformité de la circulation artérielle? D'abord le ralentissement graduel de cette circulation est prouvé par des faits directs; on le voit avec évidence dans les observations microscopiques. Quelle différence entre le jet que lance une artère voisine du cœur, et celui que fournit une artère éloignée? Dans les petites artérioles, le jet même n'est plus saccadé; ce qui prouve que la force du cœur a été affaiblie, et celle-ci n'a pu l'être que par des résistances. Ensuite, parmi ces résistances, il en est réellement d'incontestables, le poids des organes voisins par exemple, celui du sang, surtout quand ce fluide doit circuler contre l'ordre de la gravitation. A la vérité, quand cela devait être, les moteurs ont été calculés pour vaincre cette résistance, et les effets n'en sont pas sensibles : mais combien ils apparaissent, quand cette direction est accidentelle, comme quand on se tient la tête en bas, par exemple! Peut-on nier aussi qu'une perte de mouvement ne résulte de la dilatation et de la locomotion légères qu'éprouve l'artère, ainsi que des frottemens? et, comme ceux-ci sont en raison du nombre des divisions, des éperons qui sont aux lieux où se font ces divisions, des courbures, ne doit-on pas en conclure que le sang artériel arrive réellement avec des vitesses inégales dans les diverses parties du corps? Enfin si, d'une part, la circulation artérielle est continue, ce qui est incontestable; si, de l'autre, le système artériel donne aux systèmes capillaires autant qu'il a reçu du cœur, ce qui est certain encore, il faut absolument que les quantités de sang qui traversent les diverses parties du système artériel soient à peu près les mêmes. Or, comme celles-ci n'ont pas la même capacité, il faut qu'une différence dans la rapidité de la circulation y supplée, que ce fluide circule plus vite là où l'espace est moindre, et plus lentement là où l'espace est plus large; et, comme la capacité du système artériel va en augmentant du cœur aux parties, la circulation doit devenir de moins en moins rapide. Nous professons donc que la circulation artérielle diffère en vitesse dans les diverses parties du corps, et que dans chacune elle est en raison de la diversité des espaces que le sang a à traverser, et de la diversité des résistances qui s'opposent à son mouvement : mais en même temps nous disons qu'il est impossible d'évaluer rigoureusement toutes ces données, et par conséquent la vitesse propre du sang artériel dans chaque partie. Nous dirons même avec M. Gerdy, qu'on ne peut pas même ici s'aider de recherches expérimentales, parce que si l'on ouvre une artère ou le cœur, pour apprécier quelques traits du cours du sang, il en résulte aussitôt quelques changemens dans les résistances, et par conséquent dans les effets.

§ III. *Circulation capillaire, ou rôle des systèmes capillaires dans la fonction.* — Les systèmes capillaires constituent un réseau tellement délié et inextricable, que les phénomènes de la circulation dont ils sont le siége sont difficiles à apercevoir; et, si nous avouons notre ignorance relativement à leur texture, on conçoit que nous devons faire le même aveu relativement à leur action. D'abord, y a-t-il ici interruption dans la circulation? ou bien, au contraire, le sang passe-t-il d'une manière continue des dernières artérioles dans les premières veinules, à travers les systèmes capillaires? Lorsqu'on admettait un parenchyme intermédiaire aux artères et aux veines, parenchyme qui ne pouvait être que les systèmes capillaires, on devait croire à une interruption de la circulation dans ce parenchyme, on devait regarder les systèmes capillaires comme le lieu où finissait la circulation artérielle, et celui où commençait la circulation veineuse. Ainsi l'explication du mécanisme selon lequel le sang accomplit les nutritions, les sécrétions, semblait devoir être plus facile. Mais aujourd'hui la non-interruption de la circulation des dernières artères aux premières veines à travers les systèmes capillaires est jugée un fait incontestable, et en effet en voici de nombreuses preuves : 1° les circulations artérielle et veineuse ne s'interrompent jamais : quelle présomption, pour croire que la circulation capillaire qui est intermédiaire à l'une et à l'autre leur soit continue! 2° une injection poussée, soit sur le cadavre, soit sur un animal vivant, dans une artère, passe aussitôt à travers les systèmes capillaires, et parvient aux veines; 3° il y a des rapports réels entre la circulation artérielle et la veineuse; par exemple, M. Magendie ayant mis à nu, sur un chien vivant, l'artère et la veine crurale, et lié le reste du membre, de sorte que la circulation ne se faisait plus que par ces deux vaisseaux, a vu qu'il ne pouvait modifier la circulation dans l'artère sans la modifier dans la veine; en comprimant l'artère et y arrêtant la circulation, il l'arrêtait aussi dans la veine, bien que ce vaisseau fût encore plein de sang; en ne faisant qu'affaisser l'artère et affaiblir la circulation, il déterminait un même effet dans la circulation veineuse; en remplaçant le sang par un fluide qu'il injectait dans l'artère, il voyait le fluide passer aussitôt dans la veine avec une vitesse proportionnelle à la force avec laquelle il était injecté. Or, s'il y a de tels rapports entre les circulations artérielle et veineuse, n'est-ce pas une preuve que la circulation capillaire est continue à l'une et à l'autre? 4° En traversant le système capillaire pulmonaire, le sang veineux devient artériel par l'acte de la respiration : or, que par une cause quelconque celle-ci n'ait pas lieu, le sang restera veineux ; il se montrera tel au-delà du poumon, dans l'artère carotide, par exemple, comme l'a expérimenté Bichat ; et, comme il paraîtra tel dans ce vaisseau instan-tanément, on a par là une preuve irrécusable qu'il a traversé sans interruption le système capillaire du poumon. A la vérité, ce même fait ne peut se démontrer dans le cercle du corps ; mais, comme tout est semblable dans les deux cercles, on peut étendre aux sys-tèmes capillaires du corps ce qui est évident du système capillaire du poumon. 5° Arguera-t-on des mutations qu'éprouve le sang dans ces systèmes ? mais on vient de voir que celle qui a lieu dans le poumon s'accorde avec la continuité de la circulation ; et par conséquent on peut en dire autant de celle qui se fait dans le système capillaire du corps. N'est-il pas possible d'ailleurs que ces opérations se fassent en dehors du cercle vasculaire ? 6° En-fin, dans des observations microscopiques, Malpighi, Leeuwenhoek et Spallanzani ont vu le sang passer directement et sans inter-ruption des artères aux veines à travers les systèmes capillaires et le parenchyme des or-ganes. Ainsi donc le sang, parvenu aux der-nières extrémités du système artériel, traverse incontinent les systèmes capillaires en se di-rigeant du côté des veines.

Dès-lors quels sont les traits de cette circu-lation capillaire ? et quelles en sont les causes ? Harvey n'en reconnaissait pas d'autres que l'ac-tion du cœur, et croyait les systèmes capil-laires entièrement passifs dans la circulation. D'abord ce dernier fait fût-il vrai, il faudrait ajouter à l'action du cœur l'influence exercée par les artères ; c'est par le concours de ces deux puissances que le sang est arrivé jus-qu'au point du cercle où nous étudions son cours. Mais ensuite ces deux puissances suf-fisent-elles pour faire traverser au sang les systèmes capillaires ? Il y a des raisons pour croire que leur influence est en grande partie épuisée, lorsque ce fluide arrive à ce point du cercle. On a vu, en effet, qu'à la fin du sys-tème artériel le sang cessait de circuler par saccades coïncidentes avec les contractions du cœur, et cela parce que les résistances suc-cessivement croissantes avaient beaucoup affai-bli l'action impulsive de cet organe ; que par la même raison le cours du sang avait été en diminuant successivement de vitesse dans le cours du système artériel. N'est-ce pas d'ail-leurs dans les systèmes capillaires que se font

les nutritions, les calorifications, les sécré-tions, l'hématose ? et, de quelque manière qu'on conçoive le mécanisme de ces fonctions, il est difficile de croire qu'elles n'aient pas une influence très-prochaine sur le cours du sang qui les alimente. Enfin, dans des obser-vations microscopiques sur des animaux vi-vans, on a vu directement le sang dans les petits vaisseaux, non-seulement circuler des artères dans les veines à travers les systèmes capillaires, avec des phénomènes tels que sa progression ne pouvait pas être attribuée à l'action du cœur, mais souvent encore s'arrê-ter, être comme hésitant sur la direction qu'il suivrait, et même rétrograder avec une prompti-tude étonnante, et pendant un temps fort long. En irritant une partie, on voyait le sang affluer tout-à-coup dans le système ca-pillaire de cette partie, qui semblait exercer une sorte d'aspiration sur lui.

D'après ces faits, on abandonna donc l'o-pinion de Harvey ; mais on tomba alors dans un extrême opposé ; on prétendit que les puis-sances impulsives du cœur et des artères étaient désormais anéanties à ce point du cercle, et que le sang ne circulait plus ici que par l'ac-tion des systèmes capillaires. Telle est, par exemple, l'opinion de Bichat. Sans contredit, ces deux forces motrices ont perdu une grande partie de leur puissance par suite des résis-tances qu'elles ont eu à vaincre ; mais rien ne prouve qu'elles l'aient entièrement perdue, et, au contraire, il est certain qu'elles en conservent encore. Nous avons cité, par exemple, une expérience de M. Magendie, dans laquelle, l'artère et la veine crurales d'un chien vivant ayant été mises à nu, on a vu la circulation dans l'artère régler tout-à-fait celle qui se fait dans la veine ; la circula-tion dans la veine s'arrêter, s'affaiblir, même avant que ce vaisseau fût vide de sang, quand on arrêtait ou affaiblissait la circulation dans l'artère : voilà qui prouve que ces puissances s'étendent même jusqu'à la circulation vei-neuse. Comment dès-lors pourraient-elles n'a-voir pas de part à la circulation capillaire, qui est plus rapprochée d'elles ? Pourquoi d'ailleurs tant de trouble dans la circulation capillaire, dès que les mouvemens du cœur s'affaiblissent ? par exemple, la pâleur, le froid des parties les plus éloignées du tronc, quand le cœur manque de force ?

La vérité nous semble être dans la combi-naison de ces deux opinions exclusives. Les deux puissances qui ont jusque-là mu le sang, et de plus une action spéciale des vaisseaux capillaires : telles sont les causes de la circulation capillaire. Mais probablement cette dernière est la principale, car ce sont ces mêmes systèmes capillaires qui font les nutritions, les calorifications, les sécrétions, et nous avons déjà dit qu'il était difficile de croire que ces actions ne fussent pas liées en quelque chose à la circulation. Que d'animaux d'ailleurs qui n'ont pas de cœur! Le défaut de cet organe a même été observé dans des fœtus humains chez lesquels la circulation ne se faisait pas moins. Enfin, dans les végétaux et les derniers animaux, c'est le parenchyme même des organes, c'est-à-dire les systèmes capillaires, qui emploie les fluides et en détermine la progression; or il doit en être de même chez l'homme, les actes inférieurs étant les mêmes dans tous les animaux, et les différences ne portant que sur les phénomènes antécédens à ceux-là, et qui en sont en quelque sorte l'échafaudage.

Maintenant en quoi consiste cette action des systèmes capillaires? Elle ne tombe pas plus sous les sens que leur texture, et l'on n'en peut juger que par les observations microscopiques et par certains phénomènes organiques de santé et de maladie. On admet généralement que le sang obéit ici à deux impulsions; l'une, qui le fait suivre le grand cercle, et passer des dernières artères dans les premières veines; l'autre, qui l'appelle dans le parenchyme des organes, pour y être mis en œuvre : il est comme hésitant, oscillant entre ces deux directions; le cœur est ce qui le pousse dans la première; et l'action propre des systèmes capillaires est ce qui l'entraîne dans la seconde. Il est difficile, en effet, de nier cet appel du sang dans les systèmes capillaires, en raison de leur excitation : on l'a observé directement dans les expériences microscopiques. Qu'on irrite un tissu, aussitôt le sang y afflue. Sur ce fait repose en entier l'emploi thérapeutique des topiques irritans ou sédatifs, ainsi que l'axiome *ubi stimulus, ibi fluxus*. L'inflammation est surtout un fait qui le prouve. De là résulte que c'est réellement l'action aspirante des systèmes capillaires qui règle la quantité de sang qui traverse les trois autres parties de l'appareil circulatoire. On dit généralement que le cœur rend aux artères autant qu'il a reçu des veines; que les artères, à leur tour, rendent une même quantité aux systèmes capillaires, et ceux-ci aux veines; et qu'ainsi il y a équilibre dans les quatre parties de l'appareil circulatoire. Cette proposition est vraie à l'égard des veines, du

cœur et des artères, mais elle ne l'est pas des systèmes capillaires : ils peuvent, ou appeler plus ou moins de sang, ou se refuser à se laisser pénétrer par lui. Par suite ils modifieront le cours du sang dans les gros vaisseaux, feront varier le pouls. Ce sont donc eux qui déterminent la quantité de sang qui passe dans les veines, et par suite celle qui circule dans le cœur et les artères. Ne voit-on pas grossir les artères et les veines de l'utérus dans la grossesse? se développer ces vaisseaux dans tout organe qui est accidentellement en proie à une activité plus grande? N'est-ce pas l'action aspirante exercée par les systèmes capillaires des parties, plus que l'action impulsive du cœur, qui, en certains cas de ligature du tronc principal d'une artère, fait développer les artères collatérales? Rien ne me paraît donc mieux démontré que cette action des systèmes capillaires; et le cœur, comme centre, ne paraît servir qu'à envoyer dans les gros vaisseaux tout le sang qu'ils doivent employer. Qu'une portion du système capillaire aspire plus de sang, celui de tous les vaisseaux voisins se dirige vers elle, la fluxion s'étend ainsi de proche en proche jusqu'aux gros vaisseaux, selon que cette portion du système capillaire a plus ou moins d'étendue et d'importance. Je sais bien que quelques auteurs placent cette circulation capillaire en dehors du grand cercle; mais on ne fait par là qu'éluder la difficulté; comme on est sûr qu'elle influe prochainement sur lui, on doit la considérer comme en faisant partie. C'est Bordeu qui, le premier, a séparé la *circulation capillaire* de la circulation dite *générale* ou *des gros vaisseaux*; certes cette distinction est fondée, et est des plus importantes en pathologie et en thérapeutique; mais il est évident aussi que ces deux circulations sont liées, et que la première modifie trop la dernière pour qu'on puisse complètement l'en isoler.

De cette connaissance des causes qui président à la circulation capillaire, pouvons-nous en déduire les traits de cette circulation, savoir, sa vitesse, le rapport des puissances aux résistances, etc.? Cela est moins possible encore que pour la circulation artérielle. D'abord la circulation capillaire doit être différente dans les diverses parties du corps; et en effet chaque organe n'aspire-t-il pas dans les gros vaisseaux des quantités diverses de sang, selon sa vitalité, l'activité de sa fonction? Dès-lors ce qu'on disait de la circulation capillaire dans un lieu ne serait pas applicable à un autre. Ensuite cette circulation doit changer dans chaque partie même, selon son état d'activité, les excitations auxquelles elle est soumise, etc. Nous ne parlons pas de l'état de maladie; il est trop évident qu'un changement dans la circulation capillaire d'un organe est un phénomène inséparable de toute lésion de cet organe : mais nous entendons que cette circulation se modifie selon les divers degrés d'activité que peut, pendant l'état de santé, présenter tout organe. Par exemple, il est des organes dont les fonctions sont intermittentes, et il est bien sûr que le sang qu'ils appellent en eux n'est pas aussi abondant lorsqu'ils sont en repos que lorsqu'ils sont en action. Ainsi s'expliqueront toutes les différences que présentent entre eux les organes sous le rapport du sang qui les pénètre; toutes celles que présente un même organe selon son état de travail et de repos; enfin les modifications que présentera la circulation générale dans les divers états de la santé et de la maladie. Sous ce rapport, M. Broussais admet que les gros vaisseaux, considérés séparément des systèmes capillaires et comme constituant à eux seuls le cercle, sont comme un réservoir fournissant sans cesse aux systèmes capillaires, mais dans lequel ceux-ci ne puisent que dans la quantité qui leur convient. Il reconnaît cependant que, si, par un accident quelconque, une portion importante du système capillaire cesse de puiser, il y a surcharge dans les gros vaisseaux, et menace d'une congestion fatale dans quelques points. Ainsi, dans les opérations d'anévrisme, on est souvent obligé de saigner, jusqu'à ce que la circulation soit rétablie dans le membre, si l'on veut éviter des apoplexies ou inflammations du poumon. A cause de cela même, M. Broussais dit qu'à côté des organes dont les fonctions sont évidemment intermittentes, il y en a d'autres qui font pour eux l'office de *diverticulum*; comme le thymus pour le poumon, les capsules surrénales pour le rein pendant la vie fœtale; comme la rate pour l'estomac, tout le système de la veine-porte, dans les embarras généraux de la circulation, etc. Nous ne nous rendons pas caution de cette dernière opinion, et surtout des faits particuliers qui en sont présentés comme développemens : mais il est sûr que la circulation capillaire est différente dans chaque partie, variable dans une même partie; que par ses variations elle modifie la circulation générale, le pouls; et enfin que ses divers départemens dans le corps s'influencent au loin les uns les autres.

» Qu'est cette action d'aspiration exercée par le système capillaire? Est-ce un phénomène physique, analogue, par exemple, à l'attraction des tubes capillaires? ou est-ce un phénomène organique? Si l'on admet la première opinion, il faudra reconnaître au moins que la condition matérielle qui en rend possible l'accomplissement est tout-à-fait dépendante des nerfs qui entrent dans la texture des parties, et varie sans cesse sous leur influence; et dès-lors autant dire aussitôt qu'elle est un phénomène organique. Arrivons enfin à la circulation veineuse.

§ IV. *Circulation veineuse, ou rôle des veines dans la fonction.* — Dans les veines, le sang circule, d'une part, du système capillaire du poumon au cœur gauche, et, d'autre part, du système capillaire du corps au cœur droit. Harvey encore n'assignait d'autre cause à cette circulation que l'action du cœur dont l'influence impulsive s'étendait à travers les artères et les systèmes capillaires jusqu'à cette dernière partie du cercle. Mais nous répéterons ici ce que nous avons déjà dit à l'occasion de la circulation capillaire. D'abord il faut nécessairement ajouter à l'action du cœur celles des artères que nous avons vues influer sur la progression du liquide. Ensuite si ces deux puissances motrices avaient été en grande partie consumées à la fin du système artériel, à plus forte raison doivent-elles l'être ici, l'espace qu'a eu le sang à parcourir étant bien plus grand, et les résistances à vaincre ayant été plus nombreuses. Il est sûr en effet que, dans les veines, le sang offre encore moins que dans les dernières artères ces saccades qui coïncidaient avec les contractions du ventricule; il coule en nappes d'une manière continue; les veines n'ont pas de pouls. Enfin les systèmes capillaires, qui influent tant sur la circulation capillaire et qui modifient tant la circulation générale, particulièrement celle des artères, pourraient-ils n'avoir aucune part à la circulation veineuse ?

Arguant de ces considérations, Bichat rejeta l'opinion de Harvey, mais pour tomber dans une erreur opposée: faisant cesser l'influence du cœur sur la circulation à l'extrémité du système artériel, il attribua la circulation veineuse à la même cause qui a produit la circulation capillaire, à l'action des systèmes de ce nom. Cependant l'expérience précitée de M. Magendie a fait voir que la circulation dans les veines était une suite de celle qui se faisait dans les artères, puisqu'en comprimant celles-ci, on a arrêté instantanément la circulation dans les veines, bien que ces vaisseaux fussent encore pleins de sang. Qu'on ouvre une veine sur un animal vivant, le jet de sang que ce vaisseau fournit est d'abord uniforme; mais il offre des saccades qui coïncident avec les contractions du ventricule gauche du cœur.

Nous croyons qu'il faut admettre comme causes motrices du sang dans les veines, toutes celles qui ont agi antécédemment sur ce fluide, mais dans une mesure d'autant plus grande que ces causes sont placées plus près du système veineux. Ainsi il y a d'abord l'action du cœur, ensuite celle des artères; en troisième lieu, celle des systèmes capillaires, qui peut-être n'agissent ici qu'en influant sur la circulation générale, sur la quantité de sang qui est aspirée dans le cercle; enfin une action des veines elles-mêmes. Cette action des veines certainement n'est pas une action d'irritabilité du genre de celles dont jouit le cœur, mais elle n'est pas non plus une simple élasticité, car lorsqu'on pique ces vaisseaux entre deux ligatures, le sang jaillit plus loin pendant la vie qu'après la mort. Cependant on dit avoir reconnu une véritable irritabilité dans les gros troncs, dans la veine-cave inférieure par exemple, surtout dans les animaux à sang froid. A ces causes on peut en ajouter d'autres encore, mais qui ne sont qu'accessoires, comme le battement des artères qui, à cause de cela, sont généralement annexées aux veines, la pression des organes voisins, surtout des muscles, etc.

Ainsi le sang est rapporté des systèmes capillaires aux cœurs, malgré les résistances qui sont ici les mêmes que dans la circulation artérielle, savoir: la masse du sang à mouvoir, et les frottemens. Il n'est pas plus possible d'évaluer les unes et les autres, et de donner, en opposant les unes aux autres, une appréciation rigoureuse du phénomène. Tout ce qu'on sait peut se réduire aux considérations suivantes:

D'abord évidemment les causes motrices ont ici une énergie moindre qu'aux artères, et par suite la circulation veineuse est plus dépendante d'influences mécaniques que l'artérielle. Pour peu qu'il y ait affaiblissement de l'économie, la gravitation suffit pour ralentir la circulation veineuse, dans les lieux où le sang doit naturellement circuler contre son propre poids; de là l'enflure des jambes, l'œdème des convalescens. La moindre pression a les mêmes résultats.

A cause de cela, beaucoup de précautions

paraissent avoir été prises par la nature, pour faciliter mécaniquement la circulation veineuse, ou remédier aux mauvais effets qui pourraient résulter de son retard. Nous avons déjà parlé de l'influence exercée par les battemens des artères voisines, par la pression des organes voisins; il faut ajouter encore 1° les anastomoses qui sont ici très-multipliées, afin que, lorsque le fluide est arrêté d'un côté, il trouve passage d'un autre; 2° les valvules qui sont dans l'intérieur des veines, et qui ont le double usage de prévenir le reflux du sang, une fois qu'il est parvenu à un point quelconque du système, et de partager ce fluide en petites colonnes, qui sont conséquemment plus faciles à ébranler; 3° la particularité qu'ont les veines de pouvoir se dilater beaucoup, ce qui rend moins grave la stagnation du sang dans ces vaisseaux; 4° enfin la plus grande capacité du système veineux, qui a aussi pour but de prévenir les dangers qui résulteraient d'une stagnation du sang dans son intérieur. Cependant les différentes veines du corps diffèrent sous le rapport de ces précautions accessoires: là où le sang circule de haut en bas et tend déjà à se mouvoir par le fait seul de son poids; là où il est soumis à des pressions extérieures, comme au thorax, à l'abdomen, ces précautions mécaniques sont moindres; par exemple, les veines sont sans valvules, ont des parois minces. Là où existent des conditions inverses, comme aux pieds où le sang remonte contre son poids, aux veines sous-cutanées qui ne sont pas soutenues, il y a des valvules nombreuses, et les veines ont des parois épaisses; par exemple, la veine saphène interne a des parois plus épaisses que l'iliaque.

En second lieu, tout en convenant qu'on ne peut évaluer la vitesse de la circulation veineuse, il est certain qu'elle est moindre que celle de la circulation artérielle. Comment en pourrait-il être autrement, puisque les forces motrices sont moindres, et les résistances aussi grandes? D'ailleurs on en a une preuve directe, en ouvrant une artère et une veine égales en volume, et en voyant la différence du jet fourni par l'une et par l'autre. Le cours du sang dans les veines n'offre pas non plus ces saccades intermittentes que présente la circulation artérielle, et qui coïncident avec les contractions des ventricules; il est uniforme.

En troisième lieu, examinée dans les plus petites veines, il est probable que cette circulation varie dans les diverses parties du corps. Nous avons vu, en effet, que la circulation capillaire y est différente; et dès-lors il est probable qu'il en est de même de la circulation veineuse, à ce point où ces deux circulations se confondent. D'ailleurs, dans le cadavre comme dans le corps vivant, rien n'est plus fréquent que de voir telle portion du système veineux gorgée de sang, et telle autre vide.

Enfin la circulation veineuse offre cette différence d'avec la circulation artérielle que, tandis que celle-ci va en s'affaiblissant, se ralentissant à mesure qu'elle s'éloigne du cœur et se fait dans des vaisseaux plus petits, la circulation veineuse va au contraire en s'accélérant. Le cours du sang, qui est fort lent dans les veinules, est déjà plus rapide dans les rameaux, et encore plus dans les troncs. On explique ce fait par la diminution de capacité que présente le système veineux de son origine à sa terminaison, et qui permet de faire l'application de ce principe d'hydrodynamique, que le cours de tout fluide s'accélère quand le tuyau où il circule se rétrécit. On confirme cette explication en faisant remarquer que, pour hâter le cours du sang dans quelques veines, il suffit d'oblitérer le calibre des veines voisines, comme le fait la ligature dans l'opération de la saignée. On indique cette disposition comme une précaution qu'a prise la nature pour faciliter ici le cours du sang. Nous ne garantissons pas la justesse de cette application d'hydrodynamique : dans les êtres vivans, chez lesquels les forces générales n'ont conservé qu'en partie leur empire, il est difficile souvent de préciser ce qui en reste; et, pour le dire en passant, c'est cette association de forces générales et de forces spéciales qui rend très-difficile et même impossible l'analyse rigoureuse du phénomène de la circulation. Mais le fait, que l'on veut expliquer par cette loi, est certain.

Voilà donc le cercle de la circulation achevé, et le rôle de chacune des quatre parties de l'appareil circulatoire autant que possible apprécié : le cœur fait l'office d'une pompe aspirante et foulante, qui projette le sang dans les artères; son influence s'étend dans tout le cercle, mais elle est d'autant moindre sur le sang, que ce fluide s'en éloigne davantage. Les artères aident à la progression par une réaction, qui peut-être n'est que de l'élasticité dans les gros troncs, mais qui certainement a quelque chose d'organique dans les rameaux. Les systèmes capillaires font le partage du sang en deux portions, l'une qui continue le cercle et passe dans les veines, l'autre qui est appelée dans les organes et y est mise en œuvre; et comme c'est pour cette fin qu'a lieu en dernière analyse toute la circulation, c'est ce dernier acte qui règle toute la fonction. Enfin les veines rapportent le sang par un reste des actions du cœur et des artères, par l'influence des systèmes capillaires, et par une action qui leur est propre. Le cours du sang dans le cœur est intermittent; dans les artères, il est continu, mais saccadé et de moins en moins rapide; dans les systèmes capillaires, il est vacillant, souvent rétrograde et différent dans chaque partie du corps; dans les veines, il est à leur origine différent aussi, lent, mais de plus en plus rapide. Tandis que les artères n'ont qu'une seule origine aux cœurs, les veines y ont plusieurs embouchures, et on conçoit l'avantage de cette double disposition.

Dans le cercle du corps, il existe une exception à la disposition générale du système veineux qui est trop remarquable pour être passée sous silence; c'est celle qui constitue le *système veineux abdominal*. Toutes les veines qui rapportent le sang des organes digestifs situés dans l'abdomen, se réunissent en un tronc commun, appelé *veine-porte*; celui-ci, d'après la loi commune, devrait se rendre en un tronc plus gros encore, la veine-cave inférieure par exemple; au lieu de cela il se ramifie dans le tissu du foie, à la manière d'une véritable artère. Or, c'est là ce qu'on appelle le système veineux abdominal, dans lequel on peut signaler deux arbres réunis l'un à l'autre par leur tronc, et dont la veine-porte est le centre, l'un abdominal et l'autre hépatique. Il s'agit d'en étudier la circulation. D'abord, voici quelle y est la marche du sang : ce fluide revenant des organes digestifs par les veines de l'arbre abdominal, se rassemble dans la veine-porte; de là il est porté par cette veine dans le tissu du foie, et ensuite des veines, dites sus-hépatiques, l'y reprennent pour le reporter dans la veine-cave inférieure et le rendre à la circulation générale. On voit par là que ce sang a traversé deux systèmes capillaires, celui des organes digestifs d'abord, et ensuite celui du foie. Jusqu'à son arrivée dans la veine-porte, il est dans les mêmes conditions que le sang des autres parties du corps; mais il n'en est pas de même dans l'arbre hépatique; quelles causes le font circuler de la veine-porte au foie, et du foie à la veine-cave? D'après ce qui est dans la circulation générale, il semblerait qu'il devrait y avoir la un cœur, et cependant il n'y en a pas. On a bien voulu considérer comme tel la veine-porte. Mais ce vaisseau n'a en lui rien de musculeux; on ne voit en lui, et on ne peut déterminer en lui aucune contraction; il faut absolument que les mêmes causes qui ont porté le sang du système capillaire des organes digestifs dans la veine-porte, le fassent cheminer de ce tronc à travers le parenchyme du foie jusque dans les veines sus-hépatiques. Ce système veineux abdominal fournit une des plus fortes objections qu'on puisse faire à la théorie de Harvey, qui voulait que le cœur fût l'unique agent de la circulation : comment croire qu'ici l'influence du cœur s'est conservée au-delà de deux systèmes capillaires? et si c'est un système capillaire qui est le mobile de cette petite circulation, quelle présomption pour que ce soit de même un système capillaire qui agisse dans la grande circulation? d'autant plus qu'il y a des animaux, comme nous l'avons dit, dans lesquels il n'y a pas de cœur pour la grande circulation. Toutefois, on conçoit que tout ce que nous avons dit de la circulation veineuse sera plus vrai encore de la circulation abdominale; elle sera plus dépendante encore d'influences mécaniques; les mouvemens du diaphragme, des parois abdominales, des organes digestifs, la gravitation auront empire sur elle. Cependant les veines de ce système n'ont pas de valvules, et leurs anastomoses sont moins nombreuses, surtout dans l'arbre hépatique, probablement parce que le foie, auquel aboutit cette circulation, ne change que rarement de volume et d'état, et offre toujours à peu près la même facilité au passage du sang. Il y a, sous ce rapport, beaucoup de différence entre cet organe et le poumon, auquel aboutit la circulation générale : celui-ci change sans cesse dans les mouvemens de la respiration, et cela influe, comme on va le voir, sur toute la circulation.

Nous avons dit que les systèmes capillaires étaient ce qui déterminait les quantités de sang qui traversent les trois autres parties de l'appareil circulatoire : selon qu'ils appellent en eux plus de sang, ou refusent de s'en laisser pénétrer, il en reste moins ou plus dans les gros vaisseaux. Sans doute leur état sous ce rapport est réglé organiquement, mais il peut être aussi modifié d'une manière mécanique, par les pressions, par exemple, qui peuvent être exercées sur eux. C'est ce que l'on observe dans le poumon, plus que dans tout autre organe, lors des mouvemens de l'inspiration

et de l'expiration. Quand il y a expiration, le poumon est comprimé, son système capillaire est moins accessible au sang, et ce liquide reflue dans l'artère pulmonaire, dans les cavités droites du cœur, dans les veines-caves, et plus ou moins loin dans les organes ; de là le mouvement d'ampliation qu'offre alors le cerveau ; de là le battement qu'offrent les veines du cou dans les engorgemens du poumon. Quand il y a inspiration au contraire, le poumon cesse d'être comprimé ; son système capillaire est plus accessible, et le sang abandonne mieux les cavités droites du cœur et les veines ; c'est alors que le cerveau s'affaisse. A la vérité ces phénomènes sont peu marqués dans les mouvemens ordinaires de la respiration, mais ils sont évidens dans le cas où ces mouvemens sont augmentés, dans la toux, le rire, les cris, la course, les efforts : alors la face rougit, il y a gonflement des veines du cou et du front, menace d'apoplexie, distension et quelquefois rupture de la veine-cave. Ce n'est pas tout, lors de l'expiration, en même temps qu'il y a reflux dans le système veineux, il y a pression exercée sur les artères, et par suite augmentation légère dans la circulation artérielle; le jet qui sort d'une artère ouverte a plus d'étendue lors du mouvement d'expiration, et moins dans celui de l'inspiration. On voit donc que la circulation est modifiée lors des mouvemens de la respiration, et comme ceux-ci changent mille fois dans la vie par l'exercice de beaucoup de fonctions, il doit survenir par eux de nombreux changemens dans la circulation.

Dans l'exposition que nous venons de faire de la circulation, nous avons supposé le cercle commencer au cœur. Mais on pourrait choisir encore deux autres points de départ, savoir: le système capillaire du poumon où le sang artériel est fait, et les systèmes capillaires du corps où ce sang est mis en œuvre. 1° De nos jours Bichat a envisagé la circulation sous le premier point de vue; au poumon en effet éclate la différence des deux sangs; c'est à cet organe que se fait le sang artériel, et qu'aboutit pour cela le sang veineux; il est le siége d'une fonction qui se manifeste par des caractères extérieurs. Ainsi il est certainement possible de fixer à ce lieu le commencement de la circulation, et de suivre le sang depuis cet organe jusqu'à ce qu'il y soit revenu. Alors il n'y aurait plus deux cercles de décrits, mais un seul dont une moitié constituerait la circulation du sang rouge artériel, et dont l'autre moitié constituerait la circulation du sang veineux. Tout serait semblable dans ces deux circulations : les appareils seraient composés des mêmes parties, un système capillaire, un système veineux, un cœur, et un système artériel : dans chacun, ces parties seraient disposées de même et dans l'ordre selon lequel nous venons de les dénommer; leur rôle serait absolument identique dans l'une et dans l'autre, et enfin leur service s'accomplirait simultanément. La seule différence consisterait en ce que la circulation à sang rouge commencerait par un arbre veineux petit, et finirait par un arbre artériel grand, et que celle à sang noir commencerait au contraire par un arbre veineux grand, et finirait par un arbre artériel petit. Toutes deux aboutiraient du reste l'une à l'autre, aux systèmes capillaires qui leur servent en même temps, à l'une d'origine, et à l'autre de terminaison; à peu près comme, dans la manière de voir de Harvey, on voit le cercle pulmonaire aboutir à l'oreillette du cœur du corps, et le cercle du corps aboutir à l'oreillette du cœur du poumon; 2° on pourrait aux mêmes droits fixer le commencement de la circulation aux systèmes capillaires du corps; là aussi se fait le changement d'un des sangs dans l'autre; ce sont même ces systèmes capillaires qui déterminent la quantité de sang qui traverse les autres parties de l'appareil respiratoire : mais on ne l'a pas fait, parce que les actions, qui se passent ici, ne se manifestent pas par des phénomènes extérieurs comme ceux que détermine la respiration. Alors il n'y aurait aussi qu'un cercle, dont chaque moitié serait consacrée à l'une des espèces de sang; et tout ce que nous disions tout-à-l'heure de la circulation dérivée du poumon, serait vrai aussi, avec cette différence que la circulation veineuse paraîtrait précéder celle du sang rouge. Sans contredit il y a de l'avantage à considérer ainsi un même phénomène sous différens aspects; cela éclaire d'autant le mécanisme de l'homme. Mais si l'on réfléchit que, dans l'homme, chacun des deux sangs doit d'abord revenir au cœur, avant d'être envoyé à leur destination respective, que, par exemple, les veines du corps ne portent pas directement le sang veineux au poumon, non plus que les veines pulmonaires ne portent le sang artériel aux parties; si l'on observe, en outre, que, dans les animaux qui ont la circulation simple, la circulation pulmonaire n'est plus qu'une fraction de la circulation générale, et qu'ainsi tout émane du cœur, on concevra pourquoi l'on suit plutôt dans l'exposition de la circulation la manière de voir de Harvey que toute autre.

On a cherché à préciser en combien de temps s'accomplit le cercle circulatoire, à savoir combien de temps un globule de sang, qui sort actuellement du cœur, emploie pour y revenir. On croyait pouvoir arriver à la connaissance de ce fait, en sachant d'autre part quelle est la masse totale du sang, et combien il en est projeté à chaque contraction ventriculaire. Chacun, ayant évalué différemment ces deux données, a indiqué un temps différent pour l'accomplissement de la circulation. Les différences ont été extrêmes, car selon les uns il ne fallait que deux minutes, pour que du sang parti du cœur y soit revenu; selon d'autres il fallait vingt heures. La question est insoluble, et montre que le tort d'appliquer le calcul à des faits qui ne le comportent pas. Est-il un moyen de connaître la masse totale du sang, ainsi que la quantité qui en est projetée à chaque contraction du ventricule? Peut-on être sûr que le sang qui revient est le même que celui qui a été projeté? Les modifications qui surviennent sans cesse dans la circulation capillaire, ne doivent-elles pas empêcher à jamais l'évaluation rigoureuse du phénomène? La physiologie de nos jours, plus judicieuse, a abandonné de semblables recherches.

On s'est demandé aussi comment le cercle pulmonaire, quoique bien plus petit que celui du corps, pouvait parvenir à l'alimenter. Bichat en a donné les raisons suivantes : 1° l'étendue du système capillaire général est réellement moindre qu'elle ne le paraît, une grande partie de ce système étant composée de vaisseaux blancs, qui sont étrangers à la circulation; 2° dans ce système une grande partie du sang sort du cercle circulatoire pour servir aux nutritions et sécrétions; 3° dans le cercle pulmonaire le poumon, étant plus rapproché du cœur, fournit dans un temps donné plus de sang que le système capillaire général; 4° enfin, comme tout est plein dans le système circulatoire, ce système capillaire général ne verse jamais dans le système capillaire pulmonaire que la quantité que celui-ci peut recevoir. Cette dernière raison est la seule bonne, et particulièrement il est faux que la vitesse soit plus grande dans un cercle que dans l'autre.

Telle est la circulation, fonction capitale dans l'économie de l'homme et des animaux supérieurs; en ce qu'elle distribue aux organes le sang artériel, sans la présence duquel aucun ne peut continuer de vivre. Son mécanisme n'est pas tout-à-fait le même dans le fœtus. Mais les différences qu'il offre seront exposées à ce mot (*voyez* aussi les mots AORTE, ARTÈRE, CAPILLAIRE, CŒUR, POULS, SYNCOPE, VEINE), comme traitant tous d'objets qui se rapportent plus ou moins à l'histoire de cette grande fonction. (ADELON.)

[Après de nombreuses et constantes observations microscopiques sur différens animaux vivans, dans tous les tissus transparens (les membranes séreuses du mésentère et de la plèvre, le diaphragme, l'arachnoïde, etc.) j'ai invariablement constaté que tous les fluides (soit dans les vaisseaux capillaires, soit dans les rameaux des artères et des veines) n'affectaient pas une marche directe et uniforme, comme s'ils étaient poussés par le cœur; par conséquent qu'ils ne sont pas sous l'influence exclusive de cet organe, qui, à chaque contraction, lance dans les artères un flot de sang destiné à pousser devant lui la colonne qui s'étend jusqu'aux capillaires, et à chaque dilatation reçoit des veines un semblable flot, dont le déplacement est égal à celui du flot versé dans les artères. Au lieu de voir cette colonne marcher toujours uniformément, et suivant l'impulsion du cœur comme je l'avais d'abord cru apercevoir, je m'assurai, en tenant l'œil appliqué avec beaucoup de patience au microscope, que non-seulement la progression du sang dans les petits vaisseaux (rameaux) n'avait pas *toujours* lieu du cœur vers les capillaires pour les artères, et des capillaires vers le cœur pour les veines, mais même que le fluide s'arrêtait, vacillait (1) et rétrogradait quelquefois avec une promptitude étonnante et pendant un espace fort long. Les mouvemens de vitalité des muscles de l'animal faisaient circuler le fluide avec une vitesse incroyable dans la plupart des vaisseaux qui s'offraient à l'examen, et occasionaient une stagnation complète dans d'autres. Le même phénomène s'observait par l'irritation des tissus qui se trouvaient à proximité de ces mêmes vaisseaux; cette irritation occasionait tantôt un ralentissement dans la progres-

sion, tantôt un changement de direction, et toujours un désordre considérable près du lieu stimulé : tous les vaisseaux y étaient bientôt manifestement plus pleins, et le désordre y était augmenté en raison de l'irritation. Ainsi le fluide se précipitait extraordinairement dans certains canaux, d'autres gonflaient et semblaient obstrués, d'autres enfin, rencontrant une bifurcation, débouchaient dans un canal moins distendu, et forçaient le sang qui y était déjà contenu à circuler en sens inverse, si une capacité plus grande s'offrait à l'autre extrémité.

Pour bien observer ces phénomènes, il faut ouvrir l'abdomen d'un animal à sang chaud ou à sang froid de manière à faire sortir par la plaie une anse d'intestin, avec la portion de mésentère correspondante; il faut attacher l'animal sur un échafaud percé d'un trou d'un demi-pouce de diamètre, qui doit encadrer un verre simple, sur lequel on étendra la membrane transparente soumise à l'observation : l'anse d'intestin sera fixée tout autour du verre par des épingles. J'observe qu'il est très-difficile de préparer fructueusement toute autre membrane que la séreuse du mésentère, attendu qu'ici une anse d'intestin fixée tout autour du verre de l'échafaud contient les capillaires, qui servent d'aboutissant aux rameaux soumis à l'observation, tandis que, pour préparer toute autre membrane, il faut faire un lambeau dans la section duquel sont compromis les vaisseaux qu'on a examinés; dans ce cas, la circulation y est presque toujours interceptée avant que la préparation soit achevée. Je dois avertir aussi que, si l'on choisit des animaux à sang chaud, il faut se les procurer extrêmement petits et vivaces; petits, parce que les parois de leurs vaisseaux sont moins opaques (*les animaux à sang chaud ont les parois des vaisseaux très-épaisses*); vivaces, parce que, pour peu que la circulation se ralentisse, le sang se coagule très-promptement dans les petits vaisseaux, même à une haute température de l'atmosphère ambiante. En dernier lieu, il est nécessaire que la température soit très-élevée (vingt à vingt-cinq degrés) pour empêcher cette coagulation; mais on n'a pas à craindre tous ces désavantages en soumettant à l'expérience des animaux à sang froid. Ces animaux, doués d'une vie organique très-active, ne meurent jamais de douleur, et résistent très-long-temps aux lésions qu'on leur fait; de plus, on peut répéter ces expériences à quelque température que ce soit : quand la prépara-

(1) Haller et Spallanzani avaient déjà vu cette vacillation dans les vaisseaux capillaires, ou plutôt dans des rameaux isolés très-fins; ils croyaient que cela avait lieu pour quelques points de l'économie. Mais non-seulement ce mode circulatoire se remarque dans les vaisseaux isolés très-fins, mais encore on le suit dans ceux d'un gros calibre, qui cependant ne sont pas sous la dépendance du *torrent circulatoire* influencé spécialement par le cœur. De plus, ce mode circulatoire a lieu partout, à proximité des capillaires, comme il sera prouvé.

tion est terminée, on place, de préférence sous la lentille, un endroit où se trouvent beaucoup de bifurcations, puis, l'œil appliqué à la lunette, on examine avec beaucoup d'attention et de constance; on s'assure de la direction du fluide et de sa progression dans les différens vaisseaux qu'on observe, et l'on ne tarde pas à le voir se ralentir dans certains d'entre eux, s'arrêter et vaciller dans d'autres, puis accélérer sa marche, ou même changer de direction pour revenir sur ses pas; on aperçoit aussi bientôt tous ces vaisseaux se gonfler par l'irritation qu'occasionnent le contact de l'air et la piqûre des épingles. L'afflux du sang est quelquefois si considérable que, dans les plus grands rameaux, il devient impossible de distinguer la circulation, tant les globules se pressent et rendent les vaisseaux opaques; mais on continue toujours à voir ces vacillations et changemens de direction dans les rameaux plus petits, à moins qu'un afflux trop rapide ne force le sang à circuler avec beaucoup de vitesse, et très-long-temps dans la même direction : dans ce cas, le lieu que l'on explore est très-engorgé; mais il est toujours voisin d'un autre lieu qui l'est moins. La vacuité des vaisseaux de celui-ci reçoit la surabondance du sang accumulé dans ceux-là, dont l'engorgement est dû à la quantité plus grande de ce fluide que leur envoient les capillaires irrités, auxquels ces rameaux n'ont pu obéir promptement : c'est ce qu'on nomme obstacle à la circulation; mais n'anticipons point...

Ces expériences m'ont conduit à tirer les conséquences suivantes :

1° Le cœur est le moteur central de la circulation (1); il agite continuellement la masse du sang : la contraction qui pousse le flot de ce fluide dans le système artériel, est suivie d'une dilatation qui reçoit un flot égal du sys-

tème veineux (1). On peut considérer ce mécanisme comme le mouvement perpétuel qui dispose les molécules à se déranger sans cesse et à osciller (2); sans lui les fluides qui se précipitent vers les lieux irrités auraient une tendance inévitable à s'y fixer en vertu de cette loi : *ubi stimulus, ibi fluxus*. Il y a donc un mouvement général de circulation par lequel le sang part d'un point et y retourne; cela était nécessaire pour qu'il vînt se revivifier dans les poumons, après s'être dépouillé de ses qualités nutritives, et avoir acquis de nouveaux matériaux par l'absorption, et pour recommencer son trajet avec les mêmes conditions.

2° Les gros troncs artériels, tels que ceux de l'aorte, des iliaques, des carotides, sous-clavières, crurales, etc., outre l'impulsion donnée par le cœur, et la force de cette impulsion causée par la proximité de cet organe, doivent avoir en eux une force qui s'oppose à la stagnation et à la rétrocession du sang; c'est leur contractilité organique (3): sans cette condition, les plus grands désordres eussent pu résulter; et le moindre obstacle à la cir-

---

(1) Le cœur reçoit sa faculté contractile des nerfs provenant du grand-sympathique et de ceux de la huitième paire cérébrale; mais surtout du grand-sympathique, qui en distribue aussi aux artères, aux veines, et qui peut exercer un empire absolu sur tout l'appareil vasculaire, sans l'intervention du centre cérébral, comme le prouve M. Broussais dans son mémoire sur les fonctions du système nerveux (*Journal universel des sciences médicales*, 5e année, p. 140 et suiv.), et comme l'atteste l'acéphale de M. Lallemand (déposé dans les cabinets de la Faculté de Paris), dont le cœur a existé pendant plusieurs mois, malgré qu'il n'y eût eu jamais aucun vestige de moelle épinière. Legallois, dans ses expériences, avait plusieurs fois éprouvé que les contractions du cœur persistent malgré la destruction de la moelle rachidienne. Il n'y a donc point de dilatation active.

(1) Le cœur ne se dilate pas par une force qui lui est propre, comme plusieurs auteurs l'avaient cru remarquer; il suffit, pour s'en convaincre, d'extraire cet organe d'un animal vivant, et de le serrer fortement dans la main; on s'assure alors que c'est pendant la contraction qu'il écarte les doigts qui le serrent, et nullement pendant la dilatation, qui n'est qu'un relâchement, un repos des fibres.

Les ventricules du cœur ne s'allongent pas non plus quand ils se contractent, comme quelques-uns l'ont avancé; mais les fibres, en se raccourcissant, augmentent d'épaisseur; de sorte que dans la contraction le cœur augmente réellement de volume : sa masse charnue se gonfle; car, en même temps que sa surface s'amplifie, sa cavité se rétrécit : le cœur se contracte alors. La cause de ce gonflement pendant la contraction, est le passage subit d'une quantité de sang dans les capillaires de ce muscle, afin de lui donner la force de s'érecter.

(2) J'attache à ce mot cette signification : *vacillation des molécules, tantôt entraînées par un courant, tantôt arrêtées par un obstacle, mais toujours en mouvement, en balancement perpétuel, obéissant d'une part à l'attraction des capillaires, et de l'autre au torrent circulatoire.*

(3) Les artères et les veines sont contractiles, et exercent une action sur le liquide, puisque les parois de ces vaisseaux reviennent sur elles-mêmes à mesure qu'ils se vident (voyez Magendie, *Physiol.* t. 2, p. 519); et si une ligature est placée sur une principale artère, le sang n'en passe pas moins dans les veines; preuve que ce n'est pas la seule force d'impulsion du cœur qui détermine ce passage. Il faut remarquer que la contraction des fibres des muscles de la vie intérieure ne se fait pas de la même manière que celle des fibres influencée par les nerfs de la vie de relation. Il suffit des expériences galvaniques pour se convaincre de ce fait.

culation dans les gros canaux, qui sont destinés à alimenter sans cesse le réservoir général de l'économie (1), eussent inévitablement occasioné la cessation des fonctions vitales. Il en est de même pour les gros troncs veineux; le sang ne pourrait stagner ni rétrograder dans les veines-caves; aussi ces veines ne sont pas entièrement passives : au moins la plus grosse et la plus éloignée de son système artériel respectif (la veine-cave inférieure), est-elle contractile. Pour m'en assurer, j'ai souvent répété l'expérience suivante : J'ai retranché le cœur et ses oreillettes, et j'ai manifestement vu chez plusieurs sortes d'animaux la veine-cave se contracter de dehors en dedans, et de bas en haut, d'une manière alternative aux contractions du cœur, afin de chasser le sang vers cet organe (2). Cette expérience prouve que le cœur n'est pas l'unique agent d'impulsion, et donne à croire que les gros troncs artériels pourraient bien aider les mouvemens du cœur pour la progression du sang.

J'appelle *torrent circulatoire* le sang qui est immédiatement sous l'influence du cœur et des gros troncs, celui qui obéit à l'impulsion du moteur central, sans être soumis à l'appel des capillaires.

3° La circulation progressive et uniforme admise pour les gros troncs décroît de régularité dans les branches (3), et le sang paraît être dans une sorte de réservoir général, lorsqu'il est parvenu dans les rameaux (4). Là il

(1) J'expliquerai bientôt que c'est la somme des rameaux à portée des capillaires et hors de l'influence immédiate du cœur, que j'appelle *le réservoir général de l'économie*.

(2) Chez les animaux à sang chaud, la contraction n'est bien sensible que près de l'oreillette; mais chez les animaux à sang froid la veine-cave est contractile dans toute son étendue.

Cette contractilité est d'autant plus marquée chez tous ces animaux, que leur vie organique prédomine sur la vie animale, ou que la première est indépendante de l'autre.

(3) Le sang sort par saccades dans les grosses artères; il est alors plus immédiatement sous l'influence du cœur; mais la force des saccades diminue à mesure que le calibre de l'artère est plus petit; et enfin le jet est uniforme dans les rameaux d'un petit calibre, parce que le sang est d'autant moins sous l'influence du cœur qu'il est plus à portée des capillaires.

M. Magendie reproche à Bichat de donner des limites à l'influence du cœur, et de vouloir qu'elle cesse positivement à l'endroit où le sang artériel se transforme en sang veineux. En cela Bichat avait tort, comme le prouve dans le cours de ce mémoire; mais il avait raison quand il assignait au mode de circulation de ces petits vaisseaux la cause du mouvement du sang.

(4) Je donne le nom de *réservoir général* aux rameaux qui sont à la portée des capillaires, parce qu'arrivé à

n'est plus soumis à l'impulsion du cœur que pour le mouvement général et le but commun à toutes ses molécules : c'est-à-dire qu'en un temps donné il doit être de retour au cœur; mais que, renfermé dans les rameaux, il est aux ordres du système capillaire, dont la portion irritée puise dans ces rameaux les plus voisins la quantité de sang qui lui est nécessaire pour opposer à la stimulation; ou en d'autres termes, les rameaux tiennent en dépôt la quantité de sang qui doit affluer dans tous les tissus où est le siège de l'action organique; et le sang afflue dans ces tissus en proportion de l'augmentation de cette action, toujours suivant l'axiome, *ubi stimulus, ibi fluxus.*

Les rameaux et ramuscules sont par conséquent un *diverticulum* universel qui, d'une part, obéit au système capillaire, et de l'autre au mouvement circulatoire général; il établit l'*équilibre* entre la circulation des gros troncs et celle qui préside à toutes les fonctions de l'économie, en se dirigeant en tous sens de manière à ce que l'harmonie soit parfaite. On conçoit aisément qu'il n'est pas possible que la circulation soit ordonnée autrement, quand on réfléchit profondément à la multitude d'obstacles qui s'opposent à la progression régulière, à l'augmentation ou à la diminution des sécrétions, à l'exercice des différentes fonctions qui nécessitent en un temps plutôt qu'en un autre l'augmentation de l'action organique dans les tissus qui en sont le siège (comme dans la digestion, etc.). Quand, de plus, on réfléchit à l'assimilation, aux excès de nutrition, et à tous les cas pathologiques qui affectent les différentes parties de l'organisme; en reconnaissant même cet ordre admirable, on a encore peine à concevoir comment il est si difficile et si rare que les ressorts de notre machine manquent.

4° Le système capillaire semble être le commandeur de l'économie : c'est à lui que tout l'appareil circulatoire obéit; il est, à proprement parler, *le but* de la circulation. C'est dans lui que se passent tous les phénomènes d'assimilation et de décomposition, et que s'opèrent tous les changemens vitaux qui surviennent à l'économie. Les capillaires sont le siège de la chaleur animale; ils constituent tous les organes, même la tunique des vaisseaux qui leur fournissent le sang, etc.

cette décroissance des gros troncs, le sang flotte sans but; il attend que le besoin des capillaires l'appelle et le force à se distribuer.

L'étendue du système capillaire est immense : si l'on compare sa capacité à celle des gros troncs qui s'abouchent au cœur, on conçoit qu'il est impossible que. le flot, expulsé du moteur central, aille répondre avec la même énergie dans toute l'étendue des capillaires. Il y aurait dans ce système à peine un léger déplacement des molécules du sang, si elles étaient soumises uniquement à l'impulsion du cœur, et les fonctions ne pourraient avoir lieu (1). Comment expliquer alors l'augmentation, la diminution, l'*alternation* de ces fonctions, l'inflammation, etc. ? N'est-il pas incontestable qu'une portion de capillaire mise vigoureusement en action, soit par une fonction, soit par un stimulus quelconque, aura forcé les rameaux à fournir le sang qu'ils tenaient à portée, tandis que d'autres rameaux se déchargeront dans ceux-ci pour obvier au vide; et qu'ainsi l'équilibre s'établira dans ce point, et de proche en proche, dans le même temps que la circulation générale ira son train, et conservera sa marche dans les gros troncs pour entretenir partout le mouvement oscillatoire, empêcher la stagnation et favoriser le retour (vers le centre) des molécules qui sortent du système capillaire, et qui peuvent encore servir à l'assimilation (2)? Aussi, dans les lieux où momentanément il ne s'opère aucune fonction, ne peut-il y avoir qu'une très-légère oscillation. Il est des cas où la stagnation complète a lieu dans quelques points ; par exemple, lorsqu'il y a

une rupture des capillaires, ou une inflammation produite par une irritation extrême qui aura forcé une grande quantité de sang à affluer vers un point, et qui l'y retient par son action persistante : c'est ce qu'on observe tous les jours dans les inflammations livides, et les ecchymoses, qui finissent par se dissiper lorsque la circulation s'active dans les points voisins, comme par une application de sangsues ou des fomentations dites résolutives. D'ailleurs ce qui prouve incontestablement que la circulation ne peut être partout uniforme, c'est qu'elle a lieu du système capillaire pulmonaire au système capillaire général; c'est-à-dire que le sang rouge commence dans l'un et finit dans l'autre où commence le sang noir, qui finit à son tour dans le premier. Or, il est évident que les poumons ne recevront pas à la fois tout le sang qui passerait en même temps dans le système capillaire général; vu leur énorme disproportion de capacité, cette seule considération suffit pour faire tomber tout ce qui est écrit contre elle.

Je citerais mille réflexions à l'appui de ce que je viens d'avancer. Les veines ne sont-elles pas quelquefois considérablement dilatées dans un point ? par exemple, à la périphérie; cependant cet engorgement se dissipe sans que le cœur ait accéléré ses contractions. On me citera, pour expliquer ce cas, les anastomoses (1); mais la circulation s'en fait-elle moins dans des directions différentes et sans l'influence du cœur ?

La circulation du sang dans les capillaires, indépendante de l'impulsion du cœur, est prouvée par

      L'inflammation,
      Les fonctions,
      L'influence des passions.

(1) Il est évident que, si on n'admet aucune espèce de vitalité dans les vaisseaux qui constituent les tissus de nos organes, la circulation doit être considérée comme un système hydraulique; par conséquent cette loi lui est applicable : « La vitesse d'un liquide diminue à mesure que » la capacité qui le contient va en s'élargissant, et vice » versâ. » Or, si on compare la masse totale des capillaires aux ouvertures du cœur, il faudra nécessairement admettre que le passage du sang par ces dernières doit être extraordinairement rapide, alors que les molécules de ce liquide sont à peine mues dans les capillaires; conséquemment la vie doit y être languissante et inactive, tandis qu'il est prouvé que, dans bien des cas, la circulation est plus rapide et la vie plus énergique dans plusieurs régions du système capillaire que dans le cœur même : certaines inflammations sans fièvre, et l'action des muscles volontaires suffiraient pour en donner la démonstration.

(2) Le système capillaire, considéré dans son rapport avec les veines, est, comme l'avait conçu Bichat, le principal moteur de la circulation veineuse; et son influence est d'autant plus grande que les veines sont plus petites et plus voisines de ce système. Cette influence se perd dans les gros troncs, qui, pour cette raison, sont contractiles. Enfin le cœur, en admettant le flot de sang veineux qui doit remplacer celui qu'il lance dans les artères, détermine vers lui-même le cours du sang dans les gros troncs veineux.

(1) Non-seulement les anastomoses sont très-multipliées entre les rameaux et les branches des veines, mais même on les remarque jusque dans les plus gros troncs, partout elles servent de déviateurs. La veine *asygos* est un grand *diverticulum* des veines-caves inférieures et supérieures, et des veines intercostales.
M. Magendie dit (*Préc. physiolog.*, t. 1, p. 517), en parlant des anastomoses : « On voit bien qu'elles sont utiles, » et que par leur secours les artères se suppléent mu- » tuellement dans la distribution du sang aux organes; » mais on ne saurait dire avec exactitude quelles mo- » difications elles impriment à la marche du sang. »
Cependant, avant Bichat, Bordeu avait déjà dit positivement (t. 1er, p. 194) que, si on fait attention au grand nombre d'anastomoses placées entre les différens vaisseaux, tant artériels que veineux, et qu'on suppose que ces anastomoses ne peuvent servir qu'à fournir aux humeurs des routes pour *aller* et *venir*, *fluer* et *refluer*, on soustrait encore une très-grande quantité de vaisseaux aux lois de la circulation.

Observez une inflammation circonscrite à la peau ; le sang y afflue en raison de l'action du stimulus qui cause l'irritation ; l'inflammation a plusieurs pouces d'étendue, et cependant le cœur n'active pas ses battemens ; il n'envoie pas une plus grande quantité de sang. Celui qui afflue vers le point irrité est puisé dans les rameaux, où il se précipite alors avec une vitesse extrême (comme je m'en suis assuré à l'aide du microscope dans les tissus transparens) ; les autres rameaux environnans concourent tous, de proche en proche, à cette fluxion. Le sang qui y suivait diverses directions, selon le besoin des capillaires plus ou moins éloignés, change tout-à-coup l'ordre de sa marche pour se précipiter de toutes parts vers le lieu irrité ; ainsi les rameaux qui faisaient suivre au sang une direction opposée, le font en ce moment rétrograder ; d'autres, plus éloignés, le distribuent partout où est prêt à se former le vide, et ainsi toujours, de proche en proche, jusqu'au torrent circulatoire, qui sans cesse fournit et fait l'effet d'une pompe foulante. On conçoit maintenant que si l'inflammation offre beaucoup d'étendue, alors une très-grande quantité de capillaires entrant en action, la circulation des rameaux seuls ne peut suffire ; le désordre s'étend aux branches et jusque dans les gros troncs, qui sont obligés de fournir une plus grande quantité de sang ; alors aussi les contractions du cœur augmentent de vitesse, le sang se précipite dans tout le torrent circulatoire, et la fièvre a lieu. (*Je ne considère ici que l'état circulatoire.*)

Si la masse des capillaires irrités est étendue en nappe, et qu'elle ait peu d'épaisseur, comme dans les membranes séreuses, muqueuses, etc., on remarque assez ordinairement que le flot de sang versé par le cœur n'augmente pas de volume ; il n'est que plus précipité : le pouls est vite ; mais il ne présente point de plénitude. Cette condition n'est pas absolue ; car si les tissus sous-jacens sont enflammés, ou que le réseau vasculaire de ces membranes soit épaissi par l'injection sanguine, le pouls acquiert de la plénitude ; au contraire, le pouls est dur et serré si la douleur est vive, si l'irritation prédomine dans les expansions nerveuses. (Ces remarques sont tirées de l'observation du vivant, suivie de l'autopsie.)

Si la masse des capillaires enflammés, outre son extension, offre une épaisseur plus ou moins considérable, comme dans les parenchymes, le flot de sang versé par le cœur,

outre sa précipitation, est aussi plus volumineux. Dans ce cas, on entend quelquefois, et l'on voit les battemens du cœur repousser les parois de la poitrine ; le pouls est précipité et plein, surtout s'il n'y a point de douleur (1).

Il arrive quelquefois qu'une inflammation très-circonscrite active les battemens du cœur, et précipite la circulation générale, tandis qu'une inflammation beaucoup plus étendue ne produit pas cet effet. Dans le premier cas, l'inflammation est très-intense ; le sang se précipite avec une vitesse extraordinaire dans les rameaux où l'équilibre ne peut pas s'établir assez promptement ; le torrent circulatoire est obligé d'augmenter d'action. C'est ce qu'on observe souvent pour un simple phlegmon qui est compliqué de fièvre ; pour un panaris, etc.... Dans le second cas, l'inflammation est beaucoup moins intense, comme après une application de sinapisme, ou lorsqu'un bain sinapisé a rougi les jambes dans une étendue assez considérable. Cependant le cœur n'a pas précipité les contractions ; il n'y a pas de fièvre ; l'accélération de la circulation a eu lieu seulement dans les rameaux environnans. L'irritation des capillaires ayant été lente, les rameaux ont suffi pour fournir à l'exigence de ceux-ci, et le torrent circulatoire général n'a pas été activé. Mais il faut remarquer qu'en versant davantage de sang dans les rameaux qui ont fourni aux capillaires irrités par la *sinapisation*, il en a versé en plus petite quantité dans d'autres lieux moins irrités ; ainsi le bain de pied fait cesser le mal de tête : c'est sur cette théorie que reposent toutes les révulsions, comme je le prouverai plus loin.

Par ce que je viens d'exposer, on conçoit que plus une inflammation est intense et étendue, et plus elle précipite le torrent général de la circulation. Les physiologistes qui ont admis la circulation générale dépendante de l'impulsion du cœur, et celle des capillaires indépendante de cette impulsion, mais qui n'ont pas connu la circulation intermédiaire par les rameaux, ont dit que le cœur était mis *sympathiquement en action*, parce qu'ils ne pouvaient pas expliquer ce mécanisme ; mais on voit que ce n'est pas une sympathie, mais plutôt une conséquence déduite de la liaison de la circulation capillaire à celle

(1) Lorsqu'une inflammation est très-violente, très-intense, le pouls ordinairement est dur et serré ; mais il se développe, acquiert de la plénitude et de la liberté après la soustraction du sang aux tissus des capillaires et des rameaux, siège de la congestion inflammatoire.

du cœur; avec cette restriction, que plus une inflammation est vive ou affecte une partie plus sensible, et plus l'influence capillaire agit sur le torrent circulatoire.

On voit aussi que moins une inflammation est intense, et moins son action s'étend aux gros troncs et au cœur. Ceci nous explique pourquoi les inflammations chroniques peuvent exister sans fièvre, et même se concilier avec le bon état d'un certain nombre de fonctions. On peut, on doit même appeler *chroniques* toutes les phlegmasies peu intenses dès leur commencement; car la chronicité d'une inflammation qui a été aiguë, n'est autre chose que la moindre intensité de cette inflammation, la disparition ou la diminution de la fièvre, et le rétablissement en tout ou en partie des fonctions étrangères au tissu malade.

Dans l'état d'acuité, ou plutôt d'intensité de l'inflammation, toutes les fonctions sont plus ou moins altérées, etc.; comment cela pourrait-il être autrement dans un trouble violent de la circulation, puisque, dans l'état ordinaire, la quantité de fluide abordant à l'organe qui est le siége de la fonction, est toujours en raison de la plus grande ou de la moindre activité de cette fonction (1)? Par exemple, pour la digestion, dans l'état de vacuité de l'estomac, peut-il aborder la même quantité de sang que pendant la plénitude de ce viscère; et après un repas trop copieux, ne sent-on pas à la région épigastrique une chaleur et un malaise qui sont les indices d'une légère inflammation, d'un abord plus considérable de sang pour l'accomplissement de la fonction? Lorsque, comme je l'ai dit plus haut, il existe un trouble général dans tout le torrent circulatoire, que le cœur pousse le sang à coups redoublés dans le système artériel, alors le sang des rameaux, entraîné par le tourbillon général, ne peut plus se présenter tranquillement et en quantité requise aux capillaires destinés à l'accomplissement des fonctions; de là nausées, vomissement, indigestion, inappétence, et tous les désordres qu'on remarque dans la fièvre, soit qu'elle dépende d'une inflammation de l'estomac, soit de celle de toute autre partie. Il en est de même pour toutes les autres fonctions: dans

l'état de santé, les capillaires puisent dans les rameaux la quantité de sang nécessaire à leur accomplissement, sans que le cœur précipite ses mouvemens, à moins que les capillaires n'agissent dans une assez grande étendue pour que la circulation des rameaux ne puisse suffire; comme lorsque dans la course tous les muscles accélérant leurs contractions, et le sang traversant alors avec rapidité les capillaires de ces organes dans toute l'enveloppe du squelette, les rameaux ne peuvent suffire; le cœur bat bientôt avec violence, toute la colonne du sang se précipite, la peau qui recouvre ces muscles rougit par l'afflux extraordinaire du sang dans tous les capillaires de la périphérie où a lieu l'augmentation d'action : une sueur abondante s'écoule; toutes les veines extérieures se gonflent, parce que le sang, poussé avec violence par les capillaires, n'est pas encore reçu avec assez de promptitude par le cœur (1), lequel ne peut suffire à l'abord du fluide que lui envoie une si grande quantité de capillaires irrités; bientôt il faut, ou que la course se ralentisse, ou que l'individu s'arrête, sans quoi la mort s'ensuivrait, ou par une rupture des vaisseaux, ou par celle du cœur lui-même. Les exemples d'anévrisme ne sont que trop fréquens à la suite de ces courses forcées.

Que l'on calcule maintenant la force étonnante de tous les capillaires réunis, mise en opposition avec celle du cœur, et l'on concevra qu'il est impossible que la colonne du sang, poussée également par les capillaires de l'enveloppe du squelette, passe dans la même proportion par le canal étroit du cœur, lorsque la circulation est réglée; ce seul fait suffit pour prouver que le moteur central ne fait que donner l'impulsion au fluide, et est spécialement destiné à entretenir un balancement général, et à fournir la quantité de sang exigée par tous les capillaires de l'économie.

Le cœur ne règle donc pas la circulation; il obéit.

---

(1) Si, sur un animal vivant, on pousse impétueusement une injection dans quelqu'artère qui distribue le sang à un organe quelconque, au cerveau par exemple, à l'instant les fonctions de l'organe sont troublées: il en est de même pour l'estomac, pour le poumon, etc.; mais si l'injection est poussée avec ménagement, la fonction n'est pas troublée.

(1) On ne saurait prendre pour raison de l'accélération du sang veineux la pression latérale que les muscles exercent sur les veines, comme quelques auteurs l'ont prétendu, ni attribuer la dilatation de celles-ci à la stagnation du sang, dépendant de ce que les muscles restent longtemps dans l'inaction. La circulation veineuse dans un membre paralysé dément complètement cette proposition: la paralysie n'atteint que les nerfs de la vie de relation. Les nerfs qui se distribuent aux vaisseaux viennent du grand-sympathique, conséquemment la paralysie n'anéantit pas la circulation; mais la circulation peut être activée avec le concours des nerfs de la vie de relation, comme le prouvent les contractions musculaires, les passions, etc.

Je puis dire des passions ce que je viens d'exposer des fonctions ; elles troublent la circulation là où elles portent leur influence. Nous savons que les passions agissent par une sympathie nerveuse (dont nous ne connaissons pas encore la cause) sur telle ou telle partie du corps ; par exemple, que la pudeur et la honte colorent toute la face, que la colère irrite les voies gastriques, que les désirs voluptueux mettent en érection les organes génitaux.

Les joues se couvrent-elles d'un vif incarnat, consultez le pouls, il ne bat pas d'abord plus vite ; mais si l'étendue des capillaires injectés est plus considérable, et que la rougeur couvre le cou et la gorge, le cœur bat consécutivement. La colère est-elle peu violente, l'irritation se borne à une petite portion des voies gastriques, le cœur n'augmente pas d'action. Est-elle poussée jusqu'à la fureur, l'irritation gastrique est tellement forte, qu'il s'ensuit des vomissemens bilieux ; tous les capillaires de la face s'injectent. On dit vulgairement : Il est rouge de colère. Alors bientôt le cœur augmente de contractions.

Les désirs voluptueux, en portant leur influence sur les organes génitaux, y déterminent un passage considérable de sang dans les capillaires pour effectuer l'érection ; cependant les contractions du cœur ne sont pas augmentées. Mais si les désirs sont extrêmes, s'ils ont été long-temps contrariés, que l'on touche l'objet aimé, et qu'on soit près de l'accomplissement de l'acte, alors l'érection est extrême, les capillaires de la périphérie augmentent d'action, le cœur bat avec violence ! . . . .

Il est d'autres passions qui portent immédiatement leur influence sur les capillaires du cœur, et accélèrent les battemens de l'organe... ... telle est la crainte (1).

Quelques expériences ont été faites récemment, dans l'intention de prouver que le passage du sang des artères aux veines, c'est-à-dire dans les vaisseaux capillaires, était immédiatement sous l'influence du cœur, et dépendait uniquement de son impulsion. A cet effet, une ligature a été placée sur la cuisse d'un animal vivant ; cette ligature devait intercepter la circulation dans toute l'épaisseur du membre en l'entourant, excepté dans l'artère et la veine crurale, qui n'y étaient pas

comprises : dans cet état, une ponction avec un instrument tranchant ayant été faite à la veine, on a vu le jet du sang s'élever à une grande hauteur ; si, de plus, une ligature était placée sur l'artère correspondante, bientôt le jet du sang veineux diminuait de force. On a conclu de ce premier fait que le cœur ordonnait seul la circulation veineuse (1), et que le système capillaire n'y pouvait rien ; il est évident qu'on agissait alors sur les gros troncs, sur le torrent circulatoire dépendant du cœur. Pourquoi le système capillaire ne fournissait-il pas son sang, afin de ne pas laisser manquer la circulation veineuse? C'est parce que la circulation capillaire est plus importante à la vie des tissus que la circulation veineuse, et parce que le tronc artériel ne fournissant plus de sang au système capillaire, ce système devait en conserver la quantité nécessaire...

1° Pour son alimentation actuelle ;

2° Pour que le membre ne périsse point par *exsanguification* ;

3° Parce que la présence de la ligature occasionne une irritation qui appelle dans les capillaires du membre plutôt un surcroît de sang qu'elle ne leur permet de se vider.

On a été plus loin, le jet du sang veineux s'étant ainsi affaibli par la ligature de l'artère crurale, une ouverture a été pratiquée à cette artère au-dessous de la ligature, et l'extrémité d'une seringue y ayant été introduite, on y a poussé un liquide ; à mesure que ce liquide était poussé, le jet du sang de la veine augmentait de force. Cessait-on de pousser, le jet veineux diminuait ; de ce second fait on a conclu décidément que le sang passait immédiatement des artères dans les veines, sans vouloir admettre aucune déviation, ni accorder aucun genre d'action au système capillaire. Cette expérience, toute concluente qu'elle paraîtrait, est cependant bien loin de mériter la moindre approbation.

En premier lieu, c'est toujours sur le torrent circulatoire, sur la grande circulation dépendante d'un *vis-à-tergo* (2) (qui remplace le cœur) qu'on agit.

En second lieu, les capillaires sont dans un état pathologique, comme je viens de le

---

(1) La pudeur et la honte avec crainte, en même temps qu'elles portent leur influence sur les capillaires de la face, la portent aussi sur le cœur. Cet organe alors peut palpiter, quoiqu'il n'y ait qu'une médiocre portion de capillaires stimulés.

(1) Si, dans un cas semblable, la circulation ne se faisait que par l'impulsion du cœur, le cours du sang s'arrêterait aussitôt dans la veine et dans la portion d'artère au-dessous de la ligature, par le fait de cette même ligature ; au lieu qu'il continue toujours sa route, poussé par la force contractile des artères.

(2) Le piston qui pousse l'injection.

démontrer plus haut ; par conséquent , aucune fonction ne s'y faisant , et l'état d'irritation subsistant , il ne peut y avoir qu'engorgement. Les capillaires ne puisent rien dans le torrent circulatoire ; ils ne lui envoient rien ; tous les fluides sont en stagnation dans le réservoir général du membre comprimé ; la grande circulation seule a lieu (1) ; elle est forcée d'avoir lieu par l'impulsion du cœur ou de tout autre *vis-à-tergo* qui le représente ; elle est même d'autant plus évidente, que la circulation dans les rameaux et les capillaires se fait moins.

Quant à la dégénération immédiate des artères en veines , il est probable qu'elle existe pour un certain nombre de vaisseaux ; cela est même indispensable ; car , dans le cas où une ou plusieurs fonctions sont suspendues , ou bien lorsqu'il existe un obstacle à la circulation capillaire dans un point, il faut bien une déviation pour que le torrent général ne soit pas intercepté. Il est donc probable qu'il y a deux routes pour le cours du sang : l'une qui amène le sang aux capillaires interposés des artères aux veines ; et c'est dans ceux-ci que se passent les phénomènes de la chimie vivante. On ne peut se dispenser, malgré les expériences , d'admettre ces capillaires interposés ; car comment se feraient les sécrétions , les excrétions , l'absorption, si les veines sont continues aux artères ? Dira-t-on que les veines absorbent ? Elles ont donc une extrémité ? et alors elles ne sont pas continues aux artères.....

Dira-t-on que les artères exhalent, qu'elles sécrètent ? mêmes objections. Et pourquoi n'exhalent-elles pas du sang, puisqu'elles ne contiennent que du sang ? Comment y aurait-il tant de sécrétions , de fluides différens , s'il n'y avait pas des organes particuliers où aboutissent ces artères qui amènent le sang pro-

(1) Les belles expériences de Legallois pour déterminer les effets de diverses lésions de la moelle épinière sur la circulation, auraient dû convaincre jusqu'à la dernière évidence, de l'action de la grande circulation indépendante de celle des capillaires. (*Legallois*, p. 85 et suiv.)

Que penser des tissus morts par la destruction d'une portion de moelle épinière correspondante, où la circulation capillaire est anéantie, tandis que la grande circulation , celle des gros troncs, continue ?

Ordinairement on remarque dans ces expériences que les battemens du cœur deviennent d'abord irréguliers et lents : cela devait être, à cause de l'obstacle à la circulation qui se manifeste dans les capillaires frappés de mort ; mais ce dérangement dure peu, et la circulation continue par la grande route, celle qui constitue le torrent circulatoire. (*Legallois*, p. 97.)

pre à toutes ces opérations , lesquelles sont réellement le *but* de la circulation, puisque c'est en vertu d'elles et de leur harmonie que l'individu conserve son intégrité ? L'autre route (par laquelle le sang passe immédiatement des artères dans les veines , c'est-à-dire sans se détourner du torrent circulatoire général) n'est donc probablement qu'un *diverticulum* des organes sécréteurs et excréteurs ; le sang n'en suit le trajet qu'autant qu'il n'est pas nécessaire ou qu'il ne peut passer par la première, qui est la plus importante, puisqu'elle procure l'accomplissement des fonctions (1). Les expériences mêmes que je viens de citer prouvent cette déviation. L'accomplissement des fonctions nous donne la preuve du premier mode de circulation (celui où les artères ne dégénèrent pas immédiatement en veines) ; les expériences ci-dessus nous prouvent le second mode de circulation (celui qui requiert la continuité des canaux circulatoires. En cela, M. Magendie a rendu un service réel à la science , en prouvant qu'il existe une déviation qui ne laisse jamais la circulation en défaut, et qu'un ordre admirable préside à la distribution du sang et à la conservation de l'individu. Je suis fâché seulement qu'on en ait abusé pour en faire un phénomène purement mécanique, qui tend à ramener la théorie de Boerhaave, laquelle se trouve détruite par tant de faits, et notamment par les travaux immortels de Bichat.

La circulation du sang ne peut être considérée comme un appareil hydraulique et purement mécanique, dépendant du jeu d'une pompe, et ayant lieu dans des canaux inertes : c'est un acte vital dirigé par l'influx nerveux dans les tissus sensibles.

Le sang est d'autant plus soumis au despotisme du cœur (et dans ce cas la circulation est en quelque sorte mécanique) que ses molécules sont rassemblées en plus grosses masses, et qu'il est contenu dans des tissus moins sensibles (les parois des gros vais-

(1) Il doit y avoir nécessairement beaucoup de *diverticulums* dans le trajet de la circulation ; dans ce cas, la grande route (celle où les artères dégénèrent en veines) est un *diverticulum* de la route qui mène aux sécréteurs ; dans d'autres cas, il y a sans doute des masses de capillaires placées à proximité des organes qui sont le siége des fonctions pour servir de retraite au sang, lorsque ces fonctions sont suspendues, comme le foie et la rate par rapport à l'estomac. (Voy. le mémoire de M. Broussais.) La veine-porte est un *diverticulum* établi entre les différens points des intestins ; la veine azygos est un canal de communication entre le système veineux supérieur et inférieur, propre à la déviation.

seaux); au contraire, il est d'autant moins soumis à ce despotisme, que ses molécules sont plus divisées, et qu'elles occupent des tissus plus sensibles (les capillaires). Comparez le plus ou moins de sensibilité des divers tissus de capillaires, et leur plus ou moins d'aptitude à l'inflammation, l'énergie des fonctions et l'impression des passions dans ces mêmes tissus; suivez-y, en raison de leur sensibilité, les désordres circulatoires, ou plutôt l'essence de la circulation indépendante du cœur; reportez-vous ensuite sur les gros troncs, et vous verrez que ceux-ci ne sont ni le siége des inflammations, ni celui des passions, etc... Si l'inflammation s'empare du cœur (1), c'est dans les capillaires qu'elle existe; si une passion influence cet organe, c'est sur les capillaires qui entrent dans sa composition qu'elle agit.

(SARLANDIÈRE.)]

CIRCUMFUSA, adj. s. pl. On désigne ainsi tout ce qui agit sur l'homme par une influence extérieure et générale; l'atmosphère, les climats, les saisons, etc. Nous avons substitué à ce mot celui de *climatologie*, où les mêmes objets sont traités.   (ROSTAN.)

CIRE, s. f., *cera*. La cire, long-temps placée au rang des matières directement produites par les animaux, semble véritablement être d'origine végétale. Les alvéoles, dans lesquelles les abeilles renferment leurs couvains et leur miel, sont, il est vrai, formés de cette substance; mais la matière première en paraît être fournie par les végétaux, sur lesquels les abeilles vont butiner. Cependant si, comme l'assure M. Huber dans son *Traité sur les Abeilles*, ces insectes, nourris de miel pur et de sucre, peuvent, malgré cela, fournir abondamment de la cire, l'opinion générale serait fortement infirmée.

La cire, à l'état de pureté, est une matière blanche, opaque, ou seulement translucide, insipide et inodore, cassante à une basse température, susceptible d'acquérir de la mollesse et de la ductilité à 30 ou 36° au-dessus de 0, et de se résoudre à 80° en un liquide transparent, oléagineux et plus léger que l'eau distillée. Si l'on augmente l'action du calorique, la cire se volatilise; cependant, quelque ménagée que soit la graduation de la chaleur, cette volatilisation ne peut s'effectuer sans qu'une partie de la cire soit altérée dans ses élémens : aussi obtient-on une cer-

taine quantité d'eau, d'acide acétique, ou sébacique, d'huile pyrogénée et de gaz hydrogène carboné; la cire volatilisée pendant cette opération, et souillée par l'huile pyrogénée, constitue la substance nommée beurre de cire, jadis employée en médecine.

La cire est insoluble dans l'eau; l'alcohol bouillant en dissout environ $\frac{2}{100}$ de son poids; l'éther sulfurique, dans les mêmes circonstances, en dissout $\frac{25}{100}$. Par le refroidissement la cire dissoute dans ces liquides se sépare presque entièrement. Les huiles volatiles agissent comme l'éther sur la cire. Les huiles fixes et les corps gras en général s'unissent à la cire en toute proportion; de là résultent des combinaisons indéfinies, ayant plus ou moins de consistance, selon la quantité de cire employée. Les alcalis dissolvent la cire, en formant avec elle des composés savonneux qui n'ont pas encore été suffisamment étudiés. Ces savons, plus connus sous le nom d'encaustiques, sont d'usage dans les arts. Les acides ont peu d'action sur la cire; cependant les acides minéraux très-concentrés l'altèrent dans ses élémens.

La cire est d'un usage fréquent en pharmacie; elle fait la base des cérats, donne la consistance à certains onguens, augmente la propriété adhésive de quelques emplâtres, sert à *préparer les éponges*. C'est avec la cire diversement colorée que l'on forme ces beaux modèles d'anatomie descriptive ou pathologique, qui nous retracent en tous les temps l'admirable conformation de nos organes et leurs hideuses défigurations par suite de lésions ou de maladie. La cire dissoute dans l'huile est aussi employée pour l'injection des vaisseaux et la préparation des pièces anatomiques.

C'est dans les ruches des abeilles que l'on va chercher presque toute la cire employée. A cet effet, la matière des alvéoles dépouillées de miel est mise dans un sac, exposée à la chaleur de l'eau bouillante, et soumise à la presse. La cire se fond, exsude du sac, se rassemble à la surface de l'eau, et est enlevée après le refroidissement. On la fond de nouveau pour la couler en pains ronds ou prismatiques. La cire ainsi obtenue est jaune et aromatique; elle est souvent employée dans cet état. Pour l'avoir blanche et pure, il est nécessaire de détruire cette matière colorante aromatique qui lui est étrangère. Pour y parvenir, on fond la cire, et on la met en rubans, en la coulant dans l'eau sur un cylindre de bois, tournant sur son axe. La cire *rubanée* est placée sur des toiles étendues sur un

(1) Voyez le Traité des maladies du cœur. *Corvisart* (1re classe).

pré, et soumise ainsi à l'action décolorante de la lumière, de l'air et de l'eau : il serait superflu d'entrer dans de plus longs détails sur cet objet.

L'analyse chimique a démontré l'existence de la cire dans un grand nombre de végétaux. Les fruits du *myrica gale* et *myrica cerifera*, le *ceroxylon andicola*, etc., fournissent de la cire par ébullition dans l'eau. Ces diverses cires présentent quelques nuances dans leurs propriétés. La cire des abeilles, la seule analysée, est composée, d'après M. Gay-Lussac, de : oxygène, 5,544; carbone, 81,784; hydrogène, 12,672.   (PELLETIER.)

CIRON, s. m., *acarus*. On donne généralement ce nom à de très-petits insectes qui sillonnent la peau de l'homme au-dessous de l'épiderme, et ne peuvent être aperçus qu'au microscope. On trouvera des détails plus circonstanciés à ce sujet aux articles MITTE, PATHOLOGIE ANIMÉE et SARCOPTE.   (H. C.)

CIRSOCÈLE, s. f., *cirsocele*, de κιρσοκήλη, de κίρσος, varice, et de κήλη, tumeur; tumeur variqueuse. La plupart des auteurs ont employé ce mot comme synonyme de varicocèle, pour désigner la dilatation variqueuse des veines spermatiques. Pott nomme seulement cirsocèle la dilatation variqueuse des veines spermatiques, et varicocèle la tumeur formée par les veines du scrotum affectées de varices. *Voyez* VARICOCÈLE.   (J. CLOQUET.)

CIRSOMPHALE, s. m., *cirsomphalus*, dérivé de κίρσος, varice, et de ἰμφαλὸς, nombril. On a donné ce nom à une tumeur formée par la dilatation variqueuse des veines qui avoisinent l'ombilic. Le plus ordinairement cette affection dépend de la présence d'une hernie ombilicale, laquelle comprime les veines qui l'entourent, gêne leur circulation, et produit ainsi leur distension. Ce mot a été employé comme synonyme de *varicomphale*.   (J. CLOQUET.)

CIRSOPHTHALMIE, s. f., *cirsophthalmia*, de κίρσος, varice, et de ὀφθαλμὸς, œil; ophthalmie variqueuse. On s'est servi de cette expression pour désigner l'ophthalmie dans laquelle les vaisseaux de la conjonctive sont dilatés par le sang et forment des bourrelets rouges, variqueux, à la surface de l'œil. *Voyez* OPHTHALMIE.   (J. CLOQUET.)

CISEAU, s. f., *fabrile scalprum :* instrument très-connu, dont se servent les sculpteurs, les menuisiers, et que l'on emploie fréquemment pour les préparations d'anatomie et dans la pratique de plusieurs opérations chirurgicales. C'est une tige d'acier,

aplatie, tranchante à l'une de ses extrémités, et montée à mèche par l'autre sur un manche en bois, taillé lui-même à pans, afin de pouvoir conduire plus commodément l'instrument. On fait usage en chirurgie de ciseaux de diverses formes et grandeurs. Ordinairement les couteliers les fabriquent avec de l'acier fondu ou de vieilles limes qu'ils forgent convenablement, et auxquelles ils donnent ensuite une trempe assez ferme. L'acier connu sous le nom de damas, jouissant d'une extrême dureté sans être très-fragile, me paraît être le plus propre à la fabrication des ciseaux. Ceux que j'emploie, faits avec cet alliage, sont réellement d'une qualité supérieure aux autres. L'extrémité tranchante des ciseaux est taillée à un seul ou deux biseaux; dans tous les cas, il faut que ceux-ci ne soient pas trop obliques, parce que le tranchant serait trop mince, n'offrirait pas une résistance suffisante et se briserait avec facilité. On a, dans certaines opérations, de l'avantage à se servir de ces ciseaux courbés en gouttières sur leurs plats, que l'on appelle des *gouges*, et dont les sculpteurs font un fréquent usage. Les chirurgiens n'ont recours aux ciseaux que dans les opérations qu'ils pratiquent sur les os, et seulement lorsque la scie ne peut être employée. C'est à l'aide de ces instrumens qu'on enlève certaines exostoses, périostoses; que l'on fait l'ablation des portions d'os malades dans les caries, avant d'appliquer les caustiques; que l'on ouvre la cavité du canal médullaire des os longs, ou que l'on agrandit et réunit leurs ouvertures fistuleuses, lorsqu'on veut extraire le sequestre qu'ils renferment dans les cas de nécrose; qu'on élargit les ouvertures faites par le trépan, ou qu'on les réunit en une seule, en faisant sauter les ponts qui les séparent, lorsque l'indication est telle, dans les plaies et quelques autres maladies de la tête, etc.

Comme on fait pénétrer le ciseau à coups de maillet dans les os, on communique toujours des ébranlemens plus ou moins considérables à ces organes et aux parties molles environnantes. Quand on opère sur les parois osseuses du crâne, ces ébranlemens pourraient occasioner de fâcheux accidens, de funestes commotions au cerveau, s'ils étaient trop forts. Dans la vue de les diminuer, on se sert d'un petit maillet de plomb, qui présente en outre l'avantage de ne point causer autant de bruit pour les malades que ceux de bois. Une chose fort importante, est de ne faire agir le ciseau que sur peu de fibres osseuses à la fois, et de manière à les couper entièrement à chaque coup de maillet. Pour cela, on a en général plus de facilité à attaquer obliquement la surface des os avec un des angles de l'extrémité tranchante de l'instrument, qu'avec toute la largeur du tranchant. Mieux vaudrait reporter dix fois le ciseau dans la même entamure, pour enlever à petits coups une pièce d'os, que de vouloir détacher celle-ci en laissant la lame engagée dans la substance osseuse; elle ne tarderait pas à s'y enclaver et on ne pourrait la dégager qu'avec peine, en imprimant des ébranlemens douloureux à la partie malade. Si l'on continuait à frapper avec le maillet, on pourrait casser la pointe du ciseau et faire éclater l'os, ainsi que je l'ai vu arriver dans plusieurs cas. Quand on veut dégager la pointe du ciseau, il faut mouvoir l'instrument dans le sens de sa largeur, parce qu'alors il glisse plus facilement et ne risque pas de se briser, ce qui aurait lieu presque indubitablement, si on l'ébranlait suivant le sens de son épaisseur. Quand on peut conduire le ciseau sur les os avec la main seule, en le poussant devant soi, comme les graveurs et les sculpteurs le pratiquent avec le burin ou les gouges, on doit le faire; on évite par là d'occasioner les ébranlemens que l'on a généralement reprochés au ciseau conduit à coups de maillet. On peut aussi très-souvent remplacer avantageusement le ciseau, en se servant, pour inciser les os, d'une petite scie à main, convexe sur son tranchant. *Voyez* scie, carie, exostose, nécrose.   (jules cloquet.)

CISEAUX, s. m. pl., *forfices*, instrument très-connu et fort usité, formé de deux lames tranchantes, mobiles, articulées sur un axe commun, et qui peuvent se croiser pour diviser les corps que l'on place entre elles. Les ciseaux, fréquemment employés en chirurgie, soit à la préparation des pièces d'appareil, soit pour inciser des parties molles dans beaucoup d'opérations, forment un instrument assez compliqué dans sa structure et son mécanisme. De tous les auteurs qui se sont occupés des ciseaux, considérés comme instrumens de chirurgie, M. le professeur Percy est celui qui a le mieux fait connaître les principes d'après lesquels ils doivent être fabriqués, leur mode d'action et les perfectionnemens dont ils sont susceptibles.

On distingue dans les ciseaux les *lames*, les *branches*, et l'*entablure*.

Les *lames*, au moyen desquelles les ciseaux coupent, doivent être faites en acier fondu et bien trempé. Il faut que la trempe soit parfaitement semblable dans les deux lames, sans

quoi la plus dure entamerait la plus tendre, la *grugerait*, comme le disent les couteliers, bientôt l'instrument serait ébréché et ne couperait plus qu'avec peine. La longueur, la forme et l'épaisseur qu'on donne aux lames des ciseaux, varient. Ordinairement, elles doivent avoir un peu plus du tiers de la longueur totale de l'instrument : au reste plus elles sont courtes relativement aux branches, plus elles offrent de force, plus leur action est prononcée. En général, les lames des ciseaux sont droites : leur dos muni d'une vive arête, et leur tranchant s'inclinent insensiblement l'un vers l'autre pour se réunir à l'extrémité en une pointe légèrement émoussée. La face interne de chaque lame, celle qui correspond à sa semblable, quand l'instrument est fermé, a été nommé le *plane*. Elle est unie et plate. La face externe descend en talus du dos vers le tranchant, et se réunit au plane, au moyen du *biseau* ou petit bord obliquement taillé, lequel donne au tranchant plus de force et empêche les lames de s'entamer, ce qui ne manquerait pas d'arriver si ces dernières étaient évidées comme celles des bistouris ou des couteaux. La force des lames doit être proportionnée à la résistance des parties qu'elles doivent diviser. Quand elles sont trop minces, elles n'offrent point une résistance suffisante, elles ploient et se laissent détourner en dehors, par les parties qui s'interposent entre elles : celles-ci ne sont que contuses, pincées ou imparfaitement divisées; on est obligé de revenir à plusieurs reprises, et de causer beaucoup de douleur, pour faire une seule section, qui encore est inégale, et dont les lèvres sont contuses. Les lames des ciseaux ne sont jamais parfaitement droites; elles offrent toujours une légère courbure que l'on nomme l'*envoilure*, et qui est telle que sa concavité correspond au plane. A raison de l'envoilure, les lames inclinées l'une vers l'autre, ne se touchent jamais que par un seul endroit de leur tranchant, quel que soit le degré de leur écartement. C'est un des points les plus difficiles dans la fabrication des ciseaux, que de donner aux lames une envoilure convenable. Est-elle trop forte, les lames tendent à se croiser; leurs tranchans ne se rencontrent pas assez obliquement pour glisser avec facilité l'un sur l'autre; ils s'entament et s'émoussent quand même la dureté de leur trempe est pareille. Si l'envoilure n'est point assez prononcée, les lames se laissent dévier en dehors, et les ciseaux *mâchent*, comme dans le cas où les lames sont trop minces et se dévient. On peut s'assurer° du degré d'envoilure des ciseaux, en les regardant lorsqu'ils sont fermés, dans le sens de leur épaisseur, cas dans lequel les lames ne se touchent qu'à leurs extrémités, et sont écartées l'une de l'autre à leur partie moyenne.

L'*entablure* ou l'écusson, endroit au niveau duquel les lames s'articulent et se continuent avec les branches, doit être assez large et parfaitement plane, afin de donner de la solidité à l'instrument, d'empêcher ses lames de vaciller, de se dévier, et de n'apporter aucun obstacle à leurs mouvemens. L'entablure porte sur chaque branche une sorte d'épaulement qui borne l'écartement des lames, et les empêche de s'ouvrir au-delà d'un angle droit. Les branches sont réunies par un pivot d'acier vissé, ou rivé sur l'inférieure. Ce pivot doit être immobile : s'il jouissait de mouvemens, il pourrait se relâcher, et ne maintiendrait pas suffisamment les lames.

Les *branches* doivent avoir une longueur proportionnée à celle des lames. Dans les ciseaux ordinaires, on leur donne un tiers de plus de longueur qu'aux lames. Elles portent chacune à leur extrémité opposée à l'entablure, un anneau légèrement elliptique, destiné à recevoir les doigts. Comme les deux anneaux se rencontrent quand on ferme les ciseaux, avant la partie moyenne des branches, il en résulte que celles-ci restent constamment écartées l'une de l'autre. Cette disposition donne beaucoup de force à l'instrument, parce que ses lames et ses branches sont dans la même direction, et représentent chacune un levier droit.

Cependant, quand on porte profondément de semblables ciseaux dans une cavité étroite, on est obligé d'écarter considérablement leurs branches pour produire une assez petite ouverture des lames. Pour obvier à cet inconvénient, M. Percy a imaginé de faire placer les anneaux en dehors des branches, de telle sorte que celles-ci sont parallèles, se touchent dans toute leur étendue, et ne paraissent former qu'une seule tige quand elles sont rapprochées. Dans les ciseaux de M. Percy, l'écartement des lames est toujours pareil à celui des branches, ce qui les rend très-avantageux quand on doit couper des parties situées au fond d'une cavité.

Les ciseaux, dont on se sert le plus communément en chirurgie, et dont on garnit les trousses, sont droits, et ont environ cinq pouces de longueur; leurs lames sont longues de deux pouces trois ou quatre lignes. On fait d'autres ciseaux de diverses grandeurs pour les opérations particulières auxquelles on les destine; ainsi pour l'opération du bec-de-lièvre, M. Dubois se sert de ciseaux dont les lames sont mousses, fort épaisses, proportionnées à la résistance des parties qu'elles doivent couper, et dont les branches carrées et très-fortes se terminent par de gros anneaux comme dans les ciseaux ordinaires. Pour les opérations que nécessitent les maladies des yeux, on emploie de très-petits ciseaux, dont les lames sont fines et parfaitement évidées.

Relativement à leur forme, les ciseaux ont les uns leurs lames droites, d'autres les ont courbes. Les premiers ont le plus ordinairement, comme nous l'avons vu, les lames dans la même direction que les branches. Quelquefois on fait construire des ciseaux dont les lames sont coudées ou brisées sur les branches au-delà de l'entablure, et on les nomme *ciseaux coudés*; l'angle que les lames forment avec les branches est ordinairement de 30 à 35°. Ils peuvent être coudés sur leur plat ou sur leurs tranchans. Les ciseaux coudés sur leur plat sont-surtout utiles quand il faut couper quelques parties saillantes sur une surface aplatie, parce que la main qui les conduit, à raison de l'angle des lames, est maintenue éloignée de la partie sur laquelle on opère; on les emploie dans l'excision des verrues, des chairs fongueuses, des vaisseaux variqueux de la conjonctive, etc. Les ciseaux coudés sur le tranchant ont ordinairement leurs anneaux disposés de manière que l'un d'eux est uni à la face externe de l'une des branches, et l'autre à la face interne de la seconde; étant ainsi construits, la main, qui les tient, ne masque point la partie qu'on incise. Ces ciseaux sont très-commodes pour les opérations que l'on pratique au fond de la bouche, pour la rescision des amygdales par exemple. On les emploie aussi avec avantage, pour agrandir l'ouverture d'un abcès, inciser certaines membranes en conduisant l'une de leurs branches dans la cannelure d'une sonde ou sur le doigt, etc.

Les ciseaux à lames courbes le sont, les uns sur leur plat, et les autres sur leur épaisseur. Les premiers, qu'on nomme encore *ciseaux à cuillers*, sont employés dans le même cas que les ciseaux coudés sur leur plat; ils sont d'une construction difficile, et il est rare qu'on puisse leur donner une envoilure parfaitement régulière, de faire par conséquent qu'ils coupent également bien dans toute l'étendue de leurs lames. Aussi on les emploie peu maintenant, si ce n'est dans quelques opérations, comme dans l'extirpation du globe de l'œil. Les ciseaux courbés sur leur épaisseur sont usités dans les mêmes cas que les ciseaux coudés dans le même sens. Il est encore d'autres espèces de ciseaux de construction différente, inventée pour diverses opérations; les uns sont abandonnés, et ne figurent plus que dans les arsenaux d'instrumens de chirurgie; les autres seront décrits à l'occasion des opérations qui nécessitent leur emploi. C'est encore aux ciseaux composés qu'il faut rapporter ceux auxquels j'ai donné le nom d'*entérotome*, et avec lesquels on peut, dans les ouvertures de cadavres, fendre très-rapidement et d'une manière fort nette, le canal intestinal dans toute sa longueur. *Voyez* ENTÉROTOME.

Ordinairement les pointes des ciseaux sont mousses; on évite de les faire aiguës, pour ne point blesser les parties qu'on doit ménager, et parce qu'elles n'auraient pas assez de résistance pour diviser les tissus qui les écarteraient facilement.

Les ciseaux, dans leur mécanisme, agissent comme deux leviers du premier genre, qui se prêtent un point d'appui mutuel au niveau du pivot qui les réunit. Les lames représentent le bras de la résistance, et les branches celui de la puissance; d'où l'on conçoit aisément qu'on peut augmenter ou diminuer à volonté ces deux élémens de leur action, en changeant les rapports dans lesquels ils se trouvent entre eux, en augmentant ou en diminuant respectivement la longueur des lames et des branches. Les lames coupent les tissus tout à la fois en sciant et en pressant. Les corps que l'on divise avec des ciseaux éprouvent, à mesure qu'on rapproche leurs lames, un reculement plus ou moins prononcé; c'est ce mouvement qui fait que les lames agissent réellement en sciant, et divisent plus facilement les parties; mais il ne faut pas qu'il soit trop prononcé, parce que les tissus, glissant aisément devant les lames, éluderaient leur action et ne seraient pas coupés. C'est pour cette dernière raison que le tranchant des lames ne doit pas être trop fin, mais fait sur une pierre rude, afin d'offrir de petites dentelures qui pincent, arrêtent et fixent les parties qui sont soumises à leur action. Comme les ciseaux pincent d'abord les parties avant de les couper, celles-ci sont également bien divisées, qu'elles soient tendues ou molles et flasques. Chaque lame fait une incision séparée; aussi la section totale opérée par les deux lames ré-

sulte de deux incisions partielles, légèrement obliques, qui se réunissent en une seule au milieu de l'épaisseur des lèvres de la plaie.

Quelques chirurgiens, avec Dionis et Garengeot, emploient les ciseaux dans une foule d'opérations pour lesquelles il vaudrait mieux se servir du bistouri. D'autres, avec Louis, font de graves reproches à cet instrument, et voudraient le proscrire de la pratique chirurgicale. Ils l'accusent de ne diviser les parties qu'en les déchirant; de ne produire que des plaies contuses, d'occasioner de très-vives douleurs, etc. : mais pour tout praticien impartial, qui étudie exactement les faits, ces reproches paraissent bien exagérés. Les résultats sont en effet à peu près les mêmes, qu'une incision ait été faite avec le bistouri, ou avec des ciseaux bien tranchans : j'ai opéré comparativement le bec-de-lièvre avec des ciseaux et avec le bistouri; dans le premier cas, j'ai trouvé plus de facilité dans l'exécution et peut-être aussi moins de douleur que dans le second.

Il faut se servir des ciseaux quand il s'agit de couper des parties molles, lâches, isolées, qui ne peuvent être que difficilement tendues, que le bistouri n'inciserait qu'avec peine en produisant des tiraillemens et de vives douleurs. Il faut les préférer au bistouri, pour l'opération du bec-de-lièvre, pour l'excision de la luette, la section du filet de la langue ou du prépuce; pour couper les lambeaux gangrénés de tissu cellulaire, de tendons, d'aponévroses, les intestins frappés de sphacèle; pour exciser les chairs fongueuses, la peau décollée des vieux ulcères, certaines végétations qui poussent dans le vagin, le rectum, aux environs de la vulve ou de l'anus; les vaisseaux variqueux de la conjonctive, etc.

Pour tenir et faire agir convenablement les ciseaux, il faut introduire le pouce dans l'un des anneaux, le doigt annulaire dans l'autre, et embrasser la branche correspondante à ce dernier avec les doigts médius et indicateur. En tenant ainsi l'instrument, ses mouvemens sont solides et bien assurés; il ne peut vaciller entre les doigts, et on le conduit avec facilité. Si on veut couper des parties en travers, on tient les ciseaux avec le pouce et le doigt médius passés dans les anneaux; on applique à plat leurs lames sur la surface au niveau de laquelle on opère, et on fixe l'instrument, en appuyant sur l'entablure la pulpe du doigt indicateur. Il est utile de s'exercer à se servir de ciseaux également de la main droite et de la gauche. Si les parties que l'on veut diviser offrent beaucoup de résistance, on peut s'aider de la main gauche pour embrasser les branches et augmenter ainsi la force qui tend à les en rapprocher. Quand on veut modérer l'action des ciseaux et diviser certaines parties avec beaucoup de ménagement, on introduit entre les branches le doigt indicateur de la main qui tient l'instrument, et on le retire peu à peu de l'entablure avec les anneaux. Pour couper avec les ciseaux, il faut simplement en rapprocher les anneaux sans les pousser devant soi ni les retirer. Dans le premier cas, on plisserait les tissus au fond de l'angle qui résulte de l'écartement des lames, on les présenterait trop épaisses à l'action de ces dernières, et on ne les diviserait qu'imparfaitement et encore avec de vives douleurs et un froissement plus ou moins fâcheux. Dans le second cas, on faciliterait le reculement des tissus, ou l'on ne ferait que les pincer et les tirailler douloureusement sans les diviser. On est néanmoins quelquefois obligé de pousser légèrement devant soi les ciseaux, quand leur tranchant est trop fin, émoussé, ou quand on veut couper des parties dont l'épaisseur et la dureté sont considérables. Faut-il porter les ciseaux dans une cavité profonde, on doit préférablement se servir de ceux de M. Percy, et les introduire fermés. On peut aussi, avec le doigt indicateur de la main gauche, conduire leurs pointes et diriger leur action plus sûrement.   (J. CLOQUET.)

CITERNE, s. f., *cisterna*. On donne quelquefois le nom de *citerne lombaire* ou *citerne du chyle* à l'espèce de renflement que le canal thoracique présente à son origine. *Voyez* THORACIQUE (canal).   (A. B.)

CITRATE, s. m.; nom donné aux sels formés par l'union de l'acide citrique avec les bases salifiables. Ces sels ne présentent pas de propriétés saillantes qui puissent de suite les caractériser; il n'est point de réactif pour indiquer la présence de l'acide citrique; il faut l'extraire pour le reconnaître. L'acide citrique forme des sels solubles ou insolubles, suivant la nature de la base à laquelle il est uni. Dans les citrates, la quantité de la base est telle que son oxygène représente le quart de celui qui entre dans la composition de l'acide employé à la saturation. Les citrates ne sont d'aucun usage en médecine. On administre cependant indirectement le citrate de potasse, toutes les fois qu'on prescrit la potion anti-émétique de Rivière. C'est du citrate de chaux qu'on retire, dans les laboratoires, l'acide citrique. Ce citrate de chaux se fait en saturant avec la craie le suc de citron. *Voyez* ACIDE CITRIQUE.   (PELLETIER.)

CITRIQUE (acide). L'acide citrique se trouve dans un grand nombre de fruits; mais le citron le contient en quantité notable et dégagé de tout autre acide, tandis que dans les fruits rouges, la groseille, la cerise, la framboise, l'acide citrique est associé à l'acide malique.

L'acide citrique cristallise en prismes rhomboïdaux, dont les pans sont inclinés entre eux de 60 et 120 degrés, et dont les extrémités sont terminées par quatre faces trapézoïdales, qui interceptent les angles saillans. Ces cristaux contiennent, pour 100 parties, 20 p. d'eau de cristallisation qui constituent l'acide en un véritable hydrate. La saveur de l'acide citrique est très-forte; mais elle est agréable quand l'acide est suffisamment dilué. L'acide citrique se dissout dans les $\frac{3}{4}$ de son poids d'eau à la température de 18°; il est plus soluble à chaud et cristallise par le refroidissement; la solution très-étendue fermente et se décompose à l'air. Il est soluble dans l'alcohol. Chauffé légèrement, l'acide citrique s'effleurit et perd son eau de cristallisation. A une température capable de le décomposer, il donne les produits des matières végétales non azotées; à peine quelques atomes de l'acide peuvent s'échapper en se sublimant. L'acide sulfurique concentré charbonne l'acide citrique; l'acide nitrique le change en acide oxalique. L'acide citrique forme avec la chaux, la baryte et la strontiane des sels qui ne se dissolvent que dans un excès d'acide. L'acide citrique est principalement employé en pharmacie pour faire la *limonade sèche*. Cette préparation consiste dans un mélange exact de quatre gros d'acide citrique sur une livre de sucre en poudre, aromatisé avec un peu d'essence, ou mieux encore, avec un zeste de citron.

L'acide citrique, étendu d'eau, peut remplacer avec avantage le suc de citron, qui se conserve difficilement. L'acide citrique concentré n'est pas signalé comme vénéneux, bien différent en cela de l'acide oxalique, avec lequel on ne peut le confondre, l'acide oxalique ayant la propriété de faire des précipités dans les solutions de tous les sels de chaux.

On mélange souvent l'acide tartarique à l'acide citrique; mais il est facile de reconnaître la fraude. L'acide tartarique cristallise en rhomboïdes beaucoup plus allongés; il brûle sur un charbon en répandant une odeur désagréable; il forme avec la potasse un sel très-peu soluble, lorsque ce sel est avec excès d'acide. L'acide citrique n'a aucun de ces caractères. Un grand emploi de l'acide citrique a lieu dans l'art de la teinture et dans l'impression des toiles peintes.

Pour obtenir l'acide citrique, on forme un citrate de chaux en saturant avec du carbonate de chaux du suc dépuré de citron. Le citrate de chaux parfaitement lavé est décomposé par l'acide sulfurique étendu d'eau. Il faut calculer la quantité d'acide sulfurique sur celle de la chaux employée (on met neuf livres d'acide à 64° pour dix livres de carbonate de chaux employé; mais on étend l'acide avant de le verser sur le citrate). La liqueur filtrée ou décantée est évaporée avec précaution, et, s'il se peut, au bain-marie. S'il se dépose encore du sulfate de chaux, on filtre de nouveau; enfin, lorsqu'il se forme des pellicules à sa surface, on la laisse refroidir et l'acide cristallise. Pour l'avoir blanc, il faut le dissoudre et le faire cristalliser de nouveau. L'acide citrique est formé, selon M. Gay-Lussac, de : oxygène, 59,859; carbone, 33,811; hydrogène, 6,330.   (PELLETIER.)

CITRONNIER, *citrus medica*, L. Famille des orangers ou hespéridées, polyadelphie icosandrie. Cet arbre, naturalisé aujourd'hui dans les contrées méridionales de l'Europe, en Italie, en Espagne, etc., paraît originaire de l'Assyrie et de la Médie. Ses branches armées d'épines courtes, ses feuilles dont le pétiole est nu et sans ailes, ses fruits mamelonnés à leur sommet et dont la chair est sensiblement acide, le distinguent facilement de l'oranger. MM. Risso et Poiteau, dans le magnifique ouvrage qu'ils viennent de publier sur les orangers, remarquent que l'arbre et les fruits que l'on nomme à Paris *citronnier* et *citron*, sont ceux que tous les autres peuples appellent *limonier* et *limon*. La langue française, disent-ils, a adopté les mots limonade et limonadier, et, par un usage bizarre, elle s'obstine à appeler *citron* le fruit avec lequel on prépare les *limonades*.

Les citrons ou limons ont la chair très-succulente et d'une acidité fort agréable. Leur suc étendu dans l'eau et convenablement édulcoré, forme une boisson très-recherchée, surtout par les personnes dont l'estomac est fatigué par une irritation lente et peu intense. Aussi la limonade est-elle la tisane qui convient par excellence dans l'embarras gastrique et toutes les phlogoses de la membrane muqueuse de l'estomac. Le suc de citron s'emploie aussi comme condiment dans un grand nombre de préparations culinaires, principa-

lement pour les viandes noires, telles que les diverses espèces de gibier. Quant à l'écorce épaisse qui enveloppe le fruit, elle renferme, comme celle de l'orange, un grand nombre de vésicules pleines d'une huile essentielle, très-âcre et odorante. Elle s'emploie aux mêmes usages et de la même manière que celle de l'orange. (*Voyez* ORANGER.) C'est du suc de citron que les chimistes retirent l'acide citrique. (*Voyez* ce mot.)   (A. RICHARD.)

CITROUILLE, s. f. Nom d'une variété de potiron. (*Voyez* ce mot.)   (A. R.)

CIVETTE, s. f. On donne ce nom à deux objets très-différens l'un de l'autre; à une substance médicamenteuse et à l'animal qui la produit.

Celui-ci, originaire d'Asie, des Indes orientales, de Madagascar, de la Guinée, de l'Éthiopie et de l'Arabie, célèbre depuis longtemps sous le nom de *chat musqué*, a été confondu par la plupart des voyageurs et des zoologistes avec le zibet, animal des mêmes contrées, qui, avec lui, forme un genre distinct dans la famille des carnivores. Buffon nous paraît être le premier qui ait fait deux espèces séparées de ces animaux.

Quoi qu'il en soit, Linnée a appelé la véritable civette, *viverra civetta*, et ce nom lui est resté dans les répertoires zoologiques. Cet animal, ayant la tête du renard peu près, le volume d'un gros chat, une crinière prolongée jusqu'au milieu de la queue, un pelage gris et marqué de bandes et de taches brunes, la langue rude, les ongles à demi rétractiles, est naturellement farouche, et même un peu féroce, et est cependant susceptible d'être apprivoisé. Lorsque les Indiens le prennent vivant, ils l'élèvent dans une cage étroite, afin de s'approprier plus commodément la matière précieuse qu'il fournit. Pendant long-temps aussi, on a élevé de cette manière des civettes en Hollande, où l'on faisait commerce de cette substance, dont l'odeur est si forte qu'elle se communique à toutes les parties du corps de l'animal. Le poil en est imbu et la peau pénétrée, en effet, au point que le parfum s'en conserve long-temps encore après la mort, et que pendant la vie on ne peut en soutenir aisément la violence.

La matière dont il s'agit est sécrétée dans un appareil assez compliqué et dont nous allons tâcher de donner une idée.

Entre l'anus et la vulve ou l'ouverture du prépuce, et à distance égale de l'un et de l'autre, à peu près, on voit une fente longitudinale dont les lèvres écartées sont bordées de longs poils, et qui conduit dans une poche assez grande pour contenir un petit œuf de poule. Au fond de celle-ci, sont les orifices de deux autres cavités, dont les parois externes sont couvertes de tubercules adhérens les uns aux autres, et formés chacun par une utricule remplie d'une humeur huileuse et musquée. La paroi interne au contraire est creusée de petites aréoles, et offre des grains glanduleux. La membrane qui revêt ces cavités est percée d'une foule de pertuis, par où suinte le liquide parfumé qui s'amasse dans leur intérieur et dans la poche la plus voisine de l'extérieur, laquelle est tapissée d'un poil court et enveloppée d'une gaine musculeuse propre à en exprimer la matière odorante.

C'est dans cette dernière cavité que ceux qui élèvent des civettes vont recueillir cette matière, à l'aide d'une petite cuiller qu'ils introduisent dans son intérieur. Au moment où elle sort des follicules, elle est blanche et écumeuse; mais après quelque temps de séjour dans les réservoirs, elle s'épaissit et perd sa blancheur.

Cette humeur onctueuse, appelée *civette* par les Français, et *zibet* ou *algallia* dans le Levant, est, de nos jours, abandonnée presque entièrement par les médecins aux parfumeurs et aux confiseurs, qui préfèrent avec raison comme plus pure, celle qui vient de Hollande, à celle qu'on nous apporte de Guinée et des Indes, car les aborigènes de ces dernières contrées falsifient souvent la civette avec du labdanum ou du storax. Ceux, au reste, qui considèrent encore la civette comme un médicament, disent qu'elle est antispasmodique et stimulante, et en font préparer une teinture qui a les mêmes propriétés que celle de castoréum, et qu'on trouve encore dans quelques officines. Quant à nous, il nous semble que la civette peut être utile dans tous les cas où l'emploi du musc offre quelque avantage. *Voyez* MUSC.   (H. CLOQUET.)

CLAPIER, s. m., *latibulum*. Nom vulgaire que l'on a donné aux sinus que l'on observe souvent dans les fistules, les ulcères, et qui recèlent des amas plus ou moins considérables de pus.   (A. D.)

CLASSIFICATION, s. f., *classificatio*. Pour se former une idée exacte d'un objet, il ne suffit pas de l'embrasser d'un coup d'œil rapide et superficiel; il faut en considérer attentivement les diverses parties les unes après les autres, dans l'ordre le plus favorable à leur comparaison, dans l'ordre le plus propre à faire connaître en quoi elles diffè-

rent, et en quoi elles se ressemblent. A peine a-t-on terminé ce travail des sens et de la pensée, que l'on s'élève à une idée complexe qui est comme le résultat de la fusion de toutes les idées plus simples suggérées par l'observation. Veut-on ensuite faire connaître l'objet qu'on a étudié, on retrace de vive voix ou par écrit l'examen comparatif auquel on s'est livré mentalement; ou bien, partant de l'idée complexe qu'on s'est formée de cet objet, on expose graduellement et en sens inverse les idées simples par lesquelles on a dû passer pour y arriver. Telles sont les méthodes de l'analyse et de la synthèse. La première est le guide le plus sûr dans la recherche et la démonstration de la vérité; la seconde suffit lorsqu'il s'agit seulement de l'exposer sans chercher à convaincre.

De tous temps on a cru devoir combiner ensemble ces deux méthodes, rapprocher les objets d'après leur plus grande analogie, s'élever jusqu'à une notion générale qui pût donner une idée incomplète, mais pourtant déjà satisfaisante, de plusieurs notions analogues ou dépendantes les unes des autres. Par cette opération, qui remonte à l'époque du premier développement de la pensée, l'homme s'est élevé à des notions abstraites qui sont le produit du jugement, comme les fictions poétiques sont le produit de l'imagination. Ces notions abstraites ne se rapportent point à tel ou tel corps, à tel ou tel acte, mais à une collection d'actes, ou de corps, ou plutôt à ce qu'il y a de commun dans plusieurs corps ou dans plusieurs actes. Ce rapprochement, cette comparaison, variant au gré de chaque homme, on a voulu et on a cru pouvoir circonscrire la faculté d'abstraire dans des limites invariables; on a donné le nom d'*espèce* à toute collection d'individus présentant la plus grande somme de ressemblances; un nom spécial a été donné à la notion de chaque espèce; ce nom représente par conséquent ce qu'il y a de semblable dans plusieurs individus. Les diverses espèces comparées entre elles ont présenté de nouvelles analogies qui ont servi à établir ce qu'on nomme des *genres*, lesquels ont également reçu des noms particuliers, et c'est ainsi qu'on est arrivé à distribuer tous les êtres en *espèces*, *genres*, *ordres*, *familles*, *tribus*, *classes*, etc. Cette répartition méthodique forme un *système* ou une *méthode*, selon qu'elle repose sur un petit nombre de rapports arbitrairement choisis, ou sur la plus grande somme d'analogies.

Les avantages que l'on attendait des classifications ont paru tellement grands que l'on s'est attaché à classer non-seulement les minéraux, les végétaux et les animaux, les élémens, les principes immédiats, les liquides et les solides, les tissus et les organes, jusqu'aux fonctions des corps organisés, et aux différentes altérations que l'on trouve dans les cadavres après la mort, mais encore les altérations dont les organes sont affectés pendant la vie, et les groupes innombrables de symptômes auxquels on donne le nom de *maladies*. Ainsi on ne s'est pas borné à classer des corps isolés, distincts, ayant une existence propre, une forme déterminée, des qualités sensibles qui ne se dérobent pas aux sens de l'observateur, des corps, en un mot; on a voulu classer des actes instantanés, des modifications aussi variables que la pensée, des collections de phénomènes qui ne sont rien si on ne les rattache à leur cause prochaine, enfin, des combinaisons fugitives de mouvemens souvent à peine appréciables.

La classification des minéraux offre de grandes difficultés. Choisit-on pour source des caractères, l'extérieur, la configuration de ces corps inorganiques, on y cherche en vain un point fixe de départ, une marche uniforme; la composition fournit une classification plus chimique que minéralogique, et peu propre à faire distinguer les minéraux les uns des autres.

Les plantes n'offrent pas moins de difficultés dans leur classement; si la simplicité du système linnéen est séduisante, ce système a le désavantage d'isoler des végétaux qui ont entre eux la plus grande analogie de structure dans les organes les plus importans. Et combien de variétés de la méthode naturelle ne compte-t-on pas aujourd'hui dans la distribution des familles seulement?

Chaque jour nous voyons varier la classification des animaux, chaque jour on propose des déplacemens, de nouveaux genres, de nouvelles coupes. Pour certaines classes, la science du naturaliste est plutôt une science de nomenclature et de description, qu'une connaissance raisonnée de la structure intime et de l'utilité des objets.

Si les classifications en histoire naturelle offrent tant de variations, qui peut s'étonner que les classifications anatomiques, physiologiques, psychologiques et pathologiques aient tant varié jusqu'ici? Si la classification des corps palpables n'offre que vague et incertitude, que peut-on attendre des classifications arbitraires des phénomènes de la santé et de la maladie,

proposées jusqu'à ce jour? Comment a-t-on cru devoir faire l'application d'une méthode si défectueuse à la science qui en comporte le moins l'usage?

Le succès attrayant des travaux de Linnée et l'utilité de son système firent désirer à Sydenham que l'art pût disposer par classes et par ordres les maladies, ainsi que le célèbre naturaliste d'Upsal l'avait fait pour les plantes. Il y a maintenant environ quatre-vingt-dix ans que l'exécution de cette idée très-peu philosophique de l'Hippocrate anglais fit la fortune de Sauvages. Le savant professeur de Montpellier crut pouvoir établir les caractères des maladies sur des symptômes constans qui, suivant lui, fournissent des caractères plus sûrs et plus évidens pour les connaître et les distinguer les unes des autres. Il dédaigna ce qu'il appelait la méthode synoptique, c'est-à-dire, celle dans laquelle on procède par livres, chapitres, articles et paragraphes, pour adopter la méthode systématique, dans laquelle on rassemble les objets analogues. La méthode symptomatique lui parut préférable, et la méthode anatomique tout-à-fait défectueuse, en raison de la difficulté qu'on éprouve lorsqu'on veut assigner le siège d'une maladie. La méthode basée sur les causes prochaines ne lui parut pas moins fautive, en raison de l'obscurité de ces causes; néanmoins, il ne la dédaigna pas entièrement, puisqu'il en fit le fondement de la distinction des genres et des espèces. Il suivit donc servilement la marche tracée par Sydenham, qui, le premier, conçut l'idée d'une *classification* purement *symptomatique* des maladies. Conséquent à ce principe, Sauvages définit la maladie, une collection de symptômes, et c'est en partant de ce principe qu'il fit ce qu'il appelait une *nosologie philosophique*. La classification pathologique de Sauvages, reçue avec l'empressement le plus flatteur, est tombée dans le discrédit le plus complet et le mieux mérité. Celles qui lui ont succédé, accueillies avec moins de chaleur, sont tombées plus vite dans l'oubli. Pinel a fort bien caractérisé les nosologies de Vogel, de Sagar, de Macbride, de Vitet, et nous y ajouterions volontiers celle de Plouquet et de plusieurs autres, dont nous aurons occasion de parler ailleurs, en disant qu'elles n'offrent de remarquable que des efforts minutieux d'érudition, des compilations sans goût, ou des transpositions arbitraires. Le travail de Sauvages demeura supérieur à ceux de ses successeurs, mais on sentait généralement qu'il était nécessaire de le simplifier; c'est ce que Cullen entreprit, et fit avec assez de bonheur. Pinel, trop sévère pour ses prédécesseurs, a prétendu qu'il était impossible de faire de la classification de Cullen une application judicieuse à la détermination précise des maladies aiguës. Ce jugement, d'ailleurs fort juste, est trop sévère dans la bouche de l'auteur d'une classification qui offre des traits si frappans de ressemblance avec celle du médecin anglais.

Un compatriote de Cullen, Darwin, se crut appelé à réaliser la grande pensée de Sydenham; mais, dans l'exécution, il se montra infiniment supérieur à tous les nosographes qui l'avaient précédé. Il établit sa classification non sur les symptômes comparés un à un, mais sur des vues physiologiques, quelquefois bizarres, souvent profondes, et très-judicieuses. Ce fut un second pas vers la méthode physiologique; Brown avait fait le premier parmi les modernes. Mais Darwin établit des classes, des genres, et Brown avait dédaigné cet échafaudage dont son maître Cullen n'avait pas eu le courage de débarrasser la pathologie.

Stoll avait reproduit le vœu de Sydenham, lorsque Selle fit paraître ses Élémens de Pyrétologie méthodique, dans lesquels il eut l'heureuse idée de rapprocher les fièvres des phlegmasies, ce qui lui a été reproché par Pinel, qui s'est toujours montré trop préoccupé de la différence qu'il croyait voir entre les fièvres et les phlegmasies.

Ce fut en partant des travaux de Cullen et de Selle, et en y joignant la belle idée de la distinction des tissus affectés dans l'inflammation, que Pinel fit paraître sa *Nosographie philosophique*. A l'époque où il publia ce travail, les progrès des sciences naturelles avaient rendu général le goût des classifications. La méthode botanique de Jussieu offrait des espérances plus séduisantes encore que n'avait pu le faire celle de Linnée, aussi l'ouvrage de Pinel, calqué sur les classifications zoologiques et botaniques, fut-il reçu avec un enthousiasme presque général : je dis presque général, parce qu'un petit nombre d'esprits sévères, d'ennemis des innovations et de partisans de l'humorisme, s'élevèrent contre cette classification, mais leur voix fut à peine entendue au milieu des applaudissemens qu'excita l'application de l'analyse à la médecine, application qui parut neuve parce que le mot analyse était devenu à la mode.

On croyait que le temps des systèmes iatrochimiques était passé sans retour, lorsque

Baumes, séduit par l'admirable simplicité de la théorie pneumatique, crut pouvoir la faire servir de base à une nouvelle classification des maladies. Cette tentative fut très-mal accueillie, et il devait en être ainsi ; car s'il est peu rationnel de classer les maladies comme on classe les animaux, il est encore moins raisonnable de les ranger dans un ordre à peine admissible en minéralogie.

Les anciens, qui ne pensèrent jamais à faire des classes et des genres en médecine, parce qu'ils n'en faisaient point en histoire naturelle, étudiaient chaque mode d'affection morbide, d'abord en général, puis dans chaque région du corps, en procédant de la tête aux pieds. Afin de remplacer cette méthode, qu'ils appelaient anatomique, et que Richerand appelle avec plus de raison topographique, ce professeur a proposé de prendre pour base de la classification des maladies, la division des organes en appareils, d'après les fonctions qu'ils remplissent dans l'économie animale. C'était un acheminement vers une réforme plus heureuse. Mais à quoi sert-il de faire des genres, des ordres, des classes, de donner des noms particuliers aux degrés d'affinité des maladies ?

Tous les systèmes de classification que nous venons d'indiquer ont ceci de commun, que leurs auteurs n'ont eu en vue que d'établir une distribution de groupes de symptômes qui facilitât le diagnostic. Quelle que soit l'idée fondamentale d'où ils sont partis, les uns n'ont pas vu qu'ils s'éloignaient de ce but en prenant des hypothèses pour bases premières; les autres, croyant classer des maladies, n'ont classé que leurs signes extérieurs, et lorsqu'ils se sont occupés de leur siège, ils n'ont entendu par là que les parties dans lesquelles se montrent les symptômes. Richerand lui-même, celui de tous qui s'est approché le plus du but, ne l'a point atteint, parce que, tandis qu'il étudiait l'état des organes externes dans les maladies *chirurgicales*, il négligeait d'étudier celui des organes internes dans les maladies qui ne sont point du domaine de la chirurgie.

Lorsqu'on a dit que le défaut de classification produisait les inconvéniens les plus graves dans l'étude et dans l'exercice de l'art de guérir, on a avancé une erreur palpable, et l'on ne saurait trop s'étonner qu'elle n'ait pas été repoussée pour toujours dès sa naissance. Certes, il importe de décrire avec soin les maladies, d'indiquer leurs causes, leur mode d'invasion, les symptômes qui les caractérisent, leur nature, leur siége, leur durée la plus ordinaire, les suites qu'elles entraînent, et c'est ce qu'ont fait tous les bons observateurs depuis Hippocrate jusqu'à nos jours ; mais il ne suffit pas de retracer les symptômes généraux des maladies aiguës, les signes qui annoncent leur terminaison favorable ou funeste, moins encore d'en faire des classes, des genres, des ordres et des familles. *Il faut s'attacher à reconnaître quels organes sont affectés chez l'homme malade, et comment ils sont affectés.* Depuis que ce grand principe a été posé par Bichat, et affermi pour toujours par Broussais, une nouvelle ère a commencé pour la médecine. Aujourd'hui le praticien n'a plus pour guide de vaines et trompeuses analogies de symptômes. Près de l'homme en santé, il observe l'action organique, pour en connaître le type normal, et apprendre ce qu'il faut faire pour que l'harmonie n'en soit pas troublée. Près du lit de l'homme malade, il retrouve cette même action organique, non plus comme auparavant répartie également dans toutes les parties du corps, mais exaltée ici, diminuée ailleurs ; où il y avait égalité, harmonie, équilibre, il trouve concentration ou désaccord ; mais ce sont toujours les mêmes organes, ce sont toujours les mêmes lois. Sa pensée ne s'arrête point à des symptômes variables à l'infini, elle ne s'égare point à la recherche de vaines altérations humorales spécifiques ou chimiques ; elle pénètre le *solidum vivens* menacé dans son existence par la lésion d'une ou de plusieurs de ses parties. Continuons donc d'étudier les phénomènes et les circonstances déterminantes des maladies, mais ne nous arrêtons point à des recherches puériles de classification, plus propres à retenir l'essor de l'esprit philosophique qu'à favoriser ses progrès dans la découverte de la vérité.

Les classifications sont inutiles en médecine, parce qu'elles n'apprennent rien qui puisse aider le praticien ; à moins que l'on ne prétende qu'Hippocrate, Sydenham et Baillou étaient incapables de reconnaître une péripneumonie, parce qu'ils ignoraient à quelle classe, à quel genre, se rapporte cette maladie. Toutes les doléances sur l'inconvénient de ne point avoir une bonne classification paraissent bien misérables, lorsqu'on vient à se demander quel serait l'avantage de cette bonne classification qu'on nous a si long-temps montrée dans l'avenir comme la pierre philosophale de la médecine. Quand on a lu Boerhaave, Stahl et Hoffmann, et qu'on met en

parallèle avec les écrits de ces grands maîtres ceux des nosographes, on est bien porté à croire que les classifications ont plutôt retardé qu'accéléré les progrès de la médecine.

Les classifications sont dangereuses, parce qu'elles disposent le jeune médecin à chercher dans la nature, des maladies qui n'existent que dans certains livres, parce qu'elles créent des complications imaginaires, divisent en plusieurs affections l'ensemble des symptômes qui caractérisent une seule maladie, et parce qu'elles donnent pour simples des maladies dans lesquelles plusieurs organes sont affectés, les uns d'une manière, et les autres d'une autre. Portraits peu fidèles des maladies, elles empêchent de les reconnaître, et les font voir là où elles n'existent pas. S'il était permis de s'égayer un instant dans un sujet si grave, je comparerais volontiers ces classifications, tant vantées et si peu propres à guider dans le diagnostic, à ces lorgnettes à l'aide desquelles on croit voir les objets très-près de soi ou très-éloignés, selon que l'on regarde par la plus petite ou par la plus grosse extrémité de l'instrument.

Si les classifications ont été de quelque utilité, ce n'est pas, comme on l'a prétendu, qu'elles aient rendu plus faciles l'étude et la pratique de la médecine, mais parce qu'elles ont donné lieu à une investigation plus attentive des maladies. A mesure qu'on les a étudiées davantage, on a vu qu'il était plus difficile de les classer, et on a fini par se convaincre que toute classification des maladies n'est que le stérile résultat d'une spéculation oiseuse. Le temps n'est plus où l'on croyait avoir assez fait lorsqu'on était parvenu à *trouver la place d'une maladie donnée dans un cadre nosologique*, et la postérité aura peine à croire que des hommes célèbres aient borné à cette recherche spéculative le but des efforts du médecin dans l'exercice de son art. *Voyez* MALADIE et MÉTHODE. (DICT. ABRÉGÉ DE MÉD.)

CLAUDICATION, s. f., *claudicatio*; action de boiter, balancement que le corps éprouve, durant la marche, par l'effet de l'irrégularité des membres abdominaux, qui dépend de l'élongation, du raccourcissement ou d'une conformation vicieuse, soit de l'un d'eux seulement, soit de tous deux par rapport l'un à l'autre.

La claudication n'est qu'une infirmité, et non une maladie ; c'est le résultat d'un nombre presqu'infini d'affections ou d'accidens, qui peuvent être congéniaux ou acquis. Ainsi, elle peut dépendre des difformités du bassin qui font que les deux cavités cotyloïdes ne se correspondent pas ; de la mauvaise conformation des divers os qui composent le membre pelvien, ou même de l'absence de quelques-uns d'entre eux ; de la déformation de ces mêmes os par le rachitisme, une luxation ou une fracture mal réduites, une carie, une perte quelconque de substance ; de l'abolition des articulations naturelles, ou de la formation d'une ou plusieurs articulations contre nature ; de la paralysie ou de l'atrophie partielle d'un membre ; de larges cicatrices adhérentes ; de pertes énormes de substance ; d'une irritation chronique, soit des nerfs, soit des muscles, soit des tissus fibreux, etc.

L'inconvénient le plus grave de la claudication est de rendre la marche et en général tous les exercices pénibles. On ne parvient à la guérir que quand la maladie dont elle dépend est elle-même curable. Dans le cas contraire, on se contente de pallier la difformité, en allongeant le membre trop court, ou bien on fait prendre des béquilles ; en un mot, on adapte au cas particulier dont il s'agit les moyens infiniment variés dont la *prothèse* offre la ressource au chirurgien.

(DICT. ABRÉGÉ DE MÉD.)

CLAVICULAIRE, adj., *clavicularis*, qui appartient à la clavicule.

CLAVICULAIRE (Région). — Cette région, très-simple, se compose des organes qui entourent immédiatement la clavicule, et forme la portion supérieure et antérieure de l'épaule. Ses contours se dessinent bien à l'extérieur, ils traduisent la forme de la clavicule ; aussi en dedans, cette région est-elle reportée en avant, tandis qu'extérieurement, elle paraît fuir en arrière.

Sa longueur varie beaucoup : elle est mesurée par celle de la clavicule. Chez la femme elle est plus grande en raison de l'affaissement de la courbure de cet os ; ses limites, au reste, sont très-faciles à saisir.

Structure. 1° *Élémens.* — Cette petite région est peu compliquée sous le rapport de la structure. La clavicule forme son point d'appui et son squelette ; l'articulation sterno-claviculaire a été examinée dans la région sternale ; ajoutons ici que la clavicule est encore unie en dedans à la première côte, quelquefois par diarthrose, le plus souvent par le seul ligament costo-claviculaire, qui manque dans le premier cas. En dehors, cet os est lié solidement au scapulum dans deux points ; 1° par son extrémité, à l'acromion ; 2° à l'apophyse coracoïde par sa face inférieure, à

l'aide des ligamens coraco-claviculaires ; cette double articulation scapulo-claviculaire a une grande importance, relativement à certaines fractures de la clavicule. Le muscle sous-clavier, le peaucier, les insertions du deltoïde, du grand-pectoral, du trapèze et du sterno-mastoïdien, telles sont les parties musculaires qui se rattachent à ce point. On y trouve une petite aponévrose, remarquable par sa force en dehors, c'est l'aponévrose claviculaire, *fascia clavicularis* ; fixée sur le bord antérieur de la clavicule et sur l'apophyse coracoïde, par un faisceau que, depuis longtemps dans mes cours, je décris comme un troisième ligament coraco-claviculaire, elle se prolonge dans la paroi antérieure du creux de l'aisselle, où nous la retrouverons sur les vaisseaux et nerfs de celui-ci, et vient se fixer au bord supérieur du muscle petit-pectoral. Les vaisseaux de cette région sont peu importans, ainsi que les nerfs ; il est évident néanmoins que l'on n'entend pas parler de ceux qui sont placés au-dessous d'elle (*les vaisseaux et les nerfs brachiaux*) ; les filets sus-claviculaires du plexus cervical ne font que traverser la région claviculaire. Le tissu cellulaire sous-cutané est peu abondant, dense, et très-peu graisseux ; sous le peaucier, il a une disposition inverse. La peau n'offre rien de particulier.

2° *Rapports.* — La clavicule forme dans cette région, à laquelle elle donne son nom, un plan central, recevant dans son tiers externe en arrière, l'insertion du trapèze, en avant, celle du deltoïde ; recevant dans son tiers interne, l'insertion du sterno-mastoïdien en arrière, et celle du grand-pectoral en avant, tandis qu'elle est libre au milieu par ses deux bords. La peau est séparée d'elle par une couche cellulaire peu graisseuse et dense, par le muscle peaucier auquel sont collés en dedans les filets nerveux sus-claviculaires, et enfin par une couche cellulo-graisseuse plus lâche. Le muscle sous-clavier, recouvert en avant par l'aponévrose claviculaire, qui lui forme une demi-gaîne solide, la sépare en bas de l'ouverture supérieure du creux de l'aisselle, et des vaisseaux et nerfs qui la franchissent ; en dedans, le seul ligament costo-claviculaire existe entre elle et la première côte ; en dehors, elle est unie à l'apophyse coracoïde et au ligament coraco-acromien, par les ligamens coraco-claviculaires, et par un peloton cellulo-graisseux.

Développement. — Cette partie de l'épaule est peu allongée et peu courbée chez l'enfant ;

c'est à l'époque de la puberté qu'elle acquiert le développement qui fait le caractère de la description qui vient d'être donnée.

Usages. — Dans les mouvemens de totalité de l'épaule, cette région, par sa position singulièrement variable, fait aussi varier les régions axillaire et sus-claviculaire.

Déductions pathologiques et opératoires. — Les plaies superficielles sont peu graves dans cette région; les petites opérations que l'on y pratique quelquefois, ont pour caractère de produire des douleurs qui se répètent au col et dans le moignon de l'épaule, douleurs dont les filets nerveux sus-claviculaires sont les conducteurs. Les fractures moyennes de la clavicule peuvent être fort graves, lorsqu'elles sont produites directement par une force qui agit de haut en bas; les fragmens, en effet, peuvent être poussés vers les vaisseaux et nerfs axillaires; le plus souvent les fractures de la clavicule sont produites par contre-coup, et alors elles ne sont point suivies de ces accidens, mais seulement d'un inévitable déplacement; leur fragment externe en effet est entraîné en bas par le poids de tout le membre, que ne peut soutenir l'action du muscle trapèze; d'autre part le fragment interne est retenu immobile par la contraction du muscle sterno-mastoïdien, et surtout parce qu'il n'est sollicité par aucune force; de ces diverses circonstances résulte un déplacement suivant l'épaisseur, et bientôt un chevauchement, produit par la traction du moignon de l'épaule vers le tronc, sous l'influence des muscles grand-pectoral et grand-dorsal. Si la clavicule est fracturée en dehors, entre ses articulations acromiale et coracoïdienne, il ne saurait y avoir déviation des fragmens, parce qu'ils restent l'un et l'autre unis à des parties du scapulum, dont les rapports sont invariables, et aussi parce que les muscles trapèze en arrière et en haut, deltoïde en avant et en bas, s'insèrent sur les deux à la fois. La carie et la nécrose de la clavicule sont communes; sa position superficielle l'expose aux exostoses syphilitiques. La région claviculaire en totalité peut être maintenue, abaissée vers l'aisselle, ou élevée vers le col, par des tumeurs étrangères à elle, et développées au col ou dans l'aisselle.

(BLANDIN, ANAT. TOP.)

CLAVICULAIRE (Région sus-). — Cette région forme la partie latérale et inférieure de la portion trachélienne du col; elle est placée immédiatement au-dessus de la clavicule qui la limite inférieurement, entre le sterno-mastoïdien d'une part, le trapèze et le splénius de l'autre, muscles qui ont par rapport à cette dernière région les mêmes usages en avant et en arrière. Sa forme est celle d'un triangle à base inférieure; son étendue, toujours proportionnée à celle de la clavicule, peut être facilement estimée à l'extérieur : ses limites sont en effet faciles à saisir : ce sont celles de la dépression sus-claviculaire, si marquée chez les vieillards et les personnes maigres, pendant l'élévation du moignon de l'épaule. Au reste, la surface extérieure de cette portion du col est dépourvue de poils; la peau y joue facilement; et le doigt y sent, porté en bas et en dedans, de très-forts battemens artériels.

Structure. 1° *Élémens.* — Cette région appuie sur la partie antérieure et latérale du rachis, qui la termine en dedans; en bas, la clavicule et la première côte s'y rencontrent aussi; cette dernière offre, supérieurement pour le tronc axillaire, une dépression que limite en avant une saillie où s'insère le scalène antérieur, et la face ainsi disposée de cet os regarde elle-même en haut et légèrement en dehors. Plusieurs muscles occupent ce lieu, très-peu par toute leur étendue, mais la plupart le traversent seulement, ou s'y terminent. On y rencontre les derniers inter-transversaires cervicaux; les deux et quelquefois les trois scalènes y constituent un espace triangulaire dont la base correspond à la première côte; le muscle scapulo-hyoïdien traverse la région, sur le trajet d'une ligne menée du milieu de la clavicule, vers l'os hyoïde; avant ce dernier point, il est parallèle à la clavicule, contre laquelle il est fixé par un prolongement de l'aponévrose cervicale; on y trouve enfin une partie très-faible du peaucier. Les muscles sterno-mastoïdien, trapèze, splénius et angulaire de l'omoplate, qui sont sur les limites de l'espace sus-claviculaire, ne doivent pas être considérés à son occasion. L'aponévrose cervicale envoie dans cette région son feuillet profond, qui, après avoir passé sous le muscle sterno-mastoïdien, vient se terminer sur le muscle scapulo-hyoïdien et le bord postérieur de la clavicule; le feuillet superficiel de l'aponévrose cervicale manque ici, et se trouve remplacé par le peaucier. Cette région est traversée par des artères nombreuses et très-importantes qui y laissent quelques rameaux : au premier rang on doit placer le tronc destiné au membre thoracique, qui décrit dans ce lieu une courbe à convexité supérieure dont la concavité embrasse le cul-de-sac que forme la plèvre en dépassant la première côte. Cette artère volumineuse prend, dans cette région, le nom d'*axillaire* en sortant de l'intervalle des scalènes, intervalle dans lequel se termine sa portion *sous-clavière*. Au second rang, on place les branches que fournit cette dernière; les unes marchent horizontalement et d'arrière en avant, savoir : 1° la *cervicale transverse*, à deux travers de doigts de la clavicule; 2° la *scapulaire supérieure* dans l'état d'origine normale, le long du bord postérieur de la clavicule, logée entre deux lames de l'aponévrose cervicale; 3° la *cervicale profonde* entre l'apophyse transverse de la sixième et de la septième vertèbres : toutes se portent dans la région cervicale postérieure ou la scapulaire; les autres montent perpendiculairement, ce sont : la *vertébrale*, que cache le scalène antérieur; la *cervicale* ascendante, branche de la thyroïdienne inférieure. Des veines accompagnent toutes ces artères et présentent presque la même disposition, à l'exception de la veine axillaire, qui ne passe point dans l'intervalle des scalènes, mais glisse au-devant. La veine jugulaire externe vient se terminer en avant de la région sus-claviculaire, dans le tronc précédent, après avoir reçu les veines sus-scapulaires. On y trouve des ganglions lymphatiques en grand nombre, les uns sont superficiels, les autres profonds; ils se continuent avec ceux de l'aisselle, avec les latéraux du col, et reçoivent tous les vaisseaux lymphatiques de la région, même ceux de la face postérieure du col, beaucoup de la région costale, du membre correspondant, et quelques-uns qui viennent du poumon en remontant du médiastin. Cette région appartient à l'origine du plexus brachial pour lequel paraît formé l'intervalle des scalènes; les branches antérieures des quatre derniers nerfs cervicaux et celle du premier dorsal y concourent d'une manière très-simple, par *une réunion angulaire*; chacun d'eux reçoit un filet anastomotique du grand-sympathique. C'est de ce point que partent le nerf thoracique postérieur, *nerf respirateur externe de Charles Bell*, le nerf diaphragmatique accolé successivement aux parties externe, antérieure et interne du scalène antérieur et toutes les autres branches du plexus cervical superficiel, qui lui-même est placé dans la région du *sterno-mastoïdien*. Parmi ces branches nerveuses, les unes sont ascendantes, les *sus-claviculaires*, *sus-acromiales* et les *cervicales profondes*; d'autres sont ascendantes, les filets *mastoïdien*, *auriculaire*, et *cervicaux superficiels* ou *sous-cutanés*, qui se dirigent aussi en avant; le nerf spinal simple ou divisé en plusieurs filets, traverse en haut l'espace sus-claviculaire, et en sort bientôt pour se jeter dans le trapèze. Toujours on rencontre fort peu de graisse dans ce point; le tissu cellulaire y est partout très-lâche, si ce n'est entre la peau et le peaucier.

2° *Rapports*. — Les organes que nous venons d'énumérer, et dont nous avons rappelé les dispositions les moins bien connues et les plus importantes, ont entre eux des connexions qui doivent maintenant nous occuper. Le premier plan est formé par la peau, dont les glissemens sont faciles, non que ceux-ci s'exécutent immédiatement sur le peaucier, mais bien au-dessous de lui; vient ensuite une couche mince, mais dense de tissu cellulaire qui unit intimement la peau au muscle peaucier; celui-ci forme un troisième plan avec une lame cellulaire dans laquelle il se perd en arrière. Au-dessous existe une couche constituée par les filets descendans du plexus cervical, seuls en bas, réunis au nerf spinal en haut, et à la veine jugulaire externe en avant. Cette dernière, en se terminant, traverse la couche suivante, formée par le muscle scapulo-hyoïdien, le feuillet profond de l'aponévrose cervicale en avant, une lame cellulaire dense en arrière; au-dessous, à une distance de la clavicule, et suivant une direction indiquée, se trouvent l'*artère cervicale transverse*, la *scapulaire supérieure*, la *veine sous-clavière*, que l'on aperçoit à peine, tant elle est exactement cachée entre la première côte et la clavicule. Dans un plan plus profond encore, paraît en avant le muscle scalène antérieur croisé par le nerf phrénique et sur lequel s'appuie en haut la petite artère cervicale ascendante; en arrière, le muscle scalène postérieur divisé en plusieurs faisceaux distincts. Dans l'intervalle de ces deux muscles on trouve l'origine du plexus brachial, collé contre le scalène postérieur, et placé en haut et en dehors de l'espace triangulaire; en bas sur la première côte, l'artère axillaire accolée au côté postérieur du scalène antérieur, séparée de la veine par toute l'épaisseur de ce muscle, et du plexus brachial par un interstice cellulaire notable; ces parties, au reste, sont réunies par un tissu cellulaire non adipeux et très-lâche. Enfin, sous les scalènes, on rencontre : les apophyses transverses et l'artère vertébrale s'introduisant dans leur canal à une hauteur variable, les derniers muscles intertransversaires et l'artère cervicale profonde entre la sixième et la septième apophyse transverse.

Développement. — Le développement de cette région suit celui de la clavicule et du col en général.

Variétés. — Plusieurs variétés de la plus haute importance se rattachent à ce point; elles ont trait à son étendue en hauteur, et à la disposition plus ou moins anormale des vaisseaux et de quelques muscles. Dans les mouvemens d'abaissement et de traction en avant de l'épaule, cette région s'agrandit beaucoup, son artère principale s'aperçoit dans une plus grande étendue; les mouvemens inverses produisent sur elle une disposition inverse. Dans l'inspiration, le sinus sus-claviculaire de la plèvre remonte plus haut; quelquefois l'artère cervicale transverse naît de l'artère axillaire dans l'intervalle des scalènes, ou même hors cet intervalle. Dans ces deux cas, elle traverse le plus ordinairement les mailles du plexus brachial; d'autres fois, les deux branches de terminaison réunies à leur origine dans l'état régulier, naissent isolément : l'une, la superficielle, de la sous-clavière; l'autre, la profonde, de l'axillaire entre les scalènes. L'artère scapulaire supérieure présente quelquefois cette dernière disposition; souvent elle est une branche très-reculée de la cervicale transverse, et alors elle ne se trouve nullement dans l'espace sus-claviculaire. Il est commun de voir l'artère vertébrale entrer dans le canal des apophyses transverses, plus haut que de coutume; mais ce qui est excessivement rare, ce que j'ai vu une fois, c'est le passage de la veine avec l'artère axillaire, dans l'intervalle des scalènes. Le muscle scapulo-hyoïdien vient quelquefois se terminer dans cette région sur la clavicule; quelquefois aussi le scalène moyen de Sœmmering sépare en deux faisceaux le plexus brachial; rarement s'interpose-t-il tout-à-fait entre l'artère et les nerfs.

Déductions pathologiques et opératoires. — Les plaies de la région sus-claviculaire peuvent être des plus graves; elles peuvent déterminer immédiatement la mort, si le tronc artériel principal est ouvert; une hémorrhagie grave pourrait être encore la suite de la lésion des artères cervicale transverse et scapulaire supérieure. La position de cette dernière l'expose à être ouverte par les fragmens d'une fracture de la clavicule, s'ils étaient poussés en arrière avec violence. La lésion du plexus brachial entraînerait, avec de vives douleurs, une paralysie plus ou moins complète du membre thoracique correspondant; les plaies qui pourraient l'atteindre sont celles qui affecteraient la partie postérieure de l'espace. La gêne de la respiration indiquerait la blessure du nerf diaphragmatique en avant; enfin, dans l'inspiration et dans l'abaissement de l'épaule, un instrument vulnérant conduit même horizontalement au niveau de la clavicule, pourrait à la fois, dans l'intervalle des scalènes, léser l'artère axillaire et ouvrir la cavité de la plèvre; à plus forte raison, cette plaie pénétrante serait-elle produite par lui, si l'instrument agissait dans le même lieu obliquement en bas et en dedans. Chez les phthisiques, on voit quelquefois s'engorger les ganglions lymphatiques profonds de l'espace sus-claviculaire; l'anatomie nous a révélé la cause de ce phénomène en nous indiquant le trajet vers eux de quelques vaisseaux lymphatiques pulmonaires. Qu'elles siégent dans les ganglions lymphatiques, ou seulement dans le tissu cellulaire, les tumeurs de cette région se portent vers la peau, si elles sont en dehors de l'aponévrose; elles glissent vers l'aisselle lorsqu'au contraire celle-ci les recouvre (1). Les abcès offrent à un haut degré ces caractères : pour cette raison, ils doivent être ouverts de bonne heure, même les superficiels, de peur qu'après avoir éraillé l'aponévrose, ils ne descendent dans l'aisselle. Les incisions superficielles que l'on se propose de pratiquer en ce lieu, si rien ne s'y oppose, doivent être faites perpendiculairement, pour ne pas intéresser beaucoup de nerfs superficiels; si elles doivent être profondes, la direction transversale est plus convenable pour éviter les artères cervicale transverse et scapulaire supérieure. Ces incisions déterminent toujours des douleurs que les malades rapportent au moignon de l'épaule, suivant le trajet des nerfs sus-acromiens. Cette région contenant l'origine du plexus brachial, c'est ici que l'on doit placer les sangsues, les vésicatoires, etc., lorsqu'on

(1) Le docteur Allan Burns, avance que toute tumeur qui soulève le trapèze et le sterno-mastoïdien est plus profonde que le muscle omo-hyoïdien. Cette proposition n'est pas complètement exacte : ce qui a été dit du feuillet profond de l'aponévrose, feuillet qui passe sous le sterno-mastoïdien et adhère au muscle omo-hyoïdien, le montre incontestablement; il suffit en effet pour qu'une tumeur, un abcès par exemple, soulève le sterno-mastoïdien, qu'il se soit développé sous lui en dehors de l'aponévrose profonde, comme j'en ai observé un exemple à l'hôpital de la Charité; mais alors la tumeur est extérieure au muscle omo-hyoïdien.

veut agir sur ce plexus, dans les paralysies du membre thoracique. La portion de jugulaire externe qui occupe ce point doit être comprimée dans la phlébotomie cervicale; mais on ne l'ouvre jamais parce qu'elle y est profonde. L'artère axillaire, dont les pulsations sont facilement senties à travers la peau sur la première côte, peut aussi y être comprimée dans les opérations que l'on pratique sur le bras; pour arriver à ce but, il faut, comme lorsqu'on veut la lier, déprimer et tirer en avant le moignon de l'épaule, puis presser avec le doigt de haut en bas et très-légèrement de dehors en dedans, de manière à agir perpendiculairement à la côte, mettant ainsi l'artère entre deux résistances opposées, l'une passive, l'autre essentiellement agissante. Cette compression pourrait aussi être faite à l'aide d'un instrument, mais le doigt est préférable. Dans les cas de plaie de l'artère principale, peut-être serait-il imprudent de la découvrir pour la lier; en effet, le simple débridement de la plaie extérieure pourrait faire périr le malade d'hémorrhagie, avant que l'on fût parvenu à lier le vaisseau; il serait préférable de comprimer sur la première côte. C'est surtout dans les anévrismes du creux de l'aisselle, que la ligature de ce tronc convient; mais souvent, dans ces cas, la clavicule est tellement refoulée en haut, que l'opération devient impossible, tant est rétréci l'espace sus-claviculaire. Qu'il suffise, pour le prouver, de dire que l'un des plus habiles chirurgiens, M. Astley-Cooper, a été forcé d'y renoncer dans cette circonstance. Au reste, pour découvrir ce vaisseau, on conseille de faire une incision ou verticale ou transverse. Déjà j'ai montré, par l'anatomie, que si la première ménage plus que la seconde les nerfs sus-claviculaires, elle a plus qu'elle le désavantage d'exposer à la lésion des artères cervicale transverse et scapulaire supérieure. Pour ces raisons, je crois qu'il convient d'adopter l'incision transversale. Elle ne doit pas être faite trop près de la clavicule, pour ne point tomber sur l'artère scapulaire supérieure; il ne faut pas non plus s'en éloigner de plus d'un travers de doigt, car on couperait la cervicale transverse. La peau, le peaucier, les filets sus-claviculaires du plexus cervical, telles sont les couches que d'abord on incise de dehors en dedans, puis on déjette en dedans l'extrémité inférieure de la jugulaire externe avec le muscle scapulo-hyoïdien; on coupe une lame cellulo-fibreuse qui est sur le plan de ce muscle en arrière, et

l'on rencontre bientôt en avant le scalène antérieur : on le suit jusqu'à la première côte, et là, derrière lui, on trouve l'artère que l'on soulève de dedans en dehors, en portant un des doigts dans la plaie à la rencontre de la sonde cannelée, pour empêcher celle-ci de heurter le plexus, ou de prendre une de ses branches; le tissu cellulaire lâche qui entoure ce vaisseau rend facile le dernier temps de cette opération. Pendant ces manœuvres néanmoins, le patient éprouve de vives douleurs qui retentissent dans tout le membre correspondant, et jusqu'à l'extrémité des doigts. Ce phénomène est le résultat de l'ébranlement nécessaire du plexus brachial. Faut-il, pour faciliter l'opération, couper en tout ou en partie le scalène antérieur? Si on voulait suivre ce conseil, donné par M. Dupuytren, il faudrait, dans le premier cas, bien prendre garde de couper avec le muscle le nerf phrénique qui lui est accolé en dedans. On devine en effet ce qui arriverait : le diaphragme perdrait, du côté correspondant, sa faculté contractile; si on faisait une simple section externe du scalène, cet accident serait impossible. Au reste, on peut se dispenser de cette précaution : on conçoit encore, lorsqu'on fait la ligature de l'artère axillaire à cette hauteur, combien il faut exactement se rappeler les variétés anatomiques qui ont été signalées; car, si au moment de soulever l'artère axillaire, on s'apercevait qu'elle fournit une branche volumineuse près du lieu où elle doit être liée, la ligature devrait être mise au-dessus de cette origine, ou bien après la ligature du tronc, il faudrait faire celle de la branche fournie par lui; faute d'une semblable précaution, on pourrait voir survenir une hémorrhagie, comme lorsque l'artère iliaque externe a été liée au-dessous de l'épigastrique, quoique cependant les circonstances anatomiques ne soient pas tout-à-fait les mêmes. Si le muscle scapulo-hyoïdien gênait, il faudrait le couper après l'avoir soulevé sur une sonde cannelée. Il sera question ailleurs de la ligature de la sous-clavière en dedans des scalènes. (BLANDIN, ANAT. TOP.)

CLAVICULE, s. f., *clavicula*, de *clavis*, κλὶς, clef, verrou, et aussi clavicule; os long, pair, situé de chaque côté, presqu'en travers, au-devant du point de jonction de la poitrine avec le cou, au-dessus de la première côte, et se prolongeant jusqu'à l'épaule, dont il fait réellement partie, ainsi nommé, si l'on en croit Spigel, parce que sa forme ressemble à celle des verroux dont se servaient les anciens. La clavicule est courbée sur elle-même en deux sens opposés, irrégulièrement arrondie dans sa partie interne, aplatie dans l'externe, rétrécie dans son milieu, et renflée à ses extrémités, surtout à l'interne. Sa direction est telle, que son extrémité externe est située plus haut et plus en arrière que l'interne, et que sa face supérieure est un peu inclinée en avant. Elle repose, en dehors, sur l'apophyse coracoïde, et se termine, dans ce sens, par une facette étroite, oblongue d'arrière en avant, articulée avec l'apophyse acromion, et coupée obliquement, de manière à appuyer sur cette dernière. On remarque près de cette facette, à la face inférieure, une ligne rugueuse, prolongée obliquement en dedans de l'extrémité antérieure de la facette au bord postérieur du corps de l'os, et tuberculeuse en arrière; elle donne attache à deux ligamens qui unissent la clavicule à l'apophyse coracoïde. En dedans la clavicule présente une autre facette plus large, convexe de haut en bas, concave d'avant en arrière, arrondie ou de forme triangulaire, ayant surtout un angle postérieur et inférieur très-saillant, et qui s'articule avec le sternum, en s'appuyant également sur lui, à cause de la direction oblique de l'os. Un peu plus en dehors sont, en arrière et en bas, des inégalités auxquelles se fixe un ligament qui est entre la clavicule et la première côte. Le contour des deux facettes articulaires elles-mêmes est inégal, et donne attache aux ligamens des articulations correspondantes. Ces facettes ont cela de particulier que, quand on les a dépouillées de leur cartilage diarthrodial, elles offrent un aspect rugueux, surtout l'interne, au lieu d'être lisses, comme le sont la plupart des surfaces articulaires. La partie moyenne ou le corps de la clavicule, en raison de sa double courbure, a son côté antérieur convexe en dedans et concave en dehors, et le sens postérieur disposé en sens inverse : seulement la concavité de celui-ci occupe environ les trois quarts de sa longueur, tandis que les deux courbures se partagent à peu près également le côté antérieur. Ce corps est sensiblement tordu sur lui-même, de sorte que ses extrémités ne sont pas tout-à-fait comprises dans le même plan : l'externe est un peu relevée à sa partie antérieure, et l'interne est abaissée dans le même sens. En dehors il n'offre que deux faces, une supérieure et une inférieure, séparées par deux bords, dont le postérieur pourtant est assez large; mais, en dedans,

les deux faces se rétrécissent beaucoup, surtout l'inférieure. tandis que le bord postérieur s'élargit et représente une véritable surface inclinée en bas; de sorte que l'os est aplati sur trois côtés. Ces différentes régions du *corps* sont assez unies : on voit seulement des rugosités très-marquées à la partie concave du bord antérieur, et des inégalités moins prononcées sur les parties convexes du même bord et du bord postérieur, ainsi qu'à la face supérieure, près de l'extrémité interne. La face inférieure est aussi creusée, dans son milieu, d'une gouttière inégale. L'orifice du conduit nourricier principal se trouve dans cette gouttière; il en existe assez souvent un ou deux autres plus petits vers le bord postérieur. Les extrémités sont criblées d'ouvertures vasculaires du second ordre.

La structure de la clavicule ne diffère point de celle des autres os longs; son centre est creusé d'un canal médullaire très-apparent, surtout chez les vieillards.

Le développement de cet os est très-précoce; il n'y a guère que la mâchoire inférieure qui s'ossifie plus tôt. Il procède, par un seul point d'ossification, du milieu de l'os à ses extrémités. A la naissance, la clavicule est plus développée proportionnellement que les autres os, surtout si on la compare à ceux des membres; ses courbures sont très-marquées, ainsi que la torsion de son corps : seulement celui-ci est presque entièrement dépourvu d'aspérités. Quelque temps après la naissance, il se forme encore un petit point osseux dans le cartilage de son extrémité interne; je n'ai trouvé à aucune époque le point épiphysaire indiqué par beaucoup d'auteurs, pour l'extrémité externe.

La clavicule de la femme est plus petite et moins courbée que celle de l'homme; sa surface est plus arrondie, ses inégalités sont moins saillantes.

Dans le sujet entier, la clavicule a avec les parties molles qui l'entourent les connexions suivantes : 1° cinq muscles prennent insertion sur ses diverses aspérités, savoir, le sterno-mastoïdien en haut, le sous-clavier en bas, le grand-pectoral et le deltoïde en avant, le trapèze en arrière; 2° sa face supérieure n'est séparée de la peau, dans le reste de son étendue, que par un tissu cellulaire lâche et quelques fibres du muscle peaucier, qui la recouvrent sans s'y attacher; 3° sa face inférieure est appliquée, en dehors, sur une partie du ligament coraco-acromien et sur le muscle sus-épineux, auquel elle est unie par une bourse muqueuse; 4° la concavité de son bord postérieur embrasse les vaisseaux axillaires et le plexus brachial, qui passent au-dessous d'elle.

La clavicule sert à joindre l'épaule avec le tronc, en même temps qu'elle la tient écartée de la poitrine, à fournir un point d'appui aux muscles du bras, particulièrement à ceux qui le portent en haut et en avant, à protéger les vaisseaux et les nerfs de ce membre; ses articulations, qui seront décrites à l'article ÉPAULE (articulation de l'), concourent aux mouvemens de l'épaule et du bras. Sa double courbure a pour effet d'augmenter sa solidité, en augmentant sa largeur. (A. BÉCLARD.)

CLEF, s. f., *clavis*. On donne ce nom, en chirurgie, à plusieurs instrumens qui n'ont entre eux aucune analogie, soit sous le rapport de leur forme, soit sous celui de leurs usages. C'est ainsi que l'on appelle *clef du forceps* le petit instrument de fer à l'aide duquel on fixe le bouton ou l'écrou qui unit les branches mâle et femelle du forceps. On désigne aussi sous la dénomination de *clef du trépan*, la tige d'acier percée d'un trou carré à l'une de ses extrémités, fixée à l'autre sur un manche transversal, et qui sert à démonter la pyramide du trépan. Enfin, la dernière espèce de clef est la clef dite de Garengeot, ou clef anglaise, qui sert à opérer l'extraction des dents : celle-ci constitue un instrument fort utile, fort important, et qui mérite une description plus étendue que les précédens.

La clef à laquelle nous avons attaché le nom de Garengeot, bien que ce praticien ne l'ait pas décrite, et que, dans les autres parties de l'Europe, on désigne ordinairement sous la dénomination de clef anglaise, se compose, 1° d'un manche, 2° d'une tige, 3° d'un crochet fixé sur la tige à l'aide d'un clou vissé qui lui sert de pivot.

Le manche, ordinairement fait d'un bois dur, ou de corne, doit être assez volumineux et assez fort pour que la main puisse le tenir solidement et exercer sur lui des efforts considérables, sans le briser ou sans le détacher de la tige qui le traverse à sa partie moyenne. Quelques ouvriers le forgent du même morceau que la tige, mais cette modification est inutile : elle augmente, sans avantage réel, le poids de l'instrument. Une portion de ce manche est creuse, et l'une de ses extrémités se détachant laisse voir une petite languette d'acier qui sert à tourner la vis sur laquelle se meut le crochet.

La tige de la clef dentaire était autrefois droite, longue de trois à quatre pouces, mon-

tée solidement à l'une de ses extrémités sur le manche, et terminée à l'autre par une sorte de panneton arrondi et faisant une saillie d'environ six lignes. Au milieu de la hauteur de ce panneton se trouve une échancrure destinée à recevoir le talon du crochet, qui est ensuite traversé par la vis. Le crochet lui-même représente un segment de cercle, arrondi en dehors, plane en dedans, solide, renflé à l'une de ses extrémités, qui est percée d'un trou, évidée à l'autre, qui présente deux languettes, et qui est garnie de rainures afin de mieux saisir la dent et de ne pas glisser sur elle. On a ordinairement des crochets de différentes longueurs afin de pouvoir embrasser les dents de toutes les espèces et de toutes les dimensions.

Ainsi construite, la clef dentaire ne pouvait être portée qu'avec une extrême difficulté vis-à-vis des dernières dents molaires; on a remédié à cet inconvénient en courbant sa tige en dehors, c'est-à-dire, de manière à ce que sa concavité corresponde à l'extrémité libre du crochet fixé sur elle. Les praticiens se plaignaient aussi de ce que le crochet devant être tourné différemment, suivant que l'on veut renverser en dehors les dents du côté droit ou celles du côté gauche, l'action de démonter et de remonter la vis entraînait des lenteurs qui prolongeaient les anxiétés des malades. C'est à remédier à cette dernière imperfection que s'est le plus exercé le génie des chirurgiens. Les uns ont rendu creuse la tige de la clef, et ont placé dans sa cavité un ressort à boudin surmonté d'une sorte de clou, susceptible de sortir ou de rentrer, suivant que le ressort est abandonné à lui-même, ou refoulé en dedans, au moyen d'un bouton, saillant à l'extérieur sur l'un des côtés de l'instrument. Cette espèce de clef a été nommée *clef à pompe*; sa construction fort compliquée, et sa solidité diminuée par le canal de la tige, la rendent moins avantageuse que la clef ordinaire. D'autres praticiens ont imaginé de placer à l'extrémité de l'instrument une masse arrondie, servant de panneton, et au centre de laquelle le crochet est fixé par une vis qui lui sert de pivot. A l'aide de cette disposition, l'extrémité libre du crochet peut être portée de l'un et de l'autre côté, ou même placée dans la direction de l'arbre de la clef, ce qui permet de l'appliquer avec facilité sur les dents incisives, avantage que ne présentent pas les instrumens construits suivant l'ancien modèle. Cette espèce de clef, ou *clef à pivot*, est une des plus avantageuses que l'on ait construites jusqu'ici.

Il existe enfin des clefs dans lesquelles la masse qui supporte le crochet tourne sur une plate-forme elliptique, et peut prendre ainsi toutes les directions. Cette masse est fixée dans la situation qui paraît la plus convenable, à l'aide d'une bascule parallèle à la tige de l'instrument. Les clefs de cette dernière espèce, ou *clefs à noix*, réunissent à tous les avantages des clefs à pompe et de celles à pivot, une solidité plus grande, qui doit les faire préférer.

Toutes ces modifications, auxquelles nous aurions pu en ajouter d'autres moins importantes, n'ont d'objet que celui de rendre l'instrument plus commode, plus facile à préparer pour chaque opération ; mais elles n'exercent aucune influence sur les qualités essentielles de la clef, sur la disposition des parties qui sont destinées à saisir la dent et à l'extraire. Le mécanisme, suivant lequel agit la clef dentaire, est fort simple : l'effort exercé par la main du chirurgien sur le manche de l'instrument est transmis par la tige de ce dernier jusqu'à la base du crochet ; c'est de cet endroit que part la puissance qui agit sur la dent ; celle-ci, saisie par la pointe recourbée du crochet, est portée par lui en haut et en dehors, tandis que le panneton, appliqué sur le bord alvéolaire, sert de point d'appui. Pour que l'évulsion ait lieu d'une manière convenable, il faut que le crochet descende assez bas, et saisisse la dent avec assez de fermeté pour ne pas la laisser échapper, et pour n'en point occasioner la rupture ; il faut aussi que le panneton soit lisse, arrondi, et présente une surface légèrement convexe, afin de ne contondre la gencive que le moins possible. Ce panneton doit descendre jusqu'au niveau du sommet des racines des dents, ce qui rend plus facile leur renversement, et éloigne le point d'appui du centre du mouvement.

Il résulte constamment de l'action de la clef, la rupture de l'alvéole et la contusion de la gencive, bien que l'on ait le soin de garnir le panneton de linge. La manière dont il convient de procéder lorsqu'on se propose d'opérer l'extraction d'une dent avec la clef, ainsi que les avantages et les inconvéniens que présente cet instrument comparé à ceux que l'on emploie au même usage, seront indiqués à l'article DENT.   (DICT. AGRÉGÉ DE MÉD.)

CLEISAGRE, s. f., *cleisagra*, de κλείς, clavicule, et de ἄγρα, proie. Quelques auteurs ont ainsi nommé la goutte qui affecte les articulations de la clavicule.   (R. DEL.)

CLÉMATITE, s. f., *clematis*. Genre de la famille des renonculacées et de la polyandrie polygynie, qui offre un calice coloré, formé de quatre à cinq sépales, des fruits ordinairement terminés par un long style persistant et plumeux, et des fleurs dépourvues d'involucre, caractères qui distinguent les clématites des anémones. Toutes les espèces de ce genre, comme au reste la plupart des plantes de la famille des renonculacées, sont remarquables par leur extrême âcreté. La clématite des haies, *clematis vitalba*, L., si fréquente dans les bois et les buissons, jouit de cette propriété au plus haut degré. Appliquées sur la peau après avoir été écrasées, ses feuilles y déterminent une inflammation violente, qui s'étend au tissu cellulaire sous-jacent, et finit par occasioner des ulcérations plus ou moins profondes. Les mendians s'en servent pour produire sur les jambes des ulcères superficiels, par le moyen desquels ils excitent la compassion du public. On a aussi employé l'extrait de cette plante à l'intérieur. Mais on en a abandonné l'usage, à cause de son action trop violente. Il en est à peu près de même de l'emploi de l'huile dans laquelle on avait fait macérer ses feuilles, et dont on se servait autrefois pour se frotter la surface du corps dans le traitement de la gale. Ce remède, très-efficace dans cette circonstance, n'est pas sans danger, à cause de l'inflammation qu'il peut exciter à la peau.

La clématite odorante, *clematis flammula*, L., et la clématite droite, *clematis erecta*, si fortement préconisée par Stœrck, jouissent des mêmes propriétés que la clématite des haies, et sont, comme elle, presque inusitées, quoiqu'il soit possible d'en tirer un parti avantageux dans plusieurs circonstances.

     (A. RICHARD.)

CLIGNEMENT, s. m., *palpebratio*; contraction plus ou moins long-temps continuée des paupières, qui a pour effet, non pas de les mettre en contact parfait l'une avec l'autre, mais seulement de les rapprocher assez pour qu'elles ne laissent plus qu'une fente étroite entre elles.

Le clignement diffère du clignotement en ce qu'il dure plus long-temps. Du reste, il peut être aussi volontaire ou non. Nous l'exécutons à dessein lorsque nous voulons regarder un objet fortement éclairé, ou lumineux par lui-même, afin de diminuer la masse des rayons qui viennent frapper notre rétine. Nous l'exécutons, au contraire, sans la participation de notre volonté, soit quand nous regardons un corps très-brillant, le soleil, par exemple, soit lorsque nous passons tout-à-coup d'un en droit obscur dans un endroit fort éclairé, soit enfin quand la sensibilité de notre organe visuel est exaltée par l'état maladif. Personne n'ignore que les myopes et les presbytes ont recours à cet artifice, les premiers quand ils fixent des objets éloignés, et les autres quand ils regardent des corps rapprochés d'eux. Dans tous ces cas, le clignement s'accompagne de la contraction de presque tous les muscles de la face, le front s'abaisse, les sourcils se froncent, et les joues se rapprochent des yeux. Sous ce point de vue il diffère notablement de celui qu'on observe chez une personne qui éprouve une envie de dormir à laquelle elle veut cependant résister : ici le clignement est moins actif que passif, c'est-à-dire, qu'il dépend moins du resserrement de l'orbiculaire des paupières, que du relâchement incomplet de leur releveur propre.

(DICT. ABRÉGÉ DE MÉD.)

CLIGNOTEMENT, s. m., *hippus*, *nictatio*, *nictus*; maladie qui consiste dans des mouvemens convulsifs, rapides et passagers des paupières. Dans cette affection on voit les paupières se fermer et s'ouvrir alternativement avec une grande promptitude et d'une manière indépendante de la volonté ; quelquefois les mouvemens ne sont que de simples tremblemens ou frémissemens des fibres du muscle orbiculaire des paupières, et produisent alors une sensation de chatouillement fort incommode. Le clignotement occasionne de la gêne dans l'exercice de la vision, et les individus qui en sont attaqués croient voir un corps opaque qui passe plusieurs fois avec beaucoup de rapidité entre l'œil et les objets extérieurs. Ordinairement il affecte les deux yeux, quelquefois un seul. Le plus communément, on ignore sa cause. On a vu des enfans l'apporter en venant au monde, ou en être affectés peu de temps après leur naissance. On l'observe principalement chez les individus d'une constitution nerveuse : les hypochondriaques, les femmes hystériques, les épileptiques, les aveugles de naissance, etc. Il peut être occasioné par diverses névralgies, et en particulier par celle qu'on nomme le tic douloureux de la face. On l'a rencontré dans certains cas d'affections vermineuses dont il constituait un des symptômes. Tous les ans, aux approches de l'automne, un de mes malades est sujet à un tremblement convulsif, qui se manifeste d'abord dans les muscles de la cuisse gauche, passe quelques jours après dans les muscles du côté correspondant de l'abdomen, puis dans le grand-pectoral, et se termine enfin par un

clignotement des paupières de l'œil gauche, qui dure deux ou trois jours : la maladie paraît avoir été causée par des excès dans le travail du cabinet. Le clignotement n'est point une affection grave. On le voit parfois cesser spontanément ; dans d'autres cas, il persiste malgré l'emploi du traitement le plus actif. Quand il paraît dépendre d'un état d'excitation nerveuse, on a recommandé d'appliquer sur les paupières des préparations antispasmodiques et opiacées ; et d'avoir recours au contraire aux stimulans, lorsqu'il est le résultat d'une faiblesse locale ou constitutionnelle. On a conseillé généralement d'employer à l'intérieur l'opium, le camphre, le quinquina, le musc, l'assa-fœtida, le castoréum, l'infusion de racine de valériane, les pilules de Méglin, etc. Mais la première chose à faire avant d'administrer aucun remède, est de chercher à connaître la cause de l'affection. Lorsqu'elle paraît liée à l'existence de vers dans le canal intestinal, on doit employer les vermifuges ; quand elle forme un des symptômes de l'hystérie, de l'hypochondrie, il faut s'attacher à traiter la maladie essentielle par les moyens appropriés à sa nature. Souvent tous les remèdes échouent dans le traitement du clignotement, et il ne reste plus d'autre ressource que de faire la section des nerfs principaux qui vont se rendre aux paupières, du nerf frontal et de la branche sous-orbitaire du nerf maxillaire supérieur. Encore cette opération a-t-elle rarement réussi, c'est-à-dire que par elle les clignotemens n'ont été suspendus que pendant quelque temps, et n'ont point tardé à reparaître. M. Boyer conseille dans cette opération, comme dans celles de la même espèce que nécessitent les névralgies des autres parties de la face, d'isoler le nerf et d'en extirper une portion, afin que les bouts ne puissent pas se réunir. Je pense que les chances de l'opération sont trop incertaines et la maladie point assez grave, pour qu'on doive entreprendre la section des nerfs des paupières dans les cas de clignotement. Cependant si on croyait avoir des raisons de pratiquer l'opération, il faudrait dans son exécution suivre le conseil donné par M. Boyer. (J. CLOQUET.)

CLIMAT, s. m., de κλίμα, région, zone, d'où κλίμαξ, division. On donne ce nom aux différentes régions du globe terrestre, en ayant surtout égard à la différence de la température ; et d'une manière plus rigoureuse, on entend par climat, une partie de la terre comprise entre deux cercles parallèles à l'équateur.

Il s'en faut de beaucoup que le mot climat représente un agent simple dans sa nature, dont on puisse apprécier facilement l'influence sur l'économie animale. La plupart des personnes irréfléchies ne songent pas que le mot climat est une expression collective qui comprend la température, la lumière, l'électricité, l'humidité, les mouvemens de l'air, les productions du sol, la nature du terrain, la position des lieux, et la culture des terres. Tels sont cependant les objets principaux qui constituent les climats, et leur influence réciproque est telle que la nature et conséquemment l'influence des climats varient selon que l'un ou l'autre de ces élémens vient à prédominer. Il est donc impossible d'apprécier cette nature et cette influence sans parler de ces diverses modifications.

Les anciens, dont le génie éminemment philosophique aimait à s'étendre sur de vastes sujets, et qui réussissaient mieux dans les spéculations générales que dans les observations particulières, se sont beaucoup exercés sur les climats.

Hippocrate, dans un traité vraiment digne d'admiration περὶ ἀέρων, ὑδάτων, καὶ τόπων, a élevé l'un des plus beaux monumens possibles à l'hygiène publique; il y a tracé d'une manière sublime les effets des gouvernemens et des climats sur la santé, les mœurs et les caractères des peuples; il fait sentir les différences qui séparent les nations libres de celles qui gémissent sous le joug du pouvoir arbitraire; c'est dans cet écrit qu'on doit apprendre à apprécier son génie. Montesquieu et Cabanis ont puisé de belles pages dans cet ouvrage du Père de la médecine.

Cet article sera divisé en deux sections; dans la première nous examinerons les élémens constitutifs des climats, et dans la seconde leurs effets sur l'homme.

Iʳᵉ section. — *Des climats considérés physiquement.* — L'étude des climats est une de celles qui offrent le plus d'attraits au philosophe. Observer les effets simultanés de la lumière, de la chaleur, de l'électricité, des vents, et autres météores, sur les productions organiques des diverses zones de la terre, explorer la nature de cette terre, déduire de ces connaissances l'influence qu'elles exercent sur l'homme physique et moral, telle est la vaste matière que les climats présentent à notre investigation. Toutefois, résistant à l'attrait d'un sujet aussi intéressant, contentons-nous d'exposer les idées sommaires qui sont de notre ressort, et laissons aux sciences physiques et naturelles des détails qui ne sauraient nous appartenir.

Les premiers observateurs, frappés de la diversité des températures et des productions des différentes régions de la terre, imaginèrent de les diviser en plusieurs zones ou bandes, et c'est cette division qu'indique le mot de climat. Le degré de chaleur a été la première et la principale base de leur division; ce qui ne peut dispenser d'examiner aussi les autres objets dont les différences font varier les climats à un si haut degré.

On a distingué les climats en *chauds* et *froids*, ou bien en *chauds*, *froids* et *tempérés*. Cette dernière division est sans doute préférable. Il serait possible d'y ajouter plusieurs subdivisions, car la nature ne passe pas par un saut brusque d'une température à l'autre, et les nuances intermédiaires qu'elle dispense avec tant de ménagemens dans toutes les productions qui sortent de ses mains, se retrouvent ici avec les mêmes précautions; c'est bien rarement qu'elle transgresse ses lois immuables, et nous devons être bien réservés dans nos accusations. Quoi qu'il en soit, nous nous bornerons à ces trois divisions.

La zone comprise entre les deux tropiques est connue sous le nom de zone torride, elle s'étend en-deçà et au-delà de l'équateur de 3o degrés; elle comprend une grande partie de l'Afrique, de l'Asie, de l'Amérique, de la Nouvelle-Hollande, la Nouvelle-Guinée, une foule d'îles et d'archipels. Depuis ce degré jusqu'au 55°, on a placé la zone tempérée des deux hémisphères austral et boréal : celui-ci comprend presque toute l'Europe, la haute Asie, la grande Tartarie, le Thibet, une partie de la Chine, le Japon, l'Amérique septentrionale; et celui-là le Cap de Bonne-Espérance, la terre de Van-Diémen, la Nouvelle-Zélande, le Chili, etc.; enfin les climats froids sont situés depuis le 55° jusqu'au pôle. Ils comprennent le nord de la Suède, la Nouvelle-Zemble, le Spitzberg, la Sibérie, le Kamtschatka, l'Islande, le Groenland, la baie d'Hudson et une foule de terres encore inconnues.

La *température* de ces diverses régions est pour les régions tropicales de 24 à 35° (R). Ce que quelques auteurs ont dit de la chaleur du Sénégal et du centre brûlant de l'Afrique est entièrement faux. Les voyageurs les plus véridiques ne font pas élever la température au-delà du 34ᵉ degré, elle descend quelquefois à l'équateur au 20ᵉ degré. Nous avons vu que vers le pôle, le froid avait été évalué à 72°—o, et que la chaleur montait quelquefois aussi haut que sous les tropiques. Dans notre zone moyenne, il est rare que la chaleur s'élève au-dessus du 30ᵉ degré (R.), et descende au-dessous du 15°—o (R.).

Les saisons apportent dans la température des différences d'autant plus grandes qu'on descend davantage vers les pôles, cette différence est presque nulle vers l'équateur.

La *lumière*, à laquelle tous les êtres organisés doivent la vie, n'est pas égale dans ces différentes régions. Elle est répandue avec profusion dans les régions équatoriales, où elle semble lutter avec la chaleur, pour donner aux êtres animés un développement, une expansion inconnus dans nos régions tempérées. Les jours sont presque constamment égaux aux nuits; plus on s'avance vers les pôles et plus les jours sont inégaux; mais les jours ne sont pas seulement plus ou moins longs, la lumière arrive en divergeant, elle y est plus rare et plus faible. Durant l'hiver elle est presque nulle au cercle polaire.

L'*électricité* est d'autant plus abondante dans l'air que celui-ci est plus sec. Mais la chaleur parait concourir à son développement. Ainsi les climats rigoureux, dont l'air est entièrement privé de l'humidité, seront parfaitement électriques, et c'est vraisemblablement à cette disposition que l'on doit rapporter les phénomènes des aurores boréales que l'on observe si fréquemment vers les pôles. D'un autre côté, lorsque l'air est très-chaud, et que la vapeur est tellement divisée par la chaleur qu'elle devient inappréciable, l'électricité se trouve très-abondamment dans l'atmosphère, d'où il suit que, sous les tropiques, l'air est souvent saturé de ce fluide; ce qui occasionne ces épouvantables ouragans qui bouleversent ces contrées. Dans nos pays tempérés, durant le plus grand froid de l'hiver, on observe quelquefois des phénomènes électriques, mais ils sont bien plus fréquens et bien plus forts lorsque, durant l'été, notre atmosphère s'échauffe au point de ressembler à celle des régions équatoriales.

L'*humidité* est loin d'être la même dans ces différentes zones, et, chose singulière, on a remarqué qu'il tombait d'autant plus de pluie que l'on s'approchait davantage des pays méridionaux, de sorte que l'humidité parait être en raison directe de la température. Bien plus, c'est que l'on peut dire d'une manière absolue que l'air des pôles est plus sec que celui des tropiques, et cela par les raisons que nous avons exposées précédemment. Il tombe annuellement environ soixante-dix pouces d'eau

sous les tropiques; il n'en tombe guère que dix-huit à vingt pouces en Europe, et beaucoup moins vers les pôles.

Les *mouvemens dont l'air est agité* varient beaucoup selon les régions. Le vent d'est règne constamment entre les tropiques. L'explication qu'on a donnée de ces vents alisés est peu satisfaisante. On a prétendu que l'air dilaté par les rayons du soleil s'élevait et était remplacé par l'air froid qui arrivait des pôles, que cet air arrivait directement du nord et du midi vers l'équateur, et que de là il se dirigeait vers l'orient, où la dilatation était le plus sensible, mais comme le vent d'est marche d'orient en occident, on a supposé que le mouvement de la terre, qui a lieu dans un sens inverse et qui est plus rapide que celui de l'air, était cause de cette espèce d'illusion. Il est possible que les choses se passent ainsi, mais j'avouerai que j'éprouve quelque répugnance à ajouter foi à cette explication physique. Il existe dans la mer des Indes des vents connus des nautonniers sous le nom de *moussons*. Ces vents impétueux soufflent dans toutes les directions, et leur cause est totalement inconnue. Entre les tropiques l'air se refroidit durant la nuit, et, plus dense que celui des mers, tend à remplacer celui-ci, et souffle en *brise* de terre. L'inverse a lieu durant le jour; l'air des terres, plus rare que celui des mers, à cause de la chaleur solaire, appelle ce dernier sur le continent, ce qui donne lieu à la *brise* de mer. Les variations de température qui se manifestent dans nos climats tempérés paraissent être la cause des directions infinies des vents qui rafraîchissent ou échauffent notre atmosphère, qui la dessèchent ou l'humectent.

Les climats produisent des végétaux et des animaux qui leur sont particuliers, et c'est autant par ces productions destinées à servir de nourriture à l'homme, que par l'action des puissances que nous venons d'examiner, qu'ils modifient l'économie animale.

Les climats glacés du Nord n'enfantent que des êtres rabougris et misérables, incapables de suffire à notre alimentation. Quelques arbres toujours verts, des lichens, des plantes agames, quelques monocotylédones ont peine à couvrir la triste nudité de ces pays hyperboréens. La chaleur et la lumière fécondantes des régions équatoriales développent des végétaux gigantesques, dont les fruits, les feuilles, les écorces servent d'alimens, d'habits et de retraite aux habitans de ces zones brûlantes. Les climats tempérés, plus

heureux, ont reçu de la nature de riches graminées, et une multitude de plantes oléra-
cées. Ces plantes couvrent d'immenses et de fer-
tiles guérêts, et naissent presque sans culture.
Les épices, les aromates, les fruits aqueux,
les poisons actifs naissent dans les pays chauds.
La stérilité est le triste partage des régions gla-
ciales. La richesse, l'abondance de verdure,
de fruits, de fleurs sont l'apanage de nos belles
contrées, qui semblent plus spécialement destinées à être habitées par des hommes.

Le règne animal ne varie pas moins dans
les différentes zones. La plupart des ruminans, des oiseaux gallinacés et des passe-
reaux, qui sont si propres à notre alimentation, préfèrent les régions tempérées, où ils
trouvent dans les graminées une nourriture
abondante. Le pôle sera pauvre en animaux de
cette espèce, et le renne sera presque la seule
richesse du Lapon. Le froid glacial ne permettra pas aux insectes et aux animaux à sang froid
de vivre sous le pôle. Les cieux brûlans des
tropiques verront naître les animaux venimeux
les plus redoutables, les quadrupèdes les plus
féroces. La plupart seront couverts d'un man-
teau diapré des plus vives couleurs.

Des localités. — Mais une multitude de circonstances viennent modifier les influences des
saisons et des climats. La nature du sol, la
position des lieux, la culture des terres, etc.,
annulant les influences générales dont nous
venons de parler, imposent des saisons et des
climats particuliers à chaque pays.

§ Ier. *Nature du sol.* — La nature du sol
conduit à la connaissance des végétaux qu'il
produit, des animaux qui y vivent, des eaux
qui l'arrosent, et fait connaître par là quels
changemens l'homme doit éprouver sous ces
influences. Il est plus que vraisemblable qu'on
sera toujours réduit à former des conjectures
sur la nature du noyau de la terre. On a supposé qu'il devait être fort dense, et quelques
savans ont dit qu'il devait être très-raréfié.
Les géologues distinguent trois couches de terrain. Les *primitifs* présentent des blocs confusément entassés de granits, de porphyre, de
marbres primitifs qui s'élèvent en pyramides
énormes et forment à la surface de la terre
des chaînes de montagnes. Tels sont les Cor-
dilières des Andes, en Amérique; le Cau-
case, l'Altaï, l'Oural, l'Immaüs, le Thibet,
l'Atlas, les Alpes, les Pyrénées, etc. On ne
trouve aucun débris de corps organisés dans
ces terrains primitifs, qui pénètrent à une
profondeur encore inconnue, et qui constituent l'ossature du globe. Ce qui a fait pen-

ser qu'ils étaient antérieurs à tout être vivant.
Les terrains *secondaires* s'adossent en couches
plus ou moins obliques sur ces premiers, et
semblent être dus aux sédimens des eaux;
ils sont composés d'ardoises, de schistes, de
marbres veinés et colorés, de sulfates et de
carbonates de chaux, etc.; ils recèlent souvent
des débris d'animaux et de végétaux devenus
fossiles, et tellement conservés qu'on en reconnaît l'empreinte. Des filons métalliques les
sillonnent dans différens sens. Ils sont excavés
par des grottes où se passent divers phénomènes chimiques, des dégagemens de gaz
méphitiques, des détonations, des éruptions
volcaniques, etc. Enfin, sur ceux-ci, et tout-
à-fait à l'extérieur, gisent les terrains de *troisième formation*. La craie, le sablon, la marne,
et le détritus des matières végétales et animales
les composent. Ils paraissent avoir été boule-
versés par les orages; ils se sont amoncelés en
collines et creusés en ravins. Leurs couches irrégulières, inégalement superposées attestent l'irrégularité, le trouble qui ont présidé à leur
production. Elles renferment une foule de débris d'animaux marins. On a encore donné le
nom de terrains volcaniques à ceux qui paraissent avoir été vomis sur la surface du
globe par de vastes embrasemens souterrains.
C'est dans leur voisinage qu'on trouve en général des eaux minérales et thermales dont les
anciens faisaient tant de cas, et que la médecine moderne sait mettre en usage d'une manière si avantageuse.

La dernière couche de la terre est, comme
on le voit, de diverses qualités; aussi les productions qui y naissent sont-elles bien différentes.
Ici une terre forte, noire, riche en matières
végétales décomposées, produit de gras pâtu-
rages, qui à leur tour alimentent de magnifi-
ques troupeaux, dont les dépouilles, le laitage
et les chairs, protègent contre les vicissitudes
de l'air et nourrissent avec profusion le riche
habitant de ces contrées. Là, un terrain plus
sec donne naissance à d'abondantes moissons;
plus loin, ce coteau, en apparence aride, voit
croître la vigne et l'olivier. Sur ce terrain sa-
blonneux roulent des eaux claires et limpides.
Chaque sol jouit d'une valeur particulière que
l'homme industrieux sait faire servir à son
usage; et qui par ses productions ou par les
travaux qu'exige sa culture impriment à sa constitution un caractère particulier.

§ II. *Position des lieux.* — La surface de
la terre est arrosée par une immense quantité
d'eau. Une multitude innombrable de rivières
et de fleuves circulent de tous côtés dans les

plaines et les vallons, et portent en tous lieux l'abondance et la vie. Des mers incommensurables tant par leur étendue que par leur profondeur, des lacs immenses entretiennent par leur continuelle évaporation une douce température, soit en modérant l'impression d'une chaleur ardente, soit en tempérant celle d'un froid trop rigoureux. Ce qui fait que les bords des mers ou des fleuves sont plus froids en été, et plus chauds en hiver que l'intérieur des continens. Les habitans des côtes sont en général pêcheurs, ichtyophages, navigateurs et commerçans, ce qui leur donne une constitution particulière. Les habitans des bords des rivières et des lacs partagent ces dispositions organiques. Mais la terre est quelquefois souillée par d'infects marécages et par des marais pestilentiels. Ici tout est danger pour les malheureux condamnés à languir sur ces bords empoisonnés. Des miasmes délétères, résultat des matières organiques en décomposition, s'élèvent incessamment de ces marais empestés, et portent avec eux une multitude de maladies que nous citerons; leur nombre est tel qu'elles ont donné lieu à de volumineuses monographies. Ramel pense que la seule humidité de l'air est la cause de l'action des marais sur l'homme. Nous partageons l'avis de la plupart des observateurs, qui l'attribuent aux effluves marécageux composés de gaz auxquels donne lieu la décomposition des substances organiques.

Autant le voisinage de ces lieux est meurtrier, autant est salutaire celui des forêts. Elles enrichissent l'air d'une prodigieuse quantité d'oxygène, lorsqu'elles sont frappées par les rayons du soleil; elles entretiennent une habituelle fraîcheur dans l'atmosphère pendant l'été, et durant l'hiver elles diminuent la violence du froid, soit en développant une certaine quantité de calorique, soit en brisant le cours impétueux des vents.

Les vastes plaines continentales sont exposées à toutes les vicissitudes atmosphériques, à tous les vents; elles sont plus chaudes en été et plus froides en hiver que les autres localités.

Il n'en est pas de même des montagnes et des vallons. La direction des premières relativement au soleil ou leur exposition, et leurs diverses hauteurs influent prodigieusement sur la température. Si une montagne est exposée au sud, qu'elle reçoive toute la journée l'action des rayons solaires, la température sera plus chaude que ne le comportera la latitude où se trouve située cette montagne. L'inverse aura lieu sur son revers. Le côté de l'est sera plus frais dans nos contrées que le côté de l'ouest. Mais l'élévation du terrain est une grande cause du froid. Sous l'équateur, les Andes du Pérou sont couvertes de neiges éternelles, à 2,400 toises. La hauteur où les neiges commencent varie selon les latitudes, elle est beaucoup moindre vers les pôles. Paris et Vienne sont sous la même latitude, mais le premier est situé à 37 toises au-dessus du niveau de la mer, et le second à 80, aussi celui-ci est-il beaucoup plus froid.

La lumière et la chaleur sont ramassées et réfléchies par les parois des gorges et des vallons, l'air y est intercepté, aussi la température y est-elle beaucoup plus douce que partout ailleurs. La circonstance funeste de la stagnation de l'air est loin d'être détruite par l'abondance des rayons de lumière et de calorique; et les habitans de ces lieux sont en butte à une foule de maladies.

Les diverses localités que nous venons de passer en revue font, comme la nature du sol, varier les productions de la terre, et par suite la constitution de l'homme, qui est soumis à leur influence.

§ III. *De la culture des terres.* — On a remarqué que la culture des terres rendait les pays beaucoup plus chauds qu'ils n'étaient avant d'être cultivés. Ce fait assez extraordinaire échappe à une explication satisfaisante. On conçoit bien que le desséchement d'un marais puisse assainir une contrée. Mais comment le labourage détermine-t-il une plus grande production de chaleur? c'est ce que l'on ignore. Ce fait est cependant incontestable. L'ancienne Gaule et la Germanie étaient réellement plus froides qu'elles ne sont aujourd'hui. Ce qui le prouve d'une manière incontestable, c'est qu'une foule de végétaux qui ne pouvaient pas y être naturalisés du temps de César et de Tacite sont aujourd'hui fort communs dans ces contrées. A quoi attribuer cette différence, si ce n'est au défrichement des terres, au desséchement des marais, à la construction des villes, etc., les végétaux qu'on multiplie développeraient-ils seuls cette chaleur?

II⁰ SECTION. — *Effets des climats sur l'économie animale.* — L'action des climats sur l'homme est très-complexe, elle est le résultat de plusieurs causes : elle est le résultat de l'influence du calorique, de la lumière, de l'électricité, des diverses qualités de l'air, du sol, de la nature des eaux, des productions qui lui sont propres, et peut-être d'autres agens dont nous ignorons l'existence. Le climat exerce en général son pouvoir sur une masse considérable d'individus; mais il imprime à l'organisme des hommes isolés des modifications profondes, il en change complètement la nature.

L'homme par son organisation paraît destiné à vivre sous toutes les latitudes. Il a plus que tous les autres animaux la faculté de se plier à toutes les influences atmosphériques, il est essentiellement cosmopolite. Cette faculté est surtout le partage des habitans des régions tempérées. En effet, nous avons vu que les vicissitudes de l'air étaient très-fréquentes dans ces contrées, ce qui habitue les indigènes à supporter ces variations sans danger. En outre la différence des saisons y est très-marquée, le froid y est rigoureux, la chaleur intense, d'ailleurs la température ne s'éloigne pas sensiblement de l'un ou de l'autre extrême, et l'on conçoit que ces diverses causes réunies rendent l'homme de ces pays très-propre à vivre sous d'autres climats. Il n'en est pas ainsi des habitans du Nord ou du Midi, qui ne peuvent être transportés impunément dans des climats opposés à ceux qui les ont vus naître. Mais quoique l'homme soit cosmopolite, si l'on réfléchit que les climats tempérés où les variations de l'air sont fréquentes, sont les plus avantageux à la santé (car, ainsi que nous l'avons fait voir, une température constante occasionne une multitude de maladies); si l'on examine d'ailleurs la générosité avec laquelle la nature a doté les pays tempérés de matières alimentaires (en effet, les riches graminées croissent abondamment dans ces régions peuplées de troupeaux, de gallinacés, de gibier de mille espèces), il est difficile de ne pas convenir que ces pays sont l'habitation la plus convenable et la plus naturelle à l'homme.

Néanmoins tous les hommes ne peuvent pas vivre dans ces régions fortunées. Les uns sont appelés à traîner leur malheureuse existence dans les antres des pôles, de s'enfoncer vivans dans les entrailles de la terre pour éviter les impressions mortelles d'un froid glacial; les autres, destinés à un supplice peut-être plus cruel encore, sont condamnés à respirer un air embrasé qui les dévore, sans qu'il leur soit possible de s'y soustraire. Les premiers, vivant de mousse, de lichen, de sommités de pin, du lait de renne ou de sa chair, sont arrêtés dans leur développement et par la pénurie de leur régime alimentaire et par la rigueur du froid. Indigens de lumière et de chaleur, dont les habitans des tropiques sont surchargés, ils gémissent d'un mal dont l'excès opposé fait le supplice de ces derniers. Ceux-ci, errans au milieu d'une nature gigan-

tesque, accablés du poids énorme d'une chaleur insupportable qui anéantit toutes leurs facultés, sont incapables, à cause de leur affaiblissement physique, de jouir des richesses dont ils sont entourés.

Les climats font varier la forme et la couleur des hommes. Ceux qui sont groupés autour du pôle sont petits, ont la tête grosse, la figure plate, les yeux écartés, le nez écrasé, les jambes torses, les genoux en dehors, les pieds en dedans, le teint grisâtre. Tels sont les Samoièdes, les Esquimaux, les Lapons, les Groenlandais, les habitans de l'Islande et de la baie d'Hudson, les Tartares, etc. Ces peuples se ressemblent aussi sous le rapport du moral. Sous les zones tempérées, les hommes sont plus grands, plus beaux, mieux faits et plus forts. Ils sont blancs ou bruns, de diverses nuances. La teinte brune, rougeâtre, cuivreuse ou noire de la peau, tient à l'intensité de la lumière. Or, nous savons que c'est vers les tropiques où elle est le plus intense. Mais son effet peut être modifié par la position des lieux, par le voisinage des eaux et par celui des forêts, etc. La chaleur agit peu pour colorer la peau, jamais en effet la chaleur artificielle ne produit les mêmes résultats que la chaleur et la lumière solaires.

Les données générales, si séduisantes pour l'esprit, sont rarement exactes et surtout rarement incontestées; nul doute cependant que les climats n'exercent sur les mœurs, l'esprit, le caractère, les habitudes, les gouvernemens des différens peuples du globe, une influence immense. Mais si l'on dit que les habitans des pays chauds sont soumis au despotisme, qu'ils sont lâches, cruels, tyrans ou esclaves, on vous répond que les mêmes pays ont tour-à-tour été libres et soumis, que la Grèce, qui tend aujourd'hui à reconquérir son indépendance, a gémi pendant plusieurs siècles dans un honteux esclavage; que le Grand-Turc habite non loin des pays des Thémistocle et des Phocion; que Rome, qui vécut 600 ans en république et qui conquit le monde, est aujourd'hui l'esclave d'un prêtre, que les arts, nés dans ces beaux climats, règnent aujourd'hui dans Paris, et il est impossible de ne pas se rendre à de pareilles objections. On a prétendu qu'il était plus vrai de dire que l'amour de la liberté et de l'indépendance était le partage des habitans des pays montagneux; ce qui placerait les républiques en Afrique vers les régions tropicales. Cependant, pour descendre à des faits moins généraux, « le caractère du sol, la nature de ses productions, la température des lieux et leurs rapports particuliers avec tout le voisinage, n'invitent-ils pas de préférence à la culture de certains arts? ne la commandent-ils pas même en quelque sorte? n'interdisent-ils point en même temps celles de certains autres arts dont on ne peut se procurer qu'avec peine et à grands frais les matériaux ou les instrumens? Sur les hautes montagnes où croissent spontanément les herbages féconds, mais où la culture ne peut obtenir aucune autre récolte aussi profitable, les hommes doivent se borner à l'éducation des troupeaux; ils deviennent pasteurs, ils préparent le beurre, ils fabriquent le fromage; et le commerce de ces produits de leur industrie ou celui de leurs animaux eux-mêmes, est souvent le seul nœud qui les unisse aux habitans des vallons les plus voisins. Dans les plaines où le labourage est plus facile, où les récoltes en grains, en légumes en fruits, sont plus riches et plus variées, les hommes deviennent agriculteurs. Sur le penchant des heureux coteaux où la vigne prospère, ils deviennent vignerons; au fond des bois ils mènent une vie grossière, et pour ainsi dire compagnons des bêtes farouches, ils deviennent comme elles sauvages et cruels. Les bords de la mer invitant à des pêches plus hasardeuses, en même temps que plus lucratives, exercent le courage de leurs habitans, leur fournissent plus de réflexions pour braver les flots et les orages, développent en eux le goût des voyages et des aventures romanesques. Enfin, et cette seule circonstance suffit pour créer un genre très-particulier et très-étendu de travaux, ces mêmes bords offrent de nombreux entrepôts au commerce et des asiles aux navigateurs.

» Les pays qui fournissent à l'homme une nourriture facile, surtout quand la chaleur y vient encore augmenter le penchant à l'oisiveté qu'inspire l'abondance; ces pays, dis-je, énervent les forces corporelles. Mais comme on y a plus de temps pour la réflexion, l'esprit se développe plus complètement, les mœurs sont plus douces et plus cultivées. Dans les pays froids, comme nous l'avons dit, il faut des alimens plus abondans, et la terre est souvent plus avare; mais aussi de plus grandes forces musculaires y mettent en état de supporter les plus pénibles et les plus longs travaux; ces travaux, ou de violens exercices destinés à les suppléer, y sont même nécessaires au maintien d'une bonne santé. Ainsi donc l'homme de ces pays sera supérieur à celui des pays chauds dans tous les travaux qui demandent un corps robuste; il lui sera souvent inférieur (et il le serait toujours si les autres circonstances étaient égales) dans les travaux qui tiennent à la culture de l'esprit, particulièrement dans les arts d'imagination.» (Cabanis, *Rapports du physique et du moral*.)

Ce serait un travail immense que d'entrer dans tous les détails de ce vaste sujet. Il faudrait parcourir la plupart des régions du globe, et assigner à chacune les maladies qui lui sont propres. Nous nous bornerons à dire que la peste, la fièvre jaune et les divers typhus exercent leurs ravages dans les pays chauds, dans ceux qui sont chauds et humides, et dans le voisinage desquels gisent des matières animales ou végétales en décomposition; telle est au moins la situation des Antilles et des diverses parties du Nouveau-Continent où la fièvre jaune sévit; telle était aussi celle de Barcelone, et telle est encore celle de l'Égypte, de l'Europe orientale et méridionale, de l'Asie, etc. Les fièvres intermittentes, simples, naissent sous des conditions analogues, comme on peut s'en assurer par ce qui a lieu dans les pays couverts de rivières, et par ce qui arrive tous les ans à Rome, sous l'influence des marais Pontins.

La chaleur excessive de diverses régions, l'abondance des récoltes qui y naissent pour ainsi dire sans culture, invitent l'habitant de ces lieux au repos. Les organes des mouvemens tombent dans l'inertie; mais la partie percevante et sensitive de l'appareil cérébral se développant alors outre mesure, ces peuples sont fort sujets aux maladies nerveuses et cérébrales. Leur imagination presque toujours en extase les rend très-propres à la poésie et à la culture des beaux-arts, qu'ils portent d'ailleurs presque toujours au-delà des bornes du vrai; ils sont enthousiastes et exagérateurs. Cette disposition favorise singulièrement la mélancolie, la manie, l'hystérie, l'épilepsie, les spasmes, les convulsions, etc. Les maladies qui règnent dans les pays froids, secs ou humides, sont les mêmes que celles que nous avons signalées comme appartenant à ces qualités de l'air; nous n'y reviendrons pas.

Il est important aussi pour le médecin de savoir que les différences qui caractérisent les diverses races d'hommes sont le résultat du climat, et non celui d'une constitution originelle. Voltaire pensait le contraire, mais des preuves trop multipliées nous empêchent d'ajouter foi à l'assertion de ce grand homme. Les Juifs, originaires de l'Asie, où ils sont bruns, sont très-blancs en Pologne; ils brunissent à mesure qu'on les observe dans des régions plus méridionales. Ils sont en Afrique aussi noirs que les indigènes, et l'on sait que cette nation ne mêle pas son sang à celui des autres peuples. Ainsi, au bout d'un temps plus ou moins long, les climats changent entièrement l'organisation. Ce que nous avons dit de l'air, de ses diverses qualités et de ses influences, doit trouver ici sa place. Nous ferons observer qu'ainsi que les saisons, les climats ont leurs maladies particulières; que celles qui naissent dans un lieu disparaissent dans un autre, qu'ainsi le climat peut devenir souvent un moyen thérapeutique entre les mains du médecin; mais ce n'est guère que dans les maladies de long cours que l'on peut mettre à profit cette influence.

En passant légèrement sur les changemens que les climats produisent par la suite des générations dans le corps humain, nous ne devons pas négliger de parler de l'influence immédiate qu'ils exercent sur les voyageurs qui se transportent d'un pays dans un autre, et viennent y passer un temps plus ou moins long. Nous avons dit que l'homme le plus propre à ces sortes de migrations, c'était l'habitant des climats tempérés; mais quelle que soit la flexibilité de l'organisation, les modifications qui s'opèrent alors se font rarement sans que la santé de l'individu ne s'en ressente. Les dangers que l'on court sont d'autant plus grands que les climats où l'on arrive sont plus différens de ceux où l'on a pris naissance. On a remarqué cependant qu'à différences égales l'habitant du Midi s'habituait plus facilement dans le Nord, que l'habitant du Nord ne s'habituait dans le Midi. Mais cette opinion ne doit s'entendre que pour les climats extrêmes et pour la jeunesse; car l'on sait que pour les habitans des pays médiocrement froids, comme l'Angleterre, ils gagnent, lorsqu'ils sont vieux, à élire leur domicile dans des pays plus chauds. Ce n'est que lentement et avec le temps que l'acclimatement s'effectue. D'abord tout diffère entre l'étranger et le naturel des pays, la physionomie, la couleur, le caractère; peu à peu l'étranger se modifie de manière à prendre la physionomie, la couleur et le caractère natal. Si l'étranger est vif et gai, qu'il arrive dans un pays triste et sombre, il le devient sans s'en apercevoir; si les naturels sont pâles, il perd bientôt ses couleurs; et ces signes sont pour les habitans du pays les indices irrécusables de l'acclimatement du nouveau-venu. Il s'opère dans les fluides de l'individu et surtout dans le sang, par l'alimentation et par la respiration de l'air, des changemens profonds qui se manifestent par les apparences dont nous venons de parler. Lorsque ces apparences sont à peu près celles des naturels du pays, ce qui n'arrive qu'au bout de plusieurs années, alors l'individu est acclimaté. Il jouit de tous les avantages des indigènes; mais il en a aussi les inconvéniens. Ainsi, s'il perd l'aptitude à contracter la fièvre jaune, il devient sujet à d'autres maladies qui sévissent sur les régnicoles. Lorsque la personne ainsi acclimatée revient dans sa patrie, elle éprouve des modifications analogues mais inverses aux premières. Ces changemens se font rarement d'une manière insensible, ils produisent presque toujours de violentes secousses, des maladies graves fréquemment suivies de la mort. Les jeunes gens s'acclimatent plus facilement que les vieillards.

L'empire des localités est indépendant de celui des saisons et des climats qu'elles modifient ou même qu'elles détruisent complètement. Cela est tellement vrai que la seule élévation du sol suffit, par exemple, pour détruire l'influence du climat des régions équinoxiales. Les habitans de Quito, qui sont sous la ligne, ressemblent entièrement à ceux des pays tempérés. Les principales différences des localités naissent, ainsi que nous l'avons vu, de l'élévation du sol, de sa direction, de sa position, de sa nature, de ses productions, de ses eaux, etc.

Sur les hautes montagnes, l'air est sec, froid, léger et pur, agité par des vents continuels; l'eau est vive et limpide; les productions de la terre sont assez maigres et exigent beaucoup de culture. L'habitant de ces lieux est vif, agile, fort, dispos, tempérant, spirituel, sensible, indépendant et indompté; il est doué de la constitution organique que nous avons décrite en parlant de l'air sec et froid. Il est disposé aux mêmes maladies, mais il jouit en général d'une santé brillante; il est heureux et content au sein d'une apparente stérilité.

Tel n'est pas l'habitant des lieux bas et humides, au milieu de la végétation la plus féconde. Nous ne répéterons pas ici ce que nous avons dit des effets de l'humidité de l'air; nous y renvoyons le lecteur. Ces considérations sont entièrement applicables dans cette circonstance.

Si le sol, quoique bas, est exposé aux vents, ne forme point une gorge resserrée entre des montagnes, qu'il soit d'ailleurs fertile, arrosé par quelque rivière, entouré d'un air tempéré et froid, le pays partagera la plupart des avantages des lieux élevés, et n'aura aucun des inconvéniens des sols bas et humides : telle est la France presque tout entière. Si le sol est incliné du côté du nord, il aura tous les inconvéniens qui appartiennent à la privation de chaleur et de lumière; il jouira au contraire des influences bienfaisantes de ces deux principes de la vie, s'il incline vers le sud.

Si les eaux qui arrosent un pays sont séléniteuses, elles contribueront avec les autres causes locales, telles que l'air stagnant des vallées, à produire le goître, le crétinisme, les scrofules, etc. Cette assertion est révoquée en doute.

Les habitans des bords de la mer et des rivières seront remarquables par leur esprit industrieux et commerçant. Leur situation les rendra ichtyophages, et leur communiquera les qualités qui dépendent de ce genre d'alimentation.

Mais les bords perfides des eaux stagnantes produiront des effets meurtriers sur les malheureux condamnés à y souffrir l'existence. Ramel, qui avait observé les influences des marais dans les contrées palustres de l'Afrique, dit, dans son *Mémoire* couronné par l'Académie de Médecine de Paris, que les maladies endémiques dans ces contrées funestes sont : les fièvres intermittentes, les fièvres putrides et malignes, le choléra-morbus, le scorbut, les flueurs blanches, la chlorose, l'ictère, les diverses affections cutanées, les rhumatismes et les hydropisies, et la plupart des affections organiques des viscères. Il attribue tous ces accidens à l'humidité; et M. Beaumes, qui a traité le même sujet, les fait dépendre des *miasmes* marécageux. *Voyez* AIR, ACCLIMATEMENT, ÉLECTRICITÉ, LUMIÈRE, MARAIS, SAISONS, VENTS, etc.   (ROSTAN.)

CLIMATOLOGIE, de κλίμα, région, et de λόγος, discours : dénomination sous laquelle nous avons cru devoir traiter des objets de l'hygiène, qu'on réunissait sous le nom de *circumfusa*. Cette classe importante comprend l'air et toutes ses qualités, la lumière, l'électricité, les saisons, les climats, les localités, les habitations, etc.   (ROSTAN.)

CLIMATÉRIQUE, adj., *climatericus*, de κλίμα, inclinaison, ou de κλίμαξ, échelle ou degré. On a donné, dans le langage des écoles, cette épithète à certaines années ou époques de la vie, dans lesquelles on supposait que les maladies se développaient plus fréquemment et que la mortalité était plus grande. Les anciens comparaient ces années à des nœuds qui joindraient entre elles les diverses périodes de la vie, et donneraient à l'économie une nouvelle direction. Cette doctrine, qui, dit-on,

a été puisée par Pythagore dans les institutions des Chaldéens, a long-temps joui d'une grande faveur dans les écoles. La plupart de ceux qui ont admis des années climatériques, les ont placées de sept ans en sept ans : ils ont indiqué la quatorzième et la vingt-unième années comme pleines de dangers. D'autres les ont séparées par des intervalles de neuf ans. Quelques-uns se sont fait un système mixte, et la soixante-troisième année, formée des nombres sept et neuf, leur a paru la plus féconde en maladies, et surtout en maladies mortelles; ils l'ont même désignée par un nom qui exprime cette idée. D'autres enfin avaient préféré la révolution ternaire. Les uns et les autres pensaient que la période qu'ils avaient adoptée était nécessaire pour l'entier renouvellement des parties dont le corps est composé. De sorte qu'au bout de trois, sept ou neuf ans, il ne devait plus, d'après leur système, rester dans l'économie aucune des parties qui la constituaient auparavant. C'était là le motif qui les conduisait à supposer un changement dans la constitution, et par cela même, une prédisposition spéciale à la maladie. Il est bien certain que, dans un temps indéterminé, variable selon l'âge et plusieurs autres circonstances, le corps se renouvelle, et qu'il ne s'y retrouve presque aucune des parties qui le constituaient; mais ce changement n'est pas subit : il a lieu sans interruption, et produit, dans la composition des corps, des modifications journalières. Il n'est pas plus sensible à la septième ou à la neuvième année que dans chacun des jours qui composent les périodes climatériques. Dans tous les temps les hommes sages ont considéré ces calculs comme de vaines spéculations, qui ne sont propres qu'à égarer les médecins et à effrayer les malades.

Quelques auteurs ont attaché au mot climatérique un sens différent : ils ont désigné sous ce nom les époques de la vie où il survient de grands changemens, indépendamment de l'ordre numérique des années. Telles sont l'époque de la puberté dans les deux sexes, celle de la cessation des règles, ou temps critique chez les femmes. Il n'est personne qui ne convienne de l'influence de ces époques climatériques sur la constitution. (CHOMEL.)

CLINIQUE, adj., *clinicus*, de κλίνη, lit; dénomination par laquelle on caractérise l'enseignement de la médecine qui se fait au lit des malades. Cette expression est prise aussi substantivement pour désigner cet enseignement lui-même.

Si les maladies, toujours régulières dans

leur marche, se montraient constamment avec les caractères qui leur sont assignés dans les nosologies, la médecine ne serait, en quelque sorte, qu'une science de mémoire : celui qui voudrait mettre en exercice les connaissances qu'il y aurait acquises n'aurait besoin, pour reconnaitre les modèles, que de se représenter les portraits qui en auraient été tracés; il appliquerait avec une égale facilité les principes de traitement qui lui auraient été donnés pour chacune des circonstances de la maladie. Qu'il est loin d'en être ainsi! les lésions des organes se présentent à des degrés si divers, sous des formes si variées, se combinent tellement ensemble, que les phénomènes par lesquels elles se manifestent éprouvent de nombreuses modifications, indépendamment de celles, non moins remarquables, que leur impriment la constitution du malade et une foule de circonstances accidentelles. Le praticien le plus habile a quelquefois peine à saisir, au milieu du trouble général, les traits qui peuvent faire apprécier les désordres de l'organe principalement malade, à prévoir les événemens qu'ils doivent amener, à trouver les moyens propres à les combattre. Abandonné à lui-même dans un tel labyrinthe, celui qui ne posséderait que la théorie des maladies, courrait risque de s'égarer à chaque pas. Il n'atteindrait le but qu'après une foule d'essais infructueux, de tentatives malheureuses, si l'expérience raisonnée d'un médecin digne d'être pris pour modèle et pour maitre, ne lui avait pas fourni des exemples et des préceptes capables d'assurer sa marche. La théorie lui a fait connaitre les résultats généraux tirés d'un grand nombre de faits; il apprend, dans la pratique et les leçons de ce maitre, à faire l'application de ces notions générales aux cas particuliers, à les modifier suivant les circonstances. C'est au lit du malade seulement qu'il apprendra l'art de l'interroger convenablement, d'explorer l'état des organes, de parvenir à la connaissance des signes qui lui font distinguer les maladies les unes des autres; c'est là qu'il acquerra le talent de prédire l'issue qu'elles doivent avoir, celui de saisir à propos les indications thérapeutiques qu'elles offrent dans chaque moment de leur cours, et de bien juger les effets des moyens qui doivent remplir ces indications. C'est après avoir suivi et étudié avec soin, pendant la vie, tous les phénomènes morbides, qu'il pourra apprécier, après la mort, les rapports qu'ils ont avec les altérations des organes.

Dans les premiers temps, l'enseignement de la médecine fut presque entièrement clinique. L'exercice de cet art était concentré dans quelques familles; les connaissances qui constituaient la science, étant peu étendues, se transmettaient facilement d'une génération à l'autre. On cherchait les leçons dans l'exemple plutôt que dans les préceptes. Ce fut à la seule école de l'expérience que se formèrent les médecins prédécesseurs d'Hippocrate et Hippocrate lui-même. Mais lorsque les écrits de ce grand homme eurent, en quelque sorte, fait de la médecine un corps de doctrine qui devait faciliter et abréger l'étude de la nature, lorsque la pratique de cet art se fut propagée, on oublia bientôt les voies qui avaient été parcourues avec tant de succès par les premiers maitres. Des sectes philosophiques qui régnaient universellement, les discussions scolastiques, les théories spéculatives passèrent dans la médecine et remplacèrent l'observation. Les ouvrages de Galien ajoutèrent encore à l'erreur générale. Depuis ces époques jusqu'au 17e siècle à peu près, les études cliniques, quoique recommandées par quelques auteurs, furent entièrement négligées.

Quelques médecins célèbres, dans différens temps, se montrèrent, au lit de leurs malades, accompagnés d'un grand nombre d'élèves, mais bien plutôt par ostentation que par un véritable zèle pour l'instruction de ceux-ci; ce moyen était d'ailleurs insuffisant sous tous les rapports. Ce n'était que dans les grands rassemblemens de malades, dans les hôpitaux, qu'on pouvait trouver les sources d'une étude clinique réellement avantageuse. Il semble que ces établissemens, dont l'origine est rapportée au 14e siècle, auraient dù donner plus tôt naissance à l'enseignement pratique de la médecine; cependant ce ne fut qu'au 17e siècle qu'on tenta les premiers essais auxquels nous devons les écoles de nos jours. Sylvius de le Boë, auteur du système de la chémiatrie, et professeur à l'université de Leyde, est regardé comme celui qui conçut le premier l'heureuse idée de faire, en faveur des étudians, des leçons de médecine dont l'objet était les maladies que son hôpital offrait à leur observation. Mais il parait que, long-temps avant, Guill. Straten, médecin de réputation, dirigeait à Utrecht une clinique très-florissante, et que Otho Heurnius, prédécesseur de Sylvius dans la chaire de médecine pratique à Leyde, avait introduit cet exercice dans l'hôpital à la tête duquel il était. Négligée pendant quelque temps, cette excellente méthode fut remise en vigueur, en 1658, par Sylvius, et renouvelée au commencement du 18ᵉ siècle par Boer-haave. Bientôt après, des écoles de clinique s'ouvrirent dans diverses contrées de l'Europe. Celles d'Édimbourg et de Vienne décidèrent enfin des avantages de ces institutions. L'école de Vienne, fondée sous les auspices de Van Swieten et dirigée successivement par Dehaen et Stoll, eut la plus heureuse influence sur l'enseignement et les progrès de la médecine.

En France, les études cliniques ne reçurent d'organisation spéciale que lors de la création des nouvelles écoles de médecine, en 1795; mais déjà Desbois de Rochefort avait fait, à l'hôpital de la Charité, des leçons cliniques qui furent continuées par Corvisart, son élève et son successeur. On sait de quel éclat brilla la clinique dirigée par ce professeur célèbre, et quelle gloire elle répandit sur la médecine française. M. le professeur Pinel contribua également par ses efforts et ses talens à propager ce mode d'enseignement, et à en faire ressortir tous les avantages.

Jusqu'à Desault, la pathologie chirurgicale n'avait pas eu d'institutions semblables à celles que nous venons d'indiquer pour la pathologie interne. Livrée moins que celle-ci aux systè-mes, et présentant des sujets d'observation plus faciles, elle put s'en passer plus aisément. La chirurgie, rangée long-temps parmi les pro-fessions mécaniques, participa de ces dernières dans la manière dont elle était enseignée à ceux qui s'y consacraient; la pratique des chi-rurgiens dans les hôpitaux était d'ailleurs une leçon qui le plus souvent n'avait pas besoin de commentaires. Cependant le génie de De-sault, son enthousiasme pour son art, mon-trèrent quels heureux résultats on pouvait at-tendre de l'enseignement clinique appliqué à la pathologie externe. Cet exemple a été suivi depuis cet illustre chirurgien.

L'enseignement clinique s'est encore utile-ment étendu à quelques maladies spéciales pour lesquelles il a été affecté à Paris des hôpi-taux particuliers. L'instruction des élèves et la connaissance plus approfondie de ces maladies en ont été les heureuses conséquences. (R. DEL.)

Ce qui assure les progrès futurs de la mé-decine, ce qui explique ceux qu'elle a déjà faits dans les écoles françaises, c'est la réunion de l'enseignement clinique aux recherches d'a-natomie pathologique, et l'évaluation compa-rative et sévère de ces deux ordres de con-naissances, d'après les lois physiologiques. Cette fusion des trois parties de la science de l'homme, due aux travaux successifs de l'École de Paris, de Bichat et de Broussais, ne peut manquer d'amener les plus heureux résultats, si l'on en juge d'après ceux qu'elle a déjà pro-duits.

L'enseignement clinique nous paraît toute-fois susceptible de plusieurs modifications avan-tageuses que nous allons indiquer. Sans cher-cher à faire la critique de la méthode suivie par chaque professeur, nous nous bornerons à dire dans quel esprit ce mode d'enseigne-ment nous paraît devoir être dirigé pour qu'on atteigne le plus complètement possible le but désiré.

Les élèves qui suivent une clinique doivent être divisés en trois classes; la première com-prend ceux qui, étant à leur début, n'ont point encore observé de malades; la seconde, ceux qui sont en état de coucher par écrit et de rendre compte de vive voix de l'état d'un ou de plusieurs malades; la troisième, enfin, se compose de jeunes médecins nouvellement reçus, qui, avant de se lancer dans la carrière épineuse de la pratique, viennent chercher à la clinique des hôpitaux une sorte d'expérience anticipée.

Le langage que tient le professeur doit-il être le même pour ces trois classes d'élèves? ouvrira-t-il tous les trésors de son savoir et de son habileté devant ceux de la première qui ne le comprendront pas, devant ceux de la se-conde qui le comprendront à peine, ou bien se proportionnera-t-il à la faiblesse des plus jeunes élèves? Ira-t-il bégayer avec eux des considérations élémentaires sur les symptômes?

Il ne faut enseigner aux élèves de la pre-mière classe qu'à reconnaître les phénomènes morbides, à les distinguer des phénomènes de la santé, à n'en laisser échapper aucun, à les noter tous à mesure qu'ils se manifestent, de-puis l'entrée du malade à l'hôpital jusqu'à sa sortie. Ne cherchez point à faire distinguer à ces élèves des maladies sur lesquelles ils n'ont encore aucune notion exacte, ou bien ils s'en formeront une idée fausse. Chaque fois qu'ils entendront un malade se plaindre d'une dou-leur de côté, ils s'imagineront qu'il s'agit d'une pleurésie; dans tous les cas où la langue sera chargée, ils croiront voir une fièvre gas-trique ou bilieuse, et toute prostration sera pour eux l'annonce d'une fièvre adynamique, ou bien ils prononceront le mot de gastrite toutes les fois qu'ils trouveront les bords de la langue plus rouges que le milieu de cet or-gane : voir avec exactitude, et placer dans leur mémoire tous les phénomènes morbides, c'est tout ce qu'on peut exiger d'eux. Cette partie de l'enseignement clinique doit être confiée à plusieurs des élèves les plus instruits de la troisième classe, qui s'attacheront à bien faire connaître à ceux de la première toutes les nuances, même les plus fugitives, des phénomènes morbides, et à leur faire distinguer, autant que possible, le point où finit le phénomène de la santé, et celui où commence le symptôme.

Pour les élèves de la seconde classe, il faut s'attacher à leur faire saisir l'ensemble des phénomènes que présente un malade à son entrée, démêler les symptômes les plus intenses, chercher dans le commémoratif, c'est-à-dire, dans les circonstances antérieures à l'invasion de la maladie, quelle a été la cause morbifique, quel organe en a reçu l'impression, quel autre l'a retenue et conservée. Apprendre à reconnaître le siége et la nature de la lésion, l'organe le plus affecté et son mode d'altération, tel est le but vers lequel doivent tendre leurs efforts. Pour cela, le professeur fera interroger le malade devant lui par un des élèves de la troisième classe, il fera lui-même les questions omises par celui-ci; les élèves de la seconde classe prendront des notes d'après les réponses du malade; puis, sans désemparer, sans s'éloigner du lit, le professeur fera remarquer la liaison des symptômes entre eux, avec l'état de l'organe le plus vivement affecté, et avec la cause morbifique connue ou présumée. Dans le cas où il ne croira point pouvoir asseoir un jugement positif, il fera part de ses incertitudes avec candeur, et retracera le tableau de chacune des maladies dont on peut soupçonner que le sujet est affecté. Les élèves de la seconde et de la troisième classes prendront des notes très-succinctes d'après ses paroles; ensuite il dira quelles indications générales ou spéciales se présentent, et il fera les prescriptions qu'il croira les plus propres à y satisfaire. Le lendemain, les effets des moyens employés la veille seront appréciés avec impartialité. Immédiatement après la visite, les élèves de troisième classe seront réunis dans une salle *ad hoc*, et chacun d'eux donnera son opinion avec franchise sur la nature, le traitement et l'issue probable de la maladie de tous les sujets réunis dans l'hôpital clinique. Les élèves de deuxième classe viendront ensuite donner leur opinion sur une ou plusieurs de ces maladies seulement; c'est alors que le professeur s'exprimera librement sur les craintes qu'il peut avoir pour la vie de tel ou tel malade. Il recueillera la relation complète et écrite de la maladie de chaque sortant du jour, de chaque mort de la veille, qui lui sera donnée par tous

les élèves de troisième et de deuxième classes. Les cadavres seront ouverts après que le professeur aura rappelé l'histoire entière de la maladie, et il établira son opinion définitive sur le siége et la nature du mal. Il passera ensuite dans une petite salle comprenant dix lits au plus, et dont chaque malade sera confié aux soins exclusifs d'un des élèves les plus instruits de la troisième classe; là, le professeur sera simple spectateur; chaque élève traitant fera la leçon clinique sur son malade, les élèves de la seconde classe étant présens. Le professeur n'aura que le droit de conseil, hors de la présence du malade, et l'élève traitant déférera ou non à ses avis, selon qu'il le croira convenable.

Il suffirait de soixante malades pour que l'enseignement clinique fût fait de cette manière. Les dix malades confiés aux élèves de la troisième classe, seraient toujours choisis parmi ceux qui seraient affectés de maladies aiguës. Parmi les cinquante autres, quinze au plus seraient affectés de maladies chroniques, et devraient être placés dans une salle particulière.

Je crois inutile de développer les avantages qui résulteraient infailliblement d'un enseignement ainsi dirigé; il suffit sans doute de dire que l'instruction serait donnée progressivement, que les élèves se formeraient véritablement à la pratique, qu'une institution de ce genre développerait éminemment les hommes doués de qualités intellectuelles supérieures; les gouvernemens y trouveraient des sujets tout préparés pour l'enseignement dans les grandes écoles, ou dans les écoles secondaires, et des médecins déjà éprouvés pour les établissemens philanthropiques et administratifs, les hôpitaux, les dispensaires, les établissemens commerciaux, militaires et maritimes.

Ce mode d'enseignement clinique, qu'on peut mettre en pratique dans tous les hôpitaux des grandes villes, serait peu coûteux, puisqu'il ne faudrait qu'un seul professeur. Il ne s'agit que de donner une direction uniforme à l'enseignement, de rendre l'instruction progressive et méthodique, et d'empêcher qu'un jeune médecin ne passe brusquement des bancs de l'école près du lit des malades. Nous n'entrerons point ici dans des détails d'exécution, qui peuvent varier sans inconvénient, au gré du professeur et suivant les localités. Parmi ces détails, il en est plusieurs dont on a singulièrement exagéré les avantages; ainsi, par exemple, on a pensé qu'il serait très-utile de placer à la tête de chaque lit une affiche indiquant le nom du malade, son âge, les particularités de sa vie, l'indication de son tempérament et le nom de sa maladie. Ce moyen n'est propre, tout au plus, qu'à favoriser la paresse des élèves, à satisfaire la vaine curiosité des personnes qui visitent l'établissement, à faire parade d'une méthode remarquable seulement par des puérilités. C'est dans l'intelligence des élèves, et non sur des tablettes, que tous les documens relatifs à chaque malade doivent se graver.

Faudrait-il donner aux élèves un modèle d'observations imprimé qui leur indiquât la marche à suivre dans la rédaction des notes journalières et dans la relation complète de la maladie? Nous ne le pensons point. Les questions du professeur, faites toujours à peu près dans le même ordre, indiquent suffisamment celui dans lequel les renseignemens donnés par le malade doivent être recueillis. Ne perdons point de vue que l'enseignement clinique est tout-à-fait pratique, qu'il s'agit d'offrir, à l'intelligence des élèves, non des mots et des papiers, mais des actions qu'ils doivent imiter, et des faits qu'ils doivent placer dans leur mémoire. La rédaction des observations est d'une importance tout-à-fait secondaire, car il s'agit de former le jugement *médical* des élèves, et non d'en faire des auteurs.

De la gravité sans pédantisme, un air de douceur et de franchise qui inspire la confiance, souvent une noble chaleur, qu'on aime à trouver chez un homme qui plaide la cause de l'humanité, un langage correct, une élocution simple et facile, une sage réserve dans les cas douteux, une fermeté inébranlable dans ceux où le doute n'est pas admissible, une érudition plus choisie qu'étendue, une longue pratique, une grande habileté, un jugement sain, un esprit exempt de tous préjugés, une véritable philanthropie, l'amour de l'art et le désir d'en faire naître le goût chez une jeunesse studieuse, plus amie des livres que de la pratique, et chez quelques ames vénales qui ne voient dans la médecine qu'un moyen pour arriver à la fortune : telles sont les qualités, aussi peu communes que brillantes, qui doivent se trouver réunies au plus haut degré chez le professeur de clinique. Avant d'entreprendre une tâche si vaste et si difficile, il faut qu'il se pénètre bien de l'étendue des obligations qu'il s'impose. Jusqu'ici il a étudié les maladies en silence, les motifs de ses prescriptions sont demeurés secrets, lui seul a connu tous les mécomptes qu'il n'a pu éviter; combien

de fois ne s'est-il pas repenti d'avoir mis tel moyen en usage, de n'avoir pas employé tel autre! mais du moins il a été tout à la fois son accusateur et son juge. Si le jugement a été parfois sévère, il n'a du moins jamais eu à rougir. Maintenant il va penser tout haut, agir en public; il faudra qu'il rende compte des motifs qui le dirigent, de ses craintes et de ses espérances, et que, dans l'occasion, il reconnaisse sans hésiter une erreur, lors même qu'elle aura été fatale.

Pour s'enrichir dans la pratique, il ne faut que de l'assurance et du savoir-faire; pour exercer la médecine avec succès, c'est-à-dire à l'avantage des malades, il ne faut qu'une instruction solide et du talent; pour se distinguer dans l'enseignement clinique, il faut du génie. Qu'elles paraissent misérables les vaines déclamations de quelques gens de lettres contre la médecine, lorsqu'on se représente un professeur entouré d'élèves qui l'écoutent et l'observent avec le respect qu'inspire un nom justement célèbre, sans néanmoins renoncer au droit de juger ses opinions et sa conduite. Ici, une congestion allait reparaître et devenir mortelle, il administre le quinquina, prévient son retour, et le danger le plus imminent s'évanouit; là, c'est une phlegmasie qui envahit le poumon, et menace d'anéantir l'action de ce viscère, sans lequel la vie s'éteint; une saignée arrête les progrès du mal, et l'organe a déjà repris le libre exercice de ses fonctions; plus loin, un intestin resserré entre deux brides fibreuses est sur le point de tomber en gangrène : le professeur décide qu'il est temps de cesser toute tentative de réduction; il opère, signale le danger qu'il y aurait à léser l'organe incarcéré, à ouvrir un vaisseau qui produirait une hémorrhagie redoutable; il évite ces deux écueils, et, peu de temps après, un homme voué à une mort qui paraissait inévitable a recouvré une santé parfaite. Instruits par ces grandes leçons, les élèves agissent à leur tour sous ce maître habile, dont l'expérience sert à la fois ses contemporains et la postérité.

(DICT. ABRÉGÉ DE MÉD.)

CLINOÏDE, adj., *clinoïdes, clinoïdeus,* κλινοειδής, de κλίνη, lit, et de εἶδος, forme. On donne ce nom à quatre apophyses du corps du sphénoïde, qui ont été comparées aux pieds d'un lit, tel que ceux dont se servaient les anciens. *Voyez* SPHÉNOÏDE (os).   (A. B.)

CLIQUETIS, s. m., *crepitus.* On s'est servi de ce mot pour désigner le bruit que produisent quelquefois les articulations diarthrodiales pendant leur mouvement, et celui qui résulte de la rencontre et du choc des fragmens d'un os fracturé. (J. CLOQUET.)

CLISÉOMÈTRE, s. m., *cliseometrum*, de κλίσις, inclinaison, et de μέτρον, mesure; nom d'un instrument inventé par G.-G. Stein, pour mesurer l'inclinaison du plan du détroit supérieur et de celui du détroit inférieur du bassin. Une courte description de cet instrument, dont l'usage n'est pas adopté, ne pourrait donner l'idée de sa structure et de son application. Je renvoie les personnes qui voudraient en acquérir une notion exacte à l'*Art d'accoucher* de Stein, traduit par P.-F. Briot, où elles en trouveront la figure et la description. (DESORMEAUX.)

CLITORIS, s. m., *clitoris*. On donne ce nom, du mot grec κλειτορίς, qui a la même signification, à un petit organe érectile, propre à la femme, situé entre les lèvres de la *vulve*. (*Voyez* ce mot.) (A. B.)

CLONIQUE, adj., *clonicus*, de κλόνος, mouvement tumultueux, trouble. On appelle *convulsions cloniques* celles qui se manifestent par des contractions et des relâchemens des muscles, par l'extension et la flexion alternatives des membres. On s'est aussi servi du mot *clonisme* pour exprimer ce genre de convulsions. (GEORGET.)

CLOPORTE, s. m., *oniscus*. Les naturalistes et les médecins se sont servis de ce nom pour désigner deux insectes différens. Les premiers, en effet, appellent *cloporte* un genre d'insectes aptères ou plutôt crustacés à yeux fixes, terrestres et fort communs en Europe dans les caves, les celliers et tous les lieux humides et obscurs. C'est un *armadille*, que, sous la dénomination de *cloporte préparé*, les seconds ont autrefois demandé aux pharmaciens. L'un et l'autre de ces animaux, au reste, n'ont d'autre titre, comme médicament, que leur antiquité dans les prescriptions de l'art de guérir, et, malgré le grand nombre d'auteurs qui ont écrit sur leur histoire, aucune expérience positive ne dépose en faveur de leur administration.

Le *cloporte* des naturalistes, *oniscus asellus* de Linnée et de Fabricius, *cutio*, *porcellio* des pharmaciens, a le corps ovale, oblong, gris, composé d'anneaux imbriqués, et muni de deux appendices à son extrémité. Ses antennes sont sétacées.

Le *cloporte préparé* des pharmaciens, *armadillo officinalis* des naturalistes, appartient à la même famille que l'animal précédent, et a la singulière faculté de se replier sur lui-même, de se rouler en boule au moindre danger. Les anneaux qui forment son corps sont lisses et polis. Ses pattes sont très-déliées, et paraissent tellement nombreuses que souvent, dans les anciennes prescriptions, les cloportes préparés sont appelés *millepedi*. Il nous est spécialement apporté d'Italie, quoiqu'on le trouve aussi en France. Lister, Neumann, Cartheuser, Lémery, Thouvenel ont procédé à l'analyse chimique des cloportes, et ont reconnu la présence des hydro-chlorates et des nitrates de potasse et de chaux dans le suc de ces animaux, tandis que plus récemment M. Trommsdorff y a vu une gelée animale sans efficacité. C'est pourtant sur l'existence seule des deux sels que nous venons de nommer que se trouve fondée l'antique réputation des cloportes en médecine. Ces vils insectes ont su usurper une place non méritée dans une multitude de recettes surannées, et quelques modernes, qui le croirait! n'ont pas honte de les faire avaler tout en vie pour ne rien ôter à leur salutaire efficacité. Pardonnons à Galien et à Dioscoride d'en avoir préconisé les bons effets dans les obstructions des viscères abdominaux; à Schroëder et à Ettmuller d'avoir cru ceux-ci sur parole; à Baglivi de les avoir regardés comme lithontriptiques, à Vallisnieri d'en avoir fait un remède antiscrofuleux, etc., etc. Mais signalons une sottise que les expériences concluantes du judicieux Cullen ont dévouée au ridicule qu'elle mérite, et qui, même en Allemagne, est appréciée à sa juste valeur. Les cloportes ne sont plus regardés par personne ni comme apéritifs, ni comme fondans : leur effet diurétique n'est pas mieux prouvé. On en a vu prendre, sans qu'il se soit manifesté, jusqu'à deux cents dans un seul jour.
(H. CLOQUET.)

CLOU, s. m, *clavus*. On a donné ce nom au furoncle, à cause de l'apparence que présente la tumeur (*voyez* FURONCLE), et à quelques autres maladies ou symptômes.

CLOU DE L'ŒIL. Quelques auteurs ont employé ce mot comme synonyme de *staphylôme*. *Voyez* STAPHYLÔME. (J. CLOQUET.)

CLOU HYSTÉRIQUE, quelquefois simplement *clou*; douleur de tête très-circonscrite, que l'on a cru plus fréquente chez les hystériques. *Voyez* CÉPHALALGIE. (GEORGET.)

CLOU DE GÉROFLE ou de GIROFLE. On appelle de ce nom la fleur épanouie du *géroflier*. (*Voyez* ce mot.) (A. R.)

CLYSTÈRE, s. m., *clysterium*, κλυστήρ ou κλυστήριον, dérivé de κλύζω, *abluo*. Les Grecs donnaient encore aux clystères le nom de ἔνεμα, *injectio*. Les lavemens ou les clystères sont en effet des injections de liquides ou de vapeurs qui se font par l'anus. Les liquides sont portés dans le rectum au moyen de différentes seringues ; les vapeurs à l'aide d'un soufflet qui sera décrit ailleurs. Lorsque les liquides pénètrent dans le rectum en tombant d'une certaine hauteur, l'injection prend alors le nom de douche ascendante. *Voyez* DOUCHE.

Des clystères en général. — Quelque espèce de clystère qu'on emploie, quelque but qu'on se propose, le liquide pénètre toujours plus ou moins dans le gros intestin, jusqu'à la valvule iléocœcale ; il distend toute cette portion du canal intestinal, lubréfie la surface de la membrane muqueuse, et sollicite plus ou moins promptement les contractions de l'intestin ; et alors, ou le liquide est rejeté au dehors, ou il est absorbé en tout ou en partie, et porté directement dans le torrent de la circulation.

Le volume des clystères varie ordinairement depuis quatre onces jusqu'à seize. Ceux qui sont employés pour provoquer simplement les mouvemens de défécation sont de quatorze à seize onces pour les adultes ; ceux, au contraire, qui sont destinés à être absorbés en entier, ne doivent pas dépasser six ou huit onces, et deux ou quatre onces pour les jeunes enfans. Il est bon d'observer, par rapport aux lavemens chez les enfans, que, plus ils sont jeunes, plus leur canal intestinal se dilate facilement, et peut perdre de son ressort. J'ai eu connaissance d'un cas, dans lequel le ventre d'un enfant était tellement distendu par l'injection de plusieurs clystères qu'il n'avait pas rendus, qu'il était près de suffoquer. On ne put parvenir à le soulager qu'en introduisant dans l'intestin une grosse sonde par laquelle s'échappèrent les matières liquides et les gaz. Il arrive quelquefois que les clystères ne peuvent pénétrer dans le gros intestin, soit parce que le rectum est trop irritable et contractile, et repousse l'injection à mesure qu'elle s'écoule, soit parce qu'il est rempli de tumeurs hémorrhoïdales ou de matières fécales durcies, qu'il est même quelquefois nécessaire d'extraire préalablement, ou enfin parce que le gros intestin présente, à une distance plus ou moins considérable de l'anus, un rétrécissement dépendant d'une dégénérescence organique. Dans le premier cas, il suffit d'adapter à la canule de la seringue une canule flexible de gomme élastique. Dans le dernier cas, il est souvent nécessaire d'introduire des sondes de différent diamètre pour parvenir à franchir l'obstacle ; on fixe ensuite la canule de la seringue dans le pavillon même de la sonde.

Les sondes qui servent de conducteurs aux clystères doivent être dirigées de bas en haut, en inclinant un peu de droite à gauche et d'avant en arrière, afin d'arriver le plus haut possible vers la fin du colon. Il est impossible de pénétrer plus loin ; mais c'est presque toujours vers cet endroit que sont placées les dégénérescences organiques qui s'opposent à l'introduction des lavemens.

Le malade, pour recevoir un lavement, doit être couché sur le côté droit, le bassin plus élevé que le tronc, et le corps légèrement courbé en arc, afin de favoriser le relâchement des muscles abdominaux. On doit introduire la canule un peu obliquement, en la dirigeant de l'anus vers la symphyse sacroiliaque gauche.

[Il arrive souvent que les malades s'administrent eux-mêmes les lavemens qu'on leur prescrit, ainsi que les personnes bien portantes qui en font usage par habitude. La canule est alors recourbée ou coudée et assez longue pour qu'on puisse s'asseoir ou se tenir debout, de manière à avoir entre les cuisses ou devant le corps de la seringue, dont on fait marcher le piston, en pressant sur lui de haut en bas, ou en l'appuyant directement contre le mur. On a vu de graves accidens être la suite d'une méthode plus expéditive, qui consiste à placer dans l'anus le bout d'une canule droite, l'extrémité du piston étant simplement appuyée sur le sol, de telle sorte qu'il reste immobile, tandis que le corps de la seringue descend verticalement, pressé de haut en bas par les mains du sujet, placées près de l'anus autour de la base de la canule.]

Des clystères en particulier.—Les clystères diffèrent beaucoup entre eux par la nature du liquide qu'on injecte. Tantôt on se sert d'eau seulement, tantôt de matières alimentaires, et le plus souvent de matières médicamenteuses. On distingue ainsi des clystères simples, alimentaires et médicamenteux.

A. *Clystères simples.*—Leurs effets varient beaucoup, suivant le degré de température auquel on les administre. L'eau échauffée à la température ordinaire du corps agit ordinairement en distendant presque mécaniquement le gros intestin, et en sollicitant les contractions nécessaires à la défécation. Si cependant l'intestin jouit d'une grande activité d'absorption, et que la constipation soit opiniâtre, le clystère sera retenu ; il agira d'abord comme un simple bain local, et sera ensuite plus ou moins promptement absorbé par toutes les radicules veineuses et lymphatiques. Au gonflement momentané du ventre succédera un sentiment de fraîcheur dans la cavité abdominale, et des urines claires couleront en abondance. Si une partie seulement du lavement est rejetée au dehors, elle entraîne ordinairement les scybales qui remplissent le gros intestin, et un état de bien-être remplace toutes les incommodités qui dépendent de l'accumulation des matières fécales dans l'intestin. Les lavemens au-dessus de 32 degrés, et souvent répétés, provoquent le relâchement, et augmentent la constipation habituelle en diminuant la contractilité du gros intestin. Chez les individus qui sont ordinairement constipés il est même nécessaire d'administrer des lavemens au-dessous de la température du corps, pour donner un peu plus de ton à la membrane muqueuse du canal intestinal. Les lavemens froids ont une action très-différente et très-marquée; ils augmentent d'abord la contraction du canal intestinal, sollicitent souvent très-promptement l'évacuation des matières fécales, soustraient tout-à-coup une grande quantité de calorique intérieur, refoulent le sang capillaire abdominal vers la poitrine et la tête, et causent fréquemment des douleurs articulaires et d'autres accidens. Cependant ils sont quelquefois utiles dans certaines hémorrhagies du canal intestinal, lorsqu'elles s'accompagnent de beaucoup de chaleur, de soif et de sécheresse à la peau.

B. *Clystères alimentaires.* — On donne sous forme de clystères et dans l'intention de nourrir, du bouillon de viande sans sel, des solutions gélatineuses et gommées, des décoctions de pain et de différentes espèces de lait. Ces liquides, sous un petit volume, sont assez promptement absorbés par le gros intestin, mais ils sont beaucoup moins nourrissans que s'ils avaient été assimilés par l'action de l'estomac et des intestins grêles, et transformés en chyme. Néanmoins ces moyens doivent être employés toutes les fois que les alimens ne peuvent pénétrer dans l'estomac, comme dans les maladies organiques du pharynx et de l'œsophage, et lorsqu'ils sont promptement rejetés par le vomissement, comme dans le cancer de l'estomac, l'hématémèse, et enfin dans tous les cas où le malade tombe dans un grand état de défaillance par défaut d'alimentation. Les lavemens alimentaires doivent être donnés au degré ordinaire de la chaleur naturelle, afin d'être plus facilement absorbés.

C. *Clystères médicamenteux.* — On administre les substances médicamenteuses sous la forme de lavemens, soit pour épargner au malade les dégoûts d'un médicament désagréable, soit parce que l'estomac trop irritable se refuse à l'action d'une substance énergique, ou pour déterminer une dérivation plus active sur le canal intestinal, ou enfin parce qu'on peut agir plus directement par ce moyen sur certains organes malades. Tous les médicamens solubles, ou qui peuvent être suspendus dans l'eau ou dans d'autres véhicules, peuvent être mis en usage sous la forme de clystères, dans l'intention de produire des changemens ou locaux ou généraux, suivant leur manière d'agir. On peut donc distinguer autant d'espèces de clystères qu'il y a de médications différentes : aussi nous bornerons-nous seulement ici à les indiquer d'une manière générale.

A quelle dose doit-on, en général, administrer les substances médicamenteuses en lavemens? La plupart des médecins thérapeutistes pensent qu'elle doit être double ou même triple de celle qu'on donnerait par la bouche, et ils s'appuient sur deux observations qui sont incontestables, c'est que le gros intestin est moins irritable que l'estomac et l'intestin grêle, et que sa surface est beaucoup moins étendue que celle de la première portion du canal intestinal. Il faut en effet, toutes choses égales d'ailleurs, employer deux fois au moins plus de sulfate de soude ou de quinquina en lavement que par la bouche lorsqu'on veut produire un effet analogue. Mais toutes les substances ne sont pas destinées à borner leur action à la surface de la membrane muqueuse du gros intestin; plusieurs peuvent être absorbées en entier, comme les solutions alcoholiques et opiacées, et portées tout aussi directement et peut-être même plus promptement dans le torrent de la circulation, que si elles étaient introduites dans l'estomac, parce que l'absorption veineuse est aussi active dans le gros intestin que dans l'intestin grêle. Quelques observateurs ont même cru remarquer que l'action de l'opium était plus prompte par cette voie que par l'autre. On conçoit, en effet, que cela peut avoir lieu dans certains cas, lorsque le gros intestin est vide et presque sec à sa surface, tandis qu'il peut arriver, au contraire, que l'estomac et la première portion du canal intestinal se trouvent recouverts d'une grande quantité de mucosités épaisses. Cette considération doit rendre très-circonspect sur l'usage de tous les médicamens actifs, et particulièrement sur celui de l'opium en lavement, car son action doit nécessairement être très-variable, suivant l'état de la membrane muqueuse, et surtout suivant la quantité de matière fécale qui se trouve dans le gros intestin, et qui peut absorber par elle-même une plus ou moins grande quantité du médicament. On a conseillé, pour remédier à cet inconvénient, de vider toujours le gros intestin avec un lavement simple avant d'introduire le lavement médicamenteux, et ce précepte doit être toujours rigoureusement observé ; mais on n'obtient pas toujours une évacuation complète. Quoiqu'en général on puisse donc doubler la dose des médicamens qui agissent sur le gros intestin, les solutions actives, qui peuvent être absorbées, ne doivent pas être employées à des doses beaucoup plus considérables que par la bouche. Ce mode d'administration de médicamens est souvent défectueux, et sujet à offrir beaucoup de variations dans les résultats, par les raisons que nous avons indiquées.

[Lorsque les intestins ou le péritoine sont enflammés, il ne faut prescrire que des moitiés ou même des quarts de lavemens, dans la crainte de distendre les intestins, au point de causer de la douleur ou d'augmenter celle qui se fait sentir. Lorsque le malade rend les lavemens presque aussitôt qu'il les a reçus, il est bon d'en diminuer la dose, afin qu'il puisse les retenir plus long-temps, ce qui est surtout nécessaire quand on joint à l'eau une substance médicamenteuse qui doit rester quelque temps en contact avec la membrane muqueuse pour agir avec quelque efficacité.

Clystères relâchans. — Toutes les décoctions mucilagineuses de feuilles, de fleurs et de racines de guimauve, de mauve ; celles de graine de lin, de fénugrec, les décoctions d'orge, de gruau ; les solutions d'amidon, de mucilage de pepins de coing ; les bouillons gélatineux et huileux préparés, soit avec les muscles, soit avec les intestins et le mésentère de veau, connu sous le nom de tripes ; les différentes espèces de lait, etc., fournissent une foule de moyens relâchans qui sont fréquemment employés sous forme de lavemens. Leur effet ne se borne pas à adoucir et relâcher la membrane muqueuse du gros intestin ; l'absorption de ces liquides communique leurs propriétés à tous les organes abdominaux, et même à toute l'économie animale. Les lavemens relâchans conviennent dans toutes les maladies inflammatoires et principalement dans les phlegmasies des intestins, des voies urinaires et de tous les organes abdo-

minaux ; ils seraient nuisibles dans toutes les adynamies vraies et dans tous les cas d'une grande débilité des intestins.

[Les clystères composés d'eau de mucilage ne bornent pas leur action à la membrane muqueuse intestinale ; en maintenant la liberté du ventre, ils favorisent singulièrement toutes les autres fonctions et notamment celles de la peau et de l'encéphale ; de là, la fraîcheur de quelques femmes qui font un usage journalier des lavemens. Mais l'habitude de n'aller à la garde-robe que sollicité par l'action d'un clystère, a des inconvéniens réels. Un voyage ou toute autre circonstance peut s'opposer à ce que l'on fasse usage du remède accoutumé, et l'on éprouve tous les accidens de la constipation.

Dans presque toutes les maladies, il est bon d'avoir recours aux lavemens émolliens ou relâchans. Les préjugés des Anglais à cet égard ne sont peut-être pas sans influence sur le grand nombre d'hypochondries qu'on observe parmi eux.]

Clystères acidules. — Les acidules qu'on administre ordinairement en lavement sont les acides citrique, acétique et nitrique alcoholisé. Ces substances doivent être employées à très-petite dose, d'un à trois gros seulement dans une livre d'eau. Les clystères trop acides deviennent astringens ou même irritans. Ils ont été surtout recommandés par les anciens dans les fièvres bilieuses, pour calmer la chaleur de la peau ; ils seraient nuisibles dans les phlegmasies du canal intestinal et surtout dans l'inflammation du colon ; ils doivent être employés presque froids.

Clystères astringens. — Les clystères acidulés assez fortement pour être très-acides au goût, ou dans lesquels on fait entrer l'acétate de plomb, les décoctions de noix de galle, de tan, de roses rouges, sont autant de moyens qui ne doivent être employés qu'avec ménagement dans les prolapsus du rectum, dans les hémorrhagies du canal intestinal, et dans certains flux diarrhéiques séreux sans douleur et sans fièvre. On conçoit que les clystères astringens seraient encore plus nuisibles que les précédens dans les maladies organiques du gros intestin et dans la plupart des phlegmasies de ces organes.

Clystères toniques. — Les décoctions d'écorce de quinquina, de gentiane jaune, de petite-centaurée, administrées en lavement, ont un effet local sur les intestins aussi prononcé que celui des astringens ; mais leur action secondaire générale est beaucoup plus remarquable. C'est à cet effet général que sont dues les propriétés antipériodiques des lavemens de quinquina, qui sont d'autant plus actifs, qu'on a préparé la décoction avec la poudre et qu'on a eu soin de faire passer le plus possible du liquide trouble par la canule de la seringue. Les lavemens toniques sont employés avec beaucoup de succès dans les adynamies essentielles. Ils contribuent puissamment à relever les forces. Ces lavemens seraient aussi nuisibles que les précédens dans les circonstances où ceux-ci sont contre-indiqués.

Clystères excitans. — La plupart des substances excitantes, mais surtout les infusions de racine de valériane, les solutions de térébenthine et d'assa-fœtida dans l'huile ou le jaune d'œuf, sont employées sous forme de lavemens dans certains spasmes des muscles de la vie organique, et principalement dans les accès d'hystérie.

Clystères diffusibles. — Toutes les teintures alcoholiques, les vins simples ou composés, l'éther, etc., peuvent être introduits en plus ou moins grande quantité dans les clystères, et porter une action plus ou moins énergique, d'abord sur le gros intestin et les autres organes abdominaux, et secondairement sur tout le système, de manière à produire même l'ivresse. Ces moyens puissans ne peuvent être mis en usage que dans des cas de débilité extrême, et lorsque tous les autres moyens ont été épuisés.

Clystères purgatifs. — Le séné, la scammonée, le jalap, la coloquinte, la rhubarbe et les sulfates de potasse, de soude et de magnésie, sont ordinairement les purgatifs qu'on emploie en lavemens; ils sont souvent beaucoup plus efficaces, lorsqu'ils sont administrés sous cette forme que lorsqu'on les donne par la bouche. Cette forme est surtout préférable, lorsqu'on cherche à produire une forte dérivation sur la fin du canal intestinal, et appeler le sang vers l'utérus ou les hémorrhoïdes. C'est un moyen puissant de dégager les congestions qui ont lieu vers les parties supérieures et surtout vers le cerveau.

Clystères laxatifs. — Les substances qui jouissent de la propriété de solliciter doucement la sécrétion des membranes muqueuses du canal intestinal, comme les pulpes de casse, de pruneaux, de tamarins, la manne, le miel, les huiles, etc., sont souvent employées à la dose de deux à trois onces dans une décoction mucilagineuse quelconque, pour obtenir un effet relâchant. On ajoute quelquefois à l'action de ces substances, en les faisant dissou-

dre dans une décoction de mercuriale ou de toute autre plante très-légèrement purgative. On administre ordinairement les laxatifs en lavemens, lorsque l'estomac ne peut les supporter.

Clystères narcotiques. — C'est presque toujours avec le laudanum simple ou celui de Rousseau ou de Sydenham, ou avec la décoction de tête de pavot, dans un véhicule mucilagineux quelconque, qu'on prépare les lavemens narcotiques. Les narcotiques, sous la forme de lavement, ont un effet beaucoup plus marqué dans certaines maladies, que lorsqu'ils sont administrés de toute autre manière. C'est principalement dans les maladies organiques du colon, de l'utérus et de la vessie que cette différence est très-grande, parce que leur action est alors beaucoup plus directe.

(GUERSENT.)

COAGULANT, adj., *coagulans.* On désignait autrefois sous cette dénomination les médicamens qu'on croyait propres à donner de la consistance aux humeurs. On appelait aussi *poisons coagulans,* les substances qui par une action délétère spéciale étaient supposées coaguler le sang. Cette expression est maintenant rejetée avec les idées qui l'avaient fait adopter.

(A. DEL.)

COAGULUM, s. m. Mot latin qui signifie *présure,* mais dont on fait particulièrement usage pour désigner le caillot ou la partie caillée d'un fluide, que l'on abandonne à lui-même, ou que l'on traite par un réactif approprié; le sang et le lait peuvent fournir un *coagulum.*

(ORFILA.)

COALESCENCE, COALITION, s. f., *coalescentia, coalitio;* union de deux ou plusieurs parties, auparavant séparées, soit naturellement, soit par l'effet d'un accident. La coalescence est favorable quand elle s'exerce entre des parties qu'une violence quelconque a désunies; par exemple, entre les lèvres d'une plaie, ou les fragmens d'un os fracturé. Elle est nuisible, au contraire, lorsqu'elle s'établit entre des parties qui doivent rester séparées, comme entre les bords des paupières, les parois du vagin, les bords correspondans des doigts, après une brûlure considérable, etc. Dans ce dernier cas, il faut s'attacher à la prévenir par tous les moyens possibles.

(DICT. ABRÉGÉ DE MÉD.)

COAPTATION, s. f., *coaptatio;* action par laquelle le chirurgien ramène à leur situation naturelle les fragmens déplacés des fractures, ou les extrémités articulaires des os luxés.

Dans les cas de fracture, il faut en général, pour que la coaptation puisse être facilement opérée, que, par des extensions et des contre-extensions graduées et méthodiques, les extrémités des fragmens soient ramenées à leur niveau naturel, et même médiocrement écartées les unes des autres. Alors le chirurgien, placé sur l'un des côtés du membre, embrasse avec ses deux mains le lieu de la fracture, et, par des pressions douces, égales et bien dirigées, affronte les parties, et en rétablit la conformation naturelle. Les mêmes règles sont applicables aux cas de luxations, c'est-à-dire, que, quand on est parvenu, par des tractions convenables, à dégager la portion d'os déplacée, le chirurgien doit la saisir et la porter, à l'aide de pressions dirigées dans un sens opposé à la direction du déplacement, vers le lieu qu'elle doit occuper. Louis pensait que les contractions musculaires suffisent toujours pour opérer cette réduction; mais l'expérience a démontré que le chirurgien est fréquemment obligé, soit de les diriger, soit de suppléer à leur action, et d'exécuter ainsi une véritable coaptation. *Voyez* FRACTURE, LUXATION, et les noms de tous les os et de toutes les articulations qui peuvent être le siége de ces lésions.

(DICT. ABRÉGÉ DE MÉD.)

COARCTATION, s. f., *coarctatio*; terme peu usité, qui est synonyme de resserrement, et qu'on emploie quelquefois pour désigner le rétrécissement d'une ouverture ou d'une cavité naturelle.   (DICT. ABRÉGÉ DE MÉD.)

COBALT, s. m., *cobaltum*. Métal de la quatrième classe de Thénard (*voyez* MÉTAL) qui se trouve 1° à l'état d'oxyde noir à Allemont, dans le Tyrol, l'Autriche, la Saxe, etc.; 2° combiné avec l'arsenic et le fer : cette mine est très-commune en Bohéme, en Saxe, en Stirie, dans la Thuringe, à Allemont, en Cornouailles ; 3° combiné avec de l'arsenic, du fer, du soufre et du nickel à Tunaberg; 4° à l'état de sulfure, en Suède; 5° à l'état d'arséniate et de sulfate; ce dernier a été trouvé depuis peu à Bieber. —Le cobalt est solide, blanc-grisâtre, légèrement ductile, d'une texture granuleuse, serrée; sa pesanteur spécifique est de 8,5384 ; il est magnétique, mais moins que le fer. Il entre en fusion à 130 degrés du pyromètre de Wedgwood. Si on le chauffe avec le contact de l'air, il passe à l'état de deutoxyde noir. Le soufre, le phosphore, le chlore, le sélénium et plusieurs métaux peuvent se combiner avec lui. Les acides nitrique et sulfurique l'oxydent et le dissolvent. Il n'a point d'usages. On l'obtient en décomposant le protoxyde par le charbon à une température très-élevée.

COBALT (oxydes de). Il existe deux oxydes de cobalt. Le *protoxyde* sec est gris-bleuâtre, soluble dans les acides, soluble dans l'ammoniaque, à laquelle il communique une couleur rouge; il passe à l'état de deutoxyde lorsqu'on le chauffe avec le contact de l'air. On l'obtient, en décomposant le sous-carbonate de cobalt par la chaleur, dans des vaisseaux fermés. Il est composé de 100 parties de cobalt et de 27,36 d'oxygène. On l'emploie pour teindre en bleu les cristaux, les émaux, la porcelaine, etc. Le protoxyde récemment précipité des sels de cobalt est bleu; si dans cet état on le combine avec de l'eau, on obtient un *hydrate* rose composé de 80 parties de protoxyde et de 20 parties d'eau. Le *deutoxyde* de cobalt est noir et ne se dissout dans les acides qu'autant qu'il a perdu une portion de son oxygène; il est formé de 100 parties de métal et de 36,77 parties d'oxygène. Il n'a point d'usages.

COBALT (sels de). Ils sont presque tous colorés en rose : ceux qui sont solubles précipitent en bleu par la potasse, la soude et l'ammoniaque ; le protoxyde précipité se dissout dans un excès d'ammoniaque et donne un sel double de couleur rouge si le sel de cobalt est pur; les hydro-sulfates les précipitent en noir; l'hydro-cyanate de potasse et de fer en vert d'herbe; les carbonates, les phosphates, les arséniates et les oxalates solubles y font naitre des précipités roses, si les sels de cobalt ne sont pas avec excès d'acide; ces précipités sont formés par du carbonate, du phosphate, de l'arséniate ou de l'oxalate de cobalt. L'*hydro-chlorate* de cobalt est employé comme encre de sympathie; aussitôt que l'on chauffe le papier sur lequel on a écrit avec ce sel, la dissolution se concentre et passe au bleu foncé; si on expose ce papier à l'air, les caractères deviennent invisibles, parce que le sel bleu attire l'humidité de l'air et passe au rose excessivement clair; on peut faire reparaître et disparaître les caractères à volonté, en chauffant ou en exposant à l'air le papier sur lequel on a écrit. Si l'hydro-chlorate de cobalt est mêlé de fer, les caractères sont verts. *Phosphate de cobalt* : Lorsqu'on mêle une partie de ce sel avec 8 parties d'alumine en gelée, et que l'on chauffe dans un creuset, on obtient un produit d'une belle couleur bleue qui peut remplacer l'outremer, et dont nous devons la découverte à Thénard.   (ORFILA.)

COCCYGIEN, adj., *coccygæus*; qui appartient au coccyx.

COCCYGIO-ANAL (muscle). *Voyez* SPHINCTER de l'anus.

COCCYX, s. m., *os sive ossa coccygis*, de κόκκυξ, *coccyx*, coucou, et aussi coccyx ; os du bassin, ainsi nommé, parce qu'on a cru lui trouver de la ressemblance avec le bec d'un coucou. Il est placé au-dessous du sacrum et lui fait suite, pour ainsi dire, quoique beaucoup plus petit que lui. Sa forme est à peu près la même que celle de cet os, si ce n'est qu'il n'a point de canal, ni de trous. Il est également composé de plusieurs pièces analogues aux vertèbres, quoiqu'elles leur ressemblent beaucoup moins que celles du sacrum. Ce sont ces pièces que quelques-uns regardent comme autant d'os séparés ; mais elles ne sont toutes isolées que dans les jeunes sujets. Ce n'est que dans les animaux, où leur nombre est beaucoup plus grand, leur forme différente, et où elles constituent la queue, qu'elles ne se confondent point entre elles. Il y en a quatre ordinairement dans l'homme, quelquefois cinq, plus rarement trois seulement. Leur volume diminue graduellement depuis la première jusqu'à la dernière, en même temps que leur forme s'éloigne de celle des vertèbres.

La surface du coccyx est convexe et inégale en arrière, concave et lisse en devant ; elle présente, dans l'un et l'autre sens, des lignes transversales qui correspondent aux points d'union des pièces dont il est formé. Ses bords sont rugueux et surmontés, au niveau de la première pièce, d'une éminence qui représente son apophyse transverse : cette éminence est échancrée à sa partie supérieure et forme avec le sacrum une ouverture arrondie, complétée par un ligament, et faisant suite aux trous sacrés. A la base du coccyx, on remarque une petite surface articulaire, coupée obliquement de haut en bas et d'arrière en avant, semblable à celles du corps des vertèbres, et par laquelle cet os est uni au sacrum ; ces différentes pièces se correspondent par des facettes du même genre. Deux éminences s'élèvent verticalement derrière cette surface : on les appelle *les cornes du coccyx* ; elles se joignent par des ligamens aux prolongemens semblables qui descendent du sacrum, et changent ainsi en ouverture ovalaire l'échancrure qui termine le canal sacré : il reste au-devant d'elles un intervalle qui forme, quand l'os est joint au sacrum, une autre ouverture latérale, communiquant avec ce canal. Le sommet du coccyx est formé par un tubercule inégal, qui n'est autre chose que la dernière pièce de ces os.

Beaucoup de tissus spongieux et une couche mince de substance compacte à l'extérieur composent le coccyx ; sa partie supérieure et surtout ses apophyses sont plus compactes que le reste. Chacune de ses pièces se développe par un point d'ossification qui occupe leur centre : quelquefois pourtant la seconde et la troisième en ont deux latéraux. Chez l'embryon, le coccyx est très-marqué et fait même une saillie plus grande à l'extérieur que dans un âge plus avancé ; mais son ossification est tardive : à la naissance, le premier point osseux existe seul ; tout le reste est encore cartilagineux.

Le coccyx de la femme est plus long et plus courbé que celui de l'homme. Un assez grand nombre d'observateurs s'accordent à penser qu'il est aussi plus souvent composé de cinq pièces. Le coccyx présente quelques variétés suivant les sujets, dans sa forme, ses dimensions, etc. Ses apophyses ne sont pas également prononcés dans tous ; son sommet est quelquefois singulièrement contourné ou même bifurqué. Il est quelquefois très-prolongé chez les monstres, et composé de sept vertèbres.

Cet os sert à soutenir et à protéger la partie inférieure du rectum, qui repose sur sa concavité. Les ligamens sacro-sciatiques, les muscles grands fessiers, ischio-coccygiens, releveurs et sphincter de l'anus, y trouvent un point d'appui. *Voyez*, pour le mode d'union de ces différentes pièces entre elles et avec le sacrum, BASSIN.   (A. BÉCLARD.)

COCHLÉARIA ou CRANSON. Genre de plantes de la famille des crucifères, de la tétradynamie siliculeuse, dont les caractères consistent en un calice formé de quatre sépales concaves et un peu écartés ; en une silicule globuleuse ou ovoïde, non échancrée au sommet, dont les deux valves sont très-convexes et les deux loges contiennent chacune une ou deux graines ovoïdes. Ses fleurs sont constamment blanches.

Toutes les espèces de ce genre, comme au reste toutes les plantes crucifères, ont une saveur légèrement âcre et piquante, très-analogue à celle du cresson de fontaine. Les médecins prescrivent plus particulièrement les deux suivantes :

1º LE COCHLÉARIA OFFICINAL (*cochlearia officinalis*, L.), petite plante annuelle qui croît dans les lieux humides, près des côtes de l'Océan et sur les montagnes élevées, et qui se distingue par ses feuilles radicales pétiolées, arrondies, subréniformes, un peu concaves, lisses et luisantes ; par ses feuilles caulinaires sessiles, cordiformes, un peu anguleuses, et par ses fleurs qui forment une espèce de grappe terminale. Cette plante est vulgairement désignée sous le nom d'*herbe aux cuillers*, à cause de la forme de ses feuilles, qui sont la partie dont on fait usage. Le cochléaria est un médicament légèrement excitant, que l'on emploie très-fréquemment comme *antiscorbutique*. Le principe actif de cette plante étant très-volatil, surtout par la chaleur; on administre ordinairement le suc exprimé de ses feuilles fraîches. La dose est d'une à deux onces. On peut également manger les feuilles fraîches, comme celles des diverses espèces de cresson.

2° LE COCHLÉARIA DE BRETAGNE (*cochlearia armoracia*, L.), que l'on appelle encore *grand cranson*, *raifort sauvage* ou *grand raifort*, est vivace; sa racine est pivotante, blanchâtre, de la grosseur du bras, surmontée d'une tige de deux à trois pieds d'élévation; ses feuilles radicales sont très-grandes, pétiolées, ovales, allongées, dentées; ses fleurs sont extrêmement petites et forment une large panicule. La racine est la seule partie que l'on emploie sous le nom de *raifort sauvage*. Sa saveur est âcre et piquante, son odeur très-pénétrante. C'est un médicament très-puissamment stimulant. Appliquée sur la peau, la racine de raifort sauvage en occasionne la rubéfaction; aussi ne l'emploie-t-on jamais en nature à l'intérieur. On se sert du produit de sa macération dans le vin ou de son infusion aqueuse. Cette racine est quelquefois administrée avec quelqu'avantage dans certaines rétentions d'urine qui dépendent d'un état de faiblesse locale ou générale. Mais c'est principalement comme antiscorbutique que l'on fait usage des préparations de raifort sauvage, et sous ce rapport c'est un remède des plus énergiques. Il entre, ainsi que l'espèce précédente, dans le sirop et le vin antiscorbutique. On peut préparer extemporanément ce dernier, en versant deux à trois onces de teinture alcoolique de raifort sauvage dans deux livres de bon vin blanc, selon le procédé de Parmentier. (A. RICHARD.)

COCHON, s. m., *sus scrofa*, L. On donne ce nom à un animal mammifère, de l'ordre des pachydermes, et qu'on élève à l'état de domesticité par toute la terre. Sa chair est très-employée comme aliment; sa graisse est fort usitée en pharmacie; mais ses excrémens, son urine, les soies qui recouvrent son corps, ne sont plus d'aucun usage, malgré les éloges que les anciens leur ont prodigués dans une foule de cas maladifs différens. *Voyez* ALIMENT et AXONGE. (H. CLOQUET.)

COCTION, s. f., *coctio*, action de cuire.

Ce mot est employé dans des acceptions diverses. 1° En physique, il est presque synonyme de cuisson, et indique l'action de la chaleur sur des matières végétales ou animales : cependant le mot de cuisson est plus usité quand il s'agit de matières alimentaires soumises à l'action du feu; 2° en physiologie le mot latin correspondant a été pris dans le même sens que le mot français *digestion*, parce que les anciens comparaient cette fonction à la cuisson des alimens. Ainsi la coction est alors le mode particulier d'altération qu'éprouvent les alimens introduits dans le tube alimentaire, dans l'estomac en particulier; 3° en pathologie il est employé le plus souvent pour faire connaître un travail dont l'essence est inconnue, mais dont le terme est ordinairement le rétablissement des organes dans leur état naturel, et l'excrétion de matières qui ont acquis un caractère particulier, ou pour exprimer le changement qu'éprouve une humeur viciée qui était d'abord dans un état de crudité, et qui ne peut être éliminée ou assimilée qu'après avoir subi une coction.

C'est dans la seconde période des maladies, et lorsque les symptômes parviennent à leur plus haute intensité, que s'opère particulièrement la coction; aussi l'on a fréquemment donné à cette période des maladies le nom de période de coction : alors le trouble des fonctions se prolonge, et devient plus apparent qu'il n'avait encore été; quelquefois de nouveaux symptômes se joignent à ceux qui existaient déjà, ou les remplacent.

Quels que soient les changemens qui surviennent durant la coction, c'est toujours la fièvre, ou du moins l'action de la vie, rendue plus active dans un ou dans plusieurs organes, qui la produit. L'augmentation des propriétés vitales, et particulièrement de la sensibilité et de la contractilité, est l'instrument dont la nature se sert pour terminer favorablement les maladies. Lorsqu'il y a une maladie locale, la coction est ordinairement accompagnée de la réunion de toutes les forces organiques, de l'exaltation des propriétés vitales dans le lieu même de l'embarras. Le travail est presque semblable à celui de la suppuration : la différence principale qui existe paraît consister en ce que, dans la suppuration, l'action ne se porte que dans un centre, tandis que, dans la coction, elle se dirige, sur la fin, vers plusieurs points excentriques.

Parmi les médecins qui se sont occupés de la coction dans les maladies, il en est qui ne considèrent que l'état des solides; d'autres ne fixent leur attention que sur les changemens qui se font dans les humeurs ; d'autres enfin croient que les uns et les autres subissent des altérations. Ces derniers pensent que les solides et les liquides , jouissant des mêmes propriétés, qu'ils possèdent cependant à divers degrés , subissent dans les maladies des changemens qui leur sont particuliers ; que, quelle que soit l'altération qui a été primitive, les solides et les liquides réagissent ensuite continuellement les uns sur les autres , et qu'une corrélation réciproque existe ainsi tant que dure la maladie.

C'est uniquement, disent les médecins solidistes, l'irritation des organes, l'augmentation de la sensibilité et de la contractilité , qui , dans les maladies locales, font affluer et retiennent dans le lieu de l'embarras la portion de forces et de sucs nourriciers nécessaires à la coction. Les phénomènes qui accompagnent ce travail ne laissent, selon eux, aucun doute sur cette vérité. L'afflux des liquides suit toujours l'augmentation de la sensibilité : ceux-ci vont aboutir à l'endroit de la plus vive action. C'est ainsi que dans le phlegmon , par exemple, l'endroit qui en est le siége et les parties environnantes se tuméfient, tandis que les autres maladies maigrissent. Il en est de même des autres maladies aiguës; les propriétés vitales de certains organes s'exaltent, ils deviennent par cette raison le centre de l'afflux des liquides ; et lorsque , dans la suite , ils reviennent à leur état naturel, ce relâchement et ce ramollissement des solides sont accompagnés d'une excrétion de matières modifiées par le travail qui a précédé. La coction n'est donc, suivant l'opinion de ces solidistes, que la cessation de l'irritation des organes, et la sortie des matières excrémentitielles, dites *critiques* , un simple effet du retour des organes à leur état naturel. *Voyez* CRISE.

Les médecins humoristes ne regardent la coction que comme une assimilation, un changement de matières crues, et dont les qualités ne conviennent pas à la santé, en matières susceptibles d'être converties en la propre substance du corps, ou d'être rendues moins nuisibles et disposées à être évacuées par quelques couloirs. La première de ces opérations de la nature peut, selon l'opinion des mêmes médecins, être rapportée à celle que les anciens ont appelée *pepsis*, qui est la plus parfaite : telle est la résolution dans les inflammations. La seconde est celle qu'ils ont nommée *pépasme* , qui a lieu dans toutes les maladies où il se fait des évacuations de ma-

tière morbifique par la seule action de la vie. La suppuration dans les maladies inflammatoires est de ce genre. La coction de la première espèce , disent-ils , est marquée par ce qui se passe dans les personnes qui ont une fièvre éphémère, causée par une trop grande quantité de chyle mêlée avec le sang. Cette agitation fébrile, supérieure à l'action ordinaire des vaisseaux, procure à ce chyle une élaboration ultérieure que cette action n'aurait pu lui donner ; il se fait par là une élaboration des parties crues ; elles se convertissent en bonnes humeurs, d'où peuvent être formés le sang et les autres fluides de l'économie animale. Ce changement étant opéré, la fièvre cesse sans aucune évacuation sensible de la matière qui l'avait causée. Mais un tel effet ne peut être produit que dans le cas où la matière crue ne diffère guère des matières susceptibles d'être converties en matières saines; et lorsque les efforts extraordinaires que la nature doit faire pour opérer ce changement ne sont pas bien considérables , ou durent si peu qu'il n'en peut pas résulter une altération pernicieuse dans les humeurs saines, laquelle ayant lieu , rendrait nécessaire une évacuation sensible de celles qui seraient viciées. C'est ce qui arrive dans tous les cas où se fait la coction de la seconde espèce, qui est aussi toujours l'effet de la fièvre. Dans cette dernière coction , les suites ne sont pas aussi salutaires que dans la précédente. Le changement qui s'opère alors donne à la cause matérielle de la maladie des qualités moins nuisibles à l'économie animale , eu détruisant celles qui lui étaient le plus contraires; mais il ne rend jamais cette matière assez différente d'elle-même pour qu'elle puisse devenir utile. Toute la perfection dont elle est susceptible ne fait que la rendre disposée à être évacuée hors des vaisseaux de la partie dont elle trouble les fonctions.

Il est des maladies qui paraissent ne pas éprouver de coction : telles sont quelques affections purement nerveuses, aiguës ou chroniques, et toutes les maladies qui dépendent d'un excès d'inanition, et où les alimens sont les seuls remèdes.

La coction se fait successivement et par degré ; tous les actes de la nature sont soumis à un certain ordre et à une certaine mesure de temps. Celle qui s'établit brusquement et sans régularité ne mérite aucune confiance, ainsi qu'Hippocrate en a fait la remarque : *Si quid in morbis præter rationem, non fidendum.* Aph. 27, sect. 11. On doit étudier les signes de la coction dans les différentes excrétions qui sont relatives aux parties sur lesquelles la nature porte plus spécialement son action. Ainsi il faut les chercher dans les urines, lorsqu'elle s'exerce dans le système de la circulation ; dans les déjections, lorsqu'elle porte sur les premières voies ; dans les crachats, lorsqu'elle intéresse les organes de la respiration. En général toutes les excrétions désignent quel est l'état de la partie qui les fournit, et les qualités qu'elle acquiert donnent la mesure des progrès de la coction.

Il importe beaucoup au médecin de distinguer le terme de la coction, non-seulement par rapport au jugement qu'il doit porter sur les jugemens heureux ou malheureux, mais encore pour qu'il sache ce qu'il doit faire. La médecine expectante est en général celle qui convient ici le mieux, comme le conseille Hippocrate : *incipientibus morbis, si quid movendum videtur, move ; vigentibus verò, quietem agere melius est.* Aph. 29, sect. 11. Il est des causes qui s'opposent à ce que la coction ait une marche prompte et régulière : telles sont entre autres les passions, les constitutions atmosphériques qui ressemblent à celles de l'automne, et l'âge avancé. La crainte, l'inquiétude et la tristesse font éprouver dans l'épigastre un poids auquel se joint un resserrement habituel ; on est presque anéanti à l'extérieur, on est abattu. Ces phénomènes montrent clairement que le centre d'action est la région épigastrique. On voit aisément que, tant que cet état dure, la coction ne peut se faire que tard et difficilement. La constitution automnale est un obstacle à la coction. Hippocrate avait déjà remarqué que les maladies de l'automne étaient longues et d'un jugement difficile : *in inconstantibus tempestatibus inconstantes et difficiles judicantur.* Cette constitution est très-variable, et la nature ne peut avoir aucune détermination fixe et constante. L'effort se porte plus au dehors ou au dedans selon qu'il fait chaud ou froid : ainsi la nature est fréquemment déconcertée dans ses mouvemens : chaque fois qu'elle rallie ses forces pour les porter vers le lieu de l'embarras, elle est détournée ailleurs par les variations brusques de l'atmosphère qui ont très-souvent lieu dans cette constitution. Elle est surtout pernicieuse aux vieillards et aux personnes épuisées, parce que leur faiblesse ne leur permet pas de supporter des changemens si subits de l'atmosphère. Les saisons ont donc une véritable influence sur la coction, et par conséquent sur la terminaison heureuse ou malheu-

reuse des maladies. Hoffmann et Huxham après lui, ont observé qu'en général celles-ci ne se terminaient jamais plus heureusement que lorsque le ciel était serein, quand le mercure se soutenait élevé dans le baromètre pendant un certain temps. L'âge auquel la nature détermine les mouvemens vers les organes intérieurs est encore une circonstance défavorable à la coction. Cette nouvelle détermination commence dans l'âge viril. Dans l'enfance, la nature tend au développement du corps; les mouvemens se portent vers les parties supérieures et vers les extérieures : aussi les efforts que tente la nature à cet âge pour détruire les embarras qui la gênent sont-ils accompagnés d'accidens qui éclatent à la tête et vers la peau. Dans la jeunesse, la poitrine devient le centre de ces efforts ; l'action est déjà plus circonscrite : dans la virilité, l'action se porte davantage vers l'intérieur, l'organe externe perd peu à peu son activité, et les entrailles reçoivent un surcroît d'action qui augmente de jour en jour. L'âge avancé n'est donc pas favorable à la coction, vu que les mouvemens nécessaires à la perfection de ses actes ne sont pas assez libres par rapport à leur tendance vers le centre.

(LANDRÉ BEAUVAIS.)

CODAGAPALE, s. m., *cortex codagapalæ.* Écorce du *nerium antidysentericum*, arbuste de la famille naturelle des apocinées et de la pentandrie digynie, qui croit dans les Indes-Orientales, au Malabar, à Ceylan, etc. Cette écorce, que l'on n'emploie presque jamais en Europe, est en plaques un peu roulées, rugueuses à l'extérieur, rougeâtres en dedans, d'une saveur amère, âcre et légèrement astringente. Plusieurs auteurs, tels que Rhéede, Antoine de Jussieu, ont singulièrement vanté l'usage de cette écorce dans le traitement de la diarrhée. On peut l'administrer en décoction, à la dose d'une demi-once pour une livre d'eau, ou préparer avec sa poudre et le sirop d'écorce d'orange un électuaire dont la dose est d'une demi-once, divisée en quatre ou huit bols. Ce médicament n'est nullement employé en France. (A. RICHARD.)

CODE, s. m., *codex medicamentarius.* On désigne ainsi un formulaire qui paraît sous les auspices d'un nom très-connu, ou qui est rédigé et approuvé par une réunion quelconque d'hommes de l'art. Une grande réputation ou le concours des lumières de plusieurs hommes recommandables en imposent ordinairement et inspirent plus de confiance : il n'est donc pas étonnant qu'un tel formulaire acquière presque tacitement force de loi parmi les médecins et les chirurgiens, pour toutes les prescriptions qu'il contient. On dit le code de Parmentier, le code de la Faculté de Paris, etc. *Voyez* FORMULAIRE.   (GUERSENT.)

COECAL, adj., *cœcalis*, qui appartient au cœcum: *appendice cœcal, artère cœcale*. *Voyez* CŒCUM.

CŒCUM et CÆCUM, s. m., *intestinum cœcum*, de *cœcus*, aveugle ; nom que l'on donne à la première portion du gros intestin, à cause du cul-de-sac qu'elle représente. *Voyez* INTESTIN.   (R. DEL.)

COEFFE, s. f., *pileus, pileolus, galea* ; portion des membranes de l'œuf qui enveloppe une partie de la tête du fœtus, à l'instant de sa sortie. Par rapport aux causes qui déterminent quelquefois cette disposition des membranes, *voyez* l'article ACCOUCHEMENT. C. Drélincourt a donné une petite dissertation dans laquelle il rapporte et tourne en ridicule les opinions de ses prédécesseurs sur cette circonstance peu importante de l'accouchement.
      (DESORMEAUX.)

COELIAQUE, adj., *cœliacus*, κωλιακὸς, de κωλία, le ventre, l'estomac ou l'intestin. Les anciens n'employaient cette épithète que pour désigner les maladies des organes de la digestion. (*Voyez* ci-après.) On appelle aujourd'hui *artère* ou *tronc cœliaque* une des branches les plus considérables de l'aorte abdominale, qui porte le sang à l'estomac, au foie, au pancréas, à la rate, et le plus souvent aussi au diaphragme. Cette artère se sépare du côté antérieur et gauche de l'aorte, immédiatement après l'entrée de cette dernière dans l'abdomen ; souvent même sa partie supérieure est en partie recouverte par les piliers du diaphragme. Elle parcourt un trajet droit, très-court et oblique de haut en bas, d'arrière en avant, et de droite à gauche, de sorte qu'elle forme avec l'aorte un angle un peu aigu ; puis elle se partage en trois branches dont l'écartement représente une espèce de trépied. Ces branches, d'un volume inégal, sont la coronaire stomachique, l'hépatique et la splénique, ainsi nommées d'après leur distribution. En outre, les artères diaphragmatiques naissent ordinairement, soit toutes deux, soit l'une d'elles seulement, de la cœliaque, avant sa terminaison, et le plus souvent très-près de l'aorte. *Voyez* CORONAIRE, HÉPATIQUE, SPLÉNIQUE, DIAPHRAGMATIQUE.

Le tronc cœliaque ne se divise pas toujours de la même manière : quelquefois il n'y a que deux branches de terminaison, à moins que l'une des diaphragmatiques ou leur tronc commun ne remplace la troisième, ce qui est rare ; d'autres fois il y en a quatre. La première disposition peut dépendre de ce que la coronaire stomachique et l'hépatique ont un tronc commun, ou de ce que celle-ci provient de la mésentérique supérieure ; la seconde, de ce qu'il y a deux artères hépatiques, quoique dans ce dernier cas l'une d'elles soit ordinairement fournie par la coronaire stomachique, ou de ce que quelque branche secondaire, comme la gastro-épiploïque droite, vient directement du tronc cœliaque. Dans certains cas, au lieu que les trois branches naissent au même endroit, la coronaire stomachique se sépare avant les deux autres.

L'existence du tronc cœliaque dépend manifestement du petit espace que l'aorte présente à l'endroit où elle doit donner les artères de viscères volumineux : aussi n'arrive-t-il jamais que ce tronc manque, et est-il même rare qu'une de ses branches naisse séparément de l'aorte, ce qui pourtant a lieu quelquefois pour la coronaire stomachique ou l'hépatique.

Quelques-uns nomment *plexus cœliaque* le plexus solaire du grand nerf sympathique, parce qu'il embrasse l'artère de ce nom. *Voyez* SYMPATHIQUE.   (A. BÉCLARD.)

CŒLIAQUE (flux). On a appelé ainsi une variété de la diarrhée, dans laquelle on a cru que le chyle était excrété par les selles. *Voyez* DIARRHÉE.   (R. DEL.)

CŒLOMA, κωλῶμα, cavité : mot grec qui désigne un ulcère arrondi de la cornée transparente, plus large et moins profond que celui qu'on appelait *bothrion* ; mot inusité.
      (J. CLOQUET.)

CŒUR, s. m., *cor*. Si nous voulions donner du cœur une définition générale et susceptible de s'appliquer également à tous les organes qui méritent et qui portent en effet ce nom dans le règne animal, il faudrait nous borner à dire que c'est un des principaux agens de la circulation, l'organe impulsif du sang, celui qui préside surtout à sa progression du centre vers la circonférence. Mais devant passer sous silence les variétés presque sans nombre que sa disposition présente quand on l'étudie successivement chez les divers animaux qui en sont pourvus, nous nous attacherons ici d'une manière spéciale à l'étude des particularités qu'il offre chez l'homme. En le considérant donc sous ce point de vue exclusif et restreint, nous devons dire que c'est un muscle impair, d'une texture fort complexe, d'une forme irrégulièrement conoïde ou pyramidale, situé obliquement et un peu à gauche dans la cavité pectorale, appuyé par une de ses faces sur le diaphragme, attaché et comme suspendu par sa base, au moyen des gros vaisseaux qui le soutiennent, libre et mobile dans le reste de son étendue, enveloppé de toutes parts par le péricarde, enfin creux dans son intérieur, et composé de quatre cavités, adossées l'une à l'autre, dont deux, à parois épaisses, et presqu'entièrement charnues, chassent le sang vers les poumons et toutes les parties du corps, tandis que les deux autres, beaucoup moins épaisses et moins charnues, reçoivent le sang des poumons et de tout le corps, et le versent dans l'intérieur des précédentes, à la masse et sur la base desquelles elles paraissent en quelque sorte surajoutées.

I. *Description générale du cœur dans l'homme.* — Le cœur est situé au milieu de la poitrine, dans le péricarde, derrière le sternum, entre les deux lames du médiastin, devant et au-dessous des poumons, et placé obliquement, de manière que sa pointe, tournée en bas, en devant et à gauche, vient frapper le cartilage de la cinquième ou de la sixième vraie côte du côté gauche, tandis que sa base, dirigée en haut, en arrière et à droite, correspond à la huitième vertèbre du dos. Il n'est assujetti, dans cette situation, que par les gros vaisseaux et le péricarde, mais on remarque en outre qu'il repose, par sa face inférieure ou plate, sur le centre aponévrotique du diaphragme : aussi suit-il tous les mouvemens de ce muscle, ce qui devient une source de changemens dans sa situation, à laquelle on ne doit pas oublier d'ajouter que son poids l'entraîne sans cesse dans tel ou tel sens, suivant l'attitude que prend le corps.

Cet organe a, généralement parlant, la figure d'un cône obtus, mais sa forme n'est pas seulement sujette à des variétés qui dépendent de l'âge, et sur lesquelles nous reviendrons dans le cours de cet article, elle ne demeure même pas semblable chez tous les individus, et cette particularité remarquable peut s'appliquer aussi bien à l'homme qu'aux animaux.

Son aplatissement, ou, si l'on aime mieux, sa dépression, permet d'y considérer deux faces, l'une antérieure, tournée un peu en haut et convexe, l'autre postérieure, tournée en bas, aplatie et presqu'horizontale : c'est cette dernière qui s'applique sur le diaphragme, dont elle n'est séparée que par le péricarde. Des deux bords qui les séparent l'une de l'autre, le droit ou inférieur est mince, aigu, et comme tranchant, le gauche ou supérieur est obtus, arrondi, très-épais, plus court que l'autre, et dirigé un peu en arrière. Sur chacune des deux faces règne, de la base à la pointe de l'organe, un sillon oblique qui les partage en deux portions de grandeur inégale, et qui correspond à la cloison des ventricules. Dans ce sillon rampent les principales branches des artères et des veines coronaires, entourées d'une assez grande quantité de tissu adipeux, formant des espèces de bandelettes ou de franges graisseuses, dont la largeur diminue à mesure qu'elles se rapprochent de la pointe de l'organe. Ordinairement la rencontre des deux sillons en ce dernier endroit donne lieu à une légère bifurcation, de sorte que la pointe du cœur est réellement bifide.

Le cœur renferme quatre cavités adossées, dont deux, appelées ventricules, sont creusées dans l'intérieur de sa propre substance, tandis que les deux autres, connues sous le nom d'oreillettes, à cause d'un appendice qui en fait partie, et qui est replié sur la base des ventricules, de chaque côté des troncs artériels, occupent sa base, c'est-à-dire sa région supérieure et postérieure, et semblent à peine en faire partie. De ces quatre cavités, deux sont à droite, et deux à gauche ; celles du même côté communiquent ensemble, mais il n'y a jamais, du moins dans l'état normal, après la naissance, de communication entre les cavités droites et les gauches.

L'oreillette droite ou antérieure est généralement plus ample que celle du côté gauche. On peut la considérer comme une simple dilatation des deux veines caves, supérieure et inférieure, qui y aboutissent, ce qui lui a valu le nom de *sinus des veines caves*. Quoique sa forme soit irrégulière et difficile à déterminer, on peut cependant dire qu'elle a une figure elliptique lorsqu'elle est dilatée, qu'allongée en travers elle présente sa plus grande largeur à droite et en arrière, que sa partie la plus étroite regarde en devant et à gauche, et que, dans ce dernier sens, elle se prolonge en un appendice flottant et aplati, terminé en pointe, et irrégulièrement denté sur ses bords, qui se trouve placé entre l'aorte et le ventricule droit. A l'intérieur, on y remarque en haut l'orifice de la veine cave supérieure, qui se dirige obliquement en bas et en avant, et qui est garni d'un rebord saillant, arrondi, épais, et plus marqué en arrière qu'en devant ; plus bas et plus en arrière, celui de la veine cave inférieure, qui se porte obliquement en haut et en dedans ; enfin, à droite de ce dernier, l'ouverture commune des veines coronaires.

Les ouvertures des deux veines caves sont très-rapprochées l'une de l'autre : elles se continuent même par une portion de leur contour. Quelquefois on rencontre dans cette portion commune à toutes deux, un tubercule plus ou moins prononcé, qui résulte d'une saillie formée par la graisse ou par un faisceau charnu, et que l'on connaît sous le nom de *tubercule de Lower*. L'orifice de la veine cave inférieure est bordé d'un repli membraneux et semi-lunaire, qu'on appelle la *valvule d'Eustache*. Ce repli mérite d'autant plus d'attention qu'il change beaucoup avec l'âge. Il est large, long, de forme demi-circulaire, et posé presque verticalement ; mais, quoique ses dimensions varient beaucoup, qu'il ait plus d'étendue chez le fœtus, et même chez l'enfant que chez l'adulte, âge durant lequel il s'efface d'une manière graduelle, en sorte qu'il n'est plus qu'à peine sensible chez le vieillard, cependant il ne bouche jamais complètement l'ouverture de la veine. Son bord, libre et flottant, devient quelquefois percé de trous et comme réticulé ; il regarde en haut et en arrière. On aperçoit une valvule semblable, également en croissant, mais dont le bord libre est tourné en bas, au-devant de l'ouverture commune des veines coronaires.

L'oreillette droite est mince, et presque lisse intérieurement. On n'y voit pas de colonnes charnues bien prononcées, si ce n'est dans son appendice, dont la face interne en présente une multitude, qui se ramifient et s'entre-croisent en tous sens.

Cette espèce de sac, ou ce sinus, s'ouvre dans le ventricule droit par un large orifice, circulaire quand le cœur est rempli, et elliptique quand, au contraire, il est affaissé. Cet orifice est entouré, du côté de l'oreillette, d'une zone de fibres blanchâtres et comme tendineuses, dont nous parlerons plus au long en décrivant la texture du cœur.

Le ventricule droit, appelé aussi antérieur ou supérieur, par rapport à sa situation, est placé comme en écharpe sur le devant et un peu à la droite du gauche. Plus ample et plus large, mais moins long que ce dernier, il l'entoure en quelque sorte, de manière que si l'on vient à faire une section transversale au cœur, la coupe du ventricule gauche re-

présente un cercle, et celle du droit un croissant concentrique et extérieur à ce cercle. Il a la forme d'une pyramide triangulaire, dont la base se confond avec l'oreillette correspondante : son épaisseur n'est pas très-considérable, car elle atteint à peine le tiers de celle du ventricule gauche. Assez lisse à sa base, il offre, dans tout le reste de son étendue, une multitude de saillies, de faisceaux musculeux, qu'on désigne communément sous le nom de *colonnes* ou *poutres charnues*, et dont la longueur, le volume et la direction varient beaucoup. Tantôt, en effet, ces colonnes, adhérentes par leurs deux extrémités, s'entre-croisent en toutes sortes de sens, et produisent ainsi un réseau très-confus ; tantôt elles adhèrent en outre par une de leurs faces tout entière, en manière de pilastres ; tantôt enfin elles sont libres à l'une de leurs extrémités. Le nombre de ces dernières n'est pas constant : il varie de trois à huit ou neuf. Elles sont arrondies et plus ou moins longues, car les unes font à peine saillie à la surface des ventricules, et ne constituent réellement que des mamelons, tandis que les autres ont jusqu'à un pouce d'étendue. De chacune de ces colonnes libres, qui se terminent brusquement, naissent de petits tendons dont l'extrémité va s'attacher à la zone auriculaire, après s'être épanouie dans la valvule tricuspide, ou même directement, et sans traverser cette dernière.

De la zone tendineuse qui garnit l'abouchement de l'oreillette droite dans le ventricule du même côté, se détache un repli membraneux, dont le bord libre, enfoncé dans la cavité ventriculaire, est garni de découpures inégales, parmi lesquelles on en distingue trois, plus profondes que les autres. Le repli se trouve ainsi partagé en trois lambeaux de grandeur différente, et terminés par un sommet irrégulièrement arrondi. C'est de cette disposition que lui est venu le nom de *valvule tricuspide* ou *triglochine*. A son bord libre adhèrent les tendons des colonnes charnues, qui s'y attachent comme les bâtons à un éventail, et s'épanouissent sur sa face convexe, en y étendant leurs fibres, qui deviennent plus nombreuses et plus grosses. Cette valvule est mince et transparente dans toute son étendue, mais on la voit néanmoins acquérir une épaisseur plus marquée à son bord libre, pour l'attache de ces prolongemens tendineux.

Au côté gauche, et à la partie la plus élevée de la base du ventricule droit, existe une seconde ouverture, qui conduit dans l'artère pulmonaire. Cet orifice est placé derrière la plus large et la plus longue des portions triangulaires de la valvule tricuspide, qui le voile entièrement lorsqu'elle s'abaisse.

L'oreillette gauche, assez semblable à la droite, mais plus petite, semble n'être, comme elle, qu'une dilatation des veines pulmonaires, ce qui a autorisé à lui donner le nom de *sinus* de ces veines. Cachée en grande partie derrière les gros vaisseaux qui sortent de la base du cœur, elle n'est, au premier abord, visible que dans son appendice, qui s'aperçoit près du côté gauche de l'artère pulmonaire. Lorsque le sang la distend, elle a une forme presque cubique. Sa capacité est à peu près d'un cinquième moindre que celle de l'oreillette droite. Les bords de son appendice, qui a moins d'ampleur aussi, sont également dentelés, mais lui-même a une forme triangulaire. Ses parois sont affermies par des colonnes charnues, tandis que celles du restant de l'oreillette sont lisses et peu musculeuses. A la partie postérieure et supérieure de ce grand sinus on aperçoit les orifices des quatre veines pulmonaires, dont les deux de chaque côté sont assez voisines l'une de l'autre, tandis qu'il existe un grand intervalle entre elles et celles du côté opposé.

L'embouchure de cette oreillette dans le ventricule qui lui sert d'aboutissant est à peu près elliptique, et beaucoup plus resserrée que celle du côté droit. Son contour est marqué aussi par une zone blanche et tendineuse.

Le ventricule gauche ou postérieur, principale partie du cœur par son volume, a aussi la même forme, c'est-à-dire qu'il représente un ovoïde long et étroit, dont la coupe est ronde de toutes parts, et dont les parois ont une épaisseur plus considérable que celle du ventricule droit, triple, et même quelquefois quadruple. Un peu plus long et moins large que ce dernier, il offre aussi des colonnes charnues dans son intérieur, mais plus nombreuses et moins irrégulièrement disposées. Peu de ces colonnes sont tout-à-fait détachées entre leurs extrémités, la plupart d'entre elles adhèrent par tout un côté aux parois du ventricule; elles sont aussi presque toutes plus ou moins obliques, de sorte qu'elles se croisent en interceptant des mailles de forme rhomboïdale, dans les intervalles desquelles sont d'autres filets plus minces, dont la réunion produit des mailles plus petites.

Mais, vers la cloison, et avant la naissance de l'aorte, les colonnes disparaissent, et il y a un espace fort lisse en cet endroit. Du côté opposé, au contraire, s'en élèvent deux, plus volumineuses que les autres, qui naissent, l'une en devant, l'autre en arrière, et dont le sommet, dirigé vers la base du cœur, se termine par une extrémité arrondie ou bifurquée, d'où partent de nombreux tendons grêles, divergens, et souvent entre-croisés, qui traversent la valvule mitrale, pour aller s'insérer à la zone tendineuse de l'oreillette.

Cette zone produit, comme celle du côté opposé, un repli membraneux circulaire, dont le bord libre est partagé en deux languettes, ce qui lui a valu le nom de *valvule mitrale*. A chacune de ces languettes s'attache un faisceau de tendons nés des colonnes charnues. La valvule, plus épaisse que celle du ventricule droit, ferme non-seulement l'orifice du ventricule, mais même encore celle de l'aorte, lorsque la cavité dans laquelle elle plonge se dilate.

A droite et au-devant de l'orifice de l'oreillette, tout près de la cloison, se remarque celui de l'aorte.

Les cavités droites du cœur sont séparées des gauches par une cloison intermédiaire, qui mérite de nous arrêter.

La cloison des oreillettes présente, du côté droit, et au-dessous de sa partie moyenne, une dépression plus marquée à la partie supérieure qu'à l'inférieure, et qui, en bas, disparaît d'une manière insensible, en se continuant avec la veine cave inférieure. Cette dépression porte le nom de *fosse ovale*. On ne l'observe que chez l'adulte; car, dans le fœtus, l'espace qu'elle occupe forme une ouverture qu'on appelle *trou de Botal*. Sa surface paraît tantôt lisse, tantôt inégale et comme réticulée. Elle est entourée d'un rebord musculeux, plus ou moins saillant, surtout à la partie supérieure, sous le sommet de laquelle on aperçoit presque toujours une petite ouverture qui pénètre dans l'oreillette gauche. Les deux côtés de ce rebord viennent se terminer vers les veines caves : on les distingue en antérieur et en postérieur, et on les nomme piliers de la fosse. Le postérieur est moins épais que l'antérieur, sur lequel on observe assez souvent des anfractuosités plus ou moins prononcées.

Dans l'intérieur de l'oreillette gauche, et à sa partie interne, c'est-à-dire, celle qui regarde la cloison, on remarque, un peu au-dessus de l'endroit correspondant à la fosse ovale, un rebord demi-circulaire, moins épais que celui

qui existe dans l'oreillette droite, et disposé
d'ailleurs en sens inverse, c'est-à-dire, qu'il
a sa concavité tournée en haut. Ce rebord
forme le bord tranchant de la valvule du trou
de Botal chez le fœtus. Assez ordinairement il
règne entre lui et la cloison un espace plus ou
moins étendu, formant une forme de cul-de-
sac, que l'on désigne sous le nom de *sinus de
Morgagni*, et dans le fond duquel s'ouvre le
petit trou que nous avons dit exister au sommet de la fosse ovale. Chez certains sujets
néanmoins, ce sinus n'existe pas du tout; la
valvule du trou de Botal, au lieu de s'accroître,
de s'élever et de s'épaissir avec l'âge, s'est
accolée à la substance qui remplit la fosse
ovale; elle y adhère intimement, et le rebord
saillant est presqu'effacé.

La cloison qui sépare les deux ventricules
l'un de l'autre n'offre rien de particulier.

Texture du cœur. — Le cœur a une texture
très-compliquée, que beaucoup d'anatomistes
ont cherché en vain à débrouiller, mais sur
laquelle les travaux de Vaust et de Gerdy ont
répandu depuis peu quelque lumière. Elle
réclame cependant encore de nouvelles inves-
tigations, car les deux observateurs dont nous
venons de citer les noms ne s'accordent pas
dans la description qu'ils en donnent.

Les parties composantes essentielles du cœur
sont du tissu albuginé, des fibres charnues,
du tissu cellulaire, des membranes, des vaisseaux et des nerfs.

Le tissu albuginé, assez étendu et cependant partout continu, est dur, résistant,
transparent, d'un blanc-nacré, et peu extensible. Il constitue surtout les zones auriculaires
et les tendons des colonnes charnues.

Les zones auriculaires, qui circonscrivent
les orifices du même nom, sont unies l'une à
l'autre, en arrière et en dedans, par un tendon gros et court. Elles donnent attache, en
haut, aux fibres des oreillettes, en bas, à
celles des ventricules, et par toute l'étendue
de leur circonférence intérieure, non-seulement
au bord adhérent de la valvule qui garnit l'a-
bouchement de l'oreillette dans le ventricule,
mais encore aux tendons des colonnes charnues.
Celle du côté gauche est un peu plus prononcée que celle du côté droit.

Les tendons des colonnes charnues sont
extrêmement nombreux, et tous ont cela de
commun que celle de leurs extrémités qui se
continue avec le tissu charnu ne s'étend point
dans son épaisseur. Ils n'ont tous ni la même
force ni la même étendue. Tous vont s'insérer
à la zone auriculaire, mais il y en a qui ne s'y

rendent que par l'intermède des autres, et
parmi ces derniers la plupart traversent les
valvules qu'ils servent à tendre, tandis que
plusieurs gagnent la zone d'une manière directe, sans traverser les valvules. On en voit
aussi quelques-uns passer d'une colonne à
l'autre sans communiquer ni avec les valvules,
ni, par conséquent, avec le restant du système
albuginé du cœur.

Outre ces zones et ces tendons, le tissu
albuginé du cœur donne aussi naissance à
d'autres zones, qui circonscrivent les orifices
des artères aorte et pulmonaire, en formant
des cercles complets autour d'eux. Ces zones,
bien plus épaisses que celles des oreillettes,
donnent attache, par leur partie inférieure, à
des fibres charnues des ventricules. Elles se
confondent avec les zones auriculaires. Leur
partie supérieure s'unit et se confond, sur la
convexité des festons artériels, avec les bandelettes qui bordent ceux-ci.

Ces bandelettes, qui sont fortes et épaisses,
bordent les trois languettes festonnées de l'o-
rigine des artères, dont elles suivent les contours, de manière qu'elles laissent, entre
elles-mêmes et les zones artérielles, trois espaces triangulaires, d'inégale étendue, remplis par une membrane très-dense, dont la
nature paraît être aussi albuginée. Du point
le plus épais de ces bandelettes, et de l'angle
rentrant qui sépare les festons artériels, part
une petite production tendineuse, qui s'avance
jusqu'au milieu du bord libre des valvules sigmoïdes, et s'y confond avec une semblable du
côté opposé, donnant ainsi naissance à un
léger tubercule cartilagineux.

Le tissu charnu ou musculaire du cœur a
cela de particulier, qu'il offre beaucoup plus
de dureté et de résistance que celui des autres
muscles du corps. Il est très-dense, très-serré,
très-pesant, et d'un rouge-brun. Les fibres
qui le composent affectent une disposition
qu'on ne retrouve nulle part ailleurs, et si
compliquée que la plupart des auteurs la
disent inextricable. Plusieurs anatomistes ont
cependant tenté de la mettre à découvert d'une
manière évidente: les recherches de Vaust et
celles, plus récentes, de Gerdy, sont sans
contredit les plus complètes; mais elles ne
s'accordent pas parfaitement ensemble, comme
on en pourra juger par le précis que nous
allons en donner.

Suivant Vaust, les deux ventricules se composent de trois plans superposés de fibres
obliques, dont les deux extérieurs appartiennent en commun aux deux ventricules, tandis

que l'interne, dédoublement du second, existe isolément pour chacune de ces cavités, et donne naissance à la cloison, par son adossement avec celui du côté opposé. Le plan superficiel, qui est fort mince, consiste en une série de petits faisceaux obliques de droite à gauche en devant, et de gauche à droite en arrière. Ces faisceaux s'étendent de la base à la pointe du cœur, dont ils parcourent à peu près la moitié de la circonférence, avant de se terminer en s'unissant à ceux du plan moyen. Celui-ci a quatre fois au moins autant d'épaisseur que le précédent. Les fibres qui le constituent marchent dans la même direction, mais avec plus d'obliquité, et elles ne se terminent pas toutes à la pointe du cœur; celles qui atteignent cette pointe forment à peu près une spirale d'un tour et demi, tandis que les autres se rendent successivement au sillon de la face postérieure du cœur. Là, ces dernières se partagent en deux portions d'épaisseur inégale, qui, en s'écartant l'une de l'autre, vont produire chacune le plan profond de chaque ventricule. La portion la plus mince, destinée à former le ventricule droit, se recourbe de bas en haut, pour remonter ensuite obliquement, en croisant la direction du plan moyen : ses fibres supérieures, qui sont les plus courtes, et qui suivent une direction à peu près transversale, se terminent à la base du cœur, où elles se fixent aux zones auriculaire droite et pulmonaire; les autres, dont la longueur et l'obliquité augmentent à mesure qu'elles s'approchent de la pointe du cœur, s'avancent jusqu'au sillon de la face antérieure, forment la partie droite de la cloison interventriculaire, et vont obliquement se terminer en arrière, à la partie de l'artère pulmonaire comprise entre la base des deux ventricules. Quant à l'autre portion du plan moyen, qui surpasse de beaucoup en épaisseur celle dont nous venons de parler, les fibres qui la composent s'enfoncent, d'arrière en avant, entre les deux ventricules, pour former le côté gauche de la cloison; mais, parvenues au sillon antérieur, elles changent de direction, se recourbent, et, remontant obliquement à gauche, en croisant celles du plan moyen qui les recouvrent, elles vont s'attacher successivement, les unes à côté des autres, aux zones auriculaire gauche et aortique, jusqu'à l'extrémité supérieure du sillon postérieur : cependant toutes ne se rendent pas à ce point, car les plus internes, se rapprochant, en divers endroits, sous la forme de faisceaux plus ou moins volumineux, qui se portent au centre des ventri-

cules, y produisent les colonnes charnues.

Il s'en faut que la description des fibres du cœur faite par Gerdy ressemble à celle que nous venons de donner. Suivant cet anatomiste, toutes forment des anses, de position, d'étendue et de direction différentes, dont les extrémités s'attachent aux zones artérielles ou auriculaires, soit immédiatement, soit au moyen des prolongemens tendineux. La portion superficielle de ces anses s'étend de la base au sommet du cœur, tandis que la portion profonde va, au contraire, de la pointe à la base de l'organe. Leur disposition n'est pas la même dans les deux ventricules : celles du gauche vont en décroissant, de l'extérieur à l'intérieur, vers l'axe de la paroi du ventricule, c'est-à-dire que les plus grandes, qui sont à la fois les plus superficielles au dehors du cœur, et les plus profondes à la surface du ventricule, en embrassent de plus courtes, qui elles-mêmes en embrassent de plus courtes encore, jusqu'à ce qu'enfin, à peu près au milieu de l'épaisseur des parois ventriculaires, il s'en trouve qui n'en contiennent point d'autres dans leur anneau resserré. Cette disposition explique le décroissement graduel des parois du ventricule, de la base à la pointe, puisque le nombre des fibres qui s'approchent de cette pointe diminue lui-même par degrés. Ce sont les anses les plus longues qui, par leur portion interne, forment les colonnes charnues.

L'union des deux ventricules s'opère, suivant le même anatomiste, à l'aide de deux sortes d'anses musculaires, dont les unes sont entièrement cachées dans la substance du cœur, c'est-à-dire profondes par toute leur longueur, tandis que les autres sont profondes par une portion seulement de leur étendue, et superficielles par l'autre.

Parmi ces dernières, les unes tiennent plus particulièrement au ventricule gauche, et les autres au ventricule droit.

Les anses du ventricule gauche s'attachent en avant aux zones auriculaire et artérielle droites, s'unissent à gauche avec celles qui proviennent des deux zones correspondantes, et forment un plan antérieur assez mince, qui, du côté gauche, recouvre plus des trois-quarts de la face supérieure du cœur, mais laisse à découvert, près du bord droit, un espace de plus en plus large vers le bas, dans lequel on aperçoit très-distinctement les fibres transversales des ventricules. Les fibres de ce plan s'étendent sur le ventricule gauche, du côté de son bord libre, puis elles se portent en arrière, se contournent en spirale au sommet du ventricule, et s'y réfléchissent toutes au même point, pour se continuer profondément sous la forme de colonnes charnues, et aller ainsi se fixer à l'union des zones auriculaires, ainsi qu'au côté droit de la zone aortique.

Les fibres des anses du ventricule droit partent de la zone auriculaire gauche, en arrière, passent de la surface du ventricule gauche à celle du droit, en s'inclinant à droite et en bas, et forment un large plan superficiel postérieur, en se réunissant avec celles qui naissent à droite de la zone auriculaire correspondante. Toutes ensemble contournent alors le bord droit du cœur d'arrière en avant, marchent à peu près transversalement sur la face antérieure de l'organe, ne tardent pas à s'engager sous le plan superficiel antérieur, et s'étendent jusqu'au bord antérieur de la cloison, dans laquelle même plusieurs se jettent pour aller se fixer au côté droit de la zone aortique, conjointement avec sa base, dont elles font partie. Dans ce trajet, les fibres les plus profondes se détachent çà et là du côté de la cavité du ventricule, où elles concourent à former le réseau musculaire et les colonnes charnues qui vont se fixer à des points différens de l'étendue antérieure de la zone auriculaire droite, ainsi qu'à la zone artérielle du même côté.

Quant aux anses profondes de l'union des ventricules, elles s'étendent de la surface interne du ventricule droit à divers points du gauche, car, suivant Gerdy, le premier de ces sacs n'est formé que d'une seule portion d'anses musculaires, ce qui explique pourquoi il a moins d'épaisseur. Ces anses, fixées par leur portion droite à la circonférence des zones auriculaire et artérielle droites, s'inclinent de toutes parts vers le sommet du ventricule, d'où elles vont gagner la cloison, se confondre avec celles du ventricule gauche, et se fixer comme elles à des profondeurs différentes, suivant leur étendue et leur direction.

Le ventricule droit a des anses musculaires qui forment entre elles un plan assez sensible à la base, en arrière, à droite et en avant, entre les deux sortes d'anses d'union des deux ventricules. Elles sont peu étendues, et disposées d'ailleurs comme celles du ventricule gauche, c'est-à-dire qu'elles ont toutes la même direction et la même étendue sur un même plan, que les plus grandes embrassent les plus petites, et qu'elles sont d'autant plus transversales qu'elles sont plus courtes.

D'après la description de Gerdy, qui, comme on voit, est bien plus compliquée et difficile à saisir que celle de Vaust, les fibres musculaires des ventricules forment toutes des anses qui se fixent aux zones auriculaires et artérielles, s'étendent de la base vers la pointe, et se déploient sur la circonférence, suivant l'épaisseur des parois; on voit aussi que les unes sont communes aux deux ventricules, et les autres propres à chacun d'eux.

Les oreillettes ont des parois bien plus minces que les ventricules, et les fibres musculaires n'y sont pas arrangées, à beaucoup près, avec autant de régularité, de sorte qu'on ne saurait les décrire avec autant de précision que celles des ventricules. Elles y ont d'ailleurs infiniment moins de densité et une couleur bien plus pâle. Gerdy les indique comme étant disposées sur deux plans, l'un superficiel et l'autre profond.

Le plan superficiel, généralement très-mince, surtout à l'oreillette droite, se montre plus épais transversalement vers le bord supérieur de ces deux sacs. Il les entoure à leur base, et se prolonge en travers sur les appendices, dont il forme les fibres longitudinales. Il se fixe aux zones auriculaires par son bord inférieur.

Le plan profond, situé au-dessous du précédent, et fort mince, s'étend de la base des oreillettes à leur bord supérieur et aux orifices des vaisseaux qui s'y abouchent. Il les embrasse de haut en bas, et obliquement par rapport à leur hauteur, et fournit des anneaux qui entourent les orifices des veines et des appendices.

Il y a très-peu de tissu cellulaire entre les fibres du cœur, et ses lames sont tellement serrées qu'on a beaucoup de peine à les distinguer; cependant on parvient à les apercevoir en soumettant l'organe à l'ébullition. Mais ce tissu est, au contraire, fort abondant à la surface du cœur, entre lui et la membrane séreuse qui le revêt. On le rencontre surtout en grande quantité dans les sillons creusés sur les deux faces, et à la jonction des oreillettes avec les ventricules. Ce qui le rend principalement digne d'attention, c'est la facilité extrême avec laquelle ses aréoles se chargent de substance adipeuse : non-seulement la surface du cœur est quelquefois couverte de toutes parts de graisse, mais encore il est presque sans exemple qu'on ait rencontré un cœur qui en fût entièrement dépourvu.

Les membranes qui entrent dans la composition du cœur sont au nombre de trois. La première ne lui appartient toutefois pas, à proprement parler, et ne fait que l'envelopper, sans le contenir dans sa cavité : c'est la membrane séreuse du péricarde, qui commence, au niveau des gros vaisseaux, à se déployer sur lui, après avoir tapissé l'intérieur du sac fibreux. Les deux autres revêtent les cavités du cœur, de sorte que l'une se continue avec la membrane interne des artères, et l'autre avec celle des veines. Cette membrane est extrêmement mince dans les ventricules, et elle acquiert un tel degré de ténuité, principalement sur les colonnes charnues, qu'on serait presque tenté de révoquer son existence en doute; mais l'ébullition la rend toujours visible, en la racornissant et lui faisant acquérir plus d'épaisseur. C'est elle qui forme les valvules tendues autour de l'abouchement des oreillettes dans les ventricules, et toutes celles qu'on observe dans l'intérieur du cœur. Dans plusieurs points de l'étendue des oreillettes, elle est en contact immédiat avec le feuillet séreux du péritoine : cette disposition s'observe surtout à droite, et fait que l'oreillette de ce côté paraît transparente dans une portion de son étendue.

Nous ne dirons rien ici des vaisseaux et des nerfs du cœur : ils ont été décrits à l'article CARDIAQUE.

Mode d'évolution du cœur. — Le cœur est le premier organe formé, le premier en action; on l'aperçoit dès que l'organisation devient apparente; mais il n'est pas tel que nous venons de le décrire à toutes les époques de la vie, et, avant d'arriver à la forme qu'il présente chez l'adulte, il passe successivement par plusieurs autres, fort différentes de celle-là.

La première particularité que nous devons signaler consiste en ce que le cœur a un volume d'autant plus considérable que le fœtus se rapproche davantage du moment de sa formation. En effet, dans les premiers temps de la vie de l'embryon, il remplit la cavité thoracique tout entière, comme l'a fort bien vu Meckel, à tel point même que Roume disait avec affectation qu'il semblait alors distendre la poitrine. Sa direction n'est pas non plus la même : la portion artérieuse à sa pointe tournée directement en bas et en avant. La capacité des deux oreillettes surpasse celle des ventricules, et d'autant plus que l'embryon est plus jeune, quoique cependant le rapport qui doit exister dans la suite s'établisse dès avant que celui-ci soit arrivé au terme de maturité. En outre, la droite est d'abord plus

volumineuse que la gauche, et c'est peu à peu seulement que la gauche acquiert un volume égal au sien. Quant aux ventricules, ils ont des dimensions égales dans le principe, mais celui du côté droit grossit avec une rapidité extraordinaire : cette remarque appartient à Meckel.

Les parois du cœur ont plus d'épaisseur dans l'embryon que chez l'adulte, mais la différence est plus prononcée dans le ventricule droit que dans celui du côté gauche, en sorte que ces deux cavités se ressemblent d'autant plus qu'on les observe chez les fœtus moins avancés en âge.

Comme le ventricule droit descend moins bas que chez l'adulte, il résulte de là que la partie gauche du cœur est d'abord allongée, arrondie et plate, et qu'elle se termine par une extrémité très-mousse. Peu à peu le ventricule droit se prolonge en bas, et la bifurcation du cœur se prononce; elle est même d'abord très-considérable, parce qu'un large sillon sépare primitivement les deux éminences qui forment le sommet des ventricules; mais elle domine par degrés, et finit par se remplir presqu'entièrement.

Peut-être le cœur n'est-il d'abord creusé que d'une seule cavité, en sorte que ses deux moitiés ne soient point encore séparées l'une de l'autre, et qu'il n'y ait point non plus encore de distinction entre les oreillettes et les ventricules. Mais l'observation ne nous a jusqu'aujourd'hui rien appris de positif à cet égard. Tout porte à croire cependant qu'il n'y a, dans le principe, qu'un seul ventricule, car, à une certaine époque, on trouve toujours, vers la base de leur cloison, et immédiatement au-dessous de l'origine des gros vaisseaux, une ouverture qui les fait communiquer l'une avec l'autre; et, suivant toutes les apparences, cette ouverture subsiste jusque vers la fin du second mois de la gestation.

La cloison des oreillettes est également percée d'un trou que remplace ensuite la fosse ovale, et sur lequel se dessine une valvule dont on aperçoit presque toujours encore des traces chez l'adulte. La valvule d'Eustache offre aussi plus d'ampleur et de développement.

II. *Anomalies.* — Marrigues a décrit le cas surprenant d'une absence totale du cœur chez un fœtus d'ailleurs mal conformé, et déjà monstrueux sous plusieurs rapports. Le cœur et les poumons étaient remplacés par une vésicule remplie d'un fluide limpide, et qui ne communiquait ni avec la bouche ni avec aucune autre cavité. Daniel a fait connaître depuis un fait presque semblable. L'absence du cœur accompagne souvent, mais pas toujours, l'acéphalie.

Quelques observateurs disent avoir rencontré des cœurs ne contenant qu'une seule et unique cavité. Il est plus commun d'en voir qui n'en ont que deux, une oreillette et un ventricule : souvent alors il arrive que la cloison auriculaire existe, du moins en vestige, et qu'il n'y a réellement qu'une ampleur extraordinaire du trou de Botal. On a vu quelquefois, au contraire, un ventricule unique, accompagné de deux oreillettes. Dans ce cas, la cloison ventriculaire manquait totalement, ce qui est assez rare. Mais il l'est bien moins de la voir percée d'un trou plus ou moins grand à son sommet. Il est plus ordinaire encore de voir persister le trou de Botal, soit couvert de sa valvule bien développée, qui en rend l'existence comme nulle, soit entièrement dégarni de cette valvule, sans néanmoins que la santé ait jamais paru en souffrir, comme le prouvent les deux exemples de femmes sexagénaires chez lesquelles Meckel a rencontré cette singulière disposition.

On a aussi trouvé des anomalies non moins remarquables dans la situation du cœur. Ainsi Sandifort et Klinz parlent de deux sujets chez lesquels cet organe était situé perpendiculairement derrière le sternum, ayant sa pointe tournée en bas. Cette disposition, qui nous offre tant d'intérêt, paraît être fort rare. On peut en dire autant de la situation du cœur hors de la cavité de la poitrine, immédiatement sous la peau, au-dessous de l'appendice xyphoïde, dont Martin Martinez a décrit un exemple, et dont Ramel nous en a transmis un autre, qui lui avait été fourni par une fille de dix ans.

A l'exception de cette dernière anomalie, toutes celles dont nous avons parlé proviennent manifestement d'un vice d'évolution ; elles dépendent de ce que le cœur, au lieu de parcourir toutes les périodes par lesquelles il a coutume de passer, s'est arrêté à l'une d'elles, et a continué de s'accroître sous la forme qu'il présente à cette époque chez l'embryon.

Une des anomalies les plus remarquables du cœur est sa *transposition* : on l'a quelquefois trouvé situé de manière que sa pointe répondait au côté droit de la poitrine, sans que cette disposition constituât un état morbide.

III. *Physiologie du cœur.* — Organe musculeux et parsemé d'un grand nombre de ramifications nerveuses, par conséquent très-irritable et très-contractile, le cœur jouit de

deux mouvemens, l'un de contraction et l'autre de relâchement. Le premier opère la constriction des cavités creusées dans son épaisseur, et procure l'expulsion du fluide qu'elles contiennent. Le second, qui succède à celui-ci, rend à ces mêmes cavités la capacité qu'elles avaient perdue, et, de cette manière, leur permet de recevoir une nouvelle quantité de sang. Sous ce point de vue, le cœur ressemble à tous les autres muscles de l'économie : mais ce qui établit une différence entre eux et lui, c'est qu'il n'a que de très-légers intervalles de repos pendant la vie ; que celle-ci cesse dès qu'il suspend entièrement son action ; qu'il se meut encore après que le jeu de tous les autres muscles a cessé ; en un mot, qu'il finit le dernier ses contractions, comme il est aussi le premier organe, nous ne disons point qui se développe dans l'embryon, car cette question n'est pas encore décidée, mais au moins qui laisse apercevoir des mouvemens bien manifestes.

Les mouvemens du cœur présentent cependant quelque différence, sous le rapport du temps où ils s'exécutent, selon qu'on les considère dans les oreillettes ou les ventricules. En effet, ses quatre cavités ne se contractent pas en même temps, et l'action de celles seulement dont les fibres se continuent de l'une à l'autre a lieu simultanément. Ainsi les deux oreillettes se contractent et se dilatent ensemble, et les deux ventricules offrent à leur tour les mêmes phénomènes, mais les mouvemens ne se correspondent point dans les deux ordres de cavités. La contraction des oreillettes ne coïncide point avec celle des ventricules ; elle a lieu en même temps que ceux-ci se relâchent, et, dès qu'ils entrent en action, les oreillettes sont distendues par un nouveau flot de sang qui y aborde. On voit d'après cela, comme l'a fort bien dit Bichat, que si l'on peut jusqu'à un certain point considérer le cœur comme l'assemblage de deux organes distincts et seulement adossés, on ne saurait désigner ces derniers sous les noms de cœur artériel et de cœur veineux, ainsi que l'ont fait divers anatomistes, car tous deux se rapportent également au système des artères et des veines. Les dénominations les plus convenables seraient celles de cœurs aortique et pulmonaire, ou de cœurs à sang rouge et à sang noir.

On donne le nom de *diastole* à la dilatation des cavités du cœur, et celui de *systole* à leur contraction. Pendant la diastole des oreillettes le sang y afflue de toutes les parties du corps, à gauche par les quatre veines pulmonaires, à droite par les veines caves et les cardiaques. Dès que ces cavités sont remplies, leurs parois se resserrent de haut en bas, et le sang, pressé de toutes parts, passe dans les ventricules dont la cavité se trouve parallèle à la ligne suivant laquelle elles se contractent. Une partie du fluide rentre cependant aussi dans les veines caves; mais ce reflux doit être peu considérable, d'un côté, parce que la nouvelle colonne de sang qui se présente pour pénétrer dans l'oreillette le limite beaucoup, et de l'autre, parce que les fibres circulaires dont les orifices des veines sont garnis, diminuent beaucoup leur capacité en se contractant; il est même tout-à-fait impossible que ce reflux s'opère dans la veine cardiaque, dont la valvule oppose un obstacle insurmontable à l'abord du sang. Dès que les oreillettes sont vides, elles cessent de se contracter, se dilatent au contraire, et reçoivent une nouvelle ondée de sang; à l'instant même les ventricules chassent celui qu'ils ont reçu, le droit dans l'artère pulmonaire, et le gauche dans l'aorte; leurs fibres se froncent, leur pointe se rapproche de leur base et s'élève directement, leur base elle-même acquiert plus d'épaisseur, et leurs cavités diminuent d'étendue; les valvules tendues autour de l'orifice auriculaire, dont les cordes tendineuses empêchent le renversement, se redressent, empêchent le sang de rentrer dans les oreillettes, et ne lui laissent d'autre issue que celle par les artères. Cependant, comme les valvules forment une espèce de cône dans les ventricules, en se relevant, elles font refluer une certaine portion de liquide dans les oreillettes. Aussitôt que les ventricules sont vides, ils se dilatent de nouveau, sans que le sang qu'ils ont lancé dans les artères puisse y retomber, car il est retenu par les valvules sigmoïdes placées à la base de ces vaisseaux.

De longues et violentes disputes se sont élevées, durant le cours du siècle dernier, sur la question de savoir si les ventricules du cœur s'allongent ou se raccourcissent pendant leur systole. La première opinion était celle de Borelli, de Vésale, d'Albertini, de Riolan, de Winslow, qui se fondaient principalement sur ce que les battemens produits par la pointe du cœur se font sentir entre la sixième et la septième côte, ce qui ne pourrait avoir lieu, suivant eux, dans l'hypothèse contraire, attendu que le raccourcissement du cœur devrait écarter sa pointe des côtes, et non l'en rapprocher. La plupart de ces anatomistes ad-

mettaient donc un plan de fibres transversales, plus épais que les autres, et qui, par suite même de son volume, devait l'emporter, dans son action, sur les fibres dont la direction tendait à raccourcir l'organe. Mais la question est jugée sans retour aujourd'hui : on sait qu'il n'existe pas de fibres transversales dans le cœur; qu'elles sont toutes obliques et croisées diagonalement, d'où l'on conçoit aisément que l'effet primitif de leur contraction est d'élever directement la pointe du cœur vers son sommet. D'un autre côté, comme les oreillettes se dilatent pour recevoir une nouvelle quantité de sang, au moment même où les ventricules se contractent sur celui qu'elles leur ont transmis, l'abord du fluide imprime à la base du cœur une secousse brusque, qui ne pouvant produire aucun effet en arrière, où l'organe, appuyé sur la colonne vertébrale, trouve en elle un point solide de résistance, se fait sentir tout entière en avant, favorisée d'ailleurs encore par le redressement des artères aorte et pulmonaire, au moment où celles-ci se dilatent pour recevoir l'ondée de sang, redressement qui soulève les ventricules, et leur fait décrire un arc du cercle en avant.

Une autre question, qui n'a pas donné lieu à moins de controverses, consiste à déterminer si le cœur se comporte ou non d'une manière passive dans la diastole. Hamberger, Perrault, Senac, Bichat, Dumas, la croyaient active, tandis que c'est un état purement passif, une simple cessation de la systole, suivant Lower, Haller, et surtout Legallois. Parmi les partisans de la première opinion, les uns supposaient dans le cœur l'existence de fibres capables de le dilater en se contractant, et dont l'action avait lieu alternativement avec celle des fibres chargées de le raccourcir; d'autres pensaient que, sans la coopération d'une puissance étrangère, représentée par l'afflux du sang, le cœur obéirait toujours à une prétendue force de ressort qui tend à le tenir incessamment resserré sur lui-même; certains enfin, au nombre desquels on compte Bichat et Dumas, croyaient que sa dilatation résulte d'un véritable effort, comme le relâchement de toute fibre musculaire quelconque.

L'anatomie, ainsi que nous l'avons déjà dit, démontre que les fibres dilatatrices sont des êtres de raison, et que toutes celles du cœur sont disposées obliquement, en manière de spirale, sans qu'il soit possible d'en trouver une transversale. Or, de pareilles fibres, en se contractant, ne sauraient produire d'autre résultat que le resserrement des cavités du cœur; il est impossible qu'elles en déterminent la dilatation. Bichat a cependant soutenu, sur la foi de Pechlin sans doute, plutôt que d'après ses propres observations, quoiqu'il prétende l'avoir vu, que le mouvement de dilatation l'emporte souvent même sur celui de contraction. La manière dont il explique ce phénomène choque moins que celle de Senac. Senac croyait qu'en se dilatant le cœur ne cède à d'autre puissance qu'à l'abord du sang, étrange assertion, qui ramenait aux lois de la simple mécanique un des principaux phénomènes de la vie, et qui tombe d'elle-même quand on sait que le cœur, arraché de la poitrine, continue encore pendant quelque temps de se dilater et de se resserrer alternativement. Bichat, au contraire, faisait dépendre la dilatation de l'organe d'un effort de la fibre musculaire qui l'emporte sur celui de contraction. Ce grand physiologiste est évidemment tombé ici dans une erreur qui l'a conduit à d'autres plus graves; ainsi, par exemple, à dire qu'une irritation portée sur le cœur produit quelquefois une dilatation pour premier résultat, quoiqu'il convienne néanmoins que, le plus souvent, la contraction commence le mouvement. Dans le cœur, comme dans tous les autres muscles, la contraction est nécessairement et toujours suivie de relâchement : celui-ci peut avoir lieu sous l'influence même d'une irritation, quand l'organe est déjà contracté, parce qu'il est la suite inévitable de toute contraction prolongée pendant un certain temps; mais on ne saurait l'obtenir quand le cœur est déjà dilaté, c'est-à-dire qu'on ne peut porter la dilatation de ce viscère au-delà de ce qu'elle est communément, ce qu'il faudrait cependant qu'on fût à portée de faire pour pouvoir dire qu'on excite le relâchement. D'un autre côté, il ne faut pas non plus se représenter la dilatation du cœur comme un acte tout-à-fait passif; cette idée serait incompatible avec celle d'un organe doué de la vie, et c'est encore un phénomène vital que le retour d'une fibre musculaire contractée à l'état dans lequel elle se trouvait avant d'entrer en contraction. S'il fallait des preuves à l'appui de cette assertion, nous citerions la lenteur de la diastole, comparée à la rapidité de la systole, qui est un mouvement brusque, subit, et très-court par rapport à l'autre.

Les mouvemens du cœur ne sont pas un des phénomènes les moins remarquables de l'économie animale : leur continuité, leur force, leur régularité, tout en eux excite la surprise et pique la curiosité. Il n'est donc pas étonnant qu'on ait fait autant d'efforts pour connaître quel en est le principe particulier, quel est le ressort qui anime l'un de nos organes les plus importans. Mais à peine devons-nous faire attention aux hypothèses que les anciens ont établies dans l'espérance d'arriver à cette découverte; car, avant Haller, on ne songea guère qu'à se disputer au sujet de la nature et du mode d'action de la puissance nerveuse, qui en était considérée comme le principe, et dont on plaçait l'unique foyer dans le cœur. Haller fut le premier qui s'éleva contre cette théorie générale et contre ses diverses modifications. Partant du fait incontestable que les mouvemens du cœur s'observent chez les animaux qui n'ont point de cerveau, qu'ils s'exercent même chez les fœtus acéphales, du moins tant que ceux-ci demeurent dans le sein de leur mère, et quelquefois aussi plusieurs jours après leur naissance, enfin qu'ils continuent de s'exercer, même quand le cœur a été arraché de la poitrine, il soutint que ce viscère n'est point soumis à la puissance du cerveau, et qu'il renferme en lui-même, c'est-à-dire dans la nature intime de ses propres fibres, le principe de sa motilité. Suivant sa doctrine, les fibres du cœur, comme celles de tous les autres muscles, possèdent, par cela seul qu'elles sont fibres musculaires, la faculté de se resserrer sur elles-mêmes quand elles viennent à être mises en contact avec un stimulus approprié à leur nature, et se relâchent dès que ce stimulus cesse d'agir sur elles. Or, leur stimulus naturel est le sang : dès que les cavités du cœur sont remplies de ce fluide, irritées par sa présence, elles se resserrent, et le chassent dans celles qui leur correspondent, c'est-à-dire qu'il passe, en vertu du même mécanisme, des oreillettes dans les ventricules, et des ventricules dans les artères.

Deux difficultés insurmontables s'élevaient contre cette théorie, que sa simplicité séduisante aurait dû suffire déjà pour rendre suspecte. La première naît du grand nombre de nerfs que le cœur reçoit, et dont la présence serait inexplicable si la nature avait eu l'intention de le soustraire à la puissance nerveuse. A la vérité, Sœmmering et son disciple Berends crurent le faire disparaître en soutenant que ces nerfs se ramifient exclusivement dans les tuniques de l'organe, et qu'aucun ne se rend aux fibres elles-mêmes; mais il ne fallut pas de grands efforts à Scarpa pour renverser une opinion si étrange et aussi évidemment paradoxale. La seconde difficulté tient à l'influence incontestable que les passions exercent sur les mouvemens du cœur, et qui ne peut, sans contredit, avoir lieu que par l'intermédiaire de l'appareil nerveux, sans lequel les objets extérieurs ne font aucune impression sur le corps. Ajoutons-en une troisième encore, qui provient de ce que le cœur n'existe que consécutivement au système nerveux dans la longue série animale, circonstance qui suffit seule pour démontrer que ce dernier a une importance relative plus grande, et qu'il doit, de toute nécessité, réagir sur tous les appareils dont on ne commence à trouver des traces que long-temps après qu'il existe déjà lui-même.

La physiologie expérimentale paraît avoir été la principale, sinon l'unique source de l'erreur dans laquelle les physiciens sont tombés à cet égard. De ce qu'une irritation mécanique ou électrique portée sur les nerfs cardiaques n'exerce aucun effet apparent sur le cœur, de ce que les mouvemens de l'organe ne sont point suspendus lorsqu'on vient à intercepter d'une manière quelconque la communication entre lui et le cerveau, enfin, de ce qu'ils ne sont pas subitement arrêtés par son arrachement hors de la poitrine, il ne s'ensuit pas que la puissance nerveuse n'ait point d'influence sur lui. Tout ce qu'on peut en conclure, c'est que ses mouvemens ne dépendent point du cerveau, qu'ils sont soumis à la puissance nerveuse d'une toute autre manière que les muscles qui reconnaissent l'empire de la volonté, et enfin que ceux qu'il exécute après son avulsion tiennent aux nerfs qui font partie de sa substance. Voilà les seules conclusions qu'on soit autorisé à tirer des trois faits cités précédemment, et dont les belles expériences de Legallois ont donné une autre confirmation, en nous apprenant que la décapitation, la simple section de la moelle épinière, et même la destruction d'une portion de celle-ci, sont insuffisantes pour suspendre la circulation d'une manière subite, qu'il faut détruire le prolongement rachidien dans toute son étendue, pour que celle-ci s'arrête sans retour, et qu'il n'y a aucune de ses portions qu'on ne puisse, en la désorganisant, empêcher d'y coopérer, comme il n'y en a aucune non plus qui ne puisse devenir suffisante, à défaut des autres, pour l'entretenir. Mais, quoiqu'alors les mouvemens du cœur n'aient plus assez d'énergie pour déterminer la progression du sang, cependant ils persistent encore pendant un laps de temps assez long, et même avec assez de régularité : ils se trouvent, à très-peu de chose près, dans le cas de ceux

qu'on voit exécuter au cœur arraché de la poitrine. Or, ne découle-t-il pas de là que les mouvemens de l'organe isolé du restant du corps, ou séparé de la moelle épinière par la destruction totale de celle-ci, sont sous la dépendance de la faible dose de puissance nerveuse qui reste encore dans les nerfs cardiaques ou les plexus et ganglions d'où ils émanent, et que, chez l'animal vertébré vivant, c'est de cette moelle, de tous ses points même indistinctement, qu'ils puisent leur principale énergie ? Cette théorie explique aussi la permanence non interrompue des mouvemens du cœur, car, s'ils dépendent de l'influence de la moelle épinière tout entière, ils ne doivent cesser qu'à l'extinction complète de la puissance de cette dernière, c'est-à-dire qu'à l'époque même de la mort.

Il ne faut pas croire cependant que l'action du cœur soit indépendante de l'influence cérébrale, car un pareil isolement serait incompatible avec les lois de la vie. Une joie excessive, une nouvelle affligeante, une douleur profonde, un accès de fureur, anéantissent sans doute cette action, et la mort du cœur entraîne successivement celle des autres organes; mais la passion a été ressentie d'abord par le cerveau, et c'est ce viscère qui en a transmis l'impression perturbatrice au cœur, par le canal de la moelle allongée. Il arrive ici le contraire de ce qui a lieu dans la mort sénile, ou à la suite de diverses maladies, par exemple, des hydropisies, de la gangrène, etc. La syncope, car c'est ainsi qu'on appelle cette mort du cœur, résulte d'une surexcitation excessive de l'organe dans le premier cas, tandis que dans le second elle dépend de l'anéantissement de la puissance nerveuse. A dire le vrai, par conséquent, si l'on excepte les cas d'asthénie locale, de rupture et de violence exercée du dehors, la mort ne commence jamais par le cœur, et, le plus souvent, c'est par le système nerveux qu'elle débute : il n'est donc pas rigoureusement exact non plus de dire que cet organe est l'*ultimum moriens*, puisque la permanence de ses mouvemens, quelque faibles qu'ils soient, annonce toujours que la puissance nerveuse n'est pas complètement éteinte. Au reste, nous ne pouvons point insister davantage sur ces considérations importantes, qui rendraient l'article beaucoup trop long; mais nous y reviendrons encore aux articles MORT et SYNCOPE, où nous insisterons d'une manière spéciale sur les hautes conséquences qui en découlent pour la médecine pratique.

IV. *Pathologie du cœur.* — Organe contractile musculaire, à quatre cavités, pourvu de tendons, de vaisseaux et de nerfs, revêtu en dedans d'une sorte de membrane muqueuse, en dehors d'une membrane séreuse, limité dans sa locomotion par une membrane fibreuse, le cœur est doué d'un mode d'excitabilité qui dérive de sa structure, de ses rapports avec la moelle épinière et le cerveau, et qui est mise en jeu par le contact du sang avec sa membrane interne. De l'exercice de cette excitabilité résultent les contractions simultanées des ventricules et celles des oreillettes, qui leur succèdent immédiatement; de cette manière le sang veineux et le sang pulmonaire sont simultanément reçus dans les ventricules, expulsés de ces cavités, introduits dans les oreillettes, et chassés en même temps, l'un dans l'artère pulmonaire, et l'autre dans l'aorte. Sans trop s'éloigner de la vérité on peut donc dire que le cœur, dans l'homme, se compose de deux cœurs, placés l'un à côté de l'autre, et agissant simultanément. L'oreillette et le ventricule droits seraient isolés de l'oreillette et du ventricule gauches, que les fonctions cardiaques n'en auraient pas moins lieu.

Placé entre les deux systèmes vasculaires sanguins et les deux systèmes nerveux, le cœur est en rapport avec tous les organes par l'intermédiaire des veines et des artères, des nerfs cérébraux et des nerfs ganglionnaires. Il est soustrait à l'impression immédiate des agens extérieurs par sa situation; les agens mécaniques ne peuvent l'atteindre qu'après avoir ébranlé ou divisé les parois de la cavité qui le renferment. De tous les viscères, il est un de ceux qui sont le plus souvent excités à l'occasion d'impressions exercées sur une partie quelconque du corps.

Les impressions morbifiques qui peuvent troubler son action sont exercées sur lui par le sang, par l'influence nerveuse, par la propagation d'une irritation développée dans un point de l'appareil vasculaire sanguin, dans les vaisseaux qui ne charient point le sang, et en général dans tout organe quel qu'il soit.

Lorsque le sang est riche en fibrine et très-abondant, l'action du cœur est vivement sollicitée, les battemens de ce viscère sont forts, fréquens et vifs : c'est ce qu'on observe dans la pléthore. Le sang est-il, au contraire, pourvu d'une très-petite quantité de fibrine et peu abondant, les contractions du cœur sont languissantes, ses battemens sont faibles, lents, et peu fréquens. Outre ces deux conditions du sang, en est-il d'autres qui puissent agir sur le cœur? Si l'on admet qu'une partie des substances que nous ingérons puisse passer en nature, sans être altérée, dans les vaisseaux, et de là être portée au cœur, on est forcé d'admettre aussi qu'en raison des alimens et des boissons, le sang est tour-à-tour excitant, irritant, atonique, réfrigérant, narcotique, et même directement sédatif. Il faut encore admettre que le pus, l'urine, le sperme, résorbés, vont exciter ou diminuer l'action du cœur, ainsi que les gaz délétères, les miasmes et les émanations des marais. On ne sait rien à cet égard; mais il est bien difficile de croire que des molécules de caféine, de morphine, d'alcohol, arrivent jusqu'au cœur sans avoir subi aucune altération dans le long trajet qu'elles ont fait pour y parvenir, lorsqu'on sait combien est grande l'énergie assimilatrice des agens de l'absorption intestinale. Quant aux gaz délétères, aux miasmes, aux émanations, la peau est une sentinelle moins vigilante que la membrane muqueuse des voies digestives, mais elle absorbe peu. La membrane muqueuse bronchique est le théâtre d'une profonde modification du sang qui ne permet guère d'admettre que des substances délétères puissent surmonter l'action vitale de cette membrane au point de s'introduire entières dans les vaisseaux qui reportent le sang au cœur. Tout ce qu'on peut admettre à cet égard, c'est que la présence de ces substances sur la membrane muqueuse bronchique nuit à l'hématose, dont cette membrane est le principal siége, sans qu'on sache quelle espèce de trouble elles y apportent. Il en sera de même, à un plus faible degré, pour la peau, dont les fonctions, par rapport au sang, ont tant d'analogie avec celles du poumon. La chymose et la chylose peuvent être aussi troublées, modifiées, comme l'hématose pulmonaire et cutanée. Mais, dans ces différentes modifications, que l'on doit peut-être admettre, bien qu'on ne sache en quoi elles consistent, il n'y a rien de mécanique, de chimique : tout est vital, sauf les cas où les agens morbifiques brisent subitement la barrière que les organes vivans leur opposaient. En admettant qu'ils puissent faire lentement ce que nous convenons qu'ils peuvent opérer subitement, il ne faut pas perdre de vue que, dans ce dernier cas, dans celui, par exemple, de mort presque subite au milieu d'une épidémie, si la mort était l'effet de l'absorption de corpuscules délétères, elle commencerait par le cœur, tandis qu'elle paraît commencer par le cerveau.

Il est donc très-probable que, sauf les changemens que produisent dans la composition du sang les substances alimentaires et l'air élaborés par l'action vitale des voies digestives, des agens de l'absorption et du poumon, ce liquide n'en subit pas d'autre, et que, par conséquent, il n'agit sur le cœur qu'en raison de son degré plus ou moins élevé de vitalité. *Voyez* SANG.

Tous les auteurs qui ont étudié l'action du sang sur le cœur se sont bornés à parler du sang en général, parce qu'ils ne voyaient dans le cœur qu'un organe simple, tandis qu'il en est peu qui soient aussi composés, car on pourrait le regarder comme un appareil d'organes, plutôt que comme un organe unique. Le sang veineux n'exerce aucune influence directe sur les cavités gauches du cœur, à moins qu'il n'existe une communication anormale entre elles et les cavités droites ; il en est de même pour le sang artériel. Il est donc important de ne pas confondre l'action de ces deux sangs si différens. Un homme doué d'un poumon énergique aura presque toujours un sang artériel bien élaboré, parce que l'hématose a lieu en grande partie dans le poumon, et que si cet organe jouit d'un haut degré de vitalité, il pourra réparer ce que les premiers temps de l'hématose ont eu d'imparfait ; ainsi, l'estomac, le duodénum, pourront faire assez mal leurs fonctions, la vitalité très-active du poumon n'en redonnera pas moins au sang toutes les qualités qui lui sont nécessaires, pourvu, toutefois, que la chymose imparfaite ne se répète pas trop souvent. Chez cet homme les cavités droites recevront un sang qui ne les excitera point assez, ou qui les irritera, au lieu de les stimuler au degré convenable, tandis que les cavités gauches recevront et transmettront un sang qui fera sur elles une impression assortie aux fonctions qu'elles ont à remplir. Ainsi, la moitié droite du cœur sera déjà presque dans l'état morbide, que sa moitié gauche n'aura encore reçu aucune impression morbifique. Ces considérations sont plus importantes qu'elles ne le paraissent.

Nous avons dit que tous les organes étaient en rapport d'action avec le cœur, au moyen des nerfs et des vaisseaux ; parmi ceux qui agissent davantage sur lui, il faut placer le cerveau et les voies digestives. La vue d'un ennemi que l'on hait ou que l'on craint, d'une femme que l'on aime fait aussitôt battre le cœur avec violence. L'ingestion d'une boisson chaude, ou dans laquelle se trouvent des substances excitantes, accélère les battemens de cet organe et en augmente la force. Dans le premier cas, la huitième paire a certainement transmis l'impression stimulante au cœur ; dans le second, le cerveau est sans doute affecté le plus souvent, et la huitième paire contribue encore à transmettre au cœur l'impression faite sur l'estomac et portée au cerveau, mais cette impression est transmise en même temps, et plus vite peut-être, au cœur par les nerfs ganglionnaires. Les mouvemens de ce viscère peuvent en effet s'accélérer ou diminuer sous l'influence d'une boisson, d'un aliment, d'un poison, qui n'exalte ou ne diminue en aucune manière l'action cérébrale. On sait que le cœur bat encore après qu'on a coupé la tête d'un animal ; l'intégrité d'une portion de la moelle épinière suffit pour que ses contractions continuent, ce qui prouve que les nerfs ganglionnaires exercent plus d'influence sur lui que le cerveau lui-même. Dans plusieurs affections cérébrales, le cœur continue à se contracter absolument comme dans l'état de santé la plus complète. Dans le panaris on observe quelquefois l'accélération des battemens du cœur avant qu'il y ait la moindre chaleur, la moindre douleur. S'il n'est pas certain que le cerveau ne soit pas affecté dans ce cas, on peut jusqu'à un certain point négliger de tenir compte de la part qu'il prend à la modification de l'action cardiaque. La moelle épinière elle-même exerce peu d'action sur le cœur ; du moins celui-ci est peu modifié dans ses contractions par les maladies du prolongement rachidien, sauf les cas où la lésion occupe la partie supérieure de la région dorsale, et surtout la région cervicale de ce prolongement.

Le tissu cellulaire, les membranes muqueuses, la peau, sont, après le cerveau, les parties du corps qui, dans l'état de maladie, troublent davantage l'action du cœur. On sait qu'elle est accélérée lorsqu'il se développe un phlegmon, une pneumonie, une bronchite, une gastrite, un érysipèle.

Si l'irritation d'un organe, d'une membrane formée de vaisseaux capillaires sanguins, modifie l'action cardiaque, on ne doit point s'étonner qu'il en soit de même de l'inflammation d'une veine, d'une artère. L'irritation des vaisseaux lymphatiques eux-mêmes produit l'accélération des battemens du cœur, ainsi que Hendy et Alard l'ont très-bien démontré.

Enfin, lorsque, par suite d'une forte excitation nerveuse venant du cerveau, ou transmise par les nerfs ganglionnaires, ou par suite de l'impression d'un sang très-stimulant, le cœur est fortement irrité, ou irrité pendant long-temps, ce n'est plus seulement son action qui est modifiée, sa texture elle-même s'altère, le mouvement nutritif s'y exalte, et il en résulte la *cardite*. Sans vouloir établir un isolement complet entre les deux degrés les plus éloignés de la surexcitation du cœur, nous traiterons de l'*irritation* et de l'*inflammation*, puis de l'*asthénie* de ce viscère, et enfin de toutes les *altérations de tissu* des diverses parties qui le composent. Lorsque l'origine de ces altérations sera mieux connue qu'elle ne l'est aujourd'hui, ce plan sera peut-être défectueux; jusque-là nous pensons qu'on n'en peut admettre d'autre sans anticiper sur les progrès ultérieurs de la science. Nous terminerons par l'étude des *plaies,* des *contusions* et des *commotions* du cœur, et nous considérerons les premières sous le rapport médico-légal; mais avant d'entrer en matière, il faut que nous nous arrétions quelques instans pour étudier la *prédominance cardiaque* et les *battemens du cœur.*

Il est un degré du suractivité cardiaque qui ne constitue pas une maladie, qui accompagne même souvent la plus brillante santé, mais qui, porté trop loin, devient une prédisposition aux lésions de tissu du cœur, et qui, lorsqu'il est modéré, prédispose aux affections aiguës de ce viscère.

L'action du cœur l'emporte sur celle de tous les autres organes dans un assez grand nombre de sujets, chez lesquels ses battemens sont étendus, vifs, forts et fréquens. Tout ce qui ne déterminerait qu'une légère modification de la circulation chez d'autres, occasionne chez ceux-là des palpitations plus ou moins prolongées et pénibles. Cette prédominance s'observe quelquefois chez les personnes dont la peau est blanche, pâle, dont les membranes muqueuses sont accessibles à la vue, peu colorées, et dont les membres et le reste du corps offrent un embonpoint mollasse ou une grande maigreur. On la trouve plus souvent chez d'autres dont la peau est colorée, les lèvres d'un rouge vif et l'embonpoint modéré. En un mot, cette prédominance peut se rencontrer avec le tempérament lymphatique et le tempérament sanguin; on n'en a guère tenu compte que dans l'histoire de ce dernier. Le premier de ces tempéramens étant dû à l'asthénie du poumon et le second à l'énergie de cet organe, les cavités droites du cœur font de vains efforts dans celui-là, et le sang stimule trop les cavités gauches, déjà trop irritables,

dans celui-ci, d'où il résulte que, chez les sujets lymphatiques, la partie veineuse du cœur est la plus ordinairement affectée, tandis que, chez les sujets sanguins, c'est la partie artérielle de ce viscère. On voit combien il importe de ne pas s'en laisser imposer par la doctrine surannée des tempéramens, qui se maintient encore au milieu des décombres des théories humorales et browniennes. *Voyez* TEMPÉRAMENT.

Chez l'enfant, le cœur est d'autant plus actif qu'on l'observe plus près de l'époque de la naissance. A l'époque de la puberté, il se contracte moins fréquemment, mais ses contractions sont plus fortes, et l'organe entre dans une sorte de convulsion pour la cause la plus légère. Dans l'âge adulte, et à mesure qu'on se rapproche du terme de la vie, ses contractions deviennent plus rares, moins fortes, quoique le pouls paraisse plus plein, en raison de la densité, de la raideur plus grande des parois artérielles. En général le cœur se contracte un plus grand nombre de fois dans un temps donné chez les femmes que chez les hommes. L'action cardiaque varie donc selon l'âge et le sexe. On pourrait dire aussi qu'elle varie en raison des saisons, car le cœur est plus actif dans l'hiver et dans l'été que dans l'automne, ou plutôt ses contractions sont plus fortes dans les temps de froid, et plus fréquentes dans les temps de chaleur, que lorsque l'air est humide, quelle que soit sa température. Quand au froid se joint l'humidité, l'action vitale étant refoulée vers le poumon, et la périphérie du corps se trouvant presque privée de sang, les cavités droites du cœur sont surchargées de ce liquide. Lorsqu'à l'humidité se trouve jointe une grande chaleur, le mouvement circulatoire est accéléré, mais l'action du cœur ne suffit plus pour lui donner le degré de rapidité que rendent nécessaire l'excitation cérébrale et celle des membranes muqueuse digestive et pulmonaire; le cœur, lassé de ces efforts, éprouve une sorte de fatigue, d'où résulte un sentiment de langueur générale très-incommode. Pour que tous ces effets soient sensibles, il faut que les modifications de l'atmosphère soient très-marquées, les nuances peu intenses ne produisant que des effets inappréciables.

Les battemens du cœur offrent, dans l'état de santé, plusieurs modifications que nous devons faire connaître avant de traiter des lésions de ce viscère, afin d'être facilement compris, quand, à l'occasion de chacune de ces lésions, nous indiquerons les modifications qu'elles occasionnent dans ces battemens. Ici nous allons suivre pas à pas Laennec, qui seul s'est occupé de ce point important de doctrine. Il pense qu'il est plus facile et plus avantageux d'étudier les battemens du cœur à l'aide du stéthoscope, c'est-à-dire au moyen de l'ouïe, que par l'ouverture et l'inspection des animaux vivans, et cela parce que, dit-il, l'oreille juge beaucoup plus sûrement des intervalles les plus petits des sons et de leur plus courte durée, que l'œil, des circonstances semblables des mouvemens. Nous convenons qu'une oreille *très-exercée* juge mieux de l'intervalle et de la durée des sons, que l'œil qui ne nous apprend rien à cet égard ; mais quant à l'*étendue* des mouvemens, l'oreille n'est qu'un guide infidèle, parce qu'un sens ne peut jamais en suppléer un autre. Laennec lui-même avoue qu'il faut étudier, non-seulement la *nature* et l'*intensité du bruit* que font entendre les mouvemens du cœur, mais encore le *choc* ou la *force d'impulsion* et le *rhythme* de ses contractions. Or, s'il est vrai qu'il ne faille pas comparer les battemens du cœur *vus*, aux battemens artériels *sentis*, il n'est pas plus rationnel de vouloir juger par l'ouïe de ce que la vue seule peut nous faire connaître. Il faut avouer qu'on s'exposerait à de grandes erreurs, si l'on n'étudiait les mouvemens du cœur que dans le thorax d'un animal soumis à l'action d'un instrument tranchant ; mais, quand on applique le stéthoscope à l'exploration du même viscère chez l'homme, ne faut-il pas tenir compte du trouble de la circulation qui a constamment lieu lorsqu'on appelle l'attention du sujet sur sa poitrine. L'exploration des battemens du cœur, de quelque manière qu'on y procède, induit donc souvent en erreur, à cause de la mobilité excessive de ce viscère, qui ne bat peut-être pas deux fois de la même manière dans l'espace de quelques heures.

Un cœur bien proportionné doit, selon Laennec, être gros à peu près comme le poing du sujet ; l'épaisseur des parois du ventricule gauche doit être plus que double de celle des parois du ventricule droit. Le tissu du premier conserve sa forme lorsqu'on l'incise, tandis que celui du dernier s'affaisse. La cavité du ventricule droit est un peu plus ample que celle du ventricule gauche, dont les colonnes charnues sont moins volumineuses, quoique ses parois soient plus épaisses. Lorsqu'on explore à l'aide du stéthoscope un cœur ainsi conformé, dans l'état de santé, ou du moins lorsque rien ne trouble son action, et en tou-

chant le pouls en même temps, l'oreille est légèrement soulevée par un mouvement isochrone à celui de l'artère à l'instant où celle-ci frappe le doigt. En même temps on entend un bruit un peu sourd, quoique distinct. Ce bruit, cette impulsion étant isochrones au pouls, on ne peut douter qu'ils ne dépendent de la contraction du ventricule. Aussitôt après on entend un bruit plus éclatant, une sorte de claquement analogue à celui d'une soupape, d'un fouet ou d'un chien qui lappe. Ce claquement, qui n'est accompagné d'aucun choc, et qui n'est séparé par aucun intervalle du bruit produit par la contraction des ventricules, est dû aux contractions des oreillettes. Il dure moins que le bruit des ventricules.

Aussitôt après le claquement, il y a un intervalle de repos bien marqué, quoique très-court, après lequel on entend le bruit et on sent l'impulsion produits par la contraction des ventricules, puis le claquement des oreillettes, après lequel il y a un nouveau repos, et ainsi de suite.

En supposant que la contraction des ventricules dure deux, celle des oreillettes dure un peu plus qu'un, et le repos qui lui succède un peu moins d'un. Ces rapports de durée varient, et de leurs variations résultent celles du pouls qui, suivant Laennec, ne dépendent pas toutes des modifications que subit l'action du cœur. Lorsque la contraction des ventricules se prolonge, le bruit est plus sourd, le choc moins marqué, le pouls est lent et rare ; la durée du claquement paraît un peu moindre, et celle du repos reste la même. Le repos est quelquefois plus long, en même temps que le bruit des ventricules se prolonge, alors le pouls est rare et vif. Ce repos est à peu près nul, au contraire, la durée du bruit des ventricules beaucoup moindre, et celle du claquement des oreillettes reste à peu près la même, quand le pouls est fréquent. Quelquefois le bruit des ventricules est comme arrêté dans sa durée, par un claquement subit et anticipé des oreillettes ; il y a alors disposition à la *syncope*. *Voyez* POULS.

On a prétendu que dans quelques cas le bruit occasioné par la contraction alternative des ventricules et des oreillettes avait été entendu à une certaine distance du malade, et même à la distance de quelques pas. Corvisart doutait de la possibilité de ce fait ; Laennec pense qu'il peut avoir lieu. Ce bruit ne peut ordinairement être distingué si on se borne à placer la main sur la région précordiale, mais on l'entend aisément avec le stéthoscope appliqué sur les cartilages des cinquième et sixième côtes sternales et au bas du sternum. Lorsque le sternum est court, on entend ce bruit à l'épigastre; chez les sujets maigres, ou dont la poitrine est étroite, et chez les enfans, on l'entend tout le long du fiers ou des trois quarts inférieurs du sternum, quelquefois sous la totalité de cet os, au-dessous de la région précordiale, et même jusque vers la clavicule gauche. Dans un petit nombre de cas on l'entend aussi, mais faiblement, sous la clavicule droite. Chez un sujet très-gras, la main ne le distingue nullement, et, à l'aide du stéthoscope, on ne l'entend que dans une étendue d'environ un pouce carré.

Quelles que soient la petitesse et la faiblesse du cœur, lors même que le pouls n'est déjà plus sensible, et dans la plupart des agonies, on entend encore distinctement le bruit de ce viscère. Le bruit des cavités droites s'entend à la partie inférieure du sternum, celui des cavités gauches entre les cartilages des côtes correspondantes. Ce bruit est le même dans l'état de santé, soit d'un côté, soit de l'autre. Il n'est accompagné du choc qu'à la région précordiale. Lorsqu'une portion du poumon gauche s'étend au-devant du cœur, et le recouvre en entier, il résulte de la compression de cette portion du poumon, par le mouvement imprimé aux ventricules, un bruit qui masque celui du cœur, et que la respiration empêche aussi quelquefois d'entendre.

Le choc du cœur contre les parois thoraciques, qu'il ne faut pas confondre avec le soulèvement de ces parois dans l'inspiration, peut souvent être senti par la main seule appliquée à la région précordiale, mais lorsqu'on ne peut le distinguer ainsi, on le sent facilement avec le stéthoscope. Ce choc est néanmoins assez souvent peu sensible, même dans l'état de santé, lorsque le sujet a beaucoup d'embonpoint. Il augmente d'intensité après la course, l'action de monter, les cris, le chant, la déclamation. On ne le sent jamais qu'à l'instant où le bruit des ventricules se fait entendre, quoique l'on perçoive quelquefois un certain mouvement analogue, mais très-profond, à l'instant où le claquement des oreillettes se fait entendre. Enfin, le choc du cœur n'est ordinairement sensible qu'à la région précordiale, à la partie inférieure du sternum, et à l'épigastre chez quelques sujets.

Il résulte de la perception du choc du cœur, dans l'état de santé, que ce viscère semble ne correspondre qu'à une très-petite portion

des parois de la poitrine; souvent il paraît ne pas s'étendre au-delà de la partie couverte par l'extrémité du cylindre : on le croirait situé profondément dans le médiastin, et séparé du sternum par un espace vide. Il arrive d'autres fois que ce viscère semble avoir un très-grand volume, frapper et soulever les parois thoraciques dans une grande partie de leur étendue, ou refouler le poumon intérieurement. C'est ce qu'on observe quand le cœur est naturellement volumineux, et lorsqu'il est fortement excité par l'influence cérébrale ou par celle d'un autre organe, tel que les parties génitales. On voit que l'étendue dans laquelle on entend le bruit des battemens du cœur et l'étendue de son choc peuvent jusqu'à un certain point faire juger du volume de ce viscère, mais il faut renouveler souvent l'exploration, écouter long-temps et dans toutes les circonstances possibles, si l'on veut éviter les erreurs dans lesquelles feraient tomber nécessairement les altérations passagères que l'action du cœur subit à chaque instant de la vie. Ces erreurs, et les difficultés que présente l'usage du stéthoscope, lorsqu'on n'a point pour se diriger dans l'emploi de cet instrument une personne qui soit familière avec lui, ne doivent point engager à dédaigner ce moyen précieux d'exploration, qui, sans réaliser toutes les espérances de Laennec, pourra devenir d'un grand secours pour le diagnostic et le pronostic des maladies du cœur.

Ces maladies sont encore bien peu connues malgré les travaux de Sénac, de Morgagni, de Corvisart et de Laennec : ceci a l'air d'un paradoxe insoutenable, et pourtant ce n'est qu'une vérité qui exige à peine d'être démontrée. Ces médecins ne se sont occupés que des maladies chroniques du cœur, comme si ce viscère n'était point sujet aux maladies aiguës, ainsi que tous les autres. Corvisart essaya de porter la physiologie dans l'étude des maladies de cet organe qui avaient fixé son attention, mais il était trop plein de l'ancienne physiologie, pour faire tout ce qu'on pouvait attendre d'un si grand observateur. Il reste donc à étudier les maladies aiguës du cœur, à les rallier aux maladies chroniques de ce viscère, et à porter le flambeau de la physiologie dans l'exposition des unes et des autres. Celui qui fera ce travail comblera une des plus vastes lacunes de la médecine, et une de celles dont on se doute le moins. Nous indiquerons ce que d'autres, plus heureux que nous, accompliront peut-être un jour.

A. 1° Les battemens du cœur ne sont pas

toujours tels que nous venons de les décrire, ils sont plus ou moins fréquens, forts, vifs, égaux ou inégaux, et quelquefois intermittens, selon que l'action de ce viscère est trop énergique ou languissante. Lorsqu'ils font éprouver au sujet une sensation pénible dans la région précordiale, ils constituent les *palpitations*, nom sous lequel on a confondu abusivement toutes les lésions aiguës de l'action cardiaque, et dont il nous faudra rechercher la valeur et fixer le sens. *Voyez* aussi SYNCOPE.

2° L'*irritation du cœur* n'a pas encore été étudiée avec tout le soin que réclame le premier degré de l'état morbide le plus fréquent de ce viscère. Cette irritation est souvent aussi vive que passagère, tantôt intermittente et tantôt continue. Elle a lieu à la suite d'une marche ou d'une course rapide, d'un effort violent de la part des muscles ou de l'appareil respiratoire, d'une vive affection cérébrale, et après un repas copieux. On l'observe au début et dans le cours de toutes les maladies dans lesquelles le pouls est fréquent, fort et vite, et lors même que le pouls n'offre qu'un de ces trois symptômes, qui ne permettent pas de méconnaître qu'un stimulant quelconque agit sur le cœur. Les battemens de ce viscère sont alors parfaitement en rapport avec les pulsations artérielles. La peau est chaude, halitueuse, la tête un peu lourde, le malade éprouve un sentiment de gêne, d'embarras général. Cet état, après avoir duré une ou plusieurs heures, un ou plusieurs jours, se dissipe peu à peu, et s'il a été intense, si l'action des organes sécrétoires a été suspendue à mesure qu'il diminue, il se manifeste des sueurs, des flux d'urine et même des hémorrhagies, tantôt très-peu abondantes, d'autres fois excessives et répétées.

L'irritation cardiaque, primitive ou secondaire, donnant lieu aux phénomènes que nous venons de décrire, a été décrite jusqu'ici sous le nom de *fièvre simple, fièvre inflammatoire* ou *synoque éphémère*, qui embrasse en outre les irritations dont celle-ci peut être l'effet. On la retrouve au plus haut degré dans la *synoque* proprement dite, dans la *synoque bilieuse* ou *gastrique*, enfin dans toutes les fièvres caractérisées par les symptômes d'une accélération du mouvement circulatoire. Galien avait entrevu le rôle que l'irritation du cœur joue dans toutes ces maladies, lorsqu'il disait que la fièvre était produite par une chaleur développée dans le cœur.

La prédominance cardiaque dispose à cette irritation, qui n'est primitive que lorsqu'elle est due à la pléthore, c'est-à-dire à l'action d'un sang trop abondant et trop stimulant sur le cœur, et à une excitation transmise par le cerveau ou tout autre organe, qui s'éteint aussitôt, laissant après elle le cœur irrité pour quelque temps.

Ce que nous avons dit de la prédominance cardiaque, nous dispense d'indiquer les âges, les constitutions et les saisons où l'irritation cardiaque est la plus commune, mais il ne faut pas oublier que, pour qu'elle soit primitive, et qu'elle s'annonce avec les signes fébriles, il faut ordinairement qu'il y ait non-seulement excitabilité augmentée du cœur, mais encore pléthore sanguine.

Qu'elle soit primitive ou secondaire, l'irritation cardiaque se complique souvent de l'irritation d'un ou de plusieurs autres viscères, dont l'état appelle alors toute l'attention du praticien, qui pourtant ne doit pas perdre de vue que souvent il chercherait en vain à rappeler ces viscères à leur état normal, s'il négligeait de combattre l'irritation du cœur.

Le moyen le plus efficace sans contredit contre cette irritation est incontestablement la saignée générale, puis l'application des sangsues à la région précordiale. On a vainement discuté pour expliquer comme agit la saignée générale; on a dit qu'elle n'était salutaire que parce qu'elle diminue la masse du sang : cela est vrai; mais en quoi cette diminution devient-elle avantageuse? Le sang étant le stimulant habituel du cœur, celui sans lequel son action languit ou s'arrête, dès que la quantité de ce liquide diminue, il n'est pas étonnant que l'action exaltée du viscère s'apaise après la saignée.

L'éloignement de tout irritant interne ou externe, le séjour dans un lieu où l'air est frais et point trop sec, sans être humide, la diète, l'usage de boissons froides acidulées, de lotions réfrigérantes, faites avec méthode sur diverses parties du corps, et long-temps continuées, tels sont en général les moyens qui, réunis aux émissions sanguines, conviennent pour calmer l'irritation cardiaque. Il faut insister plus ou moins sur ces moyens, en raison de l'intensité de cette irritation, et leur donner diverses directions, en raison des complications. Il ne faut pas oublier que, si elle est peu dangereuse, elle peut le devenir, en donnant lieu à une irritation cérébrale, par exemple, soit à cause de la plus grande quantité de sang que le cœur envoie alors à chaque organe dans un temps donné, soit par suite de cette grande loi de l'organisation ani-

male qui fait que lorsqu'un seul organe est
irrité, tous les autres tendent à s'irriter également. Or, cette tendance est surtout marquée dans le cas d'irritation cardiaque. Si les
saignées générales préviennent souvent le développement de l'ataxie, c'est-à-dire des accidens qui annoncent l'irritation encéphalique,
c'est parce qu'elles combattent efficacement
l'irritation du cœur, et, par suite, l'impulsion
trop forte du sang vers l'encéphale. Il est donc
de la plus haute importance de ne point méconnaître cette irritation, et de la combattre
par les moyens que nous venons d'indiquer,
lorsqu'elle s'annonce avec énergie chez un malade quelconque, même au milieu des ravages
du *typhus*. Si, dans les maladies pestilentielles, la saignée générale a paru peu avantageuse, et souvent nuisible, c'est qu'on l'avait
mise en usage dans des cas où l'irritation cardiaque était accompagnée d'une irritation gastrique bien plus intense, que l'on négligeait,
qui continuait à l'entretenir, et finissait par
amener une funeste prostration, soit en s'é-
levant au plus haut degré d'intensité, soit
qu'en effet on eût tiré trop de sang. En s'occupant de faire cesser l'irritation du cœur, il
faut attaquer souvent l'irritation dont elle n'est
que l'effet. Ce sont toujours les mêmes principes, soit qu'on les applique à un organe ou
à un autre. Lorsqu'à une irritation cardiaque
légère il s'en joint une autre, primitive ou secondaire, mais très-intense, et qui menace la
vie du sujet, c'est vers celle-ci qu'il faut diriger tous les moyens de traitement; quelquefois même l'exacerbation de l'irritation cardiaque est d'un bon augure, lorsqu'en même
temps les symptômes de la première irritation
diminuent notablement. Ce sont des cas de ce
genre, très-peu nombreux, et qui forment
autant d'exceptions qu'il serait dangereux d'é-
riger en règle, qui ont fait dire que la fièvre
était quelquefois utile, en opérant une dépuration salutaire.

L'irritation cardiaque peut être intermittente, offrir le type tierce ou quotidien, peut-
être même le type quarte; elle constitue plusieurs des fièvres intermittentes printanières
ou automnales, qu'on guérit si facilement avec
la saignée, et dont on cherche en vain le siège.
N'est-ce pas à une irritation cardiaque périodique et violente, qu'il faut rapporter les cas de
fièvre pernicieuse carditique observés par Jon-
quet, rapportés par Coutanceau, et peut-être
aussi la fièvre pernicieuse *syncopale*? Rien ne
ressemble davantage à une fièvre de ce genre
que certains cas de rupture du cœur.

Quand elle est instantanée, cette irritation
donne lieu aux palpitations; elle précède la
syncope. Ses effets sont alors rangés parmi les
névroses de cet organe, et c'est ainsi que les
lésions les plus voisines les unes des autres
dans l'ordre de la nature, sont disséminées
dans les classes les plus éloignées de l'ordre
nosographique.

L'irritation cardiaque peut être chronique,
et donner lieu à un état habituel ou à des retours périodiques d'accélération du pouls. Elle
est alors le plus souvent secondaire, et on la
comprend, avec la lésion primitive qui la produit, sous le nom de *fièvre hectique*. Comme
toutes les autres irritations, elle peut persister pendant long-temps sans s'annoncer par
aucun symptôme, si ce n'est peut-être par un
peu de dyspnée, par quelques palpitations
qui se font sentir sans cause occasionelle apparente.

3° Depuis les travaux des modernes sur
l'inflammation des membranes séreuses, le
nombre des *inflammations* du cœur s'est trouvé
tout-à-coup réduit presqu'à rien. On a transporté à la phlegmasie du péricarde tout ce
que les auteurs avaient dit de celle de l'organe
qu'il revêt et qu'il enveloppe. On croyait savoir quelque chose sur la *cardite*, il s'est trouvé
qu'on ne savait rien. Mais il faut convenir
qu'ici on est un peu la dupe des mots; car,
s'il est fort rare d'observer l'inflammation de
la substance de ce viscère sans qu'il y ait inflammation du péricarde : si peut-être la cardite proprement dite n'a jamais été observée,
on trouve quelquefois de petits abcès à la suite
de la péricardite aiguë terminée par la mort,
ou bien les fibres charnues sont considérablement ramollies, et plus pâles que dans l'état
ordinaire. Or, il arrive souvent que, dans
plusieurs cas de maladies chroniques du cœur,
on retrouve ce même état de ramollissement
sans aucune trace de phlegmasie du péricarde.
N'a-t-on pas alors sous les yeux les produits
de la cardite simple chronique, méconnue
pendant la vie, parce qu'elle ne se manifeste
que de loin en loin par des retours irréguliers
de troubles passagers dans l'action du cœur,
de douleurs fugaces, quoique souvent très-
vives, à la région précordiale, phénomènes
qu'un observateur attentif reconnaît chez presque toutes les personnes que l'on soupçonne
être affectées de lésions chroniques du cœur?
Que l'on ne dise pas que des phénomènes si
peu constans, et souvent séparés par de longs
intervalles de temps, ne peuvent être des signes de phlegmasie; combien n'est-il pas d'en-

céphalites, de gastrites, de duodénites, d'entérites chroniques, qui s'annoncent par des
symptômes encore moins caractéristiques, et
dont pourtant on retrouve aujourd'hui des
traces non équivoques après la mort? Il est
donc probable que, sans viser au paradoxe,
on peut actuellement attribuer plusieurs des
lésions de tissu du cœur à l'inflammation latente de la substance de ce viscère. Telle est
du moins la direction que les observateurs
doivent suivre dans leurs travaux, et bientôt
sans doute les *maladies organiques* du cœur
seront rapprochées des *lésions vitales* de cet
organe, et peut-être pourra-t-on arriver à
quelques moyens prophylactiques susceptibles
d'en prévenir ou d'en arrêter le développement.

4° L'irritation est assurément, de toutes
les affections morbides du cœur, la plus commune et celle qui entraîne les suites les plus
graves, mais il serait par trop exclusif d'en
faire dériver toutes les maladies de cet organe.
Il est un état tout-à-fait opposé à la prédominance cardiaque, c'est celui de plusieurs
sujets dans lesquels on remarque un mouvement circulatoire fort lent, un pouls peu fréquent, et surtout peu vite, mou, facile à déprimer. Chez ces personnes la peau est pâle
ou bleuâtre; cette teinte se retrouve aux
orifices des conduits formés par les membranes
muqueuses ou sur les joues; la chaleur de la
peau est peu élevée, le sujet répugne à prendre de l'exercice, il est essoufflé au moindre mouvement. Il semble, en un mot, que
le système artériel, y compris les cavités gauches du cœur, soit dans un état de faiblesse
telle que l'action des veines, et par conséquent des cavités droites de ce viscère, se
trouve dans une sorte de prépondérance relative. Cet état peu connu, qu'on n'a point
assez étudié jusqu'ici, rend impropre le nom
de *tempérament sanguin*, donné aux signes
de la prédominance cardiaque jointe à un
poumon très-actif et à une nutrition énergique : si l'on voulait encore admettre ce genre
de tempérament, il faudrait le diviser en
tempérament *artériel* et tempérament *veineux*. Le premier répondrait à notre prédominance cardiaque, qui n'est peut-être au fond
que l'effet de la suractivité des cavités gauches
du cœur seulement, et le second à l'état dont
nous venons d'indiquer les signes, auxquels
il faut ajouter les varices qui en sont presqu'inséparables après les couches chez les femmes, et aux approches de la vieillesse chez
les hommes. Dans cet état, tout annonce que

le cœur est peu irritable, que le sang est dépourvu de la propriété de le stimuler fortement, et que, s'il est abondant, il embarrasse
les voies de la circulation par sa présence,
sans exciter les parois des cavités qui le renferment.

Cette *asthénie* du cœur peut être native,
mais elle est certainement déterminée ou accrue par le séjour dans les lieux privés de
lumière, bas et humides, par l'usage d'alimens
aqueux qui, sous un grand volume, contiennent
peu de substance nutritive. On l'observe dans
l'*anémie*, dans la *chlorose* opiniâtre qui se
manifeste chez les jeunes filles exposées à l'influence de la misère, dans le *scorbut* enfin,
et au déclin de toutes les inflammations très-
intenses et surtout prolongées, des membranes
muqueuses digestives, lorsqu'elles se terminent
par l'épuisement des forces du sujet, ou par la
gangrène. Elle détermine, dans ce dernier
cas, la langueur du pouls, la sécheresse et la
couleur terne de la peau, la lividité des lèvres
et de la conjonctive, symptômes qui sont au
nombre de ceux dont l'ensemble a reçu le nom
d'*état adynamique*. L'asthénie cardiaque est
alors secondaire, ce qu'il est bien important
de ne pas oublier pour le traitement.

La circulation capillaire n'étant pas entièrement subordonnée à l'impulsion du cœur,
lorsque l'action de ce viscère languit, les autres
organes n'en demeurent pas moins exposés aux
inflammations; on peut même dire que le
mouvement inflammatoire s'y établit alors plus
facilement, parce que chaque organe se trouve
en quelque sorte isolé de ceux qui l'entourent,
ce qui facilite les congestions. Telle est la raison pour laquelle les inflammations qui se
développent chez les sujets affectés d'asthénie
cardiaque passent facilement à la gangrène. Il
importe donc de faire cesser l'asthénie du
cœur, non dans la crainte qu'elle ne devienne
directement mortelle, mais parce qu'elle favorise le développement de lésions plus dangereuses, ou parce qu'elle hâte leur terminaison funeste.

L'indication qui se présente est de redonner
au cœur l'excitabilité qu'il a perdue en partie,
ou d'exalter celle dont il jouit encore. Malheureusement on ne peut guère agir sur lui
directement, comme dans le cas d'irritation,
où la saignée générale se montre si efficace;
il faudrait avoir contre l'asthénie un moyen
diamétralement opposé, et c'est sans doute
dans cette intention, ou dans une intention
analogue, qu'on avait proposé jadis la *trans-
fusion* du sang. Puisque le bon sens s'oppose

à ce qu'on recoure à un pareil moyen, qui n'a pu paraître avantageux qu'au temps où les théories humorales régnaient dans les écoles, quoiqu'on l'ait encore tenté tout nouvellement, en Angleterre, il faut se borner à exciter l'action du cœur en plaçant le malade dans un local bien éclairé, où l'air soit vif et pur, dans une contrée élevée; prescrire un exercice d'abord très-modéré, puis plus actif; lui faire pratiquer avec soin des frictions sèches sur tout le corps, et notamment sur le thorax; conseiller l'usage d'alimens substantiels et de facile digestion, et, si l'état de l'estomac le permet, l'emploi des eaux ferrugineuses, des amers, des préparations martiales, des vins généreux, et du quinquina donné à petite dose. Il ne faut pas insister beaucoup sur l'administration de ces médicamens, de peur de nuire aux organes de la digestion; l'abus en serait plus dangereux que l'usage n'en pourrait être utile. Leur emploi est contre-indiqué dès qu'il paraît des signes d'irritation dans un organe quelconque, mais surtout dans ceux de la digestion.

Ce que nous venons de dire s'applique seulement à l'asthénie chronique du cœur, encore faut-il souvent ne recourir à ces moyens qu'avec réserve, parce qu'il peut exister quelqu'irritation latente qui s'exaspère sous leur empire. Ces conseils seraient pernicieux si on en faisait usage dans l'asthénie cardiaque, qui est l'effet sympathique d'une inflammation aiguë. C'est pour avoir entrevu confusément l'analogie du scorbut et de l'adynamie, et pour n'avoir point vu que dans le premier la faiblesse est primitive, tandis qu'elle est consécutive dans le second, que les toniques ont été prescrits indifféremment dans ces deux états morbides si différens, puisque dans l'un il y a souvent asthénie des voies digestives, tandis que dans l'autre il y a presque toujours inflammation de ces mêmes parties.

B. Si l'anatomie pathologique nous fournit peu de documens sur les altérations que le tissu du cœur subit dans les maladies aiguës, elle nous fait connaître avec beaucoup d'exactitude celles qui ont lieu dans les maladies chroniques de ce viscère.

Les altérations de tissu du cœur sont très-communes; après celles des voies gastriques et celles du poumon, ce sont celles que l'on observe le plus fréquemment dans les cadavres. Elles ont paru se multiplier depuis trente ans en France, et l'on a cru devoir en chercher la cause dans les émotions de toute espèce que la révolution a excitées chez ceux qui en ont été les promoteurs ou les victimes. Bien qu'il soit incontestable que les passions contribuent puissamment au développement de toutes les maladies, et notamment de celles du cœur, il est très-probable que si on a observé depuis trente ans un plus grand nombre de ces dernières, c'est parce que l'anatomie pathologique a été plus cultivée qu'elle ne l'avait encore été, parce que les ouvertures de cadavres ont été faites avec plus de soin, et parce que Corvisart avait dirigé particulièrement l'attention sur ce viscère. Il faut se défier de tout ce qu'on a dit de l'apparition de maladies nouvelles, et de ces prétendues fréquences plus grandes de maladies déjà connues.

Les travaux de Corvisart sur le cœur ont tellement frappé les médecins, qu'on a fini par se représenter toutes les maladies de ce viscère comme de profondes lésions auxquelles il était impossible de remédier, et l'on a méconnu celles qui ne laissent que peu ou point de traces après la mort. Cela vient de ce que cet habile observateur a plus étudié le diagnostic des altérations du tissu du cœur, que cherché les moyens propres à en arrêter le cours. A force de retrouver ces altérations portées au plus haut degré, il a perdu de vue les premiers temps de leur développement. C'est lui qui consacra l'expression vicieuse de *maladie* ou *lésion organique*, pour indiquer les *altérations de tissu* des organes. Ces altérations sont, sans doute, des lésions organiques, mais ce sont aussi des lésions vitales, et dans le cas où on ne trouve aucune trace de maladie après la mort, s'il y a eu lésion vitale, il y a eu certainement lésion organique. Corvisart voulut contre-balancer l'influence pernicieuse de la théorie du principe vital, qui substituait de vaines arguties sur les affections de ce principe, à la recherche des organes affectés dans les maladies. Mais, malgré le conseil exprès qu'il avait donné d'employer tour-à-tour l'anatomie et la physiologie dans la recherche du siège et de la nature des maladies, les médecins s'habituèrent à n'étudier les lésions de tissu qu'en anatomistes. Encore imbu des théories boerhaaviennes et humorales, Corvisart les dégoûtait malgré lui de l'application de la physiologie à la pathologie, par l'insuffisance de ses explications mécaniques ou galéniques.

Depuis les travaux de Laennec, on ne peut plus suivre l'ordre adopté par Corvisart dans l'histoire des lésions de tissu du cœur : cet ordre était d'ailleurs plus anatomique que physiologique; on y trouvait successivement les lésions de la substance musculaire, des parties tendineuses de ce viscère, puis celles qui intéressent à la fois les divers tissus qui le forment, et enfin celles de l'aorte. Laennec traite de l'hypertrophie, de la dilatation, de l'endurcissement, du ramollissement, de l'atrophie, des dégénérescences graisseuse, cartilagineuse et osseuse du cœur, de la cardite, de l'endurcissement cartilagineux et osseux des valvules, des productions accidentelles développées dans le cœur, des concrétions qui s'y forment, des végétations qu'on trouve sur sa membrane interne, de la couleur rouge de cette membrane, des communications anormales entre les cavités du cœur, des déplacemens de ce viscère, et enfin des maladies du péricarde et de celles de l'aorte.

Nous avons déjà parlé de toutes les maladies de l'*aorte* et de ses valvules; celles du *péricarde* formeront le sujet d'un article spécial; les lésions de tissu du cœur vont seules nous occuper, dans l'ordre suivant : *érythème*, *suppuration*, *ramollissement*, *gangrène*, *ulcération*, *végétations*, *athérome*, *stéatome*, *melicéris*, *kystes*, *hydatides*, *tubercules*, *cancer*, *dégénérescence graisseuse*, *induration*, *cartilaginification*, *ossification*, *rétrécissement des orifices auriculo-ventriculaires*, *épaississement*, *hypertrophie*, *amincissement*, *atrophie*, *dilatation*, *rupture*, *déplacement*; à l'histoire de toutes ces lésions nous ajouterons celle des *concrétions fibrineuses*, qui se rencontrent si fréquemment dans les cavités du cœur.

Nous aurions renvoyé à l'article CARDITE l'histoire de la plupart de ces lésions de tissu, si leurs rapports avec l'inflammation du cœur avaient déjà été aussi clairement établis que ceux des lésions de tissu du cerveau avec l'encéphalite l'ont été par Lallemand. A mesure que nous avançons dans la vaste carrière où nous avons osé nous engager, nous trouvons des lacunes sur lesquelles nous ne manquerons jamais d'appeler l'attention des observateurs.

1° On peut donner le nom d'*érythème* à la rougeur plus ou moins foncée de la membrane qui revêt intérieurement le cœur. Cet état, qu'on observe souvent, est peu connu, parce qu'on s'en est peu occupé jusqu'ici. Lorsqu'on examine le cœur, rarement l'attention se porte-t-elle sur sa membrane interne; on regarde, sans les voir, les plaques d'un rouge-brun qui s'y trouvent, et que le lavage ne fait pas toujours disparaître. On les remarque le plus ordinairement sur les valvules mitrale et tricuspide, sur celles de l'artère pulmonaire et de l'aorte, moins souvent sur la membrane

interne des oreillettes, et quelquefois sur celle des ventricules. Laennec déclare qu'il ne sait ce que c'est que cette rougeur, et qu'il ignore à quels signes on pourrait en prévoir l'existence. Comme elle ne résiste pas toujours à une macération prolongée pendant plusieurs heures, qu'elle est souvent circonscrite, que, dans quelques cas, elle se termine par des *lignes géométriques quoiqu'irrégulières*, et qu'enfin il n'a pas trouvé de pus sur les parties qui offrent cet érythème, il doute que ce soit une trace d'inflammation, et en même temps il avoue que *toutes les probabilités annoncent que cette rougeur est une affection inflammatoire*. Une si singulière fluctuation d'opinion a de quoi étonner. Moins timides, nous n'hésitons pas à voir dans cette altération la trace d'une phlegmasie de la membrane interne du cœur, ou, si l'on veut, d'une irritation assez intense pour faire affluer le sang dans les capillaires de cette membrane. Il n'est pas inutile de dire ici que très-souvent on néglige d'ouvrir le cœur lorsqu'on ne lui trouve pas un volume remarquable, ou bien si on l'ouvre, à peine jette-t-on un coup d'œil sur sa paroi interne. On ne cherche encore aujourd'hui dans ce viscère que des *lésions organiques* bien palpables, ainsi qu'on l'a fait si long-temps pour les intestins et pour le cerveau: Nous avons dit, en parlant de l'inflammation de l'*aorte*, à quels signes Récamier pense que l'on peut reconnaître pendant la vie l'inflammation des gros vaisseaux, et nous avons cité un cas d'érythème de toutes les valvules du cœur, de l'aorte et de la veine pulmonaire, rapporté par Laennec. A l'article ARTÉRITE, nous avons consigné un cas d'inflammation non équivoque de la membrane interne du cœur, compliquée de l'inflammation de toutes les artères, et observée par Bard. L'injection vasculaire qui, selon Laennec, doit se trouver réunie à la rougeur des membranes, pour qu'on puisse regarder celle-ci comme un effet de l'inflammation, a été observée sur la membrane interne du cœur par Dominique Meli. Ce fut chez un jeune batelier d'une constitution robuste, qui, après avoir été exposé à un froid rigoureux pendant trois jours, fut atteint de céphalalgie, de délire avec chaleur et resserrement à la gorge, chaleur et démangeaison à la peau, soif excessive et battemens extraordinaires dans toutes les cavités et dans les membres. Son pouls était dur, tendu, ses yeux étincelans, sa langue rouge, ses membres pesans, engourdis, sa peau sèche, rouge et vergetée. Il éprouvait de vives douleurs dans la poitrine et dans l'abdomen ; le pouls devint très-fréquent et vibrant, puis manifestement dicrote ; les veines sous-cutanées formèrent bientôt des espèces de cordes noueuses, tendues sous la peau, et très-douloureuses au toucher ; il survint des hémorrhagies peu abondantes, par le nez, la bouche et l'anus. Le treizième jour, il y eut une amélioration très-marquée, mais le lendemain tous les symptômes augmentèrent d'intensité : la langue était de couleur écarlate sur les bords, noire, rugueuse et très-sèche à son centre ; le malade éprouvait de temps en temps une douleur vive dans le voisinage des vertèbres du cou et du dos, et quand cette douleur cessait, il lui restait une chaleur intense vers ces parties. Le matin du seizième jour, il expira, après avoir été très-agité et s'être beaucoup plaint de la soif, d'un poids immense et d'une chaleur brûlante dans l'abdomen. On avait mis en usage quatre saignées de douze à quatorze onces, l'émétique en lavage, les purgatifs, la digitale en poudre, le nitre et plusieurs applications de sangsues au cou et aux tempes. Les émissions sanguines et les hémorrhagies avaient seules procuré du soulagement. A l'ouverture du cadavre, on trouva le cœur plus volumineux qu'il ne l'est ordinairement ; sa substance était très-ferme. Les artères et les veines coronaires et toutes leurs ramifications, même les plus déliées, formaient un réseau vasculaire à la surface externe et à la surface interne du cœur ; celle-ci était en outre couverte d'une fausse membrane, en partie adhérente et en partie flottante, qui se prolongeait jusque dans les gros vaisseaux. Ces vaisseaux, et toutes leurs branches, jusque dans leurs dernières ramifications, étaient augmentés de volume ; leurs parois étaient épaissies, leur calibre diminué, et leur membrane interne, rouge dans toute son étendue et couverte dans plusieurs endroits d'une fausse membrane; on trouva du pus dans la veine cave. La totalité des artères et des veines participait à cet état non équivoque d'inflammation, qui s'étendait à tous les organes. Au milieu des symptômes de cette phlegmasie générale, on assignerait difficilement les signes particuliers de l'inflammation de la membrane interne du cœur, mais il est digne de remarque que le pouls se soit conservé rebondissant jusqu'au quatorzième jour de la maladie. Meli ne dit pas que la face soit devenue violette tout-à-coup, et tout porte à croire que ce phénomène n'eut pas lieu. Le soin avec lequel il a décrit l'état du malade et les particularités observées dans le cadavre,

ne permet pas de douter qu'il eût fait mention de cette circonstance frappante.

L'érythème du cœur ne présente pas toujours le rouge éclatant dont parle Laennec. Lorsqu'il y a, au lieu de cette couleur, une teinte violacée et répandue sur toute la membrane interne du viscère, et qu'elle s'étend dans la substance musculaire jusqu'à une certaine profondeur, cet auteur pense qu'elle est due au trouble de la circulation, à la stase du sang dans les vaisseaux capillaires, effets d'une longue agonie accompagnée de suffocation. Il compare cette rougeur violette à celle des joues, qui se manifeste également en pareil cas. Son opinion nous semble admissible lorsque cette rougeur est uniformément étendue, non-seulement à toute la membrane interne du cœur, mais encore à la plus grande partie du système vasculaire des membranes muqueuses ; j'y vois même une preuve de plus de l'analogie de cette membrane avec celle des voies digestives et des voies aériennes. Mais elle ne peut être attribuée à la stase du sang, quand on ne la trouve que dans le cœur seulement, sauf le cas, non encore observé, où il y aurait un obstacle manifeste au retour du sang par les veines coronaires. Sans cette circonstance on ne saurait expliquer pourquoi cette stase n'a eu lieu que dans la membrane du cœur, tandis que l'état morbide du poumon, par exemple, forme un obstacle au cours du sang dans tout le système circulatoire.

On doit désirer que les médecins s'attachent à rechercher les symptômes, la nature et les causes de l'érythème du cœur ; peut-être parviendront-ils à reconnaître dans cette lésion l'origine d'autres altérations plus profondes de la substance du viscère.

2° Il n'est pas très-rare de trouver, dans les cadavres des personnes qui sont mortes à la suite d'une péricardite, du pus infiltré entre les fibres musculaires du cœur. Meckel en a rapporté un exemple ; Corvisart en a observé d'autres. Le pus peut être rassemblé en foyer, former un ou plusieurs petits abcès. Benivieni, Bonet et Laennec ont vu cette altération. Ce dernier ne l'a observé qu'une seule fois, chez un enfant âgé de douze ans : c'était à la suite d'une péricardite ; l'abcès, situé dans l'épaisseur des parois du ventricule gauche, près de sa base, aurait pu contenir tout au plus une aveline. Je ne pense pas que l'on doive regarder comme du pus une substance ayant la consistance d'un blanc d'œuf cuit et la couleur du pus, que ce médecin trouva interposée entre les faisceaux charnus du ventricule gauche , chez un homme qui , avant de mourir , avait présenté les signes d'une inflammation aiguë d'un des viscères thoraciques , sans qu'on eût pu en assigner précisément le siége , bien que les principaux symptômes fussent l'orthopnée et un sentiment d'angoisse inexprimable. Ce cas me paraît devoir être rapporté à l'inflammation de la membrane interne du cœur, et non à celle de sa substance musculaire. Il concourt , avec celui qu'a rapporté Meli, à démontrer la possibilité de l'inflammation de cette membrane , sans rien apprendre de satisfaisant sur le diagnostic de la phlegmasie.

L'infiltration purulente des fibres charnues du cœur , les abcès formés dans leur épaisseur, sont des signes, ou plutôt des traces non équivoques de cardite, mais on ne les a jamais observés indépendamment de la *péricardite*. Il paraît que ces petites collections de pus peuvent quelquefois exister sans donner lieu à aucun trouble dans l'action du cœur ; du moins dans le cas cité par Benivieni, l'abcès fut trouvé chez un homme qui ne paraissait pas être malade à l'instant où il fut conduit à la potence.

3° Un état morbide que l'on rencontre plus souvent que la suppuration du cœur, est le *ramollissement* , effet plus immédiat de l'inflammation de ce viscère. Pour que le pus soit élaboré , il faut que le travail inflammatoire parcoure toutes ses périodes, ce qui n'arrive que rarement dans la cardite , la mort survenant presque toujours promptement; on trouve alors les fibres du cœur ramollies, mais non encore en suppuration. Si la mort ne survient pas, c'est lorsque l'inflammation, peu intense, passe à l'état chronique , et se borne à occasioner le ramollissement progressif du tissu qu'elle envahit. Tous les effets de l'inflammation du tissu musculaire ne sont pas encore connus. *Voyez* MUSCLE.

Laennec décrit trois espèces de ramollissement de la substance propre du cœur. Dans le cas où toutes les fibres de cet organe sont flasques , flétries et friables, si on incise les parois du cœur, elles s'affaissent également dans la portion gauche et dans la portion droite, quand le ramollissement s'étend à l'une et à l'autre. Ce ramollissement peut varier depuis une simple flaccidité jusqu'à une friabilité telle, que le tissu du cœur soit presque diffluent entre les doigts qui le pressent. Toujours ce tissu se déchire avec la plus grande facilité. Quelquefois il conserve sa couleur habituelle, ou même il acquiert une couleur rouge intense tirant sur le violet ; il est plus souvent jaune, tirant sur la couleur de feuille morte très-pâle ; d'au-

tres fois, il est blanchâtre comme un muscle qui a été long-temps macéré. Dans le premier cas , l'altération s'étend à la totalité du cœur; dans le second , elle n'occupe pas toujours toute l'épaisseur de son tissu ; elle est au contraire plus marquée au centre qu'à la surface interne et à la surface externe des parois de l'organe ; enfin, elle ne se fait remarquer quelquefois qu'au ventricule gauche et à la cloison interventriculaire , et les parois du ventricule droit sont pour l'ordinaire plus fermes et plus colorées qu'elles ne le sont ordinairement. Lorsque la totalité du cœur est ramollie et colorée en jaune, on observe encore quelques parties de son tissu qui n'ont perdu ni leur couleur rouge ni leur consistance. Il peut y avoir en même temps une légère hypertrophie ou une dilatation de ce tissu.

Lorsque les fibres ramollies sont blanches, ce qui arrive le plus ordinairement dans le cas où cette altération est l'effet de la péricardite, on ne peut douter que ce ne soit un effet de l'inflammation , car il est présumable que le tissu musculaire du cœur participe toujours plus ou moins à l'état de phlegmasie de la membrane qui lui adhère si intimement.

Le ramollissement avec coloration en jaune, paraît être l'effet d'une irritation chronique du tissu cardiaque , plutôt que d'une inflammation aiguë. Il est probable qu'il dispose ce viscère à se dilater, et qu'il a la même origine que l'hypertrophie dont il est souvent accompagné.

Quant au ramollissement sans décoloration ou avec coloration en violet, que Laennec dit avoir observé surtout dans les *fièvres essentielles graves* , et particulièrement à la suite de la *fièvre adynamique* , *toutes les fois qu'il y a fait attention* , et qu'il paraît vouloir attribuer à la *putridité* , on ne peut nier que cet état ne soit un effet de l'irritation sympathique du cœur, lorsqu'on sait que les fièvres adynamiques proprement dites ne sont que des gastro-entérites intenses, que l'inflammation intense du cœur rend le pouls petit et concentré, et qu'à la suite des émissions sanguines on voit ordinairement le pouls se relever dans ces prétendues fièvres essentielles. Corvisart avait mieux assigné l'origine du ramollissement du cœur que ne l'a fait Laennec, car il l'attribuait à l'inflammation de ce viscère.

Selon Laennec, on peut, à l'aide du stéthoscope, reconnaître cette lésion de tissu aux signes suivans. Elle est une de celles qui rendent le bruit des oreillettes et même celui des ventricules beaucoup plus sourd que dans l'état normal. Cet effet peut dépendre également de l'hypertrophie, de la situation du poumon droit dont une portion est placée au-devant du cœur, de l'obstacle apporté au cours du sang dans ce viscère par sa trop grande abondance, ou par le rétrécissement des ouvertures auriculo-ventriculairés. Mais, dans l'hypertrophie, le bruit est infiniment plus sourd que dans tout autre cas; lorsque le bruit de la respiration empêche d'entendre celui du cœur, il n'y a aucun signe d'affection de ce dernier organe, ou bien il en existe qui annoncent que l'obscurité de ses battemens ne dépend pas d'un ramollissement de ses parois. Lorsque le sang est en trop grande abondance dans ce viscère, le bruit qui résulte de ses contractions est analogue à celui d'un soufflet ou à celui d'une lime qui agit sur du bois. Quand un des orifices auriculo-ventriculaires est rétréci, c'est encore un bruit de lime plus sensible que dans le cas précédent : il y a d'ailleurs quelquefois ce que Laënnec appelle le *frémissement cataire*, si c'est l'orifice gauche qui est lésé, et le bruit de l'oreillette se prolonge singulièrement, au point qu'il surpasse en durée trois ou quatre fois le bruit du ventricule.

Un autre effet du ramollissement du cœur, est de rendre la contraction des ventricules plus lente et comme graduelle, sauf dans quelques cas de palpitations, où ils se contractent momentanément avec un bruit manifeste, mais passager.

Le ramollissement partiel sans décoloration, qui a lieu chez les sujets dont l'agonie a été lente, ne paraît pas pouvoir être reconnu à des signes particuliers. Le ramollissement général avec coloration en jaune, se remarque chez les sujets pâles, jaunâtres, dont la peau est flasque, flétrie, les lèvres le plus souvent sans gonflement, mais presqu'entièrement décolorées et la face non livide, lors même qu'il y a en même temps hypertrophie. Le ramollissement avec coloration en violet, a lieu ordinairement chez les sujets qui, pendant leur maladie, ont offert les signes de la prétendue putridité des anciens, de la prétendue adynamie des modernes.

Le ramollissement avec pâleur des fibres musculaires du cœur étant toujours l'effet de la péricardite, on peut présumer qu'il a lieu lorsqu'on a observé, pendant la vie du sujet, les signes de cette inflammation. *Voyez* PÉRICARDITE.

Ce qui fait sans doute qu'on sait à peine les signes particuliers qui peuvent annoncer le ramollissement du cœur, c'est surtout parce qu'ils n'ont encore été étudiés que par un seul homme, et parce que cette altération n'existe presque jamais seule. Le ramollissement avec coloration en jaune est presque toujours combiné avec la dilatation du cœur, jointe à une légère hypertrophie de ce viscère, et quelquefois avec la dilatation seulement. Celui qui est accompagné de la coloration en violet est plus souvent compliqué de cette dilatation sans hypertrophie.

Lorsqu'il y a ramollissement avec dilatation, accompagnée ou non d'hypertrophie, il y a eu ordinairement de longs et fréquens accès d'étouffement, une agonie de plusieurs semaines, et, long-temps avant la mort, la face est devenue violette, ainsi que les pieds, les mains et plusieurs autres parties du corps. Tout cela n'a pas lieu si le ramollissement est général et dure depuis long-temps. Si la dilatation seule l'accompagne, le bruit du cœur est fort, mais sourd. Dans le ramollissement avec hypertrophie, le bruit peut être sourd au point qu'on ne l'entende presque pas, et même quelquefois on ne l'entend plus.

Il est évident que le ramollissement ne constitue pas une maladie, mais seulement une condition pathologique du cœur; il en est de même de plusieurs altérations de tissu dont nous allons parler, et dont Laënnec a fait autant de maladies.

4° J. Bauhin et Deidier assurent avoir observé la *gangrène* du cœur : ce dernier dans un cas de fièvre pestilentielle, chez une femme âgée de trente ans, d'un tempérament sanguin, qui eut un bubon à l'aine, et mourut à la suite d'un assoupissement léthargique; on trouva le cœur rempli d'une grande quantité de sang noir caillé, et l'oreillette gauche gangrénée. L'observation de Bauhin est moins satisfaisante que celle-ci. Leroux a rapporté un cas qui, suivant lui, offre un exemple de gangrène du cœur. C'était chez une femme âgée de cinquante ans, qui avait une anasarque complète, mais plus marquée à droite qu'à gauche, sa face était pâle, sa peau blanche, sa poitrine sonore dans tous les points; les battemens de son cœur étaient faibles et étendus, et son pouls remarquablement faible. Malgré les apéritifs, les toniques et les drastiques, qui lui furent prescrits conformément aux principes de la méthode symptomatique, cette femme s'affaiblit, et mourut après avoir été malade pendant six mois. On trouva le cœur deux fois plus volumineux qu'il ne l'est ordinairement, flasque, mou, offrant de petites plaques livides, noirâtres, parsemées de granulations blanches, analogues à celles de la membrane muqueuse des voies digestives affectée de phlegmasie chronique. L'altération s'étendait profondément dans l'épaisseur de la substance du cœur, dont les colonnes charnues se déchiraient avec la plus grande facilité. L'orifice de l'aorte était rétréci par des concrétions ossiformes, qui maintenaient abaissées les valvules sigmoïdes, dont elles remplissaient les intervalles. On remarquait des plaques osseuses sur la membrane interne de ce vaisseau, dont la superficie était *comme ecchymosée*. La membrane muqueuse de l'estomac était d'un rouge livide, et facile à isoler de la tunique musculaire ; des plaques gangréneuses occupaient les intestins grêles ; ces plaques offraient le même aspect que celles du cœur ; elles s'étendaient à toutes les tuniques de l'intestin qui étaient épaissies sans ulcération.

Corvisart a fait, sur ce cas intéressant, des réflexions au moins singulières. L'état du cœur ne lui paraît pas devoir être regardé comme une gangrène suite ou résultat de l'inflammation dont il restait à peine des traces sur le cœur, mais comme un état de *mortification produite par une extrême débilité*, une sorte de *gangrène fébrile ou spontanée*. On sait aujourd'hui que les escarres de la membrane muqueuse des intestins sont toujours le produit de l'inflammation, et lorsque désormais on en trouvera d'analogues sur la membrane séreuse ou interne du cœur, et surtout lorsqu'elles pénétreront la substance de ce viscère, on ne pourra se dispenser de l'attribuer à la même cause. L'observation de Deidier tend à faire croire que, dans la peste, le cœur et plus souvent affecté qu'on ne l'a pensé. Si, dans cette maladie, le cœur est enflammé, cela expliquerait fort bien, et la rapidité de la mort dans plusieurs cas, et la petitesse du pouls qui, dit-on, s'observe chez la plupart des malades.

Corvisart pense qu'on a donné le nom de *gangrène* du cœur au *ramollissement* de ce viscère ; mais ne pourrait-on pas rétorquer cet argument, et dire qu'il a donné le nom de ramollissement à la gangrène du tissu de cet organe ? Laennec mérite surtout ce reproche. Dans un organe dont l'inflammation intense ne peut manquer de donner la mort, on ne doit point espérer de trouver jamais cet état de putréfaction cadavéreuse qui s'établit si souvent dans d'autres organes moins importans, à la suite de l'inflammation, quand la mort n'a pas lieu de suite. Il est au moins probable que, dans plusieurs cas, le ramollissement

est le premier degré de la gangrène du cœur.

5° Les *ulcères* du cœur sont de deux espèces : les uns se forment à la suite de la péricardite et de l'inflammation concomitante de la portion de tissu musculaire du cœur sous-jacente à cette membrane, et par conséquent ils sont situés à la face externe de ce viscère ; les autres sont situés à sa face interne, et s'établissent à la suite de l'inflammation si peu connue de la membrane interne du cœur. Les uns et les autres sont peu communs.

Les premiers ont été fort mal décrits ; souvent on a pris pour eux, selon Morgagni, la surface inégale des fausses membranes qui se forment sur la portion du péricarde qui recouvre le cœur, ou plutôt on a dû donner le nom d'ulcère de ce viscère à toute apparence d'ulcération de cette membrane, puisqu'on n'avait pas encore imaginé de la considérer indépendamment de l'organe auquel elle adhère si intimement. On ne peut nier toutefois que Borrich, Gratz et Peyer n'aient observé des ulcères bien caractérisés de la partie sous-péricardienne du cœur. Les signes et les causes, ainsi que l'origine de cet état morbide, sont couverts d'une profonde obscurité ; il est probable que ces ulcères sont le produit d'une phlegmasie chronique du péricarde et du cœur.

Les ulcères situés à la face interne du cœur sont, suivant Laennec, plus communs, mais non mieux connus que ceux de sa face externe. Bonet, Cabrol, Morgagni et Morand en ont rapporté plusieurs exemples. Laennec en a vu un qui, situé à la face interne du ventricule gauche, avait un pouce de longueur sur un demi-pouce de largeur, et environ quatre lignes de profondeur ; il y avait en même temps hypertrophie de ce ventricule, et cet état avait été reconnu à l'aide du stéthoscope ; le ventricule se rompit deux jours avant la mort, sans que rien eût fait prévoir ou reconnaître et l'ulcère et ce mode de terminaison.

Scoutetten a publié un cas d'ulcère à la face interne du cœur, trop curieux pour ne pas trouver place ici. Un fantassin qui jusque-là avait toujours joui d'une bonne santé, et qui n'avait jamais eu aucun mal vénérien, ayant fait excès de liqueur alcoholique, tomba malade, et offrit tous les symptômes d'une gastro-entérite aiguë, auxquels il se joignit une toux vive et fréquente, puis du délire, de la stupeur et des soubresauts des tendons, une diminution notable de la chaleur de la peau ; ses pieds se gonflèrent et devinrent livides, son pouls, qui avait été fréquent et dur, devint petit, fréquent, irrégulier. La diète, les boissons mucilagineuses édulcorées, l'application de trente sangsues à l'épigastre, de douze à l'anus , une saignée de douze onces, et des cataplasmes aux pieds furent prescrits , mais en vain : il mourut le treizième jour. A l'ouverture du cadavre, on trouva le cœur volumineux, le ventricule gauche fort grand, contenant peu de sang caillé. A sa partie supérieure , près l'orifice de l'aorte , était un ulcère d'environ quinze lignes en largeur et douze en hauteur, et dans lequel on voyait des portions qui laissaient pénétrer le stylet à six lignes de profondeur. La surface ulcérée était d'un blanc-grisâtre , inégale ; ses bords étaient gonflés , coupés perpendiculairement , et rouges , sauf à la partie supérieure, où ils étaient blanchâtres , et se confondaient insensiblement avec la membrane interne de l'aorte. Cet ulcère intéressait une grande partie de la paroi supérieure du ventricule gauche, la portion correspondante de la membrane qui revêt intérieurement ce ventricule, et la valvule sigmoïde antérieure qui était entièrement détruite. Les deux autres valvules étaient seulement très-épaisses , et les tubercules d'Aranzi très-volumineux , et cartilagineux jusqu'à un pouce. Autour de l'ulcère , la membrane interne du cœur était épaisse, blanche, opaque; celle de l'aorte n'avait subi aucune altération. On observa en outre des traces non équivoques de gastro-entérite, de bronchite, d'inflammation et de suppuration de la pie-mère et de l'arachnoïde ; le cerveau était mou ; il y avait de la sérosité dans les ventricules, ainsi que dans la cavité du rachis , dont la moelle ne parut pas lésée, non plus que les enveloppes.

Dans cette observation pleine d'intérêt, on ne trouve rien qui pût faire soupçonner, non pas même l'ulcère , mais une lésion quelconque du cœur, si ce n'est que la peau était froide , malgré l'état de la phlegmasie de plusieurs organes. Nous avons dit que De la Prade avait observé ce phénomène dans deux cas d'artérite, et que Selle l'avait signalé comme un des signes de la cardite. Mais faudra-t-il attribuer toujours à l'inflammation du cœur tout refroidissement que l'on observera chez un sujet affecté de phlegmasie d'un autre viscère ? Au reste , s'il était démontré que le frisson fût l'effet de l'irritation cardiaque, l'apparition de ce phénomène au début des *fièvres* serait expliqué, sauf à expliquer ensuite pourquoi le frisson cesse lorsque l'action du cœur augmente. Tout redoublement inflammatoire, quel que soit l'organe où il a lieu, nous paraît susceptible de provoquer le frisson.

Le gonflement et la lividité des extrémités inférieures ne pourraient seuls annoncer un ulcère du cœur, mais peut-être auraient-ils pu faire hasarder l'idée d'une lésion quelconque de ce viscère. Quoi qu'il en soit, Scoutetten a très-bien vu que cet ulcère, bien qu'il ne se soit annoncé par aucun signe qui pût en faire soupçonner l'existence, était évidemment l'effet d'une inflammation latente du cœur.

Il serait à désirer que tous les cas analogues eussent été observés et décrits avec autant de soin. Celui-ci prouve, contre l'opinion de Morgagni, que les ulcères du cœur ne causent pas toujours de la douleur, lors même qu'il n'y a ni relâchement du tissu de cet organe, ni collection d'eau dans laquelle il ait été macéré pendant long-temps.

6o Il n'est pas très-rare de trouver sur les valvules mitrale et tricuspide, et quelquefois à la face interne des oreillettes, surtout de celle du côté gauche, des *végétations* semblables à celles dont nous avons parlé à l'article AORTE, et qui se trouvent sur les valvules de cette artère comme sur celles de l'artère *pulmonaire*. Nous avons dit que Laennec leur donnait le nom de *verruqueuses*, à cause de leur analogie avec les verrues, et qu'il n'y voyait que de petites concrétions fibrineuses, occasionées par un trouble de la circulation, et organisées plus ou moins complètement avec le temps. Au lieu d'attribuer la formation de ces végétations à un *trouble*, il serait plus conforme à leur analogie, reconnue par ce médecin lui-même, avec les fausses membranes qui sont le produit de l'inflammation, de les considérer comme le résultat de la phlegmasie de la membrane sur laquelle elles se forment, d'autant plus que cette membrane est souvent fort rouge, lorsqu'elle offre ces concrétions singulières, ainsi qu'on peut le voir dans les observations rapportées par Laennec lui-même. Il est inutile de réfuter de nouveau l'opinion de Corvisart, qui attribuait ces végétations à l'influence du virus vénérien.

Le diagnostic des végétations des valvules auriculo-ventriculaires et des oreillettes n'est pas moins obscur que celui des végétations des valvules de l'aorte et de l'artère pulmonaire; mais les premières sont susceptibles de donner lieu au *frémissement cataire*, signe caractéristique du rétrécissement des ouvertures auriculo-ventriculaires et de la gêne dans le mouvement des valvules; seulement ce frémissement est beaucoup moins sensible à la main, et le bruit des contractions du cœur ressemble plus à celui d'un soufflet qu'à celui d'une lime. Laennec ayant une fois annoncé avant la mort un rétrécissement cartilagineux *ou* la présence de végétations verruqueuses sur la valvule mitrale, il trouva effectivement des végétations de ce genre sur cette valvule et à la surface de l'oreillette gauche. Néanmoins aucun signe pathognomonique ne peut faire présumer l'existence de ces végétations, si ce n'est que le pouls est quelquefois irrégulier, comme vide et à peine sensible par intervalles et momentanément, tandis que les battemens du cœur sont forts et fréquens.

Laennec a décrit, sous le nom de végéta-tions *globuleuses*, de petites tumeurs enkys-tées, sphéroïdes ou ovoïdes, dont la surface est lisse, d'un blanc-jaunâtre, et dont le volume varie depuis celui d'un pois jusqu'à celui d'un œuf. Les parois de ces tumeurs sont opaques, analogues à la substance des con-crétions fibrineuses très-anciennes; elles ont au plus une demi-ligne d'épaisseur, et à peu près la consistance du blanc d'œuf cuit. En dedans, leur surface est moins lisse qu'en dehors, et quelquefois leur substance plus molle se convertit graduellement en une ma-tière tout-à-fait semblable à celle qui est ren-fermée dans le kyste qu'elles forment. L'aspect de cette matière varie; c'est tantôt du sang demi-liquide, trouble, et qui paraît chargé d'une sorte de poussière ou de caillots bien caractérisés; tantôt une substance pultacée, d'une couleur violette pâle; tantôt, enfin, une bouillie claire, jaunâtre, ou épaisse, opaque, analogue, en un mot, à du pus épais. Il est impossible de n'être pas frappé de l'a-nalogie de cette matière avec celle que l'on trouve dans plusieurs abcès qui, pour être appelés *anomaux*, n'en sont pas moins des collections de matière élaborée par le travail inflammatoire. On voit évidemment que ces végétations globuleuses contiennent, tantôt du pus rendu très-épais par un long séjour dans une cavité sans issue, dont les parois s'épaississent au lieu de s'ouvrir, tantôt un mélange de pus et de sang, et d'autres fois du sang bien caractérisé. De telles altérations ne peuvent se développer que sous l'influence de l'irritation. C'est là ce que Portal et Scarpa ont nommé *athérome, stéatome, mélicéris* des tuniques artérielles et des parois du cœur. Laennec, en changeant le nom de ces alté-rations, paraît avoir décrit des choses nou-velles.

Ces végétations se trouvent dans les ven-tricules et dans les oreillettes, adhérentes aux parois de ces cavités; le plus souvent elles sont situées à la partie inférieure des ventri-cules, près de leur pointe. Elles sont ordinai-rement entrelacées avec les colonnes charnues des parois des ventricules, par un pédicule qui s'en isole souvent avec facilité, et dont la structure est à peu près la même; mais quelquefois elles n'ont point de pédicules, et font à peine saillie à la surface de la paroi sur laquelle elles se développent. On ignore com-plètement les signes caractéristiques de cette altération, que l'on retrouve à la suite des mêmes circonstances qui donnent lieu au dé-veloppement des autres lésions du cœur.

7° Des *kystes séreux* ont été observés dans le tissu musculaire du cœur, sous le péricarde, par Baillou, Houller, Rolfink, Fantoni, Val-salva, Morgagni et Dupuytren. Ce dernier a vu un cas dans lequel ces kystes occupaient l'épaisseur de la paroi de l'oreillette droite, faisaient saillie à sa face interne, et lui don-naient un volume égal à celui du reste du cœur.

8° Les écrits des auteurs qui se sont occu-pés de l'anatomie pathologique, contiennent plusieurs observations de prétendues *hyda-tides*, trouvées dans la substance du cœur. Morgagni rapporte qu'il trouva une vésicule séreuse, de la grosseur d'une cerise, dans la paroi du ventricule gauche, chez un vieillard qui mourut des suites d'une maladie aiguë, sans avoir offert aucun signe, même équi-voque, d'affection du cœur. Laennec pense que cette vésicule était du genre des cysti-cerques, d'après la description que Morgagni en donne, et il présume que c'était le cysti-cerque ladrique, le seul que l'on ait encore trouvé chez l'homme.

9° Les *tubercules* sont très-rares dans la substance du cœur, cependant ils y ont été observés par Colombo, Morgagni, Portal et Laennec. Récamier dit avoir trouvé le cœur converti en tissu *squirrheux*, dans une grande partie de son étendue, chez un sujet dont le poumon renfermait des tumeurs évidemment cancéreuses. La rareté de ces dégénérescences doit nous porter à étudier, avec le plus grand soin, les lésions de tissu du cœur, afin de pou-voir assigner un jour, avec certitude, quelles sont celles qui sont dues à l'irritation chroni-que de ce viscère.

10° La *dégénérescence graisseuse* des fibres charnues du cœur doit être distinguée de l'ac-cumulation d'une graisse surabondante autour de cet organe, qui a paru quelquefois y être comme englouti. Kerkring, Bonet, Morgagni,

Corvisart, et tous les médeins qui ont ouvert des cadavres, ont eu occasion d'observer cette surabondance de graisse. Elle a ceci de singulier, que presque toujours les fibres musculaires sont notablement diminuées de volume, et les parois du viscère amincies. Lorsque cet état de choses est porté aussi loin, il y a incontestablement état morbide du tissu du cœur. J'avoue que j'ignore à quels signes on pourrait distinguer cet embonpoint excessif d'une véritable dégénérescence graisseuse du tissu musculaire de ce viscère, si ce n'est que, dans cette dernière, le tissu musculaire ne paraît pas être directement continu avec la graisse ; là où il finit, celle-ci commence brusquement, mais quelquefois les prolongemens graisseux se portent plus ou moins loin entre les fibres charnues. Enfin, il est des cas où celles-ci ne sont converties en graisse que dans une petite partie de leur étendue ; elles paraissent alors n'être que ramollies, mais elles graissent le papier avec lequel on les met en contact.

Quelle que soit l'origine de la graisse qui entoure le cœur, il semble qu'elle doit gêner les mouvemens de cet organe quand elle envahit une grande partie de l'épaisseur de son tissu. Mais cet inconvénient n'est pas tel qu'on pourrait le croire, parce que le ventricule gauche en est moins surchargé dans la plupart des cas, et que cette graisse occupe le plus ordinairement la pointe du cœur et le point de réunion des ventricules entre eux et avec les oreillettes, c'est-à-dire, précisément les endroits où les contractions les plus fortes n'ont point lieu. On n'a point encore fait cette remarque. Elle explique pourquoi la présence de cette graisse, ou cette dégénérescence graisseuse, n'entraîne point de désordre dans l'action du cœur, et pourquoi elle ne rend pas plus fréquente la rupture de ce viscère.

11° *L'induration* du tissu musculaire du cœur a été observée plusieurs fois par Corvisart, indépendamment de toute autre altération de ce tissu, et le plus souvent sans aucune dilatation : elle accompagne ordinairement l'hypertrophie. Dans un cas de ce genre, les contractions du cœur étaient moins énergiques ; après la mort, ce viscère semblait former une sorte de boîte, d'aspect charnu, très-élastique, et résonnant, quand on le frappait, comme si on eût frappé sur une espèce de cornet. Le tissu n'offrait d'ailleurs aucune altération dans sa texture ni dans sa couleur, seulement lorsqu'on l'entamait avec le scalpel, on éprouvait de la

résistance, et on entendait une crépitation singulière. Le pouls avait été petit, serré, concentré, faible, irrégulier, et parfois intermittent. Il est impossible, dans l'état actuel de la science, de reconnaître cet état morbide avant la mort. Les sujets chez lesquels Corvisart l'a observé, n'ont offert que les signes qu'on remarque au plus haut degré de la plupart des maladies du cœur, et qui ne sont, en général, que l'effet de l'obstacle apporté au cours du sang, ou de la diminution de l'énergie du cœur : c'est ce qui empêchera toujours, peut-être, de recourir assez à temps au traitement antiphlogistique, judicieusement conseillé par Corvisart en pareil cas.

12° Il est un mode d'endurcissement du cœur, plus commun que celui dont nous venons de parler : c'est celui qui a lieu par suite de la *cartilaginification* ou de l'*ossification* des parois, des colonnes charnues, des cordes fibreuses ou des valvules de cet organe.

Corvisart a trouvé la pointe du cœur convertie en cartilage dans toute son épaisseur, chez un homme qui mourut après avoir essuyé plusieurs inflammations de poitrine, et éprouvé pendant trois mois de violens étouffemens sans palpitation. Son pouls avait été à peine sensible, petit, concentré, irrégulièrement intermittent ; il paraissait suspendu pendant deux ou trois pulsations ; le cœur battait avec force ; la poitrine résonnait bien, sauf à la région précordiale et à la partie droite inférieure de la poitrine, où la douleur s'était fait sentir pendant l'inflammation du poumon. Corvisart présuma un rétrécissement d'une des ouvertures auriculo-ventriculaires, avec anévrisme. A l'ouverture du cadavre, on trouva, outre les traces de la phlegmasie de la plèvre et du poumon, l'induration cartilagineuse de la pointe du cœur, dont nous avons parlé, et un état analogue dans les colonnes charnues du ventricule gauche.

Haller et Renauldin ont recueilli chacun un cas d'ossification du cœur. Dans le premier, la partie inférieure du ventricule droit était ossifiée, ainsi que les valvules aortiques et pulmonaires, et les parties les plus épaisses de l'oreillette gauche. Dans le second, on avait remarqué, outre les symptômes communs à toutes les maladies du cœur, que lorsqu'on pressait sur la région de cet organe, même légèrement, on causait une douleur aiguë qui durait encore long-temps après que la compression avait cessé. On trouva la substance du ventricule gauche et des colonnes charnues qui y correspondent, convertie, en grande partie, en une matière sablonneuse dans certains endroits, et cristallisée en d'autres. Il y avait épaississement des parois de ce ventricule; celui du côté droit était dans l'état normal.

Laennec pense que si, dans ces deux cas, on eût pu avoir recours au stéthoscope, cet instrument aurait fourni d'utiles renseignemens. Il croit aussi que si jamais les battemens du cœur ont été entendus à quelque distance du malade, c'était dans des cas analogues.

La membrane interne des ventricules, et principalement celle du ventricule gauche, offre souvent des plaques de véritables incrustations cartilagineuses, ordinairement peu étendues, et qui paraissent ne point nuire aux fonctions de l'organe. Laennec n'y a jamais trouvé de points osseux.

A l'article AORTE, nous avons parlé de l'état cartilagineux et de l'ossification des valvules sigmoïdes de cette artère, nous parlerons ailleurs de ces altérations considérées dans les valvules de l'artère *pulmonaire*. Celles des orifices auriculo-ventriculaires et des valvules mitrale et tricuspide vont nous occuper seules.

L'orifice auriculo-ventriculaire gauche est le plus sujet à l'ossification; le droit offre rarement cette altération, mais il n'en est pas exempt, comme l'a prétendu Bichat, à une époque où il n'avait point encore été assez observé. Corvisart en a recueilli deux cas bien authentiques, et il a déposé l'imitation en cire de l'un d'eux au cabinet de l'École de Médecine de Paris. Morgagni dit avoir vu les valvules du ventricule droit ossifiées chez une femme âgée de quarante ans.

Lorsque le pourtour d'un des orifices auriculo-ventriculaires est devenu cartilagineux ou osseux, il est très-rare que les valvules correspondantes ne participent pas plus ou moins à cet état; elles peuvent également devenir cartilagineuses ou osseuses sans que l'orifice voisin soit affecté, mais ce cas est plus rare. Cette altération peut s'étendre à un orifice, à la valvule située près de lui, à une ou plusieurs des cordes tendineuses de cette valvule, et même aux piliers charnus auxquels aboutissent ces cordes. Corvisart a vu l'ossification d'un de ces piliers dans un cas d'ossification de la valvule mitrale et de ses cordes fibreuses. Il y a d'abord épaississement, endurcissement; vient ensuite l'aspect cartilagineux et enfin osseux. L'ossification commence constamment à la base et vers les bords libres

des valvules; quelquefois seulement on trouve des points osseux vers leur centre. La valvule reste étendue, et se trouve invariablement fixée dans cette position, ou bien elle se rétracte, et ne forme plus qu'un bourrelet inégal, cartilagineux dans une partie de son étendue, osseux dans le reste. Quelquefois cette disposition à l'occlusion plus ou moins complète de l'orifice auriculo-ventriculaire, peut en être la suite; elle est au plus haut degré quand les valvules étendues s'ossifient, et que leurs bords s'agglutinent dans cette situation; alors l'oblitération peut être telle, qu'on ait peine à introduire un tuyau de plume dans les cavités cardiaques.

Comme dans l'ossification des valvules sigmoïdes aortiques, la substance osseuse est interposée entre les deux feuillets de la membrane, qui, en se repliant, forme les valvules, ou bien elle est, pour ainsi dire, déposée à la surface de cette membrane, soit que celle-ci ait été déchirée par les bords tranchans de l'écaille osseuse, soit qu'elle ait subi une sorte de pétrification.

Laennec pense que jamais on n'a trouvé la valvule tricuspide complètement ossifiée; son tissu, devenu cartilagineux, offre seulement un ou plusieurs points osseux. Il croit aussi que jamais l'endurcissement de cette valvule n'a été assez considérable pour gêner d'une manière notable le cours du sang.

La dégénérescence cartilagineuse ou osseuse des orifices auriculo-ventriculaires et de la valvule mitrale, quand celle-ci est rendue immobile par l'état du tissu qui la constitue, a pour effet de produire le rétrécissement de cet orifice, ou l'équivalent, par suite de l'abaissement de cette valvule. C'est comme dans le cas d'ossification des valvules aortiques.

Lorsque la valvule mitrale est ossifiée et disposée de manière à gêner le cours du sang, on observe le frémissement cataire, comme dans le cas d'ossification des valvules de l'aorte; mais ce frémissement se fait sentir, quoiqu'avec moins d'intensité, jusque dans le pouls, qui, faible, mou et comme vide, est moins irrégulier que dans le cas d'ossification des valvules sigmoïdes aortiques.

Laennec affirme que ce frémissement ne se fait sentir que lorsque l'ossification de la valvule mitrale ou celle des valvules de l'aorte est portée au point de rétrécir beaucoup les orifices du ventricule gauche. Si c'est la valvule mitrale qui est médiocrement ossifiée ou seulement cartilagineuse, le claquement de l'oreillette est plus prolongé, plus sourd, il se rapproche du bruit d'un soufflet pressé subitement ou d'une lime agissant sur du bois. Ce signe, qui n'est jamais aussi marqué que dans ce cas, se fait remarquer lors même que le frémissement cataire n'est pas sensible à la main, mais il est plus marqué lorsqu'il coïncide avec ce frémissement. Ce bruit de soufflet ou de lime a également lieu quand l'ossification n'envahit que les valvules sigmoïdes de l'aorte, mais on l'entend alors à l'instant où le ventricule se contracte. Si l'ossification s'étend en même temps à cette valvule et à la valvule mitrale, on n'entend pas ce bruit, mais on éprouve une sensation de dureté pendant que la contraction du ventricule ou de l'oreillette s'effectue. Ce signe fugitif nous paraît n'être d'aucune valeur.

Corvisart regardait l'ossification des valvules, et surtout des valvules sigmoïdes aortiques, comme une des lésions de tissu les plus communes parmi toutes celles que le cœur peut présenter. Laennec, tout en rendant témoignage de la véracité de cet observateur, dit que, dans l'espace de trois ans, il a vu à l'hôpital Necker dix fois moins d'altérations de ce genre qu'il n'en avait vu, dans le même espace de temps, à la clinique de Corvisart. Nous parlerons ailleurs de cette fréquence passagère de certaines maladies et de l'apparition de certaines autres réputées nouvelles. *Voyez* MALADIES.

13° Il convient de parler des effets du *rétrécissement* des orifices auriculo-ventriculaires du cœur par suite de la cartilaginification ou de l'ossification des bandes fibreuses qui garnissent ces orifices, ou des valvules voisines.

De quelque manière que ce rétrécissement ait lieu, il a pour résultat d'apporter un obstacle plus ou moins marqué au cours du sang. Si le rétrécissement est peu considérable, la circulation est peu, ou même elle n'est point lésée; s'il est tel qu'il ne reste plus qu'un passage très-étroit, les parois du ventricule ou de l'oreillette, dont les contractions chassent le sang vers l'orifice rétréci, redoublent d'efforts pour surmonter la résistance qu'oppose au sang l'étroitesse de cette ouverture. Si ces efforts de contraction surmontent complètement l'obstacle, la circulation n'éprouve aucune altération, mais, par suite de ces mêmes efforts, le tissu musculaire du cœur finit par augmenter de volume, ainsi qu'il arrive à tout muscle souvent et fortement exercé. Le rétrécissement des orifices du cœur est donc une des causes de l'hypertrophie du tissu de ce viscère.

Si le ventricule ou l'oreillette ne parvient point à rendre nul l'obstacle apporté par le rétrécissement, il arrive dans sa cavité plus de sang qu'il ne peut en expulser; la quantité de ce liquide, qui se trouve obligée de séjourner, agit sur les parois de l'organe, et en procure presque toujours la dilatation, lors même qu'elle en occasionne l'hypertrophie.

Dès l'origine du rétrécissement, lorsque les parois du ventricule ou de l'oreillette, où le sang surabondant s'accumule, ne se contractent pas avec assez d'énergie pour surmonter la résistance, non-seulement elles se dilatent, mais encore elles s'amincissent.

Dans ce dernier cas, la présence du sang sur la membrane interne du cœur l'irrite incessamment; le volume de ce liquide ajoute à l'irritation; les efforts de contraction que fait la partie affectée deviennent autant de causes morbifiques, dont le résultat est une inflammation lente, chronique, qui entraîne souvent le ramollissement du tissu musculaire cardiaque. Ce ramollissement favorise encore la dilatation du tissu et l'ampliation de la cavité, située derrière l'obstacle.

Si le rétrécissement a lieu à l'orifice aortique du ventricule gauche, les divers effets que nous venons d'indiquer se borneront aux parois de ce ventricule, ou bien ils s'étendront à l'oreillette gauche, et même aux cavités droites du cœur, en raison de la nature de l'obstacle, dont l'influence se fait sentir d'autant plus loin que le rétrécissement est plus considérable. Si celui-ci a lieu à l'ouverture qui fait communiquer le ventricule gauche avec l'oreillette correspondante, ainsi que cela arrive le plus souvent, cette oreillette se dilate, et la dilatation peut s'étendre aux cavités droites du cœur. Lorsque c'est l'orifice de l'artère pulmonaire qui se trouve rétrécie, ces cavités sont seules dilatées; la dilatation peut même n'avoir lieu que dans le ventricule. L'oreillette droite est seule dilatée quand le rétrécissement occupe l'ouverture qui la fait communiquer avec le ventricule droit. En général, la dilatation des oreillettes et celle du ventricule du côté droit sont plutôt accompagnées de l'amincissement que de l'hypertrophie de leurs parois, et, d'après ce que nous avons dit, on conçoit aisément la raison, puisque ces parties, douées d'une contractilité peu énergique, surmontent difficilement la résistance que le rétrécissement oppose au cours du sang, cèdent plus facilement à l'action dilatante de ce liquide, et sont en même temps plus susceptibles de se ramollir. L'oreillette offre ces particularités au plus haut degré.

Corvisart n'a pu trouver de signes auxquels on puisse reconnaître le rétrécissement des orifices auriculo-ventriculaires. Il fait remarquer seulement que, dans le cas où c'est l'orifice aortique qui est rétréci ou obstrué par l'abaissement des valvules correspondantes, il y a des palpitations fortes et fréquentes, tandis que le pouls est dûr, raide, mais vide et irrégulier, et quelquefois à peine sensible.

14° La stimulation répétée du cœur, des contractions fortes et fréquentes, surtout quand il s'y joint une disposition native, produisent aisément l'*hypertrophie* d'une partie, ou même de la totalité de ce viscère. Il ne faut pas confondre cet état, assez rare, du tissu musculaire du cœur, avec l'*augmentation de volume*, qui peut n'être due qu'à l'*ampliation* de ses cavités, ni avec l'*épaississement* de ses parois, qu'on observe dans les cas de suppuration, de dégénérescence graisseuse, stéatomateuse, tuberculeuse, squirreuse, cartilagineuse et osseuse, etc. L'hypertrophie du cœur est l'excès d'accroissement de ses parois sans aucune altération de texture, et par l'effet d'une suractivité nutritive, ainsi que l'indique cette dénomination, très-bien choisie.

L'hypertrophie peut être générale, ou ne s'étendre qu'à une partie du cœur. Elle est beaucoup plus fréquente dans les ventricules que dans les oreillettes, dans le ventricule gauche que dans le ventricule droit. Elle varie depuis un léger degré d'accroissement, qu'on a peine à distinguer de l'état normal, jusqu'au plus haut degré, c'est-à-dire jusqu'à ce que la paroi offre le double de son épaisseur habituelle.

Lorsqu'elle a lieu au ventricule gauche, les parois de cette cavité peuvent acquérir jusqu'à un pouce d'épaisseur à sa base. Cette épaisseur insolite diminue à mesure qu'on se rapproche de la pointe du cœur. Les colonnes charnues et la cloison interventriculaire participent à l'hypertrophie, mais cette dernière n'acquiert jamais, selon Laennec, l'épaisseur du reste du ventricule. A la pointe du cœur, on ne trouve point ordinairement d'hypertrophie, si ce n'est dans un petit nombre de cas, où elle acquiert jusqu'au quadruple de son épaisseur normale. La cavité du ventricule est augmentée de diamètre, ou bien elle est diminuée d'étendue. Dans ce dernier cas, elle peut être tellement réduite qu'elle admette à peine une amande. L'augmentation de volume des parois paraît se faire, dans ce cas, plus particulièrement dans la portion du tissu musculaire située sous la membrane interne; le cœur n'est pas plus gros qu'à l'ordinaire. Le ventricule droit, fort petit, n'occupe qu'une partie de la longueur de la cloison interventriculaire, et se termine bien avant la pointe du cœur. Enfin, dit Laennec, dans les cas extrêmes, il semble en quelque sorte pratiqué dans l'épaisseur des parois du ventricule gauche.

Lorsque l'hypertrophie a lieu au ventricule droit, elle s'étend à peu près uniformément à toute la paroi de ce ventricule; l'épaississement est seulement plus sensible près de la valvule tricuspide et l'orifice de l'artère pulmonaire: il ne va pas au-delà de quatre ou cinq lignes. Les colonnes charnues et les piliers sont proportionnément plus gros que dans l'hypertrophie du ventricule gauche. Si on incise les parois du ventricule droit hypertrophié, elles ne s'affaissent point.

Cette dernière circonstance tient sans doute à l'augmentation de consistance que les fibres du cœur acquièrent ordinairement dans le cas d'hypertrophie. Cette fermeté n'a pas toujours lieu; quand elle existe, elle est souvent considérable, mais quelquefois il y a, au contraire, ramollissement.

Nous avons dit que l'hypertrophie pouvait s'étendre à la totalité du cœur. Quelquefois on l'observe dans les deux ventricules. Laennec s'est borné à indiquer l'hypertrophie des oreillettes, sans la décrire.

L'hypertrophie sans dilatation est assez rare; Corvisart n'en fait point mention, c'est Laennec qui l'a observée le premier.

Les signes pathognomoniques de l'hypertrophie, que fournit le stéthoscope, sont: la force de l'impulsion que le cœur transmet à l'oreille, l'obscurité du bruit du ventricule affecté, et la durée de sa contraction, d'autant plus longue que l'hypertrophie est plus considérable. Le claquement de l'oreillette est bref, peu sonore. Ce claquement et le bruit du ventricule sont à peine sensibles quand l'hypertrophie est portée au plus haut degré.

Si l'hypertrophie n'affecte que le ventricule gauche, ces modifications du choc et du bruit des battemens du cœur se distinguent entre les cartilages de la cinquième et de la sixième côtes sternales. On n'entend ces battemens que dans un point très-circonscrit; il est rare qu'on les entende distinctement sous le haut du sternum et de la clavicule gauche, à moins que le bruit des battemens du côté droit ne se confonde avec celui du côté gauche.

Les sujets affectés d'hypertrophie du ventricule gauche sont habituellement sujets aux palpitations régulières, c'est-à-dire qu'ils perçoivent continuellement les battemens de leur cœur sans que ceux-ci subissent ordinairement aucune modification. Peut-être cette sensation morbide n'est-elle qu'un symptôme de l'irritation permanente qu'éprouvent les parois du ventricule affecté.

L'hypertrophie du ventricule droit se reconnaît aux mêmes signes que celle du ventricule gauche, mais on les observe principalement sous la partie inférieure du sternum. Le bruit de ce ventricule est moins sourd que dans l'hypertrophie du ventricule gauche.

Le gonflement des veines jugulaires externes, signalé par Lancisi comme un signe d'anévrisme du ventricule droit, et rejeté par Corvisart, a été observé par Laennec dans tous les cas d'hypertrophie un peu considérable du ventricule droit qui se sont présentés à lui. Ces pulsations, bornées à la partie inférieure des veines jugulaires, s'étendent quelquefois jusqu'au milieu et même jusqu'à la partie supérieure du cou. Laennec assure les avoir observées jusque dans les veines sous-cutanées de l'avant-bras. On ne peut les confondre avec le battement des carotides, pour peu qu'on y apporte d'attention. Cette remarque de Laennec nous semble fort juste; dans un cas où nous avons observé ces pulsations des jugulaires, il nous a été facile de les distinguer.

Outre ces signes de l'hypertrophie de chacun des ventricules, et que l'on trouve réunis quand les deux sont hypertrophiés, il en est d'autres que nous indiquerons, d'après Corvisart, quand nous parlerons de l'*anévrisme actif*, c'est-à-dire de la *dilatation avec hypertrophie*.

14° L'*amincissement* des parois du cœur, lésion opposée à l'hypertrophie, ne paraît pas avoir été observé indépendamment de la dilatation de cet organe; néanmoins, si notre mémoire ne nous trahit pas, nous croyons avoir vu quelques cœurs dont les parois étaient fort minces, sans qu'il y eût la moindre dilatation. Il y a des recherches intéressantes à faire sur ce point. Si certains cœurs sont nativement trop volumineux, n'y en a-t-il pas qui, dès la naissance, ne le sont point assez? La même cause agissant sur les uns et sur les autres, produira des effets qui ne seront pas tout-à-fait les mêmes; ainsi, un rétrécissement de l'un des orifices du cœur chez les premiers, produira une dilatation avec hypertrophie, et chez les derniers une dilatation avec amincissement.

Le ramollissement des parois du cœur les dispose certainement à s'amincir, sans que le sang y soit très-abondant, ou qu'il y ait un obstacle au cours de ce liquide. Si l'inflammation contribue à produire le ramollissement, et si celui-ci favorise la dilatation, n'est-il pas important de prévenir avec le plus grand soin l'irritation du cœur, chez les sujets prédisposés à l'amincissement, surtout à celui des parois des cavités droites? Si, comme le pense Laennec, les signes de l'amincissement actif, c'est-à-dire de la *dilatation avec hypertrophie*, dépendent surtout de l'hypertrophie, ceux de l'*anévrisme passif*, c'est-à-dire de la *dilatation avec amincissement* n'appartiennent-ils pas principalement à l'amincissement? La dilatation ne serait alors qu'une particularité tout-à-fait secondaire qu'on aurait remarquée de préférence, parce que, dans un organe creux, on donne d'abord plus d'attention à l'ampleur de sa cavité qu'à l'épaisseur de ses parois. Ce ne serait pas la première fois qu'en anatomie pathologique, on aurait pris l'accessoire pour le principal.

L'*atrophie* du cœur est devenue pour Laennec le sujet de considérations pleines d'intérêt. Il fait d'abord remarquer qu'à la suite des maladies chroniques très-lentes qui occasionnent le marasme, le cœur est ordinairement petit et flétri; qu'avec le ramollissement de cet organe on observe presque toujours une sorte de flétrissure; que, chez une femme morte d'un choléra, deux ans après avoir été délivrée de tous les accidens qui manifestement sont l'effet de l'hypertrophie du cœur, il a trouvé le cœur beaucoup plus petit que le poing du sujet, égalant au plus le volume de celui d'un enfant de douze ans, ridé dans le sens de sa longueur, à toute sa surface externe, flasque sans être ramolli, et non épaissi dans ses parois. Tout cela le porte à penser que le ramollissement du cœur dispose à l'atrophie. Nous ajouterons que ces mêmes remarques tendent à démontrer que l'atrophie et l'amincissement dépendent de causes débilitantes qui se joignent ou précèdent les causes irritantes auxquelles est dû le ramollissement, état qu'il ne faut pas confondre avec la flaccidité qui est inséparable de l'amincissement et de l'atrophie. Nous pensons avec Laennec que la méthode de Valsalva peut, dans certains cas, borner l'hypertrophie du cœur, provoquer même en quelque sorte une réduction du volume de ce viscère, mais nous pensons aussi que c'est moins en provoquant directement le ramollissement du cœur qu'en diminuant la somme des impressions stimulantes exercées sur lui.

15° La *dilatation* du cœur est une des lésions que son tissu offre le plus fréquemment. Lorsque les ventricules ou les oreillettes sont dilatés, leurs parois ne restent jamais dans leur état normal, sous le rapport de l'épaisseur : il y a toujours amincissement ou épaississement, c'est-à-dire atrophie ou hypertrophie. La dilatation compliquée d'amincissement a reçu de Corvisart le nom d'*anévrisme passif,* et celle qui est accompagnée d'hypertrophie le nom d'*anévrisme actif.* Ces deux dénominations sont inexactes. Les causes de l'anévrisme du cœur sont toujours actives quand elles produisent cet état morbide. Un obstacle à la circulation détermine également la dilatation, soit que les parois du ventricule ou de l'oreillette se contractent beaucoup, soit qu'elles se contractent peu : dans les deux cas, la dilatation est un effet de la faiblesse absolue ou relative des parois du cœur, et si, dans l'explication que l'on veut donner de l'origine de cette dilatation, on met en première ligne l'état des forces du viscère, tout anévrisme qu'on y observe est constamment passif. C'est pourquoi nous substituerons aux dénominations adoptées par Corvisart celles d'*anévrisme hypertrophique* et d'*anévrisme atrophique,* pour indiquer la dilatation avec épaississement et la dilatation avec amincissement des parois du cœur.

a. L'*anévrisme atrophique* est le plus commun ; on l'observe le plus souvent aux deux ventricules : il peut n'affecter que l'un d'eux, et c'est le plus ordinairement le droit. Cet anévrisme est infiniment moins fréquent aux oreillettes qu'aux ventricules ; il constitue alors une des lésions les moins communes du cœur ; c'est le plus ordinairement l'oreillette droite qui est affectée.

Quel que soit le siége de l'anévrisme atrophique, le ramollissement l'accompagne ordinairement ; le tissu dilaté et aminci est tantôt plus violet que dans l'état normal, tantôt jaunâtre, et tantôt blanchâtre. Ce tissu est quelquefois réduit en une sorte de pulpe friable, et tellement mince qu'il offre à peine deux lignes d'épaisseur dans la partie ordinairement la plus épaisse du cœur, et moins d'une demi-ligne dans ses parties les plus minces dans l'état ordinaire, notamment à sa pointe, qui, dans certains cas, ne semble plus être formée que par la membrane interne, le péricarde et un peu de graisse. Les colonnes charnues des ventricules sont très-écartées les

unes des autres, surtout dans le ventricule gauche. La partie la moins amincie est la cloison interventriculaire.

Dans l'anévrisme atrophique, la figure est ordinairement pâle, *tiraillée,* quelquefois injectée, violette. Le pouls est au moins fréquent et faible, et facile à déprimer ; il offre souvent une foule de variétés. Il est souvent irrégulier, et cela, en raison des lésions qui compliquent l'anévrisme. Il y a des palpitations sourdes, concentrées ; si on applique la main sur les côtes, on éprouvera le sentiment d'un corps mou qui vient les soulever plutôt que les frapper d'un coup vif et sec, et ce choc semble s'affaiblir si l'on appuie la main un peu fortement. Enfin, la poitrine ne *résonne point* à la percussion, dans une grande partie de son étendue, ce qui dépend souvent de la présence d'une sérosité abondante dans le péricarde, ou dans la cavité gauche de la plèvre. Les palpitations ne consistent que dans une fréquence plus grande et un bruit plus élevé des contractions de l'organe ; l'impulsion paraît être diminuée.

Si la dilatation atrophique occupe le ventricule gauche, au moyen du stéthoscope, appliqué entre les cartilages de la cinquième et de la septième côtes sternales, on trouve que le bruit des contractions de ce ventricule est clair et éclatant. Plus ce son est clair, plus la dilatation est considérable ; elle est au plus haut degré si le bruit du ventricule est aussi éclatant que le claquement de l'oreillette, et si on entend les battemens du cœur dans la région postérieure droite de la poitrine.

Lorsque la dilatation atrophique a pour siége le ventricule droit, ce sont les mêmes signes, mais les battemens du cœur s'entendent mieux sous la partie inférieure du sternum, vers l'épigastre, et dans l'espace compris entre la cinquième et la septième côtes sternales droites, qu'à la région précordiale. Les veines jugulaires externes sont habituellement gonflées, sans battemens sensibles. Ce signe est un de ceux auxquels Laennec attache le plus d'importance, contre l'opinion de Corvisart. Celui-ci dit que, dans l'affection qui nous occupe, la dyspnée est plus considérable que dans le cas où elle affecte le ventricule gauche ; que la diathèse séreuse est plus marquée, les hémoptysies plus fréquentes, la teinte livide de la face plus foncée, et que celle-ci va quelquefois jusqu'au violet tirant sur le noir. Laennec affaiblit beaucoup la valeur de ces derniers signes, parce que, dit-il, ils n'ont pas toujours lieu, ce qui ne doit pas nous en faire méconnaître l'utilité quand ils existent.

Lorsque les deux ventricules sont dilatés et amincis, on observe la réunion des signes que nous venons d'indiquer comme caractérisant l'anévrisme atrophique de l'un et de l'autre; ceux d'entre ces signes qui sont communs sont alors plus intenses. Le son clair des contractions ventriculaires s'étend à la région précordiale, au bas du sternum, à l'épigastre, et sous les cartilages des côtes droites. Le bruit du cœur se fait ordinairement entendre très-distinctement dans la partie droite du dos.

Il ne faut pas confondre la distension des oreillettes qui a lieu dans la plupart des cadavres, par l'accumulation du sang dans ces cavités, pendant les derniers instans de la vie, avec leur anévrisme atrophique. Cette lésion, qu'il est rare de trouver isolée, accompagne le plus souvent l'hypertrophie ou la dilatation des ventricules, mais elle n'en est pas moins rare, car ces derniers peuvent être dilatés, ou hypertrophiés, sans que les oreillettes présentent aucune trace d'état anévrismatique. Dans l'état normal, les quatre cavités du cœur sont égales en capacité, mais les oreillettes ne forment, dit Laennec, que le tiers du volume de cet organe, en raison du peu d'épaisseur de leurs parois; celle du côté droit ne paraît plus grande que parce qu'elle est plus aplatie, parce que son appendice est plus long, et parce que le sang s'y accumule davantage aux approches de la mort. Pour s'assurer que la dilatation des oreillettes est portée au-delà de celle que produit l'état cadavérique, il suffit de les vider du sang qu'elles contiennent, car de cette manière elles reprennent de suite le volume qu'elles avaient avant l'agonie. Si la dilatation n'est pas l'effet de la présence du sang surabondant qu'elles contiennent, leurs parois sont opaques; dans le cas contraire, elles sont lisses et très-dures; elles sont transparentes, et offrent la couleur de ce liquide, dans les endroits où elles sont le plus minces. Ces remarques importantes sont dues à Laennec, qui a constamment apporté un soin minutieux dans les recherches de ce genre. Toutefois, quelle que soit son exactitude, on ne peut admettre avec lui que la dilatation des oreillettes ne soit jamais accompagnée de l'amincissement de leurs parois, et qu'il y ait toujours, au contraire, une légère hypertrophie.

La rareté de la dilatation atrophique des oreillettes n'a point encore permis d'assigner les phénomènes qui la caractérisent; peut-être n'en est-il aucun qui lui appartienne, si on ne lui rapporte pas ceux que jusqu'ici on a attribués à l'obstacle qui l'occasionne ordinairement. Ainsi les phénomènes de la dilatation de l'oreillette gauche paraissent être les mêmes que ceux de l'ossification de la valvule mitrale, et ceux de l'hypertrophie du ventricule droit doivent se confondre avec ceux de la dilatation de l'oreillette du même côté. Cependant Laennec croit avoir observé que, dans tous les cas où les oreillettes sont dilatées, soit seulement par les effets de l'agonie, soit par une cause plus ancienne, le claquement que fait ordinairement entendre la contraction des parois de ces cavités est plus sourd que dans l'état normal, et analogue à celui que l'air produit en sortant d'un soufflet que l'on presse brusquement entre les doigts.

On peut considérer comme une variété remarquable de l'anévrisme atrophique, la *dilatation partielle* du ventricule gauche, observée par Corvisart, celle d'une des languettes de la valvule mitrale, observée par Morand et Laennec, l'ampliation des parties supérieure et inférieure du ventricule droit avec rétrécissement très-marqué de celle où finit la première et où commence la seconde, et la dilatation manifeste de la portion antéro-supérieure de ce ventricule : ces deux derniers cas ont été vus quelquefois par Laennec.

b. L'*anévrisme hypertrophique* est en général très-commun; il l'est beaucoup plus que l'hypertrophie simple. Rarement il envahit la totalité de l'organe, ce qui est l'opposé de l'anévrisme atrophique. Il a lieu le plus ordinairement dans le ventricule gauche, quelquefois dans l'oreillette gauche, rarement dans le ventricule droit, bien plus rarement encore dans l'oreillette droite, quoique Laennec ait prétendu que les oreillettes ne se dilataient guère qu'en s'épaississant.

En raison de la coïncidence de l'épaississement d'une de ses parois et de l'ampliation de ses cavités, le cœur peut acquérir jusqu'à trois fois son volume ordinaire, lorsqu'il devient le siége de l'anévrisme hypertrophique. Il y a presque constamment endurcissement du tissu cardiaque, qui est plus dense, plus ferme, sans être altéré dans sa structure. On n'a pas assez fait remarquer que, dans cette espèce d'anévrisme, la pointe du cœur est souvent fort mince, quelle que soit l'épaisseur du reste de ses parois : nous reviendrons sur ce point en parlant de la rupture de ce viscère.

Les signes réunis de la dilatation et de l'hypertrophie caractérisent l'anévrisme hypertrophique. La poitrine percutée ne résonne pas dans une certaine étendue, moins grande toutefois que dans les anévrismes atrophiques, sauf le cas où le cœur hypertrophié est très-volumineux. Le bruit des ventricules est marqué; l'impulsion communiquée à l'oreille est forte; le claquement des oreillettes est sonore; on entend les battemens du cœur dans une grande étendue; on sent l'impulsion, chez les sujets maigres et les enfans, sous les clavicules, dans les parties latérales du tronc, et jusque dans la région dorsale gauche. La main appliquée sur la région précordiale sent le cœur battre avec force; le choc de cet organe est sec, brusque, violent, et repousse la main; il fait soulever la tête, les membres du malade et les objets qui le couvrent; il semble s'irriter sous la main qui le presse, et bat d'autant plus qu'on appuie davantage. Au milieu de la forte impulsion communiquée à l'oreille, on sent, à l'aide du stéthoscope, la pointe du cœur se relever fortement, et venir frapper les parois de la poitrine, ce qui produit un coup sec, sonore, bref et très-circonscrit. On voit battre les carotides et les autres artères sous-cutanées; le pouls est généralement fréquent, dur, vibrant et résistant à la pression exercée par les doigts. La face est rouge, vultueuse; les yeux sont injectés.

Selon que les principaux signes caractéristiques fournis par l'auscultation et par le toucher existent à la région précordiale ou sous le sternum et les cartilages des fausses côtes droites, on en conclut que l'anévrisme occupe les cavités gauches ou les cavités droites du cœur. Quant à distinguer s'il a son siège dans l'oreillette ou dans le ventricule, on ne sait presque rien à cet égard; les oreillettes sont plus rarement affectées que les ventricules; l'oreillette gauche paraît être seule susceptible de devenir le siége de l'anévrisme qui nous occupe, malgré l'assertion de Laennec : nous avons dit le peu qu'on sait sur ce point en parlant de l'anévrisme atrophique.

C. Parmi les diverses complications de la dilatation, de l'amincissement et de l'hypertrophie du cœur, les plus fréquentes sont, suivant Laennec, la réunion de l'anévrisme hypertrophique du ventricule gauche avec l'anévrisme atrophique ou avec l'hypertrophie simple du ventricule droit, et celle de l'anévrisme atrophique du ventricule gauche avec l'anévrisme hypertrophique, ou avec l'hypertrophie simple du ventricule droit. Il n'a point de souvenir, dit-il, d'avoir rencontré l'hypertrophie simple du ventricule gauche avec l'a-

névrisme atrophique du ventricule droit. Sans parler d'une contradiction, sinon réelle, au moins apparente, qui lui est échappée dans cet endroit de son excellent ouvrage, il ne fait pas mention de la coïncidence de l'hypertrophie simple du ventricule gauche avec l'anévrisme hypertrophique du ventricule droit. En général, l'état de chaque oreillette correspond à celui du ventricule auquel elle appartient.

On conçoit combien il est difficile de reconnaître ces complications avant la mort, puisque, quand une seule des cavités du cœur est lésée, il est souvent difficile d'indiquer le siége précis de la lésion, lors même qu'on en connaît assez bien la nature.

Le diagnostic des anévrismes du cœur en général offre les plus grandes difficultés dans la plupart des cas. Les causes en sont peu connues : leur action *mécanique* a été bien indiquée par Corvisart; la nature de la lésion vitale qui les détermine est encore méconnue d'un grand nombre de médecins; étudiées dans leur plus haut degré seulement, on ignore jusqu'à quel point il serait possible de les prévenir ou de les guérir. Dans la méthode généralement suivie, on s'attache plus à combattre leurs effets sympathiques, qu'à les attaquer elles-mêmes directement, parce que le traitement commence trop tard, et que la méthode indiquée par Valsalva est trop négligemment employée.

Il est désolant d'être obligé d'avouer que, malgré tous les signes que fournissent l'exploration du thorax avec la main et l'oreille aidée du stéthoscope, la percussion des parois de cette cavité, la comparaison des pulsations des artères avec les battemens du cœur, et l'examen attentif de l'appareil respiratoire, celui enfin de la totalité des organes. on est bien rarement certain de ne point errer lorsqu'on annonce qu'il existe un anévrisme atrophique ou hypertrophique, une simple dilatation ou une simple hypertrophie. «Ces maladies seront toujours, dit Laennec, celles sur le diagnostic desquelles on pourra le plus facilement commettre des *erreurs grossières*, surtout si *l'on se borne à l'exploration d'un seul moment*, si l'on ne prend pas en considération les symptômes généraux et les maladies qui peuvent compliquer celles du cœur. » Nous croyons devoir rapporter textuellement cet aveu plein de candeur d'un observateur doué d'une grande sagacité, et qui a tant fait pour le diagnostic de ces maladies. Sans les jeter dans le découragement, il mettra les jeunes praticiens en garde contre la confiance un peu trop grande que leur inspirerait l'ouvrage de Corvisart.

Le défaut de renseignemens exacts sur l'état des sujets avant le moment où on est appelé à juger de la maladie, un examen trop peu prolongé et point assez souvent répété, la difficulté de trouver le malade *dans un certain état de calme*, les *palpitations nerveuses* et les maladies du poumon, telles que la péripneumonie et l'emphysème au plus haut degré de ce viscère, sont autant de circonstances qui font méconnaître d'énormes anévrismes atrophiques ou hypertrophiques, ou croire à ces lésions lorsqu'elles n'existent pas, et qui par conséquent rendent nuls ou trompeurs les documens fournis par les divers moyens d'exploration dont nous avons parlé, entre autres ceux que procure le stéthoscope. Il peut aussi arriver que l'on observe les phénomènes locaux de la dilatation ou de l'hypertrophie, chez un sujet qui, d'ailleurs, jouisse de la santé la plus florissante; seulement ils n'ont pas lieu au plus haut degré d'intensité. Broussais avait déjà fait remarquer qu'un certain excès dans le volume ou l'ampleur du cœur n'était pas incompatible avec la régularité des fonctions de ce viscère, pourvu que le thorax fût développé en proportion. A la suite des maladies chroniques qui produisent un amaigrissement notable, et surtout le marasme, tous les phénomènes ordinaires des battemens du cœur deviennent très-apparens; ce viscère, qui conserve souvent encore toute sa vitalité lorsque les autres viscères sont tombés dans l'asthénie la plus complète, jouit alors d'une suractivité relative; les parties qui le dérobaient à l'exploration de l'observateur n'offrent plus à celui-ci qu'un faible obstacle. Nous avons vu chez un sujet arrivé au plus haut degré de marasme, que les côtes précordiales ramollies avaient perdu la plus grande partie de leur épaisseur, par suite des battemens étendus du cœur, qui nous offrit, après la mort, un exemple frappant d'anévrisme hypertrophique des deux ventricules. Pendant la vie on le voyait se mouvoir comme s'il n'avait été recouvert que par la peau.

Ce qui rend encore plus difficile le diagnostic des anévrismes du cœur, ainsi que celui de l'hypertrophie, c'est que, pendant l'orthopnée qui précède la mort de plusieurs jours ou de quelques semaines, et au moment de l'agonie, l'impulsion et le bruit des contractions de ce viscère se réduisent presque à rien, et que celles-ci deviennent si fréquentes qu'on ne peut plus les compter, quel que soit l'excès de volume ou de dilatation que l'organe ait subi. Il peut arriver même que l'on ne distingue plus aucune trace des battemens du cœur, surtout si on se borne à appliquer la main sur la région précordiale. Un cœur qui avait battu avec force et vitesse finit quelquefois par ne plus donner le moindre signe de sa présence dans la poitrine, quoique d'ailleurs on perçoive encore assez aisément les pulsations, petites et irrégulières, des artères superficielles des membres.

Les battemens paraissent être dans l'état normal lorsqu'à l'affection cardiaque se joint une des lésions du poumon ou de la plèvre dont nous avons parlé.

On aurait tort de conclure de tout ceci que le diagnostic des maladies du cœur n'offre qu'incertitude; il n'est que difficile à établir, et il en sera toujours ainsi des affections d'un organe que l'on ne peut explorer qu'indirectement. Il importe ici, comme dans tout autre cas, de rapporter avec soin chacun des symptômes à l'organe qui le fournit, afin d'arriver à distinguer les parties affectées primitivement de celles qui ne le sont que par sympathie, de distinguer les modifications que les signes d'un organe peuvent déterminer dans les signes de la lésion d'un autre organe. Nous pensons d'ailleurs que le médecin ne doit pas se borner à explorer la poitrine avec le stéthoscope, et attendre patiemment, pendant des jours, des semaines et des mois, que la maladie *se caractérise*, pour chercher à en prévenir le développement; ce serait là *méditer froidement sur la mort*. L'état du pouls et de la circulation en général, quoi qu'en dise Laennec, n'est point tellement infidèle, que l'on doive craindre d'agir d'après les indications qu'il fournit. Lorsque les renseignemens donnés par l'accélération du pouls se trouvent en opposition avec l'état des battemens du cœur, la somme des doutes, loin de diminuer, augmente au contraire. Il y a donc de l'exagération à dire que l'auscultation « est le seul moyen de reconnaître les maladies du cœur, » puisque les documens fournis par le stéthoscope peuvent quelquefois faire tomber dans des erreurs qu'on aurait évitées en n'y recourant point. C'est un moyen de plus, et non le seul moyen que nous possédions, pour nous éclairer sur les lésions de ce viscère.

Ce serait ici le lieu de retracer le tableau des désordres qu'entraîne dans toute l'économie l'état anévrismatique du cœur avec atrophie ou hypertrophie de ses parois; mais comme ces désordres dépendent autant de l'obstacle apporté au cours du sang, que de la modification vitale déterminée dans le tissu de l'organe, et de la dilatation ou de l'hypertrophie elle-même, nous plaçons à la fin de cet article les considérations relatives aux maladies du cœur en général.

16° La *rupture* des parois, des piliers charnus, des cordes tendineuses des valvules, et des valvules du cœur elles-mêmes, ne doit pas être considérée comme une lésion toujours la même pour le résultat, quelle que soit la partie où elle s'opère.

Lorsque la rupture a lieu dans les parois, et qu'elle est incomplète, c'est-à-dire que le cœur se trouve perforé, le sang s'épanche dans le péricarde, et, comme dans les cas de plaie de ce viscère faite par un agent vulnérant extérieur, la mort la plus prompte en est ordinairement l'effet. Rarement cette rupture s'effectue sans que le tissu du cœur soit affecté d'une des altérations de structure que nous venons de décrire, quoique d'ailleurs le ramollissement de ce tissu ne paraisse pas en être une cause prédisposante. Haller et Morgagni rapportent quelques cas de rupture primitive du cœur, c'est-à-dire non précédée d'ulcération, de désorganisation de ses parois ; mais les faits les plus frappans en ce genre sont ceux que nous devons à Bellini, Verbrugge, Ferrus, Fischer et Rostan. La rupture s'opère le plus souvent au ventricule gauche, et le plus souvent aussi vers la pointe de ce ventricule, c'est-à-dire vers celle de l'organe, et non, comme on pourrait le présumer, dans les oreillettes, ou tout au moins dans l'une ou l'autre des cavités droites du cœur. Ceci s'explique par la nature de l'agent qui détermine la rupture, quand elle n'est pas l'effet d'une contusion. Il n'est pas douteux que la déchirure est l'effet d'une forte contraction du cœur, provoquée par une cause stimulante quelconque qui agit sur lui ; or, la rupture ne peut avoir lieu dans les parties de ce viscère qui se contractent davantage, puisque là les fibres se raccourcissent et augmentent de volume : ce doit donc être dans la partie la plus mince, dans celle qui se trouve tiraillée pendant la systole du cœur, que la déchirure a lieu. Que le tissu soit sain ou déjà malade, peu importe ; c'est toujours le même mécanisme, mis en jeu par des causes encore très-peu connues.

Bien que la mort soit ordinairement subite, la vie peut se conserver encore pendant plusieurs jours, ainsi que le prouve le fait remarquable observé par Fischer. Alors se manifestent, à la suite d'une vive douleur, quelquefois répétée, tous les phénomènes qui sont l'effet d'une plaie du cœur et des gros vaisseaux.

Bellini a trouvé la veine pulmonaire isolée de l'oreillette gauche, dans les cadavres de gens morts subitement ; il admet la possibilité d'une semblable lésion pour la veine cave, ce qu'on peut considérer comme une pure spéculation. C'est à Verbrugge que l'on doit la remarque que la rupture a lieu le plus souvent dans les ventricules, et principalement à celui du côté gauche. Les cas rapportés par Morand et Portal ne sont relatifs qu'à des ruptures, suites d'altérations du tissu du cœur. Dans celui que Ferrus a communiqué à Corvisart, il s'agit d'un homme qui, après avoir reçu une violente contusion à la poitrine et essuyé de grands chagrins, ressentit des palpitations de cœur peu vives, peu fréquentes, un sentiment d'engourdissement dans le bras gauche, de la difficulté dans la marche, et éprouva un jour, vers l'âge de soixante-sept ans, un malaise, un frisson général, de la faiblesse, des sueurs abondantes, et une vive douleur qui, de la région précordiale, s'étendait au col et à l'épigastre. Le pouls était serré, petit, lent, sans aucune irrégularité. Le soir, il y eut un peu de soulagement ; la nuit fut agitée ; le lendemain matin, l'anxiété précordiale s'accrut, le malade paraissait sur le point de suffoquer, sa face rougit, puis offrit tout-à-coup une pâleur complète, et il mourut quelques minutes après. A l'ouverture du cadavre, on trouva un emphysème général ; le péricarde contenait deux verres de sérosité sanguinolente, et un caillot de sang du poids d'environ six onces ; le cœur, volumineux, peu consistant, enveloppé de beaucoup de graisse, offrait une solution de continuité, d'un pouce de longueur sur une ligne de largeur, située à la partie inférieure de la surface externe du ventricule gauche, dont plusieurs colonnes charnues étaient également rompues. Vue à la face interne du ventricule, la déchirure était moins étendue. Il y avait anévrisme hypertrophique ; la paroi du ventricule déchirée était plus mince dans l'endroit où elle était rompue que dans le reste de son étendue ; le ventricule droit et les oreillettes étaient dilatés. Mais ce qui ne saurait trop appeler l'attention, c'est que « le pourtour de l'ouverture présentait une altération évidente de la substance même du cœur, caractérisée par une couleur noirâtre, livide, et une sorte de macération de la première couche musculaire....... la pointe du cœur, à six lignes de la déchirure, présentait une tache brunâtre, arrondie, de trois lignes de diamètre , et pénétrant la moitié de l'épaisseur de la paroi du ventricule. » N'est-ce pas là un exemple frappant de gangrène partielle du cœur à la suite d'une inflammation subaiguë de ce viscère? sauf les symptômes de l'hémorrhagie interne : c'est la même marche et le même aspect des parties que dans les perforations de l'estomac, aujourd'hui reconnues pour n'être que l'effet d'une inflammation très-circonscrite et rapidement passée à la gangrène. Si des symptômes analogues se retrouvent dans les deux faits que cite Morgagni, la même exactitude ne se rencontre pas dans la description des parties; chez l'un des deux sujets , on trouva que la rupture du ventricule gauche s'était opérée dans une partie où sa paroi était ulcérée, corrodée, expression vague qui malheureusement se retrouve à chaque page des écrits de cet anatomiste célèbre.

Que la mort ne survienne pas de suite dans tous les cas, parce que le sang ne s'écoule qu'avec peine à travers la fente oblique qui résulte de la déchirure, c'est ce qu'il est facile d'admettre , mais qui est-ce qui prouve que la rupture précède quelquefois la mort de trois jours, comme on l'a prétendu, et comme Corvisart le croyait lui-même? Rien, selon nous; car l'invasion de la vive douleur ressentie à la région précordiale, dont se plaignent les malades qui ne périssent pas subitement, n'est point un indice assuré que la rupture ait déjà lieu ; ce n'est que le symptôme du travail morbide qui s'opère dans l'endroit où la rupture s'effectuera bientôt, et dès que celle-ci se fait, le malade succombe. Faut-il présumer une rupture du cœur dans tous les cas de mort instantanée sans symptômes précurseurs? Nous ne le pensons pas, puisque ce genre de mort a lieu souvent au milieu de la convalescence, à la suite des gastrites, des gastro-entérites et des entérites, sans que le cœur offre ensuite la plus légère altération; puisque , dans le cas de mort instantanée par rupture du cœur, divers symptômes peuvent la précéder.

Les observations de Rostan ont ceci de remarquable, que, dans deux cas sur cinq, il y avait une double rupture au ventricule gauche ; ces déchirures ressemblaient « parfaitement à l'éraillement qu'on produit en distendant fortement un tissu de lin, de laine ou de soie ; quelques fibres s'attachaient encore à l'un et à l'autre côtés de la fissure. » Le sujet de la cinquième observation était une femme, âgée de soixante-onze ans, qui avait eu quatorze enfans ; elle éprouvait depuis quinze ans, au côté gauche de la poitrine, à

l'épigastre et dans la région dorsale, une vive douleur qui revenait par intervalles; elle était sujette aux palpitations suivies de syncope, et s'éveillait souvent en sursaut. Après avoir présenté des symptômes de gastrite pendant dix-sept jours, elle disait être parfaitement bien; il y avait, en effet, une amélioration apparente : néanmoins, elle mourut dans la nuit, on ne dit pas si ce fut subitement. Outre les traces de la gastro-entérite, on trouva, dans le péricarde, du sang qui adhérait au cœur au moyen de couches de matière albumineuse; il y avait une ouverture irrégulière, d'un pouce et demi de longueur, à la paroi du ventricule gauche; à côté, était une autre ouverture fermée par une concrétion fibrineuse, telle qu'on en trouve dans les tumeurs anévrismales; cette concrétion remplaçait la substance du cœur, qui manquait en cet endroit. Il paraît, d'après cela, que le désordre, produit par une première rupture, avait été réparé par la présence de cette concrétion, mais si la perforation a été complète, comment se fait-il que le sang ne se soit pas épanché en grande quantité dans la cavité du péricarde, à la faveur d'une ouverture ayant cinq ou six lignes d'étendue en tous sens? La paroi du ventricule était amincie en cet endroit, mais avait-elle été réellement perforée ou seulement ulcérée? ou bien offrait-elle une de ces dilatations partielles décrites par Corvisart, dilatations dans lesquelles des caillots fibrineux s'accumulent, comme dans les cavités anévrismales des artères? Pour que ce tampon fibrineux se fût formé, il aurait fallu que le sang séjournât entre les bords de la solution de continuité sans les dépasser, ce qu'on admettra difficilement, à moins que la fausse membrane étendue sur le cœur n'ait formé un heureux obstacle à l'épanchement de ce liquide dans le péricarde.

17° Sous le nom de *prolapsus* ou *déplacement* du cœur, on désigne les cas où ce viscère se trouve porté à droite ou en bas par une tumeur, une collection aqueuse ou purulente formée dans la cavité gauche de la poitrine, ou par suite du développement extraordinaire de son tissu. On a supposé que, dans ce dernier cas, il pesait sur le diaphragme, en raison de son poids, déprimait ce muscle vers l'abdomen, et comprimait ainsi l'estomac et les autres parties voisines situées dans le bas-ventre. Ainsi déplacé, le cœur faisait, dit-on, sentir ses battemens sous les côtes asternales droites, ou à l'épigastre. Par l'effet de la compression de l'estomac, selon Corvisart, qui d'ailleurs n'a rien vu de semblable, les fonctions digestives s'altéraient, des douleurs vives et continues se faisaient sentir dans les différentes portions de l'œsophage, et surtout vers le cardia et à la région de l'estomac, la déglutition était plus ou moins gênée, et le malade vomissait habituellement.

Il est évident que Senac, Morgagni, Lancisi et Sauvages ont cru reconnaître un *prolapsus* du cœur dans des cas où il n'y avait qu'une gastrite chronique, avec développement des artères coronaires stomachiques, qui donnait lieu à des palpitations, ou plutôt à des battemens habituels à l'épigastre. C'est ce qui explique pourquoi Corvisart a dit que c'était dans le trouble apporté aux fonctions digestives, qu'il fallait chercher et qu'on avait trouvé les signes les plus évidens de cette prétendue maladie du cœur, assertion au moins singulière, à laquelle il fut conduit par les théories mécaniques, qui malheureusement trouvaient trop facilement accès dans son esprit. Laennec n'a point relevé cette inadvertance de son maître, parce que jamais il n'a dirigé son attention sur les signes de l'irritation gastrique, et qu'il semble même, dans certains cas, s'être attaché, involontairement sans doute, à les méconnaître.

Si le prolapsus du cœur doit être rayé du catalogue trop étendu des maladies, le déplacement latéral de ce viscère mérite quelque attention. Il ne faut pas le confondre avec la transposition de cet organe, qui est une anomalie congéniale facile à reconnaître à l'aide du stéthoscope, et même de la main seulement, surtout si on joint aux renseignemens que procurent cet instrument et le toucher, l'examen de l'état des organes respiratoires. Ces organes peuvent, il est vrai, être lésés chez un sujet dont le cœur a toujours existé à droite, mais il parait que la transposition congéniale du foie, et par conséquent celle de l'estomac, accompagne le plus souvent celle du cœur, ce qui rend le diagnostic de celle-ci moins incertain.

Lorsque le cœur est fortement poussé à droite par un épanchement liquide ou gazeux dans les plèvres, par une tumeur volumineuse formée dans le poumon, ou par l'emphysème de ce viscère, lors même que l'application de la main ne fait pas connaître ce déplacement, l'emploi du stéthoscope ne laisse aucun doute à cet égard.

18° Long-temps on a désigné sous le nom de *polypes* du cœur, et considéré comme une maladie de ce viscère, les *concrétions fibri-* neuses qui se forment dans une ou plusieurs de ses cavités, par suite des diverses lésions de son tissu, ou des obstacles, plus ou moins éloignés, apportés au cours du sang. C'est ici le lieu de parler de l'état dans lequel on trouve ce liquide chez les sujets qui ont succombé par l'effet des maladies du cœur.

Le sang est accumulé dans les cavités de ce viscère, quelquefois au point de distendre non-seulement les oreillettes, mais encore les ventricules. Si la maladie a duré long-temps, et déterminé la prédominance lymphatique et séreuse, le sang est pâle, aqueux, liquide; ce fait n'est toutefois pas constant. Si au contraire la maladie a fait périr le sujet avec une certaine rapidité, lorsque la prédominance séreuse n'est pas établie, le sang que contient le cœur après la mort forme, dans chacune de ses cavités, des caillots d'un rouge tirant sur le noir, tenaces et collans. Leur aspect est à peu près le même dans les cavités droites et dans les cavités gauches. On les trouve en plus grande quantité dans les oreillettes que dans les ventricules, dans le ventricule droit, et surtout l'oreillette droite, que dans le ventricule gauche.

Au lieu de ces caillots, on trouve assez souvent des concrétions sanguines, dont les unes, formées plusieurs jours, et peut-être davantage, avant la mort, sont denses, blanches, violettes, fibreuses, et très-adhérentes aux parois de l'organe; les autres, développées dans les derniers jours de la vie, sont jaunâtres, rougeâtres, fibrineuses dans quelques points, et faiblement adhérentes.

Corvisart a très-bien vu que, si l'on ne pouvait attribuer à la présence de ces concrétions les symptômes des lésions de tissu du cœur, dont elles ne sont que l'effet, plusieurs d'entre elles ne sont pas de simples altérations cadavériques, comme les caillots qui se forment dans divers points de l'appareil circulatoire, quelle que soit la maladie qui ait entraîné la mort du sujet. Mais il n'est, quoi qu'il en dise, aucun signe auquel on puisse présumer l'existence de ces concrétions, quelqu'anciennes qu'elles puissent être d'ailleurs. On ne peut pas les considérer comme maladies du cœur, mais seulement comme effet de celles d'entre les maladies de cet organe qui occasionnent le ralentissement du cours du sang, ou qui sont soit accompagnées de ce ralentissement, soit produites par lui. Il est aisé de concevoir que le sang, traversant lentement les cavités agrandies du cœur, ou retenu dans ces cavités comme dans les poches anévrismales des artères, s'y coagule à peu près comme il le fait dans les vases où on le reçoit dans les cas d'opération ou d'hémorrhagie. Toutefois, dans le cœur comme dans les artères, il conserve encore un reste de vitalité, peut-être même en acquiert-il davantage en se fixant, et c'est sans doute pour cela que les caillots développés dans les voies de la circulation, ne ressemblent pas exactement à ceux qui se forment lorsque le sang est abandonné à lui-même hors de ses canaux.

Laennec a dit que l'on trouve très-communément les concrétions sanguines chez des sujets qui n'ont jamais éprouvé le plus léger symptôme des maladies du cœur. Ceci est vrai, si l'on entend parler des lésions de tissu de ce viscère ; mais il est certain que, dans la plupart des maladies, le cœur s'affecte aux approches de la mort ; son action devient tumultueuse, puis elle languit et cesse, ce qui explique facilement pourquoi les trois quarts des cadavres présentent plus ou moins de ces concrétions, sans que pour cela on puisse dire qu'elles ne sont pas constamment liées à une affection du viscère dans les cavités duquel on les trouve. S'il est vrai que dans *certains temps* Laennec en ait rencontré beaucoup plus fréquemment de très-volumineuses, il est fâcheux que cet observateur n'ait pas indiqué ces temps.

Les concrétions fibrineuses proprement dites, celles qui offrent l'aspect d'un tissu presqu'organique, ne se rencontrent jamais que chez les sujets qui ont été affectés de maladies du cœur. Celles-ci et les autres se prolongent quelquefois plus ou moins loin dans l'*aorte*, dans l'artère *pulmonaire* et les veines *caves*. Nous renvoyons à l'article FIÈVRE JAUNE ce que nous avons à dire des concrétions gélatineuses de couleur d'ambre que l'on trouve dans le cœur et les gros vaisseaux des sujets qui périssent des suites de cette maladie et de la plupart de celles dans lesquelles le foie est lésé.

Laennec a plusieurs fois annoncé l'existence de concrétions fibrineuses dans le cœur, et l'ouverture des cadavres a prouvé qu'il ne s'était point trompé, lorsque les battemens du cœur, après avoir été réguliers, sont devenus tout-à-coup si obscurs et si confus qu'on ne pouvait plus les étudier, surtout lorsque ce trouble n'avait lieu que d'un seul côté du cœur, et notamment à la partie inférieure du sternum, c'est-à-dire dans le lieu où l'on explore le plus facilement les cavités droites, celles où se forment de préférence ces concrétions. Toutefois il ne donne pas ces signes comme certains, parce qu'ils ne reposent encore que sur un trop petit nombre de faits.

Au temps où l'histoire naturelle et l'anatomie pathologique étaient également dans l'enfance, on a quelquefois pris pour des *vers*, des portions de concrétions fibrineuses trouvées dans les cavités du cœur : il n'est plus permis aujourd'hui d'insister sur cette grossière erreur.

Il résulte de ce que nous avons dit jusqu'ici que toute impression exercée sur le cœur, qui n'occasionne pas l'accélération de ses contractions, qui ne s'oppose pas à l'impulsion qu'il communique au sang, qui ne favorise pas le séjour de ce liquide dans une ou plusieurs de ses cavités, ne trouble son action ni directement ni indirectement, et qu'au contraire tout ce qui produit l'un de ces trois effets, dérange son mouvement nutritif au point de déterminer les altérations les plus profondes dans sa structure, les dérangemens les plus grands dans son action, et, par suite, dans la circulation, enfin fort souvent la mort. C'est donc à tort que Broussais a dit que tous les symptômes des maladies provenaient de l'obstacle apporté au cours du sang. S'il est tombé dans cette erreur, c'est qu'à l'exemple de Corvisart, il n'entend par *lésions du cœur* que les altérations de tissu, traces des *maladies chroniques* de ce viscère, dont il méconnait les *maladies aiguës*. Il importerait beaucoup de faire voir comment celles-ci entraînent celles-là, de faire, en un mot, pour cet organe, ce que Broussais a fait pour l'estomac, les intestins et le poumon, et ce que Lallemand fait en ce moment pour le cerveau. Espérons que cette lacune de la science sera bientôt remplie. En attendant nous allons présenter quelques considérations générales sur les causes, les symptômes, la génération et le traitement des maladies du cœur, que nous n'aurions pu exposer à l'occasion de chaque maladie de cet organe sans nous livrer à de nombreuses répétitions.

Les causes morbifiques qui agissent sur le cœur dérangent ses mouvemens nutritifs, ou troublent seulement son action, c'est-à-dire sollicitent trop, point assez, ou trop souvent les contractions d'une partie ou de la totalité de son tissu musculaire. C'est d'abord la membrane interne qui est affectée, si c'est le sang lui-même qui tend à nuire au viscère chargé de sa distribution ; ce sont, au contraire, les fibres musculaires qui reçoivent l'impression morbifique, quand elle est transmise par les nerfs. Les altérations connues du sang sont en très-petit nombre, et paraissent n'agir que médiocrement sur le cœur : voilà pourquoi, sans doute, sa membrane interne offre en général peu d'altérations dans sa texture. L'accélération fréquente, très-intense, des contractions du cœur détermine un travail inflammatoire latent dans son tissu musculaire et dans les membranes qui l'enveloppent, comme les marches forcées déterminent l'inflammation des muscles chargés de la locomotion générale, celle du tissu cellulaire qui les entoure et des prolongemens et membranes fibreuses qui les avoisinent, ou qui leur sont continus. Voilà pourquoi on observe le ramollissement du tissu cardiaque, sa dilatation, son hypertrophie, son atrophie, etc., et l'état cartilagineux ou osseux de ses parties fibreuses, de sa membrane interne et de ses valvules, à la suite des vives émotions souvent répétées, des chagrins concentrés, des mouvemens impétueux, habituels ou momentanés, de la colère, de l'amour, de l'ambition, des contusions exercées à la région précordiale, des efforts de l'appareil respiratoire, tels que les cris, la toux, et de quelques maladies d'autres viscères dont l'état morbide se répète sympathiquement sur le cœur.

Après ces causes viennent les obstacles au cours du sang. Nous avons déjà indiqué les effets du rétrécissement des orifices du cœur; il nous reste à parler des obstacles qui ont leur siége dans l'aorte, dans l'artère pulmonaire, dans les ramifications de ces deux vaisseaux, et dans les réseaux capillaires.

L'étroitesse native de l'aorte, surtout à sa courbure, et son rétrécissement par suite d'une lésion quelconque de ses parois, produisent à peu près le même effet que le rétrécissement de l'orifice aortique du ventricule gauche, et son influence sur le développement des maladies du cœur s'explique de même.

La ligature ou la compression d'un autre vaisseau que l'aorte, ne produit pas les mêmes effets, parce que le sang reflue aisément dans les vaisseaux voisins, dont le calibre n'est point diminué ou effacé. Néanmoins, si le vaisseau est un des principaux, dans les premiers instans qui suivent son oblitération, il en résulte quelquefois des palpitations, l'accélération du cours du sang, et une céphalalgie assez intense ; mais ces légers accidens, qui peuvent se manifester d'une manière continue ou intermittente, pendant deux ou trois jours, ne sont pas aussi intenses qu'on aurait droit de penser si la doctrine de l'*obstruction* était fondée. Que dire maintenant des médecins de l'école de Boerhaave et de celle de Broussais, qui

prétendaient, ou qui prétendent encore aujourd'hui, que tout organe enflammé forme un obstacle au cours du sang, obstacle auquel il faut en partie attribuer l'accélération du mouvement circulatoire ? La *fièvre* qui suit la ligature de l'artère crurale n'est souvent pas aussi intense que celle qui accompagne le panaris, et l'on attribuerait cet état de la circulation, dans le premier cas, à la clôture de l'un des canaux que parcourt le sang, et dans l'autre à une prétendue obstruction des vaisseaux capillaires ! Comment l'accélération de la circulation capillaire dans un doigt pourrait-elle produire le même résultat que la véritable obstruction d'un si gros vaisseau ? Peut-être m'objectera-t-on que Broussais n'attribue pas la *fièvre* qui accompagne le panaris à l'obstruction des vaisseaux capillaires du doigt, mais à ce que, par suite de l'accélération du mouvement circulatoire dans cette partie, une plus grande quantité de sang est rapportée au cœur dans un temps donné. Il faudrait, pour cela, supposer que cette espèce de flux se propageât des veines digitales jusqu'à la veine cave supérieure, et de là aux cavités droites, au poumon et aux cavités gauches du cœur, ce qu'assurément personne n'est tenté d'admettre ; ainsi nous sommes dispensés de répondre à cette objection.

Pour qu'un obstacle au cours du sang entraîne de grands désordres dans l'organisation, il faut qu'il existe dans le cœur, ou tout au moins dans un des grands vaisseaux qui en partent, ou qui y aboutissent, ou enfin dans le poumon ; il faut que cet obstacle soit considérable, et qu'il dure pendant long-temps, sinon ses effets sont peu intenses et peu durables.

La pneumonie et la pleurésie chroniques et toutes les altérations de tissu du poumon et de la plèvre qui en dépendent, concourent de cette manière à la production des maladies chroniques du cœur.

Ici nous n'avons dû étudier les obstacles au cours du sang que relativement à leur influence sur le cœur : celle qu'ils peuvent déterminer dans d'autres organes, sera étudiée aux articles HÉMATOSE et OBSTACLE.

La diminution irrémédiable de la contractilité d'une des parties ou de la totalité du cœur, effet d'un sang trop peu stimulant, d'une sorte d'épuisement de cette propriété par suite de contractions trop fortes ou trop souvent répétées, de la dilatation occasionée par les obstacles au cours du sang, ou par la trop grande abondance de ce liquide, relativement à la faiblesse du cœur, est une des causes prochaines des maladies de ces organes, qu'il ne faut pas négliger d'étudier. Nous en avons dit assez, en parlant de l'asthénie du cœur, pour mettre sur la voie des considérations théoriques dans lesquelles nous pourrions entrer ici. Il suffit d'ajouter que cette asthénie favorise singulièrement l'influence fâcheuse d'une irritation qui vient d'être exercée sur le cœur, et les effets pernicieux d'un obstacle au cours du sang. Elle survient à la fin de la plupart des maladies de ce viscère, et c'est par elle que la vie s'éteint. Il est bon de ne pas confondre les effets de cette asthénie avec ceux des obstacles apportés au cours du sang, comme l'a fait Broussais, car ici il n'y a point résistance à la force qui chasse dans les vaisseaux, mais diminution de cette force elle-même. Nous avons dit dans quels cas elle est primitive, chez les sujets qui offrent les symptômes de l'asthénie, de la chlorose et du scorbut.

Si l'on jette un coup d'œil sur la totalité des phénomènes morbides qui caractérisent les maladies du cœur, on voit qu'ils se composent des effets 1° de l'irritation ou de l'asthénie de ce viscère ; 2° de l'état de ses tissus, qui est lui-même un effet de l'irritation, de l'asthénie, ou de la succession de ces deux modifications de l'action cardiaque ; 3° de la diminution ou de l'accélération de ses contractions ; 4° de l'obstacle au cours du sang, quand il en existe un qui soit assez prononcé, ce qui a lieu fort souvent, mais ce qui n'arrive pas toujours.

Broussais a donc eu tort de dire que les symptômes communs à toutes les affections du cœur ne sont que les signes généraux des obstacles à la circulation. Si par *symptômes communs* aux maladies de cet organe, il entend ce qu'entendent Corvisart et Laennec, ce ne sont que les phénomènes communs au plus haut degré, et pour ainsi dire à l'agonie de toutes ces maladies ; mais ces phénomènes ne dépendent pas seulement d'un obstacle au cours du sang, ils dépendent aussi, et plus peut-être, de l'asthénie du cœur qui existe presque toujours alors. Si par *symptômes communs* on entend les phénomènes qui se rencontrent le plus ordinairement dans toutes les périodes des maladies du cœur, et qui en sont les effets les plus immédiats et les signes les plus caractéristiques, il est ridicule de les attribuer exclusivement à un obstacle qui, très-fréquemment, n'existe pas encore, et qui souvent n'existera jamais.

Il n'est donc pas utile, comme le prétend

Broussais, de chercher à remonter jusqu'à la cause de l'obstacle. En effet, ce précepte ne saurait trouver toujours son application, puisque l'obstacle n'a pas toujours lieu. Ensuite, quand l'obstacle n'a pas encore lieu, si on parvient à reconnaître l'existence d'une lésion qui peut le produire, serait-il ridicule de concevoir l'espoir de le prévenir? Enfin, lorsqu'il existe, il ne constitue presque jamais toute la maladie. Il peut donc être utile de savoir qu'il est accompagné de telle ou telle autre lésion, que l'on peut guérir ou pallier, ou dont on peut ralentir les progrès. Si nous ne sommes pas encore arrivés à ce résultat, c'est parce qu'on n'a pas encore assez étudié les maladies aiguës du cœur, et parce qu'on est très-fortement persuadé que ses maladies chroniques sont incurables. En conséquence, nous pensons que rien ne doit être dédaigné dans les travaux de Laennec, quoique d'ailleurs nous reconnaissions que plusieurs de ses remarques ne sont pas moins subtiles que celles de Bordeu sur le pouls, et que par conséquent il sera aussi difficile que peu fructueux, au moins d'ici à long-temps, d'en faire usage dans la pratique.

On a voulu assigner des signes communs aux maladies du cœur, parce qu'on sentait la difficulté d'en assigner de spéciaux à chacune d'elles. Nous venons d'indiquer, aussi exactement qu'il nous a été possible, les phénomènes qui se rapportent le plus directement à ces diverses maladies ; il en est d'autres qu'on observe dans presque toutes, surtout lorsqu'elles sont arrivées au plus haut degré. On ne doit pas les considérer comme des signes qui dénotent l'existence de telle ou telle lésion de tissu du cœur, mais seulement comme des effets consécutifs, d'après lesquels on peut présumer, de la manière la plus générale, que le cœur est lésé, sans qu'on puisse savoir comment il l'est. Ces phénomènes sont une respiration habituellement ou par intervalles haute et courte, une difficulté de respirer, un essoufflement marqué, toutes les fois que l'on monte, que l'on marche un peu vite, et que l'on éprouve la plus légère émotion. Cette dyspnée revient souvent, sans cause connue, à l'approche de l'hiver, lorsque l'estomac est tant soit peu chargé, ou irrité par des stimulans diffusibles. Quand la lésion du cœur arrive au plus haut degré, la difficulté de respirer est extrême et continue ; après un temps qui varie depuis quelques mois jusqu'à plusieurs années, le malade ne peut plus respirer qu'assis sur son séant, et même le corps penché en avant. Alors il ne lui est plus possible de dormir, si ce n'est dans cette position, qu'il conserve jour et nuit; bientôt à peine est-il assoupi qu'il se réveille en sursaut, jusqu'à ce qu'enfin il tombe dans une sorte de rêvasserie, perd connaissance, et meurt. A la dyspnée se joint souvent un sentiment de pression, de constriction, à la région précordiale, qui s'étend jusqu'au bras gauche, et même aux deux bras, où le malade éprouve de l'engourdissement. (*Voyez* STERNALGIE.) Ce symptôme, auquel on a donné le nom d'*angine de poitrine*, est ordinairement intermittent, et revient à des intervalles irréguliers.

La face est généralement plus ou moins bouffie chez les personnes affectées de lésion du cœur; elle est quelquefois pâle, d'autres fois d'un rouge vif, plus souvent violette, surtout aux pommettes; les lèvres sont gonflées, saillantes et livides, lors même que la face est pâle. Cet état de la face est surtout prononcé dans la dernière période de la maladie; alors les pieds et les jambes sont œdémateux, et successivement les bras et la face; des symptômes d'hydro-péricarde, d'hydrothorax ou d'ascite se joignent à ceux de l'anasarque. Corvisart attribue cette diathèse hydropique à l'obstacle apporté au cours du sang; mais cet obstacle n'existe pas dans le cas d'hydro-thorax survenu à la suite d'une pleurésie chronique. Il est beaucoup plus probable qu'au lieu d'une accumulation par cause mécanique de la sérosité dans les cavités des membranes séreuses, ces collections se forment parce que l'exhalation augmente en même temps que l'absorption diminue, en raison de la diminution de la vitalité dans les vaisseaux sanguins.

L'hémoptysie, le vomissement, les douleurs à l'épigastre, accompagnent souvent les lésions de tissu du cœur. Laennec attribue ces accidens à la stase du sang dans les viscères de la respiration et de la digestion, erreur qui a été vivement combattue par Broussais. Ce dernier a prouvé que ces symptômes sont dus à l'irritation sympathique des bronches et de l'estomac. On pourrait ajouter que souvent ils dépendent aussi de la trop forte impulsion donnée au sang par les contractions trop énergiques du cœur. Enfin, les phénomènes d'irritation gastrique sont ordinairement dus, peut-être dans la plupart des cas, à l'action des toniques, des stimulans de toute espèce, que l'on prodigue dans la vue de faire cesser l'étouffement, de faire disparaître la pâleur, la lividité de la face et la diathèse séreuse.

L'ouverture des cadavres démontre hautement la vérité de ces assertions. Pour les trouver fondées, il suffit d'ouvrir l'ouvrage de Corvisart, et l'on verra que, dans la plupart des cadavres qu'il a explorés, il a trouvé la membrane muqueuse digestive enflammée, gangrénée, quelquefois couverte de grumeaux de sang noir.

Symptôme presque constant dans la plupart des lésions du cœur, la dyspnée a été souvent confondue avec l'asthénie, ou plutôt Corvisart a démontré que, dans la plupart des cas où la respiration est gênée au point de constituer un état morbide chronique, cette gêne dépend d'une lésion de ce viscère. Mais on aurait tort d'en conclure que les affections du cœur soient à peu près la seule cause de la dyspnée périodique qui caractérise l'asthme, puisque cette dyspnée est l'effet, tantôt d'une bronchite chronique, tantôt de la compression du poumon, d'une grave lésion de la plèvre, ou même d'une profonde altération du cerveau, ainsi que des faits récens viennent de le démontrer.

L'appareil circulatoire, ceux de la respiration et de la digestion, ne sont pas les seuls qui se trouvent lésés par l'état morbide du cœur. L'encéphale lui-même éprouve des effets plus ou moins fâcheux, soit de la violence avec laquelle le sang est lancé vers lui par le ventricule gauche, soit de la stase de ce liquide dans les cavités droites du cœur. Les viscères pectoraux et abdominaux agissent, en outre, sympathiquement sur le cerveau, en raison de leur liaison d'action avec ce viscère. De là la tristesse, l'inquiétude, l'irascibilité, les étourdissemens, les éblouissemens, les tintemens d'oreilles, les bouffées de chaleur à la face, dont le malade se plaint, et la céphalalgie habituelle que souvent il éprouve. Plus tard, on peut rapporter à la même cause le sentiment de constriction violente vers la gorge, sentiment analogue à celui que cause la boule hystérique, l'insomnie, le sommeil agité par des rèves effrayans, et tous les autres symptômes d'affection cérébrale qui se manifestent. La dyspnée elle-même ne provient-elle pas de l'état morbide du cerveau, plus souvent peut-être que de celui du poumon? Le temps et des observations nombreuses décideront, par la suite, sur ce point.

L'apoplexie peut, dit-on, être l'effet d'une grave lésion du cœur, de l'hypertrophie et de la dilatation de ce viscère. Elle peut avoir lieu sous l'influence de ce même organe, lorsque, par suite d'une vive excitation viscérale, telle que celle qu'occasionne le coït ou un excès de boisson spiritueuse, le cœur chasse avec violence le sang vers l'encéphale. Cette terminaison de l'anévrisme du cœur, soupçonnée ou plutôt indiquée par Albertini, a été observée par Gibellini. Peut-être faut-il, pour qu'elle ait lieu, qu'il y ait prédisposition de l'encéphale à l'apoplexie, c'est-à-dire excitabilité excessive ou exaltation momentanée de l'action de ce viscère.

L'observation de Gibellini est fort peu concluante en faveur de l'opinion qui attribue la production de l'apoplexie à l'anévrisme du cœur. Il s'agit d'un jeune homme doué d'une vive sensibilité et d'une trempe d'esprit dirigé vers l'enthousiasme, qui, après avoir éprouvé dès ses premières années de violens battemens d'artères, fut frappé d'apoplexie, avec hémiplégie du côté droit, à la suite d'un repas copieux. Sans doute, nous trouvons ici des signes d'affection ou au moins de prédisposition aux lésions du cœur, mais nous voyons plus encore une grande susceptibilité cérébrale, et ce qui semble achever de prouver que le cerveau fut plus particulièrement affecté, c'est que l'apoplexie survint à la suite du désespoir que la mort d'une épouse chérie causa au jeune homme, et qu'après qu'il eut passé huit mois dans un état hémiplégique, il se manifesta une seconde attaque d'apoplexie qui détermina la mort. On trouva dans le cerveau un abcès, et au cœur une dilatation des deux ventricules, même de l'oreillette droite et de l'oreillette gauche. Des points de cartilaginification et d'ossification se faisaient remarquer dans plusieurs endroits des oreillettes, des valvules, de l'aorte, de l'artère et des veines pulmonaires. Malgré l'autorité de Corvisart, il y a eu ici plutôt complication de deux lésions redoutables que production de l'une par l'autre. Que Ramazzini soit mort, à l'âge de soixante-dix ans, d'une attaque d'apoplexie, après avoir éprouvé depuis long-temps de violentes palpitations de cœur, et vu se développer de petites tumeurs anévrismales, chacune sur le dos de la main, entre l'index et le pouce; que Malpighi, sujet depuis long-temps aux palpitations de cœur, tourmenté par la goutte et par la pierre, soit mort des suites de deux attaques d'apoplexie, et que, dans son cadavre, on ait trouvé une hypertrophie anévrismatique du ventricule gauche du cœur, et *deux livres* de sang dans le ventricule droit du cerveau, c'est ce qu'on ne peut nier; mais il est permis de croire qu'il n'y a eu, dans ces deux cas, comme

dans la plupart de ceux qui sont analogues, que co-existence et non liaison nécessaire des deux maladies. Corvisart avance lui-même qu'il n'a jamais observé la mort apoplectique évidemment causée par une lésion organique du cœur. Il a trouvé dans les cadavres des sujets dont le cœur était anévrismatique, le système vasculaire cérébral gorgé de sang, mais il n'en a jamais vu dans la substance ou dans les cavités du cerveau.

Au reste, si l'apoplexie peut être directement l'effet de l'anévrisme du cœur, ce ne peut guère être qu'à raison de la forte impulsion communiquée au sang par le ventricule gauche, lorsque cette partie est le siége d'une hypertrophie ou d'un anévrisme hypertrophique, et qu'il existe un obstacle à l'orifice aortique. La stase du sang dans les cavités droites du cœur ne produirait qu'imparfaitement l'état apoplectique.

Le foie est ordinairement gorgé de sang à l'ouverture du cadavre des personnes qui ont succombé par l'effet d'une lésion du cœur. Cette congestion sanguine a encore été attribuée à la stase du sang, mais elle a lieu également dans le cas d'hypertrophie du ventricule gauche. Dirons-nous que le sang ne s'accumule dans l'organe sécréteur de la bile que pendant les derniers instans de la vie? Alors ce serait presque une altération cadavérique, plutôt qu'une trace d'état morbide.

Un fait tronqué, ou mal observé, que rapporte Fabrice de Hilden, deux faits vus par Giraud, et quelques autres plus récemment observés, ont porté Senac et Morgagni, ainsi que plusieurs médecins de nos jours, à regarder les anévrismes du cœur comme pouvant déterminer la gangrène des membres. Les raisonnemens de pure mécanique ont été prodigués pour expliquer des faits dont il fallait d'abord établir la fréquence et la corrélation. Corvisart, plus sage que ses prédécesseurs et que quelques-uns de ses contemporains, pense que, dans les cas cités pour exemples, il n'y a eu que coïncidence du sphacèle des membres avec la lésion du cœur. Il faut en dire autant, et avec plus de certitude, de l'ophthalmie et de la perte du globe de l'œil que Testa n'a pas craint de mettre au nombre des effets produits par les maladies de ce viscère.

Ce serait peut-être ici le lieu de parler des différences que le pouls d'un bras présente quelquefois avec celui de l'autre bras, dans les maladies du cœur, mais pour éviter les répétitions, nous renvoyons à l'article POULS.

La marche des lésions de tissu du cœur varie beaucoup par leur intensité et leur durée. Corvisart dit avoir vu un homme, âgé de soixante-seize ans, succomber en quatorze jours à tous les signes, à tous les symptômes d'une véritable maladie du cœur (il ne dit pas laquelle), sans le moindre indice antécédent de cette affection. Nous avons vu un anévrisme atrophique du ventricule droit, faire périr en trois semaines un homme âgé de moins de soixante ans, qui jusque-là avait joui de la santé la plus florissante; mais nous n'oserions assurer que la lésion du cœur se soit développée en si peu de temps.

Il n'est pas rare de trouver dans les cadavres de personnes qui n'ont jamais offert le moindre trouble dans la circulation et la respiration, des altérations très-profondes du tissu du cœur. D'autres fois, après des symptômes très-intenses, on ne trouve qu'une légère altération de ce viscère, quelquefois même aucune trace d'état morbide. Combien ces faits non contestés doivent-ils rendre réservé dans le pronostic de maladies, il faut le dire hardiment, encore si peu connues!

Les symptômes des maladies du cœur les plus prolongées ne sont pas ordinairement continus. D'abord ils reviennent à des intervalles plus ou moins éloignés, puis ils se rapprochent, augmentent d'intensité, deviennent continus, et ensuite ne cessent plus qu'avec la vie du sujet.

Des faits authentiques et assez nombreux démontrent que les enfans d'une personne affectée d'une maladie du cœur, peuvent naître avec une disposition plus ou moins prononcée à contracter une maladie semblable ou toute autre lésion analogue du cœur, qu'ils peuvent même naître avec une disproportion native, soit entre les diverses parties du cœur, soit entre ce viscère et l'aorte, le système vasculaire en général, ou la poitrine. Toutefois il ne faut pas que ces faits fassent désespérer de pouvoir un jour prévenir le développement des maladies du cœur. Les accidens que ces lésions déterminent se prolongent souvent pendant de nombreuses années, et les sujets qui les offrent n'en atteignent pas moins un âge fort avancé. Puisque la disposition à ces maladies n'est pas nécessairement fatale, on peut espérer de diminuer le nombre des cas où elle le devient. Ceci nous conduit à diviser en deux sections ce que nous avons à dire de la thérapeutique des maladies du cœur; dans l'une, nous parlerons de la prophylaxie, et dans l'autre du traitement de ces affections.

Ayant déjà traité des moyens curatifs appropriés à l'irritation et à l'asthénie du cœur, il ne va être question que de ceux qui peuvent prévenir ou ralentir les progrès des lésions de son tissu.

Lorsque les maladies du cœur sont arrivées à un certain degré d'intensité, il n'est plus guère possible d'en arrêter le développement et la terminaison presque toujours funeste; il ne faut donc rien négliger pour éloigner des personnes chez lesquelles ce viscère est très-irritable, tout ce qui est susceptible d'accroître son excitabilité. Ce précepte de thérapeutique générale trouve parfaitement ici son application, car, parmi les maladies les plus rebelles aux moyens de l'art, celles du cœur sont peut-être celles qui y résistent davantage, et contre lesquelles ils échouent le plus souvent. La prophylaxie est d'autant mieux indiquée que ces maladies sont fort souvent l'effet d'une disposition native, qui peut, dans certains cas, être heureusement combattue.

Toute personne dont la respiration est habituellement courte et un peu gênée, qui éprouve, pour de légères causes, un étouffement momentané, et dont le cœur bat dans une assez grande étendue, de manière à produire des palpitations, doit être considérée comme disposée aux maladies du cœur. Pour l'en préserver autant que possible, on lui recommandera d'éviter tout exercice de corps violent, la course, l'action de monter rapidement, le chant, les efforts des organes de la voix. La promenade à pas lents lui sera seule permise. On la détournera d'embrasser toute espèce de profession qui oblige à se tenir courbé, ou à avoir soit la poitrine, soit l'abdomen habituellement comprimé. Les professions de tailleur, de tanneur, de corroyeur, de blanchisseur, ne conviennent nullement par cette raison; quand le sujet les exerce, il faut qu'il les quitte, s'il lui est possible de le faire. Il faut en outre qu'il s'abstienne de l'usage des boissons stimulantes, et surtout des liqueurs alcoholiques, qui accroissent l'activité du système circulatoire en stimulant le cœur. Il évitera avec soin tout ce qui est susceptible de disposer à la pléthore, ou de l'augmenter. Aucune précaution ne sera négligée pour se préserver de la bronchite, des *rhumes de poitrine*, auxquels sont, dit-on, sujettes les personnes affectées de lésion du cœur, ou disposées à ces lésions, parce qu'en effet, les maladies de ce viscère sont fréquemment l'effet de celles du poumon. Un régime tout composé d'alimens doux, de boissons réfrigérantes, tels sont les moyens préservatifs auxquels il est nécessaire de recourir.

Les signes qui annoncent la prédisposition aux maladies du cœur viennent-ils à se prononcer davantage, on pourra diminuer la quantité des alimens, faire quelques saignées locales, c'est-à-dire appliquer des sangsues en plus ou moins grand nombre à la région précordiale, et prescrire les boissons sédatives de l'action circulatoire, telles que l'eau acidulée, le petit-lait et l'infusion de digitale.

Lorsque les symptômes arrivent au point qu'on ait lieu de redouter l'inflammation du cœur, ou sinon du péricarde, on mettra en usage les moyens que nous avons indiqués contre l'irritation du cœur, et sur lesquels nous reviendrons à l'occasion de la *péricardite*. Nous devons néanmoins dire que Corvisart préférait en général, dans ce cas, l'application des sangsues à la phlébotomie, tandis que Laennec paraît en général préférer la saignée générale. Ici l'habitude de la pratique médicale ne peut être remplacée par des préceptes. Seulement il ne faut pas agir mollement, car l'inflammation, lorsqu'elle ne tue pas immédiatement le sujet, laisse souvent des traces qui le font périr. On a dit que la phlegmasie aiguë du cœur était rare, et cela est vrai; mais on aurait pu ajouter que souvent cette phlegmasie existe à un faible degré qui fait qu'on la méconnaît, et qu'elle passe peu à peu à l'état chronique, sans qu'on ait rien fait pour en arrêter la marche. Nous avons dit la conduite opposée qu'il faut tenir dans les cas plus équivoques, et plus communs peut-être, d'asthénie de l'organe qui nous occupe.

Lorsque les signes qui annoncent l'hypertrophie, la dilatation du cœur, le rétrécissement des orifices de ce viscère, se manifestent, il est déjà bien tard pour espérer quelque succès. Qu'attendre des moyens le plus savamment combinés dans les cas d'ulcérations du cœur, de dégénérescences graisseuses, cartilagineuses, osseuses, cancéreuses? On sait à peine reconnaître ces états morbides pendant la vie, comment pourrait-on en arrêter les progrès? Lorsque les valvules sont ossifiées, quels agens thérapeutiques sont susceptibles de les rendre à leur état naturel? aucun. Dans le cas de rupture du cœur ou d'une de ses parties, que faire, en supposant qu'on puisse s'assurer qu'on est appelé à traiter de pareilles lésions? L'irritation chronique, l'inflammation latente, qui est la cause ou l'effet de la plupart de ces lésions, étant ce qu'on

doit craindre davantage, on est porté à mettre en usage le traitement antiphlogistique, les dérivatifs, c'est-à-dire les irritans locaux de la peau et des membranes muqueuses, les diurétiques, les purgatifs et les toniques, ou bien quelques moyens qui paraissent jouir de la propriété de ralentir l'action du cœur, tels que la digitale et l'acide hydro-cyanique ou l'eau distillée de laurier-cerise. C'est ici que la méthode de Valsalva doit être mise en pratique dans toute sa rigueur, et qu'on peut en espérer quelque succès, sans se flatter d'obtenir des guérisons sinon impossibles, au moins fort rares. Cette méthode, évidemment indiquée dans le cas d'hypertrophie et d'anévrisme hypertrophique du cœur, ne saurait être poussée trop loin dans ce cas; mais il ne faut l'employer qu'avec une sage réserve dans celui d'anévrisme atrophique. En effet, s'il ne s'agissait que de diminuer la masse du sang pour faire revenir les parois du cœur sur elles-mêmes, ce moyen serait approprié à tous les cas de dilatation du viscère; mais il n'y a pas seulement dilatation lorsqu'il s'y joint un surcroît d'activité nutritive. Les émissions sanguines conviennent, parce qu'elles tendent à affaiblir l'excitabilité du cœur, en dépouillant le sang de ses qualités stimulantes et nutritives. Mais lorsque les parois du cœur sont amincies, ramollies et prêtes à s'atrophier, au point de ne pouvoir plus remplir leurs fonctions, en soustrayant du sang au viscère, en ôtant à ce liquide ses qualités nutritives et stimulantes, on court le risque d'accroître l'asthénie des parois dilatées. Dans le premier cas, la méthode de Valsalva peut devenir curative, dans le second elle ne saurait agir que comme palliatif, et même, si on l'employait trop rigoureusement, elle pourrait devenir funeste.

Ce que nous avons dit, à l'article AORTE, du traitement des anévrismes de cette artère, et notamment de la manière dont nous pensons que la méthode antiphlogistique de Valsalva doit être dirigée, nous dispense d'entrer ici dans d'autres détails à cet égard.

Nous nous bornerons à quelques remarques sur l'emploi des diurétiques, des purgatifs et des toniques, et sur les moyens antiherpétiques, antipsoriques et antisyphilitiques que Corvisart recommande dans le traitement des maladies du cœur en général, et dans celui des anévrismes de ce viscère en particulier.

De quel avantage peuvent être ces fortifians, ces évacuans, ces altérans spécifiques, contre un rétrécissement des orifices du cœur rendu anévrismatique par l'ossification des bandes fibreuses qui les garnissent, contre une hypertrophie du cœur, contre l'anévrisme hypertrophique? Si ces moyens ont paru soulager dans quelques cas, et s'il est permis d'y recourir, c'est afin de retarder autant qu'il est possible les désordres secondaires qui s'établissent dans divers organes lorsque la maladie du cœur est arrivée à un haut degré d'intensité. Tous ces médicamens agissent en stimulant la membrane des voies digestives ; leur administration ne peut être conduite d'après aucune règle fixe. Le seul cas où il soit rationnel d'y recourir, est celui où l'on observe, outre l'état morbide du cœur, les signes de la prédominance lymphatique. C'est alors seulement que l'on voit survenir un flux d'urine qui diminue l'état d'œdème général, et même la dyspnée, au moins pour quelque temps. Les toniques amers et les ferrugineux paraissent quelquefois rendre les palpitations plus rares, en régularisant l'action du cœur, car ces moyens semblent avoir pour effet, sinon de diminuer l'excitabilité du viscère, au moins de le rendre moins disposé à ces contractions tumultueuses qui constituent un des symptômes les plus incommodes des maladies du cœur. Quant aux moyens auxquels on attribue la propriété de guérir les dartres, la gale, les maux vénériens, lors même qu'il n'en existe aucune trace, ils ne peuvent agir qu'à titre de stimulans, et sont le plus souvent nuisibles. Tout ce qu'on a dit à ce sujet prouve que les maladies du cœur peuvent se développer et se développent en effet chez des sujets qui ont eu jadis l'une ou l'autre de ces affections de la peau ou des membranes muqueuses, mais cela ne démontre en aucune manière que la lésion du cœur ait le moindre rapport d'origine avec elles. *Voyez* AORTE.

On voit que, si nous possédons les renseignemens anatomiques les plus précieux sur les lésions de tissu du cœur, et si le diagnostic de plusieurs d'entre elles est devenu moins incertain depuis les travaux de Corvisart et de Laennec, la thérapeutique de ces maladies n'a encore fait aucun progrès. L'introduction de la digitale et de l'acide hydro-cyanique dans le traitement de plusieurs d'entre elles, offre quelques avantages ; mais elles forment certainement la classe d'affections morbides sur laquelle nous ayons le moins de pouvoir. C'est que malheureusement les progrès de l'art de guérir ne suivent pas toujours ceux de l'anatomie pathologique et de la science du diagnostic. De nouveaux essais, un rapprochement

méthodique des lésions aiguës du cœur, si peu connues, avec les lésions chroniques, sur lesquelles nous possédons des notions déjà si satisfaisantes, pourront seules remplir la vaste lacune que nous venons d'indiquer dans la médecine. Que surtout on ne se laisse point aller à l'inaction, sous le vain prétexte que les maladies du cœur sont incurables. Qu'a-t-on fait jusqu'ici pour les guérir? On s'est borné à en étudier les symptômes et les traces qu'elles laissent dans les cadavres ; on a négligé les nuances fugitives de ces affections, qui menacent pendant si long-temps avant de frapper d'un coup mortel; enfin, on s'est uniquement attaché, dans la pratique, à faire cesser tel ou tel de leurs symptômes, tel ou tel de leurs effets secondaires, à l'exemple de ces législateurs malhabiles qui, de temps à autre, opposent aux maux qui découlent de l'état social des lois transitoires et sans liaison, au lieu d'organiser un système législatif vigoureux.   (DICT. ABRÉGÉ DE MÉD.)

COIGNASSIER, s. m., *cydonia ;* genre de plantes de la famille naturelle des rosacées, section des pomacées, réuni par Linnée au genre poirier, dont il diffère principalement par les loges de son fruit qui contiennent plus de deux graines. Le coignassier ordinaire (*cydonia communis*), originaire de l'île de Crète, peut dans nos climats s'élever à une hauteur de douze à quinze pieds; ses fleurs plus grandes, ses feuilles plus larges, cotonneuses, surtout à leur face inférieure, ses fruits, jaunes et cotonneux en dehors, connus sous le nom de *coings*, le distinguent facilement des poiriers. Leur odeur est forte, mais agréable, leur saveur est très-âpre; aussi ne les mange-t-on jamais crus, mais on en fait des compotes et des confitures. On prépare avec leur suc un sirop légèrement astringent, avec lequel on édulcore les boissons toniques que l'on administre contre les diarrhées chroniques. Les pépins ou graines du coignassier renferment une grande quantité de mucilage, et l'on se sert de leur décoction pour préparer les collyres adoucissans que l'on emploie dans l'inflammation aiguë des paupières et de la conjonctive. (A. RICHARD.)

COINCIDENCE, s. f., *coïncidentia*. On se sert quelquefois de ce mot en parlant des maladies, des symptômes qui se montrent simultanément, soit que les maladies ou les symptômes coïncidens soient liés par les rapports d'effet et de cause, soit qu'ils co-existent seulement indépendans les uns des autres. (A. DEL.)

COÏNDICATION, s. f., *coïndicatio*. Le

concours de plusieurs indications qui tendent toutes à motiver tel ou tel genre de médication, fournit ce qu'on appelle une coïndication. Cette réunion d'indices éclaire le médecin sur les moyens qu'il peut mettre en usage, et le fortifie dans la détermination qu'il doit prendre. Une péritonite très-grave et latente exige en général l'emploi de saignées générales ou locales. Mais si les lochies sont supprimées, si le malade crache du sang, si le pouls est fort, dur et fréquent, ces symptômes concourent à prouver que la saignée est indispensable. La suppression des lochies et l'hémoptysie sont les coïndications, et la saignée le coïndiqué. *Voyez* INDICATION. (GUERSENT.)

COIT, s. m., *coïtus*, action préliminaire de la fécondation, produite par la réunion immédiate des organes génitaux de l'un et de l'autre sexe. La plupart des êtres animés se reproduisent par génération, mais l'accouplement, le *coït* n'est pas nécessaire à tous pour se perpétuer. Le rapprochement intime des sexes n'est indispensable que pour l'homme et pour les animaux qui s'en rapprochent par leur organisation. Le lecteur ne s'attend pas sans doute à trouver ici une description physiologique détaillée de l'acte dont nous parlons ; ces détails, au moins inutiles pour la science, ne sont propres qu'à faire naître des idées obscènes, dans lesquelles se complaisent des écrivains peu dignes d'estime, idées dont la morale doit s'alarmer, et qu'elle doit rejeter avec indignation. Nous devons nous borner à examiner dans cet article l'utilité de la fonction dont nous parlons, les dangers de ses excès et de son défaut, signaler les maladies qui peuvent résulter des uns et des autres, et les moyens de les prévenir et de les combattre, etc.

On a souvent remarqué que, pour atteindre le but important de la conservation de l'espèce et de l'individu, la nature prévoyante avait attaché l'attrait du plaisir à l'accomplissement de chaque fonction ; mais aucun n'est aussi vif que celui qui nous invite, qui nous entraîne au rapprochement des sexes. Lorsque l'homme, parvenu à tout son développement, et non encore épuisé par des jouissances précoces et trop multipliées, a laissé pendant quelque temps le fluide séminal s'accumuler dans les vésicules, il sent alors le besoin irrésistible de se reproduire, et de se rapprocher de sa compagne. Les testicules sont rouges, gonflés, sensibles au toucher et presque douloureux ; l'érection, indispensable à la réunion des sexes, se manifeste pleine et entière,

et il n'est pas rare qu'un fluide limpide s'échappe dans cet état, et lubrifie l'orifice de l'urètre. Toutes les femmes paraissent séduisantes, et, si nous aimons, notre amante nous paraît alors pleine d'attraits, son approche fait palpiter notre cœur, la circulation s'accélère, le pouls est fort et fréquent, la respiration précipitée et souvent suspirieuse, une chaleur générale se répand dans toute notre économie. Toute l'étendue de notre corps est douée d'une exquise sensibilité, et ses caresses nous paraissent délicieuses ; elles font naître des sensations pleines de volupté. L'homme, dans cet état, oublie la faim, la soif, tous les besoins organiques. La digestion est troublée et pervertie par le coït, ou simplement par son désir. Les signes précurseurs du coït ne se manifestent pas moins par leur influence sur les organes de la vie de relation. Les yeux sont brillans, couverts d'une légère humidité, si bien décrite par Sapho et Anacréon, et quelquefois humectés de véritables larmes ; ils semblent couverts d'un voile épais ; insensibles à toute espèce d'excitant extérieur, ils se fixent sur celle qui doit satisfaire nos désirs ; l'ouïe partage cette espèce d'hébétude, pour n'être touchée que par le doux son de sa voix. L'odorat reçoit avec plaisir les odeurs qu'elle exhale ; le goût seul est inactif, mais le toucher est dans un véritable état d'exaltation. L'homme est alors incapable de toute espèce de méditation et de pensée, une seule occupe son imagination charmée. Le sommeil fuit sa paupière, sa voix est forte et sonore, quelquefois tremblante ; ses membres sont souvent palpitans, et d'autres fois capables de la plus puissante énergie. Tel est l'homme dans le moment qui précède le coït générateur. La femme doit partager ce ravissement ; des phénomènes fort analogues, modifiés par l'éducation ou par la pudeur et par la chasteté naturelles, doivent se manifester chez elle. Dans cet état, le moindre contact produit l'effet de l'étincelle électrique, et le sacrifice est consommé. Durant cet acte, toutes les actions organiques s'exagèrent ; et quoique l'existence tout entière semble concentrée dans les organes génitaux, la circulation se fait avec violence, la respiration s'accélère, une chaleur brûlante circule dans tout le corps, et souvent une sueur abondante s'exhale de toute sa surface. Cet orgasme se termine par l'éjaculation du sperme chez l'homme, et d'un fluide muqueux contenu dans les cryptes de ce nom chez la femme. Cette éjaculation est suivie d'une sensation de volupté difficile à décrire. Des

crampes, des convulsions, des crises, une
véritable épilepsie accompagnent cette sensation, à laquelle succède un abattement encore
plein de charmes. Cette surexcitation fait place
à une faiblesse d'autant plus grande que la
jouissance a été plus vive. Celle-ci se perpétue ordinairement long-temps encore après la
copulation, elle se propage jusqu'à l'extrémité
des doigts. Mais la scène est changée; le pénis
est retombé dans son état de mollesse ordinaire. La circulation encore accélérée ne tardera pas à reprendre son état naturel, et peut-
être de descendre au-dessous. La respiration
est déjà ralentie, mais de temps à autre une
longue inspiration est suivie d'une prompte
expiration. Les yeux sont ternes et abattus,
les paupières à demi closes; la lumière est
importune, ainsi que le bruit; le tact a perdu
son exaltation, et le contact de la personne
aimée, quoique voluptueux encore, n'a plus
le même attrait; la tendance au sommeil se
manifeste, et lorsqu'il s'empare de nous, il
est doux, bienfaisant et réparateur; il est rare
qu'au réveil de nouveaux désirs ne se fassent
sentir encore. La voix est faible et mal assu-
rée; les organes locomoteurs fatigués ne peuvent que difficilement remplir leurs fonctions;
la tête tombe sur la poitrine; les bras sont
pendans; les membres abdominaux fléchissent
sous le poids du corps. Tels sont les effets
immédiats du coït.

S'il est pris avec modération, il est infiniment utile à l'homme; et, mettant de côté le
plaisir vif qu'il procure, il est vrai de dire
qu'il redouble l'énergie de tous les organes.
La nature n'en a fait aucun pour le condamner à un repos absolu; la sagesse consiste à
ne pas violer ses lois par des excès coupables
ou par une abstinence absurde. Au reste,
comme nous le verrons tout à l'heure, elle
sait bien venger cette violation par les peines
sévères qu'elle inflige au transgresseur. Le coït
modéré entraîne des pertes qu'il faut réparer; pour cela il augmente l'appétit et la soif,
il active la digestion; l'absorption intestinale
et interstitielle se fait avec plus de rapidité,
et la nutrition générale est augmentée. Nous
ne répéterons pas que ce n'est pas par l'accroissement de l'embonpoint que cette augmentation se manifeste, mais bien par l'accélération des mouvemens de composition et de
décomposition. Le cœur augmente d'énergie,
la circulation est plus rapide et plus prompte,
les actes respiratoires se succèdent plus facilement et plus fréquemment, et l'oxygéna-
tion du sang est plus complète. Les exhala-

tions, les sécrétions glandulaires, conséquences
nécessaires des autres fonctions, participent
à leur accroissement d'énergie. Les sens sont
plus subtils, plus susceptibles d'impression.
Le cerveau est plus capable de travail; des
idées de bonheur et d'espérance l'occupent;
l'homme est alors doux et bienveillant. Il n'est
pas jusqu'à la voix, jusqu'aux organes locomoteurs qui ne ressentent la douce influence
d'un coït modéré.

Pour que le coït procure toujours des effets
aussi salutaires, il est des précautions à prendre. La plus importante, sans contredit, c'est
de ne pas s'y livrer trop souvent. Si l'on suivait les vœux de la nature, si on ne s'abandonnait au coït que pour la propagation de
l'espèce, il est certain que ses actes seraient
infiniment rares; on cesserait de s'y adonner
dès que la fécondation aurait eu lieu. Mais dans
l'état de civilisation, soit par dépravation,
soit par une organisation privilégiée, l'homme
est loin de se borner à ce qui est nécessaire
à sa reproduction, et, faisant du coït un plaisir, il en multiplie les actes autant qu'il le
peut. Des caresses indiscrètes, des excitans
intérieurs, des images, des livres, des spec-
tacles, des conversations pleines de volupté
sollicitent ses désirs. Il en résulte d'abord
des érections avortées, des plaisirs imparfaits,
et par suite l'impuissance et une foule de maladies dont nous parlerons bientôt. Mais à
quelle distance doit-on prendre les plaisirs de
l'amour? Il est impossible de répondre à cette
question d'une manière absolue. Telle chose
sera pour l'un un excès, qui ne sera pas pour
l'autre le nécessaire. Si l'envie de satisfaire
une épouse ou une amante, dont les désirs se
renouvellent bien plus fréquemment que les
nôtres, si l'amour-propre ne nous poussaient
à multiplier nos sacrifices, il serait très-sage
d'attendre que les signes de besoin, que nous
avons décrits tout à l'heure, se manifestassent
pour se livrer au coït, alors il serait toujours
avantageux. Ces signes se montrent à des intervalles bien différens selon les âges, les
constitutions, le régime, les habitudes, etc.
Un homme jeune, fort, qui n'a jamais abusé
ni de l'onanisme, ni du coït, d'une constitution où domine l'appareil digestif et circulatoire, soumis à une alimentation abondante
et réparatrice, qui use sagement en un mot
de tous les moyens de l'hygiène, peut éprouver ces besoins et les satisfaire plusieurs fois
par jour; mais cet exercice ne tarderait pas à
l'affaiblir sensiblement. Il est plus sage qu'un
homme, dans tout son éclat, ne s'approche de

son épouse qu'une fois par jour, ou même une fois tous les deux jours. Observons que nous ne parlons ici que des individus placés dans les conditions les plus favorables. Des personnes plus faibles ne devront se livrer à ces plaisirs qu'une fois par semaine, deux fois par mois ; et même à une certaine époque s'en abste nir complètement.

Les jeunes gens qui entrent à peine dans l'âge de puberté s'abandonnent sans réserve aux plaisirs de l'amour. C'est assurément le moyen le plus infaillible de ne jamais les connaitre dans toute leur plénitude. Il est important que l'homme ait achevé son accroissement, et qu'il ait même beaucoup gagné en intensité, pour qu'il puisse se livrer impunément à ses désirs. Ce ne serait donc que vers la 22 ou 25e année, que les premières jouissances devraient être prises ; mais qu'une telle réserve est loin de nos mœurs !

S'il est dangereux de se livrer trop tôt à l'acte de la copulation, il n'est pas moins funeste de s'y livrer trop tard ; et plus d'un vieillard téméraire a payé de sa vie des tentatives au-dessus de ses forces. Pour faire naître des désirs illusoires, il est presque toujours obligé d'avoir recours à des moyens artificiels qui ne sont jamais sans dangers. Le coït est honteux et dégoûtant chez un vieillard ; il doit avoir la sagesse de s'en abstenir, dès que les sens ont cessé de parler, et cela sous peine des plus graves accidens.

Tous les momens du jour ne sont pas également propices au coït. L'aurore est, selon quelques auteurs, l'instant le plus favorable. Je ne partage pas cette opinion. Il est bien vrai qu'on éprouve à cette heure une forte érection, que le sommeil a terminé l'acte de la réparation. Mais d'abord cette érection, souvent favorisée par l'accumulation de l'urine dans la vessie, n'est pas toujours l'expression d'un véritable désir. En second lieu, le coït pris à cette heure fatigue pour le reste du jour, et rend incapable de remplir les devoirs sociaux. Dans le jour, surtout lorsque le premier repas du matin est digéré, on est parfaitement disposé pour ces plaisirs ; mais alors ou l'on est occupé à ses travaux, ou le même inconvénient que nous venons de signaler existe. Il est extrêmement fâcheux de se livrer au coït immédiatement après dîner, lorsque l'estomac est encore plein d'alimens ; malheur à l'amant auquel on ne peut accorder une autre heure ! Buffon avait cependant coutume de remplir cette fonction dans ce moment. La digestion est à coup sûr pervertie par l'ébranlement gé-

néral que nécessite le coït ; à quoi il faut ajouter que l'irritation portée sur l'estomac permet rarement à l'érection d'être complète, et qu'on n'obtient ce résultat que par une excitation répétée. Alors le travail, dont la nature avait besoin pour opérer la digestion, est suspendu ; il s'établit une révulsion funeste. Le moment le plus favorable pour le coït est certainement celui où la digestion du dîner est opérée. Le moment où l'on se couche est celui que l'on doit préférer. Cependant si des travaux pénibles avaient occasioné beaucoup de fatigues, et que la tranquillité d'ame dont jouissent ordinairement les époux le permît, il serait avantageux d'attendre quelques momens de repos, ou même qu'un premier sommeil eût délassé le corps. Le sommeil de la nuit viendrait ensuite dissiper les fatigues de l'amour.

Lorsque les désirs sont très-prononcés, que le besoin se fait fortement sentir, tous les momens sont bons, et toutes les circonstances où le corps puisse se trouver sont favorables, ou du moins ne peuvent pas s'opposer à l'accomplissement de cet acte. Il n'en est pas de même lorsque les besoins sont peu vifs ; alors une foule de causes peuvent empêcher de les satisfaire.

Influence qu'exercent sur le coït les divers agens de l'hygiène. — Cette influence est médiate ou immédiate, primitive ou consécutive. Par exemple, pour ce qui regarde les alimens, nous avons dit que la plénitude de l'estomac nuisait à l'exécution du coït, et que celui-ci nuisait à la digestion : voilà pour l'effet primitif ; mais l'usage habituel d'une alimentation copieuse et réparatrice dispose aux plaisirs de l'amour, voilà pour l'effet consécutif. L'usage des épices, des excitans, des aromates favorise les individus du tempérament dit lymphatique, même pendant la digestion de ces substances. Les personnes sensibles et irritables en éprouvent un effet tel que l'érection ne pourra pas avoir lieu. Nous en dirons autant du café et des liqueurs alcooliques ; mais ces substances, une fois digérées, portent leur action sur les organes de la génération. Il est des substances alimentaires qui paraissent douées d'une vertu aphrodisiaque spéciale, telles que les poissons, les truffes, etc. Nous pensons que beaucoup de ces alimens jouissent d'une réputation usurpée ; et si réellement quelques-uns d'entre eux excitent directement les organes génitaux, ce ne peut être qu'au détriment de celui qui en fait usage. La réparation que procurent ces substances n'est pas en rapport avec les pertes qu'elles occasionnent. Le meilleur des aphrodisiaques est certainement celui qui répare le plus facilement et le plus abondamment. Les substances animales, qui procurent l'alimentation tonique et fortement réparatrice, possèdent cette faculté au plus haut degré.

Toutes les températures ne sont pas également favorables au coït. Nous avons déjà dit qu'une chaleur modérée était la condition atmosphérique la plus heureuse pour les plaisirs de l'amour, et nous avons fortifié notre opinion de celle des anciens et de Celse en particulier. Les grands froids et les grandes chaleurs sont également contraires. Des médecins ont même prétendu qu'il fallait s'abstenir du coït pendant les jours caniculaires. Ce n'est pas ici le lieu de nous élever contre l'influence délétère, et pour ainsi dire merveilleuse, que l'imagination de nos aïeux avait prêtée à la canicule; mais nous ne pouvons nous empêcher de dire que ce n'est pas à une vertu spéciale qu'il faut attribuer les accidens qui surviennent quelquefois à cette époque de l'année, mais seulement à la chaleur qui règne ordinairement alors. Celle-ci occasionne, en effet, bien souvent des congestions vers la tête, des convulsions, des apoplexies, des inflammations des méninges et du cerveau, encore favorisées par l'action énergique dans laquelle l'encéphale se trouve pour accomplir l'acte de la fécondation. C'est surtout dans cette saison que des individus débiles sont morts pendant le coït. Le froid excessif produit des résultats non moins funestes. Nous ignorons complètement l'action de la lumière, de l'électricité, des localités, des vents, etc., sur le coït; il est vraisemblable que cette fonction partage le degré d'excitation qu'éprouvent les autres actions de l'économie.

Nous sommes plus instruits sur la puissance des frictions, des onctions et du massage; ces pratiques accessoires des bains disposent singulièrement aux plaisirs de l'amour, mais cette disposition varie beaucoup, selon la personne qui les pratique. Rien ne porte plus à l'amour que l'usage des bains tièdes; cependant lorsqu'ils sont trop fréquemment répétés, ils jettent l'économie dans un tel degré de faiblesse que l'érection en devient difficile et incomplète. Les évacuations excessives, les hémorrhagies abondantes, en énervant l'individu, lui enlèvent la faculté de la copulation. Le besoin d'évacuer les intestins ou la vessie sont de puissans obstacles à l'accomplissement du coït. Pour qu'il soit plein et entier, il est important de n'être nullement tourmenté par le besoin d'uriner ou d'aller à la selle.

Lorsqu'on exerce beaucoup les facultés de l'intelligence, on est peu apte aux combats amoureux. Les savans ne furent jamais de vigoureux champions. Il existe alors une révulsion trop puissante vers le cerveau; il importe aussi de n'être aucunement distrait par les excitans sensoriaux. Mais ce qui s'oppose le plus infailliblement au coït, ce sont les affections morales autres que l'amour et les passions qui en dépendent. Le défaut de confiance dans ses moyens a souvent arrêté plus d'un vainqueur au moment du triomphe; la crainte, la peur, la surprise, un respect extrême, un amour trop violent même, ont souvent produit le même effet.

Le sommeil est de tous les agens hygiéniques celui qui dispose le plus efficacement au coït. L'homme qui s'éveille est toujours prêt à cet acte, quand bien même il l'aurait rempli depuis peu de temps. Un exercice actif trop violent détourne les désirs amoureux, et il est rare que les personnes douées d'une grande contractilité musculaire, acquise par des travaux pénibles, soient très-propres à rentrer fréquemment dans la carrière.

Tout le monde sait qu'il ne convient pas de s'approcher d'une femme pendant l'évacuation menstruelle; il pourrait résulter de graves inconvéniens de cette imprudence. Le trouble que le coït occasionne dans toute l'économie animale peut causer la suppression de cette utile évacuation, et produire une foule de maladies. On a prétendu que la fécondation qui pourrait avoir lieu à la suite de ce coït, n'était pas exempte de danger pour l'être conçu sous ses auspices. Ces inconvéniens existent plusieurs jours avant les menstrues, dès le moment où les premières coliques les annoncent. L'auteur du *Koran* regarde la femme comme *impure* huit jours avant et huit jours après la menstruation. Notre délicatesse s'oppose à ce que nous adoptions une pareille expression; mais nous croyons que l'on doit s'abstenir de la copulation pendant les règles, et environ deux jours avant. Le moment où elles viennent de cesser est le plus favorable à la conception, ce qui nous empêche de partager complètement l'avis du Prophète.

Il n'est pas prudent d'exercer le coït pendant la gestation. On a remarqué que le spasme que l'utérus éprouve peut faciliter l'avortement, en produisant le détachement du germe. C'est surtout dans les premiers mois de la grossesse que cet accident est à craindre; et il n'est pas douteux que beaucoup de fausses-couches ne soient dues à ce commerce intempestif.

Il n'est pas moins dangereux de communiquer avec une femme qui allaite. L'irritation qui a lieu vers les parties sexuelles détermine une révulsion qui peut devenir funeste à l'enfant, en le privant de sa nourriture accoutumée ; d'ailleurs le bouleversement général de tous les organes doit nécessairement se faire ressentir dans les glandes mammaires qui ont avec l'utérus des corrélations si intimes, et donner lieu à la production d'un lait de mauvaise nature.

Les désirs sont moins fréquens et moins vifs auprès d'une femme qui a prodigué ses faveurs qu'auprès d'une femme dont on a tout à attendre : rien n'est plus piquant que l'attrait de la nouveauté. Mais par cela même le changement nous entraîne dans des excès funestes, et il est infiniment plus sage et plus salutaire d'être fidèle.

Effets de l'abus du coït. — Il est peu d'auteurs qui n'aient fixé leur attention sur les funestes résultats que traîne à sa suite l'abus des plaisirs de l'amour. Ils sont si nombreux, si fréquens, si terribles, qu'on aurait lieu de s'étonner qu'ils eussent pu échapper aux observateurs même les plus superficiels. Un sujet aussi important pour notre bien-être physique et moral mérite l'examen le plus sévère et l'attention la plus sérieuse de la part du médecin philosophe. Il n'y a parmi les hommes aucune espèce d'excès qui soit plus infailliblement puni que celui du commerce des sexes. Les maux qu'il fait naître sont locaux ou généraux. Les phénomènes locaux sont chez l'homme l'affaiblissement des organes génitaux, qui finissent par tomber dans un état de flaccidité absolue ; quelquefois l'émission involontaire de la semence, la paralysie de la vessie, l'atrophie des testicules, etc. Je ne veux pas parler ici des accidens syphilitiques qui surviennent par le contact des parties sexuelles ; ces accidens n'ont aucun rapport avec les excès vénériens. Chez la femme, les accidens locaux les plus fréquens sont les flueurs blanches, les chutes de l'utérus et du vagin, l'aménorrhée, la dysménorrhée, etc.

A ces désordres funestes qui empoisonnent l'existence, il faut ajouter le cortége bien plus nombreux des accidens généraux. Zimmermann, Tissot et autres auteurs nous fourniraient de nombreux exemples, s'il nous était permis d'en citer. Le premier s'est élevé avec son éloquence ordinaire contre l'abus des plaisirs de l'amour. L'individu qui se livre avec excès au coït ou à l'onanisme, dont les effets sont les mêmes, soit qu'il n'ait pas atteint tout son développement, soit que, l'ayant atteint, il sollicite ses organes par des excitations extraordinaires, soit qu'il ait passé l'âge de ces plaisirs, soit enfin que la faiblesse de sa constitution lui interdise ces jouissances, ne tarde pas à s'apercevoir que sa digestion est laborieuse, que les alimens pèsent sur l'estomac, et que, mal élaborés, ils sont rejetés par les selles presque dans leur état naturel. L'appétit est nul, l'absorption intestinale est nécessairement faible, puisque la chymification ne s'effectue qu'imparfaitement. L'absorption interstitielle est ordinairement active ; et comme la réparation est incomplète, une maigreur profonde ne tarde pas à se manifester. Il existe des palpitations fréquentes, il survient quelquefois des anévrismes et des ruptures du cœur ; le sang est séreux et peu abondant, d'où résulte la pâleur générale. La respiration est gênée ; l'individu qui commet des excès ressent des suffocations fréquentes, des douleurs sous le sternum et dans le dos entre les épaules ; la phthisie pulmonaire peut s'emparer de lui. L'exhalation cutanée est ordinairement augmentée, d'où résulte encore une nouvelle cause d'affaiblissement. La face est pâle, les lèvres sont décolorées ; les yeux caves et ternes, ils laissent échapper des larmes involontaires ; les pommettes sont saillantes, les tempes et les joues creuses ; les ailes du nez, les oreilles sèches et froides ; la peau du front tendue et ridée prématurément. La vue est affaiblie, des nuages semblent envelopper les yeux, devant lesquels voltigent mille corps imaginaires ; ces organes ne peuvent rien fixer, et la cécité survient assez souvent. L'ouïe est obtuse et tourmentée par des bourdonnemens et des tintemens importuns. L'odorat, le goût, le tact perdent leur finesse et se pervertissent. Ce n'est pas seulement sur les sensations et leurs instrumens qu'exercent leurs ravages les excès dont nous parlons ; le centre de perception, le cerveau, partage cet état déplorable. La mémoire se perd ; l'attention, sans laquelle il ne peut y avoir d'instruction, s'affaiblit et se détruit ; le jugement se détériore : de là l'idiotisme acquis, la manie, la mélancolie, l'hypocondrie, l'hystérie et l'ensemble des affections nerveuses. La partie de l'encéphale qui préside aux mouvemens n'est pas exempte de troubles : les tremblemens des membres, les spasmes, les convulsions, la catalepsie, l'épilepsie, se manifestent fréquemment, ainsi que les maladies de Pott, et la plupart des affections connues. Tels sont, en un mot, les fruits amers des excès vénériens.

Effrayés à juste titre de leur affaiblissement physique et moral, de la détérioration funeste de leur santé, quelques personnes se condamnent, pour y remédier, à une continence absolue. Cette conduite a été blâmée par quelques médecins. Il faut ne se sevrer que par degrés de ces plaisirs, et faire usage d'une nourriture saine, mais nullement excitante. La première, la plus importante de toutes les indications, c'est bien certainement la discontinuation des excès. Heureux celui qui renonce encore à temps à ses habitudes funestes!

La plupart des auteurs font dépendre de deux causes les effets que nous venons de décrire; d'abord de la perte qui résulte de l'émission d'un fluide précieux; en second lieu, de la secousse, de l'ébranlement cérébral que produit l'orgasme vénérien. Les anciens, qui considéraient le sperme comme provenant du cerveau et de la moelle épinière, regardaient sa perte comme la cause de tous les accidens. Les modernes (et parmi eux plus particulièrement Cabanis), considérant que la semence n'est que le produit d'une sécrétion glandulaire ordinaire, ont regardé ces effets comme dépendans de l'éréthisme nerveux. Ceux qui ont adopté l'opinion des anciens, sinon sur l'origine du sperme, du moins sur les effets de sa perte, s'appuient sur ce que la présence de ce fluide dans les vésicules double les désirs et les jouissances; sur ce qu'elle donne un sentiment de vigueur et d'alacrité; sur ce que les femmes n'éprouvent presque jamais les mêmes maux que les hommes, ou qu'elles doivent pour cela commettre des excès bien plus considérables; sur ce que l'homme qui copule sans éjaculer peut fréquemment répéter ces actes sans se fatiguer, quoiqu'il éprouve de très-vives impressions, etc. Les autres ont répondu que les femmes étaient moins sensibles aux plaisirs que les hommes, et que les enfans qui n'éjaculaient pas n'en tombaient pas moins dans la consomption, etc. Nous nous bornerons à conclure de tous ces faits ce que l'on savait déjà, c'est-à-dire que ce n'était pas l'une de ces causes, à l'exclusion de l'autre, qui produisait ces désordres, mais bien toutes les deux simultanément.

Effets de la continence. — Dans l'état actuel de notre civilisation, nous avons rarement occasion d'observer les effets de la continence. Cependant cette occasion se présente encore de loin en loin, et les auteurs nous en ont

d'ailleurs transmis quelques exemples. Comme l'excès opposé, la continence produit des effets locaux et généraux.

Les testicules se gonflent, rougissent, deviennent d'une sensibilité exquise, le moindre contact leur est douloureux, insupportable. La verge se gonfle, et demeure dans une érection permanente. Une douleur tensive a son siége derrière le pubis, et annonce la distension des vésicules séminales; les cordons spermatiques sont durs, douloureux, roulent sous les doigts. Chez les sujets bien organisés et jeunes, il faut peu de jours pour produire ces phénomènes. En peu de temps ils s'accroissent au point de devenir insupportables. Dans cet état, le cœur bat avec véhémence, le pouls est plein, fort, développé, la respiration fréquente, la peau chaude, halitueuse, colorée; les yeux sont brillans, humides, injectés, les joues sont colorées, les lèvres sensibles semblent tuméfiées. Les femmes paraissent resplendissantes, une idée exclusive obsède l'imagination, la pensée est suspendue. Un délire plus ou moins furieux se manifeste, et les accidens les plus terribles peuvent éclater, si une crise salutaire autant que facile et agréable ne vient mettre fin à une scène aussi affligeante. L'histoire des couvens nous montre ces malheureux en proie à toute la fougue de leurs sens, entrer quelquefois dans des révoltes et des séditions furieuses, que toute la puissance du régime débilitant avait beaucoup de peine à calmer. La manie, la mélancolie et la plupart des maladies nerveuses dont nous avons parlé dans le paragraphe précédent, peuvent être produites par la continence; mais dans ce cas la cure n'est ni aussi difficile, ni aussi désespérée. *Voyez* PRIAPISME, ÉROTOMANIE, STÉRILITÉ, IMPUISSANCE, PASSIONS, et les articles qui ont des connexions intimes avec le sujet que nous venons de traiter. (ROSTAN.)

COL, s. m., *collum* (*voyez* cou); expression peu usitée pour désigner cette partie du tronc qui supporte la tête. Le mot *col* s'applique plus particulièrement aux parties rétrécies des os qui supportent les *têtes*, les *condyles*, et même les cavités articulaires, tant dans les os courts ou larges que dans les os longs, ou aux rétrécissemens que présentent à leur orifice certains organes creux, et qui en sont comme le goulot. Exemples : *col de l'humérus, du fémur, de l'omoplate, de l'astragale, de la vessie, de la matrice.* D'anciens auteurs ont employé, même dans ce sens, le mot *cou.*

On appelle *col du sac herniaire* la partie
étroite de ce sac qui avoisine ou même en
forme l'orifice.   (A. BÉCLARD.)

COLCHICACÉES , *colchicaceæ* , s. f.
M. de Jussieu , dans son *genera plantarum* ,
avait placé parmi les joncs les genres colchique et vératre qui , avec quelques autres ,
constituent la nouvelle famille des colchicacées établie par M. de Candolle. Cette séparation est justifiée non-seulement par la différence remarquable qui existe dans les caractères botaniques entre les véritables joncées
et les colchicacées , mais encore par celle de
leurs propriétés médicales. Le premier groupe
en effet se compose de végétaux fades et insipides , tandis que les plantes qui forment le
second sont remarquables par l'action puissante , mais délétère , qu'elles exercent sur
l'économie animale : ainsi les bulbes du colchique d'automne , les racines des vératres
ou hellébores , les capsules de la cévadille
sont doués d'une extrême âcreté qui dépend ,
ainsi que l'ont prouvé les belles analyses de
MM. Pelletier et Caventou , d'un principe particulier , qui paraît de nature alcaline , et que
ces chimistes ont appelé *vératrine* , parce qu'ils
l'ont d'abord trouvé dans la racine de l'hel-
lébore blanc (*veratrum album* , L.) et d'un acide
nouveau qu'ils ont nommé *acide cévadique*.
Cette âcreté doit rendre suspectes dans leur
emploi les plantes de la famille des colchicacées.   (A. RICHARD.)

COLCHIQUE , *colchicum* , s. m. Ce genre
forme le type de la nouvelle famille des colchicacées , et s'y fait distinguer par son calice
longuement tubuleux , dont le limbe est évasé,
et à six divisions égales , par ses six étamines distinctes et par son ovaire trilobé , dont chaque
lobe porte à son sommet un style très-long.
La capsule est ovoïde à trois faces et à trois
lobes.

LE COLCHIQUE D'AUTOMNE , *colchicum au-
tumnale* , L. , est l'espèce la plus commune. On la
trouve , aux mois de septembre et d'octobre ,
dans les prés , où elle attire nos regards par
ses grandes fleurs roses , dans le tube haut de
six à huit pouces , sort immédiatement du
bulbe charnu , enfoncé à une assez grande
profondeur sous la terre ; elles s'épanouissent
long-temps avant les feuilles , qui ne se développent qu'à la fin de l'hiver et au commencement du printemps. Les fleurs ont à peu
près la même forme que celles du safran ; de
là le nom de *safran bâtard* , sous lequel on
connaît le colchique dans plusieurs provinces.
Les bulbes solides du colchique sont les seu-

les parties de cette plante qui aient attiré l'attention des médecins. Ils sont irrégulièrement
ovoïdes , de la grosseur d'une noix , comprimés
sur un de leurs côtés , revêtus extérieurement
de membranes minces , scarieuses et brunes ;
leur substance intérieure est compacte , charnue , blanche. Leur saveur est âcre , brûlante
et nauséabonde , ainsi que leur odeur , qui est
fort désagréable. L'amidon forme à lui seul
la presque totalité de la masse de ces bulbes ; il s'y joint un principe particulier âcre
et essentiellement vénéneux , découvert par
MM. Pelletier et Caventou qui l'ont reconnu
être analogue aux autres alcalis organiques ,
et qu'ils ont nommé *vératrine* , l'ayant d'a-
bord observé dans les racines des hellébores
ou vératres. La vératrine est un principe très-
actif et fort dangereux , auquel on doit attribuer l'action énergique que développe la
racine du colchique , mise en contact avec
les tissus vivans. Cette racine détermine dans
la gorge et l'estomac une sensation d'âcreté
fort incommode , lorsque l'on en avale une
petite quantité , telle que deux ou trois grains.
Si cette dose est augmentée , le colchique agit
à la manière des médicamens âcres et drastiques , et provoque d'abondantes évacuations
alvines , et une sécrétion d'urine plus copieuse.
Enfin ce médicament violent donne lieu à tous
les accidens des poisons âcres , lorsque la dose
en est plus élevée. Remarquons cependant qu'à
toutes les époques de son développement , les
bulbes de colchique n'ont point la même énergie , et que ce n'est qu'au moment où la plante
a parcouru toutes les périodes de son accroissement , qu'ils jouissent de la plénitude de
leurs propriétés.

Plusieurs auteurs ont fait usage des bulbes
du colchique , administrés à l'intérieur sous
la forme de poudre , de vinaigre ou d'oxymel.
Les maladies dans lesquelles on a employé
ce médicament avec le plus d'avantages , sont
les différentes espèces d'hydropisies. Son action est la même que celle des autres diurétiques et purgatifs. On l'a encore conseillé
dans l'asthme , dans les catarrhes pulmonaires
chroniques , dans les affections arthritiques ;
mais ses propriétés sont loin d'être appuyées
sur des observations irrécusables. Le colchique est un médicament très-énergique , mais
dangereux , que l'on ne doit administrer qu'a-
vec beaucoup de circonspection. Si l'on fait
usage de la poudre , il faut commencer par
deux ou trois grains et augmenter graduellement , en surveillant avec attention l'état des
voies digestives , et s'arrêter sur-le-champ aus-

sitôt qu'il se manifeste quelque symptôme d'irritation dans cette partie. Quant à l'oxymel de colchique, on le fait entrer à la dose d'une à deux onces dans une potion, ou une tisane appropriée. On prépare aussi une teinture alcoholique de colchique, dont la dose est d'un à quatre gros ; elle est peu usitée.

(A. RICHARD.)

COLCOTHAR ou CHALCITE, s. m., *colcothar*. Peroxyde de fer rouge, retenant un peu d'acide sulfurique, et que l'on obtient en décomposant dans un creuset, à une température élevée, le proto-sulfate de fer du commerce ; il faut continuer à chauffer jusqu'à ce que la masse renfermée dans le creuset soit d'un beau rouge. On l'employait autrefois comme tonique et astringent à la même dose que l'oxyde de fer. (*Voyez* FER.) Le *colcothar natif* que l'on trouve en Suède, en Allemagne, en Espagne, en France, etc., contient, outre le peroxyde de fer, de l'argile, de la silice, etc.

(ORFILA.)

COLÈRE, s. f., *ira. Voyez* PASSION.

COLIQUE, adj., *colicus* ; qui appartient au colon.

Les *artères coliques* sont au nombre de six, qu'on distingue en droites et en gauches.

Les artères coliques droites naissent de la concavité de la mésentérique supérieure. On en compte trois, la supérieure, la moyenne et l'inférieure.

La supérieure, qui se détache de la mésentérique à l'instant où celle-ci passe à côté du mésocolon transverse, pénètre aussitôt entre les deux lames de ce repli, et, parvenue auprès de la partie moyenne du colon transverse, elle se partage en deux branches, l'une droite et l'autre gauche, qui s'anastomosent, la première, avec un rameau de la colique droite moyenne, la seconde avec la branche ascendante de la colique gauche supérieure.

La moyenne, née au-dessous de la précédente, d'où elle émane quelquefois, passe également dans le mésocolon, et s'y divise en deux branches, dont l'une s'anastomose avec la branche droite de la précédente, et l'autre avec la branche ascendante de la suivante.

L'inférieure, un peu plus grosse que la précédente, donne, près du cœcum, trois branches : l'une communique avec la branche descendante de la colique droite moyenne ; la seconde s'anastomose avec l'extrémité de l'artère mésentérique ; la troisième enfin gagne le point d'union du cœcum avec le colon, envoie un rameau dans le repli du péritoine qui soutient l'appendice vermiforme, et se divise ensuite en deux branches, qui toutes deux se consument dans le cœcum et le colon.

Les artères coliques du côté gauche sont des branches de la mésentérique inférieure. Il y en a également trois, qu'on désigne sous les mêmes dénominations.

La supérieure, qui est aussi la plus considérable, prend naissance vis-à-vis de la bifurcation de l'aorte. Des deux branches qu'elle donne après s'être portée presque transversalement à gauche, jusque près du colon lombaire de ce côté, l'une s'anastomose avec la branche gauche de l'artère colique droite supérieure, et l'autre avec la branche ascendante de la colique gauche moyenne.

La moyenne, qui n'existe pas toujours, et qui naît quelquefois aussi de la précédente, se partage en deux branches, dont l'une forme arcade avec la précédente, et l'autre communique avec l'une des branches de la suivante.

L'inférieure, dirigée vers la partie moyenne de l'S du colon, donne aussi deux branches, dont l'inférieure s'unit avec un rameau de la mésentérique inférieure.

De toutes les arcades que les artères coliques forment à droite et à gauche, en s'anastomosant ensemble, naissent des rameaux parallèles, ou également anastomosés en arcades, qui, parvenus au colon, forment de nouvelles aréoles, et se divisent ainsi presqu'à l'infini.

COLIQUE, s. f., *colica, tormen*. L'usage a consacré ce mot pour désigner toute douleur ressentie dans l'abdomen, principalement celle qu'on éprouve vers la région moyenne de cette cavité, et plus ou moins dans le voisinage de l'ombilic. Les parties qui forment les parois antéro-latérales de l'abdomen, et celles qui sont contenues dans sa cavité, sont si nombreuses qu'il est aisé de voir combien il est peu rationnel de confondre sous le même nom presque toutes les douleurs qui peuvent s'y faire ressentir. De la nécessité de les distinguer les unes des autres est venu l'emploi des dénominations de *colique stomacale, hépatique, pancréatique, mésentérique, entérocolique, iliaque, utérine, néphrétique, vésicale*, imposées aux douleurs causées par l'irritation de l'estomac, du foie, du pancréas, du péritoine, des intestins, de la matrice et de la vessie ; le nom de *colique*, sans épithète, est resté pour désigner spécialement la douleur intestinale, et non pas seulement celle que fait éprouver l'irritation du colon, ainsi que l'étymologie du mot *colique* pourrait le faire croire.

L'irritation et l'inflammation du péritoine et des viscères de l'abdomen ayant été attribuées à la présence de gaz surabondans, des vers, ou de certains corps étrangers, à l'accumulation des matières fécales dans les intestins, à l'impression que fait la bile soit sur leur membrane interne, soit sur celle de l'estomac ou des canaux sécrétoires du foie, les coliques ont été divisées en *venteuses* ou *flatueuses, vermineuses, calculeuses, stercorales, méconiales* et *bilieuses.* Celles qui surviennent après la disparition subite des hémorrhoïdes, des menstrues, des maladies cutanées, de la goutte, du rhumatisme, ont reçu les noms de coliques *hémorrhoïdales, menstruelles, arthritiques, rhumatismales, métastatiques.* D'autres, attribuées à la surabondance du sang, ont été appelées *pléthoriques* ou *sanguines.* Il y en avait aussi de *pituiteuses,* d'*atrabilaires,* etc. Portant leur attention sur la modification morbide organique qui produit la colique, les auteurs reconnaissaient qu'elle est tantôt accompagnée de signes non équivoques d'inflammation, et tantôt dépourvue de ces signes, ce qui faisait qu'on admettait une colique *inflammatoire* et une colique *spasmodique, convulsive, hystérique* ou *nerveuse,* c'est-à-dire *non inflammatoire.*

Les viscères, et notamment ceux dont il s'agit, peuvent-ils n'être irrités que dans les filets nerveux qui plongent dans leur tissu propre et les mettent en rapport avec les centres nerveux et le cerveau ? Cette irritation nerveuse est-elle toujours primitive? Une fois développée, s'étend-elle toujours au tissu de l'organe, ou peut-elle demeurer dans les filets nerveux seulement? Toutes ces questions devant être agitées aux articles IRRITATION et NÉVROSE, nous nous bornerons à dire ici qu'elles n'ont pas autant d'importance qu'elles paraissent en avoir.

Les diverses dénominations que nous venons d'énumérer n'indiquaient d'abord que la cause éloignée ou prochaine de la colique; mais dupe des mots dans ceci comme dans tant d'autres choses, on a fini par supposer que chacune des espèces de coliques qu'on avait établie, différait *essentiellement* des autres, qu'elle avait des signes propres, et qu'elle exigeait un traitement spécial. On fit de toutes ces coliques autant de *maladies essentiellement différentes,* et n'ayant ensemble d'autre analogie que de donner lieu à une douleur dans l'abdomen. Si, à ces notions, on avait ajouté celle du siége, en lui accordant toute l'importance qu'elle mérite, et une idée plus juste de la nature du mal, si on n'avait pas vaguement attribué ce dernier à la bile, à l'atra-

bile, à la pituite, au sang, au spasme, à la pléthore, on n'aurait pas tardé à s'apercevoir que la colique n'est point une maladie, mais un des symptômes de l'irritation d'un des organes abdominaux, ou de la membrane qui revêt les parois de cette cavité, que par conséquent elle peut dépendre secondairement de toutes les causes susceptibles de produire ou d'entretenir cette irritation, et que, dans son traitement, il ne faut pas seulement avoir en vue de faire cesser la douleur, mais encore de guérir l'irritation qui la reproduit, et de prévenir le retour de celle-ci.

Lorsqu'un malade se plaint d'éprouver des *coliques,* comme il ne comprend rien à toutes nos distinctions et définitions scolastiques, il faut ne pas oublier que par ce mot il entend dire qu'il souffre, et que le siége de la douleur qu'il ressent lui paraît être dans l'abdomen. Il faut sur-le-champ explorer cette partie du corps, la palper, observer son volume, son degré de tension, s'assurer si le ventre est ballonné, douloureux dans quelque point de son étendue, et dans quelle région, examiner si la pression augmente ou diminue la douleur, si celle-ci augmente ou ne change point dans l'inspiration, dans les mouvemens d'extension du tronc, enfin faire au malade une série de questions relatives à l'état de l'estomac, des intestins, du foie, de ses conduits, de la rate, de l'utérus, de la vessie, des reins, etc. [Nous traiterons des coliques occasionées par l'irritation aiguë ou chronique de l'estomac, des intestins, etc., aux articles GASTRALGIE, ENTÉRALGIE, CYSTALGIE, etc.]

Considérées en général, ces douleurs ne sont pas toujours continues; plus souvent elles sont passagères, quoique vives, et alors elles attirent peu l'attention. Les personnes qui s'en trouvent affectées, prennent, pour l'ordinaire, la première substance stimulante qui leur tombe sous la main; c'est ordinairement du vin, une liqueur spiritueuse, une teinture amère ou aromatique. Les médecins routiniers, qui sont en majorité partout, prescrivent à l'instant des potions huileuses, de l'éther, de l'opium, et, qui pis est, les purgatifs. Après avoir épuisé tous ces moyens, sans que le malade ait éprouvé le plus léger soulagement, ils commencent à soupçonner qu'il peut y avoir autre chose qu'une douleur *nerveuse, spasmodique,* ou *inflammatoire,* ou, sans pénétrer aussi avant, ils en viennent à l'emploi des émolliens, des émissions sanguines, par l'usage desquels ils auraient dû généralement débuter. Cependant le mal a déjà fait des progrès ; déjà quelquefois il est bien tard pour en arrêter le développement. Que tout médecin jaloux de servir l'humanité autrement que ne le font les garde-malades et les empiriques de toute espèce, s'abstienne d'imiter ces pratiques routinières ; qu'il se souvienne que les douleurs abdominales , souvent fugaces et sans importance , se rattachent fréquemment à des lésions aiguës ou chroniques des principaux viscères; que ces douleurs, au début des maladies , fournissent pour le diagnostic des lumières précieuses dont on se trouve privé quand le délire survient , ou lorsque le mal s'étendant à un grand nombre de parties, la douleur n'indique plus que vaguement le siége qu'il occupe. Sous ce dernier point de vue, il est encore nécessaire de ne pas toujours employer les narcotiques, qui masquent la douleur sans dissiper la lésion dont elle est le symptôme.

Il est une espèce de colique à laquelle on a donné les noms de *colique de Poitou*, *de Devonshire*, *de Madrid*, *des peintres*, *des potiers*, *des fondeurs*, *des plombiers*, *colique de plomb*, *de fumée*, *colique végétale*, enfin celui de *rachialgie*, et que l'on nomme plus généralement *colique saturnine* ou *métallique*. Sans nous arrêter à relever l'impropriété de la plupart de ces dénominations, et surtout de la dernière ; nous allons nous livrer à quelques considérations sur la nature et le siége de cette affection. Elle a été décrite par Paul d'Egine, Citois, Stockausen, Zeller , Weismann, Mathisen, Brand, Ilsemann , Henckel , J.-B. Dubois , J.-B.-F. de la Rivière, Astruc, Tronchin, Bouvard, Combalusier, Bordeu, Baker, Kemme, Alwek, Gardanne, De Haen, Stoll, Luzuriaga et plusieurs autres , sans que les recherches de tous ces médecins aient résolu les diverses questions qui s'y rattachent.

Elle s'annonce ordinairement par une constipation rebelle; la bouche devient amère, la langue jaune, quelquefois sèche; le malade éprouve de la pesanteur à l'épigastre, il a des borborygmes. Une vive douleur commence à se faire sentir ordinairement vers les lombes d'abord , puis à l'ombilic , et jusqu'à la région épigastrique. Si cette douleur est modérée, il survient des vomissemens de matières jaunes, vertes, rouillées. Plus souvent la douleur est excessive : il semble aux malades que leurs intestins sont dilacérés, serrés comme ils pourraient l'être par une corde , ou traversés par un instrument acéré. Astruc et presque tous les médecins qui ont écrit sur cette maladie , assurent que la pression de l'abdomen n'aug-

mente point la douleur. Mais , suivant Bordeu , les malades qui en sont affectés n'ont pas tous le ventre insensible ou indolent lorsqu'on le tâte, même dans les momens où la douleur ne se fait point sentir ; « la plupart, dit-il , éprouvent vers la région épigastrique une tension , un poids incommode, souvent très-sensible, et qui va jusqu'à la douleur lorsqu'on comprime ces parties ; il y a en aussi qui sentent vivement la compression lorsqu'on la fait vers les aines et les flancs, surtout à la région du cœcum , *qui est souvent distendu*. D'ailleurs, ajoute-t-il , et c'est une chose à laquelle on ne fait pas assez d'attention, les douleurs surviennent dans cette maladie par petits paroxysmes , par tranchées ; elles se calment pendant quelque temps , pour reparaître ensuite plus fortement : le ventre peut être comprimé dans les momens de calme , sans qu'on produise une sensation notable ; mais, au moment des tranchées, le ventre est quelquefois très-sensible aux efforts de la pression. » Toutefois Bordeu avoue que, dans les momens de fortes douleurs , la compression du ventre, souvent même très-forte, ne produit aucune augmentation de douleur , et que même elle soulage les malades. Mais cette particularité lui sert à démontrer contre Astruc que le siége de la maladie est dans les intestins , et non , comme celui-ci le prétendait, dans la moelle lombaire, puisque les intestins, diversement modifiés par la pression, deviennent plus ou moins douloureux. A cette occasion, il rappelle que la présence des gaz dans le canal digestif, chez les enfans, est souvent accompagnée de douleurs que la pression de l'abdomen diminue , bien loin de les augmenter , et il cite le cas des femmes en couche, chez lesquelles la pression de l'abdomen diminue l'intensité des douleurs qu'elles éprouvent. On pourrait ajouter que , dans la plupart des coliques intestinales, au début de toutes, et dans toutes celles qui reviennent par accès, la pression de l'abdomen procure un soulagement, au moins momentané. Il y a plus , c'est qu'il en est ainsi de presque toutes les parties où se développe la douleur, lorsqu'on peut les comprimer fortement. Les écoliers, le peuple, les garde-malades, savent très-bien cela; il ne faut pas que les médecins l'oublient. La diminution de la douleur par la compression du bas-ventre, dans la colique saturnine, ne démontre donc point que cette colique soit une maladie *sui generis* , *essentiellement* différente de toutes les autres coliques.

L'opinion d'Astruc sur le siége de cette maladie ne nous paraît pas devoir être admise, quoiqu'elle soit susceptible de trouver grace devant quelques médecins dont l'attention est trop fortement dirigée sur l'influence du système nerveux. Le fait, rapporté par Astruc, de douleurs d'entrailles, de coliques survenues à la suite d'une chute qui avait lésé les vertèbres lombaires, est un argument bien faible, même en y joignant tous ceux de ce genre que Bordeu cite d'après Fernel et Wharton. S'il fallait rapporter tous les phénomènes d'irritation à l'origine des nerfs que reçoit la partie où on les observe, toutes les maladies auraient leur siége non-seulement dans telle ou telle portion du système nerveux, dans la moelle épinière, par exemple, mais dans le cerveau lui-même, puisque ce viscère est le centre du système. C'est ainsi que Lepois et Willis ont placé le siége de la colique dans l'encéphale. Leur erreur provient de ce qu'ils avaient trouvé des altérations dans le crâne de sujets morts à la suite de violens accès de colique. Astruc, trop frappé de la paralysie qui est souvent l'effet de la colique saturnine, voulut que la colique ne fût qu'un symptôme de l'état morbide de la moelle épinière. Lepois, Willis et Astruc ne pouvaient mieux raisonner dans un temps où la physiologie n'avait pu être rigoureusement appliquée à la pathologie.

Outre le caractère particulier que l'on croyait observer dans la douleur, on a indiqué comme signe pathognomonique de la colique saturnine, la rétraction de l'abdomen, dont les parois, fortement tendues, sont portées en arrière, l'ombilic étant enfoncé, et l'anus tiré en dedans du petit bassin. Cet enfoncement de l'ombilic et de l'anus n'a lieu que lorsque la maladie est portée au plus haut degré de violence; on l'observe dans quelques cas de colique non saturnine; il n'offre donc rien de spécial.

A travers les parois de l'abdomen, qui est ordinairement fort dur, la main distingue des tumeurs noueuses, roulantes, mobiles. Les matières fécales, accumulées, s'opposent à l'introduction des lavemens, l'anus se contracte fortement sur l'extrémité de la canule de la seringue; si le malade parvient à aller à la garde-robe, il éprouve du ténesme, et ne rend que des matières sèches, moulées, ovilées, ou des mucosités sanguinolentes. La douleur est moindre quand il y a des selles fréquentes et liquides.

Le pouls est très-dur, vibrant même, après les émissions sanguines et la cessation des acci-

dens, ainsi que dans les membres paralysés. L'état de la respiration est en rapport avec celui de l'appareil locomoteur; cette fonction est fort troublée quand il y a des mouvemens convulsifs. Tous les accidens cérébraux sans exception peuvent survenir. L'insomnie, le vertige, la stupeur, l'amaurose, la surdité, des terreurs vagues sans motif, précèdent quelquefois les accès. L'épilepsie, l'apoplexie, le dégoût de la vie, les suivent assez souvent, comme il arrive pour toutes les affections excessivement douloureuses. La face est ordinairement maigre, les joues sont caves, les yeux ternes, jaunes, le teint plombé, au moins après que la maladie a récidivé plusieurs fois.

Des douleurs vagues dans la région lombaire, dans les bras, dans les jambes, dans les articulations des doigts et des orteils, le long du nerf sciatique, se font quelquefois sentir, surtout lorsque celle de l'abdomen est peu intense et dure long-temps. Ces douleurs, analogues à celles du rhumatisme et de la goutte, sont accompagnées d'un sentiment de picotement, de fatigue, de brisement ou de stupeur dans les parties affectées. La paralysie survient chez un malade sur vingt, après que la maladie a duré pendant long-temps. Elle commence par les membres supérieurs, et s'étend rarement aux membres inférieurs; plus rarement encore elle est complète; quelquefois elle ne s'étend qu'à une main, à un doigt.

Tous ces phénomènes paraissent être l'effet de l'action sympathique des intestins sur le système nerveux. S'ils se manifestent plus souvent dans la colique dont il s'agit, c'est que, de toutes les coliques, c'est la plus intense. Chaque jour, dans la pratique, on observe des douleurs dans la région lombaire et le long du nerf sciatique, accompagnées d'irritation intestinale avec constipation qui cesse en même temps que cette irritation. Ces douleurs, ressenties dans les lombes ou dans les cuisses et les jambes, sont accompagnées fort souvent de stupeur et d'engourdissement dans ces parties. Dans tous les accès de colique, il peut survenir des mouvemens convulsifs, auxquels succèdent une profonde fatigue, un sentiment de douleur et d'engourdissement dans les membres. Rien ne démontre mieux le rapport intime qui existe entre l'appareil digestif et l'appareil locomoteur. Mais ce qu'il y a de plus remarquable dans la maladie qui nous occupe, et ce qu'on n'a point assez remarqué, c'est que la paralysie n'a guère lieu que dans les membres supérieurs, ce qui porte à penser qu'elle dépend d'une affection morbide secondaire de l'encéphale plutôt que de la moelle rachidienne. *Voyez* ENCÉPHALITE.

Aucun des symptômes dont nous venons de faire mention ne constitue un signe pathognomonique de la *colique saturnine*, c'est-à-dire de celle qui paraît être due à l'action du *plomb* sur les ouvriers qui travaillent ce métal sous quelque forme que ce soit. Ces mêmes symptômes se manifestent également dans la *colique végétale*, c'est-à-dire dans celle qui est due à l'usage immodéré des fruits acerbes ou très-acides, du cidre détérioré, du poiré, des vins nouveaux et verts. Puisque des substances si différentes produisent absolument les mêmes effets, il est évident qu'elles agissent de la même manière sur les intestins, véritable siége de la maladie. Et si l'on compare les effets de tous les autres irritans qui agissent sur la membrane muqueuse intestinale, on reconnaîtra que la colique dont nous venons de parler, et à laquelle on a donné des noms si différens, n'est rien autre chose que le plus haut degré de l'*entéralgie*, ou plutôt de l'*entérite*.

L'ouverture des cadavres vient à l'appui de cette opinion. Les malades affectés de la colique saturnine languissent, et traînent une existence misérable, parce que cette maladie les atteint ordinairement plusieurs fois, la cause restant la même; mais rarement ils en meurent. Après avoir souffert pendant sept, huit jours, ou davantage, ils se rétablissent ordinairement plus ou moins complètement, quel que soit le traitement qu'on leur ait fait subir, jusqu'à ce qu'un nouvel accès revienne plus ou moins promptement. Dans l'espace de vingt-trois ans, sur douze cents malades, Burette n'en a perdu que vingt. Ceci rend précieuse la relation de neuf ouvertures de cadavres que Bordeu nous a transmise. Il en résulte qu'on trouva chez le premier le colon singulièrement rétréci, jusqu'à paraître étranglé dans plusieurs points de son étendue; cet intestin offrait des espèces de meurtrissures, des points gangréneux, ainsi que le jéjunum et l'iléum; l'estomac, surtout à sa face interne, était plein de larges taches noires, livides, et enduit d'une sorte de vernis d'un rouge-brun, qui semblait suinter d'un nombre infini de vaisseaux rampans dans le tissu de ce viscère, lequel paraissait entièrement enflammé, dit Bordeu. La vessie, surtout vers son col, était très-rouge, et visiblement enflammée, ajoute cet auteur; les vaisseaux étaient dans un état marqué de plénitude; le

foie, la rate, et même le diaphragme, avaient leurs vaisseaux fort distendus; ce muscle était fortement refoulé dans la poitrine. Chez le second, le colon était rétréci, l'épiploon gangréné, ainsi qu'une partie des intestins grêles, le cœcum en putréfaction, le foie livide, la vésicule biliaire remplie d'une matière noirâtre, la plèvre, les poumons, et le cœur lui-même, d'un rouge-brun, livide, les vaisseaux du cerveau très-pleins, très-distendus; le malade était mort dans des convulsions affreuses. On trouva des perforations dans le jéjunum et l'iléum du troisième cadavre, l'estomac gangréné, ainsi que le mésentère, la rate putréfiée, le foie marqué de plaques livides. Dans les neuf cadavres, enfin, on trouva des traces manifestes d'entérite et de gastrite, et notamment d'inflammation du colon.

Il résulte de ces faits que, malgré l'emploi des drastiques donnés à haute dose, les sujets affectés de la colique saturnine périssent rarement, et c'est sans doute ce qui fait qu'on prescrit ces moyens avec une sorte d'indifférence, et comme par devoir dont rien ne saurait dispenser. Mais quels que soient la violence des douleurs et le désir qu'on a de les diminuer, est-il bien rationnel de recourir à des moyens qui ne *guérissent* souvent qu'après huit jours de souffrances? et de choisir des moyens susceptibles par leur nature de provoquer l'inflammation des intestins si elle n'existe déjà? L'expérience, dit-on, a prononcé sur ce point..... L'expérience? dites la routine!

Des religieux venant d'Italie fondent l'hôpital de la Charité à Paris, en 1602; ils y apportent l'usage d'un remède que sans doute ils avaient reçu de quelques iatrochimistes de leur pays; ce remède était composé d'une partie de verre d'antimoine sur deux de sucre. Les disputes sur l'antimoine ayant commencé à cette époque, ils firent un secret de leur remède, ce qui ne contribua pas peu à lui donner de la vogue. On l'employa contre toutes les maladies indistinctement, comme le font encore quelques femmes du peuple dans la capitale. Lorsque la fréquence des maladies inflammatoires commença à ne plus être méconnue, l'usage du verre d'antimoine fut restreint au traitement de la colique des peintres. Cette affection ayant une cause *spécifique*, on crut devoir continuer à la traiter par un remède *spécifique*. Ce précieux remède faisait quelquefois vomir jusqu'aux excrémens. Dubois, Burette et Reneaulme, redoutant les effets incertains et dangereux du verre d'antimoine, le remplacèrent souvent par l'émétique. Lehoc, pour nous servir de l'expression heureuse de Bordeu, fixa de plus près et la colique métallique et les moyens par lesquels on la combattait. Outre le verre d'antimoine, donné à moindre dose qu'on ne l'avait fait jusqu'alors, il employa l'émétique, et quelquefois la saignée au bras, au pied, à la jugulaire, et les calmans selon les indications. On a fini par ne plus employer le verre d'antimoine. Le traitement a été rendu moins actif par Desbois de Rochefort.

[Voici en quoi consiste le traitement actuel de l'hôpital de la Charité:

Le premier jour, une pinte d'eau de casse avec trois grains d'émétique, et de quatre à huit gros de sel d'Epsom; si cette eau ne fait pas vomir, il faut la prescrire à dose double.

Le second, six grains d'émétique dans huit onces d'eau en deux fois, à dix minutes d'intervalle; si cette eau ne fait pas vomir, il faut la prescrire à dose double.

Le troisième, deux à trois verres de décoction des quatre bois sudorifiques, dans laquelle on fait infuser de quatre à six gros de séné.

Le quatrième, six onces d'infusion de séné, une once d'électuaire diaphœnix, un scrupule de jalap en poudre et une once de sirop de nerprun; si ce purgatif est rejeté par le vomissement, il faut prescrire, une demi-heure avant de l'administrer, une certaine dose d'opium, un ou deux grains, dans la thériaque.

Le cinquième jour comme le troisième.

Le sixième jour comme le quatrième.

En outre chaque jour : une pinte de décoction des quatre bois sudorifiques; le soir, douze onces de vin rouge, avec quatre onces d'huile de noix, en lavement. A midi, une livre de décoction de séné en lavement, tous les jours, ou les soirs seulement, où le malade ne prend point de potion purgative.

Si, après le sixième jour, il reste encore de la douleur, on prolonge le traitement de quelques jours, en prescrivant la tisane sudorifique laxative, aux jours impairs, et la potion purgative aux jours pairs.

Pendant le cours de ce traitement on prescrit une diète sévère.

On juge que la guérison est complète lorsque toute douleur a cessé, et lorsque, pendant cinq à six jours après la cessation des purgatifs, la purgation n'a point reparu.

Aussitôt que le traitement est terminé, on accorde des alimens dont on augmente rapidement la quantité.

Si, après un premier traitement, les accidens se reproduisent sous la même forme, il faut recommencer le traitement.

Il est rare qu'il soit utile de diminuer les doses; souvent cette diminution a été nuisible et a obligé de faire un second traitement complet.

Lorsque le ventre est sensible à la pression, il convient de prescrire pendant quelques jours des bains tièdes, des boissons rafraîchissantes, des lavemens, des fomentations mucilagineuses, avant de commencer le traitement ordinaire.

Il faut tirer du sang du bras ou appliquer des sangsues sur le ventre, lorsque la pression est très-douloureuse et lorsqu'il existe un mouvement fébrile.

Le délire et les convulsions qui surviennent doivent être combattus par les rubéfians ou les vésicaux aux extrémités inférieures, sans rien changer au traitement principal, qui doit au contraire être suivi scrupuleusement, lors même qu'on voit, ce qui est fort rare, se développer une partie des symptômes des fièvres nerveuses et putrides (1).]

Ce farrago de purgatifs, de vomitifs, d'adoucissans, de narcotiques, est assurément tout ce qu'on pouvait imaginer de plus ridicule. Qui oserait dire que ces doses, cette combinaison indigeste, soient appuyées sur une masse de faits bien observés? Tout ce qu'on peut dire pour excuser ceux qui l'emploient, c'est que les malades guérissent! Mais l'expérience a prouvé à Bordeu, à De Haen, à Stoll, à Tronchin, que les émolliens et les narcotiques suffisaient; que les purgatifs ne doivent être employés qu'après que les douleurs ont cessé. Peut-être même la continuation des émolliens, auxquels personne n'a eu recours au déclin de la maladie, combattrait-elle plus efficacement cette constipation, qui n'est qu'un symptôme, et qui par conséquent ne doit pas attirer exclusivement l'attention du médecin. Le traitement, à la fois drastique et narcotique, que nous ont légué les fondateurs italiens de la Charité, offre quelque trait de ressemblance avec la méthode contro-stimulante, composée de débilitans et de drastiques, qu'un grand nombre de médecins de l'Italie suivent aujourd'hui dans le traitement de presque toutes les maladies. Eux

(1) Chomel, Dict. de méd. en 20 vol., t. V, page 455 et suivantes.

aussi disent qu'ils guérissent, parce que les maladies aiguës s'arrêtent, et que les malades sortent des hôpitaux ; mais quand à l'étude de ces maladies ils joindront celle des maladies chroniques, ils verront qu'ils créent ou favorisent le développement de ces dernières en traitant ainsi les premières. Il est à désirer que les médecins français qui ont à traiter des malades affectés de colique saturnine, fassent des réflexions analogues, et qu'ils renoncent à un empirisme indigne d'eux et de l'état actuel de la médecine en France.

[Touquier ne prescrit ni lavemens anodins, ni thériaque, ni opium.

Le premier jour, au matin, trois grains de tartre émétique et trois gros de sulfate de soude ; dans le courant de la journée, une demi-once de crème de tartre dans une pinte d'eau ; le soir un lavement composé d'une livre d'eau, de quatre onces de feuilles de séné, d'une demi-once de sulfate de soude et de quatre onces de vin émétique.

Le deuxième jour, s'il n'y a point d'évacuations alvines et si le malade se plaint encore d'envies de vomir, potion, tisane et lavemens comme la veille ; si le malade a évacué par le bas, huile de ricin, à la dose d'une à deux onces, et, dans le cours de la journée, limonade tartarique.

Les jours suivans, une à deux onces d'huile de ricin et limonade tartarique.

On continue ce traitement jusqu'à ce que la guérison soit complète (1).

À l'hôpital Saint-Antoine, Hapeler emploie tour-à-tour et dans un ordre motivé par l'aspect particulier de chaque malade, les vomitifs, les purgatifs, les adoucissans et les narcotiques.

Ranque, médecin à Orléans, prescrit :

Le premier jour demi-bain d'une demi-heure ; application sur le ventre d'un mélange d'une once et demie de diachylon gommé, d'autant d'emplâtre de ciguë, d'une demi-once de thériaque, d'un gros de camphre et d'un demi-gros de soufre, chauffé et couvert d'un gros et demi de tartrate antimonié de potasse, d'un gros de camphre et d'un demi-gros de fleurs de soufre ; sur les lombes, un mélange semblable saupoudré seulement de deux gros de camphre ; trois frictions sur les parties douloureuses, au front, aux tempes, à la nuque et aux membres, avec une ou deux cuillerées d'un mélange de deux onces d'eau distillée de laurier-cerise, d'une once

d'éther sulfurique et de deux scrupules d'extrait de belladone ; un ou deux lavemens composés de quatre onces d'huile d'olives ou d'amandes douces, d'un demi-setier de décoction de graine de lin froide, et de vingt gouttes de teinture éthérée de feuilles de belladone, à raison d'une once de ce végétal en poudre macéré pendant trois jours dans trois onces d'éther sulfurique à 66° ; dans les crises violentes de douleur, cuillerée à bouche d'un mélange de deux onces d'eau de tilleul, de vingt gouttes de teinture éthérée de belladone, et d'une demi-once de sirop d'orgeat, quelquefois remplacée par six gouttes de teinture éthérée de belladone dans une cuillerée à café de sirop d'orgeat ; pour boisson, eau d'orge gommée, eau de chiendent gommée, petit-lait émulsionné, donnés en très-petite quantité ; diète absolue.

Le deuxième jour, mêmes moyens, à l'exception de la potion, quand elle n'a point calmé.

Le troisième, si la douleur continue avec un léger soulagement, et que le topique abdominal ait produit de la rougeur, on le laisse en place ; si la douleur continue, on ajoute au topique un gros de tartre stibié et tout le reste comme le premier jour ; si le malade ne souffre plus, on ôte le topique et on le remplace par des fomentations mucilagineuses chaudes ; lait ou panade maigre. S'il n'y a pas eu de garde-robe, frictions et lavemens.

Le quatrième, si les douleurs ont cessé, on enlève les topiques lombaire et abdominal ; si la constipation et les douleurs des membres continuent, lavemens et frictions ; si les douleurs abdominales continuent, on laisse le topique, à moins que le malade ne souffre beaucoup ; si la douleur abdominale persiste et le topique n'a produit ni rougeur, ni pustules, trois ou quatre ventouses scarifiées sur le ventre, double dose de tartre stibié sur le topique ; si les alimens de la veille n'ont pas nui, on en augmente la quantité ; si l'appétit ne se fait pas sentir, quoique les douleurs de ventre aient cessé, infusion légère de camomille ou de botrys, et bouillon gras coupé avec du lait.

Le cinquième, on modère, s'il est nécessaire, l'irritation des pustules qui se sont développées sur l'abdomen, en les pansant avec le cérat et l'onguent rosat et le baume-geneviève.

Lorsque les douleurs des membres persistent après que celles du ventre ont cessé, il faut appliquer le topique stibié sur toutes les parties douloureuses. Lorsque les douleurs cessent sans que des pustules se soient développées, le topique doit être enlevé. Quand les douleurs continuent, quoique des pustules se soient développées, on retire le topique et l'on se borne à la potion, au liniment, au lavement et au régime. Si la constipation résiste au lavement, l'huile de ricin est indiquée.

Ranque a d'ailleurs guéri la colique de plomb avec accidens inflammatoires au moyen des sangsues, et pourtant il dit avoir vu des sujets affectés de cette maladie succomber par suite d'altérations des organes des sens, du cerveau et de la moelle épinière.

A l'hôpital Beaujon, Renauldin traite la colique de plomb par les adoucissans et les émissions sanguines générales et locales, et sur plus de quatre cents sujets affectés de cette maladie, un seul a conservé de la paralysie.

Que doit penser, dit à ce sujet M. Boisseau (1), que doit faire le jeune médecin appelé pour la première fois à traiter la colique de plomb, lorsqu'il voit d'une part les vomitifs et les purgatifs les plus énergiques prodigués par des praticiens estimés, et de l'autre plusieurs de ces praticiens atténuer la violence du traitement empirique, en le simplifiant et en diminuant les doses; un autre avouer que, dans certains cas, la saignée, les sangsues, les adoucissans doivent précéder les vomitifs et les purgatifs; un second recommander à l'extérieur les topiques soufrés et stibiés et la teinture éthérée de belladone; à l'intérieur l'extrait de belladone et l'eau distillée de laurier-cerise, et les lavemens huileux ou mucilagineux; un troisième déclarer que, d'après l'état actuel de la médecine et des expériences réitérées, le traitement général des phlegmasies a la supériorité; et tous affirmer qu'ils ont guéri par ces moyens si différens la totalité des sujets affectés de colique de plomb confiés à leurs soins?

Les succès invoqués par ces médecins ne sont pas contestés; ils ont été obtenus publiquement; on ne peut dire que ces médecins se soient fait illusion. Les maladies guérissent-elles donc également par les méthodes les plus opposées, les plus violentes comme les plus douces? Également? non! personne jusqu'ici n'a suivi comparativement la pratique de la Charité, de l'hôpital St.-Antoine, d'Orléans et de Beaujon, et pourtant il faudrait que la même personne, instruite, zélée et de bonne

(1) Nosographie organique, t. 1, page 565 et suivantes.

foi, observât scrupuleusement les effets particuliers à chacune des méthodes employées dans ces établissemens contre la colique de plomb, pour qu'on sût enfin laquelle de toutes guérit le plus vite, le moins douloureusement, le plus sûrement.

Dans l'état actuel des choses, le praticien doit choisir la méthode qui répugne le moins à la raison, si elle est aussi efficace. Or, Ranque et Renauldin ayant guéri sans vomitifs et sans drastiques, l'un principalement à l'aide des irritans de la peau, des adoucissans et de quelques excitans à l'intérieur, l'autre par le moyen des adoucissans et des émissions sanguines; le premier reconnaissant la nécessité de tirer du sang dans certains cas, et l'un des plus chauds partisans des vomitifs et des drastiques faisant le même aveu, il en résulte que l'on doit d'abord recourir aux bains chauds, aux pédiluves irritans, aux boissons et aux lavemens adoucissans, aux topiques chauds et émolliens sur l'abdomen, aux émissions sanguines, à la rubéfaction de la peau, des membres et des lombes, avant de prescrire les vomitifs et les purgatifs énergiques, et que ces derniers moyens ne doivent être mis en usage que dans les cas où les premiers échouent, si toutefois ils échouent. Peut-être importe-t-il d'établir ensuite une irritation durable à la peau, pour prévenir et la rechute et la paralysie.

MM. Chevalier et Rayer proposent encore une nouvelle méthode de traitement de la colique de plomb. Suivant eux, *la première indication* consiste à neutraliser le poison, en administrant à l'intérieur une quantité *d'eau sulfurée* proportionnée à la quantité connue ou présumée de sels ou d'oxydes de plomb absorbée ou introduite dans le corps de l'homme. M. Rayer s'est servi avec succès de l'eau d'Enghien, dans ses expériences. On peut y suppléer par l'eau hydro-sulfurée artificielle, composée de la manière suivante:

℞. Sulfure de potasse ...... gr. v.
Faites dissoudre dans eau ... 1 litre.

Les effets de ces boissons hydro-sulfurées sont d'autant plus remarquables et plus assurées que l'empoisonnement est plus récent. Plusieurs coliques de plomb rebelles ont cédé rapidement à cette première partie du traitement. La seconde indication est de combattre la constipation quand elle existe; car c'est un des phénomènes consécutifs les plus constans de l'empoisonnement. Dans ce cas, indépendamment de l'eau hydro-sulfurée, le malade prendra un purgatif, dont l'activité devra être proportionnée à l'intensité de la constipation. M. Rayer s'est servi avec succès des pilules suivantes :

℞. Jalap
Scammonée } ãã 48 grains.

Pour douze pilules.

Le malade en prend de deux à six, jusqu'à ce qu'elles aient produit une abondante évacuation. Lorsque la constipation est excessivement opiniâtre, il faut administrer un lavement préparé avec :

Séné .... 1 once.
Huile de ricin .... 2 à 3 onces.

La troisième indication est de calmer les douleurs et de procurer le sommeil. Le malade prendra le soir :

Laudanum de Rousseau ...... 8 à 12 gouttes.

Ou bien :

Extrait gommeux d'opium ... 1 gr. à 1 1/2.

A l'aide de ce traitement, M. Rayer a toujours vu les accidens produits par les sels et les oxydes de plomb disparaître rapidement ; quelquefois, dès le deuxième jour, souvent du troisième au quatrième, et rarement se prolonger au-delà du sixième. Jamais il n'a observé de rechutes, quoiqu'il ait pris la précaution de garder quelques malades à l'hôpital pendant plusieurs jours après leur guérison.

Les moyens propres à préserver de la colique de plomb les ouvriers qui sont exposés à la contracter, sont d'une application assez difficile. Dans quelques fabriques, dans celles de blanc de céruse particulièrement, on ne permet pas aux mêmes ouvriers de travailler plus d'un mois, et on les oblige ensuite à un intervalle de repos : cette précaution a paru avoir des résultats assez heureux. La libre circulation de l'air dans les ateliers, et l'établissement des fourneaux d'appel seraient peut-être propres à prévenir cette terrible affection. On doit recommander encore aux ouvriers de ne point dormir et de ne pas prendre leurs repas dans le lieu où ils travaillent. Des peines sévères et une surveillance active sont indispensables pour prévenir la sophistication des vins, et surtout l'addition dangereuse des sels de plomb dans ces boissons.]

COLIQUES, *tranchées* (médecine vétérinaire); irritation d'une partie quelconque du tube intestinal, manifestée par des douleurs plus ou moins fortes, plus ou moins durables, vers la région ombilicale. Elles s'annoncent en général par une espèce d'anxiété. L'animal s'agite, se tourmente, regarde ses flancs, trépigne, ne demeure pas en place, bat le sol avec les pieds de devant, fléchit les membres d'une manière brusque, se couche et se relève alternativement, se roule, a le mouvement des flancs accéléré, sue à la suite des efforts qu'il se donne, et quelquefois se campe pour uriner. Il n'y a pas de toux, et, lorsque l'irritation n'est pas au degré d'une inflammation intense, le pouls n'est pas fébrile.

Beaucoup de circonstances peuvent déterminer les coliques des animaux, tels sont la flatulence, l'embarras des intestins, leur inflammation, le contact et l'impression des corps étrangers, des vers, etc. Quoique les coliques reconnaissent un même principe, qu'elles soient toutes provoquées par une excitation qui porte son action sur la muqueuse intestinale, et qui en détermine l'irritation, la colique causée par la présence de gaz surabondans dans une partie quelconque des intestins est plus particulièrement caractérisée par le gonflement et la tension de l'abdomen. On entend des borborygmes ; le pouls est variable, la respiration plus ou moins accélérée, l'œil saillant et animé. Si elle ne provient que d'un dégagement momentané de gaz, elle est subite, précédée ou accompagnée de la sortie des excrémens, et elle se passe assez vite ; mais, si elle est due à l'affaiblissement des fonctions digestives, à la débilitation des organes, ses effets se renouvellent, durent plus long-temps, et continuent ainsi jusqu'à ce que les fonctions du canal intestinal soient nulles, jusqu'à ce qu'une indigestion violente ou une gastrite vienne en peu de temps ou lentement mettre fin aux jours du malade.

Dans le premier cas, on doit avoir pour but de favoriser l'expulsion des gaz, et de ramener les intestins distendus à leur diamètre naturel. Pour arriver à ce résultat, il convient de mettre en usage les lavemens émolliens, les fumigations et les fomentations de même nature sur la surface de l'abdomen, les breuvages toniques et éthérés, l'exercice au pas, enfin, les bouchonnemens un peu rudes, principalement sur les côtes et les flancs.

Dans le second cas, il faut faire cesser les causes connues qui ont produit la débilitation, diminuer le travail, ménager l'emploi des forces, en éviter l'abus trop commun, changer la nourriture contre une meilleure, donnée d'abord en plus petite quantité, et ajouter au régime l'administration de quelque substance propre à réveiller les forces digestives.

Sous le nom de *colique nerveuse* ou *spasmodique* on a désigné celle dans laquelle le poil est comme hérissé, et où il y a des intervalles assez marqués entre les momens où l'animal se débat. Quelquefois une constipation opiniâtre accompagne cet état. Les causes peuvent être une transpiration subitement arrêtée, de l'eau froide bue avidement au moment où l'animal est en sueur, une mauvaise nourriture, une certaine quantité d'air dégagée des alimens dans l'estomac et les intestins.

Cette affection est rarement dangereuse, et se termine le plus souvent au bout de quelques heures. Quand l'état de spasme cesse ou tend à cesser, il survient une évacuation copieuse d'urine; l'animal se secoue, reprend peu à peu son état naturel, fiente, et se met à manger comme à l'ordinaire. Quelquefois néanmoins le mal est plus grave, se soutient plus long-temps, et se complique de flatulence et de météorisation intestinale. Le pronostic est alors fâcheux; les intestins sont irrégulièrement contractés, des matières fécales durcies occupent les cavités distendues, les marques d'inflammation sont manifestes.

Dès le début, on doit mettre en usage les calmans et les délayans, et les administrer en grande quantité. L'eau tiède salée est un bon moyen, dont nous avons été souvent à même de constater l'efficacité, lorsqu'on l'emploie après les premiers momens. L'huile d'olives avec l'eau-de-vie, le poivre, l'eau-de-vie et le nitre, si usités parmi les maréchaux, ne peuvent qu'exalter l'inflammation, et sont toujours nuisibles, principalement dans le commencement. Il ne faut pas négliger la promenade au pas et les bouchonnemens, qui favorisent toujours les effets des premiers moyens mis en usage. Dans le cas où le mal est plus grave, et compliqué de la colique venteuse ou de celle inflammatoire, le pouls est dur, et une petite saignée peut le développer. L'on aura ensuite recours aux remèdes susceptibles de calmer les irritations nerveuses, et d'être un peu toniques, tels qu'une infusion de camomille dans laquelle on mettra de l'éther sulfurique. Les lavemens d'eau tiède seront prodigués, et l'on ajoutera le nitrate de potasse aux boissons.

Un résidu de matières alimentaires, ordinairement fibreuses, accumulées en quantité dans une des poches du colon, peut donner lieu à la colique. Ces matières, agglomérées en masse dure, ne peuvent plus changer de place; elles arrêtent le cours des excrémens, produisent une inflammation dans l'endroit où elles sont arrêtées, et finissent par causer la gangrène de cette partie de l'intestin et la mort de l'animal.

Les mouvemens désordonnés sont moins intenses, moins continus, et plus lents à s'établir que dans les autres cas de coliques. L'animal commence par regarder la partie où il souffre, puis se couche, mais sans se tourmenter; ses yeux sont enfoncés, il est triste, il ne prend pas garde à ce qui se passe autour de lui, il tend ses membres, et se plaint de temps en temps. Le ventre se distend peu à peu, et, lorsqu'on lui imprime quelques secousses, il fait entendre un gargouillement assez fort en-deçà de la pelote alimentaire. Si les moyens employés n'amènent pas de changement avantageux, l'anxiété augmente, la fièvre s'établit, le pouls se concentre à mesure que les forces vitales diminuent, et il finit par devenir presqu'insensible. A l'approche de la mort, le ventre se météorise considérablement, il survient des sueurs partielles, froides ou non, le malade chancelle, se met sur les fesses, tient les extrémités antérieures tendues, porte la tête haute; mais bientôt il tombe, et périt dans de violentes convulsions.

La guérison est souvent difficile, attendu l'inflammation, la contraction et le rétrécissement de l'intestin avant et après la pelote, parties que les autopsies montrent ordinairement gangrénées. Tout doit tendre à faire évacuer cette pelote. Les émolliens et les adoucissans, les boissons mucilagineuses tièdes, émétisées, les huileux et les lavemens purgatifs, quelle qu'en soit la quantité, suffisent rarement. Le seul moyen est d'employer les purgatifs énergiques, drastiques, tels que l'aloès et la gomme-gutte, même de les renouveler jusqu'à évacuation. L'expérience prouve que ce dernier moyen est l'unique efficace, et que, si on le néglige, la maladie s'aggrave et les animaux succombent. Presque toujours, quand on obtient l'expulsion de la pelote, elle est rejetée avec force, et suivie d'une superpurgation; mais on traite celle-ci après. Lorsque l'animal est débarrassé, il convient de mettre en usage, pendant quelque temps, les moyens déjà indiqués.

L'on a donné le nom de *bézoard* à des concrétions orbiculaires ou ovoïdes que l'on trouve quelquefois dans l'intestin de quelques animaux. On en distingue de deux espèces : l'une comme spongieuse, désignée encore sous le nom de *gobbe* ou *égagropile*, est formée de poils, de bourres, et autres substances semblables, d'une couleur sale et jaunâtre; elle n'augmente plus dès que la boule est parvenue à une certaine grosseur, ce qui arrive lorsqu'elle ne roule plus dans l'intestin, et qu'elle est trop pesante pour être déplacée par l'impulsion des alimens. L'autre espèce tient plutôt de la nature du calcul; elle se forme ordinairement sur un petit caillou, une substance terreuse, sablonneuse, plâtreuse, autour de laquelle s'attache peu à peu, par couches concentriques ou excentriques, un sédiment assez semblable au tartre des dents.

Il est très-difficile de bien caractériser la colique que détermine la présence de ces matières, et qui se termine, ou par la sortie de la boule, ou par le déplacement de ce corps, ou par l'obstruction du canal intestinal et la mort de l'animal. Les symptômes, les effets pathologiques, le danger et le traitement sont absolument les mêmes que dans les cas où la colique est le signe de la présence d'un amas de matière fécale endurcie dans les intestins.

Lorsque la colique est occasionée par des vers dans l'estomac ou dans les intestins, il est très-difficile de reconnaître cette cause, attendu la variation, la courte durée et le peu d'intensité des symptômes; mais l'état dans lequel se trouve l'animal qui l'éprouve, peut fournir un meilleur indice.

Les animaux en proie à cette affection ne se tourmentent que de temps à autre, et souvent la maladie disparaît pour quelque temps sans autre signe. Lorsqu'elle se renouvelle avec plus de force, les mouvemens désordonnés sont plus forts, la peau devient sèche et adhérente, le pouls un peu serré et concentré; mais le symptôme le moins équivoque réside dans la démangeaison que l'animal ressent à la queue, qu'il remue sans cesse, et qu'il cherche à frotter contre les corps environnans. En suivant attentivement l'état des déjections, on aperçoit souvent des débris de vers ou des vers entiers rendus avec les excrémens.

Cette espèce de colique se renouvelle sans cesse jusqu'à ce que la cause qui la développe soit détruite. Elle a pour caractère l'irritation; la première indication à remplir est donc de chercher à l'apaiser, et d'employer à cet effet les calmans et les adoucissans, les huileux, les décoctions de plantes mucilagineuses, dans lesquelles on place quelques têtes de pavot, etc. On doit ensuite combattre la cause, et chercher à la détruire par l'usage continué des remèdes propres à tuer les vers ou à les expulser au dehors. (DICT. ABRÉGÉ DE MÉD.)

COLITE, s. f. C'est le nom qu'on a donné, dans ces derniers temps, à l'inflammation du colon; mais cette inflammation, se confondant ordinairement avec celle du cœcum

et du rectum, sera décrite avec celles-ci aux articles DYSENTERIE et ENTÉRITE.

COLLAPSUS, de *collabor*, je tombe; dans l'acception commune ce mot exprime un affaiblissement, une *chute* extrême et prompte des facultés cérébrales, et particulièrement de l'action musculaire, et est souvent synonyme d'*adynamie*, de *prostration*. Cependant ces derniers s'appliquent plutôt à l'affaiblissement qui se manifeste plus ou moins lentement, en quelques jours ou plus, par exemple, et le premier à celui qui survient promptement, subitement. Ainsi, on dit qu'il y a collapsus, et non pas adynamie ou prostration, à la suite d'une hémorrhagie considérable, d'une commotion du cerveau très-forte, ou d'un accès de fureur. Cullen, qui le premier a employé le mot collapsus, lui donnait un sens différent. Il s'en servait pour désigner tout état où le cerveau n'est plus assez excitable pour remplir ses fonctions, ou ne l'est plus autant que dans l'état ordinaire. Ainsi pendant le sommeil parfait il y a collapsus du cerveau; pendant la veille si cet organe éprouve une tendance au sommeil, à la somnolence, ou est pris de cette paresse intellectuelle pendant laquelle on n'a aucune idée, il y a commencement de collapsus. Cullen appelait *excitement* l'état contraire au collapsus. Et de même qu'il y a différens degrés d'excitement et de collapsus, il y a aussi inégalité d'excitement et de collapsus dans les divers points du cerveau; c'est ce qui cause les rêves, le délire, dans lesquels on observe de fausses perceptions, de fausses associations d'idées, de faux jugemens, et des émotions qui n'ont aucun rapport avec les objets qui les ont produites. « Il faut que l'excitement soit complet et égal dans chaque partie du cerveau, pour que l'exercice convenable de nos fonctions intellectuelles ait lieu. » Si dans le sommeil le collapsus n'est pas complet et égal, si quelque partie du cerveau est dans un état d'excitement, il y a rêve, fausses perceptions, fausses associations d'idées. La folie, le délire, consistent dans une inégalité d'excitement et de collapsus du cerveau.

(GEORGET.)

COLLATÉRAL, adj., *collateralis*, de *cum*, avec, et *latus*, côté, qui appartient au côté. On donne ce nom à des vaisseaux artériels et veineux situés aux deux côtés du bras. Il y a une artère collatérale externe, une ou deux artères collatérales internes du bras et des veines correspondantes. Toutes sont des branches de l'artère et de la veine brachiales ou humérales. (*Voyez* HUMÉRAL.) On appelle encore *vaisseaux collatéraux* ou *artères et veines collatérales des doigts et des orteils* les rameaux des arcades palmaires et de l'arcade plantaire, qui marchent le long des parties latérales des doigts et des orteils. Enfin on entend en général par *branches collatérales* toutes les branches artérielles ou veineuses qui suivent à peu près la marche du tronc auquel elles appartiennent ; et on nomme *circulation collatérale* celle qui se fait par ces branches et par leurs anastomoses les unes avec les autres, quand le vaisseau principal vient à être oblitéré.   (A. BÉCLARD.)

COLLECTION, s. f., *collectio*, amas. On se sert de ce mot pour exprimer le rassemblement du pus, de la sérosité, du sang, dans un abcès, dans un kyste, dans la cavité d'une membrane séreuse ; ainsi on dit *collection purulente, séreuse, sanguine* : ces expressions peu correctes sont consacrées par l'usage, quoique réprouvées par la grammaire.

(DICT. ABRÉGÉ DE MÉD.)

COLLE DE POISSON. *Voyez* ICHTYOCOLLE.

COLLET, s. m., dimin. de *col* ; ce mot n'est usité que pour indiquer le rétrécissement léger qui est entre la couronne et la racine des dents : on le nomme *le collet de la dent*. On dit aussi *le collet* ou *le col du sac*, dans les hernies. *Voyez* COL.

COLLIQUATIF, adj., *colliquativus*. On se servait jadis, et quelques médecins se servent encore aujourd'hui de cette épithète pour caractériser les flux, et même la fièvre que l'on supposait dépendans de la *colliquation : dévoiement colliquatif ; évacuation, diarrhée, sueur colliquative*. (DICT. ABRÉGÉ DE MÉD.)

COLLIQUATION, s. f., *colliquatio, fusio*, σύντηξις ; les anciens ont donné à ce mot deux acceptions différentes. Ils s'en servaient pour exprimer la diminution de consistance, de viscosité, la liquéfaction des humeurs animales et particulièrement du sang ; c'est dans ce sens qu'ils reconnaissent des fièvres colliquatives, πυρετοι συντηκτικοι. D'autres fois, et c'est l'acception que les modernes ont seule adoptée, ils désignaient par cette expression la consomption ou phthisie qui provient d'évacuations de matières excrémentitielles. Ils pensaient que toutes les parties tant solides que liquides du corps éprouvaient une véritable fonte, se transformaient en la matière excrétée.

La colliquation a été le sujet d'un grand nombre d'hypothèses. Naguère encore on l'attribuait à la dissolution des humeurs, qui fournissaient par cette décomposition tous les sédimens contenus dans les matières sécrétées ; comme si ces matières n'étaient pas créées par l'action spéciale des organes sécréteurs. Suivant la nature supposée de cette prétendue dissolution des humeurs, on distingua des colliquations putride ou non putride, acide, alcalescente, muriatique, etc.

La colliquation peut être déterminée par l'augmentation de toutes les sécrétions qui s'opèrent naturellement ou accidentellement dans l'économie animale ; telles sont les sécrétions muqueuses du conduit digestif, des bronches, celles de la sueur, de la salive, de l'urine, du sperme, enfin du pus. En général l'évacuation de ces matières, pour produire la colliquation, doit être excessive. Ce caractère néanmoins n'est que relatif d'abord à la nature de la matière excrétée, puis à l'état du sujet. Certaines personnes, qui ont éprouvé par une cause quelconque une altération dans leurs principales fonctions, dont la constitution est détériorée, comme l'on dit, seront promptement épuisées par des évacuations qui n'auraient qu'une légère influence sur d'autres.

Toutes les évacuations des matières sécrétées dans l'économie animale peuvent, comme nous l'avons dit, devenir colliquatives. Mais les selles et les sueurs prennent ce caractère beaucoup plus fréquemment que les autres, et méritent ce nom peut-être mieux encore que celles-ci. En effet il est très-rare qu'elles ne s'y joignent pas, lorsque l'affection générale produite par les évacuations d'une autre nature doit avoir une issue fatale. Presque constamment par leur présence elles augmentent rapidement l'épuisement causé primitivement par ces dernières, et accélèrent la mort. Les selles et les sueurs colliquatives se montrent plus souvent aussi que les évacuations d'un autre genre à la fin des affections chroniques et des maladies aiguës qui ont porté une atteinte profonde à toutes les fonctions ; elles hâtent ou déterminent entièrement la terminaison funeste de ces maladies.

Ce n'est pas ici le lieu de discuter quelles sont les causes prochaines et éloignées qui donnent lieu à ces sécrétions et excrétions colliquatives, de quelle nature est la lésion des organes qui fournissent aux évacuations dont la colliquation est la conséquence. Il nous suffira de remarquer que ces évacuations et l'épuisement général ont une telle coïncidence, qu'il n'est guère permis de douter qu'il n'existe entre ces deux phénomènes un rapport nécessaire. La lésion de l'organe sécréteur, quelle qu'elle soit, peut bien, surtout dans quelques cas particuliers, influer sur l'altération générale des fonctions. Mais certainement on doit surtout en accuser les évacuations de matières, dont la sécrétion n'est pas en rapport avec les besoins de l'économie et n'est faite qu'aux dépens de matériaux qui devaient servir à la nutrition. Cette cause d'épuisement devient bien évidente, lorsque la colliquation est déterminée par une diarrhée : les alimens n'étant plus élaborés par les organes digestifs qui ne fournissent plus d'élémens réparateurs. Et s'il est vrai que la graisse est tenue en réserve pour servir à la nutrition, lorsqu'il ne vient pas de matériaux du dehors, l'opinion des anciens, qui croyaient voir dans la colliquation une fonte des solides et liquides du corps, n'est pas dénuée de toute espèce de fondement. *Voyez*, pour tout ce qui se rattache à la colliquation, les articles où il sera parlé des divers *flux*, et les mots FIÈVRE HECTIQUE, PHTHISIE.   (RAIGE DELORME.)

COLLISION, s. f., *collisus*, choc, froissement, synonyme de contusion. Quelques auteurs ont employé ce mot pour désigner spécialement la contusion des os. (A. DEL.)

COLLUTOIRE, s. m., *collutorium*. Médicament destiné à être porté dans la bouche et à agir sur les gencives et les parois des joues. Les collutoires sont ordinairement moins liquides que les gargarismes; ils sont dirigés sur le siége du mal, à l'aide de pinceaux de charpie ou avec une éponge. On distingue des collutoires simplement astringens, comme les solutions de sulfate de zinc ou de cuivre, ou très-acides et presque caustiques, qu'on prépare avec les acides nitrique ou hydro-chlorique et le miel rosat. D'autres sont presque insipides, tels que le proto-chlorure de mercure et le miel. Ces collutoires sont employés dans les maladies de la bouche et des gencives, principalement dans la stomacace et la gangrène des parois de la bouche.   (GUERSENT.)

COLLYRE, s. m., *collyrium*, κολλύριον, de κόλλα, colle, et de οὐρα, queue, ou de κωλύω, j'empêche, et de ῥέω, je coule. Les anciens entendaient par collyre un médicament de forme allongée ou cylindrique propre à être introduit dans différentes cavités comme une espèce de trochisque. Maintenant l'acception que l'on donne à ce mot a complètement changé. Le nom de collyre s'applique seulement aux substances médicamenteuses qu'on met en contact avec les yeux.

Des collyres en général. — Les substances médicamenteuses qu'on emploie comme collyre sont très-nombreuses. Dans plusieurs anciens formulaires et particulièrement dans celui de Gaubius, on réunit sous cette dénomination presque tous les moyens thérapeutiques connus qu'on peut appliquer aux yeux. Dans la plupart des ouvrages modernes, on a beaucoup circonscrit le sens qu'on attache à cette expression. On a renvoyé aux articles des cérats, des onguens, des linimens, des fumigations, des cataplasmes, l'histoire de toutes les substances qu'on emploie sous ces formes différentes pour les yeux comme pour les autres parties du corps. On a seulement réservé le nom de collyre pour les substances sèches ou liquides ou gazeuses, qu'on applique sur les yeux.

Les substances sèches ou pulvérulentes sont ordinairement des oxydes ou des sels métalliques, alcalins ou terreux, porphyrisés, ou du sucre en poudre. On insuffle ces poudres dans l'œil à l'aide d'une carte ou d'un chalumeau. Les liquides peuvent être introduits soit en couvrant les yeux de compresses imbibées du liquide dont on veut faire usage, soit en le portant sur le bord des paupières à l'aide d'un petit vase connu sous le nom d'œillère, soit en versant le liquide lentement, ou enfin en l'instillant goutte à goutte avec un tuyau de plume, un chalumeau ou un linge imbibé, et écartant doucement les paupières avec les doigts lorsque le malade est couché sur le dos, la tête étendue sur un oreiller. Les collyres liquides sont employés tièdes, ou froids, suivant le but qu'on se propose, d'adoucir, de calmer ou de fortifier l'œil. On les prépare en général avec des décoctions ou des infusions mucilagineuses, astringentes, aromatiques, des eaux distillées. On y ajoute souvent des solutions salines, des teintures alcoholiques.

Les vapeurs qu'on dirige vers les yeux, et qui sont alors considérées comme une sorte de collyre, sont ou aqueuses et plus ou moins relâchantes, ou spiritueuses, ou résineuses et plus ou moins excitantes. En général la forme sèche ou liquide ou gazeuse des collyres n'influe que secondairement sur les effets de ces moyens thérapeutiques. Leurs propriétés dépendent principalement de la différence de propriétés immédiates des substances qui entrent dans leur composition et qu'on peut rapporter à plusieurs classes de médications.

Les collyres sont, quoi qu'en disent quelques praticiens, de la plus grande importance dans les maladies des yeux, et peuvent être très-utiles lorsqu'ils sont sagement administrés, parce qu'ils ont une action directe et immédiate sur le siége du mal ; mais par la même raison ils deviennent très-dangereux, lorsqu'on irrite les yeux par des applications excitantes, données intempestivement ou administrées sans soin. On ne doit en général se servir que de linge très-doux ou d'une éponge fine qu'on fera d'abord passer légèrement sur le bord des paupières, pour décoller les cils et favoriser l'écoulement du pus qui séjourne sous les paupières. Cette précaution est surtout de la plus grande importance dans les blépharo-blennorrhées, où le pus s'accumule souvent en grande quantité, ramollit la lame de la cornée et détermine par sa présence ces ulcérations si funestes qui sont la cause ordinaire des staphylômes. On écartera ensuite doucement les paupières et on instillera goutte à goutte le collyre, de manière à laver la surface de la conjonctive. Les linges ou les éponges doivent être souvent renouvelés et tenus avec la plus grande propreté. Les collyres eux-mêmes doivent être aussi changés très-fréquemment, afin qu'ils ne s'altèrent jamais. L'administration des collyres doit toujours être confiée à une personne intelligente et attentive. La réussite de ce moyen dépend beaucoup plus qu'on ne le pense ordinairement de la manière dont il est employé.

Des collyres en particulier. — On peut admettre cinq espèces particulières de collyre par rapport à leurs propriétés immédiates : des collyres relâchans ou émolliens, astringens, excitans, irritans et narcotiques.

Collyres émolliens. —L'eau tiède, les décoctions mucilagineuses de racine de guimauve, de graine de lin, de psyllium, les infusions mucilagineuses de toutes les feuilles et les fleurs émollientes, la dissolution du mucilage qui entre dans le pepin de coing, le lait, l'eau de veau, le frai de grenouille, le blanc d'œuf, sont ordinairement les substances relâchantes dont on fait le plus fréquemment usage. Ces moyens doivent toujours être employés tièdes, ou presque tièdes, ou en vapeurs. Ils conviennent particulièrement dans les ophthalmies très-aiguës et douloureuses, dans les blépharo-phthalmies et blépharo-blennorrhées, dans les contusions portées sur l'œil et dans les blessures de ces organes délicats. Dans tous ces cas, ils diminuent la douleur, la chaleur et l'irritation. Ils deviennent inutiles et quelquefois même nuisibles dans la dernière période de toutes les ophthalmies aiguës, quand l'ir-

ritation a cessé, et même dans les ophthalmies chroniques sans irritation, parce qu'ils augmenteraient le relâchement des vaisseaux de la conjonctive et prolongeraient la maladie.

Collyres astringens. — Six ou huit grains de sulfate de zinc, de cuivre, d'alun, ou d'acétate de plomb dans quatre onces d'eau de roses ou de plantain composent ordinairement les collyres astringens. On les emploie souvent avec succès dans la dernière période des ophthalmies aiguës ou dans les ophthalmies chroniques, lorsque les exacerbations aiguës dont elles se composent sont momentanément suspendues. Ces collyres sont utiles pour resserrer le système capillaire de la conjonctive, faciliter la résorption des fluides épanchés dans la cornée, et la cicatrisation de ces petites ulcérations en forme de facettes, qu'on remarque à la surface de cette partie; ils diminuent aussi le flux palpébral lorsqu'il se prolonge très-long-temps et sans douleur. Il est presque inutile de dire que ces moyens seraient nuisibles dans la première période des ophthalmies très-aiguës et douloureuses.

Collyres excitans. —Les infusions aromatiques de mélilot, de fleurs de sureau, de camomille, de thym, de marjolaine et de toutes les labiées; les décoctions très-légères de racine de valériane auxquelles on ajoute du vin ou quelques gouttes d'alcohol camphré ou quelques grains de muriate d'ammoniaque; la vapeur des eaux spiritueuses, celle du baume de Fioraventi étendu sur la paume de la main, sont des moyens excitans dont l'emploi est souvent utile dans la faiblesse des organes de la vue qui succède à de longues et graves ophthalmies, et dans certaines névroses de l'œil, particulièrement dans l'amaurose commençante. Dans les mêmes circonstances on retire aussi de très-bons avantages des fumigations résineuses d'encens et de benjoin réduits en vapeur sur des charbons ardens, et dirigées vers la surface de la conjonctive à l'aide d'un entonnoir de papier ou de métal.

Collyres irritans. — C'est dans cette division qu'il faut placer tous les collyres pulvérulens, comme les oxydes de zinc, de bismuth, le proto-chlorure de mercure, le sulfate d'alumine potassé, le muriate d'ammoniaque, le sucre en poudre, et même le nitrate d'argent, quoiqu'on l'applique en masse. Les collyres secs ou pulvérulens agissent d'autant mieux qu'ils sont réduits en poudre impalpable et bien porphyrisés. Toutes ces substances mises en contact avec la conjonctive, causent une douleur plus ou moins vive, qui s'étend à tout

le globe de l'œil et détermine bientôt une excrétion très-abondante de larmes et une injection plus ou moins étendue de tout le tissu
vasculaire de la conjonctive ; mais la partie
qui a été en contact avec le nitrate d'argent
reste blanche jusqu'à ce que les larmes aient
dissous la portion de sel qui adhère à la membrane. Quoique nous rapprochions ici toutes
ces substances pour éviter de descendre dans
de trop grands détails, et quoiqu'elles présentent en effet quelques analogies quant à
leur manière d'agir sur la conjonctive, il y a
néanmoins de très-grandes différences entre
les modes d'irritation qu'elles provoquent.
Ainsi le proto-chlorure de mercure et l'oxyde
de bismuth, qui produisent de très-bons effets
dans certaines ophthalmies, ne causent presque
aucune douleur, tandis que celle que détermine
mine le nitrate d'argent est beaucoup plus
vive. Tous ces collyres secs augmentent fortement l'action de la conjonctive, sollicitent
la résorption des fluides épanchés entre les
lames de la cornée auxquels sont dues les différentes espèces de taies. Ils accélèrent aussi
la terminaison de certaines ophthalmies aiguës
ou chroniques, et hâtent la cicatrisation des
pustules qui se développent dans le tissu même
de la conjonctive. J'ai surtout employé avec
beaucoup de succès le nitrate d'argent sur ces
pustules.

Le fiel de bœuf et de plusieurs autres animaux, le foie et la laite des poissons appartiennent à la section des collyres irritans, et
agissent d'une manière d'autant plus remarquable qu'ils sont dans un degré plus avancé
de décomposition et dégagent plus d'ammoniaque. La fiente des oiseaux et des animaux
en général est dans le même cas.

C'est aussi à cette même division des collyres irritans qu'il faut rapporter tous les collyres liquides les plus énergiques : l'eau céleste
qui n'est qu'une solution de sulfate de cuivre
précipitée par l'ammoniaque ; le collyre d'Helvétius formé avec un gros de pierre divine pour
quatre onces d'eau ; le prétendu collyre, dit
de Lanfranc, qui se compose d'une solution
de sulfure d'arsenic jaune et d'oxyde vert de
cuivre dans le vin blanc et les eaux distillées
de rose et de plantain ; mais cette solution
est vénéneuse et son action escarrotique assez
prononcée est trop irritante pour les yeux : on
ne l'emploie que rarement pour détruire les
fongosités indolentes de la conjonctive, et
encore on est souvent obligé d'affaiblir son
action en l'étendant dans un véhicule mucilagineux. On emploie plutôt le collyre de Lan-

franc comme escarrotique sur les ulcères fon-
gueux et atoniques des autres parties du corps.

L'action secondaire résolutive de tous les
collyres liquides irritans que nous venons d'indiquer, ainsi que celle de plusieurs autres qui
sont consignés dans différentes pharmacopées,
est souvent très-remarquable dans certaines
opacités presque complètes de la cornée. On
en a vu aussi de bons effets dans quelques
cataractes commençantes ; mais ils doivent
être en général administrés avec une grande
prudence, à cause de leur énergie ; et si ces
moyens, prodigués avec témérité par l'ignorance et le charlatanisme, ont quelquefois
provoqué des guérisons merveilleuses, qui ont
fait crier au miracle, il est certain aussi que,
dans beaucoup d'autres cas, ils ont au contraire
augmenté l'irritation et l'inflammation, et déterminé par suite des opacités incurables de
la cornée et une cécité complète. La réussite
de tous ces moyens dépend des circonstances
favorables à leur application ; circonstances
que l'homme instruit seul peut bien saisir,
mais qui peuvent aussi s'offrir par hasard à
l'empirique le plus ignorant.

Collyres narcotiques. — L'eau fraîchement
distillée de laitue, les décoctions de toutes
les plantes narcotiques, principalement celles
de belladone, de jusquiame, de pavot, les infusions de fleurs de coquelicot fournissent
des collyres narcotiques très-simples qui sont
fréquemment employés dans les ophthalmies
douloureuses. La décoction de belladone par
la propriété qu'elle a de relâcher la pupille
d'une manière très-prononcée, a été employée
pour préparer à l'opération de la cataracte.
On a aussi, à l'aide de ce moyen, simulé l'a-
maurose. Les extraits de jusquiame, de belladone, de laitue vireuse, de pavot, et l'o-
pium offrent encore au médecin des moyens
plus énergiques et plus certains de calmer les
douleurs souvent si aiguës, et même d'arrêter
les progrès de l'inflammation dans différentes
ophthalmies et blépharophthalmies simples ou
compliquées de virus syphilitiques ou autres,
quand d'ailleurs l'inflammation a été suffisamment combattue par les saignées générales et
locales, convenablement administrées. Il est
souvent nécessaire de porter la dose de ces
extraits calmans à un ou plusieurs grains par
once de véhicule. Dans beaucoup de cas
même, on obtient encore de meilleurs effets
en instillant dans les yeux le laudanum de
Sydenham à la dose de huit ou dix gouttes.

Les différens collyres que nous avons seulement indiqués dans cet article, peuvent être

mélangés et combinés de différentes manières, suivant les cas et le but que se propose le médecin. Les narcotiques peuvent être associés avec les astringens, quand on cherche à diminuer l'irritation trop vive que les premiers pourraient produire. Les relâchans et les narcotiques réunis tendent à déterminer un effet sédatif plus marqué. Mais ces modifications, qui peuvent être variées à l'infini, ne sont point de nature à être soumises à des règles constantes.   (GUERSENT.)

COLOMBO ou COLUMBO, *radix columbæ*, s. m. C'est la racine du ménisperme à feuilles palmées (*menispermum palmatum*, LAMK), plante sarmenteuse, qui croit à Ceylan, aux environs de la ville de Colombo et dans d'autres parties des Indes-Orientales. On la trouve dans le commerce en morceaux plus ou moins épais, d'un jaune-verdâtre intérieurement, où elle présente plusieurs lignes circulaires ; son écorce est d'un brun-verdâtre, épaisse et rugueuse. Son odeur est légèrement aromatique et un peu nauséabonde ; sa saveur, un peu mucilagineuse, est d'une extrême amertume. M. Planche a retiré de cette racine, 1° environ le tiers de son poids d'amidon ; 2° un principe jaune très-amer, non précipitable par les sels métalliques ; 3° une matière animale très-abondante ; 4° un peu d'huile volatile ; 5° quelques sels et du ligneux.

[Substances incompatibles. L'infusion de noix de galles et de quinquina jaune, l'acétate de plomb, le sublimé corrosif, et l'eau de chaux].

Le colombo est un médicament tonique qui, par son mode d'action, se rapproche beaucoup du simarouba. Il semble concentrer plus spécialement son action tonique sur l'estomac, sans agir d'une manière marquée sur les autres organes ; et presque tous les auteurs s'accordent à le considérer comme un excellent stomachique, qui convient surtout dans l'asthénie des organes de la digestion. On a aussi beaucoup vanté son usage dans les diarrhées chroniques et la dyssenterie. Mais il ne peut produire quelque effet avantageux dans ces deux affections, qu'après que tous les symptômes d'inflammation ont disparu et que la maladie semble dépendre de l'état de faiblesse où se trouve le malade. Hors de ces cas ce médicament, beaucoup trop exalté, serait plus nuisible qu'efficace. La grande quantité d'amidon qu'il renferme masque en quelque sorte la grande activité du principe amer, et rend son action tonique moins puissante. On a ordinairement recours à la décoction d'une demi-once de cette racine dans deux livres d'eau, lorsque l'on veut combattre la diarrhée chronique. Par ce mode de préparation on obtient, outre le principe amer, tout l'amidon renfermé dans la racine de colombo. L'infusion faite à froid, ou plutôt la macération, s'emploie plus fréquemment comme stomachique ; elle ne contient point de fécule, mais seulement le principe amer et la matière azotée. La poudre de colombo s'administre assez souvent à la dose d'un scrupule, dont on fait des bols ou un électuaire, en l'incorporant dans un sirop quelconque.   (A. RICHARD.)

[A petites doses, elle est très-utile pour combattre les nausées et les vomissemens qui accompagnent si souvent les premiers temps de la grossesse, ou qui dépendent d'un état spasmodique de l'estomac.]

COLON, s. m., *colon*, du grec κῶλον, seconde portion du gros intestin. *Voyez* INTESTIN.

COLONNE, s. f., *columna*. On applique ce nom, en anatomie, à des objets très-différens, et qui n'ont de commun qu'une forme approchant plus ou moins de celle du cylindre. Ainsi la série des vertèbres ou l'épine est appelée *colonne vertébrale*, les faisceaux charnus du cœur sont appelés *colonnes charnues*, et par comparaison avec ces dernières, les vessies qui ont des faisceaux musculaires très-prononcés, sont dites *vessies à colonnes*.   (A. BÉCLARD.)

COLOPHONE, s. f., *colophonia*. Matière résineuse, sèche, friable, de couleur jaune dorée, plus ou moins transparente, dénommée ainsi à cause de Colophon, ville d'Ionie, d'où on la tirait autrefois. Elle est le résidu clarifié de la distillation de la térébenthine, soumise à cette opération pour en extraire l'huile essentielle. La colophone participe aux propriétés des résines. Elle n'est plus guère employée aujourd'hui en médecine. Jadis on l'administrait à l'intérieur dans le traitement des écoulemens chroniques. Réduite en poudre impalpable, on en saupoudrait les bourdonnets et les plumasseaux de charpie qu'on appliquait sur la surface des grandes plaies, pour prévenir l'hémorrhagie. Elle fait partie de plusieurs compositions pharmaceutiques, particulièrement de l'onguent et de l'emplâtre styrax.

COLOQUINTE, *fructus colocynthidis*, s. f. Espèce du genre des concombres, et que les botanistes appellent *cucumis colocynthis*. On la trouve en Orient, en Égypte et dans les îles de la Grèce. Ses tiges sont grêles et grimpantes, s'élevant au moyen des vrilles qui partent de l'aisselle des feuilles ; celles-ci sont alternes, pétiolées, divisées en lobes profonds et sinueux, armées, ainsi que la tige, de petites aspérités. Les fleurs sont jaunes, solitaires, pédonculées et monoïques. Les fruits sont globuleux, jaunâtres, de la grosseur d'une orange. Ils renferment dans une enveloppe dure et cassante une sorte de pulpe sèche, blanchâtre, remplie de graines planes et allongées. C'est cette partie intérieure du fruit qui seule est employée. La plus estimée nous est apportée d'Alep ; elle est blanche, spongieuse, légère, presque inodore, d'une saveur excessivement amère et âcre. Elle contient de la résine, un principe amer et nauséeux, du mucilage et de l'albumine.

[Cette substance, d'après M. Vauquelin, contient une matière résinoïde, plus soluble dans l'alcohol que dans l'eau, qu'il nomme *colocynthine*, et qui est le principe actif. On y trouve encore une résine insoluble et non amère, une huile grasse, de la gomme, une matière extractive et des sels. L'eau, l'alcohol et l'éther dissolvent très-bien ses principes actifs.]

La coloquinte est un des purgatifs drastiques les plus violens. La dose la plus faible, telle que deux ou quatre grains, suffit souvent pour occasioner une abondante purgation, accompagnée de coliques, quelquefois de vomissemens, d'épreintes, et, en un mot, de tous les signes qui caractérisent le premier degré de l'inflammation des organes de la digestion. A une dose plus élevée, elle peut alors donner lieu à des accidens graves et finir, comme toutes les substances très-irritantes, par une inflammation de l'estomac et des intestins, et enfin par la mort. Aussi la coloquinte est-elle placée parmi les poisons âcres. (*Voyez* POISON.) Un remède d'une si grande énergie ne doit être employé que dans des circonstances graves, où l'usage des autres médicamens du même ordre ne peut produire des effets aussi prompts et aussi avantageux. Ainsi, on y a quelquefois recours dans certains cas de congestion cérébrale, pour produire une dérivation puissante et appeler vers la partie inférieure du canal digestif, le sang porté en trop grande abondance dans les vaisseaux cérébraux. C'est par un mécanisme analogue que la coloquinte a quelquefois été utile dans l'inflammation aiguë du tissu pulmonaire. Mais, nous le répétons, le médecin ne saurait mettre trop de prudence dans l'administration de ce remède dangereux, dont

l'histoire appartient plutôt à la toxicologie qu'à l'étude des médicamens.   (A. RICHARD.)

COLOSTRATION, s. f., *colostratio*. On a désigné sous ce titre les maladies qui surviennent aux enfans nouveau-nés, pendant qu'ils font usage du *colostrum*. Plusieurs affections, entr'autres l'ictère, les convulsions et même le tétanos, peuvent se manifester à cet âge, mais ce serait une erreur grave que d'accuser le premier lait de la mère de les produire : les médecins instruits savent tous que ce lait constitue, au contraire, l'un des moyens les plus propres à les prévenir ; il est plus en rapport qu'aucun autre avec l'état spécial des viscères digestifs chez les jeunes enfans, et l'expérience a démontré depuis long-temps que plus le lait d'une nourrice est vieux, plus son usage présente d'inconvéniens pour le nouveau-né. *Voyez* ENFANT et LACTATION.

(DICT. ABRÉGÉ DE MÉD.)

COLOSTRUM, COLOSTRE, s. m., *colostrum*, *colostra*. C'est ainsi qu'on appelle le premier lait qui est sécrété dans les mamelles après l'accouchement. Il présente des propriétés fort remarquables ; mais son histoire est si étroitement liée à celle du lait qu'il ne m'a pas paru convenable de l'en séparer. *Voyez* LAIT, LACTATION, ALLAITEMENT.   (DÉSORMEAUX.)

COMA, *coma*. Degré d'assoupissement dans lequel le malade est susceptible d'être rappelé à la connaissance, mais sans pouvoir la conserver dès qu'il cesse d'être excité. Le coma est *léger* ou *profond*. Dans le premier cas, il se rapproche de la *somnolence*, et dans le second, il est voisin du *carus*. Il y a un *coma vigil* et un *coma somnolentum*. Dans l'un, le malade chuchote, rêvasse, s'agite, ou délire ; et dans l'autre, il reste tranquille comme s'il dormait. Le coma est ordinairement un effet de la compression du cerveau produite par une congestion sanguine, un épanchement de sang, de pus ou de sérosité dans l'intérieur du crâne. Si la compression augmente, la perte de connaissance est telle que le malade est à peine sensible aux diverses espèces d'excitation, et qu'il y devient ensuite entièrement insensible. Il y a *carus*, *léthargie*, *apoplexie*, *délire intense*. (*Voyez* ces mots.) Mais observons que toutes ces expressions n'indiquent que la forme symptomatique, et non la nature organique des affections du cerveau. M. Pinel a cependant fait un ordre de *névroses cérébrales comateuses*, dans lequel il a compris l'apoplexie, la catalepsie et l'épilepsie ; mais une division qui ne repose que sur l'existence d'un symptôme n'a point une base bien solide. Dans les affections aiguës du cerveau ou des autres organes, le séméiologiste doit considérer le coma comme un signe qui annonce que par suite d'irritation et d'inflammation, la congestion cérébrale survenue est assez considérable; ce signe précède souvent le développement d'un délire violent, de convulsions générales. Arrivées à ce degré, les maladies du cerveau se terminent fréquemment par la mort. Peut-être un traitement rationnel les rendrait-il moins souvent funestes.   (GEORGET.)

COMBUSTION HUMAINE SPONTANÉE, s. f., *combustio*, de *comburere*, brûler. On nomme ainsi la combustion ou l'incinération du corps humain dont la cause est cachée, mais qu'on a cru dépendre d'un état particulier de l'organisme.

Lorsqu'on songe à la quantité considérable de combustibles nécessaire pour réduire en cendre le corps humain, la difficulté qu'éprouvaient les anciens pour rendre par l'incinération les derniers devoirs à leurs proches et à leurs amis; lorsqu'on pense que, dans les exécutions publiques, on avait beaucoup de peine à consumer le corps des criminels, qu'il fallait employer des cordes entières de bois, et aider encore l'action de ces grands bûchers par le dépècement des corps qu'on voulait incinérer, on se prête difficilement à l'idée d'incendie de l'homme vivant sans la participation de combustibles, et surtout sans la présence de corps en ignition. Les Grecs et les Romains brûlaient les corps des morts; nous avons tous lu le beau récit d'Homère des funérailles de Patrocle, celui si touchant de Virgile sur la mort de Didon. Les poètes et les historiens nous apprennent qu'on choisissait, pour former le bûcher, les bois les plus combustibles par la grande quantité de matières résineuses qu'ils contiennent; ainsi le pin, l'if, le mélèse, le frêne étaient employés à cet usage. Il fallait une telle quantité de ces bois que tout le monde ne pouvait pas obtenir les honneurs de l'incinération. D'après Cicéron et Suétone, c'était une ignominie pour une famille, lorsque le corps du défunt n'était pas entièrement consumé. Cette difficulté pour produire une combustion parfaite dut rendre l'incinération de plus en plus rare; Montfaucon nous dit qu'on nomma souvent les urnes funéraires *ossaria*, parce qu'elles renfermaient moins des cendres que des os à demi brûlés.

Les premiers observateurs de ce phénomène de combustion spontanée durent paraître bien peu dignes de foi, et lorsque les faits se multiplièrent, on n'eut d'autre ressource que d'attribuer à une cause miraculeuse ce que l'esprit humain ne pouvait comprendre ni expliquer. J'avoue qu'il est dans beaucoup de récits de combustion spontanée, des circonstances si extraordinaires, qu'on conçoit aisément pourquoi le vulgaire et même tous les hommes, lorsque les sciences physiques étaient encore peu avancées, ont attribué à des causes surnaturelles ce que leurs sens leur montraient, mais que leur esprit ne pouvait concevoir. M. Lair dit avec raison qu'il est dans l'histoire naturelle, comme dans l'histoire civile, des faits présentés aux méditations de l'observateur, qui, appuyés par les témoignages les plus convaincans, paraissent au premier aspect dépourvus de vraisemblance.

Les nombreuses observations que l'on possède de combustion humaine, et les historiens qui nous les ont transmises, ne permettent pas de porter l'incrédulité ou le scepticisme jusqu'à nier l'existence de ce phénomène. Il nous suffira de nommer Le Cat, Vicq-d'Azyr, MM. Lair, Kopp de Hanau en Wétéravie, Dupuytren et Marc, pour ne plus conserver de doute sur la réalité des combustions humaines.

Ces médecins ne sont cependant pas tous du même avis sur la nature de ce phénomène, ou sur son mode de production : MM. Lair, Vicq-d'Azyr, Dupuytren croient à la combustion humaine lorsque les individus ont présenté certaines circonstances de leur organisation favorables à l'entretien de la combustion, mais ils veulent qu'il y ait contact entre le corps animal et une matière en ignition. Le Cat, MM. Kopp et Marc croient que la présence du feu n'est pas nécessaire, et que la combustion peut être déterminée par des causes intérieures, propres à l'individu et sans aucune participation des agens extérieurs.

Il est un point sur lequel tout le monde est d'accord, c'est celui des causes prédisposantes de ces incendies, et qui tiennent à l'état des solides et des humeurs des personnes qui sont les victimes de ces combustions.

D'après l'examen des faits connus et publiés, on sait que les personnes qui ont été consumées plus ou moins complètement dans ces combustions, étaient depuis long-temps livrées à l'ivrognerie, et qu'elles faisaient surtout un abus de liqueurs spiritueuses; que cette combustion est arrivée le plus souvent sur des femmes très-âgées, et dont le corps était chargé de beaucoup de graisse.

Dans ces combustions, le corps animal n'a

jamais été trouvé complètement incinéré ; il est resté quelques parties à moitié brûlées ou torréfiées, tandis que les autres étaient entièrement consumées, réduites en cendre, et ne laissaient après elles, pour tout résidu, qu'un peu de matière grasse, fétide, une suie puante et pénétrante, enfin un charbon léger, onctueux et odorant. Les parties non consumées étaient les extrémités du corps, les doigts, les orteils, les pieds ou les mains, quelques pièces de la colonne vertébrale ou des portions du crâne.

Le feu le plus souvent ne prend pas aux corps combustibles de la chambre, tels que les meubles en bois, le lit, etc., ou, s'ils sont endommagés, leur combustion est partielle, incomplète. C'est surtout les vêtemens dont la personne est couverte au moment de l'accident, qui sont brûlés. Une suie épaisse, grasse, très-noire, fétide et abondante recouvre les murs et les meubles. Lorsqu'on est arrivé assez tôt pour trouver le corps animal en ignition, on a vu une flamme peu vive, bleuâtre, et dans plusieurs circonstances, l'eau, au lieu de l'éteindre, n'a fait que lui donner plus d'activité.

Voilà les points les plus connus et les moins contestés de l'histoire des combustions humaines ; il en est un sur lequel les opinions sont partagées : je veux parler de la présence d'un corps en ignition. Dans presque tous les exemples cités par Le Cat, dans presque tous ceux que M. Lair a rassemblés, ainsi que dans ceux qui sont plus récens, et qu'on trouve dans les journaux de médecine, il est fait mention d'une lampe, d'une bougie ou d'une chandelle allumées dont se servait la personne ; ou bien elle fumait une pipe, ou elle était assise auprès du feu ; ce qui fait concevoir le mode de transmission de la flamme, et comment le corps animal a pu entrer en ignition.

Dans son cours d'anatomie pathologique, M. le professeur Dupuytren, considérant les combustions humaines comme un sixième degré ou la sixième variété de ses brûlures, rapporte l'observation d'une vieille femme qui abusait, depuis plusieurs années, du vin et des liqueurs alcoholiques. Cette femme rentra un soir chez elle, se plaça sur une chaufferette, fut asphyxiée par la vapeur du charbon, et tomba de manière qu'un de ses membres restât appuyé sur la chaufferette. La peau fut brûlée dans quelques points, et entièrement détruite dans d'autres. La graisse, dont le tissu adipeux était surchargé, se fondit et vint alimenter la combustion, qui se propagea de proche en proche à toutes les parties. Les vête-

mens de cette femme, les rideaux de son lit furent atteints par la flamme et consumés. Le plancher était recouvert d'une couche huileuse, jaunâtre, fétide, de quelques lignes d'épaisseur, et mêlée à des débris du corps. M. Dupuytren croit qu'ici le feu a d'abord pris aux vêtemens, puis a brûlé tout le corps dont les systèmes organiques, et surtout le tissu adipeux, étaient pénétrés d'alcohol, et conséquemment dans des conditions favorables à la combustion. Il n'y a dans ce fait, comme peut-être dans tous les autres, que l'incinération totale du corps qui soit très-remarquable, car la cause est toute naturelle, et tient à la présence et au contact du feu.

L'expérience m'a appris bien souvent, dans nos amphithéâtres, que tous les cadavres, mis au feu pour les détruire, ne brûlent pas avec la même promptitude. Les sujets maigres, musculeux, jeunes, demandent beaucoup de combustibles pour être incinérés, tandis que les sujets gras brûlent rapidement et avec l'aide d'une très-petite quantité de bois ou de tout autre combustible.

Si presque toutes les observations de combustion humaine ont pour sujet de vieilles femmes, c'est que, dans le sexe féminin, les systèmes organiques se chargent, à un certain âge, beaucoup plus abondamment que dans l'homme, d'huile animale ou de graisse, et nous ajouterons que, si l'ivrognerie est moins commune chez les femmes que chez les hommes, lorsqu'elles s'y livrent c'est avec un excès et une continuité que l'homme présente rarement.

Le Cat, MM. Kopp, Marc, etc., croient qu'il n'est pas nécessaire d'exiger la présence d'un corps en ignition dans la production des *combustions spontanées*. Ils citent à l'appui de leur sentiment les incendies spontanés par lesquels des amas de charbon de terre, de fumier de cheval, de foin et autres végétaux frais et humides peuvent être consumés. Les sulfures métalliques, les ballots de laine, de coton, les fourrures, les vieilles hardes et beaucoup d'autres substances animales ou végétales entassées peuvent spontanément prendre feu. Une flamme ne s'élève-t-elle pas subitement dans les mélanges des acides nitrique et sulfurique avec les huiles, etc., etc? C'est par tous ces faits empruntés à la physique et à la chimie, que MM. Kopp et Marc étayent leur opinion. Le Cat cite beaucoup d'observations consignées dans les auteurs, et d'après lesquelles il admet qu'on peut faire sortir du feu de tous les corps, et produire chez eux des *incendies spontanés.* Suivant lui, les animaux sont remplis de matières combustibles qui s'enflamment ou d'elles-mêmes, ou par les causes occasionelles les plus légères. Pierre de Castre fait mention d'un phénomène que beaucoup de personnes ont dû observer, c'est qu'il est des individus chez lesquels des frictions sur les bras ou les jambes font sortir des étincelles. Daniel Horstius parle d'un goutteux qui, après des accès violens de sa maladie, rendait, par le frottement, ses jambes resplendissantes de lumière. Le docteur Sempson, dans son *Traité de la fermentation,* cite une femme qui, en se peignant, faisait sortir des étincelles de ses cheveux. Cardon parle d'un carme qui faisait jaillir des étincelles de sa tête, par le simple frottement qu'il produisait en jetant son capuce sur ses épaules.

L'étincelle électrique d'une part, et l'imbibition de tous les tissus organiques par des liqueurs spiritueuses très-inflammables d'autre part, enfin la présence de beaucoup de graisse dans le tissu adipeux, sont les trois circonstances que des médecins ont considérées comme suffisantes pour provoquer, recevoir et entretenir la combustion du corps humain.

En bonne physiologie, il n'est guère possible d'admettre qu'une substance ingérée dans l'estomac et soumise pour son assimilation à l'action des viscères digestifs, puisse se retrouver dans les humeurs animales, et dans les liqueurs sécrétées, avec toutes ses propriétés. Il n'y a qu'un aliment, suivant Hippocrate, c'est-à-dire que le chyle est toujours identique, quelle que soit l'espèce de substance alimentaire. Il faut cependant que le chyle ne soit pas toujours le même, puisque nous retrouvons dans les humeurs sécrétées et quelquefois dans tous nos tissus, certains principes odorans, colorans ou autres, qui appartenaient aux substances introduites dans le canal digestif. L'opinion d'Hippocrate sur l'identité du chyle, quelle que soit la nature de la matière alimentaire, les idées de beaucoup de physiologistes sur l'élaboration des alimens par l'appareil de la digestion, semblent impliquer contradiction avec les expériences qui démontrent la présence de certaines substances ou de quelques-unes de leurs propriétés dans l'urine ou dans le sang, quoiqu'elles aient été soumises à tous les agens et à tous les procédés de l'assimilation. Les observations de MM. Tiedemann et Gmelin ne laissent pas de doutes à cet égard.

Peut-être cette contradiction est-elle plus apparente que réelle. Si le chyle reste le même,

c'est que les vaisseaux chylifères n'ont que la propriété d'absorber cette liqueur constamment homogène et identique, tandis que les veines se chargent des substances qui, mêlées aux alimens, se retrouvent dans quelques-unes des humeurs sécrétées. Qui n'a reconnu souvent par l'odorat les substances qui avaient été ingérées dans l'estomac? Les personnes qui prennent du soufre, du musc, de l'ail, du camphre, de l'éther, etc., ont une perspiration cutanée, chargée de l'odeur propre à chacune de ces substances. J'ai fait l'ouverture du corps de plusieurs suppliciés, j'ai reconnu dans tous les tissus une odeur vineuse ou alcoolique dépendante des boissons prises par ces individus avant d'aller à l'échafaud. Bijou le Polyphage, ouvrier du jardin du roi, avait fait la gageure de boire en peu d'instans une grande quantité de vin et d'eau-de-vie, ce qu'il exécuta, mais il perdit la vie par cet excès. MM. Cuvier et Duméril firent l'ouverture de son corps, et furent frappés de l'odeur vineuse et alcoolique qu'il répandait de toutes parts. L'estomac n'élabore donc pas toutes les substances qu'on lui confie, puisqu'elles arrivent dans les tissus de nos organes avec leurs propriétés. Voilà, je crois, ce qui porte à regarder comme probable la présence de l'alcohol dans le tissu cellulaire et adipeux des personnes qui sont victimes des combustions dont nous parlons. Nous avons vu déjà que ces personnes étaient très-chargées de graisse, et l'expérience nous a appris que les sujets très-gras brûlent avec facilité et promptitude; il ne faut que la cause déterminante de la combustion. Le plus souvent, et j'avoue que je suis porté à croire qu'il en est toujours ainsi, cette cause est dans la présence d'un corps en ignition. Une bougie, une lampe allumées, un peu de braise dans une chaufferette ou dans le foyer, une pipe dont se sert la personne, etc., voilà ce que l'on trouve dans presque toutes les histoires de *combustion humaine.* Presque tous les exemples de combustion ont eu lieu en hiver, et cela parce que suivant quelques médecins, dans cette saison, l'état idioélectrique est plus prononcé; ou n'est-ce pas plutôt parce qu'on se trouve plus souvent et plus facilement en rapport avec un corps en ignition? Lorsque ces corps en ignition n'existaient pas, Le Cat, MM. Kopp et Marc croient pouvoir y suppléer en admettant un état idioélectrique chez le sujet. Ils croient aussi au développement de gaz inflammables dans le corps humain, et à leur accumulation dans le tissu cellulaire; le corps animal rendu éminemment combustible n'a plus besoin , pour entrer en combustion , que de l'intervention d'une cause occasionelle qui est l'étincelle électrique. Ils disent que les substances inflammables accumulées dans le corps des victimes de combustions spontanées , devaient même par leur nature augmenter l'état électrique. L'échauffement aura également pu contribuer à l'expulsion de l'étincelle; et c'est ainsi que la proximité du feu ou d'une chandelle allumée aura dans certains cas aidé les combustions humaines. D'autres fois cet effet aura été produit par un exercice violent, ou par toute autre cause propre à solliciter l'étincelle électrique qui , ainsi développée , parcourt avec une extrême vitesse le corps imprégné en quelque sorte d'une matière inflammable; et celle-ci , en s'enflammant sur tous les points, ne peut plus être domptée par les parties aqueuses : aussi la combustion a-t-elle eu lieu dans le plus grand nombre des cas, avec une rapidité telle que les victimes n'ont pas eu le temps d'appeler du secours. Cette explication est sans doute ingénieuse , mais n'est-elle pas plus spécieuse que solide? Paraîtra-t-elle suffisante aux esprits qui ne se contentent pas de suppositions, et que des faits bien constatés peuvent seuls satisfaire? Reconnaissons qu'un nouvel examen de ce phénomène est nécessaire, qu'il exige pour être bien connu et bien apprécié , les lumières de la chimie et de la physique modernes. Cependant quelle que soit la cause occasionelle des *combustions humaines* , le médecin légiste doit tenir grand compte de ce genre d'incendie ou d'incinération , et éclairer les tribunaux , afin de prévenir les erreurs et d'éviter de voir l'innocence frappée d'un glaive qui ne doit atteindre que le crime. (C. BRESCHET.)

[M. Julia-Fontenelle a lu à l'Académie royale des Siences , un mémoire sur la combustion humaine spontanée dont nous croyons utile de donner ici un extrait, parce qu'il tend à renverser les théories admises jusqu'à ce jour sur ce singulier phénomène.

On définit la combustion , dit-il , une combinaison de l'oxygène avec un corps, avec émission de calorique et quelquefois de lumière. Dans tous les cas, il n'y a jamais émission de lumière sans dégagement de calorique. Il est cependant reconnu que plusieurs corps peuvent, en s'unissant, dégager du calorique et de la lumière et simuler une combustion , sans cependant absorber de l'oxygène.

Lavoisier a attribué le dégagement du calorique à la condensation des molécules de l'oxygène absorbé. Cependant, quoique cette absorption soit bien démontrée, il ne l'est pas, bien s'en faut, que tout le calorique produit par la combustion lui soit dû dans tous les cas.

D'après Berzélius, le calorique et la lumière qui sont produits par la combustion ne sont point dus à une variation de densité des corps, ni à un moindre degré de calorique spécifique de nouveaux produits, puisqu'il arrive souvent que le calorique spécifique est plus fort que celui des principes constituans des corps qui avaient été brûlés. D'après ce fait et l'action que le fluide électrique exerce sur les corps combustibles, il pense qu'au moment où ils s'unissent, ils développent des électricités libres , opposées, dont la force devient d'autant plus grande qu'elles approchent davantage de la température à laquelle la combinaison a lieu; jusqu'au moment de cette combinaison les électricités disparaissent , en donnant lieu à une élévation de température telle qu'il se produit du feu. « Dans toute combinaison chimique, dit-il , il y a neutralisation des électricités opposées; et cette neutralisation produit le feu de la même manière qu'elle le produit dans les décharges de la bouteille électrique , de la pile électrique et du tonnerre, sans être accompagnée , dans ces phénomènes, d'une combinaison chimique. »

Ceci posé, examinons maintenant les théories des combustions humaines spontanées.

Iʳᵉ THÉORIE.—Plusieurs auteurs en ont attribué la cause aux liqueurs spiritueuses, qui, se trouvant continuellement en contact avec l'estomac et pénétrant à travers les tissus, les imbibent à tel point, qu'il suffit de l'approche d'un corps enflammé pour en déterminer la combustion. A l'appui de leur opinion ils citent l'odeur spiritueuse observée par MM. Cuvier et Duméril sur les cadavres de quelques individus morts à la suite d'un excès de boissons alcoholiques. Cette odeur n'existe pourtant pas constamment, puisque le docteur Bailly , ayant disséqué, huit heures après sa mort, un individu mort pour avoir bu une pinte d'eau-de-vie, ni les muscles, ni les organes ne répandaient d'odeur alcoholique ; d'ailleurs , ce ne serait point une raison pour attribuer cette combustion à de si faibles quantités d'alcohol, puisque de la toile trempée dans ce liquide n'éprouve d'autre altération que de rester mouillée, après que l'alcohol a cessé de brûler. En second lieu, si cette infiltration de l'alcohol à travers les tissus avait lieu véritablement, les combustions humaines spontanées devraient être fréquentes chez les hommes adonnés aux boissons alcoholiques et surtout dans les pays riches en vignobles ; enfin nous devons faire observer que tous ceux qui ont écrit sur les combustions humaines ne regardent pas la présence d'un corps enflammé comme nécessaire pour les déterminer : mais fût-elle prouvée, comment admettrait-on la combustion de l'alcohol dans l'intérieur du corps sans la présence de l'air ou de l'oxygène ?

Première expérience. — Le 15 mai 1827, je pris des tranches de bœuf très-minces, je les fis macérer pendant cinq jours dans de l'alcohol à 36° ; au bout de ce temps, j'exprimai fortement, et je les remis dans de nouvel alcohol, que je renouvelai le 1er août, et je continuai cette immersion jusqu'au 15 décembre, c'est-à-dire durant près de cinq mois. Cette viande était à coup sûr plus infiltrée d'alcohol que le corps humain, ou cette infiltration est supposée ; il est évident aussi que cet alcohol, étant deux fois plus fort que l'eau-de-vie, doit être bien plus inflammable ; j'exposai donc cette viande, ainsi préparée, au contact d'un corps enflammé, sans pouvoir l'enflammer ; je fis plus, je la plaçai dans une capsule et je la recouvris de quatre lignes d'alcohol à 38°, que j'enflammai. Après qu'il eut été entièrement consumé, la viande était intacte à l'intérieur, et un peu rissolée au-dehors ; les bords seuls, qui étaient très-minces, furent brûlés : elle conservait une odeur alcoholique très-marquée ; exposée à la flamme de l'alcohol, elle ne prenait point feu. Il en était de même de la viande infiltrée d'alcohol et soumise à une décharge électrique.

Deuxième expérience. — Nous avons répété les expériences précédentes avec l'éther sulfurique, et les résultats ont été les mêmes.

Troisième expérience. — J'ai pris des tranches de viande qui avait été mise en infusion dans l'alcohol et dans l'éther, et je les ai tenues plongées pendant dix jours dans l'huile de térébenthine. Non content de cela, j'arrosai cette viande avec cette huile, et je l'allumai : la viande fut seulement un peu plus rissolée que dans les expériences 1 et 2.

La présence de l'alcohol, même en grande quantité, dans le tissu musculaire, ne saurait donc lui faire prendre feu, encore moins produire l'incinération du corps humain.

IIe THÉORIE. — M. le docteur Marc et plusieurs autres médecins, d'après le développement, en plus ou moins grande quantité, de gaz hydrogène dans les intestins, ont été portés à croire que le même phénomène pouvait avoir lieu dans les autres parties du corps, et que ce gaz pouvait prendre feu par l'ap-

proche d'un corps enflammé, ou bien par une action électrique produite par le fluide qui se serait développé chez les individus ainsi brûlés. D'après cela ils ont supposé, 1° un état idioélectrique chez ces sujets ; 2° le développement du gaz hydrogène ; 3° son accumulation dans le tissu cellulaire.

Je suis loin de nier l'existence du gaz inflammable dans l'estomac, puisque, dans la météorisation des bœufs, les gaz qui produisent l'enflure ont été reconnus pour être des gaz acide carbonique et hydro-sulfurique, ainsi que de l'oxyde de carbone, comme je l'ai annoncé dans le *Journal de Chimie médicale*. Nous savons aussi qu'en 1751 un boucher d'Eenam tua un bœuf très-gonflé, et qu'en ayant tiré avec force le ventricule, il creva le panserot, d'où il se dégagea avec bruit une flamme de plus de cinq pieds de hauteur et qui lui brûla les cheveux, etc. Ce gaz avait été allumé par l'approche d'une lumière que tenait une jeune fille. Bonami et Ruisch ont vu, en 1797, le professeur d'anatomie de Pise approcher une bougie d'une ouverture qu'il venait de faire à l'estomac d'un cadavre, d'où se dégagea un gaz qui s'enflamma. Dans une autre circonstance, Ruisch a également vu sortir, à travers une incision faite à l'estomac d'une femme, qui n'avait pas mangé depuis quatre jours, un gaz qui s'enflamma avec explosion à l'approche d'une bougie, et répandit une lumière de courte durée et d'une couleur jaune-verdâtre. Enfin, le docteur Bailly a fait une observation plus curieuse, en présence de plus de vingt élèves, sur un cadavre sur tout le corps duquel on remarquait, surtout aux extrémités inférieures, un emphysème extraordinaire. Chaque fois qu'on y faisait des incisions longitudinales, il s'en dégageait un gaz qui brûlait avec une flamme bleue. La ponction de l'abdomen en donna un jet, qui produisit une flamme de plus de six pouces de hauteur, etc. Un fait digne de remarque, c'est que les gaz intestinaux, loin de s'enflammer, éteignaient la lumière.

Quatrième expérience. — Je tins pendant trois jours de la viande, coupée par tranches minces, dans quatre cloches remplies, l'une de gaz hydrogène, l'autre de gaz hydrogène bicarboné, la troisième de gaz oxyde de carbone, et la quatrième d'oxygène ; malgré cela je ne pus jamais parvenir à enflammer cette viande, ni avec un corps enflammé, ni par l'étincelle électrique.

Si nous recourons maintenant aux théories de Lavoisier et de Berzélius pour expliquer la combustion spontanée par la combustion de l'alcohol ou du gaz hydrogène, nous verrons qu'elles sont également inadmissibles, 1° parce qu'il s'en faut de beaucoup que la présence de l'alcohol entre les fibres musculaires soit démontrée; et quand bien même elle le serait, il faudrait, en admettant même que cet alcohol a été allumé à l'intérieur du corps par l'effet des électricités opposées de Berzélius, il faudrait, dis-je, admettre aussi la présence de l'air dans le corps pour alimenter cette combustion : ce qui est impossible, puisque l'air ne peut pénétrer à travers le tissu cutané. Nous savons, d'après les belles expériences de Davy sur la flamme, qu'il suffit d'un simple réseau métallique pour intercepter la chaleur et empêcher l'inflammation du gaz le plus inflammable. Ce que nous venons de dire sur l'impossibilité de la combustion de l'alcohol dans l'intérieur du corps, s'applique également au gaz hydrogène; nous disons plus, elle aurait lieu que l'individu périrait sans être incinéré. J'ai brûlé du gaz hydrogène, dans lequel j'avais placé un morceau de viande, qui n'a été que légèrement rissolée. Il est encore un fait bien digne de remarque et bien reconnu, c'est que le gaz hydrogène ne saurait s'enflammer par l'étincelle électrique, quelque prolongée que soit son action, à moins qu'il ne soit en contact avec le gaz oxygène; et certes, s'il y était mêlé dans le corps humain, il se ferait une sorte d'explosion.

Conclusions.—D'après ces faits il paraît évident qu'on n'a présenté encore que des hypothèses inadmissibles sur la théorie des combustions humaines spontanées. Les observations que nous avons rapportées s'accordent toutes à les présenter comme offrant des caractères distinctifs des combustions ordinaires. En effet, les parties du corps les moins combustibles, telles que le foie, la rate, les poumons, etc., sont toujours incinérés. Au contraire les cheveux, quoiqu'extrêmement combustibles, ne sont point brûlés.

Si nous considérons maintenant, 1° qu'il faut une grande quantité de bois pour incinérer un cadavre, quantité qui est telle qu'elle suffirait pour incendier la maison, l'on verra qu'il est impossible que le gaz hydrogène ou l'alcohol, qui n'enflamme pas même la toile, puisse produire cet effet; 2° les produits des combustions animales font un charbon spongieux, très-noir, luisant, fétide, et ne s'incinérant qu'à une très-haute température, tandis que les combustions humaines spontanées ne développent qu'une température faible qui ne brûle pas même les objets les plus combustibles.

Les combustions humaines ne sont donc pas l'effet de la combinaison des élémens de la matière animale avec l'oxygène de l'air.

En dernière analyse, nous pensons que, chez quelques sujets, principalement chez les femmes, il existe une diathèse particulière, laquelle, jointe à l'asthénie qu'occasionnent l'âge, une vie peu active, l'abus des liqueurs spiritueuses, peuvent donner lieu à une combustion spontanée; mais nous sommes loin de considérer comme cause matérielle de cette combustion, ni l'alcohol, ni l'hydrogène, ni une surabondance graisseuse. Si l'alcohol joue un rôle dans cette affection, c'est en donnant lieu aux causes précitées, c'est en produisant cette dégénérescence dont nous avons parlé, laquelle engendre de nouveaux produits très-combustibles, dont la réaction détermine la combustion des corps.]

COMESTIBLE, adj. et subs. m., *edulis*, *edulium*. En général on désigne par ce mot tout aliment solide. Nous étendrons momentanément l'acception dans laquelle il est ordinairement pris; et nous réunirons dans cet article les considérations d'hygiène publique communes à tous les genres d'alimens, aux condimens et aux boissons.

Les alimens et les boissons sont les premiers besoins de l'homme. Par l'usage journalier qu'il en fait, il est sans cesse exposé aux effets salutaires ou fâcheux qui résultent de leurs bonnes ou mauvaises qualités. L'influence qu'ils ont sur la constitution physique des peuples, sur les maladies qui sévissent sur eux, ne saurait être mise en doute. Aussi les législateurs de tous les temps, convaincus que la santé publique forme une des principales bases de la prospérité d'un état, n'ont pas seulement préparé les moyens de se procurer les alimens avec abondance et facilité; ils ont encore cherché à prévenir les inconvéniens que, d'après des observations plus ou moins justes, ils attribuaient à leur usage dans certaines circonstances. Quelques-uns même d'entre eux, pour assurer l'observation de leurs lois hygiéniques, leur ont imprimé le sceau de la religion.

Il n'entre pas dans les attributions des gouvernemens de diriger les détails de la vie domestique, de commander des précautions dont l'oubli sera préjudiciable à la santé. Ils ne peuvent que répandre les connaissances qui éclaireront les individus de toutes les classes sur les dangers auxquels les exposent leurs préjugés ou leur imprudence. Mais il est du devoir de ceux sous la sauvegarde desquels reposent la sûreté et les intérêts publics des citoyens, de présider en quelque sorte à la préparation de tout ce qui doit servir à l'alimentation générale, de surveiller la vente des comestibles, de réprimer la cupidité qui porte à employer des moyens frauduleux ou nuisibles pour donner à des substances alimentaires l'apparence de qualités qu'elles n'ont pas, enfin d'arrêter le débit de toutes celles qui peuvent porter atteinte à la santé par leur nature ou par les altérations qu'elles ont subies.

C'est d'après ces considérations qu'un grand nombre de lois et de réglemens ont été portés sur ce sujet. Nous n'en rappellerons ici que les dispositions les plus générales.

Les officiers de police surveillent la salubrité et la sanité des comestibles exposés en vente..... Ceux trouvés gâtés, corrompus ou nuisibles sont confisqués ou détruits. Les vendeurs encourent une amende de police municipale..... En cas de récidive, ils sont traduits à la police correctionnelle. (*Lois* des 24 août 1790, 22 juillet 1791 et 3 brumaire an IV.) — Les vendeurs et débitans de boissons falsifiées sont punis d'une amende de six à dix francs, et en outre, s'il y a lieu, d'un emprisonnement de trois jours, et de cinq, en cas de récidive. Ces boissons seront répandues. (*Cod. pén.*, art. 475, 476, 477 et 478.) Quiconque aura vendu ou débité des boissons falsifiées, contenant des mixtions nuisibles à la santé, sera puni d'un emprisonnement de six jours à deux ans, et d'une amende de seize francs à cinq cents francs. Seront saisies et confisquées les boissons falsifiées. (*Idem*, art. 318.)

Les comestibles, sans être ni altérés ni falsifiés, sont, dans quelques cas, dépourvus des qualités qu'ils doivent posséder : ils peuvent avoir primitivement des propriétés délétères; ou bien, après avoir été doués des qualités requises, ils éprouvent une altération quelconque, résultat de leur décomposition naturelle, ou provenant de négligence dans leur conservation et d'usages pernicieux dans leur préparation. Enfin, ils peuvent être falsifiés, avec plus ou moins de danger pour la santé, dans le but de rendre leur aspect plus agréable, de masquer ou de corriger leurs mauvaises qualités, ou dans l'intention d'augmenter leur poids ou leur volume. Tels sont les cas principaux qui appellent la surveillance de l'autorité, et pour lesquels les médecins peuvent être consultés. Nous allons passer en

revue, aussi succinctement que possible, les divers genres de comestibles sous les rapports qui viennent d'être indiqués. Dans un sujet qui embrasse tant de détails, nous ne devons présenter que ce qu'il y a de plus général et de plus important. Quant aux altérations et sophistications des diverses substances, il en sera traité à la plupart des articles qui concernent chacune d'elles. Nous n'avons qu'à appeler l'attention sur ces altérations et sophistications, et sur les effets dangereux qu'elles produisent.

DES ALIMENS : *substances tirées du règne animal.* La *viande de boucherie* est, parmi celles-ci, la plus importante à considérer, parce qu'elle forme dans nos climats la nourriture la plus habituelle. Sa qualité dépend d'abord de l'état de santé des bestiaux qui la fournissent. Ces animaux sont sujets à un grand nombre de maladies qui, non-seulement ôtent à leur chair les qualités qu'elle doit avoir pour être propre à la nourriture, mais encore lui impriment des propriétés presque délétères par l'altération particulière dont elle est le siège, ou par la décomposition qui s'en empare promptement après la mort. Les bestiaux qu'on a fatigués par des marches forcées, ou qui ont éprouvé toutes les angoisses de la crainte ou de la douleur, à cause des traitemens cruels que leur ont fait souffrir leurs conducteurs, se trouvent quelquefois dans ce cas. D'autres maladies présentent encore plus de danger; ce sont celles qui, comme le charbon, peuvent être transmises par contagion aux autres animaux et aux hommes qui les approchent. S'il n'est pas avéré que les viandes fournies par les bestiaux atteints d'affections de cette nature communiquent le mal lui-même à ceux qui en font usage, elles doivent sans nul doute être considérées comme éminemment malfaisantes. Les exemples que l'on cite pour prouver l'innocuité de semblables viandes, fussent-ils plus nombreux encore, ne sauraient faire dédaigner les mesures destinées à préserver de leurs inconvéniens, qu'attestent un grand nombre d'exemples contraires. Enfin, il est quelques affections qui, provenant d'un accident, ou qui n'ayant pas ou n'ayant que très-peu d'influence sur toute l'économie de l'animal, ne suffisent pas pour le faire rejeter comme impropre à la nourriture. Il en est de même de certains vices organiques, tels que les adhérences des poumons à la plèvre, etc. « Toutefois, dit M. Marc, cette indulgence doit moins concerner les bouchers et charcutiers que les particuliers qui abattent des bestiaux pour leur propre consommation. Quoiqu'il fût trop sévère de confisquer, à l'exemple des Juifs, la chair d'animaux destinée à être vendue publiquement, pour quelques légers vices d'organisation, imperceptibles pendant la vie, on doit néanmoins obliger les débitans de viandes à bien s'assurer dans leurs achats, sur l'animal vivant, s'il ne manifeste aucun signe de maladie qui puisse les exposer à encourir la confiscation. Quant aux particuliers, lorsqu'ils remarquent qu'une maladie se manifeste sur un de leurs bestiaux, ils se décident souvent à le tuer, afin de tirer au moins parti de sa chair. Dans ce cas, lorsqu'après une inspection légale de l'animal, on a accordé à son propriétaire la permission de l'abattre, il faut veiller à ce qu'il n'en vende, ni n'en cède au public, pas même aux indigens, que la nécessité ne rend que trop souvent insensibles aux motifs qui intéressent de près leur santé. On doit en outre tenir note des personnes qui ont mangé de l'animal malade, et observer s'il se manifeste chez elles quelques symptômes de maladie, afin d'interdire à l'avenir, d'une manière absolue, la chair des animaux qui se trouveraient dans le même état. » Nous reviendrons sur cet objet à l'article ÉPIZOOTIE.

L'âge des bestiaux doit être pris en considération : trop vieux, ils ne fournissent qu'une chair coriace, réfractaire à l'action des organes digestifs, et par conséquent fournissant peu de matériaux à la nutrition ; trop jeunes, ils abondent en gélatine, qui, sous un volume considérable, ne contient que peu de substance réparatrice, et qui d'ailleurs est d'une digestion difficile. C'est pourquoi il est défendu d'exposer, sur les marchés destinés à l'approvisionnement de Paris, des veaux âgés de moins de six semaines.

Des réglemens particuliers assurent l'exécution des diverses mesures de surveillance relatives à l'état physique des bestiaux qui doivent servir à l'approvisionnement de Paris ; il n'en peut être vendu que sur les marchés déterminés, et ils ne peuvent être tués que dans les abattoirs généraux établis à cet effet. Ces mesures conviendraient généralement pour toutes les autres villes que la capitale ; et dans les communes, il ne devrait être permis aux bouchers et aux particuliers d'abattre un animal que lorsqu'il aurait été préalablement soumis à l'inspection d'un expert.

Mais les précautions que nous venons d'indiquer ne sont que préliminaires ; il faut que la surveillance de la police s'étende encore sur les endroits où les viandes sont conservées. Voici les conditions qui furent exigées pour Paris, à une époque où l'on n'avait pas encore le dessein de rassembler les étaux de boucherie dans des marchés publics : un étal de boucherie doit avoir au moins deux mètres et demi de haut sur trois mètres et demi de large, et quatre mètres de profondeur. L'air doit y circuler transversalement, et la propreté doit y régner ; il n'y a dans l'étal ni âtre, ni cheminée, ni fourneau. Toute chambre à coucher doit en être séparée par des murs sans communication directe.... La fermeture d'un étal sur la rue ne doit être composée, même la nuit, que d'une grille à barreaux de fer, pour faciliter la circulation de l'air extérieur. (*Instruction du préfet de police*, du 15 nivôse an XI.)

En général les bouchers sont tenus de ne débiter la viande que le lendemain du jour où l'animal a été tué. La viande trop fraîche est dure, indigeste et difficile à ramollir par la cuisson. Mais une surveillance plus active doit être exercée pour empêcher la vente de celle qui a éprouvé un commencement de putréfaction. L'aspect et l'odeur de la viande gâtée suffisent seuls pour faire reconnaître l'altération qu'elle a subie. On doit être cependant en garde contre l'apparence de fraîcheur qu'on lui aurait donnée en la couvrant d'une couche de sang.

J.-P. Frank, dans son *Traité de police médicale*, indique, d'après un grand nombre d'observations, l'espace de temps pendant lequel plusieurs espèces de viandes crues peuvent se conserver à l'air libre : suivant cet auteur, les chairs de bœuf et de porc se conservent trois jours en été, et six en hiver ; celle de mouton, deux jours dans la première saison, et trois dans la deuxième ; et les viandes de veau et d'agneau, deux jours dans le premier cas, et quatre dans le second. Mais, comme le fait observer M. Marc, ces données peuvent recevoir des modifications infinies des divers degrés de température et d'électricité atmosphériques, ainsi que de plusieurs autres circonstances. Il nous semble que ces expériences, pour être applicables à tous les climats et à toutes les époques de l'année, auraient dû être faites dans des conditions comparatives que l'on pût apprécier d'une manière positive. Ainsi l'état de l'atmosphère aurait dû être déterminé à l'aide du thermomètre, du baromètre et de l'hygromètre.

La *volaille* et le *gibier* doivent être l'objet de la même surveillance. Quel que soit le goût

qui porte beaucoup de personnes à manger le
gibier dans un commencement de décomposition putride, la chair des animaux sauvages
ne doit pas être mise en vente lorsqu'elle a
éprouvé cette altération. En général elle se
conserve plus long-temps que la chair des autres animaux. Les épizooties, quoique plus
rarement, peuvent sévir sur eux comme sur
les derniers : leur usage doit par conséquent
être également proscrit, lorsqu'on sait qu'il
règne quelque maladie qui pourrait rendre leur
chair malfaisante.

Le *lait*, ce premier aliment de l'homme,
et dont il fait un usage salutaire dans tous
les âges de la vie, peut lui devenir funeste,
lorsque la négligence ou la mauvaise foi lui
ont fait éprouver diverses altérations. La santé
des animaux qui fournissent le lait, la nourriture qu'on leur donne, sont les premiers
objets à considérer. Une pâture malsaine ou
peu abondante, la plupart des maladies, ont
une influence incontestable sur les qualités du
lait. Frank rapporte un fait qui, s'il était authentique, et qu'il eût été bien observé, serait
propre à inspirer la terreur, et à augmenter
la surveillance exercée sur ceux qui se livrent
au commerce du lait. Une vache fut mordue
par un chien enragé ; treize individus qui faisaient tous les jours usage du lait de cette
vache furent atteints de la rage à diverses
époques ; deux seulement échappèrent à la
mort.

C'est principalement sur l'état de santé des
vaches que l'on entretient dans les grandes
villes, que la police devrait diriger son attention. Ces animaux sont renfermés dans des espaces très-étroits, peu aérés et encombrés ou
entourés de fumier ; ils ne se livrent à aucun
exercice. Leur constitution physique est nécessairement altérée par ces causes ; ils ne fournissent qu'un lait très-abondant et séreux. Un
grand nombre succombent aux maladies qui
leur surviennent par le concours de ces circonstances ; et la plupart de ceux que l'on ouvre après la mort présentent des tubercules
dans les poumons.

Indépendamment de ces altérations en quelque sorte naturelles, le lait peut en éprouver
plusieurs autres qui proviennent de l'imprudence ou de la cupidité de ceux qui le vendent:
il peut acquérir des propriétés vénéneuses,
lorsqu'il a séjourné dans des vases de plomb
ou de cuivre. Les accidens que l'on attribua à
cette cause, et qu'on exagéra certainement,
déterminèrent l'autorité à interdire l'usage des
vases faits avec ce dernier métal, dont se ser-

vaient communément les laitières de Paris.
Dans plusieurs pays, le lait est reçu et séjourne
même dans des vases de cuivre, sans qu'on y
observe les accidens dont on les accuse ; néanmoins on ne peut blâmer la prudence qui les
fait rejeter.

Souvent le lait est étendu d'eau dans diverses proportions, et pour lui donner un aspect
agréable, ou pour lui rendre la densité qu'il
a perdue par l'addition de l'eau, on y délaie
de la farine de froment ou de l'amidon en poudre. Cette falsification n'est pas directement
dangereuse comme celle qui a lieu par l'oxyde
de zinc, dans le même but, et par la potasse
et la chaux employées, dit-on, par les laitières de Vienne, pour garantir le lait de la
coagulation. Elle doit cependant être réprimée
sévèrement, non-seulement comme fraude,
mais encore parce qu'elle fait perdre au lait ses
propriétés salutaires, qu'il devient indigeste,
et peut avoir des inconvéniens dans des cas où
l'on a compté sur ses bons effets.

Le *beurre* récemment préparé, ou celui qui
a été fondu ou salé, acquiert facilement des
propriétés vénéneuses, lorsqu'il est conservé
ou qu'il a séjourné dans des vases de plomb
ou de cuivre. Cette considération doit faire surveiller particulièrement les personnes qui tiennent, dans les grandes villes, cette branche
considérable de commerce. Le beurre très-
ancien peut produire par son extrême âcreté
des accidens graves. La vente doit en être prohibée. On cherche souvent à cacher cette altération plus ou moins avancée, en recouvrant
le beurre rance d'une couche de beurre d'une
qualité supérieure. Souvent aussi, pour donner à cette substance une teinte jaune qui
rende son aspect plus agréable, on la colore
au moyen du safran, du curcuma, de la ca-
rotte, des fleurs jaunes de renoncules, qui sont
vénéneuses, etc. Quelquefois, dans le dessein
d'augmenter le poids du beurre, on y mêle
diverses substances, les unes innocentes, d'autres qui sont plus ou moins préjudiciables à la
santé; telles sont des pommes de terre broyées,
qui se déposent lorsqu'on le fait fondre; du
suif, que l'odeur qu'il communique au beurre
fait reconnaître facilement; de la craie, du sable et d'autres matières analogues, pesantes.
Ces matières donnent au beurre un aspect granuleux, le font craquer sous les dents, et se
déposent lorsqu'on le fait bouillir avec dix parties d'eau.

Le *poisson*, formant un des alimens les
plus abondans, doit être soumis, dans le débit qui s'en fait, à l'inspection la plus exacte.

il se corrompt en général plus promptement que les autres animaux ; il est alors d'un goût désagréable, et son usage, qui peut porter à la santé les atteintes les plus graves, doit être sévèrement proscrit. Les maladies qui règnent quelquefois parmi les poissons sont susceptibles de donner à leur chair des propriétés malfaisantes ; et, quoique diverses expériences aient prouvé que le poisson que l'on a fait périr avec la coque du Levant ne contracte pas les qualités vénéneuses qu'on lui supposait ; quoiqu'il en soit probablement de même à l'égard de celui que l'on prend au milieu des rivières, où l'on a fait rouir le chanvre et le lin, il n'en est pas moins utile de défendre la pêche dans des eaux imprégnées de substances capables d'altérer la santé des poissons, et à plus forte raison d'interdire la vente de ceux qu'on a empoisonné pour les prendre plus aisément, ou que l'on trouve sur les rivages pendant les grandes chaleurs de l'été. La police qui est exercée à Paris relativement à ce genre de comestible, pourrait servir de règle pour toutes les villes où il s'en fait une grande consommation en raison de la population. Des commissaires aux marchés y constatent journellement, au moment de l'arrivée, la qualité du poisson de mer et d'eau douce. La vente en gros de cette denrée ne peut se faire qu'à certaines heures et que dans certains lieux. Mais, comme le fait justement observer M. Marc, une partie des avantages que doivent produire ces mesures est détruite par la permission accordée aux détaillans de colporter le poisson dans les maisons des habitans. Il n'est pas rare de voir offrir à vil prix du poisson de mer qui a été gardé pendant plusieur jours, et dont l'odeur infecte, ainsi que la couleur livide, indiquent la putréfaction commencée. L'indigent, séduit par l'appât du bon marché, n'y regarde pas de si près, et sa santé se trouve compromise. D'autres fois, ajoute M. Marc, la cupidité des revendeuses les porte à masquer la mauvaise qualité du poisson par des ruses qu'on ne saurait trop réprimer. Ainsi, par exemple, dans le temps du maquereau, elles teignent les ouïes de ce poisson avec du sang de bœuf, afin de lui donner l'aspect de fraîcheur qu'il a perdu.

Les *huîtres* et les *moules*, ainsi que d'autres animaux appartenant à différentes classes, et que l'on a coutume de ranger avec les poissons dans la même catégorie, doivent être l'objet d'une inspection non moins sévère que les derniers. L'usage des huîtres et des moules a, pendant l'été, des inconvéniens qui, dans les lieux éloignés de la mer, devraient en faire interdire la vente pendant une grande partie de cette saison. La chair de ces animaux entre facilement en putréfaction par la chaleur de la saison, et de plus elle acquiert, à cette époque qui est celle du frai, des propriétés qui la rendent insalubre. Quelquefois même les accidens qu'ont produits les moules ont été ceux d'un véritable empoisonnement. Les huîtres peuvent aussi, à cause de certaines falsifications, donner lieu à des accidens non moins graves. Frank rapporte, d'après Zückert, qu'en Hollande quelques personnes emploient le vert-de-gris pour teindre les huîtres, et les faire passer pour des huîtres vertes, qui sont très-recherchées.

Il est un grand nombre de *préparations* que l'on fait subir aux alimens, soit pour leur donner des qualités qui flattent le goût, soit pour les conserver. C'est ainsi qu'on les expose à la fumée, qu'on les imprègne de sel, et qu'on les fait macérer dans le vinaigre. La première attention doit se porter sur les matières que l'on soumet à ces diverses préparations. Souvent on y a recours pour masquer les mauvaises qualités de ces matières, ou les altérations qu'elles ont déjà éprouvées. La même police qui veille à la santé des bestiaux d'où l'on tire la viande de boucherie, doit présider au choix de ceux qui servent aux opérations du charcutier, comme au choix des poissons qui sont destinés à être fumés, salés ou marinés ; elle doit même veiller à ces opérations dans les endroits où elles se font en grand. Cette surveillance ne sera pas inutile pour s'assurer que les vases ou instrumens dont on se sert ne communiquent pas aux comestibles des qualités vénéneuses, et que les préparations seront faites comme il convient. On sait que les substances que l'on soumet à l'action de la fumée peuvent devenir très-insalubres, lorsqu'elles y ont été exposées trop long-temps. C'est ainsi que dernièrement on a appelé l'attention sur les effets fâcheux que produisent dans le Wurtemberg deux espèces de boudins fumés, dont l'usage est très-répandu. M. Kerner, qui a publié des observations sur les empoisonnemens qu'occasionnent ces préparations, attribue leurs propriétés vénéneuses à un commencement de décomposition qu'elles ont éprouvé pendant le temps qu'on les laisse exposées à l'action de la fumée. On voit quelle importance on doit attacher à la préparation et à la conservation des comestibles qui doivent former la nourriture d'un grand nombre d'individus. Les mêmes réflexions peuvent s'appliquer aux différentes espèces de fromages : le goût âcre qui le fait rechercher provient d'un premier degré de putréfaction ; et lorsque la fermentation putride s'en est emparée entièrement, on les voit débiter à vil prix aux indigens.

Substances tirées du règne végétal. — On doit, sans contredit, placer au premier rang les graines céréales ; elles fournissent un aliment que l'habitude a rendu tellement nécessaire à la plupart des peuples, que les fléaux de toute espèce viennent fondre sur eux lorsque ce moyen de subsistance leur est enlevé. C'est à une autre science que la médecine qu'il appartient de donner les moyens d'étendre et de perfectionner la culture des blés, ainsi que d'en conserver les produits ; c'est à l'administration supérieure à pourvoir à l'approvisionnement des grains propres à faire le pain. Mais nous devons indiquer les conditions générales qui assurent les bonnes qualités de cet aliment ; telles sont la maturité des grains et leur pureté. La maturité des grains influe sur la qualité du pain ; on ne doit donc les recueillir que lorsqu'ils ont atteint ce degré ; mais souvent dans des années de disette, on devance le temps de la moisson, ou bien cette maturité serait vainement attendue dans des années qui y sont contraires. C'est pour obvier à cet inconvénient que l'on expose pendant quelque temps les grains à une chaleur médiocre, comme celle d'un four, après qu'on en a retiré le pain. Les graines céréales sont quelquefois mélangées à celles de quelques végétaux qui croissent avec les blés, et qui les unes ont des propriétés nuisibles, et les autres communiquent au pain une saveur et une odeur désagréables. D'autres fois un grand nombre de ces graines sont attaquées de plusieurs sortes d'affections morbides comme l'ergot, la nielle, la rouille, qui les font dégénérer en une substance susceptible de déterminer les accidens les plus graves, et de véritables empoisonnemens, lorsque le pain la contient dans une grande proportion. (*Voyez* ERGOTISME, FROMENT, ORGE, SEIGLE, etc.) Ces considérations doivent engager à inspecter sous ce rapport la vente des grains dans les pays connus pour produire des blés de mauvaise nature, ou dans les années qui amènent accidentellement ces inconvéniens.

La farine, indépendamment des mauvaises qualités que lui transmettent les grains, est sujette à un grand nombre d'altérations et de sophistications. Elle peut être altérée par l'humidité, attaquée par des insectes qui en dé-

truisent les parties les plus nutritives ; elle peut être mêlée accidentellement ou volontairement avec du sable provenant du détritus de meules trop friables ou nouvellement repiquées, avec du plâtre, de la craie, de la céruse, de l'alun, etc., et surtout avec de la farine de vesce et de haricot. Ces artifices ont pour but d'augmenter le poids ou le volume du pain, de le rendre plus blanc. Il a été parlé dans l'article ALIMENT de quelques-unes de ces différentes falsifications qui, à l'exception des deux dernières, doivent être faites très-rarement à dessein. On obviera à ces inconvéniens en exerçant une inspection sur les meuniers et les boulangers, lorsqu'on a le droit de soupçonner leur probité. Il est difficile de les prévenir tous.

Le pain peut, par conséquent, contenir les matières qui sont unies aux grains et à la farine ; il participe également aux altérations que ces substances ont éprouvées. Plusieurs de ces falsifications ne peuvent être découvertes que par l'influence qu'elles ont sur la santé. La chimie fournit les moyens d'en reconnaître quelques-unes ; c'est à cette science qu'il faut alors s'adresser. (*Voyez* ALIMENT, PAIN, etc.) La confection du pain mérite la surveillance de la police autant que l'exactitude du poids, puisqu'elle influe extrêmement sur la qualité de cet aliment. Enfin la vente du pain, lorsqu'il est détérioré, doit être prohibée comme celle de tous les autres comestibles.

Les autres substances alimentaires que produit le règne végétal ne pourraient donner lieu qu'à des considérations peu importantes. Nous ne nous y arrêterons pas. Leur défaut de maturité et leurs altérations spontanées sont facilement reconnues et les font rejeter : toutefois nous devons faire observer que quelques végétaux employés comme assaisonnemens ou comme alimens, peuvent, à cause de leur ressemblance avec des plantes vénéneuses, donner lieu à des méprises funestes. Ainsi l'on a quelquefois confondu la ciguë avec le cerfeuil ou le persil, la racine de jusquiame avec celles du panais, de la chicorée. De semblables substitutions sont assez rares, parce qu'on ne peut guère les supposer l'effet de la cupidité ; elles méritent cependant d'être un des objets de l'inspection qui s'exerce sur les marchés consacrés aux plantes potagères. Mais les méprises les plus fréquentes sont causées par l'usage des champignons.

L'immense famille des *champignons* renferme tant d'espèces vénéneuses à côté de celles qui peuvent être mangées sans danger; un grand nombre de ces espèces se confondent tellement sous des apparences semblables, que les exemples d'empoisonnemens occasionés par ces productions végétales se renouvellent trop souvent malgré la publicité qui leur est donnée. Il est reconnu qu'il n'existe aucun caractère général susceptible de faire distinguer les champignons comestibles des champignons vénéneux. La réunion des caractères botaniques peut seule faire parvenir à cette connaissance. Ces considérations ont fait prendre, pour Paris, des mesures qui devraient être imitées en tous lieux : un endroit déterminé est affecté à la vente en gros des champignons. Il est défendu, sous peine d'amendes, d'exposer et de vendre aucun champignon suspect, et des champignons de bonne qualité qui auraient été gardés d'un jour à l'autre. Les champignons doivent être visités et examinés avec soin avant l'ouverture du marché. Les seuls champignons achetés au marché destiné à la vente en gros, peuvent être vendus en détail, dans le même jour, sur tous les marchés aux fruits et aux légumes; enfin il est défendu de vendre des champignons sur la voie publique, d'en colporter dans les maisons des particuliers. Quelque exact que soit l'examen des champignons exposés en vente, il est difficile de croire que, dans une aussi grande quantité, quelques-uns ne puissent se soustraire à l'inspection; et si, comme on l'a remarqué, l'on n'entend parler dans la capitale d'aucun accident déterminé par ce genre de comestibles, c'est plutôt encore parce qu'il n'y est vendu que des champignons cultivés sur des couches. Il serait donc convenable qu'en quelque lieu que ce soit, la vente de toute autre espèce de champignons fût prohibée; on préviendrait par là une partie des événemens fâcheux qui sont observés fréquemment dans les provinces. Il n'est pas moins utile d'éclairer les habitans de chaque pays sur la nature des champignons qu'on y rencontre, sur les apparences trompeuses qu'ils présentent, enfin sur les moyens de combattre promptement les empoisonnemens qui sont résultés de leur imprudent usage.

DES CONDIMENS. — L'*huile*, qui est souvent employée à l'assaisonnement des alimens, surtout dans quelques contrées, est sujette à s'altérer d'autant plus promptement qu'elle contient encore quelques parties aqueuses ou mucilagineuses des fruits d'où elle est tirée. Plusieurs moyens dangereux sont mis en usage pour corriger la rancidité de l'huile; tel est celui qui consiste à dissoudre dans cette substance des oxydes de plomb qui la rendent claire, et lui enlèvent une odeur désagréable, mais qui lui communiquent des propriétés extrêmement nuisibles. Les mêmes moyens sont quelquefois employés afin de corriger l'âcreté de quelques huiles, et de les vendre sous le nom d'huiles de qualité supérieure, ou du moins de les mélanger à celles-ci. Toute huile qui a une saveur trop douceâtre doit être suspecte; il est probable qu'elle a éprouvé quelque sophistication par des préparations de plomb. L'huile peut contenir accidentellement divers oxydes métalliques, lorsqu'elle est restée en contact avec des métaux. Cette considération doit faire tenir à ce que les marchands ne se servent pas, pour conserver l'huile, de vaisseaux faits en plomb ou en cuivre.

Le *sel* commun, de quelque manière qu'il ait été obtenu, offre peu de modifications dans sa composition : seulement la préparation de cette substance demande les mêmes précautions que beaucoup d'autres, relativement aux vases qui servent à l'opération de l'évaporation. Les vases de fer devraient être préférés à ceux qui sont faits en plomb, dont on se sert trop communément, et surtout à ceux de cuivre, métal qui se dissout très-facilement dans le sel.

Les *épices* peuvent être altérées ou entièrement décomposées par l'humidité, et, dans ce cas, elles ont perdu les propriétés qui les font rechercher; mais elles sont encore sujettes à quelques sophistications. On a, dit-on, fabriqué de fausses noix muscades composées d'un peu de raclure de vraie noix muscade, de gomme arabique et de farine brunie. D'autres, pour blanchir le poivre et en augmenter le poids, recouvrent le poivre noir privé de son écorce, d'une couche de pâte faite avec de l'amidon et de l'oxyde blanc de plomb. Cette sophistication et d'autres analogues peuvent occasioner de graves accidens.

Le *vinaigre* peut être sophistiqué de plusieurs manières : 1º par des substances âcres, telles que le poivre, la moutarde, les racines d'arum, de garou, etc., qu'on y fait macérer pendant quelque temps, afin de lui donner de la force lorsqu'il est trop faible; 2º par l'addition d'acides minéraux, tels que les acides sulfurique, hydro-chlorique et nitrique, dans le but d'augmenter son acidité : cette dernière sophistication est si commune et peut avoir de tels inconvéniens qu'elle a été l'objet d'un réglement spécial ; 3° par du sulfate de cuivre ou de zinc, dont on fait quelquefois usage pour le clarifier : ces trois espèces de fraude sont facilement reconnues. (*Voyez* l'article VINAIGRE.) Il n'en est pas toujours de même de celle qui consiste à mélanger du vinaigre de vin avec celui de cidre ; mais ce mélange ne présente aucun danger. Enfin le vinaigre dissolvant avec une grande facilité les oxydes de cuivre, de plomb, de laiton, on conçoit de quelle importance il est d'interdire l'usage des vases faits avec ces métaux.

DES BOISSONS. — L'*eau* est la plus commune comme la plus nécessaire des boissons. Aussi les hommes, lorsque des considérations majeures ne leur ont pas imposé la nécessité d'agir autrement, n'ont-ils en général fondé leurs habitations que dans les lieux qui fournissaient à leurs besoins des eaux pures et abondantes. C'est sur les bords des fleuves et des rivières qu'ils se sont principalement établis. Furent-ils privés de ces ressources, ils se sont efforcés d'y suppléer par divers moyens ; ils ont creusé des citernes pour conserver les eaux pluviales ; ils ont cherché à la surface et dans les profondeurs de la terre des sources qui entretinssent leurs fontaines et leurs puits. Des aqueducs bâtis à grands frais ont transporté les eaux à des distances considérables ; des tuyaux les ont conduites dans tous les points des cités populeuses, et ont fait oublier l'éloignement des réservoirs où il eût fallu péniblement les aller puiser.

Les eaux fournies par les rivières, les citernes, les fontaines, les puits, ont des qualités différentes qui font varier leur salubrité et qui les rendent plus ou moins propres aux usages de la vie domestique. (*Voyez* l'article EAU.) Sans doute le choix n'en est pas indifférent, mais souvent il n'est pas donné de choisir. Le devoir de l'administration supérieure d'une ville, d'une commune, d'un endroit quelconque, est donc de faire jouir ses habitans de l'eau la plus potable que le lieu puisse offrir ; mais quel que soit son degré de pureté, elle doit veiller à ce que cette boisson ne soit pas altérée par des circonstances accidentelles et qu'il est possible d'éviter ; elle doit chercher à prévenir et corriger les altérations qui sont dues à des causes naturelles, enfin interdire l'usage des eaux qui, par leur nature, peuvent porter atteinte à la santé.

Les tuyaux conducteurs de l'eau peuvent, suivant la matière dont ils sont composés, lui communiquer des propriétés délétères. Ils sont en général faits en bois, en terre de poterie, en plomb ou en fer. Les tuyaux en bois pourrissent promptement et communiquent à l'eau une saveur désagréable ; il s'y forme des végétations qui en altèrent la pureté. Cependant, dans beaucoup de pays, on se sert de conduits en bois, sans en éprouver tous les inconvéniens qu'on leur attribue : le bois doit être choisi parmi ceux qui présentent le plus de dureté, comme le hêtre, le chêne. Une macération préalable le dépouille de ses parties extractives, le rend plus compact et moins sujet à s'altérer. Les conduits de terre cuite, connue sous le nom de grès, seraient préférables, si leur fragilité n'exposait pas à de nombreux inconvéniens. Quant aux conduits de plomb, ils doivent être généralement proscrits, quoiqu'on ait peut-être exagéré les dangers qui résultent de leur usage. En effet, l'eau qui coule dans ces conduits, n'étant pas exposée à l'air, et ne contenant le plus souvent qu'une petite quantité de matières salines, ne peut que difficilement dissoudre des parcelles de plomb ou l'oxyder. D'ailleurs il se fait sur la surface interne de ces conduits un dépôt de substance terreuse qui s'interpose entre l'eau et le métal et soustrait ce dernier à toute altération. M. Marc, qui a plusieurs fois examiné des tuyaux de plomb qui depuis un grand nombre d'années avaient servi à charrier l'eau dans Paris, ne s'est point aperçu que leurs parois internes fussent oxydées, et il n'a non plus entendu parler d'accidens qu'on pût attribuer à l'oxydation de ces tuyaux, dont on fait un grand usage dans la capitale. Toutefois, comme l'on cite plusieurs exemples d'empoisonnemens, dans divers lieux, par l'usage de semblables conduits, le prudence prescrit de les remplacer par des conduits faits avec une matière non suspecte. Le fer sera donc celle que l'on choisira pour les fabriquer. Les oxydes et sels de fer, en supposant qu'il s'en formât, ne sauraient altérer la salubrité de l'eau. Ils y seraient contenus dans une trop légère proportion pour en redouter les effets.

Diverses substances que l'on jette dans les rivières, ou que l'on y fait séjourner, peuvent rendre leurs eaux très-insalubres ; c'est pourquoi il conviendrait que l'on empêchât de construire sur le rivage, au-dessus des lieux auxquels ces rivières doivent fournir de l'eau, des ateliers de corroyeurs et de teinturiers, des tueries, des égouts, des fonderies de métaux. Remer, dans son *Traité de police judiciaire pharmaco-chimique*, rapporte, d'après Hartleben, que des couleurs vénéneuses de teinturiers et d'imprimeurs sur toile avaient empoisonné l'eau au point que les poissons y périrent et que les particuliers qui en firent usage furent empoisonnés. Frank, au sujet des altérations de l'eau par des matières étrangères, cite l'exemple d'une petite ville du duché de Brunswick dans laquelle il règne tous les ans, à l'automne, une épidémie terrible de dysseuterie qui moissonne beaucoup d'individus. A la même époque, on rouit une grande quantité de chanvre dans une petite rivière qui fournit à la ville l'eau potable et l'eau pour les brasseries; cette opération du chanvre répand une odeur très-fétide dans toute la ville. La bière faite avec cette eau a une saveur amère, putride, et donne ordinairement la dyssenterie.

Lorsque l'eau est fournie par un fleuve, une rivière, on devra veiller à ce qu'elle ne soit pas prise trop près des bords, non-seulement à cause du voisinage d'un fond bourbeux, mais encore parce que les immondices séjournent ordinairement vers les rivages

Les réservoirs publics, soit puits, fontaines ou bassins d'où partent les tuyaux conducteurs, seront débarrassés de temps en temps des matières qui s'y sont déposées, des plantes aquatiques malfaisantes qui y croissent quelquefois. On les garantira des infiltrations qui altéreraient la pureté de l'eau, soit en les creusant à une profondeur suffisante, soit en les entourant d'une certaine quantité de sable pur, et celle-ci d'une espèce de digue en terre argileuse, comme le font les Vénitiens, pour empêcher l'eau de la mer de s'infiltrer à travers les parois de leurs citernes.

Souvent les eaux fournies par les grands fleuves sont constamment troubles, soit à cause de la nature des terrains sur lesquels ils coulent, soit à cause des immondices qu'on y jette en grande quantité; quelquefois même, après de longues pluies ou de violens orages qui les ont fait déborder, elles sont entièrement bourbeuses. Le seul moyen de les rendre potables est de les purifier par divers procédés. (*Voyez* EAU, ÉPURATION.) Dans les villes qui, comme Paris, font principalement usage de l'eau des fleuves qui les traversent, il serait utile que l'eau qu'on y distribue ne fût tirée que de réservoirs où elle aurait été purifiée.

Enfin, les eaux, en traversant des terrains où des substances pyriteuses, animales et végétales, ont donné lieu à la formation de quelques sels ou de matières solubles, se chargent de ces substances. Lorsqu'elles en

contiennent une certaine quantité, elles acquièrent des propriétés médicamenteuses. On leur a donné le nom d'eaux minérales. Leur usage ne serait pas sans inconvénient, quelquefois même sans danger. On dit même que certaines sources fournissent des eaux imprégnées de substances tellement délétères, qu'il n'est pas rare de trouver empoisonnés des animaux qui étaient venus s'y désaltérer. Il est donc nécessaire de connaître la nature des eaux qui se rencontrent dans chaque pays, non-seulement afin d'interdire à ses habitans une boisson malfaisante, mais encore afin de tirer des propriétés mêmes qui les rendent insalubres, un autre genre d'utilité, en les faisant servir au traitement de diverses maladies.

Les *boissons fermentées* sont devenues, par l'habitude, des besoins de première nécessité pour la plupart des peuples. Le vin, le cidre, et la bière, dont on fait particulièrement usage dans nos climats, sont sujets à des altérations et sophistications qui peuvent, suivant leur nature, et en raison de l'énorme consommation qui s'en fait, porter des atteintes plus ou moins profondes à la santé publique.

Le *vin* est la boisson qui est la plus exposée aux falsifications, à cause des qualités qui la font rechercher plus que toutes les autres, et la font vendre généralement à un prix plus élevé. Les qualités du vin dépendent d'abord des terroirs dans lesquels croît la vigne, de la maturité du raisin et des opérations nécessaires pour le convertir en vin. L'administration supérieure ne peut avoir d'influence que sur les deux premières conditions, en interdisant la culture des vignes dans les pays qui n'y sont pas propres, et en fixant pour chaque endroit l'époque des vendanges. Quant à la préparation du vin, il n'est pas possible de la diriger chez chacun des propriétaires où elle a lieu, on ne peut que répandre les instructions qui feront connaître les meilleurs procédés pour obtenir un vin de bonne qualité. C'est donc seulement dans les magasins des marchands de vin que la police doit exercer une surveillance d'autant plus active que les réglemens les plus sévères n'ont pu prévenir jusqu'ici les falsifications que leur cupidité les porte à employer. Parmi ces falsifications, les unes ne sont pas nuisibles à la santé et ne peuvent être considérées que comme fraude, telle est l'addition de l'eau; les autres sont nuisibles à des degrés divers. Celles qui consistent à ajouter de l'eau-de-vie pour donner plus de force au vin et s'opposer à sa décomposition, à augmenter la couleur de quelques vins, à l'aide de matières colorantes telles que les bois d'Inde et de Fernambouc, les baies d'hyèble, de troëne, etc., ou à fabriquer le vin de toutes pièces, en faisant des mélanges d'eau, d'eau-de-vie, de crême de tartre et de ces substances colorantes; toutes ces falsifications doivent être réprimées. Ces vins factices déterminent l'ivresse avec une grande facilité; ils troublent la digestion, et ont une influence réelle, quoique lente, sur la santé. Enfin, il est des sophistications qui communiquent aux vins des propriétés délétères; telles sont celles dans lesquelles on emploie le soufre en trop grande quantité; la potasse et la chaux dans le dessein d'arrêter la fermentation acide du vin et de saturer l'acide acétique qu'il contient en excès; l'alun pour exalter la couleur de certains vins et leur donner un goût astringent propre à quelques espèces recherchées; des préparations de plomb pour leur enlever la saveur acerbe qui les caractérise. Le danger qui accompagne l'usage de vins contenant quelques-unes de ces préparations de plomb a fait justement défendre aux marchands de revêtir leurs comptoirs avec ce métal. La chimie fait aisément reconnaître la plupart de ces manœuvres. *Voyez* vin.

Le *cidre* peut être le sujet de sophistications analogues à celles que nous avons indiquées pour le vin. Souvent, pour lui donner une couleur plus foncée et le faire paraître plus fort, on y ajoute diverses matières colorantes, telles que les fleurs de coquelicot, les baies d'hyèble, de sureau, de la cochenille, des merises séchées au four, etc. Cette altération n'a pas de graves inconvéniens. L'addition de l'eau-de-vie a les mêmes résultats que pour le vin. Mais quelques autres altérations peuvent être réellement dangereuses, comme lorsque, dans le but de saturer l'acide acétique que contient le cidre et de corriger sa saveur désagréable, on y ajoute soit de la chaux, de la craie ou des cendres, soit quelques préparations de plomb. Les oxydes et sels de plomb peuvent aussi se rencontrer accidentellement dans le cidre, lorsque le pressoir sur lequel les pommes ont été écrasées ou ont séjourné, est revêtu de plomb dans plusieurs parties, ou lorsque le jus exprimé a été recueilli dans de grandes auges en pierre composées de pièces dans l'interstice desquelles on a coulé du plomb.

La *bière*, fabriquée en grand dans des en-droits particuliers, peut facilement et doit être soumise, dans tous les détails de sa préparation, à la surveillance de la police sanitaire, afin que cette boisson, dont on fait un usage presque exclusif dans certaines contrées, ne soit livrée pour la consommation qu'avec les qualités qu'elle doit avoir. Les qualités de l'eau, des substances végétales qui servent à préparer la bière, influent sur celles de la boisson qui en provient. Les opérations relatives à la germination et à la torréfaction du grain n'ont pas une moindre influence. On doit surtout veiller à ce que, dans le dessein de rendre la bière plus forte, plus enivrante, on n'y ajoute pas quelques substances âcres et narcotiques, comme on le fait dans la préparation de certaines espèces de bière. La bière, très-sujette à la fermentation acide, peut être altérée par les manœuvres employées pour arrêter ou corriger les effets de cette fermentation. Les moyens dont on se sert sont à peu près les mêmes que pour le vin et le cidre. On les découvre par des procédés analogues.

Les *liqueurs spiritueuses*, quoique n'étant pas d'un usage aussi général que les boissons précédentes et surtout n'étant consommées qu'en petite quantité, peuvent encore devenir dangereuses par certaines altérations qu'elles éprouvent accidentellement ou qu'on leur fait subir à dessein. Les différentes espèces d'eau-de-vie contiennent quelquefois des oxydes ou sels de cuivre, ce qui provient de ce que du vert-de-gris se forme dans le réfrigérant, lorsqu'il est composé de cuivre, et est dissous par l'eau-de-vie dans laquelle il existe une certaine quantité d'acide acétique. Le même inconvénient n'a pas lieu dans le corps même de l'alambic, qui est fait ordinairement du même métal, à cause de la température élevée qui y règne. On doit par conséquent veiller à ce qu'on observe la plus grande propreté dans les tuyaux réfrigérans, ou mieux encore prescrire un métal moins suspect que le cuivre pour les fabriquer, tel que l'airain pur, ou l'alliage métallique insoluble par l'acide contenu dans le vin, employé par Joubert. Les mêmes considérations s'appliquent aux tuyaux réfrigérans faits en plomb et à l'étamage de ces tuyaux. Une falsification assez commune des eaux-de-vie est celle qui consiste à y ajouter des substances âcres et narcotiques, comme le poivre, le poivre long, le stramonium, etc., dans le dessein de leur donner plus de goût et de les rendre plus enivrantes. On a aussi, dit-on, cherché à leur donner une saveur en même temps douceâtre et astringente par l'addition de l'alun. Toutes ces sophistications peuvent aussi bien que la liqueur par elle-même, influer sur la santé des individus appartenant ordinairement aux basses classes de la société, qui font un usage excessif de ces sortes d'eaux-de-vie. Elles doivent donc être prévenues et réprimées. (RAIGE DELORME.)

COMMÉMORATIF, adj. quelquefois pris substantivement, *commemorativus*. Ce mot sert pour indiquer toute circonstance antérieure à l'invasion de la maladie, toute particularité relative à la constitution, à l'idiosyncrasie du sujet, à son genre de vie, à ses maladies antérieures, aux modifications qui ont agi sur lui, et dont on peut tirer quelque lumière pour la recherche de la nature et du siége de la maladie dont on le trouve affecté. L'expression de *signe commémoratif* n'a donc rien d'inexact, de choquant.

Tous les médecins se sont attachés à faire sentir l'importance de ces signes, mais ce n'est que depuis peu de temps que l'étiologie des maladies n'est plus abandonnée à la routine. Les signes commémoratifs sont précieux, parce que c'est par eux surtout qu'on remonte à la connaissance des causes éloignées, de la prédisposition organique individuelle, de la cause occasionelle de la maladie; ce sont eux qui apprennent quel organe a reçu la première impression morbifique, à quel organe cette impression a été transmise. Les signes diagnostiques indiquent l'organe qui l'a retenue : lorsque ceux-ci sont bien manifestes, non équivoques, on peut, à la rigueur, se passer de la connaissance des signes commémoratifs, pour ce qui a rapport au siége et à la nature du mal, mais non pour tout ce qui est relatif à l'issue probable de la maladie, aux complications que l'on doit redouter.

C'est surtout dans les maladies chroniques et dans les maladies aiguës latentes qui ne s'annoncent que par des dérangemens légers ou passagers dans les fonctions d'un organe en qui ne réside pas toujours la source du mal, qu'il importe d'avoir recours aux signes commémoratifs. Outre les questions relatives à l'idiosyncrasie du sujet, on ne saurait trop insister alors sur les agens à l'action desquels il a pu être soumis, sur les maladies qu'il a pu éprouver, sur les chagrins, les douleurs, même les plus fugitives, qu'il a ressentis. Un léger étouffement habituel, un point de côté, une toux, qui n'ont duré que peu de temps, et qui sont oubliés depuis plusieurs années, un changement imprévu dans le régime, dans le genre de vie, peuvent être autant de traits de lumière que le médecin doit non-seulement ne pas dédaigner, mais même rechercher avec beaucoup de soin. Pour se faire une idée de l'importance des signes commémoratifs, il suffit de réfléchir que ce sont eux qui apprennent quel était l'état du sujet au moment où la cause morbifique est venue agir sur lui, et quel a été le mode d'action de cette cause. *Voyez* CAUSE, DIAGNOSTIC, SIGNE.   (DICT. ABRÉGÉ DE MÉD.)

COMMINUTIF, adj., *comminutus*, de *comminuere*, briser. On a nommé fracture comminutive celle dans laquelle les os ont été écrasés et réduits en un plus ou moins grand nombre de fragmens. *Voyez* FRACTURE.

COMMISSURE, s. f., du mot latin *commissura*, union, jonction; partie qui sert à unir. On appelle *commissure des paupières, des lèvres, des grandes lèvres de la vulve*, les angles qui les unissent à leurs deux extrémités. Dans le cerveau, les parties médianes qui servent à unir ses deux hémisphères, comme le corps calleux, la voûte à trois piliers, celles qui remplissent le même usage dans le cervelet, reçoivent en général le nom de *commissures*, surtout depuis que les recherches de Reil et de M. Gall ont montré l'analogie qui existe entre ces diverses parties, quant à leurs fonctions. Cependant les anatomistes ont particulièrement appliqué cette dénomination aux commissures antérieure et postérieure et à la commissure des couches optiques. *Voyez* ENCÉPHALE.   (A. BÉCLARD.)

COMMOTION, *commotio*, de *commovere*, remuer, ébranler; ébranlement communiqué à un organe par une force extérieure qui le meut avec violence. La *commotion* agit différemment de la *contusion*, et les effets de l'une ne sont pas semblables à ceux de l'autre. L'action de la première, sur les parties molles, est ordinairement indirecte, transmise par des os primitivement et violemment percutés; c'est un mouvement qui ébranle à peu près uniformément toute la masse d'un organe peu résistant, d'où résultent des changemens souvent peu perceptibles dans les rapports de ses molécules. Les effets de la contusion sont apparens; c'est une espèce de *broiement* de la partie frappée, ordinairement plus marqué au lieu d'action de la cause vulnérante. Toutes nos parties sont susceptibles d'éprouver les effets de la commotion; mais le cerveau, et après lui le cordon rachidien et le foie, en sont affectés de la manière la plus remarquable. La commotion d'un membre n'est cependant pas rare à la suite des plaies d'armes à feu, surtout lorsque les os ont été fracassés. *Voyez* PLAIES D'ARMES A FEU.

La commotion du cerveau est ordinairement produite par une chute, un coup sur le crâne, par une chute sur les pieds, les genoux ou les fesses. L'ébranlement du cerveau, causé par un coup reçu sur la tête, est d'autant plus considérable que le crâne résiste davantage; si la boîte osseuse est brisée, le mouvement se perd en grande partie à l'endroit fracturé, et la commotion de l'organe est moins forte. La chute sur les pieds ou les genoux communique un mouvement plus ou moins violent au cerveau, suivant que l'individu tient raides ou qu'il fléchit les articulations du pied, du genou, de la hanche et du rachis, lorsqu'il vient à toucher le sol. L'on attribue généralement à la commotion cérébrale les phénomènes nerveux généraux qui se manifestent si souvent à la suite des coups de feu; mais il faut nécessairement tenir compte ici de la frayeur, de la crainte et de l'étonnement que doivent faire naître les événemens d'un combat, ainsi que de l'état moral pénible d'un blessé, frappé des dangers de sa situation. Quelqu'un m'a assuré que lorsqu'on rompt, d'un coup de marteau, sur une enclume, la chaîne qui unit deux à deux par le cou les condamnés conduits au bagne, il en résulte souvent des accidens cérébraux très-graves, et quelquefois une espèce de folie.

Si la commotion du cerveau n'a pas été forte, il n'en résulte que des désordres peu intenses et passagers. Le blessé éprouve des étourdissemens, de l'étonnement, une faiblesse musculaire; il voit des bluettes lumineuses; mais le plus souvent il ne perd pas connaissance, ou bien l'usage de ses sens lui revient aussitôt; il en est quitte pour de la céphalalgie et un léger affaissement des fonctions cérébrales, qui ne durent ordinairement pas long-temps. Lorsque la commotion a été plus forte, sans être d'une violence extrême, le malade voit des bluettes lumineuses, puis perd connaissance, chancelle et tombe; quelquefois il est pris de faibles mouvemens convulsifs : la respiration et la circulation continuent de s'exécuter; quelquefois il s'écoule du sang par le nez, la bouche, les yeux, les oreilles. S'il n'y a pas eu de rupture des vaisseaux cérébraux ou méningiens, et par conséquent s'il ne se fait pas d'épanchement de sang, le blessé recouvre peu à peu connaissance, après un laps de temps qui varie depuis quelques minutes jusqu'à plusieurs heures. Enfin les ébranlemens violens du cerveau causent une mort prompte, quelquefois subite; la respiration s'embarrasse, se ralentit, devient inégale, stertoreuse, puis cesse, ou bien même cette fonction est abolie sur-le-champ; l'action du cœur offre une pareille succession de phénomènes : dans ces cas l'urine et les matières fécales sont ordinairement rendues involontairement.

La commotion cérébrale n'étant qu'une cause, quel est son mode d'action sur la substance du cerveau, et quels changemens sont produits dans l'organisation de ce viscère, par la secousse qu'elle lui imprime? Desault croit que l'effet primitif de la commotion consiste dans une espèce de *contusion*, d'*irritation générale* du cerveau, occasionée par la secousse imprimée à toutes ses parties à la fois. Des auteurs admettent, dans des cas, une diminution ou la perte du ressort des fibres cérébrales, sans altération apparente, et dans d'autres, une altération sensible de la substance du cerveau et des méninges, avec rupture des vaisseaux de ces parties. Mais cette diminution ou cette perte du ressort des fibres cérébrales n'est qu'un effet dont la cause doit être cherchée dans un changement de rapports entre les molécules de ces fibres : ce changement est le principe de tous les accidens de la secousse cérébrale; seulement tantôt il est inappréciable aux sens, et d'autres fois il présente des traces manifestes de la violence qui l'a produit, il laisse voir des déchirures, et par suite des épanchemens sanguins. Est-il convenable de se servir du mot *contusion* pour exprimer la nature des désordres de la substance du cerveau qui résultent d'une commotion? On pense généralement, d'après un fait observé par Littre, que dans les commotions violentes le cerveau diminue de volume par l'affaissement de ses diverses parties. Desault croit au contraire que la commotion donne lieu à un engorgement de l'organe, et que la pression exercée par un liquide épanché dans le crâne, est la seule cause capable de diminuer le volume du cerveau. Suivant ce chirurgien célèbre, l'existence d'épanchemens de sang, et la manière dont on a fait les ouvertures, en ont imposé sur ce point.

Les suites de la commotion du cerveau varient suivant plusieurs circonstances. Si l'ébranlement a été léger, si l'organe n'a éprouvé que de faibles oscillations, le trouble de ses fonctions est peu intense et passager. Si au contraire le cerveau a été violemment ébranlé, la respiration cessant de s'exercer, du sang noir est distribué à toute l'économie, et n'y entretient plus la vie; le cœur lui-même est bientôt privé de son action, et la mort est générale. Enfin lorsque la commotion a été violente, mais sans l'être assez pour détruire aussi promptement la vie, deux sortes d'accidens sont à craindre, savoir, un épanchement de sang, s'il y a eu rupture des vaisseaux cérébraux ou méningiens, et une encéphalite, souvent avec complication de désordres du côté du foie et de l'estomac.

Si les vaisseaux rompus sont assez nombreux et d'un certain volume, l'épanchement se forme promptement, et ses effets se confondent d'abord avec ceux de la commotion; on ne peut les en distinguer qu'au bout d'un certain temps. Ceux de la commotion ne durent que quelques instans, ou seulement quelques heures, et ceux de l'épanchement persistent jusqu'à ce que le sang soit résorbé ou évacué. Dans les cas ordinaires ce liquide n'est versé qu'avec lenteur; le malade revient à lui-même, et n'a point un côté du corps paralysé; mais bientôt, le sang continuant à sortir de ses vaisseaux, il survient de la somnolence, de la faiblesse dans un côté du corps, puis un carus profond, et une perte complète du sentiment et du mouvement dans ce même côté, quelquefois avec des convulsions dans le côté opposé. En général on doit rapporter les accidens primitifs à l'ébranlement du cerveau, et les accidens consécutifs de quelques heures à l'épanchement du sang; les premiers diminuent progressivement, et les seconds au contraire vont toujours en augmentant. (*Voyez* ÉPANCHEMENT.) L'inflammation du cerveau survient rarement avant le quatrième, le cinquième ou le sixième jour; quelquefois même le malade recouvre une santé plus ou moins parfaite, et ce n'est que plusieurs mois après que se manifeste cette affection grave. (*Voyez* ENCÉPHALITE.) Tous les praticiens ont remarqué la liaison qui existe entre le cerveau malade et le foie. La jaunisse, les affections dites bilieuses, l'inflammation et par suite les abcès, ont surtout été observés fréquemment à la suite des commotions, des contusions, des plaies et des inflammations du cerveau. On a beaucoup cherché à expliquer ce fait. Desault, et avec lui le plus grand nombre des auteurs, s'en rend compte en admettant l'existence d'un rapport sympathique, inconnu, entre le foie et le cerveau. Bertrandi et Pouteau l'ont attribué à un dérangement dans la circulation;

le premier suppose que par suite de l'accélération du cours du sang dans le cerveau, ce fluide, revenant avec plus d'impétuosité par la veine cave supérieure, produit un choc sur la colonne de la veine cave inférieure, et un reflux dans le foie; le second croit que ce reflux est occasioné par la gêne de la circulation cérébrale. Enfin plusieurs praticiens ont pensé que la commotion communiquée au foie dans les chutes qui ont ébranlé le cerveau, devait être considérée comme une cause de ces affections hépatiques. M. Richerand a même nié qu'il y eût, dans ce cas, aucune espèce d'influence sympathique du cerveau sur le foie, et attribué uniquement à l'ébranlement simultané de ces deux organes, les rapports que l'on observe entre leurs maladies. Mais lorsqu'on a vu un accès de colère, une frayeur vive, produire une jaunisse subite; lorsque des encéphalites provenant de causes physiologiques ont été suivies, du côté du foie, des mêmes accidens que celles qui ont été occasionées par une chute sur la tête, ce serait se refuser à l'évidence que de ne point adopter l'opinion de Desault : ce qui n'empêche point de tenir compte, dans certains cas, de l'ébranlement qui aurait suivi une commotion générale. Les affections gastriques, comme celles du foie, compliquent fréquemment les plaies, les contusions, les inflammations du cerveau.

Les ébranlemens du cerveau ont quelquefois été suivis, après le retour à la santé, de désordres divers dans l'exercice des fonctions de cet organe, tels qu'une faiblesse ou une perte de mémoire, un affaiblissement de l'intelligence, des attaques d'apoplexie, etc. L'on a dit aussi que des aliénés avaient recouvré l'usage de la raison, après s'être fracassé la tête par une chute sur cette partie. Ces derniers exemples sont tellement rares, et peut-être si peu authentiques, que jamais aucun médecin observateur n'a songé à ranger la commotion du cerveau parmi les moyens curatifs de la folie.

Les commotions du cordon rachidien sont rarement produites sans que le cerveau ait reçu un pareil ébranlement; et, dans ce cas, il est difficile de savoir si les phénomènes dont la production se rattache immédiatement au premier de ces organes, ne dépendent pas de la lésion cérébrale. Mais si, à la suite d'un coup ou d'une chute sur la colonne vertébrale, l'on observe la paralysie de la vessie et du rectum, ainsi que des muscles dont les nerfs naissent au-dessous de l'endroit affecté, sans désordres cérébraux graves, il n'est pas douteux que la cause de ces phénomènes de paralysie ne soit dans le cordon rachidien. Ici, comme pour le cerveau, la commotion étant une cause de maladie, et non une maladie, peut produire diverses affections qu'il n'est pas convenable de décrire dans cet article. *Voyez* MOELLE ÉPINIÈRE (maladies de la).

Le foie, après le cerveau, est l'organe le plus exposé, par son poids, son volume, sa texture et sa position, aux effets de la commotion. Lorsqu'il a ainsi été violemment ébranlé, il est affaissé, moins consistant; il offre à sa surface ou dans son intérieur, des déchirures en plus ou moins grand nombre, et d'une étendue diverse. Cette contusion de la substance du foie peut être suivie d'*hémorrhagie*, d'*épanchemens bilieux*, de *jaunisse*, d'*hépatite*, etc. (*Voyez* ces mots.)

Les indications qui se présentent à remplir dans la commotion du cerveau, sont de remédier aux accidens primitifs, de prévenir l'épanchement de sang, l'inflammation de cet organe et des autres viscères. Si la commotion a été légère, l'inspiration de vapeurs excitantes, telles que le vinaigre, l'éther, des eaux spiritueuses, l'acide sulfureux que l'on produit en brûlant des allumettes soufrées, des frictions sèches ou aromatiques, l'ingestion dans l'estomac d'un verre d'eau froide simple, ou rendue légèrement stimulante par l'addition de quelques gouttes de vinaigre, d'alcohol ou d'une eau spiritueuse, suffisent ordinairement pour rappeler le malade à la connaissance, calmer les envies de vomir, et faire disparaître l'espèce de stupeur qui persiste souvent encore après que les sens ont recouvré l'usage de leurs facultés. Mais dès que l'ébranlement du cerveau a été assez considérable pour inspirer des craintes sérieuses, l'on n'hésite point à conseiller sur-le-champ l'emploi de saignées générales et locales, plus ou moins abondantes, renouvelées plusieurs fois dans les vingt-quatre heures, si l'individu est fort, s'il se manifeste des signes de congestion cérébrale. On ne devrait pas négliger de pousser de l'air dans les poumons, si les muscles inspirateurs cessaient de remplir cet office, surtout si le cœur conservait son action. Un second moyen, non moins généralement employé que la saignée, et dans lequel Desault avait une très-grande confiance, c'est l'émétique pris en lavage, et simplement comme purgatif. On espère, en provoquant une excitation gastro-intestinale, produire un effet révulsif avantageux, et par là diminuer la congestion cérébrale ou la prévenir. Cependant on conseille en même temps d'éviter que le remède ne détermine le vomissement; car les efforts dont s'accompagne cet acte tendent à produire un engorgement sanguin des vaisseaux cérébraux et méningiens. L'on a aussi mis en usage les affusions et les applications froides sur la tête. Enfin, presque tous les chirurgiens prétendent qu'il faut *réveiller* l'action *engourdie* du cerveau, qui ne dépend pas d'un épanchement de sang, par l'application d'un vésicatoire qui couvre toute la tête. Mais cet *engourdissement* n'étant qu'un effet, c'est sa cause qu'il faut combattre pour le faire cesser. Or, si cette cause est une contusion de la substance cérébrale, d'où résulte une irritation et un afflux sanguin, il est peut-être douteux qu'un stimulant si énergique, si étendu et si voisin du siége du mal, puisse en cette circonstance être suivi d'un résultat avantageux. Le docteur Gondret a rappelé à la vie, au moyen d'un courant électrique dirigé du nez, des yeux et des oreilles, au rachis, deux lapins qu'il avait violemment frappés sur l'occiput avec le bord externe de la main, et qui ne donnaient de signes d'existence qu'une respiration lente et convulsive. Le docteur Magendie, en répétant l'expérience, a obtenu les mêmes résultats; ce médecin a aussi rétabli, par le même moyen, l'exercice des fonctions chez des animaux asphyxiés par la submersion.   (GEORGET.)

COMPACT (substance ou tissu) des os. On nomme ainsi la partie la plus serrée des os, celle qui ne présente point d'aréoles à l'œil nu, par opposition à celle dite *spongieuse*. *Voyez* OS.

COMPLEXION, s. f., *complexio*. Ce mot, synonyme de *constitution*, est plus en usage chez les gens du monde que parmi les médecins; il se rapporte en général plutôt à l'état apparent ou réel des forces musculaires qu'à la structure organique. Il est rare qu'un mot passe du vocabulaire des sciences dans la conversation particulière, sans que sa signification éprouve une altération qui l'éloigne plus ou moins de son acception primitive. Alors deux mots, originairement synonymes parfaits, offrent des différences délicates, qu'il est plus facile de sentir que d'exprimer.
                    (DICT. ABRÉGÉ DE MÉD.)

COMPLEXUS (muscles). Ils sont ainsi nommés du mot latin *complexus*, pris dans le sens de complexe ou compliqué, et se trouvent à la partie postérieure du cou. On en distingue de chaque côté un grand, qui a d'abord seul porté ce nom, et un petit : le premier est

DICT. DE MÉD. 4.   15

encore appelé, d'après ses insertions, *tra-chélo-occipital*, et le second *trachélo-mastoï-dien*. Tous deux se fixent, en effet, aux apophyses transverses ou *trachéliennes* des vertèbres cervicales, d'où ils s'étendent, l'un à l'occipital, l'autre à l'apophyse mastoïde du temporal.

Le muscle grand complexus se prolonge inférieurement en pointe à la partie supérieure du dos; il est plus large au cou et assez épais. Toutes ses fibres s'attachent, les unes au-dessus des autres, aux apophyses transverses des quatre ou cinq premières vertèbres dorsales et aux apophyses transverses et articulaires des cinq ou six dernières cervicales, en formant de petits faisceaux tendineux et charnus, qui ne se confondent qu'à une certaine distance de leur insertion. Ces faisceaux s'insèrent, à leur autre extrémité, par des fibres aponévrotiques assez courtes, au-dessous de la moitié interne de la ligne courbe supérieure de l'occipital. Il résulte de là que les fibres de ce muscle sont obliques et très-écartées en bas de celles du muscle du côté opposé, dont elles se rapprochent supérieurement. Ces fibres sont interrompues par deux intersections, l'une tendineuse et l'autre aponévrotique. La première n'occupe que le bord interne, ce qui a fait regarder la portion charnue à laquelle elle appartient comme un muscle particulier, par Albinus et d'autres anatomistes qui l'appellent le *digastrique du cou*. L'intersection aponévrotique est plus étendue, irrégulière, se prolonge, en passant au-dessus du tendon, dans la portion charnue interne, et a été comparée pour sa forme à un V. Au reste, beaucoup de fibres passent devant ces intersections sans s'y arrêter.

Le petit complexus semble une languette charnue, couchée sur le bord externe du grand complexus. Il s'écarte pourtant de celui-ci en haut, où il est accolé à la face interne du splénius. Il se fixe aux apophyses transverses des quatre dernières vertèbres du cou, de la même manière que le grand complexus, et s'attache, d'autre part, à la surface mastoïdienne du temporal par un petit tendon aplati. Ses fibres charnues sont dirigées verticalement et interrompues par une ou plusieurs intersections; elles s'implantent sur les deux faces du tendon supérieur, de manière à le cacher entièrement. Ce muscle se prolonge quelquefois au dos, comme le grand complexus.

Les deux muscles complexus sont souvent en partie confondus, par leurs tendons inférieurs, soit entre eux, soit avec les autres muscles qui s'insèrent au même endroit, comme le transversaire, le long dorsal. Quelquefois même des languettes charnues les unissent à ces derniers.

Leurs usages doivent les faire ranger parmi les muscles extenseurs de la tête, qu'ils renversent en arrière et de leur côté, s'ils agissent isolément; et directement en arrière, s'ils se contractent avec ceux du côté opposé. Le petit complexus est plus propre à incliner la tête latéralement qu'à la porter en arrière; le grand peut, surtout par ses fibres externes, qui sont plus obliques, lui faire éprouver un mouvement de rotation qui dirige la face du côté opposé au sien. Dans ces divers mouvemens, ces muscles agissent à la fois sur la tête et sur les vertèbres cervicales.   (A. B.)

COMPLICATION, s. f., *complicatio*. Au premier aperçu rien n'est plus aisé que de définir la complication en pathologie. C'est, dit-on, la coexistence de deux maladies, dont une est dépendante de l'autre, et qui s'influencent réciproquement. Cette dépendance, cette influence distingue la complication de la coexistence, de la coïncidence simple, dans laquelle plusieurs maladies, parfaitement étrangères l'une à l'autre, se trouvent réunies chez le même sujet. Mais en quoi la complication diffère-t-elle de la composition? Une maladie qui s'étend à plusieurs organes, à plusieurs tissus, est-elle *compliquée* ou *composée*? Faut-il que les deux maladies qui coexistent et dépendent l'une de l'autre soient de nature différente, pour qu'il y ait complication? Si de la nature diverse des maladies coexistantes et dépendantes les unes des autres, dérive la complication, il n'y a pas de maladies compliquées pour les médecins qui n'admettent qu'une seule espèce de maladie, l'irritation, par exemple. Pour eux, il n'y a de complication que sous le rapport du siége; la maladie se complique d'autant plus qu'un plus grand nombre d'organes s'affectent successivement, ou sont affectés simultanément.

S'il suffit de la coexistence de deux états morbides différens, dont l'un est l'effet de l'autre, pour qu'il y ait complication, fort peu de maladies sont simples. Une irritation, une inflammation, dans une partie, est ordinairement accompagnée de fébricité, de langueur dans une ou plusieurs autres. Chez un sujet très-affaibli, une inflammation venant à se développer, il y a complication.

On a beaucoup abusé de l'idée de complication en pathologie; après avoir donné des noms différens aux divers degrés d'une même maladie, on lui en a encore imposé en raison du lieu où elle se développe. Alors on a dû voir des complications partout. Une irritation légère de la peau se développe-t-elle, c'est un érysipèle, maladie simple. S'y joint-il des signes d'irritation de l'estomac, des conduits biliaires, l'érysipèle est compliqué d'un embarras gastrique; s'il survient de la fièvre, c'est-à-dire si le pouls devient dur et fréquent, la peau sèche et chaude, il y a complication d'une fièvre gastrique. Il n'y a pourtant d'autre complication que celle qui naît des mots. Plusieurs organes, la peau, les voies gastriques et biliaires, et le cœur, sont irrités, mais l'état morbide est le même dans ces diverses parties. La vraie complication n'a lieu que lorsqu'il s'y joint de l'abattement, une prostration des forces musculaires, encore ces phénomènes ne sont-ils peut-être qu'un indice du premier degré de l'irritation cérébrale.

L'imagination a joué un grand rôle dans tout ce qu'on a dit de la complication des fièvres, des phlegmasies, des névroses, des lésions organiques entre elles, et les unes avec les autres. Toutes ces complications ne sont pour l'ordinaire que l'extension de la maladie, l'augmentation de son intensité, ou sa répétition sur un autre organe.

Au lieu de poursuivre la recherche de complications souvent plus apparentes que réelles, il suffit de s'attacher à bien reconnaître les organes lésés dans chaque maladie, et la manière dont chacun d'eux est affecté; de ne point oublier qu'une lésion organique, aiguë ou chronique, bien manifeste, peut être l'effet ou devenir la cause d'une lésion chronique ou aiguë plus redoutable, mais cachée, qu'il faut détruire ou prévenir afin d'obtenir une guérison solide. Pour faire ce travail important, on doit rallier chaque symptôme à l'organe auquel il appartient directement, comparer l'état de chaque organe à celui de tous les autres, s'informer avec le plus grand soin de toutes les circonstances commémoratives qui peuvent mettre sur la voie du diagnostic, enfin faire connaître le siége, la nature, le degré du mal et les moyens qui ont échoué.

La complication de deux états morbides de nature opposée dans l'économie animale, est l'écueil de la thérapeutique, lorsque ces deux états sont portés au plus haut point d'intensité. Qu'une inflammation violente de la peau, du poumon, vienne à se développer, par exemple, chez un sujet épuisé par d'abondantes hémorrhagies, par une diète sévère

long-temps prolongée, par une affection morale profonde qui, maintenant le cerveau dans un état prolongé de souffrance, a jeté le reste du corps dans la faiblesse, attaquera-t-on par les toniques cette faiblesse qui menace de favoriser la gangrène de la peau, l'hépatisation du poumon? Mettra-t-on en usage les émissions sanguines locales pour diminuer directement l'inflammation du poumon ou de la peau? Dans un cas de ce genre, on est réduit à des tâtonnemens qui prouvent jusqu'à quel point l'art de guérir est encore peu avancé. L'embarras redouble dans ces maladies chroniques qui conduisent lentement au tombeau les sujets qui en sont atteints. Que faire le plus souvent au milieu de ce mélange de faiblesse extérieure permanente, dont les malades demandent à être délivrés, et de signes d'irritation, fugaces, mais trop significatifs, qui annoncent qu'une inflammation profonde, primitive ou secondaire, est la vraie cause de la diminution des forces musculaires. Tandis que le médecin prudent, qui craint par-dessus tout de nuire, persiste dans l'emploi des moyens appropriés à cette phlegmasie intérieure, un empirique, un routinier, d'autant plus hardi qu'il ne voit point le danger, provoque avec assurance une médication tonique; il procure un soulagement passager qui fait crier au miracle, et inspire des préventions fâcheuses contre l'homme trop éclairé pour ne pas redouter les suites de cette tentative téméraire. Que pourtant ces faits ne soient pas perdus pour lui. Il est des cas où il peut se permettre de s'écarter un peu de l'indication fondamentale, pour tâcher de faire cesser une lésion secondaire trop pénible, pour procurer cette *euphorie* qu'Hippocrate recommande.

Autant la complication des maladies dites internes offre d'obscurité, autant celle de ces maladies avec une lésion par cause mécanique, telle qu'une fracture, une plaie, est facile à reconnaître. Mais ici il faut éviter un autre écueil. Lorsqu'une lésion d'un viscère, de l'encéphale ou de l'estomac, par exemple, vient compliquer soit une fracture de la jambe, je suppose, soit l'inflammation qui est l'effet d'une opération quelconque, les chirurgiens nient fort souvent que cette fracture, cette opération, ait déterminé le développement de la maladie interne, qui, selon eux, arrive ordinairement par l'action des circonstances au milieu desquelles le sujet se trouve placé. Les médecins eux-mêmes partagent cette opinion. On parle de *fièvres inflammatoires gastriques essentielles* ou *primitives*, qui viennent compliquer les plaies. Mais pourquoi viennent-elles ainsi, ces fièvres? Seraient-elles venues si les plaies n'avaient point été faites? On ne peut nier d'abord que l'irritation que produit la lésion par cause mécanique ne prédispose les organes à s'irriter; ensuite, dans le cas où ces organes y sont déjà disposés, cette lésion devient une cause déterminante; il y a donc toujours le rapport d'une cause à un effet entre cette lésion et ces fièvres, il est donc absurde de dire qu'une fièvre essentielle est venue compliquer une plaie. Ces erreurs proviennent du trop long isolement qui a régné entre les chirurgiens et les médecins.

Les complications ne sont pas toujours manifestes; il en est qu'on ne reconnaît qu'à l'ouverture des cadavres. Tantôt elles fournissent des coïndications; plus souvent, quand il y a réellement coexistence de deux états morbides différens, il en résulte des contre-indications.   (DICT. ABRÉGÉ DE MÉD.)

COMPOSÉ, adj., pris quelquefois substantivement, *compositus;* formé de plusieurs choses.

Les physiciens et les chimistes donnent le nom de corps composés à ceux qui résultent de la combinaison, soit des substances que nous appelons simples ou élémentaires, parce qu'elles ont résisté jusqu'aujourd'hui à tous nos efforts pour les décomposer, soit d'un plus ou moins grand nombre d'autres corps déjà composés eux-mêmes. On appelle les premiers *composés primaires,* et les autres *composés secondaires.*

On emploie aussi le mot *composé,* en médecine, pour désigner les maladies dans lesquelles on observe plusieurs lésions, et les médicamens formés par la réunion de plusieurs substances qui jouissent de propriétés analogues ou différentes.

Il serait difficile d'exprimer avec exactitude ce que les anciens entendaient par *maladies composées;* car si on analyse leurs phénomènes, on trouve que le sont, en tant que l'on donne le nom de maladie à la réunion de divers états morbides ayant le même siège ou des sièges différens. Cependant, depuis les travaux de Barthez, et surtout depuis ceux de Dumas, il s'est formé une secte de médecins qui s'attachent à décomposer toutes les maladies, en ce qu'ils appellent leurs élémens; l'inflammation elle-même n'est point à leurs yeux une maladie simple, mais bien la réunion de quatre élémens morbides, dont chacun prédomine, selon les cas, sur les trois autres. Cette décomposition est un effet de

l'abus de l'analyse appliquée à l'étude des maladies; elle offre le grave inconvénient de faire perdre de vue la dépendance des phénomènes morbides; elle érige des symptômes en maladies, et nous ramène à la médecine symptomatique, à force de subtilités. Sagement inconséquens à leurs principes, les médecins qui ont adopté cette doctrine la font sans doute plier lorsqu'ils sont près du lit des malades; mais à quoi bon s'attacher à une théorie qui abandonne au moment où l'on croit qu'elle va devenir nécessaire? *Voyez* ÉLÉMENT.

Les *médicamens composés* résultent de l'assemblage de plusieurs substances actives. Nous renvoyons au mot MÉDICAMENT les considérations particulières qui se rattachent à ce sujet important.   (DICT. ABRÉGÉ DE MÉD.)

COMPOSITION, s. f.; *compositio,* action de composer. Cette expression désigne également, et l'opération par laquelle on prépare un médicament composé, et ce composé lui-même. Ainsi l'on dit: telles ou telles substances servent à la composition de ce médicament; de même que: cette composition est formée d'un grand nombre de substances. *Voyez* MÉDICAMENT.   (R. DEL.)

COMPRESSE, s. f., *compressa, splenicum;* morceau de linge, simple ou plié en plusieurs doubles, que l'on applique sur les parties blessées, soit pour les défendre de l'action de l'air, soit pour maintenir sur elles de la charpie ou divers médicamens. Comme toutes les autres parties des appareils, les compresses doivent être faites d'une toile assez solide, souple, à demi usée; on ne doit laisser dans leur étendue ni ourlets, ni lisières, afin qu'elles n'exercent pas une pression inégale ou douloureuse sur les parties.

On a donné aux compresses des noms très-variés, tirés le plus fréquemment de leur figure, et quelquefois de leurs usages. C'est ainsi que l'on reconnaît des compresses carrées, longuettes, triangulaires, octogones, graduées, fenêtrées, criblées, fendues en simple ou en double croix de Malte, en fronde, etc., des compresses unissantes, divisives, compressives, expulsives, de remplissage, etc. Mais c'est exclusivement d'après leur forme qu'il convient de les diviser, parce que les mêmes usages peuvent être remplis par plusieurs d'entre elles, suivant la manière dont on les applique et les circonstances dans lesquelles on en fait usage.

Les compresses doivent en général être coupées en un carré dont les grands côtés ont deux fois la longueur des petits, parce que cette forme est la plus simple, et qu'en les repliant ensuite en plusieurs doubles et de diverses manières, on obtient des compresses carrées, longuettes, triangulaires, etc. On forme les compresses graduées, tantôt en appliquant les uns sur les autres des morceaux de linge carrés dont l'étendue devient successivement moins considérable, de manière à former une masse pyramidale; tantôt, au contraire, en repliant une grande compresse sur elle-même, et diminuant successivement la largeur de ses plis, ce qui produit à la fin un prisme triangulaire. Dans quelques cas, l'on ne diminue la largeur des plis que d'un seul côté, et la compresse graduée, très-épaisse à l'un de ses bords, qui est perpendiculaire, s'amincit à l'autre par la dégradation successive de ses diverses parties. Les compresses fendues sont celles que l'on a incisées dans un ou plusieurs sens, afin qu'elles s'appliquent plus exactement aux surfaces qu'elles doivent recouvrir. Le chirurgien ne doit jamais hésiter à diviser ainsi les compresses, toutes les fois qu'il peut éviter par là des plis, toujours désagréables à l'œil, et souvent douloureux pour le malade.

Les dimensions des compresses sont très-variables; elles diffèrent surtout, sous ce rapport, suivant qu'elles doivent ou ne faire que recouvrir certaines parties du corps, ou entourer un membre entier. Lorsqu'elles sont placées immédiatement sur une portion de tégumens malade, et qu'elles sont chargées elles-mêmes des médicamens convenables, leur étendue ne doit qu'à peine dépasser celle de la surface affectée. Dans les cas où elles doivent recouvrir de la charpie ou d'autres parties d'appareil, il faut leur donner une surface double de celle des objets sur lesquels on les place. Quand enfin elles doivent entourer un membre, leur longueur doit excéder d'un tiers au moins la circonférence de ce membre, afin que leurs extrémités puissent être entrecroisées, et qu'elles aient une assez grande solidité.

L'application des compresses est une des parties les plus importantes de la pratique des pansemens. Il faut proportionner leur épaisseur, dans les plaies, à l'abondance de la suppuration, de manière à ce qu'elles absorbent le pus dont la charpie ne saurait se charger. Lorsqu'on les applique afin d'écarter diverses parties d'un membre, comme dans les cas de fracture à l'avant-bras, elles doivent être assez épaisses pour faire saillie sur ce membre, et pour que les bandes agissent spécialement sur elles; il en est de même quand on les place sur le fond d'un foyer purulent que l'on ne

saurait inciser dans toute son étendue. Mais elles doivent seulement donner aux parties une forme régulière, afin que le bandage puisse s'appliquer plus aisément, dans tous les cas où elles sont employées comme moyen de remplissage. Quant aux compresses criblées, faites d'un linge très-fin, percées d'une multitude de trous, et placées immédiatement sur les solutions de continuité, nous indiquerons, à l'article PANSEMENT, les cas où elles conviennent, et jusqu'à quelle époque de la durée des plaies il est utile d'en faire usage. *Voyez* CROIX DE MALTE, FRONDE, etc.

(DICT. ABRÉGÉ DE MÉD.)

COMPRESSIF, adj., *compressivus;* se dit des moyens à l'aide desquels on peut exercer la compression. Les machines, et surtout les bandages compressifs, sont tellement multipliés, si différens par leur forme et les substances qui servent à leur construction, qu'il est impossible de présenter aucune idée générale relativement à la disposition de leurs différentes parties. C'est à tort que l'on a appliqué au *bandage roulé* la dénomination de bandage compressif, puisque cet appareil ne constitue que l'un des moyens les plus restreints et les moins efficaces parmi ceux du même genre que nous possédons.

L'action des appareils compressifs ayant toujours pour résultat d'affaisser les tissus vivans, et d'en diminuer le volume, ces appareils cessent bientôt d'agir et de remplir l'indication qui les fait employer, si, pourvus d'une certaine élasticité, ils ne sont pas susceptibles de revenir sur eux-mêmes et de suivre les parties, à mesure que leurs molécules se rapprochent. Il est difficile d'obtenir cet effet à l'aide du cuivre, des lacs de fil, de la toile et des autres substances dont on fait ordinairement usage pour presser les organes. Cependant, parmi les tourniquets, le *compresseur* de Dupuytren, qui est formé d'une lame d'acier élastique, remplit assez bien cette indication. Il n'en est pas de même de la toile qui sert de base aux bandages compressifs ordinaires. Son tissu, trop peu résistant, s'étend avec facilité, et l'appareil tombe bientôt, parce qu'il cesse d'être soutenu par les parties qu'il enveloppe. L'usage de mouiller les bandes avant de les appliquer augmente encore cet inconvénient. En effet, la toile se raccourcit par l'action des liquides, et, s'allongeant ensuite à mesure que la chaleur des organes la fait sécher, elle cesse d'agir sur eux et de les comprimer. Il faut donc se garder de suivre cette méthode routinière, qui n'a d'autre avantage que de rendre le bandage plus facile à appliquer, résultat que l'on obtient toujours avec de la dextérité et de l'habitude. C'est quand l'appareil, appliqué depuis long-temps, commence à se relâcher, qu'il faudrait le mouiller; le resserrement qu'il recevrait de l'action du liquide lui rendrait, pour quelque temps encore, la force compressive dont il a besoin. Dans les cas de varices étendues, d'œdème considérable, ou d'ulcères dont il faut soutenir les cicatrices, le chirurgien doit préférer aux bandes des bas de toile neuve et épaisse ou de peau de chien, lacés sur le côté du membre, et qui, l'embrassant avec solidité, se déplacent difficilement, et ne se relâchent presque jamais. Dans les cas ordinaires, il conviendrait peut-être de préférer à la toile à demi usée qui sert à la fabrication des bandes ordinaires, la flanelle dite d'Angleterre, qui est presqu'aussi fine, et qui, plus élastique, revient davantage sur les parties, à mesure que leur volume diminue. Dans tous les cas, il est indispensable de surveiller attentivement les machines et les bandages compressifs, afin de les resserrer ou de les réappliquer aussi souvent qu'ils se relâchent et qu'ils cessent de satisfaire aux indications pour lesquelles on les a appliqués. *Voyez* COMPRESSION.

(DICT. ABRÉGÉ DE MÉD.)

COMPRESSION, s. f., *compressio*. Ce moyen de thérapeutique chirurgicale convient dans beaucoup de cas et peut être appliqué suivant différens modes que je vais succinctement passer en revue, en indiquant les effets principaux de chacun d'eux et les indications qu'ils peuvent remplir.

Compression circulaire sur une surface étendue. — Ses effets les plus remarquables, lorsqu'elle est modérée et continuée long-temps, sont de seconder l'action de la contractilité de tissu des parties sur lesquelles elle est exercée; de faciliter la circulation de la lymphe et du sang veineux; de ramener à un moindre volume les parties comprimées; de prévenir ou au moins de modérer les engorgemens œdémateux, les infiltrations sanguines; de favoriser la résorption des fluides épanchés; de maintenir les muscles dans leur position naturelle, et de s'opposer aux effets qui pourraient résulter de leurs contractions irrégulières ou trop violentes, etc. Cette compression, lorsqu'elle est trop forte ou continuée pendant trop long-temps, peut produire, suivant la nature des maladies, tantôt une sorte d'étranglement des parties comprimées, d'autres fois leur atrophie, une sorte de pa-

ralysie ou bien des ankyloses incomplètes.

On exerce cette compression avec des appareils adaptés à la forme et à la situation des parties malades. Les principaux de ces appareils sont le bandage roulé, les ceintures larges, les bas lacés en peau de chien ou en coutil, les bandelettes agglutinatives, les suspensoires, etc.

On emploie ce mode de compression dans le traitement des plaies ou des ruptures transversales des tendons, des muscles; dans celui des fractures, des entorses, des contusions et même des brûlures récentes. Les observations rapportées par J.-L. Petit, Desault, etc., prouvent son efficacité dans le traitement des hernies volumineuses et anciennes, des renversemens d'intestin, des paraphimosis. On y a recours avec avantage chez les individus affectés d'œdème ou de varices des membres, d'hydropisies articulaires, d'ulcères calleux ou variqueux. On en obtient de bons effets à la suite de l'accouchement, de l'opération de la paracenthèse, après l'ouverture des grands dépôts par infiltration ou par épanchement, pour prévenir le croupissement du pus.

Il est souvent utile d'imbiber avec des liqueurs sédatives, astringentes ou aromatiques, les appareils qui servent à comprimer de cette manière.

Compression circulaire sur toute la longueur d'un membre, avec application d'une compresse épaisse et étroite sur le trajet de l'artère principale. — Elle est indiquée pour modérer le cours du sang dans la cavité de ce vaisseau, et on l'a employée avantageusement dans le traitement des anévrismes et des plaies artérielles. (*Voyez* ces mots.)

Compression circulaire sur une surface étroite. — Elle donne lieu presque instantanément à une douleur locale assez vive et bientôt après à un sentiment de torpeur, d'engourdissement dans la partie inférieure du membre comprimé. Le cours de tous les fluides circulatoires y est suspendu; cette portion du membre se tuméfie, prend une teinte rougeâtre livide, se refroidit. Cette compression ne tarderait pas à occasioner la gangrène. Les cols trop serrés produisent en partie ce genre de compression, et peuvent occasioner la suffocation, la stase du sang dans les vaisseaux de la tête et même l'apoplexie.

On ne se sert de cette compression que dans un petit nombre de cas, et pendant un temps de peu de durée, notamment pour suspendre complètement le cours du sang pendant une opération, lorsque le sujet est très-faible; pour empêcher l'absorption d'un virus ou d'un venin, immédiatement après son inoculation. On réussit quelquefois avec ce moyen à prévenir ou à arrêter les crampes, et à s'opposer au développement d'un accès épileptique lorsqu'il est précédé d'un sentiment de froid, de tressaillement ou de douleur qui se fait d'abord sentir dans un membre. (*Voyez* ÉPILEPSIE.) Toute espèce de lien ou de lac peut servir pour exécuter cette compression, et on la rend plus forte en se servant d'un garot.

Compression latérale, médiate et circonscrite, sur le trajet d'une artère, d'un canal excréteur. — Elle n'agit avec force que sur un point ou sur deux points opposés de la surface d'un membre ou du tronc. Les moyens compressifs étant appliqués convenablement, la circulation est interceptée dans la portion du vaisseau comprimée, et reste libre dans les vaisseaux collatéraux. On comprime ainsi avec les différentes espèces de tourniquet, avec le garot garni d'une pelote, soit momentanément, pour suspendre le cours du sang dans l'artère principale pendant la durée d'une opération, pour arrêter une hémorrhagie traumatique, soit d'une manière continue pour guérir un anévrisme, une tumeur fongueuse sanguine, quelques fistules salivaires. Ce mode de compression est douloureux. Pour qu'il soit efficace, il faut que le vaisseau comprimé soit appuyé immédiatement ou presque immédiatement sur un os. Quelques sujets ne peuvent le supporter long-temps. Appliqué sans précautions, il peut occasioner des escarres gangréneuses.

Compression latérale immédiate sur les vaisseaux. — Elle change la forme de ces vaisseaux, les aplatit, y intercepte le cours du sang, et finit par donner lieu au bout de quelques jours à leur oblitération jusqu'à l'origine des premières branches collatérales. On exerce cette compression avec des fragmens d'agaric, des bourdonnets de charpie, de petits coussins ou cylindres aplatis, assujettis par des ligatures larges, des instrumens connus sous le nom de presse-artère. Ce mode de compression a des avantages contrebalancés par plusieurs inconvéniens. *Voyez* ANÉVRISME, LIGATURE, PLAIES ARTÉRIELLES, TAMPONNEMENT.

Compression sur l'orifice des vaisseaux coupés en travers. — Elle s'oppose à l'issue du sang, mais sans changer la forme des artères et des veines divisées. Elle doit donc être beaucoup moins efficace que la compression

latérale immédiate. Elle serait presque toujours insuffisante pour arrêter une hémorrhagie résultant de la section d'une grosse artère; elle ne réussit même pas toujours, lorsqu'il ne s'agit que de comprimer plusieurs artères d'un médiocre calibre, qui ne sont pas soutenues sur un plan résistant. On se sert, pour faire cette compression, de morceaux d'agaric, de bourdonnets de charpie, saupoudrés de gomme arabique, de colophane. On n'emploie plus le tourniquet, que J.-L. Petit imagina pour comprimer l'orifice de l'artère crurale sur le marquis de Rothelin, qui, à la suite de l'amputation de la cuisse, avait éprouvé plusieurs hémorrhagies consécutives.

Desault a fait servir la compression à la cure des engorgemens squirrheux du rectum. On a déjà essayé, soit en Angleterre, soit en France, d'appliquer le même moyen à la curation des engorgemens squirrheux du tissu cellulaire, des ganglions lymphatiques, des glandes. Le petit nombre de succès que l'on a obtenus peut engager à faire de nouveaux essais, mais avec les précautions convenables pour ne pas donner lieu à l'excoriation de la peau, à son adhérence aux parties engorgées, à l'irritation, et par suite à la dégénérescence des parties engorgées.

On sait que Desault avait employé avec succès la compression pour guérir certains anus contre nature. Il avait encore beaucoup laissé à perfectionner dans le traitement de cette maladie. M. Dupuytren a rempli cette tâche; et c'est encore à la compression qu'il a eu recours; il la fait servir d'abord à frapper de mort une portion de la cloison qui résulte de l'adossement des deux bouts de l'intestin, ce qui produit une large communication entre eux, et un passage facile des matières chymeuses ou fécales du bout supérieur dans le bout inférieur. Ce premier résultat obtenu, un autre mode de compression devient utile pour accélérer l'occlusion de l'ouverture extérieure. *Voyez* ANUS CONTRE NATURE.

Des détails plus étendus nous feraient sortir des bornes que nous nous sommes prescrites; on les retrouvera d'ailleurs dans l'histoire des maladies auxquelles la compression est applicable.   (MARJOLIN.)

CONCENTRATION, s. f., *concentratio*; action de rassembler, de rapprocher les molécules d'un corps. Les physiciens et les chimistes font également usage de ce terme. Ainsi les premiers disent qu'ils concentrent les rayons solaires, quand ils les rassemblent au foyer d'un miroir ardent, et les chimistes, qu'ils concentrent une dissolution quelconque, lorsque, par une évaporation mesurée, ils la privent de l'excédant d'eau qu'elle contient, et n'y laissent, ou à peu près, que celle qui se trouve en juste rapport de proportion avec la solubilité des substances dissoutes.

Lorsque l'action vitale s'exalte dans une partie de l'organisme, et diminue dans toutes les autres, on dit que la vie *se concentre*, qu'il y a *concentration* du mouvement, des propriétés vitales, dans cette partie. Au début d'un accès fébrile, il y a *concentration* à l'intérieur dans les principaux viscères.

On se sert encore du mot *concentration* pour désigner l'état d'un pouls faible et petit.

(DICT. ABRÉGÉ DE MÉD.)

CONCENTRÉ, adj. On désigne ainsi le pouls, lorsque l'artère paraît peu développée sous le doigt qui la touche. *Voyez* POULS.

CONCEPTION, s. f., *conceptio*; action vitale excitée, chez la femme, par le coït, et d'où il résulte qu'un nouvel être se forme en elle. On dit d'une femme, dans le sein de laquelle commence la formation d'un embryon, qu'elle a conçu; on la dit grosse ou enceinte dès l'instant où le développement de cet embryon devient manifeste.

Il n'existe aucun signe certain auquel on puisse reconnaître qu'une femme a conçu, c'est-à-dire que l'acte vénérien auquel elle s'est livrée a produit en elle la fécondation, l'imprégnation. Cependant, les femmes qui ont déjà eu plusieurs enfans s'aperçoivent assez souvent qu'elles ont conçu, mais d'après des circonstances vagues et fugitives, qu'il leur est plus facile de sentir que de décrire, et parmi lesquelles on s'accorde assez généralement à ranger surtout un léger frissonnement qui survient pendant ou immédiatement après la copulation, suivi d'une sorte de malaise et de contraction spasmodique dans le bas-ventre. *Voyez* GROSSESSE. (DICT. ABRÉGÉ DE MÉD.)

CONCOMBRE, *cucumis*, s. m., genre de plantes appartenant à la famille naturelle des cucurbitacées et à la monœcie symphysandrie, dont les caractères consistent en un calice à cinq dents, adhérant par sa base avec l'ovaire infère dans les fleurs femelles; en une corolle campanulée à cinq lobes; dans les fleurs mâles, les étamines sont très-courtes, dans les fleurs femelles, on trouve trois filamens stériles: le fruit est charnu, arrondi ou allongé, indéhiscent, contenant un grand nombre de graines oblongues comprimées, amincies sur les bords.

LE CONCOMBRE COMMUN, *cucumis sativus*, L.,

est une plante annuelle, originaire d'Orient, dont la tige est couchée, rude, rameuse, les feuilles lobées et à angles droits. Le fruit mûr est allongé et comme cylindrique, lisse et blanchâtre. Sa pulpe est essentiellement aqueuse, un peu fade. Ces fruits, dont on fait une assez grande consommation comme alimens, contiennent très-peu de matière nutritive. On doit les considérer plutôt comme rafraîchissans que comme propres à soutenir les forces, et à fournir à nos organes des matériaux alibiles pour réparer leurs pertes. Aussi les concombres conviennent-ils plutôt aux individus forts et pléthoriques, ou d'un tempérament bilieux, qu'à ceux chez lesquels prédomine le système lymphatique.

On prépare avec la pulpe de concombre et l'axonge, une pommade très-employée comme *cosmétique*. Les dames en font surtout un grand usage, parce qu'elle a, dit-on, l'avantage d'assouplir la peau, de la rendre plus fine et d'en faire disparaître les petites efflorescences furfuracées qui se montrent fréquemment dans différentes parties du corps.

Les jeunes fruits du concombre récoltés lorsqu'ils sont encore petits et verts portent le nom de *cornichons*; on les fait confire au vinaigre, et on les emploie comme assaisonnement dans les sauces et les ragoûts.

La *coloquinte* et le *melon*, dont on a traité à ces deux mots, sont deux espèces de concombre. (A. RICHARD.)

CONCOMITANCE, s. f., *concomitantia*. Deux maladies, deux symptômes, coexistent par cela seul qu'ils ont lieu simultanément; il y a complication quand l'un est l'effet de l'autre; il y a *concomitance* quand ces maladies, ces symptômes simultanés ou successifs, dérivent de la même cause, dépendent de la même lésion. Un homme affecté d'une irritation gastrique se casse la jambe, la fracture et l'irritation sont *coexistantes*. Si au contraire il jouissait d'une bonne santé, et qu'à la suite et par l'effet de la fracture et de l'irritation qui en résulte, l'irritation gastrique se soit développée, il y a *complication* de l'une avec l'autre. Mais lorsqu'à la suite d'un refroidissement de la peau, les symptômes d'une bronchite ou d'une diarrhée se manifestent, il y a *concomitance* de ces symptômes et des lésions qui les occasionnent.

Tous les symptômes d'une même lésion sont concomitans entre eux, soit qu'ils en indiquent le siége ou la nature, soit qu'ils en annoncent la durée et la terminaison, soit enfin qu'ils aient trait au diagnostic ou au pronostic.

C'est pour avoir méconnu la concomitance des symptômes adynamiques avec ceux de l'irritation gastrique, par exemple, dans les fièvres aiguës avec prostration de l'appareil locomoteur, qu'on a divisé en deux affections une seule maladie. On a fait ainsi d'une maladie que peut-être on pouvait appeler *composée*, puisqu'elle s'étend à plusieurs organes, une maladie *compliquée*, exigeant des moyens curatifs opposés les uns aux autres. Il importe donc d'étudier avec le plus grand soin la liaison des symptômes entre eux; mais pour cela il faut avoir égard à la nature et au siége des affections morbides. *Voyez* SYMPTÔME.

CONCOMITANT, adj., *concomitans*; se dit d'un symptôme qui reconnaît la même origine que ceux avec lesquels on l'observe, ou après lesquels il se manifeste; d'une maladie due à la même cause qui en a produit une autre, avec laquelle elle coexiste.

CONCRET, adj., qui est coagulé, fixé : les chimistes nomment ainsi, soit les substances volatiles qui ont revêtu la forme solide, soit celles qui se présentent plus ou moins solides ou molles, mais dont presque tous les analogues sont fluides; *huile concrète, sel volatil concret*.

CONCRÉTION, s. f., *concretio, concrementum*; corps étrangers inorganiques, dépôt de matière osseuse, salino-terreuse, tophacée, qu'on rencontre dans l'épaisseur des tissus, surtout après des inflammations chroniques ou des suppurations. Dans beaucoup de cas, les concrétions cartilagineuses ou osseuses sont le résultat d'un travail de cicatrisation, et elles se forment dans les espaces ou foyers qu'un liquide a d'abord occupés. Les concrétions expectorées par quelques phthisiques paraissent dépendre d'un travail qui s'est opéré dans certains tubercules et par lequel la nature voulait s'opposer à la destruction du tissu pulmonaire. C'est par la production de concrétions d'apparence cartilagineuse ou osseuse, mais où l'on n'aperçoit cependant aucune trace d'une véritable organisation, que certaines guérisons de phthisie du poumon, du foie, etc., ont été produites. (G. BRESCHET.)

CONDIMENT, s. m., *condimentum*. Synonyme d'assaisonnement. (*Voyez* ce mot.)

CONDUCTEUR, s. m., *conductor*. En physique, on appelle ainsi les corps qui ont la propriété de transmettre facilement le calorique et l'électricité; en chirurgie, on donne le nom de conducteurs à deux instruments qu'on employait autrefois dans l'opération de la taille par le grand appareil. Ils consistent en deux sondes d'acier droites, terminées chacune par une sorte de croix qui leur sert de manche. Tout le long de l'instrument règne une vive arête destinée à diriger l'introduction des tenettes dans la vessie. À l'extrémité de l'une de ces sondes, que l'on appelle conducteur mâle, existe une languette arrondie; l'autre, nommée conducteur femelle, se termine par une échancrure. Ces instrumens, ainsi que la méthode de faire l'opération de la taille à laquelle ils appartenaient, ne sont plus en usage aujourd'hui. *Voyez* LITHOTOMIE.

CONDUIT, s. m., *ductus*. Ce mot a la même signification que *canal*, quoique l'usage l'ait consacré dans certains cas où l'on s'en sert de préférence à ce dernier. Exemples : *conduit auditif, vidien, ptérygo-palatin, conduits nourriciers*. (*Voyez* ces mots.)

CONDYLE, s. m., *condylus*, du grec κόνδυλος, qui signifie proprement le nœud ou l'espèce de saillie osseuse que présentent les articulations des doigts, fléchies; éminence articulaire, dont la surface est allongée dans un sens, et rétrécie dans l'autre : tels sont les condyles de l'occipital, de la mâchoire inférieure, du fémur, etc. Ce mot n'a pas toujours eu, en anatomie, une signification précise. Galien, qui paraît entendre par *condyle* une tête osseuse, légèrement aplatie, emploie cette dénomination dans des sens différens, et, de nos jours, plusieurs anatomistes ont donné ce nom à des parties articulaires très-dissemblables, comme à la petite tête du cubitus, à l'extrémité supérieure du radius, à l'angle antérieur de l'omoplate, aux deux moitiés de l'extrémité supérieure du tibia, ou même à des saillies non articulaires, telles que les tubérosités externe et interne de l'humérus.

CONDYLIEN ou CONDYLOÏDIEN, adj., *condyloïdeus*, qui appartient aux condyles. Ces épithètes ne s'appliquent communément qu'aux trous et aux enfoncemens qui avoisinent les condyles de l'occipital. *Voyez* OCCIPITAL (os.) (A. BÉCLARD.)

CONDYLOME, s. m., *condyloma*, de κόνδυλος; nœud, jointure, articulation des doigts; excroissance charnue, douloureuse, à laquelle on a cru trouver une analogie de forme avec les éminences osseuses que représentent les extrémités des phalanges quand la main est fermée. Cette tumeur est occasionée par le virus syphylitique, et consiste dans un gonflement plus ou moins inflammatoire d'un des plis de l'anus ou des parties génitales externes, avec induration du tissu cellulaire souscutané. On en voit aussi quelquefois au périnée et à la région supérieure et interne des cuisses. Tantôt le condylôme est de figure ronde avec un pédicule tant soit peu resserré; d'autres fois sa base est plus large, très-oblongue, et son corps est aplati sur les côtés, par suite de la pression que les fesses exercent sur lui. *Voyez* EXCROISSANCE. (LAGNEAU.)

CONFECTION, s. f., *confectio ;* préparation pharmaceutique dont la consistance surpasse un peu celle du miel, et dont la composition est très-compliquée, c'est-à-dire dans laquelle il entre un grand nombre de substances pultacées, sirupeuses, pulvérulentes, extractives, ou autres.

L'un des principaux agens de la polypharmacie galénique, les confections jouissaient d'un grand crédit parmi les Arabes et les médecins arabistes. On crut les rendre plus infaillibles, en les surchargeant de substances d'une grande valeur, et, en y faisant entrer un grand nombre d'ingrédiens des plus disparates, on s'imagina les rendre aptes à combattre toutes les maladies, à devenir des remèdes universels. Le temps a beaucoup diminué leur crédit; si on les compte encore aujourd'hui parmi les agens de la matière médicale, c'est par un pur effet de cette vénération traditionnelle avec laquelle la médecine, plus qu'aucune autre branche des connaissances humaines, conserve religieusement le souvenir des erreurs et des sottises dont l'ignorance, les préjugés et la prévention l'ont surchargée durant l'enfance de l'art. Les principales confections sont: la confection alkermès, celle d'hyacinthe, celle d'anacarde et la confection Hamech.

(DICT. ABRÉGÉ DE MÉD.)

CONFORMATION, s. f., *conformatio.* On désigne ainsi l'arrangement, la disposition naturelle des parties. La conformation du corps humain est régulière, lorsque toutes ses parties se présentent suivant le nombre et les proportions que la nature leur a assignés; elle est irrégulière dans le cas contraire. Ces dérangemens organiques, originels ou acquis, constituent les vices de conformation ou déviations organiques. (*Voyez* ce dernier mot.) En chirurgie, on se sert quelquefois du mot *conformation* comme synonyme de *coaptation.*

(RAIGE DELORME.)

CONFORTANT, adj. souvent pris substantivement, *confortans ;* épithète employée pour désigner les alimens et les médicamens qui augmentent l'action vitale et fournissent des matériaux réparateurs, en stimulant les voies digestives, et introduisant des substances alibiles dans ces organes. Ce sont tous les alimens très-nutritifs et de facile digestion, et les boissons stimulantes, telles que les bouillons, les fécules, les viandes rôties, le vin, les liqueurs alcooliques, surtout celles qui sont aromatisées, et la longue série des médicamens toniques, excitans et diffusibles. L'usage des confortans doit être modéré pour qu'on en obtienne l'effet désiré; si on abuse de ces moyens, ils causent des maladies en provoquant un surcroit de vie dans les organes de la digestion et dans ceux de la circulation. *Confortant* est synonyme d'*analeptique. Voyez* GASTRITE et PLÉTHORE. (DICT. ABRÉGÉ DE MÉD.)

CONGÉNÈRE, adj., *congener,* de même genre. On dit que des muscles sont congénères, quand leur contraction produit le même mouvement. (A. B.)

CONGÉNIAL, adj., *congenialis ;* se dit des maladies, des infirmités, des vices de conformation, des difformités, que les enfans apportent en naissant. *Voyez* FŒTUS.

CONGESTION, s. f., *congestio.* Lorsqu'un stimulant agit avec une certaine intensité sur un tissu vivant, par l'effet de l'*irritation* qu'il y détermine, la circulation s'y accélère presque toujours, le sang y afflue en plus grande abondance, et le traverse par conséquent en plus grande quantité qu'à l'ordinaire dans un temps donné. La partie rougit, devient plus chaude, souvent sans être plus douloureuse, mais elle est toujours plus sensible, plus irritable. Cet état, que l'on peut nommer *congestion,* ou *fluxion,* à défaut de meilleures dénominations, ne dure qu'un temps proportionné à l'intensité de l'action exercée par le stimulant. Mais si cette action a été très-vive, ou si une autre cause d'excitation entretient l'afflux du sang, la congestion se prolonge, et devient permanente, le tissu devient plus chaud, douloureux et plus rouge; il se tuméfie: on dit alors qu'il est *enflammé,* qu'il est devenu le siège d'une *inflammation,* d'une *phlegmasie.* Ainsi, irritation, exaltation de l'activité vitale moléculaire, afflux du sang, congestion ou fluxion, inflammation, tels sont les effets successifs de l'action des puissances stimulantes sur les tissus vivans. Ce ne sont point autant de maladies, d'affections simples, d'élémens morbides, comme on l'a prétendu, mais seulement des effets successifs d'une même cause, qui s'engendrent mutuellement, et qui se montrent presqu'en même temps quand cette cause agit avec énergie sur des tissus très-irritables. Il est difficile d'établir une ligne de démarcation entre ces divers effets, de dire où finit l'un, où commence l'autre ; et c'est ce qui prouve que ce ne sont point des maladies, des affections proprement dites. Cependant, dans la pratique, on évalue à peu près la somme des effets produits par la cause irritante ; lorsqu'ils sont encore peu intenses, et qu'on a l'espoir de les voir céder aisément, ou du moins d'en prévenir les suites, on dit qu'il n'y a que *congestion*, ou *fluxion*. Ce degré de l'irritation étendue aux vaisseaux sanguins, est plus susceptible de se terminer par résolution que le plus haut degré, qui constitue l'inflammation proprement dite. Les émolliens, les réfrigérans, les émissions sanguines, exercent une grande influence sur la congestion ; ils la font quelquefois cesser presque subitement, surtout lorsqu'elles sont abondantes. Aussi la saignée est-elle souvent préférable à l'application des sangsues et des ventouses scarifiées, principalement quand il y a des signes de pléthore générale, de suractivité du système circulatoire et des organes de la respiration. La saignée générale, quand elle ne fait pas disparaître la congestion, rend plus facile la dérivation, que l'on tente au moyen de bains chauds partiels, de ventouses, de sinapismes appliqués plus ou moins loin de la partie malade. La saignée offre encore l'avantage de préparer le succès des émissions sanguines locales. Après qu'on a tiré le sang de l'une ou de l'autre manière, et employé les dérivatifs, la diète, le repos, les émolliens et les réfrigérans achèvent la cure.

Un des problèmes les plus importans, et peut-être le plus important de tous ceux que la thérapeutique nous offre malheureusement en si grand nombre, est celui de savoir jusqu'à quel point on peut et on doit recourir aux moyens qui reportent ou excitent l'action vitale sur les voies digestives, dans le traitement de la congestion. Sans qu'ils aient réfléchi à cette grande question, on voit pourtant, chaque jour, des praticiens irriter l'estomac par des vomitifs, les intestins par des purgatifs, tout le canal digestif par des amers, du quinquina, des sels de quinine, d'argent ou d'arsenic, et même par du phosphore, sur les prétextes les plus frivoles. On prodigue encore aujourd'hui ces moyens dangereux avec l'intention vague d'augmenter les forces du malade, et sans qu'on cherche à se rendre compte de la lésion qui produit la prostration de ces forces. Lorsque, par bonheur, la membrane muqueuse digestive n'est pas déjà irritée, lorsque la congestion occupe une autre partie de l'organisme, la tête, par exemple, il arrive *quelquefois* que cette congestion se dissipe au moyen de l'irritation provoquée par les médicamens dans les voies digestives. Cette vérité est incontestable : la nier, c'est fermer les yeux à l'évidence. Mais ce cas est le moins fréquent, ou bien la congestion ne cesse que pour peu de temps. Bientôt elle reparaît plus intense, non plus mobile comme auparavant, mais fixe et disposée à s'exaspérer sous l'empire de tous les dérivatifs.

La congestion qui s'établit à l'extérieur, à la peau par exemple, est souvent guérie par l'effet d'une vapeur, d'une lotion, en un mot, d'un médicament irritant quelconque. Ainsi, le vinaigre fait disparaître un érythème léger, développé sur une partie qui a été froissée ; un vésicatoire fait avorter un érysipèle ; ou plutôt il le dénature, et lui substitue une vive inflammation qui, développée sous l'influence d'une cause externe passagère, cesse peu de temps après elle. Cette application des irritans dans les cas de congestion externe n'est pas généralement recommandée et mise en usage. Les auteurs qui en parlent, les grands maîtres qui l'emploient, en font sentir les inconvéniens ; ils recommandent de n'y recourir qu'avec précaution ; s'ils ne justifient pas toujours l'usage qu'ils en font, du moins ne la proposent-ils pas comme devant être mise en pratique à l'exclusion de toute autre. Comment donc se fait-il que les médecins se hâtent si souvent d'appliquer des stimulans sur une partie interne devenue le siége d'une congestion, d'une fluxion ? Ils savent que le contact de l'alcool avec la gencive et la dent, ne calme momentanément la douleur, dans l'odontalgie, que pour la laisser renaître un instant après plus violente et plus durable, et pourtant, dans la plupart des cas de pesanteur, de douleur à l'épigastre, ils recommandent les teintures alcooliques, les vins généreux et les vins amers, les extraits toniques de toute espèce, les ferrugineux, en un mot, tout ce qui est susceptible d'accroître l'irritabilité d'un organe et surtout d'un organe irrité ! Ils combattent presque toutes les toux chroniques par ces mêmes moyens, parce que, de loin en loin, on parvient, non à les faire disparaître, mais à les atténuer par l'usage de ces médicamens ! Érigeant sans cesse les exceptions en règles, ils font de chaque règle autant d'exceptions.

Le praticien prudent ne doit point perdre de vue que si une congestion peu intense peut être dissipée en soumettant la partie qui en est le siége à un stimulant léger autre que celui qui a causé la congestion, ou par l'effet de la stimulation d'une partie plus ou moins éloignée, les toniques locaux et dérivatifs ne doivent être employés qu'avec beaucoup de réserve dans le traitement de cette affection. Il doit redouter d'accroître la congestion, de l'entretenir, de la rendre chronique, d'exciter un véritable état d'inflammation et tous les accidens qui pourraient en être l'effet.

Chez les enfans, chez les jeunes femmes et chez les hommes très-irritables, peu pléthoriques, la congestion est plus avantageusement combattue par les émissions sanguines modérées, les bains chauds partiels, et les rubéfians de la peau, ou par de légers purgatifs, selon l'indication, que par la soustraction d'une grande quantité de sang.

Chez les sujets très-affaiblis par des maladies quelconques ou des excès de toute espèce, dans les dernières périodes des maladies aiguës ou chroniques, lorsque la mort est proche, les émissions sanguines très-abondantes peuvent devenir funestes, et déterminer ou hâter la mort en favorisant la métastase des irritations, le remplacement d'une congestion située dans un organe peu important, par une congestion dans un des viscères principaux. Les mêmes émissions peuvent, chez ces divers sujets, en augmentant la faiblesse générale, augmenter relativement l'intensité de la congestion locale; c'est alors que se développe quelquefois la gangrène, sans avoir été précédée de ces symptômes intenses que l'on avoue être l'effet de l'inflammation.

On voit combien le traitement de la congestion exige d'habileté, d'expérience et de réserve, quoique cet état morbide paraisse d'abord peu important. C'est une des nuances de l'irritation, dans laquelle le médecin peut faire davantage pour le salut du malade, s'il juge sa situation avec sagacité, s'il fait un choix heureux dans les moyens propres à remplir les indications qui se présentent. Qu'il n'oublie pas que les congestions sont les maladies les plus fréquentes de l'enfance et de la vieillesse, et qu'à ces deux époques de la vie, c'est surtout aux dérivatifs qu'il faut recourir, à ceux de la peau chez les enfans, à ceux des voies digestives chez le vieillard, et qu'enfin, il ne faut presque jamais omettre, chez les premiers, des émissions sanguines locales modérées avant l'emploi des rubéfians. *Voyez* INFLAMMATION, IRRITATION.

La congestion dont nous venons de traiter a reçu le nom de congestion *active*. Sous celui de congestion *passive* on a désigné : 1° les collections sanguines ou humorales dues à la *stase* du sang ou des humeurs par suite de l'asthénie des tissus organiques, de la compression d'un vaisseau ou d'un conduit quelconque, et du ralentissement du mouvement circulatoire; 2° les collections de pus qui paraissent s'être formées sans un travail inflammatoire préalable, et celles que le pus, cheminant dans les interstices des muscles et sous les membranes, va former plus ou moins loin de la partie dans laquelle il a pris naissance. *Voyez* ABCÈS.

Dans le cas de congestion produite par l'afflux du sang, ce n'est point la congestion qui est active, c'est la cause qui la produit; dans celui de congestion par asthénie, par obstacle à la circulation, ou par la simple accumulation du pus venant d'un organe plus ou moins éloigné, c'est le tissu affaibli, comprimé, distendu, qui est passif, et non la congestion : celle-ci est toujours l'effet d'une force qui pousse les liquides vers un point quelconque, ou qui les y retient. Les dénominations d'*active* et de *passive* sont donc mal appliquées ici. Le mot de *congestion* pourrait même être réservé pour désigner les collections dues à la stase du sang et des humeurs; car c'est seulement dans ces collections qu'il y a véritablement *accumulation*, *amas*, circonstance qui est bien exprimée par le mot. La congestion due à l'afflux, dans laquelle il n'y a ni amas ni accumulation, prendrait alors le nom de *fluxion*, que plusieurs auteurs, et notamment Barthez, lui ont donné. Nous aurions renvoyé ce que nous avons dit de la congestion active à l'article FLUXION si ce mot n'avait été employé tout récemment par les partisans de la doctrine des élémens morbides pour désigner, non pas l'effet immédiat de l'irritation et le premier degré de l'inflammation, mais une maladie *sui generis*, qui entre dans la *composition* de l'inflammation. *Voyez* ÉLÉMENT.

(DICT. ABRÉGÉ DE MÉD.)

CONGLOBÉES (glandes), *glandulæ conglobatæ*. On appelle ainsi les glandes *lymphatiques*, à cause de leur forme arrondie.

CONGLOMÉRÉES (glandes), *glandulæ conglomeratæ*; c'est le nom que l'on donne aux glandes proprement dites, ou à celles pourvues d'un conduit excréteur à cause de l'amas de grains ou de vaisseaux qu'elles représentent.

(A. BÉCLARD.)

CONGRÈS, s. m., *congressus*. Ce mot, considéré comme synonyme de coït, s'appliquait particulièrement à cet acte, lorsqu'il était ordonné par les tribunaux, dans les demandes de nullité de mariage, pour constater l'impuissance des époux. Ils étaient condamnés à remplir devant des experts une fonction à laquelle doivent présider le désir et le mystère. Cette épreuve, que son incertitude et son immoralité n'auraient jamais dû faire adopter, ne fut proscrite que vers la fin du 17ᵉ siècle. Un exemple mémorable donna lieu à la décision qui en prononça l'abolition. Le marquis de Langey, qui avait succombé à l'épreuve du congrès, et dont le mariage fut annulé, eut sept enfans dans une nouvelle union qu'il contracta malgré l'arrêt absurde qui déclarait son impuissance.   (RAIGE DELORME.)

CONIFÈRES, s. f., coniferæ. Les conifères constituent, dans la série des ordres naturels, l'une des familles les plus distinctes du règne végétal, soit qu'on les étudie sous le rapport de leur organisation intérieure, soit qu'on les considère par l'ensemble de leurs caractères extérieurs. Placée par M. de Jussieu à la fin de la quinzième et dernière classe de sa méthode, c'est-à-dire parmi les dicotylédones diclines, la famille des conifères se distingue surtout par la forme du fruit, qui, dans la majeure partie des genres, est un cône; de là le nom de conifères. Tous les végétaux qui s'y trouvent réunis sont ordinairement des arbres résineux, dont les feuilles, souvent raides et persistantes, ornent en tout temps leurs cimes élevées, et leur ont fait donner le nom d'arbres verts. C'est à cette famille qu'appartiennent les pins, les sapins, les cèdres, les genévriers, les cyprès, les ifs et plusieurs autres végétaux intéressans.

Le tronc et surtout la partie intérieure de l'écorce, dans la plupart des conifères, contient une grande quantité de matière résineuse liquide, qui s'épaissit ou se concrète dès qu'elle est exposée à l'air. Ainsi c'est en pratiquant des entailles plus ou moins profondes au tronc du sapin (abies taxifolia), que l'on retire la térébenthine de Strasbourg. C'est par des procédés analogues que l'on obtient : 1° la térébenthine du pin (pinus maritima), connue sous le nom de térébenthine de Bordeaux; 2° la térébenthine de Venise ou du mélèse (larix europæa); 3° la térébenthine du Canada, ou faux baume de Giléad, qui est fournie dans l'Amérique septentrionale par le sapin baumier (abies balsamea). On compte encore, parmi les produits résineux de la famille des conifères, la sandaraque, que l'on croit être généralement retirée du thuya quadrivalvis de M. Desfontaines.

Tous les organes, dans les conifères, sont imprégnés de suc résineux ou d'huile volatile, et possèdent une odeur aromatique très-prononcée, une saveur chaude et âcre, qui sont les indices de leurs propriétés stimulantes : c'est ce que démontrent évidemment les feuilles de la sabine et de plusieurs autres espèces de genévriers; les bourgeons des sapins, que l'on fait souvent macérer dans la bière; les petites baies du genévrier commun. Les graines, dont l'amande est blanche, charnue et amilacée, contiennent une assez grande quantité d'huile fixe, et lorsqu'elles sont entièrement privées du principe résineux, elle sont d'une saveur douce et agréable; telles sont celles du pin pignon (pinus pinea), connues sous le nom de pignon doux, et celles du pin cimbro.

(A. RICHARD.)

CONJONCTIVE, s. f., conjunctiva, de conjungere, unir; membrane qui revêt l'intérieur des paupières, comme la peau l'extérieur, et se prolonge en outre sur le devant de l'œil, qu'elle tapisse également, de manière à unir ces parties. Elle appartient à l'ordre des membranes muqueuses, et se continue avec la membrane pituitaire par les points lacrymaux. Sa disposition la fait diviser en deux portions : l'une, qui appartient aux paupières, est la conjonctive palpébrale; l'autre, qui est propre à l'œil, prend le nom de conjonctive oculaire. La conjonctive entre essentiellement dans la composition des paupières. (Voyez ce mot.)

(A. BÉCLARD.)

CONJUGAISON (trous de) des vertèbres, ou simplement trous de conjugaison; trous intervertébraux formés par la réunion des échancrures pratiquées sur les parties latérales des vertèbres. Ils transmettent au dehors du canal vertébral les nerfs fournis par la moelle de l'épine. Voyez VERTÈBRES. (A. B.)

CONOIDE, adj., conoïdeus, de κῶνος, cône, et εἶδος, forme; qui ressemble à un cône : épithète souvent appliquée aux organes, dans les descriptions anatomiques.

CONOÏDE (ligament); c'est le nom d'un ligament qui fixe la clavicule à l'apophyse coracoïde de l'omoplate. Voyez ÉPAULE (articulation de l').

CONOÏDES (dents); dents canines. (A. B.)

CONQUASSANT, adj., de conquassare, ébranler, briser. On se sert quelquefois de ce terme, récemment introduit dans le langage médical et peu usité, pour désigner les douleurs violentes et particulièrement les douleurs de l'enfantement parvenues à leur dernier degré d'intensité.   (R. DEL.)

CONQUE, s. f., concha, κόγχη; on donne ce nom à l'enfoncement considérable que présente, dans son milieu, le pavillon de l'oreille, et dans lequel se voit le commencement du conduit auditif. *Voyez* ORIELLE   (A. B.)

CONSÉCUTIF, adj., *consequens;* mot employé pour désigner : 1° les symptômes qui surviennent après ceux qui sont immédiatement l'effet de la cause morbifique et ceux qui se développent dans un organe plus ou moins éloigné de celui sur lequel elle a exercé son action ; 2° les maladies qui succèdent à une autre, et qui en sont comme la conséquence, et celles qui coexistent avec une lésion dont elles dépendent entièrement. *Voyez* PRIMITIF.
                              (DICT. ABRÉGÉ DE MÉD.)

CONSENSUS, s. m. ; mot latin retenu en français pour désigner cet accord de toutes les parties de l'organisme, qui fait qu'elles agissent toutes de concert à l'occasion de l'impression excitante exercée sur l'une d'elles. *Voyez* SYMPATHIE, SYNERGIE. (D. ABR. DE MÉD.)

CONSERVE, s. f. ; *conserva;* préparation pharmaceutique, de consistance molle et pulpeuse, dans laquelle la substance médicamenteuse qui en fait la base se trouve mêlée avec le double au moins de sucre.

Les conserves ont joué un grand rôle dans la matière médicale, tant que les idées et les opinions des Arabes, leurs inventeurs, ont exercé quelqu'influence sur l'art de guérir. On y a presqu'entièrement renoncé aujourd'hui, et il est probable même qu'elles ne tarderont pas à n'avoir plus qu'une existence purement historique Les principes actifs qu'elles contiennent sont, en effet, masqués, enveloppés par des molécules saccharines qui les rendent à peu près inertes. D'ailleurs, avec quelque soin qu'on les ait préparées, elles ne tardent pas à changer de nature, à subir une fermentation intestine, qui altère leurs qualités sensibles, et par suite leurs propriétés médicinales.

Les conserves les plus célèbres sont celles d'ache, de roses rouges, de gratte-cul et de violette.   (DICT. ABRÉGÉ DE MÉD.)

CONSERVES, s. f. pl., *conspicilla;* nom particulier sous lequel on désigne les lunettes à verres convexes qui ont un très-long foyer, et dont font usage les personnes légèrement presbytes. C'est une coquetterie vraiment ridicule qui a introduit une expression aussi impropre. Le nom de *conserves* ne peut s'appliquer d'une manière rigoureuse qu'aux lunettes à verres planes et colorés en vert, dont font usage les personnes qui ont l'organe de la vue très-irritable, pour modérer l'impression de la lumière.   (DICT. ABRÉGÉ DE MÉD.)

CONSOLIDANT, adj., *consolidans,* qui raffermit, qui consolide. Autrefois on admettait une classe de médicamens propres à hâter

ou consolider le travail de la nature pendant ou même après la guérison des plaies, des ulcères, des luxations et des fractures. De là le nom de *consolida,* que portaient autrefois plusieurs plantes, et que quelques-unes, comme les consoudes, certaines solidages ou épervières, et une dauphinelle, portent encore aujourd'hui. Tous les *consolidans,* dont les prétendues propriétés reposaient sur des idées incomplètes ou erronées touchant les phénomènes de l'action vitale, étaient choisis parmi des substances soit réellement toniques, aromatiques, amères, astringentes, soit auxquelles on supposait quelqu'une de ces qualités.   (D. ABR. DE MÉD.)

CONSOMMÉ, s. m., bouillon dans lequel les parties nutritives sont extrêmement rapprochées, soit au moyen d'une longue ébullition, soit par une plus grande proportion de substances animales. Ce bouillon est plus réparateur que le bouillon ordinaire. Il est très-convenable dans les convalescences des maladies, et à la suite de pertes occasionées par des évacuations ou des travaux excessifs.
                              (ROSTAN.)

CONSOMPTION, s. f., *consumptio, tabes;* état morbide chronique, caractérisé par la maigreur, le marasme, la faiblesse des muscles, et un dépérissement général, qui va croissant jusqu'à la mort. Cet état est souvent accompagné de symptômes fébriles, continus, rémittens ou intermittens, plus ou moins manifestes, de fièvre *hectique,* en un mot. La consomption, considérée dans ses phénomènes extérieurs, est toujours l'effet d'une maladie chronique qui intéresse un des principaux viscères, et notamment ceux de la digestion, de la respiration, du sentiment, de la pensée, ou de la reproduction. Le plus ordinairement elle est due à l'inflammation chronique d'un organe quelconque, dont l'influence s'étend jusque sur la nutrition. La consomption étant le plus ordinairement nommée *phthisie* dans les écrits des médecins français, nous renvoyons à ce mot tout ce que nous avons à dire sur cet état morbide.   (D. ABR. DE MÉD.)

CONSOUDE, s. f., *symphytum;* genre de plantes de la pentandrie monogynie, L., et de la famille des borraginées, J., qui a pour caractères : calice quinquéfide ; corolle monopétale, à limbe ventru, partagé en cinq dents, et garni en dedans de cinq écailles conniventes, lancéolées et aiguës,

L'une des espèces les plus connues de ce genre, la *grande consoude* (*symphytum officinale*) croît dans toute l'Europe, où elle affectionne les bois humides et les prés. Sa racine est de la grosseur d'un pouce à peu près, longue, rameuse, noire, ou d'un brun foncé en dehors, et blanche en dedans. Elle n'exhale aucune odeur, et sa saveur est fade. Elle ne contient point de fécule, mais bien une quantité considérable de mucilage, mêlé avec un peu de sucre et de principe astringent. Les anciens lui attribuaient de grandes propriétés ; ils la croyaient propre à favoriser la guérison des fractures, la réduction des hernies, la résolution des engorgemens glandulaires, la cicatrisation des ulcères et des plaies ; c'est pourquoi ils la prescrivaient principalement dans l'hémorrhagie nasale et l'hémoptysie, persuadés qu'elle procurerait promptement la guérison de la plaie vasculaire à laquelle on attribuait l'une et l'autre affections. Ces propositions sont autant d'erreurs manifestes, malgré l'autorité du temps, qui les a consacrées, surtout parmi les gens peu éclairés. La consoude, en dépit des préjugés du peuple et de son nom, qui tire son origine de cette source impure, n'exerce sur l'économie qu'une puissance émolliente et adoucissante. Elle n'est pas plus cicatrisante et vulnéraire, c'est-à-dire styptique, que la bourrache n'est diurétique ou sudorifique, et la faible quantité de principe astringent qu'elle contient n'influe pas plus sur sa manière d'agir, que les parcelles de nitrate de potasse qu'on trouve dans cette dernière plante. Si quelquefois elle a réussi à suspendre des écoulemens sanguins ou à accélérer le travail de la cicatrisation des parties molles ou dures, ce n'est, comme le font tous les émolliens, qu'en diminuant l'activité excessive des vaisseaux capillaires, en dissipant une phlogose latente ou manifeste. La meilleure manière de l'administrer est de la faire prendre en décoction dans de l'eau, en ayant soin que la tisane ne soit pas trop chargée ; car alors elle irrite l'estomac, détermine la cardialgie, et excite des nausées. On la prescrit aussi quelquefois sous la forme de sirop, mais il ne faut pas confondre ce sirop simple avec le sirop de consoude composé, qui agit d'une toute autre manière, parce qu'il contient des substances chargées de principes toniques ou astringens.

(DICT. ABRÉGÉ DE MÉD.)

CONSTIPATION , s. f., constipatio. La constipation est la rareté habituelle ou accidentelle, ou le retard plus ou moins prolongé de l'expulsion des matières fécales. Chez un assez grand nombre de personnes, les matières fécales ne sont habituellement expulsées que tous les deux, trois ou quatre jours ; chez les femmes, il n'est pas très-rare que cette fonc-

tion n'ait lieu que tous les six, sept ou même huit jours. On dit de ces personnes qu'elles sont habituellement constipées ; chez elles la rareté des selles est compatible avec la santé. Mais lorsque les matières fécales ne sont point rendues aux époques accoutumées, la constipation tient à un état morbide, primitif ou sympathique, des intestins. Cet état varie depuis une légère irritation jusqu'à un certain degré d'inflammation auquel succède ordinairement la diarrhée, depuis une légère asthénie jusqu'à une paralysie complète des gros intestins. Il peut être dû à une cause qui détermine un obstacle mécanique.

Quelle que soit la cause de la constipation, les excrémens séjournent dans les gros intestins, et notamment dans le rectum, au-delà du temps qu'ils y passent ordinairement ; ils s'y durcissent, ils s'y rassemblent en petites masses arrondies, et se moulent en quelque sorte sur la forme des cellules du colon et du rectum. Cette stase des excrémens peut être due à ce qu'ils n'exercent point une impression assez forte sur la membrane muqueuse des intestins ; au défaut d'irritabilité de cette membrane, qui fait qu'elle n'est point assez stimulée par la présence de ces matières ; à la paralysie de leur tunique contractile, qui a lieu dans les lésions de la moelle épinière ; à un excès d'irritation de cette tunique, qui, fortement contractée, s'oppose à l'impulsion communiquée aux matières fécales par les parties supérieures du canal intestinal ; au rétrécissement, à l'épaississement, à l'oblitération, à l'invagination, à la compression d'un point quelconque de ce canal ; à la présence d'un corps étranger quelconque dans les intestins, à l'étroitesse extrême, à l'imperforation plus ou moins complète, à l'absence de l'anus. La constipation peut donc être congéniale.

Lorsqu'un enfant nouveau-né ne rend pas le méconium, il faut s'assurer si un vice de conformation de l'anus ou du rectum n'est pas la cause de la constipation, par les moyens indiqués à l'article ANUS, où l'on a indiqué ce qu'il convient de faire quand un vice de ce genre existe. La même conduite doit être tenue dans tous les cas de constipation excessivement prolongée ; lorsque, par exemple, les selles ne sont rendues que tous les quinze ou vingt jours, tous les mois, comme cela avait lieu chez un officier de santé de la marine, dont Bobe-Moreau a publié l'histoire. Cet homme, constipé dès sa naissance, restait souvent jusqu'à deux mois sans rendre ses excrémens ; il n'allait à la selle qu'après avoir éprouvé de vives coliques ; son ventre était habituellement fort gros. A l'âge de quarante-deux ans, il resta sans aller à la garde-robe pendant quatre mois ; sa vie fut en danger ; cependant il se rétablit après huit jours de déjections continuelles, qui lui firent évacuer des grains de raisin qu'il avait mangés un an auparavant. Trois ans après, la constipation devint permanente, et le ventre douloureux, des vomissemens survinrent ; le malade avalait avec peine, son pouls était faible : il tomba dans un état de prostration complète, et mourut âgé de cinquante-quatre ans. On trouva, à neuf lignes de l'anus, une cloison fibreuse, formant une sorte de diaphragme dans le rectum, et percée d'une ouverture qui admettait au plus un tuyau de plume ; l'anus était très-dilaté. Le rectum formait au-dessus de la cloison une vaste poche qui occupait tout le bassin et l'abdomen, refoulait les viscères vers le diaphragme, et adhérait, dans quelques points, avec ce muscle. Soixante livres de matière pultacée brune, d'une odeur infecte, étaient contenues dans cet intestin dont la membrane muqueuse offrait une tache gangréneuse et deux ulcères. Le colon avait acquis l'ampleur habituelle de l'estomac, qui était, ainsi que les autres viscères abdominaux, rétréci, et réduit de volume par la compression qu'avait exercée le cloaque formé par le rectum. Ce fait très-remarquable prouve combien, dans des maladies qui paraissent être purement du domaine de la médecine, il importe d'explorer les organes avec le soin qu'y mettent les chirurgiens.

La constipation s'observe surtout chez les sujets qui offrent les signes de ce qu'on appelle le tempérament bilieux, chez les femmes, ainsi que nous l'avons dit, chez les adultes, et surtout chez les vieillards. Lorsque les selles ne sont pas trop rares, et qu'il n'en résulte aucune incommodité, il ne faut avoir recours à aucun moyen ; on recommandera seulement d'éviter tout ce qui peut favoriser la constipation, et là-dessus chacun consultera sa propre expérience.

Les personnes qui se nourrissent d'alimens succulens, qui font usage de vins généreux, sont sujettes à la constipation. Pour y remédier, elles ont recours, le plus ordinairement, aux lavemens, à des purgatifs plus ou moins actifs, souvent à des drastiques dont la violence peut causer des maladies graves. En diminuant la quantité de leurs alimens, en les choisissant dans la classe de ceux qui sont moins substantiels, moins stimulans, enfin,

en ajoutant une certaine quantité d'eau au vin qu'elles boivent, et en faisant usage des alimens laxatifs, tels que les pruneaux, le bouillon de veau, de poulet ou d'oseille, rendu purgatif par l'addition d'une petite quantité de sulfate de magnésie ou de tout autre sel analogue, ces personnes cesseraient d'être sujettes à la constipation ; mais il est rare qu'on obtienne d'elles cette réforme salutaire, et qu'elles se bornent à des moyens si simples. Elles éprouvent habituellement un sentiment de pesanteur dans l'abdomen, leur tête est lourde ou douloureuse, leur sommeil agité ; elles se sentent peu propres à la marche. Tous ces symptômes sont autant d'avant-coureurs des irritations gastriques ou intestinales dont elles sont tôt ou tard affectées, mais qu'un régime mieux dirigé et quelques légers médicamens pourraient aisément prévenir.

Une vie trop sédentaire, le défaut d'exercice, le travail de cabinet, les professions qui obligent à rester assis pendant la plus grande partie de la journée, et les travaux qui exigent une attention soutenue de la part du cerveau, qui par là devient moins impressionnable, rendent sujet à la constipation. Pour la combattre, il suffit de faire prendre de l'exercice, surtout avant et après les repas, de conseiller la promenade à pas lents, en plein air, l'usage des alimens qui stimulent peu, des lavemens, des laxatifs et des bains. Les personnes qui vont beaucoup à cheval ou en voiture, sont très-souvent ou même habituellement constipées : elles doivent aussi avoir recours aux mêmes moyens.

Dans l'état de grossesse, les femmes sont fréquemment constipées, surtout vers les derniers mois, et aux approches de l'accouchement. Cet état tient alors à l'irritation sympathique des intestins ou à leur compression, et principalement à cette dernière cause, lorsque la grossesse est très-avancée. Les purgatifs sont formellement contre-indiqués dans ce cas ; c'est par le choix des alimens, par l'usage des lavemens mucilagineux et de quelques doux laxatifs, de la manne, par exemple, ou des pruneaux, si elle inspire du dégoût, que l'on doit prévenir ou combattre cet accident, alors ordinairement accompagné d'hémorrhoïdes.

La constipation des vieillards permet plus que toute autre, et même exige souvent l'emploi des purgatifs, tels que la rhubarbe unie aux sels neutres, ou le calomélas à petite dose, avec quelques grains d'aloès ou de jalap, dont on fait des pilules d'un usage très-commode et sans inconvénient, quand on les administre hors les cas d'irritation gastrique ou intestinale. Chez ces sujets, la constipation dépend plutôt, en général, de la faiblesse des contractions de la tunique musculeuse des intestins, que de toute autre cause; cette faiblesse coïncide avec celle des parties génitales et des membres inférieurs, qui aide à en reconnaître la nature.

Les clystères, dont nous venons de recommander l'emploi, doivent être, pour la plupart, mucilagineux, émolliens ou huileux, ou tout au plus rendus légèrement stimulans par l'addition d'une petite quantité de vinaigre, de vin, ou d'une pincée de sel commun. Si la constipation est rebelle, et qu'il soit nécessaire de provoquer promptement des évacuations, comme dans les cas de paralysie des intestins, alors on aura recours aux clystères purgatifs et même drastiques. (*Voyez* CLYSTÈRE.) Dans ce cas, il est quelquefois nécessaire d'extraire, à l'aide d'une cuiller, les matières fécales accumulées dans le *rectum*, car elles forment alors un obstacle mécanique qui contribue à entretenir la constipation.

Tout ce que nous pourrions dire de plus sur cet accident, sera plus convenablement placé aux articles ENGOUEMENT, ENTÉRITE, INTESTIN, HERNIE, PÉRITONITE, et autres, consacrés aux maladies aiguës ou chroniques, dont la constipation n'est qu'un des nombreux symptômes. Mais nous ne pouvons nous abstenir d'entrer ici dans quelques détails sur la manière dont les Anglais combattent la constipation. Les médecins de cette nation, étrangers pour la plupart aux progrès positifs que l'anatomie pathologique et la physiologie ont fait faire à la pathologie, et imbus des principes de la thérapeutique purement symptomatique, voient dans la constipation une maladie qu'il faut combattre par tous les moyens, même les plus violens, pour sauver le sujet qui en est affecté, lorsqu'il s'y joint des signes de réaction sanguine, de prostration, ou autres accidens plus ou moins redoutables. Parce que les accidens cessent lorsque les fonctions des intestins se rétablissent, dès que ces viscères cessent d'être enflammés, les Anglais ne reconnaissent d'autres indications dans l'entérite la plus violente accompagnée de constipation, que celles-ci: administrer les purgatifs, le *calomélas*, le jalap, et saigner. Ils saignent parce que le malade se plaint d'éprouver de vives douleurs; ils purgent parce qu'il est constipé. Si la constipation persiste malgré les drastiques, ils administrent souvent le mercure coulant pour détruire l'invagination des intestins, qu'ils supposent avoir lieu dans ce cas. Voilà pourtant les modèles que les gens du monde offrent aujourd'hui aux médecins français, et même aux médecins du reste de l'Europe. Une méthode si peu rationnelle ne peut continuer à être mise en usage parmi les Anglais; s'ils ouvrent des cadavres, s'ils étudient comparativement l'homme sain et l'homme malade, ils repousseront bientôt loin d'eux cet empirisme routinier indigne des compatriotes de Cullen.   *(*DICT. ABRÉGÉ DE MÉD.*)*

CONSTITUTION, s. f., *constitutio*. Ce mot est employé en médecine pour désigner: 1° la manière d'être particulière à chaque sujet, dépendante de la structure plus ou moins régulière de ses organes, et de l'accord plus ou moins parfait qui règne entre les fonctions qu'ils remplissent: *constitution individuelle*, aussi nommée *complexion, disposition;* 2° les conditions atmosphériques qui correspondent à chaque époque de l'année, et qui paraissent déterminer certaines maladies plutôt que d'autres: *constitution atmosphérique, météorologique, épidémique, médicale;* 3° enfin, par un abus de mots qui n'est que trop fréquent, il est quelques médecins qui donnent également le nom de *constitution médicale* à l'ensemble des maladies qui se développent sous l'influence de chacune des constitutions atmosphériques.

A. La *constitution individuelle*, considérée dans chaque sujet, forme ce qu'on appelle l'*idiosyncrasie*. Considérée en général, elle mérite de nous arrêter quelques instans. Par un penchant naturel à l'homme, et qui le fait tendre sans cesse à généraliser ses idées, même au-delà des bornes que lui impose l'imperfection de ses connaissances, on est arrivé insensiblement à comparer la constitution particulière de chaque sujet à un type idéal, d'où il résulte que tous les hommes sont plus ou moins mal, plus ou moins fortement constitués. De là les expressions de bonne ou de mauvaise constitution, de constitution forte ou faible, qui offrent toutes un sens trop absolu. Quelle que soit, par exemple, la faiblesse des muscles, si d'ailleurs l'estomac et les autres viscères qui servent à la nutrition, à l'hématose, sont bien conformés, et s'ils agissent avec toute la plénitude d'action nécessaire, le sujet paraît mal, faiblement constitué, et pourtant il a véritablement une bonne, une forte constitution. Si, au contraire, on trouve des muscles vigoureux, un appareil locomoteur qui annonce la force, et en même temps un col très-court, une tête volumineuse, une tendance à l'apoplexie, le sujet qui paraît, au premier aspect, doué d'une bonne, d'une forte constitution, est réellement mal constitué, ou si l'on veut faiblement constitué, car une légère cause suffira pour détruire l'action vitale dans ce corps si fort en apparence. La bonne, la forte constitution dépend donc beaucoup moins du grand développement des organes et de l'énergie apparente de l'action vitale que de la corrélation harmonique de la liaison que l'on voit régner dans les fonctions. C'est ce qui a conduit à dire qu'une faible constitution était plus avantageuse qu'une forte, vérité qui n'a passé pour un paradoxe que parce qu'on ne s'entendait pas sur la valeur des mots.

Hufeland pense que pour qu'un sujet soit doué d'une bonne constitution, il faut que l'estomac et toutes les parties qui servent à la digestion soient bien organisés, et que les fonctions de cet organe s'exercent avec facilité et plénitude; que la poitrine et les organes de la respiration soient bien constitués; que le cœur jouisse d'une irritabilité modérée, en sorte que le pouls soit ferme, peu fréquent et bien réglé; que le sujet ait un bon tempérament; que la conformation de tout le corps soit exempte de défauts; qu'aucune partie ne soit faible par rapport au reste; que la texture organique soit ferme sans être sèche ou trop rigide; enfin, que la force génératrice soit bien développée. Comme il n'est personne qui réunisse toutes ces conditions, il en résulterait que personne ne serait doué d'une bonne constitution. Cependant, un homme qui jouit de la plénitude de ses facultés, et qui meurt dans un âge avancé, n'ayant eu que peu de maladies, ne peut être réputé mal constitué. Hufeland et tant d'autres, au lieu de décrire la nature telle qu'elle s'offrait à leurs regards, se sont contentés de décrire l'utopie organique qui leur était présentée par l'imagination. N'est-il pas ridicule, et en même temps déclamatoire, de dire qu'un homme bien constitué doit avoir les cheveux plus approchans de la couleur blonde que de la couleur noire, des sens bons, mais pas trop fins; qu'il doit manger avec une sorte de volupté, être gai, affable, compatissant, optimiste, ami de la nature, du bonheur domestique, éloigné de l'ambition, de l'avarice et de toute espèce de soins pour le jour suivant! Les Espagnols, parmi lesquels on compte à peine un blond sur mille bruns, les hommes

qui ne mangent que pour vivre, ceux qui ont des sens très-délicats, qui recherchent la gloire, les honneurs, qui résistent avec une admirable énergie à toutes les causes de destruction, et les surmontent avec un plein succès, sont-ils donc mal constitués? Faut-il, pour vivre long-temps, végéter sans désirs et sans prévoyance, attendant avec apathie le jour qui va suivre?

Nous le répétons, la constitution doit être réputée bonne toutes les fois qu'il n'y a pas une très-grande disproportion entre les organes principaux, un désaccord manifeste entre les fonctions, un excès habituel d'irritabilité dans un viscère important. *Voyez* HABITUDE, IDIOSYNCRASIE, TEMPÉRAMENT.

On a désigné aussi sous les noms de constitution apoplectique, phthisique, hémorrhoïdaire, la *prédisposition* à l'apoplexie, à la phthisie pulmonaire, aux hémorrhoïdes.

B. Les *constitutions atmosphériques* sont un des points de doctrine sur lesquels on a le plus écrit depuis Hippocrate jusqu'à nos jours. Le plus mince praticien se croit obligé d'observer avec soin la constitution de chaque partie de l'année, et lorsqu'il est parvenu à rassembler quelques notes plus ou moins incohérentes, il les met modestement en parallèle avec le Livre des épidémies, avec le Traité des airs, des lieux et des eaux du vieillard de Cos, et avec les écrits de Sydenham.

Hippocrate revient à chaque instant sur la nécessité d'étudier la constitution de l'année: *medicinam quicumque vult recte consequi, hæc faciat oportet: primum quidem anni tempora animadvertere, quid horum quodque possit efficere... hæc igitur si quis mente concipiet et considerabit, is præcognoscet plurima omnino quæ ex hujus modi mutationibus sint futura.* Il considérait donc l'étude des constitutions atmosphériques comme la partie la plus importante de la médecine, parce qu'elle met à portée de *prédire* quelles seront les maladies régnantes dans chaque saison qui vient après celle dans laquelle on se trouve. Ainsi, les anciens n'étudiaient les causes des épidémies que pour les annoncer, et les symptômes des maladies qu'afin d'en prévoir l'issue; c'est ce qui explique pourquoi ils n'ont rien fait qui mérite d'être cité sur le diagnostic des maladies, sinon des tableaux de groupes de symptômes, dont la cause prochaine leur échappait constamment.

Tout ce qu'Hippocrate nous a laissé sur les constitutions atmosphériques se réduit à l'indication très-générale des maladies qui surviennent dans chaque saison, en raison de la chaleur ou du froid, de l'humidité ou de la sécheresse de l'air, et des pluies, ainsi que des vents. Il admettait quatre constitutions, celles du printemps, de l'été, de l'automne et de l'hiver. Sydenham n'en admettait que deux, celle du printemps et celle de l'automne, parce qu'il avait remarqué que les maladies qui se manifestent dans la première de ces deux saisons continuent ordinairement à se montrer dans le cours de l'été, et que celles qui se montrent dans la seconde continuent à se manifester le plus souvent dans l'hiver. Ces différences d'opinions font voir jusqu'à quel point les idées trop générales deviennent fécondes en erreurs, en applications exclusives, lorsqu'on les établit d'après des observations faites dans un lieu trop circonscrit, dans des conditions peu variées. A l'article SAISON, nous ferons voir qu'il est ridicule de vouloir attacher des maladies spéciales aux divisions que l'astronomie a dû établir entre les diverses parties de l'année. Nous examinerons comment l'influence de la constitution d'une saison se prolonge pendant la saison suivante; joignant à cette considération celle des fléaux qui ont pesé sur tous les peuples à différentes époques et dans tous les temps où des épidémies désastreuses se sont manifestées, il nous sera facile de réduire à leur juste valeur les *constitutions inexplicables*, *occultes*, de Sydenham, et le trop célèbre τὶ θεῖον d'Hippocrate, mots vides de sens, employés par ces médecins illustres pour combler les lacunes de la science.

Si l'on réserve le mot *constitution* pour désigner les différens états de l'atmosphère, on peut en admettre plusieurs : la chaude et sèche, la froide et sèche, la tempérée, la tempérée humide, la chaude et humide, la froide et humide, l'électrique, la miasmatique, etc.

Par le mot *constitution*, ou du moins par celui qui, en grec, correspond à celui-là, Hippocrate n'entendait que l'état de l'atmosphère; aujourd'hui on comprend sous le nom de *constitution médicale*, la *topographie*, la *météorologie*, la *statistique* d'une contrée plus ou moins étendue, et le tableau des maladies *endémiques*, *épidémiques* et *sporadiques* qui y ont été observées dans un espace de temps plus ou moins considérable. Il est évident que cette acception est trop étendue; mais elle est consacrée par l'usage, qui l'emporte si souvent sur la logique, et qu'il faut respecter. Nous ne nous arrêterons pas néanmoins à tracer les règles d'après lesquelles une *constitution médicale* doit être établie, afin d'éviter de répéter ici ce qui trouve plus naturellement sa place aux articles AIR, ATMOSPHÈRE, CALORIQUE, CHALEUR, EFFLUVE, ÉLECTRICITÉ, ÉMANATION, ENDÉMIE, ÉPIDÉMIE, FROID, HUMIDITÉ, MIASME, MÉTÉOROLOGIE, SAISON, SÉCHERESSE, STATISTIQUE, TEMPÉRATURE, TOPOGRAPHIE, VIE.

Malgré les travaux d'Hippocrate, de Sydenham, de Huxham, de Stoll, de Pinel et de beaucoup d'autres observateurs recommandables, on est fort peu avancé dans la connaissance de l'influence qu'exercent les différentes *constitutions atmosphériques* sur les *constitutions individuelles*. Cela tient à ce que les anciens et leurs imitateurs n'avaient que des idées vagues sur la nature et sur le siége des maladies, et de ce qu'ils donnaient toujours le même nom à des groupes analogues de symptômes, sans présumer qu'ils pouvaient dépendre de lésions tout-à-fait différentes, surtout sous le rapport du siége. Il est temps que la physiologie éclaire cette partie si obscure, si vague de l'étiologie, triste héritage que les Grecs nous ont laissé, comme un monument de l'enfance de l'art.

(DICT. ABRÉGÉ DE MÉD.)

CONSTITUTIONNEL, adj. employé pour désigner : 1° les maladies que l'on attribue à une prédisposition inhérente à toute la constitution du sujet, ou qui s'étendent primitivement ou secondairement à toute la constitution; 2° les maladies provenant de l'influence des constitutions atmosphériques.

A. Les maladies qui dépendent de la constitution du corps sont nombreuses. Presque toutes les maladies, en effet, ne se manifestent qu'autant que l'organisme y est plus ou moins disposé. Ainsi, un homme exposé à l'action du froid joint à l'humidité, ne contracte guère un coryza, une bronchite ou toute autre inflammation, que lorsque ses membranes muqueuses sont très-irritables, et par conséquent disposées à s'enflammer. Plusieurs sont l'effet du simple exercice de la vie dans un organe originairement mal conformé. La folie s'établit chez certains sujets par des causes si légères, qu'on ne peut se dispenser de l'attribuer à une disposition constitutionnelle du cerveau. La démence sénile est un autre exemple de maladie produite par l'usure de cet organe, s'il est permis de s'exprimer ainsi.

Si la plupart des maladies peuvent être réputées constitutionnelles, on emploie plus particulièrement cette épithète pour désigner celles qui sont une suite nécessaire, inévitable, de la structure d'une partie quelconque de l'organisme. Celles-ci sont beaucoup moins nombreuses qu'on ne l'a cru jusqu'ici. Si on a pensé qu'elles étaient très-communes, c'est qu'on méconnaissait l'action des causes occasionelles qui les produisent. La phthisie, par exemple, qui est presque toujours regardée comme constitutionnelle, ne se développerait pas si souvent, si on écartait, de ceux qui y sont prédisposés, toutes les circonstances susceptibles d'en déterminer l'invasion, ou d'en hâter la marche. Nous avons vu périr aux armées des milliers de jeunes phthisiques qui n'auraient point contracté cette terrible maladie s'ils n'avaient pas quitté le toit paternel. Dans les hôpitaux militaires, on voit maintenant succomber à cette maladie des soldats, jadis robustes, que dix, vingt, vingt-cinq ans de fatigues de guerre ont pu seuls rendre phthisiques.

Pour prévenir les maladies constitutionnelles proprement dites, il faut étudier avec soin les organes qui prédominent dans les différens âges, celui qui paraît le plus irritable dans chaque sujet, celui qui est le plus soumis à l'influence des causes morbifiques auxquelles l'homme peut être exposé. *Voyez* PHYLAXIE.

Les maladies provenant d'une disposition commune à toute la constitution sont très-problématiques. Le corps n'est point une masse homogène; ce qu'on observe dans une de ses parties n'est pas toujours l'indication de ce qui se passe dans les autres. Presque toutes ces maladies, parmi lesquelles on compte principalement les hémorrhagies, les hémorrhoïdes, les écoulemens leucorrhoïques, purulens, les convulsions, ne sont que les effets d'une affection purement locale, les phénomènes sympathiques d'une irritation des voies gastriques, les signes extérieurs d'une irritation de l'encéphale, du poumon ou de tout autre organe. On a pu, lorsque l'anatomie était encore mal connue, lorsque la physiologie n'était qu'un mot, attribuer les maladies à des désordres communs à tous les organes, prétendre que fort souvent elles les occupent tous, et ne laissent de traces dans aucun. Cette théorie, basée uniquement sur les symptômes, doit être remplacée par celle de la localisation des maladies, en faveur de laquelle militent l'anatomie, la physiologie, l'observation clinique et l'ouverture des cadavres. *Voyez* GÉNÉRAL, LOCAL, MALADIE.

La théorie de certaines maladies, qui, locales d'abord, paraissent s'étendre ensuite à tout l'organisme, et sont appelées pour cela

constitutionnelles, telles que le cancer, le scorbut, la syphilis, les cachexies, n'est guère plus rationnelle que celle des précédentes. De ce qu'un état morbide se manifeste successivement ou même à la fois dans plusieurs points de l'économie, il ne faut pas en conclure qu'il s'étend à toute la constitution; quelque nombreuses que soient les parties qu'il affecte, celles qui demeurent saines sont encore plus nombreuses.

La doctrine des maladies constitutionnelles individuelles est un des mille et un débris de l'humorisme échappé à la rouille du temps; il est temps que toutes ces hypothèses futiles soient appréciées à leur juste valeur.

B. Les maladies provenant de l'influence des constitutions atmosphériques sont au nombre de celles que l'on désigne collectivement sous le nom d'*épidémie*, lorsqu'elles attaquent à la fois un grand nombre de personnes, pendant un temps plus ou moins long, et d'*endémie* lorsqu'elles règnent habituellement dans une contrée. Il peut arriver cependant que la constitution atmosphérique n'agisse que sur un très-petit nombre de personnes, soit parce qu'elle est peu prononcée, soit parce qu'elle ne dure que peu de temps. Dans ces cas, les maladies qu'elle occasionne rentrent dans la classe des maladies *sporadiques*. *Voyez* MÉTÉOROLOGIE, SAISON, TEMPÉRATURE, TOPOGRAPHIE.

(DICT. ABRÉGÉ DE MÉD.)

CONSTRICTEUR, adj., *constrictor*, de *constringere*, resserrer; cette épithète s'applique aux muscles qui resserrent ou rétrécissent des ouvertures ou des cavités naturelles, comme l'anus, le vagin, le pharynx, la glotte, etc. : elle sert à dénommer plusieurs de ces muscles.

CONSTRICTEUR (muscle) de l'anus. Il est plus ordinairement désigné sous le nom de *sphincter*. (*Voyez* ce mot.)

CONSTRICTEUR (muscle) des lèvres. *V.* ORBICULAIRE (muscle) des lèvres.

CONSTRICTEUR (muscle) du vagin ou de la vulve, *musculus constrictor cunni*, périnéoclitorien, CH. Il est formé de deux portions qui embrassent de chaque côté l'orifice du vagin, et que l'on peut considérer comme deux muscles qui correspondent aux bulbocaverneux de l'homme. Chacun d'eux est un petit faisceau charnu, assez mince, surtout dans les femmes dont le vagin est très-dilaté; ce faisceau, situé au-dessus des lèvres de la vulve, paraît s'implanter, en arrière, au tissu propre du vagin, et naît en partie du sphincter de l'anus et quelquefois de la tubérosité de l'ischion; il se fixe en avant au clitoris par une mince aponévrose. Ce muscle resserre l'orifice du vagin.

CONSTRICTEURS (muscles) du pharynx. Ils sont au nombre de trois de chaque côté, un supérieur, un moyen et un inférieur. On doit moins les regarder comme des faisceaux distincts que comme une couche musculaire, propre au pharynx, et dans laquelle on remarque plusieurs plans. Ils font partie constituante de cet organe, de même que les tuniques musculaires de l'œsophage, de l'estomac, de la vessie, etc., et appartiennent à ces viscères. C'est pourquoi nous renvoyons à l'article PHARYNX pour leur description.

CONSTRICTION, s. f., *constrictio*, resserrement. On désigne par cette expression le resserrement spasmodique de la peau, ainsi que des cavités et des conduits dont les parois sont formées par des muscles ou par un tissu simplement contractile : telle est la constriction du larynx, du pharynx, de l'œsophage, des intestins, de l'urètre, etc. *Voyez* SPASME.

(R. DELORME.)

CONSULTATION, s. f., *consultatio, deliberatio*. On donne en général à cette expression deux acceptions un peu différentes : elle désigne également, et la délibération qui a lieu sur un objet quelconque, relatif à la médecine, pour lequel un ou plusieurs hommes de l'art réunis sont consultés, et le résultat écrit et motivé de cette délibération. La forme et le sujet de la délibération font distinguer plusieurs espèces de consultations que nous devons examiner successivement.

Le médecin attend-il à des époques fixes, chez lui ou dans un endroit disposé à cet effet, les malades qui viennent réclamer ses avis ? on dit qu'il fait une *consultation particulière* ou *publique*, suivant que ceux qui y sont admis reconnaissent par une rétribution quelconque, ou reçoivent gratuitement les conseils qu'ils ont demandés. A ces consultations ne se présentent ordinairement que des malades atteints d'affections chroniques ou d'affections aiguës légères. Le médecin, d'après un examen plus ou moins approfondi, indique de vive voix le genre de maladie de celui qui le consulte, et trace sur le papier le régime et le traitement à suivre, sans développer les motifs qui déterminent son jugement. Nous ne nous arrêterons pas sur les consultations particulières, établies seulement pour la commodité des malades et des médecins. Quant aux consultations publiques, instituées en faveur de la classe indigente de la société, elles sont une des ressources les plus utiles dans les infirmités qui viennent l'assiéger au milieu de ses travaux. Elles sont communément faites par des médecins distingués parmi leurs confrères. Par là le pauvre peut, comme le riche, profiter des conseils d'un homme que son habileté a rendu célèbre, et qu'il n'oserait ou ne pourrait aborder ailleurs. Ces consultations sont assez multipliées dans les grandes villes. Il est peu d'hôpitaux où les médecins et chirurgiens ne donnent, à certaines heures, des conseils gratuits à toutes les personnes qui s'y présentent. Dans quelques-uns, ces consultations forment même une des parties les plus instructives de l'enseignement clinique. Un grand nombre de maladies de tous les genres, de tous les degrés, passant successivement sous les yeux des élèves, ils apprennent à former avec rapidité le diagnostic, à modifier les moyens curatifs d'après les diverses conditions sociales, à apprécier ce que le genre de vie, les professions, les habitations, toutes circonstances inévitables, peuvent leur ôter ou leur laisser d'efficacité. On a prétendu que les consultations publiques ne pouvaient être que de peu d'utilité, parce que les personnes auxquelles elles étaient consacrées avaient rarement la faculté de suivre les avis qu'elles recevaient. Cette objection avait peut-être quelque valeur, lorsque la thérapeutique était surchargée de remèdes aussi inutiles que dispendieux. En supposant même qu'on ne retirât pas de ces institutions tous les résultats qu'on pourrait en attendre, elles offriraient encore assez d'avantages pour qu'on dût y applaudir. D'ailleurs les individus qui se présentent aux consultations publiques ne sont pas toujours dénués de toute ressource ; et, quand ces consultations ne sont pas elles-mêmes une des manœuvres du charlatanisme, ce sont autant de victimes qu'elles soustraient à ses honteuses spéculations.

Dans quelques cas, la difficulté du diagnostic d'une maladie, l'imminence du danger où se trouve le malade, la nécessité de recourir à des moyens extrêmes, engagent un médecin prudent à solliciter l'appel d'un ou de plusieurs de ses confrères plus ou moins renommés pour conférer sur l'état de la personne livrée à ses soins, à demander, en un mot, une *consultation*. D'autres fois, la confiance dans le médecin ordinaire, ébranlée par la durée, par les progrès alarmans de la maladie, ou par d'autres motifs plus ou moins fondés, ou bien encore le seul désir de procurer au malade tous les secours dont on puisse disposer, portent ses parens à réunir autour de son lit plusieurs hommes de l'art, dans l'espérance de voir naître de leur concours de nouvelles lumières. Souvent aussi ces consultations, outre l'avantage qu'elles offrent au médecin traitant de l'éclairer ou de le soutenir dans des circonstances difficiles, sont un moyen politique, à l'aide duquel il cherche à mettre à couvert sa responsabilité. Naturellement portés à juger d'après l'événement, les hommes sont d'autant plus prompts à condamner un médecin que, pour apprécier sa conduite, ils sont plus incompétens, et que l'intérêt ou l'attachement leur rendent cet événement plus sensible. Le projet d'une consultation ayant été arrêté, le nombre et le choix des médecins qui doivent la former sont déterminés, soit par le malade ou sa famille qui appellent ceux que la voix publique ou une confiance particulière leur a désignés, soit par le médecin traitant lui-même, qui en a été fait l'arbitre. Au jour et à l'heure convenus entre eux, et ordinairement fixés par le plus âgé, ils se réunissent chez le malade. Avant de passer dans sa chambre, le médecin traitant fait l'exposé de la maladie, des moyens qui ont été mis en usage, des effets qui en sont résultés. Les consultans se rendent ensuite auprès du malade, l'examinent, font toutes les recherches et les questions nécessaires pour établir le diagnostic et le pronostic de l'affection; ils s'assurent, de cette manière, de la vérité du récit qui leur a été fait, ou modifient leurs idées d'après ce qu'ils y découvrent d'inexact et d'incomplet. De retour dans le premier lieu de leur réunion, chacun, prenant la parole dans un ordre contraire à l'ancienneté d'âge, expose son opinion sur la maladie, sur le traitement qu'il convient d'adopter. La discussion terminée, les consultans reviennent auprès du malade. Le plus âgé indique, suivant les circonstances, entièrement ou en partie seulement, le résultat de leur délibération, et les espérances qu'ils ont fondées sur la guérison. Un des médecins rédige l'ordonnance ou la consultation, qu'ils signent tous immédiatement après. Mais le plus souvent les consultations ne se font pas avec cette solennité : un seul consultant est appelé par le malade ou le médecin ordinaire; et, n'observant de toutes les formalités décrites ci-dessus que celles que prescrivent les circonstances, ils se concertent sur le traitement qui doit être suivi.

Nous avons supposé jusqu'à présent une unanimité d'opinion que l'on n'observe pas constamment. Quelle sera la conduite du médecin ordinaire, lorsque son opinion sera opposée à celle de ses confrères? Dans les cas où l'adoption de l'avis du plus grand nombre ne peut, en supposant que cet avis soit mauvais, causer un préjudice notable au malade, il nous semble qu'on doit y déférer, sauf à arrêter l'exécution du traitement adopté, si l'expérience fait reconnaître ses inconvéniens, ou si, après un certain temps, il n'a pas produit l'effet qu'on en attendait, et empêche ainsi l'emploi des remèdes utiles. Mais, lorsqu'il s'agit de ces moyens extrêmes, qui, faussement appliqués, compromettraient la vie du malade, ou l'exposeraient au sacrifice inutile d'une partie de lui-même, comme dans certaines opérations, le médecin traitant doit peser l'autorité de ceux dont il ne partage pas l'opinion. Il accédera à cette opinion s'il puise dans leur habileté reconnue, dans leur expérience consommée, des motifs qui puissent rassurer sa conscience. Qui ne consentirait à pratiquer, contre son propre avis, une opération reconnue nécessaire à l'unanimité par des chirurgiens tels que des Dubois, des Boyer? Dans toute autre circonstance, le médecin traitant doit se refuser à devenir, en quelque sorte, l'instrument de manœuvres qu'il juge dangereuses pour la personne qui s'est confiée à ses soins. Sans manquer aux égards dus à ses confrères, il déclarera son opposition, et demandera une nouvelle consultation, formée en entier ou en partie de nouveaux consultans.

Les mêmes considérations d'honneur et de probité doivent diriger la conduite du médecin consultant. Si, par délicatesse, il doit s'abstenir de désapprouver hautement ce qui a été fait jusqu'à son arrivée, son devoir lui prescrit aussi de s'opposer avec énergie à toute méthode de traitement qui lui semblerait pernicieuse.

L'utilité de ces sortes de consultations ne peut être révoquée en doute, surtout lorsqu'elles sont formées par des médecins dont les droits à la confiance publique sont avoués par leurs confrères. La difficulté d'en rassembler un certain nombre qui offrent ces garanties, particulièrement dans les villes peu populeuses, où règne trop souvent entre les médecins une rivalité condamnable, a fait considérer les consultations plutôt comme funestes qu'avantageuses aux malades. Elles ont quelquefois donné lieu à des dissensions ridicules, qui ont fourni aux détracteurs de la médecine l'occasion de lancer des traits satiriques contre cette science. Mais ces traits n'ont atteint que les médecins que leur vaine présomption ou leurs viles passions rendent, dans tous les temps, ridicules ou odieux.

Les mêmes motifs qui portent à rassembler plusieurs médecins renommés autour d'un malade engagent à consulter par écrit ceux que leur réputation a fait honorablement connaître dans des lieux éloignés. Ce n'est ordinairement que pour des maladies chroniques qu'on réclame de semblables conseils. Ils pourraient devenir dangereux dans les affections aiguës, dont la rapidité de la marche fait souvent changer les indications avec la même promptitude. La *consultation écrite* se compose ou d'après une relation de la maladie, faite par le médecin ordinaire, et qu'on nomme *mémoire à consulter*, ou d'après l'examen même du malade qui présente avec lui cette relation. Pour que le médecin consultant puisse fonder un jugement positif sur le caractère de la maladie et sur le traitement à lui opposer, il faut que le mémoire à consulter soit un exposé fidèle des phénomènes morbides qui la constituent, et de toutes les circonstances qui peuvent avoir de l'influence sur l'idée qu'on doit s'en former. On doit décrire avec exactitude tout ce qui s'est passé et tout ce qui existe, en s'abstenant de mettre son opinion à la place des faits; enfin on appliquera au mémoire à consulter les règles que l'on suit dans la rédaction des observations particulières de maladies. (*Voyez* OBSERVATION.) L'exposé de la maladie parait-il insuffisant au médecin consultant pour asseoir son jugement? il y suppléera en partie, lorsque le malade lui-même s'est présenté à son examen. Dans le cas contraire, il ne pourra répondre qu'après avoir adressé les questions nécessaires, soit au médecin particulier, soit au malade ou à ses parens, et avoir obtenu des renseignemens sans lesquels son opinion ne reposerait que sur des idées extrêmement vagues.

Ces consultations sont communément formées de trois parties distinctes : dans la première, le médecin consultant fait un résumé de la maladie, d'après le mémoire qui lui a été envoyé ou d'après l'inspection du malade; dans la deuxième, il expose son opinion raisonnée sur la nature, sur le siége de la maladie, sur la durée et l'issue probable qu'elle aura. Il doit s'exprimer ici d'une manière vague sur le diagnostic et le pronostic, lorsque le jugement qu'il porte est susceptible d'alarmer le malade; il se réservera de l'énoncer dans toute sa rigueur dans un écrit particulier, remis secrètement à la famille ou au médecin ordinaire; enfin la troisième partie contient l'exposé des indications curatives et des moyens particuliers, propres à les remplir, que le médecin traitant sera chargé de modifier selon les effets qu'il en observera. Dans ces consultations, comme dans les précédentes, le médecin accordera ce qu'il doit à la vérité et aux convenances : les mêmes considérations lui font une loi de concilier les droits sacrés de l'humanité et les égards dus à ses confrères. Il mettra d'autant plus de circonspection à censurer leur conduite, qu'éloigné du malade, ou n'ayant pas observé par lui-même tous les phénomènes d'une longue maladie, il peut plus facilement tomber dans l'erreur. Ces consultations peuvent être d'une grande utilité, lorsqu'elles sont basées sur une relation bien faite de la maladie, ou sur l'inspection même du malade. Trop souvent le défaut de documens nécessaires leur ôte toute la valeur qu'elles pourraient avoir. Composées d'après les principes d'une saine théorie et les résultats d'une expérience éclairée, ces consultations deviendraient, par leur publicité, d'un prix inestimable; elles donneraient, en quelque sorte, le secret de la sagacité qui caractérisait d'illustres médecins dans le diagnostic des maladies, et celui des succès qui les suivaient dans leur pratique. Tels ne sont pas les recueils de consultations dont nous possédons un grand nombre : leurs auteurs, parmi lesquels on compte principalement Fernel, Baillou, Hoffmann, Boerhaave, Bouvart, Fouquet, Lorry, Lamure et Barthès, se sont généralement plus occupés du soin de faire briller une vaine érudition, ou de développer leurs systèmes favoris, que d'appuyer leur thérapeutique sur des principes qui puissent servir de règles dans tous les temps.

Il est une autre espèce de consultation écrite, qui diffère de la précédente par le sujet qui y est traité; c'est celle que l'on a nommée *consultation médico-légale*. Dans les causes portées devant les tribunaux civils et criminels, dans lesquelles l'intervention de la médecine a été nécessaire pour établir les bases de la procédure et de la décision juridiques, souvent les magistrats, plus souvent encore les parties intéressées, consultent quelques sociétés médicales ou quelques médecins, dans le but de s'assurer de la justesse des conséquences tirées de l'examen médico-légal et insérées dans le rapport des experts. Il serait difficile de tracer les règles générales de ces sortes de consultations. Elles doivent varier suivant les cas particuliers pour lesquels on les réclame. Il est cependant quelques considérations que l'on peut appliquer à la plupart des cas. C'est ordinairement sur les pièces de la procédure qui concernent la visite et les recherches des experts, que se font les consultations médico-légales. On y discute chacun des faits observés par les médecins que la loi a chargés de les constater ; on apprécie le degré de confiance qu'on doit leur accorder d'après la concordance ou les contradictions qui existent entre eux ; enfin l'on examine si les inductions qui ont été tirées de ces faits sont justes, rigoureuses, conformes à ce que l'observation et l'expérience ont démontré. En général les auteurs de consultations médico-légales, quand ils ne peuvent avoir une connaissance parfaite du fond de l'affaire, devraient se borner à la discussion du rapport. Mais fréquemment ce rapport est incomplet ou inexact. On entreprend alors, surtout lorsque la consultation est rédigée sur la demande des parties intéressées, de suppléer aux circonstances qui manquent ou que l'on suppose inexactes, par une relation des faits plus ou moins fidèle, et toujours puisée à une source suspecte. Trop souvent des irrégularités dans les rapports en médecine légale ont fourni l'occasion de plaider la cause du crime, d'employer, pour le disculper, toutes les ressources de l'argutie la plus subtile. Dans un grand nombre de consultations médico-légales, on voit leurs auteurs chercher à éluder les preuves les moins douteuses d'un assassinat, d'un infanticide, d'un empoisonnement, à l'aide de suppositions plus invraisemblables les unes que les autres, de citations tronquées, ou de faits altérés pour leur donner une prétendue similitude avec le cas en discussion. Les inductions tout opposées que ces auteurs ont tirées, sont la plupart du temps aussi fausses que celles qu'ils voulaient combattre, et leur zèle inconsidéré pouvait nuire à la cause qu'ils défendaient. Un délit peut avoir été commis, quoiqu'on n'ait pas les preuves suffisantes pour affirmer son existence. Il est donc du devoir des médecins consultés dans ces cas, de montrer seulement la possibilité d'admettre des suppositions contraires, et d'indiquer la somme de probabilités qu'elles ont pour être admises. Si l'on a pu quelquefois accuser la médecine d'accorder une sorte de protection aux criminels, certaines consultations médico-légales, il faut l'avouer, par l'exagération de leurs auteurs, par les discussions auxquelles elles ont donné lieu, ont été utiles en faisant mieux

sentir l'importance de mettre l'exactitude la plus scrupuleuse dans les recherches médico-légales, de ne déduire que de faits bien constatés et suffisans des conséquences d'où dépendent la fortune, l'honneur et la vie des citoyens.   (R. DELORME.)

CONTAGIEUX, adj., *contagiosus*. Ce mot est employé pour désigner les maladies susceptibles de se transmettre par le contact, et la cause matérielle inconnue de la contagion : *maladie contagieuse ; principe, virus contagieux. Voyez* CONTAGION *et* VIRUS.

(DICT. ABRÉGÉ DE MÉD.)

CONTAGION, s. f., *contagio, contages, contagium*, de *contingere*, toucher ; ἀπόρρεια, ἀπόρροια. Jusqu'à ce jour on a généralement appelé contagion, la transmission d'une maladie d'un individu à un autre, par le moyen du contact médiat ou immédiat. Nous croyons devoir donner à ce mot une signification moins restreinte, et nous admettons la contagion pour toute maladie dans laquelle le corps du sujet qui en est affecté produit un principe susceptible de communiquer même le mal à un individu sain, quelles que puissent être d'ailleurs l'origine primitive de ce principe, les conditions qui rendent son imprégnation plus ou moins facile, les voies par où elle a lieu, et la manière dont elle s'effectue.

Il semble d'après cela qu'il devrait être aisé de déterminer par l'expérience les cas de communications morbides, et par conséquent de reconnaître avec exactitude la contagion partout où elle existe. Malheureusement la science est encore bien loin d'une perfection à laquelle on ne parviendra pas sans de grands efforts. En effet, une foule de circonstances étrangères aux maladies elles-mêmes augmentent ou diminuent, cachent ou simulent la propriété contagieuse de telle sorte que, jusqu'à présent, il a souvent été impossible de toujours la reconnaître d'une manière précise. De là, l'opposition qui règne entre les médecins, les uns croyant à une contagion flagrante, dans les mêmes cas où d'autres n'en reconnaissent aucune trace. Une telle divergence d'opinion sur un sujet aussi important mérite sans doute la plus grande attention ; c'est pourquoi je vais examiner les choses d'un peu haut.

Les anciens n'entendaient assurément pas la contagion à notre manière, et il est vraiment impossible de déterminer le sens précis des mots de leurs langues, que nous regardons comme pouvant exprimer nos idées, sur ce point de pathologie. Aussi, certains médecins, qui prennent apparemment les interprétations arbitraires pour des démonstrations sans réplique, n'ont-ils pas manqué d'y avoir recours, pour en conclure que la doctrine de la contagion, inconnue aux premiers observateurs ou même directement combattue par eux, était une invention moderne, tout-à-fait dépourvue de fondement. Cependant, si au lieu de s'attacher si fort aux mots on s'arrête davantage aux choses, on reconnaîtra évidemment, dans les séquestrations imposées par Moïse aux lépreux et aux personnes atteintes de la gonorrhée, l'idée première à laquelle nous avons donné toute l'extension possible, en créant nos lazarets. Au surplus, nous avons incontestablement, sur les peuples des premiers âges, le triste privilége de connaître des maladies contagieuses dont ils étaient exempts, et nous avons dû puiser dans leur étude des faits qu'ils ne pouvaient pas soupçonner. Par exemple, l'introduction en Europe, au mois de décembre 714, de la variole décrite pour la première fois par Aaron d'Alexandrie, en 622, ne pouvait manquer de produire une sorte de révolution médicale. Cette circonstance a au moins autant contribué que les maladies dont l'île de Majorque se trouvait fréquemment atteinte, à cause de son commerce, ou plutôt par la nature de son sol, à y faire établir un lazaret dès l'année 1471. Par conséquent, lorsque, une cinquantaine d'années plus tard, Fracastor, à qui la propagation de la syphilis fournissait un renfort d'argumens, établit le système de la contagion, tel à peu près qu'on l'admet de nos jours, il dut trouver les esprits déjà disposés à le recevoir. A tout prendre, il valait bien celui qui attribuait les maladies épidémiques à la conjonction de certains astres, ou à des causes tout aussi chimériques. Il n'en rencontra pas moins de vigoureux antagonistes, entre autres J.-B. Montanus, Valériola, Facio, etc. Malgré cela, il s'établit après avoir éprouvé des modifications qu'il importe fort peu d'exposer avec détail : c'est bien assez de faire connaître le système dans son état actuel.

Suivant l'opinion empruntée à Fracastor, un virus spécifique est l'unique cause des maladies pestilentielles. Il sort, par une sorte d'exhalation, du corps des malades, ne se répand qu'à une très-petite distance dans l'air, qui au-delà garde toute sa pureté, s'attache à certains corps appelés *contumaces* (dans les lazarets), lesquels sont susceptibles de le conserver intact, trente ans ou plus, et conséquemment de permettre son transport à des distances

illimitées ; ainsi des brins de paille, quelques morceaux de corde, des mouches, une toile d'araignée doivent suffire pour *contagier* des villes entières. D'autres corps au contraire, ce sont les non contumaces, n'ont aucune affinité pour lui. Mais une absurdité révoltante de ce système, est de compter pour rien, dans la propagation du mal, la disette de vivres, l'encombrement, les égouts sales, les cloaques, l'accumulation des matières putrescibles, les altérations de l'air, etc., et d'établir que, pour conserver sa santé au milieu de pareilles circonstances, il suffit d'éviter avec soin tout contact médiat ou immédiat. A la vérité, quelques *contagionistes* ont songé à l'air. Alors ils l'ont supposé renfermer un venin ou plutôt un monstre dévorant, à qui il fallait nécessairement une proie. Ils ont proposé, pour assouvir sa rage, d'amonceler dans les villes contagiées, des ordures de toute espèce, des cadavres d'animaux, etc., à l'imitation de ceux qui, autrefois, pansaient les cancers avec un morceau de veau frais. Et qu'on ne dise pas que des mesures aussi insensées ne seraient de nos jours adoptées par personne, lorsque le célèbre Fourcroy, non content de les approuver, a prétendu encore en expliquer les avantages par certaines affinités chimiques.

C'est encore sur le système de Fracastor que repose notre police sanitaire. C'est lui qui préside aux purifications, aux quarantaines, aux cordons, en un mot à toutes les mesures de salubrité publique. Toutefois ses nombreux partisans, il convient d'en avertir, l'ont reçu dans les écoles, sans le moindre examen, comme une véritable religion, au-dessus de toute controverse. Aussi, ceux que les circonstances ont mis à même de l'apprécier, n'ont-ils pas tardé à en reconnaître les vices nombreux, et à modifier leurs premières opinions. L'introduction du typhus à Paris, à la suite de l'armée en 1814, a surtout beaucoup contribué à éclairer les esprits. Ils sont maintenant disposés à recevoir des idées qu'ils auraient avant cela rejetées avec dédain. La même remarque est applicable à tous les pays où l'on a observé dans ces derniers temps des épidémies graves. En Espagne, l'utilité des mesures sanitaires actuellement en vigueur parmi nous, est regardée comme fort problématique. Aux États-Unis d'Amérique, l'autorité s'est formellement prononcée contre. Enfin, des auteurs recommandables, anglais et français, appellent de tout leur pouvoir les réformes urgentes dont notre police médicale a le plus grand besoin. Nous ne craignons pas de le prédire, l'édifice fantastique de l'ancienne contagion, sapé de tous côtés, ne peut tarder à s'écrouler. L'instant approche où les résultats d'une saine expérience, discutés avec impartialité, appréciés sans prévention, seront irrévocablement substitués à des chimères enfantées par l'ignorance, admises par l'aveugle crédulité et entretenues par la crainte (*timor fecit deos*). En attendant que la médecine possède, sur ce point de doctrine, un système entièrement renouvelé, d'accord avec l'exacte observation des faits, je vais exposer ici les idées principales que je crois propres à lui servir de bases.

Envisagées par rapport à la contagion, les maladies se divisent naturellement en deux genres. Les unes ont un germe susceptible de se reproduire et de se multiplier à la manière des êtres organisés; chez les autres, ce germe n'existe pas du tout, ou bien, si on le retrouve, il est faible, il a besoin pour se perpétuer, d'une foule de conditions accessoires sans lesquelles il ne tarde pas à s'anéantir. Sur cette distinction reposent la plupart des vues médicales d'une application réellement utile, dans un bon système de contagion. C'est afin de les bien établir que nous allons présenter quelques considérations générales sur les maladies contagieuses, divisées comme il vient d'être dit.

Maladies contagieuses par germe. — Les principales affections de ce genre sont : la gale, la syphilis, la rage, la variole, le cowpox, la rougeole et la scarlatine. Toutes, excepté la syphilis et la gale, sont susceptibles de se développer spontanément. Ces deux maladies elles-mêmes n'ont pas toujours fait exception, car les premiers hommes ne les avaient assurément pas, et il a bien fallu qu'elles se soient développées, à une époque quelconque, sans germe préexistant. On voit par là combien M. Nacquart a été peu fondé à faire de l'absence de spontanéité dans le développement, un des caractères distinctifs des maladies contagieuses. Bien loin de là, c'est à la propriété contraire qu'il faut en grande partie attribuer leur propagation, notamment celle de la variole, malgré tous les moyens employés jusqu'ici pour s'y opposer, et l'impossibilité où l'on serait véritablement encore de s'en préserver, sans la vaccination.

Trois au moins de ces affections, savoir : la variole, la rougeole et la scarlatine, peuvent avoir l'air pour véhicule. C'est dire assez qu'en général les contagionistes ont eu tort de ne pas regarder ce fluide comme moyen de communication. Quand ils ont rejeté son influence,

ils étaient préoccupés de l'idée du contact; ils ignoraient les étroites limites de l'absorption cutanée, et méconnaissaient en même temps les véritables fonctions du poumon. Assurément, lorsqu'au moyen de l'air, un principe nuisible est porté jusque dans les dernières ramifications des bronches, il y a là plus que du contact, puisque c'est presque une véritable pénétration.

Bien que quelques-unes des maladies contagieuses se trouvent, par la vigueur de leur germe, tellement indépendantes du cours des saisons qu'elles puissent se propager en tout temps, sans aucune circonstance adjuvante, comme on l'observe à l'égard de la syphilis, de la vaccine, de la variole inoculée, l'influence des saisons est cependant déjà très-forte sur la petite-vérole abandonnée à elle-même. Elle est encore bien plus marquée, sur la rougeole et la scarlatine, et peut même être portée à ce point qu'il serait impossible d'entretenir ces deux maladies, d'un bout de l'année à l'autre, au moyen de l'inoculation. Enfin elles paraissent, outre cela, avoir de commun avec la variole, de n'attaquer en général qu'une fois en la vie, ce qui prouve qu'une disposition individuelle, particulière, est indispensable à leur développement. Ce fait est appuyé par un autre qui, à ma connaissance, n'a pas encore été signalé ; le voici. La rougeole, et peut-être même la scarlatine, au moins comme nous les observons en Europe, paraissent inconnues dans les Antilles. Cela rend les Créoles susceptibles de contracter ces maladies en France ; mais, chose remarquable, ils n'en sont jamais atteints avant dix-huit mois ou deux ans de séjour, c'est-à-dire avant que leur constitution, modifiée par le climat, les ait rendus aptes à gagner une maladie pour laquelle ils n'avaient, jusque-là, aucune disposition.

Si maintenant nous cherchons à déterminer la valeur des caractères que viennent de nous offrir les maladies contagieuses, savoir : 1° le développement spontané; 2° la communication au moyen de l'air; 3° l'influence des saisons sur leur production ; 4° la nécessité des dispositions individuelles, il nous faudra convenir que, malgré l'importance plus ou moins grande attachée par les auteurs à la plupart d'entre eux, aucun n'appartient à toutes ces maladies, et ne peut servir à les distinguer essentiellement. Nous devons donc tâcher de découvrir une propriété générale, commune à toutes. Or, elle existe dans la production d'un liquide particulier appelé virus, qui possède incontestablement la faculté contagieuse, dont la plus petite quantité renferme toutes les conditions nécessaires au développement de la maladie, et suffit pour la reproduire toujours absolument la même. Pour la rage, ce sont les glandes buccales et salivaires qui la préparent, ou bien la muqueuse des bronches, suivant M. Troliet. La syphilis, la variole. le vaccin ont également un liquide virulent dont personne n'est autorisé à nier l'existence. Mais il est déjà moins facile de reconnaître le virus de la rougeole et de la scarlatine; cependant on inocule, à ce qu'il paraît, assez facilement la première de ces maladies; et le renouvellement général de l'épiderme, son décollement par plaques souvent très-grandes dans la seconde, annoncent que le réseau muqueux a été le siége d'un travail morbide. Tout calculé néanmoins, cette existence peu manifeste du principe contagieux, et surtout la grande influence que les constitutions atmosphériques exercent sur la rougeole et la scarlatine, rapprochent beaucoup ces maladies de celles qui vont à présent nous occuper, et dans lesquelles, pour admettre un germe, on est obligé de s'en rapporter uniquement aux effets qu'il semble raisonnable de lui attribuer.

Maladies contagieuses sans germe, ou dont le germe se détruit facilement. — Ce sont les affections appelées autrefois pestilentielles, et désignées de nos jours sous le nom générique de typhus, ou maladies typhoïdes. Elles ont cela de remarquable que, malgré leur gravité ordinairement très-grande, elles présentent, en plus ou moins grand nombre, des cas d'une véritable bénignité. C'est assez dire que leur durée, leur marche, leurs symptômes regardés comme caractéristiques, offrent une foule de variétés, comme on peut en acquérir la preuve, non-seulement en comparant une épidémie à l'autre, mais encore par la simple comparaison entre elles des maladies d'une même épidémie. La constance de cette loi prouve évidemment, ce me semble, que le principe contagieux des typhus, susceptible de varier dans sa composition intime, ne conserve pas l'inaltérable identité de celui des maladies à germe permanent. On en doit aussi tirer la conséquence qu'il agit en raison de sa quantité, de sa dose, et que cette condition contribue au moins autant que les dispositions individuelles à produire les innombrables variétés dont nous parlons. Quant à la propriété de n'attaquer qu'une fois dans la vie, ce prétendu

caractère des maladies pestilentielles est presque généralement reconnu à présent pour une supposition démentie par les faits les mieux avérés.

Mais une chose constante dans tous les typhus, c'est l'influence que les causes extérieures, comme les saisons, la nature des alimens, les qualités de l'air atmosphérique, l'encombrement, etc., exercent sur eux. Elle est telle qu'on les voit toujours commencer, s'accroître et finir avec elles. La première des maladies typhoïdes que je vais passer en revue, la peste d'Orient elle-même ne fait pas exception, car la fameuse épidémie de Marseille, que l'on donne toujours comme un exemple de l'extrême activité du virus pestilentiel, n'a pas assurément exercé tous ses ravages par la contagion seule. En effet, durant le fort de la maladie, on a vu, amoncelés dans les rues, plusieurs milliers de cadavres humains, presque autant de cadavres d'animaux et des quantités énormes de matelas, de hardes de toute espèce, souillés d'immondices et d'excrémens. Certes, si cet incroyable oubli de toute police publique n'a pas été l'unique cause de l'extrême exaspération du mal, il y a, sans contredit, contribué beaucoup. D'ailleurs il faudrait, pour lever tout doute relativement à l'activité du virus *typhique*, abandonné à ses propres forces, avoir bien démontré que la maladie aurait été introduite à Marseille par voie d'importation. Mais la chose est loin d'être constatée, puisque, suivant Didier, il y avait déjà des pestiférés dans la ville, près de six semaines avant l'arrivée du navire du capitaine Chataud. Voilà donc l'importation-mère, celle à laquelle les contagionistes se rattachent toujours comme à leur ancre de salut, rendue au moins incertaine. J'en prends occasion de dire qu'il en est de même de toutes les autres, dont la fausseté n'est pas évidemment démontrée.

Puisqu'il existe une telle obscurité sur l'origine de la peste de Marseille, le seul moyen propre à décider la question est d'étudier la maladie analogue, dans les lieux où elle règne habituellement. Or les expériences les moins contestables montrent que son virus est loin d'avoir l'activité qu'on lui suppose. A la vérité, si l'on veut s'en rapporter à quelques faits épars, il paraîtrait susceptible d'inoculation. Toutefois, quand on n'emploie pas ce moyen énergique de propager le mal, les rapports ordinaires de la vie privée deviennent ordinairement insuffisans pour le répandre. Ainsi M. Puguet a remarqué que, malgré les nombreuses communications des habitans des lieux circonvoisins avec ceux de Damiette, la peste n'en restait pas moins confinée dans cette ville. Si, n'ayant aucun égard pour un fait aussi important, il n'a pas craint d'assurer ensuite qu'elle s'entretient en Égypte, depuis et avant les Pharaons, par une filiation de germes non interrompue ; d'autres médecins d'une grande autorité, lui-même après eux, en constatant la constante coïncidence de son apparition avec le desséchement des canaux du Nil, ne permettent pas de douter que ce n'en soit là la principale cause.

La seconde affection pestilentielle est le typhus des hôpitaux, des prisons ou des camps. Quant à ce qui le concerne, on a malheureusement eu, dans ces derniers temps, de trop fréquentes occasions de l'observer. Il en est au moins résulté cet avantage, qu'il ne reste plus d'incertitude sur ses véritables causes productrices. Personne à présent ne le croit enfanté par un germe contagieux inaltérable, qui resterait assoupi durant la paix, pour se réveiller aussitôt qu'une armée en campagne se trouve dans les conditions propres à le faire éclore. On ne le voit effectivement jamais paraître sans un concours de causes actives, faciles à apprécier ; et depuis le typhus qui affligea principalement l'aile droite de l'armée des Grecs, campée pendant les chaleurs de l'été sur les bords marécageux du Scamandre, jusqu'au typhus de Paris et de Mayence, par suite de la retraite de la grande armée, il n'y en a pas un seul dont l'origine et la propagation ne soient expliquées d'une manière satisfaisante par l'action de ces mêmes causes. Dès-lors il devient pour le moins superflu d'avoir recours à d'autres.

Faut-il compter pour une troisième variété, le typhus produit par la disette jointe à l'usage des mauvais alimens, comme celui qui désole actuellement un des cinq cantons affamés de l'Irlande ? (*Journal de Paris*, 5 mai 1822.) Un auteur recommandable, qui a beaucoup éclairé l'histoire des maladies épidémiques, le docteur Ch. Maclean, est de cet avis ; de plus il assure que ce typhus a des caractères pathologiques propres. Nous nous bornons à rapporter ici son opinion, sans prononcer sur une question que le temps et l'observation peuvent seules résoudre d'une manière satisfaisante.

Enfin il y a une quatrième affection pestilentielle, qu'il m'a paru convenable d'appeler *typhus-amaril*. (*Voyez* ce mot.) C'est une maladie, particulière à certains endroits des zones tempérées, qu'on a jusqu'à ce jour généralement confondue avec la fièvre jaune des Antilles. Elle est bien plus sous la dépendance des causes locales que le typhus des hôpitaux ; elle ne paraît que dans des saisons déterminées ; elle reste confinée dans les lieux toujours malsains qui la voient naître, et si, dans ces mêmes endroits, il est permis d'admettre qu'il s'exhale du corps des malades des émanations susceptibles d'altérer la santé de ceux qui les respirent, on doit convenir en même temps que, hors de ces centres d'infection, elles perdent leur activité, au point de ne pouvoir plus nuire. Cette maladie ne suit pas les réfugiés des villes comme le typhus nosocomial suit les armées ; enfin on ne voit pas les hardes à l'usage des malades s'imprégner d'un miasme virulent, capable de transmettre le mal, comme cela arrive fréquemment dans le typhus des hôpitaux. Tous les faits observés depuis trente ans confirment cette manière de voir. Ils nous portent à conclure que, si le typhus-amaril jouit de la propriété contagieuse, c'est dans un foyer d'infection très-circonscrit, et tellement énergique par lui-même que, déduction faite de sa puissance d'action, la part de la contagion devient, sinon tout-à-fait nulle, au moins assez faible, et véritablement impossible à déterminer exactement.

L'étude du typhus-amaril, en nous montrant un grand nombre d'individus soumis à l'influence des mêmes causes morbifères, nous explique comment ils peuvent tomber successivement malades en plus ou moins grand nombre, sans prendre leurs maladies les uns des autres. C'est pour n'avoir pas fait une réflexion si simple, c'est pour s'être laissé aller sans réserve à toutes les conséquences d'un système erroné, qu'un grand nombre de médecins ont admis une contagion très-active là où évidemment il n'en existait d'aucune espèce. Ainsi, à l'imitation de Th. de Veiga, quelques hommes d'une foi robuste ont déclaré les fièvres intermittentes contagieuses. D'autres ont cru et croient encore à la contagion de la fièvre jaune des Antilles, qui, pour le dire en passant, ne dépend pas plus de cette cause que de l'infection, mais bien d'une influence de climat beaucoup plus étendue et à laquelle il ne se joint rien de miasmatique. Nous en avons la preuve dans le privilége d'être exempt de la fièvre jaune qui distingue les acclimatés. Jos. de Gastelbondo, médecin de Carthagène des Indes, où il avait exercé pendant quarante ans, a le premier, à ma connaissance, senti toute l'importance de ce fait, qui, même à présent, n'est pas encore apprécié à sa juste valeur, et il en a conclu avec juste raison, dès l'année 1753, que la fièvre jaune n'est pas contagieuse. A cet égard nous ferons observer qu'aucune autre maladie épidémique n'offrait autant de données propres à lever toutes les incertitudes. Rien d'étonnant donc que la doctrine de la non-contagion soit partie des Antilles, et y trouve un appui inébranlable.

Telles sont les considérations sommaires que nous avons cru devoir présenter sur le système de la contagion, envisagé dans son ensemble. Elles montrent que le doute règne à peu près uniquement sur les maladies contagieuses à germe facilement destructible, et plutôt encore sur les affections que l'on se croit faussement autorisé à comprendre dans ce genre. La chose s'explique aisément, lorsque l'on vient à s'assurer que ce même genre de maladies, d'un côté, se rapproche des contagieuses essentielles par la peste, et de l'autre, se confond par le typhus-amaril avec les affections qui dépendent, non d'un principe contagieux, mais d'une influence miasmatique, ou seulement des qualités générales du climat. De là résulte l'indispensable nécessité de commencer, avant tout, par bien déterminer le genre et l'espèce de la maladie sur la nature contagieuse de laquelle on est appelé à prononcer; et, pour ne citer qu'un exemple assurément très-propre à ne laisser aucun doute sur l'importance de ce précepte, si l'on avait reconnu d'abord l'extrême différence qui existe entre la fièvre jaune des Antilles et le typhus-amaril, on n'eût jamais songé à regarder la première de ces maladies comme la source de la seconde. Un seul fait bien constaté aurait rendu inutiles des centaines de volumes pour et contre l'importation, et eût en même temps fixé le gouvernement sur le choix des meilleures mesures sanitaires. Mais des réflexions générales ne suffisent pas pour résoudre toutes les difficultés qui pourraient s'élever sur les maladies contagieuses ou réputées telles. L'éclaircissement de pareilles questions exige nécessairement des détails étendus. Aussi entre-t-il dans le plan de ce Dictionnaire de traiter à fond tous les cas particuliers, susceptibles de les faire naître. C'est le seul moyen d'établir sur des bases solides un système de contagion conforme à la vérité, en rapport avec les progrès de la science, et qui, nous osons l'espérer, confirmera l'exactitude des propo-

sitions générales contenues dans cet article.
(BOCHOUX.)

CONTAGION, s. f. (Hygiène publique.) On pourrait composer des volumes sur la contagion considérée sous le rapport de l'hygiène publique, sans épuiser ce sujet et en même temps sans beaucoup l'éclairer; car tant que nos idées sur la nature des principes contagieux, sur les causes qui les produisent, sur leurs divers modes de transmission, etc., ne seront pas mieux assises; tant que nous ne serons pas parvenus à déterminer rigoureusement quelles sont les maladies constamment contagieuses, quelles sont celles qui peuvent le devenir dans certaines circonstances, enfin quelles sont celles qui, bien qu'épidémiques ne se transmettent jamais par contagion, nous resterons toujours dans la même incertitude sur le choix spécial des mesures les plus propres à arrêter la propagation des diverses maladies contagieuses. Cependant, outre quelques cas où l'existence d'un principe contagieux est incontestable, comme par exemple dans la variole, dans la maladie vénérienne, et contre lesquels l'hygiène publique peut établir un système précis et en quelque sorte spécial de préservation, il existe des faits généraux sur lesquels il est permis d'établir une doctrine générale des mesures propres à prévenir ou du moins à entraver la contagion.

En considérant particulièrement sous ces deux derniers rapports la tâche délicate que nous avons à remplir, nous nous imposerons d'être concis et nous nous abstiendrons de toute discussion scientifique sur des points de doctrine qui ne seraient pas encore éclaircis. Quel doit être en effet notre but, si ce n'est d'appliquer à l'hygiène publique la doctrine des maladies contagieuses. Nous devons donc prendre celle-ci dans l'état où elle est aujourd'hui, distinguer son côté douteux de son côté certain, et fonder sur cette distinction une série de principes généraux, positifs et le plus en harmonie avec les intérêts de la société.

Rigoureusement parlant, les maladies contagieuses sont celles qui peuvent se transmettre par le contact immédiat ou médiat d'un individu à un autre, et se propager ainsi indéfiniment. Dans quelques cas, ces maladies n'affligent communément qu'une seule fois le même individu : telle est la petite-vérole. Dans d'autres cas leurs atteintes peuvent se réitérer chez le même individu : telle est la maladie vénérienne. On a aussi considéré comme faisant partie des maladies contagieuses, celles qui se propagent par les émanations des malades, ou par leur atmosphère ambiante; mais dans ces derniers temps surtout on a cru devoir distinguer ces maladies de celles qui sont transmissibles par le contact, c'est-à-dire établir une différence entre la *contagion* et l'*infection*. Cette distinction peut sans doute être réelle dans beaucoup de cas; mais elle ne l'est pas constamment, parce qu'il est des maladies qui peuvent se propager à la fois par contagion et par infection; nous offrirons encore pour exemple la variole. D'ailleurs les recherches et les observations faites jusqu'à ce jour ne permettent pas encore d'établir avec certitude une ligne de démarcation applicable à tous les cas, c'est-à-dire de préciser quelles sont les maladies qui ne se transmettent que par le contact seulement, et quelles sont celles qui ne se répandent que par infection.

On ne peut donc en hygiène publique, admettre de différence entre la contagion et l'infection qu'abstractivement. Dans l'application, au contraire, cette distinction deviendra nécessairement nulle toutes les fois que des données spéciales n'auront pas établi, plus clair que le jour, le mode véritable et exclusif de propagation. Confirmons par des exemples ce qui vient d'être dit : la maladie vénérienne est bien certainement transmissible par le contact immédiat, et même sous certaines conditions par le contact médiat; jamais elle ne peut se propager d'une autre manière. Des mesures sanitaires fondées sur la différence entre la contagion et l'infection sont donc aujourd'hui ici parfaitement applicables à cette maladie. Elles ne pouvaient pas encore l'être à l'époque où l'on regardait la syphilis comme communicable par le contact et par l'atmosphère du malade. Ainsi, l'arrêt du parlement de Paris du 6 mars 1497, qui ordonne aux vénériens, sous peine de mort, de quitter la ville dans les vingt-quatre heures par une porte qui leur fut assignée, serait aujourd'hui à la fois nuisible et ridicule; il n'était que nuisible dans des temps où il ne régnait que de l'incertitude sur le mode de propagation du virus vénérien, et où on lui supposait des voies de transmission qu'il n'avait pas. De nos jours il existe parmi les médecins de grandes contestations sur le mode de propagation du typhus et de la fièvre jaune. Ces maladies sont regardées par les uns comme contagieuses par contact et par infection; d'autres n'en admettent la propagation que par infection; d'autres enfin, excluant même l'infection, les rangent au nombre des épidémies résultant des altérations générales de l'atmosphère. Or, si dans cet état peu satisfaisant de la science on s'avisait de transporter dans le domaine de l'hygiène publique les opinions souvent trop exclusives de tel ou tel parti, à quelles conséquences graves une pareille conduite ne pourrait-elle par donner lieu? comment un médecin chargé de fournir les bases d'un réglement ou d'une loi sanitaire oserait-il, par exemple, considérer dans tous les cas la fièvre jaune comme non contagieuse par contact, et seulement comme transmissible par infection; comment à plus forte raison se déciderait-il à la ranger constamment parmi les maladies épidémiques, sans être contagieuses ni par contact ni par infection? sera-t-il assez certain de son opinion pour en accepter toute la responsabilité? Nous ne le pensons pas.

Ces considérations nous conduisent naturellement à des principes généraux qui doivent servir de bases au médecin appelé pour statuer sur une contagion et sur les moyens d'en prévenir ou d'en entraver les progrès. Le premier de ces principes, c'est que *toutes les maladies contagieuses peuvent devenir épidémiques ou épizootiques; mais que toutes les maladies épidémiques ou épizootiques ne sont pas toujours contagieuses.*

Ce principe, si on ne l'examine pas de près, peut paraître manquer de justesse; car, dit-on, comment par exemple classer la rage au nombre des épidémies ou des épizooties. Cependant, si nous entendons ici, ainsi que nous devons le faire, par maladies épidémiques celles qui attaquent un grand nombre d'individus à la fois, on concevra que la rage puisse devenir épizootique et épidémique dans un endroit où l'absence de mesures convenables de police sur les chiens errans facilitera la multiplication et la communication du virus rabique. Il ne paraîtra pas moins paradoxal au premier abord d'assigner à la maladie vénérienne une place parmi les affections épidémiques, et cela par la raison qu'on est habitué à ne voir dans ces dernières que des affections aiguës et qui ne paraissent qu'à certaines époques. Mais, en sacrifiant au sens véritable qu'on doit attacher à l'épithète épidémique le sens usurpé par l'habitude, on conçoit que la maladie vénérienne devient une épidémie et même une épidémie stationnaire dans les grandes villes où les mesures de police relatives à la débauche ne sont pas conçues et exécutées de manière à établir une surveillance active sur la prostitution.

Nous arrivons à un autre principe non moins important ; *c'est le devoir de ne jamais perdre de vue qu'une même maladie épidémique peut, dans un temps ou dans un lieu, n'être pas contagieuse et le devenir dans un autre temps ou dans un autre lieu.* Cette vérité implique la nécessité de bannir tout système exclusif et qui ne serait pas établi sur des faits constans, sur des faits d'une certitude mathématique, attendu que de pareils systèmes peuvent, il est vrai, faire briller la dialectique de ceux qui les soutiennent ; mais qu'en application ils ne deviendraient que plus dangereux, si des conséquences d'ailleurs justes partaient d'une base qui, même sans être fausse dans tous les cas, pourrait cependant l'être dans certains d'entre eux et pour ainsi dire par exception. Si l'espace auquel nous sommes bornés par le plan de cet ouvrage ne nous imposait pas une extrême brièveté, relativement à la richesse de notre sujet, nous étaierions notre opinion d'un bon nombre d'exemples ; mais il suffira de rappeler ici les discussions qui ont lieu aujourd'hui à l'égard de la contagion et de la non-contagion de la fièvre jaune, discussions qui conduiraient bientôt à des résultats plus conformes à la vérité et à l'intérêt social, si chaque parti ne cherchait pas à torturer ou à proscrire les faits pour mettre leur ensemble en harmonie avec des doctrines trop exclusives. Nous citerons encore comme exemples le typhus, la dyssenterie, et même, selon quelques observateurs, certaines épidémies de fièvres intermittentes.

Un troisième principe est celui-ci : *Toutes les mesures sanitaires généralement applicables aux épidémies le sont aussi aux maladies contagieuses, lesquelles exigent en outre des mesures particulières qui doivent être modifiées suivant le mode de transmission et de propagation de chacune de ces maladies.* La première partie de ce principe est une conséquence nécessaire de l'action qu'exercent sur les contagions les agens extérieurs qu'on a nommés aussi *les six choses non naturelles.* En effet, une épidémie contagieuse placée sous l'influence défavorable de ces agens, sévira avec beaucoup plus de fureur que si cette influence était favorable. Une atmosphère pure, des alimens salubres, des vêtemens convenables, la propreté, l'éloignement des affections morales, sédatives ou trop excitantes, etc., deviendront autant de sources de salut dans une épidémie contagieuse ; elles simplifieront la forme des maladies, les rendront plus bénignes, affaibliront l'énergie du principe con-

tagieux et entraveront sa propagation. On peut, entre autres, s'en convaincre aisément par les différences que l'on remarque dans la marche et l'intensité du typhus contagieux dans les hôpitaux bien tenus et dans ceux qui ne jouissent pas de cet avantage. La seconde partie du principe que nous venons d'établir n'a pas besoin de commentaire, et, pour nous borner à un seul exemple, on conçoit que les mesures spéciales propres à arrêter les progrès de la variole ne peuvent pas s'appliquer à la peste.

Un quatrième et dernier principe général que nous croyons devoir établir, est que *dans le doute sur la propriété contagieuse d'une maladie on doit, en hygiène publique, se déclarer de préférence pour la réalité de la contagion.* Nous apprécions aussi bien que tout autre les entraves qu'une pareille croyance peut opposer aux rapports sociaux et surtout aux relations commerciales, combien son application est onéreuse pour les peuples qu'elle frappe directement et indirectement ; mais si on balance les conséquences qui peuvent résulter de l'exécution de ce principe dans les cas où l'on se serait trompé sur la réalité d'une contagion, avec celles qui naîtraient d'une fausse sécurité, on ne doit pas hésiter, lorsque l'absence de tout germe contagieux ne serait pas évidemment démontrée, à se conduire comme s'il existait.

Toutefois les précautions qu'on croira devoir prendre devront toujours être fondées sur les particularités bien reconnues du mode de transmission de la maladie suspectée d'être contagieuse, et ne devront jamais être portées au-delà de ce que réclame la stricte nécessité. Ainsi, pour en donner un exemple, s'il était démontré qu'une maladie bien que contagieuse ou soupçonnée telle ne pût se propager que sous un concours particulier de conditions locales, il serait inutile de soumettre à des mesures de rigueur les lieux où ces conditions n'existeraient pas. Ainsi, s'il était rigoureusement démontré que la fièvre jaune ne s'étend pas au-delà du 46e degré de latitude, il deviendrait inutile et par conséquent nuisible de soumettre les habitans des régions qui dé passent ce degré, à des mesures qui seraient applicables aux régions plus rapprochées de l'équateur.

Des principes généraux qui précèdent nous arrivons maintenant à des considérations plus spéciales fondées sur eux, c'est-à-dire à l'exposition des principales mesures applicables à toutes les maladies contagieuses ou présumées telles.

Des moyens généraux qui tendent à assainir l'air et à s'opposer à la propagation des contagions par ce véhicule. — Que l'on considère ou non comme contagieuse une maladie régnante, on restera toujours convaincu de l'utilité des mesures relatives à ce qu'en hygiène on appelle *les choses qui nous environnent* (*circumfusa*), et qui tendent surtout à maintenir autant que possible la salubrité de l'atmosphère, ou du moins à affaiblir les causes de son insalubrité. Ce sujet doit être ici considéré sous le rapport de l'atmosphère générale et sous celui de l'atmosphère spéciale.

De l'asmosphère générale. — Lorsque dans un lieu, dans un district plus ou moins étendu, une épidémie contagieuse ou non contagieuse se manifeste, on doit avant tout examiner si l'atmosphère générale, c'est-à-dire si l'atmosphère extérieure, répandue sur tout le lieu, n'est pas altérée par des causes d'insalubrité dépendantes des effluves du sol, ainsi que cela peut avoir lieu par l'effet d'inondations, par le voisinage de marais, d'égouts, ou généralement de tout autre vaste foyer de décomposition végétale et animale. On doit surtout examiner dans cette recherche quels sont les vents dominans, et s'ils amènent les effluves vers les points où se trouve le plus grand nombre de malades, afin de remédier à ces causes, soit en tarissant directement les sources d'insalubrité, soit en éloignant les malades des lieux qui y sont le plus exposés. *Voyez* le mot ÉPIDÉMIE.

De l'atmosphère spéciale. — Nous entendons par atmosphère spéciale celle qui est le produit de la maladie même, celle qui entoure les malades, et qui a été altérée par leurs émanations. Les mesures d'hygiène publique doivent tendre à empêcher autant que possible cette altération; et, si elle existe, à la corriger par les moyens principaux qui suivent : éviter la réunion d'un trop grand nombre de malades dans un même lieu; les placer dans des salles bien aérées et ventilées, dans lesquelles on maintiendra la plus grande propreté, et que l'on soumettra une fois par jour à des fumigations guytoniennes; examiner en général l'état des habitations et s'opposer à tout ce qui peut y porter obstacle au renouvellement de l'air. On éloignera surtout avec soin les produits des excrétions, les vêtemens et linges salis, etc. Attendu qu'il est impossible de surveiller l'exécution de ces mesures dans les habitations particulières comme dans les établissemens publics, on devra au moins en faire sentir toute l'importance en répan-

dant dans le public des instructions claires et précises. Enfin on obligera les habitans à faire des fumigations dans les appartemens où des malades auront séjourné, et même, si la maladie a été très-contagieuse, à blanchir les murs à la chaux. Dans cette même intention, et particulièrement lorsque la maladie régnante enlevera un grand nombre de victimes, on devra diriger une attention active sur les inhumations. On pourra au besoin y procéder après un délai beaucoup plus court que celui qui est prescrit par les réglemens ou par les lois, interdire l'exposition des corps devant les maisons ou dans les églises; on pourra transporter les corps dans des tombereaux couverts, construits à cet effet. Le lieu de la sépulture sera suffisamment éloigné des habitations, et les fosses, surtout les fosses communes, devront être très-profondes. On conçoit que l'extension et la sévérité de ces mesures, sur lesquelles nous donnerons quelques détails au mot INHUMATION, devront être en rapport avec le degré d'énergie de la maladie régnante, et notamment de la contagion.

De divers autres moyens généraux d'assainissement. — Ces moyens consistent à maintenir l'influence la moins défavorable de divers autres agens extérieurs. Ainsi, la doctrine hygiénique des choses qui s'appliquent à la surface du corps (*applicata*), devra être ici sévèrement observée. Il faudra par exemple recommander la plus grande propreté, l'usage fréquent de bains ou d'ablutions. Les vêtemens devront être conformes à l'état de la saison, et s'il s'agit de contagion, surtout de contagion médiate, il faudra autant que possible proscrire ceux qui sont les plus mauvais conducteurs de calorique, tels que les vêtemens de laine, parce qu'il est d'expérience qu'ils sont les plus aptes à recéler les principes contagieux et à les propager ensuite. Cette proscription des vêtemens de laine concernera notamment les personnes que leurs fonctions obligeront de communiquer avec les contagiés.

La doctrine hygiénique relative aux alimens et boissons (*ingesta*), ne mérite pas moins d'attention. Le médecin s'appliquera surtout à rechercher, non-seulement quelle a pu être l'influence des alimens et des boissons sur la production ainsi que sur l'entretien de la maladie régnante; mais encore quelle est dans telles ou telles circonstances le régime alimentaire qui convient le mieux à la santé publique. Ainsi, pour donner un exemple, on a vu des dyssenteries épidémiques d'abord, puis épidémiques et contagieuses, résulter de la mauvaise qualité de certains fruits, des eaux, etc. Il faut donc dans de semblables cas avertir le public par des instructions populaires, et le garantir du danger, soit par des prohibitions positives, soit, lorsqu'il s'agit d'objets dont on ne peut se passer, par des correctifs dont l'expérience a démontré l'efficacité. Les dimensions de cet ouvrage nous obligent, ici comme dans ce qui va suivre, de nous borner à une indication très-sommaire; car si nous hasardions d'entrer dans des détails, leur abondance nous conduirait bientôt fort audelà des bornes que nous nous sommes imposées.

L'hygiène relative aux choses qui doivent être excrétées et à celles qui doivent être retenues (*excreta* et *retenta*), présente une application bien importante à la salubrité publique en temps de contagion. Qu'une maladie soit contagieuse ou non, les médecins, quelle que puisse être leur opinion à cet égard, seront toujours d'accord sur la nécessité d'éloigner, ainsi que nous l'avons dit plus haut, les produits des excrétions animales, de manière à ce que leurs émanations ne puissent frapper nos organes. Ici nous nous arrêterons un instant à l'importance qu'on doit attacher à la situation et à la construction convenables des latrines. Cette importance ne saurait être assez appréciée dans les hôpitaux, les prisons, les vaisseaux, les camps et autres lieux où il existe une réunion nombreuse d'hommes. A cet égard on peut établir comme principe général que moins les produits des évacuations abdominales séjourneront dans des lieux où leurs émanations pourront être perçues, et moins celles-ci deviendront dangereuses. Il faut donc éviter, autant que cela est praticable, que les malades ne satisfassent certains besoins ailleurs que sur des latrines auxquelles il est d'ailleurs facile d'ôter toute insalubrité en raréfiant l'air intérieur du cloaque, au moyen de la chaleur, et en y appelant ainsi l'air extérieur à travers les ouvertures des lunettes. Ce procédé, qui est principalement dû à M. Darcet, membre du conseil de salubrité de la ville de Paris, mérite sans contredit la préférence sur tout autre. Lorsque les localités ne permettent pas d'établir des latrines, comme par exemple dans les camps, il faudra au moins que les fosses destinées à recevoir les urines et les matières fécales soient souvent recouvertes de terre.

L'hygiène publique relative aux exercices

(*actà*) peut offrir d'utiles applications au sujet qui nous occupe. Ici se présente avant tout l'influence que certaines professions peuvent exercer sur la formation et l'entretien des épidémies en général et des épidémies contagieuses en particulier. Cette influence exige une attention sérieuse de la part des médecins, afin de déterminer, s'il est possible, les professions les plus et les moins exposées à la maladie régnante. Ainsi, pour nous borner à l'exemple qui se présente d'abord à notre esprit, plusieurs observateurs croient avoir remarqué que les porteurs d'huile sont généralement garantis de la peste, et si l'on doit ajouter foi aux expériences fondées sur ce fait, il en résulterait que les onctions d'huile seraient un des meilleurs préservatifs de la contagion pestilentielle. On doit également chercher à découvrir l'influence de divers exercices étrangers aux professions, celle du repos, du sommeil et des veilles pour fonder sur ces données des instructions populaires.

Enfin, l'hygiène publique relative aux impressions morales (*percepta*) fournit ici également des vues utiles. Il n'est que trop démontré à quel point les affections morales tristes, et notamment la terreur, disposent les corps à recevoir l'action des principes contagieux, et combien elles exaspèrent le caractère des maladies en général. Il est donc très-essentiel en temps d'épidémie, et surtout d'épidémie contagieuse, d'affaiblir par tous les moyens possibles les craintes du public, de proscrire en conséquence les cérémonies et les usages qui peuvent faire naître des idées tristes ou les nourrir, comme par exemple l'usage d'exposer les morts devant les maisons, ou de les porter à l'église, etc. Il faut au contraire favoriser les moyens de distraction. Ainsi, une très-ancienne ordonnance de police prescrit aux habitans d'un petit endroit près de Bâle, mais dont nous avons oublié le nom, de se réunir en temps d'épidémie plusieurs fois par semaine, et de se livrer en plein air à l'exercice de la danse. On conçoit que les mesures de ce genre à proposer par les médecins aux autorités, devront être raisonnées et modifiées selon le degré d'intensité du mal, la facilité plus ou moins grande avec laquelle la contagion se répand, selon les mœurs et les habitudes nationales, enfin selon une infinité de circonstances locales dont l'appréciation étant uniquement l'ouvrage du génie ne saurait être tracée d'avance par des dogmes.

Des moyens de prévenir la propagation

des principes contagieux. — Ces moyens tendent essentiellement à isoler les contagiés de ceux qui ne le sont pas, et d'étendre même dans beaucoup de cas cet isolement sur les divers objets provenant du lieu où la contagion existe, et que l'on suppose pouvoir la propager médiatement.

Outre quelques mesures spéciales entièrement soumises aux conditions et au mode de contagion de certaines maladies, et dont il sera question lorsque nous parlerons de ces maladies, voici en quoi consistent jusqu'à présent les précautions généralement applicables au plus grand nombre d'entre elles.

De l'isolement des malades dans le lieu même de la contagion. — Lorsqu'une maladie contagieuse se déclare, il est nécessaire d'isoler, autant que les lois et la liberté individuelle le permettent, les contagiés de la population saine. C'est ce principe reconnu depuis long-temps qui a donné lieu à la formation des lazarets, des léproseries, en un mot des établissemens qui, suffisamment éloignés des habitations, sont destinés à recevoir des individus atteints d'une maladie dont on redoute la propagation contagieuse. C'est surtout dès le début d'une épidémie avec contagion qu'il est utile d'exécuter la mesure dont il s'agit, parce qu'alors il est possible d'étouffer le fléau dans sa naissance. Mais quelque parti que l'on prenne, soit qu'on isole les malades dans leurs habitations, soit qu'on les force à se laisser séquestrer dans un établissement destiné à cet effet, les mesures de ce genre devraient s'exécuter avec le moins de publicité possible, afin de ne pas répandre la terreur parmi le reste des habitans. Nous exceptèrions néanmoins de cette disposition les cas où la propagation de la contagion serait due à la résistance offerte par les contagiés ou par ceux dont ils dépendent, à l'exécution de mesures préservatives que l'autorité aurait prescrites. Ainsi, pour appuyer notre opinion d'un exemple, nous voudrions que les variolés fussent non-seulement isolés rigoureusement ; mais encore qu'on procédât à cet isolement avec une sorte d'apparat, afin de frapper vivement les esprits et de déterminer ici par la crainte ce qu'on n'aurait pu obtenir de la persuasion.

De l'isolement des populations contagiées. — Lorsqu'une maladie contagieuse se manifeste au milieu d'une population, que la contagion sévit sur un grand nombre d'individus, qu'elle est de nature à ne pas dépendre seulement des localités, et à pouvoir être transmise médiatement d'individus sains à d'autres

individus ; lorsque ces conditions, disons-nous, sont démontrées, ou même lorsqu'elles ont pour elles une forte probabilité, il est naturel que les populations saines se garantissent d'un semblable fléau, en rompant toute communication avec le lieu où existe la contagion, ou du moins en s'assurant que les hommes, les animaux et en général les produits venant de ce lieu, ne portent pas en eux de germe contagieux. A cet effet, on a mis en usage divers moyens, desquels il nous reste à dire quelques mots.

Des cordons sanitaires et de la quarantaine. — On entend par cordon sanitaire une ligne de surveillance établie entre le lieu où existe la contagion et le lieu le plus voisin dans lequel la contagion n'a pas encore pénétré. Ce cordon a plus ou moins d'étendue, suivant celle du théâtre de la contagion. Quelquefois aussi les cordons sanitaires s'établissent sur les frontières qui séparent deux états dépendans de gouvernemens différens, quoiqu'il existe entre le lieu contagié et les frontières une distance plus ou moins considérable exempte de contagion. Dans quelques cas, et lorsque la contagion est endémique, c'est-à-dire lorsqu'elle est sujette à reparaître à certaines époques dans le même pays, le cordon sanitaire est permanent. C'est, par exemple, ce qui a lieu sur les frontières des provinces appartenant à l'Autriche et de la Turquie, afin de garantir les premières de la peste. Presque toujours les cordons sanitaires sont formés par des troupes réglées, et tout y est soumis à un régime militaire, lequel offre le plus de garantie pour la stricte exécution des mesures dont le but est d'empêcher la contagion de se propager de la région contagiée à celle qui ne l'est pas. Ces mesures consistent principalement à empêcher les hommes, les animaux et les productions venant du pays contagié de passer dans celui qui ne l'est pas, sans avoir préalablement séjourné, pendant un certain espace de temps, dans un lieu exactement isolé, où l'on puisse s'assurer de l'état sanitaire des hommes et des animaux, comme aussi *désinfecter* les marchandises, lettres, etc., venant du pays contagié, c'est-à-dire les soumettre à des opérations propres à détruire le principe contagieux qu'elles pourraient recéler. Ce qui a lieu dans l'intérieur des terres par des cordons sanitaires s'exécute sur les côtes au moyen de vaisseaux qui sont en surveillance dans les rades des ports, et de lazarets isolés dans lesquels on observe, pendant le temps nécessaire, les équipages des navires venant des lieux contagiés ou seulement suspectés de l'être, et l'on soumet les chargemens des navires, comme aussi les effets des équipages aux opérations dont il a été question plus haut. Ces opérations, ainsi que les moyens qu'on emploie pour s'assurer de la santé des hommes et des animaux, en les observant pendant un espace de temps qui ne dépasse pas ordinairement quarante jours, comportent plusieurs détails dont il sera parlé au mot QUARANTAINE.

Des diverses maladies contagieuses en particulier. — Pour terminer cet article, il nous reste encore à examiner en particulier les diverses maladies qui occupent avec plus ou moins de droit une place parmi les affections contagieuses.

De la maladie vénérienne. — Cette maladie occupe un premier rang parmi les affections contagieuses ; car, outre que depuis plus de trois siècles elle n'a cessé de sévir chez presque tous les peuples, sa transmission par le contact est des mieux démontrée. Il suffit que le virus vénérien soit porté sur une partie quelconque du corps humain, dénuée d'épiderme ou recouverte d'un épiderme très-mince, pour que la contagion ait lieu. Elle s'opère néanmoins presque toujours par le coït. L'un des meilleurs moyens de diminuer la fréquence des maladies vénériennes est d'exercer une police active sur les prostituées, et de séquestrer celles qui sont atteintes de la maladie vénérienne. Sous ce point de vue, les maisons de prostitution offrent au moins l'avantage de faciliter la surveillance. L'espace auquel nous sommes restreints nous empêche d'entrer dans les divers détails auxquels ce sujet prête ; il suffira ici de l'avoir indiqué. Nous devons toutefois ajouter que les institutions de la capitale peuvent servir de modèle en ce genre, puisqu'on est parvenu à ne plus compter aujourd'hui qu'une femme publique malade sur cinquante-une. Si de semblables institutions existaient dans toutes les villes, et si en même temps les chefs militaires, les capitaines de marine militaire et marchande soumettaient les soldats et les matelots à des visites, lors des changemens de garnisons et des débarquemens, afin de séquestrer et de mettre en traitement les vérolés, il ne serait peut-être pas impossible d'éteindre peu à peu la maladie vénérienne. Il est encore une autre source de propagation de cette maladie, qui mérite une certaine attention ; c'est sa transmission des enfans à leurs nourrices, et, dans un petit nombre de cas, de celles-ci à

leurs nourrissons. Il est beaucoup moins difficile de prévenir ce dernier accident que le premier, et il suffit à cet effet, outre les renseignemens à prendre sur la moralité des nourrices, de visiter avec soin au moins leurs lèvres, l'intérieur de leur bouche et leurs mamelôns. Quant au second inconvénient, on avait proposé, pour y remédier, de soumettre les enfans-trouvés à une sorte de quarantaine avant de les laisser emmener par leurs nourrices. Frank veut que cette quarantaine soit de six semaines pour tous sans exception, et de six mois pour ceux qui présentent des symptômes suspects, jusqu'à ce que ces symptômes aient disparu. Mais il est aisé de concevoir combien l'exécution de ce projet doit être difficile. Selon nous, le moyen le plus efficace serait de nommer par district un médecin spécialement chargé d'examiner les enfans en nourrice. Il ferait une inspection toutes les six semaines ou tous les trois mois, pour connaître les enfans chez lesquels des symptômes vénériens se seraient déclarés, et leur donner, ainsi qu'aux nourrices, les soins nécessaires. On a proposé en outre, pour prévenir la transmission du virus vénérien de l'enfant à sa nourrice, une espèce de tire-lait à mamelon, au moyen duquel l'enfant sucerait par ce mamelon artificiel le lait au fur et à mesure que la nourrice en ferait l'extraction par un tube dont l'instrument est muni. Cet appareil très-ingénieux, et dont le professeur Wurzer à Marbourg est l'inventeur (*voyez* son *Essai sur l'éducation physique*), peut en effet être employé avec succès pendant les six semaines de l'allaitement, et garantirait ainsi les nourrices de la contagion syphilitique.

De la rage. — La rage se communique par la morsure d'un animal enragé. De nouvelles expériences mettent hors de doute qu'elle peut aussi être transmise par inoculation. L'espèce canine étant celle chez laquelle cette maladie se produit plus communément, une bonne police doit veiller à ce que le nombre de chiens inutiles soit diminué, et que ceux qui servent à divers usages domestiques n'errent pas dans les rues sans être muselés. A cet effet, on a proposé diverses mesures dont le plus grand nombre a été exécuté avec succès. Une des meilleures est, sans contredit, d'établir un impôt sur les chiens, de distinguer par des colliers numérotés ceux qui ont été enregistrés, et d'abattre indistinctement les autres. L'ordonnance d'Erfurt, et surtout celle de Bâle sont d'excellens modèles à suivre pour ce qui concerne la police des chiens, et les mesures à prendre contre la rage. On peut aisément s'en convaincre en consultant le *Journal universel des sciences médicales*, où nous avons rendu compte des principales dispositions de l'ordonnance de Bâle. La police doit en outre faire connaître par des avis la conduite à tenir lorsqu'un homme ou un animal a été mordu par un chien enragé ; recommander, lorsque la rage n'est pas très-évidemment déclarée chez ce dernier, de ne pas le tuer, et de le tenir enfermé et attaché pour le surveiller jusqu'à ce qu'on ait acquis la conviction de la réalité de la maladie. La police doit d'ailleurs sévir contre tout individu qui, se vantant de posséder des remèdes contre la rage, inspirerait une fausse sécurité, et empêcherait de recourir à temps au seul moyen efficace, la cautérisation ; enfin elle doit veiller à ce que les animaux morts de la rage soient profondément enterrés, et que les objets qui ont servi à leur usage soient détruits par le feu. De semblables précautions doivent aussi être prises à l'égard des effets qui auront pu être atteints de la bave des personnes qui ont eu le malheur de succomber à cette terrible maladie.

Des affections cutanées, chroniques, contagieuses. — La gale est une maladie contagieuse, très-commune dans les établissemens où se trouve une grande réunion d'hommes, comme, par exemple, dans les prisons, les navires, les casernes, certains ateliers, etc. Les meilleurs moyens de prévenir ou d'arrêter cette maladie consistent en une grande propreté et en l'usage fréquent de bains. Lorsque le mal est déclaré, il faut de suite séparer des autres les individus qui en sont atteints, et les soumettre à des bains de vapeurs sulfureuses, ou à des bains hydro-sulfurés, lesquels détruisent en très-peu de jours la propriété contagieuse de l'affection psorique, qu'ils combattent en outre efficacement. Les vêtemens et linges des malades doivent être également exposés à des vapeurs sulfureuses.

La lèpre. — Dans les 12e, 13e et 14e siècles, cette maladie, à peu près inconnue de nos jours, était répandue sur presque toute l'Europe. On la considérait comme éminemment contagieuse, puisque les lépreux étaient un objet d'effroi pour tout le monde, et que l'on exécutait avec une extrême sévérité envers eux la loi mosaïque, qui ordonnait de les séquestrer de la société. En supposant que la lèpre, qui se présente encore parfois aujourd'hui, soit tout-à-fait la même que celle d'autrefois, elle n'est certainement pas con-

tagieuse comme elle l'était alors. Peut-être aussi nos ancêtres s'étaient-ils trompés sur son degré de contagion. Le *radesyge* ou la lèpre du Nord, qui règne notamment dans la partie septentrionale de la Norwège, est une maladie sur la nature et la contagion de laquelle les médecins ne sont pas encore bien d'accord, puisque les uns la considèrent comme une maladie *sui generis*, tandis que les autres la regardent comme une affection syphilitique dégénérée. Dans l'une et dans l'autre supposition, que sa contagion soit démontrée ou non, il convient, dans le doute, d'isoler les individus atteints de cette maladie.

De la phthisie. — Dans les pays méridionaux, tels que l'Italie, l'Espagne et le Portugal, la phthisie, si on en juge par les précautions que l'on prend après le décès d'un phthisique, est regardée comme éminemment contagieuse. Les vêtemens, le linge, les lits, qui ont servi au malade, sont détruits par le feu, et la chambre qu'il a habitée est blanchie à la chaux. Les partisans de la contagion phthisique approuvent ces mesures, surtout dans les régions méridionales, où, selon eux, la phthisie est beaucoup plus contagieuse que dans les pays septentrionaux. Ils croient d'ailleurs que, dans ces derniers, la phthisie sans être généralement contagieuse, peut quelquefois et sous des conditions encore inconnues, le devenir. Ils citent, à l'appui de leur opinion, un bon nombre d'exemples, dont quelques-uns, s'ils ont été bien observés, ne laisseraient pas d'être concluans. Sans chercher à défendre ou à infirmer leur opinion, nous croyons pouvoir établir, d'après les observations même des partisans de la contagion, que, si la phthisie est devenue parfois contagieuse, ce n'a été que dans son dernier stade, et à l'époque des sueurs colliquatives : or, sans attribuer à celle-ci un principe précisément contagieux, et qui se conserverait dans les objets qui en auraient été imprégnés, on peut du moins suspecter la salubrité de ces mêmes objets ; et, bien qu'on ne s'astreigne pas aux précautions extrêmes dont il a été fait mention plus haut, une bonne police sanitaire devrait au moins empêcher que le linge de corps, les draps, les matelas des phthisiques, et autres effets semblables, ne fussent mis en vente, ou employés, sans avoir été préalablement passés à la lessive.

Des affections contagieuses aiguës. De la variole. — Aucune maladie contagieuse n'a exercé autant de ravages sur l'espèce humaine que la variole ; mais aussi il n'en est aucune, dans l'état actuel des choses, dont il soit plus facile d'arrêter les progrès. L'extirpation complète de ce fléau cesse même d'être un problème, depuis la découverte de la vaccine ; mais, pour arriver à ce résultat, il faudrait une unité de volonté chez tous les gouvernemens ; il faudrait des lois positives, qui ordonnassent de séquestrer les variolés dans les lazarets, de punir même ceux qui refuseraient le bienfait du nouveau mode d'inoculation, dont les progrès devraient être encouragés par tous les moyens qui sont au pouvoir de l'autorité ; il faudrait que des écrits populaires, qui auraient pour but de combattre les préjugés qui existent contre la vaccine, fussent répandus dans les villes et les villages ; que, dans ces derniers, ils fussent même lus au prône ou aux veillées ; il faudrait enfin que l'inoculation de la petite-vérole fût absolument interdite sous les peines les plus sévères. Tant que les gouvernemens ne voudront pas se réunir pour l'exécution énergique de ces moyens ; tant qu'on se bornera à des demi-mesures, la vaccine pourra bien diminuer le nombre des victimes de la variole, mais celle-ci n'en continuera pas moins à occasioner des pertes sensibles à la société.

De la scarlatine. — Nous faisons une mention spéciale de cette fièvre exanthématique, parce que depuis quelques années on lui oppose un préservatif qui, si l'on en croit les nombreuses observations qui ont été faites sur différens points de l'Allemagne, garantirait aussi sûrement de cette maladie que la vaccine garantit de la petite-vérole. Ce préservatif, dont on doit la découverte au docteur Hahnemann paraît, au premier abord, tellement insignifiant, qu'il excite plutôt le sourire que l'attention. Cependant depuis quelque-temps, ainsi que nous venons de le dire, les faits se multiplient tellement en sa faveur, qu'il mérite d'être pris bien sérieusement en considération, et de faire l'objet d'expériences officielles. Il consiste en la dissolution de deux à trois grains d'extrait de belladone dans à peu près une livre d'eau, dont, pendant l'épidémie, on fait prendre tous les jours d'une à trois cuillerées aux enfans, ou adultes qui n'ont pas encore eu la maladie.

Du typhus et de la fièvre jaune. — Nous réunissons ici ces deux maladies, parce que toutes deux ont entre elles quelque analogie sous le rapport de leur formation et de leur mode de propagation. L'une et l'autre sont d'ailleurs devenues un sujet de graves contestations relatives à la réalité de leur propaga-tion par un principe contagieux ; et ces contestations, surtout à l'égard de la fièvre jaune, loin encore d'être terminées, n'ont pas beaucoup avancé la science, parce qu'on y a porté un esprit d'exclusion, et peut-être aussi des considérations politiques et commerciales bien funestes à la recherche de la vérité. Nous ne pouvons ici mettre en avant notre opinion sur ce qui concerne la fièvre jaune, que nous n'avons jamais eu l'occasion d'observer ; mais, quant au typhus, nous pensons que, sous les conditions requises, il peut devenir contagieux par contact immédiat et médiat.

Au reste, dans l'état actuel de la science relativement aux deux maladies dont il s'agit, nous croyons devoir renvoyer aux principes généraux et aux mesures générales dont il a été parlé plus haut.

De la peste. — Les mesures générales, applicables aux épidémies contagieuses, doivent, lorsqu'il s'agit de la peste, être exécutées dans toute leur rigueur. On doit surtout éviter tout ce qui peut favoriser le contact entre les pestiférés et la portion saine de la population. En conséquence, il sera indispensable de former promptement des établissemens isolés, et dans lesquels on devra placer les pestiférés, sans distinction de rang ni de fortune, afin d'arrêter à temps les communications entre les individus malades et ceux qui ne le sont pas. Les lits, les vêtemens, le linge et en général les effets des pestiférés guéris ou morts, ne doivent être employés qu'après avoir été passés à une forte lessive, avoir été soumis à des fumigations guytonniennes, et exposés pendant long-temps à l'air : ou bien on doit détruire ces divers objets par le feu, lorsque les opérations dont il vient d'être parlé ne sont pas exécutables. On avait imaginé d'inoculer la peste, afin de diminuer sa malignité ; mais, outre que cette méthode n'a pas répondu à ce qu'on en attendait, elle est d'autant moins admissible que la peste peut atteindre plusieurs fois le même individu. La proposition d'allumer, en temps de peste, à l'exemple d'Hippocrate, de grands feux sur les places publiques, ne peut être aujourd'hui considérée comme un moyen de purifier l'air en le décomposant ; il peut seulement en ébranler la colonne, et lui imprimer quelque mouvement ; mais, comme il est impossible d'établir dans l'air libre un appel considérable, ce moyen est si insignifiant et en même temps si passager, qu'il ne peut entrer en aucune considération.

Des épizooties contagieuses. — Les considérations générales auxquelles nous nous sommes livré au commencement de cet article s'appliquent, à peu de modifications près, aux épizooties contagieuses, et, sous beaucoup de rapports même, cette application est plus facile que s'il s'agissait de l'espèce humaine. Ainsi, par exemple, pour ce qui concerne l'isolement des contagiés, il est beaucoup moins difficile d'empêcher l'entrée des bestiaux contagiés d'un pays dans un autre que celle des hommes. On a d'ailleurs, dans une épizootie, la ressource de pouvoir abattre promptement les animaux malades, et de détruire aisément leurs cadavres, comme aussi les objets qui leur ont servi. Les épizooties contagieuses comportent plusieurs détails qui doivent trouver leur place au mot ÉPIZOOTIE.

(MARC.)

CONTEMPLATION, s. f. Contempler un objet, c'est le considérer avec toute l'activité de ses sens ou toute la force de son esprit, de manière à ne pouvoir s'occuper que de lui seul. Lorsque la contemplation est portée jusqu'à devenir involontaire, elle rentre dans l'état morbide qu'on nomme *extase*. (*Voyez* ce mot.) On a plus particulièrement appelé *contemplatifs* les individus adonnés à la contemplation des choses religieuses. (GEORGET.)

CONTENTIF, adj. On désigne ainsi les bandages qui servent à retenir les médicamens, les compresses et autres pièces d'appareil sur les parties malades, ou à maintenir les parties réduites après une fracture ou une luxation. *Voyez* BANDAGE.

CONTINENCE, s. f., *continentia*; abstinence du coït et des plaisirs solitaires. Tel est le sens absolu de ce mot; on peut toutefois s'en servir aussi pour désigner l'usage modéré du coït. Ainsi nous distinguerons la continence parfaite de la continence relative. Ce n'est pas ici le lieu d'étudier l'une et l'autre sous le point de vue moral, religieux ou philosophique; nous n'allons en parler que sous le point de vue médical, c'est-à-dire sous les rapports hygiénique et pathologique.

L'usage modéré du coït est un besoin impérieux pour la plupart des hommes, après l'accomplissement de la puberté. Il en est à peu près de même pour les femmes, mais peut-être ce besoin est-il généralement moins irrésistible chez elles. Dans l'un et dans l'autre sexe, il est des individus qui ne l'éprouvent qu'à un faible degré, quelques-uns, en très-petit nombre, il est vrai, ne le ressentent presque pas, et il en est même qui ne l'ont jamais éprouvé. Bien plus souvent, ce besoin est presque aussi impérieux que la nécessité de prendre des alimens. Chez quelques femmes et chez un assez grand nombre d'hommes, il fait cesser tous les autres, il fait taire la raison, la morale, la religion, et même les plus douces affections; il fait oublier momentanément jusqu'à l'objet le plus aimé.

Les personnes chez lesquelles ce besoin est peu marqué s'accommodent fort bien de la continence la plus parfaite, et, comme on le dit, *le défaut de tempérament leur tient lieu de vertu*, elles sont *vertueuses par tempérament*. On a prétendu que cette espèce de vertu était la plus solide; on aurait dû dire qu'elle dure autant que l'absence du besoin; celui-ci venant à se faire sentir un seul instant, la vestale laisse éteindre le feu sacré, avec d'autant plus de facilité qu'elle n'a pas contracté l'habitude de la défense. Chez elle du moins, la continence n'entraîne aucun dérangement organique. Parvenue à un âge avancé sans désirs et sans passion, elle ne regrette point ce qu'elle n'a ni connu, ni désiré de connaître, elle n'envie pas un bonheur dont elle n'a jamais eu l'idée. Cet état s'allie fort bien avec toutes les vertus domestiques; il n'exclut même pas l'énergie dans de grandes occasions, lorsque le cerveau se trouve fortement excité par un puissant motif, par l'enthousiasme surtout. Chez les hommes, cet état n'est pas absolument sans inconvénient, et il est rare que ceux qui vivent dans la continence, par l'absence du besoin générateur, ne contractent pas tous les vices qui découlent de l'égoïsme le plus repoussant: ces malheureux n'ont jamais connu les délices d'une jouissance partagée.

Pour peu que ce besoin se fasse vivement sentir, s'il n'est pas satisfait, il peut en résulter les plus graves accidens, et lorsqu'il est violent, les désordres les plus profonds de l'encéphale peuvent en être l'effet. Autant un usage modéré du coït contribue à régulariser l'action du cerveau, autant la continence absolue, chez un sujet très-disposé au coït, peut la bouleverser, l'exalter, et développer ainsi les maladies les plus graves, causer même la mort. De toutes les parties du corps, celle qui est unie par les liens les plus intimes, les plus directs, avec les autres, est sans contredit l'encéphale; c'est dans ce viscère que réside le besoin générateur; c'est par lui que les organes de la génération entrent en action, c'est aussi en lui que se manifestent les principaux effets pathologiques

de la continence, comme ceux de l'incontinence.

Si l'on réfléchit un instant aux phénomènes qui ont lieu à l'instant du *coït*, on verra que l'action sensitive de l'encéphale est alors por-tée au plus haut degré d'intensité. Après le coït, cette action diminue ; le viscère est alors rassasié d'impressions, s'il est permis de s'exprimer ainsi, et le besoin du coït ne se fait plus sentir, de même que la faim cesse après le repas. Si, au contraire, le coït n'a pas lieu lorsque l'appétit vénérien se fait sen-tir au plus haut degré, l'activité sensitive de l'encéphale s'exalte de plus en plus, et il ne désire plus que le coït. C'est alors que l'on voit, non-seulement l'homme, mais encore la femme elle-même, fuir sa demeure, rompre les liens qui l'attachent à sa famille, chercher avec ardeur une personne qui satisfasse un besoin si impérieux ; de là, le *priapisme*, le *satyriasis*, la *nymphomanie*. Si, par un ins-tinct qui l'égare, le malheureux que poursuit le désir du coït porte ses mains sur l'organe où se fait sentir le besoin de cet acte, les in-convéniens de la continence ne sont plus à craindre, mais il en est de plus funestes à redouter dans ce cas, ce sont ceux de l'espèce d'incontinence la plus redoutable, l'*onanisme*.

L'état morbide de l'encéphale causé par une continence prolongée à laquelle la nature ne supplée pas par des *pollutions*, ne se ma-nifeste pas toujours dans les organes géni-taux de manière à produire les maladies que nous venons d'indiquer. Il peut en résulter tous les genres de lésions dans l'action des organes des sens, dans l'exercice de la sensi-bilité, de la pensée, de la volonté, des affec-tions et des mouvemens. De là, les *hallucina-tions*, toutes les nuances de la *folie* par sur-excitation de l'encéphale, la *manie*, la mono-manie, l'*hypochondrie*, l'*apoplexie*, la cata-lepsie, l'*épilepsie*, les *convulsions*, le *tétanos* et l'*hystérie*. L'inflammation de l'encéphale et de ses membranes, dont probablement toutes ces affections ne font qu'indiquer les divers degrés, les diverses nuances, peut se mani-fester, avec tous les signes qui la caractéri-sent, seule ou compliquée de différentes affec-tions de l'abdomen ou de la poitrine, ce qui a fait dire que la continence portée trop loin pouvait occasioner des *fièvres ataxiques*.

Ces divers états morbides ont été attribués, depuis Galien, à la rétention du sperme, qui, selon de prétendus physiologistes de nos jours, en séjournant dans les vésicules séminales, s'animalise de plus en plus, et devient un

violent stimulant dont l'impression se propage jusqu'au cerveau. Cette explication est une pure hypothèse dénuée de fondement. Les fâ-cheux résultats de la continence ne sont pas plus dus à la rétention du sperme, que ceux de la faim ne sont dus à la présence du suc gastrique dans l'estomac. On ne saurait re-pousser avec trop de soin, ou plutôt retran-cher avec trop d'empressement, toutes ces ra-cines sans cesse renaissantes de l'humorisme. Ce qui a paru appuyer la théorie mal fondée que nous venons d'exposer, c'est que, par suite de la continence, les testicules s'enflam-ment quelquefois : or, comme jadis on attri-buait, en général, l'inflammation à l'obstruc-tion des petits vaisseaux, on a pu attribuer celle des testicules à l'obstruction des conduits séminifères qui les forment. Aujourd'hui, cette théorie paraît aussi absurde que mal justifiée. Dans tous les cas où le cerveau est vivement irrité, tous les organes de l'écono-mie sont éminemment disposés à l'irritation ; ceux de la génération offrent cette disposition au plus haut degré dans le cas dont il s'agit ; alors le plus léger tiraillement, la plus légère contusion suffit pour occasioner l'*orchidite*. Le coït serait plus nuisible qu'utile, quoique cependant il procurât l'émission du sperme, à la rétention duquel on veut attribuer l'in-flammation, ce qui démontre qu'elle ne dé-pend pas de cette cause.

Par une continence absolue, la poitrine se trouve quelquefois sympathiquement affectée, en raison de l'état de l'encéphale ; l'usage très-modéré du coït, chez un adolescent vigou-reux, peut faire cesser une hémoptysie sur l'issue de laquelle on s'était trop prompte-ment alarmé. Il en est alors de cette hémor-rhagie comme de celle du nez, qui disparaît si fréquemment par l'exercice des fonctions génératrices. Qu'on se garde bien toutefois d'en conclure qu'il faille recommander l'usage du coït aux hémoptoïques ; leur maladie dé-pend bien plus souvent d'une irritation pri-mitive des bronches qui exige l'abstinence de tout acte capable de surexciter une partie quelconque de l'organisme. Nous entendons seulement que lorsque l'hémoptysie se mani-feste chez un sujet bien conformé, éminem-ment disposé aux plaisirs de l'amour et tout-à-coup réduit à une continence parfaite, le retour à l'usage modéré de ces plaisirs peut contribuer à rétablir la santé. Ceci est vrai surtout pour quelques femmes dont la poi-trine est large, le poumon énergique, le cœur volumineux, chez lesquelles le sang est abondapt, et les évacuations menstruelles sont trop peu copieuses.

La continence parfaite nuit à l'action du cœur, elle occasionne des palpitations, des douleurs à la région de ce viscère, sur lequel le cerveau réagit alors assez souvent, surtout chez les femmes, et notamment chez celles dont l'encéphale est très-irritable. Les autres parties de l'organisme sont en général assez peu influencées par l'abstinence du coït.

Nous avons dit que la continence pouvait porter une atteinte profonde aux facultés intellectuelles, rien n'est plus vrai. Pour se faire une juste idée des effets qu'elle produit sur les affections et sur les passions, il faut aller les étudier chez ces pieux fanatiques et chez ces malheureuses victimes que renferment les couvens. Nés pour le plaisir que la nature attache à l'acte reproducteur de notre espèce, ils ont fait vœu de résister à ce penchant, de l'étouffer même en eux. S'ils ne se plongent pas dans un libertinage honteux et secret, s'ils cherchent à observer leur vœu, une tristesse profonde vient les assaillir, et les regrets les dévorent; dans les longs corridors de leurs cloîtres, ils écoutent l'écho de ce monde dont ils ont abjuré les plaisirs, même avant de les connaître et de les désirer. Ils maudissent leur existence, et consument leur vie dans un combat perpétuel de désirs violens et d'efforts de la volonté pour les réprimer. S'ils parviennent à les faire taire, c'est le plus souvent aux dépens de leur santé et de leur raison, heureux de perdre ainsi le sentiment de leurs maux, et de quitter une vie que le fanatisme a rendue horrible. Ceux dont les organes vigoureux résistent à ce combat, en se livrant tout entiers aux méditations religieuses, à l'étude des dogmes, contractent cette profonde misanthropie, ce dur égoïsme, ce détachement des choses du monde, qui, dans certaines occasions, arment leur bras de l'arme des Ravaillac, ou dictent les arrêts sanguinaires des Torquemada.

On peut dire, sans crainte de se tromper, que si l'incontinence nuit aux individus, la continence absolue, imposée à certaines classes d'hommes, nuit bien davantage à l'espèce humaine.

Après avoir retracé les inconvéniens attachés à une continence absolue chez les hommes dont les organes génitaux jouissent d'une grande énergie, il n'est pas inutile de dire qu'en général ils sont moins fréquens chez la femme, et de parler des avantages de la continence.

La continence doit être gardée par les jeunes gens à l'époque de la puberté; elle seule donne à l'appareil le temps de se développer complètement et d'acquérir la plénitude d'action nécessaire pour l'acte générateur. C'est surtout à cet âge que l'incontinence est dangereuse. Dans l'âge adulte, la continence, sinon parfaite, au moins relative, devient une nécessité pour toutes les personnes qui offrent une prédisposition quelconque aux affections des organes contenus dans le thorax, et notamment aux maladies du cœur. Dans la vieillesse, la continence prolonge la vie, elle prévient l'épuisement nerveux, si dangereux à cet âge. Dans l'état de maladie, la continence absolue est de rigueur. Si le mal provient d'une irritation, comme il arrive si souvent, le coït, produisant dans tous les organes abondamment pourvus de nerfs une vive excitation, ne peut que l'accroître. Si, au contraire, il existe un affaiblissement dans un des principaux organes, le coït ne peut avoir lieu qu'après des titillations réitérées qui exaltent peu à peu l'excitabilité nerveuse, pour la laisser tomber ensuite dans une prostration des plus profondes. Pour n'avoir pas été continens, plusieurs malades ont perdu la vie. Mais c'est surtout dans la convalescence que la continence doit être impérieusement prescrite. Dans cet état, tous les organes reprenant leur activité antécédente, ceux qui ont été plongés dans l'inactivité la plus complète se montrent plus énergiques qu'auparavant; c'est ce qui arrive surtout pour les organes génitaux; mais comme dans la convalescence il y a encore affaiblissement de quelques parties et surexcitation de quelques autres, le coït peut devenir mortel, ou du moins procurer une rechute, par les motifs que nous venons d'indiquer. *Voyez* INCONTINENCE.

(DICT. ABRÉGÉ DE MÉD.)

CONTINENT, adj., *continens*. Cette épithète, qui, dans le langage ordinaire, sert à désigner toute personne qui vit dans la continence, a été employée en médecine pour indiquer certaines causes morbifiques et certaines fièvres.

Rien de plus obscur que ce que nous ont laissé les arabistes sur les *causes continentes* ou *conjointes* des maladies. Tout ce qu'on peut conclure de la lecture des écrits de Fernel, de Vallesius, de Mercado, d'Argenterio et de Sennert, c'est qu'ils entendaient par là toute cause *prochaine* dont la cessation entraîne la terminaison de la maladie. On ne se sert plus de ces termes, qui ont été le sujet de tant de controverses au temps de la scolastique médicale.

Depuis Galien, les pathologistes qui nous ont précédés ont entendu par *fièvres continentes* celles qui sont non-seulement *continues*, mais encore dans le cours desquelles on n'observe aucun redoublement. Le médecin de Pergame les nommait encore *homotones* ou *acmastiques*, lorsque leur intensité variait peu depuis l'invasion jusqu'à la terminaison, *epacmastiques* lorsqu'elles allaient toujours en augmentant d'intensité, et *paracmastiques* lorsqu'elles décroissaient graduellement jusqu'à leur fin. De telles distinctions sont de pures subtilités, qu'il ne faut rappeler que pour montrer jusqu'où on peut aller quand on s'écarte du sentier de l'observation. Il n'est pas de fièvres rigoureusement continentes; toutes présentent des variations, des redoublemens plus ou moins marqués, plus ou moins régulièrement périodiques. La plus *continente* des fièvres est la fièvre *inflammatoire*, mais il s'en faut de beaucoup qu'elle soit exempte de redoublemens. La dénomination de fièvre continente n'est plus en usage. *Voyez* SYNOQUE.

(DICT. ABRÉGÉ DE MÉD.)

CONTINU, adj., *continuus*; qui n'offre aucune interruption. Ainsi, on dit qu'un tissu est *continu* à un autre, pour indiquer qu'ils tiennent l'un à l'autre, qu'ils ne sont séparés par aucun intervalle. Toute maladie qui dure sans interruption, sans retours momentanés à la santé, depuis son invasion jusqu'à sa terminaison, est dite *continue*. Cette épithète a long-temps désigné une classe de *fièvres*. Pinel a judicieusement pensé qu'il était plus important de reconnaître la nature d'une fièvre que de savoir si elle est *continue*. Si à cette considération il eût ajouté la nécessité d'en connaître le siége, et d'étudier l'état des organes lésés, il aurait fait faire plus de progrès à la médecine.

Toutes les maladies continues sont plus ou moins rémittentes, c'est-à-dire qu'elles offrent toutes des instans d'exacerbation, de redoublement, plus ou moins marqués : aucune d'elles n'est donc *continente*, c'est-à-dire uniforme dans son intensité, progressivement plus intense ou progressivement décroissante sans paroxysme. Il est donc difficile d'établir une distinction solide entre les maladies continues et rémittentes proprement dites. *Voy.* RÉMITTENT.

Il est aisé de ne pas confondre une maladie continue avec une maladie intermittente, puisque celle-ci cesse momentanément et revient à des intervalles plus ou moins réguliers; mais

les maladies qui offrent le moins de redoublemens deviennent souvent manifestement rémittentes, puis intermittentes, en conservant toujours les mêmes symptômes, les mêmes caractères, d'où l'on peut conclure qu'elles ne changent pas de siége, ni de nature. Les causes des unes et des autres sont à peu près les mêmes. S'il en est qui paraissent produire moins souvent les maladies continues, telles que les émanations des marais, il est avéré que, sur un certain nombre de personnes soumises à leur influence, les unes contractent des maladies continues, tandis que les autres sont atteintes de maladies intermittentes. De ce que ces dernières sont plus nombreuses, il ne s'ensuit pas que dans un cas elles agissent autrement que dans un autre.

Sous le rapport de la nature, du siége, du type, de la durée, du pronostic et du traitement, il est difficile de rien dire qui soit commun à toutes les maladies continues, et qui les différencie des maladies rémittentes et intermittentes, sans établir autant d'exceptions que de règles. Les maladies continues ne sont donc pas d'une autre nature que les maladies rémittentes et intermittentes.

(DICT. ABRÉGÉ DE MÉD.)

CONTINUITÉ, s. f., *continuitas*; liaison non interrompue des parties d'une chose quelconque, succession non interrompue de phénomènes qui dépendent les uns des autres, ou qui proviennent de la même cause. Lorsque la continuité des tissus organiques vient à être rompue, il en résulte une *plaie*, un *ulcère*, une *fracture*, lésions que l'on appelle en général *solutions de continuité*.

Considérée dans les phénomènes des maladies, ou dans leur cause prochaine, c'est-à-dire dans leur nature et leur siége, la continuité nous causerait autant d'étonnement que nous en occasionne l'intermittence, et elle ne nous paraîtrait pas moins inexplicable, si elle n'était pas plus fréquente. Comme à chaque instant nous avons à observer des maladies continues, nous ne pensons pas même à nous enquérir de la cause de leur *continuité*, tandis qu'à la vue des maladies intermittentes, qui sont plus rares, nous sommes enclins à rechercher la cause de l'*intermittence* de leurs phénomènes, à demander si elle dépend de l'intermittence de la cause prochaine, ou de la maladie elle-même, c'est-à-dire de l'état organique morbide qui est la source des symptômes. Cependant s'il fallait rechercher quel est, dans la nature entière, le type le plus répandu, on verrait que c'est l'intermittent.

Bichat a donné le nom de *sympathies par continuité* à celles qui se manifestent par suite de la continuité des tissus dans lesquels se développent les phénomènes sympathiques. (DICT. ABRÉGÉ DE MÉD.)

CONTONDANT, adj., *contundens*, nom sous lequel on désigne les corps vulnérans, ronds et obtus, qui agissent sur les parties qu'ils choquent en les meurtrissant, les broyant et les déchirant sans les couper ni les piquer. Ils produisent les contusions et les plaies contuses. (*Voyez* ce mot.) (R. DEL.)

CONTORSION, mouvement de torsion ordinairement produit dans une partie par un état convulsif des muscles qui la meuvent; les yeux, la bouche, le tronc, les membres se *contournent* en divers sens dans la plupart des affections convulsives. La contorsion peut aussi provenir de la paralysie de certains muscles qui fait que les antagonistes de ces derniers agissent seuls; dans l'hémiplégie, la bouche est déviée du côté sain. (GEORGET.)

CONTRACTILE, adj. m. et f., *irritabilis*; qui se contracte ou qui jouit de la contraction. Ce mot est pris aujourd'hui dans ce sens général, et non dans l'acception beaucoup moins étendue que sembleraient lui devoir consacrer les travaux d'Haller et de son école sur les *parties irritables et sensibles*. Suivant cette dernière en effet, les organes contractiles seraient à proprement parler les organes irritables, ou ceux-là seuls qui jouissent de la contractilité organique sensible; mais les distinctions de la contractilité, ci-après admises, suffiront sans doute pour établir les différences qui séparent l'ordre particulier des parties irritables, de la classe entière des organes contractiles, à laquelle ils appartiennent. Ainsi, tandis que les premières sont plus ou moins limitées, propres à quelques structures données, les seconds ont-ils paru s'étendre sans distinction à toutes les parties vivantes.

Il suit de cette manière de voir que depuis le cœur et les muscles soumis à l'influence cérébrale et qu'ébranlent si manifestement les stimulans ou la volonté, jusqu'aux derniers capillaires et à la fibre élémentaire des organes, dont les mouvemens sont inappréciables, l'état contractile existerait comme un phénomène universel ou commun à toutes les parties, et dans lesquelles il ne varierait dès-lors que par son degré. Mais cette opinion est-elle bien fondée, et doit-on regarder comme incontestable que tous les organes, tous les tissus de l'économie soient indistinctement contractiles? Nous ne le pensons pas,

et nos doutes se fondent à cet égard sur l'extrême difficulté ou même l'impossibilité de concevoir le moindre mouvement partiel au milieu de ces tissus de l'économie, essentiellement durs et consistans, dont les parties, intimement liées et serrées entre elles, ne laissent aucun espace. Tels nous paraissent être, en particulier dans les animaux, les os, les cartilages, les fibro-cartilages, et même certaines dépendances du tissu fibreux, comme les ligamens, les capsules articulaires, les tendons des muscles, etc. Aussi pensons-nous qu'on peut au moins douter que ces parties soient vraiment contractiles. Remarquons, du reste, que c'est uniquement pour s'expliquer le mouvement de composition et de décomposition nutritive de l'ensemble des organes qu'on a été conduit par la seule force du raisonnement à admettre, contre toute sorte de vraisemblance, la contractilité de ces tissus. Mais si l'on envisage que la mobilité ou la circulation réelle de la matière nutritive dans le sein même des organes n'est encore qu'une hypothèse, et que l'assimilation nutritive, étrangère à la force motrice, rentre dans les phénomènes d'attraction qui ressortent de l'affinité vitale, on pensera peut-être devoir refuser l'ordre de mouvement qui nous occupe, aux parties dures, consistantes et si remarquables par leur densité, que nous venons d'indiquer. (ROLLIER.)

CONTRACTILITÉ, s. f., *contractilitas*; faculté de se raccourcir, de se resserrer sur soi-même. Depuis Bichat, on désigne ainsi la propriété en vertu de laquelle les parties solides des corps vivans se contractent, se raccourcissent, et contribuent ainsi à tous les mouvemens, volontaires ou involontaires, qui s'exécutent dans l'organisme. Tous les organes sont doués de cette faculté, et c'est à tort qu'on l'a refusée à quelques-uns d'entre eux, tels que les nerfs; mais tous ne la possèdent point au même degré, de sorte que, bien évidente dans certains, elle est obscure et insensible dans plusieurs. Ainsi, rigoureusement parlant, ce qu'on appelle *contractilité* n'est que l'assemblage des effets manifestes de l'*irritabilité*, de ceux qui ont pour résultat des mouvemens visibles.

Considérée sous ce dernier point de vue, c'est-à-dire dans les *muscles* seulement, la contractilité est susceptible d'augmentation et de diminution morbide, outre les variations qu'elle subit à chaque instant, même dans l'état de santé. Les contractions deviennent-elles faibles, peu prolongées, il y a *asthénie*, *prostration*; lorsqu'au contraire elles deviennent excessivement fortes et tout-à-fait permanentes, il y a ce qu'on appelle *tétanos*. D'autres fois les contractions ne se font plus dans l'ordre de leur succession habituelle, certains muscles se contractent plus fortement, tandis que les autres tombent dans le relâchement, ou du moins ne se contractent pas assez fortement pour contrebalancer l'action des premiers : c'est ce qui arrive dans la *convulsion*. Les anciens, qui ont souvent mieux vu que les modernes, ont judicieusement donné un nom générique à la raideur tétanique et aux mouvemens convulsifs, celui de *spasme*, auquel ils joignaient les épithètes de *tonique* et de *clonique*, selon qu'il s'agissait du *tétanos* ou de la *convulsion*. Ils avaient donc vu que ces deux états, si opposés dans leurs phénomènes, proviennent de la même cause prochaine, c'est-à-dire d'une irritation interne donnant lieu tantôt à l'un, tantôt à l'autre. (DICT. ABRÉGÉ DE MÉD.)

CONTRACTION, s. f., *contractio*, συστολι; mot qui désigne l'ordre de mouvement par lequel les parties organisées se meuvent en se resserrant, ou en revenant sur elles-mêmes. C'est, à proprement parler, la *contractilité* mise en action : or, l'examen que nous venons de faire de cette dernière pouvant nous dispenser d'entrer dans le détail des différences de la contraction, qui toutes sont exactement subordonnées aux divisions et aux subdivisions de la contractilité, nous nous bornerons à renvoyer à celle-ci. *Voyez* CONTRACTILITÉ. (RULLIER.)

CONTRACTURE, état de contraction et de raideur convulsive des muscles des membres. C'est le plus haut degré des convulsions. On a quelquefois confondu la contracture dans les affections apoplectiformes du cerveau, avec la paralysie; mais dans celle-ci les membres sont flexibles, et les muscles d'une consistance ordinaire, tandis que dans l'autre les membres sont raides, inflexibles, et les muscles ordinairement durs, résistans au toucher. La contracture est souvent un symptôme de l'*encéphalite*. (*Voyez* ce mot.) (GEORGET.)

CONTRA-YERVA, *radix contra-yervæ*, s. m. On désigne sous ce nom d'origine espagnole, et qui signifie contre-poison, la racine de plusieurs espèces du genre dorsténie de la famille des urticées, et surtout celles du *Dorstenia contra-yerva*, et *Dorst. Houstoni*, qui croissent au Mexique et dans d'autres contrées du Nouveau-Monde. Le genre dorsténie

est très-voisin des figuiers, dont il se distingue surtout par son involucre, qui est plane, et porte les fleurs sur sa face supérieure, au lieu d'être piriforme et fermé, comme dans les figuiers. Cette racine, dont on a longtemps ignoré l'origine, est irrégulièrement renflée, tuberculeuse, couverte d'écailles dans sa partie supérieure, et de fibrilles grêles dans sa partie inférieure qui se termine en pointe allongée : sa couleur est brune extérieurement, blanchâtre dans son intérieur. Son odeur est assez aromatique; sa saveur, d'abord assez faiblement amère, acquiert bientôt une âcreté assez marquée. Elle contient une grande quantité de mucilage, et sa décoction est épaisse et très-visqueuse.

On fait bien rarement usage aujourd'hui de la racine de contra-yerva qui a joui jadis d'une grande réputation, surtout dans les possessions espagnoles du Nouveau-Monde. Son nom de contre-venin ou contre-poison indique la propriété principale qu'on lui attribuait, celle de neutraliser les venins ou les miasmes délétères. C'est d'après cette idée que plusieurs auteurs avaient recommandé cette racine dans la peste et les fièvres malignes, à une époque où ces maladies étaient considérées comme le résultat de l'action des miasmes ou d'autres venins subtils. Ce que l'on peut dire de plus positif et de moins sujet à contestation, c'est que le contra-yerva est un médicament stimulant, dont l'emploi peut être avantageux dans toutes les circonstances où il est utile de développer les différens phénomènes de la médication excitante. Geoffroy remarque que cette racine accélère la circulation du sang, augmente l'action de l'estomac, favorise les fonctions de la peau, en un mot provoque tous les effets de la médication excitante. Il pense qu'elle peut être avantageuse dans les maladies éruptives, pour en favoriser le développement lorsque l'éruption est lente ou suspendue par quelque cause débilitante.

Mais, nous le répétons, on a bien rarement aujourd'hui recours à cette substance, peut-être trop vantée par les anciens, et trop négligée par les modernes. En poudre, on l'administre à la dose d'un demi-gros à un et même deux gros, que l'on peut faire prendre sous forme de bols, en l'incorporant dans un sirop. L'infusion se prépare avec deux gros de la racine pour une livre d'eau; cette préparation doit être faite à vaisseau clos. Quant au sirop et à la teinture alcoholique de contra-yerva, ils sont encore moins employés que ses autres préparations. (A. RICHARD.)

CONTRE-COUP, s. m. On appelle ainsi l'ébranlement qu'éprouvent certaines parties du corps, à l'occasion d'un choc reçu dans un endroit plus ou moins éloigné ; et par extension, on a donné aux effets mêmes de cet ébranlement le nom de contre-coup. C'est dans ce dernier sens que cette expression est employée quand on parle de contre-coup au crâne (*contra-fractura, contra-fissura*), pour désigner les fractures qui s'opèrent à cette partie dans un lieu autre que celui qui est le siége de la percussion. Nous devons considérer ici le contre-coup dans toute l'étendue de l'acception que nous lui avons d'abord donnée. Ses effets peuvent être observés dans toutes les régions et dans tous les tissus du corps humain.

Des parties très-différentes sous le rapport de la densité, de l'élasticité et de la force de cohésion, composent le corps de l'homme. Il n'est pas possible de calculer d'une manière précise les effets que la percussion doit y déterminer ; mais on peut les indiquer approximativement, suivant les circonstances qui favorisent et arrêtent la transmission du choc. Les contre-coups sont dus à cette transmission ; ils résultent de percussions qu'éprouvent quelques parties du corps frappées par un corps contondant mis en mouvement, ou dirigées avec plus ou moins de vitesse contre un corps semblable en repos. Les os, à cause de leur peu de flexibilité, peuvent seuls transmettre à une certaine distance l'ébranlement que produit la percussion. Leurs connexions plus ou moins intimes permettent au choc de se communiquer d'une extrémité du squelette à l'autre, quelle que soit la perte qu'il éprouve dans son trajet par quelques dispositions particulières. Si l'impulsion n'est pas assez considérable pour détruire la cohésion de la partie de l'os qui est immédiatement soumise au choc, elle se communique aux parties contiguës qui cèdent ou résistent successivement, suivant que leur force de cohésion est inférieure ou supérieure à l'effort auquel elles sont soumises. C'est ce que l'on observe surtout dans les percussions du crâne, du bassin. Les parties molles transmettent peu de mouvement. Leurs lésions par contre-coup proviennent de l'ébranlement communiqué par les os avec lesquels elles sont en contact. Il est pour ces mêmes parties molles une autre cause de contre-coup qui agit particulièrement sur les viscères contenus dans les cavités osseuses ou fixés par des liens plus ou moins flexibles. Lorsque le corps a été mis en mouvement, toutes ses parties internes et externes tendent à continuer le même mouvement. Un obstacle arrête-t-il presqu'instantanément une partie extérieure du corps, et par suite tout le squelette? Les viscères exercent alors sur leurs attaches ou sur les parties du corps qu'elles rencontrent, une pression égale à toute leur quantité de mouvement ; de là, la déchirure, la contusion, la commotion de ces viscères. Si l'on excepte le crâne et l'organe qu'il contient, il est rare que les autres parties du corps éprouvent des contre-coups par une autre cause que par la chute du corps. Nous devons donc nous attacher principalement à ce cas ; c'est à l'article PLAIE DE TÊTE que sera décrit le mécanisme des contre-coups par une percussion directe du crâne.

Dans les diverses chutes, certains os se trouvent pressés entre deux puissances qui tendent à rapprocher leurs extrémités l'une de l'autre, ou à changer les rapports qui existent entre l'une d'elles et les parties avec lesquelles elle est articulée. Ces deux puissances sont, d'une part, le sol, et de l'autre, l'effort qui résulte du poids du corps et de la vitesse qu'il a acquise dans sa chute. Les os se brisent ou se déplacent lorsque l'effort est assez considérable pour vaincre les résistances que les parties opposent dans l'état naturel aux fractures et aux luxations, ou quand ce même effort, n'ayant qu'une intensité médiocre, est favorisé par des circonstances qui diminuent la résistance des os ou de leurs moyens d'articulations, telles que certaines positions, certaines maladies. (*Voyez* les articles FRACTURE et LUXATION pour le mécanisme de chacune d'elles.) Mais, lorsque la chute n'a pas occasioné de fracture ni de luxation, ou lorsque ces lésions sont produites par un effort très-considérable, une partie de l'ébranlement se communique aux divers organes qui sont en rapport avec le système osseux, et qui éprouvent les mêmes lésions que celles qu'on observerait s'ils avaient été atteints directement par des corps contondans, ou exposés à des tractions mécaniques.

Toutes les parties du corps humain sont disposées de la manière la plus avantageuse pour remplir leurs fonctions, et en même temps pour amortir les chocs auxquels elles sont le plus exposées. Dans la chute sur les pieds, le choc tend à se communiquer de ces parties jusqu'au crâne ; mais une partie de l'impulsion est absorbée par les mouvemens multipliés que permettent au tarse ses nombreuses articulations, par la compression qu'éprouvent les cartilages des surfaces articulaires, et la substance fibreuse intermédiaire aux diverses pièces de la colonne vertébrale. Les mouvemens que l'effort tend à imprimer aux différentes parties du corps, en surmontant les contractions des muscles qui président aux mouvemens opposés, la disposition des os du bassin qui, pouvant exécuter quelques mouvemens partiels ou de totalité, décompose l'impulsion qui lui est communiquée; toutes ces circonstances doivent nécessairement diminuer d'une manière notable les effets de la percussion. Malgré ces précautions, la direction du choc, quoique médiocre, ou son intensité, sont quelquefois telles, qu'elles éludent l'influence des agens destinés à le modérer. Dans ce cas, il se transmet au crâne et à l'encéphale. Le texture délicate de ce dernier organe l'expose à en ressentir tous les effets, et l'on observe l'un des degrés de la commotion cérébrale. (*Voyez* ce mot.) La chute sur les talons, sur les genoux, sur les fesses, surtout si les parties du corps sont maintenues avec énergie dans l'extension, occasionnera une commotion d'autant plus forte que le choc éprouvera moins de perte dans sa transmission par le moindre nombre des conditions propres à diminuer la somme de mouvement communiqué.

Les organes intermédiaires aux membres inférieurs et à la cavité du crâne peuvent, dans la même circonstance, éprouver les effets des contre-coups. Les surfaces articulaires et les tissus qui forment les moyens d'union des os, recevant l'impulsion du choc, sont exposés à des contusions et à des distensions qui sont fréquemment l'origine des affections désignées sous le nom de tumeurs blanches. C'est à cette cause qu'on doit attribuer la plupart des luxations spontanées du fémur, la lésion de même nature de l'articulation sacro-iliaque, la carie de quelques vertèbres, particulièrement des dernières vertèbres lombaires, et de la base du sacrum, quelquefois même la commotion de la moelle épinière.

Les organes renfermés dans la cavité de la poitrine sont moins exposés aux contre-coups que le cerveau qui, par sa texture, est sensible au moindre choc, et auquel la percussion est transmise plus directement. Ils y sont aussi, comme le remarque David dans son excellent *Mémoire sur les contre-coups*, moins exposés que les viscères contenus dans le bassin, parce que la poitrine a la faculté de se mouvoir encore en bas, lorsque le mouvement du bassin est déjà arrêté; et l'on peut ajouter parce que ces organes, d'ailleurs mous et résistans, rencontrent, dans leur impulsion en bas, un plan flexible, formé par le diaphragme, peu susceptible de réagir sur eux. Cependant on observe quelquefois des hémoptysies à la suite de la chute sur les pieds : elles peuvent provenir d'un contre-coup; mais on doit bien plus souvent les attribuer à la compression des poumons opérée, à l'instant de la chute, par la contraction des muscles qui président aux efforts.

Les viscères contenus dans l'abdomen échappent la plupart, par leur mollesse et leur mobilité, aux effets des contre-coups. Quoique David attribue à cette cause la production instantanée d'une hernie ou la chute d'une ancienne hernie, il nous semble qu'ici, comme pour les lésions des poumons, c'est plutôt au mécanisme des efforts qu'on doit avoir recours pour expliquer ces phénomènes. Le foie ressent plus souvent les résultats de l'impulsion qui lui est communiquée par une chute. Le volume et la pesanteur de ce viscère, facile à se déchirer, ses rapports avec le diaphragme auquel il est attaché d'une manière assez ferme, font qu'il éprouve dans les chutes des tractions qui ont quelquefois donné lieu à des déchirures de son tissu, à un ébranlement suivi d'inflammation. Les autres viscères abdominaux participent quelquefois à ces lésions. C'est ainsi que les reins, la vessie, exposés à de semblables ébranlemens, peuvent devenir le siège d'hémorrhagie, d'inflammation. De même, lorsque l'utérus est chargé du produit de la conception, le placenta tend, par son poids, à se décoller de la partie à laquelle il est fixé, si cette partie ne suit pas toute son impulsion, et occasionne des hémorrhagies utérines et l'avortement. Les résultats des contre-coups sont nombreux, et dépendent d'une foule de circonstances qu'il serait inutile d'énumérer, principalement de l'état dans lequel se trouvent les organes au moment où le choc leur est transmis.

Dans la chute sur les membres thoraciques, on observe rarement d'autres effets des contre-coups que ceux qui consistent dans les fractures et luxations des os qui forment ces membres et l'épaule. Lorsque ce résultat n'a pas lieu, le mouvement, communiqué par la clavicule au sternum, se perd dans les os nombreux qui composent le thorax. C'est à l'idée du peu de danger qui accompagne les percussions des membres supérieurs que l'on doit attribuer cet instinct de présenter ces parties dans les chutes, afin de garantir des organes importans de la commotion qui les menace.

Les chutes sur les autres parties du corps, sur le dos et sur la tête, par exemple, donnent lieu à la percussion directe de la colonne vertébrale et du crâne. Les lésions de la moelle épinière et du cerveau sont considérées alors comme produites par une cause directe, lorsqu'elles correspondent à l'endroit frappé de leur enveloppe osseuse. Cependant, il y a dans ce cas même, contre-coup. Une commotion plus ou moins grave de ces organes en est le résultat. *Voyez* COMMOTION.

Les lésions occasionées par les contre-coups ne sont pas plus dangereuses que celles qui sont produites par une autre cause directe; elles n'exigent pas un traitement différent. Mais si elles ont souvent des suites plus funestes, c'est qu'éloignées des parties qui ont reçu le choc et sur lesquelles se dirige principalement l'attention, elles sont fréquemment méconnues. Le mal a déjà fait des progrès, lorsqu'on cherche à le combattre. C'est pourquoi dans toutes les circonstances où l'on peut soupçonner une transmission du choc dans diverses parties, il faut rechercher avec soin les moindres signes qui pourront indiquer leurs lésions, et se tenir pendant quelque temps en garde contre celles dont le développement se manifeste quelquefois tardivement.

Il est encore un grand nombre de lésions qui, rigoureusement parlant, sont le résultat de contre-coups, puisque les parties lésées n'ont pas été immédiatement exposées au choc, et qui cependant ne sont pas regardées comme ayant ce caractère, parce qu'elles sont sous-jacentes aux parties qui ont reçu la percussion. Telles sont les contusions des muscles d'un membre dont les tégumens sont restés intacts, et la contusion des poumons à la suite d'un coup porté sur le thorax, etc. *Voyez* les articles CONTUSION, PERCUSSION.

(RAIGE DELORME.)

CONTRE-EXTENSION, s. f., *contra-extensio*, action opposée à l'extension par laquelle on retient fixe et immobile la partie supérieure d'un membre, lorsqu'on opère la réduction d'une fracture ou d'une luxation. *Voyez* FRACTURE et LUXATION.

(J. CLOQUET.)

CONTRE-INDICATION, s. f., *contra-indicatio*. Il y a contre-indication toutes les fois qu'une circonstance quelconque s'oppose à ce qu'on remplisse l'*indication* qu'offre une ma-

ladie. L'étude des contre-indications forme une des parties les plus importantes de la thérapeutique. Dans cette dernière, on les a tellement multipliées, qu'il semblait qu'on eût le projet de réduire l'art de guérir à l'expectation la plus complète. C'est en inculquant aux élèves une sorte de terreur pour les contre-indications, qu'on était parvenu à bannir du domaine de la pratique les émissions sanguines. On connaissait à merveille les contre-indications du traitement antiphlogistique; il semblait au contraire que les toniques, et notamment le quinquina, ne fussent jamais contre-indiqués. C'est ainsi qu'on a de tout temps penché tantôt d'un côté, tantôt de l'autre, dans l'exercice et dans la théorie de l'art de guérir, qui, par là, s'est souvent trouvé indigne de ce beau nom.

(DICT. ABRÉGÉ DE MÉD.)

CONTRE-OUVERTURE, s. f. On nomme ainsi une incision que l'on pratique dans des points plus ou moins éloignés de l'ouverture d'une plaie, soit pour favoriser l'écoulement du pus, soit pour extraire des corps étrangers. *Voyez* ABCÈS, FISTULE, PLAIE.

CONTRE-POISON, s. m. On doit désigner ainsi tout corps susceptible de décomposer les poisons ou de se combiner avec eux à une température égale ou inférieure à celle de l'estomac, de telle manière que le nouveau produit formé n'exerce aucune action délétère sur l'économie animale. Les contre-poisons doivent pouvoir être pris à grande dose sans danger; leur action doit être prompte et indépendante de la présence des sucs muqueux, etc., que l'estomac peut contenir.

Pour affirmer qu'un réactif chimique est le contre-poison d'une substance vénéneuse, il ne suffit pas de s'assurer que les animaux empoisonnés, auxquels on a fait prendre ce réactif, se rétablissent ou vivent plus long-temps qu'ils ne l'auraient fait si le contre-poison n'eût pas été administré; en effet, le rétablissement de ces animaux ou la diminution des symptômes de l'empoisonnement peuvent dépendre de l'expulsion du poison, sur lequel le réactif chimique n'a exercé aucune influence. Les expériences de ce genre ne sauraient avoir de valeur qu'autant que l'on a empêché le vomissement, et que les réactifs proposés comme contre-poison ont séjourné pendant long-temps dans l'estomac avec la substance vénéneuse; il faut encore prouver que le poison a été transformé en une matière inerte par le réactif chimique. Lorsqu'il est avéré qu'un poison corrosif détermine l'inflammation, l'ul-

cération d'une ou de plusieurs parties du canal digestif, on doit, sans hésiter, reconnaître comme contre-poison de cette substance,
le réactif chimique qui l'empêche de produire
tous ces désordres.

Si les auteurs qui ont écrit sur l'empoisonnement s'étaient bien pénétrés de ces vérités,
ils n'auraient pas avancé que les acides végétaux étaient les contre-poisons de l'opium et
de la plupart des poisons végétaux, le sucre
celui du vert-de-gris, l'alcali volatil celui de
la morsure des animaux enragés; ils n'auraient
pas tardé à reconnaître que ces médicamens
ne transformaient point les poisons en une
matière inerte, et qu'ils ne pouvaient être
considérés que comme des moyens propres à
combattre les accidens développés par les poisons. En adoptant la manière de voir de ces
praticiens, il faudrait admettre, ce qui est
absurde, que la saignée, les sangsues, les
bains et les autres médicamens antiphlogistiques, qui jouissent de la propriété de calmer
ou de faire disparaître la gastro-entérite produite par les substances vénéneuses irritantes,
sont les contre-poisons de ces substances.

L'existence des contre-poisons *est révoquée
en doute* par quelques médecins; ils pensent
même qu'il *serait dangereux* de les employer
si on parvenait à prouver qu'il en existe réellement. Ces assertions nous paraissent dénuées
de fondement. En effet, des observations re-
cueillies chez l'homme, et des expériences
faites sur les animaux, ont fait voir que les
sels solubles de mercure et de cuivre, introduits dans l'estomac, étaient décomposés sur-
le-champ par une dissolution d'albumine ou
par le gluten, et que le nouveau produit
n'exerçait aucune action nuisible sur l'économie animale : or on sait que le liquide albumineux dont nous parlons peut être pris à
forte dose sans inconvénient; donc l'albumine
est le contre-poison des sels mercuriels et
cuivreux. N'observe-t-on pas des effets analogues lorsqu'on administre du lait étendu d'eau,
dans l'empoisonnement par les sels d'étain,
de l'infusion de noix de galle dans celui que
déterminent les préparations antimoniales solubles,
une dissolution aqueuse très-étendue
d'un sulfate dans l'empoisonnement par les
sels de plomb, de l'eau tenant en dissolution
une très-petite quantité de sel commun, dans
le cas d'empoisonnement par le nitrate d'argent? Pourra-t-on refuser à la magnésie délayée dans une grande quantité d'eau la propriété de se combiner sur-le-champ avec les
acides les plus concentrés, et de les transfor-

mer en sels qui n'agissent que comme laxatifs?
Les boissons légèrement acidulées n'agiront-
elles pas avec la même énergie que la magnésie pour s'opposer aux effets délétères des
alcalis concentrés, et ne devra-t-on pas les regarder comme leurs contre-poisons? Les médecins qui ne croient pas à l'existence des
contre-poisons infirment les résultats dont
nous venons de parler, parce qu'ils ont été
fournis par des expériences faites seulement
sur des animaux vivans; en effet, suivant eux,
la décomposition du poison par le contre-poison a lieu dans l'estomac d'un chien, tandis
qu'elle ne se fait pas chez l'homme : c'est
comme s'ils disaient que l'*action chimique du
poison sur le contre-poison cesse, par cela
seul que le mélange s'est opéré dans l'estomac
de l'homme :* proposition dont on sentira facilement l'inexactitude, si l'on réfléchit que l'action des contre-poisons sur les poisons s'exerce
dès qu'il y a contact, et qu'elle est par conséquent indépendante du vase dans lequel elle
s'opère. Cette assertion est tellement vraie,
que le même praticien qui repousse les contre-poisons, n'hésitera pas à administrer de
la magnésie calcinée, lorsqu'il soupçonnera la
présence d'une trop grande quantité d'acide
dans l'estomac, acide dont il cherchera à
s'emparer, comme s'il agissait dans un vase
inerte.

Toutefois nous devons avouer que les contre-poisons, vantés par les anciens, ne doivent pas être regardés comme tels; les bé-
zoards et la plupart des médicamens décorés
jadis du titre de contre-poison, n'étaient que
des compositions bizarres, incapables d'agir
sur les poisons, exerçant quelquefois une action nuisible sur l'économie animale, et
n'ayant même pas la propriété de diminuer
les accidens déterminés par les poisons. Nous
n'accorderons pas plus de confiance aux contre-poisons tant prônés par Navier, médecin
de Châlons, tels que le foie de soufre, les divers hépars alcalins, la thériaque, les alcalis,
les teintures martiales alcalines, les eaux de
Spa, etc. Quelques-unes de ces substances,
et le foie de soufre en particulier, décomposent bien les poisons salins métalliques, mais
le résultat de cette décomposition est souvent
vénéneux, et d'ailleurs le prétendu contre-
poison est lui-même un irritant susceptible
de déterminer une inflammation assez vive de
nos organes, pour qu'il soit impossible d'en
conseiller l'emploi. Navier n'aurait pas manqué de sentir toute la vérité de cette proposition si, au lieu de se borner à faire des mé-

langes de poison et de foie de soufre dans des vaisseaux chimiques, il eût administré ces mélanges à des animaux vivans : il aurait pu observer alors que, dans beaucoup de circonstances, l'empoisonnement est plus grave que dans le cas où le poison a été administré seul. Il importe d'autant plus de faire connaître l'erreur dans laquelle est tombé le médecin de Châlons, que la plupart des praticiens ont adopté ses idées, et que quelques-uns d'entre eux s'obstinent encore à les mettre en pratique.

L'existence d'un certain nombre de contre-poisons étant mise hors de doute par ce qui vient d'être établi dans les paragraphes précédens, il ne nous sera pas difficile de prouver maintenant *qu'il n'est pas dangereux de les employer à une certaine époque de la maladie*, comme le prétendent les détracteurs des contre-poisons. Lorsqu'il n'y a pas long-temps qu'un poison a été avalé et qu'il se trouve encore dans le canal digestif, le premier soin de l'homme de l'art doit être d'empêcher l'action de la portion de la substance vénéneuse qui n'a pas encore agi. (*Voyez* EMPOISONNEMENT.) Il ne peut parvenir à ce but, qu'en cherchant à évacuer le poison par le haut ou par le bas, ou en le combinant avec un corps qui neutralise ses propriétés vénéneuses, sans aggraver la maladie, et mieux encore en administrant un médicament propre à remplir l'une et l'autre de ces indications. Or, il est généralement admis aujourd'hui que, dans l'empoisonnement par les substances minérales, on doit solliciter les évacuations, en gorgeant les malades de liquides doux et même aqueux, qui distendent l'estomac et le forcent à se contracter, et non pas en employant des évacuans qui pourraient augmenter l'irritation ; donc il est *avantageux* de faire usage des contre-poisons, dont nous avons constaté l'efficacité, parce qu'ils réunissent les conditions des liquides aqueux, propres à favoriser les évacuations, et surtout parce qu'ils jouissent de la propriété de transformer en une matière inerte les substances vénéneuses dont l'expulsion pourrait être plus ou moins retardée.

Mais, tout en accordant que l'eau albumineuse et celle laiteuse ne présentent aucun danger dans leur administration, n'objectera-t-on pas qu'il n'est guère possible de considérer comme des liquides adoucissans de l'eau tenant en dissolution du sel commun, du sulfate de soude, de la noix de galle, etc., et qu'au contraire ces liquides doivent augmenter l'ir-

ritation ? Cette objection pourrait être de quelque poids si, au lieu de dissolutions très-affaiblies de ces substances, on faisait usage de dissolutions concentrées, mais l'expérience a prouvé toute leur efficacité, lors même qu'elles étaient assez étendues pour offrir à peine une légère saveur.

Tout en reconnaissant la nécessité de faire usage des contre-poisons dans la première période de l'empoisonnement produit par certaines substances minérales, nous avouerons que l'emploi de ces médicamens pourrait être nuisible plus tard, lorsque le poison a été entièrement expulsé avec la matière des vomissemens ou des selles : il ne faut plus alors diriger les moyens contre le poison, mais bien contre la maladie qu'il a déterminée : c'est encore la conduite que doit tenir le médecin dans le cas où, après avoir fait usage d'un contre-poison, le malade éprouve des accidens développés par la portion de poison qui avait déjà agi. *Voyez* EMPOISONNEMENT.

(ORFILA.)

CONTRE-STIMULANT, s. m. et adj., *contro-stimulans*. Rasori et ses sectateurs, ne voyant presque toujours que des maladies sthéniques où Brown, leur premier maître, ne reconnaissait qu'asthénie, et prétendant que la plupart de nos maux sont dus, soit à un accroissement d'excitabilité, soit à un excès de stimulus, partirent de cette première hypothèse pour attribuer les effets remarquables d'un grand nombre de médicamens à une propriété débilitante particulière, agissant sur l'excitabilité d'une manière opposée au stimulus ; et c'est à cette propriété qu'ils ont assigné le nom de *contro-stimulus*. Les médicamens contre-stimulans sont donc, d'après cette théorie, doués de la propriété d'affaiblir l'excitement, non pas, comme les saignées et les purgatifs, par la soustraction du stimulus, mais en déprimant l'excitabilité de la fibre par une sorte de propriété spécifique.

Cette considération particulière de thérapeutique, admise par les fauteurs italiens du système de Brown, n'est point fondée sur l'observation des propriétés immédiates d'un certain nombre de médicamens, ni même sur celle d'un genre particulier de médication. Les partisans de cette doctrine n'ont tenu compte que des résultats très-secondaires par rapport à l'état morbide ; ils ont raisonné ainsi : Ces substances réussissent dans des maladies sthéniques ; donc elles ne peuvent agir qu'en diminuant le stimulus ; donc elles sont contre-stimulantes. D'après cette singulière logique, en passant d'une supposition à une autre, ils ont dû réunir nécessairement des substances médicamenteuses qui n'ont entre elles aucune espèce de rapport, ni dans leurs propriétés immédiates, ni même dans leurs effets secondaires, par rapport aux phénomènes physiologiques qu'ils peuvent produire. C'est ainsi qu'ils placent, dans les contre-stimulans, des émolliens, comme le lait et la gomme; des astringens, comme l'acétate de plomb; des toniques énergiques, tels que la gentiane, le simarouba, le fer, et même, suivant quelques-uns, le quinquina; mais tous ne sont pas d'accord à cet égard. On trouve aussi, parmi les contre-stimulans, des excitans, comme la térébenthine, la scille, l'arnica; des vomi-purgatifs très-actifs, parmi lesquels on remarque surtout l'émétique, le polygala, l'ipécacuanha; des poisons narcotiques, comme le stramonium, la belladone, la laitue vireuse, etc.; des poisons âcres, tels que l'arsenic, la noix vomique, la fève Saint-Ignace, les cantharides, enfin beaucoup d'autres substances minérales, végétales ou animales, qui n'ont par leur manière d'agir aucune espèce d'analogie entre elles. Cette manière de considérer les effets des médicamens tend essentiellement à rapprocher les substances les plus dissemblables, et à diviser celles qui ont entre elles les plus grands points de contact, et par conséquent à tout confondre. La théorie des contre-stimulans est donc tout aussi nuisible aux progrès de la thérapeutique, que le système de pathologie de Brown et celui de l'École italienne l'ont été jusqu'à ce jour aux progrès de la médecine, en éloignant de la véritable observation des phénomènes physiologiques que produisent les maladies, et de ceux qui sont dus à l'application des substances médicamenteuses sur l'homme sain ou malade.

Cependant, au milieu de ces délires de l'imagination, les partisans de la doctrine des contre-stimulans ont fait, il faut en convenir, quelques expériences qui ne sont point à dédaigner sous le rapport thérapeutique. Rasori, en employant l'émétique à grande dose dans la maladie épidémique qui régna à Gênes au commencement de ce siècle, nous a fait connaître le premier un genre particulier de médication, qui peut être employé dans certains cas, et qui mérite au moins d'être mieux étudié qu'on ne l'a fait jusqu'à ce jour en France. Il est constant que cette substance, administrée à la dose de six, huit, dix à douze grains, dans une livre environ de véhicule,

partagée en plusieurs prises pendant les vingt-quatre heures, et graduée suivant les âges, ne produit ordinairement ni effet vomitif, ni purgatif; mais qu'elle agit alors spécialement en provoquant les sueurs et les urines, et détermine assez souvent une diminution de la fièvre, la faiblesse et un amaigrissement très-prompt. Ce même sel, administré en bain à beaucoup plus forte dose, produit à peu près les mêmes effets. Les expériences de l'École italienne ont été répétées ici par MM. Kaepler, Laennec, Récamier, et je puis me citer aussi après ces médecins, quoique je n'aie fait encore, jusqu'à ce jour, qu'un très-petit nombre d'essais. Plusieurs pneumonies, même inflammatoires, plusieurs affections cérébrales cèdent à ce genre de médication. Je n'ai pas encore osé, je l'avoue, l'employer dans les gastro-entérites; nous avons des moyens moins dangereux et beaucoup plus sûrs de combattre ces maladies, et ils me paraissent à tous égards bien préférables.

Il faudra probablement rapprocher de cette manière d'agir de l'émétique celle du protochlorure de mercure, des frictions mercurielles, du nitrate d'argent, de l'oxyde de bismuth, de l'oxyde de zinc, et de quelques autres oxydes ou sels métalliques, qui ont une action toute particulière sur l'économie vivante, saine ou malade. La plupart de ces agens provoquent une excitation plus ou moins circonscrite vers les membranes muqueuses du canal intestinal et le système absorbant, et amènent plus ou moins promptement une sorte de débilité générale. Ces prétendus contre-stimulans sont donc au contraire des excitans locaux, spécifiques, dont l'action est bornée à un seul système d'organes, et qui alors agissent comme des dérivatifs par rapport aux autres; mais je n'entrerai pas ici dans de plus grands détails, qui doivent être exposés ailleurs. *Voyez* ÉMÉTIQUE, EXCITANT.   (GUERSENT.)

CONTRE-STIMULISTE ou CONTRO-STIMULISTE; nom donné aux partisans de la doctrine du contre-stimulus. (*Voyez* ce mot.)

CONTRE-STIMULUS (théorie du), ou nouvelle doctrine médicale italienne. L'Italie, qui fut le théâtre de la plus grande gloire de Brown, est aussi le pays où le système de ce réformateur éprouva les premières atteintes. A force de le louer et de le commenter on découvrit ses côtés faibles, et les critiques commencèrent. Mais ce fut surtout Jean Rasori, qui, vivement touché des malheurs qui suivirent la pratique brownienne pendant l'épidémie de Gênes, renversa l'idole qu'il avait encensée jusqu'alors et voulut se mettre lui-même à sa place. D'abord il s'attacha à prouver, contre l'idée principale du brownisme, que tout ce qui nous entoure, non-seulement n'est pas irritant pour le corps humain, mais qu'il existe un grand nombre de substances qui agissent en sens contraire; et cette proposition est tellement fondamentale dans la nouvelle doctrine italienne, que c'est de là qu'elle a tiré son nom.

Il y a vingt ans que la théorie du contre-stimulus fleurit en Italie, et nous en attendons encore une exposition complète. Satisfait d'avoir donné la première impulsion, le professeur Rasori semble avoir renoncé à toute autre gloire. Soit méfiance d'eux-mêmes, soit respect pour leur maître, ses disciples se tiennent dans la même réserve; cependant ils ont si souvent reproduit ses principales idées, ils ont si clairement dévoilé l'esprit de sa doctrine, qu'il nous sera facile d'en faire connaî-tre les principales bases.

L'un des partisans les plus zélés et les plus éclairés de cette doctrine, Jacques Tomma-sini, embrassant toutes les maladies du même coup d'œil, les divise en *instrumentales* et en *vitales*, suivant qu'elles intéressent nos par-ties dans leurs propriétés physiques ou dans leurs propriétés vitales. Ordinairement pro-duites par une cause mécanique, les premiè-res permettent de tout expliquer par les lois de la physique. Là, tout est clair, et il est facile de se rendre raison de la manière d'agir de la cause morbifique; on peut assigner d'a-vance et par le seul secours du raisonnement les symptômes qui se manifesteront, calculer les rapports du mal et du remède, et prévoir à coup sûr les effets de l'un et de l'autre. Quel contraste avec les maladies dynamiques ou vitales! Ici, tout est obscur, et l'observa-tion devance toujours le raisonnement. Quoi qu'il en soit, les maladies vitales consistent dans une lésion de l'*excitabilité*, seule pro-priété vitale avouée des médecins italiens. Ce n'est pas à dire qu'ils personnifient l'excitabi-lité; mais ils la croient tellement inhérente à la fibre animale qu'elle se ressent de ses moin-dres dérangemens; et, comme la lésion de l'effet est souvent plus sensible que celle de la cause, ils ont cru devoir fonder leur no-menclature sur le signe le plus apparent.

Les maladies vitales se divisent elles-mêmes en deux grandes classes, suivant qu'elles dé-pendent d'un excès ou d'un défaut de *stimu-lus*. Sous ce point de vue, la théorie du con-tre-stimulus ne diffère pas en principe du brownisme, mais elle s'en éloigne beaucoup dans les applications. Graces à la faiblesse in-directe, Brown ramène presque toutes les ma-ladies à l'asthénie. Rasori, de son côté, trai-tant la faiblesse indirecte de chimère, il s'en-suit que la plupart des maladies que l'un regardait comme asthéniques, l'autre les con-sidère comme des hypersthénies. Ici viennent se placer non-seulement les phlegmasies, mais encore les fièvres, les hémorrhagies, les hy-dropisies, etc. La chronicité n'apporte aucun changement à la nature des maladies, et l'é-puisement de l'excitabilité, prise dans le sens du réformateur écossais, n'est qu'un jeu de son imagination. Cependant Tommasini ne pense pas qu'une maladie conserve toujours le même caractère depuis son début jusqu'à sa fin. Il dit, au contraire, formellement (*Pré-leçon, § 9*) que l'économie tombe quelquefois dans un état passager d'asthénie, même pen-dant le cours d'un véritable état d'excitation, état auquel il peut devenir urgent d'opposer les stimulans les plus prompts et les plus éner-giques. On se tromperait si l'on croyait que le professeur de Bologne fait allusion à l'opinion de ceux qui, pensant que l'inflammation ne s'allume et ne s'entretient dans une partie qu'aux dépens des autres, en concluent qu'il existe toujours dans le même temps force et faiblesse. Loin de là, Tommasini considère l'inflammation comme un foyer d'où l'excita-tion s'étend de proche en proche à toutes les parties du corps. *Voyez* son *Traité de l'in-flammation et de la fièvre continue*.

Toutes les maladies, hors les affections *ir-ritatives*, dont nous parlerons bientôt, sont *diathésiques*. Prise dans le sens de la nouvelle doctrine italienne, la diathèse n'a rien de commun avec celle des anciens; elle n'indique pas une disposition particulière du corps à telle ou telle maladie, mais elle s'applique à toutes les maladies qui survient à la cause qui leur a donné naissance. Ainsi le catarrhe vésical est une affection à diathèse, parce qu'il ne suffit pas, pour son traitement, d'ex-traire le calcul qui l'a produit; il reste encore à combattre le catarrhe lui-même par les moyens appropriés. C'est en cela que consiste la principale différence entre les maladies diathésiques et les maladies irritatives. Celles-ci ne dépendent ni d'un excès, ni d'un dé-faut de ton; aussi ne réclament-elles ni les stimulans ni les contre-stimulans; elles ne sont pas non plus spécifiques à la manière du scor-but, mais elles consistent dans un trouble, dans un désordre superficiel, tellement lié avec la cause productrice, qu'il cesse avec elle. A proprement parler, les maladies irritatives ne sont donc point des maladies, mais bien des lésions fonctionnelles, des phénomènes sympathiques.

Le même individu peut offrir, dans le cours de la même maladie, l'asthénie, l'hypersthénie et les affections irritatives. On lit, à la note 29 de la *Préleçon*, un exemple remarquable de cette complication. Une femme avait avalé par mégarde une demi-once, et peut-être davantage, de sulfate de zinc, au lieu d'une égale quantité d'un sel purgatif. Bientôt après l'ingestion de cette substance, douleurs atroces d'estomac, angoisses, vomissemens, convulsions. Tout autre médecin eût vu sans doute, dans cet état, le début d'une vive inflammation; Tommasini n'y vit qu'un trouble artificiel, ou, ce qui est la même chose, une affection irritative, parce qu'elle aurait cessé avec la cause indiquée, s'il eût été possible de l'expulser. Mais on le tenta vainement : aux symptômes que nous venons de rapporter succédèrent la pâleur du visage, le froid des extrémités, un pouls vacillant, des sueurs froides et des défaillances. A l'aspect de ces nouveaux phénomènes, Tommasini, craignant à tout instant de voir périr de faiblesse la malade, se hâta de relever les forces avec quelque mixtion cordiale, la liqueur d'Hoffmann, le vin d'Espagne et autres remèdes semblables. Ces moyens eurent l'effet qu'il en attendait; l'action vitale se ranima, le pouls se releva; mais la nuit suivante il se manifeste des ardeurs d'estomac insupportables, une fièvre violente, des inquiétudes, chaleur universelle, langue sèche, soif intense, etc.; Tommasini prononce enfin le nom de gastrite, et se conduit en conséquence. On a, dans cette courte observation, un double exemple de la manière de raisonner des Italiens, et des trois genres de maladies qui composent presque tout leur cadre nosologique. .

Cependant ils reconnaissent aussi des maladies spécifiques, mais le nombre en est infiniment petit. La seule peut-être sur laquelle ils soient tous d'accord est le scorbut. Ce n'est pas, je le sais, ce que dit M. Coster (*Journal universel des sciences médicales*); suivant ce critique, non-seulement les contrestimulistes reconnaissent plusieurs maladies spécifiques, mais ils admettent plusieurs modes d'irritation ou des irritations de différente nature. S'il en est ainsi, l'on est d'accord, et ce n'est pas la peine de disputer. Toutefois

je ne sais comment concilier l'opinion de M. Coster avec le silence de Tommasini. Celui-ci ne dit pas un seul mot des affections spécifiques dans son discours d'ouverture de l'année 1816; et remarquez que le but de ce discours était d'exposer l'état de la nouvelle doctrine italienne. Il parle, en passant, de l'inflammation, et c'est pour dire qu'elle est toujours identique à elle-même. Il parle aussi de la syphilis; mais c'est pour assimiler le virus syphilitique aux autres stimulans. A la vérité, M. Coster déclare avoir principalement rédigé son article d'après les leçons de M. Borda, célèbre professeur de Pavie.

Tommasini garde le même silence à l'égard des médicamens spécifiques; il ne parle que de stimulans et de contre-stimulans. Les premiers sont très-peu nombreux; on dirait que les partisans de cette doctrine ont cru qu'ils séduiraient les lecteurs, s'ils parvenaient à leur persuader que le nombre des maladies de contre-stimulus se trouve d'accord avec celui des stimulans créés par la nature. Les seuls médicamens de cette classe, dans la théorie du contre-stimulus, sont l'opium, le musc, le camphre, le phosphore, l'éther, l'ammoniaque, le vin, l'alcohol, l'acide carbonique, le calorique, le fluide électrique et les aromates : tout le reste est contre-stimulant (*voyez ce mot*), hors pourtant quelques substances sur lesquelles on n'est pas encore bien d'accord. Le quinquina se trouve dans cette exception. Et qu'on ne croie pas que l'ipécacuanha, la gomme gutte, l'aloès, la rhubarbe, la rhue, le safran et les autres emménagogues, le fer, l'antimoine, le plomb, le mercure et presque tous les médicamens tirés du règne minéral, ne figurent parmi les contre-stimulans qu'à titre d'évacuans; ils dépriment, ils débilitent directement les forces par une propriété spéciale; et il est si vrai que les évacuations sont considérées ici comme de nulle valeur, que les médecins dont nous parlons s'appliquent à les prévenir, au lieu de les provoquer.

Cependant tous les contre-stimulans n'agissent pas de la même manière : les uns, tels que les émissions sanguines, affaiblissent en enlevant au corps une partie de ses stimulus naturels, et sont appelés pour cette raison contre-stimulans *indirects*; les autres affaiblissent directement par la seule impression qu'ils exercent sur la fibre; ce sont les contrestimulans *directs*, les vrais contre-stimulans. Au reste, il n'y a point de différence entre les effets des contre-stimulans directs et ceux des contre-stimulans indirects ; les uns et les autres diminuent l'excitabilité, ralentissent la circulation, et tempèrent la chaleur animale. Administrés dans une maladie de stimulus, ils ramènent l'excitabilité à son ton naturel ; et, si l'on continue trop long-temps l'usage, ils jettent l'économie dans un état de contre-stimulus qui réclame à son tour l'emploi des stimulans.

Bien qu'ils aient les mêmes effets, les contre-stimulans directs et les contre-stimulans indirects ne peuvent pas toujours se suppléer. La saignée convient spécialement dans les cas où la diathèse de stimulus dépend d'une trop grande quantité de sang, d'un état pléthorique ; mais, lorsqu'elle succède à l'action d'une cause stimulante, sans complication de pléthore, comme c'est le cas le plus ordinaire, les évacuations de sang, en affaiblissant le ton général de l'économie, ne feraient que la rendre plus sensible à l'influence du stimulus. Quoi qu'il en soit de cette explication, les partisans de Rasori prescrivent les contre-stimulans directs chez les individus faibles et pauvres de sang, chez ceux qui sont adonnés aux boissons spiritueuses, dans les phlegmasies chroniques, et généralement dans toutes les circonstances où l'on peut supposer que la maladie n'est pas le résultat de l'abondance du sang. Les contre-stimulans directs eux-mêmes ne conviennent pas également dans tous les cas d'inflammation. Outre qu'ils ne possèdent pas tous cette propriété au même degré, ils ont une propriété *élective*, qui les fait agir sur un organe plutôt que sur un autre ; et c'est d'après cette double différence que le praticien se dirige dans l'emploi de ces médicamens. A titre de contre-stimulans, tous les moyens de ce nom conviennent sans doute dans les maladies inflammatoires ; mais, comme doués d'une propriété élective, le tartre stibié convient éminemment dans la *gastrite* et dans la péripneumonie, la gomme-gutte dans l'*entérite* et la *dyssenterie*, les préparations martiales dans l'inflammation de la matrice, les cantharides dans celle des voies urinaires, etc.

Rien n'égale la confiance des médecins italiens dans les propriétés des médicamens. Persuadés que les maladies du caractère le plus opposé peuvent se manifester sous les mêmes formes, ils ne se croient jamais sûrs de la justesse de leur diagnostic que lorsqu'il est confirmé par le traitement. Toute maladie qui guérit sous l'influence des contre-stimulans est déclarée sthénique, quels que soient d'ail-

leurs ses symptômes ; et le cas est d'autant plus grave, que le malade supporte une plus haute dose de contre-stimulant. M. Bousquet, qui, dans un très-bon article inséré dans les Nos d'avril et de juillet de la *Revue médicale*, a donné une juste idée de la doctrine encore peu connue des médecins italiens, observe avec raison qu'ils jugent de la nature du mal sur l'effet des moyens curatifs, et des vertus des médicamens sur la nature des maladies. D'où il suit que, si, par une raison quelconque, une maladie, jugée maintenant asthénique, était reconnue plus tard hypersthénique, les médicamens qui composent son traitement passeraient aussitôt de la classe des stimulans dans celle des contre-stimulans, jusqu'à ce qu'une nouvelle théorie vînt les en retirer. Au reste, toute fautive qu'elle est en elle-même, cette manière de raisonner offre peut-être moins d'inconvéniens qu'on ne serait tenté de le croire au premier aspect. Souvent elle ne fait que changer les noms, la théorie des maladies et des agens thérapeutiques ; mais, au fond, elle laisse les choses dans leurs rapports naturels. Qu'importe que l'on confonde la syphilis avec les phlegmasies, si l'on proclame le mercure contre-stimulant et doué d'une propriété *élective*, qui le rend indispensable dans cette maladie ? La thérapeutique du contre-stimulus a pourtant ses dangers. Par exemple, les éloges que ses partisans donnent à la gomme-gutte dans le traitement de l'entérite, sont tellement contredits par l'idée que nous avons des vertus de ce médicament, qu'il faudrait des faits bien nombreux et bien concluans pour démentir les résultats de notre expérience. *Voyez* STIMU-LANT et CONTRE-STIMULANT.

La théorie du contre-stimulus, quelque opposée qu'elle paraisse au brownisme dans ses applications, n'est cependant, quand on la considère avec attention, qu'une modification de ce fameux système. Comme lui, elle repose presque uniquement sur l'excitabilité, seule force vitale, lésée en plus ou en moins. Tout ce qui sort de ce cadre tracé par le réformateur écossais a été commandé par les progrès de la science, de manière à ne pouvoir être omis sans perdre entièrement un système, quel qu'il fût.

(COUTANCEAU.)

CONTREXEVILLE, village du département des Vosges, à six lieues de Bourbonne-les-Bains, dans une situation peu agréable, au fond d'un vallon entouré de montagnes. Bagard, médecin célèbre de Nanci, a fait connaître ses eaux minérales, que fournit une source très-abondante. Ces eaux sont froides, limpides, claires et transparentes. Leur odeur est fade, et leur saveur légèrement martiale. Elles contiennent une petite quantité de carbonate de fer, d'hydro-chlorate de chaux et de carbonate calcaire. Comme toutes les eaux ferrugineuses, elles ont été vantées contre une foule de maladies; mais c'est surtout contre la pierre et la gravelle qu'on leur a attribué des vertus spéciales, à tel point même que Bagard les a regardées comme un véritable lithontriptique. De pareilles assertions ne méritent pas qu'on les réfute. Les eaux de Contrexeville sont légèrement toniques, et l'impression qu'elles exercent sur l'estomac, agissant comme dérivatif, explique les bons effets qu'on leur a vu quelquefois produire dans les affections chroniques des reins, les catarrhes anciens de la vessie, les dartres, la gale invétérée et les scrofules. Administrées en injection ou en collyre, elles peuvent, par le même motif, être employées avec avantage dans la leucorrhée, les affections de l'urètre, et les ulcérations soit du vagin, soit de la marge des paupières. Comme elles s'altèrent beaucoup par le transport, on en prépare d'artificielles à Paris; mais ces dernières diffèrent beaucoup de celles de la source naturelle, puisqu'elles ne contiennent point de fer, mais seulement du carbonate et du sulfate de chaux, tenus en dissolution à la faveur d'une certaine quantité de gaz acide carbonique.   (DICT. ABRÉGÉ DE MÉD.)

CONTUSION, s. f., *contusio*, est une lésion physique, ordinairement produite par le choc ou la pression d'un corps obtus, lourd, mû avec plus ou moins de vitesse, qui froisse, meurtrit, déchire, écrase les parties soumises à son action, sans occasioner cependant de solution de continuité à la peau. Lorsque la contusion est accompagnée de solution de continuité extérieure, elle prend le nom de *plaie contuse*. Les plaies contuses elles-mêmes se divisent en celles qui sont faites par les corps contondans ordinaires, et en plaies d'armes à feu. *Voyez* PLAIES.

Les contusions ne sont pas toujours occasionées par des agens extérieurs poussés contre nos corps, ou contre lesquels il va heurter. Nos organes eux-mêmes peuvent se contondre, et même très-dangereusement, lorsqu'ils viennent à presser brusquement les uns sur les autres. C'est par ce mécanisme qu'ont assez souvent lieu les contusions profondes des grandes articulations et celles de plusieurs viscè-

res. Ces contusions ont lieu par contre-coup.

L'intensité et l'étendue des contusions doivent varier suivant la masse, le volume, la forme, la vitesse, la direction des corps contondans, et suivant la texture et la position des tissus sur lesquels ils agissent. Si ces tissus sont souples, extensibles, qu'ils reposent sur d'autres parties molles, épaisses, ils peuvent, quoique ayant été atteints immédiatement et avec violence, n'être que légèrement contus, tandis que les parties subjacentes, moins extensibles, ou appuyées sur des os, sur des cartilages ou sur un plan résistant quelconque, seront contuses à un bien plus haut degré. Aussi arrive-t-il assez souvent que la peau reste intacte ou presque intacte, tandis que les muscles, les vaisseaux et même des viscères sont meurtris, déchirés, frappés d'attrition. Nous ferons observer ici que, chez quelques individus, la texture de la peau et du tissu cellulaire souscutané est si délicate, que les pressions les plus légères suffisent pour produire sur elles d'assez grandes ecchymoses. Les corps contondans agissent essentiellement par pression; ils irritent, froissent, rompent, écrasent les fibres des parties molles et des parties dures, et il est facile de concevoir quels doivent être les effets primitifs et secondaires des contusions. Les effets primitifs sont la douleur, la gêne ou l'impossibilité des mouvemens, l'infiltration ou l'épanchement du sang, quelquefois l'infiltration et l'épanchement simultanés de ce fluide; un gonflement plus ou moins considérable, produit par l'extravasation des fluides circulatoires. Lorsque la contusion est très-violente, qu'elle est portée jusqu'à l'attrition, c'est-à-dire jusqu'à la désorganisation immédiate et profonde des solides, ou lorsqu'elle est accompagnée d'une forte commotion, la douleur est remplacée par un état d'engourdissement, d'insensibilité, de stupeur, qui annonce que la vie est éteinte ou sur le point de s'éteindre dans la partie contuse.

Les phénomènes consécutifs sont l'augmentation du gonflement et de la douleur, produite par l'afflux des humeurs vers la partie contuse; l'apparition, tantôt prompte, tantôt tardive d'une ecchymose plus ou moins foncée en couleur et plus ou moins étendue; le développement d'une inflammation, tantôt légère, d'autres fois très-intense; la résorption du sang infiltré ou épanché, ou bien la formation d'abcès ou de dépôts sanguins; dans quelques cas, la gangrène des parties contuses. Cette gangrène peut être le résultat immédiat de la contusion, ou bien être la suite de la violence de l'inflammation à laquelle la contusion a donné lieu. Toutes les contusions violentes doivent nécessairement donner lieu à une fièvre traumatique plus ou moins intense.

Examinons maintenant les effets les plus remarquables des contusions sur les différens tissus et sur les différens organes, et notons en même temps quelques phénomènes particuliers qui résultent des rapports anatomiques des parties qui peuvent être soumises à l'action des corps contondans.

La peau, lorsqu'elle n'est atteinte qu'obliquement par ces corps, ou qu'elle recouvre des parties molles épaisses et souples, n'éprouve ordinairement que de légères altérations dans sa texture; elle en évite de plus graves, soit en glissant sur les parties subjacentes, soit en cédant avec elles. Il n'en est pas de même lorsqu'elle est appuyée sur des tendons, sur des os, et surtout sur leurs crêtes; elle ne peut manquer alors d'être fortement meurtrie. On doit craindre qu'elle n'ait été désorganisée, lorsqu'immédiatement après l'accident, elle est insensible, mollasse, livide, ou que dans les jours suivans elle conserve la même insensibilité, et qu'elle présente des taches grisâtres ou d'un jaune pâle plus ou moins déprimées. Ces taches correspondent à des escarres qui intéressent toute l'épaisseur ou une partie de l'épaisseur du derme, et dont la chute doit laisser des ulcères plus ou moins étendus.

Dans les régions où la peau est mince et unie aux parties subjacentes par un tissu cellulaire abondant, lâche, dépourvu de graisse, comme aux paupières, les contusions sont promptement suivies d'un gonflement considérable, et de l'apparition d'une ecchymose qui s'étend au loin. Ces contusions sont en général peu douloureuses, et le sang, pouvant s'infiltrer facilement, forme rarement des dépôts.

Si le tissu cellulaire qui unit la peau aux membranes fibreuses ou musculaires placées sur des os, forme une couche dense, serrée, disposition que l'on observe sur le crâne, sur la face interne du tibia, et dans quelques autres régions du corps, on verra paraître, immédiatement après la contusion, tantôt une bosse dure, circonscrite, plus ou moins large; tantôt une bosse molle, dépressible à son centre, et dure à sa circonférence; d'autres fois une tumeur molle, fluctuante dans toute son étendue. Ces différences résultent du volume et du nombre des vaisseaux rompus, et

de la rapidité plus ou moins grande de l'extravasation du sang. Les bosses dures dans toute leur étendue sont formées par du sang infiltré et échappé de petits vaisseaux. Celles qui sont molles à leur centre et dures à leur circonférence, et qui en ont quelquefois imposé pour un enfoncement du crâne, contiennent du sang épanché et du sang infiltré; les dernières résultent de la rupture d'une branche artérielle ou d'une veine assez grosse; on les trouve ordinairement sur les régions latérales de la voûte du crâne; elles ne contiennent que du sang épanché. Les bosses par infiltration se terminent presque constamment par résolution, tandis qu'il devient quelquefois nécessaire, lorsque l'on a perdu l'espoir d'obtenir cette terminaison, de donner issue, par une incision, au sang contenu dans celles qui sont formées en tout ou en partie par l'épanchement de ce fluide.

Les contusions profondes des parties charnues, telles que les fesses, les hanches, les cuisses, les lombes, etc., occasionnent, pendant plusieurs jours, une douleur obtuse, une grande gêne dans les mouvemens, sans qu'il paraisse d'ecchymose, et la peau est encore plus longtemps à prendre la teinte noire-violette-marbrée, quand les muscles sont recouverts par de fortes aponévroses d'enveloppe. Le sang alors, en s'infiltrant de proche en proche sous ces aponévroses, va quelquefois produire l'ecchymose extérieure, loin du siége des parties contuses. Ces contusions des régions charnues sont suivies, dans quelques cas, de la formation de tumeurs sanguines très-grosses et d'une consistance inégale. On en voit qui paraissent contenir plusieurs livres de sang, et qui finissent cependant par disparaître. D'autres ne se terminent qu'en partie par résolution, en laissant un foyer sanguin qu'il devient nécessaire d'ouvrir. Enfin, dans le centre de quelques-unes, il reste un noyau dur, circonscrit, formé probablement par de la fibrine, et qui, à la longue, finit par disparaître. Les contusions dont nous parlons deviennent quelquefois la cause éloignée du développement de certaines tumeurs sanguines, fongueuses, d'un caractère très-grave, et dont on ne peut ordinairement obtenir la guérison que par l'extirpation et la cautérisation. *Voyez* TUMEURS ÉRECTILES.

Toutes les fois que les muscles ont été fortement contus, ils restent long-temps avant de recouvrer complétement leur faculté contractile; et c'est avec raison que l'on range leur contusion au nombre des causes des paralysies locales, complètes ou incomplètes. La paralysie est aussi une suite de la contusion des nerfs. Le plexus brachial, le nerf radial dans son trajet le long des bras, le nerf axillaire ou circonflexe de l'humérus, le nerf fémoral à son passage sur le pubis, sont les cordons nerveux qui sont le plus exposés à ce genre de lésion. Quand ces nerfs ont été très-fortement contus, la paralysie est très-longue à se dissiper, et quelquefois elle est incurable.

Les grosses artères sont rarement déchirées dans les contusions ordinaires, mais leurs membranes peuvent être partiellement rompues, ce qui peut donner lieu, au bout de quelque temps, à un anévrysme. Les veines, ayant des parois plus minces, se laissent plus facilement rompre. Aussi arrive-t-il quelquefois qu'un de ces vaisseaux, d'un volume assez considérable et placé sous la peau, se trouve rompu; il se forme alors une très-large ecchymose ou un épanchement de sang, et cependant la contusion peut n'avoir pas été très-violente.

David a réuni, dans un mémoire sur les contre-coups dans les diverses parties du corps, plusieurs observations sur les suites fâcheuses des contusions des grandes articulations : l'engorgement des ligamens, l'inflammation de la membrane synoviale, le gonflement, la destruction des fibro-cartilages et des cartilages articulaires, les luxations symptomatiques, la carie des os suivie de dépôts et de fistules, l'ankylose et quelquefois la mort des malades, après de longues souffrances, telles sont les suites possibles de ces contusions, lorsqu'elles sont négligées dans les premiers temps, et on ne peut pas même toujours les prévenir par un traitement méthodique, lorsque les blessés ont une disposition scrofuleuse. La contusion de la substance des os, celle du périoste et de la membrane médullaire, ne méritent pas moins d'attention; des douleurs profondes, des exostoses, la carie, la nécrose, l'ostéo-sarcôme en ont été souvent l'effet.

Les organes parenchymateux et glandulaires, tels que les mamelles, les testicules, le foie, etc., sont essentiellement prédisposés par leur texture aux engorgemens chroniques, au squirrhe, au cancer; et c'est assez souvent une contusion médiocre qui est la seule cause de cette succession d'accidens. Dans quelques cas, cependant cette cause mécanique serait trop faible par elle-même pour produire le mal; mais elle attire et fixe sur la partie blessée l'action d'une cause interne plus puissante, et dont jusque-là on

n'avait pas peut-être soupçonné l'existence.

Si l'on consulte les recueils d'observations pour rechercher quels peuvent être les effets des contusions sur les organes renfermés dans les cavités splanchniques, on voit que les contusions des parties renfermées dans le crâne peuvent donner lieu instantanément à la mort, et, lorsqu'elles sont moins violentes, à des épanchemens de sang entre les os et les méninges ou dans l'épaisseur même du cerveau, à l'inflammation du cerveau et de ses membranes, à des épanchemens de pus, à des fongus de la dure-mère, à des céphalalgies opiniâtres, à l'épilepsie, à la perte d'une ou de plusieurs facultés intellectuelles, à l'extinction de la vue, de l'ouïe, etc. On apprend également que les corps contondans, en agissant sur le thorax sans pénétrer dans sa cavité, peuvent rompre les vaisseaux des poumons, ou bien occasioner l'inflammation de ces organes, des plèvres, du tissu cellulaire, du médiastin, du péricarde; qu'à la suite de blessures du même genre, quelques individus ont conservé pendant long-temps une grande difficulté de respirer, de violentes palpitations, et que d'autres ont été affectés d'anévrisme du cœur ou de l'aorte. Il existe peu de faits relatifs aux contusions de poitrine aussi remarquables que le suivant. Un porteur d'eau robuste, âgé d'environ 55 ans, fut serré avec violence entre une grille de fer et le bout du timon d'une voiture. Le timon atteignit la deuxième, la troisième et la quatrième côtes du côté droit, près de leur jonction avec les cartilages, et fractura ces trois côtes en deux endroits. Les fractures antérieures étaient situées près des cartilages; les postérieures avaient leur siége à quatre ou cinq pouces plus en arrière. La peau était restée intacte; cette contusion fut suivie de crachement de sang, d'oppression, d'inflammation de la plèvre et du poumon. On parvint à calmer ces accidens par un traitement antiphlogistique très-actif. La convalescence se fit long-temps attendre, et fut elle-même très-longue; mais il reste à cet homme, qui est encore vivant, une large hernie du poumon; elle proémine à travers tout l'intervalle situé entre les fractures antérieures des côtes. On ne peut sentir, à travers la peau et les muscles postérieurs, aucun vestige des fragmens intermédiaires à ces fractures. Il est probable qu'ils auront été peu à peu érodés et absorbés. L'individu qui porte cette hernie est obligé de la contenir avec une large plaque légèrement concave; il jouit d'ailleurs d'une bonne santé.

Les corps contondans qui agissent sur les parois de l'abdomen, peuvent produire dans l'intérieur de cette cavité des lésions tout aussi nombreuses, tout aussi graves, parmi lesquelles nous citerons d'abord la rupture de l'estomac, de l'intestin grêle, de la vessie, de la veine-cave, qui a été plusieurs fois observée. Nous ferons remarquer que ces viscères sont d'autant plus exposés à se rompre quand un corps contondant atteint l'abdomen, qu'ils sont dans un état plus considérable de distension. On a vu, il y a environ 20 ans, à Paris, une femme qui portait depuis plusieurs années, à la région épigastrique, une large ouverture qui communiquait avec l'estomac; cette ouverture s'était formée à la suite de la chute d'une escarre gangréneuse occasionée par une forte contusion. D'autres contusions de l'abdomen ont été suivies de vomissement de sang, de déjections sanguinolentes, de déchirure du foie, de la rate, du mésentère. Chez d'autres sujets, des contusions ont occasioné des hernies volumineuses, la rupture ou l'étranglement d'anciennes hernies. On conçoit qu'à la suite de la rupture d'une portion du conduit digestif ou de quelque vaisseau sanguin considérable, il doit nécessairement se former des épanchemens dans la cavité du péritoine. Dans des cas moins fâcheux, les contusions de l'abdomen ont eu pour résultat l'inflammation aiguë ou chronique du tissu cellulaire extérieur de cette membrane, et la formation d'abcès plus ou moins volumineux dans ce tissu cellulaire.

Les contusions des organes génitaux intérieurs et extérieurs de la femme peuvent occasioner l'avortement, la métrite. Les contusions du vagin, pendant les accouchemens prolongés et laborieux, ont souvent été suivies de la gangrène de la cloison vésico-vaginale, et de fistules plus ou moins larges et souvent incurables. L'inflammation des testicules, l'hématocèle par infiltration, l'hématocèle par épanchement, la rupture des testicules, sont les accidens que l'on a particulièrement à redouter lorsque les corps contondans heurtent contre le scrotum.

Diagnostic et pronostic des contusions. — La couleur presque noire qu'offrent quelquefois les parties contuses pourrait en imposer à un médecin peu attentif, et lui faire croire à l'existence de la gangrène; mais il est facile d'éviter cette erreur. Les escarres gangréneuses sont limitées et insensibles; elles offrent la même teinte dans toute leur étendue; les ecchymoses, au contraire, ne sont pas cir-

conscrites, et elles sont bien plus foncées en couleur à leur centre qu'à leur circonférence. On a cherché quelquefois à tromper les médecins, en simulant des contusions, au moyen de teintes communiquées à la peau avec des matières colorantes, noires et jaunes, et en appliquant des ligatures circulaires au-dessus des parties ainsi colorées, afin d'en occasioner l'enflure. Le gonflement ne se présente pas avec les mêmes caractères que lui donne la contusion; et, pour peu que l'on conserve de doute, des lotions sur la peau, ou des onctions, feront bientôt reconnaître la fraude, en enlevant la matière colorante.

Les contusions profondes de la hanche, de l'épaule, du thorax et même de la cuisse, sont quelquefois très-difficiles à distinguer d'une fracture. Lorsqu'après un examen attentif, on ne peut établir avec certitude le diagnostic, il est prudent de se comporter, jusqu'à ce qu'on ait acquis de nouvelles lumières, de manière à prévenir tous les accidens qui pourraient résulter de l'une et de l'autre de ces lésions.

Pour apprécier aussi exactement que possible le degré d'intensité d'une contusion, il faudra toujours tenir compte : 1° des conditions physiques présentées par le corps contondant, de la vitesse du choc, de sa direction, du temps pendant lequel se sera prolongée la pression; 2° de la texture de la partie contuse et de sa situation; 3° des symptômes locaux et généraux survenus depuis l'accident; et ce sera d'après les mêmes données et l'importance des parties blessées, que l'on portera son pronostic, mais toujours avec une sage réserve, parce que ces accidens consécutifs deviennent quelquefois beaucoup plus graves que ceux que semblent annoncer les symptômes primitifs.

Traitement. — Les indications curatives de la contusion sont relatives à son degré d'intensité, et à la nature des accidens primitifs et consécutifs auxquels elle donne lieu. Lorsqu'elle intéresse toute ou presque toute l'épaisseur d'un membre, qu'elle a été portée jusqu'à l'attrition, ce qui ne peut guère avoir lieu sans que les os aient éprouvé en même temps une fracture comminutive, le seul parti rationnel à prendre consiste à amputer sans délai ce membre, pour prévenir le développement des accidens consécutifs les plus graves.

D'autres contusions, sans être portées jusqu'à la désorganisation immédiate, comme dans le cas précédent, sont cependant assez violentes pour occasioner promptement l'engourdissement, la perte de sensibilité, le refroidissement et la cessation des pulsations artérielles dans un membre. Lamotte, dans son *Traité de Chirurgie*, rapporte quelques cas de ce genre. Il pratiquait alors des scarifications multipliées, et il les lavait avec de l'eau-de-vie, dans laquelle il faisait fondre du sel et de l'onguent Ægyptiac; puis il appliquait un cataplasme préparé avec des poudres aromatiques et du vin. Si la sensibilité et la circulation se rétablissent au bout de quelques jours, on n'a plus à combattre que les accidens résultans de l'infiltration du sang et de l'inflammation. Si, au contraire, la gangrène survient et pénètre profondément, l'amputation devient nécessaire.

Dans les contusions moins violentes des membres et des parois des cavités splanchniques, il faut d'abord chercher à calmer la douleur, à empêcher l'infiltration ultérieure du sang dans le tissu cellulaire, ainsi que l'afflux des humeurs vers la partie blessée, à favoriser la résorption des fluides extravasés, et à prévenir le développement des accidens inflammatoires. Pour remplir ces premières indications, on a recours à la compression, aux topiques réfrigérans, aux sédatifs, aux astringens ou aux spiritueux secondés par le repos et la situation convenable de la partie blessée. Les sangsues, les ventouses sèches et scarifiées, la saignée, les pédiluves révulsifs, les topiques rubéfians, vésicans, les lavemens laxatifs, les remèdes internes, spiritueux ou aromatiques, les boissons délayantes, une diète plus ou moins sévère, sont aussi indiqués dans plusieurs cas, et par différentes circonstances.

Les avantages de la compression dans les contusions peu profondes, surtout lorsqu'il en est résulté des bosses plus ou moins larges et saillantes appuyées sur des os, sont incontestables. Quand les membres sont le siége de la blessure, il faut prendre les précautions convenables pour que la compression ne donne pas lieu à l'engorgement de leur partie inférieure. Ce moyen cesse d'être utile, et deviendrait même nuisible dès que l'engorgement inflammatoire commence à se développer. Quelques chirurgiens recommandent de faire de légères frictions sur les parties contuses, pour disséminer le sang extravasé; la compression procure ce résultat, en même temps qu'elle s'oppose à l'afflux et à la stase des fluides.

L'eau froide, dont on imbibe des compresses, qu'il faut humecter dès qu'elles commencent à s'échauffer, est un des meilleurs topiques pour les contusions récentes. L'eau végéto-

minérale, l'eau vinaigrée à laquelle on peut ajouter du sel commun ou d'autres substances salines. telles que l'alun, le sel ammoniac, le nitre, le sulfate de fer, le sulfate de zinc, le tartrate de fer et de potasse, etc., agissent encore avec plus d'énergie. L'eau-de-vie camphrée, les différentes eaux spiritueuses, dites vulnéraires, les infusions de sauge, de romarin ou d'autres plantes aromatiques, quoique agissant d'une manière différente sur les tissus vivans que les sédatifs et les astringens, sont aussi très-recommandables, surtout quand les contusions sont profondes, et qu'on craint de supprimer la transpiration ou de répercuter quelque éruption chronique par les topiques sédatifs ou astringens.

Les sangsues et les ventouses scarifiées conviennent spécialement dans les contusions profondes des membres, des grandes articulations, des parois des cavités splanchniques et des viscères; leur application doit presque toujours être précédée de la saignée chez les sujets sanguins ou d'une constitution robuste. Elles sont plus nuisibles qu'utiles lorsque la contusion intéresse des parties peu charnues, et que la peau en est en quelque sorte le siége principal.

La saignée est le moyen le plus énergique que l'on puisse mettre en usage pour prévenir les suites des fortes contusions extérieures ou intérieures. Le grand âge des blessés ne la contre-indique pas d'une manière absolue; on ne doit s'en abstenir que dans le cas de faiblesse extrême ou de stupeur locale; et, dans ce dernier cas, il peut devenir utile de la pratiquer lorsque la sensibilité se rétablit, et que les symptômes locaux ou généraux annoncent le développement prochain d'une violente inflammation. Il est rare qu'à la suite des contusions qui intéressent les viscères, on ne soit obligé de saigner plusieurs fois. Les remèdes internes spiritueux ou aromatiques, dont on abuse si souvent dans le traitement des contusions, ne peuvent convenir qu'immédiatement après l'accident pour faire cesser le spasme ou la stupeur qui en sont quelquefois la suite. Il faut en rejeter l'emploi dès que le pouls se relève, que la chaleur se rétablit, que les autres symptômes disparaissent, et leur substituer alors les boissons acidulées, les émulsions, les décoctions d'orge, de chiendent, etc.

Les topiques rubéfians, tels que la pulpe de bryone, les cataplasmes sinapisés, les linimens ammoniacaux, les emplâtres de térébenthine, de poix, etc., sont particulièrement indiqués dans les contusions profondes. Mais ce n'est pas immédiatement après l'accident qu'on peut en obtenir les meilleurs effets. Ils conviennent surtout pour achever de faire résoudre les engorgemens chroniques et pour dissiper les douleurs sourdes qui persistent quelquefois long-temps dans les parties contuses.

Nous avons indiqué les topiques propres à remplir les premières indications des contusions; on doit en continuer l'emploi jusqu'à la fin du traitement, quand il ne survient pas d'inflammation, et que l'on voit chaque jour le gonflement diminuer et la teinte de l'ecchymose devenir moins foncée. Mais si la partie contuse devient tendue, chaude, douloureuse, il faut passer à l'usage des topiques émolliens. Plus tard, lorque l'inflammation commence à se dissiper, on associe les aromatiques aux émolliens, et on finit par les employer seuls.

C'est ordinairement pendant la durée de l'inflammation produite par les contusions, que se réunissent dans des foyers, plus ou moins régulièrement limités, le sang fluide et les caillots qui n'ont pu être absorbés. Si on abandonnait ces dépôts à eux-mêmes lorsqu'ils deviennent douloureux, ils désorganiseraient le tissu cellulaire intermusculaire et souscutané, ainsi que la peau, et ils laisseraient des ulcères sanieux, difficiles à guérir. Il faut donc les ouvrir avant que la peau ne soit amincie. On exprime ensuite avec soin le sang qu'ils contiennent et celui qui est infiltré dans leur voisinage, et on panse la plaie avec l'onguent styrax, ou avec un digestif térébenthiné, jusqu'à ce qu'une bonne suppuration se soit établie.

Quand l'inflammation, produite par la contusion, se termine par gangrène, on favorise la séparation des escarres par l'application des topiques relâchans, et après que la gangrène est bornée, on pratique l'amputation du membre si l'on juge sa conservation impossible. Lorsque les contusions ont laissé, soit dans les parois des cavités splanchniques, soit dans les membres, de la faiblesse, du gonflement, de la douleur, de la gène dans les mouvemens, on conseille, pour dissiper ces symptômes, les bains oléagineux, les bains et les douches d'eaux thermales, l'immersion des parties douloureuses dans le sang de bœuf encore chaud, dans le marc de raisin en fermentation, les fumigations aromatiques, les frictions avec les préparations balsamiques. (MARJOLIN.)

CONVALESCENCE, s. f., *convalescentia, reconvalescentia, analepsis.* Non-seulement l'activité vitale ne s'exerce pas au même degré dans tous les organes, à tous les âges, dans les deux sexes, dans toutes les contrées et durant toutes les saisons, elle varie encore à chaque instant de la vie et dans chaque individu. Il a été nécessaire d'employer diverses dénominations pour désigner quelques-unes des nuances de cette activité; ainsi on leur a donné les noms de *santé,* de *maladie,* d'*indisposition* et de *convalescence.* Mais les deux premières de ces quatre dénominations n'indiquent rien autre chose que l'idéal de l'exercice parfaitement régulier de la vie et de l'irrégularité de l'action vitale; l'*indisposition* est le passage de la première à la seconde, c'est-à-dire de la santé à la maladie; la *convalescence* est le retour de la maladie à la santé. Dans l'indisposition, le sentiment de bien-être qui caractérise l'état de santé a fait place au malaise qui annonce l'état morbide. Dans la convalescence l'homme éprouve un sentiment délicieux, que Delille a embelli de tout le brillant de son imagination; il renaît à l'espérance; dans l'indisposition, au contraire, la crainte l'assiége. L'indisposition est donc plus près de la maladie, et la convalescence plus près de la santé; mais il est difficile de dire avec exactitude où finit l'un de ces états, et où commence l'autre. N'oublions pas que, dans ce qui vient d'être dit et dans ce que nous allons dire, nous n'avons égard qu'à l'état des fonctions.

La cessation des symptômes les plus alarmans, de ceux qui caractérisaient le plus spécialement la maladie, et qui dépendaient directement de l'organe malade, la diminution marquée des symptômes qui persistent encore, la régularité des battemens du cœur et du pouls, le rétablissement des excrétions, de la sueur, de l'urine, des menstrues, de la sécrétion du mucus nasal ou intestinal, la cessation de la soif, de toute douleur idiopathique ou sympathique, la diminution de la chaleur de la peau, de la rougeur des bords de la langue, de la sécheresse ou de la blancheur de cet organe, la disparition des matières qui le recouvraient, le retour du sommeil, de l'appétit, le désir de prendre de l'exercice, de sortir, d'aller respirer au grand air, quoiqu'il y ait encore beaucoup de faiblesse, le retour de l'activité dans l'appareil génital, enfin, ce plaisir indicible qu'on éprouve lorsqu'on voit s'approcher l'instant où l'on reprendra les habitudes, les occupations et les plaisirs de l'état de santé, tels sont les signes généraux auxquels on reconnaît la convalescence dans les maladies aiguës. On les retrouve, mais moins caractérisés, à la suite du petit nombre de maladies chroniques qui se terminent favorablement.

Outre ces signes, communs à toutes les convalescences, il en est qui sont particuliers à chacune des nuances de cet état, selon qu'ils succèdent aux affections de tel ou de tel autre organe. Ainsi, après les maladies de l'encéphale qui ont porté atteinte à l'exercice de la pensée, les facultés intellectuelles et affectives reviennent à leur type habituel, mais les organes des sens restent pendant long-temps encore très-irritables. Si le poumon était affecté, la toux cesse, la respiration reprend son rhythme accoutumé, la dyspnée cesse, mais le malade reste très-sensible au froid. Le cœur a-t-il été l'organe le plus affecté, le pouls se régularise, il reprend sa fréquence, son rhythme normal, mais le sujet reste disposé au frisson, aux palpitations. Lorsque l'estomac a été principalement lésé, la langue devient moins rouge, ou bien elle perd sa blancheur, elle s'humecte, et se nettoie de toutes les matières qui la couvraient, la bouche redevient fraîche, un besoin impérieux d'alimens se fait sentir, et pourtant souvent un repas léger occasionne des tiraillemens, des douleurs d'estomac, de la chaleur à la peau, et l'accélération du pouls. Les intestins ont-ils été malades, la diarrhée ou la constipation cesse, ainsi que le sentiment de vacuité ou de plénitude qui accompagnait l'un ou l'autre de ces deux états. Enfin, sans entrer dans de plus longs détails à cet égard, la convalescence a lieu dès que les phénomènes de bon augure l'emportent sur les autres et s'accroissent de jour en jour, lorsque chacun des organes revient graduellement à l'exercice normal de ses fonctions. On vient de voir qu'il reste dans l'organe qui a été le plus affecté, une susceptibilité morbide à laquelle on ne saurait donner trop d'attention si l'on veut éviter les rechutes et les récidives.

La durée de la convalescence varie depuis quelques jours jusqu'à une ou plusieurs semaines, et quelquefois même un mois ou deux ; rarement elle se prolonge au-delà de ce temps, si ce n'est à la suite des affections chroniques, dans lesquelles le passage de l'état de maladie à l'état de santé se fait lentement, et sans qu'on puisse marquer le commencement de la transition, ce qui d'ailleurs est toujours fort difficile, même dans les maladies aiguës. Aussi n'est-il rien de plus ridicule que cette assertion positive que l'on trouve dans les bulletins de la santé des grands : « le malade est entré en convalescence aujourd'hui, » comme si la convalescence était un état absolument distinct et isolé de la maladie. En général la convalescence est plus longue chez les femmes et les vieillards, dans l'automne et dans l'hiver, dans les pays bas et humides, que chez les enfans et les adultes, dans le printemps et l'été, dans les pays élevés et secs ; mais ces règles souffrent de nombreuses exceptions.

De même que dans les maladies on doit étudier avec soin l'état de chacun des organes, afin de reconnaître ceux qui sont irrités, et de les distinguer de ceux dans lesquels la vie languit, pour stimuler ceux-ci et débiliter ceux-là, il faut, dans la convalescence, ne pas se borner à chercher les moyens de rendre des forces au sujet. La faiblesse dont il se plaint dépend de la déperdition des matériaux nutritifs, consommés par le travail morbide, soustraits par les émissions sanguines, les vomitifs, les purgatifs, chassés au dehors par la sueur, les urines ; elle dépend encore de ce qu'il reste dans un ou plusieurs des organes internes un certain degré de surexcitation, qui entretient la débilité des organes extérieurs ; enfin, il ne faut pas oublier que si l'influence nerveuse qui préside à la locomotion est affaiblie, celle qui préside à l'action des organes des sens, à la sensibilité, est d'autant plus exaltée. L'état de convalescence offre donc en général quatre indications fondamentales : nourrir, achever de faire cesser l'irritation qui persiste à un faible degré, exciter l'action musculaire, diminuer la sensibilité.

Pour remplir la première indication, il faut avoir principalement égard à l'état des voies digestives, qui conservent le plus souvent un certain degré d'irritation, laquelle oblige à choisir parmi les alimens ceux qui nourrissent sans stimuler trop vivement la membrane muqueuse gastrique. Il ne faut pas avoir recours empiriquement, comme on le fait presque toujours, aux bouillons gras, aux consommés, aux viandes et au vin : le choix le plus sévère parmi les *analeptiques* est de rigueur. Si l'on accorde trop tôt des alimens dont la digestion occasionne une augmentation marquée de la chaleur animale, et des boissons qui stimulent l'action du cœur et celle du système capillaire, la faiblesse et la maigreur se prolongent, et souvent il en résulte des rechutes que plus de réserve aurait épargnées au sujet. Il faut nourrir peu, choisir les alimens de facile digestion, et ne permettre que du vin trempé, lors même que la convalescence dure depuis quelque temps. En général, on sera réservé sur l'usage de cette boisson dans les premiers jours de la convalescence; souvent on prescrira au malade de s'en abstenir jusqu'au parfait rétablissement des fonctions digestives.

Telle est la conduite qu'il faut tenir lorsqu'au milieu des phénomènes de la convalescence on observe encore quelques signes d'irritation gastrique ou intestinale. Elle doit être différente lorsqu'on observe au contraire une certaine pâleur des membranes muqueuses, point de chaleur à la peau, du dégoût pour les boissons mucilagineuses, pour les boissons acidules édulcorées, un désir bien prononcé des alimens de haut goût, du vin, et même des amers, particularité qu'on rencontre assez souvent dans les convalescences des gastro-entérites avec prostration profonde. On aura soin de distinguer cette appétence pour les stimulans du désir qu'ont la plupart des malades de recourir à ces moyens pour recouvrer leurs forces. Tous demandent des alimens, du vin, non parce qu'ils en éprouvent vraiment le besoin, mais parce qu'ils sont persuadés que ces moyens feront cesser la faiblesse dont ils se plaignent. Si tout annonce la nécessité de stimuler, c'est-à-dire si la faiblesse s'accroît à mesure que les signes d'irritation cessent, on mettra en usage les légers alimens très-nutritifs, le vin de Bourgogne, de Bordeaux, ou tout autre analogue, mêlé à une certaine quantité d'eau. L'avidité avec laquelle le convalescent savoure ces substances, le sentiment de bien-être qu'il en éprouve, et le rétablissement rapide de ses forces musculaires, prouveront que l'on a suivi la véritable manière de remplir la première indication.

Si l'état morbide persiste encore pendant quelque temps, il sera bon de continuer l'usage des moyens qui en auront triomphé dans la violence du mal, mais ils ne devront être employés qu'avec réserve. Si l'irritation persiste, on continuera plus ou moins long-temps à prescrire les boissons mucilagineuses, gommeuses, ou même l'eau pure édulcorée; si, au contraire, la faiblesse diminue, si les membranes muqueuses sont dans l'état que nous avons décrit plus haut, quelques infusions aqueuses de plantes amères ou aromatiques, une légère infusion de quinquina, selon la nature du cas, d'autres fois des eaux minérales ferrugineuses, ajouteront aux bons effets des boissons et des alimens stimulans.

La troisième indication, celle de rendre aux muscles l'activité qu'ils ont perdue, est en grande partie remplie par les moyens employés pour nourrir et pour effacer toutes les traces de l'état morbide; mais il faut y joindre un moyen qui agit directement sur ces organes, c'est l'exercice modéré en voiture, à pied, à cheval, selon le cas et l'état du sujet. L'inaction des membres rend les muscles peu disposés à se contracter; ils recouvrent cette faculté par des promenades, d'abord peu prolongées, puis plus longues. L'exercice, en dirigeant l'activité vitale vers l'appareil locomoteur, l'affaiblit dans les organes qui sont encore irrités; il favorise indirectement l'action des organes digestifs; enfin, il contribue à diminuer le surcroît d'excitabilité cérébrale, de sensibilité, qui est presque inséparable de la convalescence. Si on y joint l'éloignement de tout objet capable de causer une sensation désagréable, d'exciter une vive émotion, la terreur et le chagrin, ou même une joie excessive, on aura ainsi satisfait à la quatrième indication. Si, au contraire, un des organes des sens est devenu plus ou moins insensible à l'impression de son stimulant accoutumé, on devra diriger contre cette affection secondaire le traitement approprié à sa nature.

Outre ces indications générales, il en est d'autres relatives à l'organe qui a été affecté. Il faudra dans tous les cas, quels qu'ils soient, ne le rendre que peu à peu à l'empire des stimulans qui agissent ordinairement sur lui, éloigner toute circonstance capable de le replonger dans l'état d'où il est heureusement sorti. Ainsi, on recommandera une grande modération dans toutes les actions auxquelles le sujet se livrait ordinairement, on proscrira l'étude, le travail intellectuel; on éloignera tout ce qui pourrait troubler le sommeil, exciter les passions, surtout dans la convalescence des maladies de l'encéphale. On placera le convalescent dans un lieu aéré, sec, d'une température moyenne. Outre les soins hygiéniques que nous avons indiqués, on prescrira des frictions sur toute la surface du corps, qui sera lavée avec soin. Dans la plupart des cas, on prescrira un bain dès que les forces le permettront. A cette même époque, les cheveux seront peignés avec soin: on se gardera de les faire couper avant le rétablissement parfait, car l'expérience a démontré un grand nombre de fois que cette pratique était dangereuse. La tête se trouvant ainsi privée de son vêtement naturel, se refroidit, quelle que soit la température du lieu ; la transpiration insensible, si abondante au derme chevelu chez plusieurs personnes, se supprime : de là des céphalalgies, le coryza, des ophthalmies, des otites, des surdités, souvent des rechutes, quand l'encéphale a été fortement lésé pendant la maladie. Toutefois, il est nécessaire de bien nettoyer la tête aussitôt que la convalescence est à peu près terminée, même afin de favoriser cette transpiration, qui est salutaire comme toutes celles du même genre.

Les lavemens sont souvent indiqués dans la convalescence, pour combattre une constipation suite de la maladie, et quelquefois effet des médicamens, de l'opium, par exemple. Les plus simples doivent être préférés à tous les autres : ils seront émolliens ou laxatifs, quelquefois même purgatifs, selon le caractère de la maladie passée. Dans toute convalescence, il importe de ne pas laisser durer la constipation. Elle annonce presque constamment, ou que le mal n'est pas entièrement guéri, ou qu'il est susceptible de se reproduire. Les lavemens sont d'ailleurs d'autant mieux indiqués, qu'on donne alors plus d'alimens qu'on n'en avait permis depuis plus ou moins long-temps, et qu'il faut par conséquent solliciter l'action contractile des intestins, afin de favoriser l'action digestive qui a lieu dans le duodénum.

Depuis un temps immémorial, ou plutôt, depuis que la théorie humorale pèse sur la médecine, et, pour mieux dire, sur le genre humain, on est dans l'usage de purger les convalescens, et l'usage veut encore qu'on les purge deux fois. Si on se borne à prescrire une seule *médecine*, l'humeur est seulement mise en mouvement, disent les malades, et, pour peu que la convalescence se prolonge, qu'il y ait une rechute, ou même une récidive, un ou plusieurs mois, ou même un an après, on accuse le médecin d'ignorance ou d'incurie. L'accusation est plus grave s'il n'a recommandé aucune purgation, et qu'il arrive un de ces événemens. Ainsi que toutes les autres pratiques universellement répandues, celle-ci n'est pas dénuée de quelques raisons plausibles, puisque dans certains cas il est utile de purger après la terminaison de la maladie; par ce moyen on achève quelquefois de déterminer vers le tube intestinal une dérivation salutaire indiquée par la nature, ou déjà commencée. On épuise ainsi, s'il est permis de se servir de cette expression, l'influence de la cause morbifique. Mais il est absurde d'attribuer à l'omission des *médecines*

de rigueur tous les maux qui peuvent accompagner ou suivre la convalescence, et bien plus encore ceux qui ne se développent qu'après le rétablissement de la santé. Ainsi, l'on pourra purger sans inconvéniens lorsque la langue offrira un enduit permanent malgré la cessation complète de l'irritation de l'estomac et des intestins : cet organe se débarrasserait presque toujours de cet enduit, mais l'expérience a prouvé que dans ce cas la purgation hâte les progrès de la convalescence. Lorsque dans le cours de cet état des sueurs continuent à se manifester, un purgatif peut être donné avec avantage. On purgera également les personnes qui ont contracté l'habitude de recourir à ce moyen à la fin de leurs maladies, celles qui sont dans l'usage de se purger par précaution une ou plusieurs fois par an, celles qui sont sujettes à des diarrhées momentanées, ridiculement nommées *bénéfices de nature*; on purgera les gens replets, chargés d'un embonpoint surabondant, et qui ont si souvent besoin de maigrir pour se bien porter; enfin, on purgera ceux qui ont été sujets à une évacuation habituelle ou périodique, sanguine, muqueuse ou autre, qui ont porté auparavant un vésicatoire, un séton, un cautère, et qui les ont laissé sécher. Ainsi, l'on purgera dans la convalescence tous les individus qui avant d'être malades ont été soumis à des évacuations naturelles ou provoquées : il existait chez eux une irritation dérivative, permanente ou momentanée, qu'il n'est pas inutile de renouveler pendant quelques instans. Mais, malgré la réunion même de plusieurs des circonstances que nous venons d'indiquer, on ne purgera point s'il y a des signes d'irritation des voies digestives, ou, pour le faire, on attendra que cette irritation ait complètement cessé, et qu'il se soit écoulé un certain laps de temps depuis le retour des voies digestives à leur état normal. Lorsque je suis appelé près d'un malade qui attribue l'origine de sa maladie à l'omission d'une *médecine*, prise habituellement tous les six mois, par exemple, si l'état de l'estomac ne me permet pas de le purger dans la convalescence, je lui conseille de reprendre ses repas à son appétit aussitôt que son estomac le permet, et d'attendre, pour se purger, que le surcroît d'appétit qui accompagne ordinairement la convalescence ait fait place à un léger dégoût, ainsi que cela arrive le plus communément en très-peu de temps chez ces personnes.

Dans la convalescence des maladies de certains organes, de ceux de la tête, par exemple, dans la convalescence de la bronchite, et à la suite des couches, il est souvent utile de purger, si l'état des voies gastriques le permet, car jamais il ne faut braver toute contre-indication manifeste venant de ce côté. On sait que la stimulation des intestins est souvent avantageuse dans les maladies encéphaliques, dans celles des yeux, des oreilles, de la gorge, des bronches, et j'ajouterai, dans celles des fosses nasales et de la bouche. A la suite de la parturition, la purgation est indiquée toutes les fois que la femme est d'une constitution lymphatique, quand il y a chez elle des flueurs blanches habituelles ou fréquentes, et lorsqu'elle ne nourrit pas. S'il faut purger dans cette espèce de convalescence, ce n'est pas afin de prévenir la chimérique métastase du lait, mais parce que, chez ces femmes, il y a une disposition aux sécrétions qu'il faut satisfaire en remplaçant celles que l'on redoute où que l'on veut faire cesser par une sécrétion passagère, qui n'offre aucun inconvénient quand elle est provoquée avec toute la prudence nécessaire.

Nous ne pourrions entrer dans de plus grands détails sans nous exposer à des anticipations ou à des répétitions, que nous nous sommes fait un devoir d'éviter. Ce que nous venons de dire de la convalescence en général s'appliquera aisément à chacune des maladies aiguës, qui toutes exigent d'ailleurs des soins particuliers après leur terminaison. Quant aux maladies chroniques, ainsi que nous l'avons dit, la convalescence n'en peut guère être distinguée, et celle-ci exige absolument les mêmes moyens que ceux que nous avons indiqués pour la convalescence en général, ou plutôt il convient en pareil cas de continuer l'emploi des agens hygiéniques et thérapeutiques qui ont insensiblement amené la maladie à une heureuse terminaison.

Dans toute convalescence, le coït sera sévèrement défendu : nous en avons dit la raison à l'article CONTINENCE, et nous indiquerons les suites fatales de l'omission de ce précepte au mot INCONTINENCE.

Nous aurons encore à parler de la convalescence quand nous traiterons des *fièvres*, des *inflammations*, des *hémorrhagies*, des *névroses*.

Les lésions par causes mécaniques, telles que les plaies, les fractures, les luxations, sont suivies d'un état analogue à la convalescence, et qui exige quelques précautions. Ainsi le blessé, après la cicatrisation de sa plaie, la conso-

lidation de sa fracture, la réduction de sa luxation, doit rester encore pendant un temps plus ou moins long sans se servir de la partie de son corps qui en a été le siége. A l'occasion de chacune de ces lésions nous indiquerons les précautions qu'il convient de prendre à cet égard.   (DICT. ABRÉGÉ DE MÉD.)

CONVERSION, s. f., *conversio, transmutatio*. Les conversions des maladies, ou les changemens d'une maladie en une autre, ont été l'objet des méditations particulières des anciens médecins. Mais comme ils n'attachaient le nom de maladie qu'à des groupes déterminés de symptômes, ils prirent souvent, pour le développement d'une nouvelle affection, un simple changement qui était apporté dans les phénomènes de la maladie par ses progrès ou par son amélioration, par les affections secondaires qui en étaient la conséquence, ou par les complications qui survenaient pendant son cours, enfin par ses divers genres de terminaison. Les métastases seules peuvent être regardées comme de véritables conversions, si toutefois encore l'on peut considérer ainsi le changement de siége ou de forme de la maladie; comme lorsqu'à une affection rhumatismale de quelque articulation, à quelques éruptions cutanées, succèdent les signes de l'irritation de l'un des viscères importans de l'économie, et réciproquement, ou lorsqu'une phlegmasie est remplacée par une autre ou par une hémorrhagie, etc. On voit que, dans cette manière d'envisager la chose, le nombre des conversions de maladies serait extrêmement restreint; et dans l'acception ancienne donnée au mot *conversion*, il diminuera probablement encore à mesure qu'on connaîtra mieux la nature des diverses affections et les rapports des altérations organiques qui les constituent. *Voyez* MALADIE, MÉTASTASE, TERMINAISON.   (RAIGE DELORME.)

CONVOLVULACÉES, *convolvulaceæ*, s. f. Famille naturelle de plantes qui appartient aux dicotylédones monopétales, dont la corolle est hypogyne. Le genre liseron (*convolvulus*) forme le type de cette famille, remarquable par l'uniformité de ses propriétés médicales. Toutes les convolvulacées dont la racine est épaisse et charnue renferment, outre la fécule amilacée qui en forme la base, un principe résineux d'une âcreté violente et qui communique à ces racines une action purgative des plus intenses. C'est à ce genre liseron que nous devons plusieurs médicamens purgatifs très-énergiques et fréquemment employés, tels que le jalap, la scammonée d'A-lep, le turbith et le mechoachan. Cette propriété purgative existe également dans nos liserons indigènes; et les racines du liseron des haies, du liseron soldanelle, et en général de tous ceux dont la racine est épaisse et charnue, ne jouissent qu'à un degré plus faible des mêmes propriétés que le jalap. Quand le principe résineux est en très-petite quantité dans les racines des convolvulacées, l'action purgative disparait, et la grande quantité de fécule qu'elles renferment les rend propres à servir à la nourriture de l'homme. C'est ainsi que les patates ou racines du *convolvulus batatas* sont un aliment aussi sain qu'agréable. Cependant on peut établir d'une manière générale, que les racines charnues de toutes les convolvulacées sont âcres et purgatives. (A. RICHARD.)

CONVULSIF, adj., *convulsivus*; se dit des symptômes, des affections, des maladies, qui annoncent les convulsions ou qui en sont accompagnés, et de plusieurs phénomènes morbides que l'on suppose avoir quelque rapport avec la *convulsion* : ainsi on dit *affection* ou *maladie convulsive, toux convulsive, pouls convulsif*, etc.

Morton et Coutanceau ont décrit, sous le nom de *fièvre intermittente pernicieuse convulsive*, deux cas d'une maladie qui doit être rangée parmi les irritations ou congestions encéphaliques intermittentes. Dans le premier, il s'agit d'une jeune fille chez qui elle se manifesta, avec le type d'abord quotidien, puis tierce, par des mouvemens convulsifs, une gêne considérable de la respiration, et une petitesse extrême du pouls : le quinquina, uni à d'autres substances, procura la guérison. Le second cas est celui d'un enfant âgé de quatre ans, vigoureux, replet, ayant la tête fort grosse, qui éprouva d'abord deux accès fébriles tierces, sans symptômes alarmans. Un grain de tartrate antimonié de potasse fit évacuer une grande quantité de bile; mais le troisième accès avança de quatre à cinq heures, et dura depuis deux heures de l'après-midi jusque pendant toute la nuit. Le lendemain, l'enfant dormit d'un sommeil tranquille, dont on avait peine à le tirer pour lui faire boire de la tisane. Le quinquina fut donné sur-le-champ; néanmoins il y eut un quatrième accès le lendemain, à dix heures du matin; le coma survint dans la période de chaleur, mais il fut peu profond. Les pupilles étaient dilatées, les mâchoires serrées par intervalles, les yeux et les lèvres agités de mouvemens convulsifs.

L'accès dura dix-sept heures, et finit par une légère sueur, pendant laquelle l'assoupissement cessa complètement. Coutanceau, étonné de l'intensité de cet accès, demanda aux parens s'ils avaient fait prendre exactement le quinquina à la dose de trois gros, divisés en six prises; la mère avoua qu'au contraire elle avait donné une médecine au petit malade. Le quinquina fut alors administré, dans la journée, à la dose d'un demi-gros, répétée huit fois. Le cinquième accès n'offrit qu'un peu de chaleur et de malaise, qui se dissipèrent bientôt. On répéta le quinquina, l'accès ne revint plus. L'usage du médicament fut continué, à doses progressivement décroissantes, et il n'y eut ni rechute ni récidive. Les forces musculaires n'avaient jamais souffert beaucoup d'altération, si ce n'est dans le temps du paroxysme, car pendant les intermissions, l'enfant s'était levé, s'était promené, et avait mangé avec appétit. Ce fait précieux nous offre un cas de fièvre *pernicieuse sans gastrite*, quoi qu'en dise Broussais.

(DICT. ABRÉGÉ DE MÉD.)

CONVULSION, s. f., *convulsio, spasmus clonicus, clonismus*. Si l'on veut attacher une signification claire et précise à ce mot, il faut l'employer pour désigner, en général, toute contraction involontaire et tumultueuse d'un ou de plusieurs muscles. Il peut donc être appliqué aux organes musculaires qui servent à la circulation, à la digestion, à l'excrétion du sperme ou de l'urine, comme aux muscles de l'appareil respiratoire et à ceux de la face, des membres et du larynx, en un mot, aux muscles plus ou moins complètement soustraits à l'empire de la volonté, c'est-à-dire du cerveau agissant avec conscience, comme à ceux qui sont soumis à l'action de ce viscère. On peut être tenté d'appliquer également le nom de *convulsion* aux contractions tumultueuses de tous les tissus contractiles autres que les muscles; mais les aberrations du mouvement de ces tissus sont peu connues, par conséquent peu susceptibles d'être distinguées les unes des autres, et l'on doit continuer à les désigner collectivement sous le nom de *spasme*, qui jusqu'ici n'a guère été employé que pour désigner vaguement toute espèce de lésion dans l'exercice de la contractilité, quel que soit le tissu où cette lésion ait lieu. Le mot *convulsion* a été quelquefois usité dans ce sens illimité, mais aujourd'hui on s'accorde à le réserver pour indiquer le spasme clonique des muscles soumis à la volonté. Nous croyons devoir en étendre l'emploi au spasme des muscles qui n'y sont pas soumis, avec d'autant plus de raison qu'un muscle n'est plus soumis à la volonté dès qu'il entre en convulsion. C'est pourquoi nous définissons la convulsion : *un état de contraction et de relâchement alternatifs et involontaires des muscles.*

Pour se faire une idée exacte de la convulsion, il faut se rendre compte du rôle que le cerveau joue dans la production de ce phénomène morbide. L'intervention de l'action cérébrale est-elle constamment indispensable pour qu'il ait lieu? Peut-il se manifester quand cette action a complètement cessé? L'intégrité de la moelle épinière, ou au moins d'une de ses parties, suffit-elle pour qu'on puisse le déterminer? Enfin, ce phénomène peut-il avoir lieu indépendamment de l'action cérébrale, de l'action de la moelle allongée ou de la moelle épinière, sous la seule influence des nerfs ganglionnaires, ou même indépendamment de toute influence nerveuse quelconque? Ces questions seront résolues autant que l'état de la science le permet, lorsque nous traiterons de l'action des *muscles.* En attendant, nous ferons remarquer que lorsque le cerveau a cessé de vivre, lorsque toute communication nerveuse directe entre ce viscère ou la moelle épinière et les muscles est complètement interrompue, on peut encore provoquer des mouvemens convulsifs dans ces derniers ; qu'il est des animaux dépourvus de cerveau, chez lesquels on détermine facilement des mouvemens analogues ; que par conséquent un stimulus autre que l'influence cérébrale ou rachidienne peut exciter les convulsions, d'où l'on est porté à conclure que toute convulsion n'est pas nécessairement due à une surexcitation de l'encéphale ou du cordon rachidien, et ce qui rend cette opinion plausible, c'est que la convulsion a souvent lieu dans des parties qui ne sont liées que faiblement avec le cerveau. Si la lésion de ce viscère paraît être évidente dans le cas de convulsion des muscles soumis jusqu'alors à l'empire de la volonté, dans ceux des membres, par exemple, il n'en est pas de même dans ceux qui y sont soustraits, au moins en grande partie, comme ceux de la respiration. Lorsque des mouvemens convulsifs dans les bras sont déterminés par la douleur qu'occasionne la section de la peau de la jambe, la convulsion est certainement l'effet de la souffrance du cerveau; mais en est-il absolument de même des palpitations convulsives qu'on observe dans les fibres du muscle que l'instrument divise? On ne peut guère le penser. Dans

ce dernier cas il y a, outre l'influence cérébrale, un stimulus direct, dont il faut tenir compte. Le rire convulsif que détermine le chatouillement exercé sur les hypocondres doit-il être entièrement rapporté à l'action du cerveau sur les muscles de l'appareil respiratoire? Il est permis d'en douter. Les mouvemens convulsifs que l'on observe quelquefois dans les membres qui depuis long-temps ont perdu le sentiment et le mouvement, c'est-à-dire qui ne font éprouver aucune sensation désagréable et ne se meuvent point lorsqu'on pique, qu'on brûle, ou qu'on excite de toute autre manière la peau qui les couvre, ces mouvemens convulsifs ne doivent-ils pas être rangés dans la classe de ceux qui se développent sans l'intermédiaire de l'influence cérébrale ou rachidienne? On observe ces mouvemens chez des sujets hémiplégiques depuis de longues années, chez des malades affectés de paralysie des extrémités inférieures. De ces faits ne peut-on pas conclure que la convulsion n'est point constamment l'effet d'une modification du cerveau? Mais il est certain que cette modification a lieu le plus souvent. Toutefois, il ne faut pas appliquer cette proposition uniquement au cerveau, car les expériences qui ont été faites par plusieurs physiologistes prouvent assez que la moelle rachidienne peut suffire au développement des convulsions. Il convient par conséquent de se tenir à une certaine distance de Cabanis, qui prétend que le cerveau est nécessairement affecté dans les convulsions; mais nous devons faire remarquer que ce physiologiste n'entend parler que des convulsions générales, et que sa proposition n'est point aussi exclusive qu'on l'a cru : « Quand nous voyons, dit-il, des organes musculaires se mouvoir, nous sommes assurés que les points ou les divisions, *soit* du cerveau, *soit* de ses dépendances, qui s'y rapportent, le sont eux-mêmes aussi dans un ordre correspondant. Dans les spasmes cloniques *généraux,* où *toutes* les parties musculaires s'agitent à la fois, les divisions cérébrales et nerveuses qui régissent ces différentes parties sont très-certainement, soit par excitation directe, soit par sympathie, dans une convulsion générale. » Broussais a émis une assertion inintelligible, lorsqu'il a dit que la blessure des nerfs ganglionnaires ne déterminait *primitivement* ni douleurs ni convulsions. Georget prétend que toute convulsion est un symptôme de l'état morbide du cerveau, mais il a passé sous silence les faits qui tendent à prouver que son opinion est trop exclusive.

Lorsqu'à la suite d'une vive impression transmise au cerveau par les nerfs des organes des sens ou par ceux des viscères intérieurs, on voit se développer une convulsion quelconque, il est incontestable que ce viscère contribue à la production du phénomène ; mais quand, au contraire, la convulsion se développe sans qu'aucune impression lui ait été transmise, et lorsqu'elle ne se manifeste que dans un petit nombre de muscles, dans celui de la paupière inférieure, ou dans un des moteurs du globe oculaire, dans le muscle crémaster (comme il arrive souvent pendant la diarrhée, même sans chaleur et sans douleur), ou dans l'un des doigts seulement, il est difficile d'admettre qu'elle ne soit qu'un symptôme d'affection cérébrale. Lors même d'ailleurs que le cerveau serait affecté dans toutes les convulsions, il n'en serait pas moins vrai qu'il faut souvent s'occuper beaucoup moins de ce viscère que de la partie affectée, qui agit sur lui sympathiquement, ou plutôt par l'intermédiaire des nerfs.

Considérée en général, la convulsion n'est donc point une maladie, c'est un des symptômes de l'état morbide du cerveau, d'un des nerfs cérébraux, rachidiens ou ganglionnaires, ou même de la fibre musculaire elle-même. Mais si ce n'est qu'un symptôme, quelle est la nature de la lésion qui la détermine ? Cette question se présente naturellement, après celle qui est relative au siège de la lésion dont il s'agit. Sauvages, ainsi que beaucoup d'autres, attribuait la convulsion à l'impétuosité du fluide nerveux, mais il faisait dépendre cette impétuosité de tout ce qui peut irriter les nerfs et occasioner de la douleur, stimuler les parties, ou faire obstacle à l'action des parties nerveuses, surtout au cerveau. Cependant, comme on a remarqué que les convulsions se manifestent plus souvent et plus facilement chez les personnes épuisées par le manque d'alimens, ou par l'usage d'alimens peu nutritifs, par des évacuations excessives de sang, de sueur, de pus ou d'urine, comme ces personnes sont dans un état de faiblesse musculaire plus ou moins profonde, on en a conclu que les convulsions pouvaient aussi dépendre de la débilité. Bientôt la plupart des affections convulsives ont été rapportées à cette cause. De là ces conseils tant rebattus sur la nécessité de redonner des forces, du ton, afin de guérir les convulsions, de les prévenir, ou d'empêcher leur retour, et l'usage banal et empirique de tous les moyens fortifians, toniques et stimulans. Aveuglé par

les théories mensongères du brownisme, on a fini par attribuer la presque totalité des convulsions à la faiblesse, surtout dans les maladies aiguës fébriles ; le quinquina, l'esprit de Mindererus, le camphre, le musc, ont été prodigués pour combattre les symptômes d'une faiblesse chimérique, jusqu'au moment où Broussais, renouvelant les reproches que Van Swieten et Pomme faisaient aux médecins de leur temps, s'est élevé avec autant de force que de raison contre cette absurde et dangereuse théorie.

Si par *faiblesse* on entend la lenteur de l'action vitale dans un tissu quelconque de l'organisme, et l'on ne peut entendre autre chose par là, si l'on ne peut nier qu'un tissu est d'autant moins susceptible d'action qu'il est moins excitable, il en résulte nécessairement que plus les convulsions s'établissent facilement chez un sujet, et plus on est en droit d'en conclure que les organes qui prennent part à ce phénomène sont irritables. Que tous les autres organes soient dans la langueur, dans l'abattement, c'est ce qu'on ne peut nier dans plusieurs cas, mais l'état d'asthénie de ces organes, bien loin d'annoncer que ceux qui sont situés plus profondément sont dans un état analogue, prouve, au contraire, le plus souvent, que ceux-ci sont dans un état opposé.

Les convulsions ont été attribuées à la perversion des propriétés vitales, et c'est même sur elles principalement qu'on s'est fondé pour démontrer que ces propriétés peuvent être perverties, c'est-à-dire devenir différentes d'elles-mêmes, sans cesser d'être, ce qui est passablement inintelligible. Nous croyons avoir assez prouvé qu'elles ne sont dues qu'à l'irritation du système nerveux. Cette irritation primitive ou secondaire ayant le plus souvent lieu, si ce n'est toujours, dans l'encéphale, elle s'établit d'autant plus aisément que l'action circulatoire est plus ralentie, ainsi qu'on l'observe à la suite des hémorrhagies très-abondantes : privé d'une partie de la quantité de sang qui lui est nécessaire pour l'exercice de ses fonctions, le cerveau redouble d'activité, il réagit sur tous les organes, et tend ainsi à prévenir la destruction de l'activité vitale. Le peu de sang qui reste afflue vers lui ; il y est porté, non plus avec ce rhythme admirable qu'on observe dans l'état de santé, mais par secousses, attendu la réaction du cerveau, incomplète sur certains organes et trop forte sur les autres. Le trouble de l'action cérébrale se trouve ainsi augmenté, et c'est alors qu'on observe les mouvemens désordonnés qui constituent les convulsions.

Les muscles des membres, de la face, des yeux, de la langue, du pharynx et de tout le tube digestif, ceux du larynx et des parois du thorax et de l'abdomen, les fibres musculaires des bronches et de leurs ramifications, le cœur, la vessie, l'utérus et le vagin, peuvent devenir le siége de mouvemens convulsifs plus ou moins violens. On a contesté la réalité des convulsions de la tunique musculaire des bronches, de celle de l'estomac, mais on ne peut guère se refuser à croire qu'elles aient lieu dans certains *asthmes*, dans la *rumination* et dans le *vomissement*, où certaines substances sont rendues, tandis que d'autres restent dans l'estomac. La convulsion des muscles palpébraux, celle des muscles du globe de l'œil, ont reçu les noms de *souris*, *tic*; la *carphologie*, ou *crocidisme*, est une véritable convulsion des muscles qui président aux mouvemens des membres supérieurs, et surtout des doigts. Les *soubresauts* des tendons dépendent de convulsions partielles des muscles, dont quelques faisceaux de fibres seulement se contractent. La convulsion des muscles inspirateurs, dans certaines affections du cerveau, peut donner lieu aux phénomènes de l'asthme : celle des muscles du larynx joue souvent un rôle important dans cette maladie (*voyez* RESPIRATION). La *pandiculation* se rapproche, jusqu'à un certain point, des convulsions; le *bâillement*, l'*éternuement* et la *toux* s'en rapprochent bien davantage, et le *hoquet* est une véritable convulsion des muscles qui concourent à la respiration. La convulsion du pharynx a reçu le nom de *dysphagie* nerveuse ou convulsive. Il n'est pas inutile de dire ici que le spasme clonique des membres est celui que l'on désigne le plus ordinairement sous le nom de *convulsion*; aussi Sauvages en a-t-il fait un genre. Le *tremblement* des membres, dû le plus souvent à la faiblesse de certains muscles, ne doit pas être confondu avec la convulsion de ces parties. La convulsion du cœur constitue une des variétés des *palpitations*. Sauvages a eu tort de placer le *frisson* au nombre des convulsions, puisque la peau n'est point un muscle; mais le frisson est fréquemment accompagné de légers frémissemens dans les muscles les plus rapprochés de la peau, et ces frémissemens, dans les fièvres pernicieuses, vont souvent jusqu'à offrir tous les signes d'une véritable convulsion. Le nom d'*éclampsie* a été donné aux convulsions des enfans. L'*épilepsie* est une convulsion générale avec

perte du sentiment. La maladie si improprement nommée *hystérie*, est une maladie convulsive dans laquelle l'action des sens n'est point abolie : on ne sait réellement pas si la matrice est susceptible de mouvemens convulsifs, et si l'on ne peut nier que cet organe contribue souvent au développement de l'hystérie, on ne peut nier non plus que le cerveau joue même alors le principal rôle. Au nombre des convulsions il faut encore placer la *chorée*, dans laquelle néanmoins l'action de quelques muscles paraît être affaiblie. Certaines *diarrhées* peuvent être attribuées à une espèce de convulsion des intestins; telle est celle qui survient à la suite d'une frayeur : les convulsions des muscles des viscères sont encore trop peu connues pour qu'on puisse rien affirmer de positif à cet égard.

Les convulsions sont ordinairement aiguës. Lorsqu'elles sont chroniques elles sont presque toujours intermittentes. Aiguës et générales, elles sont le plus souvent du plus fâcheux augure, surtout dans le cours, et davantage encore au plus haut degré des maladies.

Outre les différences tirées des muscles dans lesquels on observe les convulsions, on a voulu les distinguer en primitives, idiopathiques ou essentielles, et symptomatiques, sympathiques ou secondaires. Sauvages s'est élevé contre cette division : il fait remarquer que, si l'on entend par là indiquer le siége de la lésion qui détermine immédiatement les phénomènes convulsifs, cette lésion a toujours lieu dans la partie convulsée. Considérée dans ses phénomènes, la convulsion n'est jamais qu'un symptôme; l'irritation qui lui donne naissance provient le plus souvent d'une stimulation exercée sur une des extrémités nerveuses, qui, propagée au cerveau, excite en lui une réaction vive, laquelle se répartit inégalement sur les muscles, et peut aller jusqu'à faire cesser momentanément, ou même pour toujours, le sentiment de l'existence. Dans quelques cas, l'action de certains stimulans sur un tissu musculaire peut y déterminer des convulsions, sans que peut-être le cerveau y participe en rien. C'est ainsi qu'un obstacle au cours du sang dans l'aorte produit des palpitations du ventricule gauche du cœur.

Ainsi, lorsqu'on est appelé près d'un malade affecté de convulsions, il ne faut pas oublier que, dans ce cas, comme dans tant d'autres, on n'a sous les yeux que des symptômes à la source desquels il faut remonter par un examen attentif du sujet, par une étude approfondie des circonstances commémoratives. Les muscles sont très-rarement affectés primitivement, presque toujours ils n'entrent en convulsion qu'à l'occasion d'un bruit ou d'une saveur désagréables, d'une parole injurieuse, de la vue d'un objet pour lequel on éprouve de l'horreur ou un vif sentiment de pitié, d'un souvenir qui révolte, d'un accès de colère, surtout concentrée, d'un chagrin subit ou permanent, de toutes les affections ou passions quelconques, ou enfin d'une douleur excessive, déterminée par la section, le tiraillement, le déchirement d'un nerf, par l'action d'un corps froid ou d'une forte chaleur, d'un acide ou de tout autre stimulant, sur les parties nerveuses. Toute espèce d'irritation, d'inflammation, avec ou sans douleur, peut, quel qu'en soit le siége, entraîner une convulsion générale ou partielle. Dans toute convulsion il faut donc, sans négliger de tenir compte de l'affection cérébrale, chercher le siége de l'irritation primitive qui la détermine, lorsque le cerveau n'a pas seul retenu l'impression de la cause morbifique. Ainsi, dans le cours des maladies aiguës, on a souvent à décider si les convulsions sont l'effet sympathique d'une gastro-entérite ou d'une irritation primitive de l'encéphale, et si, dans le premier cas, le cerveau est seulement tourmenté par le travail morbide de la membrane muqueuse gastrique, ou bien si, par suite de la gastro-entérite, ou par l'effet de la cause qui a produit cette inflammation, ou enfin par celui d'une autre cause qui a agi directement sur lui, l'encéphale est lésé au point d'exiger des médications spécialement dirigées vers lui. Lorsque la nature de la cause, la prédisposition du sujet, son idiosyncrasie et l'absence de tout signe d'irritation prononcée des voies gastriques annoncent que les convulsions sont dues à une irritation primitive de l'encéphale, il reste encore à déterminer si cette irritation n'est pas l'effet d'une phlegmasie des membranes qui l'entourent. Il est fort difficile de faire cette distinction dans l'état actuel de la science. Heureusement elle paraît importer peu à la direction du traitement : nous disons elle *paraît*, car il serait téméraire et peu rationnel de prétendre assigner des bornes à l'utilité de la recherche du siége des maladies, puisque cette recherche est un des meilleurs moyens pour arriver à en connaître la nature, et par conséquent les indications curatives.

Les enfans et les femmes sont plus disposés que les hommes, les adultes et les vieillards,
aux convulsions. On observe le plus ordinairement celles-ci chez les sujets en qui l'action cérébrale prédomine, puis chez ceux dont l'action circulatoire est très-énergique. On a dit qu'elles étaient plus fréquentes dans les saisons et dans les climats chauds; mais cette donnée générale s'applique avec plus d'exactitude aux phénomènes morbides en général qu'aux convulsions en particulier.

Le traitement des convulsions a presque toujours été abandonné à l'empirisme, ou à des théories mensongères et exclusives. Ainsi, la plupart des médecins ont recommandé de les combattre par les stimulans, et surtout par les stimulans diffusibles connus sous le nom d'*antispasmodiques*, par les toniques aromatiques ou amers, en un mot par tous les moyens propres à accélérer l'action vitale; d'autres ont préconisé les sédatifs narcotiques. Ainsi, on a prodigué le camphre, le musc, l'huile animale de Dippel, le castoréum, les gommes fétides, l'ammoniaque, toutes les huiles essentielles, les eaux distillées spiritueuses et aromatiques, le quinquina, le vin, l'opium et ses innombrables préparations, enfin les végétaux vénéneux. A tous ces moyens on joint souvent l'application des rubéfians, les vésicatoires, et même le cautère, et toujours dans la vue de ranimer le malade, de le fortifier, de rappeler la vie, qui lui échappe, de combattre la faiblesse et l'atonie du système nerveux, l'atteinte profonde portée au centre de ce système. On s'étonne d'abord que l'état d'un homme en convulsions, dont les forces sont décuplées, ait pu être attribué à une faiblesse imaginaire : cette erreur a pourtant régné presque de tout temps, et Brown l'a consacrée dans sa doctrine, au préjudice de l'espèce humaine. Si l'on réfléchit un instant à la source de cette erreur, on la trouvera dans l'abattement qui précède souvent et qui suit presque toujours les convulsions, dans la fréquence des cas où la mort leur succède, enfin dans les circonstances, assez communes, où l'emploi des stimulans paraît faire ou fait réellement cesser les mouvemens convulsifs.

Personne n'a plus insisté que Pomme sur la nécessité de rejeter tous les moyens toniques du traitement des convulsions, et, dans ce qu'on a dit depuis lui à ce sujet, on n'a fait que reproduire en grande partie ses idées. Tissot a voulu concilier toutes les opinions, en tâchant d'indiquer dans quels cas les stimulans conviennent, et dans quels cas il faut recourir aux réfrigérans, aux sédatifs. Mais il n'a pas connu la manière dont agissent les toniques dans les affections convulsives, et il ne s'est pas suffisamment mis en garde contre le danger de leur emploi dans un très-grand nombre de ces maladies, dans toutes celles qui dépendent de l'irritation des voies digestives.

. 1° Le bain tiède, général ou partiel, les affusions froides, les émissions sanguines, générales ou locales, dans la plupart des cas ; 2° les narcotiques, donnés avec beaucoup de réserve, lorsqu'on est assuré qu'il n'existe point d'afflux au cerveau, et seulement dans l'intervalle des accès, pour en prévenir le retour ; 3° les toniques, lorsque l'estomac est exempt de toute irritation, l'action circulatoire languissante, le corps affaibli par des pertes excessives de sang, de pus, de sueur ou de toute autre humeur, pourvu qu'on ait employé d'abord les adoucissans, et seulement dans l'intervalle des accès ; 4° enfin, les dérivatifs de la peau, des membranes muqueuses, aussi dans les intervalles des paroxysmes, et lorsqu'on n'a pas lieu de craindre que l'irritation qu'ils occasionnent fortifie la prédisposition du système nerveux à la convulsion, et, pour les dérivatifs qui agissent sur les membranes muqueuses, lorsque ces membranes ne sont point irritées, enflammées : tels sont les principes, très-généraux, qui doivent guider dans le traitement de la convulsion, et surtout de la convulsion générale des membres. Pour faire une juste application de ces principes, il faut les modifier d'après ceux qui font la base du traitement approprié aux diverses irritations dont les convulsions peuvent être le symptôme, et surtout de l'*encéphalite* aiguë ou *chronique*.

Le moyen qui réussit le plus souvent dans les convulsions chroniques continues, et surtout intermittentes, est la stimulation violente de la membrane muqueuse digestive, puis celle de la peau ; mais l'amélioration qu'on obtient est achetée bien cher, lorsqu'on n'y parvient qu'en déterminant l'inflammation, et souvent la désorganisation de l'estomac et des intestins. Cette considération doit engager à rejeter du traitement des convulsions, ou du moins à n'employer qu'avec une réserve infinie, qui en empêche souvent les effets, les végétaux drastiques, vénéneux, et les préparations chimiques, telles que les sels de cuivre, d'argent, d'arsenic, vantés par quelques praticiens. Quand à la cautérisation, à l'ustion de la peau, elle est moins efficace, très-douloureuse, et elle n'est pas exempte de dangers lorsqu'on l'emploie sans précaution.

Dans le moment où les convulsions intermittentes se manifestent, il y a peu de chose à faire ; l'inspiration de l'ammoniaque, les frictions sèches, les affusions froides, le bain tiède, l'application de la glace sur la tête, peuvent néanmoins être employés avec avantage ; quelquefois la saignée les fait cesser, mais ce moyen n'est pas aussi souvent employé qu'il pourrait l'être, ce qui fait qu'on ignore jusqu'à quel point il pourrait être utile. Les convulsions partielles très-peu étendues doivent être traitées d'après les mêmes principes : les végétaux narcotiques unis aux amers aromatiques les font souvent cesser. Le moxa est fréquemment utile. L'âge, le sexe du malade, l'intensité et l'époque de la maladie dans laquelle les convulsions paraissent, la nature et le siège de la lésion qui les détermine, apportent de grandes variations dans l'art d'employer à propos ces divers moyens. Ici l'expérience seule peut suppléer aux préceptes, toujours trop généraux.

Pour détruire la prédisposition aux convulsions, il faut recommander aux sujets qui offrent cette diathèse de se livrer, autant que possible, à un exercice tant soit peu violent et habituel, en plein air, et surtout dans un air sec et frais ; de prendre fréquemment des bains, dont la température sera un peu au-dessus de celle de l'atmosphère ; de ne faire usage d'aucun aliment, d'aucune boisson susceptibles d'irriter beaucoup les voies digestives, d'accélérer l'action circulatoire et d'augmenter l'excitabilité cérébrale, tels que le café, le punch, les liqueurs alcoholiques. Les amers légers sont quelquefois utiles, pourvu que la membrane muqueuse gastrique ne soit nullement irritée. La diète n'est en général pas nécessaire dans le traitement des convulsions chroniques, tandis que, dans celui des convulsions aiguës, elle est impérieusement exigée, parce que les alimens augmenteraient la pléthore, irriteraient l'estomac, et souvent ne seraient point digérés.

Il est des personnes qui tombent en convulsion pour les causes les plus légères, et qui sortent aussi facilement de cet état, toujours alors peu alarmant, et non susceptible d'un traitement régulier : il faut se borner aux moyens prophylactiques que nous venons d'indiquer.

Toute personne qui vient à être prise de mouvemens convulsifs généraux, doit être sur-le-champ débarrassée de ses vêtemens, et surtout de ceux qui exercent une constriction sur une partie quelconque de son corps. Elle sera mise sur un lit, pourvu qu'on ait soin de maintenir la tête très-élevée, afin de contrebalancer la direction impétueuse du sang qui a lieu vers cette partie.

A la suite des convulsions, il reste souvent un état de débilité assez intense pour exiger l'emploi modéré des toniques, mais il ne faut pas oublier qu'au milieu de cette faiblesse, l'irritation, ou même l'inflammation du cerveau ou de l'organe primitivement affecté, peut persister.

Lorsqu'à la suite des convulsions aiguës le malade succombe, on trouve souvent des traces d'inflammation dans les voies digestives, dans le cerveau, dans ses membranes, ou dans le nerf qui se rend aux muscles convulsés ; mais, dans les convulsions chroniques, c'est surtout dans l'encéphale que les vestiges du mal s'observent le plus ordinairement. Dans les unes et dans les autres, et surtout dans ces dernières, il n'est pas rare qu'on ne trouve aucune lésion appréciable, principalement lorsque la mort est survenue après un ou deux accès seulement. L'irritation n'a pas duré assez long-temps pour que le tissu affecté en conserve des traces.　　(DICT. ABRÉGÉ DE MÉD.)

COPAHU, s. m., *oleo-resina copahu, sive balsamum copaïbæ*. Cette résine fluide, vulgairement appelée *baume de copahu*, découle des incisions que l'on pratique au tronc d'un grand et bel arbre qui croît au Pérou, au Mexique et dans d'autres parties de l'Amérique méridionale. Cet arbre est le *copaïba* de Pison et Marcgrave, ou *copaïfera officinalis* de Linnée; il appartient à la famille des légumineuses, à laquelle nous devons déjà le baume du Pérou et celui de Tolu, et à la décandrie monogynie.

La térébenthine de copahu, lorsqu'elle est récente, est très-fluide, transparente et presque incolore, d'une pesanteur spécifique de 0,9; elle prend plus de consistance et une teinte jaune en vieillissant. Son odeur est forte, et ressemble à celle de la térébenthine ordinaire; sa saveur est âcre, amère, fort désagréable et très-tenace à la gorge. Soumise à la distillation, elle fournit presque la moitié de son poids d'huile volatile, et M. Pelletier a prouvé que la partie résineuse de cette substance était susceptible d'une sorte de cristallisation. Il est soluble en totalité dans l'alcohol.

Propriétés médicales et usages. — De même que les substances balsamiques et les autres térébenthines, le copahu détermine tous les phénomènes de la médication stimulante; mais son action excitante se porte plus spécialement sur les membranes muqueuses. Ainsi,

administré à faible dose, le copahu excite les fonctions de l'estomac, augmente la chaleur animale, favorise l'excrétion des urines. Si la dose est plus élevée et portée, par exemple, à un demi-gros ou même un gros, le canal intestinal en éprouve une vive excitation; et des évacuations abondantes, accompagnées de coliques, en sont la suite : la sécrétion de l'urine est également et plus abondante et plus facile, et le canal de l'urètre devient le siège d'une titillation désagréable, qui se change bientôt en une douleur plus ou moins vive. D'un autre côté, les organes de la respiration participent également à cette excitation, et la sécrétion des bronches diminue d'une manière sensible. D'après ces différens phénomènes, il sera facile de concevoir les bons effets de ce médicament dans les catarrhes chroniques, et en particulier dans ceux des membranes bronchiques et urétro-vésicales. Lorsque le catarrhe pulmonaire est passé à l'état chronique, que tous ses symptômes inflammatoires ont disparu pour faire place à une toux fréquente, accompagnée de crachats visqueux et abondans, l'emploi du baume de copahu peut être très-avantageux, soit qu'on l'administre intérieurement sous forme de pilules, ou étendu dans un sirop ou un autre véhicule, soit qu'on fasse inspirer au malade les particules odorantes qui se dégagent d'un mélange de ce médicament, d'éther et d'alcohol. Mais c'est principalement contre la blennorrhagie que le baume de copahu est plus fréquemment et plus utilement employé. La plupart des praticiens s'accordent pour louer les bons effets de ce médicament dans la blennorrhée, lorsqu'on veut supprimer l'écoulement. Toutefois, l'idée exagérée qu'on se formait de l'activité du baume de copahu rendait très-réservé dans la prescription des doses de ce médicament, et ses propriétés excitantes le faisaient généralement rejeter dans tout autre cas que la blennorrhée. Depuis long-temps M. le docteur Ribes, dont on attend les observations sur ce sujet, employait le baume de copahu à des doses très-élevées, dans tous les temps de la blennorrhagie, quel que fût son degré d'intensité, et même pour combattre les accidens produits par la suppression du flux blennorrhéique, tels que les engorgemens des testicules. Il semble que ce médicament ait une vertu spécifique propre à détruire le mode d'irritation qui existe dans la blennorrhagie. M. le professeur Delpech, de Montpellier, qui a publié sur l'emploi du copahu un Mémoire fort intéressant, a confirmé les observations de

M. Ribes par des faits tout analogues. Suivant cet habile praticien, le copahu est utile non-seulement dans la blennorrhagie chronique, mais encore dès le début de cette maladie, lorsqu'elle n'est point accompagnée de symptômes inflammatoires tellement intenses, que l'indication la plus pressante à remplir soit celle des saignées locales et générales et l'emploi des antiphlogistiques. Dans tous les autres cas, ce médicament a toujours parfaitement réussi. On doit donner le copahu à une dose un peu forte, lorsque l'on veut obtenir des effets prompts et sensibles. C'est ainsi, par exemple, qu'on peut l'administrer à la dose d'un gros., matin et soir, que l'on augmente ensuite, s'il y a lieu, et que l'on porte à un gros et demi, deux ou trois fois par jour, à deux gros par dose, s'il est nécessaire, selon la sensibilité des organes du malade et la ténacité de l'affection. Il est rare qu'on n'obtienne point un amendement marqué dans les symptômes de la maladie, et souvent au bout de trois à quatre jours ces symptômes ont entièrement disparu. Cependant il est prudent d'en continuer l'usage pendant quelque temps, même après la disparition complète des symptômes.

Plusieurs malades ne peuvent supporter impunément des quantités aussi considérables de copahu sans en éprouver différens accidens. Chez quelques individus, il occasionne des coliques et une diarrhée abondante qui favorise également la suppression de l'écoulement, mais seulement d'une manière momentanée. On remédie à cet inconvénient en étendant le médicament dans une eau aromatique et spiritueuse, telle que celles de menthe ou de fleurs d'oranger, ou bien en associant à chaque dose un quart de grain ou un demi-grain d'extrait d'opium. D'autres personnes ne peuvent digérer le baume de copahu, qui détermine un sentiment de pesanteur dans l'estomac, un trouble dans la digestion. Dans ce cas, l'addition de quelques gouttes d'acide sulfurique fait disparaître ces accidens. M. Delpech emploie encore ce médicament dans le catarrhe vésical et le gonflement du testicule, qui accompagnent quelquefois l'inflammation du canal de l'urètre, et il cite à l'appui de son opinion plusieurs observations où ce médicament a pleinement réussi. Quelques auteurs en font aussi usage pour combattre les leucorrhées chroniques dont les femmes des grandes cités sont fréquemment tourmentées : l'excitation qu'il détermine suffit, dans plusieurs circonstances, pour changer l'état morbide de la membrane vaginale et arrêter l'écoulement. Les diarrhées chroniques ont quelquefois cédé à l'usage de ce médicament, lorsque tous les symptômes inflammatoires avaient disparu. [MM. Lisfranc et Velpeau, pour remédier aux inconvéniens de ce médicament, pris à grande dose par la bouche, ont proposé de l'administrer en lavement à la dose d'un à quatre gros, et de nombreux succès ne laissent aucun doute sur la bonté de cette méthode.]

La térébenthine de copahu s'administre, soit directement, en versant 30 à 40 gouttes sur un morceau de sucre, soit en l'étendant dans du vin, une potion aromatique, ou même simplement de l'eau sucrée; d'autres fois on en forme des pilules, en la mélangeant avec un mucilage, ou, ce qui est préférable, avec du savon. Enfin, quelquefois on la mêle avec un sirop. L'acide sulfurique, l'opium, le vin et les eaux distillées aromatiques sont les correctifs que l'on emploie pour favoriser son administration. Dans ces différens cas, la dose varie de 40 gouttes à un et même deux et trois gros, répétée deux ou trois fois dans la journée.   (A. RICHARD.)

COPHOSE, s. f., cophosis; perte de l'ouïe, surdité complète. Voyez SURDITÉ.

COPULATION, s. f., copulatio. Voy. COÏT.

COQUE DU LEVANT; fruit du ménisperme lacuneux (menispermum cocculus). Couverts d'une écorce brune ou noire, et renfermant une amande rousseâtre, les fruits de cet arbre, dont la grosseur égale celle d'un gros pois, ont une saveur âcre, brûlante et amère. Boullay, qui en a fait l'analyse, y a trouvé de la picrotoxine, de l'acide ménispermique, du ligneux, une huile concrète, de l'albumine végétale, une matière colorante jaune, un principe amer cristallisable, et quelques sels.

Les expériences de Goupil, répétées par Orfila, ont constaté que la coque du Levant agit d'une manière vénéneuse sur tous les animaux; mais Goupil prétendait qu'elle doit être rangée parmi les poisons végétaux irritans, et Orfila soutient qu'elle agit seulement sur le système nerveux, principalement sur le cerveau, parce que l'on n'a trouvé aucune lésion du canal digestif, à l'ouverture des corps. Mais les autopsies cadavériques ont-elles été faites avec assez de soin, avec toutes les précautions requises? Depuis l'analyse de Boullay, on sait que les effets délétères de cette substance sont dus à la présence de la picrotoxine. D'après cela, on peut juger combien il est dangereux de s'en servir, comme on faisait autrefois, pour enivrer, ou plutôt pour empoisonner les

poissons ; car il suffirait qu'un cuisinier négli-
gent oubliât de vider ces animaux, pour qu'ils
causassent, sinon la mort de ceux qui les
mangeraient, au moins des vomissemens violens et autres accidens graves. Aussi les réglemens de police défendent-ils cette manière de
pêcher, sous des peines corporelles. Il serait
prudent aussi de ne jamais employer la poudre de coque du Levant pour détruire les poux,
comme on le pratique encore quelquefois aujourd'hui ; car l'application d'un poison quelconque à la surface de la peau n'est jamais sans
danger, et d'ailleurs nous démontrerons, dans
une autre circonstance, que les topiques sont
absolument inutiles toutes les fois que la ver-
mine ne s'est point développée d'une manière
purement accidentelle, et qu'elle tient, comme
c'est le cas le plus ordinaire, à la constitution
même du sujet.   (DICT. ABRÉGÉ DE MÉD.)

COQUELICOT, s. m. On appelle ainsi une
espèce de pavot (*papaver rhœas*, L.) qui croît
en abondance dans les champs cultivés et
parmi les moissons, et qui se reconnaît à sa
tige rameuse, haute de deux pieds, couverte
de poils rudes, à ses feuilles pinnatifides,
également velues, à ses fleurs, composées de
quatre grandes pétales d'un rouge vif, et à
sa capsule, qui est ovoïde, presque globuleuse et glabre. Cette espèce, légèrement lac-
tescente, est loin de posséder la même énergie
que le pavot somnifère, auquel nous devons
l'opium. Les pétales sont la seule partie dont
on fasse usage : ils sont une des espèces connues sous le nom vulgaire de *quatre fleurs*.
Leur odeur est peu agréable ; leur saveur est
mucilagineuse et faiblement amère. C'est principalement leur infusion édulcorée avec un
sirop ou du miel que l'on emploie plus fréquemment. Elle est adoucissante, légèrement
calmante ; et, comme on en fait toujours usage
pendant qu'elle est chaude, elle agit également comme diaphorétique. Quelques praticiens nous semblent avoir exalté les propriétés médicinales du coquelicot, en lui accordant
la préférence sur l'opium. L'extrait de ses
capsules, qui s'administre aux mêmes doses
que celui des capsules du pavot d'Orient,
quoique possédant un mode d'action analogue
à celui de l'opium, n'est cependant ni aussi
efficace, ni aussi sûr dans ses effets. Plusieurs
auteurs pensent qu'il est moins excitant, moins
vireux que ce dernier, et s'appuient sur cette
différence pour justifier la préférence qu'ils
lui accordent dans certaines affections convulsives et spasmodiques. Fouquet administrait
cet extrait avec avantage dans la coqueluche.

On emploie généralement l'infusion de coquelicot dans les catarrhes pulmonaires peu
intenses, et en général dans toutes les phlegmasies légères. Le sirop que l'on prépare avec
une infusion très-chargée est calmant, et s'administre à la dose d'une à deux onces.

              (A. RICHARD.)

COQUELUCHE, s. f., *pertussis, tussis
convulsiva, ferina, amphimerina, tussicu-
losa* ; nom populaire adopté par les médecins
français pour désigner une affection cathar-
rale, particulière aux bronches, caractérisée
par de bruyantes inspirations, avec suffocation imminente. L'origine de ce mot dépend,
à ce qu'il paraît, de l'habitude où l'on était
autrefois en France de couvrir les individus
affectés de cette maladie d'une espèce de co-
queluchon, parce qu'on pensait qu'elle était
due à une humeur qui descendait du cerveau
sur la poitrine, et qu'il fallait par cette raison
tenir la tête et le tronc très-couverts. Les
noms vulgaires étrangers sont tirés ou du genre
de toux qui caractérise ordinairement la coqueluche, et qu'on a très-improprement comparé au braiement de l'âne ou à la toux du
mouton, ou de quelques particularités qui
accompagnent les accès, comme la coloration
de la face ; ce qui fait qu'on lui a donné, dans
quelques contrées de l'Allemagne, le nom de
toux bleue.

L'origine de cette maladie est très-obscure ;
si les anciens l'ont observée, ils ne l'ont pas
décrite de manière à ce que l'on puisse la reconnaître. Les passages d'Hippocrate qu'on a
voulu rapporter à cette maladie conviennent
également à beaucoup d'autres affections catarrhales. Rosen croit que la coqueluche est
originaire des Indes orientales et de l'Afrique,
et que c'est de là qu'elle est passée en Europe ; mais il n'appuie cette opinion d'aucune
preuve. Suivant l'historien Mézeray, sa première apparition en France ne remonte pas
au-delà de 1414. Rosen ignore en quelle année elle se manifesta d'abord en Suède ; mais,
à dater du 15e siècle, elle a régné d'une manière épidémique dans toutes les contrées de
l'Europe, depuis le Nord jusqu'au Midi. Nous
avons malheureusement très-peu de renseignemens sur la plupart de ces épidémies ; et
lorsque l'on compare ce que les premiers écrivains qui ont observé cette maladie ont publié, ce que Valeriola, par exemple, dit de
l'épidémie de 1547, avec ce que nous voyons
maintenant, on retrouve d'assez grandes différences, et dans la nature des symptômes, et
surtout dans la gravité de la maladie ; car

toutes les épidémies étaient alors beaucoup plus meurtrières qu'elles ne le sont depuis quelques années. Cette différence dépend-elle de la complication de la maladie avec différentes inflammations du poumon ou avec le croup, ou cette coqueluche épidémique n'était-elle réellement pas la même que celle qui règne aujourd'hui? C'est ce qu'il est impossible de déterminer. Quoi qu'il en soit, la coqueluche, telle qu'on l'observe maintenant, soit sporadique, soit épidémique, présente toujours, lorsqu'elle est simple, les mêmes caractères physiologiques et anatomiques.

Caractères physiologiques ou symptomatiques de la coqueluche. — On distingue, dans la coqueluche, trois périodes : la première est celle du développement, qu'on a nommée très-improprement catarrhale, puisque toutes les périodes appartiennent également à une affection catarrhale; la deuxième période, celle d'accroissement ou de spasme, que quelques auteurs ont appelée convulsive; et enfin la période de décroissement.

La coqueluche s'annonce presque toujours par quelques frissons vagues, une légère bouffissure de la face, un peu de rougeur des conjonctives, du larmoiement, et tous les signes d'un simple coryza. La fièvre est le plus souvent à peine sensible; elle ne dure que 24 à 36 heures; dans quelques cas cependant, elle se continue sous le type quotidien ou tierce. La toux est plus ou moins fréquente, et revient par quintes : à cette époque elle peut être facilement confondue avec celle qui se manifeste dans la plupart des affections catarrhales de la trachée-artère ou des bronches. Néanmoins on peut déjà remarquer dans le timbre de la voix une légère nuance, qui se reconnaît aisément quand on l'a observée une fois. La toux est plus sonore, plus aiguë que dans la bronchite ordinaire; les crachats sont rares, même chez les adultes, et sont limpides comme au début des affections catarrhales. La partie antérieure du cou est quelquefois douloureuse; le malade ne se plaint d'ailleurs d'aucun mal; il est seulement un peu plus triste, assoupi ou abattu; il a en général moins d'appétit. Cette première période dure ordinairement de cinq à dix jours; elle ne dépasse jamais quinze jours.

Dans la période d'accroissement, les malades se plaignent assez souvent d'une douleur qu'ils rapportent au sternum; les quintes sont plus longues, plus rapprochées, surtout la nuit; chaque accès s'annonce ordinairement par une titillation incommode dans le trajet de la trachée-artère et du larynx, pendant laquelle les mouvemens d'expiration et d'inspiration sont visiblement irréguliers et incomplets, surtout chez les jeunes enfans, qui paraissent comme saisis d'une espèce de crainte. Cet état s'accompagne d'une grande anxiété et d'un peu de râle muqueux. Au moment où la quinte survient, les enfans s'accrochent aux personnes ou aux corps qui les environnent, ou se réveillent en sursaut, et s'élancent à leur séant, s'ils sont endormis. Chaque accès se compose de secousses d'une toux très-sèche, très-sonore, et elles se succèdent si promptement que le malade ne peut respirer, et paraît près de suffoquer. La face et le cou sont gonflés, de couleur violette; les jugulaires gorgées de sang, les yeux saillans, hors de l'orbite et larmoyans. Ces quintes se terminent par une ou deux longues inspirations incomplètes et sifflantes, ce qui leur donne un caractère particulier auquel tout le monde reconnaît aisément la coqueluche. L'accès s'interrompt quelquefois pendant une ou plusieurs minutes, et reprend ensuite le même caractère; il ne cesse complètement que lorsque le malade rejette, tantôt par une sorte de régurgitation, tantôt par le vomissement, un liquide filant et limpide, qui vient des bronches, quelquefois même de l'estomac, et qui alors est mêlé avec de véritables crachats et des alimens. Ces liquides sont quelquefois sanguinolens; et lorsque la quinte est forte, le sang s'échappe, pendant l'accès, par les narines, les oreilles, et même le bord des paupières. Les contrariétés, les cris, les pleurs, excitent souvent les quintes. L'impression qu'elles produisent sur d'autres enfans affectés de coqueluche paraît même quelquefois provoquer les accès chez ceux qui en sont témoins. Les quintes sont en général beaucoup plus fortes après l'ingestion des alimens et une course précipitée. Le nombre de ces quintes varie beaucoup, suivant le degré d'intensité de la maladie : quelquefois on en observe à peine cinq à six dans la journée; mais lorsque la maladie est grave et à son plus haut degré d'intensité, les quintes se répètent souvent tous les quarts d'heure : elles sont en général plus fréquentes la nuit que le jour. Si l'on applique l'oreille ou le stéthoscope à la partie postérieure du poumon, à l'approche des quintes, on reconnaît quelquefois le caractère du râle muqueux; d'autres fois on ne retrouve aucune espèce de râle. Pendant la quinte, la respiration est complètement suspendue; elle ne s'entend nulle part; mais, au moment de l'inspiration, l'air se précipite avec un sifflement très-sonore jusqu'à la bifurcation des bronches, et, ce qui est très-remarquable, il ne pénètre pas au-delà avant une ou plusieurs secondes.

La période d'accroissement se prolonge ordinairement de quinze jours à un mois, et quelquefois beaucoup plus. Pendant le cours de cette période, la fièvre, qui s'était souvent suspendue après l'invasion de la maladie, se ranime dans certains cas avec plus de force, et affecte le type continu ou intermittent. C'est le plus souvent à cette époque que la coqueluche se complique avec différentes maladies du poumon, du ventre ou du cerveau, et qu'elle se termine d'une manière fâcheuse. Cependant lorsque la coqueluche est simple et légère, elle est ordinairement sans fièvre, et les malades conservent presque autant d'appétit que dans l'état de santé, même dans son plus haut degré d'intensité.

La troisième période est indéterminée dans sa durée, puisqu'on la voit se manifester trois à quatre semaines après l'invasion de la maladie, et durer huit ou dix jours, ou se prolonger plusieurs mois. Elle commence dés que les quintes sont plus éloignées ou plus courtes que dans la période d'accroissement : elles sont toujours suivies, dans cette période, d'une expuition ou d'une régurgitation d'un liquide opaque ou de crachats épais, comme dans les catarrhes, et de vomissement d'alimens. Les accès, pendant cette période, s'affaiblissent insensiblement; la toux perd le caractère propre à la coqueluche, et se confond avec celle des catarrhes ordinaires dans leur dernier degré. Souvent le malade reste plusieurs jours sans tousser; mais, s'il s'expose ensuite au froid, ou que la toux se réveille par une cause quelconque, elle revient avec les mêmes caractères qu'elle avait d'abord. J'ai vu ainsi fréquemment des quintes de coqueluche se renouveler après quinze jours et même un mois de la cessation de la toux.

La marche de la coqueluche n'est pas toujours simple et régulière; elle s'accompagne souvent, lorsqu'elle est portée à un très-haut degré, d'accidens graves, qui la rendent promptement mortelle. Chez les jeunes enfans à la mamelle, ce sont le plus souvent des congestions cérébrales et des convulsions; chez ceux dont le thorax est mal conformé, il survient souvent une très-grande dyspnée, avec fréquence du pouls et de la respiration, sans aucune autre lésion évidente des organes pulmonaires. Dans tous ces cas, et dans tous ceux où la maladie se complique avec d'autres affections graves, la fièvre est continue avec exacerbation plus ou moins marquée, et les quintes sont plus ou moins sèches. L'expectoration semble diminuer à mesure que l'intensité du mal augmente, et les accès sont suivis d'une prostration plus ou moins grande. On a lieu de craindre une terminaison fâcheuse, lorsque la fièvre est forte, la respiration très-fréquente, et que les quintes ne sont pas suivies d'une régurgitation abondante de mucosité.

La coqueluche peut se compliquer d'une bronchite générale, d'une pneumonie, de pleurésie, de pneumothorax, de l'œdème du poumon et de l'hydrothorax. Dans la plupart de tous ces cas, la respiration est très-gênée et très-fréquente, la face et les extrémités sont bouffies; mais les caractères fournis par la percussion du thorax et l'application du stéthoscope, sont les seuls moyens à l'aide desquels on puisse parvenir à distinguer ces différentes affections de poitrine entre elles. Les maladies du ventre compliquent beaucoup plus rarement la coqueluche : la mésentérite, la péritonite, les différentes espèces d'entérite, la dyssenterie et la cœcocolite se rencontrent cependant quelquefois avec cette maladie, et la rendent plus ou moins fâcheuse.

Caractères anatomiques de la coqueluche. —Nous n'avons encore rien de complet sur les caractères anatomiques de la coqueluche. Les épidémies si désastreuses de la Suède et de l'Italie ont été entièrement inutiles pour la connaissance de cette maladie; il n'a été fait aucune ouverture de cadavres, ou au moins elles ont été entièrement perdues pour la science. Cependant les autopsies cadavériques les plus soignées peuvent seules donner des renseignemens exacts sur le véritable siège de cette maladie. Depuis plusieurs années, Whatt dans la Grande-Bretagne, Marcus en Allemagne, Ozanan en Italie, et plusieurs médecins français ont donné quelques détails plus ou moins étendus sur les altérations pathologiques qui se rencontrent dans cette maladie. Les unes sont constantes, et s'observent dans presque toutes les ouvertures de cadavres; les autres sont relatives aux différentes complications qui ont lieu avec la coqueluche, ou aux maladies qui lui succèdent. Les altérations constantes sont une rougeur plus ou moins vive de la membrane muqueuse de la trachée-artère et des bronches. Cette inflammation trachéo-bronchique s'accompagne d'un gonflement assez considérable des ganglions placés dans la bifurcation des bronches. Comme dans beaucoup de bronchites chroniques, les bronches renferment des mucosités filantes plus ou moins épaisses. Whalt n'a pas observé d'autres altérations chez ses trois enfans, qui avaient succombé à la coqueluche ; l'inflammation de la membrane muqueuse des bronches s'est retrouvée également sur les sujets qui ont été soumis à l'examen du docteur Marcus. Ozanan dit que, dans les nombreuses ouvertures qu'il a faites dans l'hôpital des Enfans-Trouvés de Milan, il a toujours remarqué que les voies aériennes étaient enflammées et obstruées par une humeur limpide et visqueuse ; l'œsophage et le pharynx étaient tapissés de la même mucosité. J'ai toujours observé plus ou moins de rougeur sur la membrane muqueuse de la trachée-artère et vers les bifurcations des bronches ; l'estomac ne m'a jamais offert aucune apparence de lésion constante.

Une altération qui se rencontre quelquefois dans la coqueluche, et qui a été principalement signalée par M. Laennec, est la dilatation des bronches ; mais, quoi qu'on en ait dit, elle n'est pas plus fréquente dans la coqueluche que dans beaucoup d'autres affections des poumons. Tantôt elle a lieu à l'extrémité des bronches, et est due au développement des vésicules pulmonaires, qui forment comme de petites ampoules remplies de pus ou de mucus ; tantôt ce sont les derniers rameaux seulement, qui sont souvent dilatés de manière à recevoir la tige d'une plume de corbeau. Dans quelques cas plus rares, ce sont les principaux troncs bronchiques qui sont dilatés, et quelquefois d'une manière très-irrégulière, de sorte que le poumon, dans ses différentes coupes, paraît comme crevassé, et offre un peu l'aspect de la pierre meulière. Il est vraisemblable que ces différentes altérations organiques, qui peuvent être l'effet d'une toux long-temps prolongée, comme celle de la coqueluche, sont aussi dans beaucoup de cas le résultat d'une organisation primitive, car elles sont communes chez les enfans, et beaucoup plus rares chez les adultes et les vieillards, chez ceux même qui ont été une partie de leur vie en proie à la toux la plus opiniâtre ; ce qui semble prouver que la plupart des individus qui présentent ce genre d'altération périssent avant d'arriver à l'âge adulte, par le fait même de cette organisation vicieuse qui les dispose à contracter des inflammations pulmonaires. Et en effet, tous les enfans qui m'ont offert des exemples de dilatation des bronches avaient succombé à des catarrhes ou à d'autres affections graves du poumon. Quelle que soit, au reste, l'opinion qu'on puisse avoir sur la véritable cause des dilatations bronchiques, elles ne peuvent être considérées que comme une altération accidentelle de la coqueluche.

M. Breschet a observé sur deux individus morts avec les caractères de la toux férine, que les nerfs pneumo-gastriques étaient d'une teinte rouge à l'extérieur, et jaune dans le tissu ; mais, sur d'autres individus qui avaient péri de la même maladie, il n'a rien découvert de semblable. J'ai recherché avec soin cette altération des nerfs pneumo-gastriques sur quatre enfans morts de la coqueluche, et je ne l'ai point rencontrée. Marcus dit aussi avoir constaté que les nerfs diaphragmatiques n'offrent aucune espèce d'altération : néanmoins l'observation de M. Breschet doit fixer l'attention, et engager à observer avec plus de soin qu'on ne l'a fait jusqu'à présent, nonseulement les troncs principaux des nerfs pneumo-gastriques, mais encore les plexus bronchiques.

Les autres altérations pathologiques signalées par les auteurs sur les sujets morts de la coqueluche se rapportent évidemment à différentes complications de cette maladie. Marcus a observé une inflammation du poumon et un épanchement de sérosité dans les plèvres. Ozanan a vu souvent l'inflammation des plèvres et du poumon. J'ai également observé assez fréquemment des hépatisations du poumon et des pleurésies avec épanchement. Dans un cas de complication de pleuro-pneumonie avec épanchement sanguinolent, j'ai trouvé un ramollissement gélatineux de l'estomac et du diaphragme, de sorte que les liquides contenus dans la plèvre et l'estomac se confondaient ensemble. Dans plusieurs cas où les enfans avaient succombé pendant le cours de la coqueluche avec des symptômes de phthisie pulmonaire ou de phthisie trachéo-bronchiale, l'ouverture des cadavres a fait voir que, dans le premier cas, les poumons étaient tuberculeux, et que, dans l'autre, la membrane muqueuse des bronches était épaissie, ulcérée dans différens points. Les altérations pathologiques qui se rencontrent le plus souvent dans la cavité abdominale chez les enfans qui ont succombé à la coqueluche, sont la rougeur d'une partie de la membrane muqueuse de l'intestin grêle et du gros intestin, le gonflement et la rougeur des ganglions mésentériques ; mais toutes ces altérations et plusieurs autres sont des effets des différentes complications que nous avons indiquées comme plus ou moins fréquentes, et ne tiennent point essentiellement à la coqueluche.

Du siége et de la nature de la coqueluche. — Avant que l'anatomie pathologique eût jeté quelque jour sur le siége de la coqueluche, chacun le plaçait à son gré : les uns dans les membranes du cerveau, les autres dans le larynx et les poumons, celui-là dans le foie, celui-ci dans l'estomac et les intestins. Les faits ont enfin remplacé toutes les hypothèses et dissipé les incertitudes, en démontrant que cette maladie est le résultat d'une inflammation de la partie inférieure de la trachée et des bronches. Cette inflammation ne peut être, comme le prétendait Albers, l'effet d'une complication, puisque c'est la seule altération constante qui ait été observée dans toutes les ouvertures de cadavres qui ont été faites. Mais quelle est la cause de ce sifflement particulier et de cette suffocation imminente qui caractérisent la toux de la coqueluche. On ne peut les attribuer, comme on l'avait prétendu, à un spasme de la glotte et de la trachée-artère, puisque, comme nous l'avons vu, l'air pénètre au moment de ce sifflement jusqu'à la bifurcation des bronches, et avec un bruit analogue à celui qu'on entend quand l'air se précipite avec force dans la trachée-artère après l'extraction d'un corps étranger par la trachéotomie. S'il existe dans ce cas une espèce de spasme, il ne peut avoir lieu que dans les bronches, dont l'occlusion momentanée à la suite des secousses de la toux s'oppose évidemment à l'introduction de l'air ; mais la principale cause de cette occlusion peut être due à l'accumulation des mucosités dans les bronches, où elles sont refoulées par la colonne d'air qui remplit la trachée-artère. Il n'est donc pas même absolument nécessaire d'admettre un spasme particulier des bronches, pour concevoir l'espèce de suffocation qu'on observe dans cette maladie, et qui l'avait fait nommer toux suffocante par quelques auteurs. Au reste, s'il a lieu, il est évident, dans tous les cas, qu'il est provoqué par l'accumulation des mucosités refoulées par l'air au moment de l'inspiration. Le système nerveux pulmonaire n'est sans doute point étranger à ce phénomène physiologique très-remarquable : il joue certainement un rôle quelconque dans ce genre d'inspiration, qui est la véritable cause de la toux particulière à la coqueluche ; mais cependant, tant que les observations de M. Breschet ne seront pas confirmées, on ne peut pas dire que le sys-

tème nerveux soit plus directement intéressé dans la coqueluche que dans les autres affections catarrhales pulmonaires. Chaque genre de ces inflammations a une toux qui lui est propre. Celle du croup et du faux croup n'a aucune analogie avec la toux de la laryngite ordinaire, quoique l'inflammation occupe néanmoins les mêmes organes. Celle qui accompagne la bronchite sèche et celle qui accompagne la bronchite humide sont très-distinctes, quoique ces deux maladies reconnaissent un même siége. Ne voit-on pas des individus, particulièrement parmi les enfans, chez lesquels les plus simples rhumes prennent facilement les caractères de la coqueluche et simulent cette maladie ? Cependant toutes ces variétés de maladie ne sont point considérées comme des affections nerveuses, mais comme des inflammations laryngées, trachéales ou bronchiales, et les différences qu'on remarque dans les caractères de la toux, dans chacune de ces affections catarrhales, dépendent plutôt de la spécialité même de ces inflammations que de la différence du siége, qui est souvent le même pour plusieurs d'entre elles. Il n'est donc pas douteux que la coqueluche doit appartenir à cette même division d'inflammations catarrhales, et qu'elle ne diffère des autres que par les secousses non interrompues de la toux et l'occlusion momentanée des bronches qui l'accompagne et qui fournit le caractère spécial de cette maladie.

Les vomissemens, si constans dans la coqueluche, avaient porté plusieurs médecins à croire que l'estomac était directement intéressé dans cette maladie. On a trouvé, à la vérité, dans quelques cas, une mucosité abondante et épaisse à la surface de la membrane muqueuse de l'estomac ; mais cette excitation des follicules muqueux de la membrane interne de cet organe se rencontre dans beaucoup d'autres affections, et peut être due aux efforts répétés des vomissemens, et n'en pas être la cause. L'irritation sympathique de l'estomac par l'effet de la toux suffit pour provoquer ces vomissemens. Ils sont très-fréquens dans toutes les quintes de toux en général, et surtout dans celles qui accompagnent la phthisie pulmonaire, quoique le siége de cette maladie ne soit pas dans l'estomac. Il est donc vraisemblable que le vomissement dans la coqueluche n'est qu'un effet sympathique et purement secondaire, produit par l'irritation de la toux : c'est par cette raison qu'il ne se manifeste que lorsque la maladie est arrivée à son plus haut période, et que la toux est devenue beaucoup plus opiniâtre; il continue ensuite par l'effet de l'habitude, dès que la plus légère secousse de toux a lieu, et même lorsque la maladie diminue.

Des causes de la coqueluche et de son mode de propagation. — Nous ne connaissons rien de plus positif sur les causes de la coqueluche que sur celles de toutes les autres affections catarrhales en général. Elle règne d'une manière sporadique ou épidémique, et plus fréquemment dans les saisons et les circonstances où se rencontrent les autres affections catarrhales pulmonaires. Lorsqu'elle se manifeste en automne ou en hiver, elle est toujours de plus longue durée que dans les autres saisons. Néanmoins, comme toutes les inflammations catarrhales épidémiques, on l'observe aussi assez fréquemment au milieu de l'été comme dans les autres temps de l'année.

Il est rare qu'elle n'affecte pas à la fois un assez grand nombre d'individus; on la rencontre particulièrement chez les enfans, depuis la naissance jusqu'après la seconde dentition; on l'observe quelquefois chez les adultes, et très-peu chez les vieillards. Il est rare qu'on l'ait plusieurs fois dans sa vie, cependant j'en connais plusieurs exemples. Parmi les adultes, on la voit plus fréquemment chez les femmes que chez les hommes : elle affecte plus particulièrement, parmi les hommes, ceux qui sont irritables et nerveux, et qui, par leur tempérament, se rapprochent beaucoup de la constitution des femmes.

Indépendamment de l'influence épidémique de la coqueluche, elle paraît avoir, dans la manière dont elle se propage, quelque chose de contagieux, comme le pensent la plupart des auteurs. On a cru remarquer qu'elle suivait, en s'étendant dans un pays, la direction des vents : elle se communique toujours rapidement aux enfans d'une même famille; et cette communication n'a point lieu si on les éloigne les uns des autres et de tous les enfans infectés. Il arrive fréquemment que les mères contractent la maladie de leurs enfans, surtout lorsqu'ils sont affectés de la maladie pendant qu'elles les allaitent. Les pères et les bonnes d'enfans sont aussi exposés à la même contagion : j'en ai vu plusieurs exemples chez des parens qui avaient eu néanmoins la coqueluche dans leur enfance. On pourrait objecter ici, contre la contagion, que les parens et les enfans se trouvent également dans les mêmes circonstances, et soumis à l'influence épidémique; mais j'ai été témoin d'un fait qui donnerait encore plus de poids à la transmission

contagieuse de la coqueluche. Un enfant en voyage ayant joué dans une auberge avec un autre enfant qui était atteint de la coqueluche, fut pris de la maladie quelques jours après son retour dans son pays, et la communiqua bientôt à sa mère, quoiqu'elle l'eût eue dans sa jeunesse; et l'un et l'autre vivaient néanmoins isolés et ne communiquaient avec aucun enfant : la coqueluche ne régnait point dans le pays qu'ils habitaient.

Pour que la transmission contagieuse ait lieu, il faut que les enfans soient assez près les uns des autres pour qu'ils puissent recevoir les émanations de leur haleine; il faut aussi que la coqueluche soit dans son plus haut degré de développement. La propriété contagieuse paraît s'affaiblir à mesure que la maladie diminue. C'est ordinairement cinq à six jours après qu'on s'est exposé à l'infection, que la toux commence à se manifester.

Thérapeutique de la coqueluche. — Tous les moyens généraux ou spécifiques qui ont été employés pour combattre la coqueluche sont ou médicamenteux ou hygiéniques.

On a proposé un grand nombre de médicamens différens pour guérir la coqueluche : les vomitifs, les purgatifs, les saignées, les antispasmodiques, les sédatifs, les toniques, les excitans, ont tour-à-tour été administrés ou combinés de différentes manières. La plupart de ces moyens peuvent être utiles, en effet, quand ils sont sagement administrés, et dans les circonstances convenables; mais ils ont souvent fait beaucoup de mal et déterminé des inflammations secondaires, graves et mortelles.

Il faut en général, dans le traitement de la coqueluche, comme dans celui de toutes les maladies épidémiques, faire une grande attention, non-seulement aux différens tempéramens, mais aussi à l'influence de la constitution régnante. On observe que les méthodes de traitement qui réussissent très-bien dans certaines circonstances sont sans effet dans d'autres. Les épidémies de coqueluche qu'on remarque en hiver et au printemps, par exemple, ne doivent pas être précisément traitées de la même manière que celles qui règnent en été. Les saignées, en général, seront plus utiles dans les premiers cas, et les vomitifs dans l'autre. Il nous est impossible de nous occuper ici de toutes les modifications du traitement suivant la nature particulière des épidémies : nous ne pouvons les considérer que d'une manière générale.

Quelle que soit donc la constitution régnante, lorsque la coqueluche n'est point réunie avec une inflammation du poumon, et qu'elle est sans complication et sans fièvre, des boissons adoucissantes et relâchantes d'abord, et un ou plusieurs vomitifs, suffisent ordinairement pour diminuer son intensité. Les vomitifs dont on se sert le plus ordinairement sont l'émétique ou l'ipécacuanha en substance ou en décoction. L'expérience a constamment prouvé que les vomitifs répétés éloignent et diminuent les quintes dans les coqueluches légères et sans complications, à moins que la constitution régnante ne soit éminemment inflammatoire, auquel cas la saignée doit être alors préalablement employée. Mais tous ces moyens n'empêchent pas la maladie de parcourir ses périodes. Les purgatifs n'ont pas le même avantage que les vomitifs; ils conviennent néanmoins, surtout après l'usage des vomitifs, pour prévenir les embarras gastriques et diminuer l'irritation pulmonaire. Les purgatifs les plus simples et les plus doux, comme la manne et l'huile de ricin, sont ceux qui doivent être en général préférés.

Les saignées locales ou générales sont inutiles dans la coqueluche légère et sans fièvre; elles diminuent, à la vérité, les quintes de toux; mais à moins, comme nous l'avons dit, que la maladie ne règne en hiver ou au printemps, et que la constitution ne soit particulièrement inflammatoire, les saignées augmentent la faiblesse, et peuvent alors prolonger la maladie. Elles sont au contraire très-utiles lorsque la coqueluche est compliquée d'une inflammation du poumon ou de la plèvre, ou même lorsque, sans que cette complication ait lieu, les maladies régnantes cèdent elles-mêmes à la saignée. Mais quoi qu'en disent Badham et Marcus, partisans exagérés des émissions sanguines dans la coqueluche, ces moyens n'agissent efficacement que contre les inflammations et les congestions sanguines qui compliquent cette maladie, et quoiqu'elle dépende elle-même d'une espèce de phlegmasies, elle n'est point de la nature de celles qui cèdent uniquement aux saignées.

Les antispasmodiques ont été mis en usage par quelques praticiens; on a surtout recommandé le musc et l'oxyde de zinc. Je les ai employés l'un et l'autre avec succès dans la seconde période de la maladie, surtout chez les enfans très-jeunes, lorsque les quintes n'avaient point cédé à l'effet des vomitifs. L'oxyde de zinc surtout, administré à la dose d'un grain d'heure en heure, m'a particulièrement réussi sur un enfant de six semaines,

chez lequel les quintes avaient résisté à tous les autres moyens, et étaient tellement fortes, que je craignais les convulsions. La maladie a cessé dans l'espace de quelques jours. Il faut observer que l'oxyde de zinc, à la dose de 12 à 24 grains par jour, produit chez les très-jeunes enfans un effet légèrement purgatif, et agit alors comme dérivatif.

Parmi les sédatifs, on a surtout recommandé la ciguë, l'opium, la belladone, la jusquiame, la laitue vireuse et l'extrait de narcisse des prés. Quoique tous ces moyens n'agissent pas précisément de la même manière, cependant ils tendent tous au même but, et diminuent la fréquence des quintes, surtout quand on les emploie vers la fin de la seconde période ou au commencement de la troisième. La racine de belladone en poudre produit particulièrement cet effet d'une manière assez prononcée; mais elle a l'inconvénient de sécher la gorge et d'altérer le malade. Elle diminue d'ailleurs, comme tous les autres, la régurgitation des liquides, et accélère et gêne la respiration. J'ai vu la racine de belladone en poudre causer une cécité complète pendant une heure chez deux enfans, l'un de quatre ans, et l'autre de six, quoiqu'elle n'eût été employée qu'à la dose d'un grain à un grain et demi. Cet effet doit être, au reste, rangé dans les cas d'exception. Le sédatif que j'emploie le plus ordinairement avec le plus grand avantage est un mélange par partie égale d'oxyde de zinc, de belladone et de ciguë, en commençant par la dose d'un quart de grain de chacune de ces substances, qu'on donne trois fois par jour : on augmente ensuite successivement, suivant l'effet qu'éprouve le malade. Mais ce sédatif a toujours, comme tous les autres, l'inconvénient de diminuer l'expectoration. Pour remédier à cet effet nuisible des sédatifs en général, on a souvent associé des vomitifs avec l'opium, et combiné avec eux les purgatifs, comme dans le sirop de Désessarts. Tous ces moyens, dont le charlatanisme abuse, et qui, sous le voile du secret, achalandent certaines officines, sont quelquefois utiles dans les coqueluches simples, accompagnées d'une régurgitation abondante de liquide, mais sont souvent très-nuisibles aux sujets nerveux, irritables et sanguins. J'ai vu plusieurs fois des pneumonies succéder à la coqueluche, après l'usage inconsidéré de tous ces sirops composés, tant vantés contre cette maladie; et, lorsqu'ils ne sont pas nuisibles, ils en abrègent rarement la durée.

C'est ordinairement dans la dernière période de cette maladie, que les toniques et les légers excitans sont souvent employés avec succès. Le sirop de quinquina, les décoctions de quinquina édulcorées, pures ou mélangées avec une décoction de café, les infusions de serpolet et de marjolaine, les décoctions de lichen, sont en général très-utiles chez les enfans affaiblis, et abrégent beaucoup chez eux la dernière période de la maladie. C'est aussi à cette même époque de la coqueluche, et lorsque le catarrhe se prolonge très-long-temps, qu'on retire un grand avantage des eaux minérales sulfureuses de Bonnes, de Cauterets et d'Enghien, et des différens sirops préparés avec les sulfures de potasse ou de soude. Ces moyens, seuls ou modifiés par l'usage des mucilagineux et du lait, sont surtout très-recommandables dans la phthisie trachéo-bronchiale qui succède à la coqueluche. On doit rapprocher aussi de ces médicamens excitans le kermès, le soufre doré d'antimoine et l'oxymel scillitique; mais tous ces moyens médicamenteux, tant vantés dans la coqueluche, m'ont paru presque toujours plus nuisibles qu'utiles. J'en dirai autant de la teinture de cantharides, tant préconisée par Lettsom, Armstrong, Hufeland, quoique l'irritation vésicale qu'elle détermine soit un puissant dérivatif : tous ces moyens, plus ou moins dangereux, doivent être retranchés du traitement de la coqueluche.

Une méthode purement empirique a été proposée par le docteur Thiel : il donne l'acide hydro-chlorique très-pur, à la dose de deux à trois gros dans six ou huit onces d'eau édulcorée avec le sirop de gomme, de sucre ou de framboises; il administre ce médicament par cuillerées d'heure en heure dans toutes les périodes de la coqueluche; et, dans son enthousiasme pour son spécifique, il ne craint pas de l'administrer, même quand la maladie est compliquée d'affection de poitrine. J'ai très-peu employé ce remède, auquel, quoi qu'on en dise, la plupart des enfans ne peuvent s'accoutumer, et je ne puis encore avoir d'opinion sur cette méthode; mais, suivant le docteur Henke, pendant l'épidémie de coqueluche qui a régné à Erlangen dans l'automne et l'hiver de 1819 à 1820, les remèdes ordinaires, et surtout la belladone, le soufre doré d'antimoine et les différens opiats n'avaient eu aucun effet, et avaient paru souvent augmenter la chaleur et la toux. L'acide hydro-chlorique fut, au contraire, très-efficace. L'institut clinique de cette ville traita

plus de soixante-dix enfans par cette méthode; un petit nombre seulement eut besoin de continuer le remède au-delà de quinze jours. Tous ces enfans guérirent, quoique beaucoup fussent gravement affectés, à l'exception cependant de deux malades; l'un, âgé d'un an, avait la coqueluche compliquée de dyssenterie, et l'autre de rougeole. Cette puissante autorité en faveur du traitement du docteur Thiel doit engager à ne pas le négliger entièrement; mais il ne faut pas perdre de vue que les coqueluches simples guérissent toujours d'elles-mêmes avec le temps; et, dans les coqueluches compliquées d'inflammation de poitrine, il me paraîtrait très-dangereux, quoi qu'on en dise, d'employer une aussi grande dose d'acide.

Parmi les moyens dérivatifs qui ont été proposés, les vésicatoires et la pommade d'Autenrieth sont les plus recommandables. Les vésicatoires sont utiles, surtout après les saignées, dans les complications de phlegmasies pulmonaires avec la coqueluche. La pommade d'Autenrieth, qu'on prépare avec une partie et demie d'émétique sur huit parties d'axonge, est employée en frictions sur l'épigastre, comme une espèce de spécifique, dans la seconde période de la coqueluche; mais elle n'est pas plus efficace que les autres moyens dérivatifs, et elle détermine des pustules et des ulcérations douloureuses qui sont souvent difficiles à guérir chez certains enfans.

Les moyens hygiéniques qui ont le plus d'influence dans le traitement de la coqueluche, sont relatifs aux alimens et aux qualités de l'atmosphère. L'expérience a prouvé que, les quintes étant d'autant plus fortes que les repas sont plus copieux, on obtient plus facilement la guérison, même de la coqueluche la plus simple, en n'accordant qu'une nourriture très-légère et liquide; les potages, les fruits, les légumes, les farineux, le lait, et surtout le lait d'ânesse, sont les alimens les plus favorables, particulièrement lorsqu'on a lieu de craindre quelques affections organiques du poumon; mais, dans les cas où cette conséquence n'est pas à craindre, les alimens plus substantiels, tels que les viandes rôties ou bouillies, deviennent quelquefois nécessaires, principalement dans la dernière période de la maladie, surtout chez les enfans faibles. Il est presque inutile de dire que, lorsque la coqueluche est compliquée avec quelque autre maladie et accompagnée de fièvre, la diète est absolument nécessaire, et qu'il faut alors, même chez les très-jeunes enfans qui sont à la mamelle , diminuer la quantité du lait qu'ils tettent. Les variations brusques de la température sont aussi nuisibles dans la coqueluche que dans les autres affections catarrhales en général. La maladie est beaucoup plus opiniâtre dans l'automne et l'hiver que dans les autres saisons , à cause de l'humidité et du froid. Il est donc essentiel, surtout quand la saison est mauvaise, de tenir les malades dans une température égale et douce; mais, pendant le printemps et l'été, lorsque la température est favorable, il n'est pas de moyen plus efficace pour abréger la durée de la coqueluche, que de transporter les malades à la campagne lorsqu'ils habitent les villes, de les faire voyager et changer d'exposition, surtout en passant du Nord au Midi. (GUERSENT.)

COR , s. m. , *clavus , gemursa* ; espèce de protubérance épidermique, dure, calleuse, de forme aplatie, qui survient tant à la face supérieure des orteils que sur leurs parties latérales, et quelquefois aussi à la plante des pieds, vis-à-vis des extrémités antérieures des os du métatarse. Les cors reconnaissent pour cause la plus ordinaire la pression que des chaussures trop étroites ou trop courtes exercent immédiatement sur ces diverses parties, ou celle que les orteils eux-mêmes opèrent les uns sur les autres par suite de cette constriction. Ils sont aussi parfois déterminés par des plis ou de trop fortes coutures que présentent les bas. Les anciens devaient ces excroissances tuberculeuses à la compression et au frottement des courroies qui servaient à fixer leurs cothurnes. Chez les peuples modernes où il existe encore des capucins et des carmes déchaux, on voit aussi les sandales, qui font partie de leur bizarre accoutrement, occasioner la même incommodité.

Les cors des pieds sont assez généralement regardés comme inorganiques. Cependant cette assertion ne me paraît vraie que jusqu'à un certain point, et je vais essayer de le prouver. Ces tumeurs se composent de deux portions bien distinctes : l'une, superficielle, sèche, sorte de durillon figuré en tête de clou, formé de plusieurs couches d'épiderme superposées les unes aux autres, quelquefois assez faciles à séparer, et ne jouissant réellement d'aucune organisation apparente; l'autre, étroite, plus profonde, d'aspect corné, demi-transparente, partant du centre de la première, et pénétrant à travers l'épaisseur du derme jusqu'aux tendons, aux ligamens articulaires ou aux os vis-à-vis lesquels elle se trouve implantée. C'est cette dernière portion qui me semble douée d'un certain degré d'organisation; en effet, à elle seule se rapportent toutes les douleurs que fait ressentir le cor lorsqu'il est frappé. Et d'ailleurs, comment, sans admettre cette organisation, expliquerions-nous l'accroissement de sensibilité dont ces sortes de tumeurs sont le siége pendant les chaleurs, et celui, non moins remarquable, qu'elles éprouvent spontanément par tous les grands changemens atmosphériques, comme il arrive aux anciennes cicatrices dans le tissu desquelles la circulation se fait aussi, dans ces circonstances, avec plus ou moins de difficulté. Ma conviction à cet égard se trouve encore puissamment corroborée par les observations microscopiques faites par M. Breschet , qui a vu des vaisseaux traverser en différens sens cette partie profonde des tubercules dont il est ici question.

Les cors des faces latérales des orteils diffèrent un peu des autres : ils sont ordinairement situés vis-à-vis les saillies que présentent les têtes articulaires des phalanges, lieux où la compression est toujours la plus forte et la plus soutenue, et sont, à raison de leur position, presque constamment humides. On voit en outre à leur centre une dépression ou petite cavité de couleur grisâtre, qui contraste avec la blancheur nacrée que la macération, due à la transpiration habituelle de ces parties, donne au bourrelet d'apparence cartilagineuse qui l'environne.

Quel que soit le lieu où ils paraissent, les cors gênent toujours beaucoup pour la progression, principalement lorsqu'on n'a pas retranché leurs callosités ou parties exubérantes, qui, par leur volume et leur dureté, produisent l'effet de corps étrangers placés entre les pieds et les souliers. Ces indurations, quand on en observe l'origine et le développement, doivent pourtant être considérées comme le résultat d'une sage prévoyance de la nature, qui a multiplié les couches d'épiderme sur les points de la peau exposés à des frottemens habituels, afin de servir de défense aux parties sous-jacentes, lesquelles seraient, sans cela, indubitablement ulcérées par une pression trop prolongée et trop fréquemment réitérée.

Dans les temps ordinaires, lorsque le cor est récent, peu développé, il ne cause que de très-faibles douleurs, et contient quelquefois entre les lames demi-cornées qui en composent la portion la plus rapprochée de la surface, ou la tête, une sérosité roussâtre, semblable à celle que renferment les ampoules. Du reste, cette humidité disparaît bientôt, et la sensibilité morbide augmente en raison du nombre, de l'épaisseur et de la consistance des feuillets épidermiques qu'acquiert ce durillon extérieur.

Je crois utile, avant de passer outre, de faire remarquer les différences qui existent entre les cors des pieds et les durillons proprement dits : ces derniers, toujours superficiels et dépassant même le niveau de la peau, sont simplement formés, comme il a déjà été dit pour les cors eux-mêmes, par l'épaississement et la multiplication des couches d'épiderme. On les observe le plus souvent autour des talons, au côté interne de chacun des gros orteils, à la face inférieure de tous les autres, sous la tête du premier os du métatarse et aux paumes des mains. Les cors, indépendamment de ce durillon, présentent une autre portion, de forme conique, qui s'enfonce plus ou moins profondément à travers le derme, jusqu'aux parties fibreuses ou aux os les plus voisins. Il semble même qu'on ne s'écarterait pas de la vérité en affirmant que, dans leurs commencemens, les cors doivent être rangés dans la classe des simples durillons ; car ils ne prennent entièrement les caractères qui leur ont fait donner le nom de *clavi pedum*, que lorsque les parties molles placées au-dessous du durillon primitif ont été encore pendant long-temps froissées entre cette espèce de corps étranger et les points saillans des os du pied.

Le meilleur moyen de prévenir le développement des tubercules qui font l'objet de cet article, est de porter des chaussures dans lesquelles on soit bien à l'aise, sans qu'elles présentent cependant trop de largeur, cette ampleur pouvant elle-même, en permettant de trop grands mouvemens dans les souliers ou les bottes, occasioner le mal qu'on cherche à éviter. Les personnes qui, par état, sont obligées de faire de longues marches, telles que les militaires, se préservent communément de l'apparition des cors en graissant les orteils avec du suif, ainsi que les points de l'intérieur dès bas ou des souliers qui portent sur les parties saillantes des pieds. Tout autre corps gras plus diffluent ne remplirait pas le même but. Cette précaution s'oppose avec efficacité aux frottemens, qui sont la seule cause du mal.

Trois méthodes principales se présentent pour le traitement des cors. L'une, incertaine dans son résultat, quoiqu'elle compte des succès qu'on ne peut révoquer en doute, a tout au moins l'avantage de faire cesser, pour un temps plus ou moins long, de vives douleurs, qui réduisent quelquefois à l'impossibilité de marcher les individus qui en sont affectés. Elle consiste à couper la partie exubérante de la tumeur, en excavant même un peu au-dessous du niveau de la peau, tant qu'il existe un peu de dureté. Cette opération se fait avec des ciseaux, un rasoir, un scalpel ou un bistouri à tranchant convexe et fixé sur son manche, ou bien même avec les ongles, après toutefois avoir ramolli la substance cornée à exciser par les applications de cataplasmes émolliens, de diachylon gommé, de cire molle, ou par un pédiluve. Lorsqu'on revient en même temps à l'usage de chaussures mieux proportionnées, ce procédé réussit quelquefois complètement, après deux ou trois excisions opérées à quinze jours ou trois semaines d'intervalle, surtout lorsque le cor n'a pas encore jeté de profondes racines, et qu'il ne consiste qu'en un simple durillon circonscrit ; mais le plus souvent, il faut l'avouer, ce moyen n'est que palliatif. Cela n'empêche pourtant pas qu'il ne soit plus généralement employé qu'aucun de ceux que nous connaissons ; et la meilleure raison qu'on puisse en donner, c'est qu'il n'occasionne pour l'ordinaire aucune douleur, si l'on n'intéresse pas les parties saines environnantes. Un autre motif de la prédilection de la plupart des malades pour cette méthode, c'est qu'ils finissent par acquérir promptement assez de dextérité pour pratiquer une aussi légère opération sans l'assistance d'un pédicure. Comptant eux-mêmes fort peu sur ce moyen pour obtenir leur guérison radicale, ils se soumettent sans trop de répugnance à l'obligation d'y avoir recours au moins une fois tous les mois. Lorsque par défaut d'habitude dans la manière de se servir des instrumens on a lésé les parties saines, ou bien qu'on en a seulement trop approché, le cor devient le siége d'une sensibilité vive, qui amène assez fréquemment un certain degré d'inflammation, particulièrement quand on s'est livré à de grands exercices immédiatement après cette ablation. Le repos et des cataplasmes émolliens ou anodins suffisent pour remédier à ces accidens.

Le second mode de traitement des cors n'est autre chose que l'extirpation. On se sert, pour y procéder, d'une espèce d'aiguille courte, à pointe mousse, fixée sur un manche, ronde ou légèrement aplatie, au moyen de laquelle on sépare, dans toute sa circonférence, le tuber-

cule calleux des parties saines, et l'on arrive
souvent, par un simple écartement progressif,
à la partie la plus profonde de ses adhérences,
sans diviser le moindre vaisseau sanguin, ni
occasioner de douleur. Le pansement consiste
à remplir la petite cavité avec un peu de graisse
de mouton qu'on couvre ensuite avec un emplâtre de savon ou de diachylon gommé. Certains pédicures ont acquis dans ce genre d'o-
pérations une dextérité très-remarquable.

On a encore beaucoup vanté, pour la guérison es cors aux pieds, les emplâtres de savon,
de mucilage, de gomme ammoniaque, de gal-
banum, différens onguens, des sparadraps de
toutes espèces, les feuilles de joubarbe, la
pellicule connue sous le nom de baudruche,
le coton en bourre, un simple linge fin placé
autour des orteils, et un nombre infini d'ar-
canes auxquels le charlatanisme ou la con-
fiante crédulité du vulgaire de toutes les classes ont fait, à diverses époques, des réputa-
tions presqu'aussitôt oubliées. Ces moyens
méritent sans doute assez peu de confiance;
mais comme ils ne peuvent entraîner aucun
danger, je crois inutile de les rejeter avec
trop de sévérité. Il sera même permis d'en
espérer quelques bons effets si l'on réforme
au même instant l'usage des bottes ou souliers
de trop petites dimensions qui auront déterminé la maladie. Je rappellerai à cette occasion que feu Peyrilhe assurait avoir obtenu
de nombreux succès de l'application de deux
emplâtres de diachylon gommé, dont l'un,
étendu sur une peau souple, mais épaisse,
comme celle du buffle, et percé à son centre
d'une ouverture suffisante pour laisser à nu
toute l'étendue du cor, se trouvait recouvert
par l'autre qui n'était pas fenêtré. Les avantages de cette méthode, par laquelle on se
propose de soustraire le cor à toute espèce de
compression, ont été constatés sur plusieurs
personnes par un praticien distingué et digne
de foi. Dans quelques autres circonstances,
il n'en est résulté qu'un soulagement passager.

Quoi qu'il en soit de l'efficacité de ces diverses applications, je suis loin d'attribuer la
même innocuité à une troisième méthode de
traitement, qui consiste à détruire les cors par
l'emploi des caustiques. La potasse concrète,
le muriate d'antimoine liquide, et les acides
nitrique ou sulfurique sont les agens dont se
servent de préférence les empiriques qui croient
à l'efficacité de ce genre de traitement. J'ai
connaissance de quelques guérisons obtenues
par leur usage; mais comme ce sont des remèdes très-difficiles à manier, ils occasionnent

le plus ordinairement, entre les mains des
ignorans qui les emploient, des inflammations
violentes, et souvent aussi des pertes de substance, qui dénudent et attaquent les tendons,
les ligamens et les os eux-mêmes; d'où il résulte de très-graves inconvéniens, tels que la
perte des orteils, et des accidens convulsifs
intenses et presque tétaniques, pour peu que
les sujets soient disposés aux affections nerveuses. (L.-V. LAGNEAU.)

CORACO-BRACHIAL (muscle), ou CORA-
CO-HUMÉRAL (CHAUSS.), *musculus coraco-bra-
chialis*; muscle du bras, situé à la partie supérieure et interne de ce membre, de forme
allongée, aplati d'avant en arrière, plus large
à sa partie moyenne qu'à ses extrémités, confondu en dehors, dans sa moitié supérieure
environ, avec la courte portion du biceps, et
traversé ordinairement par le nerf musculo-
cutané, qui parcourt un trajet oblique dans
son épaisseur. Cette dernière disposition, qui
l'a fait nommer par Casserius *muscle perforé*
(*musculus perforatus*), le partage en deux portions placées l'une devant l'autre, et que l'on
peut isoler dans une grande étendue. Ces deux
portions s'attachent ensemble et avec la courte
portion du biceps au sommet de l'apophyse
coracoïde de l'omoplate, par un tendon plus
épais du côté du biceps, et recourbé pour embrasser en avant et en arrière le coraco-brachial, dont quelques fibres charnues comprises
entre ses deux lames se fixent presque immédiatement à l'omoplate. Ce tendon donne
naissance à une aponévrose qui se prolonge un
peu sur la portion antérieure du coraco-brachial, et beaucoup plus sur le biceps, dont
elle entoure d'abord les fibres circulairement,
de manière à former une cloison entre les deux
muscles, qui y prennent l'un et l'autre insertion. Une aponévrose étroite se détache, en
outre, du tendon en arrière, et se prolonge
le long du bord externe de la portion postérieure du coraco-brachial, en fournissant successivement insertion aux fibres de cette portion. Les deux portions sont fixées à l'humérus,
au moyen d'une aponévrose attachée au bord
interne de cet os, vers sa partie moyenne, et
se continuant par un prolongement avec l'a-
ponévrose intermusculaire interne; quelques
fibres charnues tiennent immédiatement, ou
par de petits filets tendineux, à la face interne
de l'os, très-près du brachial antérieur, avec
lequel elles sont souvent unies. L'aponévrose
remonte au-devant du corps charnu, se prolonge surtout le long de son bord interne, et
se termine en se bifurquant pour chacune de

ses deux portions. Toutes les fibres charnues du coraco-brachial, excepté les fibres internes, qui sont longitudinales, sont placées obliquement entre les aponévroses supérieures et externes, et l'aponévrose inférieure et interne ; la totalité du muscle est un peu oblique, au contraire, de haut en bas et de dedans en dehors.

Il existe entre l'extrémité supérieure du coraco-brachial réunie à la courte portion du biceps et la capsule de l'articulation de l'épaule une bourse muqueuse vésiculaire.

Ce muscle n'est quelquefois point traversé par le nerf musculo-cutané, et n'a point alors le plus souvent deux portions distinctes. Dans d'autres cas, ses deux portions sont, au contraire, entièrement séparées, soit dans toute leur longueur, comme on le voit naturellement dans les singes, soit dans leur partie inférieure seulement.

Le muscle coraco-brachial rapproche le bras du tronc, le porte en avant et en haut, le fait tourner sur son axe de dedans en dehors, et tire l'angle antérieur de l'omoplate en avant et en bas.   (A. BÉCLARD.)

CORACO-CLAVICULAIRE (ligament). Ainsi nommé à cause des parties osseuses auxquelles il s'attache, il est composé de deux portions que l'on décrit ordinairement comme deux ligamens distincts : ce sont les ligamens *conoïde* et *trapézoïde*. Voyez ÉPAULE (articulations de l').

CORACO-HUMÉRAL. *Voyez* CORACO-BRA-CHIAL.

CORACO-HYOIDIEN. *Voyez* OMOPLAT-HYOÏDIEN.

CORACOIDE, adj., *coracoïdes, coracoideus,* de κοραξιιδἴς, qui ressemble à un corbeau. On désigne sous ce nom, d'après Galien, une apophyse qui surmonte l'angle antérieur de l'omoplate, à cause de sa ressemblance avec le bec d'un corbeau. *Voyez* OMOPLATE.

CORACOIDIEN (ligament), Il convertit en trou une échancrure du bord supérieur de l'omoplate, et a été ainsi nommé parce qu'il avoisine l'apophyse coracoïde. *Voyez* OMO-PLATE.   (A. BÉCLARD.)

CORAIL, s. m., *corallium*; polypier pierreux, solide, strié à sa surface, et recouvert d'une enveloppe charnue, dans les pores de laquelle sont logés les polypes.

On voit, d'après cette définition, que le corail est rapporté aujourd'hui au règne animal, après avoir été rangé successivement parmi les minéraux et parmi les végétaux. Ce polypier se trouve à de grandes profondeurs

dans la Méditerranée et la mer Rouge. Il y en a de rouge et de blanc. Sous une écorce assez tendre, il renferme une substance très-dure, disposée par couches concentriques, dont la calcination surtout rend l'existence évidente.

Les anciens attribuaient de grandes vertus médicinales au corail. Depuis qu'on sait qu'il ne diffère du carbonate calcaire ordinaire que par la présence d'un peu de gélatine, on a renoncé à l'employer. Il ne sert plus qu'à titre de dentifrice, réduit, soit seulement en poudre impalpable, soit sous la forme d'opiat.

(DICT. ABRÉGÉ DE MÉD.)

CORALLINE, s. f., *corallina officinalis*. On nomme ainsi une production marine qui se présente sous l'apparence d'une végétation calcaire à tiges rameuses, portées par des espèces de racines. Ces tiges sont articulées ; elles ont des articles solides, d'apparence homogène, sans écorce sensible, en ovale renversé; leurs ramuscules sont bipinnés. Les tiges principales n'ont communément qu'un pouce à deux pouces de hauteur.

La coralline officinale varie beaucoup en couleur; elle est blanche, rougeâtre ou verdâtre, suivant le lieu d'où elle vient, et elle couvre le fond de la mer sur certains rivages, particulièrement dans la Méditerranée. Son odeur décèle son origine marine, et sa saveur est salée. Sa nature n'est point encore parfaitement connue, malgré le temps qui s'est écoulé depuis le moment où les naturalistes se sont occupés de son étude. Généralement pourtant on la range parmi les polypiers, et on lui reconnaît de l'analogie avec les cératophytes spécialement. Mais on n'a jamais distingué aucun pore à sa surface, et il n'a pas été possible d'y apercevoir les polypes.

Les chimistes qui se sont occupés de l'analyse de cette substance, nous ont appris qu'elle est composée de gélatine, d'albumine en diverses proportions, d'hydro-chlorate de soude, de phosphate, de carbonate et de sulfate de chaux, de carbonate de magnésie, de silice, d'oxyde de fer et d'un principe colorant indéterminé.

La coralline est fort peu employée aujourd'hui : anciennement elle a joui d'une grande réputation, comme anthelminthique ; mais on ne possède qu'un fort petit nombre de notions exactes sur ses propriétés médicales.

On prépare avec cette substance un sirop qu'on donne à la dose d'une demi-once à une once.

On administre aussi la coralline en poudre ou sous la forme de bol et d'électuaire. On en donne alors depuis vingt grains jusqu'à un gros; mais les médecins l'ont abandonnée totalement pour la *mousse de Corse*. (*Voyez* ce mot.) (HIPP. CLOQUET.)

CORDE DU TYMPAN, ou CORDE DU TAMBOUR, *chorda tympani*. Les anatomistes appellent ainsi un filet du nerf facial qui traverse la cavité du tympan. *Voyez* FACIAL (nerf).

CORDES VOCALES, *chordæ vocales*. On donne quelquefois ce nom aux ligamens inférieurs de la glotte. *Voyez* ce mot et LARYNX.
(A. BÉCLARD.)

CORDE, s. f., *chorda*, de χορδή; engorgement dur, de forme allongée, plus ou moins douloureux, ayant son siège dans le tissu cellulaire de la verge, de la vulve ou du périnée, et qui s'observe quelquefois chez les personnes affectées de chancres ou autres accidens syphilitiques très-inflammatoires. On en voit aussi survenir sans qu'aucune irritation locale bien manifeste ait précédé. Cette corde s'étend souvent du prépuce, ou de tout autre point du membre viril ou du pudendum, jusqu'à l'aine correspondante. J'en ai vu régner tout le long de la partie supérieure des corps caverneux, et s'arrêter à la région pubienne.

Cet état cède le plus ordinairement à l'usage des antiphlogistiques et des applications émollientes et relâchantes dirigés contre l'irritation du symptôme vénérien qui l'a occasioné. Lorsqu'après la guérison de ce dernier, l'engorgement persiste, et qu'il est indolent, on en obtient assez communément la résolution par le moyen de frictions locales alcalines ou mercurielles, ainsi que par différentes médications plus ou moins stimulantes, parmi lesquelles les antivénériens doivent toujours tenir le premier rang. Mais quand, malgré ce traitement, la tumeur devient de plus en plus dure et tendue, il faut la découvrir par une incision suffisamment prolongée, et en faire l'extirpation, surtout si sa présence empêche les érections, ou s'oppose de quelque autre manière à la cohabitation, tant par les diverses courbures qu'elle donne à la verge, que par le volume extraordinaire qu'acquiert quelquefois le prépuce. Souvent, dans ce dernier cas, il est plus simple de faire l'opération du phimosis, ou de pratiquer la circoncision. On a encore proposé, pour remédier à ces espèces de cordes, lorsqu'elles forment des brides saillantes et de peu d'épaisseur, de faire plusieurs incisions transversalement à leur axe; mais ce procédé ne réussit jamais complètement. L'excision doit être préférée; elle est d'une exécution facile, et ne présente aucun

danger. En général, les engorgemens indolens, de la nature de ceux dont il est ici question, sont bien peu gênans lorsqu'ils existent dans l'épaisseur des grandes lèvres ou du périnée. On peut le plus souvent alors les abandonner à eux-mêmes, sans avoir rien de fâcheux à redouter.

Le nom de corde a aussi été donné à la tuméfaction qu'offre le canal de l'urètre dans toute sa longueur pendant une blennorrhagie très-aiguë. *Voyez* CORDÉE. (L.-V. LAGNEAU.)

CORDÉE, adj. f., indiquant l'état d'une blennorrhagie dans laquelle les érections sont extrêmement douloureuses, par suite d'une violente inflammation, qui fait perdre au canal de l'urètre la faculté de s'allonger dans la même proportion que les corps caverneux. Il résulte de cette disposition une courbure très-prononcée de la verge vers sa face inférieure, avec sensation de déchirement dans toute la partie engorgée, et surtout au filet. *Voyez* BLENNORRHAGIE. (L.-V. LAGNEAU.)

CORDIAL, adj. et subst., *cordialis, cardiaca remedia*, de καρδία, cœur, et orifice œsophagien de l'estomac. On donne particulièrement ce nom aux médicamens qui augmentent promptement la chaleur générale du corps et l'action vitale du cœur, de l'estomac et des organes voisins. Les agens médicamenteux qui jouissent de cette propriété sont les excitans et les diffusibles, telles que les substances végétales aromatiques, les huiles essentielles et les eaux distillées de ces plantes, leurs infusions et macérations alcoholiques, comme les eaux dites de mélisse, de Cologne, de la reine d'Hongrie, etc. On place aussi au nombre des cordiaux les éthers et les vins généreux. On prépare avec ces différentes substances des potions qu'on décore du nom pompeux de *cordiales* et dans lesquelles on fait encore souvent dissoudre des électuaires qui sont eux-mêmes pour la plupart composés de substances excitantes et toniques.

L'usage des cordiaux est maintenant beaucoup plus circonscrit qu'il ne l'était autrefois. Ces remèdes chauds et incendiaires, contre lesquels Sydenham et beaucoup d'autres célèbres praticiens s'étaient depuis long-temps prononcés, sont maintenant presque généralement proscrits, excepté dans les syncopes et les adynamies essentielles. Il est même digne de remarque que le préjugé populaire, au moins en France, commence à se prononcer contre les cordiaux, ce qui tient d'une part à l'abus que les médecins en ont fait, et d'une autre part aux idées plus saines de thérapeutique qui se sont généralement répandues.

C'était autrefois un usage presque banal dans plusieurs hôpitaux de Paris , d'administrer toujours une potion cordiale *in extremis ,* et le cordial, comme de raison, n'empêchait pas les malades de succomber. Il en est résulté que , pour la classe du peuple qui fréquente les hôpitaux et qui juge toujours *post hoc, ergo propter hoc,* la potion cordiale est devenue une espèce de poison; et quoique maintenant cette méthode surannée soit généralement abandonnée, cependant l'impression de la fatale potion est restée, et plusieurs individus de la classe indigente, refusent d'entrer dans les hôpitaux, uniquement dans la crainte qu'on ne leur administre le cordial.

(GUERSENT.)

CORDON, s. m., *funiculus;* assemblage de vaisseaux, de filets nerveux, réunis de manière à ressembler à une petite corde : ainsi l'on dit le *cordon ombilical,* le *cordon spermatique,* le *cordon sus-pubien,* un *cordon nerveux. Voyez* OMBILICAL, SPERMATIQUE, etc.

(A. BÉCLARD.)

CORIANDRE, s. f., *coriandrum;* genre de plantes de la pentandrie digynie, L., et de la famille des ombellifères, J., qui a pour caractères : ombelles et ombellules garnies d'involucres; pétales très-petits et inégaux; fruit globuleux, composé de deux semences sphériques, appliquées l'une sur l'autre, et couronnées par le calice.

La coriandre est une plante annuelle, originaire de l'Italie, dont les feuilles inférieures sont ailées deux fois, avec des folioles larges, et les supérieures divisées en lanières étroites. Fraîche, elle exhale une odeur désagréable, qui excite des nausées et des maux de tête. Cette odeur se rapproche beaucoup de celle de la punaise. Elle se dissipe par la dessiccation.

Les semences, dans lesquelles cette odeur est plus prononcée que partout ailleurs, mais qui la perdent aussi en vieillissant, ou quand on les fait sécher, ont une saveur piquante, aromatique, et assez agréable. Elles fournissent, à la distillation, une huile volatile, de couleur citrine. Elles servent à un assez grand nombre d'usages économiques; on en fait des dragées, on en parfume la bière, on les mêle avec la pâte dont se fait le pain dans le Nord. La médecine se les est aussi appropriées. Elles stimulent avec beaucoup d'énergie les tissus qu'on met en contact avec elles, ce qui rend raison des effets carminatifs qu'elles produisent quelquefois. S'il faut en croire certaines relations, elles auraient souvent suffi, admi-

nistrées à haute dose, pour guérir des fièvres quartes rebelles. On les donne rarement en poudre, et presque toujours on les administre en infusion dans l'eau bouillante. Chaque pinte de véhicule en exige un ou deux gros.

(DICT. ABRÉGÉ DE MÉD.)

CORNE, s. f., *cornu,* χίρας. Des prolongemens d'os ou de cartilages, qui ressemblent à des cornes, ont reçu ce nom : telles sont les cornes de l'os hyoïde, du cartilage thyroïde, du sacrum, du coccyx. *Voyez* HYOÏDE, etc. Les trompes utérines ont encore été nommées les *cornes de la matrice,* et l'on connaît, dans le cerveau, les *cornes d'Ammon* et les *cornes antérieure et postérieure des ventricules latéraux.*

(A. BÉCLARD.)

CORNE DE CERF, *cornu cervi,* et par abréviation c. c. En pharmacie, on donne habituellement ce nom au bois du cerf commun (*cervus elaphus,* LINN.), substance que l'on emploie sous plusieurs formes différentes et dans un assez grand nombre de cas, tant à cause de la gélatine qui en fait la base, qu'à cause du sous-phosphate de chaux qu'elle contient en assez grande proportion.

En général, on ne se sert de la corne de cerf qu'après l'avoir réduite en parcelles plus ou moins ténues, à l'aide d'une râpe ou de tout autre instrument, et alors, on en prépare un décoctum ou une gelée par son séjour dans l'eau bouillante, ou on la porphyrise pour la faire entrer dans la composition de quelques poudres ou de certains électuaires.

Par suite de son ébullition dans l'eau, la râpure de corne de cerf cède son principe gélatineux à ce liquide, qui, convenablement édulcoré avec du sucre ou un sirop approprié, devient une boisson adoucissante, utile dans les cas de phlogose et d'irritation des voies digestives, dans les diarrhées, les dyssenteries, les hémorrhagies actives de la membrane muqueuse des intestins, les hémoptysies.

En prolongeant l'ébullition, une plus grande quantité de gélatine est abandonnée par la corne du cerf, et alors, par une évaporation bien ménagée et par l'addition d'une quantité déterminée de sucre, on obtient une gelée que l'on peut aromatiser à volonté, et qui est très-analeptique. Cette gelée convient dans les mêmes cas que le décoctum dont nous venons de parler, mais, en outre, elle est spécialement indiquée dans l'hématémèse chronique, dans les consomptions, dans la phthisie, dans les névroses avec émaciation et dépérissement.

Autrefois on faisait grand cas de la *corne*

de cerf philosophiquement préparée. C'était une poudre obtenue de morceaux de bois de cerf fixés au chapiteau d'un alambic pendant la distillation de plantes cordiales et aromatiques et privés ainsi de la plus grande partie de leur gélatine. Cette poudre, qui n'était que la portion terreuse desséchée, était vantée comme un remède souverain contre l'épilepsie, l'apoplexie, etc.; mais cette préparation est aujourd'hui totalement abandonnée, et mérite bien de l'être.

La *corne de cerf calcinée en blancheur,* comme le disaient les anciens pharmaciens, est à peu près dans le même cas, et n'est plus employée que dans la *décoction blanche de Sydenham;* encore est-elle quelquefois remplacée dans ce cas par du sous-phosphate de chaux obtenu de toute autre manière. Elle n'est en effet rien autre chose que ce sel terreux, retiré du bois de cerf par la calcination.

En distillant la corne de cerf, on retire un liquide ammoniacal et rougeâtre et un sel concret et cristallisé, produits qu'on a recommandés autrefois comme sudorifiques et antispasmodiques, sous les noms d'*esprit volatil de corne de cerf* et de *sel volatil de corne de cerf.* (*Voyez* ces mots.) *Voyez* aussi CERF, GÉLATINE, HUILE ANIMALE DE DIPPEL et PHOSPHATE DE CHAUX.   (HIPP. CLOQUET.)

CORNÉ, adj., *corneus;* qui est de la nature de la corne. L'épiderme, les ongles et les poils sont composés de *substance cornée,* ou, suivant quelques-uns, de *tissu corné.* Il s'élève sur la peau des *productions cornées,* et il paraît entrer dans la composition de cette membrane, outre l'épiderme, une *couche cornée.*   (A. BÉCLARD.)

CORNÉE (production de matière ou de substance). On nomme ainsi en anatomie pathologique certaines productions accidentelles, d'une nature analogue à celle de la corne, des ongles ou de l'épiderme.

Depuis la plus haute antiquité, les végétations cornées accidentelles ont été observées. La fable et la poésie se sont emparées de ce sujet: les cornes ont tour-à-tour été regardées comme un signe de puissance, de forces supérieures, ou comme le caractère d'un génie malfaisant. Quinte-Curce, Lucain, Stace, Ovide, nous apprennent que Jupiter-Ammon était représenté avec des cornes; c'est sans doute pour cette raison qu'Alexandre, fils de Philippe, se prétendant issu de Jupiter, voulut que sur la monnaie et les médailles qu'on frappait en son·honneur, son effigie fût ornée de cornes sur le front. Les Anciens n'attri-

buaient pas seulement des cornes à leurs dieux protecteurs; ils en supposaient aussi aux divinités infernales et aux monstres qui étaient l'objet de leur effroi.

Les productions cornées accidentelles ont étonné les premiers observateurs de ce phénomène; ils l'ont regardé, tantôt comme un signe de puissance diabolique, et tantôt comme un caractère de similitude avec certains animaux. Elles peuvent être distinguées en celles qui croissent sur des animaux qui communément sont dépourvus de cornes, et en celles qui sont surnuméraires chez les bêtes à cornes. Je possède un jeune bouc vivant, dont la tête est armée de quatre cornes.

Mais nous devons principalement parler ici des végétations cornées accidentelles qui paraissent sur différentes parties de la surface du corps, chez l'homme et chez quelques animaux.

La peau et les membranes muqueuses sont les seuls tissus où les cornes peuvent se montrer. L'analogie de ces végétations avec les poils, les ongles et l'épiderme donne la raison de leur développement exclusif sur ces deux tissus. Quelques auteurs parlent cependant de productions cornées sur le foie, la rate, le poumon, les os du crâne, ainsi que sur la dure-mère. J'ai examiné plusieurs de ces prétendues productions cornées, et j'ai toujours reconnu que c'était une transformation des organes en un tissu cartilagineux.

Dans l'origine, et lorsque leur volume est peu considérable, les productions cornées sont enveloppées d'une pellicule ou membrane mince, qui les fait paraître comme enkystées. A une période plus avancée, cette membrane ne fait qu'embrasser la base de la végétation, dont le sommet n'est formé que par une humeur condensée et durcie. Ces productions ne s'étendent pas en profondeur au-delà de la peau; c'est pourquoi presque toujours elles sont mobiles.

Je considère les productions cornées comme étant d'une nature identique à la substance des ongles et de l'épiderme. Se manifestant très-fréquemment sur des surfaces couvertes de cheveux ou de poils, on pourrait penser que la matière qui les constitue est sécrétée par le bulbe des poils; mais j'ai vu de ces productions sur des surfaces constamment glabres. Ainsi j'en ai observé sur la langue, sur la membrane conjonctive, et je me rappelle d'avoir excisé des lamelles cornées qui s'élevaient du gland d'un sujet très-avancé en âge. L'exemple le plus remarquable de ces productions cornées se trouve, depuis très-peu de temps, dans les collections de la Faculté de Médecine, où M. le professeur Béclard l'a fait déposer. On voit les mains et les pieds d'une vieille femme couverts de lames cornées de grandeurs variées. Les faces dorsales sont chargées de productions moins longues que celles de la plante des pieds et de la paume des mains. De ces dernières surfaces s'élèvent des végétations au nombre de cinq ou six, de la grosseur du doigt et d'une longueur de huit à dix pouces. Ces productions sont très-friables, et démontrent évidemment, suivant moi, l'identité de nature de la substance de l'épiderme et de celle de la corne.

Il a été reconnu que les femmes, plus que les hommes, sont sujettes à ces développemens accidentels de substances cornées; ce sont surtout les vieilles femmes qui les présentent, et le siège le plus ordinaire est à la tête. M. le professeur Dubois a pendant long-temps eu dans une des salles de l'hospice de Perfectionnement une vieille femme qui portait sur le front une corne conoïde, dont la base pouvait avoir six ou sept pouces de diamètre, sur cinq pouces environ de hauteur. On peut en voir le dessin colorié dans les cabinets de la Faculté de Médecine. Des contusions sans solutions de continuité de la peau avaient précédé l'apparition de la tumeur. La femme se plaignait de céphalalgie habituelle, dont l'intensité allait toujours croissant. Les parties les plus solides correspondaient au sommet de la végétation, tandis que la substance de la base était d'une teinte plus claire et d'une consistance beaucoup moins considérable; la peau entourait cette base, qui, allant chaque jour en s'agrandissant, avait fini par refouler les tégumens du front, et par abaisser les paupières, de telle sorte que les yeux étaient habituellement couverts. Des zones circulaires indiquaient les dépôts successifs de la matière, et formaient des inégalités semblables à celles qu'on remarque sur les cornes de quelques ruminans. L'épiderme se comportait sur la circonférence de la base de la tumeur, comme il se comporte sur les ongles, près de leur insertion à la peau. Il dépassait de quelques lignes le tissu cutané proprement dit.

La tête de cette femme répandait une odeur fétide; des portions détachées de la tumeur mises en contact avec un corps en ignition, brûlaient en répandant une odeur semblable à celle de la corne soumise à la même expérience. Je crois que, chez cette femme, la

peau du crâne était le siège de la maladie; sans doute les os sous-jacens devaient, dans les derniers temps, avoir souffert, et leur tissu devait être ramolli; mais je ne pense pas que cette tumeur fût de nature cartilagineuse, ainsi qu'on l'affirme pour des productions semblables. La malade est morte dans une des salles de l'hôpital Saint-Louis; j'ignore si son observation a été recueillie, et si la tumeur a été disséquée et soumise à l'analyse chimique.

La partie de la peau d'où s'élèvent les végétations cornées n'avait-elle pas éprouvé préalablement des altérations? On assure que des contusions, des solutions de continuité, avaient altéré la surface cutanée, et que par ces injures sa vitalité avait été modifiée, et qu'enfin une sécrétion particulière avait succédé à l'irritation produite antérieurement. Une femme, au rapport de Caldani, se fit accidentellement une contusion à la tête; des tumeurs enkystées se manifestèrent au bout de quelque temps sur la surface contuse; l'une d'elles s'ouvrit spontanément, et après l'évacuation d'une matière liquide, il s'éleva du fond du kyste une tumeur de nature cornée, qui se reproduisait à plusieurs reprises après avoir été excisée.

Ces productions ne se manifestent pas seulement à la tête; on en a observé sur presque tous les points de la surface du corps. Dumonceau a fait connaître l'histoire de plusieurs productions cornées sur de vieilles femmes. Dans l'une d'elles, la végétation avait 9 pouces de long sur 3 de large à sa base; et dans un autre cas la végétation offrait la même grosseur, mais sa longueur était de ıı pouces. L'une et l'autre avaient leur siège à la cuisse. Corrodori nous apprend qu'une femme de 70 ans portait deux végétations cornées sur les cuisses; elles poussèrent de nouveau après avoir été plusieurs fois excisées. La région antérieure de la poitrine, le dos, les épaules, les bras, les mains, les pieds, ont été le siège de productions cornées. Rigal a observé une corne implantée sur la peau, près du sternum, et sur un autre individu il a vu une excroissance de même nature s'élever de la partie inférieure de la région coccygienne.

Quant à la dimension de ces excroissances, les observateurs n'en citent guère d'exemples dont la base soit plus étendue que celle de la tumeur de la femme traitée dans l'hospice de Perfectionnement; et quant à la multiplicité et à la longueur de ces productions, aucun cas n'est comparable à celui dont j'ai parlé, et qu'on voit dans le Muséum de notre Faculté. Après l'observation de Dumonceau, nous citerons celle que Home a publiée. Une femme de 48 ans portait une corne de 11 pouces de longueur sur 2 pouces et demi de circonférence; cette production cornée est conservée dans le Musée britannique.

Les endroits de la peau où il se manifeste le plus rarement de ces végétations sont ceux où le tissu cutané se change en membrane muqueuse. Caldani a décrit et donné la figure d'une corne qu'un homme portait sur le gland; Ébers a vu un cas semblable, et nous avons déjà dit avoir fait une pareille observation. Cette disposition accidentelle ne rappellet-elle point l'état normal de quelques animaux, et particulièrement de ceux du genre *félis?*

Il n'est pas rare d'observer sur la peau des animaux domestiques des productions cornées, semblables à celles dont nous venons de parler. Cependant il ne faut pas confondre ces végétations avec l'ergot qu'on ente parfois sur la tête de certains gallinacés auxquels on enlève les principaux organes de la génération. J'ai vu une corne, longue de plusieurs pouces et recourbée sur elle-même, adhérer fortement à la peau du cou d'un vieux coq. Un examen attentif n'a pu me faire distinguer si ce corps s'était développé dans ce lieu, ou s'il y avait été inséré. Thomas Bartholin, Conrad Furer, Eusèbe de Nieremberg, J. Renaudot ont vu des cornes sur des chiens, des lièvres, des chevaux: ces productions étaient mobiles, et tombaient à certaines époques de l'année. Malpighi dit qu'une végétation cornée s'était développée sur le cou d'un bœuf; Th. Bartholin parle d'une brebis qui portait une corne à l'hypochondre droit: sa grosseur était si considérable qu'on ne pouvait l'embrasser en entier avec la main. Très-dure à son sommet, elle cédait sous le doigt vers la base, et semblait contenir un liquide. Vallisniéri reçut de Venise une corne dont la tête d'un chat avait été surmontée.

Nos connaissances physiologiques nous permettent-elles de nous arrêter un instant sur l'idée de quelques médecins qui ont prétendu que l'existence de ces productions cornées sur la tête entraînait naturellement un mode particulier de digestion, et que chez ces sujets la rumination devait exister. Plazzoni, Ettmuller et Jérôme Fabrice lui-même ont admis la possibilité de cette coexistence des végétations cornées et de la rumination. Je crois qu'une réfutation sérieuse serait déplacée pour combattre une idée si ridicule.

Nous ne considérerons pas comme appartenant au sujet de cet article le cas rapporté par Goguelin, d'une végétation s'élevant de la dure-mère. Sans doute il existait ici une tumeur fongueuse de la méninge, et cette membrane était devenue en quelques points cartilagineuse.

L'accroissement démesuré des ongles peut être rapproché des végétations cornées de la peau. J'ai souvent rencontré, parmi le grand nombre de cadavres apportés dans nos laboratoires d'anatomie, des sujets sur lesquels les ongles des pieds avaient plusieurs pouces d'étendue, et se recourbaient jusque sur la surface plantaire des orteils et du pied lui-même. Ces ongles présentent des lignes ou crêtes transversales. Je n'ai fait ces observations que sur des cadavres de vieillards; mais Ash a publié, dans les *Transactions philosophiques*, l'histoire d'une fille de 12 ans, sur presque toutes les articulations de laquelle il se manifesta des végétations cornées, mamelonnées à leur base et dures à leur sommet. Les doigts et les orteils présentaient des végétations de cette même nature. Les genoux et les coudes portaient plusieurs de ces productions cornées, dont quelques-unes acquirent jusqu'à 4 pouces de longueur. Ces végétations tombaient partiellement, mais elles étaient remplacées par de nouvelles. Musæus a donné la description d'un cas semblable. (*Dissert. de Unguibus monstrosis*, Hafn. 1716.) Les ongles d'une fille de 20 ans devinrent si grands que quelques-uns, surtout aux mains, acquirent jusqu'à 5 pouces de longueur. On voyait distinctement qu'ils étaient formés de plusieurs couches. Blanchâtres à l'intérieur, d'un gris-roussâtre à leur superficie, et offrant çà et là des points noirs, ces ongles tombèrent au bout de quatre mois, et d'autres les remplacèrent. Il se manifesta en outre des lames cornées aux coudes, aux genoux et sur les épaules; ces écailles ressemblaient parfaitement à des ongles dégénérés. Locke parle d'un jeune homme qui portait au bout des doigts des cornes qui provenaient d'ongles dégénérés. Ces productions cornées se recourbaient pour former des espèces de griffes. De la sensibilité existait seulement dans le point d'insertion de ces corps à la peau. Le même sujet présentait des végétations cornées sur plusieurs autres parties du corps, et particulièrement sur le dos de la main; l'une d'elles avait 4 pouces de longueur. C'est à la suite de la petite-vérole que ces végétations avaient commencé à se manifester.

Peut-on rapprocher l'ichthyose des altérations de la peau dont nous parlons ? Je crois qu'il y a entre ces maladies de grandes analogies : les malades que j'ai vus, et qui étaient affectés d'ichthyose, m'ont offert une maladie de l'épiderme, dans laquelle les lames ou écailles avaient la plus grande ressemblance avec une matière cornée. Les pièces dont j'ai parlé, et qui sont dans le Muséum de la Faculté, démontrent cette identité de nature des végétations de l'épiderme et des productions cornées.

On a nommé *homme-hérisson*, *homme-porc-épic*, des personnes sur lesquelles ces végétations de l'épiderme étaient tuberculeuses et plus ou moins saillantes. Le mot d'*ichthyose*, dérivé de la comparaison de cet état de la peau avec les écailles de ces poissons, est fort impropre, car la peau n'est écailleuse que dans quelques familles de poissons, et beaucoup ont la peau nue, molle, ou gluante ou dure et chagrinée. Quoi qu'il en soit, dans ces ichthyoses, et principalement dans l'*ichthyosis cornea* du professeur Alibert, l'épiderme est rude, sec, comme calleux ; il acquiert peu à peu une grande épaisseur, représente une sorte d'écorce où beaucoup d'inégalités se font sentir. Bientôt il se fait autant de fractions qu'il y a d'entailles ou de sillons, et les écailles croissent et acquièrent parfois une grande longueur. Ces lames ou écailles produisent du bruit par leur collision entre elles ; chaque lame ou piquant tient au tissu cutané, et l'on ne peut les en séparer sans produire de la douleur et un suintement de liqueur roussâtre ou sanguinolente. Ces écailles ou piquans sont blanchâtres à l'intérieur, et noirs à leur superficie. Le point par lequel se fait leur insertion à la peau est toujours d'une teinte plus claire. Une desquammation abondante se fait en automne ; cependant à toutes les époques de l'année il tombe un plus ou moins grand nombre de ces écailles. Ces productions cornées dépendent vraisemblablement d'une organisation vicieuse de la peau, ou d'un trouble dans la sécrétion de la matière de l'épiderme. Examinée au microscope, on ne peut pas distinguer de pertuis à cette membrane, ou, s'ils existent encore, ils sont bouchés par une matière visqueuse et épaisse.

Nous ferons remarquer que cet état morbide de la peau est héréditaire, si l'on peut le penser d'après la preuve qu'en donne une seule famille, dans laquelle tous les enfans mâles ont été atteints de cette maladie. Elle se développa d'abord sur un petit garçon,

deux mois après sa naissance. Sa peau prit successivement une teinte jaune, puis noire, et enfin elle devint rude et écailleuse. Le visage, la paume des mains et les plantes des pieds furent les seules parties exemptes du mal. Ce sujet eut un fils, sur lequel la même affection se manifesta, et Baker nous en a conservé l'histoire. Ce fils eut huit enfans, six filles et deux garçons : Télésius, Buniva, M. Alibert, etc., ont donné la description de ces deux Anglais, nommés Lambert, qui ont parcouru toute l'Europe pour montrer l'étrange affection dont leur peau est le siège, et qui leur a fait donner le nom d'*hommes-porcs-épics*. Leurs sœurs ont la peau parfaitement saine.

Il nous serait facile de réunir ici un grand nombre d'observations sur ces productions, que Voigtel, Conradi, J.-F. Meckel, Otto, M. Alibert, etc., ont consignées dans leurs ouvrages, et plusieurs encore qui sont éparses dans les journaux de médecine, dans les recueils académiques ou dans des dissertations ; nous nous contenterons d'indiquer une thèse intéressante sur ce sujet, où beaucoup d'exemples de productions cornées sont rapportés, et que les bornes de cet ouvrage ne nous permettent pas de citer. *Voyez* la *Thèse sur les cornes*, par A.-P. Dauxais. Paris, 1820.

Le traitement de cette infirmité est très-simple : ou l'on se contente d'exciser ces végétations, ou l'on en fait l'extirpation, en cernant leur base par une incision. Penser que cette opération expose le malade à un danger réel, est une erreur. Je répète que la mobilité de ces productions démontre que leurs racines ne s'étendent pas au-delà de l'épaisseur de la peau.

(c. BRESCHET.)

CORNÉE, s. f., *cornea*, *membrana cornea* ; membrane ferme, transparente, qui forme le devant de l'œil, ou ce qu'on appelle le *miroir* de l'œil. Les anciens appelaient *cornée* toute l'enveloppe extérieure de cet organe, et la divisaient en *cornée opaque*, qui est la sclérotique, et en *cornée transparente*, qui est la cornée proprement dite. *Voyez* ŒIL.

(A. BÉCLARD.)

CORNÉITE, ou plus correctement, **CÉRATITE**, s. f., inflammation de la cornée. Cette maladie existe rarement d'une manière isolée, à l'état aigu : les phlogoses violentes de la portion antérieure de l'œil s'étendent presque constamment, au moyen de la conjonctive, à toutes les membranes de cette partie de l'organe de la vision. On a observé néanmoins, surtout pendant la variole, des ophthalmies aiguës presqu'exclusivement bornées à la cornée. Cette membrane devient alors trouble, rougeâtre, douloureuse; bientôt elle perd entièrement sa transparence, et il semble, dans quelques cas, qu'une couche de sang se soit épanchée dans son intérieur. La cornéite se termine par résolution ou par la formation, dans la substance de la membrane qu'elle affecte, de pustules ou d'abcès plus ou moins larges et profondément situés. C'est à la cornéite chronique, qui est très-fréquente, qu'il faut attribuer les ulcères, les fistules, les taches et les désorganisations plus ou moins profondes de la cornée. Wardrop, surpassant encore la subtilité des chirurgiens allemands dans la classification des maladies des yeux, a voulu distinguer de l'inflammation de la cornée celle de la portion de la tunique de la tumeur aqueuse qui est appliquée derrière cette membrane; mais de semblables distinctions, impossibles à établir sur les sujets vivans, ne sont d'aucune utilité dans la pratique. La cornéite, soit aiguë, soit chronique, doit être traitée comme les variétés correspondantes de l'*ophthalmie*.

(DICT. ABRÉGÉ DE MÉD.)

CORNET ACOUSTIQUE, *s. m.*, *tubus acusticus*, ou *acusticum cornu*; instrument destiné à rassembler les sons, à leur donner plus de force, et à les diriger en plus grand nombre vers la membrane du tympan.

L'utilité des cornets acoustiques est spécialement fondée sur cette propriété des cavités à parois solides et élastiques, d'entrer en vibration lorsqu'elles sont frappées par les ondulations sonores de l'air, et d'augmenter l'intensité des sons. Ces parois ajoutent aux oscillations primitives de l'atmosphère des oscillations nouvelles, qui rendent les premières plus considérables. Mais il existe toujours un certain intervalle de temps entre l'époque où l'air ébranlé agit sur la cavité des cornets, et l'instant où celle-ci répète ces ébranlemens. Il suit de là que, quand les sons se succèdent avec rapidité, l'instrument, qui augmente leur force, établit aussi entre eux une telle confusion, que l'oreille ne peut plus les distinguer. Ce grave inconvénient se fait sentir dans l'usage de tous les cornets acoustiques qui ont été inventés jusqu'ici; il est d'autant plus considérable que la machine, étant plus vaste, jouit d'une plus grande puissance d'action. Les instrumens décrits par Comiers et par Nuck, et qui rendaient les sons les plus faibles perceptibles aux organes les plus rebelles, confondaient en un bruit continu les modulations de la voix. Il en était de même,

quoiqu'à un plus faible degré, de la machine de Duquet, qui est gravée dans le Recueil de l'Académie des Sciences, et de celle de Dekker.

Lorsque les personnes qui ont la sensibilité auditive émoussée font usage de cornets coniques, droits, ou recourbés en limaçon, ou de conques qui, s'adaptant au pavillon de l'oreille, se continuent par un tube plus ou moins large avec le conduit externe de cet organe, on remédie en partie à la confusion des sons que ces instrumens déterminent, en parlant lentement, et en prononçant distinctement chaque syllabe. De cette manière, les sons étant séparés par des intervalles distincts, l'instrument a le temps d'agir sur chacun d'eux avant que l'autre survienne, et le malade en perçoit nettement la succession.

Itard s'est efforcé de résoudre ce problème important, qui consiste à obtenir, à l'aide des instrumens d'acoustique, des sons à la fois forts et distincts. Il a reconnu que les métaux, et spécialement l'argent, le cuivre et le fer-blanc, doivent être préférés à toutes les autres substances pour leur construction. La forme qui lui semble la plus avantageuse est celle qui a de l'analogie avec la disposition de l'oreille humaine. Il a donc fait construire des appareils acoustiques qui présentent d'abord un pavillon évasé et concave, lequel s'ouvre dans une cavité plus ou moins considérable, tenant la place de la caisse du tympan. Dans quelques-uns de ces instrumens, cette première cavité s'ouvre dans une seconde, roulée sur elle-même en forme de limaçon. Ces trois parties sont séparées par deux diaphragmes de baudruche, et l'instrument est terminé, du côté de l'oreille, par un tube qui s'engage dans le conduit auditif. Les cloisons mobiles qui divisent les appareils d'Itard ont pour résultat de diminuer peu l'intensité des sons, et de les rendre beaucoup plus nets. On peut appliquer cette construction aux cornets ordinaires, en les faisant diviser en trois pièces qui s'ajustent l'une sur l'autre. On place alors sur chacun des orifices du segment du milieu un morceau de baudruche mouillée, qui se tend lorsqu'on enfonce cette pièce dans les deux autres.

Itard a également tiré un avantage assez remarquable de l'emploi, comme instrumens d'acoustique, de coquillages spiroïdes, pris parmi ceux de la classe des *enroulés* ou des *purpurifères*. Il fait placer au sommet du limaçon qu'ils représentent un tube qui s'engage dans le conduit auditif, et à l'autre extrémité un pavillon métallique, qui donne à la conque plus d'évasement, et lui permet de rassembler un plus grand nombre d'ondulations sonores.

Il est nécessaire que les cornets acoustiques aient au moins sept à huit pouces de diamètre, depuis leur embouchure jusqu'au pavillon : s'ils étaient plus petits, leur effet serait nul. Les cornets qui ne forment qu'une sorte de revêtement intérieur au pavillon de l'oreille, ne sont efficaces que dans des cas très-rares. Au reste, il est impossible d'établir d'avance quelle espèce de cornet convient à telle ou telle personne. Ce n'est qu'après des essais plus ou moins multipliés, que l'on parvient à choisir celui que réclame la nature de la surdité qu'on veut combattre; aussi les ouvriers leur ont-ils donné des formes plus ou moins bizarres et compliquées, qu'il serait inutile de décrire. On en trouve qui sont construits en métal, en bois, en carton battu, en gomme élastique, etc. Les modifications que la sensibilité a éprouvées doivent seules diriger le praticien dans le choix qu'il en fait.

Athanase Kircher, Boerhaave et quelques autres écrivains parlent d'un moyen de faire entendre les sourds, qui consiste à placer entre les dents de ces infortunés un corps solide, qui reçoit les vibrations sonores, et les transmet aux parties solides du crâne. On sait que, des dents et des mâchoires, ces vibrations, se communiquant à l'organe de l'audition, peuvent être aisément perçues. J. Borissen et J.-H. Winkler ont préconisé l'usage de lattes de bois, longues d'environ deux pieds, et larges de deux pouces, que le malade devait tenir entre ses dents, et qui remplissaient assez bien l'indication de servir de conducteurs aux ébranlemens sonores. Il est cependant préférable de faire usage, comme le conseille Itard, d'une sorte de porte-voix en bois : cet instrument, pyramidal, à parois épaisses, terminé d'un côté par une sorte de hanche de clarinette, afin d'être facilement saisi avec les dents du malade, présente à l'autre un pavillon dans lequel la personne qui parle doit diriger les sons. Cet instrument est analogue à celui que l'on désigne sous le nom de cornet acoustique guttural; mais il est aujourd'hui démontré que les sons ne peuvent être perçus que lorsqu'ils pénètrent dans l'oreille par la trompe d'Eustache. Pour que le conducteur dont nous parlons agisse avec toute la puissance possible, il faut qu'il soit libre dans toute sa longueur, et soutenu seulement par les dents du malade et par un fil attaché au plafond, ou par une fourche placée sur le plancher : ce n'est que dans cet état d'isolement que le bois, dont il se compose, peut vibrer avec une entière liberté. Il est des sujets sur lesquels tous les cornets restent sans action, et qui sont encore susceptibles d'entendre par ce moyen, qui d'abord paraît bizarre, mais dont il ne faut pas dédaigner le secours.　　　　(DICT. ABRÉGÉ DE MÉD.)

CORNETS DES FOSSES NASALES. Ce sont des lames osseuses, recourbées sur elles-mêmes, qui font partie des parois des fosses nasales. Il y en a quatre de chaque côté, le cornet supérieur, le cornet moyen ou ethmoïdal, le cornet inférieur, et le cornet de Bertin ou cornet sphénoïdal. Les deux premiers, *concha superior et media*, appartiennent à l'*ethmoïde*, les cornets de Bertin, *cornua sphenoïdalia*, au *sphénoïde*. Le cornet inférieur seul constitue un os séparé.

Cet os, appelé encore *os sous-ethmoïdal* (CHAUSS.), *concha inferior, os turbinatum*, est situé au-dessous de l'ethmoïde, contre la face interne des os maxillaire supérieur et palatin. Il a une forme ovalaire, allongée d'avant en arrière, et se termine en pointe à son extrémité postérieure. Ses faces sont latérales, l'interne convexe, l'externe concave, toutes deux libres, ainsi que son bord inférieur, qui est légèrement recourbé de bas en haut. Ses articulations ont lieu par son bord supérieur. Les extrémités de ce bord sont engrenées superficiellement avec les crêtes que présentent les os maxillaire et palatin; sa partie moyenne offre deux prolongemens, dont l'un, vertical, s'articule avec l'os unguis, tandis que l'autre, recourbé en bas et en dehors, s'engage dans l'ouverture du sinus maxillaire et s'unit à la partie antérieure inférieure du contour de cette ouverture : des lames irrégulières unissent aussi le plus souvent cette partie moyenne à l'ethmoïde. Toute la surface du cornet inférieur est rugueuse, sa substance poreuse et d'apparence spongieuse, excepté vers le bord supérieur, où elle est lisse et compacte. Cet os se développe par un point d'ossification, qui paraît au cinquième mois. Ses dimensions, sa forme, varient beaucoup suivant les individus; il est quelquefois soudé à l'ethmoïde ou à l'os maxillaire. Ses usages sont d'augmenter la surface des parois des fosses nasales, de contribuer à former le méat inférieur, le canal nasal, et à rétrécir l'entrée du sinus maxillaire.　　　　(A. BÉCLARD.)

CORONAIRE, adj., *coronarius*, en forme de couronne; épithète appliquée à diverses parties, particulièrement à des artères et à des veines, à cause de la disposition qu'elles affectent.

CORONAIRE (ligament) du foie; repli du péritoine qui entoure le bord postérieur du foie.

CORONAIRES (vaisseaux) du cœur, ou cardiaques. Les *artères*, au nombre de deux, sont les premières branches que donne l'aorte. Elles correspondent assez exactement aux deux moitiés du cœur, quoique la droite étende ses rameaux jusque sur le ventricule gauche, et que la gauche envoie quelques-uns des siens au droit. Leurs troncs, logés dans le sillon circulaire de la base du cœur, embrassent cet organe par une sorte de couronne qui leur a fait donner le nom qu'elles portent. L'artère du côté droit, plus longue que celle du côté gauche, forme une plus grande étendue de ce cercle, qui n'est jamais complet, hors dans quelques cas rares, où les deux troncs se joignent à leurs extrémités, au lieu de ne s'unir que par des anastomoses capillaires, comme cela a lieu ordinairement. Dans tous les cas, l'aorte les sépare à leur origine. Ils naissent, en effet, de chaque côté de ce vaisseau, le droit pourtant plus près de la partie antérieure, six lignes environ au-dessus de son insertion au ventricule gauche. Les orifices des artères coronaires à l'intérieur de l'aorte sont situés immédiatement au-dessus du milieu du bord libre des valvules sygmoïdes, quand celles-ci sont relevées, de sorte qu'elles ne gênent en rien, dans cette position, le passage du sang dans les vaisseaux du cœur. La coronaire droite correspond à la valvule droite et antérieure, la gauche à la valvule gauche, et toute la largeur de la valvule postérieure est dans leur intervalle. Au dehors, l'artère cardiaque gauche est plus élevée que la droite, qui semble naître de l'aorte immédiatement après sa sortie du cœur; mais cela dépend de ce que l'aorte s'incline à droite aussitôt après son origine et est en partie cachée par le ventricule droit, dont la substance s'élève au niveau de l'artère coronaire droite; car les deux artères sont à la même distance de l'orifice artériel du ventricule gauche. L'une et l'autre forment avec l'aorte un angle obtus du côté opposé au cœur, et seulement plus grand pour la gauche. Leur volume est à peu près égal: la plupart des auteurs disent que la droite est plus grosse; mais Sénac fait observer avec raison que cela n'est nullement constant, que souvent c'est la gauche qui l'emporte: l'orifice de cette dernière dans l'aorte paraît plus grand, parce qu'il est plus oblique.

L'artère coronaire droite, après s'être séparée de l'aorte, se dirige vers le bord droit du cœur, entre l'oreillette et le ventricule correspondans, en fournissant de petits rameaux pour le tissu graisseux, l'aorte et l'artère pulmonaire, des rameaux ascendans pour l'oreillette droite, et des rameaux descendans, plus gros, pour le ventricule: un de ces derniers suit le bord mince du cœur; tous sont à sa face convexe. L'artère se contourne ensuite sur le bord droit du cœur, pour gagner sa face plate, sur laquelle elle répand de nouveau des rameaux ascendans pour l'oreillette et descendans pour le ventricule; arrivée au sillon longitudinal de cette face, elle se divise en deux branches: l'une, plus petite, continue de marcher dans le sillon circulaire, et finit après avoir donné des rameaux très-courts au ventricule gauche, sans jamais parvenir au bord gauche du cœur; l'autre, qui semble la continuation du tronc, descend dans le sillon longitudinal ou à droite de ce sillon, donne de chaque côté des rameaux aux deux ventricules, mais surtout au droit, et s'anastomose, à la pointe du cœur, avec la coronaire gauche.

Celle-ci descend obliquement vers le bord gauche du cœur, cachée d'abord par l'artère pulmonaire, puis par l'appendice auriculaire gauche, qui est au-dessus d'elle et la dépasse; elle se divise, sous cet appendice, en deux branches à peu près du même volume. L'une parcourt le sillon longitudinal de la face convexe du cœur, envoie de petits rameaux à l'aorte et à l'artère pulmonaire, en donne de très-fins également au côté droit du sillon, et de très-volumineux au ventricule gauche: c'est cette branche qui s'anastomose avec la coronaire droite, à la pointe du cœur. L'autre marche en travers, dans le sillon circulaire, en jetant quelques rameaux dans le ventricule et l'oreillette gauches, quitte ce sillon pour descendre sur le bord gauche du cœur, et se termine par plusieurs gros rameaux distribués à ce bord et à la partie voisine de la face plate. Les rameaux de la coronaire gauche sont généralement plus volumineux que ceux de la droite. Beaucoup communiquent avec ces derniers. La cloison des ventricules reçoit ses artères de celles qui sont logées dans les sillons des deux faces, et quelquefois, en outre, d'une branche particulière de la cardiaque gauche, naissent à l'endroit de sa division.

Outre de nombreuses anastomoses entre elles, les artères coronaires communiquent, par les rameaux qu'elles envoient sur l'aorte et les vaisseaux pulmonaires, avec les artères bronchiques. La droite s'unit, suivant Sœmmering, par des ramifications qui s'étendent sur les veines caves, avec des rameaux des artères diaphragmatiques, thymiques, mammaires internes et rénales.

Il y a quelquefois trois artères coronaires au lieu de deux, quand une des branches secondaires, celle de la cloison, par exemple, provient directement de l'aorte : ce troisième tronc est alors constamment plus petit que les deux autres, et naît à côté de l'un d'eux, et non vis-à-vis de la troisième valvule. F. Meckel a même trouvé de cette manière quatre artères coronaires au lieu de deux. Il est beaucoup plus rare qu'il n'y ait qu'une artère cardiaque. Quelquefois l'origine de ces artères est très-rapprochée, ou bien l'une d'elles est très-petite et l'autre suppléée à son peu d'étendue : Barclay a observé cette dernière disposition dans un cas où la coronaire droite, trop peu développée pour atteindre le sillon de la face plate, y était remplacée par la branche contournée de la coronaire gauche.

Les *veines* coronaires du cœur sont autrement disposées que les artères dans leurs troncs, qui sont plus nombreux, mais uniquement parce que les branches correspondantes aux artérielles restent isolées : la différence de leur disposition vient de la situation de l'oreillette droite, dans laquelle elles s'abouchent ; car à une certaine distance de l'oreillette, elles suivent le même trajet que les artères. Ces veines sont la *grande veine coronaire*, la *veine cardiaque postérieure*, les *cardiaques antérieures*, et les *petites veines cardiaques*.

La grande veine coronaire est la seule qui décrive une portion de cercle ou de couronne autour de la base du cœur. Elle rapporte le sang de la partie gauche du cœur, et commence par une branche logée dans le sillon de la face antérieure de cet organe avec la branche descendante de l'artère coronaire gauche, et recevant des rameaux analogues à ceux que cette artère fournit. La veine quitte l'artère à l'extrémité supérieure du sillon, se détourne en arrière dans la rainure qui est entre l'oreillette et le ventricule gauches, parcourt cette rainure à la face plate du cœur, et reçoit des petits rameaux de l'oreillette et des branches plus considérables qui correspondent à celles de l'artère du bord gauche et aux rameaux de la branche transversale de l'artère coronaire droite : une de ces dernières, beaucoup plus longue que le rameau

qu'elle accompagne, suit le côté gauche du sillon de la face plate jusqu'à la pointe du cœur. Le tronc de la grande veine coronaire, ayant alors un volume considérable, qui l'a fait comparer à un sinus, s'ouvre dans l'oreillette droite, à côté de la cloison inter-auriculaire et à très-peu de distance de l'ouverture du ventricule droit. Une valvule, décrite à l'article cœur, garnit son orifice.

La veine cardiaque postérieure occupe le sillon de la face plate du cœur avec l'artère coronaire droite, s'anastomose avec la précédente à la pointe du cœur, et rapporte le sang des bords et du fond du sillon, mais principalement de la face plate du ventricule droit. Elle s'abouche dans l'oreillette un peu plus à droite que la grande veine coronaire, couverte par la valvule de cette dernière, qui est commune aux deux veines. Cette disposition a fait dire que la postérieure s'ouvrait dans la grande, mais cela n'est point exact, car la substance de l'oreillette les sépare et forme une sorte de lacune dans laquelle elles ont des orifices distincts : cette lacune, que Bichat a bien indiquée, ne peut être regardée comme l'extrémité élargie du *sinus* coronaire, ouvert largement dans l'oreillette à cause de son insertion oblique ; car elle n'est point formée par le tissu veineux et se continue manifestement avec la paroi de l'oreillette, quand on a enlevé la valvule qui la couvre.

Les veines cardiaques antérieures, plus petites que la postérieure, sont trois ou quatre petites veines qui accompagnent les rameaux de l'artère coronaire droite distribués à l'aorte, à l'artère pulmonaire et à la face antérieure du ventricule droit, et s'ouvrent en avant dans l'oreillette droite, près du ventricule.

Enfin, les petites veines cardiaques, moins volumineuses encore que les précédentes, sortent des parois de l'oreillette droite elle-même et de la partie voisine du ventricule droit, pour s'ouvrir dans différens points de l'oreillette. Il paraît y avoir aussi des petites veines qui s'ouvrent dans l'oreillette gauche.

Toutes ces veines communiquent les unes avec les autres. Leurs rameaux sont plus volumineux que les artériels correspondans, et souvent doubles. Elles ne contiennent presque pas de valvules, si ce n'est aux endroits où elles se divisent.

La grande veine coronaire, au lieu de s'aboucher directement dans l'oreillette droite, a été vue s'ouvrant dans la veine sous-clavière gauche.

CORONAIRES (vaisseaux) des lèvres. On nomme

ainsi deux artères, distinguées en supérieure et inférieure, qui sont fournies par la labiale, branche de la carotide externe, et deux veines qui appartiennent à la jugulaire interne. *Voy.* CAROTIDE, JUGULAIRE.

CORONAIRES (vaisseaux) stomachiques, ou coronaires de l'estomac. L'artère de ce nom, sortie de la *cœliaque*, remonte vers le cardia dans l'épaisseur de l'épiploon gastro-hépatique, fournit un ou plusieurs rameaux à l'œsophage, en donne d'autres qui embrassent en avant et en arrière l'orifice de l'estomac, puis descend le long de la petite courbure de ce viscère, en continuant à donner, pour ses deux faces, des rameaux antérieurs et postérieurs, et s'anastomose près du pylore, avec le rameau pylorique de l'artère hépatique. Cette artère communique, en outre, avec toutes les autres artères de l'estomac et avec les œsophagiennes fournies par l'aorte. Souvent elle est plus grosse qu'à l'ordinaire, et envoie une branche considérable au lobe gauche du foie. Quelques-uns, regardant cette disposition comme la plus constante, ont nommé cette artère *gastro-hépatique*. Sa distribution lui a fait donner les noms de *gastrique supérieure* et de *stomo-gastrique*.

La veine coronaire stomachique suit le même trajet que l'artère, et se rend dans la veine *porte*, médiatement ou immédiatement.

Quelques anatomistes, Sœmmering entre autres, appellent *coronaires stomachiques* les quatre artères que reçoit l'estomac, et les distinguent par des noms propres, tirés de leur situation.   (A. BÉCLARD.)

CORONAL (os). *Voyez* FRONTAL.

CORONALE (suture); suture formée par l'union de l'os coronal ou frontal avec les pariétaux.

CORONOIDE, adj., *coronoides, coronoideus*, de κορόνη, corneille, et εἶδος, forme; nom que l'on donne à deux apophyses qui appartiennent au *cubitus* et à l'*os maxillaire* inférieur, et que l'on a comparées, pour leur forme, à un bec de corneille.

CORPS, s. m., *corpus*. Nous appelons *corps* en général toute chose qui possède par elle-même la faculté de frapper nos sens. C'est dans ce sens que l'on dit les *corps* solides, liquides, gazeux, organisés, inorganiques, l'étude des *corps*, etc. Le corps de l'homme ou des animaux est exclusivement désigné par ce mot, pris dans une acception plus restreinte.

Le *corps humain* est un assemblage de parties très-différentes, solides et fluides, diversement entremêlées, se tenant toutes les unes les autres, et ayant une disposition, un arrangement à peu près constans. Il partage ces caractères avec tous les corps organisés végétaux et animaux. Sa forme lui est propre, et ne peut être comparée qu'à celle des animaux les plus rapprochés de l'homme. Il présente une partie principale, centrale, qui est le *tronc*, et à laquelle on applique quelquefois plus particulièrement le nom de *corps*, et des parties accessoires, extérieures, qu'on appelle *membres*. Ces parties ne forment point, comme dans les animaux, des angles ou coudes prononcés, et, si l'on en excepte celui qui existe à la jonction du pied avec la jambe, tout le corps est naturellement droit, et peut être compris dans un ovale très-allongé qui passerait sur ses côtés, et dont les pieds seraient la petite, la tête, la grosse extrémité. Ces mêmes parties sont symétriquement disposées de chaque côté de la ligne médiane, et les deux moitiés du corps parfaitement semblables à l'extérieur, quoique les parties intérieures, dans le tronc, s'éloignent un peu de cette régularité : elles diffèrent, au contraire, en avant et en arrière, ou n'offrent qu'une analogie fort éloignée. (*Voyez* SYMÉTRIE.) Le tronc comprend la tête, le cou, la poitrine, l'abdomen et le bassin; il est divisé en trois cavités principales, celles de la tête, de la poitrine et de l'abdomen, qui contiennent les organes les plus essentiels à la vie, les centres de toutes les fonctions. On peut encore le considérer comme composé de deux cavités placées l'une devant l'autre, et dont la postérieure se prolonge au-dessus de l'antérieure : le canal vertébral et le crâne constituent la première, la poitrine et l'abdomen la seconde. L'une renferme la partie centrale du système nerveux, l'autre les organes centraux de la nutrition et de la génération. Les animaux vertébrés sont les seuls dans lesquels le système nerveux ait ainsi une cavité propre, située vers le dos, au-dessus et au-devant de la grande cavité du corps, laquelle n'est pas chez tous partagée en deux par un diaphragme. Tout le tronc, si l'on en excepte la tête, est aplati d'avant en arrière, ce qui dépend particulièrement de la conformation de la poitrine, et ne se retrouve point dans les animaux dont le corps est, au contraire, aplati par les côtés. Les membres sont composés de plusieurs parties liées par des articulations mobiles, et ont une forme généralement arrondie. *Voyez* MEMBRE.

Les dimensions du corps, quoique très-variables, sont renfermées dans de certaines limites. Le terme moyen de sa hauteur, en ayant égard aux différences qui dérivent du sexe, est d'un peu plus de cinq pieds, ou environ : cela ne saurait être rigoureusement apprécié. (*Voyez* STATURE.) Sa circonférence au niveau des fausses côtes est à peu près de la moitié. Les membres inférieurs équivalent, dans l'homme, à la longueur du tronc (y comprise la tête); ils sont un peu plus longs dans la femme, où le milieu du corps tombe au niveau des parties génitales. Les membres supérieurs étendus égalent, avec la portion du tronc intermédiaire, la longueur totale du corps. *Voyez*, pour de plus grands détails, PROPORTIONS.

Le corps humain est composé intérieurement d'organes, c'est-à-dire de parties distinctes par leur forme, leur volume, leur situation, leur structure, leurs propriétés, leur action, et qui sont les instrumens de la vie. La considération, l'étude de ces organes, font le sujet de l'anatomie tout entière, comme leurs fonctions celui de la physiologie, leurs altérations celui de la pathologie.

On se sert souvent, en anatomie, du mot *corps* dans un autre sens que celui que nous venons d'examiner. 1° Des organes ou des parties d'organes qui, à cause de leur forme ou de leur structure particulière, ne peuvent être désignés par un terme générique qui leur convienne, le sont par cette expression, prise dans son sens le plus étendu. C'est ainsi que l'on dit le corps *pampiniforme*, le corps *thyroïde*, que l'encéphale présente le corps *calleux*, le corps *frangé*, les corps *géniculés*, les corps *olivaires*, le corps *psalloïde*, les corps *restiformes*, le corps *rhomboïde* ou dentelé, les corps *striés* ou cannelés; l'œil, le corps *ciliaire*, le corps *vitré*; l'ovaire, le corps *jaune*; la peau, le corps *muqueux* ou réticulaire de Malpighi, le corps *papillaire*; le pénis, le corps *caverneux*; le testicule, le corps d'*Higmore*, etc. Le tissu cellulaire a été nommé par quelques-uns *corps cribleux*. C'est encore dans ce sens que certaines productions fibreuses accidentelles sont appelées des *corps fibreux*. 2° De même que le tronc, comme la partie principale du corps, est quelquefois seul appelé de ce nom, la partie principale d'un os, d'un viscère, en est dite le *corps*, par opposition à une ou plusieurs parties accessoires qui reçoivent d'autres noms. De là les expressions de *corps* des os longs, du fémur, du tibia, de l'humérus, etc., de *corps* des vertèbres, de la mâchoire inférieure, du sphénoïde, de l'hyoïde, du pubis, de la vessie. La partie

moyenne, charnue d'un muscle, est nommée, par la même raison, son *corps charnu*.

(A. BÉCLARD.)

CORPS HUMAIN (Anatomie topographique du). L'homme, placé au faîte de l'échelle des êtres, possède toutes leurs propriétés générales, et s'en distingue par des caractères propres, surtout par son intelligence : de là d'immenses analogies qui dominent notre sujet, et sont du domaine de la science générale de la nature; de là aussi des différences que nous devons seulement signaler.

L'homme se trouve alternativement dans l'état de repos et dans l'état de mouvement : à l'état de repos, il fait le sujet de l'anatomie; la physiologie le considère seulement dans celui de mouvement. Toutefois, comme l'a si bien démontré le savant professeur Chaussier, la science de l'organisation est une, et l'isolement complet de ces deux états serait une abstraction presque impossible, qui tournerait au préjudice de la science. Les belles considérations physiologiques de Bichat dans l'anatomie générale et l'anatomie spéciale, ont suffisamment établi les avantages de la marche contraire pour ces sciences, et ce serait la plus grave des erreurs, de croire que l'anatomie topographique fait exception; toute région du corps, en effet, a des usages particuliers, qui en sont tout aussi inséparables que le jeu d'un organe l'est de celui-ci. Cette sorte de physiologie, que l'on pourrait appeler topographique, se fond souvent avec celle des appareils d'organes; mais d'autres fois elle s'en distingue tout-à-fait : elle a un caractère spécial et doit être étudiée à part. Ces considérations physiologico-topographiques sont surtout de la plus haute importance, dans certains lieux, qui sont considérablement modifiés anatomiquement, par la seule action des organes.

Aucune comparaison n'est susceptible de rendre la forme du corps humain : elle le caractérise, en même temps qu'elle est soumise aux contours arrondis des êtres organisés, dont il fait partie.

Terme moyen, la hauteur du corps de l'homme, est de cinq pieds, sa largeur est beaucoup moindre.

Le milieu du corps en hauteur tombe toujours sur le bassin, et spécialement sur un point variable suivant les sexes, comme on le verra plus bas. Le milieu en largeur est tracé par une sorte de raphé ou couture, dont l'apparence offre aussi une foule de variétés, qui ne sauraient maintenant nous occuper; ce raphé se trouve sur la ligne médiane, ou mieux dans un plan médian antéro-postérieur, qui divise le corps en deux moitiés à peu près semblables; c'est par rapport à ce plan que le corps humain est représenté comme symétrique par tous les anatomistes. Cependant cette symétrie, qui paraît chez l'adulte si parfaite dans les masses, le devient beaucoup moins si on la cherche dans les détails; les régions et les organes qui le composent nous en fourniront des exemples continuels. Bichat a beaucoup trop dit en faveur de la symétrie des organes de relation, et a trop glissé sur celle des organes nutritifs. Certes, les deux reins et la vessie sont plus symétriques que le sommet des hémisphères cérébraux et la colonne vertébrale au dos. La symétrie d'ailleurs est sujette à une foule de variétés.

Les auteurs, et M. Meckel en particulier, parlent de la symétrie des parties supérieures et inférieures; tout en avouant qu'entre elles existent des analogies, on doit aussi déclarer qu'il n'y a plus similitude, et par conséquent plus de symétrie.

La direction naturelle du corps en mouvement est la verticale : tous les sophismes de quelques philosophes, dans le but de prouver que nous sommes faits pour la station quadrupède, s'écroulent devant l'anatomie, qui montre à chaque pas le contraire. Dans cette position, l'axe du corps, ou la ligne véritablement médiane, qui, passant par le centre des trois cavités splanchniques, viendrait tomber entre les pieds sur le sol, forme avec celui-ci un angle de quatre-vingt-dix degrés. Dans l'état de repos absolu, le corps ne saurait conserver cette position, il gît horizontalement, et s'il appuie sur le dos, il s'incline toujours à droite; disposition produite par le développement prépondérant des parties droites du corps, et par la présence, vers ce côté, du foie, dont le poids n'est qu'en partie compensé par celui de la rate à gauche.

Entraînés par l'analogie éloignée des animaux articulés extérieurement, quelques savans ont dit que le corps de l'homme est formé d'un certain nombre de tranches superposées et plus ou moins analogues, dont les membres prolongeraient quelques-unes. Cette idée générale, vraiment philosophique, et à la hauteur de laquelle peuvent s'élever seulement ceux qui possèdent sur notre organisation et celle des animaux, des notions minutieuses, cette belle idée doit être signalée dans l'examen général du corps; mais comme elle se rapporte surtout au tronc en particulier, c'est à son occasion que nous la mettrons à profit.

Le corps humain a pour base le squelette, qui retient même à lui seul sa forme générale; d'autres parties moins résistantes viennent s'y surajouter en dehors (1), et forment ces contours, tantôt rudes et vigoureux, tantôt gracieux et délicats, qui le distinguent.

Le corps de l'homme se développe d'une manière fort curieuse : il parcourt successivement un certain nombre de phases, qui, une à une, représentent des états permanens, dans l'échelle des êtres, à tel point, par exemple, qu'en quelque sorte d'abord zoophyte, il se complique ensuite dans son organisation, jusqu'au moment où il a acquis le degré qui le caractérise, dans sa position élevée de l'échelle animale.

Ces métamorphoses, auxquelles sont soumis tous les animaux, avaient été dès long-temps reconnues pour quelques-uns d'entre eux, *les insectes*, parce que chez eux, elles se font lentement, et sont faciles à observer. Dans l'homme, au contraire, une succession rapide les avait fait méconnaître, jusqu'aux travaux de MM. Meckel, Tiedemann, Geoffroy Saint-Hilaire, Blainville, etc., qui les ont mises dans tout leur jour. Ces changemens, si variés et si nombreux dans les premiers jours de l'existence, se répétant après la naissance, produisent la révolution des âges.

Au moment où il se forme, notre corps est tout-à-fait fluide, il prend peu à peu de la densité.

Les métamorphoses de la forme se font plus rapidement que celles de la structure, mais on ne doit pas pour cela les méconnaître. De très-bonne heure, l'embryon humain tend à prendre la conformation qui le caractérisera à l'état adulte.

Plus l'embryon est jeune, et plus son analogie avec les autres animaux s'agrandit, plus il y a de symétrie entre les moitiés latérales de son corps, plus enfin, le milieu de la hauteur totale vient tomber sur un point rapproché de la tête.

L'organisme tout entier se forme, comme ses élémens, de parties isolées, dont la réunion s'opère plus ou moins rapidement; la direction du corps est, dans les premiers temps, celle d'une courbe régulière, à concavité antérieure.

Le corps humain présente des variétés

(1) Tous les animaux vertébrés offrent la même disposition; leur squelette est intérieur, ils sont dits articulés intérieurement : d'autres animaux ont un squelette en dehors des muscles; on les appelle articulés extérieurement.

sexuelles, qui ne sont pas moins importantes. L'homme est plus grand que la femme ; son poids est plus considérable que le sien ; chez le premier, le milieu du corps en hauteur vient tomber sur le sommet de la symphyse pubienne, il correspond au dessous dans la seconde. Le niveau des épaules chez l'homme est le point où l'étendue transversale prédomine ; c'est au niveau des hanches chez la femme. L'homme est remarquable par la force ; la femme, plus faible, se distingue encore par la finesse de sa peau, le peu de poils qui l'ombragent, et la rondeur des formes de tout son corps ; mais ce sont surtout les organes génitaux qui établissent entre les sexes des différences qui nous occuperont seulement dans les spécialités.

Les races diverses de l'espèce humaine sont aussi pour l'anatomiste le sujet de curieuses remarques ; leurs différences caractéristiques peuvent être considérées comme des modifications du type suivant lequel, primitivement, l'organisme humain a été construit. Ces races principales sont au nombre de quatre : la caucasique, la mongolique, l'éthiopique et l'américaine, qui n'est peut-être qu'une variété de la seconde. Leurs différences anatomiques générales se déduisent de la couleur de la peau et des proportions des parties. Disons seulement que la race caucasique paraît s'être soutenue au niveau de la beauté du type primitif ; que la mongolique et l'américaine en sont déjà un peu éloignées ; mais que l'éthiopique, ou la race nègre, en diffère bien plus encore.

Quant aux variétés individuelles, elles sont fort nombreuses ; elles ont trait à l'étendue en hauteur et en largeur, à la direction plus ou moins verticalement conservée, et à la symétrie. Sous ce dernier rapport, la principale déviation générale du corps de l'homme consiste en une transposition complète des organes latéraux, transposition que Béclard a dit se rencontrer une fois sur deux ou trois mille individus, mais que je crois moins rare, sans toutefois pouvoir indiquer la proportion. J'ai déposé dans les collections de la Faculté deux fœtus qui la présentent ; j'en ai montré un autre à mon cours cette année, et, deux autres fois en outre, j'ai observé cette disposition anormale dans les pavillons de la Faculté.

Une organisation si complexe, aussi admirablement combinée, soumise à des lois, même dans ses écarts de l'ordre normal, ne saurait être conçue sans une action continuelle qui constitue la vie (1), action dont la durée ne peut être que temporaire, puisque les organes qui en sont les moyens tendent continuellement à s'altérer, en obéissant à la loi qui préside à leurs évolutions. La vie humaine subit, comme ses organes, un certain nombre de métamorphoses qui ne sauraient être révoquées en doute. L'embryon de quelques jours, en effet, vit, par imbibition, des fluides qui l'entourent, comme les animaux infusoires ; plus tard, le développement des vaisseaux placentaires permet de supposer une absorption et une nutrition plus compliquées ; le cœur, en se surajoutant au système vasculaire, vient rendre plus complexe la circulation simple auparavant, comme dans les insectes ; avant la formation de l'artère pulmonaire, elle ressemblait à celle des poissons ; plus tard, elle a plus d'analogie avec cette fonction dans les reptiles, etc. La respiration, avant la naissance, se faisait peut-être par la peau (2) ; après, elle a lieu dans les sacs pulmonaires. La vie intellectuelle se développe graduellement dans l'enfance, et tient sous sa dépendance la vie nutritive ; à l'époque de la puberté, un troisième ordre de fonctions s'établit, les génitales, qui quelquefois dominent les autres ; pendant l'âge adulte ou de maturité, l'homme bien constitué accomplit trois ordres de fonctions également développées ; les unes ont pour but sa propre conservation ; les autres, la perpétuation de l'espèce ; plus tard, vers la fin de la carrière, les facultés génitales se perdent, l'intelligence faiblit, et la seule vie nutritive persiste, pendant un temps variable. En suivant cette évolution progressive des fonctions, on voit chez le fœtus les organes, d'abord isolés d'action, se subordonnant plus tard les uns aux autres, et se mettant dans une telle dépendance, que leurs fonctions ne sauraient plus être exercées isolément. Dans les premiers temps, en effet, les vaisseaux suffisaient à la circulation sans cœur, supprimez celui-ci lorsqu'il est formé, la circulation est impossible, etc.

Tel est l'homme, pendant la durée de son

(1) Tenter de définir la vie d'une manière précise, serait entreprendre une chose prématurée ; car avant il faudrait posséder tous les élémens de la question, et la science est encore loin de là. La vie, pour nous, est seulement l'organisation en action.

(2) Au moins la finesse de celle-ci, d'une part, de l'autre le gaz respirable découvert, dans l'eau de l'amnios, par M. Lassaigne, peuvent le faire présumer. Au reste, M. Edwards a établi cette respiration cutanée dans les reptiles batraciens, par les expériences les plus belles et les plus concluantes.

existence et lorsque son évolution s'accomplit régulièrement ; mais il n'en est pas toujours ainsi : on voit quelquefois, sans que l'on puisse expliquer ce curieux phénomène, le développement arrêté tout-à-fait dans son cours.

De là des changemens qui constituent beaucoup de *monstruosités*; changemens qui peuvent porter sur les parties du corps, ou sur l'individu tout entier. C'est sous ce dernier rapport que nous les considérons ici. Le nombre infini des stades que parcourt l'homme pour arriver à l'état parfait, donne précisément la mesure de la variété infinie de ces monstruosités générales, parce que la conformation irrégulière rappelle toujours une de ces phases (1) : les exemples ne manquent pas à l'appui de cette ingénieuse théorie des monstruosités, données par les savans auteurs de la loi de métamorphose. N'est-ce pas parce que l'embryon a été arrêté dans son développement au début, que se trouvent formées, dans l'utérus, ces masses semi-organisées qui constituent les môles? Ne sont-ce point des développemens faussés un peu plus tard, qui donnent naissance aux acéphales, aux monstres privés des membres, etc., et qui laissant à certains fœtus à terme quelque ressemblance avec des animaux inférieurs, ont fourni matière à ces histoires bizarres, mais remarquables, de femmes accouchées d'animaux plus ou moins immondes? Je sais bien que certaines monstruosités se refusent à cette explication, mais cela prouve seulement que plusieurs causes concourent à produire les déviations, et ce n'est pas une raison pour la rejeter avec quelques personnes : dans l'état actuel de la science, il y aurait même absurdité dans cette conduite, non-seulement parce que la théorie de l'arrêt de développement convient à presque tous les cas, mais encore, parce qu'elle est en rapport avec les lois connues de l'organisme, et que certaines monstruosités ne sauraient être produites autrement. Dans d'autres cas, la conformation normale de l'homme est faussée, en quelque sorte, par un surcroît de développement, et des parties s'établissent surnuméraires, ou avec des proportions outrées.

(1) Les animaux sont sujets à d'autant moins de monstruosités, qu'ils sont plus inférieurs, parce que les stades de développement qu'ils parcourent sont moins nombreuses ; que leurs déviations organiques ne sont aussi pour la plupart que des reproductions de celles-ci, et que jamais elles n'élèvent l'animal à un degré supérieur d'organisation. Jamais, en effet, on ne voit un oiseau monstrueux, offrir le cerveau volumineux d'un mammifère.

Telles sont les causes générales qui modifient l'organisme dès son origine ; mais, pour donner toutefois une idée complète de ces changemens, il est nécessaire d'ajouter : que les monstres femelles sont bien plus nombreux que les mâles ; qu'une première déviation, souvent en entraine une autre ; aussi Béclard a-t-il établi que l'absence d'une partie du système nerveux empêche la formation des nerfs, et, par suite, des organes influencés par ceux-ci dans l'état régulier ; cependant il se pourrait bien qu'ici l'effet eût été pris pour la cause ; c'est au moins ce que paraissent démontrer des faits rapportés par M. Serres, en même temps que ce savant médecin en cite d'autres, qui montrent que les nerfs et leurs centres d'origine sont plus indépendans les uns des autres dans leur formation que cela n'avait été dit. L'absence d'une partie a, pour conséquence, l'absence de la portion correspondante du système sanguin ; l'inverse ne paraît pas avoir lieu, comme le prétend M. Serres ; car les vaisseaux naissent dans les organes, et ne se prolongent pas pour les former. Enfin, il n'est pas rare de trouver des réunions plus ou moins complètes de deux organismes, et même, ce qui est plus extraordinaire, l'un d'eux contenant l'autre. Quelquefois ces vices sont simples, et compatibles avec la vie ; dans d'autres cas ils sont compliqués, quelques-uns des organes essentiels manquent au nouvel être, et le même instant le voit naitre et mourir.

Après leur formation complète, nos organes sont encore exposés à une foule de maladies, les unes produites par des agens physiques, les autres résultant d'un dérangement vital plus ou moins grand ; quelquefois elles sont légères, dans d'autres cas, elles causent un trouble général si considérable qu'elles terminent très-rapidement l'existence. Mais, quel que soit leur résultat ultérieur, elles se traduisent au dehors par une marche et des symptômes dont la physionomie est modelée sur la structure du corps, ou de l'une de ses parties, si l'altération est locale. De là une véritable physiologie pathologique, que l'anatomie peut seule interpréter convenablement, en même temps que celle-ci dirige la main du médecin, dans les cas où une opération est urgente pour rétablir l'équilibre, nécessaire à l'entretien de la vie.

Lorsque la mort survient, qu'elle soit le résultat lent de l'altération sénile des organes et des fonctions, ou bien, au contraire, que, succédant à une grave maladie, elle vienne frapper un individu au milieu de sa carrière, on se tromperait si l'on croyait que tous les phénomènes vitaux s'éloignent complètement et instantanément : le cœur se contracte encore long-temps, quoiqu'avec une force insuffisante pour la circulation; pendant un temps variable aussi, les nerfs, et surtout les muscles, attestent quelques restes de vie. Les expériences de Nysten ont prouvé que ces derniers peuvent se contracter encore six ou huit heures après la cessation de la circulation et de la respiration, ce qui varie cependant, suivant le genre de mort. Enfin, un dernier effort de contraction musculaire survient, tout ce système acquiert une rigidité qui dure un temps plus ou moins long, et la décomposition succède immédiatement.

Le corps de l'homme, devenu insensible, conserve encore une certaine expression en rapport avec la nature de la mort et les sensations qui l'ont précédée : la pâleur de la face caractérise les individus morts d'hémorrhagie; les apoplectiques ont au contraire la face rouge et tuméfiée; la figure de ceux dont l'agonie a été longue et douloureuse peint encore les souffrances. Au moment où survient la dissolution, ces caractères s'effacent, mais de nouveaux phénomènes fort curieux apparaissent, surtout lorsque des matières fermentescibles se trouvent dans l'estomac : la face et les yeux, qui s'étaient affaissés, se tuméfient; ceux-ci deviennent brillans, sortent de l'orbite, les paupières sont écartées, et la figure prend une physionomie effrayante.

M. Chaussier attribue ce changement au dégagement de gaz dans l'estomac, au refoulement consécutif du diaphragme, et par suite au reflux du sang dans le système vasculaire supérieur. Enfin, après un temps très-court, les élémens du corps se dissocient, obéissent à leurs affinités, entrent dans de nouvelles combinaisons, les uns se répandent dans l'atmosphère, les autres restent adhérens au sol, et l'organisme a disparu.

Le corps humain se compose du tronc et des membres, portions également distinctes par leur structure et leurs usages, qu'il faut examiner avec détail, chacune en particulier.

(BLANDIN, ANAT. TOPOG.)

CORPS ÉTRANGERS, s. m., *corpora extranea*. On peut considérer comme tels tous les corps qui ne faisant pas naturellement, ou ne faisant plus partie de l'organisation de l'homme, pénètrent, se développent, sont placés accidentellement soit dans ses organes, soit à leur surface, et dont la présence peut occasioner des accidens.

On distingue les corps étrangers en organiques et en inorganiques. Les organiques se rangent en trois genres : le premier comprend les animaux vivans qui peuvent s'introduire accidentellement par les ouvertures des membranes muqueuses, tels que les sangsues, les insectes, etc.; le second renferme les différentes espèces d'hydatides, de vers, d'acarus qui se développent dans nos organes. Nous rapportons au troisième les corps fibro-cartilagineux que l'on trouve dans les articulations, dans le péritoine, et qui dans leur origine tenaient à la membrane synoviale ou au péritoine par des prolongemens membraneux; les poils, les cheveux, la graisse, des portions d'os que l'on rencontre quelquefois dans les ovaires, même chez des jeunes filles impubères; c'est aussi dans ce genre que l'on pourrait placer les esquilles d'os, les fragmens de cartilages, les séquestres d'os nécrosés, les escarres gangréneuses.

Parmi les corps inorganiques, les uns viennent aussi du dehors, et d'autres se forment en nous. Ceux qui viennent du dehors peuvent être solides, mous, pulvérulens, liquides, gazeux. Ils pénètrent par des plaies, s'introduisent par les ouvertures naturelles du corps, ou agissent sur la surface de la peau. Le volume de ceux de ces corps qui sont solides, leur forme, leur dureté, leur friabilité, leur poids, l'état lisse ou inégal de leurs surfaces, la faculté dont ils jouissent ou dont ils sont dépourvus de se gonfler en se pénétrant d'humidité, les qualités vénéneuses de quelques-uns, leur situation, leur mobilité ou leur immobilité, font singulièrement varier les symptômes qui résultent de leur présence, ainsi que les procédés opératoires auxquels il faut avoir recours pour les extraire.

Les corps étrangers inorganiques qui se forment en nous sont les différentes espèces de calculs, les concrétions arthritiques, les fausses membranes récentes, les autres produits liquides de l'inflammation, la matière des différentes excrétions retenues, le sang, la lymphe extravasés, les fluides et les gaz qui s'épanchent dans les cavités tapissées par des membranes séreuses, muqueuses, ou qui s'infiltrent dans le tissu cellulaire des diverses régions du corps.

Dans cet article, je me propose de traiter successivement : 1° des corps étrangers appliqués sur la peau; 2° des corps étrangers introduits par les ouvertures naturelles du corps; 3° des corps étrangers qui compliquent les blessures; 4° enfin, des corps étrangers développés dans les articulations. Les autres considérations relatives au même sujet ont été exposées ou le seront aux articles *abcès, asphyxie, calcul, délivrance, emphysème, empoisonnement, épanchement, fausse grossesse, gaz, grossesse extra-utérine, hydatide, hydropisie, infiltration, insecte, mole, nécrose, œdème, pneumatocèle, pneumo-thorax, physomètre, prurigo, rétention, tympanite, vers.*

1° *Corps étrangers appliqués sur la peau.* — Des anneaux de métal, d'ivoire, d'os, de bois, ou même de simples ligatures étroites placées sur les doigts, sur le pénis, ont souvent donné lieu à un étranglement de ces parties, caractérisé par le gonflement, la douleur, l'engourdissement, la teinte livide, la formation de phlyctènes et d'escarres gangréneuses, la fièvre et d'autres symptômes généraux plus ou moins graves ; aussi dès qu'on est appelé près d'un malade ou d'un blessé chez lequel on doit craindre le gonflement des doigts, faut-il lui recommander de quitter ses bagues sans délai. Le gonflement est-il déjà survenu, il faut tacher d'extraire le corps comprimant. On y parvient quelquefois avec facilité après avoir appliqué sur la partie tuméfiée un bandage circulaire fait avec un ruban de soie ou de fil très-lisse, dont on tâche de faire glisser l'extrémité libre sous l'anneau. On peut aussi essayer de réduire le volume de la partie tuméfiée en la comprimant avec la main et en la tenant en même temps plongée dans l'eau froide. On l'enduit ensuite avec un corps gras pour faciliter le glissement de l'anneau. Si on ne réussit pas par ces moyens, et que l'anneau soit en or, on peut le rendre très-fragile en le frottant avec du mercure. Le corps étranger est-il de fer, d'acier, de cuivre, on est réduit à le couper avec des tenailles incisives, à le limer, à le briser avec des petits étaux à main quand il est inattaquable par la lime. Ces opérations sont quelquefois longues, difficiles, douloureuses, et exigent autant de patience que d'adresse de la part du chirurgien, lorsque le corps comprimant est épais et enfoncé profondément dans les chairs. Il faut tâcher de préserver celles-ci contre l'action de la lime, des pinces, en passant entre elles et l'anneau une petite lame de bois ou de métal, ou bien une sonde cannelée. L'extraction du corps étranger étant achevée, on doit s'attacher à combattre les accidens locaux et généraux par les moyens convenables. Morand a réuni dans le troisième volume des *Mémoires de l'Académie de Chirurgie* « plusieurs observations singulières sur des corps étrangers, les uns appliqués aux parties naturelles, d'autres insinués dans la vessie, et d'autres dans le fondement. »

2° *Corps étrangers introduit par les ouvertures naturelles du corps.* — A. Les corps étrangers peuvent s'introduire entre les paupières et le globe de l'œil, s'implanter dans ses membranes, pénétrer dans ses cavités. Leur présence occasionne ordinairement une vive douleur, le larmoiement, l'afflux du sang dans les vaisseaux de la conjonctive ; en un mot, tous les symptômes d'une ophthalmie plus ou moins violente. Si ces corps sont libres, les larmes peuvent les entraîner au dehors. S'ils restent entre les paupières, il faut tâcher de les extraire soit avec un pinceau de linge effilé, sec ou imbibé de lait ou d'eau de guimauve, soit avec un petit cylindre de papier, soit avec une pince. Si le corps étranger est implanté dans les membranes de l'œil et saillant, on doit tâcher de le saisir et de l'extraire avec ce dernier instrument ; s'il ne dépasse pas le niveau de la conjonctive, on doit le dégager avec un instrument aigu et tranchant, tel que la pointe d'une lancette, d'un couteau, ou d'une aiguille à cataracte que l'on évite d'ailleurs de faire pénétrer jusque dans les cavités de l'œil.

J'ai vu la pointe d'un couteau à cataracte se casser dans la chambre antérieure de l'œil ; l'opération fut achevée avec un autre couteau, malgré l'affaissement de la cornée. On fit l'extraction du cristallin et du fragment de l'instrument qui était resté dans l'œil. Le malade recouvra la vue.

On a conseillé, d'après une observation rapportée par Fabrice de Hilden, de se servir d'un barreau aimanté pour attirer et extraire les parcelles de fer ou d'acier engagées entre les paupières et l'œil ou implantées dans l'œil : ce moyen ne réussit que quand ces parcelles de métal sont libres. J'ai eu occasion de m'en convaincre dans deux cas, où il m'a fallu me servir d'un couteau à cataracte pour inciser la conjonctive, dans laquelle ces corps étrangers étaient fixés.

B. La canule d'or ou de platine que l'on place dans le canal nasal, dans le cas de tumeur ou de fistule lacrymale, peut s'obstruer ou remonter au-dessus du tendon du muscle orbiculaire des paupières. Ces accidens, qui n'arrivent que très-rarement, exigent l'un et l'autre qu'on fasse l'extraction de la canule pour la replacer ou lui en substituer une autre plus convenable. On procède à cette extraction en incisant le sac lacrymal au-dessous du tendon du muscle palpébral ; on introduit ensuite dans la canule un mandrin de même forme que celui dont on se sert pour la placer, à cette différence près qu'il présente en devant, et près de son extrémité inférieure, un petit crochet mousse, assez semblable à celui d'un hameçon, et qui est destiné à entraîner la canule de bas en haut. Cet instrument a été imaginé par M. Dupuytren.

C. Le conduit auditif externe peut recevoir différens corps étrangers, tels que des pois, des haricots, des noyaux de fruits, des boules de papier, de cire, de verre, de métal, des graviers, des insectes, et entre autres celui qui est connu sous le nom de perce-oreille. Il peut être obstrué par du cérumen. Ces différens corps ne produisent pas toujours les mêmes effets. Quelquefois ils n'occasionnent qu'une douleur sourde, du bourdonnement dans l'oreille ; dans d'autres cas, ils excitent une inflammation aiguë très-douloureuse. Lorsqu'ils séjournent long-temps, ils entretiennent une otite chronique accompagnée d'écoulement purulent. Leur séjour prolongé peut aussi donner lieu à des ulcérations, à la destruction de la membrane du tympan, et même quelquefois à des accidens plus graves. Un petite fille de dix ans, dans le conduit auditif gauche de laquelle une boule de verre avait été introduite, fut affectée d'une céphalalgie violente ; le bras, et ensuite tout le côté gauche du corps fut pris d'engourdissement, le bras s'atrophia, il survint de la toux et des accès d'épilepsie. Ces symptômes résistèrent à un grand nombre de traitemens. Au bout de huit ans, Fabrice de Hilden, après avoir lui-même essayé inutilement plusieurs médicamens, apprit l'accident primitif, et le considérant, quoiqu'il n'y eût plus de douleur dans l'oreille, comme la cause de tous les symptômes qu'éprouvait la malade, se détermina à tenter l'extraction du corps étranger ; il y parvint, non pas sans efforts, avec une curette, et la jeune fille ne tarda pas à se rétablir complètement.

J'ai vu, dit Sabatier, une boule de papier enfoncée dans l'oreille, y séjourner pendant plusieurs mois sans produire d'accidens. Au bout de ce temps, il survint une fièvre putride maligne accompagnée de douleurs de tête violentes, qui se termina par la mort le dix-septième ou dix-huitième jour. A l'ouverture du corps, on trouva le cerveau adhérent à la dure-mère sur la face supérieure du ro-

cher. Au-dessous de cette adhérence se trouvait un abcès de peu d'étendue dont le pus tombait dans la caisse du tympan, et la boule de papier était dans cette cavité.

On se sert, pour extraire les corps étrangers du conduit auditif externe, de stylets recourbés, de curettes, de pinces allongées, d'une anse de fil de métal. Je me suis servi avec succès de la pince proposée par Hunter pour l'extraction des calculs urétraux, pour celle d'un gros grain de bracelet en verre engagé depuis plusieurs heures dans le conduit auditif. Il me fallut employer un effort assez considérable, et je n'avais pu réussir avec une curette. Pour faciliter l'introduction des instrumens et la sortie du corps que l'on veut extraire, il est utile de faire dans l'oreille des injections avec de l'huile ou avec un mucilage ; et après l'opération, il est souvent nécessaire de pratiquer de nouvelles injections calmantes, de faire appliquer des sangsues derrière l'oreille, et de conseiller les bains de pieds synapisés.

Brambilla a proposé de se servir de ciseaux coudés sur leurs bords pour diviser les corps qui ont pénétré dans l'oreille et qui y ont augmenté de volume en se pénétrant d'humidité. Il doit être rare de trouver une occasion où il soit en même temps possible et nécessaire de se servir de cet instrument.

On fait périr, et souvent en même temps on fait sortir de l'oreille les insectes qui y ont pénétré, au moyen d'injections d'huile, d'eau de savon. La curette, un pinceau de linge recouvert de térébenthine ou de miel pour engluer l'insecte, peuvent servir à leur extraction.

L'amas du cérumen dans l'oreille est une cause assez fréquente de surdité. Pour l'extraire, il faut d'abord le ramollir avec des injections d'huile tiède, d'eau de savon, ou d'eau aussi chaude que le malade peut la supporter, et ensuite on le retire avec une curette.

Les secousses communiquées à la tête, la succion, étaient des moyens que les anciens conseillaient pour faire sortir les corps étrangers hors du conduit auditif. Ces moyens, et surtout les secousses, ne doivent presque jamais réussir, et peuvent être nuisibles.

D. On peut rencontrer dans les fosses nasales des corps étrangers analogues à ceux qui s'engagent dans l'oreille, et ils sont quelquefois poussés dans ces cavités par le vomissement. Zacutus Lusitanus (*de Medic. princip. histor. obs.* VIII) dit avoir vu une sangsue introduite dans la narine par l'incurie de celui qui l'appliquait, pénétrer jusqu'au cerveau et tuer un homme en deux jours, sans qu'on ait pu l'extraire, ni la faire mourir par aucun moyen. Cette observation, quoique inexacte et incomplète, est cependant importante en ce qu'elle prouve le danger qui peut résulter d'un semblable accident. On sait que les sangsues pénètrent assez souvent dans les narines des chevaux qui boivent dans des mares et qu'elles leur occasionnent un écoulement de sang abondant.

De la douleur, de la difficulté à respirer, des hémorrhagies, un coryza aigu ou chronique, des ulcérations, la carie des os peuvent être la suite du séjour des corps étrangers dans les fosses nasales. On peut obtenir leur expulsion en sollicitant l'éternuement ; et, pour les extraire, on se sert d'un crochet mousse, d'une curette, d'une pince à polypes, de pinces à érigne, de la pince de Hunter ; on peut aussi chercher à les pousser vers la narine antérieure, au moyen d'un tampon de charpie ramené d'arrière en avant au moyen de la sonde de Bellocque. Dans le cas où un accident semblable à celui que rapporte Zacutus aurait lieu, si l'on ne pouvait extraire la sangsue, il serait convenable de tamponer la narine postérieure, d'injecter ensuite du vin ou du vinaigre par l'antérieure, et de la boucher jusqu'à ce que la sangsue fût morte et l'hémorrhagie arrêtée.

E. Les corps étrangers volumineux engagés dans la bouche occasionnent momentanément de la suffocation, et produisent une distension douloureuse des ligamens temporo-maxillaires. Cet accident arrive quelquefois aux enfans, mais il est si aisé d'y remédier que les secours de la chirurgie ne sont pas réclamés dans cette circonstance. Lorsque des corps pointus irréguliers pénètrent dans la langue, les gencives, les joues, les amygdales, le voile du palais, on peut facilement les découvrir et en faire l'extraction.

F. Les corps étrangers, tels qu'un morceau de viande, de pain, un polype de l'arrière-bouche tuméfié ou tombé à la suite de la ligature, sont susceptibles, en se plaçant sur l'épiglotte, de fermer l'ouverture supérieure du larynx, et d'occasioner promptement la mort. Il faut se hâter d'extraire ces corps avec les doigts, avec un crochet ou avec des pinces. Il y aurait encore moins de danger à les enfoncer dans le pharynx, si on ne pouvait les extraire, qu'à les laisser placés dans le lieu qu'ils occupent. Si on ne pouvait extraire de suite un polype comprimant l'épi-

glotte et occasionant la suffocation, il conviendrait de pratiquer l'incision transversale de la membrane crico-thyroïdienne. *Voyez* BRONCHOTOMIE.

G. Les corps étrangers du larynx, de la trachée-artère, des bronches, y sont ordinairement introduits par l'ouverture supérieure du larynx. Ce sont alors des noyaux de fruits, des pois, des haricots, des dragées, d'autres corps globuleux, des pièces de monnaie, des fragmens d'os, des arêtes, des aiguilles, des épingles, des épis de graminées, etc. Ils peuvent se former dans les voies aériennes, tels sont les fausses membranes, des caillots de sang, des concrétions pierreuses. Ils remontent quelquefois accidentellement vers le larynx, après avoir été introduits par le poumon. Deux tentes de charpie placées dans une plaie de poitrine, dans deux pansemens différens, n'avaient point été retrouvées. Trois mois après la guérison de la plaie, le malade conservait de la toux, de l'oppression, lorsqu'il lui arriva de rendre par la bouche ces deux tentes avec beaucoup de pus. Dès-lors, dit Guy, qui a communiqué cette observation à Fabrice de Hilden, les symptômes disparurent presque entièrement. Enfin il est possible que des aiguilles ou d'autres corps aigus percent les parois du pharynx, de l'œsophage, et pénètrent dans les voies aériennes. Quant à la question assez long-temps indécise, de la présence ou de l'absence de l'eau dans les voies aériennes des noyés, elle paraît maintenant résolue par les expériences de M. Berger de Genève et de M. Magendie. Elles prouvent que l'eau n'y pénètre pas ou n'y pénètre qu'en très-petite quantité pendant la vie.

Les symptômes que produisent les corps étrangers engagés dans les voies aériennes varient suivant leur volume, leur forme, leur consistance, leur situation fixe ou variable. Si un de ces corps se trouve assez volumineux pour intercepter complètement le passage de l'air par la glotte, il occasionera la mort dans un espace de temps très-court. Un corps étranger irrégulier, pointu, pourra s'arrêter au-dessus de la glotte ou entre ses ligamens ; il produira une douleur vive et fixe, une toux fréquente, convulsive, une fièvre aiguë.

Les corps arrondis ou aplatis s'arrêtent quelquefois dans les ventricules du larynx et y séjournent plus ou moins long-temps. La douleur est alors moins vive, elle se fait sentir vis-à-vis le milieu de la hauteur du cartilage thyroïde; la voix devient rauque, faible; la toux est plus ou moins fréquente; l'expectoration devient sanguinolente, puriforme; la fièvre survient; les forces du malade s'épuisent peu à peu, et il finit par mourir de phthisie laryngée, au bout de quelques mois ou d'un temps beaucoup plus long.

Lorsque les corps étrangers franchissent la glotte, ils tombent dans la trachée-artère, où ils restent mobiles, à moins qu'ils ne s'y arrêtent en travers ou qu'ils ne s'enfoncent dans l'une des bronches. Dans le premier de ces cas, ils remontent vers la glotte pendant l'expiration, et redescendent vers les bronches pendant l'inspiration; la douleur se fait sentir successivement dans tous les points de la trachée-artère; la toux a lieu par quintes tantôt très-rapprochées, tantôt très-éloignées; suivant le volume du corps étranger, la respiration a lieu encore avec assez de facilité, ou bien elle devient très-difficile, râleuse, sifflante, et le malade se sent à chaque instant menacé de suffocation. Dans ce dernier cas, l'anxiété est extrême, le visage devient rouge, livide ou très-pâle, les yeux se gonflent, les veines superficielles du cou s'enflent, la voix devient rauque ou s'éteint; le malade rejette, à la suite de la toux, des crachats écumeux; le larynx s'abaisse et remonte fortement. Le malade éprouve des envies de vomir; le pouls est fréquent et irrégulier, quelquefois il survient du délire ou un état comateux fréquemment interrompu par les quintes de toux; enfin on voit paraître, d'abord derrière les clavicules, et ensuite au cou, un emphysème qui ne tarde pas à faire de nouveaux progrès. Il reconnaît pour cause la rupture de quelques cellules bronchiques.

Les accidens ont d'abord, chez d'autres sujets, une marche moins rapide et beaucoup moins effrayante : la respiration n'est gênée que par intervalles, les quintes de toux sont assez rares, les enfans continuent à se livrer à leurs jeux ordinaires, ils conservent de l'appétit, de la gaieté; mais, au bout de six, huit ou dix jours, ils sont tout-à-coup pris de suffocation, et meurent presque subitement; ou bien les accidens prennent la marche que nous venons d'indiquer précédemment, et se terminent aussi par la mort. Cet état insidieux a souvent fait présumer ou que les corps étrangers n'avaient pas pénétré dans le larynx, ou qu'ils avaient été rejetés, et a fait différer ou refuser l'opération qui pouvait seule sauver les jours du malade.

Le diagnostic des corps étrangers des voies aériennes présente des difficultés sous plusieurs rapports, car il s'agit de déterminer, non-seulement s'ils y sont engagés, mais encore le lieu qu'ils occupent, le volume qu'ils présentent, et le degré de mobilité dont ils jouissent, pour choisir le procédé opératoire le plus convenable. L'examen soigneux des circonstances commémoratives, l'exploration du pharynx et de l'œsophage avec une sonde flexible, l'analyse soigneuse des symptômes présentés par les malades pourront dans presque tous les cas procurer des notions certaines sur ces diverses circonstances.

Quoiqu'il soit prouvé par quelques observations que des corps étrangers engagés dans les voies aériennes aient été rejetés dans des efforts de toux ou de vomissement; quoique d'autres observations apprennent que ces corps étrangers, lorsqu'ils sont pointus comme des aiguilles, des épis de graminées, peuvent se frayer une route vers l'extérieur en perforant le larynx, la trachée-artère ou les bronches, on ne peut compter sur ces chances favorables. Il serait tout aussi peu rationnel d'insister sur l'emploi des potions béchiques, des embrocations huileuses sur le cou, des vomitifs, des sternutatoires, des fumigations propres à provoquer la toux. La bronchotomie est impérieusement indiquée par la présence des corps étrangers dans les voies aériennes, et il est certain qu'elle doit plutôt réussir pratiquée de bonne heure, que lorsqu'on attend qu'il soit survenu des accidens inflammatoires ou des congestions sanguines dans les poumons et le cerveau, etc. *Voyez* BRONCHOTOMIE.

H. Des corps étrangers de nature, de forme, de volume différens, s'arrêtent fréquemment à différentes hauteurs, soit dans le pharynx, soit dans l'œsophage. Les symptômes qu'ils occasionnent doivent nécessairement offrir beaucoup de variétés, soit sous le rapport de leur nature, soit sous celui de leur intensité. Hévin, dans un Mémoire très-riche en observations et inséré parmi ceux de l'Académie de Chirurgie, a essayé de ranger ces corps étrangers en quatre classes, en ayant particulièrement égard aux indications curatives qu'ils présentent : 1° les corps étrangers susceptibles d'être retirés et qui doivent l'être; 2° ceux que l'on peut enfoncer sans de graves inconvéniens dans l'estomac; 3° ceux qu'il faudrait extraire, mais que l'on est obligé de pousser dans l'estomac; 4° enfin, ceux que l'on ne peut ni enfoncer ni extraire, et dont la présence occasionne de graves accidens.

Les corps étrangers susceptibles d'être re-

tirés et qui doivent l'être, sont particulièrement les fragmens d'os, les grosses arêtes,
les noyaux irréguliers et volumineux, les fragmens de verre, de métal, les épingles, les
aiguilles, en un mot tous les corps qui peuvent piquer, inciser, dilacérer. Il faut encore
placer dans cette série les pièces de monnaie
d'une grande largeur, parce qu'une fois arrivées dans l'estomac, elle peuvent y être retenues long-temps et provoquer son inflammation. Cependant on a vu quelques personnes
conserver pendant plusieurs années des pièces de monnaie, même de cuivre, dans l'estomac ou les intestins, sans éprouver aucun
symptôme de maladie.

Les corps que l'on peut enfoncer sans inconvénient dans l'estomac sont des morceaux de
viande, de tendon, de cartilage, de pain, des
tampons de linge, de papier, des fruits, les pièces de monnaie d'une médiocre largeur, des balles de plomb, de fer, de verre, de marbre, etc.

Ceux qu'il faudrait extraire, mais qu'on est
obligé de pousser dans l'estomac, sont tous
ceux de la première série, quand on a fait inutilement plusieurs essais méthodiques pour les
extraire ou pour les faire rejeter par le vomissement.

Enfin, les corps étrangers qui présentent
d'autres indications que l'extraction par la
bouche ou l'enfoncement dans l'estomac, sont
ceux qui présentent un volume considérable,
et qui étant engagés fortement dans la partie
inférieure du pharynx ou dans la partie supérieure de l'œsophage, compriment assez fortement la trachée-artère pour empêcher complètement ou presque complètement la respiration.
Dans un cas de cette espèce, Habicot fut
obligé de pratiquer la bronchotomie avant de
pouvoir enfoncer dans l'estomac un paquet
d'argent enveloppé dans du linge, qui obs-
truait la partie supérieure de l'œsophage.
Voyez BRONCHOTOMIE.

Lorsqu'un corps dur, volumineux, irrégulier, comme un gros fragment d'os, une portion de mâchoire de poisson, s'est implanté
dans les membranes du pharynx ou de la partie supérieure de l'œsophage; qu'on ne peut
ni l'extraire, ni l'enfoncer; qu'il occasionne
une violente douleur, l'impossibilité d'avaler,
une grande difficulté de respirer, une fièvre
aiguë ou d'autres accidens graves, l'œsophagotomie est alors manifestement indiquée.
Elle a déjà été pratiquée avec succès par Gour-
saud père et par Roland, chirurgien militaire.
(*Extr. des Mémoires de l'acad. de Chirurgie.*)
Il serait tout aussi peu rationnel de pratiquer

cette opération lorsqu'elle n'est pas absolument nécessaire, que de la différer trop long-
temps lorsqu'elle est le seul moyen de sauver
les jours du malade. *Voyez* ŒSOPHAGOTOMIE.

On juge qu'un corps étranger s'est arrêté
dans le pharynx ou dans l'œsophage, par les
circonstances commémoratives, par l'exploration de ces canaux, et par les symptômes
qu'éprouve·le malade. Ces symptômes sont
ordinairement une douleur vive dans la région
où le corps étranger s'est arrêté, la difficulté
ou l'impossibilité de la déglutition, des envies
de vomir, des efforts de vomissement, de la
toux, de la difficulté à respirer, une soif vive,
le gonflement du visage, du cou et des veines
superficielles de ces parties. Dans quelques
cas, on observe la suffocation, le vomissement
de sang, des syncopes, des mouvemens convulsifs, et même le tétanos. Si le corps étranger est irrégulier et reste long-temps engagé,
il survient une violente inflammation qui peut
se terminer par un abcès et le dégagement
des corps étrangers; mais cette inflammation
se termine dans d'autres cas d'une manière
funeste.

Lorsqu'un corps étranger arrêté dans le
pharynx se trouve à la portée de la vue ou
des doigts, on doit chercher à l'extraire avec
des pinces droites ou courbes, suivant sa situation; et il est important de conduire l'instrument le long du doigt, pour le faire agir plus
promptement et avec plus de sûreté. Si le corps
étranger est descendu plus bas, on se servira
utilement, pour en faire l'extraction, de la
pince œsophagienne: elle ne diffère de la pince
urétrale de Hunter que parce qu'elle est contenue dans une canule très-longue et très-
souple de gomme élastique. A défaut de cet
instrument, on peut employer une anse de
fil de métal, un crochet mousse flexible, une
tige de baleine garnie d'une éponge fine:
quand on l'a introduite au-dessous du corps
étranger, on fait boire au malade de l'eau,
ou on en injecte dans le pharynx. On s'est
aussi servi avec utilité d'une tige flexible garnie de filasse à son extrémité. J.-L. Petit a proposé une tige de baleine ou d'argent garnie à
son extrémité de plusieurs anneaux de métal
passés les uns dans les autres. Enfin, on trouve
dans quelques arsenaux de chirurgie, un instrument destiné à l'extraction des corps étrangers de l'œsophage. Il est construit à l'instar
des parasols: on l'introduit fermé et on le retire
ouvert.

Lorsqu'on ne peut extraire un corps étranger
de l'œsophage, et que la déglutition est encore

possible, on peut essayer de le faire rendre par le vomissement, que l'on provoque en faisant avaler au malade une grande quantité de boissons mucilagineuses tièdes, un mélange d'eau et d'huile, d'eau et de blancs d'œufs, ou même des blancs d'œufs purs. Ces liquides, en même temps qu'ils provoquent le vomissement, lubrifient les canaux qu'ils parcourent. On peut même ajouter à ces boissons une petite quantité de tartre stibié. Si la déglutition était impossible, on pourrait encore essayer de provoquer le vomissement en titillant la luette ou en faisant administrer des lavemens de décoction de tabac; on a même, dans ce cas, eu recours à l'injection d'une solution de dix grains de tartre stibié dans une veine du bras, sur un soldat qui avait avalé un morceau de tendon de bœuf. Ce corps était resté au milieu de l'œsophage; le malade fut attaqué sur-le-champ de convulsions, et tomba à terre. On essaya inutilement de pousser ce morceau de tendon dans l'estomac. Les convulsions devinrent continues, le ventre se tuméfia, la face, les mains, les pieds devinrent froids, le pouls très-petit et lent, une sueur froide couvrit tout le corps. Ce fut alors que M. Kohler fit l'injection du tartre stibié, parce qu'il était impossible de l'ingérer dans l'estomac. Au bout d'une demi-heure, il survint un vomissement violent. Le corps étranger fut rejeté au loin, et les accidens cessèrent. (*Bibliothèque du Nord*, tom. 1.) Dans quelques cas, on est parvenu à entraîner et à précipiter dans l'estomac des corps étrangers irréguliers, que l'on n'avait pu extraire en faisant avaler au malade des bols de beurre, de mie de pain, des bouillies épaisses, des pulpes de fruits. Lorsqu'on n'est appelé près des malades que tardivement, que la douleur est très-vive, que l'inflammation est déjà survenue, il est nécessaire de faire précéder et suivre par la saignée les tentatives d'extraction, et d'insister après cette opération sur le traitement antiphlogistique local et général. Lorsqu'on se propose d'enfoncer les corps étrangers dans l'estomac, on se sert d'un gros stylet mousse flexible, d'une canule en gomme élastique, d'une tige de baleine garnie d'une éponge huilée ou d'un tampon de linge; on se sert même quelquefois d'un porreau, mais il faut l'employer avec précaution, de crainte qu'il ne se casse.

Les corps peu volumineux et aigus, tels que les arêtes, les pointes d'os, les aiguilles, les épingles que l'on n'a pu extraire du pharynx ou de l'œsophage, percent quelquefois

les parois de ces canaux, s'avancent peu à peu vers la peau, occasionnent un abcès dans le tissu cellulaire; et, à son ouverture, le corps étranger s'échappe avec le pus, ou bien on peut facilement en faire l'extraction.

Les sangsues appliquées dans la bouche ou avalées par les personnes qui boivent dans des ruisseaux, des mares, des étangs, peuvent pénétrer dans le pharynx, l'œsophage, l'estomac. Hippocrate avait signalé cet accident, et on en trouve des exemples dans beaucoup d'auteurs anciens et modernes. De la douleur, un sentiment de succion dans la région où se sont arrêtées les sangsues, de la gêne dans la déglutition, de la toux, le crachement et le vomissement de sang, l'agitation, l'amaigrissement, des syncopes, des convulsions et même la mort, sont les effets que l'on a observés à la suite de la déglutition des sangsues. Quand on les aperçoit, il faut tâcher de les saisir et de les extraire avec des pinces à polype. Si elles ont pénétré profondément, on leur fait ordinairement lâcher prise, et on fait cesser les symptômes qu'elles occasionnent, en faisant avaler aux malades du vinaigre, du vin, une solution de nitre, de l'eau distillée de menthe.

I. Les corps étrangers durs, irréguliers, volumineux, tranchans, déchirans, parvenus dans l'estomac ou dans le canal intestinal, se comportent de diverses manières, mais on est d'autant plus fondé à redouter des accidens graves, que leur forme les rend plus propres à percer et à déchirer les membranes de ces viscères. Beaucoup de personnes ont avalé des écus de six francs et les ont rendus au bout de quelques jours; d'autres ont conservé ces pièces de monnaie ou des pièces de cuivre dans le canal intestinal, pendant plusieurs années, sans être plus incommodées que les premières. Des clous, des lames de couteaux, des ciseaux, des fioles de verre ont parcouru tout le canal intestinal et sont sortis par l'anus sans avoir provoqué d'inflammation violente. Mais dans d'autres cas, des corps semblables ou bien des fragmens de verre, une fourchette, ont occasioné des douleurs atroces, le vomissement de sang, l'inflammation aiguë de l'estomac ou de l'intestin, et la mort au bout de quelques jours. Chez d'autres sujets, les accidens, d'abord violens, se sont ralentis, mais les malades affectés de gastrite ou d'entérite chronique ont fini par succomber. Chez d'autres individus, les corps étrangers ayant perforé le canal intestinal enflammé et adhérent aux parois de l'abdomen, ont occasioné des abcès à l'ouverture desquels on a pu les extraire. Les malades ont alors guéri. Chez d'autres personnes, les corps étrangers, après être arrivés jusque dans le rectum, se sont arrêtés dans cet intestin, et n'ont pu en être extraits que par des moyens chirurgicaux. Enfin, on a vu des corps étrangers s'engager dans des hernies, et les malades éprouver tous les symptômes de l'étranglement.

L'usage des boissons mucilagineuses abondantes, des bains tièdes, des fomentations émollientes, des lavemens huileux, doit être recommandé aux personnes qui ont avalé des corps étrangers insolubles, volumineux, irréguliers, et qui n'éprouvent que de légers accidens. Un traitement antiphlogistique très-actif est indiqué quand les symptômes inflammatoires se développent avec intensité. Mais s'il arrive que les accidens persévèrent, augmentent malgré ce traitement, que le corps étranger ne s'avance pas vers l'anus, que l'on n'aperçoive aucune apparence de la formation prochaine d'un abcès, il est à craindre que le malade ne succombe. Si l'on peut alors sentir à travers les parois abdominales le corps étranger arrêté dans l'estomac ou dans une portion du canal intestinal, il reste encore une ressource pour sauver sa vie ; elle consiste à pratiquer la gastrotomie ou l'entérotomie. On ne peut se dissimuler que ces opérations ne sont très-dangereuses. Cependant elles ont été pratiquées plusieurs fois avec succès ; mais il faut noter que les chances de réussite doivent être d'autant plus faibles que l'on attend plus tard pour y avoir recours. On trouve dans les bulletins de la société des professeurs de la Faculté de Médecine de Paris, une observation de gastrotomie pratiquée avec succès pour extraire de l'estomac une fourchette d'argent. *Voyez* ENTÉROTOMIE et GASTROTOMIE.

Lorsque les corps étrangers s'arrêtent dans une hernie, et que l'étranglement survient, il convient, après avoir essayé inutilement, mais sans faire aucun effort, de réduire la tumeur, d'ouvrir le sac herniaire, de débrider largement son col et l'ouverture herniaire, et de repousser doucement l'anse intestinale dans la cavité de l'abdomen. Si l'intestin était fortement enflammé, ou déjà percé par le corps étranger, ou que la réduction fût impossible, il faudrait alors fendre l'intestin, extraire le corps étranger, passer un fil dans le mésentère pour retenir la plaie intestinale vis-à-vis la plaie extérieure. On traiterait plus tard l'anus contre nature ou la fistule stercoraire

par les procédés convenables. *Voyez* ANUS CONTRE NATURE, FISTULE STERCORAIRE.

K. Les corps étrangers du rectum y pénètrent par son extrémité supérieure, par son extrémité inférieure, ou en perforant ses membranes. Les premiers ont été avalés et ont parcouru le reste de la longueur du canal intestinal : nous venons d'en parler ; ou bien ce sont des matières fécales endurcies, des pierres stercoraires, des calculs biliaires. Ceux qui sont introduits par l'anus, et les observations n'en manquent pas dans les auteurs, sont ordinairement des cylindres de bois, des fioles de verre, des vases cylindriques ou coniques de faïence. Marchettis a extrait de l'anus, en la ramenant à travers une canule, une queue de cochon que des écoliers avaient introduite par le gros bout dans le rectum d'une courtisane, après avoir coupé les poils de cette queue assez courts. Les corps qui percent les membranes du rectum et qui pénètrent dans sa cavité sont des incrustations de pessaire, des os de fœtus à la suite de grossesse extra-utérine, des balles, des portions d'os à la suite de plaies d'armes à feu.

Les corps étrangers arrêtés dans le rectum produisent, suivant leur forme, leur volume, etc., des douleurs plus ou moins vives, le ténesme, des envies fréquentes d'uriner, ou la rétention d'urine, la constipation, des diarrhées sanguinolentes, des abcès stercoraux, quelquefois des hémorrhagies abondantes, et, chez quelques sujets, tous les symptômes qu'on observe dans les hernies compliquées d'engouement et dans lesquelles l'inflammation se développe, tels que des nausées, des vomissemens, le gonflement du ventre, l'inflammation du péritoine, la suppression d'urine, la gangrène.

Il arrive assez fréquemment qu'on ignore pendant quelque temps la cause de tous ces accidens, soit parce que le corps étranger a été avalé depuis long-temps et que le malade n'y pense plus, soit parce que le sujet est affecté de folie et qu'il ne peut rendre compte de ce qu'il a fait, soit enfin parce que l'individu par lequel on est appelé n'ose avouer la turpitude qu'il a commise. Lorsque les symptômes dont nous venons de parler se présentent, et qu'on ignore leur cause, il devient nécessaire, pour faire cesser toute incertitude, d'introduire le doigt dans le rectum.

On a recours à différens procédés pour extraire ces corps étrangers. Dans quelques cas, il est d'abord nécessaire de dilater l'anus, soit avec les doigts, soit avec des crochets mousses, soit avec un spéculum composé de deux moitiés de cylindre que l'on peut écarter l'uné de l'autre; dans d'autres circonstances, cette dilatation préalable est inutile, mais il faut toujours enduire d'un corps gras quelconque les instrumens employés pour l'extraction, afin qu'elle puisse être exécutée plus facilement et avec moins de douleur. Lorsque ce sont des arêtes, des fragmens d'os qui sont arrêtés ou implantés dans le rectum, on peut les dégager avec le doigt, avec un crochet mousse, et les extraire avec une tenette. On emploiera de préférence une tenette à cuillers profondes, pour que le corps étranger puisse mieux s'y loger. On trouve dans les Mémoires de l'Académie des Sciences (année 1702) et dans le bulletin de la Société de la Faculté de Médecine de Paris, deux observations, l'une par Littre, l'autre par M. le professeur Béclard, d'extraction de fœtus par l'anus à la suite de grossesse extra-utérine. Il fallut, dans les deux cas, diviser les os du crâne avec des pinces incisives et des ciseaux, avant de leur faire franchir le sphincter de l'anus. La tenette peut servir pour extraire les cylindres de bois, de verre; en saisissant ceux-ci, on prendra toutes les précautions convenables pour ne pas les briser; il serait même prudent de garnir les cuillers de l'instrument avec du linge ou avec de la peau, pour éviter plus sûrement cet accident. Un homme s'étant introduit dans le rectum une fiole de verre longue, et les pinces n'ayant point de prise sur ce corps, on ne trouva d'autre moyen d'en délivrer le malade que d'engager un enfant de huit à neuf ans à lui introduire la main dans le rectum, pour la saisir et l'amener au dehors. On lit dans le Journal de Desault qu'un homme s'étant introduit dans le rectum un pot à confiture qui n'avait ni anse ni fond, l'intestin s'y invagina, ce qui en rendit l'extraction très-difficile; il fallut employer simultanément deux tenettes pour briser ce vase, afin de l'extraire ensuite par fragmens. Une vrille, un tirefond, ont été employés par quelques praticiens pour retirer des cylindres ou des cônes de bois: il faut soutenir et diriger ces instrumens avec le doigt introduit dans l'intestin, pendant qu'on les fait agir. Lorsqu'un corps étranger présente un volume trop considérable pour qu'on puisse en faire l'extraction, ou qu'on ne peut parvenir à dilater l'anus, il ne faut pas hésiter à inciser son sphincter, en dirigeant l'incision vers l'une des tubérosités de l'ischion. Si une seule incision était insuffisante, on en pratiquerait une seconde du côté opposé.

On se sert du doigt ou d'une curette pour extraire les noyaux ainsi que les matières fécales endurcies amassées dans le rectum, après les avoir ramollies avec des injections huileuses.

L. Les corps étrangers que l'on a trouvés dans l'urètre de l'homme, sont des portions de sondes élastiques, des calculs, des cure-oreilles, des épingles en métal, en ivoire, en bois, des épis de graminées, des tubes de verre, des tuyaux de pipe, des haricots, etc. On a eu occasion d'extraire de l'urètre, chez des femmes, des corps semblables, et d'autres plus volumineux, tels que des étuis remplis d'aiguilles, des cônes ou des cylindres de bois solides. La douleur, la difficulté ou l'impossibilité d'uriner, l'inflammation de l'urètre et de la vessie, sont les premiers accidens auxquels ces corps étrangers donnent lieu. S'ils ne sont pas retirés et séjournent dans l'urètre, ils s'y incrustent d'une couche calculeuse; souvent l'urètre se déchire, et l'urine s'infiltre dans le périnée et les parties voisines. D'autres fois les corps étrangers pénètrent dans la vessie, où ils deviennent le noyau d'un calcul qui augmente presque toujours promptement de volume.

Lorsqu'une sonde se casse dans l'urètre et qu'on est appelé pour extraire la portion qui en est restée dans ce canal, il faut d'abord s'occuper de l'empêcher de s'engager en entier dans la vessie. On peut y parvenir, soit en faisant comprimer fortement avec la main la région hypogastrique, soit en s'engageant un aide à comprimer d'arrière en avant la prostate ou la portion membraneuse de l'urètre au moyen d'un doigt introduit dans le rectum. La pince de Hunter a été plusieurs fois employée avec succès pour extraire ces portions de sonde. M. Viguerie, de Toulouse, a eu recours, m'a-t-on assuré, à un autre procédé qui mérite d'être connu. Pendant qu'un aide comprimait l'urètre, comme je viens de le dire, il introduisit dans ce canal, à l'aide d'un mandrin, une portion de sonde de mêmes dimensions que celle qui avait été retirée. Elle était ouverte à ses deux extrémités. Lorsqu'elle fut parvenue jusqu'au fragment qu'il s'agissait d'extraire, M. Viguerie appuya sur le mandrin, et fut assez heureux pour le faire pénétrer dans le bout de sonde, et le ramener au dehors. On parvient, dans quelques cas, à obtenir l'expulsion des corps étrangers engagés dans l'urètre en dilatant la partie antérieure de ce canal avec des bougies très-grosses et en faisant prendre ensuite une grande quantité de boissons mucilagineuses. Peut-être pourrait-on quelquefois réussir à faire pénétrer dans ces bougies emplastiques l'extrémité d'un corps pointu, tel qu'une aiguille, un cure-oreille, et à les retirer ensemble. Une anse de fil de métal peut servir pour extraire les calculs, les noyaux, les autres corps arrondis; mais on réussit encore mieux avec la pince de Hunter. La succion a été aussi conseillée, mais je ne connais pas de cas où elle ait été employée avec succès.

Lorsqu'on ne peut ni extraire un corps étranger engagé dans l'urètre, ni procurer son expulsion, il faut nécessairement inciser ce canal. Si le corps étranger fait saillie, on incise les chairs sur lui. Dans le cas contraire, il est prudent d'introduire un cathéter sans cul-de-sac jusqu'au-devant du corps étranger, tandis qu'un aide comprime l'urètre entre ce corps et la vessie. L'urètre étant incisée, on saisit le corps étranger avec une pince ou avec les doigts, et on en fait l'extraction. On doit avoir l'attention de ne pas faire l'incision dans la portion de l'urètre qui est en rapport avec le scrotum, pour éviter les infiltrations de sang et d'urine dans cette partie. Après avoir terminé l'extraction, on place une sonde élastique dans la vessie, jusqu'à ce que la plaie de l'urètre soit cicatrisée.

M. Tous les corps étrangers introduits dans l'urètre peuvent pénétrer dans la vessie; on a aussi trouvé dans cet organe des portions d'os, des noyaux pointus, qui avaient été avalés, des esquilles d'os détachées des pubis dans des blessures, des tentes de charpie, des balles ou d'autres projectiles. On lit dans le Journal de médecine de Londres, qu'à la suite d'une grossesse extra-utérine un fœtus pénétra dans la vessie, et qu'il fallut l'extraire par la taille hypogastrique. Beaucoup d'auteurs rapportent avoir vu des femmes qui rendaient fréquemment par l'urètre une matière puriforme et des poils. Il est à remarquer que l'on en trouve fréquemment dans les ovaires, et qu'ils sont ordinairement implantés dans un tissu qui paraît avoir beaucoup d'analogie avec la peau. On parvient quelquefois, chez les femmes, à extraire les corps étrangers hors de la vessie, après avoir dilaté l'urètre. Il faudrait aussi essayer l'emploi de cette méthode chez l'homme, si le corps étranger était peu volumineux, ovoïde ou arrondi. La pince de Hunter courbe servirait pour en faire l'extraction. Lorsque cette méthode ne peut convenir, il ne reste d'autre ressource que de pratiquer l'opération de la taille, à moins,

toutefois, qu'on ne puisse parvenir dans la vessie sans intéresser le péritoine, en agrandissant la plaie par laquelle le corps étranger a pénétré, ou en incisant les trajets fistuleux que sa présence peut entretenir.

N. Les corps étrangers sont rarement retenus dans le vagin, à cause de son ampleur. Il faut cependant en excepter les pessaires, surtout lorsqu'ils y ont séjourné long-temps, et qu'ils se sont recouverts d'une incrustation épaisse, irrégulière. Il arrive assez souvent que des végétations fongueuses s'engagent dans les aspérités de ces instrumens; d'autres fois les pessaires donnent lieu à l'ulcération de la cloison vagino-rectale ou de la cloison vagino-vésicale, et font saillie dans le rectum ou dans la vessie, et même dans ces deux organes à la fois. Les corps étrangers retenus dans le vagin occasionnent de la douleur, des ulcérations, des écoulemens purulens, sanguinolens, fétides, la dysurie, l'inflammation des parties voisines, la fièvre hectique. On peut quelquefois extraire les pessaires avec le doigt garni de linge, que l'on introduit dans leur ouverture : on peut essayer d'y faire passer un ruban, dont on se sert pour exercer des tractions. Les tenettes, le forceps, des tenailles incisives ont été plusieurs fois nécessaires. Le cercle d'un pessaire d'ivoire en bilboquet, engagé dans le vagin depuis plusieurs années, faisait saillie à nu dans le rectum et dans la vessie; la tige de l'instrument s'était cassée : M. Dupuytren essaya sans succès de scier ce cercle dans le rectum; il fut obligé de le briser dans cet intestin et dans le vagin, avec de fortes pinces tranchantes, qu'il fit construire pour cette opération. La malade guérit sans conserver d'incommodités. A la suite de ces extractions douloureuses, il est nécessaire de prescrire les injections émollientes et narcotiques pour calmer la douleur, et de chercher à prévenir et à combattre les accidens inflammatoires par le repos, la diète, les bains tièdes, les boissons mucilagineuses, les lavemens, les fomentations émollientes, l'application des sangsues sur l'abdomen.

3º *Des corps étrangers dans les blessures.* —La poussière, la boue, le sang caillé, sont de véritables corps étrangers pour les plaies, et doivent être enlevés soigneusement avant qu'on rapproche leurs bords.

Les corps fragiles d'un petit volume, tels que les aiguilles, les épines, les petits éclats de bois, les fragmens de verre, de faïence, de porcelaine, restent souvent dans l'épaisseur des parties qu'ils ont divisées. Tantôt ils font encore au-dehors une légère saillie; d'autres fois ils sont enfoncés plus ou moins profondément, et il est à remarquer que l'ouverture par laquelle ils ont pénétré se resserre promptement, circonstance qui doit apporter des difficultés à constater leur présence, leur situation et leur extraction. Ces corps aigus, ou qui présentent des aspérités, occasionnent ordinairement une vive douleur, et plus tard une inflammation phlegmoneuse. Mais il arrive cependant quelquefois que des aiguilles enfoncées entre la peau et des muscles épais ne produisent pas d'abord cet accident, qu'elles abandonnent le lieu où elles ont été enfoncées, pour aller se loger dans une région plus ou moins éloignée. Les lames d'épée, de lance, de fleuret, de canif, de couteau ou d'autres instrumens analogues, se cassent assez fréquemment lorsqu'elles heurtent contre un os compact, quand elles sont engagées dans un os spongieux ou dans les intervalles que les os laissent entre eux, soit dans la continuité des membres, soit dans les articulations. Si la blessure est profonde, que la brisure de l'instrument vulnérant n'ait pas été connue dans le moment de l'accident, et qu'on ne puisse se le faire représenter, on sera exposé à ne reconnaître le corps étranger que lorsque sa présence aura donné lieu à des accidens graves. Depuis la découverte des armes à feu, on ne se sert guère en Europe de l'arc et des flèches, mais quelques soldats sont encore armés de javelines; le fer est garni de deux crochets aigus et rétrogrades : les hameçons offrent un crochet semblable. Ces différens instrumens barbelés, laissés dans les plaies, y produisent de vives douleurs, au moindre mouvement qu'on leur communique, et leur extraction présente des indications particulières. Elle ne peut être faite qu'à la suite de débridemens étendus. Quand ils sont enfoncés profondément, il faut, après avoir débridé, les retirer à travers une canule, comme le pratiquaient les anciens; et souvent il est nécessaire de les extraire par une contre-ouverture.

Les plaies d'armes à feu sont, de toutes les blessures, celles qui sont le plus souvent compliquées de corps étrangers; et les variétés que peut offrir ce genre de complications sont innombrables. Nous devons nous borner à indiquer les principales. Lorsqu'une quantité quelconque de poudre s'enflamme, un certain nombre de grains non enflammés sont projetés au loin. Ils peuvent pénétrer entre les paupières, s'enfoncer dans la conjonctive, et occasioner une violente ophthalmie. S'ils pénètrent profondément dans la peau, ils produisent une vive cuisson, et ils laissent des taches noires, souvent indélébiles, dans cette membrane. Les lotions promptes et abondantes faites avec de l'eau froide seraient le meilleur moyen à employer pour enlever ces grains de poudre et dissoudre le nitre qu'ils contiennent. On a aussi conseillé de les extraire avec une curette ou avec la pointe d'une aiguille.

Les projectiles avec lesquels on charge les fusils, les pistolets, sont des grains de plomb, de fonte, des balles ou des lingots de plomb, de fer, des balles coupées par quartiers, des balles ramées; les boîtes de mitraille contiennent des morceaux de différens métaux, plus ou moins gros, et souvent très-irréguliers; les éclats des armes ou des projectiles qui éclatent, n'offrent pas moins de variétés sous le rapport de leur forme, de leur volume, et tous ces corps peuvent rester engagés dans des plaies. On a même vu extraire des boulets du poids de quatre et même de huit livres, de l'épaisseur de la cuisse.

Un fusil étant chargé de deux balles ou de deux moitiés de balle, chacune d'elles, si on tire à quelques pas de distance, fait une ouverture particulière. Cependant, M. Dupuytren et moi, en 1814, nous avons vu dans deux hôpitaux des blessés qui n'avaient qu'une plaie extérieure, et nous en avons extrait deux moitiés de balle. Le contour arrondi des deux demi-sphères était terne, la surface plane était semblable à celle d'une balle nouvellement coulée. Dans l'un des deux cas que j'ai vus, la plaie existait au milieu du front; une moitié de la balle était engagée dans l'os frontal; l'autre moitié fut extraite quelques jours après, du lobe antérieur du cerveau, après la mort du blessé. Dans le second cas, la blessure était située vis-à-vis la crête du tibia; une des moitiés de la balle était placée près du bord interne de cet os, et l'autre dans l'épaisseur des muscles, entre le tibia et le péronée. Je ne chercherai pas à expliquer par quel mécanisme ces balles se sont partagées en deux portions, mais je conclurai de ces faits que, quand on trouve dans une plaie la moitié d'une balle, et que sa surface plane n'est pas de la même teinte que sa surface arrondie, il est possible qu'il en reste encore une autre moitié à extraire.

Les balles et les autres projectiles entraînent souvent avec eux, dans l'épaisseur du corps, des portions de vêtemens, d'armure, de boutons. La bourre des fusils de chasse tirés de près, peut aussi y pénétrer. Lorsqu'une plaie d'arme à feu ne présente qu'une ouverture extérieure, il est probable qu'elle est compliquée de la présence du corps vulnérant, mais cependant il arrive quelquefois qu'une balle enfonce les vêtemens devant elle sans les percer, et qu'au moment où on les quitte, la balle est entrainée au dehors. De là le précepte d'examiner les vêtemens des blessés, avant de procéder à la recherche des corps étrangers. Lorsqu'une plaie d'arme à feu a une entrée et une sortie, il n'est pas certain pour cela qu'elle ne présente pas la complication qui nous occupe. Une portion de vêtement, la bourre, une moitié de balle, etc., peuvent être restés dans son trajet.

Les balles ne suivent pas toujours un trajet direct; elles peuvent être déviées de leur direction primitive par les muscles, les cartilages, les os; on en voit souvent qui suivent le contour du crâne, de la poitrine, de l'abdomen, du fémur.

Les projectiles arrondis qui n'ont pas été extraits peu de temps après la blessure, se déplacent souvent, en obéissant à leur poids et à la contractilité des muscles, et il n'est pas toujours aisé de les retrouver; on éprouve aussi beaucoup de difficultés dans la recherche de ces corps étrangers, lorsqu'ils ont pénétré dans des parties épaisses et charnues, et qu'elles ne sont pas dans la situation où elles se trouvaient au moment de l'accident.

Une balle, en atteignant un os, peut être déformée et éloignée de sa direction primitive; d'autres fois elle s'aplatit et s'arrête sur cet os, là où elle l'a frappé, ou bien elle glisse le long de son corps en le dénudant. Dans d'autres cas, elle pénètre et reste dans l'épaisseur même de l'os, mais elle perd toujours sa forme arrondie; il arrive souvent que les balles traversent les os spongieux et s'arrêtent dans leur voisinage, et qu'elles fracturent les os compactes, en détachant de ces os des esquilles plus ou moins irrégulières, qui deviennent de véritables corps étrangers lorsque la fracture est essentiellement comminutive. Les différens projectiles lancés par la poudre à canon, après avoir traversé les parois des cavités splanchniques, pénètrent plus ou moins profondément dans leur intérieur. Il n'est pas toujours impossible de s'assurer sans inconvénient de leur situation, et d'en faire l'extraction; mais, dans beaucoup de cas, ces projectiles s'engagent à une telle profondeur, qu'il serait dangereux d'insister sur les recherches propres à les faire découvrir, et sur les

tentatives par lesquelles on pourrait les extraire. Il est certainement fâcheux d'être obligé de renoncer à en faire l'extraction, parce qu'ils doivent tôt ou tard donner lieu à des accidens plus ou moins graves : ces accidens ne se développent, chez quelques sujets, qu'à une époque très-éloignée. On peut espérer que les balles perdues dans les parties charnues du tronc ou des membres se retrouveront par la suite, soit parce qu'elles viendront spontanément se placer sous la peau ou sous les aponévroses sous-cutanées, soit parce qu'elles occasionneront des abcès dans lesquels elles seront logées; mais le déplacement spontané des balles dans les viscères est ordinairement plutôt fâcheux que favorable, et les abcès qu'elles y produisent ont presque toujours des suites funestes. Nous ferons cependant observer ici que des balles et d'autres corps étrangers perdus dans l'abdomen se sont quelquefois frayé une route jusque dans la cavité du canal alimentaire ou de la vessie, et ont été ensuite rejetés au dehors, ou extraits par des opérations rationnelles.

Les corps étrangers quelconques engagés dans les plaies récentes occasionnent ordinairement de la douleur, de l'inflammation, de la fièvre, une suppuration plus ou moins abondante, et quelquefois des convulsions, le tétanos. Leur séjour prolongé dans nos parties donne fréquemment lieu à des inflammations chroniques, à des dépôts successifs, à des névroses variées, à des fistules, à la carie, à la nécrose, à la fièvre hectique. Ce n'est que quand ils sont lisses, arrondis, qu'ils se sont enveloppés d'une espèce de kyste celluleux, et qu'ils ne gênent aucun organe, que leur présence cesse d'être fatigante et dangereuse.

Les indications curatives générales que présentent les corps étrangers engagés dans les blessures peuvent se réduire à trois : la première est d'en faire méthodiquement l'extraction; la seconde est de calmer les accidens que leur présence a déjà produits, et de chercher à prévenir ceux qui pourraient survenir par la suite, soit que l'extraction ait été exécutée, soit qu'elle ait été jugée impraticable ou trop dangereuse; la troisième consiste à procurer une réunion de circonstances qui puissent, dans un certain nombre de cas, lorsque l'extraction n'a pas été exécutée dans les premiers temps, la rendre possible à une époque plus reculée.

L'extraction des corps étrangers doit être faite le plus tôt possible, avant le développement de la douleur et du gonflement in-

flammatoire. Leur prompte extraction contribue à prévenir la violence de ces accidens, et
a en outre le grand avantage de procurer à
l'esprit du blessé un état de calme bien important pendant la durée des maladies.

Les praticiens ont cependant signalé un
certain nombre de cas qui forment exception
à cette règle générale. Un instrument vulnérant quelconque a percé le cœur, une très-
grosse artère, mais sa présence s'oppose à
l'hémorrhagie : l'extraction ne sera point faite,
ou on n'y procédera que quand on aura trouvé
un moyen de se rendre maître du sang. Il faut
également renoncer à l'extraction, quand on
ne peut atteindre le corps étranger sans blesser les gros troncs nerveux ou vasculaires ; on
est obligé de prendre le même parti quand on
ne trouve pas le corps étranger, et lorsque,
pour le trouver et le saisir, on est exposé à
l'enfoncer plus avant dans un organe important, et à produire immédiatement des accidens mortels. Il faut aussi temporiser lorsque
les procédés nécessaires pour exécuter l'extraction doivent nécessiter des tractions très-
violentes, de fortes secousses, et provoquer
des douleurs vives, prolongées, une inflammation excessive.

Avant de procéder à l'extraction des corps
étrangers, on s'assurera autant que possible
de leur forme, de leur volume, de leur nature, de leur nombre, de leur situation. Les
recherches pour les trouver seront exécutées
avec les doigts ou avec un stylet flexible, terminé par un bouton arrondi, qu'il faudra introduire lentement dans la plaie. Dans les
blessures profondes des parties musculaires,
on ne fera exécuter à la partie blessée que le
moins de mouvemens possibles, pour éviter
le déplacement du corps étranger, et on placera cette partie dans la situation où elle se
trouvait au moment de l'accident. Dans les
autres cas, on mettra la partie blessée dans
le relâchement. Lorsque les plaies sont étroites, on commencera par les débrider plus ou
moins largement, afin d'extraire le corps
étranger avec plus de facilité. Ces incisions
sont d'ailleurs utiles pour prévenir le gonflement inflammatoire et pour faciliter l'issue
du pus, des escarres et du corps étranger lui-
même, si on ne peut parvenir à le ramener
au-dehors. Les incisions de débridement seront parallèles aux fibres musculaires. Le bistouri boutonné, conduit sur le doigt, est l'instrument le plus sûr et le plus commode pour
ce genre d'opération. Lorsque le corps étranger ne pourra être retiré sans danger et sans

de vives douleurs par la route qu'il se sera
frayée en entrant, on l'extraira par une contre-ouverture, si en la pratiquant on peut
éviter ces inconvéniens.

On remplit la seconde indication des corps
étrangers par l'emploi méthodique des moyens
propres à calmer la douleur, à combattre l'inflammation, à prévenir les affections convulsives, la trop grande abondance et la dépravation de la suppuration.

Il n'est pas toujours possible de procurer
une réunion de circonstances qui fasse obtenir l'expulsion spontanée ou l'extraction facile
des corps étrangers qu'on a été obligé d'abandonner dans les plaies ; les emplâtres et les
autres topiques attractifs que quelques auteurs
anciens ont vantés ne méritent aucune confiance ; mais on obtient souvent des résultats
satisfaisans de l'administration des bains et
des douches gélatineuses, des bains et des douches d'eaux thermales. Il faut cependant ne
pas oublier que ces eaux ne conviennent pas
lorsque la douleur est très-vive et que les
blessés sont encore affectés de fièvre.

*Des corps étrangers introduits dans le
crâne.* — Les instrumens aigus peuvent être
enfoncés facilement dans le crâne des enfans
par les fontanelles, les sutures, le fond des
orbites, la voûte des fosses nasales. Aussi
faut-il examiner soigneusement ces régions
chez les enfans nouveau-nés, lorsque l'on
soupçonne qu'ils ont succombé à une mort
violente. Chez les adultes, on a vu des lames
d'épée, de fleuret, l'extrémité d'un fuseau, etc.,
traverser les paupières, briser la voûte ou le
fond de l'orbite, se casser et laisser une portion de leur longueur dans le crâne. Cet accident cause ordinairement une mort prompte.
Cependant plusieurs observations prouvent que
quelques blessés ont encore vécu plusieurs années, quoique le corps étranger n'ait point
été extrait. Si ce corps offrait de la prise, il
faudrait tenter de l'extraire, mais sans lui
imprimer de mouvemens latéraux, pour ne
pas déchirer la pulpe cérébrale.

Un corps cylindrique ou conique, tel
qu'une portion de baguette de fusil, peut traverser le crâne d'outre en outre, et faire saillie par l'ouverture d'entrée et de sortie. L'application de deux couronnes de trépan sans
pyramides, est indiquée dans ce cas, soit
pour extraire le corps étranger et les esquilles
d'os sans secousses, soit pour donner issue
au sang, et plus tard à la suppuration. Si les
blessures occupaient la base du crâne, l'opération du trépan deviendrait impraticable,

ou présenterait trop peu de chances de succès pour qu'on y eût recours.

Les balles peuvent pénétrer dans le crâne par le quart ou le tiers de leur épaisseur seulement; elles peuvent s'engager jusqu'au niveau de leur centre, ou même un peu au-delà : on a vu des balles s'arrêter sur le crâne et pénétrer par un prolongement mince, soit entre les tables de l'os, soit dans la cavité crânienne. Il arrive assez souvent que les balles s'arrêtent sur la dure-mère, en s'aplatissant, et dans quelques cas elles vont se loger assez loin de l'ouverture par laquelle elles ont pénétré. Enfin, quand elles traversent la dure-mère, on les trouve quelquefois à peu de profondeur dans le cerveau, ou bien elles se perdent dans la substance de cet organe. Dans le premier des cas que nous venons d'indiquer, l'extraction de la balle peut être facilement exécutée avec une pince; s'il survient ensuite des symptômes de compression produite par des esquilles, par du sang, on peut être forcé d'agrandir l'ouverture de l'os, si elle n'est pas suffisante pour livrer facilement passage à ces autres corps étrangers.

Lorsque la balle a pénétré jusqu'au niveau de son centre, et qu'elle est engagée fortement dans le trou de l'os, l'application d'une large couronne de trépan sans pyramide est nécessaire pour enlever en même temps la balle et le cercle osseux dans lequel elle est enclavée. Ce procédé ingénieux fut employé par le père de M. Percy, pour extraire le bout de la lame d'un gros couteau qui avait été enfoncé dans le front d'une servante d'auberge.

Si la balle a pénétré en partie par un prolongement laminé entre les bords d'une fracture, l'application du trépan est encore nécessaire pour faire l'extraction de ce corps, ainsi que celle des esquilles.

Quand les balles s'arrêtent sur la dure-mère, il faut nécessairement trépaner vis-à-vis du lieu où elles se trouvent. On doit aussi appliquer le trépan, quand, à l'aide d'un stylet mousse introduit avec beaucoup de précautions, on sent les balles à peu de profondeur dans le cerveau, et il faut encore redoubler de précautions au moment où l'on cherche à les saisir avec le tire-balle, dont les deux branches doivent être introduites successivement, pour ne pas les enfoncer plus profondément dans le cerveau. Lorsque l'on ne sent pas la balle avec le stylet introduit à quelques lignes de profondeur dans la plaie de cet organe, il faut s'abstenir de recherches ultérieures, et se borner à combattre les accidens qu'éprouve le blessé, en donnant à sa tête une position qui permette à la balle de se porter, en obéissant à son poids, vers l'ouverture extérieure. Un assez grand nombre de blessés ont survécu plusieurs années à ces blessures, mais la plupart d'entre eux ont succombé à des morts subites, les uns sans avoir éprouvé d'accidens notables, les autres ayant été affectés de violentes céphalalgies, de la perte de quelque sens, d'accès d'épilepsie, etc.

Des corps étrangers introduits dans les vertèbres et dans le canal vertébral. — Lorsque les corps étrangers ne sont qu'implantés dans les vertèbres ou dans leurs ligamens, et qu'aucun organe important n'est lésé, les accidens peuvent ne pas être très-dangereux, quand même le corps étranger ne pourrait être retiré. Mais quand le corps étranger a pénétré dans le canal rachidien et blessé la moelle de l'épine, les blessés éprouvent de vives douleurs, des mouvemens convulsifs; les membres inférieurs, la vessie, le rectum, sont frappés de paralysie; la paralysie s'étend successivement de bas en haut, et la mort est occasionée ordinairement par la cessation de la respiration. Il est impossible de donner des préceptes généraux sur les procédés opératoires à suivre pour l'extraction de ces corps étrangers, lorsque l'on a reconnu leur présence; mais elle doit être tentée toutes les fois qu'elle est possible.

Des corps étrangers introduits dans l'orbite, les yeux, les sinus frontaux, les fosses nasales, les sinus maxillaires. — J'ai parlé précédemment des corps étrangers implantés dans les membranes des yeux, et que l'on peut retirer avec des pinces, soit sans incision préalable, soit après avoir incisé la conjonctive ou les lames de la cornée; mais quelle serait la conduite à tenir si les grains de plomb avaient pénétré jusque derrière l'iris? Il serait prudent, je pense, de les abandonner dans l'œil. Ce ne serait que dans le cas où ils occasionneraient de vives douleurs, une inflammation violente, que l'on ne pourrait calmer par les moyens ordinaires, qu'il faudrait se décider à fendre l'œil pour le vider et les extraire.

Les corps étrangers engagés entre l'œil et l'orbite occasionnent promptement un gonflement considérable des paupières, l'inflammation de l'œil, et quelquefois celle des méninges et du cerveau. Il faut donc se hâter de les extraire, après avoir largement débridé la plaie pour les saisir avec plus de facilité. Mais il arrive quelquefois que, quoique l'œil conserve sa forme et sa transparence, il perd la faculté de voir, probablement par suite de la lésion des nerfs contenus dans le fond de l'orbite.

Les balles et les autres corps étrangers introduits et enclavés dans les sinus frontaux rendent nécessaire l'agrandissement de l'ouverture de l'os, soit avec le couteau lenticulaire, soit avec le trépan. Si la table postérieure de ces sinus était fracturée, et qu'il y eût des signes de compression du cerveau, ou que des esquilles piquassent ses membranes, l'application d'une couronne de trépan, mais plus petite que la première, serait nécessaire, si on ne pouvait remplir les indications par un procédé plus simple.

Pour extraire du sinus maxillaire les balles, les fragmens de mitraille qui y ont pénétré, et que l'on a reconnus, soit avec le doigt, soit avec un stylet, on peut agrandir la plaie des parties molles avec le bistouri, et celle du sinus avec le couteau lenticulaire. C'est par ce procédé que j'ai extrait, devant M. le professeur Lallemant, et sans grandes difficultés, la moitié d'un pommeau de sabre en cuivre, garni de sa tige de fer, qui avait pénétré dans le sinus en traversant la joue. Ce projectile avait été lancé sans doute dans une boîte de mitraille. La tige de fer était saillante d'un pouce environ au-delà de la peau. Plusieurs chirurgiens avaient essayé inutilement de retirer ce corps étranger, en tirant sur cette tige avec des tenailles. On peut aussi extraire les balles hors du sinus maxillaire sans inciser la joue; il faut alors soulever la commissure des lèvres, et faire l'incision sur la membrane muqueuse, en disséquant les adhérences de la joue, jusqu'à la perforation du sinus, que l'on agrandit ensuite convenablement.

Des balles, des pièces de mitraille peuvent s'arrêter dans les fosses nasales. Il est prudent, à moins que le corps étranger ne soit mobile et peu volumineux, d'attendre la fin des accidens primitifs avant de chercher à l'extraire, soit pour ne pas occasioner d'hémorrhagie, soit pour ne pas perdre la chance de sa sortie spontanée. Les accidens primitifs étant terminés, on pourrait abandonner le corps étranger, s'il n'occasionait ni douleur, ni altération dans la voix, ni suppuration fétide, et s'il était immobile. Dans le cas contraire, on pourrait essayer de le pousser dans le pharynx, ou, plus méthodiquement encore, de l'extraire par la narine, en coupant pour cela, s'il le fallait, la cloison des fosses nasales jusqu'au devant du corps étranger. Le professeur Delpech, qui recommande ce procédé, donne aussi le conseil de pratiquer, après l'extraction, quelques points de suture à la partie antérieure de la plaie résultant de la section de la cloison.

Des corps étrangers engagés dans les plaies des parois de la bouche, dans la langue, les amygdales, le voile du palais. — Toutes les fois que des balles, des fragmens d'armes, des portions d'os, d'arêtes, etc., sont engagés dans ces parties, il faut tâcher d'en faire l'extraction avant le développement des accidens inflammatoires. Lorsque les balles sont engagées dans la voûte palatine, il faut essayer de les repousser dans la bouche, au moyen d'un levier introduit dans les fosses nasales, et on peut, pour les retirer, se servir utilement du tire-fond. *Voyez* BRONCHOTOMIE.

Des corps étrangers introduits dans une plaie du larynx ou de la trachée-artère. — Les corps vulnérans, les fragmens des cartilages laryngés brisés, le sang échappé des vaisseaux divisés, peuvent également empêcher la respiration. Leur prompte extraction est impérieusement indiquée. M. le professeur Roux, pratiquant la laryngotomie sur une femme, fut sur le point de la voir mourir suffoquée par le sang qui tombait dans la trachée-artère; il la rappela à la vie, en aspirant avec une sonde le sang qui remplissait les bronches.

Des corps étrangers introduits dans la poitrine. — Des balles, des pièces de mitraille, des fragmens d'instrumens tranchans ou piquans, des éclats de bois, des esquilles incomplètement ou complètement détachées des côtes ou du sternum, des aiguilles, des portions de vêtemens, d'armures, des canules de métal plus ou moins longues, ou des tentes de charpie mal fixées, sont les divers corps étrangers qui peuvent pénétrer par les plaies entre les côtes et dans les cavités de la poitrine.

Une douleur quelquefois très-aiguë, l'irritation de la plèvre et des poumons, l'inflammation aiguë ou chronique de cet organe, l'inflammation du péricarde, des épanchemens de pus et de sang, une mort assez prompte, ou amenée lentement par la suppuration de la plèvre ou du poumon, sont souvent les suites fâcheuses de la présence des corps étrangers dans le thorax.

Il n'est pas toujours aisé de s'assurer de leur présence, soit à cause de la courbure, des sinuosités, de la longueur du trajet qu'ils ont parcouru, soit à cause de la profondeur à laquelle ils ont pénétré, soit enfin à cause de leur peu de volume ou de leur mollesse. On cherchera à les découvrir avec le doigt ou un stylet boutonné, flexible, introduit avec ménagement dans la plaie extérieure, suffisamment agrandie. Dans des cas où la plaie, quoique présentant du même côté du tronc deux issues, était cependant restée compliquée de la présence de corps étrangers occasionant des accidens graves, on a été obligé, pour les trouver et les extraire, de fendre les parois du thorax dans tout l'espace compris entre les deux orifices de la blessure. Il est de précepte d'abandonner les balles engagées profondément dans les poumons; mais on peut extraire celles qui se sont arrêtées superficiellement dans leur tissu. Lorsqu'une balle se trouve au milieu des esquilles d'une côte fracturée, il est aisé de la retirer, ainsi que les esquilles qui l'environnent. Les doigts ou les pinces suffisent pour cette extraction. Si une balle se trouve enclavée entre deux côtes, et qu'on ne puisse la dégager avec la curette, les pinces, un levier, un tire-fond implanté obliquement, on peut essayer, comme on l'a fait avec succès, d'écarter les côtes l'une de l'autre avec un coin mousse. Quand les lames d'acier, de fer, se sont rompues au niveau de la surface externe des côtes, et qu'elles n'offrent plus de prise aux pinces, on peut entailler la côte avec un ciseau ou avec le couteau lenticulaire. Dans un cas de cette espèce, Gérard pratiqua une incision au-dessous de la côte, et parvint à repousser le fragment de lame de dedans en dehors, à l'aide de son doigt garni d'un dé à coudre. Un autre praticien, ayant reconnu qu'une esquille pointue, tenant encore fortement à la surface interne d'une côte, déchirait la plèvre et le poumon, replaça cette esquille, et la maintint réduite, au moyen d'une ligature qu'il passa autour de la côte. Lorsque les balles sont implantées dans le sternum, on les dégage avec un levier ou avec le tire-fond; mais il est presque toujours nécessaire d'achever de percer l'os de part en part pour prévenir la formation d'un abcès dans la cavité antérieure du médiastin. Nous avons déjà dit que des tentes de charpie, de linge, des portions de vêtemens, de bourre, introduites accidentellement dans la poitrine, peuvent, au bout d'un temps très-long, être rejetées par le larynx, après avoir ulcéré les bronches. Des esquilles de côte peuvent suivre la même voie, mais on ne peut pas

raisonnablement espérer qu'il en arrivera autant à un corps lourd et volumineux, tel qu'une balle. Ces corps pesans peuvent se retrouver plus tard dans un abcès, ou bien ils restent enveloppés dans un kyste, sans se déplacer et sans produire d'accidens, ou bien enfin ils entretiennent une suppuration abondante et prolongée, qui finit ordinairement par occasioner le marasme et la mort.

Des corps étrangers introduits dans l'abdomen et dans le bassin. — Ces corps peuvent être encore en partie saillans au dehors, ou engagés dans les parois abdominales; ils restent quelquefois placés superficiellement à la portée du doigt sur les viscères abdominaux, mais le plus souvent ils pénètrent dans la cavité de l'estomac, de l'intestin, de la vessie, ou bien dans un viscère solide, tel que le foie, la rate, le rein, ou bien ils se perdent dans la cavité du péritoine. Les corps étrangers compliquant les plaies de l'abdomen, occasionnent ordinairement des accidens plus graves et plus promptement mortels que ceux qui pénètrent dans les plaies de poitrine, surtout lorsque les organes creux sont perforés, et qu'il se fait des épanchemens irritans dans le péritoine. Cependant des blessés chez lesquels l'estomac ou l'intestin avait été percé ont guéri, et ont rejeté ces projectiles par l'anus. J'ai ouvert le corps d'un soldat bavarois, mort à la suite d'une indigestion, un mois après avoir été blessé par une balle qui avait pénétré au-dessus de la hanche droite, et était venue se loger dans la rate. L'intestin avait été percé d'outre en outre en plusieurs endroits; les surfaces voisines des blessures adhéraient entre elles par de fausses membranes; mais il n'y avait aucun épanchement dans l'abdomen. Cet homme aurait probablement pu guérir en conservant la balle engagée dans sa rate, s'il eût pu se résoudre à observer une diète modérée.

Il faut se hâter d'extraire les corps étrangers qui ont pénétré dans l'abdomen, lorsqu'ils font saillie au dehors, qu'ils sont encore en partie engagés dans l'épaisseur des parois abdominales, ou qu'ils sont arrêtés sur le péritoine; mais il est de précepte de ne point aller à la recherche de ceux qui ont pénétré dans les viscères solides, dans l'estomac, dans l'intestin, ou qui se sont perdus dans la cavité du péritoine. Les corps étrangers qui ont pénétré dans la vessie font exception: nous avons déjà dit qu'il fallait les extraire par la plaie ou par l'opération de la taille, et, si faire se peut, avant qu'ils ne se soient recouverts d'une incrustation calculeuse d'un grand volume.

Des corps étrangers engagés dans les blessures des membres et des parois des cavités splanchniques. — Les épines, les éclats de bois, de verre, les clous et tous les autres corps irréguliers enfoncés dans les doigts, la paume des mains, la plante des pieds, doivent être extraits le plus promptement possible. Il ne faut pas hésiter à inciser la peau quand ces corps n'offrent pas de prise. S'ils sont enfoncés profondément sous l'ongle, et s'ils sont fragiles, on râclera l'ongle pour les mettre à découvert. Après l'extraction, il convient de faire saigner abondamment la plaie, et d'employer ensuite les topiques sédatifs et répercussifs, pour prévenir le développement de l'inflammation. Lorsqu'on n'est appelé que quand l'inflammation est survenue, il est encore utile de pratiquer une incision sur la région où se trouve le corps étranger : elle est avantageuse par le dégorgement qu'elle occasionne, lors même que l'on ne parvient pas au but principal qu'on s'était proposé. Si la douleur persistait avec intensité, et que le corps étranger qu'on aurait cherché inutilement fût d'un petit volume, on pourrait, ainsi que le conseille M. le professeur Delpech, le comprendre dans l'épaisseur d'une escarre, en portant un caustique dans le fond de l'incision. Malgré l'extrême sensibilité des mains et des pieds, il arrive cependant quelquefois que des corps aigus y séjournent plusieurs mois sans produire d'accidens.

Nous avons indiqué, dans les considérations générales, la plupart des circonstances importantes à connaître relativement aux trajets variables des balles, à leurs déformations, aux effets primitifs et consécutifs qui résultent de leur présence dans les membres. Nous répéterons qu'il faut les extraire le plus promptement possible après l'accident, soit par la plaie qu'elles ont faite, soit par une contre-ouverture, toutes les fois qu'elles sont situées de manière à ce qu'on puisse parvenir jusqu'à elles sans couper les gros nerfs, les gros vaisseaux, les tendons importans pour les mouvemens principaux; que les grandes incisions rendent leur extraction beaucoup moins laborieuse, et qu'après avoir extrait ces projectiles, il faut, si les vêtemens ou l'armure ont éprouvé une perte de substance, en rechercher soigneusement les débris dans le trajet de la plaie. Si, au contraire, on ne découvre pas la balle après avoir débridé la plaie, ou si l'on ne peut l'atteindre sans risquer de produire des lésions dangereuses, il convient

d'attendre que la suppuration se soit établie, car il arrive souvent que la balle est repoussée peu à peu vers la peau, ou bien qu'elle devient isolée dans la cavité d'un abcès, ou enfin que la plaie guérit, et que le projectile va, au bout d'un temps plus ou moins long, proéminer sous les tégumens, très-loin de la blessure.

Lorsque les balles sont restées fortement engagées entre un tendon et un os, ou entre deux tendons, qu'elles occasionnent beaucoup de douleur, et qu'on ne peut parvenir à les retirer, quoiqu'on ait mis la partie blessée dans le plus grand relâchement possible, il ne reste d'autre ressource que de faire la section du tendon. Si une balle s'enclave entre deux os, on la dégage à l'aide d'un levier ou d'un tire-fond; mais, dans quelques cas, on ne peut la faire sortir que par une contre-ouverture.

Lorsque les balles de plomb se sont implantées dans un os spongieux, leur extraction immédiate est indiquée; mais il n'est pas toujours possible de l'exécuter. Lorsqu'on la croit praticable, il faut d'abord débrider la plaie extérieure : souvent aussi on est forcé d'agrandir avec le couteau lenticulaire la plaie de l'os, et on cherche ensuite à dégager la balle avec un levier, ou à la retirer avec un tire-fond conduit sur le doigt, ou mieux encore introduit dans une canule, qui sert en même temps à fixer le projectile. Le tire-fond ne serait d'aucune utilité pour extraire les autres projectiles de fer, de fonte ou de cuivre. Les balles laissées dans les os spongieux en déterminent le gonflement, et souvent la carie ou la nécrose, et occasionnent aussi assez fréquemment l'ankylose des articulations voisines.

Les balles qui atteignent et fracturent les os plats, tels que l'omoplate, l'os de la hanche, le sternum, peuvent s'arrêter entre les esquilles ou derrière ces os : il convient de faire de grands débridemens pour extraire le projectile ainsi que les esquilles. On a trépané avec succès, dans des cas de cette espèce, l'omoplate et le sternum. Lorsque les projectiles rencontrent un os compact, ils le brisent, ou ils s'aplatissent contre lui. Leur extraction est bien indiquée, ainsi que celle des esquilles qui sont entièrement ou presque entièrement détachées du corps de l'os, mais elle n'est pas toujours possible. Quand on n'a pu remplir cette indication, quoiqu'on ait pratiqué de grandes incisions, il faut se borner à combattre les accidens inflammatoires; et quelquefois on se trouve, à cause de leurs suites fâcheuses, forcé d'amputer le membre, ou de pratiquer d'autres opérations rendues nécessaires par la nécrose.

Des corps étrangers introduits dans les articulations. — Ils peuvent y pénétrer en divisant seulement les parties molles, ou ils s'y engagent après avoir blessé les os et les cartilages articulaires. Ces deux genres d'accidens, et surtout le dernier, sont extrêmement fâcheux. Ils occasionnent souvent l'inflammation de la membrane synoviale, des douleurs atroces, des épanchemens purulens dans l'articulation, le tétanos, l'altération des cartilages articulaires, l'ankylose et l'atrophie du membre. Lorsque ce sont des instrumens aigus ou tranchans qui ont pénétré dans les jointures, il faut les extraire le plus promptement possible, et prendre ensuite les précautions convenables pour empêcher l'air de pénétrer dans la membrane synoviale, et pour prévenir le développement des accidens inflammatoires. Il faudrait aussi extraire les grains de plomb, s'ils occasionaient de la douleur et venaient faire saillie sous la peau. On pourrait, en employant plus ou moins de violence, et en faisant de grandes incisions aux ligamens, extraire les grosses balles, ainsi que les fragmens des cartilages ou des fibro-cartilages. Quelques blessés ont été guéris par ce procédé; mais ils n'ont obtenu leur guérison qu'après avoir couru les plus grands dangers, et en conservant une ankylose. Il vaudrait beaucoup mieux, dans des cas de cette espèce, pratiquer l'amputation immédiatement après l'accident.

4° *Des corps étrangers développés dans les articulations.* — C'est particulièrement dans l'articulation du genou que se forment ces corps, qui sont ordinairement cartilagineux et quelquefois osseux. Paré a le premier signalé cette maladie. Ce célèbre chirurgien retira d'un abcès du genou un de ces corps cartilagineux, ayant à peu près la forme d'une amande. Haller en a trouvé dans l'articulation de la mâchoire; Bell, dans l'articulation de la jambe avec le pied; le professeur Lallemant, dans celle du coude; Bichat et M. Béclard, dans celle du poignet. Leur volume est très-variable : Desault en a extrait un de quatorze lignes de long sur huit de large. Quelquefois ils ne sont pas plus gros que des pepins de raisin. Il peut s'en trouver plusieurs dans la même articulation. Leur couleur est blanchâtre ou grisâtre. Ces corps sont entièrement libres, ou tiennent à la membrane synoviale

par un prolongement membraneux. Il est probable que, dans leur origine, ils offrent constamment cette disposition, qui explique leur formation et leur accroissement, et que ce prolongement membraneux se rompt accidentellement, plus tôt ou plus tard chez les différens individus. On trouve quelquefois dans le péritoine des concrétions cartilagineuses analogues, les unes adhérentes, les autres entièrement isolées.

Ces concrétions cartilagineuses peuvent exister long-temps dans une jointure sans produire de douleur ni de gêne dans les mouvemens. A l'occasion d'une chute, d'un mouvement forcé, et quelquefois sans l'intervention d'aucune cause extérieure, ils abandonnent leur situation ordinaire, et occasionnent de vives douleurs, l'impossibilité de marcher, un léger gonflement de l'articulation. S'ils se replacent dans un point où ils n'exercent aucune compression, la douleur se dissipe; s'ils sont fortement serrés entre les os, les douleurs deviennent atroces. On a quelquefois de la peine à distinguer au toucher ces productions cartilagineuses; dans d'autres momens, on les sent très-facilement sur les côtés de la rotule, ou du tendon qui s'insère à la base de cet os.

Il est impossible de faire fondre ces corps étrangers par l'emploi des topiques, des médicamens internes. Gooch et Middleton ont proposé de pousser ces corps vers un point de l'articulation où ils ne puissent produire de douleur, de les fixer par un bandage, et de faire observer un repos absolu jusqu'à ce qu'ils aient contracté des adhérences avec la membrane synoviale. On ne connaît, je crois, aucun exemple de succès obtenu par cette méthode. On ne peut procurer la guérison radicale que par l'extraction de ces corps étrangers. Bromfield, Cruikshank, Bell, ont signalé les accidens qui peuvent résulter de cette opération; ce sont tous ceux qui sont ordinaires aux plaies des articulations. Ces accidens sont assez graves pour qu'on n'entreprenne pas l'opération sans nécessité, et pour qu'on prenne toutes les précautions convenables pour prévenir ses suites fâcheuses.

L'appareil nécessaire pour cette opération se compose d'un bistouri droit ou convexe bien tranchant, de ciseaux, de pinces, d'une curette ou d'un petit crochet mousse, de bandelettes agglutinatives, de charpie, de compresses, de bandes et d'une liqueur sédative pour humecter les pièces de linge.

Le malade étant couché, sa jambe étendue

et assujettie , le chirurgien pousse le cartilage à extraire vers le côté interne de l'articulation ; un aide tire la peau vers la rotule. L'opérateur saisit le corps étranger entre le pouce et l'index , et incise la peau et la capsule de haut en bas , dans une étendue suffisante pour qu'il puisse sortir facilement. Le corps étranger sort de lui-même , ou bien on l'extrait avec un instrument que l'on introduit avec ménagement dans la jointure. Si l'articulation contient plusieurs corps étrangers , on doit tâcher de les engager successivement dans l'ouverture qu'on y a faite ; mais on évitera soigneusement de faire des recherches prolongées dans l'articulation. Lorsque le cartilage adhère , on coupe avec des ciseaux mousses ou avec un bistouri boutonné courbe le pédicule par lequel il tient. Le corps étranger étant extrait , l'aide qui tirait la peau vers la rotule l'abandonne ; la plaie de la peau cesse, de cette manière , de correspondre à celle de la membrane synoviale. On réunit exactement la division extérieure avec des bandelettes agglutinatives. Le malade doit garder pendant plusieurs jours un repos absolu dans son lit ; la jambe étendue et soutenue sur un oreiller ; l'articulation continuellement entourée de compresses trempées dans de l'eau végéto-minérale. S'il survient des accidens inflammatoires , on a recours à la saignée du bras, à l'application d'un grand nombre de sangsues autour de l'articulation , aux fomentations émollientes et aux autres moyens antiphlogistiques. (MARJOLIN.)

CORRECTIF , adj. pris substantivement , *corrigens, correctorius*. En médecine, cette épithète sert à désigner toute substance qu'on fait entrer dans un composé pharmaceutique afin de tempérer , d'adoucir l'activité trop grande des agens destinés à jouer le rôle principal.

Les correctifs sont toujours des substances propres, soit à étendre et délayer , soit à envelopper, inviser et masquer en quelque sorte les agens médicinaux. En isolant les molécules de ces derniers , les écartant les unes des autres , et les empêchant, jusqu'à un certain point, de toucher immédiatement les tissus , ils enchaînent réellement leur puissance , et les empêchent d'exercer une impression trop profonde ou trop vive sur les organes.

Quelquefois cependant on n'a recours aux correctifs que pour dissimuler la saveur, l'odeur et la couleur d'une substance médicamenteuse.

Le nombre de ceux qui changent réellement la manière d'agir des substances avec lesquelles on les mêle est peu considérable : néanmoins on en connaît , ou du moins on en cite plusieurs qui sont dans ce cas ; reste à savoir si l'effet ne dépend pas de la constitution individuelle , ou même d'une action chimique que les substances mises en contact exercent réciproquement l'une sur l'autre.

(DICT. ABRÉGÉ DE MÉD.)

CORROBORANT , adj. pris substantivement, *corroborans* ; qui relève les forces abattues , qui les soutient pendant quelque temps. L'usage des corroborans fait naître en nous la conscience d'une restauration ; mais celle-ci n'est souvent qu'illusoire, c'est-à-dire bornée à une simple exaltation des mouvemens vitaux, par l'effet d'un excitement plus fort qu'à l'ordinaire , sans réparation réelle. Les corroborans peuvent donc être *analeptiques, toniques* ou *stimulans, excitans*, suivant qu'ils fournissent des matériaux à la nutrition, ou qu'ils se bornent à faire sur les tissus une impression qui tantôt demeure locale , tantôt aussi retentit dans tout l'organisme. (DICT. ABR. DE MÉD.)

CORROSIF , CORRODANT , adj. , *corrodens, corrosivus* ; de *corrodere* , ronger ; dénominations par lesquelles on désigne les substances qui, mises en contact avec les parties animales , les altèrent, les désorganisent par la vive inflammation et la gangrène qu'elles y occasionnent, ou bien par une action purement chimique. Ces caractères , communs à un certain nombre de poisons , leur ont fait donner le nom de corrosifs. (*Voyez* POISON.) Les corrosifs employés par l'art deviennent des médicamens externes , mieux connus sous le nom de *caustique* et de *cathérétique*. (*Voyez* ces mots.) (R. DEL.)

CORRUGATEUR , adj. , *corrugator*, de *corrugare*, plisser, froncer ; qui fronce. Ce nom ne s'applique qu'aux muscles *sourciliers*, que leur action sur la peau des sourcils a fait appeler *corrugateurs des sourcils* ; mais plusieurs autres muscles produisent le même effet sur les tégumens qui les recouvrent : tels sont le releveur du menton, qu'on a aussi nommé, par cette raison , *corrugator menti*, le peaucier, l'orbiculaire des lèvres, le pyramidal du nez , etc. (A. B.)

CORRUPTION , s. f. , *corruptio*. Cette expression est employée vulgairement pour désigner toute décomposition qui s'opère dans les corps organisés. Elle exprime également l'altération qu'éprouvent diverses substances par leur mélange avec des matières putrides ou délétères. C'est dans ce sens que l'on dit que l'eau, que l'air, sont corrompus. (R. DEL.)

CORSET , s. m. *Voyez* ORTHOPÉDIE, VÊTE-
MENT.

CORSET DE BRASDOR est un bandage proposé
par ce chirurgien pour maintenir réduites les
fractures de la clavicule et les luxations de
l'extrémité sternale de cet os. Ce bandage se
compose de deux pièces destinées à être appliquées sur les omoplates , et qui sont unies à
des épaulettes. Chacune de ces pièces est faite
d'un double morceau de toile grosse et forte,
revêtue de peau de mouton. Elles ont , pour
un adulte , six pouces de hauteur et quatre
de largeur. Le bord par lequel elles se rencontrent est percé de plusieurs œillets destinés à recevoir un lacet. Réunies par ce bord ,
elles représentent un carré légèrement arrondi
par son bord inférieur. Les épaulettes sont
faites d'une double bande de peau de mouton
ou de chamois, garnie dans sa duplicature ;
elles sont fortifiées en dessus par une courroie , dont une extrémité est comprise dans le
bord extérieur des pièces; l'autre bout est libre et percé de plusieurs trous ; et, au lieu
de se porter suivant une ligne qui ferait décrire à l'épaulette un cercle régulier, il se dirige de l'angle postérieur de l'aisselle vers la
nuque. Près de l'angle supérieur du corset est
une boucle dans laquelle s'engage la courroie.
On augmente, par ce moyen , ou on diminue
l'aire des épaulettes. Pour rendre ce bandage
plus efficace, on y joint des demi-manches
en peau, lacées sur le bras, ouvertes sous
l'aisselle , et cousues, en haut, en devant et
en arrière, aux épaulettes. Pour l'empêcher
de remonter, on l'assujettit avec deux bandes
fixées à la ceinture d'un caleçon.

Ce bandage porte les épaules en arrière,
mais il ne peut s'opposer efficacement au déplacement du fragment externe de la clavicule en bas et en dedans. On l'a peut-être
trop absolument abandonné, et on pourrait,
je pense, l'associer utilement, dans quelques
cas , au bandage simplifié de Desault. *Voyez*
FRACTURE DE LA CLAVICULE. (MARJOLIN.)

CORTICAL, adj., *corticalis*, de *cortex*,
écorce. On appelle *substance corticale* du cerveau , des reins, celle qui forme l'extérieur
de ces organes, par une comparaison grossière que l'on en a faite avec l'écorce des végétaux. (A. B.)

CORYMBIFÈRES, *corymbiferæ*. On appelle ainsi l'un des groupes principaux de la
vaste famille des synanthérées , ou plantes à
fleurs composées. Il renferme tous les genres
dont les capitules offrent, au centre, des fleu-
rons, et à la circonférence des demi-fleurons,

c'est-à-dire toutes les radiées de Tournefort.
Les plantes qui s'y trouvent réunies présentent en général une uniformité remarquable
dans leur composition chimique et leurs propriétés médicinales. Elles contiennent deux
principes différens; l'un est amer et fixe,
l'autre est aromatique et volatile. Lorsque
l'un de ces deux principes prédomine, la médication produite par les corymbifères en em-
prunte le caractère. Ainsi, quand ces plantes
sont principalement amères, elles agissent
comme toniques , plutôt que comme stimulantes. C'est ce que l'on est à même d'observer pour l'absinthe , le tussilage et plusieurs
autres. Que le principe volatile soit, au contraire , plus abondant, et nous verrons les
plantes qui nous occupent développer tous les
phénomènes de la médication excitante. Ainsi,
l'on trouvera parmi les corymbifères des médicamens propres à stimuler tous les appareils
organiques de l'économie. C'est en effet à ce
groupe de végétaux qu'appartient une grande
partie des médicamens désignés sous les noms
de *vermifuges* (absinthe , santoline , semen-
contra, tanaisie, etc.); *emménagogues* (ar-
moise , matricaire , etc.); *sudorifiques* (ca-
lendula , eupatoire, guaco , aya-pana); *siala-
gogues* (pyrèthre , spilanthe , etc.); en un
mot, toutes les médications stimulantes spéciales empruntent à cette famille leurs principaux agens. Ceux de ces végétaux dans lesquels les deux principes amer et volatile
seront combinés dans des proportions à peu
près égales jouiront à la fois de propriétés
toniques et excitantes; et, nous devons le
dire ici, ces végétaux sont plus nombreux
que ceux dans lesquels prédomine l'un des
deux principes , à l'exclusion de l'autre.

(A. RICHARD.)

CORYZA (path.), mot grec latinisé et
francisé, par lequel on désigne l'inflammation de la membrane muqueuse des fosses nasales. Les mots *catastagmos, destillatio, gravedo, catarrhus ad nares, rhume de cerveau,
enchifrenement*, ont été ou sont encore employés pour désigner la même maladie. Quelques auteurs ont établi une différence entre le
sens des mots *coryza* et *gravedo :* selon eux,
celui-ci désignerait spécialement le catarrhe à
sa première période, et celui-là la même affection parvenue à la seconde et accompagnée d'un écoulement abondant; mais la plupart des médecins emploient ces deux mots
comme synonymes.

Le coryza survient fréquemment après l'impression du froid , qui , sans être une cause

spécifique de cette affection, en est peut-être la cause occasionelle la plus ordinaire. On a cru remarquer que le refroidissement partiel des pieds et de la tête, surtout chez ceux qui tiennent habituellement cette partie couverte, produisait plus spécialement le coryza que toute autre espèce de catarrhe. Il n'est pas rare de le voir se développer sans cause appréciable.

On sait que certains virus, et spécialement celui de la rougeole, donnent lieu à un coryza qui cesse avec l'exanthème. On le voit de temps à autre régner épidémiquement, presque toujours avec d'autres affections catarrhales.

L'introduction dans les fosses nasales de vapeurs ou de poudres irritantes, la présence d'un corps étranger dans le nez, les contusions de cet organe, peuvent aussi donner lieu à une inflammation, dont la marche cependant n'est pas la même que celle du catarrhe.

Le coryza peut occuper toute l'étendue des fosses nasales; il peut être borné à une de ces cavités, à quelques sinus, ou même à un seul. Ses symptômes offrent quelques différences dans ces divers cas.

Le catarrhe des fosses nasales débute par un sentiment incommode de sécheresse, de plénitude et de gonflement dans ces parties; l'air y passe moins librement que de coutume dans l'inspiration; les yeux sont rouges, humides, et leurs mouvemens accompagnés d'une sorte de roideur; la voix est nasonnée; l'odorat et quelquefois le goût sont émoussés; une douleur plus incommode que vive, une chaleur quelquefois prurigineuse, se font sentir dans les fosses nasales; le front est le siège d'une pesanteur qui est pour beaucoup de malades le symptôme principal (*gravedo*). Il n'est pas rare d'observer, à cette époque, des éternuemens répétés, produits par le chatouillement de la membrane pituitaire, et un besoin presque continuel de se moucher, qui entraîne à des efforts à peu près inutiles pour expulser les matières que le malade croit sentir dans les fosses nasales. La membrane muqueuse est manifestement rouge dans les parties que l'œil peut atteindre, et plusieurs des phénomènes précités, tels que la difficulté du passage de l'air, l'altération de la voix, prouvent qu'elle est tuméfiée. Dans les cas où l'inflammation est très-vive, la rougeur, le gonflement se propagent vers les parties extérieures, et se montrent sur les tégumens du nez et de la joue, qui deviennent quelquefois sensibles à

la pression. L'exhalation dont la membrane phlogosée est le siége, offre aussi des changemens remarquables. Dans le principe, elle est supprimée chez quelques sujets; chez le plus grand nombre, elle fournit une matière aqueuse, abondante, chaude, douée d'une sorte d'âcreté, qui produit l'excoriation de la lèvre supérieure dans l'endroit sur lequel elle passe. Plus tard cette matière acquiert progressivement de la consistance; elle devient vitrée, blanche, jaunâtre ou verdâtre, et prend une odeur fade, quelquefois fétide. A cette époque, elle se dessèche pendant la nuit, et est entraînée le matin sous forme de croûtes. Celles-ci se forment principalement dans le trajet que suit l'air pour pénétrer dans le larynx, et spécialement près des ouvertures antérieures et postérieures des fosses nasales; elles sont entraînées au dehors par les narines, ou rejetées par la bouche, après y avoir été ramenées par une sorte de *reniflement*.

Le gonflement de la membrane pituitaire, la présence d'une plus grande quantité de mucus, et la viscosité même de ce liquide, mettent au passage de l'air un obstacle plus ou moins grand, à raison de diverses circonstances, et spécialement sans doute à raison du degré de développement des fosses nasales. Chez les adultes, la respiration est peu gênée; dans la seconde enfance elle l'est davantage: le petit malade est dans la nécessité de tenir la bouche ouverte en dormant; quelquefois même on remarque qu'au moment où il mange et où il ne peut que difficilement respirer par la bouche, la gêne de la respiration devient très-manifeste. Chez l'enfant à la mamelle, elle l'est beaucoup plus encore, et donne lieu à un autre symptôme très-remarquable, la difficulté, et, dans les cas plus graves, l'impossibilité de *téter*. Après une ou deux succions, l'enfant devient violet; il abandonne précipitamment le sein en toussant: le même phénomène se reproduit toutes les fois qu'il recommence à téter. Si l'on met le doigt dans la bouche, la respiration s'embarrasse de même; la face devient violacée, l'enfant se jette en arrière en criant; mais il ne tousse pas. Ces phénomènes dépendent tous d'une même cause, de l'impossibilité où se trouve l'enfant de respirer, soit par le nez, dont la membrane est enflammée, soit par la bouche, qui est tenue close pour presser le mamelon.

Le coryza est presque toujours accompagné d'un état de malaise général, qui rend le sujet mal disposé pour la plupart des actions ordinaires, et spécialement pour le travail d'esprit. Lorsque l'inflammation occupe toute l'étendue de la membrane pituitaire, et qu'elle y est très-intense, elle donne lieu à un mouvement fébrile, qui persiste pendant plusieurs jours avec des exacerbations, dans l'intervalle desquelles les malades éprouvent des frissons fréquens; un mal de tête très-intense, l'insomnie, l'inappétence, des douleurs contusives dans les membres, accompagnent souvent alors la maladie.

Lorsque le coryza est borné à une portion des fosses nasales, les symptômes généraux offrent moins d'intensité, et les phénomènes locaux moins d'étendue. S'il occupe les sinus frontaux, par exemple, il donne lieu à une douleur gravative qui occupe le front, d'où elle s'étend aux arcades surcilières et aux yeux, qui sont rouges et larmoyans. S'il a son siège dans les sinus maxillaires, la douleur se fait sentir dans l'espace compris entre le bord alvéolaire supérieur et l'orbite; la joue correspondante est chaude, douloureuse, quelquefois sensible à la pression, ainsi que les gencives et les dents : le mucus s'y accumule, et en sort par intervalles en masses plus ou moins volumineuses; certaines attitudes, et spécialement le décubitus sur le côté opposé, en favorisent ordinairement la sortie.

La marche du coryza est presque toujours rapide; sa durée ordinaire est de quatre à sept jours. Dans ce court espace de temps, on voit survenir dans l'exhalation de la membrane tous les changemens qui se succèdent plus lentement dans d'autres catarrhes. Toutefois, chez quelques sujets cette affection se prolonge pendant plusieurs semaines, et même pendant des mois entiers; souvent alors la matière qui s'écoule reste claire et aqueuse; c'est un vice de sécrétion plutôt qu'une phlegmasie, ou c'est une succession de phlegmasies aiguës, entées les unes sur les autres, plutôt qu'une inflammation chronique.

La résolution est la terminaison presque constante du coryza. Quelques auteurs ont admis des terminaisons par suppuration, gangrène, ulcération, épaississement cancéreux. Mais l'ulcère et la dégénérescence cancéreuse de la membrane pituitaire ne commencent pas comme un coryza; la gangrène de cette membrane, qui a lieu dans quelques scarlatines très-graves ou angines gangréneuses, n'appartient pas à l'histoire du coryza. Quant à la suppuration, il y a une distinction à établir. L'exhalation d'un liquide purulent par la surface libre de cette membrane

n'est point rare, mais elle ne doit pas être confondue avec la suppuration qui aurait lieu dans son épaisseur ou dans le tissu cellulaire qui l'unit aux os; celle-ci n'a été observée que dans l'inflammation produite par l'action d'une cause extérieure, par une blessure de la membrane pituitaire, par exemple.

Le coryza est, dans le plus grand nombre des cas, une affection si légère, sa terminaison est si constamment heureuse et prompte, que, bien qu'il soit très-fréquent, il est rare que le médecin soit consulté pour une maladie à laquelle on ne donne pas vulgairement ce nom. Les personnes qui en sont atteintes se bornent à se garantir de l'impression du froid : plusieurs ne prennent même pas cette précaution; le plus grand nombre en est délivré dans l'espace de peu de jours. Mais si le coryza est plus intense, ou si, sans offrir une grande intensité, il se prolonge beaucoup au-delà du terme ordinaire, les malades sont obligés de réclamer les secours de l'art.

Lorsque le coryza est récent, on prescrit le séjour à la chambre, dans une température douce et uniforme. On recommande au malade que des affaires urgentes obligent à sortir de chez lui, de le faire seulement au milieu du jour, de se vêtir chaudement, et de préserver les parties affectées de l'impression irritante de l'air froid, du vent, de la poussière, en respirant au travers d'un mouchoir tenu sous les narines; on lui prescrit l'usage fréquemment répété des bains de pieds chauds, ou rendus irritans par l'addition d'acide muriatique ou de farine de moutarde. Les vapeurs émollientes, dirigées dans les fosses nasales, ont des effets variés; elles soulagent quelques malades, elles donnent lieu chez d'autres à une exaspération plus ou moins grande du mal de tête, qui est souvent le symptôme le plus pénible du coryza. En conséquence, on doit s'en abstenir, lorsque la céphalalgie est très-forte, et y recourir spécialement dans les cas où la sécheresse de la membrane pituitaire est le phénomène le plus incommode pour le patient. Dans tous les cas, il convient que la tête soit élevée dans le lit, que le malade prenne une boisson diaphorétique, comme l'infusion chaude de feuilles de bourrache et de fleurs d'œillet, et qu'il diminue la quantité de ses alimens, à raison de l'intensité et de l'étendue de l'inflammation. Dans les cas où il y a un mouvement fébrile, l'abstinence des alimens solides est nécessaire. Quant à la saignée, il est bien rare qu'elle soit indiquée, lorsque le catarrhe ne s'étend pas au-delà de la membrane pituitaire.

Lorsque le coryza se prolonge beaucoup au-delà de sa durée ordinaire, des moyens différens doivent être employés. Quelques personnes s'en sont délivrées en provoquant par un exercice violent, soutenu pendant plusieurs heures, une sueur abondante; d'autres par un excès de table. On a conseillé quelquefois avec succès l'emploi des purgatifs, des masticatoires irritans, l'établissement d'un vésicatoire à la nuque ou derrière l'oreille, quelques bains de vapeurs, des fumigations aromatiques, résineuses, dirigées dans les fosses nasales. Avant de se décider à l'emploi de ces moyens, et particulièrement de ceux qui ont une action irritante sur la membrane affectée, il faut s'assurer que le coryza qui date d'un ou de plusieurs mois n'est pas un coryza *aigu*, plusieurs fois renouvelé par des causes extérieures. Dans ce dernier cas, les moyens adoucissans seraient encore les seuls qui fussent convenables.

Lorsque le coryza attaque un enfant à la mamelle avec assez d'intensité pour l'empêcher d'exercer la succion sur le mamelon, il faut, pendant que ce symptôme existe, lui verser dans la bouche, avec une cuiller, du lait ou une autre boisson nourrissante; provoquer l'excrétion du lait de la mère ou de la nourrice par les moyens connus, et rendre le sein à l'enfant aussitôt que la diminution du coryza lui permet d'exercer de nouveau la succion.   (CHOMEL.)

COSMÉTIQUE, s. m., du grec κοσμειν, orner; moyen propre à conserver la beauté. Il est fort rare que les préparations destinées à cet usage ne produisent pas l'effet contraire. Il n'y a pas de beauté sans la santé. Entretenir celle-ci est sans contredit le moyen le plus sûr de conserver celle-là. Mais peu convaincus de cette vérité, presque tous les peuples ont cherché à réparer les outrages du temps ou de la nature par une multitude de compositions plus ou moins propres à détruire la santé; trop heureux lorsque ces substances ne sont qu'inertes!

Il est peu de nations anciennes ou modernes, civilisées ou sauvages, qui n'aient eu ou qui n'aient encore leurs cosmétiques. Mais les peuples du midi et les Orientaux l'ont toujours emporté sur les autres dans l'art illusoire de peindre et d'orner leur figure. Les Asiatiques sont encore aujourd'hui les peuples les plus recherchés dans leurs parfums, dans leurs ajustemens et dans leurs cosmétiques en

général. La beauté exerçant parmi nous une sorte d'empire, il n'est pas surprenant que les femmes accueillent avec avidité tout ce qui leur donne l'espérance de le conquérir ou de le conserver.

Plaire est le but de leurs constans efforts; mais, ingrates envers la nature, qui leur a prodigué tant de moyens de l'atteindre, elles cherchent dans des supplémens artificiels et dangereux, des sources nouvelles de beauté. Elles oublient que la propreté, sans recherche, l'élégance, et les graces naturelles du corps et de l'esprit, l'enjouement et la pudeur, sont les plus puissans des cosmétiques. Nous devons cependant dire, à l'honneur de notre siècle, honoré par tant de qualités morales, que les femmes ont renoncé à tout cet attirail d'une coupable supercherie. Les femmes aujourd'hui consentent à paraître telles qu'elles sont, et si l'on veut se donner la peine de les comparer à celles d'autrefois, dont la peinture nous a transmis la ressemblance, on sera forcé d'avouer qu'elles y ont beaucoup gagné. Le blanc et le rouge, composés d'oxyde de plomb, de bismuth, de mercure, d'arsénic, etc., etc., sont justement abandonnés aux comédiens et aux courtisanes. Je doute que les dames nobles, qui en faisaient un si grand usage autrefois, consentissent à s'en servir encore aujourd'hui, malgré le penchant si fortement prononcé de retourner aux anciennes coutumes. Ces préparations métalliques, bien loin d'atteindre le but qu'on se propose, ne sont propres, au contraire, qu'à faire arriver à grands pas une vieillesse anticipée. Elles altèrent la peau, creusent des rides, ternissent la couleur naturelle, empêchent la transpiration, déterminent l'apparition de dartres, de boutons, d'érysipèles, d'ophthalmies, opèrent des répercussions fatales, produisent des tremblemens, des paralysies, des convulsions, des coliques, etc., une foule de maladies qui détruisent la beauté, font passer la jeunesse comme un éclair, en détériorant la santé, sans laquelle il ne peut y avoir ni beauté, ni jeunesse.

De fréquentes lotions d'eau, tiède ou froide, simple ou dans laquelle on aura mêlé quelques gouttes d'huile essentielle; la pâte d'amandes, le savon, quelques onctions huileuses, tels sont les seuls cosmétiques dont on puisse faire impunément usage. Pour les cheveux, les peigner, les laver, et les tresser avec grace, voilà tout l'apprêt qui leur convient. On peut impunément les parfumer légèrement avec l'eau distillée de quelques fleurs aromatiques.

Nous allons jeter un coup d'œil rapide sur les soins qu'exigent diverses parties du corps, telles que l'épiderme et ses productions, les dents et les organes de la génération.

Il est incontestable que l'homme doit son immense supériorité sur les autres animaux à la perfection de ses organes des sens, au développement et à la bonne disposition de son encéphale. Le tact général et partiel est une des causes les plus puissantes de cette supériorité, ainsi que l'a dit Buffon. On ne saurait donc mettre trop de soin à entretenir ce sens dans les conditions les plus favorables à l'exercice de ses fonctions. L'épiderme qui couvre la surface de notre corps est susceptible de s'épaissir considérablement, et de diminuer ainsi l'impression des corps extérieurs. Tant que cet effet est peu marqué, il ne sort pas des vues de la nature, qui paraît nous avoir revêtus de cette membrane pour émousser et rendre moins douloureuses ces sortes d'impressions; mais si cet épaississement empêche de percevoir les diverses qualités des corps, telles que leur plus ou moins grande rudesse, leur degré de température, etc., il peut alors produire des sensations fausses, nous faire tomber dans des erreurs dangereuses, ou au moins nous laisser dans l'ignorance sur plusieurs points importans à connaître. Les travaux rudes, pénibles, les compressions long-temps exercées sur une partie, durcissent l'épiderme qui la couvre, et peuvent même produire des callosités douloureuses. Le contact de corps pénétrés d'une forte chaleur détermine le même résultat. Il est bien plus important qu'on ne pense de détruire ces inconvéniens. La première de toutes les indications à remplir, c'est sans contredit de se soustraire à la cause du mal; mais si, par des raisons supérieures, on ne peut l'éviter, on doit tâcher au moins de l'affaiblir le plus possible. L'usage des bains partiels ou généraux remplira parfaitement ce but. Le bain ramollit l'épiderme; mais comme, en séchant, il reprend sa première consistance, il est important d'en diminuer l'épaisseur avec divers moyens mécaniques. Le plus simple et le plus expéditif, c'est de l'amincir avec un instrument tranchant. On l'use quelquefois à l'aide d'une pierre ponce, mais ce moyen est beaucoup moins efficace. Si l'on n'est plus soumis à la cause qui a produit l'épaississement de l'épiderme, celui-ci n'augmentera plus; mais il ne tardera pas à reprendre son épaisseur première, si la

cause persiste; alors il faudra recourir aux mêmes expédiens.

On a proposé une multitude innombrable de substances et de préparations pour entretenir la souplesse et la fraîcheur de la peau. Les eaux distillées de roses, de plantain, de frai de grenouille, de fèves, de fraises, etc., les pommades de concombre, d'amandes douces, de cacao, de baume de la Mecque, ne peuvent effacer la ride la plus légère, ni détruire la moindre aspérité. Les recettes auxquelles les substances métalliques que nous avons signalées donnent quelques propriétés, ne peuvent que produire des accidens funestes, ainsi que nous venons de le voir.

C'est un usage bien ridicule et bien barbare, que celui de se plâtrer les cheveux avec un mastic composé d'amidon, de pommade et de sueur; c'est cependant ce que faisaient nos graves ancêtres, et ce que pratiquent encore aujourd'hui quelques individus qui ne peuvent se résoudre à suivre les progrès du sens commun. Supposons un instant qu'un sauvage débarque parmi nous, et voie un vieux magistrat se faire ainsi mastiquer la tête, que pensez-vous que dira ce sauvage dans son bon sens naturel? N'aura-t-il pas raison de s'imaginer que lui seul est l'être raisonnable, et que notre magistrat peut bien n'être qu'un huron risible?

La manière dont on porte généralement aujourd'hui les cheveux est bien certainement non-seulement la plus commode, mais encore la plus salutaire. La tête est le siège d'une transpiration abondante, qui se coagule en petites écailles furfuracées; il est important de détacher ces écailles au moyen du peigne, de la brosse, ou des lotions aqueuses : on favorise ainsi cette fonction, qui est sans doute d'une grande utilité. La teinture sous laquelle quelques personnes croient devoir déguiser la blancheur de leurs cheveux est un artifice qui peut n'être pas sans danger, selon les matières qu'on emploie à cet usage. Les préparations métalliques sont surtout funestes.

Il n'est pas indifférent de tailler les ongles de telle ou telle manière. Combien de personnes ne se sont-elles pas occasioné des douleurs cruelles, par la méthode vicieuse qu'elles employaient à se couper les ongles. Pour les mains, qu'ils soient coupés longs ou courts, peu importe, puisqu'il n'y a que la forme qui en souffre; mais pour ceux des pieds il n'en est pas de même.

Si les ongles des gros orteils sont coupés courts et en demi-cercle, voici ce qui arrive :

l'ongle croît en longueur et en largeur ; le pied étant pressé dans le soulier, les doigts sont comprimés latéralement ; alors les chairs du gros orteil remontent sur les côtés, parce qu'elles ne sont plus maintenues par la résistance de l'ongle ; celui-ci, croissant en largeur, pénètre peu à peu dans les chairs ainsi élevées, et cause une douleur intolérable, qui empêche tous les exercices, détermine souvent des inflammations dangereuses, et exige quelquefois une opération cruelle. Il faut donc couper les ongles des pieds carrément, de manière à ce que les deux côtés de l'ongle appuyant sur les chairs latérales, les empêchent de remonter, et que ne croissant pas dans ce sens, ils ne puissent pénétrer dans les chairs. *Voyez* ONGLE.

Pour ce qui concerne la barbe, il est avantageux de la faire souvent, lorsqu'on est dans l'habitude de la couper. Une barbe longue retient la poussière et la sueur, elle pique, irrite la peau, occasionne des éruptions désagréables. Si l'on est dans l'habitude de la porter longue, il faut la laver et la peigner fréquemment.

Les dents exigent des soins particuliers. Les laver fréquemment avec de l'eau limpide, et les frotter légèrement avec une brosse médiocrement dure, tels seraient les seuls moyens qu'on devrait mettre en usage. Les poudres de corail, de pierre ponce, etc., dont les anciens et les modernes se sont servis ou se servent encore, usent l'émail des dents, et ne doivent être employées qu'avec les plus grands ménagemens. Beaucoup de personnes emploient des élixirs composés d'alcohol et de quelque huile essentielle. Nous pensons que ces préparations ne conviennent guère que dans quelques cas de scorbut, et qu'on doit les rejeter dans toutes les autres circonstances. Les liqueurs qui contiennent quelques acides, tels que l'acide sulfurique ou hydrochlorique sont très-funestes, puisqu'elles altèrent et détruisent l'émail des dents. L'action des opiats varie selon leur composition. Les pommades dont on se sert pour les lèvres sont en général des cérats colorés qui ont la propriété de dissiper les gerçures de ces parties.

Les parties génitales sont le siége d'excrétions et d'évacuations plus ou moins odorantes. Il est donc important de les laver fréquemment à l'eau claire et fraîche. Les femmes doivent surtout réitérer ces lotions : il est une seule circonstance où elles sont intempestives. La corruption des mœurs a inventé plusieurs moyens pour mentir la sagesse ; mais si le libertinage peut se payer des simples apparences, la raison n'ignore pas que la véritable innocence a des caractères plus précieux et moins illusoires. Loin de nous la pensée de révéler à nos lecteurs ces coupables préparations !

Les bains généraux et locaux sont les plus puissans des cosmétiques. Les parfums peuvent aussi être considérés comme des cosmétiques ; il en sera traité aux mots *odeur* ou *parfum*. (ROSTAN.)

COSTAL, adj., *costalis*, de *costa*, côte ; qui appartient aux côtes. Ainsi l'on dit la *plèvre costale*, les *cartilages costaux*, etc.

COSTALE (Région). La plus grande partie du contour de la poitrine, est formée par les côtes et les organes qui appuient sur elles, ou sont placés dans leurs interstices ; leur ensemble constitue la *région costale* qui se prolonge sur les faces antérieure et postérieure du tronc, et correspond surtout à sa partie latérale.

Ses limites sont très-précises : en avant le bord du sternum, et la région sternale ; en arrière, la colonne vertébrale profondément, et plus superficiellement la saillie externe du muscle sacro-spinal chez les individus forts : en haut et en bas, les bords supérieur et inférieur de la première et de la douzième côte.

La surface de cette région est convexe, et dirigée obliquement de haut en bas, et de dedans en dehors ; sa hauteur est remarquable au milieu, et à partir de là, elle diminue progressivement en avant et en arrière.

L'épaisseur de la région costale est moins considérable en avant et en bas que partout ailleurs ; en haut, elle est accrue de toute celle de l'épaule qu'elle supporte.

La région costale offre deux faces : l'une interne, concave, lisse et tapissée par la plèvre ; l'autre, externe, convexe, cutanée dans la plus grande partie de son étendue excepté en haut, où elle forme une des parois du creux axillaire. Cette face, en avant et en arrière de cette dernière région, est relevée et rendue plane par des masses charnues qui s'en détachent angulairement pour se porter à l'épaule, et qui forment ainsi les parois de l'aisselle ; en avant, cette face cutanée de la région costale présente le relief du bord inférieur du grand pectoral, et inférieurement des saillies obliques, en bas, qui traduisent au-dehors les digitations du grand dentelé, saillies que les peintres et les sculpteurs n'ont pas manqué de faire sentir dans leurs ouvrages : plus tard seulement il sera question des mamelles, petite région distincte, sorte d'appendice de celle-ci.

Structure. — 1° *Élémens.* — Cette région appuie sur les côtes et leurs cartilages qui forment son squelette; ces parties laissent entre elles des espaces, plus larges en haut et au niveau de la jonction de la côte avec son cartilage, plus longs au contraire au milieu que partout ailleurs. Chaque côte prolongée en avant, est articulée, comme il a été dit, avec le sternum, ou avec les deux autres côtes entre lesquelles elle est placée. Cette dernière disposition est particulière aux fausses côtes, dont les cartilages se touchent par des facettes spéciales, et sont réunis par quelques liens fibreux lâches; dans ces points, les espaces intercostaux sont nuls. L'articulation postérieure est formée par le double contact des côtes avec le corps des vertèbres, et leurs apophyses transverses, sur lesquelles elles arcboutent en arrière; plus de détails appartiennent à l'anatomie spéciale. Les muscles de cette région sont placés dans les espaces intercostaux, sous les côtes, et au-dehors d'elles. Dans l'espace intercostal, on trouve les deux plans des muscles intercostaux, muscles tissus à la fois de fibres charnues et de fibres aponévrotiques, et dirigés en sens inverse, le plan externe d'arrière en avant, et l'*interne* d'avant en arrière; toutes circonstances qui rendent plus résistans les espaces intercostaux. Le plan externe ne se rend pas jusqu'au sternum; il est là remplacé par une aponévrose très-forte, dont les fibres sont dirigées comme celles du muscle; même disposition, en arrière, pour le plan interne, qui n'arrive pas jusqu'au rachis. Sous les côtes, on trouve souvent de petits muscles, dits *sous-costaux*; constamment en avant, existe le triangulaire du sternum; le diaphragme, et le transverse abdominal viennent seulement s'y terminer en bas. En dehors des côtes, le grand dentelé appartient en totalité à cette région, quoique sa terminaison ait lieu sur la région scapulaire. Les deux muscles pectoraux, le trapèze, le rhomboïde, le grand dorsal, le petit dentelé supérieur et l'inférieur, le grand oblique de l'abdomen, le muscle droit du même lieu, et quelques fibres du peaucier, sont placés encore dans cette région par une plus ou moins grande partie de leur étendue. Le muscle droit y est revêtu en avant, par un prolongement de sa gaîne abdominale. Les artères de cette région sont remarquables par leur disposition; elles sont *sous-costales*, *intercostales* ou *extra-costales*. Les premières vien-

nent du tronc mammaire interne, qui correspond à la partie antérieure de la région *en haut* par son tronc lui-même, *en bas*, par une branche considérable qui suit le contour de la base de la poitrine. Les branches de ce vaisseau s'étendent à la portion interne de la région costale, de plus à chacun de ses espaces intercostaux, par deux rameaux, et enfin à sa portion sus-costale, par des branches qui percent les muscles. Les artères de l'espace intercostal sont nombreuses, ce sont : en arrière, celle de ce nom, et un rameau qu'elle envoie vers le bord supérieur de la côte inférieure; en avant, deux rameaux de la mammaire, anastomosés avec les artères précédentes; toutes étendent leurs ramifications vers la plèvre, la peau et les muscles intercostaux; les principales branches intercostales qui viennent dans la peau, percent les muscles externes au milieu de la longueur de l'espace intercostal. Les artères *extra-costales* viennent du tronc destiné au membre thoracique, et spécialement sont fournies par la cervicale transverse ou scapulaire postérieure, les deux thoraciques, et la scapulaire commune. Des anastomoses artérielles importantes pour la circulation collatérale, sont établies dans cette région, entre les intercostales, les mammaires, les scapulaires postérieure, commune et les thoraciques. Les veines sont satellites des artères, et sont le plus souvent deux pour l'une d'elles; des ganglions lymphatiques peu développés ordinairement, existent sur le trajet des vaisseaux intercostaux et mammaires; ils reçoivent quelques vaisseaux lymphatiques superficiels, et se partagent les profonds. Les vaisseaux lymphatiques superficiels se portent presque tous dans les ganglions axillaires. Les nerfs sont *intercostaux*, ou *extra-costaux* : les premiers étendent leurs ramifications comme les artères, non-seulement à l'espace qu'ils occupent, mais encore vers la plèvre et le diaphragme en dedans, vers la peau en dehors; chaque tronc nerveux intercostal fournit une branche externe au milieu de son espace : celle des troncs supérieurs sont brachiales, les autres restent en dehors de la région. Les nerfs extra-costaux viennent du plexus brachial, ce sont, les rameaux thoraciques; on y trouve aussi quelques filets sus-claviculaires du plexus cervical superficiel. En général, les vaisseaux et nerfs de la région costale ont leurs troncs profondément placés; leurs rameaux marchent de dedans en dehors le plus souvent, et arrivent à la peau; ils donnent pourtant aussi à la plèvre, circonstance de la plus haute importance dans la structure de cette région. Le tissu cellulaire est partout très-lâche et la graisse peu abondante, si ce n'est en haut et en avant; on en trouve un peu partout. La peau est seulement remarquable par sa sensibilité; la plèvre n'offre qu'une adhérence médiocre, partout uniforme : la glande mammaire sera examinée ailleurs.

2° *Rapports.* — Les rapports de la région costale sont compliqués surtout en dehors; leur importance est très-grande; pour les exposer méthodiquement, on doit les envisager successivement, dans les portions *sus-costale*, *intercostale* et *sous-costale.*

1° *Portion sus-costale.* — Elle doit être divisée en deux moitiés, l'une *supérieure* l'autre *inférieure.* La première est rendue plus compliquée, par la présence de l'épaule; si on enlève celle-ci, ou plutôt si on l'écarte du tronc, au niveau de l'aisselle on trouve, de dehors en dedans : 1° les vaisseaux et nerfs thoraciques postérieurs, appliqués sur la face externe du grand dentelé; 2° ce muscle que traversent les rameaux brachiaux des nerfs intercostaux, et quelques artères; 3° plus profondément, un tissu cellulaire très-lâche, puis les côtes et leurs intervalles. Au-devant de l'aisselle, existent des parties qui se portent vers l'épaule et forment la paroi antérieure du creux axillaire, parties qui, plus tard, appelleront notre attention sous ce point de vue; en dedans, elles se présentent dans l'ordre suivant : la peau, une couche cellulaire lâche au milieu de laquelle se trouvent quelques fibres du peaucier et les filets nerveux sus-claviculaires, la glande mammaire qui forme une petite région à part, le muscle grand pectoral présentant un interstice cellulaire placé sur une ligne oblique en bas et en dehors; sous ce muscle enfin près du sternum et en haut, on arrive sur les côtes et leurs cartilages, tandis qu'au milieu on rencontre le petit pectoral qui déborde le premier un peu en bas; sous ce dernier, paraissent les premières portions du grand dentelé, et les côtes. En arrière de l'épaule et toujours, dans cette moitié supérieure de la portion *extra-costale*, on trouve successivement : la peau, une couche cellulaire très-dense, une première couche musculaire formée par le trapèze, le rhomboïde et le grand dorsal; une seconde couche dans laquelle entre tout le rhomboïde; une troisième enfin, formée par le petit dentelé supérieur. Dans la moitié inférieure de la portion *extra-costale*, sous la peau, et le tissu

cellulaire sous-cutané, que traversent les filets externes des vaisseaux et nerfs intercostaux, on trouve une couche charnue formée d'avant en arrière, par le muscle droit dans sa gaine, le grand oblique, la partie inférieure et antérieure du grand dentelé et la portion costale du grand dorsal; au-dessous, presque partout apparaissent les côtes et leurs intervalles; seulement en arrière, entre le grand dorsal et eux, une petite partie du grand dentelé, et le petit dentelé inférieur.

2° *Portion intercostale.* — Sous les couches précédentes, on rencontre les côtes, et leurs intervalles semblables partout, et fermés par deux couches : l'une externe, c'est le muscle de ce nom et l'oponévrose qui le prolonge en avant; l'autre interne, c'est le muscle intercostal profond et son aponévrose postérieure; entre ces deux couches, les vaisseaux et nerfs en arrière, sont placés à égale distance des deux côtes, au milieu leurs troncs longent la côte supérieure qui les protège un peu, pendant qu'un de leurs rameaux suit le bord supérieur de la côte inférieure, en avant enfin réduits à de simples filamens, ils occupent le milieu de l'espace.

3° *Portion sous-costale.* — Sous les côtes et les couches qui comblent leurs interstices, presque partout on arrive sur le tissu cellulaire sous-pleurétique, puis sur la plèvre; dans certains points, quelquefois on trouve les faisceaux musculaires *sous-costaux*, et toujours en avant se présentent les vaisseaux mammaires internes à deux lignes du sternum en haut, accolés à son bord en bas, et là surtout protégés par les cartilages très-voisins et réunis; sous ces vaisseaux on rencontre le muscle triangulaire en bas, et en haut la plèvre à laquelle ils sont accolés.

Développement. — La région costale se forme de bonne heure, comme les côtes qui en constituent la base; mais dans les premiers temps elle est aplatie; ce n'est qu'après la naissance, et surtout à la puberté, qu'elle prend cette forme bombée qui la caractérise.

Variétés. — La pression des corsets, chez les femmes, déprime inférieurement cette région qui est naturellement saillante, et lui fait affecter une voussure plus considérable au milieu que supérieurement. La région costale est quelquefois plus étendue en hauteur, par suite du développement d'une treizième côte supérieure ou inférieure; il y a alors un espace intercostal en sus. Quelquefois deux côtes sont réunies en une seule en arrière ou en avant, ce qui modifie un peu les espaces intercostaux.

Chez les femmes, la région costale est plus aplatie que chez l'homme ; elle est aussi plus épaisse, en raison de la prédominance de la graisse. Il n'est pas rare de voir deux artères sous-costales, l'une occupe la position indiquée pour la mammaire interne, l'autre glisse sous les côtes au milieu de la région ; cette branche surnuméraire peut émaner de la sous-clavière ou de la première intercostale.

Usages. — Toute cette partie se meut en totalité en haut et en bas, entraînée par le sternum dans les mouvemens d'inspiration ou d'expiration ; dans le mouvement en haut, les espaces intercostaux sont agrandis ; ils sont rétrécis dans le mouvement en bas. Les côtes, en particulier, ne sauraient être portées en arrière par aucun muscle extérieur, en raison du point d'appui qu'elles prennent sur l'apophyse transverse correspondante ; il faut pourtant excepter les dernières, qui sont flottantes. La mobilité des côtes isolément considérées, va en augmentant de haut en bas ; mais liées entre elles par le sternum, elles ne peuvent être abaissées ou élevées que d'une égale quantité (1) ; les côtes exécutent encore un mouvement de rotation autour de leur corde, mais les inférieures et les moyennes jouissent de ce mouvement à un plus haut degré que les supérieures. Ces données fournissent matière à d'importantes applications.

Déductions pathologiques et opératoires. — Souvent cette région est déformée par le rachitisme ; elle peut être déprimée en dedans, ou plus saillante en dehors ; lorsque, dans sa portion thoracique, l'épine est déviée à droite ou à gauche, la région costale correspondant au côté vers lequel s'est faite la courbure, se fléchit, les côtes se rapprochent, les espaces intercostaux deviennent très-étroits ; du côté opposé, au contraire, la région bombe, les côtes s'éloignent et les espaces intercostaux deviennent plus larges. Sans l'action du rachitisme, la région costale se déprime quelquefois au point de devenir convexe en dedans, chez les personnes qui guérissent d'un ancien épanchement thoracique, suivi de refoulement et d'adhérence du poumon au médiastin ; en

(1) Il est évident qu'il s'agit ici du mouvement absolu qu'exécute l'extrémité antérieure de chaque côte, et non de ce mouvement proportionnel à la longueur du rayon costal ; quant à la fixité plus grande de la première côte, opinion admise par Haller et rejetée par M. Magendie, elle me paraît démontrée par la brièveté, le volume et la résistance du premier cartilage costal, ainsi que par le défaut d'angle de cette côte, circonstances qui la privent du mouvement de rotation que les autres exécutent autour de leur corde.

effet dans le moment où le liquide est résorbé, le poumon ne peut se dilater aussi vite que marche la résorption, et alors la région costale se porte vers lui pour empêcher le vide. Les côtes peuvent être fracturées ou directement, ou par l'action d'une pression qui augmente leur courbure : dans les premiers cas, les fragmens portés en dedans peuvent produire des lésions graves. Les côtes supérieures, protégées par l'épaule et les masses musculaires qui de cette partie se portent vers le thorax, sont rarement fracturées ; les inférieures le sont rarement aussi ; mais en raison d'une mobilité telle qu'elles fuient devant les percussions. Les côtes moyennes n'éprouvent ni l'un ni l'autre de ces obstacles à la fracture, aussi en offrent-elles souvent des exemples. Le déplacement des fragmens des côtes fracturées est peu considérable, parce que celles qui sont intactes leur servent de soutien ; le grand dorsal ou les pectoraux peuvent néanmoins tirer en haut un des fragmens ; l'autre peut être entraîné en bas par le grand oblique, le droit ou le triangulaire du sternum, suivant la côte fracturée. La mobilité très-grande et continuelle de la région costale est un obstacle à la contention des pièces fracturées, obstacle que l'on détruit en serrant fortement la poitrine et forçant la respiration à se faire par le diaphragme. Les solutions de continuité des cartilages costaux sont rares, à cause de leur souplesse ; leur peu de vitalité explique pourquoi ils ne guérissent qu'incomplètement par la formation d'une virole osseuse externe, qui maintient affrontés les fragmens. Pourtant, lorsque ces cartilages sont osseux, leur fracture se consolide à la manière des côtes. J'ai vu des exemples de l'un et l'autre mode de réunion. On ne conçoit pas que les côtes se luxent en arrière ; sans doute leur fracture postérieure a abusé un membre distingué de l'Académie de chirurgie, Buttet, qui a fait un mémoire sur cet objet. En avant, les cartilages des dernières côtes glissent quelquefois les uns sur les autres, sorte de luxation peu grave. Les plaies de cette région, si elles sont bornées à la portion sus-costale, sont toujours très-bénignes ; en haut cependant elles peuvent fournir une hémorrhagie ; résultat de l'ouverture des artères thoraciques. Si la plaie est plus profonde, les côtes ou les cartilages de prolongement peuvent avoir été lésés ; l'instrument vulnérant qui marche de haut en bas, rencontre plus facilement les côtes en haut, où elles ont une face supérieurement et une autre inférieurement dirigées; en bas les côtes, par une disposition inverse, sont plus facilement atteintes par un instrument qui marche horizontalement. Si la plaie pénètre jusqu'à l'espace intercostal, une hémorrhagie peut survenir à la suite de la lésion de l'artère intercostale ou des branches de la mammaire. Parmi les moyens employés pour arrêter cette hémorrhagie, la fiche de Quesnay, la plaque du professeur Lottery, qui agissent comme des leviers du premier genre dont le point d'appui serait sur la côte inférieure, sont ingénieux mais infidèles; le simple tamponnement est préférable. Lorsque l'instrument vulnérant agit près du sternum, s'il intéresse presque toute la paroi, il peut avoir ouvert l'artère mammaire; en haut, cette artère est plus accessible à la lésion, à cause de la largeur des espaces intercostaux, en raison de son volume, et surtout parce qu'elle est placée à deux lignes du sternum; en bas, des circonstances inverses, surtout son accollement au bord du sternum qui la protége un peu, la rendent moins vulnérable. Il sera plus tard question des plaies pénétrantes qui comprennent toute cette région. La distribution simultanée à la plèvre, au diaphragme et à la peau des vaisseaux et des nerfs venant de troncs communs, explique les douleurs superficiellement ressenties dans la pleurésie, et l'efficacité, dans ces cas, des sangsues, des exutoires, des émolliens appliqués sur les parties latérales du thorax, enfin la sympathie singulière qui lie la peau de cette région avec le diaphragme, et le profit que l'on retire de cette sympathie, chez les asphyxiés, pour rétablir la respiration. L'opération de l'empyème peut être pratiquée sur tous les espaces intercostaux; Verduc, Desault et M. Boyer, conseillent de choisir les plus inférieurs, avec des variations à droite et à gauche, que j'indiquerai plus tard; M. Laennec préfère l'espace le plus central, se fondant sur ce que ce point est le plus déclive dans le décubitus sur le côté; au reste, on doit choisir le milieu en longueur et en hauteur de l'espace intercostal; on prend le milieu en longueur, pour éviter en arrière, la lésion du rameau de l'artère intercostale qui se porte obliquement vers la côte inférieure; et pour ne pas intéresser en avant, l'artère intercostale elle-même qui abandonne la côte inférieure; on préfère le milieu en hauteur, de peur d'ouvrir en haut l'artère intercostale, ou bien en bas, le rameau de ce vaisseau qui longe la côte inférieure. Cette opération entraîne nécessaire-

ment l'incision de la peau, d'une couche cellulaire, du muscle grand oblique, ou du grand dentelé, des muscles intercostaux, du tissu cellulaire sous-pleurétique et de la plèvre. La ponction du péricarde, comme le conseille Sénac en enfonçant un trocart dans le troisième espace intercostal gauche, à deux pouces du sternum *pour éviter la mammaire interne*, méthode suivie par Desault avec quelques modifications, doit être proscrite à jamais, parce que outre qu'elle expose à blesser le cœur, s'il n'y avait pas hydro-péricarde, elle entraîne nécessairement l'ouverture de la plèvre.

De la région costale procède une petite région secondaire qui complète la première, *celle de la mamelle;* insignifiante chez l'homme, elle est au contraire très-développée chez la femme; tout est dit, dans les ouvrages d'anatomie spéciale, sur sa forme, son volume, sa position, sur la saillie du mamelon, son aréole, les glandules qui la hérissent, et la dépression qui borne cette région inférieurement.

Structure. — 1° *Élémens*. Rappelons seulement que la glande mammaire forme essentiellement la région mammaire; que ses conduits excréteurs réunis en faisceaux par un tissu cellulo-vasculaire, constituent le mamelon; que ses granulations sont réunies en masses plus ou moins distinctes par de grands interstices cellulaires, et que sa circonférence s'étend vaguement sur les muscles. Beaucoup de graisse et de tissu cellulaire se rencontre dans cette région; elle reçoit des artères de deux sources : les unes arrivent de haut en bas et de dehors en dedans, *des vaisseaux thoraciques;* les autres marchent de dedans en dehors, ce sont des branches de l'artère *mammaire interne;* ces dernières sont moins nombreuses. Les veines forment deux couches : l'une superficielle, qui naît à la base du mamelon, et dont les rameaux n'accompagnent nullement les artères, l'autre profonde présente une disposition tout inverse. Les vaisseaux lymphatiques se rendent presque tous dans les ganglions axillaires; les plus profonds seulement, se portent dans les ganglions mammaires internes et intercostaux. Les nerfs viennent des rameaux thoraciques, intercostaux, et aussi des filets sus-claviculaires du plexus cervical. La peau et une petite membrane muqueuse complètent tous les élémens de cette région.

2° *Rapports.* La membrane muqueuse, un tissu cellulaire non adipeux, très-vasculaire, et contenant quelques-unes des nerfs, les principaux conduits galactophores, telles sont les couches qui constituent tout le mamelon. Dans le reste de son étendue, la région est successivement formée 1° par la peau, et au centre par la muqueuse plus adhérente; 2° par une couche cellulaire et adipeuse, au milieu de laquelle sont en haut les nerfs sus-claviculaires, et partout les veines et les vaisseaux lymphatiques superficiels; la glande mammaire vient ensuite; des pelotons cellulo-adipeux sont interposés entre ses lobes, que réunissent des brides cellulaires très-denses et comme fibreuses. La glande elle-même appuie surtout sur le grand pectoral et un peu sur le petit pectoral et le grand dentelé.

Développement. — Cette région existe à l'état rudimentaire dans l'homme. Chez la femme elle se développe seulement à la puberté, et s'affaisse après la disparition des règles; chez elle, à diverses époques de la vie, elle devient constamment un centre de fluxion: à la puberté, à chaque époque menstruelle, pendant la gestation, et à l'âge de retour; on conçoit ainsi la fréquence de ses affections. A l'exception du mamelon, le reste de la région jouit d'une sensibilité assez peu développée.

Déductions pathologiques et opératoires. —Aux diverses époques fluxionnaires que j'ai notées, cette région est souvent le siége de l'inflammation, maladie qui peut s'emparer seulement du mamelon et de son aréole. Chez les nourrices, des abcès surviennent souvent dans cette région: si la phlegmasie est superficielle, ils sont peu graves; mais si elle est profonde, le pus s'interpose entre les segmens de la glande, les désunit, ceux-ci s'endurcissent, et il reste des fistules interminables. Des tumeurs enkistées se développent souvent dans la mamelle: le cancer a pour la glande de cette région, une fâcheuse prédilection; il débute le plus ordinairement, par la base du mamelon qui rentre bientôt et disparaît, attiré en dedans par une sorte de recoquillement de son tissu cellulaire et de ses conduits; la tumeur cancéreuse s'étend bientôt et s'irradie comme les lobes de la glande, ce sont les pattes divergentes du crâbe, auquel les anciens comparaient le cancer; chose digne de remarque, la dégénérescence cancéreuse est toujours précédée d'une sorte de transformation fibreuse du tissu interlobulaire, dans lequel paraît primitivement la maladie. Consécutivement au cancer du sein, on voit s'engorger les ganglions axillaires, et, dans les derniers périodes, les ganglions mammaires et intercostaux: de là ces douleurs sous-sternales notées par tous les auteurs, toutes choses comme on voit dont l'anatomie rend un compte tout-à-fait satisfaisant. La peau de cette région est très-relâchée lorsque le bras est rapproché du tronc; de là le précepte, lorsqu'il n'y a pas d'engorgemens axillaires, d'opérer le cancer au sein par des incisions perpendiculaires à l'axe du corps, pour pouvoir faire plus facilement la réunion par première intention. S'il y a des tumeurs axillaires, pour faciliter leur extirpation, l'incision doit être dirigée obliquement en haut et en dehors vers l'aisselle; cette opération fait ressentir au patient des douleurs *cervicales*, sur le trajet des nerfs sus-claviculaires. Dans les cancers avancés, le mal dépasse les limites de la région mammaire, envahit les pectoraux, les côtes et la plèvre. Si on a la hardiesse de tenter l'opération alors, faut-il enlever le mal jusque dans ses racines? les côtes et la plèvre elle-même, doivent-elles être emportées? M. le professeur Richerand a résolu cette difficulté par une des opérations les plus remarquables, et il a prouvé par l'expérience que la vie peut encore être conservée, malgré l'irruption de l'air dans la poitrine. Des précautions doivent seulement être prises pour s'opposer à son entrée continuelle.

(BLANDIN, ANAT. TOPOG.)

COSTO-ABDOMINAL (muscle). *Voyez* OBLIQUE (grand) de l'abdomen.

COSTO-CLAVICULAIRE (ligament); ligament placé entre la clavicule et la première côte. *Voyez* ÉPAULE (articulations de l').

COSTO-CLAVICULAIRE (muscle). *Voyez* SOUS-CLAVIER.

COSTO-CORACOIDIEN (muscle). *Voyez* PECTORAL (petit).

COSTO-SCAPULAIRE (muscle). *Voyez* DENTELÉ (grand).

COSTO-STERNAL, adj., *costo-sternalis*; nom sous lequel on désigne l'articulation de l'extrémité antérieure des sept vraies côtes avec le sternum. Elle a lieu au moyen d'une facette convexe, anguleuse et saillante, qui se trouve reçue dans l'une des facettes creusées sur les bords latéraux du sternum. Le cartilage de la seconde côte présente deux facettes, parce qu'il s'articule avec deux pièces du sternum. Ces articulations se font par arthrodie; chacune est affermie par une capsule synoviale, par deux ligamens, l'un antérieur, l'autre postérieur, et par quelques autres fibres irrégulières.

On a observé des luxations des cartilages

. des dernières côtes sternales et des premières asternales, les uns sur les autres. Cette lésion a eu lieu, soit à l'occasion d'un violent renversement du tronc en arrière, mouvement pendant lequel les contractions des muscles droits de l'abdomen ont entraîné en bas les cartilages auxquels ils s'attachent, et leur ont fait perdre leurs rapports, soit à la suite d'une violente percussion, par laquelle ont été portées directement vers l'intérieur de l'abdomen les parties qui en ont été le siége. Dans l'un et l'autre cas, l'extrémité du cartilage inférieur, entraînée sous le supérieur, et revenant au-dehors par son élasticité, repousse ce dernier devant lui, ce qui produit une saillie à l'aide, de laquelle on peut aisément reconnaître la nature de la lésion. Une dyspnée assez forte, produite par la douleur, est le résultat le plus ordinaire de cette luxation. Il suffit, pour la réduire, d'appuyer sur le cartilage saillant, et si l'on éprouve quelque difficulté, il faut renverser légèrement le tronc en arrière, afin de rétablir le niveau des surfaces articulaires . qui ont perdu leurs rapports. L'élasticité de la côte et de son cartilage prévient tout déplacement ultérieur, et il suffit d'un jour ou deux de repos et de l'application de quelques compresses trempées dans une liqueur résolutive, et soutenues par un bandage de corps, pour rendre aux parties leur solidité première. Dans le cas où la réduction ne serait pas faite, il n'en résulterait vraisemblablement aucun inconvénient grave; l'extrémité luxée du cartilage contracterait de nouvelles adhérences avec la face postérieure de celui sous lequel elle s'est placée." (DICT. ABRÉGÉ DE MÉD.)

COSTO-TRACHÉLIEN (muscle). *Voyez* SCALÈNES.

COSTO-TRANSVERSAIRE (articulation). Nom que l'on donne aux articulations des côtes avec les apophyses transverses des vertèbres dorsales. *Voyez* POITRINE (articulations de la).

COSTO-TRANSVERSAIRES (ligamens). Ce sont les ligamens de ces articulations : il y en a trois dans chacune d'elles, un *postérieur*, un *moyen* et un *inférieur*.

COSTO-XIPHOIDIEN (ligament); ligament attaché à la septième côte et à l'appendice xiphoïde du sternum. *Voyez* POITRINE (articulations de la).   (A. BÉCLARD.)

COTE, s. f., *costa*. On donne ce nom à vingt-quatre os situés aux deux côtés de la poitrine. Ils appartiennent aux os longs par leurs dimensions, et aux os plats par leur forme. On les désigne de chaque côté, dans l'ordre de leur superposition, par les noms

numériques de *première*, *seconde*, *troisième côtes*, etc., en comptant de haut en bas.

Toutes les côtes sont recourbées en forme d'arcs ayant leur convexité tournée en dehors. Leur partie postérieure, dirigée de dedans en dehors, forme avec l'antérieure, beaucoup plus étendue et se portant d'arrière en avant, une sorte de coude qui, étant plus près de l'extrémité postérieure que de l'antérieure, fait paraître leur courbure plus grande en arrière qu'en devant; mais ce n'est qu'à l'endroit où elles changent de direction, que celle-ci est, en effet, très-prononcée. Au niveau du même point, les côtes sont comme tordues sur elles-mêmes : leur partie postérieure est contournée d'arrière en avant et de bas en haut, l'antérieure de dehors en dedans et de haut en bas; toutes deux forment, au point de torsion, un angle obtus, rentrant en haut, saillant en bas; et la côte, vue de son côté convexe ou concave, semble courbée en S à ses deux extrémités.

Les côtes sont articulées, en arrière, avec les vertèbres dorsales par trois facettes lisses: deux existent à leur extrémité, une supérieure et une inférieure, ordinairement plus grande; inclinées l'une vers l'autre, et séparées seulement par un bord angulaux, elles sont unies, dans chaque côte, au corps de deux vertèbres. La troisième facette occupe la partie interne d'une tubérosité située près de l'extrémité, à la face externe; elle est arrondie, inclinée en bas, et s'articule avec l'apophyse transverse de la vertèbre inférieure. L'extrémité de la côte étant légèrement renflée, on l'appelle la *tête* de la côte, *capitulum costæ*; la portion comprise entre cette tête et la tubérosité en est le *col*, quoique, dans la plupart des côtes, cette partie ne soit ni rétrécie ni arrondie : ce col n'est point distinct, en avant, de la face interne de l'os, et offre en arrière, où il appuie contre l'apophyse transverse de la vertèbre, des rugosités très-marquées. La direction des facettes qui se joignent aux vertèbres, par rapport au reste de la côte, est telle, que celle-ci a naturellement une position oblique, et que son extrémité antérieure est plus basse que la postérieure, qui est le point le plus élevé de l'os. En devant, les côtes sont unies par une facette concave, oblongue, inégale, à leurs cartilages de prolongement; l'extrémité qui présente cette facette est légèrement renflée, quoique moins épaisse que la postérieure. Les sept premières côtes sont articulées, par le moyen de leurs cartilages, avec le sternum; il n'en est pas de même des cinq autres : c'est ce qui a fait distinguer les côtes en *vraies* et en *fausses*, ou en *sternales* et *asternales*, en *vertébro-sternales* et *vertébrales*. *Voyez*, pour les articulations des côtes, POITRINE (articulations de la).

Le corps des côtes, épais et étroit en arrière, va en s'élargissant et en s'amincissant en devant. Ses deux faces sont externe et interne, et ses bords supérieur et inférieur; mais, à cause de la forme de l'os et de sa torsion, ces parties sont inclinées en différens sens : ainsi la face externe regarde un peu en haut, le bord supérieur en dedans; la face interne, au niveau du col, est tournée en avant et en haut, etc. Le changement de direction de la face externe au point de torsion de la côte est marqué par une ligne saillante, inégale, oblique en bas et en dehors, qu'on nomme l'*angle* de la côte. L'intervalle compris entre cet angle et la tubérosité est rugueux; le reste de la face externe est lisse, à part quelques inégalités très-variables. La face interne est également unie. Les bords sont larges en arrière et étroits en devant; l'inférieur est divisé en deux lèvres, dans ses trois quarts postérieurs environ, par une gouttière peu marquée au col, très-profonde à l'angle, et s'effaçant insensiblement en devant. Le fond de cette gouttière est percé d'ouvertures vasculaires nombreuses, et dirigées, pour la plupart, d'avant en arrière. Depuis l'extrémité postérieure jusque près de l'angle, ses deux lèvres sont à la même hauteur, et l'interne est mince et dépourvue d'inégalités; mais plus loin, l'une et l'autre sont rugueuses, et l'externe, qui n'est bien prononcée qu'à partir de la tubérosité, est plus mince, descend plus bas que l'autre, surtout au niveau de l'angle, et semble constituer seule le bord inférieur, tandis que la lèvre interne, arrondie et plus élevée, semble appartenir à la face correspondante. Cette disposition rend celle-ci beaucoup plus étroite que la face externe, le long de la gouttière. Au-delà de cette dernière, le bord inférieur continue de présenter des inégalités. Le bord supérieur en offre dans toute son étendue : ce bord est souvent partagé en deux lèvres dans sa portion épaisse, mais seulement après l'angle, par un sillon superficiel. Les inégalités des deux bords se prolongent souvent sur la partie rétrécie de la face interne. Les intervalles qui restent entre ces bords, dans les côtes voisines, forment les *espaces intercostaux*.

Les côtes diffèrent les unes des autres par leur longueur, leur largeur, leur direction, etc.: la première, la deuxième, la onzième et la douzième s'éloignent même un peu de la conformation générale.

La longueur des côtes augmente de la première à la septième, et diminue ensuite jusqu'à la dernière. Leur largeur décroît insensiblement de la première à la dernière, à quelques exceptions près. Les fausses côtes, et souvent la seconde et la troisième vraies, sont rétrécies en devant et plus larges à leur partie moyenne qu'à leurs extrémités. Les côtes sont d'autant plus obliques et écartées de l'axe de la poitrine qu'elles sont plus inférieures. Les plus longues et les plus inférieures sont les moins courbes. L'angle est d'autant plus rapproché de la tubérosité, que la côte est plus supérieure. La première et les deux dernières côtes, souvent aussi la dixième, n'ont qu'une facette à l'extrémité postérieure, au lieu de deux; les deux dernières manquent de tubérosité, la première et la douzième d'angle, les mêmes et la onzième de gouttière : la gouttière de la deuxième, son angle et celui de la onzième sont très-peu marqués. La première côte est fort courte, aplatie de haut en bas, et légèrement tordue en sens contraire des autres côtes; sa face supérieure offre quelques inégalités vers sa partie moyenne, et plus antérieurement deux dépressions séparées, près du bord interne, par une sorte d'épine; sa face inférieure est convexe dans son milieu, son bord externe épais, l'interne mince et tranchant, son extrémité antérieure plus épaisse que celle des autres côtes. La seconde a encore sa face externe tournée presque directement en haut : cette face présente une empreinte très-prononcée; les bords sont comme dans la première côte. La onzième et la douzième ont une extrémité antérieure très-mince; la dernière est très-courte et presque droite.

Les côtes sont compactes à l'extérieur et spongieuses intérieurement; le tissu spongieux est plus abondant, et la couche compacte plus mince aux endroits épais, comme aux extrémités, à la tubérosité. Elles n'ont point de canal médullaire. Leur développement a lieu de très-bonne heure, et d'abord par un seul point d'ossification; mais long-temps après la naissance, il s'en forme deux autres pour l'extrémité postérieure et la tubérosité, restées cartilagineuses.

Ces os, en général, plus minces et moins recourbés dans la femme que dans l'homme, sont sujets à quelques variétés individuelles. La douzième côte manque quelquefois, plus souvent des deux côtés que d'un seul, soit qu'il y ait aussi une vertèbre de moins, ou que cela n'ait pas lieu. D'autres fois il existe une paire de côtes, plus rarement une côte surnuméraire : c'est ordinairement une treizième, articulée avec la première vertèbre lombaire, quelquefois une placée au-dessus de la première et unie à la septième cervicale, mais s'étendant rarement au sternum. Une ou plusieurs côtes peuvent être très-élargies, perforées ou même bifurquées à l'extrémité antérieure, surmontées à la postérieure d'un prolongement qui se porte vers les côtes voisines, etc.

Les côtes forment la plus grande partie de la poitrine, et servent à protéger les viscères qui y sont contenus, les poumons particulièrement; elles concourent aux fonctions de ces derniers par les mouvemens dont leur forme allongée les rend susceptibles, mieux que ne le feraient des os également plats, mais larges, tels que sont ceux du crâne, du bassin, etc. Leur obliquité favorise leurs mouvemens; leur torsion est un résultat nécessaire de leur obliquité. Les inégalités de leur surface fournissent diverses insertions ligamenteuses et musculaires. Les côtes servent d'intermédiaires, dans divers mouvemens, au reste du tronc et à des muscles puissans (*sacro-lombaire*, long *dorsal*, muscles abdominaux), principalement en arrière, où elles sont plus épaisses. Leur gouttière contient et protége les vaisseaux et nerfs intercostaux. Les côtes inférieures protégent, en outre, plusieurs viscères abdominaux.

Les lésions les plus communes des côtes sont, comme celles des autres os, des fractures, des luxations, la carie, la nécrose, etc. Le *rachitis* les affecte d'une manière très-marquée.

CÔTES (cartilages des). Ils font suite aux côtes, dont ils conservent à peu près la forme, et sont légèrement recourbés d'avant en arrière, aplatis dans le même sens, et dirigés de dehors en dedans. Leur extrémité externe, arrondie, inégale, est intimement unie à l'extrémité de la côte. L'extrémité interne des sept cartilages supérieurs s'articule avec le sternum par une facette anguleuse, arrondie seulement dans le premier. Celle des cinq autres est mince et pointue; elle s'unit, dans les trois premiers seulement, au cartilage qui lui est supérieur. Le bord inférieur du sixième cartilage, les deux bords du septième et le bord supérieur du huitième présentent des facettes lisses, oblongues, au moyen desquelles ils s'articulent entre eux. La longueur et la largeur des cartilages costaux sont en rapport avec celles des côtes auxquelles ils appartiennent. Les

deux premiers ont la même largeur dans toute leur étendue; les sixième, septième et huitième sont élargis à l'endroit où ils se touchent, les autres rétrécis du côté du sternum. Le premier et les deux derniers suivent la direction des côtes correspondantes; le second est horizontal, et les autres remontent d'autant plus obliquement vers le sternum, en se recourbant à peu de distance de la côte, qu'ils sont plus inférieurs.

Les cartilages des côtes ont une certaine souplesse et une grande élasticité. Ils s'ossifient presque constamment à un âge avancé, et ne diffèrent point alors des côtes : celui de la première s'ossifie avant les autres.

Les cartilages participent à quelques-unes des variétés que présentent les côtes. Quand celles-ci sont bifurquées en devant, ou simplement élargies, le cartilage correspondant est élargi, bifurqué, ou même double. Le cartilage de la septième côte n'atteint quelquefois pas le sternum, et cette côte devient une fausse côte : d'autres fois, au contraire, le huitième cartilage s'articule avec cet os, et il y a une côte sternale de plus.

Les usages des cartilages costaux sont de faciliter les mouvemens des côtes dans la respiration, et de tenir lieu de ces os à la partie antérieure de la poitrine.   (A. BÉCLARD.)

COTYLOIDE, adj., *cotyloïdes, cotyloïdeus*, κοτυλοειδης, qui ressemble à un vase appelé par les Grecs κοτυλη ; nom d'une cavité de l'os ilium qui reçoit la tête du fémur. *Voyez* ILIUM.

COTILOIDIEN, adj., *cotiloïdeus*; qui appartient à la cavité cotyloïde : *bourrelet* ou *ligament cotyloïdien*.

COU et COL, s. m.,*collum, cervix*, τράχηλος; partie rétrécie du tronc, comprise entre la tête et la poitrine. Ses limites ne sont pas très-tranchées, surtout du côté de la tête. Sa longueur n'est pas la même chez tous les individus. Quoique sa forme soit généralement arrondie, on peut le diviser en deux faces, une antérieure et une postérieure.

La face antérieure est bornée, en haut, ou du côté de la tête, par le contour de la mâchoire inférieure et les apophyses mastoïdes, en bas par le sternum et les clavicules. Sa partie moyenne et supérieure, presque horizontale, droite seulement quand la tête est fortement renversée en arrière, forme le dessous du menton, et se confond avec la paroi inférieure de la bouche. Au-dessous de cette première portion, on sent, sur cette face, à travers la peau, l'os hyoïde, et plus bas on voit la saillie du cartilage thyroïde, qui est d'autant plus rapprochée de cet os, que la tête est dans une flexion plus grande. Entre cette saillie et le bord supérieur du sternum, le toucher fait reconnaître le cartilage cricoïde et la trachée-artère, quelquefois masqués en partie par la glande thyroïde. Plus en dehors, on remarque de chaque côté la saillie du sterno-mastoïdien : très-rapprochées l'une de l'autre inférieurement, ces saillies s'écartent beaucoup en haut, où leur intervalle comprend toute la largeur de cette face. Une dépression légère indique souvent les deux portions dont est composé le sterno-mastoïdien près du sternum. Les battemens de l'artère carotide se font sentir entre la saillie de ce muscle et celle du larynx. Au delà du sterno-mastoïdien, la face antérieure du cou présente inférieurement une sorte de creux triangulaire, circonscrit par ce muscle, la clavicule et le bord saillant du trapèze; on y sent, à travers la peau, les muscles scalènes, angulaire, quelques glandes lymphatiques, le plexus brachial et les battemens de l'artère axillaire, et l'on y voit une légère saillie, formée par la veine jugulaire externe, et se continuant sur le sterno-mastoïdien : quelquefois une seconde veine, continue à celle-ci, soulève les tégumens plus bas, et plus en devant qu'elle. La peau de la face antérieure du cou est blanche, fine, molle, remarquable par des rides transversales, dues à la contraction des muscles peauciers, et pourvue à sa partie supérieure, et dans l'homme adulte seulement, de poils qui font partie de la barbe.

La face postérieure constitue la nuque proprement dite, quoique cette expression en désigne plus spécialement le haut : bornée, du côté de la tête, par la protubérance et les lignes courbes supérieures de l'occipital, elle se continue inférieurement, sans ligne de démarcation tranchée, avec la partie supérieure du dos et les épaules. Elle présente, en haut, un enfoncement au milieu, et de chaque côté une saillie formée par les muscles extenseurs de la tête; quand celle-ci est fléchie, le creux s'efface, et les apophyses épineuses, qui en forment le fond, deviennent un peu plus saillantes. Ces apophyses sont plus marquées inférieurement, où les deux saillies musculaires s'aplatissent et s'élargissent. La peau de cette face est moins blanche, plus épaisse que celle de la face antérieure, dépourvue de rides et couverte de cheveux, comme la peau du crâne, à sa partie la plus élevée.

Le cou est composé d'os, de muscles, d'une aponévrose d'enveloppe, d'artères, de veines, de vaisseaux et de glandes lymphatiques, de nerfs, de tissus cellulaire et adipeux, et contient en outre une partie des glandes salivaires, le pharynx et le commencement de l'œsophage, le larynx, une partie de la trachée-artère, la glande thyroïde, enfin une portion de la moelle épinière.

La partie osseuse, celle du moins qui fait la base du cou et lui donne sa solidité, est la portion cervicale de la colonne vertébrale. Elle représente une sorte de tige qui s'élève de la poitrine, et que surmonte la tête, et se distingue principalement des autres parties de l'épine par une forme aplatie en devant, une étendue plus grande en travers que d'avant en arrière, une suite de trous logeant l'artère vertébrale, que présentent de chaque côté les apophyses transverses. Quoique entourée de parties molles, elle est beaucoup plus rapprochée des tégumens en arrière qu'en devant. Outre les vertèbres du cou, on trouve dans cette région l'os hyoïde, qui est comme suspendu au milieu des parties molles, au-dessus du larynx, et semble un appendice de la tête, par ses connexions avec les temporaux.

Les muscles du cou, extrêmement nombreux, sont différemment disposés en avant et en arrière. Ceux de la région antérieure sont situés, les uns devant le larynx et la trachée-artère ou à leur niveau, les autres sur un plan plus postérieur, immédiatement au devant ou sur les côtés de la colonne vertébrale. Parmi les premiers, les peauciers et sterno-mastoïdiens seuls s'étendent à toute la longueur du cou; les autres sont bornés par l'hyoïde, et placés, soit au-dessus, soit au-dessous de cet os. Les muscles peauciers sont immédiatement sous la peau, qu'ils doublent, pour ainsi dire, et à laquelle ils tiennent par un tissu cellulaire serré. Les sterno-mastoïdiens, situés obliquement le long des parties latérales du cou, et beaucoup moins étendus en largeur que les peauciers, leur sont partout subjacens, si ce n'est à leur extrémité supérieure, prolongée au delà de ces muscles, et en partie sous-cutanée, en partie cachée par la glande parotide. Les muscles que l'on trouve au-dessous de l'os hyoïde sont, de chaque côté, le sterno-hyoïdien, le sterno-thyroïdien, le thyro-hyoïdien et l'omoplat-hyoïdien. Les trois premiers sont près de la ligne médiane, et reposent sur la trachée-artère et le larynx; le sterno-hyoïdien est situé devant les deux suivans, placés l'un au-dessus de l'autre, mais moins large que ceux-ci, qui le débordent en dehors, et dont la direction, un peu différente de la sienne, fait aussi que supérieurement il est plus en dedans qu'eux. Tous trois ne sont recouverts, en haut, que par le peaucier; mais inférieurement les sterno-hyoïdien et sterno-thyroïdien s'enfoncent derrière le sterno-mastoïdien. L'omoplat-hyoïdien, subjacent à ce dernier, qu'il croise obliquement, le dépasse en avant et en arrière, et n'est recouvert, dans l'un et l'autre sens, que par le peaucier; sa partie antérieure est presque parallèle aux trois autres muscles, et en partie appliquée sur eux. Tout-à-fait en arrière, ce muscle devient très-profond en s'enfonçant sous le trapèze et la clavicule. Les muscles sus-hyoïdiens sont le digastrique, le stylo-, mylo-, génio-hyoïdiens et le stylo-, hyo-, génio-glosses. Le digastrique, le plus superficiel et le plus étendu de ces muscles, n'est séparé du peaucier que vers son milieu, où la glande maxillaire le recouvre, et à son extrémité postérieure, qui s'enfonce sous le sterno-mastoïdien et les splénius et petit complexus de la région postérieure. Sous le digastrique sont, en arrière, le stylo-hyoïdien, en avant, le mylo-hyoïdien : celui-ci le dépasse de chaque côté, et est en partie immédiatement sous le peaucier et la glande maxillaire. Le génio-hyoïdien est sous le mylo-hyoïdien, le stylo-glosse sous le stylo-hyoïdien, le digastrique et la glande maxillaire. L'hyo-glosse, en partie subjacent aux mylo- et génio-hyoïdiens, s'étend plus loin qu'eux en arrière, où les digastrique, stylo-hyoïdien et stylo-glosse le recouvrent aussi. Le génio-glosse, adossé à son semblable, est sous l'hyo-glosse, qu'il dépasse en avant, où il se trouve sous le mylo- et génio-hyoïdiens et sous la glande sublinguale. Les muscles qui avoisinent la colonne vertébrale sont les grands et petits droits antérieurs de la tête, les longs du cou, les droits latéraux, les inter-transversaires antérieurs du cou, et les scalènes antérieurs et postérieurs. Le grand droit est en dehors et au devant du long du cou, qui est situé très-près de la ligne médiane; le petit droit en partie derrière le grand, en partie au delà de son bord externe. Ces trois muscles sont placés, au milieu, derrière le pharynx et l'œsophage, et séparés, sur les côtés, des muscles du plan antérieur, par un grand intervalle occupé par les principaux vaisseaux et nerfs du cou; ils reposent immédiatement sur la partie antérieure des vertèbres et sur leurs articulations entre elles et avec la tête. Les droits latéraux sont, en de-

hors les petits droits antérieurs, et un peu plus en arrière les inter-transversaires, derrière les grands droits; les scalènes, sur les côtes de la colonne, derrière le sterno-mastoïdien et l'omoplat-hyoïdien : le scalène postérieur, dépassant le premier de ces muscles en dehors, est en partie sous-cutané, ou séparé de la peau seulement par le peaucier et du tissu cellulaire et adipeux plus ou moins abondant. Outre tous ces muscles, ceux qui sont propres au LARYNX et au PHARYNX appartiennent encore à la partie antérieure du cou.

Une aponévrose d'enveloppe partielle recouvre les muscles de la partie moyenne et antérieure du cou. Cette aponévrose se fixe, en haut, à la mâchoire inférieure, derrière les muscles peauciers, en se continuant latéralement avec les ligamens stylo-maxillaires, descend de là sur la glande maxillaire et les muscles sus-hyoïdiens, puis sur les sous-hyoïdiens, se fixe à la saillie du cartilage thyroïde, et se divise inférieurement en deux lames, une antérieure ou superficielle, et une postérieure ou profonde. La lame antérieure, placée immédiatement sous la peau, dans l'intervalle des muscles peauciers, unit les tendons des sterno-mastoïdiens; la postérieure, séparée de la précédente par l'épaisseur du sternum, s'attache à la partie postérieure de cet os, et recouvre immédiatement les sterno-hyoïdiens, en même temps qu'elle occupe leur intervalle : du tissu cellulaire graisseux, des veines et des glandes lymphatiques sont contenus entre ces deux lames. L'aponévrose dont il s'agit se confond en divers endroits, particulièrement sur les côtés, avec le tissu cellulaire; elle est elle-même très-mince et celluleuse dans certains sujets, tandis que, dans d'autres, comme dans ceux qui sont maigres et fortement musclés, on la trouve quelquefois aussi distincte que les aponévroses des membres : sa partie supérieure et ses deux lames inférieures en sont les points les plus apparens. Cette aponévrose joint aux usages généraux des gaînes aponévrotiques celui de former par son adhérence au cartilage thyroïde et au sternum une sorte de cloison qui ferme le haut de la poitrine et la sépare du cou, soutient les parties molles, et les empêche de céder à la pression de l'air dans l'inspiration, et de comprimer la trachée-artère, ou de s'enfoncer du côté de la poitrine. Sa disposition fait que, dans les maladies, les tumeurs situées au-devant d'elle se développent librement à l'extérieur, ne gênent point la respiration, sont éloignées des vaisseaux et des nerfs importans, et par là même

faciles à extirper; qu'il en est à peu près de
même de celles qui sont placées entre ses deux
lames, et qu'au contraire les tumeurs qui ont
leur siége au-dessous de la lame profonde se
distinguent par leur forme aplatie, leur peu
de mobilité, causent des accidens graves par
la compression qu'elles exercent sur la trachée-
artère et l'œsophage, et entraînent de grands
dangers dans leur extirpation.

Les muscles de la partie postérieure du cou
se prolongent presque tous au dos, quelques-
uns même tout le long de la colonne vertébrale; un petit nombre seulement est borné
au cou. Le premier qui se présente sous la
peau est le trapèze; il tient à cette membrane
par un tissu cellulaire dense, comme fibreux
à la partie supérieure du cou. Sur un second
plan se trouvent le splénius et l'angulaire,
celui-ci plus en dehors que le splénius, et le
recouvrant un peu; tous deux se dégagent, en
haut, de dessous le trapèze, pour s'enfoncer
sous le sterno-mastoïdien; l'angulaire est sous-
cutané entre ce dernier et le trapèze. Une
troisième couche est formée par le sacro-lombaire, que cache l'angulaire, le transversaire,
couvert par ce muscle et le splénius, les petit
et grand complexus, subjacens à ce dernier.
Ces quatre muscles sont comme imbriqués et
couchés les uns sur les autres de dehors en
dedans; le grand complexus est placé, en haut
et en dedans, sous le trapèze, dans un intervalle que les splénius laissent entre eux. Enfin
on trouve, sur un quatrième plan, le transversaire épineux, caché par le grand complexus, les inter-transversaires postérieurs,
situés sous les muscles splénius, transversaire
et sacro-lombaire, et les droits postérieurs et
obliques de la tête, entièrement subjacens aux
petit et grand complexus, excepté l'oblique
supérieur, qui, entre ces deux muscles, est
couvert par le splénius : sous le transversaire
épineux, sont encore les inter-épineux du cou.
Cette dernière couche musculaire touche immédiatement les vertèbres et leurs ligamens.

Des troncs artériels et veineux considérables traversent le cou, en y laissant différentes
branches, dont les unes sont bornées à cette
région, et les autres s'étendent à la tête, au
dos, ou aux membres supérieurs. Les troncs,
tous situés à la partie antérieure, où ils occupent des espaces qui restent entre les muscles,
et que remplissent, en outre, du tissu cellulaire abondant, des nerfs et des glandes lymphatiques, sont, d'une part, l'artère carotide
primitive et ses deux divisions, les carotides
externe et interne, et la veine jugulaire in-

terne, d'autre part les portions sous-clavière
et axillaire du tronc brachial et les veines correspondantes; la veine jugulaire externe est
encore un tronc veineux, mais superficiel, et
non renfermé dans un espace celluleux, comme
les précédens. (*Voy.* CAROTIDE, JUGULAIRE, etc.)
Les branches principales, propres au cou, sont,
à la partie antérieure, les vaisseaux thyroïdiens supérieurs et inférieurs, l'artère et la
veine pharyngiennes inférieures; à la partie
postérieure, l'artère cervicale profonde, et
au milieu, de chaque côté, la veine vertébrale. Celles qui s'étendent plus loin sont les
artères linguale, labiale, occipitale, auriculaire postérieure et les veines du même nom,
les artères vertébrale, cervicale transverse et
scapulaire supérieure. Les vaisseaux occipitaux, les artères vertébrale et cervicale transverse sont en partie situés en arrière; les autres n'occupent que le devant du cou. Tous
ces vaisseaux sont placés, soit dans les espaces
qui logent les troncs ou dans des espaces propres, soit entre les différentes couches musculaires; en devant, les plus superficiels sont
encore séparés de la peau par le peaucier.

Les nerfs du cou, tant ceux qui lui appartiennent en propre que ceux qui viennent s'y
terminer ou ne font que le traverser, sont les
nerfs cervicaux et leurs divisions, ainsi que le
plexus cervical et ses différentes branches, le
plexus brachial et le nerf sus-scapulaire, le
nerf spinal, les branches inférieures du facial,
le pneumo-gastrique et ses rameaux laryngé
et récurrent, la portion cervicale du grand
nerf sympathique, l'hypoglosse et son rameau
descendant, le glosso-pharyngien, le lingual.
Les uns suivent le trajet des vaisseaux sanguins; les autres sont isolés et logés, comme
ceux-ci, dans des espaces celluleux propres,
ou couchés entre les muscles: il en est de superficiels et de profonds.

Le tissu cellulaire du cou, quoique très-
abondant, contient en général peu de tissu
adipeux, si ce n'est dans les grands intervalles
que les muscles laissent entre eux, comme
entre le trapèze et le sterno-mastoïdien: cependant cela varie suivant les individus. C'est
principalement de la quantité de graisse ac-
cumulée, du volume du larynx et de celui de
la glande thyroïde, que dépendent les différences que présente la forme du cou, suivant
l'âge, le sexe, etc.

En raison du grand nombre de parties qui
entrent dans sa composition, le cou est le
siége de beaucoup de maladies. Outre celles
qui peuvent survenir dans toutes les parties

du corps, comme les plaies, les abcès, les ulcères, on y observe différens anévrysmes, le goitre, le torticolis, l'engorgement des ganglions lymphatiques, des luxations des vertèbres, etc. La bronchotomie, l'œsophagotomie, la ligature des artères carotide, sous-clavière et axillaire, la saignée de la veine jugulaire externe, l'opération du séton, y sont pratiquées. (A. BÉCLARD.)

COU ou COL (Anatomie pathologique du). Intermédiaire à la poitrine et à la tête, le col est en quelque sorte le pédicule de cette dernière.

Sa forme est irrégulièrement cylindroïde; il est convexe en avant, et sensiblement aplati en arrière.

Sa direction peut être rapportée à celle d'une courbe légèrement convexe antérieurement.

Ses limites supérieures et inférieures, en avant sont bien précises, la base de la mâchoire inférieure, d'une part; de l'autre le sternum et les clavicules; mais en arrière, il n'en est plus de même; les limites sont peu marquées comme on le verra à l'occasion de la région de la nuque.

Considéré à l'extérieur, le col présente deux faces, sur lesquelles le raphé médian est inégalement prononcé : l'une antérieure, où ses traces sont presque nulles; l'autre postérieure, sur laquelle on observe la disposition inverse.

Quelques organes du col ont une cavité propre; mais la région elle-même n'en offre réellement aucune pour les loger.

Structure. — Le col a sa base formée par la portion cervicale du rachis; cette partie lui communique sa direction particulière, et se distingue par son aplatissement transversal, ainsi que par les conduits de la racine des apophyses transverses. Le canal vertébral y est plus large que partout ailleurs; il a la forme d'un triangle à angles arrondis; les lames vertébrales qui le forment en arrière, sont écartées par des intervalles fort grands, que comblent les ligamens jaunes; disposition qui rend la moelle dans ce point, facilement accessible aux lésions extérieures. Sept vertèbres réunies entre elles et les premières à la tête, par un mécanisme dont le but est d'assurer une solidité et une mobilité égales, tels sont, enfin, les élémens de ce squelette du col; partie dont la description ne pouvait trouver place que dans ces généralités, à moins de s'exposer à de nombreuses redites, car elle appartient à presque tous les groupes secondaires de cette portion du tronc. La partie

supérieure de la moelle épinière, surtout son renflement brachial, appartiennent au col; on y trouve encore des muscles, soit extrinsèques, soit intrinsèques, les uns que l'on peut rapporter, pour les usages, aux conduits aérien et digestif, les autres à l'hyoïde, à l'épine, à la tête, au thorax et aux membres thoraciques; des vaisseaux de tous les ordres, les uns propres au col, les autres brachiaux et céphaliques, soit qu'ils remontent du cœur vers ces parties, soit qu'ils suivent une marche tout inverse. Ajoutons même pour plus de détails, que six gros troncs artériels parcourent le col, quatre parallèlement à son axe, ceux des carotides, des vertébrales enfermés dans un canal osseux, tandis que deux paraissent seulement un instant vers sa base, et disparaissent bientôt, pour se porter vers les membres thoraciques, *les troncs sous-claviers.* Quatre grandes veines, appelées jugulaires, deux profondément, deux autres superficiellement situées, forment les principales voies de dérivation veineuse du col; on y rencontre un grand nombre de ganglions lymphatiques, rendez-vous commun de tous les vaisseaux de cet ordre qui naissent du col lui-même, de la tête, du membre thoracique, et de quelques parties du thorax; ganglions, rares sur la ligne médiane, mais affectant surtout une position latérale et formant une chaine continue, depuis l'oreille jusqu'à la poitrine. Les nerfs se portent vers les membres thoraciques et la poitrine; rarement ils remontent de ce dernier point, ce qui quelquefois a pourtant lieu (1); les nerfs cervicaux qui émanent du rachis forment deux plexus, l'un supérieur, *superficiel*, presque exclusivement destiné au col par ses branches; l'autre inférieur, *profond*, appartenant surtout au membre thoracique. Les tissus cellulaire et adipeux sont abondans, et la peau qui enveloppe tous ces organes ne présente rien de particulier.

Développement. — Le col est d'abord tout-à-fait nul; le jeune embryon, accolé à la vésicule ombilicale, est tout abdomen; plus tard un rétrécissement circulaire étroit indique sa place; il s'accroît avec rapidité, et devient proportionnellement plus long que chez l'adulte. A l'époque de la puberté, il prend de la voussure antérieurement, et perd peu à peu l'étendue qui le caractérisait dans l'enfance. Chez le vieillard, entraîné en avant, par le poids de la tête, que supporte diffi-

_____

(1) Nerfs récurrens.

cilement les muscles postérieurs, le col est concave dans ce sens comme pendant la vie intra-utérine; à cet âge, en même temps, les mouvemens deviennent plus difficiles, par suite de la rigidité qu'acquièrent les ligamens du rachis. De bonne heure, on voit se développer chez le fœtus, au-devant de chaque apophyse transverse, une épiphyse costiforme (1), plus longue sur la dernière vertèbre, pièce qui se soudant bientôt à l'apophyse transverse, forme avec elle le trou de l'artère vertébrale.

Variétés. — La portion cervicale du tronc conserve quelquefois, chez l'adulte, une longueur considérable; c'est une véritable anomalie qui coïncide souvent avec une mauvaise conformation du thorax, et que l'on considère pour cette raison, comme le signe d'une disposition à la phthysie pulmonaire; d'autres fois, le col est très-court; autre anomalie, qui en rapprochant la poitrine et le cœur de la tête et du cerveau, dispose peut-être aux hémorrhagies cérébrales, et constitue un des caractères de ce qu'on appelle *habitude apoplectique.* On a quelquefois trouvé seulement six vertèbres cervicales, jamais plus de sept (2); dans ce cas, on a constaté en même temps qu'il y avait une côte surnuméraire; l'on comprend aisément ces deux dispositions irrégulières, en supposant que l'apophyse costiforme de la septième vertèbre cervicale, s'est prolongée en forme de côte jusqu'au sternum. Quelques personnes ont avancé, que tel est l'état de tous ceux qui ont la constitution apoplectique; des observations directes m'ont démontré le contraire.

Chez la femme, le col est plus mollement arrondi que dans l'homme; chez ce dernier, tous les reliefs et toutes les dépressions sont plus prononcés.

Dans les mouvemens enfin, le col revêt des variétés locales d'étendue; ainsi dans la flexion, il devient plus court en avant, et s'étend en arrière, l'inverse a lieu dans l'extension; de là le précepte de faire prendre aux malades, pendant les opérations que l'on pratique sur ce point du corps, une position, telle que le lieu sur lequel on doit agir, soit opposé au mouvement dans lequel s'incline la région tout entière.

(1) Cette épiphyse peut être considérée comme l'analogue des côtes cervicales de quelques animaux, les crocodiles en particulier.

(2) Un seul mammifère porte plus de sept vertèbres cervicales, *l'aï unau*, *paresseux à trois doigts;* il en a neuf.

Déductions pathologiques et opératoires. — Les arrêts de développement, survenus à des époques plus ou moins rapprochées de celle de la conception, expliquent merveilleusement les différens vices de conformation du col: 1° son absence totale (*abrachio-céphalie,* béclard), monstruosité dont le nom rappelle seulement l'absence coïncidente de la tête et des membres thoraciques; les derniers, ne s'étant pas formés, peut-être parce que le bulbe brachial de la moelle n'existait pas préalablement; 2° l'absence de la moitié supérieure du col seulement (*atrachélo-céphalie,* béclard). Dans ces cas, le renflement brachial de la moelle existe avec les membres correspondans.

Chez les vieillards et les jeunes enfans, la carie affecte souvent la portion cervicale du rachis, et le pus qui en résulte, occupe diverses positions, suivant que l'affection essentielle porte sur les parties antérieure ou postérieure de l'épine.

Si, par suite d'une cause quelconque, la moelle se trouve blessée ou comprimée au col, la mort survient inévitablement et instantanément, par cessation de respiration. Telle est la raison de la gravité des fractures, des luxations des vertèbres cervicales, et de certaines plaies. Les luxations des deux premières vertèbres sont plus communes dans l'enfance; à cet âge une simple culbute sur la tête les a quelquefois produites, parce que l'apophyse odontoïde moins longue, dépasse seulement d'une faible quantité le niveau du ligament transverse, derrière lequel elle se porte plus facilement. La secousse imprimée à la moelle épinière, dans certaines tractions de la tête en haut, peut seule déterminer la mort, comme l'a vu J. L. Petit (1). La crainte de violenter la moelle, ou même de rendre complètes des luxations incomplètes des pièces osseuses du col, doit à jamais empêcher de tenter leur réduction.

Telles sont les considérations générales auxquelles donne matière cette importante portion du tronc; elle se compose de deux groupes séparés par le rachis: l'un antérieur (*trachélien,* chaussier), l'autre postérieur, (*cervical,* du même professeur).

col (Portion trachélienne du). Le professeur Chaussier donne ce nom à la partie antérieure du col, parce qu'elle contient la trachée artère; on pourrait aussi bien l'appeler *pharyngienne.*

(1) Dans les expériences, on obtient le même effet sur un animal en produisant un simple tiraillement de toute la région cervicale.

A l'extérieur, on y remarque au-dessus du sternum une dépression médiane considérable, surmontée par la saillie composée, *laryngo-trachéale*; objets embrassés latéralement par les reliefs des muscles *sterno-mastoïdiens*; au-devant de ces deux saillies allongées de bas en haut et d'avant et arrière, existe une dépression dans laquelle on perçoit les pulsations des vaisseaux carotidiens; tandis qu'en arrière et en bas, elles limitent un autre enfoncement appelé *sus-claviculaire*, dans lequel on peut sentir les battemens de l'artère axillaire.

Structure. — 1° *Élémens.* — Toute cette partie du col repose sur la face antérieure du rachis; une portion du canal aérien et du tube digestif lui appartiennent, avec tous les ganglions lymphatiques cervicaux; elle est aussi exclusivement le siége de l'aponévrose cervicale, quoique quelques personnes la confondent avec le tissu cellulaire dense, qui existe en arrière, et qui n'a aucunement la disposition lamellée.

Cette aponévrose, *fascia cervicalis*, ALLAN-BURNS, doit être décrite dans ces généralités de la portion trachélienne du col, parce qu'elle est étendue à tous ses points, et qu'ainsi on n'en prendrait qu'une imparfaite idée, si nous la morcelions en quelque sorte, pour l'étudier à l'occasion de chaque région. Sa description, enfin, doit en être d'autant plus minutieusement faite, que cette partie malgré sa très-grande importance est généralement passée sous silence, dans les traités d'anatomie.

Bien que recouvrant toute la face trachélienne du col, le *fascia cervical* est surtout apparent en bas; là aussi, sa densité est plus grande et sa disposition plus compliquée; il est étendu de haut en bas, depuis la base de la mâchoire, jusqu'au sternum et jusqu'à la clavicule; ses limites latérales sont moins précises, et varient suivant les points, comme on le verra; superficiellement, cette aponévrose s'avance jusqu'à la peau; profondément, elle appuie à nu sur les muscles hyoïdiens et le canal aérien; elle adhère surtout intimement à l'os hyoïde et au larynx; au niveau de ceux-ci elle est simple, mais partout ailleurs, soit inférieurement, soit supérieurement, elle est formée au moins de deux lames, l'une superficielle, l'autre profonde. La *première*, triangulaire, faisant corps avec l'autre dans le lieu indiqué, réunit les deux peauciers de haut en bas; en haut, elle commence en pointe sur la mâchoire; en bas, elle glisse au-devant des muscles sterno-mastoïdiens et du sternum, pour se perdre bientôt dans le tissu sous-cutané du thorax. La *seconde*, en haut passe au-dessous des muscles peauciers, en dehors des digastriques, de la glande sous-maxillaire, et vient se terminer au bord inférieur de la mâchoire, ainsi qu'à son angle en se continuant avec le ligament stylo-maxillaire; en bas, cette seconde lame de l'aponévrose cervicale est placée au-dessous des muscles sterno-mastoïdiens et au-devant des sterno-hyoïdiens et thyroïdiens, puis vient en bas se terminer sur le sommet du sternum et sur le bord postérieur de la clavicule; latéralement, elle se fixe sur le tendon moyen du muscle scapulo-hyoïdien, et le maintient dans sa position; il ne faut pas confondre ce feuillet avec le tissu dense qui recouvre la carotide, et forme sa gaîne. Cette lame profonde de l'aponévrose cervicale est éloignée de la trachée-artère et du corps thyroïde, par toute l'épaisseur des muscles sterno-hyoïdiens et thyroïdiens; mais sur le côté externe de ceux-ci, en bas, elle envoie une lame secondaire qui s'interpose entre ces muscles et le canal aérien, lame qui adhère en haut très-intimement au bord inférieur du corps thyroïde, et se continue en bas, avec le périoste qui revêt la face postérieure du sternum (1).

En résumé, l'aponévrose cervicale est réellement bifoliée en haut; elle est visiblement et distinctement trifoliée en bas; par suite de cette dernière disposition elle forme avec ses lames superficielle et moyenne, une gaîne propre à la partie inférieure des muscles sterno-mastoïdiens, tandis qu'avec la dernière et la troisième lame dont la densité est fort grande, elle enveloppe les petits muscles sous-hyoïdiens. Cette disposition inférieure de l'aponévrose cervicale, n'a été encore, à ma connaissance, décrite par personne; son importance néanmoins, comme on le verra, ne peut paraître douteuse.

La portion trachélienne du col, ainsi qu'il a été dit, est occupée en haut par le *pharynx*, sorte d'évasement du tube digestif, dont la description spéciale n'est pas de notre sujet; mais dont la topographie appartient à ces généralités, parce qu'il correspond à la fois, à plusieurs des régions que nous devrons

(1) Le docteur *Godman*, sous le scapel duquel tout le tissu cellulaire se transforme en aponévrose, dit que le feuillet profond de l'aponévrose cervicale se continue avec le péricarde; c'est une erreur anatomique évidente, quoiqu'elle ait été adoptée par quelques personnes.

examiner en particulier. Cet organe complexe, ou cette région *pharyngienne*, manque en avant d'une paroi propre; dans ce sens, elle est successivement formée de haut en bas: par les régions du voile du palais, glosso-sus-hyoïdienne et laryngo-trachéale; elle est ouverte dans trois points pour communiquer avec les narines, la bouche et le larynx. En arrière et sur les côtés, il n'en est plus de même, le pharynx a des parois qui lui appartiennent, et que forment de l'extérieur à l'intérieur : une couche de fibres musculaires imbriquées, un tissu cellulaire dense, et une membrane muqueuse très-abondamment pourvue de follicules.

La région pharyngienne confine *en arrière* immédiatement, aux muscles longs du col et grands droits antérieurs de la tête, muscles dont elle est séparée par une couche cellulaire lamelleuse et fort lâche; par l'intermédiaire de ces parties elle correspond à la face antérieure du rachis, au niveau des cinq premières vertèbres cervicales, et aussi au muscle petit droit antérieur de la tête, placé sous le grand. *En avant et en dehors*, le pharynx est en rapport avec plusieurs régions cervicales, comme il sera dit plus bas. En haut, il est lié par l'aponévrose céphalo-pharyngienne, à la face inférieure de la portion basilaire de la base du crâne.

Outre ses communications avec les cavités des narines, de la bouche et du larynx, la cavité pharyngienne se continue en bas avec l'œsophage; les trompes d'Eustache y arrivent aussi dans des lieux indiqués; le voile du palais, lorsqu'il s'élève horizontalement, divise en deux portions la cavité pharyngienne, l'une supérieure, *gutturo-olfactive*, l'autre inférieure, *bucco-laryngée*; cette même élévation permet d'apercevoir du côté de la bouche la face libre de la paroi postérieure du pharynx, de distinguer sa couleur rosacée et les granulations folliculaires qui la recouvrent; la dépression simultanée de la base de la langue aide encore à cette exploration. Les dimensions de la cavité pharyngienne sont d'une grande importance : en hauteur, elle a quatre pouces trois lignes; son diamètre antéro-postérieur diminue progressivement de haut en bas, dans l'état de repos, et varie encore continuellement pendant la contraction des muscles pharyngiens; terme moyen, ce diamètre n'a qu'un pouce cinq lignes, au niveau de la base de la langue; le diamètre transversal ne décroît pas dans la même proportion que le précédent; au reste, il est

invariable dans deux points : 1° au niveau de l'ouverture des fosses nasales, 2° entre les cornes hyoïdiennes et thyroïdiennes; dans le premier point, il a un pouce et demi, et un pouce neuf lignes dans le second.

Usages. — Le pharynx forme une sorte de vestibule commun aux canaux aérien et digestif. Tantôt, comme dans la déglutition, ses usages sont relatifs à celui-ci; tantôt, comme dans la respiration, ils se rapportent exclusivement à celui-là. Pendant la prononciation, le voile du palais se relève et empêche toute communication entre les portions inférieure et supérieure du pharynx; l'air alors ne peut s'introduire dans les cavités nasales; toutes les fois que ce passage a lieu, la voix est nasonnée (1). Étendue sur cette portion du col l'aponévrose cervicale lui donne beaucoup de résistance, surtout elle empêche, dans les grandes inspirations, le canal aérien d'être comprimé par l'air extérieur, qui tend à se mettre en équilibre avec l'air intérieur raréfié. La dépression sus-sternale qui se prononce si fortement dans la respiration laborieuse explique suffisamment cette théorie.

Déductions pathologiques et opératoires. — Les plaies du col peuvent être compliquées de pénétration dans les conduits aérien et digestif; de là souvent des fistules de diverse nature; de là aussi primitivement, des infiltrations aériennes qui constituent l'emphysème. Les usages de l'aponévrose cervicale relativement à la respiration, expliquent la gêne qu'éprouvent les individus chez lesquels elle a été intéressée dans les plaies, ou par les progrès d'un abcès. Les tumeurs qui se développent en dehors de ce fascia, se portent vers la peau; celles au contraire que lui-même recouvre, s'enfoncent profondément vers les tubes aérien et digestif, gênent la respiration ou la déglutition, et *à priori* il est impossible

---

(1) Cette explication du timbre de la voix donnée par M. Magendie, est contraire à celle de Haller, généralement admise; mais elle me paraît préférable. Au reste, l'expérience suivante ne laisse aucun doute à cet égard : mettez-vous devant une bougie, avec une feuille de papier interposée entre le nez et la bouche, empêchez l'air qui sort par celle-ci d'agiter la lumière pendant la prononciation, et observez ce qui se passe; lorsque les sons formés conservent le timbre ordinaire, la lumière reste immobile, elle est au contraire continuellement agitée, si vous vous efforcez de parler du nez. L'expérience réussit encore parfaitement, si vous placez sous le nez une poudre très-volatile, elle n'est soulevée que dans le second cas; bien entendu que l'on doit se garder de confondre l'agitation de la lumière ou de la poudre pendant les inspirations, si l'on continue quelque temps ces essais.

de juger leur volume ; celles enfin qui apparaissent entre ses lames inférieures, ont des caractères mixtes.

Les abcès antérieurs du col se comportent généralement, comme les autres tumeurs de cette grande région ; leur marche est modifiée par leur position relative à l'aponévrose ; ceux qui sont profondément placés, se font remarquer par une tendance particulière à fuser vers la poitrine ; terminaison que la laxité du tissu cellulaire antérieur facilite.

Les rapports presque immédiats du rachis et du pharynx, expliquent l'ouverture dans la gorge de quelques abcès, résultat de la carie des vertèbres, et réciproquement l'altération de celles-ci consécutivement à des maladies pharyngiennes. J'ai vu une tumeur purulente développée entre le pharynx et le rachis, gêner considérablement la déglutition, jusqu'au moment où elle s'ouvrit dans le premier. Au reste, toutes les maladies avec gonflement des régions qui entourent le pharynx, peuvent le rétrécir et causer ainsi une altération de la déglutition et de la respiration. Les polypes des fosses nasales se portent quelquefois vers la région qui nous occupe, refoulent le voile du palais, l'empêchent de fermer exactement le passage des arrière-narines ; de là une voix nasonnée, et une gêne considérable de la déglutition. La division du voile du palais détermine les mêmes phénomènes, parce que ce voile mobile est rendu par là impropre aux fonctions qu'il exerce relativement au pharynx dans l'état normal. On porte des instrumens dans le pharynx, pour extraire des corps étrangers, ou pour sonder le larynx et l'œsophage. Il sera plus tard question de la première espèce de cathétérisme ; pour accomplir facilement la seconde, il faut faire glisser la sonde contre la paroi postérieure de la cavité.

Division. — La portion trachélienne du col comprend un si grand nombre d'organes, les fonctions de ceux-ci sont liés d'une manière si intime à l'entretien de la vie, enfin cette partie du corps est si importante sous le rapport des opérations chirurgicales, que son étude ne saurait être trop minutieusement achevée ; mais pour arriver à ce but, il est évident qu'il faut circonscrire l'examen spécial que l'on doit successivement faire dans des espaces bornés, espaces auxquels toutefois on doit conserver des limites naturelles. Cependant, cette dernière condition est impossible à remplir dans quelques points ; après avoir mûrement réfléchi sur ce sujet, j'ai reconnu que deux moyens d'inégale valeur se présentent pour éluder la difficulté : 1° circonscrire par des lignes arbitraires toutes les régions du col ; 2° former des régions artificielles, seulement là où elles ne peuvent être autrement tracées ; puis, en suivant ce dernier principe, grouper les rapports des parties voisines autour d'un organe important qui donnera son nom à la région. Ce dernier parti nous paraît préférable, c'est à peu près celui que Béclard avait choisi pour diviser le col, dans le cours d'anatomie topographique, qu'il fit à la Faculté, il y a plusieurs années. Les régions que nous obtiendrons ainsi seront, les unes tout-à-fait naturelles, les autres complémentaires et tracées d'une manière un peu artificielle. Au reste, le tableau suivant, conçu d'après ces principes, donnera une idée de la division que nous adoptons pour la partie trachélienne du col ; division dont l'importance pratique ne sera mise en question, que par ceux qui ne voudront pas l'éprouver de la seule manière convenable, sur le cadavre.

col (Régions naturelles de la partie antérieure du). Ces régions sont au nombre de quatre : les unes, impaires, symétriques et occupant la ligne médiane ; les autres, paires, non symétriques et placées latéralement ; l'os hyoïde les sépare en deux groupes, l'un supérieur, l'autre inférieur.

col (Régions naturelles de la partie sus-hyoïdienne du). Ces régions lient en avant le col et la tête ; elles sont au nombre de deux :

la sus-hyoïdienne proprement dite et la parotidienne.

Cou (Régions naturelles de la partie soushyoïdienne du). Comme le précédent, cet ordre comprend deux régions : la *sous-hyoïdienne* proprement dite, ou *laryngo-trachéale*, et la *sus-claviculaire*.

Cou (Régions artificielles et complémentaires de la portion trachélienne du). Ces régions sont au nombre de deux ; l'une est constituée par le groupe des organes qui appuient sur les deux faces du muscle sternocléido-mastoïdien ; l'autre, par la réunion de ceux qui entourent la carotide primitive en bas, et en haut la carotide interne qui fait suite à la première.

Pour peu que l'on y réfléchisse, on sentira combien cette division était importante, pour faire la topographie complète du col ; et aussi, pour ne point morceler les rapports de la carotide, et ceux du muscle sterno-mastoïdien. Si je ne m'abuse, les élèves en retireront quelques avantages, parce qu'elle aidera la mémoire, et les praticiens trouveront qu'elle est éminemment chirurgicale.

Cou (Portion postérieure du). Formée par le groupe d'organes appuyé sur la face spinale de la partie supérieure du rachis, elle n'offre qu'une seule région très-simple, celle de la nuque, région *cervicale*, CHAUSSIER.

(BLANDIN, ANAT. TOPOG.)

COUCHE ou couches, s. f., *puerperium; temps des couches* ou *suites de couches* : espace de temps qui suit l'accouchement, pendant lequel l'utérus, les autres organes génitaux et même toute l'économie reviennent à leur état ordinaire, d'où la gestation les avait fait sortir. H. Eichèle (*Diss. inaug. de Puerperio.*) en donne cette définition : *L'accouchement avec ses suites est l'effort qui réprime la force expansive qui a prédominé jusqu'alors, ramène la force contractive au plus haut degré qu'elle puisse atteindre, et replace les parties génitales dans l'état indifférent d'où la conception les avait tirées.* Le mot *couches*, de même que le mot latin qui lui correspond, se prennent quelquefois dans un sens plus étendu, et expriment l'accouchement et ses suites ; d'autres fois leur signification est plus restreinte, et ils indiquent seulement l'écoulement des lochies. Je ne dois pas m'occuper ici des autres acceptions de ce mot. On a divisé les suites de couches en *naturelles* et *non naturelles* ou *morbides* : les naturelles sont l'état physiologique dont je viens de présenter le tableau ; les non naturelles sont les diverses

maladies qui peuvent se manifester pendant la durée du temps des couches. Je n'adopterai pas cette dénomination surannée ; mais, conformément au plan que je me suis tracé, et que j'ai indiqué au mot ACCOUCHEMENT, je vais m'occuper d'abord, dans cet article, des conditions anatomiques et physiologiques qui caractérisent cet état, et des soins qu'il exige de la part du médecin ; puis je traiterai des cas qui s'écartent de l'ordre naturel, me bornant à des considérations générales, relatives à l'influence des suites de couches sur la production des maladies, sur leur marche, et aux modifications qu'elles nécessitent de faire à leur traitement, ainsi qu'à l'influence que les maladies exercent sur ces phénomènes, en renvoyant, pour les détails, aux articles où ces maladies seront exposées en particulier.

Lorsque le terme de la gestation est arrivé, l'utérus, qui est alors parvenu à son plus haut point de développement, et a subi dans sa situation, son volume, sa figure, sa texture et ses propriétés, les changemens les plus notables, commence à se contracter lentement et faiblement d'abord, puis avec une énergie toujours croissante jusqu'à l'expulsion du fœtus. Cette contraction intermittente et douloureuse, tant qu'elle a éprouvé de la résistance, se fait ensuite d'une manière continue et rapide, et sans que la femme en ait la conscience, jusqu'à ce que les parois de l'organe se soient appliquées sur le délivre et le sang plus ou moins coagulé qui l'accompagne. La résistance qu'elles rencontrent alors rend à leur contraction son premier caractère, mais à un degré moindre et proportionné à l'intensité de cette même résistance. Le délivre expulsé, la contraction continue jusqu'à ce que l'utérus soit revenu au volume qu'il avait avant la conception, ce qui a lieu au bout d'un temps plus ou moins considérable, qu'on peut, en terme moyen, évaluer à douze ou quinze jours. Il est à remarquer : 1° que la contraction de l'utérus, insensible et continue tant qu'il n'existe point de résistance, devient intermittente et douloureuse, quand il en éprouve, soit de la part de caillots contenus dans la cavité de cet organe, soit de la part des sucs qui abreuvent ses parois, ce qui constitue ce qu'on appelle *tranchées utérines;* 2° que cet organe reste toujours un peu plus volumineux qu'il n'était avant que la femme ait conçu. Dans les premiers temps, les parois de l'utérus diminuant rapidement d'étendue en largeur, leur épaisseur augmente à mesure qu'elles se resserrent. En effet, les divers tissus qui composent cet organe ne reviennent pas sur eux-mêmes avec autant d'énergie et de promptitude que le tissu musculaire; et il ne suffit pas que, les vaisseaux reprenant graduellement leur flexuosité et leur calibre, le sang afflue avec moins d'abondance dans les artères, et soit poussé plus promptement des branches veineuses dans les troncs, de même que la lymphe dans les veines lymphatiques; il faut encore qu'il y ait absorption d'un excès de substance, qui s'est produit pendant la gestation par l'activité augmentée de la nutrition. Il résulte de ce mode de contraction, que les parois ne peuvent s'appliquer exactement l'une contre l'autre, et que la cavité qu'elles circonscrivent reste et plus spacieuse et plus béante, de sorte que le sang s'y amasse en quantité plus ou moins grande. Bientôt cependant la diminution a lieu proportionnellement dans toutes les dimensions, et la cavité reprend son exiguité ordinaire. La disposition que je viens de décrire, et qui signale le premier temps du retour de l'utérus à son état primitif, est d'autant plus marquée, que les parois de cet organe ont été plus fortement distendues, qu'elles l'ont été plus souvent et à des époques plus rapprochées, que leur distension a cessé d'une manière plus rapide, que, par cela même, leur resserrement a été l'effet d'un moindre nombre de contractions énergiques, et qu'elles restent plus engorgées après l'accouchement.

La surface de la cavité utérine reste recouverte par une portion de la membrane caduque, que Noortwick et d'autres ont prise pour les restes du tissu cellulaire qui attachait l'œuf; dans le lieu où était inséré le placenta, elle est très-inégale, légèrement proéminente, et d'une couleur plus foncée. Ces inégalités ont été regardées par quelques anatomistes comme des crêtes destinées à s'enfoncer dans des sillons du placenta, et des cavités qui recevaient les lobes ou cotylédons de ce corps; mais nous verrons (articles PLACENTA et ŒUF) que la surface utérine de ce corps est plane, et que l'idée qu'on s'était faite de son mode d'adhérence à l'utérus est dénuée de fondemens. Ces inégalités paraissent dépendre de l'excessive distension des vaisseaux, et surtout des veines dans cet endroit pendant la grossesse, et de ce que ces vaisseaux sont par conséquent plus longs à revenir sur eux-mêmes. La surface interne de l'utérus devient le siége d'une sécrétion que l'on désigne sous le nom de *lochies*. L'orifice reste fort dilaté après l'accouchement; ses bords minces et flasques sont pen-

dans dans le vagin. Il revient ensuite sur lui-même proportionnellement au reste de l'organe, et reprend sa constitution primitive, si ce n'est qu'il reste un peu plus volumineux, et que, si ses lèvres ont éprouvé quelque déchirure lors du passage du fœtus, elles en conservent les cicatrices, qui les rendent inégales et bosselées. Le vagin se raccourcit; ses rides, effacées pendant le dernier temps de l'accouchement, reparaissent; il perd l'excès de dilatation qu'il avait acquis, mais il ne revient pas aussi complétement que l'utérus. L'orifice de ce conduit et la vulve éprouvent les mêmes changemens, mais avec plus de promptitude. D'abord les grandes lèvres sont minces et distendues, ainsi que le périnée; et la partie postérieure du contour de la vulve est flasque, froncée et proéminente en dehors. Souvent il y a quelque éraillement de l'épiderme qui occasionne un sentiment de cuisson d'autant plus vif, que le sang qui s'écoule baigne les houpes nerveuses nouvellement découvertes; quelquefois même il existe quelque déchirure au bord antérieur du périnée ou des grandes lèvres; et après un premier accouchement, la fourchette est presque infailliblement rompue. Les ligamens larges semblent se reformer par le rapprochement des deux feuillets qui les composent; les ligamens ronds se raccourcissent et se resserrent. Les parois antérieures de l'abdomen, excessivement lâches, n'exercent plus sur les viscères et les vaisseaux contenus dans cette cavité cette pression douce et continue si favorable à l'exécution de leurs fonctions. La cessation de cette pression, qui a été plus forte dans les derniers temps de la grossesse qu'à toute autre époque de la vie, a des effets d'autant plus sensibles qu'elle s'est faite brusquement. Le sang afflue avec rapidité dans le système capillaire et dans les veines, et s'y accumule, tandis que d'un autre côté l'utérus en reçoit beaucoup moins; ainsi il y a une sorte de compensation, et la cavité abdominale ne paraît pas recevoir une plus grande quantité de sang que pendant la grossesse. Cependant c'est à cette espèce de dérivation du sang que Van Swieten et d'autres pathologistes attribuent en grande partie les syncopes auxquelles sont sujettes les nouvelles accouchées. Mais ces syncopes s'observent bien moins fréquemment qu'ils ne le disent; et quand elles ont lieu, ou elles sont la suite d'une grande hémorrhagie interne ou externe, ou elles tiennent à l'hystérie, causes auxquelles ces auteurs ont trop peu accordé. C'est aussi ce changement dans la circulation abdominale que quelques médecins, tels que Stoll, regardent comme la principale cause qui rend les péritonites si fréquentes chez les femmes en couches.

L'état de ces femmes présente encore, sous le point de vue physiologique, des modifications remarquables. Le pouls, immédiatement après l'accouchement, est serré et fréquent ; mais bientôt il perd sa fréquence, et devient souple et développé, et il n'éprouve plus de changement que pendant la *fièvre de lait*. Le sang conserve encore pendant quelque temps les qualités que lui a imprimées l'état de grossesse ; aussi celui qui s'écoule à l'instant de la délivrance, ou peu après, forme-t-il un caillot ferme et tenace. La femme est dans un état de faiblesse et d'abattement proportionné à la quantité de sang qu'elle a perdu, ainsi qu'à la longueur et à l'intensité du travail de l'enfantement. Souvent même, par cette dernière cause, elle ressent une lassitude générale. La sensibilité est fort exaltée, tant par l'effet des deux causes dont je viens de parler, que parce qu'elle avait déjà reçu cette modification pendant la grossesse. L'appétit est ordinairement assez vif ; mais il ne serait pas prudent de le satisfaire, car on conçoit facilement par ce qui vient d'être dit que les fonctions digestives sont affaiblies. La peau, sèche d'abord, ne tarde pas à se couvrir d'une douce moiteur, qui se change facilement en une sueur abondante. La matière excrétée par la transpiration a une odeur particulière, tirant sur l'aigre. Elle excite souvent, en traversant la peau, un sentiment de picotement ; et, lorsque la sueur est augmentée par quelque circonstance, il est très-ordinaire de voir paraître une éruption miliaire. On peut le plus souvent faire naître cette éruption à volonté, soit sur toute la surface du corps, soit sur une partie seulement, en accumulant des couvertures. Aussi doit-on la regarder, non comme le résultat d'un travail dépuratoire, mais comme l'effet local de la sueur. J'ai toujours cherché à éviter des sueurs trop copieuses, et je n'ai vu que rarement de ces éruptions ; à l'exemple des meilleurs praticiens, je n'ai jamais hésité à les faire disparaître, en diminuant les sueurs avec les précautions convenables. Non-seulement il n'en est résulté aucun mal, mais même les femmes en ont éprouvé un grand soulagement. Long-temps on a cru que cette transpiration était destinée à évacuer le lait, qui, sécrété dans les mamelles, ne reçoit pas sa destination naturelle pour la nourriture de l'enfant, ou au moins les matériaux qui devaient servir à sa formation. L'abondance de cette transpiration, son odeur particulière, ce sentiment de picotement qu'elle excite, cette disposition aux éruptions miliaires, semblaient donner du poids à cette opinion. On pensait aussi qu'elle servait à débarrasser le sang de la sérosité surabondante qui s'y est mêlée dans les derniers mois de la grossesse. Ce dernier point n'a pas été contesté, mais on a rejeté la première idée comme tenant trop à une physiologie humorale. Cependant on ne peut nier que le lait, une fois sécrété dans la mamelle, ne doive être résorbé par les vaisseaux lymphatiques, s'il ne trouve pas son écoulement par ses conduits excréteurs, et être reporté dans le torrent de la circulation pour être ensuite éliminé par les divers émonctoires. On sait en même temps que souvent, chez les femmes qui n'allaitent pas et chez celles qui ont sevré, la sécrétion du lait continue encore long-temps, et qu'une petite quantité seulement s'écoule par le mamelon. Or, l'augmentation de la transpiration, qui se perpétue pendant long-temps après l'accouchement, tandis que les autres sécrétions ne subissent aucun changement, indique assez que la nature a choisi cette voie pour se débarrasser des humeurs superflues. Mais il ne s'ensuit pas que le lait en nature et avec toutes ses qualités physiques et chimiques passe dans le sang, et circule dans toute l'économie. Ce n'est pas ici le lieu d'examiner les questions de pathologie qui se rapportent à ce point ; elles seront traitées ailleurs. (*Voyez* LAITEUSES (maladies). La sécrétion de l'urine ne présente rien de remarquable ; son excrétion éprouve souvent de la difficulté à cause du gonflement du méat urinaire, lorsque celui-ci a été fortement comprimé par la tête du fœtus, et que cette pression a duré long-temps. Il y a ordinairement constipation, soit que cette constipation soit la suite de celle qui a souvent lieu vers la fin de la grossesse et qu'elle dépende des mêmes causes, soit qu'elle dépende de l'abondance de la transpiration et de la déperdition qui a lieu par les lochies.

Après avoir tracé le tableau de l'état des nouvelles accouchées, il convient de revenir en particulier sur les principaux phénomènes dont je n'ai pas parlé avec assez de détail : ce sont les *tranchées* et les *lochies*. Nous avons vu que les *tranchées* sont dues à la contraction de l'utérus, et quelles conditions de cet organe influent sur leur production et leur intensité ; nous pouvons, d'après cela, nous rendre compte des différences qu'elles présentent. En général, les femmes en sont exemptes à leurs premières couches, et ces tranchées deviennent de plus en plus intenses aux couches suivantes. Elles sont aussi plus intenses après un accouchement très-facile qu'après un accouchement long et un peu difficile. Cependant, lorsqu'il l'a été à un degré fort considérable, les tranchées sont souvent fort douloureuses, parce que l'utérus est tout endolori par suite de la fatigue extrême qu'il a éprouvée. Ces tranchées commencent peu d'instans après la délivrance, elles acquièrent bientôt leur plus haut degré d'intensité, et vont ensuite en s'éloignant et en diminuant jusqu'à l'époque de la fièvre de lait, où elles cessent souvent. Quand l'utérus renferme un caillot volumineux, elles deviennent de plus en plus vives jusqu'à ce qu'il soit expulsé; après quoi elles se trouvent fort diminuées. Dans quelques cas, elle se prolongent bien au delà de la fièvre de lait; elles diminuent seulement pendant la durée de cette fièvre. Les tranchées utérines se distinguent des autres douleurs, parce qu'elles reviennent à des intervalles assez grands et réguliers, que pendant la douleur le globe de l'utérus durcit, et qu'elles sont suivies de l'expulsion de quelque caillot ou d'une plus grande quantité de liquide. Lorsque l'enfant saisit le mamelon, la douleur qu'il excite dans cette partie détermine souvent aussi le développement d'une tranchée. Il est superflu de combattre le ridicule préjugé: que plus l'enfant a de tranchées, moins la mère en éprouve, et *vice versâ*.

Les *lochies* se présentent dans l'ordre suivant: immédiatement après la délivrance et l'issue du flot de sang qui l'accompagne, tout écoulement est suspendu, probablement parce que le sang qui transsude de la surface de l'utérus s'accumule dans la cavité de cet organe; mais bientôt du sang pur commence à couler. Au bout de douze à quinze heures, ce sang perd de sa consistance; sa couleur devient moins foncée; et après quelque temps, il ne s'écoule plus qu'une sérosité sanguinolente. La fièvre de lait survient quarante-huit heures après l'accouchement. L'écoulement des lochies est alors complètement suspendu, quelquefois il est seulement diminué. Lorsque la fièvre de lait est terminée, les lochies reparaissent, mais alors elles sont d'un blanc jaunâtre, et plus ou moins épaisses. Elles continuent ainsi pendant quinze jours, trois semaines, ou un mois; chez quelques femmes

qui n'allaitent pas, elles ne cessent qu'à l'époque où les règles reparaissent, ce qui a ordinairement lieu six semaines ou deux mois après l'accouchement, et ce que l'on appelle vulgairement le *retour de couches*. Les lochies, suivant leur couleur, ont été distinguées en *lochies sanguinolentes*, *lochies séreuses*, et *lochies laiteuses*, *puriformes* ou *purulentes*. Ces dernières dénominations ont été données, non-seulement en raison de la couleur de la matière excrétée, mais encore par suite de l'idée qu'on s'est faite de la nature de cette matière. Aussi les gardes disent-elles que *le lait coule par en bas* pour désigner les lochies du troisième temps. L'odeur des lochies est d'abord fade, c'est celle du sang lui-même; mais peu à peu elles prennent un caractère de fétidité particulière, que l'on retrouve toutes les fois que des caillots ou quelque autre substance se putréfie dans l'utérus ou le vagin, et qui est sûrement due à la décomposition d'une portion de la membrane caduque ou de quelque caillot. Dans ce dernier cas, les lochies prennent souvent une couleur noirâtre. Vers les derniers temps, leur odeur est uniquement celle de la mucosité qu'elles entraînent. On a comparé l'odeur des lochies à celle d'un civet de lièvre. Pour moi, je n'ai jamais trouvé d'analogie entre ces deux odeurs; mais la manière de juger les odeurs varie suivant les personnes. C'est à cette odeur des lochies qu'on attribue surtout ce qu'on appelle l'*odeur des couches*, *gravis odor puerperii*, odeur qui est plus ou moins forte, suivant qu'on entretient plus ou moins de propreté autour des nouvelles accouchées, et d'après laquelle quelques personnes assurent pouvoir juger d'un accouchement précédent. Mais à l'odeur des lochies se joint aussi celle de la transpiration et celle du lait, qui, en suintant du mamelon, imbibe les linges et s'y aigrit. Les lochies sont en général plus abondantes chez les femmes dont la menstruation est copieuse, chez celles qui ont déjà eu plusieurs enfans, ou qui font usage du régime trop nourrissant ou échauffant, et chez celles qui n'allaitent pas. Les lochies sanguinolentes se prolongent souvent bien au-delà du terme ordinaire; souvent aussi le sang, qui avait cessé de teindre la matière de l'écoulement, reparaît par intervalle, ce qui tient ordinairement à quelque écart de régime. On a vu des femmes n'avoir pas de lochies; mais malgré ces exemples très-rares, l'absence de cette excrétion ne doit pas moins inspirer des craintes, car c'est le plus souvent à quelque maladie grave, déclarée ou imminente, qu'on doit l'attribuer. Van Swieten, Joerg et d'autres médecins ont comparé la surface interne de l'utérus après la séparation du placenta et des membranes de l'œuf à une large plaie qui doit suppurer, et ensuite se couvrir d'une cicatrice. L'écoulement des lochies leur offrait l'image des fluides qui s'écoulent d'une plaie récente, et il y a en effet une analogie assez grande. Ceux qui regardaient la membrane caduque comme le produit de l'exfoliation de la membrane interne de l'utérus trouvaient dans cette circonstance une nouvelle preuve. Astruc, appliquant à la théorie de cette excrétion son hypothèse sur la menstruation, attribuait les changemens successifs de l'écoulement sanguin au resserrement progressif des orifices des sinus utérins, et l'écoulement puriforme à la lymphe laiteuse qui suintait des appendices vermiformes qu'il supposait entourer ces sinus. L'opinion la plus généralement répandue actuellement, et qui paraît la plus vraisemblable, se rapproche beaucoup de cette dernière. On pense que le sang qui s'écoule vient des orifices qui le versaient dans les sinus du placenta. En effet, ce sang sort avec beaucoup moins d'abondance, et devient de plus en plus séreux, à mesure que les vaisseaux utérins se contractent. Si la contraction de l'utérus se fait lentement, qu'il y ait *inertie* de cet organe, l'écoulement de sang augmente presque immanquablement, au point de constituer une hémorrhagie souvent très-grave. La matière, qui est ensuite excrétée est regardée comme le produit d'une sécrétion de la membrane muqueuse de l'utérus, et on y reconnait un mucus altéré analogue à celui qui est excrété dans d'autres circonstances, mucus qui, en affluant dans la cavité de l'utérus, achève de détacher, et entraîne avec lui les restes de la membrane caduque. Peut-être doit-on admettre que l'épiderme de la membrane muqueuse se sépare alors; mais si l'existence de la membrane muqueuse elle-même est si difficile à prouver que des anatomistes très-habiles se croient fondés à nier son existence, comment pourrait-on prouver la séparation et la régénérescence de cet épiderme? Les rapports qui existent entre les menstrues et les lochies donnent du poids à cette opinion. Eichèle cherche encore à la fortifier en remarquant que l'utérus, outre ses autres fonctions, exerce aussi celles d'organe sécréteur, et qu'après avoir subi un si grand développement pendant la gestation, après que sa vi-

talité a été si notablement exaltée, il est dans les circonstances les plus propres à fournir une sécrétion abondante, et que ce n'est qu'au moyen de cette sécrétion qu'il peut revenir à son état ordinaire. D'ailleurs, s'il était vrai que la cavité de l'utérus présentât alors une large surface, d'abord saignante, et ensuite suppurante, ne devrait-il pas se développer une fièvre traumatique proportionnée? Peut-être regardera-t-on comme telle la fièvre de lait? Mais cette fièvre n'est nullement en rapport avec la marche de cette prétendue plaie; elle appartient évidemment à un autre ordre de phénomènes. Comment concevoir aussi qu'une surface qui offrirait une cicatrice tant de fois renouvelée, pourrait encore être apte à exercer les fonctions qu'elle doit remplir pendant la menstruation et la gestation?

Je n'ai jusqu'à présent parlé que des phénomènes, qui appartiennent exclusivement à l'état de couches; mais en même temps que ces phénomènes ont lieu, il s'en développe d'autres qui sont relatifs à la sécrétion du lait, et dont l'exposition sera faite à l'article LACTATION. Je me bornerai à les indiquer seulement ici, pour faciliter l'intelligence de ce qui va suivre. Pendant les deux premiers jours qui suivent l'accouchement, la sécrétion du lait est peu abondante, et les mamelles n'augmentent pas notablement de volume. Après ce temps, la fièvre de lait se déclare et dure ordinairement vingt-quatre heures; les mamelles se gonflent, se durcissent; mais ce n'est que vers le déclin de la fièvre qu'elles arrivent au plus haut degré de distension. Bientôt elles décroissent, et la sécrétion du lait ou s'établit d'une manière régulière et continue, si la femme allaite, ou va en diminuant progressivement dans le cas contraire.

Régime des femmes en couches. — La connaissance exacte de l'état dans lequel se trouvent les nouvelles accouchées nous met à même d'apprécier les vues qu'on doit se proposer dans la fixation des règles diététiques qui leur conviennent, de juger ce qu'il y a de véritablement utile ou de minutieux et de superflu dans celles qu'on a généralement tracées, de ridicule et de dangereux dans certaines pratiques vulgaires, enfin d'estimer l'influence que la constitution des femmes, leur manière de vivre antérieure, les circonstances de leur grossesse et de leur accouchement doivent exercer sur l'état des organes et des fonctions pendant le temps des couches, et quelles modifications il convient de faire subir aux règles générales dans leur application aux cas particuliers. Ici, comme dans bien d'autres cas, il y a plus de préjugés à combattre, que de règles positives à établir. On a comparé la condition d'une femme en couches à celle d'une personne qui aurait reçu une grande plaie ou subi une grande opération. Cette comparaison cadrait parfaitement avec l'idée qu'on s'était faite de l'état de l'utérus. Sous certains rapports elle est assez juste, et elle ne pouvait induire en aucune erreur grave dans la pratique; mais il me semble préférable de se guider d'après des considérations plus sûres que des analogies. C'est dans cet esprit que je vais indiquer ce régime dans sa plus stricte rigueur.

Après la délivrance, on laisse la femme sur le petit lit où elle est accouchée. Elle s'y repose un peu, et se débarrasse d'une portion du sang qui, s'écoulant dans les premiers instans avec abondance, salirait les linges dont on va l'envelopper. Ensuite on fait étuver les parties avec de l'eau tiède, simple ou mêlée de vin, pour enlever le sang et les caillots qui salissent ces parties. Le vin est employé dans l'intention de les raffermir et de dissiper la contusion qu'elles ont éprouvée. On fait aussi nettoyer les autres parties qui ont été salies; puis on fait changer les vêtemens également salis par la sueur, les écoulemens, et souvent par les matières fécales, et on en fait mettre qui soient propres, bien secs, suffisamment échauffés, et en rapport avec la température de la saison. Peu importe la forme de ces vêtemens, pourvu qu'ils ne gênent aucune partie et qu'ils puissent être changés promptement et facilement. Les parties supérieures du corps doivent surtout être bien abritées de l'impression de l'air froid, pour que l'on ne soit pas obligé d'astreindre les femmes à les tenir sous les couvertures du lit. Après quoi, la femme sera transportée dans le lit où elle doit rester, lit qui sera garni d'alèzes suffisamment épaisses, et que l'on puisse changer facilement; les couvertures de ce lit ne doivent pas être plus chaudes que celles que la femme emploie ordinairement; mais pour régler ce point, il ne faut pas avoir égard à ce qui avait lieu pendant la grossesse. Alors, en effet, l'augmentation de la chaleur du corps force la femme à se vêtir plus légèrement. On entoure ordinairement l'abdomen avec un bandage de corps médiocrement serré, et les femmes attachent un grand prix à cette précaution, dans la persuasion qu'elle doit empêcher le ventre de rester trop volumineux

par la suite. Les médecins ont en vue de suppléer par ce moyen à la pression que les parois abdominales ne peuvent plus exercer sur les viscères et les vaisseaux, de prévenir l'afflux et la stase des fluides, de s'opposer à l'engorgement des parois de l'utérus et à la dilatation de sa cavité, d'obvier aux syncopes et de diminuer les tranchées. Lorsque ce bandage est bien appliqué, et qu'il ne cause ni gêne, ni douleur, je ne vois pas d'inconvénient à ce qu'on en fasse usage; mais à dire vrai, j'ai toujours vu qu'il se dérangeait promptement, et qu'il ne pouvait produire aucun effet; je n'ai pas remarqué que les femmes s'en soient trouvées plus mal. L'air de l'appartement doit être modérément chaud : trop chaud, il causerait de l'agitation, exciterait des sueurs trop copieuses, et pourrait même déterminer une hémorrhagie utérine ; trop froid, il s'opposerait à l'établissement de cette douce moiteur, si utile aux femmes en couches, et venant à frapper la surface du corps de la femme, lorsque quelque circonstance la force à en découvrir quelque partie, l'interception brusque de la transpiration produirait presque infailliblement une inflammation aiguë ou chronique, maladies si fréquentes dans le temps des couches. L'augmentation de la sensibilité indique que l'air doit être pur, exempt d'odeurs, bonnes ou mauvaises. Pour obtenir ces qualités de l'air, il convient que l'appartement où la femme est couchée soit spacieux, que les rideaux du lit soient assez écartés pour permettre le renouvellement de la portion d'air qui enveloppe immédiatement l'accouchée, que l'air de l'appartement lui-même soit souvent renouvelé, en prenant les précautions nécessaires pour que celle-ci ne soit pas frappée par l'air froid ou en mouvement pendant que l'on admet l'air extérieur. La même disposition nerveuse exige que l'on évite l'impression d'une lumière trop vive et de tout bruit violent. Il faut aussi entretenir autour d'elle la plus grande propreté. Les linges qui reçoivent immédiatement les lochies doivent être souvent renouvelés. Les parties génitales doivent être souvent étuvées avec de l'eau tiède ou une liqueur émolliente, soit pour les nettoyer de la matière des lochies qui les salit, soit pour diminuer les cuissons et l'inflammation, suite de la distension qu'elles ont éprouvée. Le lait coupé d'une décoction de cerfeuil est la liqueur que l'on emploie le plus communément à cet usage. Il convient de même de faire changer tous les jours le linge de corps, les alèzes et les draps du lit, s'ils sont salis ; mais il faut que ce changement s'opère avec toutes les précautions nécessaires pour éviter l'impression du froid.

On doit ne donner que des alimens en petite quantité, de facile digestion et qui ne soient pas excitans. Nous n'accordons ordinairement que deux ou trois petits potages par jour jusqu'à l'époque de la fièvre de lait, pendant laquelle on tient les femmes au bouillon. D'autres praticiens même ne donnent que du bouillon pendant les trois premiers jours. Eichèle attribue à la sévérité de la diète, et à ce qu'on ne met pas d'empêchement à la lactation, la rareté de la fièvre de lait chez les femmes reçues à l'institut de Wurtzbourg. Après la fièvre de lait, on augmente progressivement la quantité des alimens, jusqu'à ce que la femme ait repris sa manière de vivre habituelle. Celles qui allaitent doivent être soumises à une diète moins sévère. On n'accordera que des boissons douces et nullement excitantes. En effet, les substances échauffantes, telles que le vin chaud, sucré et aromatisé, les bouillons de perdrix, etc., dont on fait souvent encore un grand abus dans le petit peuple, ont tous les inconvéniens que j'ai reprochés à un air trop chaud, et sous l'influence de certaines constitutions épidémiques, leur usage pourrait déterminer le développement de péritonites ou autres inflammations. Ce que je dis des boissons usuelles s'applique également aux tisanes dont les accouchées doivent faire usage pour favoriser la transpiration et la sécrétion des urines. Ainsi j'ai vu souvent des symptômes graves de péritonite survenir immédiatement après l'administration d'infusions de camomille romaine ou d'absinthe, employées dans la vue de combattre des douleurs attribuées à des vents, et qui dépendaient d'un léger état inflammatoire que la diète et des boissons délayantes auraient promptement dissipé. La boisson aux repas sera, selon l'habitude et le goût des femmes, de l'eau vineuse, de la bière, du cidre léger, ou mieux encore de l'eau sucrée. Ces mêmes boissons peuvent également tenir lieu de tisanes ; mais si, pour satisfaire l'esprit de quelques femmes qui ne verraient pas dans des choses aussi simples un préservatif assez sûr contre les maladies laiteuses qui sont un épouvantail continuel pour elles, on juge à propos d'employer quelques substances médicamenteuses, il faut les choisir dans la nombreuse classe des délayans et des adoucissans. Les décoctions d'orge, de chiendent, les infusions de graine de lin, de racine de guimauve, de

fleurs de violette ou de mauve, de pariétaire, de capillaire, sont les plus employées. On prescrit souvent une décoction de chiendent dans laquelle on fait infuser de la fleur de tilleul. Les acidules conviennent également, mais seulement chez les femmes qui n'allaitent pas. Une opinion vulgaire attache une grande importance à la canne de Provence pour chasser le lait. L'emploi de cette racine presque inerte est sans inconvénient, et on peut bien l'accorder pour calmer les imaginations toujours effarouchées par la crainte des ravages du lait. La pervenche partage avec la canne la confiance de beaucoup de personnes. Cette plante ne me semble pas pouvoir être prescrite indifféremment ; en effet, j'ai observé qu'elle augmente presque constamment la quantité des lochies. Sous ce point de vue, son usage, utile dans quelques cas, peut être nuisible dans d'autres.

J'ai fait remarquer que l'excrétion des urines éprouve quelquefois de la difficulté ; pour y remédier, il suffit le plus souvent de faire exposer les parties génitales à la vapeur de l'eau chaude ou d'une décoction émolliente. Dans quelques cas cependant le cathétérisme peut être nécessaire. La constipation exige l'emploi de lavemens émolliens ou légèrement laxatifs. Souvent elle ne cesse entièrement que lorsque la femme a repris son régime et ses exercices accoutumés. Beaucoup de praticiens administrent des sels neutres pour lâcher le ventre, et aussi dans la vue de produire une dérivation sur le canal intestinal, et d'évacuer le lait chez les femmes qui n'allaitent pas. Van Swieten approuve beaucoup cet usage. Le *sel de duobus* (sulfate de potasse) est même regardé presque comme spécifique. On le donne, à la dose d'un ou deux gros, dissous dans les boissons, ou dans des lavemens. Je ne vois d'autre raison de préférence que son activité un peu plus grande, qui permet de le donner à doses moindres que les autres sels. J'ai souvent administré des purgatifs, soit par condescendance pour les idées du vulgaire, soit dans l'intention de diminuer la sécrétion laiteuse trop abondante ou trop prolongée ; mais bien rarement j'ai obtenu ce dernier effet. Enfin, c'est une pratique assez générale de purger une ou deux fois les femmes après le neuvième jour des couches. Si on négligeait de le faire, beaucoup d'entre elles ne se croiraient pas en sûreté. La diminution de l'appétit, qui a ordinairement lieu à cette époque, semble autoriser cette pratique ; mais il faut remarquer que cette diminution dépend souvent alors uniquement de ce qu'on satisfait plus largement le besoin d'alimens. Bien des fois les purgatifs, que je permettais plus que je ne les ordonnais, ont achevé de faire disparaître le peu d'appétit qui restait, et il m'a fallu prescrire un long usage des boissons délayantes et une longue diète pour remédier au mal qu'ils avaient fait. Aussi je ne les emploie que lorsqu'il y a des indications précises, et je n'ai pas observé qu'il soit résulté aucun inconvénient de cette omission. A l'article LACTATION, j'examinerai plus en détail les soins diététiques et médicaux qu'exige la cessation de cette fonction, soit que la femme n'allaite pas, soit qu'elle sèvre son enfant après un allaitement plus ou moins long.

L'état de laxité des organes génitaux exige que la femme garde le repos jusqu'à ce qu'ils aient récupéré leurs dimensions et leur fermeté. La station et l'exercice qu'elle prendrait dans cette situation, impossibles quand les symphyses sont fort relâchées, l'exposeraient dans les autres cas aux déplacemens de l'utérus. Cependant il n'est pas rare de voir des femmes du peuple se livrer peu après leur accouchement à leurs travaux accoutumés. Aussi voit-on beaucoup plus souvent des descentes de matrice et d'autres maladies graves être la suite des couches chez ces malheureuses que chez les femmes à qui leur fortune permet de prendre plus de soin d'elles-mêmes. On tient ordinairement celles-ci au lit pendant neuf ou dix jours, non que l'on attache beaucoup d'importance à cet espace de temps, mais parce qu'il est suffisant en général pour le but qu'on se propose, et parce qu'il faut offrir à l'esprit du public une règle fixe. Autrefois, pendant tout ce temps, les femmes devaient rester couchées sur le dos, et soigneusement enfermées sous les couvertures d'un lit dont on changeait à peine les garnitures. Il est facile de sentir qu'elle gêne pénible et quels autres inconvéniens résultaient de cette absurde coutume. La femme doit pouvoir changer de situation toutes les fois qu'elle le désire; il faut seulement qu'elle évite les mouvemens trop fréquens et trop grands, qui, en introduisant continuellement de l'air frais dans le lit, et en mettant la surface du corps en contact avec les parties du lit qui ne sont pas échauffées, s'opposeraient à l'établissement de la transpiration. Lorsque l'accouchée quitte le lit, elle est dans un grand état de faiblesse, suite de la fatigue de l'accouchement, des évacuations abondantes, de la diète, et peut-être aussi du séjour au

lit. Aussi ne peut-elle d'abord rester levée que peu de temps; mais ses forces reviennent bientôt. Le sommeil et la veille ne demandent d'autres considérations que celles qui sont relatives aux premières heures qui suivent la délivrance. Mauriceau et Van Swieten regardent le sommeil, auquel les femmes sont alors très-disposées, comme éminemment favorable pour dissiper la fatigue du travail, ramener le calme, et rétablir l'équilibre dans le cours des liquides. Ils combattent avec raison le préjugé qui faisait tenir les femmes dans un état de veille dans la vue de prévenir les hémorrhagies utérines que l'on a vues quelquefois produire la mort, sans qu'on ait eu le moindre soupçon du danger qui était survenu. L'excitement que produit la veille est en effet plus propre à produire les hémorrhagies qu'à les prévenir. Ce dernier médecin recommande l'usage des opiacés pour favoriser cette disposition au sommeil. Je ne crois pas que l'administration d'une petite quantité d'opium puisse être nuisible; mais je n'ai jamais vu qu'elle fût utile, et je me suis toujours dispensé d'en faire prendre aux femmes que j'ai soignées, lorsqu'elles n'offraient aucun accident qui en réclamât l'emploi. J'ai toujours permis aux femmes de se livrer au sommeil dès qu'elles étaient transportées dans leur lit; mais, pour écarter toutes craintes, j'ai exigé que l'on examinât, sans les réveiller, si le sang ne paraissait pas avec trop d'abondance, ou si l'utérus ne se développait pas d'une manière remarquable.

J'ai déjà indiqué quelques-unes des précautions que commande le développement de l'excitabilité nerveuse chez les nouvelles accouchées. J'ai peu de choses à ajouter. Il est évident qu'il faut éloigner d'elles tout ce qui peut affecter vivement soit leurs sens, soit leur imagination, soit leur moral. Les observateurs fourmillent d'exemples de maladies les plus graves, produites chez elles par des émotions légères qui auraient été sans effets dans d'autres circonstances. Il n'est pas de médecin qui ne puisse ajouter des faits nombreux à ces exemples. Dans quelques pays même les lois prescrivaient des mesures pour assurer la tranquillité des femmes à cette époque. Je ne saurais trop recommander d'éloigner d'elles les réunions un peu nombreuses. Je ne répéterai pas ce que j'ai dit de leurs inconvéniens à l'article ACCOUCHEMENT; il me suffit d'assurer que j'ai souvent vu cette cause produire de la céphalalgie, de la fièvre, une agitation qui s'opposait au sommeil, même chez des femmes accouchées depuis dix à douze jours.

Quelques femmes, dans la vue de rendre aux parties sexuelles leurs dimensions et leur fermeté premières, emploient des lotions astringentes. Les anciens livres sur les accouchemens et les maladies des femmes contiennent une foule de formules relatives à cette intention. Dans le plus grand nombre des cas, ces astringens sont inutiles. Ils ne peuvent avoir d'avantages que dans quelques cas particuliers; et même alors il ne faut les mettre en usage que lorsque les lochies ont presque cessé.

Influence réciproque des phénomènes des couches sur les maladies, et des maladies sur ceux-ci. — On ne peut pas dire qu'il y ait des maladies absolument particulières aux femmes en couches; mais la condition spéciale que présente leur économie, et qui est produite par les modifications causées par la grossesse et qui subsistent encore, par les phénomènes de l'accouchement, et par les évacuations qui existent alors, rend chez elles certaines maladies plus fréquentes, et leur imprime un certain caractère. Les nouvelles accouchées sont, plus qu'en tout autre temps de leur vie, disposées à recevoir l'impression de la constitution épidémique régnante; mais ce sont surtout les maladies inflammatoires qui sont fréquentes chez elles, et ces maladies attaquent principalement les parties qui ont été distendues ou comprimées pendant la grossesse et l'accouchement. La péritonite, l'entérite, la métrite, l'inflammation des ovaires, du tissu cellulaire du bassin, sont celles que l'on observe le plus souvent; mais on voit aussi des inflammations des organes contenus dans le thorax et dans le crâne Ces affections ont ordinairement une marche plus rapide, et une grande propension à se terminer promptement par des épanchemens séroso-purulens, ou par la suppuration; et comme elles déterminent le plus souvent la suppression de la sécrétion du lait, ainsi que des lochies, on les a long-temps regardées comme produites par le transport du lait sur les surfaces séreuses, dans le parenchyme des organes ou dans le tissu cellulaire. La suppression de sécrétions aussi abondantes que celles du lait et des lochies, qui arrive symptomatiquement dans le cours des maladies, et que l'on peut attribuer à une irritation vive fixée sur un organe autre que celui qui est le siége de la sécrétion, et dans quelques cas aussi à l'inflammation de cet organe lui-même, est tou-

jours une complication grave, et mérite une grande attention dans le traitement, quoiqu'elle ne doive pas faire la base des premières indications. Mais la suppression de ces sécrétions n'est pas toujours le symptôme d'une maladie déjà existante, elle est quelquefois la suite immédiate d'une affection de l'ame, de l'impression brusque du froid ou de toute autre cause, et elle devient alors la cause de ces mêmes maladies, et de quelques autres, telles que l'apoplexie, improprement appelée apoplexie laiteuse. Dans ce cas, c'est elle qui doit d'abord fixer l'attention du médecin, car s'il parvient à rappeler la sécrétion supprimée, il voit le plus souvent disparaître les symptômes menaçans qui s'étaient manifestés. L'interception de la transpiration donne lieu à des rhumatismes aigus ou chroniques, qui, lorsqu'ils attaquent les articulations des os du bassin, et même quelquefois les autres, déterminent souvent des dépôts dans ces articulations et la carie des surfaces articulaires. Elle produit aussi quelquefois l'inflammation des ganglions et vaisseaux lymphatiques des membres, connue sous le nom d'engorgement laiteux, et souvent l'inflammation des mamelles, que le vulgaire appelle *poil*. A ces maladies, déjà si nombreuses, il faut joindre les déchirures des organes génitaux, les déplacemens de quelques-uns d'entre eux, quelques névroses, telles que l'hystérie et la manie, qui souvent sont symptomatiques, et les maladies qui ne sont autre chose que les phénomènes mêmes de la couche portés au-delà du degré naturel, telles que les tranchées très-vives et l'hémorrhagie utérine. J'ai déjà indiqué que je me bornerais à des considérations générales; je ne pourrais les développer sans répéter ce qui sera dit bien plus à propos en traitant de chacune des affections que j'ai nommées dans le cours de cet article. *Voyez* PÉRITONITE, MÉTRITE, LAITEUSES (maladies), MAMELLES (maladies des), TRANCHÉES, HÉMORRHAGIE UTÉRINE, etc. (DESORMEAUX.)

COUCHES DES NERFS OPTIQUES, ou simplement COUCHES OPTIQUES, *thalami, seu colliculi nervorum opticorum*. On nomme ainsi deux parties du cerveau distinctes par leur forme, leur structure, l'isolement de leur surface, qui se trouve à nu dans les ventricules latéraux et dans le troisième ventricule, et avec lesquelles les nerfs optiques ont des connexions intimes, quoiqu'ils n'en tirent pas leur origine, comme on l'a cru pendant long-temps. *Voyez* ENCÉPHALE. (A. BÉCLARD.)

COUDE, s. m., *cubitus*; angle saillant

formé par la jonction du bras avec l'avant-bras. On appelle *pli du coude* l'angle rentrant qui lui est opposé, et qu'indique un pli de la peau. Ces angles, qui s'effacent dans l'extension complète du membre, correspondent aux parties postérieure et antérieure de l'articulation de l'humérus avec les os de l'avant-bras, que l'on nomme *articulation du coude*.

L'apophyse olécrâne du cubitus forme le point le plus saillant du coude. Cette apophyse est entre les tubérosités externe et interne de l'humérus, plus rapprochée pourtant de l'interne. Entre elle et cette dernière se trouvent le nerf cubital, l'anastomose de l'artère récurrente cubitale postérieure avec la collatérale interne et celle des veines correspondantes; l'intervalle qui sépare l'olécrâne de la tubérosité externe est rempli par des fibres du triceps brachial, une portion de l'anconé, l'anastomose de l'artère et des veines récurrentes radiales postérieures avec les vaisseaux collatéraux externes. Les trois saillies osseuses que présente le coude sont sur la même ligne quand l'avant-bras est étendu; mais, dans la flexion de ce membre, l'olécrâne descend au-dessous des tubérosités de l'humérus, et le tendon du triceps recouvre seul l'articulation. La peau du coude est assez épaisse, ordinairement dépourvue de poils, quoiqu'il en existe aux parties voisines du bras et de l'avant-bras, et unie aux parties subjacentes par un tissu cellulaire lâche, à l'olécrâne le plus souvent par une vraie bourse synoviale.

Le pli du coude est borné, en dedans, par la saillie des muscles fixés à la tubérosité interne de l'humérus; en dehors, par celle plus considérable que constituent le grand supinateur, le premier radial externe et les muscles qui s'attachent à la tubérosité externe; de sorte que son milieu forme une espèce de creux comparable aux creux de l'aine, de l'aisselle, du jarret. Ce creux se continue à l'avant-bras. (*Voyez* ce mot.) Il est plus apparent dans la flexion que dans l'extension. Le tendon du muscle biceps soulève la peau vers son milieu, un peu plus près de la tubérosité externe que de l'interne : la saillie de ce tendon est plus grande dans la flexion et la supination de l'avant-bras que dans l'extension et la pronation; l'expansion qu'il fournit à l'aponévrose de l'avant-bras peut également être sentie à travers la peau, qu'elle soulève même dans de fortes contractions du biceps. Plusieurs veines se dessinent sur les tégumens du pli du coude : il y en a ordinairement quatre ou cinq, savoir, la médiane, la basilique ou les deux cubitales, la médiane céphalique et la céphalique. Les cubitales ou la basilique sont sur la saillie musculaire interne, la céphalique sur l'externe, la médiane céphalique entre cette dernière saillie et le tendon du biceps; la veine médiane proprement dite est placée en dedans de ce tendon, sur son expansion aponévrotique, et plus éloignée de lui en haut qu'en bas, où elle correspond à sa face antérieure, à l'endroit où s'en détache l'expansion. On sent les battemens de l'artère brachiale entre la veine médiane et le tendon du biceps, et plus bas, sous la veine et l'expansion de ce dernier : cependant la situation de l'artère, et surtout celle de la veine, n'étant pas exactement les mêmes chez tous les sujets, cela peut offrir des différences; l'attitude et les mouvemens de l'avant-bras ont aussi quelqu'influence sur la situation relative des parties. Le nerf médian est facile à distinguer sous la peau et l'aponévrose, entre l'artère brachiale et la saillie musculaire interne. Outre ces diverses parties, dont on peut reconnaître la présence à travers les tégumens communs, la dissection montre au pli du coude, 1° des nerfs superficiels, qui sont le musculo-cutané, placé sous la veine médiane céphalique, plusieurs filets du cutané interne, ayant des rapports variables avec la médiane basilique, et un rameau sous-cutané du nerf radial, situé près de la tubérosité externe, sur la partie postérieure de la saillie musculaire qui l'avoisine; 2° les veines brachiales, accolées aux deux côtés de l'artère; 3° le nerf radial, l'artère et les veines récurrentes radiales antérieures, placés en dehors du biceps, sous le muscle grand supinateur; 4° l'anastomose de l'artère et des veines récurrentes cubitales antérieures avec les vaisseaux collatéraux internes, cachée par la saillie musculaire interne; 5° l'extrémité inférieure du muscle brachial antérieur, obliquement dirigée en bas et en dedans, et que recouvrent toutes les autres parties, spécialement, en dehors, le grand supinateur et le tendon du biceps, au milieu, l'artère brachiale, en dedans, le nerf médian et le muscle rond pronateur. La peau du pli du coude est mince, blanche, ridée en travers, et munie de follicules sébacés. Le tissu cellulaire est abondant dans cette région; il contient une certaine quantité de tissu adipeux, tant sous la peau que profondément.

On observe, au pli du coude, des abcès, des ulcères, des anévrismes vrais, mais surtout faux et variqueux, l'inflammation des

veines , etc. On y pratique l'opération de la
saignée et la ligature de l'artère brachiale. On
voit, au coude proprement dit , la fracture
de l'olécrâne.

COUDE (articulation du). On l'appelle encore
huméro-cubitale, du nom des os qui la forment
principalement. C'est un ginglyme angulaire
parfait, qui résulte du contact de la surface
articulaire inférieure de l'humérus avec les
surfaces articulaires supérieures du radius et
du cubitus. Trois éminences, de grandeur et
de forme différentes , et deux enfoncemens
intermédiaires, composent la première de ces
surfaces; trois cavités et deux saillies constituent les secondes : sur celles-ci comme sur
celle-là, les élévations et dépressions sont rangées suivant une ligne transversale. Les éminences que présente l'humérus sont la petite
tête de cet os, ou plutôt son condyle, et les
deux bords de sa poulie; les enfoncemens sont
la partie moyenne ou la gorge de cette dernière, et une rainure qui est entre elle et le
condyle. Les cavités des os de l'avant-bras
sont la cavité circulaire de l'extrémité supérieure du radius et les deux moitiés latérales
de la grande cavité sigmoïde du cubitus, les
saillies sont la ligne longitudinale qui sépare
ces deux moitiés et le côté interne du rebord
de la cavité du radius. (*Voyez* HUMÉRUS, CU-
BITUS, RADIUS.) Il résulte de cette disposition
que les os se reçoivent mutuellement pour
cette articulation; mais, en outre, la grande
cavité sigmoïde du cubitus embrasse obliquement d'arrière en avant et de bas en haut la
poulie articulaire de l'humérus. Ces os, ainsi
articulés, ne sont pas exactement sur la même
ligne, lors de l'extension du membre; l'humérus forme avec le radius et le cubitus un
angle obtus, saillant en dedans : cela dépend
de ce que le bord interne de la poulie du premier de ces os dépasse le niveau des autres
éminences qui lui appartiennent, ce qui incline en dehors la totalité de sa surface articulaire. La ligne qui indique extérieurement
le point de contact des surfaces est transversale, presque droite, en avant, et seulement
plus antérieure vers la partie interne, à cause
de la saillie de l'apophyse coronoïde , et un
peu plus élevée au niveau de la partie antérieure externe de cette apophyse : cette ligne
reste à la même hauteur en dehors et à la
partie postérieure externe, au niveau du radius; mais, en dedans et en arrière, elle remonte de chaque côté de l'olécrâne, en décrivant un arc de cercle, et n'est de nouveau
horizontale qu'au sommet de cette éminence,

qui fait une grande saillie derrière elle.

L'articulation du coude est maintenue par
quatre ligamens, un antérieur, un postérieur,
un externe et un interne; une membrane synoviale tapisse tout son intérieur, et des cartilages encroûtent ses surfaces.

Les ligamens, quoique très-distincts par
leur disposition les uns des autres, se confondent par leurs bords voisins, de manière à
entourer l'articulation circulairement. L'antérieur et le postérieur sont membraneux et
minces, surtout le second; les latéraux sont
beaucoup plus forts. Le ligament antérieur
s'attache, en haut, au-dessus des enfoncemens qui surmontent la petite tête et la poulie et au-devant des tubérosités de l'humérus,
en bas, à l'apophyse coronoïde du cubitus et
au ligament annulaire du radius; ses fibres
latérales sont obliques, les moyennes verti-
cales et séparées, en haut, par des intervalles
celluleux, qui les rendent très-apparentes. Le
ligament postérieur, fixé, en haut, au bord
de la cavité olécrânienne de l'humérus et à la
partie postérieure des tubérosités, s'attache,
en bas, au sommet et au bord externe de l'o-
lécrâne; ses fibres forment deux bandes obliques qui se confondent et se croisent en partie
en descendant l'une vers l'autre. Le ligament
externe est attaché, par son extrémité supérieure, au bas de la tubérosité externe de
l'humérus; ses fibres descendent de là en divergeant : les moyennes et les antérieures
s'unissent au ligament annulaire du radius,
tandis que les postérieures passent sur ce ligament, et parviennent au côté externe du
cubitus, où elles se fixent; ces dernières sont
confondues par en haut avec le ligament postérieur, dont les sépare, près du cubitus,
une ouverture par laquelle pénètrent des vaisseaux. Le ligament interne est plus large que
le précédent, auquel il ressemble d'ailleurs
assez bien; il naît de la tubérosité interne,
dont il embrasse toute la partie inférieure,
et se termine, d'une part, au côté interne de
l'apophyse coronoïde du cubitus, de l'autre,
au bord interne de l'olécrâne, en sorte que
ses fibres forment deux faisceaux distincts par
leur situation et leur direction : il existe entre
ces faisceaux, près de leur insertion au cubitus, une ouverture vasculaire. Le ligament
antérieur est recouvert par le muscle brachial
antérieur, le ligament postérieur par le triceps et l'anconé, l'externe par le tendon
du court supinateur, qui lui adhère intimement, surtout en arrière, et le sépare du tendon commun à plusieurs muscles de l'avant-

bras, implanté à la tubérosité externe de l'humérus ; le faisceau antérieur du ligament interne est assez fortement uni au tendon commun aux muscles fixés à la tubérosité interne, et le postérieur est en contact avec le nerf cubital, les muscles triceps et cubital antérieur.

Tous ces ligamens sont appliqués sur la membrane synoviale. Celle-ci, qui leur est unie d'une manière très-serrée, si ce n'est aux endroits où des paquets synoviaux l'en séparent, les abandonne à leurs extrémités, pour recouvrir les surfaces articulaires. Sur l'humérus, elle revêt, en avant et en arrière, avant d'arriver au cartilage, les cavités qui sont au-dessus de la poulie et de la petite tête. Du côté des os de l'avant-bras, elle ne parvient à la cavité articulaire du radius qu'après avoir tapissé le ligament annulaire de cet os, une partie de son col et la circonférence de son extrémité supérieure ; elle forme un cul-de-sac assez lâche entre le radius, d'une part, son ligament annulaire et le cubitus, de l'autre, et ne revêt pas seulement la grande, mais aussi la petite cavité sigmoïde de ce dernier, de sorte qu'elle est commune aux articulations huméro-cubitale et radio-cubitale supérieure. Cette membrane est soulevée par des paquets graisseux synoviaux vis-à-vis les enfoncemens qui surmontent la poulie et le condyle de l'humérus, ainsi qu'autour des cavités sigmoïdes du cubitus, particulièrement au sommet de l'olécrâne, dans l'échancrure qui existe au côté interne de la grande cavité sigmoïde et entre cet os et le radius ; les plus considérables sont ceux que l'on trouve sous les ligamens antérieur et postérieur, au niveau des cavités coronoïde et olécrânienne de l'humérus : des replis synoviaux se remarquent sur la plupart.

Les cartilages qui adhèrent aux surfaces sont assez épais, particulièrement sur les points saillans de la poulie et de la petite tête de l'humérus. Le cartilage du cubitus, commun aux deux cavités sigmoïdes, est interrompu dans son milieu, sur la grande, par un enfoncement transversal, excepté dans les très-jeunes sujets ; celui de la cavité du radius se prolonge sur le contour de son extrémité supérieure.

L'articulation du coude jouit d'une grande solidité, surtout en travers, par l'étendue plus grande et l'espèce d'enclavement qu'offrent, dans ce sens, les surfaces osseuses, et par la résistance des ligamens latéraux ; la disposition de l'olécrâne la rend aussi plus capable

de résister en arrière qu'en avant. Les muscles qui environnent cette articulation, principalement ceux qui occupent ses parties latérales contribuent puissamment à l'affermir. Sa solidité est la plus grande possible, dans une situation moyenne entre la flexion et l'extension, parce que les surfaces se correspondent plus exactement alors, et qu'elles s'arc-boutent mutuellement, leurs axes étant confondus.

La flexion et l'extension sont les seuls mouvemens qui se passent entre l'humérus et le cubitus : le mode de jonction de l'os du bras avec le radius permet, de plus, un mouvement de rotation. L'articulation du coude, simple quant à ses ligamens, sa synoviale, etc., est donc réellement double quant à ses mouvemens : l'articulation de l'humérus avec le cubitus constitue seule un ginglyme angulaire parfait, tandis que celle du même os avec le radius, considérée à part, est une variété de l'arthrodie, réunissant les mouvemens d'opposition bornée et de rotation, bien que les premiers n'aient jamais lieu isolément. Bichat a admis des mouvemens latéraux des os de l'avant-bras, possibles seulement dans la demi-flexion ; mais il est impossible de les produire, dans quelque attitude que soit le membre. On peut, à la vérité, quelquefois exprimer ces mouvemens à l'articulation, sur le cadavre, quand les muscles ont été enlevés ; mais on n'y parvient qu'en écartant préliminairement les surfaces, que la présence des muscles maintenait rapprochées auparavant. Ce sont ordinairement les os de l'avant-bras qui se meuvent, dans la flexion, ainsi que dans l'extension : souvent néanmoins l'humérus se meut en même temps ; dans quelques circonstances même, les os de l'avant-bras sont immobiles, et c'est l'humérus qui se meut sur eux. Dans la flexion, le radius et le cubitus glissent d'arrière en avant, sur l'humérus, ou celui-ci glisse sur eux d'avant en arrière ; l'olécrâne est éloigné des tubérosités ; la partie postérieure de la poulie et du condyle de l'humérus se place sous la membrane synoviale ; celle-ci est tendue en arrière et relâchée en avant, ainsi que les fibres qui la fortifient ; l'apophyse coronoïde s'engage dans la cavité coronoïdienne, en soulevant le paquet adipeux qui la remplit, et si la flexion est très-grande, le côté antérieur de l'extrémité supérieure du radius se loge dans l'enfoncement qui surmonte la petite tête de l'humérus : c'est particulièrement la rencontre de ces parties osseuses avec le fond des cavités qui les reçoivent, qui borne le mouvement. Cette flexion n'est pas directe, à cause de la direction de l'avant-bras par rapport au bras; le premier est porté un peu en dedans du second. Dans l'extension, le glissement des surfaces se fait en sens inverse, en sorte que l'olécrâne remonte, que c'est la partie antérieure de la petite tête et de la poulie qui se découvre, etc. : ce mouvement est borné par le contact de l'olécrâne avec le fond de la cavité olécrânienne de l'humérus, et par la tension du ligament antérieur et de la partie antérieure des ligamens latéraux; lorsqu'il est porté aussi loin que possible, l'extrémité inférieure de l'humérus devient très-saillante en avant, et soulève fortement toutes les parties situées au pli du coude. Le mouvement de rotation dont l'articulation huméro-radiale est le siége, est exécuté par le radius ou par l'humérus. Le radius tourne sur la petite tête de l'humérus, dans les mouvemens de pronation et de supination de la main, mouvemens très-fréquens et qui appartiennent spécialement à l'articulation *radio-cubitale*. L'humérus tourne sur le radius, quand, la main étant fixée, on fait exécuter au bras des mouvemens de rotation en dehors ou en dedans; il entraîne avec lui le cubitus, de sorte qu'il y a en même temps supination ou pronation de l'avant-bras : cela ne peut avoir lieu, comme on le conçoit, qu'autant que le membre est étendu.

L'articulation du coude peut être affectée de déplacemens des os par des violences extérieures, de carie des extrémités articulaires, d'inflammation de la membrane synoviale, de gonflement des os et des parties molles avec ou sans dégénération, d'hydropisie, de plaies, etc., etc. *Voyez* LUXATION, CARIE, TUMEUR BLANCHE, HYDARTHROSE, etc.

(A. BÉCLARD.)

COUDE (région du). Le coude est une région formée par la réunion angulaire des deuxième et troisième sections du membre thoracique.

Ses limites sont vaguement déterminées par la nature; ce que l'on peut dire de plus précis, c'est qu'il est formé par tous les organes qui entourent l'articulation huméro-cubitale. Cependant, pour circonscrire l'étude dans de certaines bornes et faciliter la dissection du coude, disons qu'il commence un travers de doigt au-dessus de l'épitrochlée, et qu'il s'étend jusqu'à deux au-dessous.

Cette région est remarquable par la prédominance de son étendue transversale: quelque loin que soit portée l'extension de l'avant-bras, toujours le coude forme un angle appréciable, saillant en arrière et ouvert en avant; en avant aussi, il offre une dépression triangulaire, au milieu de laquelle on sent les pulsations de l'artère brachiale; deux saillies parmi lesquelles l'externe est surtout développée, la terminent latéralement : celle-ci est formée par le faisceau des muscles externes de l'avant-bras, et l'autre par le muscle rond pronateur. La dépression triangulaire qui nous occupe, en haut est divisée en deux parties par le relief du tendon du biceps; l'une externe, est très-prononcée, et l'on y voit, à travers la peau, la veine médiane céphalique; l'autre interne, moins profonde, présente le trajet oblique de la veine médiane basilique, et est aussi remarquable par les pulsations de l'artère humérale. Ajoutons qu'en dehors la veine radiale superficielle, en dedans les deux veines cubitales, se dessinent très-bien à l'extérieur, et on aura une idée complète de cette face importante du coude.

Sur les côtés de cette région, chez les individus maigres, existent les deux saillies des condyles de l'humérus, l'interne plus prononcée et plus élevée que l'externe : chez les personnes grasses, au contraire, dans les mêmes points, se voient deux dépressions auxquelles on attache quelques idées de beauté. En arrière, on aperçoit l'olécrâne dont le niveau varie dans les mouvemens de l'avant-bras; si on le compare à celui des tubérosités humérales qui sont fixes, on trouve que dans l'extension forcée, l'olécrâne s'élève au-dessus d'elles, qu'il leur correspond dans la demi-flexion, et qu'enfin il est déjà beaucoup au-dessous dans la flexion à angle droit seulement, *à fortiori*, dans la flexion forcée. Sur les côtés de l'olécrâne, deux dépressions terminent cette face du coude; l'interne est surtout très-marquée; la pression y détermine des douleurs qui retentissent dans le petit doigt et le côté interne de l'annulaire.

Structure. — 1º *Élémens.* — L'articulation huméro-cubitale forme la base sur laquelle appuient tous les autres élémens du coude; fortifiée par quatre ligamens, parmi lesquels les deux latéraux surtout sont très-forts et très-serrés, cette articulation est constituée par l'extrémité inférieure de l'humérus, et la partie supérieure des deux os de l'avant-bras réunis par une petite articulation, qui se confond tout-à-fait avec celle-ci, et qui appartient aussi à la région qui nous occupe. La cavité qui forme du côté du cubitus cette petite articulation, est moins relevée en arrière qu'en avant. Rappelons encore que l'articulation huméro-cubitale est tellement constituée, et que le cubitus y est engrené d'une manière si serrée avec la poulie de l'humérus, qu'elle n'admet comme possible que des mouvemens de flexion et d'extension de l'avant-bras; si on examine les mouvemens isolés du radius et du cubitus sur l'humérus, on fait encore pour le cubitus la remarque qu'il peut seulement être porté dans la flexion ou l'extension; tandis qu'on s'aperçoit promptement que le radius uni avec l'humérus d'une manière peu serrée, roulerait circulairement sur lui, et même s'inclinerait latéralement, s'il n'était retenu par le cubitus, qui est immobile dans ce sens, et qui sert comme de tuteur [1]. Le triceps, le biceps, le brachial antérieur, tous les muscles externes, et les superficiels postérieurs de l'avant-bras fixés à l'épicondyle et au bord externe de l'humérus, tous les muscles superficiels antérieurs de la même région fixés sur l'épitrochlée; tels sont les organes moteurs que l'on rencontre au coude, auquel ils n'appartiennent que peu, excepté l'ancôné qui s'y trouve presqu'entièrement. L'aponévrose du coude adhère intimement aux tubérosités humérales et olécrânienne, et de là se prolonge entre les muscles auxquels elle fournit des points d'insertion, leur formant des gaînes qui seront surtout décrites à l'occasion de l'avant-bras. En haut et en avant, sur le tendon du biceps, on voit l'aponévrose du bras se continuer avec celle du coude, en infléchissant presque toutes ses fibres vers le faisceau interne des muscles anti-brachiaux, et envoyant seulement quelques filamens sur l'externe. Dans le lieu où les fibres de cette aponévrose se séparent suivant ces directions opposées, existent deux trous, l'un par lequel le nerf cutané externe sort de sa position profonde, pour se placer bientôt dans la gaîne mince de la veine médiane; et l'autre un peu au dessous, qui contient un rameau veineux anastomotique des veines superficielles et profondes. En bas, l'aponévrose du coude est singulièrement fortifiée par deux expansions: l'une plus forte, née du bord interne du tendon du biceps, se porte en bas et en dedans; l'autre plus faible, née du bord externe du tendon du brachial antérieur, se dirige sur le faisceau musculaire externe de l'avant-bras. Au niveau du creux du coude, l'aponévrose de sa face interne envoie vers la partie antérieure du tendon du muscle brachial antérieur, une lame

[1] On verra l'utilité de ces données pour concevoir les divers déplacemens dans les fractures de l'avant-bras.

qui laisse en dehors le biceps, et qui forme avec l'expansion décrite précédemment du brachial antérieur, une gaîne pour le tendon bicipital. L'artère brachiale vient se terminer dans cette région, dans laquelle par conséquent aussi commencent les artères radiale et cubitale; le tronc du bras en s'y terminant occupe le milieu du pli du coude. L'artère radiale s'en sépare, suivant le trajet d'une ligne supposée tirée de ce point, vers l'apophyse styloïde du radius; la cubitale, suivant celui d'une autre ligne, tirée toujours du milieu du pli du coude à la réunion du tiers supérieur avec les deux tiers inférieurs de l'avant-bras. Ces vaisseaux, qui traversent seulement la région, y laissent quatre branches, qui portent le nom de récurrentes *externes* et *internes, radiales* et *cubitales,* ou de l'*épicondyle* et de l'*épitrochlée* (CHAUSSIER). Il en est deux en dedans, fournies par l'artère cubitale, deux autres en dehors, l'une antérieure que donne la radiale, l'autre postérieure branche de l'inter-osseuse dorsale. Les artères grandes et petites musculaires du bras, l'artère du nerf cubital, viennent encore se terminer ici, en s'anastomosant avec les premières, de manière à former autour de l'épicondyle et de l'épitrochlée, des cercles artériels qui ouvrent des voies circulatoires collatérales de la plus haute importance. Les veines du coude sont superficielles ou profondes; celles-ci suivent le trajet des artères et sont généralement doubles pour chacune d'elles; il y a souvent néanmoins une seule veine brachiale, mais toujours deux radiales et deux cubitales. Les veines superficielles sont nombreuses et placées en avant; elles se réunissent en quatre troncs principaux dans l'état régulier: un tronc externe, est constitué par la fin de la veine radiale superficielle; un et souvent plusieurs autres internes, appartiennent aux veines cubitales superficielles, antérieure et postérieure; deux moyens enfin tout formés par les veines médiane basilique et médiane céphalique, qui résultent de la bifurcation de la petite veine médiane de l'avant-bras, et sont anastomosées largement à leur origine avec les veines radiales profondes. Les vaisseaux lymphatiques sont fort nombreux en avant et superficiellement: profondément, ils forment un petit faisceau sur chacune des artères; tous se rendent dans les ganglions axillaires, quelques-uns, les plus internes, après avoir traversé un ou deux ganglions, constamment placés au-dessus de l'épitrochlée. Au fond du creux du coude, sur l'artère brachiale ou dans son voisinage, j'ai souvent aussi trouvé un ou deux petits ganglions lymphatiques.

Les nerfs du coude sont divisés en sous-cutanés et sous-aponévrotiques ; les premiers sont, les filets du cutané interne qui dès longtemps est divisé en trois branches, puis le tronc du cutané externe qui se dégage de sa position profonde, le rameau cutané du nerf cubital dont il a été parlé, et ceux du radial. Les nerfs sous-aponévrotiques sont le médian, le cubital, et le radial qui se divise ici en deux branches, dont l'une contourne le col du radius au-dessous du court supinateur, tandis que l'autre continue le trajet du tronc.

Le tissu cellulaire est abondant en avant, et rare dans les autres points ; le sous-cutané est très-lâche en arrière, il est lamelleux et souvent remplacé par une bourse muqueuse ; ce tissu est un peu plus serré en avant, mais bien plus encore sur les côtés, au niveau des condyles de l'humérus : la graisse ne se développe guère dans le tissu sous-cutané qu'antérieurement ; sous l'aponévrose, il en existe notamment dans le creux du coude, autour des vaisseaux, et dans le fond des cavités *olécrânienne* et *coronoïdienne* ; dans ces deux derniers points elle remplit l'office de coussins élastiques. La peau est remarquable seulement par sa finesse, et même principalement en avant.

2° *Rapports.*—Toute cette région est ceinte par la peau unie aux parties profondes, 1° en arrière, par un tissu cellulaire très-lâche, ou une bourse muqueuse, 2° par un tissu cellulaire non graisseux et dense, au niveau des tubérosités humérales, 3° en avant, par un tissu cellulo-graisseux d'une densité médiocre : dans cette couche se trouvent partout des nerfs, des vaisseaux lymphatiques et des veines ; mais c'est antérieurement surtout que sont placés leurs troncs. Les nerfs sous-cutanés postérieurs sont des rameaux du radial et du cutané cubital, les antérieurs appartiennent aux cutanés externe et interne ; le nerf cutané externe passe indivis derrière la veine médiane céphalique, à laquelle il n'est pas immédiatement accolé comme le disent les auteurs ; les trois rameaux du cutané interne, après s'être divisés, enlacent au contraire la veine médiane-basilique, placés immédiatement sur elle. Ces deux veines elles-mêmes se dirigent obliquement en dedans ou en dehors pour se réunir avec les radiale et cubitale superficielles, qui sont placées plus extérieurement. L'aponévrose vient ensuite ; elle entoure toute la région comme la peau, mais elle en diffère sous le rapport des cloisons qu'elle envoie profon-

dément. L'aponévrose enlevée, les rapports devenant variables en avant, en arrière et sur les côtés, on doit successivement les suivre dans ces divers points : *en avant*, on découvre un espace triangulaire limité en dehors, par la masse charnue des muscles supinateurs et radiaux externes, masse retenue dans une gaîne où se trouve aussi le nerf radial et l'anse vasculaire antérieure de l'épicondyle ; espace limité en dedans, par le faisceau des muscles épitrochléens et spécialement par le rond pronateur bifide en haut, le grand et le petit palmaire antérieurement placés, et le fléchisseur sublime au-dessous, tous retenus dans une gaîne générale où glisse l'anse artérielle anastomotique antérieure de l'épitrochlée ; espace enfin dont le fond est formé par le brachial antérieur en haut, le fléchisseur profond et le court supinateur en bas. Le tendon du biceps sépare ce creux du coude en deux portions : l'une externe, dans laquelle passe le nerf radial et l'anse artérielle antérieure de l'épicondyle spécialement logés dans la gaîne indiquée ; l'autre interne, qui renferme, avec l'anse artérielle antérieure de l'épitrochlée, le nerf médian en dedans et l'artère brachiale en dehors. Remarquons que l'artère brachiale et le nerf précédent ne sont dans un point séparés de la veine médiane-basilique, que par l'expansion aponévrotique du biceps, mais qu'en descendant dans ce creux du coude, ils s'enfoncent en arrière, et s'éloignent par conséquent beaucoup de la veine. En arrière, l'aponévrose étant enlevée, on trouve le tendon du triceps, l'olécrâne intimement uni à l'aponévrose, et l'extrémité supérieure des muscles anconé, cubital postérieur, extenseur propre du petit doigt et extenseur commun des doigts ; enfin, *au-dessous du triceps*, l'humérus et le ligament postérieur de l'articulation, *au-dessous des quatre muscles de l'avant-bras*, l'extrémité supérieure du radius et du cubitus, et leur articulation rotatoire supérieure ; en dedans on trouve, 1° la dépression limitée par l'épitrochlée et l'olécrâne, parties auxquelles l'aponévrose adhère intimement, formant ainsi une arcade sur laquelle l'extrémité supérieure du muscle cubital postérieur se fixe en partie ; 2° au-dessous de cette arcade tendineuse le nerf cubital et l'anse artérielle postérieure de l'épitrochlée, puis le ligament rayonné latéral interne. En dehors existe la masse charnue, qui forme le côté externe du creux du coude, masse formée de dehors en dedans par le long supinateur, le premier radial externe, le second, et le court

supinateur sous lequel on trouve la branche
dorsale du nerf radial dirigée obliquement en
bas et en arrière, et presque immédiatement
appuyée contre l'os.

Développement. — Dans le jeune âge, les
tubérosités du coude sont peu marquées, l'o-
lécrâne surtout est moins élevé, d'où il suit
que l'extension peut être portée plus loin que
chez l'adulte, et, par suite, que le coude ne
forme pas à un si haut degré l'angle qui constitue le pli de cette région. A la même époque, la petite cavité sigmoïde du cubitus est
peu profonde, et le ligament annulaire du
radius en est d'autant plus étendu.

Variétés. — Lorsque la division de la brachiale est prématurée, souvent la cubitale ne
s'enfonce pas dans le creux du coude, elle
conserve à l'avant-bras sa position superficielle
sous l'aponévrose; on assure même l'avoir vue
sous-cutanée. Il sera bientôt question de ces
variétés.

Chez la femme, l'accumulation de la graisse
en avant donne au coude, plus de volume dans
ce sens; il s'arrondit plus que chez l'homme,
pour la même cause, et aussi parce que chez
elle les masses musculaires latérales ont moins
de saillies.

Déductions pathologiques et observations.—
Les plaies du coude peuvent être fort graves
surtout en avant et en dedans, lieu de position de l'artère humérale. Les simples chocs
sont très-douloureux en arrière, parce que la
peau y est immédiatement appliquée contre
l'olécrâne, qui fournit un point d'appui à la
puissance contondante; on voit de quelle importance est, pour ces cas, la bourse muqueuse
sous-cutanée; elle facilite le glissement de la
peau qui fuit et se soustrait à une déchirure
qui serait sans cela inévitable; les chocs de
l'olécrâne ou de l'épitrochlée communiquent
un ébranlement plus ou moins fort au nerf cubital placé entre elles; de là une autre source
de douleurs qui retentissent vers le petit doigt;
enfin si la violence extérieure agit plus fortement, il survient des fractures; l'olécrâne y
est surtout sujet, vient ensuite l'épitrochlée.
La fracture de l'olécrâne présente pour phénomène constant, l'entraînement en haut par
le triceps du fragment supérieur; aussi la
difficulté de maintenir ce fragment rapproché
de l'autre est extrême, si ce n'est en portant
l'avant-bras dans l'extension; toutefois, il faut
se rappeler l'angle que forme naturellement
le coude, et dans l'application du bandage,
ne pas porter l'extension trop loin, précaution
nécessaire pour donner au membre la forme

qu'il avait avant l'accident, et en même temps
pour le rendre le moins incommode possible,
si le coude s'ankylose, ce qui arrive quelquefois. L'humérus peut être fracturé immédiatement au-dessus de ses condyles; alors le
fragment inférieur très-court, fait en quelque
sorte corps avec les os de l'avant-bras, et
se meut avec eux; il se trouve balancé entre
deux forces par la traction en avant des muscles brachial antérieur et biceps, et celle en
arrière du triceps; mais la force supérieure
de ce dernier finit toujours par remonter en
haut l'olécrâne, et faire basculer le fragment
qui y tient, de telle sorte que son extrémité
supérieure se porte en avant, et l'inférieure
en haut et en arrière; de là une saillie du
coude, analogue à celle qu'on remarque dans
la luxation en arrière; mais qui en diffère parce
que dans le cas dont il est question ici, la déformation n'est pas accompagnée de changement du rapport normal des trois tubérosités.
Les luxations du coude, qu'on appelle aussi
luxations de l'avant-bras, ne peuvent guère se
faire qu'en arrière: pour que les os de l'avant-
bras se portassent en avant, il faudrait nécessairement une fracture de l'olécrâne et alors
le désordre serait extrême. La résistance des
ligamens latéraux, surtout l'engrenure des surfaces articulaires, sont de grands obstacles à
la luxation latérale, qui ne peut survenir qu'a-
près la rupture de presque tous les ligamens;
et même malgré ces circonstances favorables à
la production du déplacement, la luxation est
presque toujours incomplète.

Lors de la luxation en arrière, dans les cas
simples, la poulie de l'humérus est retenue
sur le sommet de l'apophyse coronoïde par le
tendon du muscle brachial antérieur, tendon
qui est fortement déprimé et qui lorsque la
luxation est méconnue, peut s'ossifier et former ainsi une nouvelle cavité articulaire,
comme Béclard en montrait un exemple. On
a vu aussi dans les luxations en arrière l'humérus déchirer en avant les parties molles, et
sortir au-dehors; l'artère brachiale ne saurait
guère manquer d'être déchirée dans ces cas;
la luxation du radius sur le cubitus survient
presque toujours en arrière, parce que le bord
de la cavité du dernier est moins élevé dans
ce sens; elle est fréquente chez les enfans,
chez lesquels la cavité cubitale est rudimentaire.

L'hydarthrose du coude paraît d'abord en
arrière, sur les côtés de l'olécrâne et du tendon du triceps, lieu où l'articulation est le
moins soutenue, puis ensuite la tumeur s'é-

lève entre le triceps et l'humérus. Brasdor a proposé d'amputer l'avant-bras en le désarticulant dans la région du coude, et faisant un seul lambeau antérieur; procédé calculé d'après l'anatomie du coude, puisque c'est là en effet que sont les gros troncs nerveux et vasculaires, et les masses musculaires les plus grandes; le lambeau postérieur que l'on pourrait faire serait très-maigre. Il ne faut pas perdre de vue pour cette opération, que l'articulation est placée un travers de doigt au-dessous de l'épitrochlée, qu'elle est lâche en dehors, et que là seulement on peut y entrer à *plein tranchant*. M. Dupuytren a conseillé une modification ingénieuse de la méthode de Brasdor, elle consiste à scier l'olécrâne, qui, pouvant s'ankyloser dans sa cavité humérale, fournirait un point fixe d'action fort utile au triceps. Malgré ce procédé, tous les praticiens préfèrent l'amputation du bras à la méthode de Brasdor. Park, célèbre chirurgien anglais, a le premier tenté la résection des os du coude dans le cas de carie; il a été ensuite imité en cela par Wermandois et Moreau de Bar-sur-Ornain. MM. Roux et Dupuytren ont aussi pratiqué avec succès cette grande opération. Leurs méthodes consistent toujours à attaquer le coude en arrière, lieu où les os sont plus superficiels, et recouverts de moins de parties importantes. La ligature de l'artère brachiale nécessite seulement la section de la peau, du tissu cellulo-graisseux sous-cutané, et de l'aponévrose. On évite facilement le nerf médian; il est placé en dedans et même légèrement écarté de l'artère. La phlébotomie peut être pratiquée sur toutes les veines du pli du coude; elle n'a aucun danger sur la radiale ou les cubitales superficielles; il n'en est pas de même lorsqu'on ouvre les médiane basilique ou céphalique, que l'on choisit presque toujours à cause de leur plus fort volume. La saignée de la médiane basilique faite au milieu de sa hauteur, si la lancette était profondément enfoncée, pourrait être suivie d'une piqûre de l'artère brachiale, accident très-grave; mais en ouvrant cette veine plus bas, d'après ce que nous avons vu, on ne court plus le même risque, parce que l'artère s'est enfoncée loin d'elle; disons cependant que lorsque l'artère cubitale reste superficielle, comme il a été dit, elle pourrait être piquée par un médecin inattentif; enfin les filets nombreux du nerf cutané interne peuvent être intéressés incomplètement dans cette saignée; de là de vives douleurs, qui se propagent dans la direction de ces nerfs. Les premiers accidens sauraient survenir quand on ouvre la veine médiane céphalique; des nerfs peuvent-ils être lésés dans le même cas? Cela est difficile, à moins que l'on n'enfonce très-profondément la lancette; en effet le nerf cutané externe passe bien derrière la veine, mais sans lui être immédiatement contigu, de plus il est encore simple, circonstances qui le mettent à l'abri jusqu'à un certain point; aussi toutes les fois que la chose est possible, il y a plus d'un avantage à ouvrir la veine médiane céphalique. Si l'artère brachiale avait été intéressée largement dans une plaie du coude, il faudrait la lier au-dessus et au-dessous de la lésion, parce que les anses artérielles épitrochléennes et épicondyliennes, si avantageuses dans d'autres cas pour rétablir la circulation, seraient ici par cela même une cause de reproduction de l'hémorrhagie; si, au contraire, l'artère avait subi une simple piqûre comme dans la phlébotomie, il conviendrait d'exercer sur la plaie une compression propre à arrêter l'hémorrhagie, et à déterminer la formation d'un anévrisme faux consécutif, que l'on guérirait plus tard par la simple ligature de la brachiale dans un lieu plus élevé.

(BLANDIN, ANAT. TOPOG.)

COUDE-PIED, s. m.; partie la plus élevée du *pied*, située au-devant de son articulation avec la jambe. (A. B.)

COUDE-PIED (région du). Le coude-pied est l'angle de la réunion de jambe et du pied; c'est une région qui comprend le groupe des organes qui entourent l'articulation tibio-tarsienne, et qui s'étend deux travers de doigt au-dessus et au-dessous de la malléole.

Le coude-pied est beaucoup moins aplati que le poignet, son analogue dans le membre thoracique; son diamètre transverse, pris au niveau des malléoles, égale en longueur l'antéro-postérieur.

Quatre éminences bien marquées distinguent sa surface extérieure : une postérieure appartient au tendon d'Achille; une antérieure traduit au-dehors le faisceau des tendons fléchisseurs du pied, et est plus forte pendant la contraction de leurs muscles; deux latérales, appelées malléoles, *chevilles du pied*, sont des reliefs osseux. Parmi ces deux dernières, l'interne est plus étendue d'avant en arrière, moins saillante, moins longue, et placée sur un plan plus antérieur que l'externe. Quatre enfoncemens séparent les éminences précédentes; ils sont disposés en avant et en arrière de chaque malléole, qu'ils détachent davantage; les deux postérieurs, séparés par la saillie du tendon d'Achille, sont plus prononcés que les antérieurs; les externes, plus que les internes.

Structure. — 1° *Élémens.* — L'articulation tibio-tarsienne, des tendons, une aponévrose, des vaisseaux prolongés de la jambe ou du pied, des nerfs, peu de tissus cellulaire et adipeux, tels sont les élémens qui, avec la peau, composent cette région. L'articulation tibio-tarsienne est la base qui supporte tout le reste : la poulie de l'astragale, d'une part, de l'autre, une cavité allongée transversalement, à laquelle concourent les deux os de la jambe, sorte de *mortaise* limitée par les deux malléoles, telles sont les parties osseuses de cet article. Rappelons encore avec soin, 1° que le péroné concourt à former son côté externe, et touche seulement la partie externe de l'astragale; 2° que le prolongement de cet os, qui forme la malléole externe, descend quatre lignes au-dessous du prolongement tibial opposé; 3° que trois ligamens robustes, en dehors, un seul en dedans, deux autres rudimentaires, l'un en avant, l'autre en arrière, constituent les liens articulaires; 4° que l'axe de l'articulation tombe bien plus près du bord interne du pied, que de l'externe; 5° enfin, que le diamètre transverse de la *mortaise jambière* est très-exactement égal à celui de la poulie de l'astragale. L'astragale et sa double articulation scaphoïdienne et calcanienne, appartiennent encore au coude-pied, ainsi que l'articulation péronéo-tibiale inférieure, que distingue surtout la force de ses ligamens antérieur, postérieur et moyen. On verra plus tard l'importance et l'application de ces documens. Il n'y a ici aucun muscle intrinsèque; à peine y distingue-t-on même quelques fibres charnues, les muscles de la jambe y prolongeant presque uniquement leurs tendons. En avant, on trouve les tendons du jambier antérieur, des extenseurs propre et commun, et du péronnier antérieur; en dehors, ceux des péronniers latéraux; en arrière, le tendon d'Achille, et ceux du long fléchisseur commun des orteils, du fléchisseur propre et du jambier postérieur; le petit muscle pédieux y naît en bas et en avant. L'aponévrose du coude-pied fait suite, en haut et en bas, à celles de la jambe et du pied dont elle fait partie; mais elle y a singulièrement augmenté de force : sa face superficielle présente, près de la malléole interne, une ouverture qui livre passage à une veine anastomotique; elle est intimement fixée sur les faces extérieures des malléoles, avec le périoste desquelles elle se

confond; elle est tissue de fibres transverses, ou plus ou moins obliques; deux feuillets bien distincts la constituent en arrière, ce sont ceux de la face postérieure de la jambe; sa bifoliation n'existe antérieurement qu'à la hauteur du ligament annulaire; elle présente dans certains points des faisceaux très-distincts qui retiennent les tendons : l'un antérieur, *ligament annulaire dorsal*, est oblique du tibia, vers la dépression antérieure de la malléole externe; il est formé de deux lames, dont la séparation dans trois points, concourt à former trois coulisses pour les muscles antérieurs, coulisses parmi lesquelles celle du jambier antérieur est fort mince en avant; un autre faisceau de la même aponévrose constitue le *ligament annulaire externe*; il est tendu entre le péroné et l'astragale, et forme avec l'os, une coulisse simple supérieurement, divisée en deux par une cloison inférieurement. Un troisième faisceau enfin, *ligament annulaire interne*, inséré sur la malléole interne et la partie correspondante du calcanéum, établit une sorte de pont, sous lequel passent tous les tendons profonds postérieurs, contenus dans des coulisses spéciales, toutes osséo-fibreuses, parmi lesquelles il en est une pour le long fléchisseur propre, une autre simple en haut et bifide en bas, pour les tendons réunis d'abord, puis séparés, du fléchisseur commun et du jambier postérieur. La coulisse commune est formée par le feuillet superficiel de l'aponévrose; le profond, fixé sur la malléole interne et l'astragale, établit les coulisses spéciales. Trois artères considérables, les deux tibiales et la péronnière, arrivent de la jambe dans cette région; toutes lui donnent des branches; une seule s'y termine, *la péronnière*. Les artères secondaires sont les malléolaires, et les péronnières antérieure et postérieure. Outre les anastomoses qu'ont entre elles toutes ces branches, dans le réseau qu'elles forment autour des malléoles, et dans lequel se jette l'artère dorsale du tarse, il en existe d'autres, qui font communiquer plus largement les troncs postérieurs et antérieurs, ou les premiers entre eux; ainsi, une branche constante fait communiquer la péronnière antérieure avec la tibiale antérieure, soit directement, soit par le moyen de la malléolaire externe. La péronnière postérieure s'anastomose aussi avec la tibiale postérieure (1), plus ou moins di-

(1) Cette disposition des artères tibiale postérieure et péronnière, est l'analogue de celle des artères radiale et

rectement, comme déjà il a été dit à l'occasion de la jambe. Deux veines suivent, en général, le trajet de chacune de ces artères, et sont profondes comme elles ; d'autres forment un plan sous-cutané, ce sont les deux saphènes et quelques-uns de leurs rameaux. Cette couche veineuse superficielle communique avec la profonde du coude-pied, par divers rameaux anastomotiques, parmi lesquels le plus fort, unit directement la saphène interne et l'une des veines tibiales antérieures, en passant par un trou de l'aponévrose qui a été signalé au-devant de la malléole interne. Un ganglion lymphatique, appelé *sus-tarsien*, occupe souvent la partie supérieure et antérieure du coude-pied, sur le trajet des vaisseaux tibiaux antérieurs ; les vaisseaux lymphatiques profonds et antérieurs s'y rendent ; tous les autres remontent jusqu'aux ganglions poplités. Parmi les lymphatiques superficiels, quelques-uns se rendent encore dans les derniers ganglions, en suivant la veine saphène externe ; mais le plus grand nombre accompagnent l'interne jusqu'aux ganglions de l'aine, qu'ils traversent. Les nerfs tibiaux antérieur, postérieur, musculo-cutané et saphène, dépassent cette région, et y laissent des rameaux ; les deux premiers sont profonds, les autres sont superficiels et cutanés. Le tissu cellulaire est plus abondant en arrière, autour du tendon d'Achille, qu'en avant et sur les côtés ; dans le premier point, il contient beaucoup de vésicules adipeuses ; en avant, il en contient à peine, et en est tout-à-fait dépourvu au niveau des malléoles, lieu aussi où il acquiert une grande laxité, et quelquefois même s'organise en bourse muqueuse ; des membranes de ce genre, simples ou compliquées, lubréfient les gaines tendineuses dont il a été question ; une autre, non moins constante, se déploie entre le tendon d'Achille et le calcanéum. La peau est fine en dedans et en avant, et plus dense en arrière et en dehors.

2° *Rapports.* — La peau, le tissu cellulo-graisseux sous-cutané et l'aponévrose, forment trois couches communes à tout le contour de cette région ; l'aponévrose même ne fait pas exception au niveau des malléoles, car dans ces points, elle adhère au périoste. La couche sous-cutanée contient, 1° au-devant

de la malléole interne, la veine saphène interne et le nerf du même nom ; 2° plus en avant, les branches du nerf musculo-cutané. Sur les malléoles, lieu où cette couche est fort mince, elle renferme quelques filets des nerfs saphènes correspondans, et en arrière de la malléole externe, le nerf et la veine saphènes externes.

Au-dessous de l'aponévrose et antérieurement, outre le petit muscle pédieux, on trouve, en allant du tibia vers le péroné, le jambier antérieur, l'extenseur propre du gros orteil, l'extenseur commun des orteils et le péronnier antérieur confondus, chacun renfermé dans une gaine, qui a été décrite, et qui est lubréfiée par une membrane synoviale très-humide ; près la malléole interne, au-dessous du tendon du jambier antérieur, passe le rameau anastomotique de la grande saphène et des veines tibiales antérieures. Celles-ci, avec l'artère et le nerf du même nom, sont placés au-dessous de la gaine de l'extenseur propre du gros orteil, dont elles croisent la direction, tandis que la péronnière antérieure est cachée par celle de l'extenseur commun. Toutes ces parties appuient sur les os de la jambe, le ligament antérieur de l'articulation tibio-tarsienne, et la partie supérieure du col de l'astragale.

En arrière, l'aponévrose enlevée, on découvre une gaine superficielle particulière au tendon d'Achille, tendon lubréfié en bas et en avant, par une bourse muqueuse, et enveloppé en avant et sur les côtés, par un peloton adipeux considérable, dans lequel se ramifient simultanément l'artère péronnière postérieure et des filets du nerf saphène externe ; vient ensuite le feuillet profond de l'aponévrose, appuyé, 1° sur les muscles long fléchisseur propre du gros orteil en dehors, fléchisseur commun des orteils au milieu, et jambier antérieur en dedans ; ces deux derniers se croisant un peu au-dessus de ce point, de manière à ce que le long fléchisseur commun passe en arrière du jambier postérieur ; 2° sur les vaisseaux et nerfs tibiaux postérieurs, logés dans une gaine propre, intermédiaire à celles du long fléchisseur commun des orteils et du fléchisseur propre du gros ; 3° sur les vaisseaux péronniers postérieurs.

Ces parties recouvrent profondément la face postérieure du tibia, du péroné, de l'articulation péronéo-tibiale inférieure, le ligament postérieur de l'articulation tibio-tarsienne, et la face postérieure de l'astragale.

cubitale, au-devant du poignet, sous le carré pronateur. C'est la partie postérieure d'un cercle vasculaire complété, en avant et sur les côtés, par les artères malléolaires, anneau qui reproduit ici le bracelet artériel du poignet.

Latéralement, l'aponévrose, confondue avec le périoste des malléoles, ne laisse aucun espace entre elle et ces éminences ; mais, plus bas que ces dernières et en arrière, on trouve l'anastomose des vaisseaux malléolaires et plantaires, des tendons contournés, logés de chaque côté dans une coulisse, qui d'abord était simple, mais qui dans ce lieu devient bifide, et recouvre les ligamens latéraux de l'articulation tibio-tarsienne, ainsi que les faces correspondantes de l'astragale. Ces tendons *en dedans* sont ceux du jambier postérieur, qui marche parallèlement au bord interne du pied, et du long fléchisseur des orteils, qui s'enfonce sous la voûte calcanienne ; *en dehors,* ceux des péronniers latéraux, le court se dirigeant parallèlement au bord interne du pied, et le long s'enfonçant bientôt au-dessous du cuboïde.

Développement.—La région tibio-tarsienne, chez l'enfant, est très-faible ; la malléole externe prolongée et épiphysaire ne remplit qu'à demi ses fonctions ; de là l'impossibilité première, puis ensuite pendant long-temps, la vacillation de la station et de la marche.

Variétés. — Ce point est le siége d'un grand nombre de variétés musculaires et vasculaires ; presque toutes ont été notées à l'occasion de la jambe ; c'est dans ce point, par exemple, que souvent commencent les dispositions anormales des artères tibiales et péronnière. Ajoutons que nous avons vu plusieurs fois l'artère malléolaire externe fournir la pédieuse ; alors on ne trouvait pas cette dernière dans la position signalée, mais elle était reportée beaucoup en dehors, sous l'origine du muscle pédieux.

Usages. — Le coude-pied supporte le poids de tout le corps, et le transmet immédiatement à la dernière section du membre. Son mécanisme, dans cette transmission, est fort important et fort curieux ; d'une part, sa position, au-dessus du lieu où le bord interne du pied porte à faux sur le sol, et, de l'autre, la longueur de la malléole externe, placent le pied entre deux puissances égales et opposées, qui se détruisent réciproquement, dans l'état normal : l'une le porterait continuellement dans la rotation en dehors, sans la résistance de l'autre, qui agit en sens inverse. Détruisez cet équilibre, ou supposez-le détruit par une maladie, la déviation du pied, suite de sa rotation, devient inévitable. Dans la marche, cette région devient le point du levier du pied où s'applique la résistance à mouvoir. On conçoit alors l'importance de l'in-

sertion perpendiculaire du tendon d'Achille, et celle de la saillie postérieure du calcanéum. Des mouvemens de flexion, d'extension, d'adduction, d'abduction et de circumduction, se passent dans le coude-pied ; les premiers sont exclusivement du ressort de l'articulation tibio-tarsienne ; les seconds appartiennent seulement aux articulations astragalo-calcanienne et scaphoïdienne. On conçoit d'autant moins que quelques anatomistes aient dit que l'articulation tibio-tarsienne permet des mouvemens latéraux, que leur production empêcherait le mécanisme du coude-pied, et celui du pied. Dans les mouvemens latéraux, ou d'adduction et d'abduction, le pied est balancé dans cette région, par deux ordres de muscles opposés, les jambiers antérieur et postérieur d'une part, les péronniers de l'autre ; muscles qui doivent se faire équilibre, pour que le mécanisme du coude-pied s'accomplisse régulièrement ; on verra plus bas l'application de ces faits à l'état pathologique.

Déductions pathologiques et opératoires. —Les lésions de cette région sont communes ; ce qui découle naturellement de ses usages violens, pendant les efforts pour porter un lourd fardeau, pour sauter, etc. On a, dit-on, vu s'y rompre le tendon d'Achille ; sa force extrême doit néanmoins rendre cette lésion fort rare ; on concevrait assez facilement, chez l'enfant, qu'il se détachât du pied avec la partie postérieure du calcanéum, qui est constituée par une épiphyse dont la soudure se fait tard. Le tendon d'Achille peut bien plus facilement être divisé dans les plaies ; dans tous ces cas, au reste, on sent de quelle importance il est de bien affronter ses deux bouts, pour avoir une cicatrice étroite, circonstance qui peut seule être regardée comme une guérison parfaite, puisque, dans ce seul cas aussi, les mouvemens n'ont rien perdu de leur force. On sait les divers appareils qu'ont imaginé, dans ce but, les chirurgiens. Les blessures des artères tibiales et péronnière pourraient compliquer les plaies de cette région ; leur ligature n'offre rien de particulier qui n'ait été dit à l'occasion de la jambe. Dans une chute, ou seulement pendant la marche, si le pied ne porte pas à plat sur le sol, il roule latéralement dans la région qui nous occupe ; si cette rotation n'est pas portée loin, elle ne produit pas d'accidens ; mais si elle est très-étendue au contraire, une douleur très-vive et d'autres symptômes plus ou moins graves se manifestent. Le mécanisme de leur production explique la dénomination générale d'*entorse*, donnée à la lésion elle-même. La rotation anormale, cause de cette maladie, peut se faire en dedans, ou en dehors, d'où la distinction des entorses, en externes et internes. Pour concevoir le mécanisme de l'entorse, il faut se rappeler la nature serrée des articulations tibio-tarsienne, astragalo-calcanienne et scaphoïdienne, et leur mécanisme. Lorsque le pied se porte dans l'adduction ou l'abduction, les articulations dernières, dans l'état normal, sont le centre du mouvement ; mais si une violence vient à forcer celui-ci au-delà de ses bornes naturelles, la tibio-tarsienne avec elles devient aussi le centre des mouvemens morbides ; dans l'entorse la plus simple, les ligamens sont seulement un peu froissés, ils se rompent dans un cas déjà plus compliqué ; des luxations, des fractures, peuvent d'autres fois être produites; Plusieurs raisons concourent à rendre rare l'entorse externe, en même temps qu'elles expliquent la fréquence de l'interne : le nombre des ligamens latéraux, la longueur de la malléole externe, et la tendance continuelle du pied à se porter dans l'abduction pendant la station, tendance dont nous nous sommes rendu compte, par la position interne du coude-pied, au-dessus de la concavité du bord interne de la dernière section du membre. L'entorse est toujours grave, parce que la rupture, ou au moins le froissement des liens articulaires du coude-pied, s'oppose à son mécanisme, empêche la marche et la station, et aussi parce qu'elle expose à une foule de lésions plus ou moins profondes des articulations de cette région. Pressées de dedans en dehors par l'astragale, les malléoles peuvent être rompues dans les grandes entorses. Le tibia ne saurait être fracturé au-delà de la malléole interne, à l'occasion de la seule rotation forcée du pied ; il n'en est pas de même du péroné ; ce qui tient à sa faiblesse plus grande, et à la flexibilité qui résulte de la première disposition ; voici, au reste, le mécanisme de la production de la solution de continuité qui survient ; rarement elle a lieu dans l'entorse externe, cependant on l'observe quelquefois ; alors l'astragale pressant de dedans en dehors la malléole péronnière, les ligamens latéraux péronéo-tarsiens cèdent, le péroné exécute dans son articulation péronéo-tibiale inférieure un mouvement de bascule, par lequel le sommet de la malléole se porte en dehors, tandis qu'il se courbe au-dessus du coude-pied, et ne tarde pas à se rompre. Le plus souvent, la fracture du pé-

roné survient, comme on l'a très-bien remarqué, pendant l'entorse interne qui est aussi plus commune, pour des raisons déjà indiquées ; alors le mécanisme de sa production est bien différent. L'astragale, qui tend à se porter en dedans, produit la distension, quelquefois même la rupture du ligament latéral interne, tandis que les ligamens externes ne souffrent en rien ; la malléole péronnière arc-boute bientôt par sa pointe contre la face externe du calcanéum, qui la repousse en haut ; mais la solidité des articulations péronéo-tibiales s'opposent à cette ascension, et l'os, seulement courbé dans un point, se fracture bientôt. Dans toute fracture du péroné, le fragment inférieur, tiraillé vers le tibia, comme il a été dit à l'occasion de la jambe, exécute un mouvement de bascule, par lequel la malléole externe est éloignée en dehors de l'interne ; le diamètre transversal de la mortaise jambière s'accroît, et ne se trouve plus en rapport avec celui de l'astragale, la malléole externe ne soutient plus cet os, et l'équilibre se trouve détruit entre les deux puissances qui dans l'état normal s'opposaient à la rotation du pied. De là des mouvemens de latéralité, qui seulement alors se passent dans l'articulation tibio-tarsienne, toutes les fois que le pied appuie sur le sol, mouvemens qui empêchent la station. Pour guérir la fracture du péroné, il faut ramener la malléole à sa distance accoutumée de l'interne, en contre-balançant l'action des puissances de déplacement, et en faisant basculer la malléole externe de dehors en dedans ; pour cela, beaucoup de chirurgiens se contentent d'appliquer l'appareil ordinaire des fractures de la jambe, en remontant l'attelle interne, et descendant très-bas l'externe, de manière à comprimer la malléole de ce côté. M. Dupuytren emploie un appareil, dont l'action est fondée sur la très-grande résistance de l'appareil ligamenteux de l'articulation tibio-tarsienne en dehors, et sur l'intégrité des ligamens péronéo-tarsiens dans la plupart des fractures du péroné. Ce professeur exerce, sur le sommet de la malléole, à l'aide des ligamens latéraux externes, une traction de dehors en dedans, en portant et fixant le pied dans l'adduction. Ce moyen fort ingénieux ne saurait pourtant convenir à tous les cas, notamment aux fractures produites, comme on l'a vu dans les entorses externes, et compliquées de la rupture, ou au moins de la distension des ligamens latéraux externes. Le premier appareil, que nous avons vu constamment employer avec succès par MM. Roux et Boyer, et que nous avons mis nous-mêmes en usage, est, au contraire, d'une application universelle. Dans les distensions violentes du coude-pied, il n'est pas très-rare d'observer la rupture des liens qui unissent l'astragale au calcanéum, la rotation du premier de ces os sur son axe, et sa luxation double sur la jambe et le calcanéum, maladie très-grave, qui a nécessité souvent l'extraction de l'astragale luxé, mais que pourtant on a pu aussi quelquefois guérir par des moyens plus doux, par la réduction des parties déplacées. Les luxations ordinaires du pied, dans l'articulation tibio-tarsienne, ont toujours un caractère fâcheux, à cause de la rupture des ligamens, circonstance aussi qui rend très-facile la réduction. L'hydarthrose du coude-pied est fort commune : elle se traduit à l'extérieur par deux tumeurs, placées au-devant des malléoles ; lieux en effet où l'articulation est le plus superficielle et le moins fortement soutenue. Les tumeurs blanches du coude-pied ne présentent rien de particulier. Il n'est pas rare de trouver des tumeurs synoviales sur les malléoles, chez les individus qui portent des chaussures élevées et étroites ; on voit en effet souvent le tissu cellulaire lâche de ces points, s'organiser en bourse muqueuse sous l'influence d'une pression long-temps continuée. D'autres fois les petites bourses muqueuses qui ont été signalées autour des tendons en sont le siège précis. Il est plus rare de voir un véritable ganglion formé par l'accumulation de la synovie, dans la bourse muqueuse du tendon d'Achille. M. Roux a proposé, pour la résection des os de la jambe dans cette région, une méthode ingénieusement combinée d'après la structure de celle-ci : elle consiste à attaquer les os en dedans et en dehors, et à prolonger les incisions nécessaires en avant, mais seulement jusqu'au faisceau des tendons fléchisseurs, qu'il importe de ménager. L'extirpation du pied, bien qu'indiquée par Hippocrate (1) comme peu grave, ne doit point être pratiquée, d'abord parce qu'elle laisserait à nu une surface osseuse très-large, que l'on pourrait à peine recouvrir avec des lambeaux formés seulement par la peau et quelques tendons ; et, en second lieu, parce que toute la partie inférieure de la jambe gênerait dans l'application d'un moyen artificiel convenable ; la région du coude-pied est quelquefois le centre de la déviation du pied, dans le vice de

(1) Hippocrate, de Articulis.

conformation connu sous le nom de *pied-bot*, dans lequel, comme Scarpa l'a fort bien démontré, il n'y a pas luxation, mais seulement rotation des os suivant leur plus petit axe ; le plus ordinairement pourtant, comme l'observe le célèbre professeur de Pavie, l'astragale ne participe pas à la rotation. Cependant, sur un sujet que nous avons disséqué à l'hôpital des enfans malades, et qui portait deux pieds-bots par déviation interne bien marquée, d'un côté, l'astragale avait sa position normale, de l'autre, il avait tellement roulé qu'il était en rapport avec le tibia par sa face interne. Au reste, abstraction faite des autres causes qui n'ont rien d'anatomique, la faiblesse des muscles latéraux externes ou internes du coude-pied, par le défaut d'équilibre qui en résulte, constitue une cause commune de cette maladie, sur laquelle le charlatanisme a si souvent bassement spéculé.

(BLANDIN, ANAT. TOPOG.)

COUENNE, s. f. C'est le nom sous lequel on désigne un vice originaire de conformation de certaines parties de la peau, qui consiste en ce que ces parties forment des plaques saillantes, brunes, et couvertes de poils plus ou moins raides, caractères qui leur donnent quelque analogie avec la peau du cochon.

Dans quelques circonstances, il se forme à la surface du sang tiré par la phlébotomie, et plus ou moins long-temps après qu'il a été déposé dans le vase, une couche grisâtre ou bleuâtre, qui perd peu à peu sa transparence, et acquiert plus ou moins d'épaisseur et de consistance dans l'espace de quelques heures. Cette couche, à laquelle on donne aussi le nom de *couenne*, adhère immédiatement au caillot. D'après la description qu'en ont donnée Parmentier, Deyeux et Ratier, on voit qu'il existe une grande analogie entre elle et celle qui se forme à la surface du lait exposé au feu. En effet, au moment de sa formation, elle semble être composée de filets plus ou moins longs et élastiques, qu'il est facile de saisir et d'isoler avec la pointe d'une aiguille, mais qui, à l'instant où le caillot se forme tout-à-coup, s'unissent ensemble, et donnent ainsi naissance à une pellicule qui ne tarde pas à acquérir plus ou moins de densité.

Il paraît donc que la couenne du sang n'est autre chose que la surface du caillot lui-même, modifiée par l'action de l'air qui la frappe et la dessèche en quelque sorte. Plus elle est mince et molle, moins son tissu se rétracte, et plus aussi le caillot reste long-temps adhérent aux parois du vase ; mais quand elle a plusieurs lignes d'épaisseur, elle se resserre de la circonférence vers le centre, devient concave, et fait que le caillot se détache bien plus tôt que dans le cas précédent. Au reste, son tissu est tantôt ferme, homogène, serré et très-élastique, tantôt aussi mou, gélatineux et tremblotant. Quant à sa couleur, elle varie du blanc au blanc-jaunâtre, au jaune, au gris, et au vert ou verdâtre. Il est assez difficile d'expliquer ces nuances diverses, puisque la zoohématine étant soluble, elle ne se dépose jamais qu'entraînée par la fibrine au moyen de l'affinité, et que la couenne est composée presqu'entièrement de fibrine. En effet, Deyeux et Parmentier ont reconnu qu'elle se comporte à peu près de la même manière que cette dernière, et qu'elle en offre la plupart des caractères; mais elle contient de plus, suivant Vauquelin et Thénard, de l'albumine à l'état concret, ce qui la rapproche beaucoup, sous le point de vue de sa composition chimique, des fausses membranes qu'on voit se développer dans un si grand nombre de maladies inflammatoires. Berzélius enfin pense, et son opinion paraît devoir réunir tous les suffrages, qu'elle contient, selon les circonstances, tous les principes élémentaires qu'on trouve dans le caillot, et que du nombre ou des proportions de ces principes, dérivent les variétés qu'elle offre dans ses qualités physiques.

La couenne du sang a été un sujet d'interminables controverses pour les praticiens, et plus encore pour les théoriciens. Les anciens la considéraient comme un signe caractéristique de l'état inflammatoire du sang, et ils citaient à l'appui de leur opinion qu'on l'observe à peu près constamment dans les inflammations des viscères contenus dans la poitrine. Mais peu à peu cette opinion a été abandonnée, et parmi les solidistes de nos jours, il en est peu qui ne la relèguent au nombre des chimères dont les humoristes se sont bercés. Cependant il faut, en toute matière scientifique, isoler avec soin ce qui se rapporte aux faits et ce qui n'a trait qu'aux opinions. Sans doute il paraît tout-à-fait oiseux de rechercher aujourd'hui si la formation de la couenne du sang est due à la gêne de la respiration, à l'accélération du mouvement circulatoire, à l'accroissement de la plasticité du sang ou bien au surcroît de fluidité de ce liquide, à une cachexie couenneuse, à un acide, à un alcali; une pareille recherche serait indigne du siècle où nous vivons. Quelqu'ingénieuses que soient les analyses chimiques que l'on puisse faire

de cette substance, il est probable qu'elles n'apprendront rien sur sa cause prochaine, si par là on entend la modification moléculaire de laquelle elle résulte; car la chimie ne peut rien nous apprendre sur l'action moléculaire vitale. Ne suffit-il pas de déterminer dans quelles maladies on observe la couenne du sang, pour en évaluer la valeur sous le rapport du diagnostic et du pronostic, seuls points de vue sous lesquels il soit important de l'envisager.

Or, s'il est vrai qu'on ait observé cette couenne sur le sang des femmes grosses, des hommes fatigués par une longue marche, de quelques personnes qui, au printemps, se faisaient saigner par précaution, des soldats bivouaquant par un temps froid, on aurait tort d'en conclure que sa présence n'annonce point une inflammation ou une disposition inflammatoire. Cette disposition existe en effet chez les femmes enceintes phéthoriques, à la suite des grandes fatigues, au printemps chez les sujets doués d'un appareil circulatoire énergique, et chez les hommes robustes exposés à l'action du froid.

Ce qui a fait croire que la couenne était un signe trompeur qui n'annonçait point l'inflammation, c'est qu'on l'a observée sur du sang tiré chez des fébricitans dont la maladie était attribuée à la faiblesse, chez des scorbutiques, dans lesquels on ne veut voir qu'asthénie. Mais aujourd'hui que la nature inflammatoire de la plupart des fièvres est presque généralement adoptée, que celles même qu'on attribuait à la putridité prétendue des humeurs sont reconnues pour être l'effet, au moins dans la plupart des cas, de l'inflammation des organes digestifs, on ne doit plus s'étonner que le sang tiré dans ces maladies offre la couenne *phlogistique,* comme celui que l'on extrait des veines dans le cas d'inflammation incontestable de la plèvre ou du poumon. Personne n'a encore fait cette remarque, parce qu'aujourd'hui on tire peu de sang avec la lancette dans les inflammations des membranes; mais il est certain que, bien loin de mépriser les observations des anciens sur la substance dont il s'agit, on doit, au contraire, admirer la sagacité qui les ramenait sans cesse vers la véritable nature des maladies, alors même que leurs théories défectueuses les en éloignaient. Il nous semble donc que Guersent n'a pas été assez loin en admettant avec Sydenham, Boerhaave, Van Swieten, Stoll, Cullen, Macbride, Grimaud, Bordeu et Giannini, que la densité de la couenne et celle de la surface du caillot doivent être rangées au nombre des signes généraux des phlegmasies. On doit, selon nous, considérer la couenne elle-même comme l'indice avéré d'une phlegmasie, ou tout au moins d'une disposition marquée à l'inflammation.

Nous ne prétendons pas nier que la couenne ne soit souvent d'autant plus épaisse que l'on répète davantage la saignée; que le contraire a lieu quelquefois dans la même circonstance; que l'on peut cesser de la voir se manifester, tandis qu'elle se forme de nouveau tout-à-coup, peu de temps après, si on pratique une nouvelle saignée; enfin, qu'elle ne se forme souvent point sur les dernières palettes, où même indistinctement sur l'une ou sur l'autre; qu'elle se forme d'autant mieux que le jet est plus gros et plus rapide, qu'elle est d'autant plus épaisse en général que le vase est plus étroit et plus profond; mais on sait que la température et l'action de l'air exercent peu d'influence sur sa production, ce qui tend à prouver qu'elle est due à un reste de vitalité dans le sang tiré hors des vaisseaux qui le contenaient. Toutes ces variétés démontrent que ce phénomène, comme tous ceux de l'économie animale, est sujet à une infinité de différences plus ou moins notables qui le rendent plus ou moins manifeste, plus ou moins important, mais qui ne vont jamais jusqu'à l'anéantir complètement et rendre inutile l'étude qu'on doit en faire.

L'objection qui, au premier abord, semble être la plus forte, est celle-ci : la couenne n'a pas lieu dans certains cas d'inflammation bien prononcée et non équivoque de la plèvre ou des poumons, par exemple; mais les exceptions ne sauraient infirmer la règle, elles la confirment au contraire. Il résulte de là seulement que la formation de la couenne n'est pas plus constante que la plupart des autres signes de l'inflammation, ce qui n'en infirme pas l'importance lorsqu'elle a lieu.

L'aspect de la couenne du sang offre de nombreuses variétés, sous le rapport du volume, de la couleur, de la consistance et de l'épaisseur, qui n'ont point encore été observées avec tout le soin requis : on a dit vaguement qu'elle était jaunâtre dans la péripneumonie biliaire, mince, molle, diffluente et verdâtre dans les maladies putrides, blanche, rosée, épaisse, dense, rétractée, concave à sa surface dans les inflammations franches; mais tout est à refaire sous ce rapport. Ainsi, nous ne recommanderons pas, comme on le faisait jadis, de saigner dans les maladies jus-

qu'à ce que la couenne ne se manifeste plus, parce que ce conseil pourrait devenir pernicieux dans beaucoup de cas, mais nous engagerons les praticiens à observer sur de nouveaux frais ce phénomène de l'état inflammatoire, phénomène qui mérite d'autant plus d'attention qu'il est du très-petit nombre de ceux qui peuvent nous fournir quelques lumières sur l'état morbide des humeurs. On sait combien cette partie de la science des maladies est peu avancée. Cette lacune paraît d'autant mieux aujourd'hui, qu'on a fait justice de toutes les hypothèses mensongères qui la dérobaient aux regards. (DICT. ABRÉGÉ DE MÉD.)

COULEURS (PALAIS). *Voyez* CHLOROSE.

COULISSE, s. f.; enfoncement en forme de gouttière pratiquée sur un os, et servant au glissement d'un tendon, ordinairement tapissé par un périoste lisse, et comme cartilagineux.

COUP, s. m., *ictus*; effet produit par le choc de deux corps. Cette expression est prise en médecine dans plusieurs sens.

COUP, synonyme de percussion; c'est une des causes les plus fréquentes des contusions, plaies, luxations, fractures.

COUP DE FEU, plaie produite par une arme à feu. *Voyez* PLAIE.

COUP DE MAITRE; manière particulière de pratiquer le cathétérisme, qui consiste à introduire la sonde de sorte que sa convexité regarde le ventre du malade, et à lui faire exécuter ensuite un demi-tour vers l'aine droite, lorsque son extrémité est parvenue sous la symphyse du pubis. *Voyez* CATHÉTÉRISME.

COUP DE SANG, *sanguinis ictus*. Par un concours de phénomènes dont Wepfer a expliqué d'une manière très-satisfaisante l'influence mutuelle et l'enchaînement réciproque, il arrive que la circulation du sang se trouve tout-à-coup empêchée dans les vaisseaux de l'encéphale et de ses enveloppes, d'où résulte cette espèce de congestion à laquelle nous réservons exclusivement le nom de *coup de sang*.

Plusieurs organes éprouvent sans doute des congestions analogues. Sous ce rapport, il pourrait paraître convenable, au lieu de donner une définition restreinte à un cas particulier, d'en adopter une générique. Nous répondrons à cela que l'existence de ces mêmes congestions et surtout les symptômes qui les caractérisent, présumés plutôt que réellement connus, sont très-loin d'être exactement décrits; qu'ainsi il sera temps d'étendre la signification du terme *coup de sang*, lorsque les progrès de la science en feront sentir la nécessité. A plus forte raison devons-nous refuser de l'appliquer à diverses affections qui l'ont assez généralement reçu; telles sont les suffusions sanguines que l'on observe quelquefois dans les conjonctives, dans les paupières, sur différens points de la peau, etc. Ordinairement déterminés par de violens efforts, comme ceux du vomissement, ces accidens ont d'autres fois lieu sans cause appréciable. Mais il y a là plus qu'un simple engorgement des vaisseaux; il s'est évidemment fait une extravasation de sang, une véritable hémorrhagie. (*Voyez* ce mot.) On y voit le premier degré de ce qui arrive dans des cas plus graves, lorsque le tissu de nos parties se déchire spontanément, genre de lésion auxquelles certains organes sont spécialement exposés, par exemple le cerveau (*voy.* APOPLEXIE): ensuite le poumon, dont les déchirures spontanées ont été désignées par plusieurs médecins, notamment par M. Laennec, sous le nom d'*apoplexie pulmonaire*. Hormis pour ces deux organes, de pareilles affections n'ont guère reçu de dénomination particulière. Par cette raison il sera traité de toutes, celles du cerveau exceptées, au mot HÉMORRHAGIE, et sous le nom des organes ou des tissus dans lesquels on a pu les observer. Maintenant revenons à la congestion cérébrale, que l'on reconnaît aux symptômes suivans.

Les individus qu'elle atteint sont en général sujets à éprouver des vertiges. Un de ces accidens, devenant plus fort, leur fait perdre instantanément toute connaissance, et arrête en même temps les mouvemens volontaires. Presque toujours alors la face est rouge, vultueuse, et offre les principaux caractères désignés par les auteurs comme indiquant l'apoplexie sanguine. Le pouls est ordinairement fort, plein, développé, modérément fréquent; la respiration libre, très-rarement stertoreuse. Au bout de cinq ou six heures au plus tard, mais dans la grande majorité des cas beaucoup plus tôt, le malade recouvre la connaissance. Le plus ordinairement il commence, dès ce moment, à se plaindre de douleur de tête, souvent accompagnée d'obscurcissement de la vue, de gêne dans l'articulation des mots, de faiblesse et de fourmillement tantôt dans tous les membres, tantôt d'un seul côté, qui quelquefois est paralysé presque complètement. Quelques heures plus tard, ces mêmes accidens ont déjà beaucoup perdu de leur intensité; enfin, il est rare de ne pas les voir se dissiper complètement au bout de six ou huit jours.

Divers auteurs, notamment MM. Bricheteau et Moulin, ont prétendu que la simple congestion des vaisseaux du cerveau pouvait, à elle seule, amener la mort. Toutefois ils sont loin d'avoir établi leur opinion sur des preuves convaincantes. En effet, on ne peut reconnaître pour telles trois exemples de congestion cérébrale rapportés par le premier de ces médecins (*Journ. supplém.*, octobre 1818), puisque dans tous, la congestion sanguine se trouvait compliquée au moins avec une maladie grave, l'anévrisme du cœur; et que de plus, le second malade avait une péripneumonie, et le troisième, outre cette maladie, une entérite assez étendue. Assurément, lorsqu'il existe déjà des altérations intérieures considérables, il est aisé de concevoir qu'une forte congestion du cerveau peut, en arrêtant médiatement et d'une manière plus ou moins complète les fonctions des autres organes principaux, les mettre dans l'impossibilité de jamais les reprendre : mais quand il n'existe aucun désordre dans l'organisme, les choses se passent bien différemment. Par suite de la compression du cerveau, il s'établit un collapsus général sous l'influence duquel l'engorgement des vaisseaux ne tarde pas à se dissiper. L'organe comprimé revient bientôt à ses fonctions, et exerce sans obstacles son action sur les autres. D'ailleurs, rien n'autorise à admettre que la congestion cérébrale, étant seule, peut déterminer la mort en quelques instans, lorsque, réunie à un épanchement considérable, comme cela a lieu fréquemment dans les fortes apoplexies, elle ne la produirait cependant qu'au bout d'un temps en général assez long. D'après ces motifs et d'autres qu'il serait possible de faire valoir, nous nous croyons autorisés à regarder le coup de sang comme une affection *toujours légère de sa nature*.

La promptitude avec laquelle ses symptômes disparaissent, et surtout cette particularité de ne jamais produire de paralysie prolongée, forment un caractère des plus saillans, qui doit nécessairement le distinguer des autres affections cérébrales, notamment de l'apoplexie, malgré les grandes ressemblances qu'à son début il offre avec cette maladie. Les résultats fournis par les ouvertures de cadavres établissent, à leur tour, l'incontestable vérité de cette manière de voir, en nous montrant des altérations profondes et indélébiles de la substance du cerveau, chez tous les apoplectiques; et une intégrité parfaite de cet organe, lorsqu'on a occasion de le dissé-

quer, chez les sujets qui ayant eu un coup de
sang, viennent à périr par suite de maladies
d'une autre nature, comme j'ai pu le constater cinq ou six fois. Ainsi, malgré les vains
efforts des gens intéressés à méconnaître l'utilité de l'anatomie pathologique, cette science,
dont les données sont si positives, montre
entre l'apoplexie et le coup de sang des différences telles, que cette dernière maladie ne
semble même pas un degré de l'autre, et peut
au plus en être considérée comme le prélude,
l'avant-coureur (*molimen hemorrhagiæ*). Néanmoins beaucoup de médecins ont fréquemment pris ces maladies l'une pour l'autre. Par
exemple, l'apoplexie de Turgot, dont la cure,
au rapport de M. Portal, fit tant d'honneur
à Bouvart, était tout simplement une congestion cérébrale, et l'on pourrait citer des centaines de faits analogues. Peut-être aussi convient-il de rapporter à des affections du même
genre, la plupart des cas décorés du nom
d'*apoplexie nerveuse* ou de *névrose apoplectiforme*, comme les appelle M. Moulin. Ils présentent, en effet, presque tous, dans leur
marche, leurs symptômes, leur terminaison
habituelle, l'ensemble des caractères que nous
avons reconnus appartenir au coup de sang,
si l'on en excepte la rougeur et le gonflement
de la face. Au reste, je ne prétends pas dire
pour cela que, par suite d'une affection purement nerveuse du cerveau, et sans aucun
trouble dans sa circulation, il ne puisse jamais se développer des accidens plus ou moins
graves, susceptibles même d'amener la mort;
mais de pareils cas bien constatés sont infiniment rares, et leur nombre, comparativement à celui des autres, diminue progressivement, à mesure que des connaissances plus
exactes en anatomie pathologique nous apprennent à mieux apprécier la valeur des désordres organiques. En outre, on a cru plus
d'une fois reconnaître l'apoplexie nerveuse,
lorsqu'il existait une autre maladie, telle
qu'un anévrisme du cœur, et que la mort
était l'effet d'une syncope. (*Voy.* ce mot.) Cela
nous porte à conclure que si l'existence de la
névrose apoplectiforme est bien prouvée, cette
maladie au moins n'est pas encore exactement
décrite.

Toutes les causes capables d'apporter un
certain obstacle à la circulation du sang dans
le cerveau, peuvent y produire une congestion. Sous ce rapport, elles sont de deux sortes. Les unes empêchent le retour du sang au
cœur; les autres le portent en quantité excessive à la tête. On doit compter, parmi les

premières, les efforts violens, les ligatures
de diverses espèces, une cravate trop serrée, etc. Aux secondes appartiennent la plupart des vives affections morales, une grande
joie, un violent mouvement de colère, les
excès de liqueurs spiritueuses, une disposition
anévrismatique du ventricule gauche, etc.
Peut-être aussi convient-il d'admettre au nombre des causes de la congestion cérébrale un
mouvement fluxionnaire plus ou moins indépendant de la circulation générale.

L'état du cœur, quoi qu'il en soit, exerce
en général une grande influence sur la production du coup de sang, tandis qu'il en a
très-peu, comme nous l'avons vu (*Dict.*, tom. II,
p. 201), pour amener l'apoplexie. C'est encore
là un caractère distinctif important de ces
deux affections. Il nous suffira, pour en montrer l'exacte vérité, de rappeler brièvement
les résultats de quelques faits dont M. Ravier
a tiré une conclusion entièrement opposée à
la nôtre. Dans l'intention d'établir l'influence
du cœur sur le cerveau, par rapport à l'apoplexie, ce médecin rapporte neuf observations
accompagnées de l'ouverture des cadavres.
Tous les malades dont il est fait mention
avaient une affection anévrismatique du cœur,
jointe à des phlegmasies des plèvres, des poumons et des méninges, compliquées entre elles,
en plus ou moins grand nombre, à l'exception d'un seul, qui ne présentait aucune de
ces complications. Tous, pendant leur vie,
avaient éprouvé de fortes congestions cérébrales : la mort de quelques-uns même pouvait en partie être attribuée à ce phénomène.
Cependant un seul de ces malades a été réellement atteint de l'hémorrhagie du cerveau.
Or, si le développement morbide du cœur
contribuait à la produire, on en trouverait
certainement plus d'un exemple sur neuf cas
choisis à dessein pour prouver qu'elle dépend
en grande partie de l'influence exercée par
cet organe sur le cerveau. J'ajouterai à l'appui de ma manière de voir, que des hommes
sanguins, robustes, fortement constitués, qui,
en un mot, présentent tous les caractères indiqués par beaucoup d'auteurs comme devant
faire craindre l'apoplexie, sont néanmoins ordinairement enlevés par les maladies du cœur,
et très-rarement par l'affection dont tout le
monde les menace.

La connaissance des causes de la congestion cérébrale nous met à même de lui opposer un traitement prophylactique, méthodique et efficace. Ainsi, pour maintenir la libre
circulation du sang, on bannira avec soin

l'usage des vêtemens ou portions de vêtemens susceptibles d'y apporter des obstacles. Le même motif déterminera le choix des attitudes que l'on doit garder long-temps, soit durant la veille ou pendant le sommeil : dans ce dernier cas, il est indispensable de coucher sur un lit fortement incliné de la tête aux pieds. Afin de prévenir l'afflux excessif du sang au cerveau, le sujet observera un régime sobre, délayant, ou au moins exempt de toute qualité stimulante. Il évitera de se livrer à des exercices violens et de s'abandonner aux affections morales susceptibles d'activer brusquement la circulation. Que si, malgré ces précautions et autres faciles à déterminer, l'imminence d'une congestion cérébrale se faisait encore remarquer, l'attaque elle-même serait sans doute facilement prévenue par une saignée du bras ou l'application des sangsues à l'anus, suivant qu'il y aurait indication pour préférer l'une de ces évacuations sanguines à l'autre. Quant au traitement de l'affection déclarée, sa nature légère fait qu'ordinairement les accidens sont déjà beaucoup diminués d'intensité lorsque le médecin arrive auprès du malade. Cela ne doit cependant pas l'empêcher de continuer à les combattre. Il le fera efficacement par une ou tout au plus deux saignées; par des lavemens purgatifs et l'usage d'une tisane délayante donnée abondamment. Néanmoins la maladie pourrait se montrer avec un caractère plus grave que nous ne le supposons ici. Dans ce cas, il faudrait lui appliquer un traitement en tout semblable à celui que nous avons proposé pour l'apoplexie. (*Voyez* ce mot.)   (ROCHOUX.)

COUP DE SOLEIL. On a désigné sous ce nom diverses affections qui peuvent être produites par l'action du soleil sur la tête, et particulièrement sur les tégumens de cette partie et du reste du corps. *Voyez* INSOLATION.

COUPE-BRIDE, s. m. *Voyez* KIOTOME.

COUPEROSE, s. f.; nom sous lequel on désigne souvent dans le commerce les sulfates de fer, de cuivre et de zinc, que l'on distingue par la couleur. La *couperose verte* est le proto-sulfate de fer, mêlé de sous-deuto ou de sous-trito-sulfate; la *couperose bleue* est de deuto-sulfate de cuivre plus ou moins effleuri; enfin, la *couperose blanche* est du sulfate de zinc, contenant du sulfate de fer, et quelquefois du sulfate de cuivre. *Voy.* CUIVRE, FER et ZINC.   (ORFILA.)

COUPEROSE ou GOUTTE-ROSE, s. f., *gutta rosea*. Maladie de la peau, caractérisée par des pustules peu étendues, séparées les unes des autres, environnées d'une aréole rosée, plus ou moins dures à leur base, répandues sur le nez, les joues, le front, et quelquefois s'étendant sur les oreilles et les parties supérieures du cou. Le mot *couperose*, adopté par les pathologistes français, a été introduit par les écrivains de la basse latinité, *cuperosa*; son étymologie est entièrement inconnue.

La couperose, que M. Alibert a classée parmi les dartres pustuleuses, est désignée sous des noms différens par les auteurs qui ont écrit sur les maladies cutanées : Chiarugi lui a donné celui de *rosa*; Willan et Bateman ont voulu lui consacrer la dénomination de *acne* qui lui avait été jadis imposée par Aëtius, et plus récemment par Sauvages : quelques autres enfin ont cherché à lui conserver le nom insignifiant de *varus*, en usage chez les Romains.

L'incertitude qui existe sur la nomenclature de cette maladie se retrouve dans le caractère qu'on lui assigne. Les uns, à l'exemple de Cullen, la considèrent comme une inflammation phlegmoneuse; les autres, tels que Willan, Bateman et M. Macartney, la rangent parmi les tubercules; enfin, quelques pathologistes, à la tête desquels on doit placer M. le professeur Alibert, la regardent comme une affection éminemment pustuleuse. En effet, si l'on suit avec soin le développement et la marche de la couperose, on peut y retrouver, presqu'à toutes les époques de la maladie, des pustules très-bien caractérisées, car celles-ci ne se manifestent point simultanément, mais se succèdent sans cesse sur les divers points de la face. Les tubercules que les pathologistes anglais adoptent comme caractère spécifique ne se forment que consécutivement; ils sont la suite de l'inflammation plus ou moins profonde qui précède et accompagne les pustules. Fréquemment renouvelée et ne se terminant jamais par une résolution complète, cette inflammation laisse sur une foule de points une sorte d'induration qui constitue les tubercules cutanés. Mais ces petites tumeurs, n'ayant point lieu constamment, ne se développant que lorsque la maladie existe depuis long-temps et que, par une succession non interrompue de pustules, le tissu cellulaire a participé à cette irritation permanente, ne peuvent point être prises pour caractère fondamental, et M. Alibert s'est appuyé sur des observations plus rigoureuses, plus exactes, en préférant pour ce symptôme spécifique les pustules, dont la présence est constatée dans tous les cas.

Les apparences diverses que l'âge du malade, l'intensité de l'inflammation ou la fréquence des récidives peuvent imprimer à la couperose, ont été considérées comme des degrés différens. Fort anciennement, Nicolas Falcucci, plus connu sous le nom de *Nicolaus Florentinus*, et plus tard Sennert et Paré en ont indiqué trois degrés : le premier, marqué par la simple rougeur de la peau ; le second par les pustules, et le troisième par l'ulcération. D'autres pathologistes envisagent chacun de ces degrés comme une espèce distincte : c'est ainsi qu'Astruc en admet une espèce *simple*, une seconde qu'il désigne sous le nom de *variqueuse*, caractérisée par la dilatation des petites veines superficielles de la face, et une troisième nommée *squammeuse*. C'est ainsi que dans ces derniers temps Chiarugi en a aussi décrit trois espèces sous les noms de *rosa vera*, *rosa discreta*, *rosa herpetica*. Enfin, c'est ainsi encore que Bateman a composé son genre *acne* de quatre espèces qu'il distingue par les dénominations de *acne simplex*, *acne punctata*, *acne rosacea* et *acne indurata*.

Quelques-unes de ces distinctions, il faut en convenir, pourraient être jusqu'à un certain point justifiées, puisqu'elles existent et qu'on peut les observer sur un grand nombre d'individus. Sans les adopter comme espèces fondamentales, il faudrait peut-être les noter comme variétés, puisque chacune d'elles présente des indications particulières.

Dans sa forme la plus simple, la couperose se manifeste par quelques boutons rouges, disséminés sur les joues, le nez et le front, se développant successivement et ne donnant lieu qu'à une inflammation légère, sans chaleur et sans autre douleur qu'un fourmillement à peine sensible. La suppuration qu'ils contiennent s'accumule lentement ; et, vers le milieu du second septenaire, le sommet de la petite pustule s'amincit, se déchire, et l'ouverture se recouvre d'une croûte mince, légère, qui est formée par les dernières gouttes du liquide séro-purulent. Quoique simple, peu intense et ne se liant à aucun trouble des viscères abdominaux, la couperose sous cette forme n'en est pas moins quelquefois une maladie fort opiniâtre. Elle constitue dans cet état la *gutta rosea hereditaria* de Darwin, et l'*acne simplex* de Willan. Assez fréquemment ces boutons pustuleux sont entremêlés de pointes noirâtres plus ou moins saillantes, desquelles on fait sortir par la pression une humeur épaisse, onctueuse, qui est fournie par les follicules sé-

bacés. S'ils sont nombreux, rapprochés, la peau du nez prend un aspect gras, et celle des joues devient rude et inégale.

D'autres fois les boutons pustuleux sont plus nombreux, plus rapprochés, d'un volume plus considérable ; ils ont une base large et dure, une forme conoïde ; leur couleur est d'un rouge violacé ; ils sont indolens, et la suppuration qui s'y forme ne se fait jour qu'après plusieurs semaines. On en voit qui, réunis en groupes et confondus en quelque sorte, forment une tumeur plus large dans laquelle l'appareil inflammatoire est mieux exprimé. Dans cette forme, qu'il faut rapporter à l'*acne indurata* de Willan, le réseau muqueux est plus profondément affecté, et le tissu cellulaire lui-même s'irrite et s'engorge. La plupart des pustules laissent sur le siége qu'elles ont occupé une teinte livide et une dépression qui ne s'efface jamais. Chez quelques individus jeunes, sanguins, vigoureux, ces pustules sont habituellement plus animées et s'exaspèrent au moindre écart de régime ou par un séjour un peu prolongé dans un appartement chaud. Elles s'affaissent alors plus promptement, mais en revanche on les voit se succéder en plus grand nombre.

La couperose, sous les formes que nous venons de décrire, est en général plus fréquente dans la jeunesse. Celle qui semble particulière à l'âge adulte (*acne rosacea* de Willan) présente des caractères différens : elle commence le plus ordinairement par quelques pointes rouges sur le nez et les joues, qui deviennent le siége d'une sorte de chaleur et de tension après le repas, surtout après l'ingestion de vins forts ou de liqueurs alcooliques. Bientôt ces points s'étendent, se réunissent, et l'on voit se développer de petites pustules, peu nombreuses d'abord, mais qui vont en se multipliant et en se succédant sans cesse. Cette irritation permanente affaiblit peu à peu le système capillaire cutané ; il reste habituellement injecté sur une grande surface ; la peau se gonfle et conserve une teinte d'un rouge-violacé qui devient plus vif autour des pustules. Les points sur lesquels elles se sont renouvelées plusieurs fois se tuméfient, se durcissent ; les traits perdent leur harmonie et grossissent d'une manière notable. Les veinules extérieures, dilatées par les obstacles nombreux qu'éprouve la circulation de la face, ajoutent encore par leur couleur bleuâtre à cet aspect repoussant.

Du reste, on conçoit que cette maladie doit offrir des nuances infinies sous le rapport de la gravité. Quelquefois bornées à un petit espace, les pustules sont rares, isolées, et ne laissent à leur suite qu'une rougeur légère. D'autres fois elles se succèdent, se multiplient, envahissent toute la face et s'étendent même jusque sur les oreilles et le cou. Lorsque la couperose est parvenue à ce degré d'intensité, les membranes muqueuses voisines prennent bientôt part à cette irritation si vive: les conjonctives s'enflamment; les gencives deviennent douloureuses, se tuméfient; les dents s'ébranlent, et plusieurs autres symptômes d'une complication scorbutique viennent ajouter à cet état si déplorable. Dans quelques cas assez rares, la couperose n'étend pas son siége au-delà du nez, et elle y épuise en quelque sorte ses effets. Tous les tissus se gonflent, au point de donner à cette partie de la face une dimension double ou triple de celle qui lui est ordinaire. On voit s'élever sur divers points, surtout autour des ailes du nez, des tumeurs plus ou moins considérables, rugueuses, livides, qui offrent une difformité dégoûtante. Les observateurs ont noté plusieurs faits de ce genre.

Causes.—La couperose paraît être plus fréquente à certaines époques de la vie: chez les hommes, de trente à quarante ans; chez les femmes, à l'âge critique. Une des variétés que nous avons signalées se montre plus particulièrement dans la jeunesse. Les vieillards en sont plus rarement atteints. Relativement au sexe, il est à croire que les femmes y sont plus disposées que les hommes; au moins avons-nous pu constater pendant plusieurs années de suite, au traitement externe de l'hôpital Saint-Louis, qu'elles se présentaient en plus grand nombre : cependant plusieurs praticiens célèbres regardent cette question comme étant encore indécise.

Le tempérament bilieux est celui qui prédispose le plus à la couperose dans l'âge adulte; dans la jeunesse, c'est le tempérament sanguin.

Dans certains cas, la couperose paraît se lier à un dérangement des fonctions des viscères abdominaux, particulièrement de celles du foie et de l'estomac. Cette observation, qui est fort ancienne, a été reproduite par Darwin; il regarde même cette cause comme si commune, qu'il a cru devoir la prendre pour base de ses distinctions spécifiques, et qu'il a admis une *goutte-rose stomacale* et une *goutte-rose hépatique.*

Les rapports de cette éruption, chez les femmes, avec les fonctions de la matrice, semblent établis sur des faits plus exactement observés : c'est à la puberté, où cet organe si important reçoit une activité nouvelle, et à l'époque critique, où ses fonctions se terminent, que la couperose se manifeste le plus souvent. On la voit survenir encore après la suppression du flux menstruel, et disparaître après le retour de cette évacuation naturelle. Souvent elle coïncide avec une simple dysménorrhée. Enfin, la grossesse elle-même exerce une influence marquée sur ces éruptions, soit quelquefois en les aggravant lorsqu'elles existent, ou plus fréquemment encore en les faisant disparaître pendant tout le temps de la gestation.

Tous les praticiens s'accordent à regarder l'hérédité comme une des causes les plus ordinaires de la couperose; on a vu cette maladie se transmettre successivement à plusieurs générations.

Les climats froids et humides paraissent exercer une influence marquée sur le développement de cette éruption; au moins est-elle plus fréquente en Angleterre et dans le nord de l'Allemagne que dans les contrées méridionales.

Les excès de table, quelques habitudes vicieuses, l'influence de certaines professions ou de certains travaux qui exigent une longue application dans une attitude qui favorise une circulation plus active vers la tête, sont les causes qui concourent le plus puissamment à produire la couperose.

D'autres fois elle doit son origine à des affections morales, soit lentes, profondes, comme les chagrins, les passions concentrées, soit rapides, instantanées, comme la frayeur et la colère.

Enfin, il y a des causes plus directes, plus immédiates, dont l'action est surtout nuisible lorsqu'il existe déjà des prédispositions : telles sont les applications de certains fards, des lotions avec des liqueurs styptiques, astringentes, et en général l'abus de la plupart des cosmétiques dont les femmes se servent au déclin de l'âge.

Différences de la couperose d'avec quelques autres éruptions. — La couperose, sous les diverses formes que nous avons décrites, présente le plus ordinairement des caractères qui peuvent la faire reconnaître facilement, mais d'autres éruptions se manifestent sur la face, et comme il est possible de les confondre, il ne sera peut-être pas inutile d'en exposer les différences. Ces maladies sont la dartre squammeuse humide de M. Alibert, ou du moins la variété qui se rapporte au *lichen agrius* de Willan, la dartre rongeante scrofuleuse et la syphilis tuberculeuse.

Cette variété de la dartre squammeuse humide est caractérisée par des *papules* plus ou moins rapprochées, enflammées à leur base, ulcérées à leur sommet. Les *pustules* de la couperose sont également enflammées à leur base, mais elles ne s'ulcèrent point; chacune d'elles renferme une petite collection de pus, tandis que les *papules* sont pleines, solides, et que c'est par leurs points ulcérés qu'elles fournissent le liquide séro-purulent qui humecte leur surface. Les *pustules* se développent successivement et suivent une marche isolée; les *papules*, réunies sur une surface étendue, et marchant simultanément, deviennent confluentes, s'accompagnent d'une irritation profonde qui s'étend du corps muqueux au derme, mais rarement au tissu cellulaire. Dans la couperose parvenue à une certaine intensité, l'irritation se propage toujours jusqu'au tissu cellulaire, et y laisse des empreintes durables. Le *lichen agrius* occupe ordinairement le front, les joues, les lèvres. La couperose établit son siége sur le nez et les joues. Cette dernière est accompagnée d'une sorte de fourmillement qui devient plus marqué, plus incommode après le repas, auprès du feu ou dans un lieu chaud. Le prurit de la dartre squammeuse humide est plus vif, plus profond, et devient quelquefois intolérable pendant la nuit ou après l'ingestion de quelque boisson stimulante. La suppuration qui s'écoule des *pustules* de la couperose se transforme quelquefois en petites croûtes légères qui se détachent promptement. Les *papules* du *lichen agrius* se recouvrent aussi de petites croûtes, mais plus minces, plus étendues, et se confondant le plus souvent avec des squammes épidermoïques.

La dartre rongeante scrofuleuse est beaucoup plus facile à distinguer de la couperose, surtout quand elle est ancienne et qu'elle a porté ses ravages au-delà de son siége primitif. Mais dans les premiers temps, lorsque les tubercules par lesquels elle débute sont superficiels, peu élevés, on peut confondre cette maladie avec celle qui fait l'objet de cet article. Plus tard ces tubercules s'élargissent, prennent une teinte livide, se répandent du nez sur les joues, et détruisent en s'ulcérant tous les tissus sous-jacens; alors le diagnostic est évident et toute méprise impossible.

La syphilis constitutionnelle se manifeste souvent sur la face par des pustules ou des tubercules, mais il est rare que ces éruptions se bornent à cette seule partie; presque toujours elles s'étendent sur la totalité de la peau, ou au moins sur une grande surface, et cette circonstance éclaire suffisamment le diagnostic. Mais si, comme on le voit quelquefois, les tubercules syphilitiques se développent seulement sur quelque point du visage, on peut trouver dans leurs caractères propres des traits qui les font très-bien distinguer de la couperose. Ils sont d'une couleur cuivrée, d'un aspect luisant; ils siégent de préférence autour de l'aile du nez, aux commissures des lèvres, et presque toujours ils sont inégaux, fendillés de manière à se rapprocher des végétations.

Pronostic. — Le pronostic de la couperose varie selon les diverses formes de l'éruption, l'âge des individus, l'ancienneté de la maladie et les causes qui l'entretiennent. Lorsque l'éruption est récente, légère, que ces pustules sont peu nombreuses, séparées, que le malade est jeune, on peut espérer de triompher de la maladie. Lorsqu'elle est ancienne, étendue, profonde, qu'elle commence dans l'âge adulte et se lie au trouble des fonctions des viscères abdominaux, le pronostic est plus fâcheux, et les efforts les mieux combinés parviennent rarement à surmonter les obstacles qui s'accumulent.

Traitement. — Le traitement de la couperose présente des différences remarquables, non-seulement selon les modifications variées que l'éruption peut offrir dans ses formes, mais encore selon les causes qui l'ont produite et qui l'entretiennent. Si ces idées fondamentales ne président pas au choix d'une méthode curative, on peut être presque sûr d'échouer dans le traitement d'une maladie qui est environnée d'ailleurs de tant d'autres difficultés.

Lorsque l'éruption est légère, que les pustules sont rares, isolées et accompagnées d'une inflammation peu marquée, qu'elle se manifeste chez des sujets jeunes, pléthoriques, et chez lesquels on ne voit point de causes qui aient altéré la constitution, le traitement doit se borner à des applications topiques qui modifient la marche de cette éruption. Ces applications se composent en général de substances stimulantes, qui excitent plus ou moins la surface avec laquelle on les met en contact. Nous imitons en cela les procédés des anciens, qui faisaient, comme on sait, un fréquent usage de lotions ou de linimens dont la térébenthine ou d'autres fois le vinaigre, le savon, la myrrhe, la terre cimolée, etc., faisaient la base. On donne la préférence aux lotions faites avec de l'eau distillée de roses, de petite sauge, de lavande, etc., dans laquelle on ajoute une proportion d'alcohol qui doit varier selon l'état des pustules : un tiers ou moitié de cette liqueur détermine un accroissement sensible de l'irritation, qui prend chez quelques individus la marche et l'acuité de l'érysipèle, et se termine avec assez de promptitude. Cette disposition inflammatoire est-elle moins marquée, on augmente la proportion d'alcohol, et dans certains cas on y ajoute quelques grains de deuto-chlorure de mercure. On emploie beaucoup à Londres une préparation secrète, connue sous le nom de *liqueur de Gowland*, qui ne parait être autre chose qu'une dissolution de ce sel mercuriel avec addition d'une substance émulsive. L'*eau rouge* de l'hôpital Saint-Louis est une dissolution analogue.

Ces médications locales, stimulantes, proscrites à une époque où l'on a considéré les éruptions de la face comme une sorte de dépuration salutaire qu'il était dangereux de contrarier, ont été remises en vogue dans ces derniers temps par M. le professeur Alibert, qui en fait presque la base des méthodes curatives qu'il emploie contre la couperose. Déjà Darwin avait fait voir les bons effets qu'on peut obtenir en produisant, à diverses reprises, une légère vésication sur toute la face; mais ce procédé curatif, qui, du reste, appartient à notre Ambroise Paré, ne peut être mis en usage qu'avec beaucoup de réserve.

Les substances caustiques dont M. Alibert se sert le plus ordinairement, sont l'acide hydro-chlorique et le nitrate d'argent fondu. En appliquant l'une ou l'autre de ces substances, il produit une irritation plus vive, qui donne à cette éruption chronique une marche presque aiguë; mais il faut tout le discernement de cet habile thérapeutiste, pour distinguer les cas dans lesquels ces applications peuvent être utiles, de ceux où elles sont nuisibles. J'ai vu la cautérisation des tubercules produire chez la sœur d'un peintre célèbre un érysipèle si grave, qu'on craignit pendant quelques instans la complication d'une phlegmasie cérébrale. D'autres fois l'irritation produite par les caustiques, en pénétrant trop profondément, donne lieu à des ulcérations qui laissent des cicatrices indélébiles, bien plus fâcheuses que la maladie elle-même.

L'éruption se compose-t-elle de pustules nombreuses, rapprochées, confluentes, de tubercules enflammés et réunis à leur base; les applications stimulantes, bien que préconisées par des praticiens distingués, ne doivent être employées qu'avec beaucoup de précautions, surtout chez les individus sanguins, jeunes et vigoureux. J'avoue que j'ai souvent employé avec plus de succès une méthode entièrement opposée, et que, dans une foule de cas, les saignées générales, et les applications réitérées de sangsues derrière les oreilles, aux tempes, aux ailes du nez, ont produit des changemens aussi prompts que favorables. C'est lorsque cette disposition inflammatoire est arrêtée, et qu'on a diminué peu à peu cette congestion sanguine de l'appareil tégumentaire de la face par des saignées répétées, qu'on peut essayer quelques lotions stimulantes, propres à déterminer la résolution des tubercules.

La couperose se lie souvent, ainsi que nous l'avons vu, à la suppression des menstrues ou du flux hémorrhoïdal. Dans ce cas, il est plus utile d'appliquer les sangsues à la vulve ou à l'anus, aux époques correspondantes à celles de ces évacuations périodiques. Ces médications simples et rationnelles ont souvent guéri en peu de semaines des couperoses d'un aspect très-grave.

La plupart des moyens généraux conseillés par les auteurs sont peu utiles dans les couperoses que nous avons signalées comme tenant à une disposition locale; ils sont plus fréquemment indiqués dans la variété qui est particulière à l'âge mûr, et qui paraît liée dans nombre de cas avec un trouble profond des fonctions du bas-ventre. Dans quelques circonstances où la couperose coïncidait avec une hépatite chronique, on a obtenu des succès très-marqués de l'emploi du proto-chlorure de mercure, continué jusqu'à ce qu'il eût produit un léger engorgement des gencives. D'autres fois on a vanté les émétiques et les purgatifs drastiques; mais en général il ne faut point user trop légèrement de ces moyens irritans, puisque l'on sait que cette *torpeur* du canal alimentaire est bien plus souvent la suite d'une irritation chronique profonde que d'une véritable faiblesse. Il est évident que les excitans de tout genre doivent être alors rigoureusement proscrits, et qu'on ne peut espérer des effets utiles que de l'usage des mucilagineux et d'une diète sévère.

Les praticiens qui se donnent la peine de vérifier les observations de ceux qui les ont précédés, et qui n'adoptent pas sur parole tous les jugemens portés sur l'action des substances médicamenteuses, savent quel fond on doit faire de ces sucs dépuratifs de quelques plantes en réputation. Qu'on y ait recours comme à un moyen accessoire qui n'est peut-être pas sans une sorte d'utilité, cela peut se concevoir; mais qu'on fonde l'espoir d'une guérison complète sur les effets d'un remède aussi insignifiant, c'est aussi se montrer par trop crédule.

On a reconnu depuis long-temps l'utilité des bains tièdes généraux dans le traitement de la couperose; mais leur température doit constamment être modérée; les délayans à l'intérieur, les demi-lavemens, etc., concourent avantageusement à l'effet des bains.

M. le professeur Alibert loue avec raison les eaux minérales sulfureuses, comme un des moyens les plus avantageux dans le traitement de la couperose ancienne; il conseille surtout celles de Baréges, d'Aix en Savoie, de Cauteretz, d'Enghien, de Bade en Suisse, etc.: elles peuvent être employées à l'intérieur pendant un temps plus ou moins considérable; mais c'est surtout en lotions, en bains, en douches, qu'on en obtient les meilleurs résultats.

Parmi les moyens que j'ai pu employer et varier à l'infini dans la pratique d'un grand hôpital, il en est dont j'ai constaté nombre de fois les excellens effets; je veux parler des douches et des bains de vapeurs: mais je dois avertir que ces mêmes moyens employés dans des établissemens particuliers, ne m'ont pas toujours paru agir avec la même énergie; ce qui tient sans doute à l'imperfection des appareils.

Les douches de vapeurs, dirigées pendant douze ou quinze minutes sur les divers points occupés par l'éruption, produisent des effets très-remarquables: la peau s'anime d'abord, la circulation devient plus active, la chaleur plus marquée; bientôt la sueur ruisselle, et à ce mouvement fluxionnaire si rapide succède une détente très-sensible; quelques heures après la surface irritée est plus molle, plus douce au toucher. On conçoit que la circulation capillaire de la face, modifiée, activée, par un moyen si énergique, doit finir par éprouver des changemens permanens. Les indurations se ramollissent, se résolvent, les foyers sans cesse renaissans d'inflammations partielles disparaissent, et peu à peu les couches dermoïdes se rapprochent de leur état naturel. Les douches de vapeurs peuvent être employées dans les couperoses légères comme dans celles qui sont parvenues à une grande intensité; mais, dans ce dernier cas, on doit avoir recours d'abord aux saignées locales, aux applications émollientes et aux divers moyens propres à combattre cette congestion locale. Ce n'est que lorsque cette première indica-

tion a été remplie qu'on peut commencer l'emploi des douches.

Les bains de vapeurs, aqueuses dans l'étuve humide ont des effets presque semblables; mais leur action est plus générale, plus énergique; et par cela même ils ne doivent être conseillés qu'aux individus vigoureux et chez lesquels on a moins à craindre les congestions vers la tête ou à la poitrine. Ces bains sont très-fréquemment employés dans les cas de couperose qui affluent au traitement externe de l'hôpital Saint-Louis, et je puis assurer que j'ai vu nombre de fois des éruptions très-graves se dissiper par ce seul moyen.

On peut faire utilement concourir à la guérison de la couperose quelques applications locales, trop louées par les uns et trop dépréciées par les autres. Lorsque les pustules diminuent, et que l'inflammation qui les accompagne s'éteint peu à peu, on hâte la résolution des tubercules par des onctions répétées avec une pommade dont le proto-chlorure ammoniacal ou le proto-sulfate de mercure forment la base. On introduit en même temps dans l'excipient graisseux, où ces sels sont dans la proportion de $\frac{1}{16}$, une petite dose de camphre. Les pommades saturnines sont nuisibles, puisqu'on sait que les fards sont énumérés parmi les causes extérieures.

C'est une remarque faite par plusieurs pathologistes, que, pour obtenir une guérison solide et durable, il faut prolonger les soins même après que l'éruption n'existe plus. Il reste encore long-temps après une sorte de tension légère sur la face, et une rougeur qui augmente et s'anime par les causes les plus légères. C'est dans ces circonstances qu'on emploie avec avantage les lotions avec du lait chaud, l'émulsion d'amandes amères, la décoction de semences de coing, etc.; mais le moyen qui m'a paru agir avec le plus d'efficacité pour ramener la peau à son état naturel est l'eau sulfureuse froide, appliquée en douches, en arrosoir, particulièrement celle d'Enghien, que j'ai souvent prescrite dans le bel établissement thermal qu'on a élevé près de la source de ce nom.

Du reste, le plan curatif le mieux combiné, et suivi avec le plus de persévérance, n'aurait que des effets passagers, si les malades n'adoptaient un régime propre à favoriser l'action des remèdes. Ne sait-on pas que tous les soins, tous les efforts sont infructueux chez les individus adonnés aux excès de la table, qui se gorgent de viandes succulentes, épicées, et boivent des vins forts, des liqueurs spiritueuses? Une vie sobre et régulière, un régime habituel composé de viandes blanches, de légumes frais, de fruits aqueux et fondans; le soin constant d'éviter les exercices fatigans, les travaux de cabinet, le séjour prolongé dans des lieux chauds ou près du feu, etc., sont les règles hygiéniques les plus salutaires et les seules qui puissent, avec les autres parties du traitement, compléter la cure de cette maladie si opiniâtre.   (BIETT.)

COUPURE, s. f., *cesura*. Expression qu'on emploie vulgairement pour désigner une division peu profonde faite par un instrument tranchant. *Voyez* PLAIE.

COURAGE, s. m. *Voyez* PASSION.

COURBATURE, s. f. On désigne sous ce nom une indisposition dont les principaux phénomènes sont des lassitudes douloureuses dans tous les muscles, un malaise général et un dérangement peu marqué, mais sensible, dans la plupart des fonctions. Cette légère maladie est le plus souvent produite par un exercice inaccoutumé, tel qu'une marche forcée, une course longue et rapide à pied, à cheval, en voiture, la danse, la lutte, une attitude incommode long-temps conservée. Mais si la fatigue des muscles est la cause la plus ordinaire de la courbature, elle n'en est pas la cause exclusive; une émotion vive, de peine ou de plaisir, le travail d'esprit, la privation du sommeil, donnent souvent lieu à des phénomènes tout-à-fait semblables; et dans quelques cas, plus rares à la vérité, un simple écart de régime, ou même l'exposition à un froid rigoureux ou à une chaleur vive, ont produit le même effet.

Aucun tempérament n'est à l'abri de cette affection, aucun âge n'en est exempt. Elle est plus commune chez les enfans et les jeunes gens, chez les personnes qui jouissent habituellement d'une bonne santé, parce que, dans ces conditions, on s'expose davantage à plusieurs des causes propres à la produire.

L'invasion a quelquefois lieu immédiatement après que la cause a cessé d'agir, ou même lorsqu'elle agit encore, comme on l'observe pendant une marche forcée. Ailleurs, les symptômes ne commencent à se montrer que plusieurs heures après, pendant le sommeil, ou même seulement au réveil.

Un malaise général, des lassitudes dans tous les membres, une sensation de brisement ou de contusion dans les muscles, la lenteur des mouvemens, la paresse de l'esprit, l'insomnie ou un sommeil agité, l'inappétence, l'élévation passagère de la chaleur, la séche-

resse de la peau ou la sueur, la couleur foncée de l'urine, sont les symptômes ordinaires de la courbature. Quelquefois il s'y joint un peu de douleur et de pesanteur de tête.

Cette indisposition ne dure pas ordinairement plus de un à trois jours. Quelquefois elle cesse en douze ou quinze heures. Les phénomènes qui la constituent se modèrent et disparaissent simultanément ou successivement. Quelques heures de sommeil suffisent souvent pour les dissiper.

Le repos du corps et de l'esprit, quelquefois l'abstinence des alimens solides, l'usage de boissons adoucissantes, sont les seuls moyens à employer. Un bain tiède peut être fort utile lorsque la courbature est produite par une émotion vive ou par un exercice inaccoutumé.   (CHOMEL.)

COURBURE, s. f., *curvatura*; état d'une ligne ou d'une surface, dont la forme se rapproche plus ou moins de celle d'un arc, parce que tous les points qui la composent n'ont pas une même direction.

Les anatomistes font fréquemment usage de ce terme; ils disent, par exemple, la *grande* et la *petite courbures* de l'estomac. Souvent aussi ils l'emploient comme synonyme du mot *inflexion*. C'est dans ce dernier sens qu'ils disent que la colonne vertébrale présente trois courbures naturelles et constantes.

        (DICT. ABRÉGÉ DE MÉD.)

COURONNE, s. f., *corona*. Cette expression est employée en médecine dans plusieurs acceptions différentes.

COURONNE DES DENTS; partie des dents qui dépasse la gencive et se voit à l'extérieur.

COURONNE DU GLAND; saillie circulaire formée par la base du gland. Elle est interrompue par l'insertion du frein du prépuce.

COURONNE DE TRÉPAN : on donne ce nom à la petite scie circulaire qu'on adapte à l'arbre du trépan. *Voyez* TRÉPAN.

COURONNE DE VÉNUS, *corona Veneris*. On donne ce nom, et quelquefois aussi celui de chapelet, à la réunion d'un certain nombre de petites pustules, tantôt sèches, tantôt suppurantes, dont la base est d'un rouge-brun, et qui surviennent au front de quelques individus affectés d'une maladie syphilitique ancienne. Une éruption à peu près semblable, quant aux caractères extérieurs, et qui paraît chez les sujets livrés à la déplorable habitude de la masturbation, a aussi été décrite par plusieurs auteurs sous cette dénomination. *Voyez* PUSTULES.   (L.-V. LAGNEAU.)

COURONNEMENT. Expression vulgaire

dont on se sert quelquefois pour désigner la disposition de la tête du fœtus, lorsque, après la rupture des membranes, elle vient se présenter à l'orifice de la matrice, dont le contour lui forme une espèce de couronne. *Voyez* ACCOUCHEMENT. (DÉSORMEAUX.)

COURSE, s. f., *cursus*, du verbe latin *currere*; l'un des modes de progression de l'homme et des animaux terrestres, celle de toutes les progressions qui se font sur la terre qui est la plus accélérée. Comme la course, dans son mécanisme, participe à la fois de la marche et du saut; qu'il y a d'ailleurs avantage à opposer sans cesse les uns aux autres ces trois modes de progression, nous aimons mieux en traiter au même lieu; et à cause de cela nous renvoyons ce que nous avons à dire sur la course au mot PROGRESSION, où nous parlerons aussi de la *marche* et du *saut*. *Voyez* PROGRESSION. (ADELON.)

COURT ABDUCTEUR, COURT EXTENSEUR, COURT FLÉCHISSEUR (muscles), etc. *Voyez* ABDUCTEUR, EXTENSEUR, etc.

COURTS (OS). *Voyez* OS.

COURTS (VAISSEAUX); rameaux artériels et veineux que les vaisseaux *spléniques* envoient au grand cul-de-sac de l'estomac. M. Chaussier les nomme *spléno-gastriques*. (A. B.)

COUSIN, s. m., *culex pipiens*, LINN. On nomme ainsi un insecte de l'ordre des diptères et de la famille des clérostomes, lequel se trouve à la campagne, dans toute la France, pendant l'été, et est reconnaissable à ses antennes en filet et de la longueur du corselet, à sa trompe longue, avancée, filiforme, renfermant un suçoir piquant et composé de plusieurs soies très-fines et dentelées.

Cet insecte est des plus importuns pour nous, par les douloureuses piqûres qu'il fait, surtout dans les lieux aquatiques, où il se trouve en plus grande abondance. Les individus femelles, plus particulièrement avides de notre sang que ne le sont les mâles, nous poursuivent partout de leur bourdonnement ou plutôt de leur sifflement incommode, entrent même vers le soir dans nos habitations, et percent notre peau, quelquefois même nos vêtemens, avec leur suçoir, dont le fourreau se replie vers le thorax et forme un coude à mesure que ses soies pénètrent dans la chair, et distillent dans la plaie une liqueur vénéneuse, cause des accidens que procure leur piqûre.

Ces accidens sont, pour chaque blessure, la formation d'une petite tumeur œdémateuse, avec chaleur, rougeur et vive démangeaison, et le développement, aux alentours, d'une aréole érysipélateuse. Si ces blessures sont nombreuses, il survient de la fièvre et de l'insomnie.

Les remèdes qu'on a proposés pour combattre les effets de la piqûre des cousins sont en grand nombre, et, parmi eux, nous trouvons plus fréquemment indiqués la salive, l'eau salée, l'eau de guimauve, la chaux vive, l'ammoniaque, l'huile, le vinaigre, et l'acétate de plomb liquide. En général, on parvient ainsi à calmer assez promptement les accidens; mais une précaution indispensable est celle de ne se point gratter.

Outre le cousin commun, dont nous venons de parler, on trouve encore assez souvent dans nos contrées le *culex pulicaris*, le *culex reptans*, et le *culex minimus lapponicus*, qui déterminent les mêmes accidens. Le dernier, spécialement, oblige, dans plus d'une circonstance, les habitans du bas Languedoc de se renfermer chez eux à la chute du jour.

Il paraît que les *moustiques* et les *maringouins* d'Amérique et des autres contrées chaudes du globe, lesquels causent de si cruels tourmens aux hommes qu'ils attaquent, appartiennent au même genre que notre cousin. Celui-ci, d'ailleurs, donne lieu à une remarque curieuse; c'est qu'il s'attache à certains individus de préférence, et que l'on voit des personnes n'être jamais piquées par lui, sans qu'il soit facile de deviner la cause de cette singularité. (HIPP. CLOQUET.)

COUSSINET, s. m., *pulvinar*. Cette pièce d'appareil se fait avec du vieux linge piqué, ou avec de la peau de mouton ou de chamois matelassée avec du coton, de la laine, du crin, de l'étoupe. On donne aux coussinets, suivant l'usage auquel ils doivent servir, la forme d'un coin, d'un disque, d'une demi-sphère, d'un carré, d'un parallélogramme. Leurs dimensions et leur consistance doivent aussi varier suivant l'emploi auquel on les destine. On se sert des coussinets pour fournir des points d'appui à des leviers, comme dans les fractures de la clavicule, du péroné; pour préserver les parties molles contre l'action des lacs, des attelles; pour garnir les machines de compression.

Les coussinets trop durs, laissés long-temps en place et fortement comprimés, occasionnent quelquefois des escarres gangréneuses profondes.

On donne aussi le nom de coussinet à des petits sacs allongés, remplis de balle d'avoine, que l'on place entre les attelles et les bandages dans les pansemens des fractures. Ils remplacent avantageusement les remplissages de linge et les faux fanons; ils doivent être un peu plus longs et un peu plus larges que les attelles. On donne encore quelquefois le même nom aux petits orcillers en crin, en balle d'avoine, destinés à soutenir les membres blessés ou fracturés; ils sont bien préférables aux coussins remplis de plume ou de laine.   ·   (MARJOLIN.)

COUTEAU, s. m., *culter*, *cultellus*; instrument tranchant dont on se sert en chirurgie pour diviser les parties molles, et qui ne diffère du bistouri que parce qu'il est ordinairement plus grand, et que sa lame est fixée à demeure sur le manche. La forme et les dimensions des couteaux varient suivant les opérations dans lesquelles on en fait usage. Tout ce qui a été dit sur la fabrication et le mode d'action de la lame du bistouri étant applicable aux couteaux, ainsi qu'à la plupart des instrumens tranchans, je crois inutile d'entrer dans de nouveaux détails à cet égard.

Les *couteaux à amputation*, dont on se sert pour retrancher les membres, sont ceux qui offrent les plus grandes dimensions; leur manche doit être assez volumineux pour être tenu à pleine main, et taillé à pans, afin de ne point vaciller et d'être fixé solidement par les doigts qui l'embrassent. La lame, pourvue à sa base d'une coquille qui la sépare du manche, est montée sur ce dernier, au moyen d'une longue et forte soie. Sa longueur varie de quatre à neuf pouces, suivant le volume du membre que l'on doit amputer. Autrefois on se servait pour les amputations d'énormes couteaux, concaves sur le tranchant, et convexes sur le dos. Ces instrumens, qui s'appliquaient à la fois sur une surface très-étendue, avaient l'inconvénient de nécessiter une forte pression pour couper les parties molles, et encore la section de celles-ci était-elle inégale et fort douloureuse. On a renoncé depuis longtemps à leur emploi. Aujourd'hui tous les couteaux à amputation ont une lame droite, qui doit avoir assez d'épaisseur vers le dos, afin d'offrir une résistance suffisante, et dont le tranchant est en général moins fin que celui du bistouri. La lame se réunit à la coquille sans présenter de talon. La pointe ne doit pas être trop aiguë, dans la plupart des cas du moins, parce qu'elle ne ferait qu'érailler, ou couperait difficilement le tissu cellulaire, lorsqu'on l'emploie à la dissection de ce tissu dans quelques amputations; il est préférable qu'elle soit fort tranchante et légèrement arrondie.

Pour certaines amputations, on se sert de couteaux à deux tranchans, qu'on appelle *inter-osseux;* leur lame, longue, étroite, terminée par une pointe aiguë, est munie de chaque côté, à sa partie moyenne, d'une vive arête, de laquelle partent les plans inclinés, qui vont former deux tranchans en sens opposé. Quelquefois le tranchant du bord supérieur n'occupe que la moitié de la lame, l'autre moitié étant un simple bord mousse et arrondi, comme tous les couteaux ordinaires. Les couteaux inter-osseux servent à pratiquer quelques amputations dans les articles (tel est celui auquel M. Larrey a donné le nom de *désarticulateur*), à diviser les chairs qui remplissent l'intervalle que laissent entre eux les os de l'avant-bras ou de la jambe dans les amputations de ces membres, etc. Je pense qu'on peut, dans tous les cas, remplacer ces instrumens par des couteaux ordinaires, à lame longue, étroite et fort pointue à son extrémité.

Il y a encore d'autres espèces de couteaux qui offrent des dimensions, des formes particulières, et servent exclusivement à pratiquer certaines opérations, comme les suivans.

COUTEAUX À CATARACTE; instrumens destinés à faire la section de la cornée transparente, dans l'opération de la cataracte par extraction. Les principaux couteaux à cataracte, inventés par Richter, Wenzel, Ware, bien que différens les uns des autres, se ressemblent en cela qu'ils remplissent exactement la plaie, et s'opposent ainsi à l'écoulement de l'humeur aqueuse, jusqu'à ce que la section de la cornée soit achevée. Le couteau de Wenzel ressemble à une lame de lancette montée sur un manche à pans, et émoussée dans les cinq sixièmes postérieurs de l'un de ses bords : ceux-ci sont droits, et la lame a dix-huit lignes de longueur, et trois lignes seulement de largeur dans sa partie la plus large, c'est-à-dire à sa base. A partir de ce dernier point, . la lame se rétrécit insensiblement jusqu'à la pointe. Le couteau de M. Ware présente les mêmes dimensions que celui de Wenzel; il en diffère en ce que sa pointe est moins allongée. Le couteau de Richter est formé par une lame pyramidale, tranchante dans toute la longueur de son bord inférieur, émoussée dans les cinq sixièmes postérieurs de l'autre, et montée inamovible sur un manche d'ébène. On a encore imaginé plusieurs espèces de couteaux à cataracte, qui ne sont plus en usage. Quel que soit celui de ces instrumens que l'on emploie, ses tranchans doivent être parfaitement affilés, et ils doivent traverser la cornée par une très-légère pression.

COUTEAU LITHOTOME. Foubert donnait ce nom à un grand couteau, dont la lame étroite, longue de quatre pouces et demi, était tranchante dans toute sa longueur, et faisait avec son manche un angle obtus; il s'en servait pour la taille latérale. (Inusité.)

COUTEAU DE CHESELDEN; couteau à une lame fixe sur le manche, convexe sur son tranchant, concave sur son dos, que Cheselden employait pour inciser le périnée dans l'opération de la taille. *Voyez* LITHOTOMIE.

COUTEAU EN SERPETTE; sorte de couteau à lame forte et recourbée en serpette, que Desault employait pour ouvrir les parois du sinus maxillaire, dans les cas d'extraction de fongus de cette cavité.

COUTEAU LENTICULAIRE. Instrument dont on se sert dans l'opération du trépan, pour couper et enlever les inégalités de la table interne des os du crâne, que la couronne du trépan a laissées sur le contour de l'ouverture. Cet instrument est formé par un bouton lenticulaire, fixé à l'extrémité d'une tige d'acier. Celle-ci est convexe d'un côté, plane de l'autre, terminée de chaque côté par un bord tranchant, et solidement articulée sur un manche de bois d'ébène. *Voyez* TRÉPAN.

COUTEAU POUR LA RESCISION DES AMYGDALES; instrument inventé par Caqué de Reims, pour l'ablation des amygdales engorgées. C'est un couteau dont la lame, longue de quatre pouces, courbée sur sa longueur, émoussée à son extrémité, est montée sur un manche de trois pouces et demi, avec lequel elle fait un angle de 160°. L'angle que la lame forme avec le manche empêche la main qui tient l'instrument de masquer les parties sur lesquelles on opère. Sa pointe émoussée s'oppose à la lésion des parois du pharynx et à l'ouverture des gros vaisseaux qui rampent sur les côtés de cette cavité. (J. CLOQUET.)

COUTURIER (muscle), *musculus sartorius*, ilio-prétibial (CH.); muscle de la cuisse, très-long, étroit, aplati, assez mince. Son extrémité supérieure est fixée à l'épine iliaque antérieure et supérieure, et à la partie voisine de l'échancrure qui est au-dessous, par un tendon court et aplati. Le corps charnu descend de là obliquement en dedans et en arrière, sur la surface antérieure de la cuisse, puis verticalement le long de sa partie interne, et enfin de nouveau obliquement, mais d'arrière en avant et de dedans en dehors. Il se termine par un tendon long et étroit, qui

passe derrière le côté interne du genou, s'élargit sur la partie supérieure de la face interne du tibia, et s'y implante très-près de la tubérosité du bord antérieur de cet os. Ce tendon est continu par en haut à l'aponévrose crurale, et fournit, par en bas, une expansion à l'aponévrose de la jambe. Toutes les fibres de ce muscle sont longitudinales et parallèles; quelques-unes naissent successivement du côté interne du tendon supérieur, et toutes s'insèrent, les unes au-dessous des autres, au côté postérieur et interne du tendon inférieur, ce qui rend le corps charnu plus étroit à son extrémité supérieure, et surtout à l'inférieure que dans sa partie moyenne.

Le muscle ilio-prétibial fléchit la jambe sur la cuisse, en faisant éprouver en même temps à celle-ci un mouvement de rotation qui dirige le pied en dedans et le porte par-dessus celui du côté opposé, comme on le voit dans l'attitude accroupie propre aux tailleurs; de là le nom de *couturier* qu'on lui a donné. Il peut encore produire la flexion de la cuisse, la flexion et la rotation du bassin.

F. Meckel dit avoir vu une fois ce muscle manquer: il est double dans quelques cas. Ses fibres sont quelquefois interrompues par une intersection aponévrotique, fortement adhérente au *fascia lata*. (A. BÉCLARD.)

COUVRE-CHEF, s. m., *cuculus*; bandage destiné à maintenir un appareil appliqué sur la voûte du crâne: il se fait avec une serviette fine pliée en deux suivant sa longueur, de manière que l'un de ses bords dépasse l'autre de trois à quatre travers de doigt. Le chirurgien tenant cette pièce de linge sur les mains tournées en supination, en pose le milieu sur le sommet de la tête, de telle sorte que le bord le plus court et qui est en contact avec ses pouces puisse descendre au niveau des sourcils. Les angles de ce bord sont noués ou attachés sous le menton. On replie ensuite de bas en haut et d'avant en arrière le bord le plus long qui couvre le nez, pour le fixer sur les côtés de la tête avec des épingles, après l'avoir tiré à soi pour qu'il s'applique plus exactement sur tout le contour du crâne. Ce bandage est embarrassant à placer; quelque précaution que l'on prenne, il forme toujours des plis qui compriment douloureusement la peau. Le *petit couvre-chef* ou mouchoir en triangle et le *bandage des pauvres* lui sont préférables. *Voyez* BANDAGE. (MARJOLIN.)

COXAL (os). *Voyez* HANCHE (os de la).

COXO-FÉMORALE (articulation). Nom

donné à l'articulation de la hanche. *Voyez* HANCHE.

CRABE, s. f., *carabus*, de κάραβος, écrevisse de mer. On désignait autrefois sous ce nom un symptôme de syphilis invétérée, affectant la paume des mains et la plante des pieds, espèce de dartre dans laquelle l'épiderme, devenu calleux, se lève par écailles, et laisse à découvert des excoriations de couleur livide, qui fournissent quelquefois un peu de suppuration. Cette dernière circonstance servait à distinguer deux sortes de crabes, la sèche et l'humide. Les nègres sont fort sujets à des ulcérations des pieds, et surtout des orteils, qui ont reçu le même nom, bien qu'elles soient indépendantes de la maladie vénérienne. *Voyez* SYPHILIS ET RHAGADES.

(L.-V. LAGNEAU.)

CRACHAT, s. m., *sputum*, *sputamen*; matières rejetées par l'expectoration. On a demandé si la formation et l'expulsion des crachats étaient dans l'ordre naturel, et l'on a été enclin à répondre négativement, parce que plusieurs hommes robustes ne crachent point, parce que le jeune idiot connu sous le nom de sauvage de l'Aveyron, n'a craché et ne s'est mouché que plusieurs mois après avoir été pris. Mais il est des sujets, et surtout des femmes, qui ne suent point, et personne n'a été tenté d'en conclure que la sueur est un état essentiellement morbide. Parmi les individus qui constituent l'espèce humaine, il en est qui présentent des excrétions habituellement abondantes; il en est d'autres qui perdent fort peu par les voies excrétoires : ces deux nuances de l'état de santé sont aussi naturelles l'une que l'autre. Peut-être pourrait-on d'ailleurs rendre raison de l'abondance des crachats chez les peuples civilisés, en l'attribuant à la suractivité habituelle des membranes muqueuses chez ces peuples, qui tous font usage de diverses substances propres à les stimuler, tandis que, prenant généralement moins d'exercice que les peuples non civilisés, leur peau est moins active, et souvent remplacée dans ses fonctions sécrétoires, par la membrane muqueuse des voies aériennes. Quoi qu'il en soit, la plupart des hommes crachent en santé, les uns plus, les autres moins, les vieillards plus que les adultes, ceux-ci plus que les enfans, les hommes plus que les femmes, les peuples du Nord plus que ceux du Midi. Ils crachent, en général, davantage à leur réveil, moins dans le cours de la journée, plus lorsque l'été est froid et humide que dans toute autre constitution de l'atmosphère. L'aspect des crachats varie peu dans l'état de santé : ils offrent un mélange du mucus bronchique avec une certaine quantité de salive, du liquide fourni par les amygdales et les autres cryptes de la membrane qui tapisse la bouche et le pharynx, et souvent du mucus nasal. Il résulte de ce mélange, un liquide filant, parfaitement limpide, quelquefois un peu visqueux, opaque et consistant, qui est rejeté sans efforts, et souvent sans que la personne y donne la moindre attention.

Dans l'état de maladie des bronches, la formation, l'expulsion et l'aspect des crachats offrent de nombreuses variétés relatives à la nature, à l'étendue, l'intensité et à l'époque de la durée du mal. Tantôt ils cessent d'être sécrétés par la membrane bronchique qui en fournit la plus grande partie, tantôt, ils ne sont plus expectorés, quoiqu'ils soient formés comme auparavant; on les voit augmenter ou diminuer en quantité, offrir l'aspect qu'ils ont dans l'état de santé ou se montrer avec des caractères tout différens. Outre les matières qui les constituent par leur réunion, il s'y mêle souvent, dans l'état de maladie, du sang, du pus, et même des débris de diverses substances ou produits morbides, tels que des fausses membranes, des tubercules, des concrétions lapidiformes, de la matière appelée *mélanos*, des kystes; enfin, au lieu de crachats proprement dits, plus ou moins composés, les malades expectorent, dans certains cas, du sang pur.

Il importe d'étudier avec soin la nature des crachats, pour avoir une idée exacte de l'état des bronches et du poumon, dans les maladies de ce viscère et dans celles de la plèvre, non-seulement sous le rapport du diagnostic, mais encore sous celui du pronostic. Ce sujet a fixé l'attention d'un grand nombre de médecins dans tous les temps; les plus célèbres observateurs en ont fait l'objet de leurs méditations et de leurs recherches les plus assidues. Nous allons tâcher de présenter ici un résumé aussi complet que possible de leurs travaux à cet égard, mais nous ne parlerons dans cet article que de l'aspect, de la forme et de l'abondance ou de la ténuité des crachats; tout ce qui se rapporte à la cessation ou à la difficulté de l'*expectoration*, qui entraîne la *rétention* de la totalité ou d'une partie des crachats, sera étudié dans l'article consacré à cette action.

Landré-Beauvais, considérant les crachats dans leur composition, les divise en *séreux*, muqueux, sanguinolens, écumeux ou mousseux, purulens et sanguins, ou composés de sang pur. Tout ce que nous aurions à dire de ces derniers trouvera mieux sa place à l'article HÉMOPTYSIE.

Les crachats séreux sont ceux dans lesquels la sérosité domine ; les muqueux sont formés, en plus grande partie, de mucus ; les sanguinolens offrent du sang *mêlé* ou *combiné* avec la sérosité et le mucus ; les purulens contiennent du pus : ces quatre espèces de crachats peuvent être chargées de bulles d'air, ce qui les met alors au nombre des crachats muqueux.

S'il est aisé de distinguer au premier coup d'œil les crachats séreux, il est fort difficile de dire à quels signes on peut distinguer ces derniers des crachats purulens. Le fait est que, pour l'aspect, il est très-difficile d'établir une ligne de démarcation entre les mucosités puriformes et le pus, et qu'à proprement parler, une limite imaginaire sépare seule ces deux produits d'une inflammation intense. Nous indiquerons les travaux de Darwin, de Grasmayer et de Schwilgué sur ce point, à l'article PUS ; nous dirons, à l'article MUCUS, la composition de cette substance, et à l'article SÉROSITÉ, les matières qui forment celle-ci : en attendant, il suffit au lecteur de savoir que les crachats séreux et muqueux contiennent de l'eau en grande quantité, de l'albumine, un peu de gélatine, du carbonate de soude et du phosphate de chaux. Dans les petites concrétions dures, raboteuses et irrégulières qu'on y observe quelquefois, le phosphate de chaux prédomine.

La couleur des crachats varie beaucoup, selon la nature et l'époque de la maladie. Ils sont blancs, jaunes, jaune-safranés, verdâtres, érugineux ou de couleur de vert-de-gris, porracés ou d'un vert de poireau, striés de sang, rougeâtres ; il y en a qui sont livides, semblables à la lie de vin rouge, et d'autres qui sont rouillés, ou de la couleur de la rouille de fer ; enfin, il en est de bruns, de noirâtres ou couleur de suie délayée dans de l'eau. La valeur de ces diverses espèces de crachats varie selon les circonstances ; mais en général les derniers, c'est-à-dire ceux qui sont semblables, pour la couleur, à de la lie de vin, ou à de la suie, annoncent infailliblement la mort, car ils dénotent la gangrène du poumon ; mais il ne faut pas attribuer à cette redoutable lésion les crachats en partie chargés d'une matière noire, qu'expectorent un assez grand nombre de personnes qui jouis-

sent d'ailleurs d'une fort bonne santé. Ces crachats, jetés dans l'eau bouillante, perdent leur couleur noire par la dissolution dans ce véhicule de la matière semblable à de l'encre qui leur donnait cette couleur. Il paraît que cette matière provient des corps glandiformes placés près de l'endroit où les bronches se réunissent pour former la trachée-artère. D'autres personnes rendent des crachats noirs qui ne se décolorent pas dans l'eau, si ce n'est par la précipitation d'une poudre noire, filandreuse, analogue aux matières noires que les malades rendent dans le melæna. Sans être aussi redoutables que les crachats vineux et que ceux qui ressemblent à de la suie, ces derniers sont toujours d'un assez mauvais augure.

Les crachats blancs sont favorables lorsqu'ils se montrent de bonne heure dans la pneumonie intense, et qu'ils sont abondans ; il en est de même des crachats striés de sang et des crachats rouillés, lorsqu'ils deviennent promptement jaunes par leur mélange avec une certaine quantité de sang ; les crachats verts, de différentes nuances, sont généralement fâcheux, à moins qu'ils ne paraissent dès le début, et qu'ils ne durent peu.

Sous le rapport de la saveur, les crachats, qui n'en ont aucune dans l'état de santé, acquièrent un goût douceâtre ou salé, ou même âcre et amer. Les crachats salés annoncent la fin de la bronchite ; les doux accompagnent l'hémoptysie et quelquefois la phthisie pulmonaire ; les âcres et les amers annoncent que les bronches sont fortement irritées. S'ils sont chauds, c'est que la membrane qui les sécrète est le siége d'une circulation très-active ; l'action pulmonaire est au contraire languissante lorsqu'ils sont froids. Les crachats qui offrent une odeur quelconque sont moins avantageux que ceux qui sont inodores ; il y a des craintes à avoir quand ils sont fétides, mais il est faux qu'ils annoncent toujours alors l'ulcération des poumons. Dans la bronchite des enfans en bas âge, qui crachent difficilement et chez qui les crachats sont abondamment sécrétés, ceux-ci exhalent souvent, ainsi que la bouche du malade, une odeur infecte de pus, sans que le poumon soit lésé dans sa substance : cette odeur cesse avec l'irritation bronchique. Il paraît que, sous ce rapport, il en est à peu près des crachats comme des sueurs, quelquefois si fétides dans la convalescence de la bronchite avec sécrétion abondante de mucosités et peu d'expectoration.

Considérés sous le rapport de leur forme, les crachats unis et ronds sont généralement favorables : ceux qui ont un aspect mousseux sont rendus tels par la présence de l'air au milieu des substances dont ils sont formés, ce qui annonce qu'ils ont long-temps séjourné dans les voies aériennes, et qu'ils ont été battus avec l'air dans les mouvemens respiratoires.

Lorsque les crachats restent liquides et ténus, dans le cours des maladies aiguës de l'appareil respiratoire, ce signe est généralement défavorable; toutefois on ne doit point en conclure que la guérison n'aura pas lieu; mais il est certain que, dans la plupart des cas, il est plus avantageux que les crachats soient épais et visqueux après le plus haut degré de ces maladies. Toutefois lorsqu'ils sont trop consistans, ils annoncent un état assez peu favorable, en raison de la difficulté avec laquelle le malade parvient à les expulser de sa poitrine.

Il est bon, pour l'ordinaire, que les crachats ne soient pas trop abondans, quelque satisfaisant que soit d'ailleurs leur aspect. Les personnes en santé qui crachent abondamment doivent éviter avec soin tout ce qui pourrait supprimer cette excrétion en augmentant directement ou sympathiquement l'irritation de la membrane qui les fournit. Dans la plupart des maladies du poumon, il n'est pas avantageux que les crachats soient rendus en petite quantité. Quand ils sont rendus en grande abondance, il ne faut ni s'en réjouir ni trop s'en alarmer, car il est des sujets qui sont plus exposés que d'autres à l'accroissement de l'action sécrétoire.

Au nombre des crachats les plus dangereux, sont sans contredit les bourbeux, ainsi nommés parce qu'ils ressemblent à de l'argile délayée dans de l'eau; ils indiquent ordinairement une mort prochaine.

On dit avoir observé, chez des femmes, des crachats blancs, collans, et assez semblables à du lait; mais en même temps on convient qu'on en observe de semblables chez des hommes dans certaines inflammations de poitrine, ce qui n'est pas favorable à la doctrine surannée des métastases. Quoi qu'il en soit, ces crachats sont souvent peu avantageux.

La suppression des crachats n'offre aucun danger quand les symptômes ne s'accroissent pas. Landré-Beauvais assure les avoir vu cesser sans inconvénient dans plusieurs cas de péripneumonie, où l'état morbide du poumon enflammé céda aux septième et neuvième jours, après quelques selles. A l'occasion de

chacune des maladies dans lesquelles il est utile d'examiner les crachats, et lorsque nous traiterons de l'EXPECTORATION, nous compléterons ce que nous n'avons point encore dit sur l'issue de cette excrétion et sur ses suites. Au reste, il en est de ce phénomène morbide comme de tous ceux dans lesquels on cherche des motifs d'espérer ou de craindre pour les jours des malades. Il ne faut jamais s'attacher à un symptôme, quelque manifeste qu'il puisse être, pour le combattre isolément; un seul signe n'est d'aucune valeur, il faut que les autres coïncident avec lui.

(DICT. ABRÉGÉ DE MÉD.)

CRACHEMENT, s. m., *expuitio*; action par laquelle on rejette de la bouche des matières que l'expectoration y a fait parvenir ou celles qui sont sécrétées dans cette cavité. *Voyez* EXPUITION et EXPECTORATION.

Quelques auteurs ont donné le nom spécial de *crachement de pus* à la phthisie pulmonaire et à d'autres maladies de la poitrine dans lesquelles on observe ce symptôme; l'hémoptysie a été aussi désignée sous le nom de *crachement de sang*, qui n'est que la traduction des mots grecs dont le premier est composé. *Voyez* HÉMOPTYSIE, VOMIQUE, PHTHISIE.

(R. DEL.)

CRAIE. *Voyez* CHAUX (sous-carbonate de).
CRAINTE, s. f. *Voyez* PASSION.
CRAMPE, s. f., *crampus*; contraction involontaire, passagère et douloureuse d'un ou de plusieurs muscles. La crampe résulte ordinairement d'une extension forcée des fibres musculaires, ou d'une fausse position des muscles; elle est encore produite par la compression, la commotion, la piqûre ou la contusion d'un nerf. C'est à la compression des nerfs sacrés, que les accoucheurs attribuent les crampes qui se manifestent dans les muscles de la partie postérieure de la cuisse et de la jambe, lorsque la tête de l'enfant est engagée dans le petit bassin. Quelquefois la crampe ne reconnaît pas seulement une cause locale; elle est liée à un état du cerveau et des nerfs, et fait partie de cette foule d'accidens dits *nerveux*, qu'on observe chez les hystériques, les hypocondriaques et toutes les personnes irritables, susceptibles, chez beaucoup de femmes, pendant la grossesse ou la période menstruelle, chez les individus qui se livrent à des excès vénériens; cette espèce précède souvent le développement des convulsions générales de l'attaque hystérique. Dans ces cas, les crampes surviennent et se répètent fréquemment sans être excitées par l'action des muscles. Cet ac-

cident est plus particulier aux muscles du mollet, de la plante des pieds et des doigts.

On appelle quelquefois *crampe d'estomac* une gastralgie très-violente, et *crampe de poitrine* une constriction douloureuse du thorax, à laquelle on a encore donné le nom d'angine de poitrine. *Voyez* GASTRALGIE, ANGINE DE POITRINE.

On fait cesser instantanément une crampe en étendant fortement le muscle convulsé, et l'empêchant de se contracter de nouveau pendant plusieurs secondes ou quelques minutes. Si l'on était pris de crampe au mollet durant le sommeil, il faudrait sortir du lit, appuyer le pied sur le sol, étendre promptement et avec force la jambe sur la cuisse. C'est en remédiant aux lésions des nerfs et à l'état de susceptibilité nerveuse, que l'on fait cesser les crampes qui dépendent de ces causes. Lorsqu'on tarde à rétablir l'action des muscles atteints de cette espèce de convulsion, la douleur devient horrible, et peut causer une syncope : aussi les individus qui sont sujets aux crampes dans les mollets doivent-ils se livrer avec beaucoup de réserve et de précaution à l'exercice de la natation. (GEORGET.)

CRANE, s. m., *cranium, calvaria,* κρανίον; partie osseuse de la tête, qui contient et protége le cerveau et ses enveloppes. Situé au-dessus de la face et prolongé très-loin derrière elle, le crâne la surpasse de beaucoup en volume chez l'homme. Sa forme est celle d'un ovoïde, ayant sa grosse extrémité tournée en arrière; son étendue est un peu plus grande en travers que de haut en bas. Sa partie supérieure, arrondie et courbée assez régulièrement, prend le nom de *voûte;* l'inférieure, plus plate et très-inégale, celui de *base.* Huit os le composent, savoir : le *frontal* ou *coronal,* l'*ethmoïde,* les *pariétaux,* le *sphénoïde,* les *temporaux* et l'*occipital.* Le frontal occupe la partie de la tête qu'indique son nom, par conséquent le devant de la voûte, et se recourbe inférieurement de chaque côté, pour se prolonger à la base; l'ethmoïde remplit le vide qui reste, à la base, entre les deux moitiés du frontal; les pariétaux sont situés derrière la partie supérieure de ce dernier, et forment une grande étendue de la voûte, dont ils occupent spécialement le haut; le sphénoïde, placé derrière l'ethmoïde et la partie inférieure du frontal, appartient à la base, mais gagne latéralement le bas de la voûte et atteint le pariétal; les temporaux sont au-dessous des pariétaux et derrière la partie latérale du sphénoïde, et concourent à la fois

à la formation de la voûte et de la base; enfin, l'occipital complète la première au-dessous et en arrière des pariétaux, et constitue une grande partie de la seconde en se prolongeant entre les temporaux, jusque derrière le milieu du sphénoïde. Plusieurs de ces os se confondent, en devant, avec ceux de la face, et contribuent à former les cavités de celle-ci, comme les orbites, les fosses nasales. Les *sutures* qui réunissent les os du crâne, se manifestent par des lignes irrégulières, dessinées à sa surface, tant à l'extérieur qu'à l'intérieur, quoiqu'elles soient plus apparentes en dehors.

La voûte du crâne, considérée extérieurement, présente plusieurs saillies plus ou moins marquées. On y voit, en effet, en bas et en avant, la protubérance nasale et les arcades sourcilières; un peu au-dessus, les bosses frontales, et, beaucoup plus en arrière, les bosses pariétales. De plus on y remarque de chaque côté une ligne courbe, légèrement saillante, qui en circonscrit la partie latérale inférieure, et occupe une partie de l'os frontal, du pariétal et du temporal. La surface que borne cette ligne est excavée en devant, ce qui fait ressortir sa convexité en arrière, et rétrécit le crâne dans le premier sens; elle se continue, du côté de la base, jusqu'à l'apophyse zygomatique, et à une crête qu'offre la grande aile du sphénoïde, et forme la plus grande partie de la fosse temporale, qui n'est complète que lorsque le crâne est joint à la face, et dont la description appartient à celle de la tête entière. Plusieurs sutures sont apparentes en dehors de la voûte du crâne; les principales entourent les pariétaux, et résultent de leur jonction entre eux et avec les os qui les environnent. Celle qui est entre les pariétaux, sur la ligne médiane, est appelée *suture sagittale;* elle tombe, à ses deux extrémités, sur le milieu de deux sutures transversales, dont l'antérieure, nommée *coronale* ou *fronto-pariétale,* joint les pariétaux à l'os frontal; et la postérieure, dite *lambdoïde,* les mêmes os à l'occipital. Les extrémités de ces deux dernières sont réunies, de chaque côté, par les sutures *temporale* ou *écailleuse* et *sphéno-pariétale,* qui indiquent l'union du temporal et du sphénoïde avec le pariétal. La suture coronale se continue, à chacune de ses extrémités, avec une suture que l'on voit dans la fosse temporale entre le sphénoïde et l'os frontal, la lambdoïde avec une autre qui appartient principalement à la base, et est formée par la jonction de l'occipital avec la portion mastoïdienne du temporal ; enfin, une suture *sphéno-temporale* part du point de réunion des sutures écailleuse et sphéno-pariétale, et se dirige également vers la base du crâne. Dans les jeunes sujets, quelquefois même dans les adultes, il y a encore une suture *frontale*, située entre les deux moitiés de l'os du même nom, et continue à la sagittale ; elle est le plus souvent remplacée, dans l'âge adulte, par une ligne plus ou moins prononcée. Il existe presque toujours, dans quelques-unes de ces sutures, comme la lambdoïde, celle qui est entre le pariétal et la portion mastoïdienne du temporal, la coronale, des os surnuméraires ou *wormiens*, qui les rendent plus irrégulières et multiplient les lignes qu'elles forment. Toute la surface externe de la voûte du crâne est lisse et unie, à part quelques inégalités et des sillons que l'on remarque dans la fosse temporale ; il existe aussi assez ordinairement un ou deux sillons vasculaires en dehors et au-dessus des bosses frontales. Les trous pariétaux sont les seuls que présente cette surface ; ils sont situés en arrière, près de la suture sagittale, et quelquefois sur cette suture.

La base du crâne, à l'extérieur, ne présente de convexité analogue à celle de la voûte qu'en arrière, où l'occipital forme, de chaque côté de la crête occipitale externe, une sorte de protubérance large, qui correspond aux fosses occipitales inférieures ; une saillie du même genre, mais plus petite, existe souvent de chaque côté de la protubérance occipitale externe, au commencement des lignes courbes qui en partent, et au niveau des fosses occipitales supérieures. Le reste de la surface est aplati, ou n'offre que des éminences qui n'ont point de rapport avec la forme intérieure. La plupart sont des éminences d'insertion : telles sont les apophyses mastoïde, styloïde, vaginale, jugulaire, ptérygoïde, zygomatique, l'épine du sphénoïde. Toutes ces saillies occupent les parties latérales moyennes de la base du crâne ; les apophyses mastoïdes et zygomatiques sont tout-à-fait en dehors, les jugulaires un peu plus en dedans que les mastoïdes, la styloïde, la vaginale, l'épine du sphénoïde et l'apophyse ptérygoïde sur une même ligne oblique d'arrière en avant et de dehors en dedans, qui part de l'apophyse mastoïde, et se termine près de la ligne médiane, vis-à-vis de l'apophyse zygomatique. Cette dernière série d'éminences partage le milieu de la base du crâne en trois portions, une moyenne et deux latérales. La por-

tion moyenne, comprise entre les deux lignes d'apophyses, est une surface triangulaire à sommet tronqué et tourné en avant ; on y voit, au milieu, les condyles de l'occipital, placés sur la même ligne que les apophyses mastoïdes et jugulaire, si ce n'est qu'ils se prolongent un peu plus en devant, la surface basilaire du même os et la face inférieure du corps du sphénoïde : les côtés de cette surface sont formés par la face inférieure du rocher, le bord interne des grandes ailes du sphénoïde, et un peu par l'occipital. Les portions latérales, également triangulaires, présentent, en arrière, la cavité glénoïde du temporal et la racine transverse de l'apophyse zygomatique ; en avant, une surface plane formée par la grande aile du sphénoïde et la portion écailleuse du temporal, faisant partie de la fosse zygomatique, et se continuant, sous l'apophyse du même nom, avec la fosse temporale : cette surface est bornée en dedans par l'apophyse ptérygoïde ; la cavité glénoïde l'est, dans le même sens, par l'épine du sphénoïde, en dehors par la racine longitudinale de l'apophyse zygomatique, en arrière par une lame osseuse appartenant au conduit auditif externe et continue à l'apophyse vaginale. La partie antérieure de la base du crâne se joint à la face par le sommet des apophyses zygomatiques, le bas de la face antérieure et le côté interne des ptérygoïdes, une crête médiane et la partie latérale de la face inférieure du corps du sphénoïde, le côté externe inférieur de la face antérieure de ce corps, un bord saillant que forme la grande aile du même os devant la fosse temporale, les apophyses orbitaires externe et interne, l'échancrure et l'épine nasales du coronal, la lame verticale, les bords antérieur et inférieur de l'os *planum*, les masses latérales de l'ethmoïde. Les masses de ce dernier os font une saillie considérable de chaque côté de la ligne médiane ; en dedans de cette saillie est une rainure qui fait partie des fosses nasales, que la lame verticale sépare de celle du côté opposé, et dans le fond de laquelle se trouve la lame criblée de l'ethmoïde et la face antérieure du corps du sphénoïde, avec l'ouverture du sinus sphénoïdal : en dehors est une excavation profonde, qui appartient aux orbites, et que circonscrivent l'arcade et les deux apophyses orbitaires du frontal, l'ethmoïde, le corps du sphénoïde, le bord articulaire de la grande aile et un autre bord qui est continu à celui-ci, et qui forme avec la face la fente sphéno-maxillaire. Cette excavation est échancrée en arrière, et se continue avec la surface plane qui appartient à la fosse zygomatique, ainsi qu'avec la face antérieure de l'apophyse ptérygoïde. Les sutures de la base du crâne sont assez nombreuses : en arrière, la suture *mastoïdienne*, formée par l'occipital et la portion mastoïdienne du temporal, descend de la voûte de chaque côté, passe entre la rainure mastoïdienne et l'apophyse jugulaire, et se termine devant cette apophyse en se continuant avec la suture *pétro-occipitale* : celle-ci se porte en dedans, entre le rocher et l'occipital, et finit au corps du sphénoïde. D'un autre côté, la suture sphéno-temporale, partie également de la voûte, traverse les fosses temporale et zygomatique, passe entre l'épine du sphénoïde et la cavité glénoïde, et s'unit à la suture *pétro-sphénoïdale*, qui vient se terminer, comme la précédente, au corps du sphénoïde. La suture *basilaire*, placée en travers entre cet os et l'occipital, réunit les sutures pétro-occipitales et pétro-sphénoïdales des deux côtés. En avant, une suture *ethmoïdale* joint l'ethmoïde à l'échancrure de l'os frontal; elle tombe en arrière sur la suture *sphénoïdale*, qui résulte de la jonction du corps du sphénoïde avec l'ethmoïde, et des petites et grandes ailes du premier de ces os avec le frontal : cette dernière se manifeste jusque dans la fosse temporale, où elle produit cette suture continue à la coronale, dont il a été parlé à l'occasion de la voûte. Un grand nombre de trous s'ouvrent au-dehors de la base du crâne; la plupart conduisent dans le crâne, quelques-uns dans les cavités de l'oreille. Les trous mastoïdiens sont les seuls qu'on trouve en arrière, au-delà des apophyses mastoïdes; ils existent sur la portion mastoïdienne du temporal, et quelquefois dans la suture mastoïdienne. Au niveau des apophyses mastoïdes, on voit, sur la ligne médiane, le grand trou occipital, et un peu latéralement les trous condyliens postérieurs; mais le plus grand nombre de trous se rencontrent à la partie moyenne de la base du crâne, entre la série d'apophyses qui s'y voit en dehors, et l'occipital, qui en forme le milieu. Là, en effet, se trouvent réunis les trous de la face inférieure du rocher, ou le stylo-mastoïdien, l'orifice inférieur du canal carotidien, celui de l'aqueduc du limaçon, et l'ouverture d'un double conduit qui pénètre dans la caisse du tympan entre le rocher et l'épine du sphénoïde d'abord, puis entre le premier et la portion écailleuse du temporal, les trous ovale et sphéno-épineux de la grande aile du sphénoïde,

l'orifice postérieur du conduit vidien, placé au dessus de la partie postérieure interne de l'apophyse ptérygoïde, le trou condylien antérieur de l'occipital, enfin, les trous *déchirés* postérieur et antérieur, formés, le premier, par la jonction de l'occipital avec la portion pierreuse du temporal, le second par celle des mêmes os et du sphénoïde, et situés aux deux extrémités de la suture pétro-occipitale. Le trou déchiré postérieur avoisine le condyle de l'occipital; il est d'une forme irrégulière, allongé d'arrière en avant et de dehors en dedans, incliné en dehors, et divisé en deux portions, une antérieure interne, et une postérieure externe, par une petite cloison en partie osseuse, en partie cartilagineuse, fournie par l'occipital ou le temporal, quelquefois par tous les deux : la portion postérieure, plus grande que l'antérieure, s'ouvre dans un enfoncement profond formé par le rocher et la partie antérieure de l'apophyse jugulaire, étendu en dehors jusque près de l'apophyse styloïde, et appelé *fosse jugulaire*. Cette fosse et le trou déchiré lui-même sont assez ordinairement plus grands à droite qu'à gauche, quoique le contraire ou leur égalité des deux côtés puissent avoir lieu. Le trou déchiré antérieur est moins un trou qu'un intervalle analogue à celui qui reste entre les os dans les sutures, et qui est surtout marqué dans quelques-unes; sa largeur n'est qu'un résultat nécessaire de la disposition du rocher par rapport aux deux autres os qui le forment : aussi son contour est-il très-inégal, et le trou est-il fermé, dans l'état frais, par un cartilage continu à celui de sutures voisines et disposé de même. Deux autres ouvertures, la scissure glénoïdale et l'orifice du conduit auditif externe, sont situées plus en dehors que toutes les précédentes, au-delà des apophyses qui bornent celles-ci. Enfin, la partie de la base du crâne qui se confond avec la face, offre des trous qui appartiennent aux fosses nasales, aux orbites et au sommet de la fosse zygomatique ou à la fosse sphéno-maxillaire : ces trous sont ceux de la lame criblée et sa fente, les orifices externes des conduits orbitaires internes, le trou optique, la fente sphénoïdale, le trou grand rond et l'orifice antérieur du conduit vidien, qui s'ouvre par là des deux côtés à l'extérieur du crâne, disposition qu'on ne retrouve point dans les autres conduits. Beaucoup d'inégalités d'insertion se remarquent à la surface externe de la base du crâne, comme sur la convexité de l'occipital, la portion mastoïdienne du temporal, la surface ba-

silaire du premier de ces os, à la face inférieure du rocher, dans la partie qui concourt
à former la fosse zygomatique, etc.

La surface interne du crâne présente, dans
presque toute son étendue, 1° de petites saillies connues sous le nom d'*éminences mamillaires*, et des enfoncemens intermédiaires,
appelés *impressions digitales*; 2° des sillons
artériels ramifiés de bas en haut, occupant
surtout les parties latérales et supérieures du
crâne. La face interne de la voûte correspond
assez bien, dans sa configuration, à la face
externe; on y voit les *fosses coronales* et *pariétales*, vis-à-vis des bosses du même nom,
les fosses occipitales supérieures, la trace des
sutures sagittale, coronale, lambdoïde, et
l'orifice interne des trous pariétaux. Il n'y a
point, à la vérité, d'enfoncemens qui représentent la protubérance nasale, les arcades
sourcilières, et il règne le long de la ligne
médiane une gouttière creusée sur le coronal,
les pariétaux et l'occipital, qui ne forme point
de saillie extérieurement : cette gouttière
finit en avant à la crête coronale, qui n'a
point non plus de partie qui lui corresponde
en dehors. On remarque dans le fond et sur
les côtés de cette gouttière, principalement
en arrière, un grand nombre de petites ouvertures qui sont le commencement des conduits veineux pratiqués dans l'épaisseur des
os; on voit aussi, sur ses parties latérales, de
petites cavités irrégulières, différentes des
impressions digitales. La base du crâne offre
moins de rapports que la voûte entre sa conformation externe et sa disposition intérieure.
Cependant elle est, à l'intérieur, comme en
dehors, plus élevée antérieurement, moins
haute au milieu, et plus abaissée encore pos-
térieurement; sa partie la plus basse correspond au trou occipital; de sorte que c'est au
niveau de ce trou que la cavité du crâne a le
plus de hauteur. La saillie du bord inférieur
du coronal, celle des petites ailes du sphénoïde et d'une crête plus ou moins marquée
qui occupe leur intervalle, séparent la partie
antérieure de la moyenne, et celle-ci est séparée de la postérieure par le bord supérieur
des rochers et une lame quadrilatère, appartenant au corps du sphénoïde. La partie antérieure est un plan légèrement relevé vers ses
bords, aux endroits où il se continue avec la
voûte, et déprimé dans son centre, qui constitue la *fosse moyenne antérieure*, de la base
du crâne : cette fosse, qui correspond aux
fosses nasales et aux sinus sphénoïdaux, présente, en avant, le trou borgne, et est divi-

sée, dans le reste de son étendue, par l'apophyse *crista-galli* et une élévation du sphénoïde, en deux gouttières latérales, plus
étroites et plus profondes en devant, où leur
fond présente la lame criblée, ses trous, sa
fente et les orifices internes des conduits orbitaires internes. Les parties latérales du plan
sont, au contraire, convexes, ce qui n'a pas
empêché de les appeler les *fosses* latérales antérieures de la base du crâne; formées par le
frontal et les petites ailes du sphénoïde, elles
répondent aux orbites et sont remarquables
par les éminences mamillaires, plus prononcées que dans tout autre point de la surface
interne du crâne, appartenant au premier
de ces os; elles offrent souvent, en arrière et
en dehors, un enfoncement qui produit à l'extérieur, dans la fosse temporale, une saillie
particulière. On voit dans cette partie antérieure de la base du crâne, la trace des sutures
ethmoïdale et sphénoïdale. La partie moyenne
comprend trois enfoncemens, qui forment les
fosses moyenne et latérales moyennes. La première se compose de la fosse pituitaire, d'une
gouttière transversale située au-devant, et des
gouttières caverneuses; elle répond au sinus
sphénoïdal et présente l'ouverture interne des
trous optiques. Les fosses latérales, plus profondes et beaucoup plus étendues, formées
par la grande aile du sphénoïde, la portion
écailleuse du temporal et la face supérieure
du rocher, présentent les sutures sphéno-
temporale, pétro-sphénoïdale, écailleuse,
sphéno-pariétale, les trous de la face supérieure de la grande aile du sphénoïde, l'hiatus
de Fallope, la fente sphénoïdale, complétée
par le coronal, le trou déchiré antérieur, le
canal carotidien, des éminences mamillaires
assez prononcées, un enfoncement particulier,
placé près du trou grand rond, répondant
en partie à la paroi externe de l'orbite, et
deux sillons considérables, qui naissent par
un trou commun du trou sphéno-épineux
pour se répandre sur une grande partie de la
voûte, et dont l'antérieur est souvent un canal vis-à-vis de l'angle antérieur et inférieur du
pariétal. L'orifice interne du trou déchiré antérieur est très-différent de l'externe; son contour est arrondi, formé par une petite échancrure du sommet du rocher, une échancrure
plus grande du corps du sphénoïde, et une
petite lame qui s'en détache et se porte vers
le rocher : sous cette lame, le trou se continue avec le canal carotidien, et l'ouverture
que celui-ci présente derrière elle est fermée,
dans l'état frais, par la dure-mère, de sorte

que l'artère carotide interne entre réellement dans le crâne par cet orifice du trou déchiré antérieur, en passant au-dessus du cartilage qui ferme l'autre. La troisième portion de la base du crâne, ou sa partie postérieure, est une grande cavité formée par l'occipital, la portion mastoïdienne du temporal, la face postérieure du rocher et la lame quadrilatère du corps du sphénoïde; on y distingue, comme aux autres parties, trois fosses, qui sont la moyenne postérieure et les latérales postérieures, quoiqu'il n'y ait pas entre ces fosses de ligne de démarcation bien tranchée. On y observe, 1° deux gouttières latérales, une droite, ordinairement plus large, et une gauche, commençant de chaque côté de la protubérance occipitale interne, où le plus souvent la droite seule, quelquefois toutes les deux, plus rarement la gauche seule, se continuent avec la gouttière longitudinale de la voûte; se portant de là en dehors sur l'occipital et l'angle mastoïdien du pariétal, se contournant à la base du rocher, sur la portion mastoïdienne du temporal, pour revenir sur l'occipital, et se terminant au trou déchiré postérieur; 2° les fosses occipitales inférieures, situées de chaque côté de la crête occipitale interne, complétées par la portion mastoïdienne du temporal, circonscrites en partie par les gouttières précédentes, et remarquables par le défaut absolu d'impressions digitales et d'éminences mamillaires dans toute leur étendue : 3° la face postérieure du rocher, qui augmente la profondeur de ces fosses, dont elle est séparée par la fin de la gouttière latérale, et sur laquelle on voit le trou auditif interne et l'orifice de l'aqueduc du vestibule; 4° la gouttière basilaire, formée principalement par l'occipital, mais appartenant aussi en partie au sphénoïde, et les gouttières plus petites qui sont sur ses bords; 5° le grand trou occipital, l'orifice interne du trou condylien antérieur; ceux des trous condylien postérieur et mastoïdien, qui se trouvent dans le fond des gouttières latérales, et le trou déchiré postérieur, qui offre, à la partie supérieure de son contour, l'orifice de l'aqueduc du limaçon, que l'on voit aussi par dehors; 6° les sutures qui unissent les bords inférieurs et l'angle basilaire de l'occipital aux temporaux et au sphénoïde.

Les os du crâne sont formés, comme tous les os *plats* en général, de deux tables de substance compacte, séparées par une table de substance spongieuse ou *diploé* : quelques parties de la base, comme l'apophyse basilaire

de l'occipital, la partie postérieure du corps du sphénoïde, se rapprochent des os courts, en ce qu'elles contiennent beaucoup de tissu spongieux; la portion pierreuse du temporal est entièrement compacte, et présente d'ailleurs des particularités de structure qui dépendent de ce qu'elle renferme une partie des organes de l'ouïe. Le frontal, le sphénoïde sont creusés de *sinus* qui s'ouvrent dans les fosses nasales : l'ethmoïde semble n'appartenir au crâne que par sa lame criblée; le reste est rempli de cavités anfractueuses, qui augmentent l'étendue des fosses nasales. Le sinus frontal correspond extérieurement à la protubérance nasale et aux arcades sourcilières, de sorte que ses dimensions influent sur la saillie de ces éminences; celle du front en général, celle de la voûte orbitaire, peuvent aussi dépendre uniquement de l'étendue de ce sinus qui rétrécit la cavité du crâne d'autant plus qu'il est plus développé. La voûte du crâne a une épaisseur assez uniforme dans ses différens points, si ce n'est dans la fosse temporale où elle est très-mince; la base, très-épaisse au niveau du rocher, du corps du sphénoïde, de l'angle antérieur de l'occipital, des crêtes et protubérances de ce dernier os, est en général fort mince dans les fosses occipitales inférieures, dans le fond des gouttières de la lame criblée, dans la partie qui correspond aux orbites, et souvent au niveau de la cavité glénoïde : dans ces divers endroits, ainsi qu'au niveau des fosses temporales, la substance spongieuse manque, les deux tables compactes sont confondues en une seule, que son peu d'épaisseur rend demi-transparente. La structure et la disposition de plusieurs os de la base leur donnent quelque ressemblance avec une vertèbre dont les différentes parties seraient agrandies et formeraient des pièces séparées. L'apophyse basilaire, jointe au corps du sphénoïde, représente le corps de la vertèbre; la partie de l'occipital qui est derrière le trou correspond à l'apophyse épineuse, la grande aile du sphénoïde à l'apophyse transverse, etc. Il est digne de remarque que c'est la partie du crâne où est logé le prolongement de la moelle de l'épine qui offre cette analogie. Le périoste qui revêt en dehors les os du crâne prend le nom de *péricrâne;* c'est la *dure-mère* qui leur sert de périoste interne.

Le crâne est d'abord entièrement membraneux; son ossification, qui a lieu de très-bonne heure, procède de la base à la voûte; le contour du trou occipital est la partie qui s'ossifie la première. (*Voyez* os (développement des). A la naissance, les os de la voûte sont très-minces, dépourvus de substance spongieuse, et la compacte y affecte la forme de rayons partant du point primitif d'ossification, et dont la longueur inégale produit de légères dentelures sur les bords : ceux-ci sont séparés par des intervalles membraneux, formés par l'adossement du péricrâne et de la dure-mère, et plus larges là où les os se rencontrent par leurs angles, à cause de la distance plus grande qui éloigne ces derniers du point central d'ossification. On appelle ordinairement *fontanelles* ces espaces membraneux, plus considérables, situés au point de jonction de plusieurs os ; on compte six fontanelles, savoir, deux à chaque extrémité de la suture sagittale, et deux de chaque côté à la réunion de la suture écailleuse avec les sutures coronale et lambdoïde. Les premières sont beaucoup plus marquées : l'antérieure, placée entre les pariétaux et les deux moitiés de l'os frontal, est la plus grande ; sa forme est celle d'un losange ; la postérieure, qui sépare les pariétaux de l'occipital, est triangulaire. Les secondes ont une figure irrégulière ; l'une occupe l'intervalle que laissent entre eux le frontal, le pariétal, le sphénoïde et le temporal ; l'autre, celui qui existe entre le pariétal, le temporal et l'occipital. Les os de la base, à la naissance, ne contiennent de substance spongieuse que dans les parties épaisses de l'occipital et du sphénoïde ; ils sont séparés en divers endroits par des cartilages. Le crâne du nouveau-né est encore remarquable par la saillie plus grande des bosses frontales et du milieu des fosses temporales et pariétales, et par l'aplatissement de l'occipital. Il n'y a point de sinus à cette époque.

Après la naissance, le crâne acquiert graduellement les caractères qu'il présente chez l'adulte ; les fontanelles s'effacent de bonne heure, quoiqu'on les voie quelquefois persister dans l'âge adulte. L'épaisseur des parois augmente jusqu'à la fin de l'âge viril ; mais, chez le vieillard, elles s'amincissent de nouveau, par une sorte d'atrophie qu'éprouve particulièrement le tissu spongieux, qui disparaît en beaucoup d'endroits : cette atrophie est surtout marquée dans les parties naturellement convexes, comme au milieu des bosses pariétales, dont la saillie est quelquefois remplacée alors par la dépression de la table externe, l'interne n'ayant point varié. Dans quelques cas pourtant, l'épaisseur des parois est conservée ou même augmentée chez le

vieillard, parce que les aréoles du tissu spongieux se sont singulièrement agrandies, la substance qui les forme ayant de même été en partie absorbée. Le crâne se rétrécit, en outre, un peu dans la vieillesse, comme Ténon s'en est assuré ; les sinus augmentent, au contraire, beaucoup en étendue, bien que quelquefois on observe le contraire. L'ossification envahit les sutures, et les os se soudent en totalité ou en partie.

Le crâne offre, suivant le sexe, les races, des particularités de conformation, qui seront examinées avec la *tête* en général. Il varie également, suivant les individus, relativement, 1° à sa capacité intérieure ; 2° au rapport de ses trois diamètres, transversal, vertical et longitudinal ; 3° à sa forme, qui dépend en partie de ce rapport, et qui quelquefois n'est pas exactement symétrique ; 4° au développement plus ou moins grand de ses différentes parties, ce qui donne lieu à des *protubérances* très-variables ; 5° à l'épaisseur de ses parois ; 6° à l'existence des sutures, quelquefois soudées long-temps avant l'époque où cela pourrait n'être qu'un résultat de l'âge. Des déviations véritables de la conformation naturelle du crâne se remarquent dans diverses monstruosités ; elles se lient, en général, à des vices de conformation du cerveau. *Voyez* ACÉPHALE, ANENCÉPHALE, MONSTRE.

Le crâne des animaux mammifères est composé du même nombre de pièces que celui de l'homme ; mais la proportion de ces pièces, ainsi que la forme de l'ensemble, varient beaucoup. Dans les ovipares, les os du crâne sont très-variables suivant les classes, et se soudent en général de très-bonne heure.

L'usage principal du crâne est de garantir le cerveau des lésions extérieures, de le soutenir dans toutes ses parties, soit par lui-même, soit par l'attache qu'il fournit aux replis de la méninge tendus entre les différentes portions de l'encéphale. De plus il concourt à former, par ses portions orbitaire, nasale, les cavités qui logent les organes des sens, et contient seul celles qui appartiennent au sens de l'ouïe. Ses portions temporale et zygomatique logent plusieurs muscles servant à la mastication, et leur donnent attache. Les apophyses et les aspérités nombreuses de sa base sont les points d'origine ou de terminaison de beaucoup de muscles qui meuvent la tête ou prennent un point fixe sur elle. Les trous du crâne servent au passage des vaisseaux et des nerfs qui se portent des cavités de la face ou de l'extérieur de la tête à l'intérieur, et *vice versâ*. C'est par le crâne que la tête est articulée avec le reste du tronc; enfin, c'est lui qui sert de point d'appui aux mouvemens que la mâchoire inférieure exerce sur la supérieure.

Les principales maladies du crâne sont des fractures directes ou par contre-coup, de simples enfoncemens qui ont quelquefois lieu dans les jeunes sujets; des nécroses, des caries, des destructions par des fongus de la dure-mère ou des diverses parties de la face, des exostoses extérieures ou intérieures.

CRANE (articulations des os du). *Voyez* SUTURE.   (A. BÉCLARD.)

CRANE (anatomie pathologique du). Le crâne est la portion cérébrale de la tête; sa forme est celle d'un ovoïde irrégulier, dont la grosse extrémité est postérieure; il est placé en arrière et en haut de la tête, dont il constitue la partie la plus immédiatement continue avec le rachis; sa direction est horizontale dans l'homme, et oblique à l'horizon, dans les animaux; son volume absolu varie beaucoup; son volume proportionnel est toujours inverse de celui de la deuxième section de la tête.

La surface extérieure du crâne est libre et cutanée en haut, en avant, en arrière et sur les côtés; en bas, elle est confondue avec le col et la face. Sa surface interne est partout en contact avec le système nerveux, tapissée par le feuillet pariétal de la membrane arachnoïde et plus ou moins prolongée par des cloisons.

Structure. — Le crâne est essentiellement formé par une cage osseuse, revêtue de deux périostes, l'un externe mince, l'autre interne, plus développé; les parties molles surajoutées en dehors, varient beaucoup, elles donnent naissance à une foule de vénules, dites *émissaires*, qui ont une disposition fort curieuse, disposition que mettent à profit les praticiens, dans le traitement des maladies du cerveau, ou de ses membranes; ces vaisseaux sont dépourvus de valvules, leurs radicules extérieures au squelette du crâne se réunissent en troncs de plus en plus volumineux, puis traversent les sutures ou des trous pratiqués exprès, et se rendent directement dans les sinus méningiens, dans les veines méningiennes, ou même les diploïques. Les gros troncs artériels qui se distribuent dans la cavité crânienne envoient des rameaux au-dehors, vers les organes des sens, ce qui lie la circulation de ceux-ci avec celle du crâne; ils

sont encore remarquables par leurs larges anastomoses.

Développement. — Au développement général de la tête, il faut ajouter pour celui du crâne, qu'il se forme d'abord vers sa base, que sa voûte est achevée la dernière, et pendant long-temps conserve des traces de cette tardive formation, *les fontanelles.*

C'est sur le crâne surtout que portent les nombreuses variétés de la tête, qui ont été indiquées.

Déductions pathologiques et opératoires. — Le crâne manque quelquefois en totalité; c'est ce qui constitue le vice de conformation que Béclard appelle *acrânie*; d'autres fois on trouve sa base seulement, *anencéphalie* du même auteur, monstruosité long-temps confondue avec l'acéphalie, mais parfaitement distincte et entraînant moins qu'elle d'anomalies dans les viscères intérieurs. Suivant la plupart des auteurs, l'anencéphalie est accidentellement produite par une maladie qui détruisant la masse du cerveau pendant la vie *intrà-utérine*, arrête en même temps, ou empêche le développement des parties supérieures du crâne, à une époque où déjà les parties de sa base étaient formées. Enfin, dans quelques cas, la voûte crânienne s'est formée, mais est restée bifide dans une étendue variable, de là les hernies encéphaliques; la disposition des veines émissaires explique la possibilité, par des applications extérieures, d'agir puissamment sur les parties intérieures, spécialement de tirer, par un mouvement rétrograde, du sang directement des veines méningiennes. La disposition générale des artères rend compte des tuméfactions extérieures, et du trouble de certains organes des sens, dans les phlegmasies internes.

Telles sont les notions générales que fournit l'examen de la portion crânienne de la tête: pour la connaître plus minutieusement, il faut successivement examiner les parois de sa cavité, et sa cavité elle-même, faisant abstraction des analogies qui ont fait le sujet de cette description générale.

CRANE (parois du). Les anatomistes assignent au crâne six parois, distinguées en supérieure, inférieure, latérales, antérieure, postérieure; mais il convient mieux, comme pour l'étude du squelette de cette partie, de diviser le crâne en voûte, qui comprend les parois supérieure, antérieure et postérieure; en parois latérales et inférieure. Les premières sont libres; la dernière est confondue avec la face et le col, et contracte des rapports en

dehors, spécialement avec les *régions* ocu-
laires, olfactives, zigomatiques, pharyngienne, et de la nuque.

Au reste le tableau suivant donnera une
idée de cette division en régions des parois
crâniennes.

CRANE.	PARTIE LIBRE.	Voûte.		1° Région occipito-frontale.
		Parois latérales.	En avant. . .	2° Région temporale.
			Au milieu. .	3° Région auriculaire.
			En arrière. .	4° Région mastoïdienne.
	PARTIE ADHÉRENTE.	Paroi inférieure.		5° Région de la base du crâne.

CRANE (voûte du). La voûte du crâne constitue une seule région très-simple, *l'occipito-
frontale*, partout formée des mêmes couches ;
la cessation des cheveux en avant ne serait
pas une raison suffisante pour y établir une
région frontale ; il conviendrait bien moins
encore d'en former une pariétale et une occipitale ; ce serait s'exposer à de fréquentes,
ennuyeuses et inutiles répétitions.

CRANE (paroi latérale du). Cette paroi est
constituée par trois petites régions fort simples, et bien distinctes, la tempe, la région
de l'oreille, et celle de l'apophyse mastoïde.

CRANE (paroi inférieure du). Cette paroi
du crâne lui appartient par une de ses surfaces, la *supérieure* ; par l'*inférieure*, au contraire, elle est confondue avec la face et le
col ; ce que nous avons à en dire ici se réduit alors à bien peu de choses : elle forme
une seule région, celle de *la base du crâne*.

CRANE (région de la base du). Cette région
représente l'arc-boutant de la voûte crânienne ;
elle est aplatie et disposée en amphithéâtre,
de telle sorte que sa partie antérieure s'élève
au-dessus de la moyenne, celle-ci au-dessus
de la postérieure.

Structure. — 1° *Élémens*. — Son squelette
est épais et constitué par des os, qui ont beaucoup des caractères des os courts ; il présente
une foule d'ouvertures, que traversent nombre de vaisseaux et de nerfs ; et forme un peu
en arrière l'ouverture céphalo-rachidienne ;
le périoste interne lui adhère en raison directe du nombre de ses diverses ouvertures,
et contient beaucoup de sinus : le circulaire
et le transversal de la selle turcique, le transverse de la surface basilaire, le circulaire du
trou occipital de *Ridley*, les occipitaux, les
caverneux et les pétreux supérieurs et inférieurs. Le feuillet pariétal de l'arachnoïde
existe partout, il s'engage dans chaque ouverture et y forme un petit cul-de-sac, en se
réfléchissant bientôt sur les nerfs ou les vaisseaux, pour rentrer dans le crâne. Des artères méningiennes antérieures, moyennes et
postérieures, venant de sources déjà indi-

quées, se rencontrent avec leurs veines satellites ; mais on trouve surtout des veines émissaires nombreuses, qui viennent des fosses
nasales, par le trou borgne, et beaucoup
d'autres trous très-apparens sur la selle turcique ; la veine ophthalmique, elle-même, présente par son abouchement avec le sinus caverneux, la disposition des veines émissaires ;
les vaisseaux lymphatiques sont peu connus.
À l'exception des nerfs qui traversent cette
paroi, aucun ne s'y rencontre.

2° *Rapports*. — Ils sont d'une grande simplicité, de dehors en dedans, les os, la dure-
mère et l'arachnoïde. Tous les sinus occupent
les plans moyen et postérieur de la région
de la base du crâne ; les premiers sont placés au-dessus de la selle turcique ou sur ses
côtés ; les seconds sur les bords du rocher,
sur la gouttière basilaire, sur les côtés de la
crête occipitale interne, et autour du trou
céphalo-rachidien (*occipital*). Le *sinus caverneux*, placé lui-même sur le côté de la selle
turcique, contient dans son intérieur l'artère
carotide interne, sur laquelle, en dehors, se
trouvent immédiatement le nerf de la sixième
paire et deux filets ascendans du ganglion
cervical supérieur du grand sympathique ;
dans sa paroi externe, au contraire, sont logés, de haut en bas, le nerf de la troisième,
celui de la quatrième paire, et la branche
ophthalmique de la cinquième ; ces deux derniers, en avant, viennent se placer sur le
même plan, au-dessus du premier.

Développement. — Les os de cette région,
rapidement formés et réunis, ne présentent
jamais ces intervalles, connus sous le nom de
fontanelle.

Déductions pathologiques et opératoires. —
Une partie ou la totalité de cette région peuvent manquer ; je possède une tête de fœtus,
sur laquelle on voit une absence complète
de la seule lame criblée de l'ethmoïde. Lorsque cette paroi crânienne en totalité manque,
tout le crâne manque, sous ce rapport, elle
diffère des autres : sa priorité de développement et ses usages, de servir de soutien à

toute la cavité, expliquent suffisamment ce résultat curieux. Ces fonctions font concevoir la production des fractures, toujours par contre-coup, qui surviennent fréquemment dans cette région : les épanchemens, lorsqu'ils occupent l'intervalle de la dure-mère et des os, sont circonscrits et très-aplatis, à cause de l'adhérence intime de ces parties. La gravité des fractures dépend de causes étrangères à cette paroi, il en sera question bientôt; du pus se forme quelquefois dans les sinus, j'en ai vu les deux caverneux remplis. Des tumeurs fongueuses peuvent naître de la dure-mère, et se porter à l'extérieur, vers le col ou la face. A l'hospice de Bicêtre, j'en ai disséqué une qui s'était portée dans les cavités olfactives, après avoir détruit la lame criblée de l'ethmoïde. Je dirai plus bas le parti que l'on peut tirer des veines émissaires, qui arrivent des fosses nasales et de l'orbite.

(BLANDIN, ANAT. TOPOG.)

CRANIEN, adj., qui appartient, qui a rapport au crâne : *trous crâniens, cavité crânienne, nerfs crâniens*. (A. BÉCLARD.)

CRANIENNE (cavité). Les diverses régions de la tête forment l'enceinte d'une cavité, que l'on peut appeler *crânienne, encéphalique, cérébrale,* etc.

Sa forme ovoïde, ses dimensions variables, ne sont pas de notre sujet; je renvoie, à cet égard, aux excellens ouvrages d'anatomie descriptive de Boyer, Bichat, etc.

Cette cavité est régulièrement séparée en deux cavités secondaires, par un repli horizontal du périoste interne du crâne (tente du cervelet). L'une plus spécialement peut être appelée *cérébrale;* l'autre, *cérébelleuse.* La première, supérieure et antérieure, plus grande, est en outre incomplètement cloisonnée par la faux de la dure-mère; les régions occipito-frontale, temporale, auriculaire, et une partie de la mastoïdienne, lui appartiennent, avec les deux plans antérieurs de celle de la base. La seconde, inférieure et postérieure, plus petite, est régulièrement cloisonnée par la faux du cervelet; le plan postérieur de la région de la base du crâne, lui appartient exclusivement, avec la partie inférieure de la région mastoïdienne. L'ouverture de communication de ces deux sections de la cavité *crânienne* est ovalaire, et appuie sur la gouttière basilaire; la tente du cervelet en forme la plus grande partie (1).

Le cerveau occupe la totalité de la cavité antérieure, à laquelle il est lié en haut par des veines, en bas, par des nerfs et de très-grosses artères. Le cervelet occupe la cavité postérieure, et lui est uni seulement par des veines. Sur l'ouverture de communication, on trouve le mésocéphale, auquel fait suite la moelle épinière; des nerfs et des artères lient ce dernier en avant, au contour de l'ouverture; en arrière, il y tient par les veines dites de Galien. Ces centres nerveux sont tapissés par le feuillet viscéral de l'arachnoïde, qui se continue avec le pariétal, sur les vaisseaux et nerfs qui passent du cerveau aux parois crâniennes, ou réciproquement, et qui touche seulement le sommet des circonvolutions, fermant les sillons qui les séparent; la membrane *pie-mère* lui est sous-jacente, elle suit toutes les sinuosités de la surface de l'encéphale, différant en cela de la précédente. De plus amples renseignemens sur la disposition réciproque de ces deux membranes, sur celle des divers segmens des centres nerveux eux-mêmes, sont des détails très-curieux d'anatomie descriptive, pour lesquels je renvoie aux ouvrages déjà cités : disons seulement que les artères des centres nerveux envoient quelques branches hors du crâne, dans les cavités de l'oreille interne, de l'œil, et même du front; disposition qui établit une liaison, déjà indiquée pour le front, entre les centres nerveux et ces régions; rappelons aussi que les renflemens qui donnent naissance aux nerfs, et qui, par conséquent, entretiennent immédiatement la vie, reposent sur la région de la base du crâne, qui n'est pas directement accessible aux lésions extérieures, dans la plupart des points.

Développement.—Suivant toute apparence, cette cavité est d'abord ouverte; mais elle se ferme promptement.

Variétés. — Ses variétés de capacité sont très-nombreuses, et en rapport avec celles du volume des centres nerveux; M. Ribes a constaté que, chez les vieillards, cette cavité diminue par l'affaissement de ses parois.

Déductions pathologiques et opératoires.—Les organes intérieurs du crâne peuvent faire hernie au-dehors; il en a déjà été question. La cavité peut être rétrécie par la dépression d'une partie de son enceinte osseuse, dans les fractures; c'est le cas où le trépan est le

(1) C'est seulement dans les animaux, où le cerveau prédomine peu en arrière, que l'on peut dire, qu'à ce point occupé par les tubercules quadrijumeaux, appartient comme organe protecteur, la portion de la région occipito-frontale, dont le squelette est formé par la partie supérieure de l'occipitale, les *os occipitaux supérieurs*

mieux indiqué. Des épanchemens de diverses natures se font sur la surface libre de la membrane séreuse, et sont nécessairement diffus, comme lorsqu'ils ont leur siége dans la pie-mère, à la surface du cerveau; mais il n'en est pas de même de ceux que l'on trouve dans la substance de celui-ci; lorsque le fluide est contenu d'abord dans un ventricule, il se répand promptement dans les autres, à cause de la communication facile qui les réunit naturellement, surtout le moyen et les deux latéraux. Si, maintenant, combinant ces notions sur les épanchemens de la cavité du crâne, avec celles qui ont été posées, à l'occasion de ses parois touchant les épanchemens qui s'y forment, on s'en sert pour déterminer d'une manière générale les cas d'épanchemens où le trépan convient, on verra : que cette opération ne pouvant être utile, que lors de la circonscription d'un épanchement placé au-dedans des os, 1° elle est seulement indiquée, dans ceux qui siégent entre les os et la dure-mère, entre celle-ci et l'arachnoïde pariétale, ou dans la substance des centres nerveux; 2° qu'elle doit être proscrite, comme mauvaise, dans ceux des cavités arachnoïdienne, ventriculaire, ou lorsqu'ils siégent dans le tissu lâche qui constitue la *pie-mère*. Ces diverses positions ne pouvant que difficilement être précisées d'avance, il est seulement important de pouvoir, *à priori*, reconnaître si l'épanchement est ou non circonscrit, en d'autres termes, s'il requiert ou non l'opération du trépan; un épanchement est circonscrit, lorsqu'il détermine une compression locale, de laquelle résulte une paralysie bien nette, d'un des côtés du corps; il est diffus, s'il est suivi d'une demi-paralysie, égale des deux côtés. On ne peut avoir que des doutes plus ou moins fondés, sur le siége d'un épanchement en avant ou en arrière; relativement au côté, il est presque toujours opposé à la paralysie (1); ces dernières circonstances, par

(1) Toutefois, cela n'est pas constant: Je possède deux observations d'individus apoplectiques, chez lesquels il a été démontré par l'ouverture des corps, que l'épanchement peut siéger du côté de la paralysie; dans ces deux cas, la lésion cérébrale portait sur l'extrémité postérieure des hémisphères. Si j'ajoute que M. Gall a démontré que les fibres des éminences olivaires sont en communication avec ce point du cerveau, qu'elles ne s'entrecroisent pas dans le bulbe supérieur de la moelle comme celles des pyramides, que celles-ci forment presque tous les hémisphères par leur épanouissement dans le crâne, on aura la raison à la fois de la paralysie du côté de l'épanchement, dans les cas rares où les hémisphères sont altérés seulement en arrière, et

le vague qu'elles laissent dans l'esprit, empêchent de pratiquer le trépan, dans les cas d'épanchemens non traumatiques. Le volume plus considérable du cerveau, surtout ses rapports immédiats avec la région occipito-frontale, la plus accessible aux lésions extérieures, expliquent la fréquence de ses affections traumatiques, la rareté de celles du cervelet est mise en évidence par les circonstances inverses; d'un autre côté, on conçoit facilement la gravité immédiate des lésions de la base du crâne, surtout des épanchemens qu'y déterminent les fractures, lorsqu'on se rappelle que les renflemens nerveux qui entretiennent immédiatement la vie, en fournissant les nerfs respiratoires, reposent sur cette paroi. Il est même curieux de mettre en parallèle ces lésions souvent fort petites et mortelles, avec celles, beaucoup plus étendues et souvent simples, de la voûte crânienne et du cerveau; en effet, la partie supérieure de l'encéphale n'appartient que très-peu, par ses fonctions, à la vie organique, elle est tout entière réservée à celle de relation. La liaison artérielle des centres nerveux crâniens, avec l'oreille, l'œil et le front, explique les tintemens d'oreille, les rougeurs de l'œil, les douleurs frontales, symptômes si ordinaires des affections cérébrales, même les plus légères. (BLANDIN, ANAT. TOP.)

CRANIOMÉTRIE, s. f. On peut désigner sous ce nom l'art d'employer certaines déterminations mathématiques pour réduire à un petit nombre de formules simples, et plus ou moins précises, les gradations que la capacité du crâne présente quand on examine cette boîte osseuse, non-seulement dans la grande section des animaux vertébrés, mais encore dans les nombreuses races ou variétés de l'espèce humaine.

Spigel fut en quelque sorte l'inventeur de la craniométrie : ce fut lui, du moins, qui débuta le premier dans cette carrière nouvelle. A l'époque où il vivait, on attachait une grande importance à la détermination des formes individuelles du crâne, attribuées principalement au nombre et à la situation des sutures, doctrine dont l'origine est fort ancienne, puisqu'on en trouve la source dans le traité des plaies de tête d'Hippocrate. Spigel crut que la meilleure marche à suivre consistait à comparer ensemble les principales

de la paralysie opposée qui survient presque toujours, parce qu'aussi le plus souvent, les épanchemens se font sur le trajet des fibres épanouies des éminences pyramidales.

dimensions du crâne. En conséquence, il admit quatre lignes céphalométriques, étendues, la première, de la base du menton au sommet du front ; la seconde, du sommet de la tête à la première vertèbre cervicale ; la troisième, d'une tempe à l'autre, en passant sur le front ; et la quatrième enfin, de la base de l'oreille, près de l'apophyse mastoïde, au sommet du synciput. Pour que le crâne fût régulier, il fallait, suivant Spigel, que ces quatre lignes fussent égales les unes aux autres ; toute disproportion entre elles constituait à ses yeux un défaut de conformation de la cavité crânienne. Cette assertion est exagérée sans doute ; mais ce qu'on ne peut révoquer en doute, c'est que le crâne des animaux se rapproche d'autant plus de celui de l'homme que les lignes céphalométriques de Spigel sont mieux proportionnées entre elles. On ne doit donc pas négliger cette méthode, et il serait utile surtout d'avoir égard au degré d'ouverture des angles formés par les quatre lignes, quoique l'inventeur ait lui-même négligé tout-à-fait cette circonstance importante.

Nous trouvons quelque chose d'analogue dans Marc-Aurèle Severin, qui comparait la forme générale du crâne des animaux à celle d'un triangle équilatéral, dont les oreilles forment les angles de la base, dont les yeux occupent le milieu des côtés parallèles, et dont le sommet se confond avec le nez et la bouche. Dans l'espèce humaine, au contraire, disait le même auteur, le crâne est rond, surtout chez l'enfant et chez la femme.

On doit au génie de Daubenton une méthode crâniométrique plus connue que les deux précédentes. Cette méthode consiste à tirer deux lignes, l'une depuis le bord inférieur de l'orbite jusqu'au bord antérieur du grand trou occipital, l'autre depuis le bord antérieur jusqu'au bord postérieur du même trou, et à mesurer ensuite l'angle ouvert en avant que produit l'incidence de la seconde ligne sur la première. Comme la direction du trou occipital dépend de la manière dont la tête s'articule avec la colonne vertébrale, plus l'angle sera grand, et moins l'animal sera construit favorablement pour la station droite, plus par conséquent il s'éloignera de l'homme. La méthode de Daubenton n'est guère applicable qu'aux animaux, et ne peut même conduire qu'à des résultats approximatifs et très-généraux. Quant à l'homme, Blumenbach a fait voir qu'on ne saurait s'en servir comme d'un guide certain, pour déterminer les différences

qui existent entre les diverses races, parce que l'angle occipital est parfois très-différent chez des individus d'une même race.

Le procédé céphalométrique imaginé par Camper a joui d'une bien plus grande célébrité encore, quoique, par une singulière fatalité, il n'ait jamais été connu dans tout son ensemble que d'un assez petit nombre de personnes. Il se compose, en effet, de trois parties bien distinctes. La première, généralement connue sous le nom d'*angle facial* de Camper, consiste à mesurer l'angle formé par deux lignes, dont l'une passe sur la partie la plus proéminente du front et de la mâchoire supérieure, et se confond avec une autre, horizontale, qui vient du trou auditif externe, et suit le plancher des fosses nasales. La seconde partie, plus compliquée, oblige de comparer ensemble cinq lignes étendues, l'une du sommet du front à l'extrémité du menton ; la seconde, d'un côté à l'autre de la face, en suivant le bord supérieur des orbites ; la troisième, également d'un côté à l'autre de la face, à la hauteur du bord inférieur de l'orifice antérieur des fosses nasales ; la quatrième mesure la largeur de la mâchoire inférieure, au voisinage de son angle inférieur et postérieur, et la cinquième indique la distance qui existe entre les deux bords internes des orbites. Enfin, la troisième partie consiste à prolonger en arrière la ligne horizontale sur laquelle la ligne faciale tombe dans le premier cas, jusqu'à ce qu'elle arrive au-dessous de la partie la plus saillante de l'occipital, à marquer sur sa longueur l'endroit où correspond le centre du grand trou occipital, et à comparer ensuite l'une avec l'autre les deux portions dans lesquelles la ligne se trouve partagée par le trait.

Peu de doctrines anatomiques ont fait autant de bruit que la méthode crâniométrique de Camper ; cependant de nombreuses et fortes objections se sont élevées contre son angle facial surtout. Blumenbach, entr'autres, a reproché à cet angle de ne pouvoir servir à faire distinguer les diverses races humaines, parce qu'il ne signale que celles qui ont les mâchoires très-saillantes en avant, et devient inutile dans celles dont le principal caractère consiste à avoir le visage élargi. Il a objecté en outre que l'angle facial est souvent le même chez des sujets dont le crâne diffère sous tous les autres rapports, tandis qu'il ne présente pas le même degré d'ouverture chez d'autres sujets dont la cavité crânienne n'offre aucune différence essentielle. Ces difficultés s'évanouissent en grande partie, lorsqu'on réfléchit qu'elles n'ont pour objet que l'angle facial, et que Blumenbach n'a point parlé des deux procédés additionnels par lesquels Camper avait cherché à faire disparaître les inconvéniens de son principal procédé. Cuvier en a élevé une bien plus importante, quand il a fait voir que la méthode crâniométrique de l'anatomiste hollandais n'est point applicable à tous les mammifères, qu'elle ne saurait, par exemple, conduire à aucun résultat exact chez ceux dont de vastes sinus écartent les deux tables de l'os frontal, chez ceux aussi dont les os propres du nez se prolongent tellement en avant, que le front lui-même disparaît, et qu'on ne peut plus tirer de ligne faciale. Cependant, même encore ici, les deux autres portions du procédé de Camper, sur lesquelles ne porte pas la critique de Cuvier, qui les a passées sous silence, peuvent rectifier jusqu'à un certain point les erreurs qui naîtraient de la seule considération de l'angle facial. D'ailleurs, rien n'empêche qu'on ne scie la tête en deux, et qu'on ne tire la ligne faciale d'après la table interne du crâne : ce serait même là, sans contredit, la méthode qui mériterait la préférence dans tous les cas. Enfin, si l'on veut être juste envers Camper, on ne doit pas perdre de vue que ce grand naturaliste n'avait nullement l'intention d'étendre sa méthode à la mesure du crâne de tous les mammifères, et qu'il n'en voulait faire l'application qu'à celui de l'homme, ou tout au plus des animaux qui s'éloignent le moins de l'espèce humaine. Quoi qu'on ait pu dire contre elle, elle n'en demeurera pas moins toujours très-précieuse pour faire connaître la disposition du crâne et de la face, l'un par rapport à l'autre. Il faut seulement ne pas exiger d'elle plus qu'elle ne peut nous apprendre, c'est-à-dire qu'il faut bien se garder de croire que le degré d'ouverture de l'angle facial, même lorsqu'on le mesure sur la face interne du crâne, indique toujours l'étendue relative du crâne et de la face, puisque cette étendue peut varier beaucoup, chez l'homme en particulier, quoique l'angle facial ne présente pas la moindre différence.

On doit au savant philosophe Herder une méthode céphalométrique, qui, sans être aussi importante que celle de Camper, mérite toutefois de fixer l'attention. Herder la destinait surtout à faire connaître jusqu'à quel point le crâne des animaux s'éloigne ou se rapproche de celui de l'homme. Elle consiste à tirer de la première vertèbre cervicale des li-

gnes qui se portent au sommet de la tête, au bord antérieur de l'os frontal, et à celui de la mâchoire inférieure. Ces lignes produisent des angles dont le degré d'ouverture varie suivant l'espèce d'animal, mais dépend toujours de la station droite ou horizontale. Cette méthode est peu connue, elle a été presqu'entièrement négligée jusqu'à ce jour; cependant elle pourrait être employée avec avantage dans les comparaisons faites d'individu à individu, même chez l'homme, puisqu'elle permet de calculer l'étendue respective des trois parties les plus importantes du crâne.

Crull a décrit amplement un autre procédé fort ingénieux, imaginé par son maître Mulder. On scie une tête du haut en bas, de manière à la partager en deux sections égales; puis on tire une ligne, de la partie la plus saillante de l'os frontal à celle de l'os maxillaire supérieur qui fait aussi le plus de saillie en avant, et on en tire ensuite une seconde de la racine du nez à l'articulation sphéno-occipitale; enfin on mesure l'angle que les deux lignes produisent par leur jonction. Cette méthode, isolée, ne présente aucun avantage; mais, comme elle indique la manière dont le crâne et la face s'unissent ensemble, elle peut servir à compléter les documens fournis par celle de Camper, s'il est vrai, comme le pensait Mulder, que le défaut de corrélation entre l'allongement de la face et la diminution de l'angle facial, dépende du mode d'union de la face avec le crâne.

Blumenbach a proposé de placer les unes à côté des autres, sur un plan horizontal, les têtes, dépourvues de mâchoire inférieure, qu'on veut comparer ensemble, en ayant soin de les disposer de manière à ce que les os jugaux de toutes correspondent à une seule et même ligne horizontale. Les choses étant dans cet état, on se place derrière les crânes, et on les considère de haut en bas : lorsqu'on a soin de tenir toujours les yeux à la même hauteur et dans la même direction, on reconnaît avec la plus grande facilité les traits caractéristiques de chaque tête. Cette méthode empirique, à laquelle Wiedemann a fait une légère modification qui ne mérite pas le nom de perfectionnement, et dont nous omettons à dessein de parler, exige une longue habitude, et ne peut être considérée que comme le complément des autres, en particulier de celle de Camper. Blumenbach lui-même paraît n'en avoir pas fait un grand usage, malgré les éloges qu'il lui a prodigués, et il est aisé de sentir qu'elle ne saurait jamais devenir susceptible d'une application générale.

La méthode céphaloscopique de Cuvier est une des plus simples qu'on puisse imaginer, puisqu'elle n'exige d'autre soin que celui de déterminer les proportions du crâne par rapport à la face, après avoir partagé la tête en deux par une section verticale. Elle est plus parfaite que celle de Camper, quoiqu'elle ne puisse point procurer des mesures exactes et représentables par des nombres, comme cette dernière. Mais a-t-on besoin ici d'une si grande précision mathématique?

Walther a modifié aussi le procédé de Camper. Il veut qu'on mesure l'angle produit par deux lignes qui se porteraient l'une de l'épine occipitale au-delà de l'apophyse *crista galli*, l'autre, de la partie la plus saillante du frontal à la racine du nez. Evidemment par cette méthode on ne peut être informé que du volume absolu de l'encéphale, et on n'acquiert aucune notion sur le rapport mutuel du crâne et de la face, qu'il est d'une si haute importance d'étudier.

Des reproches moins graves peuvent être adressés au procédé craniométrique de Doornik, qui consiste à tirer une ligne perpendiculaire du sommet de la tête au trou auditif interne, à en tirer une autre des dents incisives de la mâchoire supérieure au point le plus reculé en arrière de l'os occipital, et à mesurer la longueur des deux segmens dans lesquels la ligne horizontale se trouve partagée par la perpendiculaire. On ne doit pas oublier, en se servant de ce procédé, que la longueur de la face ne fournit pas un signe certain du degré de projection des mâchoires en avant, et que, pour bien connaître ce degré, il faut calculer l'angle sous lequel la face s'articule avec le crâne.

Pour terminer cet article, nous dirons un mot des procédés céphalométriques d'Oken et de Spix. Celui d'Oken n'est qu'un composé de ceux de Daubenton et de Camper, puisque la ligne horizontale de l'angle facial sert en même temps à déterminer l'inclinaison du plan du trou occipital. On est donc obligé de tirer trois lignes, la ligne horizontale de Camper, sa ligne faciale, et la ligne parallèle au plan du trou occipital. On mesure ensuite les angles que ces lignes décrivent, en les prolongeant, au besoin, jusqu'à ce qu'elles se touchent.

Quant à la méthode de Spix, elle exige l'emploi d'un assez grand nombre de lignes; l'une, horizontale, s'étend du sommet des condyles de l'occipital au bord inférieur des cellules des dents incisives antérieures de la mâchoire supérieure; une autre se porte de ce point à la réunion de l'os frontal avec les os nasaux; une troisième se porte de l'endroit de cette jonction au sommet des condyles de l'occipital; une quatrième, passant par le vertex, marche parallèlement à la ligne horizontale; enfin une dernière, parallèle à la ligne faciale, se trouve en contact avec la partie la plus reculée de l'os occipital. En cas de nécessité, on prolonge la ligne faciale en haut jusqu'à ce qu'elle coupe la syncipitale, et l'horizontale en arrière jusqu'à ce qu'elle rencontre l'occipitale. L'angle formé par les lignes horizontale et faciale porte le nom *d'angle facial*; plus il s'approche d'être droit, moins le crâne s'éloigne de la conformation qui est propre à l'homme. L'angle qui résulte de l'union de la ligne syncipitale avec la ligne faciale prolongée en haut, s'appelle *angle crânien*: il est toujours obtus chez l'homme, et d'autant plus ouvert chez les animaux que leur organisation se rapproche davantage de celle de l'homme. Cette méthode est sans contredit l'une des plus complètes et des plus utiles; car non-seulement la ligne fronto-occipitale indique la situation respective du crâne et de la face, mais encore le triangle intercepté par les lignes faciale, horizontale et fronto-occipitale, fait connaître la figure générale de la face, de même que la ligne horizontale prolongée, la faciale, le syncipitale et l'occipitale dévoilent celle du crâne.

(DICT. ABRÉGÉ DE MÉD.)

CRANIOSCOPIE, s. f., de χρανίον, crâne, et de σκοπέω, j'examine; exploration du crâne. Ce mot a été introduit dans la langue médicale depuis les travaux de M. Gall sur l'anatomie et la physiologie du cerveau; et, synonyme de celui de *craniologie*, il désigne le système divinatoire qu'a proposé ce médecin, et qui a pour but de faire apprécier jusqu'à un certain point, par l'examen extérieur du crâne, le degré de développement du cerveau et de ses diverses parties, et par suite, les diverses dispositions intellectuelles et affectives des animaux et des hommes.

Depuis long-temps, à la vérité, on avait cherché à juger le cerveau, qui est caché, par le crâne, qui est apparent, et à apprécier par le volume de celui-ci le volume de celui-là, et par conséquent le degré de l'intelligence. On évaluait la capacité respective des crânes; on déterminait leur figure; on mettait surtout en opposition leur volume avec celui de la face, et l'on s'efforçait ainsi d'apprécier le volume et la forme des cerveaux.

et par suite, le caractère et l'étendue des actes intellectuels dont cet organe est l'instrument. A cela se rapportent en effet les principaux procédés employés jusqu'à M. Gall pour préjuger l'intelligence des animaux, comme l'angle facial de Camper, l'angle occipital de Daubenton, le parallèle des aires de la face et du crâne de M. Cuvier, et les méthodes plus compliquées encore d'Oken et de Spix. Mais par ces procédés on n'évaluait que la masse totale du cerveau, ou que son rapport de volume avec la face; par conséquent, on ne pouvait déduire que des généralités sur le degré et le caractère des facultés intellectuelles. Ces généralités étaient toujours vagues, souvent hasardées. Ce qu'on appelle aujourd'hui *cranioscopie* a quelque chose de bien plus précis: admettant que chaque partie cérébrale a une faculté spéciale, elle fait déterminer le degré de développement de chaque partie cérébrale, et par suite le degré d'activité de la faculté intellectuelle ou affective dont cette partie est l'instrument. Nous n'entrerons pas plus avant dans ce point de physiologie du cerveau, nous proposant de lui donner, dans un autre article, les développemens nécessaires. *Voyez* ENCÉPHALE (physiologie).

(ADELON.)

CRAPAUD, s. m., *bufo vulgaris*, *rana bufo*, LINN. On appelle ainsi un reptile indigène de l'ordre des batraciens et de la famille des anoures, lequel se tient dans les lieux obscurs et étouffés, et passe l'hiver dans des trous qu'il se creuse. Il est fort commun dans les jardins, dans les champs humides en particulier, et il a été, dans tous les temps et dans tous les pays, mis au nombre des animaux que l'opinion repousse, et que l'on ne voit qu'avec dégoût, on peut même dire avec horreur. On le regarde généralement aussi comme venimeux, et la réputation que ce préjugé lui a donné le fait proscrire avec fureur. Son aspect hideux et dégoûtant semble justifier d'ailleurs les sentimens qu'il inspire; son corps est gros, court, verruqueux, bas sur pattes; une bave visqueuse coule sans cesse de sa gueule énorme; une humeur laiteuse suinte de tous les pores de sa peau, dont la teinte est constamment plus ou moins livide; sa démarche est lente et pesante; son cri sourd a quelque chose de l'aboiement du chien; il recherche les lieux abondans en plantes fétides, et, comme dit Linnæus, *delectatur cotulâ, actæâ, stachyde*. Quand il est surpris dans sa marche rampante, loin de chercher à fuir, il s'arrête subitement, enfle son corps,

lance un fluide fétide par l'anus sur l'ennemi qui l'attaque, et cependant il ne paraît réellement propre à causer aucun accident, comme on le croit universellement. Le fluide qu'il lance par l'anus n'a aucune propriété vénéneuse. Celui qui suinte des tubercules cutanés n'est pas tout-à-fait dans le même cas, car on prétend que quand on mange, sans les avoir lavés, les fruits, les légumes, les champignons sur lesquels ces liqueurs avaient été déposées, on éprouve des vomissemens et des symptômes morbides variés et plus ou moins graves. Il est certain d'ailleurs aussi que ceux qui avalent de ces liqueurs sont exposés à des nausées et à des accidens gastriques divers. M. Bosc assure même que si, pendant les chaleurs de l'été, après avoir manié le crapaud, on porte sa main au nez, on est tourmenté par les mêmes symptômes pénibles, et G. Christ. Schelhammer nous a conservé l'histoire d'un enfant qui éprouva une éruption pustuleuse grave, parce qu'un autre enfant lui avait tenu pendant quelques instans un crapaud devant la bouche. Boissier de Sauvages et Bernard de Jussieu ont fait des expériences dont les résultats sont tout-à-fait en contradiction avec ceux de Schelhammer et des anciens observateurs; mais notre collaborateur Pelletier a lu, il y a quelques années, à la société médicale d'émulation, une analyse chimique de la liqueur cutanée des crapauds d'après laquelle il semblerait bien qu'on est en droit de lui attribuer des qualités nuisibles, puisqu'elle est âcre, caustique, qu'elle contient un acide particulier à l'état libre et une matière grasse d'une extrême amertume.

D'après cela, il est peu de personnes certainement qui voudraient manger sciemment du crapaud. Cependant, à Paris même, ce sont des cuisses de ces animaux que l'on vend presque toujours pour des cuisses de grenouilles. En Afrique et en Amérique, les nègres en font un objet de nourriture habituelle.

Les médecins anciens, au reste, ont célébré les propriétés thérapeutiques du crapaud, et ont fait entrer cet être dégoûtant dans un grand nombre de préparations pharmaceutiques. Desséché et réduit en poudre, ils le regardaient comme diurétique et diaphorétique; ils l'appliquaient vivant sur le front et sur le scrobicule du cœur, dans les cas de céphalalgie et d'épigastralgie. Son macératum huileux passait pour anodin et détersif, mais le temps a fait justice de toutes ces propriétés médicales vaines et illusoires, malgré les as-

sertions d'Ettmuller, de Paullini, de Valis-
nieri, de Kœnig et autres. (HIPP. CLOQUET.)

CRANSON, s. m.; l'un des noms français
du genre cochléaria. *Voy.* COCHLÉARIA. (A. R.)

CRASE, s. f., *crasis*. Les galénistes, qui
faisaient jouer le principal rôle aux humeurs
dans l'économie animale, faisaient aussi dépendre l'état de santé du mélange harmonique
des diverses matières qui composent ces humeurs. Cette combinaison venant à être dé-
rangée, la maladie en était la suite. Pour exprimer l'idée qu'ils se formaient de ce mélange
des humeurs, ils se servaient du mot *crase*,
qui a fini par être employé dans un sens plus
vague, pour indiquer simplement la manière
d'être des liquides animaux. Ce mot, qui a
été l'occasion de tant d'hypothèses et de tant
de divagations théoriques, n'est plus guère employé par les Français, mais les Italiens et les
Anglais s'en servent encore assez souvent. Nous
faisons usage, dans un sens beaucoup plus
étendu et plus rationnel, du mot *idiosyncrasie*.   (DICT. ABRÉGÉ DE MÉD.)

CRASSULACÉES, s. f., *crassulaceæ*. C'est
ainsi qu'on appelle une famille naturelle des
plantes dicotylédones polypétales, à étamines
périgynes, dont le genre *crassula* forme le
type. Tous les végétaux réunis dans cet ordre
naturel sont remarquables par leurs feuilles
épaisses et charnues, dont la saveur fraîche ou
légèrement astringente est due à la présence
de l'acide malique, dont M. Vauquelin a démontré l'existence dans la joubarbe des mu-
railles (*sempervivum tectorum*, L.). Une plante
de cette famille s'y fait remarquer par une
âcreté assez prononcée, c'est le *sadum acre*,
L., qui est légèrement purgatif et a été conseillé
par quelques médecins contre les affections
scorbutiques et la goutte. Du reste, cette famille, peu intéressante sous le rapport médical, ne contient point de végétaux dangereux.   (A. RICHARD.)

CRÉMASTER, s. m., *cremaster*, κρεμαστήρ,
de κρεμάω, je suspends. Cette expression désignait, chez les Grecs, le cordon testiculaire,
ou l'ensemble des parties par lesquelles le testicule est comme suspendu; elle sert, depuis
Vésale, à dénommer un faisceau musculaire
situé sur la partie antérieure de ce cordon et
sur la tunique vaginale du testicule. Le muscle
crémaster est formé par les fibres les plus inférieures de l'oblique interne et du transverse
de l'abdomen, qui, après s'être fixées à l'arcade crurale, sortent par l'anneau inguinal
du grand oblique, et descendent sur le côté
antérieur externe du cordon et la partie cor-

respondante de la tunique vaginale, pour remonter à leur côté interne, et venir s'insérer
au pubis, derrière le pilier interne de l'anneau. Ces fibres représentent par là des espèces d'arcades à convexité inférieure, plus
courtes et plus rapprochées en haut qu'en bas,
où elles sont très-écartées les unes des autres;
peu marquées et souvent tendineuses dans le
faisceau interne, elles forment constamment,
en dehors, un faisceau charnu très-apparent.
Elles manquent même quelquefois totalement
en dedans, ce qui fait que la plupart des anatomistes n'ont indiqué que le faisceau externe.
C'est particulièrement en étudiant le mode
de développement du testicule et de ses enveloppes, que l'on a reconnu la véritable disposition de ce muscle. En effet, avant la descente du testicule, le crémaster forme des
arcades tournées en sens inverse, remontant
dans le ventre, au-dessus des petit oblique et
transverse, et s'attachant au testicule; ses
fibres concourent, avec le *gubernaculum tes-
tis*, à entraîner cet organe dans le scrotum,
et changent de direction et de situation à mesure qu'il descend. (*Voyez* TESTICULE.) Le
crémaster a quelquefois des fibres placées à
la partie postérieure du cordon, et disposées
de même qu'à l'antérieure, ce qui dépend de
ce qu'alors le testicule s'est logé dans un écartement de ce muscle au lieu de passer simplement au-dessous de lui. La couleur de ce
muscle est généralement fort pâle, surtout en
bas et en dedans.

Le crémaster a pour usages de soutenir le
testicule et de lui imprimer de légers mouvemens de bas en haut, mouvemens qui sont
surtout marqués dans le coit, où la compression qu'il exerce sur cet organe sert sans
doute à favoriser la sécrétion et l'excrétion
du sperme.   (A. BÉCLARD.)

CRÈME, s. f., *cremor*; matière onctueuse,
épaisse, d'un blanc-jaunâtre, qui se sépare
du lait lorsqu'on abandonne ce liquide à lui-
même, et qui se rassemble à sa surface. *V.* LAIT.

Par analogie avec la consistance ou la saveur de la crème de lait, on a donné le nom
de *crème* à diverses préparations alimentaires
plus ou moins composées, qui sont servies sur
les tables délicates, et dont nous ne devons
pas nous occuper ici. Mais il est quelques autres préparations qui ont reçu la même dénomination, et qui sont presque entièrement
médicales; ce sont les crèmes de pain, de riz,
d'orge, d'avoine, etc., sortes de bouillies faites
avec ces substances cuites dans de l'eau ou
dans un liquide nourrissant, comme le lait,

le bouillon , et qu'on édulcore et qu'on aromatise pour les rendre agréables au goût. Ces crèmes , qui présentent une quantité assez considérable de matières alimentaires sous un petit volume , sont d'un fréquent usage dans les maladies , et surtout dans le commencement des convalescences dans lesquelles on veut procurer une alimentation non excitante.

(R. DEL.)

CRÈME DE CHAUX; nom donné au carbonate de chaux, qui se produit, sous la forme d'une pellicule, à la surface de l'eau de chaux, lorsqu'elle est en contact avec l'air atmosphérique et qu'elle en absorbe de l'acide carbonique.

CRÈME DE TARTRE. *Voyez* TARTRATE ACIDULE de potasse, désigné ainsi dans l'ancienne nomenclature, à cause de la manière dont il se rassemble à la surface du liquide qui le tient en dissolution.

CRÉPITATION, s. f., *crepitatio*, de *crepitare*, pétiller, éclater avec bruit. Ce mot a été employé en chirurgie pour exprimer, 1° le bruit que rendent par leur rencontre et leur frottement mutuel les fragmens d'un os fracturé ; 2° le bruit occasioné par le passage de l'air ou du gaz dans les aréoles du tissu cellulaire, lorsqu'on comprime une partie affectée d'emphysème. *Voyez* FRACTURE, EMPHYSÈME.

(J. CLOQUET.)

CRESSON , s. m. Ce nom a été donné à plusieurs plantes de la famille des crucifères de genres différens. Nous allons mentionner les principales :

1° Le CRESSON DE FONTAINE. C'est le *sisymbrium nasturtium*, L., petite plante vivace qui croît sur le bord des ruisseaux et des eaux courantes. Ses tiges sont rampantes; ses feuilles composées de folioles arrondies , inégales , très-glabres; ses fleurs blanches et petites; ses siliques grêles et cylindriques. Ce sont ses feuilles que l'on vend spécialement sous le nom de cresson. Elles ont une saveur piquante et agréable , et sont fort employées , soit pour faire des salades , soit pour servir d'assaisonnement aux viandes , et particulièrement à la volaille. Cette plante est en quelque sorte un remède populaire contre les symptômes du scorbut, comme au reste la plupart des autres plantes de la famille des crucifères. On l'administre , soit en exprimant , soit en exprimant le suc qu'elle renferme , que l'on clarifie à froid et que l'on donne à la dose de deux à quatre onces. Les feuilles de cresson de fontaine entrent dans la plupart des préparations pharmaceutiques désignées sous le nom d'*antiscorbutiques*.

2° Le CRESSON DES PRÉS, ou CARDAMINE, est le *cardamina pratensis*, L. *Voyez* CARDAMINE.

3° Le CRESSON ALÉNOIS. On appelle ainsi le passerage cultivé (*lepidium sativum*, L.) dont M. Desfontaines a fait une espèce de thlaspi sous le nom de *thlaspi sativum*, DESF. *Voyez* PASSERAGE.

4° Le CRESSON SAUVAGE. On nomme ainsi le *cochlearia coronopus*, petite plante étalée , qui appartient également à la famille des crucifères.

5° Le CRESSON DU PARA est une espèce du genre spilanthe de la famille des synanthérées. *Voy.* SPILANTHE.

6° Le CRESSON D'INDE n'est rien autre que la capucine (*tropœolum majus*, L.) *Voyez* CAPUCINE. (A. RICHARD.)

CRÊTE, s. f., *crista*. On donne ce nom, en anatomie, à des saillies osseuses, étroites et allongées à la surface des os, donnant le plus souvent attache à des parties fibreuses ou musculaires : telles sont la crête *ethmoïdale*, les crêtes *occipitales*, la crête du SPHÉNOÏDE qui sépare les fosses temporale et zygomatique, la crête de l'ILIUM, celle du tibia, etc.

(A. B.)

En pathologie, on appelle *crête de coq* (*crista galli*), une excroissance syphilitique, aplatie, tenant à la peau par un de ses bords, qui est ordinairement assez épais, tandis que le bord libre, beaucoup plus mince, se trouve sillonné par des découpures transversales plus ou moins régulières, ou couvert de poireaux qui donnent à cette masse charnue l'aspect d'une crête de coq. On l'observe à l'anus, entre les grandes lèvres et les cuisses, au périnée, à la vulve, ou entre le prépuce et le gland. *Voyez* EXCROISSANCE. (L.-V. LAGNEAU.)

CRÉTIN, CRÉTINISME. Les crétins sont des idiots ou des imbécilles plus particulièrement remarquables sous deux rapports : 1° ils présentent presque toujours certaines difformités des parties extérieures , que l'on n'observe presque jamais chez les idiots ordinaires; 2° leurs infirmités paraissent être le résultat de causes endémiques , d'influences locales et d'une nature particulière. Chez les crétins, comme chez les idiots, depuis l'absence de toute intelligence, de toute sensibilité, depuis une existence purement végétative jusqu'à un état voisin de la santé parfaite, se présentent une foule de degrés intermédiaires qui remplissent sans interruption le vide immense existant entre ces deux extrêmes. Les crétins, comme les idiots, sont paresseux, indolens, apathiques ; ils sont peu sensibles, et néanmoins gourmands,

lascifs et adonnés à la masturbation : quelques-
uns sont aveugles , sourds et muets ; ils sont
à peu près tous sales et dégoûtans. Mais on
distingue les crétins à leurs goîtres volumineux, à leurs chairs molles et flasques, à leur
peau flétrie, ridée, jaunâtre, ou pâle et cadavéreuse, couverte de gale et de dartres. Ils
ont la langue épaisse et pendante, les paupières grosses et saillantes, les yeux chassieux
et rouges, saillans et écartés, le nez épaté, la
bouche béante et inondée de salive, la figure
écrasée, souvent bouffie et violacée, la mâchoire inférieure allongée. Beaucoup ont le
front large inférieurement, aplati et déjeté
en arrière supérieurement, ce qui donne au
crâne la forme d'un cône arrondi vers sa petite extrémité. La stature des crétins est généralement petite, dépassant à peine quatre
pieds et quelques pouces ; leurs membres sont
souvent contrefaits, et ils les tiennent presque toujours fléchis. Tous ne sont pas goîtreux ;
quelques-uns ont le cou gros et court, quel-
qûes autres ont cette partie maigre et allongée. Ceux qui appartiennent à des familles
aisées, et qui par conséquent reçoivent tous
les soins nécessaires à l'entretien de la santé,
ne présentent pas aussi généralement, ni d'une
manière aussi prononcée, cet extérieur hideux
et dégoûtant. On en rencontre même qui sont
seulement idiots ou imbécilles, goîtreux, et
d'ailleurs assez bien constitués. Les crétins,
comme les idiots, ne prolongent pas ordinairement leur carrière fort loin ; la plupart
meurent avant d'avoir atteint leur trentième
année.

Les auteurs ont varié d'opinion sur les causes du crétinisme. Cette infirmité s'observe à
peu près exclusivement dans les vallées basses, profondes et étroites, dans les gorges
circonscrites par de hautes montagnes : les
crétins sont surtout fort communs dans cette
partie des Alpes qu'on appelle le Valais, la
vallée d'Aost, la Maurienne. On en rencontre également dans tous les pays formés de
hautes montagnes et de vallées profondes,
tels qu'une partie de la Suisse, de l'Écosse,
de l'Auvergne, des Pyrénées, du Tyrol, etc.
Il s'agit de savoir quelles espèces d'influences
règnent en ces lieux, et peuvent être regardées comme les causes du crétinisme. De
Saussure (*Voyage dans les Alpes*, Genève,
1786) observe qu'il n'y a pas de crétins
dans les hautes vallées, qu'on n'en rencontre
aucun dans les villages situés à la hauteur de
5 ou 600 toises au-dessus du niveau de la
Méditerranée. Le docteur Ferrus, qui a sé-

journé long-temps dans les hautes Alpes, a
en effet parcouru ces contrées sans rencontrer
un seul crétin. Dans une même vallée, les
familles qui habitent les hauteurs jouissent
d'une santé parfaite ; ce n'est qu'en descendant que l'on commence à trouver des crétins ;
ces derniers sont en plus grand nombre dans
les lieux les plus bas : enfin ils diminuent
dans la même proportion, à mesure que l'on
gagne du côté où la vallée s'ouvre dans la
plaine. Les mêmes eaux, crues, plâtreuses,
de *neige* ou de *glace fondue*, servent de boisson aux habitans des hauteurs, des vallées,
et des plaines, sans produire de crétinisme
chez les premiers et chez les derniers : elles
sont cependant moins saines à leur source, par
conséquent sur les montagnes, que lorsqu'elles se sont aérées par un cours rapide à
travers les rochers. De Saussure conclut de
ces faits que les eaux ne sont pour rien dans
la production de cette infirmité. Ce naturaliste célèbre ne pense pas non plus que les
vapeurs marécageuses, la mauvaise nourriture, l'ivrognerie et la débauche, puissent
être rangées au nombre des causes du crétinisme, parce que les effets de ces influences,
dans les plaines, ou hors des vallées qui ne
présentent point de crétins, quelque fâcheux
qu'ils soient, ont fort peu de rapport avec cette
singulière maladie. Il croit qu'il faut attribuer
le crétinisme à l'air échauffé, stagnant,
étouffé et corrompu qu'on respire habituellement dans ces vallées, et fait observer que,
dans une même vallée, c'est dans les villages
exposés aux rayons du midi que l'on rencontre le plus de crétins. De Saussure a aussi
remarqué que les enfans qui ne sont pas crétins avant 8 ou 10 ans sont exempts de le devenir ; que les enfans des étrangers qui viennent se fixer dans les lieux où règne le
crétinisme y sont sujets comme ceux des indigènes ; que, dans les villages les plus *infectés*, les habitans les mieux portans ont généralement un mauvais teint, quelque chose
d'éteint et de flasque dans toute l'habitude
du corps. Le docteur Lachaise a de plus observé en eux une disposition presque générale
aux ophthalmies chroniques ; ils ont habituellement les yeux rouges et chassieux.

Dans un mémoire inédit sur le crétinisme
(que M. Esquirol a bien voulu nous permettre
de consulter), adressé en 1813 au ministre
de l'intérieur, M. de Rambuteau, alors préfet du département du Simplon (Valais), fait
observer que la grande vallée du Rhône est
enfermée entre deux chaînes de glaciers et

de montagnes très-élevées, large à peine d'une lieue, entrecoupée d'une infinité de sinuosités, de vallons ou ramifications de vallées, parcourue dans toute sa longueur par le Rhône, lequel, grossi par des torrens multipliés, surtout lors de la fonte des neiges, déborde et répand ses eaux dans la plaine, où il laisse, en se retirant, de vastes marais *pestilentiels*; que les gorges où se trouvent le plus de crétins sont étroites, entourées de hautes montagnes, exposées quatre mois de l'année aux rayons d'un soleil ardent, réfléchis et concentrés par des rocs brûlans; qu'elles sont habituellement soumises à l'influence pernicieuse de l'auster ou vent du midi. A ces causes l'auteur croit devoir ajouter l'usage des eaux, qui, en descendant des montagnes et parcourant de longues distances, se chargent de sels calcaires; l'inertie et l'indolence des habitans, le défaut d'éducation, l'insalubrité des maisons, la mauvaise nourriture, l'ivrognerie, la débauche. Il ne pense pas que les eaux de neige ou de glace fondue aient de mauvaises qualités, puisque les habitans des montagnes en boivent sans inconvénient. Il présume que l'analyse de l'air des vallées ferait découvrir qu'il est privé d'une grande partie de son oxygène, et abondamment chargé d'acide carbonique et autres gaz délétères.

Suivant M. de Rambuteau, les aveugles, les maniaques et les sourds-muets ne sont pas plus nombreux dans le Valais que partout ailleurs; les pères et mères qui sont bègues (chose qui n'est pas très-rare dans ce pays) donnent souvent le jour à des crétins; dans les familles où le premier-né est crétin, les enfans qui viennent après le sont ordinairement aussi. Des crétins mariés avec des individus bien portans ont engendré des enfans sains et spirituels, tandis que des parens d'une santé parfaite ont produit des crétins (on n'observe pas d'unions entre crétins); d'où cette conclusion, que le crétinisme ne paraît pas être un vice héréditaire. Les Valaisannes qui s'unissent à des Savoyards donnent plutôt le jour à des crétins que celles qui se marient avec des gens du pays; et les filles qui épousent des hommes nés sur les hautes régions des montagnes, accoutumés à faire beaucoup d'exercice et à vivre avec sobriété, ou des Français, qui mènent une vie active et réglée, procréent presque toujours des enfans sains et robustes. L'auteur croit que cette différence en faveur de ces trois dernières classes d'individus, les gens du pays, les mon-

tagnards et les Français, tient à ce que les Savoyards qui viennent se réfugier dans le Valais sont, pour la plupart, des hommes sans éducation, sans principes, habituellement livrés à l'ivrognerie et à la débauche, et par là plus susceptibles de recevoir la fâcheuse influence du climat, d'être énervés par la chaleur excessive. M. de Rambuteau observe encore que partout où il y a des crétins, il y a aussi des goitreux, mais que ces derniers se rencontrent dans des lieux où l'on ne trouve pas de crétins; ce qui porte cet observateur à penser que le principe des deux maladies est le même, et qu'il est seulement plus actif là où règnent le crétinisme et le goitre, et plus faible là où le dernier existe sans le premier. Il est assez remarquable que les pays de goitreux avoisinent les vallées de crétins. En approchant de celles-ci, le goitre commence à se montrer d'abord rarement, puis plus fréquemment; on voit ensuite beaucoup de goitreux et quelques crétins; enfin, ces derniers deviennent plus nombreux, à mesure que l'on s'éloigne de la plaine en gagnant les gorges. Les régions élevées n'offrent ni goitreux ni crétins.

M. Fodéré, dans son *Traité du crétinisme*, à l'exemple de Saussure, rejette l'influence des eaux, comme cause de cette affection, et la fait principalement dépendre de l'air concentré, humide et chaud que l'on respire dans les gorges des montagnes. M. Rambuteau et M. Fodéré assurent que, depuis la fin du siècle dernier, le nombre des crétins a diminué d'une manière très-sensible dans le Valais. Le premier attribue cette amélioration au diguement du Rhône et au desséchement des marais, qui ont eu lieu dans plusieurs communes; à des défrichemens qui ont procuré une végétation abondante; à un changement dans le genre de vie des habitans, qui sont plus laborieux et plus actifs, moins adonnés à la crapule et à l'ivresse. Le second considère surtout comme ayant été très-avantageux, l'habitude plus générale de faire élever les enfans sur les montagnes, l'esprit de liberté, d'industrie, de commerce, qui s'est répandu dans le Valais, les communications avec les autres pays rendues plus faciles au moyen de la route du Simplon, et l'usage très-répandu du café. M. Ferrus croit aussi que l'on excite davantage les crétins au travail, et que certains de ces individus qui autrefois seraient restés toute leur vie dans l'inaction sont employés utilement, suivant le degré de leur intelligence. Il paraîtrait même, d'après l'observation de ce médecin, que la tendresse excessive, la compassion, les égards infinis qu'avaient les familles pour des infortunés incapables d'aucun mal, et en quelque sorte prédestinés, prodigués sans discernement à des enfans d'ailleurs bien constitués, pouvaient contribuer à les rendre indolens et apathiques, ignorans et stupides, crétins, en un mot. Aujourd'hui, sans manquer des soins dus à des êtres aussi disgraciés de la nature, les crétins ne sont pourtant plus l'objet d'une prédilection aussi marquée.

De tous ces faits, que peut-on raisonnablement conclure relativement aux causes du crétinisme? Cette question importante nous paraît loin d'être suffisamment éclaircie, si l'on remarque, d'une part, que l'assainissement des lieux, les progrès de la civilisation, le développement de l'industrie, et par suite l'aisance des habitans, ont exercé une heureuse influence sur la diminution du crétinisme; et, d'autre part, que toutes les causes énumérées, sans même excepter l'air chaud et humide, règnent isolément ou collectivement dans des lieux où l'on ne voit point de crétins. N'est-on pas naturellement, d'après cela, porté à élever des doutes sur les rapports que l'on a prétendu établir entre ces causes et la production du crétinisme? Comment se fait-il, par exemple, que les vallées situées à 5 ou 600 toises au-dessus du niveau de la mer ne renferment pas de crétins, quoiqu'elles soient profondes et étroites, chaudes et humides? Cette dernière circonstance ne conduirait-elle pas à admettre quelque influence cachée, telle que serait une action particulière des forces électriques et magnétiques, par exemple? Le crétinisme est-il le résultat d'un vice congénial? Sa cause organique est-elle toujours un vice de conformation du crâne, et par conséquent du cerveau? Ne serait-il pas souvent une maladie accidentellement acquise, le cerveau étant primitivement bien conformé, ou seulement prédisposé à cette affection. L'historien du Valais, Josias Simler, qui écrivait en 1574, assure que, de son temps, les sages-femmes connaissaient, au moment de l'accouchement, si l'enfant serait crétin. Si le fait était vrai et général, il ne serait pas douteux que les enfans apportassent en naissant, non-seulement le germe du crétinisme, mais aussi un vice de conformation de la tête, propre à le faire reconnaître; et alors on ne concevrait guère de quelle utilité pourraient être l'habitation sur les montagnes, une éducation soignée, les

soins de propreté, etc., pour développer l'intelligence chez un individu dont le front serait rétréci, aplati et déjeté en arrière, dont la tête serait trop petite ou gonflée par une hydrocéphale. M. de Rambuteau dit, au contraire, qu'il est très-rare aujourd'hui qu'on puisse reconnaître si l'enfant naissant sera crétin ou non. Il me paraît donc extrêmement probable que le crétinisme, mais au reste comme l'idiotie ordinaire, n'est pas toujours le résultat d'un vice de conformation de la tête, et que cette infirmité est aussi le produit accidentel des causes sous l'influence desquelles elle survient. Autrement, je le répète, comment se rendre compte de la possibilité d'en prévenir le développement par des soins appropriés? comment expliquer l'amélioration qu'a éprouvée la population du Valais, par l'effet de circonstances extérieures? Il est vraisemblable aussi que des notions précises sur les différentes formes du crâne des crétins, comparées à celles des idiots de nos contrées, et prises à plusieurs époques de leur existence, sur la conformation, l'apparence de leurs parties extérieures au moment de la naissance, le développement et la succession de leurs infirmités, les maladies qui s'observent habituellement dans les lieux où règne le crétinisme, les affections auxquelles succombent ordinairement les crétins, et les résultats de dissections multipliées, surtout du cerveau, jetteraient de vives lumières sur un point encore si obscur du domaine de la pathologie.

Doit-on rapprocher des crétins ces êtres rabougris, galeux ou dartreux, fort peu intelligens, connus sous les noms divers de *cagots*, *gahets*, *capots*, *capons*, *cagneux*, *colibets*, *gezitz*, etc., qui habitent quelques contrées pauvres, incultes, marécageuses, et presque abandonnées des hommes, telles que certains endroits de la Navarre, du Béarn, des Landes, de la Saintonge, de la Basse-Bretagne, etc.? Les faits nous manquent pour tenter la solution de cette question.   (GEORGET.)

CREVASSE, s. f., *rima*, *fissura*; solution de continuité, ordinairement produite par la distension des parties. Lorsque les crevasses ont leur siège à la peau, elles portent plus communément le nom de *gerçures*; lorsqu'elles se forment sur des organes creux, ce sont des *ruptures*. Telles sont les crevasses qui surviennent dans les voies urinaires, dans l'utérus, dans les tumeurs anévrismales, etc. *Voyez* GERÇURE et RUPTURE.   (R. D.)

CRI, s. m., *clamor*, *vagitus*; sorte de voix

commune à l'homme et aux animaux, qui consiste en sons inarticulés, de caractères variés, et produits avec effort.

Les cris, éminemment propres à attirer sur ceux qui les poussent l'attention de ceux qui les entendent, commencent à la naissance, et sont alors le seul langage de l'enfant : ils constituent cette sorte de voix que l'époque de son développement pourrait permettre de nommer *native*, et qui porte le nom de *vagitus* ou de *vagissement*.

Le vagitus ou le cri particulier de l'enfant se prolonge pendant un certain temps ; mais peu à peu, associé à la langue articulée, qui se forme sous l'influence de l'éducation et de l'exemple, il devient de moins en moins nécessaire, et il finit même, en recevant un caractère nouveau du développement des organes, par ne plus être, ainsi qu'on le voit pour les cris de l'adulte, qu'un moyen d'expression supplémentaire de la parole, accidentellement produit par les grands mouvemens de l'ame.

Ainsi que l'enfant, les petits de la plupart des animaux crient ou gémissent, chacun à sa manière, et presque aussitôt qu'ils sont nés ; mais insensiblement ces sortes de cris se changent en la voix propre et distinctive de chaque espèce. C'est ainsi que l'oiseau vient à chanter, le chien à aboyer, le cheval à hennir, l'âne à braire, le taureau à mugir, etc., etc. Remarquerons-nous à l'égard de ces diverses voix, que bien qu'on les désigne encore collectivement sous le nom de cri des animaux, néanmoins chacune d'elles en particulier ne saurait être confondue sans erreur avec le cri véritable ? Personne n'ignore, en effet, que le chien, par exemple, qu'on menace, qu'on fouette ou qu'on blesse, ainsi que la poule qui fuit à la vue du milan, s'expriment alors par de vrais cris, qui ne ressemblent assurément plus en rien ni à l'*aboiement* ni au *chant* qu'on leur connaît, et qui forment leur voix propre.

Les cris ne sont pas bornés à l'état d'enfance ; ajoutés à la voix articulée, ils forment chez l'homme adulte une partie importante du langage, et ils deviennent un moyen rapide et énergique de communication affective et passionnée. La plupart des animaux en poussent encore dans les mêmes circonstances, et ceux-ci sont, ainsi que nous venons de le dire, plus ou moins différens de leur voix propre.

Les cris reçoivent du caractère propre de chaque sentiment un accent distinctif qui ne permet pas de les confondre. C'est ainsi que chez l'homme, les cris de la douleur qui dévore, ceux de la terreur et de l'effroi à la vue d'un péril imminent, etc., émeuvent très-diversement ceux qui les entendent ; qu'ils attirent la compassion, commandent la défensive, ou déterminent la fuite ; tandis que les cris bruyans du plaisir causent la joie, et que les lamentations du désespoir remplissent de tristesse. Les animaux blessés, ceux menacés de devenir la proie de leur ennemi, ceux qu'agitent la faim et le besoin de la reproduction, décèlent également, par autant de cris variés, leurs maux, leurs dangers et leurs appétits : or, tous ces accens, parfaitement compris par les animaux des mêmes espèces, suffisent, en effet, en les agitant très-diversement pour les attirer les uns vers les autres, pour précipiter leur fuite, ou pour réveiller leurs désirs.

La formation du cri dans le larynx ne différant pas essentiellement de celle des autres modes de voix, sera examinée au mot VOIX. Les efforts particuliers et fatigans des organes respiratoires et vocaux dans la production des cris, ressemblant d'ailleurs en grande partie à ceux que produisent certains modes de chant, c'est encore à ce dernier mot, auquel ils ont été exposés avec étendue, qu'il conviendra de recourir pour s'en former une idée complète. *Voyez* CHANT.

L'utilité des cris ressort particulièrement de l'état d'enfance : seuls ils peuvent faire connaître à la mère les besoins sans cesse renouvelés de l'enfant qu'elle allaite ; ils appellent sa présence, excitent sa sollicitude et réclament son contact. On sait, à l'occasion de ce dernier, que l'enfant et les petits des animaux crient le plus souvent en l'absence de leur mère, et qu'ils se taisent aussitôt qu'elle leur est rendue, alors même qu'ils n'ont aucun besoin de téter. Les cris semblent alors réclamer la chaleur d'une sorte d'incubation secondaire.

Le langage que le cri établit dans les autres âges de la vie est lié, comme il a déjà été dit, à l'exercice des affections vives et soudaines de l'ame ; il est, par conséquent, en quelque sorte accidentel et plus ou moins temporaire : néanmoins ce langage instinctif est des plus puissans ; il ébranle fortement ceux auxquels il s'adresse, excite leurs sentimens les plus énergiques, et provoque leurs déterminations les plus soudaines. Tels sont en particulier, parmi plusieurs exemples, les cris de guerre qui animent les combattans, et ceux de l'épouvante, dont le caractère sinistre et contagieux répand en un instant, parmi les armées même les plus aguerries, ces terreurs paniques dont l'histoire nous offre tant d'exemples.

C'est une sorte de cri, associé le plus souvent aux pleurs, qui produit le sanglot, les gémissemens et les plaintes. Remarquons néanmoins que dans l'affliction très-profonde, la douleur est muette. Les cris que la suffocation et le resserrement de la gorge étouffent manquent alors à son expression. Il en est ainsi de l'extrême frayeur et du saisissement. Cet effet ressemble, en quelque sorte, alors, à ce qui arrive dans le cauchemar, où les efforts pour crier sont, comme on sait, si pénibles et si impuissans.

Les cris offrent encore à l'homme un moyen d'action sur les animaux. Ce langage rapproché du leur en paraît, en effet, souvent compris. Buffon remarque que la plupart d'entre eux sont surtout émus par le cri de la douleur: on sait que les cris menaçans des bergers éloignent souvent les loups de leurs troupeaux et suffisent même, quelquefois, pour faire lâcher à ces animaux la proie dont ils se sont emparés.

Les cris sont dans l'état de vive douleur comme celle que causent les grandes opérations de la chirurgie, l'enfantement et quelques maladies, un moyen de soulagement; il semble alors, comme le dit Montaigne, qu'ils peuvent l'*évaporer*. On les regarde donc, avec raison, comme légitimes; aussi les chirurgiens engagent-ils souvent, dans le cours des opérations, certains malades trop courageux à ne les point retenir outre mesure. C'est au mot DOULEUR, auquel nous renvoyons, qu'on devra rechercher, d'ailleurs, tout ce qui tient aux variétés du cri que comporte l'expression de ce sentiment. Un grand nombre de circonstances modifient puissamment alors les cris de l'homme souffrant. Le médecin doit les avoir présentes à l'esprit, pour se garantir de bien des erreurs de jugement. On sait, à ce sujet, que, tandis que parmi les hommes les uns jettent les *hauts cris* pour la souffrance la plus légère, les autres supportent sans se plaindre aucunement les plus cruelles douleurs, telles que les tourmens du martyre et le supplice de la torture.

Les cris deviennent un symptôme particulier de quelques maladies. Dans celles de la première enfance, ils dénotent généralement tout état de malaise et d'anxiété; annoncent souvent la pousse des dents; leur persistance

fait craindre ou accompagne l'état convulsif. On connaît le cri très-distinct qui, dans la toux spasmodique, caractérise spécialement la coqueluche; et c'est encore par un cri particulier que se dénote principalement le *croup*, qui atteint un si grand nombre d'enfans. Dans les autres âges, on sait encore que les cris accompagnent les convulsions générales, qu'ils signalent l'invasion des accès d'épilepsie, qu'ils commencent et qu'ils terminent ceux d'hystérie. Les fous crient et vocifèrent dans la manie avec délire; ils poussent encore des hurlemens de loup ou aboient comme des chiens dans les variétés de la mélancolie, nommées par cette raison *lycanthropie* et *cynanthropie*. L'hydrophobie, les inflammations du cerveau et de ses membranes, la fièvre et l'état ataxiques, se manifestent encore dans le plus grand nombre des cas par des cris plus ou moins violens et prolongés.

Les cris, présentant un des phénomènes de l'état maladif le plus pénible à observer et le plus effrayant pour le vulgaire, seraient déjà, par là même, dignes de l'attention du médecin; mais l'intérêt qu'ils présentent redouble encore quand on réfléchit qu'en se prolongeant beaucoup, surtout lorsqu'ils ont une grande intensité, ils disposent aux convulsions, à la suffocation, à l'angine, qu'ils peuvent produire le goître, l'apoplexie, et qu'ils occasionnent assez fréquemment enfin la hernie abdominale, la chute de rectum et le collapsus de matrice. On s'efforcera donc de remédier aux cris, de les modérer, de les prévenir ou de les faire cesser. Or, on emploiera, à cet effet, des moyens différens dans le détail desquels nous ne croyons pas devoir entrer, attendu, d'une part, qu'ils sont subordonnés aux diverses circonstances de la production des cris, et que de l'autre, la plupart seront naturellement reproduits à divers articles de ce Dictionnaire.

Remarquons, en terminant cet article, que le mot *cri* s'emploie dans plusieurs acceptions que nous avons dû négliger: tels sont les prétendus cris des personnes qui s'emportent ou parlent très-haut, ceux qui nous frappent dans la confusion des voix de la multitude comme dans la clameur publique, dans le cri de *vivat*. Il en est encore ainsi des cris des marchands et de ceux des *crieurs publics*. Dans tous ces exemples, nous ne trouvons, en effet, que la parole à voix haute ou forcée, mais il n'y a point de véritable cri, dans le sens du moins qu'il convient d'attacher à ce mot.

(RULLIER.)

CRIBLÉ ou **CRIBLEUX**, adj., *cribratus, cribrosus*; qui a des trous comme un crible. On appelait autrefois l'ethmoïde *os cribleux*, et l'on dit encore la *lame criblée* ou *cribleuse* de l'ethmoïde. (*Voyez* ETHMOÏDE.) Le tissu *cellulaire* a aussi reçu le nom de *corps cribleux* (*corpus cribrosum*).   (A. B.)

CRICO-ARYTÉNOIDIENS (muscles), *musculi crico-arytenoidei*; ainsi nommés à cause de leur insertion aux cartilages cricoïde et aryténoïde; ils sont, de chaque côté, au nombre de deux, distingués en *postérieur* et *latéral. Voyez* LARYNX.

CRICOÏDE, adj., *cricoides, cricoideus*, κρικοειδής, de κρίκος, anneau, et de εἶδος, forme; nom d'un cartilage en forme d'anneau, qui entre dans la composition du *larynx.* (*Voyez* ce mot.)

CRICO-PHARYNGIEN, adj., *crico-pharyngeus*, qui est en rapport avec le pharynx et le cartilage cricoïde. Quelques anatomistes désignent ainsi celles des fibres du muscle constricteur inférieur, ou plutôt de la tunique musculeuse du pharynx, qui naissent latéralement du cartilage cricoïde.
      (DICT. ABRÉGÉ DE MÉD.)

CRICO-THYROIDIEN (muscle), *musculus crico-thyroideus*; muscle pair, qui tire son nom des cartilages auxquels il est attaché, et dont la description appartient à celle du *larynx.*

CRICO-THYROÏDIENNE (membrane); membrane fibreuse qui unit les cartilages cricoïde et thyroïde du larynx.   (A. B.)

CRICO-TRACHÉAL, adj., *crico-trachealis*; épithète donnée à la membrane qui unit le bord inférieur du cartilage cricoïde au bord supérieur du premier arceau de la trachée artère.   (DICT. ABRÉGÉ DE MÉD.)

CRINON, s. m., *crino*; genre de vers intestins qui a pour caractères : corps allongé, cylindrique, grêle, nu, atténué vers les deux extrémités, mais moins vers la tête que vers la queue, et ayant la tête garnie de deux pores latéraux.

Ces animaux tirent leur nom de la ressemblance qu'ils ont avec un morceau de crin blanc, d'un à deux pouces de long. Les naturalistes ne les connaissent pas d'une manière parfaite; cependant il paraît certain qu'on n'en rencontre point chez l'homme, et qu'ils n'existent que chez les animaux, en particulier le cheval et le chien : tel est au moins le sentiment de Rudolphi, qui est d'un si grand poids , et celui de Laennec, qu'on ne doit pas non plus dédaigner. Bruguières, Bosc,

Fortassin et Chabert ont émis une opinion contraire , ou plutôt n'ont pas même paru douter qu'on ne rencontrât chez l'homme des vers appartenans au genre *crinon*. Mais, comme l'a fort bien dit Laennec, ces auteurs sont tous partis d'observations plus ou moins inexactes, soit en elles-mêmes, soit dans l'application qu'on en a faite. On ne doit pas craindre d'affirmer, avec lui et Rudolphi, que les prétendus animaux décrits par Ettmuller, Bruguières et quelques autres auteurs , sous le nom de crinons, n'étaient autre chose que de petits rouleaux de la matière onctueuse qui enduit la surface de la peau, rouleaux produits par des frictions faites avec la main mouillée dans un liquide quelconque.
      (DICT. ABRÉGÉ DE MÉD.)

CRISE, s. f., *crisis*. Observateurs attentifs des phénomènes de la vie , les médecins grecs ayant remarqué qu'à la suite de certains changemens survenus dans le cours des maladies, et notamment de certaines évacuations, le mal augmentait ou diminuait rapidement, ou enfin paraissait changer de siége ou de nature, ils donnèrent le nom de *crise* à ces mutations favorables ou dangereuses. Ils crurent pouvoir assigner les jours où elles se manifestent le plus ordinairement, et même les annoncer d'après l'apparition de certains signes. Attribuant les maladies au trouble des humeurs, à leurs altérations, ou au développement d'une humeur malfaisante, ils finirent par penser que les évacuations qui précèdent la terminaison des maladies sont des conditions indispensables de cette terminaison, et par suite de leur manière de voir ils ordonnèrent de respecter les mouvemens critiques, de les aider, et de ne jamais les interrompre, ni chercher à les imiter; tout au plus permirent-ils qu'on les favorisât avec beaucoup de réserve. Telle est l'idée générale que l'on s'est faite des crises, depuis Hippocrate jusqu'à nos jours. Cette théorie, attaquée à diverses reprises et avec force par plusieurs hommes célèbres, n'est point encore complètement renversée, et l'on en conclut qu'elle est fondée sur la vérité. Mais si elle était conforme aux faits, ainsi qu'on l'a prétendu, personne ne se serait élevé contre elle, ou l'opinion générale aurait fait promptement justice des critiques, tandis que, depuis la renaissance des lettres et des sciences en Europe, elle est attaquée chaque jour avec plus d'ardeur et de succès. Dans quelque discrédit que soit tombée aujourd'hui la doctrine des crises, nous devons toutefois nous y arrêter, parce qu'elle a été l'origine d'une des erreurs les plus dangereuses en thérapeutique: c'est elle, en effet, qui a conduit à l'expectantisme, qui a fait croire que, dans les maladies aiguës, le médecin devait se borner à observer et attendre, oubliant ainsi qu'il est appelé près du malade pour le guérir, et non pour le contempler.

Hippocrate s'est le premier servi du mot κρίσις, qui signifie *jugement*, pour désigner tout changement, toute excrétion, toute mutation qui a lieu dans les maladies, soit que celles-ci diminuent et cessent, soit qu'elles augmentent et deviennent plus graves, soit qu'elles changent de caractère. Galien suivit en cela le Père de la médecine : il définissait la crise, un changement subit en mieux ou en pis. Depuis lui, on l'a considérée comme une sorte de combat entre la nature et la maladie, dans lequel il était dangereux d'intervenir. Suivant ce médecin célèbre, un dérangement remarquable des fonctions la précède; le délire survient; le malade pleure, et croit voir des objets brillans; ses yeux sont étincelans; il éprouve des douleurs derrière le cou, de la difficulté à respirer, une gêne douloureuse à l'estomac, de la soif et un vif sentiment de chaleur interne; on voit sa lèvre supérieure trembler, ainsi que le reste du corps; les hypocondres semblent être rétractés : à la suite de ces phénomènes, le malade s'endort, ou au moins s'assoupit quelquefois, et enfin il survient une sueur, une hémorrhagie nasale, un vomissement, une diarrhée, ou des tumeurs.

Ainsi, la crise n'était qu'un redoublement, un accès, à la suite duquel la maladie se terminait d'une manière ou d'autre. Elle avait pour résultat l'excrétion de la matière morbifique, ou le transport de cette matière d'une partie sur une autre. On désignait sous le nom de λύσις ou de *solution*, la crise *insensible*, c'est-à-dire sans évacuation et sans métastase, dans laquelle on supposait que la matière dont nous venons de parler se dissipait peu à peu, sans qu'on sût trop par quelle voie. De là trois espèces de crises : 1° avec évacuations ou tumeurs, 2° avec métastase, 3° insensibles. Les crises sont *salutaires* quand le rétablissement plus ou moins prompt de la santé en est la suite; *mauvaises*, lorsque le mal s'aggrave, ou du moins ne diminue pas après qu'elles ont eu lieu, ou enfin reparaît dans une autre partie; *mortelles*, quand la mort ne tarde pas à survenir; *régulières*, quand elles se montrent après que la maladie a duré

pendant un certain temps, à la suite de phénomènes qui les annoncent à l'observateur attentif, dans les jours où on les voit le plus ordinairement; *irrégulières*, lorsqu'elles ont lieu dans des circonstances opposées; *parfaites*, quand elles sont suivies du retour prompt et complet à la santé; *imparfaites*, lorsque la maladie ne fait que diminuer, et seulement pour un temps, après quoi elle reprend son intensité première; *assurées*, si le malade ne court aucun risque de perdre la vie au milieu du trouble qui constitue la crise; *dangereuses*, quand il est à la veille de succomber dans l'effort critique.

Nous avons dit que les anciens avaient cru remarquer que les crises avaient lieu plutôt dans certains jours que dans d'autres; ils voulurent en conséquence déterminer ceux où elles se manifestaient de préférence, ce qui était d'autant plus important qu'ils recommandaient fortement de ne rien faire qui pût les retarder ou les empêcher : par conséquent il était nécessaire de connaître d'avance le jour où elles devaient se manifester. Pour arriver à cette détermination, ils supposèrent d'abord que les maladies aiguës se terminaient en sept, quatorze, vingt ou quarante jours : je dis qu'ils supposèrent, car il n'y a rien de positif dans cette supputation. Quoi qu'il en soit, ils donnèrent le nom de *jours critiques principaux* ou *radicaux* au septième, au quatorzième, et au vingtième. Ceux-là étaient critiques par excellence, mais ils n'étaient pas les seuls dans lesquels on pût observer les crises; après eux venaient le neuvième, le onzième et le dix-septième, puis le troisième, le quatrième et le cinquième, ensuite le sixième, le moins favorable de tous, et comparé à cause de cela à un tyran; le huitième et le dixième venaient ensuite dans l'ordre des jours critiques peu avantageux et rares, puis le douzième, le seizième et le dix-huitième, qui, non moins désavantageux, étaient encore plus rarement critiques. Suivant Galien, le septième était celui dans lequel les crises salutaires avaient lieu le plus souvent. Archigène remplaça le vingtième par le vingt-unième. Remarquons que les partisans de la doctrine des crises ont successivement reconnu que tous les jours pouvaient être critiques, ce qui en ébranlait déjà fortement les bases.

Afin de pallier l'inconséquence qu'il y avait à admettre que la crise pouvait avoir lieu à chaque jour de la maladie, on imagina de donner les noms de jours *indices*, *indicateurs* ou *contemplatifs*, *intercalaires* ou *provoca-*

teurs et *vides*, à ceux qui se trouvent placés entre le septième, le quatorzième et le vingtième. Les jours *indicateurs* annonçaient celui où la crise parfaite aurait lieu. Ainsi, les signes critiques du quatrième jour l'annonçaient pour le septième, ceux du onzième pour le quatorzième, et ceux du dix-septième pour le vingtième. Galien convenait toutefois que les jours indicateurs pouvaient être complétement critiques, ou ne rien annoncer. Des trois jours intercalaires, le plus avantageux était le quatrième, puis le onzième, qui était plus souvent critique, et enfin le dix-septième, remplacé par le dix-huitième, si on remplace le vingtième par le vingt-unième. Les jours *intercalaires* étaient le troisième, le cinquième, le neuvième, le treizième et le dix-neuvième; toute crise qui avait lieu dans l'un de ces jours faisait craindre une rechute, et notamment le cinquième; le neuvième était le moins défavorable. Les jours *vides*, ordinairement d'un mauvais augure, sans signification, et non susceptibles de suppléer aux jours critiques principaux, étaient le sixième, le huitième, le dixième, le douzième, le seizième et le dix-huitième; le sixième était le plus fâcheux. Enfin, on appelait collectivement jours *médicinaux* tous les jours, sauf le septième, le quatorzième, le vingtième et le sixième, parce qu'ils présentaient le temps le plus favorable pour l'application des moyens de traitement.

Les maladies qui s'étendent au-delà du vingtième jour, avaient encore pour jours critiques le vingt-septième, le trente-quatrième, le quarantième, etc. A partir du vingtième il n'y avait plus de jours *critiques quarternaires* ou *semi-septenaires*.

Les anciens divisaient encore les jours des maladies en *pairs* et *impairs*. Les maladies bilieuses se terminaient le plus souvent dans ces derniers, tandis que les crises des maladies sanguines se manifestaient le plus ordinairement dans les premiers.

En admettant la justesse de tous ces calculs, il fallut d'abord fixer le sens qu'on attacherait au mot *jour* en médecine; on appela jour *médicinal* ou *médical* un espace de vingt-quatre heures, commençant à l'instant où commence la maladie. Il restait à déterminer le début de la maladie : rien n'est plus facile quand elle commence par un frisson, une vive douleur, un malaise subit; mais dans toute autre circonstance il est fort difficile d'assigner le moment de l'invasion. Or, dans ce cas, comment compter avec exactitude les jours de

la maladie, afin de distinguer les critiques de ceux qui ne le sont pas? Bordeu a fort bien senti l'importance de cette difficulté insoluble de la doctrine des crises; l'histoire des rechutes, et celle des maladies aiguës entées sur les chroniques, embrouillent encore davantage, dit-il, le compte des jours; et ce qu'il y a de plus fâcheux pour ce système, c'est qu'une crise durant quelquefois trois ou quatre jours, on ne sait à quel jour on doit la placer. Il faut l'avouer, ajoute-t-il, toutes ces remarques que les anciens les plus attachés à la doctrine des crises avaient faites, et dont ils tâchaient d'éluder la force, rendent leur doctrine obscure, vague, et sujette à des mécomptes qui pourraient être de conséquence, et qui n'ont pas peu contribué à décrier des crises et les jours critiques. Ces réflexions sont fort sages. Quel fond peut-on faire, en effet, sur les observations des anciens, s'ils ne sont point partis d'une base invariable dans leurs calculs? Il faut bien que la doctrine des crises n'ait pas eu, même dans l'origine, des principes évidemment démontrés par l'expérience, puisque Dioclès et Archigène admettaient le vingtième au lieu du vingt-unième, qu'Asclépiade s'éleva contre la doctrine des jours critiques, que Galien enfin déclare que la doctrine d'Hippocrate à cet égard est très-souvent sujette à erreur, et que ce qu'il avait dit lui-même sur cette matière, il l'avait dit malgré lui, pour se prêter aux vives instances de ses amis. Si cela est, dit Bordeu, si on risque de se tromper très-souvent, à quoi bon s'y exposer en admettant des dogmes incertains? Il fait remarquer ensuite que Celse a trouvé la source de ces dogmes en disant que les premiers médecins avaient été trompés par les dogmes des pythagoriciens, et il prouve la justesse de cette remarque par l'indication du passage, dans lequel Hippocrate recommande à son fils Thessalus de s'attacher à l'étude de la science des nombres. Historien profond de la médecine, Bordeu montre que, sans l'ascendant de Galien, la doctrine des crises aurait succombé aux attaques dirigées contre elle par Asclépiade. Galien imagina d'expliquer l'influence des jours critiques par celle de la lune, et d'admettre un mois *médical* calqué sur le mois lunaire. Les Arabes et les médecins astrologues admirent sans hésiter cette explication. Fracastor, subordonnant la théorie des crises aux humeurs, bouleversa tous les calculs des Grecs sur les jours critiques. Mais ces calculs n'en continuèrent pas moins à être en vogue, seulement on y joignit les opinions de Fracastor sur l'influence des humeurs, d'où est résulté une théorie mixte, qu'on retrouve dans les écrits de Prosper Alpin. Bordeu cite Dulaurens, comme ayant fait un traité des plus complets et des meilleurs sur les crises, à cette époque.

La doctrine des crises, qu'Arnaud de Villeneuve avait respectée, que Paracelse avait voulu expliquer au moyen de ses sels, fut encore ébranlée lorsque Van Helmont renouvela les attaques qu'Asclépiade avait dirigées autrefois contre elle. Adoptée par Houllier, Duret, Baillou, Baglivi, Fernel, Hoffmann, rejetée par Barbeyrac, Sydenham, Chirac, et plus récemment par Reil et Brown, elle devint le fondement de la doctrine de Stahl. La théorie des crises n'a été admise par Boerhaave qu'avec des modifications, et d'une manière vague, que Bordeu a signalée avec beaucoup de finesse. Le travail de ce dernier offre des documens précieux, dont on verra facilement que nous avons fait usage. On pourrait regretter que ce médecin si justement célèbre n'ait pas dévoilé le fond de sa pensée sur les crises, si aujourd'hui cette partie de la science n'était décidément fixée.

Malgré la vive opposition de plusieurs hommes de génie, la doctrine des crises s'est propagée jusqu'à nos jours, quoiqu'elle ait beaucoup perdu dans l'opinion. On pourrait la comparer à ces vieilles lois tombées en désuétude, et qui pourtant ne laissent pas que d'exercer encore de l'influence, en raison des habitudes qu'elles ont fait contracter.

Parmi les médecins français de nos jours qui se sont prononcés le plus ouvertement en faveur des crises, on doit ranger Pinel et Landré-Beauvais. Nous allons présenter le résumé des idées propagées par ce dernier, ensuite nous examinerons les crises sous le point de vue physiologique, et nous rechercherons ce qu'il peut y avoir de vrai dans cette partie de la pathologie.

On observe les crises, dit Landré-Beauvais, dans presque toutes les maladies aiguës; elles sont évidentes dans les fièvres inflammatoires, bilieuses, muqueuses, dans les différentes phlegmasies, dans la plupart des hémorrhagies; les fièvres adynamiques et ataxiques simples en subissent rarement d'apparentes; elles sont moins communes dans les maladies chroniques; cependant on les remarque assez souvent dans la manie, l'hypocondrie, la mélancolie, l'apoplexie, les hydropisies essentielles. Si l'on ne les a pas toujours reconnues dans les maladies chroniques, c'est que pour

les y voir il faut apporter une attention plus soutenue que dans les maladies aiguës. Les mouvemens critiques sont difficiles à distinguer quand les périodes des maladies sont fort éloignées les unes des autres, ou lorsque ces périodes se développent irrégulièrement en raison des circonstances qui troublent la marche de la nature, souvent aussi en raison des traitemens intempestifs auxquels le malade est soumis. Les crises sont plus rares chez les sujets très-âgés ou affaiblis par des maladies antérieures. Outre les signes avant-coureurs que nous avons indiqués, et qui ne se manifestent pas toujours, il est d'autres phénomènes qui caractérisent, à proprement parler, la crise; ils ont lieu sur les membranes muqueuses, sur la peau ou dans le tissu cellulaire souscutané; et cette direction est celle qui est la plus avantageuse, ou bien dans les viscères intérieurs les plus importans à la vie, et ceux-là sont dangereux; c'est ce qui constitue les *métastases*. Sont considérés comme crises bonnes ou mauvaises, dans les maladies, l'épistaxis, l'hémoptysie, l'hématémèse, l'hémorrhagie intestinale, la ménorrhagie, l'hématurie, le flux menstruel ou hémorrhoïdal, le flux muqueux par le nez, l'expectoration, le vomissement, les déjections alvines, les sueurs, les exanthèmes aigus ou chroniques, le flux d'urine, la salivation, les parotides, les bubons, le gonflement de diverses parties du corps, le charbon, le furoncle, la gangrène et le phlegmon, quand ils se manifestent au plus haut degré de la maladie, et que celle-ci s'amende à mesure que ces divers phénomènes morbides se prononcent. Pour que l'amélioration ait lieu, il faut souvent que plusieurs de ces phénomènes se succèdent. Les crises varient selon la saison et selon l'âge. Au printemps, en été, quand la chaleur est sèche, et chez les personnes qui n'ont pas atteint trente ans, on observe surtout les hémorrhagies. Chez les sujets robustes qui ont passé trente ans, en été, lorsque l'atmosphère est humide, dans les maladies inflammatoires et dans les fièvres intermittentes, les sueurs se montrent plus particulièrement. On observe la diarrhée critique, en automne, chez les adultes bilieux, et dans les maladies avec redoublemens précédés de frisson. Dans l'hiver, et au printemps, et chez les pituiteux, la crise a lieu le plus ordinairement par les urines. Les crises varient selon la nature de la maladie, ainsi qu'on le verra à l'occasion de chaque affection morbide, à mesure que nous en traiterons. Les écoulemens critiques varient encore sous le rapport de leur durée; ils ne durent guère plus de douze à vingt-quatre heures quand c'est une hémorrhagie, un flux d'urine ou une diarrhée. Les sueurs et les crachats durent de quelques heures à plusieurs jours; et même plusieurs semaines. Quelquefois les abcès et la gangrène se forment en peu d'heures. La suppression des flux critiques est dangereuse, et peut devenir mortelle; souvent elle donne lieu à des maladies plus graves que la première. S'il ne faut pas les supprimer, il n'est pas moins important de ne rien faire qui puisse les empêcher; c'est pourquoi on s'est étudié à rechercher les signes particuliers de chaque espèce de crise, et c'est dans ce genre de recherches qu'Hippocrate, Galien, leurs nombreux commentateurs, Duret, Baillou, Prosper Alpin, et tant d'autres, ainsi que Fernel, Sydenham, Foreest, Stahl, Baglivi, Van Swieten, Stoll, se sont rendus célèbres.

Nous avons indiqué, au commencement de cet article, les phénomènes généraux précurseurs des crises. Ces phénomènes sont souvent précédés de ceux qui annoncent la *coction*, c'est-à-dire, le plus haut degré d'intensité de la maladie, aussi nommé *état*. Les signes particuliers à chaque espèce de mouvement critique, sont les suivans : 1° pour les hémorrhagies en général, frisson universel, refroidissement des membres inférieurs, pouls *dicrote*, chaleur et prurit dans la partie où l'écoulement du sang doit avoir lieu; 2° pour l'épistaxis en particulier, gonflement de la face, rougeur des yeux, hallucinations de la vue qui font croire voir des objets rouges et brillans, larmoiement, battement des artères temporales, gonflement des veines, assoupissement, délire léger, douleur tensive aux tempes, gravative au front et à la racine du nez, prurit aux narines, pouls vif, dur, plein, inégal, redoublé, fréquent, gêne de la respiration, tension et douleur à la région précordiale; enfin, selon quelques auteurs, tuméfaction de l'hypocondre du côté correspondant à la narine par laquelle le sang doit couler; mais on sait aujourd'hui combien ce signe est insignifiant; 3° pour le flux menstruel, douleurs gravatives et contusives à la région lombaire, à la région hypogastrique, chaleur et démangeaison aux parties génitales, paupières cernées, pâleur du visage, et surtout tuméfaction, souvent douloureuse, des mamelles; 4° pour le flux hémorrhoïdal, douleur à la région lombaire et aux aines, chaleur et démangeaison au rectum, sentiment de pesanteur à l'anus et au périnée, envie d'uriner, ténesme, bor-

borygmes; 5° les crachats : ils s'épaississent, sortent avec plus de facilité, deviennent d'un blanc sale, d'un jaune fauve, et sont abondans, sans odeur ni saveur, et leur sortie a pour résultat la diminution de la gêne dans la respiration; 6° aux approches du vomissement, dégoût pour les alimens et les boissons, céphalalgie, vertiges, épigastralgie, tremblement de la lèvre inférieure, salivation, refroidissement des extrémités, frisson général et pâleur subite; 7° pour les déjections, borborygmes, tension de la région lombaire et de celle du colon, douleurs vagues dans les articulations des membres inférieurs, pouls inégal de trois en trois pulsations, développé, mais intermittent et irrégulier; 8° pour la sueur, pouls plein, mou, ondulant, frisson, diminution de la sécrétion de l'urine, puis chaleur à la peau, qui devient souple, et fait éprouver de la démangeaison, s'humecte ensuite, et enfin se couvre d'une sueur générale et chaude; 9° pour les urines, pesanteur dans les hypocondres, tension gravative à l'hypogastre, prurit et chaleur dans l'urètre, pouls *myure*, c'est-à-dire décroissant pendant trois ou quatre pulsations, énorème ou nuage dans l'urine trois ou quatre jours avant celui de la crise; 10° pour les parotides, léger frisson, céphalalgie violente, assoupissement, bourdonnement d'oreille, surdité, gêne de la respiration, puis tumeur rouge et luisante au-dessous et en avant de l'oreille; 11° enfin pour les phlegmasies, frissons qui reviennent par intervalles, urines claires, ténues, abondantes, rendues pendant plusieurs jours avec cet aspect, et sueurs partielles. Tels sont les signes précurseurs que l'on assigne aux principaux mouvemens critiques : on voit que ce sont absolument les mêmes phénomènes qui annoncent ces mêmes mouvemens, lorsqu'ils ne sont pas critiques. Ainsi toute hémorrhagie nasale, chez un sujet qui n'est point affaibli, s'annonce par les signes que nous venons d'indiquer; le vomissement s'établit de la même manière, qu'il soit critique ou non : il en est de même de toutes les autres évacuations critiques. Quant au phlegmon, auquel on accorde un rang parmi les crises, ceci mérite un examen attentif.

Nous ne chercherons pas ici dans quelles maladies on observe plutôt telle espèce de crise que telle autre, afin d'éviter les répétitions; mais il est bon de dire le pronostic que l'on peut tirer de chacune d'elles, et encore ici nous continuerons à suivre Landré-Beauvais. L'épistaxis est généralement d'un heureux augure , à moins qu'il ne soit accompagné d'une très-grande prostration, de mouvemens convulsifs , de syncope et de sueurs partielles. Rarement le rétablissement a lieu après les hémorrhagies bronchiques, gastriques, intestinales ; mais celles-ci offrent moins d'inconvéniens chez les femmes. Le flux menstruel se manifeste souvent en vain dans les maladies ; cependant assez fréquemment il est suivi du retour à la santé. Le flux hémorrhoïdal est généralement d'un plus heureux augure. Le coryza annonce quelquefois la fin avantageuse du typhus et des bronchites. L'expectoration facile des crachats est le plus ordinairement avantageuse, et quand ils ont les caractères que nous avons indiqués, et que nous ferons plus amplement connaître quand nous parlerons des maladies dans lesquelles on les observe, on a tout lieu d'espérer le rétablissement. Le vomissement n'est suivi de la cessation de l'état morbide que dans un petit nombre de cas , ce qui , pour le dire en passant, aurait dû détourner les médecins d'exciter si souvent ce mouvement morbide de l'action organique, plus souvent dangereux qu'utile. Dans un grand nombre de maladies, la diarrhée passagère de matières copieuses, liées , jaunes et homogènes , est un des signes les plus favorables. Il en est de même de la sueur, qui est toujours d'un heureux augure, quand elle est d'une chaleur douce et générale. La manifestation des exanthèmes n'est avantageuse que quand les symptômes alarmans disparaissent à mesure qu'ils se développent. L'apparition d'une salivation abondante a été suivie de la guérison d'un grand nombre de malades dans deux épidémies observées par Sydenham et par les médecins de Breslau. Rarement les parotides sont avantageuses ,· à moins qu'elles ne restent permanentes, et ne s'accompagnent de quelques autres signes critiques plus favorables. On a dit que le gonflement des testicules a été suivi de la disparition d'affections catarrhales ; il précède quelquefois celle des oreillons ; le développement des bubons est fort rarement avantageux dans la peste, puisqu'il meurt une si grande quantité de malades atteints de cette terrible affection, et que peu succombent sans avoir eu des bubons : cependant . on a lieu d'espérer lorsque la suppuration s'établit promptement. Au déclin de plusieurs maladies, les extrémités se gonflent, et ce phénomène annonce souvent qu'elles sont terminées, ou près de l'être. Les furoncles , lorsqu'ils surviennent dans la dernière période

des maladies , sont souvent suivis du rétablissement. La gangrène a été donnée comme pouvant être favorable dans certaines circonstances ; mais il y a là un étrange abus de mots : cela se réduit à dire que lorsque le malade se rétablit malgré la gangrène, celle-ci n'a pas contribué à le faire périr. Il en est de même des phlegmons et des vastes abcès qui se manifestent au déclin de quelques maladies aiguës formidables ; ce sont de terribles accidens que l'on doit toujours redouter, quoique le malade se rétablisse souvent après leur guérison.

Plus on examine en détail la doctrine des crises, plus on la trouve fautive, plus on voit qu'elle ne repose que sur des abus de langage et sur une erreur grave des médecins, qui ont pris l'effet pour la cause, dans cette partie de la science comme dans tant d'autres. Remarquons d'abord que c'est surtout dans les maladies aiguës qu'on a prétendu pouvoir annoncer le jour et la nature des mouvemens critiques qui devaient les terminer. Or , si nous jetons un regard attentif sur ce qu'on appelle les crises dans ces maladies , nous verrons d'abord qu'au début de l'affection , l'irritation de l'organe qui retient l'influence de la cause morbifique, se propageant à plusieurs tissus de l'économie, notamment à la peau et aux membranes muqueuses, les sécrétions et les exhalations dont ces parties sont le siége, s'arrêtent. Tous les écoulemens habituels sont supprimés, si l'irritation locale est assez intense ou assez étendue pour propager son influence à la plus grande partie de l'organisme. C'est là ce que les anciens appelaient la période de *crudité* des maladies, parce qu'ils supposaient que la matière, cause prochaine du mal, n'était pas encore élaborée par le corps, dont elle tendait à détruire l'action. Mais lorsqu'une fois l'irritation locale a subi tout le développement dont elle est susceptible, si l'organe où elle résidait n'est point détruit, si les forces ne sont pas épuisées, c'est-à-dire si l'organisme est encore en état de continuer à agir, l'irritation venant à cesser dans l'organe primitivement affecté, elle cesse également dans ceux qui le sont secondairement, de telle sorte que la sécrétion dont ils étaient le siége se rétablit, ou bien il se fait un écoulement de sang sur un point de l'économie, et notamment aux narines, à l'utérus. à l'anus. D'autres fois, lorsque l'irritation a été abandonnée à la nature, un mouvement brusque s'établit du centre à la circonférence, et alors se forment ces dépôts purulens dont on trouve tant d'exemples dans les écrits d'Hippocrate. qui, ainsi que l'a remarqué Broussais, laissait constamment marcher les inflammations. Lorsque l'irritation n'a pas été très-violente, il arrive qu'elle cesse presque subitement dans l'organe primitivement affecté, et qu'elle reparait dans un autre : si cette mutation se fait d'un viscère important sur un qui le soit moins, elle est avantageuse ; alors les sécrétions se rétablissent aussi presque subitement, soit dans les organes primitivement affectés, soit dans ceux qui ne l'étaient que sympathiquement, et c'est dans ce cas qu'on voit ces sécrétions être précédées d'une sorte de révolution générale dans l'action organique. Il arrive, dans un plus grand nombre de cas, que les sécrétions se rétablissent lentement, ou se modifient et cessent : dans ce cas, ce qu'on appelle mouvement critique est peu apparent. Or, s'il est vrai, comme on ne peut le nier, que les sécrétions, les éruptions et les suppurations dites critiques sont l'effet de la diminution, de la délitescence ou de la répétition de l'irritation qui constituait la maladie, il en résulte qu'elles ne sauraient être considérées comme étant la cause efficiente de l'amélioration qui survient après elles. Ainsi, une vive irritation de l'estomac venant à se développer, la peau devient sèche et âpre ; l'irritation gastrique diminue-t-elle, la peau redevient chaude, et se couvre d'une sueur générale : ce n'est pas la sortie de la sueur qui produit la guérison, seulement elle annonce la guérison de la lésion de l'organe malade ; c'est un effet, un signe, et non la cause de la guérison. Si, au contraire, une vive rougeur se manifeste dans une partie quelconque de la peau, ou bien l'irritation gastrique diminue, et dans ce cas l'érythème ne se manifeste que parce que celle-ci a subi une diminution, il n'est point une cause d'amélioration, il ne fait que l'annoncer ; ou bien l'irritation gastrique persiste au même degré, ou augmente d'intensité, et, dans ce cas, l'érythème, bien loin d'annoncer la guérison, indique l'accroissement de la maladie primitive. Si l'irritation gastrique dure long-temps, avec beaucoup d'intensité, il peut se faire que des irritations, d'abord lentes, puis manifestes, se développent peu à peu dans le tissu cellulaire sous-cutané, et forment insensiblement des collections de pus. Si le malade résiste à ce surcroit de maux, l'abcès n'a point été favorable ; quoi qu'on en dise, il a nui au rétablissement. Si la gastrite cesse aussitôt que l'irritation cellulaire commence, c'est que, comme pour l'exanthème, la maladie change de siége : la différence de siége augmente ou diminue seule le danger. Ainsi, tout ce qu'on a dit des crises se réduit à ceci : rétablissement des sécrétions quand l'irritation primitive cesse, métastase de l'irritation, répétition de l'irritation. Le premier cas est avantageux ; le second l'est quand l'irritation cesse dans un organe important pour reparaître dans un autre qui l'est moins ; le troisième est souvent dangereux, et quelquefois mortel. Par conséquent, toute évacuation, toute éruption, toute suppuration dite critique, n'est d'un heureux augure qu'autant que la maladie diminue. Or, pour savoir si un mouvement critique est, comme on le dit, avantageux, il faut observer avec attention non pas lui, mais bien l'état de l'organe primitivement affecté, et le mettre en parallèle avec celui qui s'affecte pour un instant, ou pour un temps plus ou moins long.

Il est aisé de voir maintenant à quoi se réduit cette question : Faut-il attendre et respecter les crises ? Posée ainsi généralement, elle équivaut à celle-ci : faut-il attendre que la maladie guérisse seule, passe d'un organe à un autre, au risque de devenir auparavant très-intense et incurable, et même de se porter sur un organe plus important que celui qu'elle occupe, ou qu'elle se complique d'une autre maladie, soit plus légère, soit non moins redoutable ? La réponse est facile à faire : si la maladie est peu intense, et si l'organe qu'elle envahit n'est pas d'une grande importance, ni susceptible de s'altérer gravement, on peut se borner à éloigner les causes d'irritation, recommander le repos de l'organe, la diminution des alimens, une boisson aqueuse, rafraîchissante ou chaude, selon le cas, et attendre sans inquiétude la fin de la maladie. C'est alors qu'on observe la sueur, les urines, les crachats, les diarrhées critiques. Mais si la maladie est intense, et si l'organe qu'elle occupe est un des principaux viscères, et s'il est susceptible de se désorganiser facilement, il serait absurde d'attendre une guérison spontanée, qui pourra ne point avoir lieu, qui même n'est pas probable, et qui fait courir au malade le risque de voir son mal s'aggraver, se porter sur un viscère plus important encore, ou s'étendre à plusieurs organes. Il faut agir, et agir avec énergie ; c'est le meilleur moyen d'obtenir les crises, car, dès qu'on a suffisamment diminué l'intensité de l'irritation, on les voit souvent

survenir, et si on était resté dans l'expectation, elles ne seraient pas venues. Je sais que,
dans un bon nombre de maladies très-graves,
on a observé ces mêmes crises, c'est-à-dire
que le mal a guéri malgré l'inaction du médecin ; mais toujours le malade a couru les
plus grands dangers, et, s'il eût succombé,
le médecin aurait eu de graves reproches à
se faire. Rouelle avait donc parfaitement raison lorsqu'il disait : *M. de Bordeu a tué mon
frère que vous voyez.* Plein d'un respect su-
perstitieux pour l'autorité d'Hippocrate, Bordeu avait osé rester tranquille spectateur
d'une péripneumonie des plus violentes qui
avait failli faire périr le frère de Rouelle ; il
avait agi de la manière la plus propre à le
conduire au tombeau. En vain on répondrait
que Bordeu eut raison de se conduire ainsi,
puisque le malade guérit : rien ne serait plus
absurde qu'une pareille objection, car il faudrait en conclure que tous les malades qui
périssent sont immolés par les médecins, et
que tous ceux qui résistent aux maladies sont
sauvés par les secours de l'art, proposition
des plus ridicules. Il est fort difficile, lorsqu'un malade meurt, ou lorsqu'il guérit, d'é-
valuer la part que le médecin a eue dans l'un
ou l'autre cas, mais il est pourtant des indications bien connues, non équivoques, auxquelles il faut satisfaire chaque fois qu'elles
se présentent, si l'on ne veut se préparer des
regrets amers.

On a été jusqu'à dire qu'il était plus avantageux pour le malade de guérir au moyen
d'une crise, qu'à l'aide des secours de l'art.
D'abord, dès que la guérison est obtenue,
peu importe de quelle manière ; ensuite, il
n'est pas indifférent de guérir en peu de jours,
ou de rester dans l'attente d'une crise pendant sept, quatorze, vingt-un jours. Si après
la crise le malade se rétablit en général plus
vite, c'est que la maladie a été moins intense
que celle dans laquelle on est obligé d'agir
beaucoup pour la guérir ; enfin, on oublie
trop qu'il y a des crises dangereuses, qu'il
en est de mortelles, et que plus d'un malade
est mort dans l'état d'exaspération de la maladie que l'on espérait de voir se terminer
par une crise heureuse.

On a dit qu'une goutte de sang sortie spontanément par le nez était plus avantageuse
aux malades que des saignées copieuses : cela
est vrai, car le rétablissement est plus prompt
dans le premier cas ; mais pourquoi est-il plus
prompt ? C'est que la maladie était moins intense qu'elle ne l'était dans le second. Cette

guérison à la suite d'une légère hémorrhagie
nasale a été un sujet d'étonnement pour tous
les praticiens. Eh quoi ! disent-ils, nous ne
pouvons guérir des inflammations du poumon
avec de copieuses saignées, et la nature les
guérit en faisant jaillir quelques gouttes de
sang à la surface de la membrane pituitaire !
Nous pouvons accroître leur étonnement, car
certes ce n'est point la sortie de ces gouttes
qui guérit la maladie ; elles annoncent seulement que la maladie guérit, ou va guérir,
parce que les organes sympathiquement irrités reviennent à leur type normal.

Le précepte, si souvent rebattu, de respecter les crises, mérite encore un sérieux
examen. Entend-on qu'il faille respecter toutes les crises ? Mais il en est de mortelles, et
certes ce ne sont pas celles-là qu'il faut respecter. Quant à celles qui annoncent que la
maladie diminue et va bientôt cesser, elles
indiquent qu'il faut se borner à écarter toute
cause d'irritation. Mais si le mal ne diminue
pas immédiatement, sans égard pour le mouvement critique, il faut attaquer l'irritation.
La seule crise qu'il faille réellement respecter, c'est le rétablissement de la sécrétion,
ou son amélioration dans l'organe malade lui-
même, et c'est ce qu'on fait le plus souvent
par l'emploi des moyens adoucissans locaux.

Nous avons dit que l'on n'observait les crises indiquées par les anciens que lorsque la
maladie était peu intense, ou lorsqu'on était
parvenu à en diminuer l'intensité, et rien
n'est plus conforme à l'observation. Nous
sommes par conséquent bien éloignés de con-
tester la réalité des crises ; nous désirons seulement qu'elles soient envisagées sous un
point de vue plus physiologique et plus utile.
Quant aux jours critiques, nous devons dire
que tout ce qu'on a écrit là-dessus n'est qu'un
tissu de divagations. La crise se manifeste le
jour où l'irritation diminue, se déplace, ou
se répète : voilà tout ce que l'observation démontre, et quelqu'autorité qu'on doive accorder aux observateurs nombreux qui prétendent avoir constamment vu les crises aux
jours fixés par Hippocrate, nous nous bornerons à leur demander qu'ils nous indiquent
par quel rare talent ils sont parvenus à compter les jours d'une maladie avec la précision
que suppose leur assertion paradoxale, dic-
tée par l'admiration fanatique de l'antiquité.
Nous aurons occasion de considérer ce point
important de doctrine sous un autre rapport,
quand nous parlerons de l'INVASION et de la
TERMINAISON des maladies. (DICT. ABR. DE MÉD.)

CRISPATION, s. f. Ce mot exprime, en pathologie, une sorte de malaise musculaire et de besoin de contracter les muscles qui rapprochent les mâchoires, ceux qui meuvent les bras, les mains, le thorax, etc. Ce phénomène est aux actes musculaires ce qu'est l'*agacement* aux actes sensoriaux. On éprouve des *crispations nerveuses* à la suite de contrariétés. Les personnes dites *nerveuses* y sont surtout fort sujettes; c'est un des symptômes précurseurs des attaques hystériques. Les *inquiétudes*, les *impatiences* et les *agitations* musculaires sont d'autres espèces de malaise très-voisines de la crispation, et qui s'observent dans les mêmes circonstances. *Voyez* HYSTÉRIE.   (GEORGET.)

CRISTA-GALLI (apophyse), *processus crista-galli;* la plupart des anatomistes nomment ainsi la crête qui surmonte la lame criblée de l'ethmoïde, parce que sa forme a été comparée à celle d'une crête de coq. (A. B.)

CRISTAL MINÉRAL ou SEL DE PRUNELLE. Nom donné au nitrate de potasse fondu dans son eau de cristallisation, coulé en plaques blanches et mélangé d'un peu de sulfate de potasse : on l'obtient en mettant une partie de soufre sublimé dans 128 parties de nitre en fusion. Il s'emploie plus rarement, mais dans les mêmes cas que le nitrate de potasse. *Voyez* POTASSE.

    CRISTAUX DE LUNE, nitrate d'argent. *Voyez* ARGENT.

    CRISTAUX DE TARTRE, tartrate acidule de potasse. *Voyez* POTASSE.

    CRISTAUX DE VÉNUS, acétate de cuivre. *Voyez* CUIVRE.   (ORFILA.)

CRISTALLIN, s. m., *lens crystallina;* corps lenticulaire, transparent, contenu dans l'intérieur de l'œil, et entouré d'une membrane propre, que l'on appelle *la capsule du cristallin. Voyez* ŒIL.

CRISTALLINE, s. f., *cristallina.* On désigne vulgairement sous ce nom la maladie syphilitique, lorsque les symptômes qui la caractérisent siégent exclusivement à l'anus, dans l'un ou l'autre sexe, et qu'elle a été contractée par l'application immédiate du virus sur cette partie. Plusieurs médecins ont adopté, assez légèrement, je pense, cette dénomination, qui est tout-à-fait impropre. Aucun des accidens vénériens qui affectent cette position ne présente la transparence du cristal, comme ce titre semblerait l'indiquer. *Voyez* RHAGADES, PUSTULES HUMIDES, VÉGÉTATIONS et ÉCOULEMENS SYPHILITIQUES DE L'ANUS.

Quelques auteurs ont supposé, et c'est une opinion très-répandue parmi les gens du monde, que cette maladie, dont on a prétendu faire une espèce particulière de syphilis, était de sa nature infiniment plus grave et plus difficile à guérir que celle qui attaque les autres régions du corps : nul doute que ce ne soit une erreur. La disposition des parties et les fonctions qu'elles ont à remplir peuvent bien, il est vrai, apporter à la marche et au traitement de cette affection des modifications assez importantes; mais l'opiniâtreté qu'elle montre parfois ne doit pas être attribuée à une virulence plus grande du principe contagieux qui l'a produite.

Tanequin Guillaumet, Hartmann, Charles Musitan, Jean Colle et quelques autres écrivains du dix-septième siècle, ont, avec plus de raison, donné le nom de cristallines (*cristallinæ*) à de petites phlyctènes ou tumeurs vésiculaires, aqueuses, molles, transparentes, quelquefois réunies en forme de grappe, et environnées d'un cercle rouge, qui surviennent au prépuce, au gland ou aux grandes et petites lèvres chez les femmes, à la suite de l'application du virus vénérien, et très-souvent aussi par le seul fait du froissement que ces parties éprouvent lors de la copulation, quand il y a défaut de proportion entre les organes qui y concourent immédiatement. Dans le dernier cas, ces tumeurs, simples résultats d'une cause mécanique, ne peuvent constituer une maladie essentielle. L'ouverture des vésicules et l'usage des fomentations émollientes sont le seul traitement qui leur convienne. Celles qui reconnaissent la syphilis pour cause doivent être combattues, comme tous les autres signes de cette infection, sans avoir égard aux conseils de plusieurs anciens médecins, qui employaient dans cette vue une forte infusion de tabac dans le vin d'Espagne; moyen trop irritant dans la plupart des circonstances, et qui d'ailleurs ne pouvait remplir l'indication principale, la destruction du vice intérieur.

Je comprendrai encore sous le titre de *cristallines* les tuméfactions séreuses, transparentes, compressibles et indolentes du prépuce, ou de l'un des replis du pudendum, qui paraissent avec ou sans ulcération de ces parties, dans quelques cas de phimosis, de paraphimosis, de blennorrhagie chez les femmes, ainsi que celles qui surviennent à la portion du prépuce qui avoisine le filet, pendant certains écoulemens urétraux, lorsque la fosse naviculaire est le siége d'un engorgement inflammatoire très-intense. *Voyez,* pour leur traitement, les articles PHIMOSIS, PARAPHIMOSIS et BLENNORRHAGIE.

(L. V. LAGNEAU.)

CRISTALLOIDE, s. f. *crystalloides* ; qui ressemble au cristal. On appelle quelquefois le cristallin humeur cristalloïde.   (A. B.)

CRITIQUE, adj, *criticus*; qui appartient aux crises. On dit une sueur critique, une hémorrhagie critique, et plus généralement une évacuation critique; le pouls critique est celui qui annonce qu'une crise est sur le point de s'opérer. (*Voyez* POULS.) On dit aussi dans un autre sens *âge critique*, en parlant de l'époque plus ou moins dangereuse de la vie des femmes, qui est marquée par la cessation de la menstruation. *Voyez* ce mot.   (c.)

CROCHET, s. m., *hamus, uncus, uncinus*. Instrument de chirurgie formé d'une tige de métal recourbée à une de ses extrémités de manière à intercepter un sinus plus ou moins ouvert. Une sorte de crochet de petite dimension, à tige arrondie et à pointe aiguë est fort employée sous le nom d'*érigne*. (*V.* ce mot.) Je ne m'occuperai ici que des crochets proprement dits. La tige qui les forme est arrondie ou aplatie, leur extrémité est aiguë ou mousse; dans ce dernier cas, elle est quelquefois élargie. Ils servent dans différentes opérations, soit pour soulever la paupière supérieure, soit pour tenir les lèvres écartées, soit pour soutenir les parois divisées de l'abdomen ou de la vessie. Celse indique de se servir d'un crochet, en forme de cuiller recourbée, pour extraire le calcul de la vessie.

C'est surtout dans l'*art des accouchemens* que l'on a fait usage des crochets. Ce sont les premiers instrumens que l'on ait employés pour extraire le fœtus; mais leur usage est devenu de plus en plus rare à mesure que l'art s'est perfectionné. D'abord, ils offraient une tige droite recourbée seulement à l'extrémité, et cette extrémité était ordinairement aiguë, quelquefois cependant mousse, d'autres fois même élargie et aplatie, et enfin dans quelques crochets elle était divisée en deux pointes plus ou moins longues. On dut bientôt remarquer que de tels instrumens ne pouvaient s'accommoder ni à la courbure de la tête, ni à celle du canal que l'enfant doit traverser. On imagina alors d'attacher un ou plusieurs crochets sans tige à des chaines fixées elles-mêmes à un manche. Cette construction leur permettait de se courber selon la forme des parties ; mais quand on venait à faire les tractions, ces chaines, se tendant, venaient frotter contre la partie antérieure du col de l'utérus et du vagin, devaient contondre ces parties et donner à la tête une direction vicieuse en la portant contre le pubis, au lieu de la faire descendre suivant l'axe du détroit supérieur. Mesnard, chirurgien de Rouen (en 1743) donna à la tige du crochet une courbure qui lui permit de s'adapter à celle de la tête du fœtus et d'embrasser une plus grande épaisseur de parties dans le sinus qu'il forme vers la pointe, perfectionnement véritablement utile. Il se servait aussi d'un forceps dont chaque branche était terminée par un crochet qu'il implantait sur les parties latérales de la tête; il l'appelait *tenette à crochets*. Son dessein était de prévenir l'inconvénient de renverser la tête en faisant porter les tractions sur un seul côté; inconvénient qui paraît avoir frappé les observateurs de tous les temps, car pour y obvier, ils recommandaient de maintenir cette partie dans sa rectitude avec les doigts placés du côté opposé à celui où est fixé le crochet, et longtemps avant Mesnard, Roëslin ou Rhodion, en 1532, prescrivait de placer deux crochets, un de chaque côté de la tête, et de tirer alternativement sur chacun pour faire avancer cette partie plus facilement. C'est aussi dans cette intention probablement qu'ont été inventés ces crochets fixés à des chaines, figurés par Scultet et dont j'ai déjà parlé. L'idée de réunir deux crochets a été adoptée depuis Mesnard, par d'autres accoucheurs, tels que Smellie et Saxtorph père. Sa tenette à crochets a aussi été imitée avec plus ou moins de modifications par beaucoup de chirurgiens. (*Voyez* FORCEPS.) Levret, Smellie, Stein, Baudelocque, Saxtorph et d'autres ont plus ou moins modifié, en l'adoptant, la courbure de la tige du crochet. Aitken, chirurgien anglais, pour en obtenir encore plus d'avantages, proposait de se servir, au lieu de crochet, de son *levier flexible*, à l'extrémité duquel il fixait divers crochets aigus ou obtus. (*Voyez* LEVIER.) Mais cet instrument formé de pièces mobiles, articulées entre elles, est loin de présenter la solidité que doit offrir un instrument destiné à exercer d'aussi fortes tractions.

L'écartement qui se trouve nécessairement entre la pointe et la tige du crochet, donne à l'extrémité de l'instrument une épaisseur considérable qui dans beaucoup de cas nuit à son introduction, surtout si cette extrémité, au lieu d'une tige cylindrique, offre une lame plus ou moins large pour embrasser une plus grande étendue de parties. Pour éviter ou diminuer cet inconvénient, ou on a diminué la grandeur du sinus, et alors on ne saisit pas une assez grande épaisseur de parties; ou on a recourbé cette extrémité en sens opposé de la pointe, de manière à figurer à peu près la partie supérieure d'une S, ce qui remplit mal le but qu'on se propose. Saxtorph a imaginé une correction ingénieuse, mais peu utile, suivant moi, parce qu'elle diminue la solidité de l'instrument. La pointe de son crochet est mobile, de sorte qu'elle reste appliquée contre la tige pendant qu'on introduit le crochet, et qu'elle s'en éloigne ensuite au moyen d'un ressort que l'on fait mouvoir.

Les crochets, lorsqu'ils sont maniés avec peu de prudence et d'habileté, peuvent, en s'échappant de la partie sur laquelle ils sont implantés, produire des désordres terribles, inconvénient qui a déjà été signalé avec énergie par Celse. Pour prévenir ce danger, quelques accoucheurs ont recommandé de ne se servir que de crochets mousses; mais cette précaution est bien insuffisante. Fabrice de Hilden se servait d'un crochet garni d'une pièce mobile qu'il appelait *défenseur* (*defensorium*). Cette pièce forme d'abord un angle droit avec la tige, puis elle se recourbe de manière que son extrémité vient répondre à la pointe du crochet, lorsque la pièce elle-même glisse le long de la tige. Il espérait que, le crochet venant à lâcher prise, sa pointe rencontrerait bientôt le défenseur et ne pourrait plus blesser les parties. Levret a proposé pour le même objet son *crochet à gaine*. Il s'en faut de beaucoup que ces instrumens offrent les avantages qu'on s'en promettait, et leur usage a bientôt été abandonné.

Jusqu'à présent je n'ai parlé que de crochets plus ou moins aigus, et destinés à pénétrer dans le tissu des parties; mais les accoucheurs se servent aussi de *crochets mousses* qui doivent embrasser dans leur sinus quelqu'un des membres, en s'appliquant au pli du genou, de l'aisselle, de l'aine, et ne font au fœtus aucune blessure. Je m'occuperai d'abord de l'usage des crochets aigus.

Il est évident que ces instrumens ne doivent être appliqués que sur le fœtus mort; et même dans ce cas il faut, autant qu'on le peut, éviter de présenter aux parens et aux assistans un cadavre couvert de blessures qu'ils accuseraient peut-être d'être les causes de la mort. Aussi est-on assez généralement d'accord qu'on ne doit les employer que quand les autres moyens sont insuffisans. Mais si la disproportion entre le bassin de la mère et la tête

du fœtus est si grande, qu'on ne puisse amener celle-ci après l'avoir convenablement saisie avec le forceps, qui diminuera d'autant plus son épaisseur qu'elle est plus ramollie, et qui servira à lui imprimer la direction la plus favorable, que pourra-t-on espérer du crochet, qui ne présente aucun de ces avantages? D'après cette réflexion, je pense que tant que la tête est entière, il n'y a aucune utilité à se servir du crochet. Si cependant il fallait l'employer dans ce cas, ce serait du crochet courbe qu'il faudrait se servir, et on devrait, comme le conseille Baudelocque, le placer sur l'occiput dans le cas où la tête se présenterait la première, et dans l'orbite ou la fontanelle antérieure dans le cas où le corps serait déjà amené au-dehors. En agissant de cette manière, on disposerait la tête de la manière la plus convenable pour traverser les détroits. Mais c'est après avoir ouvert le crâne, évacué le cerveau, et par là diminué le volume de la tête, que le crochet est surtout utile. Alors on peut l'implanter à l'extérieur, sur la base du crâne, où il trouve un point d'appui solide, soit vers le trou occipital, ce qui est préférable, soit vers les apophyses mastoïdes, soit vers la face. On peut aussi porter le crochet à l'intérieur du crâne, et le fixer soit sur le corps du sphénoïde, soit sur la partie pierreuse du temporal. On trouve à cela l'avantage que, s'il vient à s'échapper du lieu où il est implanté, sa pointe porte sur la surface interne des os du crâne qui garantissent de toute atteinte les parties de la mère. Mais j'ai remarqué que l'on n'est pas toujours maître de fixer cet instrument sur le point où on désire, qu'il porte quelquefois sur un lieu où les parois du crâne offrent peu d'épaisseur, et que sa pointe faisant saillie en dehors peut déchirer l'utérus, le vagin et les parties voisines. Les accoucheurs anciens, après avoir ouvert et vidé le crâne, se servaient souvent, au lieu de crochet, d'une pince plus ou moins recourbée, à mors très-forts et garnis d'aspérités à l'intérieur, avec laquelle ils saisissaient les os et les tégumens du crâne. Cette pratique offre dans le plus grand nombre des cas tous les avantages de l'usage du crochet, sans en avoir les inconvéniens. Quelquefois même, après avoir diminué le volume de la tête, on parvient à l'entraîner avec les doigts seuls. Cette pratique a été recommandée de nouveau par quelques accoucheurs modernes: je l'ai vu employer, et je l'ai employée moi-même avec succès. Le docteur Davy a proposé, en 1817, dans un journal de médecine de Londres, une pince destinée à cet usage et qu'il désigne sous le nom de *craniotomy-forceps*.

Le crochet aigu s'applique aussi sur le bassin du fœtus, lorsque dans l'accouchement par les pieds, les membres inférieurs ont été arrachés ou menacent de se séparer par suite de la putréfaction. On le porte alors sur le corps des pubis, ou, ce qui vaut mieux, sur la partie postérieure du bassin. Lorsque le tronc est resté dans la matrice après l'évulsion de la tête, et qu'on éprouverait trop de difficultés à introduire la main pour saisir soit les pieds, soit les deux bras, pour l'entraîner, on se sert du crochet, que l'on implante soit sur la colonne vertébrale, soit entre deux côtes, mais alors il est à craindre que dans les tractions que l'on fera, les côtes ne se brisent successivement et que le crochet n'échappe. Dans un cas semblable, j'essaierais d'abord d'extraire le tronc au moyen d'un crochet mousse ou des doigts placés au creux de l'aisselle. Le crochet aigu sert encore pour extraire la tête restée seule dans l'utérus; mais à moins que l'on ne trouve sur la mâchoire inférieure un point d'appui suffisant pour vaincre la résistance qu'on éprouve à amener la tête, ce qui suppose que cette résistance est peu considérable, l'usage de cet instrument est peu sûr; car la tête venant à rouler sur elle-même par suite des tractions que l'on fait, l'instrument s'échappe bientôt. Baudelocque veut que l'on ne s'en serve dans ce cas que pour fixer la tête jusqu'à ce qu'on l'ait saisie avec le forceps; cet avis me semble fort judicieux. (*Voyez* EMBRYOTOMIE.) Enfin le crochet aigu est quelquefois employé pour ouvrir le crâne. *Voyez* PERCE-CRANE.

J'ai dit que le crochet mousse devait se placer sur quelqu'un des plis que forment les membres. Ainsi, lorsque la tête a franchi la vulve, et que le tronc est retenu par son volume, ou que quelque raison force d'accélérer la terminaison de l'accouchement, au lieu de faire des tractions sur la tête, il est bien préférable de passer un crochet mousse sous l'aisselle pour agir directement sur le tronc. Quand, les fesses ou les genoux se présentent les premiers, les mêmes circonstances se rencontrent, et que le corps de l'enfant est trop avancé dans l'excavation pour qu'on puisse les repousser et amener les pieds, le crochet mousse placé sur le pli de l'aine ou du genou est le meilleur moyen à employer pour l'extraction du fœtus. Mais il n'est pas nécessaire d'avoir un crochet fait exprès; celui qui termine les branches du forceps peut le suppléer

dans beaucoup de cas; et dans le plus grand nombre de ceux où le crochet mousse est indiqué, le doigt le remplace avec beaucoup d'avantages. Smellie, Baudelocque, Steidèle et d'autres ont proposé de réunir deux crochets mousses en forme de forceps, ou de se servir de la même manière des crochets qui terminent certains forceps pour entraîner les fesses; mais la pratique n'a pas montré l'utilité de cette modification. Enfin, on a aussi proposé d'employer des lacs au lieu de crochets mousses, mais ils sont d'une application plus difficile sans offrir d'avantages réels. *Voyez* LACS.

Toutes les fois qu'un accoucheur porte un crochet dans la matrice, il faut qu'avec les doigts il le guide, il couvre sa pointe pour défendre les parties de la mère contre son atteinte; et quand le crochet est placé, la main doit encore rester à l'intérieur du vagin du côté opposé à celui où se trouve le crochet, pour soutenir la tête, l'empêcher de se renverser dans les cas où on veut l'amener dans la situation où elle se trouve, faciliter son inclinaison dans ceux où on veut que la base du crâne encore trop volumineuse se présente obliquement ou de champ au passage qu'elle doit traverser. Cette main servirait encore à garantir l'utérus et le vagin de l'atteinte du crochet, s'il venait à échapper. Le pouce de cette main doit être appuyé sur la tige du crochet, non pour le fixer, mais pour percevoir le bruissement qui résulterait du déchirement des os, et avertir l'accoucheur du déplacement de son instrument. Les tractions qu'un accoucheur peut exercer avec une main doivent toujours suffire, quand on opère avec la dextérité convenable. Aussi ne doit-on jamais attacher un lacs au manche du crochet pour se faire aider par quelque personne. Comment pourrait-on maîtriser l'action de cet aide au point de la modérer à temps ou de l'arrêter, si l'instrument s'échappe ou si le fœtus obéit promptement aux efforts que l'on fait sur lui? C'est par l'application inhabile d'une force qui n'est pas réglée par la prudence et le savoir qu'on voit encore arriver de si terribles accidens.

(DESORMEAUX.)

CROCHU (os), os unciforme, *os hamatum*; os court, appartenant à la seconde rangée du *carpe*, dont il occupe l'extrémité interne. Il a la forme d'un coin ayant sa base tournée en bas. Sa surface, inégale en avant et en arrière, est articulaire dans le reste de son étendue; elle est surmontée, en avant et en bas, d'une éminence courbée de dedans en dehors, en forme de crochet, qui a fait donner à cet os les noms qu'il porte : cette éminence fait partie des saillies qui bornent latéralement la face antérieure du carpe. L'os crochu s'articule, 1° avec le semi-lunaire de la première rangée, par une facette étroite, qui forme son sommet ; 2° avec le pyramidal, par sa face interne, inclinée en haut, lisse, convexe supérieurement, concave inférieurement ; 3° avec le grand os de la seconde rangée, par sa face externe, inégale seulement en bas et en avant, pour l'insertion de fibres qui l'unissent à cet os ; 4° avec le quatrième et surtout avec le cinquième os du métacarpe, par deux facettes inégales que présente sa face inférieure. Cet os offre la structure des os courts ; son développement se fait par un point d'ossification. Il sert à supporter les quatrième et cinquième os métacarpiens et concourt pour beaucoup à la solidité du carpe ; son éminence unciforme fournit insertion à plusieurs muscles, ainsi qu'au ligament annulaire antérieur du poignet, et concourt à former la concavité qui reçoit les tendons des fléchisseurs des doigts.

(A. B.)

CROCIDISME, s. m., *crocidismus*, de χροχίδίζω, je ramasse de petits flocons. Mouvement automatique par lequel les malades enlèvent sans cesse le duvet des draps ou des couvertures de leur lit. C'est une des variétés de la CARPHOLOGIE. (*Voyez* ce mot.) (R. D.)

CROISSANCE, s. f., *incrementum* ; crue, accroissement. C'est le développement en tous sens, et plus particulièrement en hauteur, que prennent les corps vivans, depuis la naissance jusqu'à ce qu'ils aient acquis le complément de taille que comporte leur organisation. Les principales époques, la durée, les phénomènes et les maladies de la croissance ayant été exposés au mot ACCROISSEMENT, nous renvoyons à celui-ci.

(RULLIER.)

CROISÉ, adj., *cruciatus*. On appelle *ligamens croisés* deux ligamens de l'articulation du genou, qui se croisent en effet mutuellement ; l'un est antérieur et externe, et l'autre postérieur et interne. *Voyez* GENOU (articulation du).

(A. B.)

CROIX, s. f. Heister et quelques autres auteurs ont proposé de se servir d'une croix ou plutôt d'un T en fer dont la branche transversale est garnie à ses deux extrémités de courroies qui passent autour des articulations scapulo-humérales, tandis que l'extrémité inférieure de la branche verticale est fixée à une ceinture, pour maintenir réduites les fractures de la partie moyenne de la clavicule.

L'expérience a prouvé que cet appareil ne remplit pas les indications pour lesquelles il a été proposé.

On se sert encore de croix en fer ou en acier, avec ou sans crémaillère, pour soutenir le poids de la tête et des parties supérieures du corps, et pour maintenir ces parties dans leur situation naturelle dans différens cas de contracture musculaire, de paralysie, de rachitis. *Voyez* ORTHOPÉDIE.

CROIX DE MALTE, *splenium cruciatum* : compresse carrée dont les quatre angles sont incisés diagonalement et dans une étendue égale. On ne l'emploie plus guère, parce que son application régulière est difficile. Cependant on s'en sert encore quelquefois dans les pansemens des plaies et des ulcères du pénis, et alors on pratique une ouverture à son centre.

(MARJOLIN.)

CROSSE, s. f., *arcus*. Cette expression, appliquée, en anatomie, à quelques courbures artérielles dont la forme se rapproche de celle d'une crosse, n'est guère employée que pour désigner l'arc ou courbure sous-sternale de l'AORTE.

(A. B.)

CROUP, s. m., *affectio orthopnoïca ; angina epidemica infantum, laryngea, exsudatoria, membranacea, polyposa, suffocatoria, vel trachealis ; morbus strangulatorius, vel truculentus infantum ; orthopnœa membranacea ; tracheitis infantum.*

La difficulté de trouver des dénominations qui expriment avec exactitude la nature et le siége des maladies fait penser à plusieurs médecins qu'il vaut mieux s'en tenir aux noms imposés par l'usage, que d'employer les noms systématiques, qui n'en donnent qu'une idée fausse ou incomplète. C'est en effet ce qu'il convient de faire toutes les fois que le siége et la nature d'une maladie ne sont pas encore bien connus. Ainsi, on a dû préférer le nom de *croup* à tous ceux qui ont été proposés pour désigner l'inflammation de la membrane muqueuse laryngo-bronchique avec formation d'une fausse membrane, tant qu'on a vu dans cette maladie une affection morbide *sui generis*, ou spasmodique, une inflammation de nature particulière. Mais, depuis qu'il a été démontré que l'inflammation est essentiellement identique dans tous les organes où elle se développe, qu'elle ne varie que dans ses phénomènes, et cela en raison de la différence de structure des parties, depuis que Chaussier a prouvé que la production d'une fausse membrane n'est point particulière à la membrane muqueuse laryngo-bronchique, et que le développement d'une fausse membrane dans le larynx n'est point particulier à l'enfance, le nom de *croup* devrait être exclus du vocabulaire médical, parce qu'il n'indique ni la nature ni le siége de la maladie. Néanmoins il est aujourd'hui trop généralement adopté pour qu'on parvienne de long-temps à l'en-bannir. L'inflammation n'étant pas toujours bornée au larynx, ni même à la trachée-artère, il serait d'ailleurs difficile de trouver une expression qui pût donner une idée complète de son siége. C'est pourquoi nous avons cru devoir employer encore une dénomination qui du moins a le mérite de la brièveté.

On trouve dans les écrits d'Hippocrate, de Galien, d'Aëtius et d'Arétée, des passages qui semblent prouver que ces observateurs ont eu occasion de voir le croup : si nous faisons cette remarque, ce n'est point que nous ayons l'intention d'imiter ces ardens investigateurs de l'antiquité qui l'interrogent et interprètent ses réponses obscures, afin de faire taire leurs contemporains, mais pour montrer qu'il n'y a pas autant de maladies *nouvelles* qu'on se l'imagine. Quoique Sprengel ne fasse remonter que jusqu'à Bennet la première mention du croup, parce que cet anatomiste rapporte qu'un malade rendit, après une toux violente, un corps qui lui parût être la membrane interne du larynx, on pense plus généralement que Baillou a le premier observé et décrit cette maladie ; mais Royer-Collard a judicieusement relevé l'inexactitude dans laquelle Lieutaud d'abord, puis Michaelis et Portal, qui l'ont copié, sont tombés à cet égard. Baillou a décrit une dyspnée épidémique dont il rapportait l'origine aux reins, à l'ovaire, aux hypochondres, et non à la trachée-artère ; il ne cite qu'un seul cas d'ouverture d'un cadavre dans la trachée-artère duquel on trouve une fausse membrane ; mais il n'en tire aucune conclusion sur la nature et sur le siége de la maladie. Nicolas Tulp vit un tailleur expectorer une substance membraniforme dont il rapporta judicieusement l'origine à la trachée-artère. Depuis 1746 jusqu'en 1749 le croup, ou du moins une maladie qui parait mériter ce nom, régna dans Paris, en Italie et en Angleterre. M. Ghisi l'observa et la décrivit exactement à Crémone, et proposa contre elle la saignée dès le début. Star la fit connaître aux Anglais, et fit dessiner la fausse membrane. Le croup fut ensuite étudié avec soin en Suède par Roland Martin, Darelius, Strandberg, Rosen, Wahlbom, Engelstrœm, Hallenius, Aurivill, H.-C.-D. Wilcke, depuis 1755 jusqu'en 1760, puis par

Bergen. Enfin, en 1765, parurent les recherches de François Home sur une maladie qui commença dès-lors à passer pour nouvelle, parce qu'on l'observa plus attentivement, et qu'on la chercha pour ainsi dire. Cette maladie devint le sujet des travaux multipliés de J.-A. Murray, de Rush, de H. Callisen, de Johnstone, de Mahon, de C.-F. Michaelis, de Mease, de Th. Crawford, de Chambon, de Vicq-d'Azyr, d'Alexandre Disney, de J. Archer, de Chaussier, de J. Cheyne, de Schwilgué, de Pickel, de Macartan, de G. Vieusseux, de J. Miller, de J.-C. Desessarts, de Portal, de Caron, de Double, de Giraudy, de Ruelle, de Cailleau, de Bonnafox de Mallet, de Valentin, de Jurine, et surtout d'Albers et de Royer-Collard. On n'a point oublié que le prix proposé en 1783 par la Société royale de Médecine, et surtout celui que proposa le gouvernement français en 1801, firent éclore une foule d'ouvrages plus ou moins importans sur une maladie qui jusque-là avait été mal connue. Il résulte des recherches de tous ces médecins que le croup est une des maladies sur lesquelles on possède les documens les plus authentiques, les plus complets et les plus satisfaisans. Cependant, comme les hommes distingués qui en ont fait l'objet de leurs méditations ne sont point tous tombés d'accord sur sa nature, il règne encore à cet égard parmi les médecins quelques dissidences qu'il importe de faire cesser.

L'apparition des phénomènes caractéristiques du croup n'est quelquefois précédée d'aucun signe précurseur, d'aucun autre symptôme, mais le plus souvent on observe, avant qu'ils se manifestent, tous ceux de la bronchite la plus simple, c'est-à-dire que le sujet, qui est presque toujours un enfant, tousse, perd l'appétit, éprouve de la lassitude, de la somnolence, des alternatives de chaleur et de froid à la peau, avec ou sans coryza et accélération du pouls. On a prétendu que l'on pouvait reconnaître le croup par anticipation dans cet état, qui s'offre à chaque instant chez les enfans, sans être suivi du développement de cette terrible affection. On a dit, et Vieusseux a beaucoup insisté sur ce point, que le médecin exercé reconnaissait, toutes les fois que le croup était imminent, quelque chose de singulier dans les phénomènes de l'irritation bronchique. Royer-Collard dit que le mouvement fébrile augmente le soir, que les nuits sont assez calmes, à l'exception de quelques quintes de toux qui réveillent de temps en temps le malade, surtout dans la première moitié de la nuit. Il n'y a rien là dedans qui puisse faire prévoir l'invasion du croup ; on n'a lieu de le soupçonner que lorsque la toux commence à devenir rauque et l'inspiration sifflante ; mais alors la maladie commence déjà.

On n'a pas assez dit que le croup se développait fréquemment dans le cours de la coqueluche ; c'est pourtant ce qui arrive souvent. Il y a une grande affinité entre ces deux maladies , ou plutôt entre ces deux nuances d'une même maladie. Toutes les fois qu'à la toux rauque de la coqueluche se joint le sifflement dans l'inspiration , on doit redouter le développement des symptômes du croup.

Si nous insistons sur ces particularités, c'est qu'il importe beaucoup de pouvoir prévenir une maladie qu'il est si difficile de guérir, et qui n'est séparée d'autres affections moins dangereuses, que par des nuances souvent imperceptibles.

Après que la bronchite simple et la coqueluche ont duré, la première de deux à dix jours, ou environ, la seconde d'une à trois semaines, l'enfant éprouve du malaise ; il est pâle, son visage est terne ou très-coloré ; il se couche, s'endort d'un sommeil tranquille, et repose jusqu'au moment où il est réveillé en sursaut par un sentiment de picotement , de serrement , de douleur , dans la partie antérieure du cou , et par la gêne de la respiration, qui devient bruyante.

Soit qu'il y ait ou non des symptômes antérieurs de bronchite ou de coqueluche, l'invasion du croup est toujours subite, c'est-à-dire que les symptômes qui le caractérisent s'établissent tout-à-coup, le plus ordinairement pendant la nuit.

Dans les cas les plus graves , la gêne de la respiration est excessive, la toux incessamment répétée , sonore, rauque, l'inspiration sifflante, et de la réunion de ces deux sons résulte le *son croupal*, qui, selon que l'un ou l'autre concourt davantage à le produire, offre de la ressemblance avec le cri d'un jeune coq, d'une poule qu'on agace ou qui est près de suffoquer, l'aboiement d'un chien, ou le bruit que fait la voix lorsqu'elle traverse un tuyau métallique. Le son croupal, d'abord grave et profond, devient clair, et bientôt aigu et perçant, de sorte qu'il ressemble à chacun des bruits auxquels on l'a comparé, selon qu'on l'observe au commencement de la maladie ou à son plus haut degré. Il est des nuances du croup dans lesquelles le son croupal n'offre pas de caractères bien prononcés ; mais, quand on l'a entendu une fois, il n'est plus guère possible de le méconnaître, lors même qu'il est très-faible. Il importe beaucoup de le reconnaître de bonne heure, puisqu'il forme à lui seul le signe le plus indubitable du croup, et que lorsqu'on peut le distinguer quand il est encore faible, on a le bonheur de pouvoir attaquer la maladie dès le principe, ce qui offre un immense avantage.

Le son croupal n'est point la voix rauque qui a lieu dans le croup , et qu'on observe aussi dans la coqueluche, ni le bruit désagréable de la toux qui accompagne le croup, ni le sifflement de l'inspiration., c'est la réunion de tous ces bruits. On a voulu , mais à tort, en faire un son particulier, distinct de ceux-là ; ce n'en est, encore une fois, que la réunion, réunion qu'aucune autre affection ne présente. On a dit que l'expiration était quelquefois sonore ; ce cas est rare , ou bien le bruit qu'on entend n'est qu'une espèce de râle crépitant, provenant des mucosités qui tendent à sortir du larynx.

La toux est forte, vive, répétée ; elle revient par quintes plus ou moins violentes , qui, comme celles de la coqueluche, se renouvellent par la cause la plus légère , par une simple contrariété, par l'action de boire, ou de parler un peu trop vite , mais qui n'offre point les quatre ou cinq petites expirations après chaque inspiration, signe caractéristique de la coqueluche.

L'oppression est excessive , le thorax s'élève d'abord, puis le larynx, ainsi que les épaules, par un mouvement de totalité ; plus tard, la respiration est toute abdominale, c'est-à-dire que les côtes sont à peu près immobiles , tandis que le diaphragme fait tous les frais de l'ampliation de la poitrine ; les inspirations sont longues et répétées , les expirations brèves. Il y a en même temps un sentiment de resserrement à la gorge, que certains enfans indiquent en portant la main à leur cou, comme pour en ôter quelque chose qui les gênerait. Quelquefois la situation horizontale soulage , d'autres fois c'est la verticale ; plus souvent il y a une agitation , une anxiété qui ne permet pas au malade de rester un seul instant dans la même position.

Le plus ordinairement, pour échapper au sentiment insupportable de la suffocation dont il est menacé, l'enfant renverse sa tête en arrière , symptôme remarquable, qu'on a eu tort de regarder comme peu fréquent.

L'expectoration étant à peu près nulle chez les très-jeunes enfans, il ne s'en manifeste point chez eux quand ils sont affectés du croup; mais lorsque cette maladie survient chez un enfant d'environ sept à huit ans, ou lorsqu'à la toux il se joint des vomissemens, des mucosités épaisses, filantes, quelquefois mêlées de stries de sang, sont expulsées dans les premiers temps ou dans les premiers accès de la maladie; lorsqu'elle est au plus haut degré, le sujet rend des lambeaux membraniformes, souvent tubulés, plus ou moins étendus; d'autres fois la toux est complètement sèche, et il ne se fait aucune excrétion de ce genre.

On voit que, dans tous ces symptômes, qui sont ceux qui caractérisent le croup de manière à ne pas le laisser méconnaître, pour peu qu'on y apporte d'attention, lors même qu'on ne l'a point encore observé, on voit, disons-nous, qu'il n'y a qu'un seul des quatre phénomènes de l'inflammation, la douleur; encore ne se fait-elle souvent sentir que comme une sorte de strangulation. Lorsqu'elle existe, souvent les enfans ne peuvent en rendre compte. Dans quelques cas peu communs, il se manifeste à la partie antérieure du cou, au devant de la trachée-artère, une tumeur peu étendue pour l'ordinaire, quelquefois plus volumineuse, œdémateuse, qui disparaît avec les accidens, et souvent même quand la mort survient.

Ainsi, les signes pathognomoniques du croup ne doivent point être tirés des phénomènes inflammatoires, qu'on ne peut que présumer dans une partie profondément cachée, telle que la membrane muqueuse du larynx; on ne doit les chercher que dans les lésions de fonction du larynx, de la trachée, des bronches et des muscles inspirateurs et expirateurs, en un mot, dans les désordres de la respiration. Voilà sans doute pourquoi on a méconnu la nature de cette maladie tant qu'on n'a point su rapprocher les lésions de fonction observées pendant la vie, des désordres organiques, en apparence peu importans, trouvés après la mort, et en tirer des conséquences justes sur la nature des maladies.

Il convient maintenant d'exposer les phénomènes sympathiques que le croup détermine dans les organes de la circulation, de la digestion, des sensations et de la pensée. Ces symptômes sont d'abord: la vitesse, la dureté et la fréquence du pouls, la pâleur ou la rougeur et le gonflement de la face, qui est couverte de sueur, des hémorrhagies nasales, quelquefois le vomissement de mucosités, l'enduit blanchâtre de la langue, offrant assez souvent des places rouges, et plus souvent encore rouge sur ses bords, l'agitation, les cris, les pleurs, l'inappétence, les urines troubles et blanchâtres, les mouvemens convulsifs, quelquefois l'assoupissement, qui peut aller jusqu'à l'état apoplectique.

Lorsque les symptômes caractéristiques du croup sont portés au plus haut degré d'intensité, et que les accidens se multiplient et deviennent permanens, les symptômes sympathiques sont plus prononcés: le pouls devient serré, petit, excessivement fréquent; les lèvres sont violettes; la face, livide, se couvre d'une sueur froide. Lorsque le désordre est au comble, le visage est pâle, les yeux sont fermés et ternes; une sueur froide et visqueuse couvre le crâne et la face; l'agitation, les mouvemens convulsifs diminuent, et ne se montrent plus que par intervalles. Le pouls est tellement petit qu'on a peine à le sentir, il est intermittent, irrégulier; les facultés intellectuelles restent encore intactes le plus ordinairement; mais le son croupal qui était devenu excessivement aigu cesse peu à peu, ainsi que la voix, la parole, et même la toux. C'est alors que la poitrine reste immobile, et que les mouvemens du diaphragme fournissent seuls à l'ampliation du thorax; les inspirations sont si longues et si sourdes qu'à chaque instant on redoute la suffocation. Bientôt le pouls offre des variations de toute espèce; le cœur, qui semble se ranimer par intervalles, bondit avec violence de temps en temps, puis retombe dans l'affaissement; les artères cervicales et temporales battent avec force; les veines jugulaires sont gonflées, le visage devient livide, bleuâtre, il pâlit et rougit légèrement tour-à-tour; les yeux sont saillans et fixes, ils semblent poussés hors des orbites, ils se renversent en haut et en arrière lorsque l'enfant s'endort. On voit celui-ci s'assoupir un instant, puis être réveillé tout-à-coup par des angoisses qui se peignent sur ses traits; de temps à autre les mouvemens convulsifs reparaissent, le malade, qui paraissait épuisé, se lève quelquefois subitement, et court dans l'appartement, jusqu'à ce qu'il tombe enfin, et meurt.

Jusqu'ici nous avons décrit le croup comme une maladie continue, qui marche avec rapidité depuis le moment de l'invasion jusqu'à celui de la mort. Il n'est que trop vrai que dans certains cas tous les symptômes que nous venons d'indiquer se développent avec la plus grande rapidité, et qu'en peu d'heures (de huit à dix, trente-six ou quarante-huit), un enfant, qui jusque-là avait été bien portant et joyeux, passe de la vie à la mort, sans qu'il y ait aucune rémission; mais ces cas sont rares. S'ils ont paru communs à quelques médecins, c'est qu'on avait méconnu les premiers accès de la maladie.

Le croup se manifeste en effet le plus ordinairement par accès, qui surviennent, comme nous l'avons dit, pendant la nuit. Le premier est léger, on y donne peu d'attention ; le second est plus intense, le troisième peut devenir mortel. Souvent après un, deux accès au plus, la maladie devient continue ; alors elle peut durer de vingt-quatre heures à douze jours au plus. Dans l'intervalle des accès, le pouls reste dur et fréquent, la toux est encore rauque, moins toutefois que pendant l'accès, la respiration continue à être gênée. A mesure que les accès se rapprochent et deviennent plus forts, les symptômes sont plus prononcés dans l'intervalle de plus en plus court qui les sépare ; deux à quatre jours s'écoulent assez souvent au milieu de l'état le plus pénible, qui s'aggrave de plus en plus jusqu'à l'instant de la catastrophe. Quelquefois tous les symptômes qui annoncent l'imminence de la suffocation, tels que la petitesse, l'intermittence et l'inégalité du pouls, la gêne excessive de la respiration, l'extrême raucité de la voix, puis l'assoupissement et l'extinction de la parole, se manifestent dès l'invasion de la maladie. Tantôt on voit dominer les signes qui annoncent la gêne de l'appareil respiratoire ; d'autres fois ce sont ceux d'une vive excitation de l'appareil de la circulation ; enfin la vie peut se terminer très-promptement dans un état comateux ou convulsif qui a lieu dès le premier instant de l'invasion. L'expectoration des mucosités et surtout des fausses membranes tubulées, est souvent suivi d'un mieux perfide, ou même d'un rétablissement complet en apparence, auquel succède des accès plus violens que les précédens, et trop souvent meurtriers. Il faut se garder de s'abandonner à l'espoir pendant cette intermission insidieuse, qui peut se renouveler à plusieurs reprises, même à la suite de nouvelles évacuations de lambeaux membraniformes.

Dans le tableau que nous avons présenté, nous nous sommes attachés à peindre les progrès de la maladie, les phénomènes qui se succèdent jusqu'à la mort, sans nous attacher à diviser le cours des accidens en périodes, comme on l'a fait, parce que toute division de cette espèce est purement arbitraire ; c'est une suite de notre amour pour les classifications. N'est-ce pas assez d'établir des espèces de maladies, sans vouloir encore former des catégories, dont les limites sont purement fictives ?

Le pronostic est rarement favorable dans le croup ; cependant cette maladie n'est pas aussi souvent mortelle qu'on le pense généralement ; pour en juger avec certitude, il ne faut pas s'en rapporter à la fréquence des cas de mort par le croup dont chaque jour on entend parler ; lorsqu'un médecin ne peut sauver les jours d'un enfant, il est si commode de dire, pour sa justification, qu'il est mort du croup, qu'on ne doit pas s'étonner de ce que plusieurs d'entre eux recourent souvent à cette excuse banale. Ceci explique encore la fréquence extrême du croup dans Paris, où pourtant les médecins de bonne foi avouent qu'il est assez rare.

Lorsque la maladie est arrivée au plus haut degré d'intensité, il est fort rare que le sujet ne périsse point, même malgré les soins les mieux dirigés. La marche en est si rapide dans un si grand nombre de cas, que ce n'est que lorsqu'on est appelé dès le début qu'on peut espérer quelque succès du traitement. Plus la suffocation paraît imminente, plus le danger est grand et prochain ; quand, dès le début, il se manifeste des signes qui annoncent que le cerveau participe à l'état morbide, c'est-à-dire quand on observe la prostration, la somnolence, l'abattement, il est rare que le malade échappe. Si le sujet est affaibli par des maladies, des évacuations antérieures, ou si les accidens reviennent après qu'on a tiré une quantité abondante de sang qui ne permette pas d'avoir recours de nouveau à ce moyen, on n'a presque plus rien à espérer. Chez les sujets mous et lymphatiques, la sécrétion des mucosités est plus abondante et le succès des moyens de traitement par conséquent plus douteux.

En général, il est difficile de rien décider de bien positif sur la terminaison du croup d'après la constitution du sujet, car il arrive souvent que les calculs les mieux établis sont déjoués par l'événement.

La cessation complète du son croupal, de la toux, du sifflement de l'inspiration, une expectoration abondante et facile, le retour d'une liberté parfaite et non interrompue dans la respiration, et surtout cette dernière circonstance, tels sont les seuls signes auxquels on puisse reconnaître que la guérison sera solide ; encore faut-il la réunion et la persistance de ces circonstances pendant plusieurs jours, pour qu'on doive se prononcer hardiment à cet égard. Ce que Baglivi a dit de l'importance de l'étude de la respiration dans les maladies de poitrine est absolument applicable au croup.

Il résulte des recherches de la plupart des auteurs que nous avons nommés, que le croup est plus souvent mortel dans l'automne et dans l'hiver, dans les pays septentrionaux que dans ceux du Midi; qu'il est décidément mortel lorsque la fausse membrane se forme en cylindre complet sur le canal aérifère. Double estime que le tiers des sujets qui sont affectés du croup périt; Cailleau pense que les deux tiers succombent; Jurine et Vieusseux établissent qu'il meurt un malade sur dix.

Lorsque la mort n'est pas le résultat du croup, le son croupal cesse peu à peu, la toux devient plus rare, la respiration plus libre, l'exercice des autres fonctions rentre graduellement dans le rhythme accoutumé. Quelquefois le rétablissement est presque subit, plus souvent il reste de la faiblesse et de l'abattement. Nous n'avons point constaté par l'ouverture du cadavre la possibilité du passage du croup à l'état chronique, mais nous affirmons avoir observé un enfant qui, depuis dix-huit mois, offrait les symptômes de cette maladie à un degré qui ne permettait pas de la méconnaître : il ne toussait guère que pendant la nuit, et alarmait les voisins par la raucité de sa toux et le sifflement de ses inspirations ; nous regrettons beaucoup de n'avoir pu recueillir plus de documens sur ce fait, assurément très-rare, mais authentique; le sujet mourut tout-à-coup le lendemain du soir où nous le vîmes tousser, et il ne nous fut pas permis d'ouvrir son cadavre, malgré le désir que nous en témoignâmes. Royer-Collard s'est montré trop sceptique dans ce qu'il dit de la possibilité du croup chronique: il ne serait pas difficile de rétorquer ses argumens contre lui-même, quoique d'ailleurs on doive approuver sa réserve à n'admettre que ce qui est formellement démontré.

Le croup peut laisser à sa suite une inflammation profonde, aiguë ou chronique, du poumon, mais le plus souvent on n'observe que les signes d'une bronchite simple, qui cessent peu à peu; la voix demeure quelquefois rauque et désagréable pendant quelques jours, quelques semaines, ou même pendant des mois et des années. La bronchite peut passer à l'état chronique. Il est impossible de nier que le croup ne puisse devenir l'origine d'une phthisie pulmonaire, puisqu'il peut laisser après lui une pneumonie chronique; et ce qui le prouve, c'est qu'on avoue qu'il peut, en excitant de l'irritation dans le parenchyme pulmonaire, déterminer la fonte de tuber-

cules qui s'y trouveraient déjà logés. La pleurésie succède quelquefois au croup, selon Jurine et Portal, et cela, sans que le croup lui-même cesse complètement. On a demandé si ces deux maladies s'engendraient l'une l'autre, ou si elles se développaient ensemble ou successivement sous l'empire des circonstances qui font naître celle des deux qui se montre la première; de semblables questions sont à peu près oiseuses, puisque dès qu'il existe une inflammation dans un organe quelconque, tous les autres, et notamment ceux du même appareil et d'un tissu analogue, sont éminemment disposés à s'affecter d'une manière analogue, lors même qu'il n'y a pas, à proprement parler, continuité entre les deux parties.

Jurine et Vieusseux pensent que l'hydrocéphale interne peut être une des suites du croup; mais les faits sur lesquels ils s'appuient sont trop peu nombreux pour qu'on s'arrête à prouver qu'ils ont été plus ingénieux que solides dans la défense de cette proposition.

Royer-Collard met la fièvre gastrique et la fièvre adynamique au nombre des maladies qui peuvent survenir immédiatement après le croup; il attribue celle-ci à l'affaiblissement général qui peut être la suite de cette affection, et celle-là au trouble qu'elle amène dans les fonctions digestives. Toutefois, il admet que l'une et l'autre ne sont point une dépendance nécessaire du croup, mais seulement l'effet d'une disposition individuelle. Ce que nous allons dire des complications du croup répondra complètement à tout cela.

Le croup est ordinairement simple; on le voit le plus souvent se développer tout-à-coup chez des enfans qui n'offrent aucun signe de maladie; cependant il peut se compliquer avec les aphthes, la pharyngite, l'angine gangréneuse, la péripneumonie, la pleurésie, la gastrite, la gastro-entérite, la rougeole, la variole et la scarlatine.

La complication avec les aphthes, quoique rare, a été observée par Jurine, Pinel et Double, qui en citent chacun un exemple. On en retrouverait un bien plus grand nombre, ainsi que de la complication avec l'angine gangréneuse, si l'on compulsait avec soin les écrits des Espagnols sur les épidémies de *garotillo*, qui ont désolé la péninsule à différentes époques : il est à désirer qu'on s'occupe de cette recherche. Toutefois, il faut se garder de croire que tous les médecins qui ont décrit ces diverses complications du croup aient pris la pellicule qui se forme sur les aphthes pour des escarres gangréneuses; la faute serait trop grossière. On conçoit combien le croup est aggravé dans les cas de ce genre, ou plutôt que la mort est nécessairement la suite de la réunion de cette affection avec l'angine gangréneuse.

La complication du croup avec l'angine pharyngée est rare; la déglutition est alors gênée en même temps que la respiration. Moutard-Martin croit avoir observé un cas analogue.

Le croup compliqué avec la rougeole, la variole et la scarlatine, est fort dangereux; on sait que ces phlegmasies cutanées sont nécessairement accompagnées d'une inflammation des membranes muqueuses gastro-bronchiques dans la presque totalité des cas; elles fomentent l'inflammation du larynx lorsqu'elles accompagnent le croup, qui est alors très-rarement susceptible de guérison. Quand le croup débute avec la rougeole, et en suit le développement, les symptômes qui caractérisent ont heureusement en général moins d'intensité; quand il vient à l'époque de la desquammation, il est plus intense et plus dangereux. Dans la variole, c'est vers l'époque de la suppuration qu'il se manifeste, rarement au début, moins souvent encore au déclin; il s'établit lentement, mais les symptômes sont très-intenses, et l'expectoration ordinairement à peu près nulle. C'est au début de la scarlatine que le croup se montre, au contraire, quand il complique cette phlegmasie: alors il est ordinairement accompagné de l'angine gangréneuse, et dans ce cas la perte du malade est presque certaine.

Il est plus commun de voir la pneumonie, la pleurésie, se joindre au croup, lorsqu'il est arrivé au plus haut degré d'intensité, que de voir ces maladies lui succéder; car il ne faut pas les confondre avec la bronchite simple et chronique, ou seulement aiguë, qu'il laisse presque toujours après lui.

Nous ne nous arrêterons point à réfuter l'opinion de ceux qui pensent que le croup peut compliquer les scrofules, s'ils entendent par là autre chose que la fréquence ou le développement du croup chez les sujets qu'on nomme scrofuleux.

La complication du croup avec la gastrite offre plus d'intérêt que les précédentes, parce qu'il importe de s'en faire une idée exacte si l'on ne veut errer beaucoup, et de la manière la plus grave, dans le traitement. Dans cette complication, le pouls est plus dur, plus fréquent, la peau plus chaude et sèche, la langue sèche et rouge sur les bords, ou pointillée de rouge, l'épigastre très-chaud, et sensible à la pression.

Il est important de décider si le croup est sujet à récidive, attendu la nécessité de reconnaître dès le premier instant de son apparition une maladie si redoutable, ou plutôt pour être rassuré contre la crainte de la voir se renouveler chez un enfant qui, après en avoir été atteint, vient à présenter de nouveau des symptômes de bronchite assez intenses pour faire craindre que l'inflammation ne s'étende jusqu'au larynx. Home, Cheyne et Van Berger pensent que le croup peut attaquer plusieurs fois le même sujet; Jurine et Albers l'ont observé, le premier, sept fois, et le second neuf fois, sur un même individu. Après avoir cédé au traitement mis en usage, la maladie se renouvelle quelquefois après un ou deux mois, une, deux ou trois années. Ce retour opiniâtre paraît dépendre d'une prédisposition tout-à-fait individuelle.

A l'ouverture du cadavre des sujets qui succombent aux effets du croup, on trouve dans les voies aérifères une matière qu'on n'y rencontre pas ordinairement, et un état d'altération de la membrane muqueuse laryngée qu'il convient d'étudier avec soin. Cette membrane est un peu tuméfiée, sa surface est parsemée le plus souvent de quelques points rougeâtres plus ou moins rapprochés; les vaisseaux sanguins sont toujours plus distendus, plus apparens, et les villosités qu'ils forment plus saillantes, plus allongées et plus rouges que dans l'état naturel. Si on plonge la membrane dans l'eau, ces villosités prolongées flottent à la surface, formant des espèces de franges très-fines et d'une texture évidemment vasculaire. Lorsque l'inflammation a duré long-temps, et lorsqu'elle a été très-intense, ces villosités offrent l'aspect d'excroissances, de fongosités plus ou moins considérables. Telle est la description que Chaussier a donnée de l'état de la membrane muqueuse laryngée après la mort: nous nous sommes servi à peu près de ses expressions, parce qu'elles peignent parfaitement l'objet dont il s'agit. Royer-Collard dit avec raison que cet état varie beaucoup, suivant l'intensité de la maladie et l'époque à laquelle la mort est survenue. « Quand la maladie a été violente, ajoute-t-il, et n'a duré que quelques heures, cette membrane, et surtout celle du larynx, est ordinairement rouge et enflammée dans une grande partie de son étendue.

Lorsque, dans un croup ordinaire, le malade a succombé dans la seconde période, cette même membrane est colorée d'une teinte rosée, ou rouge clair, qui parait être un reste d'inflammation ; les vaisseaux sont visiblement engorgés, et la matière visqueuse dont elle est recouverte offre elle-même, quand on la ràcle avec le scalpel, une couleur rougeâtre très-prononcée. Si la maladie est arrivée jusqu'à la fin de sa troisième période, ces apparences n'ont plus lieu d'une manière aussi uniforme ni aussi constante. On rencontre encore quelquefois des traces de rougeur sur la membrane muqueuse aérienne, mais *ces traces ne sont pas toujours bien sensibles, et il n'est pas même très-rare de trouver cette membrane à peu près dans son état naturel.* » Rien n'est plus exact que cette assertion ; nous avons cru devoir d'autant plus la rapporter textuellement, qu'elle nous servira d'argument contre ceux qui prétendent que les traces de l'inflammation ne sauraient s'effacer à l'instant de la mort, lorsque nous traiterons de l'*inflammation* en général et de la *gastrite*.

Les altérations évidemment inflammatoires que nous venons d'indiquer occupent principalement le larynx, ou, pour parler plus exactement, la membrane muqueuse qui le revêt. Souvent elle seule est affectée, et cela surtout lorsque la mort a été prompte, et que la maladie était venue sans symptômes précurseurs. Si la mort a été moins prompte à frapper sa victime, l'inflammation s'étend à la membrane muqueuse de la trachée-artère, et même à celle des bronches, qui sont toujours affectées quand il y a eu d'abord des signes de bronchite, quand l'oppression a été considérable, et accompagnée de toux dans l'intervalle des accès. Ainsi, le larynx est toujours affecté dans le croup, il l'est souvent seul ; assez fréquemment les bronches sont intactes, et jamais elles ne sont seules enflammées ; la trachée-artère n'est jamais enflammée sans que le larynx le soit. Lorsqu'on a bien étudié les signes pathognomoniques du croup, on peut donc dire que ce n'est qu'une des nuances de la *laryngite,* avec ou sans *trachéite,* avec ou sans *bronchite.*

Outre la rougeur et le léger épaississement de la membrane laryngée et de son prolongement, on trouve presque constamment dans le larynx une matière albumineuse plus ou moins abondante, une sorte de membrane blanchâtre, opaque, plus ou moins molle, qui, des bords de la glotte, s'étend sur la membrane muqueuse du larynx, puis assez

souvent sur celle de la trachée, même jusque dans les bronches, et quelquefois dans leurs premières divisions. Au lieu de cette couche membraniforme, ce sont, d'autres fois, des lambeaux minces, mous, floconneux, qui adhèrent peu à la membrane muqueuse, et seulement au moyen d'une sorte d'enduit muqueux, ou qui flottent au milieu d'un liquide puriforme dont le tube aérifère est rempli. Cette fausse membrane est, dans d'autres cas, épaisse d'une ligne ou une ligne et demie ; elle est compacte, résistante, et forme une sorte de tube qui revêt intérieurement le larynx et même la trachée. « Cette membrane n'est, dit Chaussier, qu'une concrétion lymphatique, albumineuse, qui s'est moulée à la surface des parties enflammées, y a formé une couche plus ou moins épaisse, y a pris une ténacité, une consistance plus ou moins grande, suivant le degré, la durée de l'irritation inflammatoire ; aussi, ces concrétions membraniformes sont simplement accollées à la surface des parties, et lorsqu'on les a détachées, on peut les diviser dans tous les sens indistinctement ; elles ressemblent beaucoup, par leur nature et leur consistance, à ces fausses membranes que Ruysch formait avec du sang, en fouettant du sang avec des tiges de bouleau, à ces concrétions polypeuses que l'on trouve si fréquemment dans le tronc des gros vaisseaux, ou, mieux encore, à la couenne du sang des pleurétiques. Si, dans quelques cas, on a cru remarquer à ces concrétions une texture lamineuse, une apparence fibreuse, un examen plus attentif a bientôt dissipé cette illusion première. Jamais on n'y a trouvé cette trame cellulaire, cette disposition d'aréoles et de ramuscules vasculaires, cette résistance, cette extensibilité, qui caractérisent les parties organisées.» Cependant Albers, dont l'autorité ne saurait être révoquée en doute, pense que la fausse membrane, dans les cas de guérison, contracte le plus souvent une union intime avec la membrane muqueuse qu'elle recouvre, et finit par s'organiser. Sœmmering possède des préparations anatomiques qui viennent à l'appui de cette assertion. Telle est aussi l'opinion de Bréra, de Ribes et de Desruelles, qui ont vu des stries rougeâtres, figurant assez bien de petits vaisseaux développés sur la fausse membrane du larynx, se répandre, suivant des directions variées, jusque dans l'intérieur même de la couche albumineuse.

Les lambeaux membraniformes sont souvent irrégulièrement disposés et attachés de préférence à la face inférieure de la glotte, selon la remarque de Royer-Collard. Cette concrétion est quelquefois jaunâtre ou grisâtre, et parsemée de stries de sang ou de points sanguinolens à sa face externe, qui repose sur la membrane muqueuse des voies aériennes ; elle adhère surtout à la partie postérieure de la trachée. Rarement elle est formée en tuyau membraneux, même incomplet, quand la mort est survenue en peu d'heures ; on ne trouve alors qu'un mucus plus épais et plus abondant que dans l'état ordinaire. Si la maladie a duré plusieurs jours, la membrane est formée ; elle est dense, résistante et cylindroïde ; elle perd souvent cet aspect, lorsque le croup se prolonge jusqu'au neuvième, dixième, ou douzième jour. On la trouve réduite en une matière muqueuse liquide dans le larynx, encore résistante et membraniforme dans la trachée ; dans les bronches on ne voit qu'une couche de mucus épais, filant et très-abondant. Il est des cas dans lesquels, au lieu de membrane et de mucus puriforme, on ne trouve qu'une très-grande quantité de mucus liquide, à peu de chose près semblable à celui qui y existe ordinairement en petite quantité.

Outre les désordres que nous venons de décrire, et dont plusieurs sont inhérens au croup, outre ceux que l'on peut trouver dans les viscères de la poitrine et de l'abdomen, et qui dépendent des maladies dont l'inflammation du larynx peut être compliquée, on a encore trouvé dans les cadavres des sujets qu'elle a fait périr, des concrétions polypiformes dans les cavités du cerveau, du sang amassé dans l'oreillette droite, la veine cave supérieure et les veines jugulaires ; de la sérosité dans la plèvre et dans le péricarde ; un épanchement de même nature, mais plus abondant, à la base du crâne ou dans les cavités du cerveau ; une distension et une plénitude manifestes des vaisseaux sanguins cérébraux. A l'extérieur, le cadavre offre beaucoup d'analogie avec celui des pendus, ou plutôt avec celui de tout asphyxié, principalement quand le sujet est mort promptement au milieu d'un accès : la face est bouffie, pâle et livide, les yeux sont saillans, les veines du col gonflées ; à l'incision des tégumens de cette partie, il jaillit des flots de sang noir ; les membres inférieurs et même les supérieurs sont tuméfiés dans leurs parties les plus éloignées du tronc, quand la gêne de la respiration a été long-temps prolongée et très-intense.

Si, dans les symptômes du croup, nous avons trouvé peu de signes bien caractéristiques d'inflammation, l'ouverture des cadavres ne laisse, comme on le voit, rien à désirer à cet égard, non plus que sur le siége précis de la maladie. Étudions maintenant les causes occasionelles du croup, et les circonstances qui prédisposent à le contracter, ou plutôt qui expliquent les différences que cette inflammation paraît présenter avec d'autres, et même avec la *laryngite* des adultes, qui d'ailleurs a été fort mal étudiée jusqu'ici, parce qu'on l'a méconnue, en la confondant avec la bronchite proprement dite, ou en lui donnant le nom populaire d'*enrouement*.

Si l'on compulse avec soin tous les écrits publiés sur le croup, on reconnaît que cette maladie est constamment occasionée par une des causes qui produisent la bronchite simple chez d'autres sujets. L'humidité et la fraîcheur accidentelles ou permanentes de l'air, le refroidissement de la peau, découverte imprudemment ou mise en contact avec l'eau d'un bain froid, la suspension de l'action sécrétoire de la peau au moment où elle est en transpiration, telles sont les causes les plus ordinaires du croup. Il en est une qui paraît devoir concourir plus que toutes celles-là à le produire : ce sont les cris que poussent les enfans ; cependant, si l'on considère que c'est surtout dans la première année de leur vie que ces petits êtres crient davantage, et que pourtant ce n'est pas l'âge où le croup se développe le plus fréquemment, on doit en conclure que les cris ont moins d'influence qu'on ne serait naturellement porté à le croire. Les maladies aiguës de la peau paraissent disposer éminemment les enfans à contracter le croup. On sait que les exanthèmes sont le plus ordinairement précédés, accompagnés ou suivis d'une inflammation plus ou moins marquée des membranes muqueuses ; aussi est-il prudent de ne point vacciner les enfans affectés de bronchite, surtout dans les temps pluvieux continus.

Le croup se montre le plus ordinairement en automne, en hiver, au commencement du printemps, dans les lieux bas, humides, où l'air est difficilement renouvelé, sur le bord de la mer, des lacs et des rivières. Il est endémique à Genève, à Brême, à Tubingue, à Stockholm, et il ne se passe guère d'années sans qu'on observe un certain nombre de cas de cette maladie à Paris.

On a dit que le croup n'était jamais épidémique, parce qu'il n'attaque qu'un petit nombre de sujets à la fois ; mais pour qu'une maladie soit épidémique, il n'est pas nécessaire qu'elle s'étende à un nombre prodigieux de personnes, il suffit qu'elle en affecte assez pour que le peuple ou les médecins en fassent la remarque ; d'ailleurs le nom d'épidémie ne doit rappeler à l'esprit que l'idée d'une maladie qui sévit à la fois sur plusieurs individus, et non une maladie *sui generis* qui, en vertu de ce qu'elle a de spécial, moissonne un grand nombre de sujets. Les maladies sporadiques et les maladies épidémiques sont l'effet des mêmes causes, plus bornées dans leur action ou moins intenses dans les premières, plus étendues ou plus actives dans les secondes.

Les gens qui voient partout la contagion, soit par crédulité, soit parce que la contagion couvre merveilleusement l'impuissance de la médecine, ont pensé que le croup était contagieux ; il l'est si peu que les épidémies de cette maladie ne s'étendent guère qu'au plus petit nombre des enfans dans une même ville. Ce que nous avons dit de la prétendue contagion de la *coqueluche* est complétement applicable à celle du croup.

De toutes les circonstances qui sont communes aux sujets affectés de cette maladie redoutable, l'enfance paraît être celle qui contribue le plus à son développement. En effet, on l'observe rarement dans les premiers temps de la vie ; le plus souvent depuis la seconde année jusqu'à la septième ; de sept à douze on l'observe plus rarement encore. Cependant Michaelis l'a observée chez un nègre âgé de quatorze ans, Portal chez deux sujets adultes, Vieusseux chez une fille âgée de cinquante-trois ans : Washington mourut, dit-on, de cette maladie dans un âge très-avancé. Chaussier dit positivement que le croup n'est point particulier à l'enfance, comme l'a prétendu Selle, d'après les écrivains ses prédécesseurs ; que cependant cette inflammation, souvent mortelle dans l'enfance, est toujours plus grave, et sa marche plus rapide, que dans l'âge adulte, mais que cette différence ne suffit pas pour constituer une espèce, ou bien il faudrait reconnaître autant d'espèces de maladies qu'il y a de malades.

Pour expliquer le danger que le croup fait courir aux enfans, cet habile observateur fait remarquer que le larynx ne se développe qu'à la puberté ; que dans l'enfance la glotte est toujours fort étroite, d'où il résulte que la présence d'une couche membraniforme sur les parois d'un canal déjà naturellement étroit,

en diminuant nécessairement encore l'ouverture, le passage de l'air et l'expectoration deviennent très-difficiles et la suffocation imminente. A cette disposition des parties, il faut ajouter que les membranes muqueuses sont plus irritables, qu'elles se tuméfient et sécrètent plus de mucosités chez les enfans que chez les adultes. Il résulte de là que les enfans qui sont doués d'une plus grande irritabilité sont plus disposés que d'autres à l'inflammation du larynx, laquelle s'accompagne de symptômes inflammatoires bien prononcés, ou de symptômes menaçans de suffocation plus imminente, selon que le système sanguin ou le système nerveux domine davantage chez le sujet. Quant au sexe, il paraît n'exercer aucune influence.

Si maintenant nous recherchons quelle est la nature de la maladie qui a reçu le nom de *croup*, notre tâche sera aussi facile qu'elle l'eût été peu au commencement de cet article.

Le croup est une maladie du larynx, quelquefois étendue à la trachée-artère et même aux bronches, qui se développe sous l'influence des causes ordinaires de l'inflammation des membranes muqueuses. Quelquefois il est accompagné d'un sentiment de chaleur et de douleur vers le larynx ; presque toujours après la mort on trouve sur la membrane laryngée une fausse membrane, des lambeaux membraniformes albumineux, ou tout au moins d'abondantes mucosités, qui ne peuvent être que le produit d'une membrane muqueuse enflammée. Presque toujours la membrane laryngée offre des traces non équivoques d'inflammation. Les symptômes *pathognomoniques* du croup sont le résultat de l'étroitesse du conduit aérifère, et notamment de la glotte, augmentée par le produit de la sécrétion de la membrane enflammée et par l'épaississement de cette membrane. Ces dernières circonstances expliquent l'anxiété, la gêne extrême de la respiration, le sifflement des inspirations, et la raucité de la voix, par conséquent le son croupal. Nous verrons à l'article *laryngite* que l'inflammation de la membrane muqueuse du larynx produit constamment un changement dans le timbre et le son de la voix. Qui pourrait donc se refuser à reconnaître que le croup est tout simplement l'inflammation de la membrane muqueuse laryngée, avec ou sans trachéite et bronchite ?

Si le croup n'est que la laryngite des enfans, et des adultes dont le larynx est conformé comme celui des enfans, si l'inflammation ne peut varier de nature, comme il n'est plus permis d'en douter, le croup n'est point une inflammation particulière, spéciale, de la membrane muqueuse du canal de la respiration. Il n'y a en lui de spécial que les particularités qui caractérisent l'organe où il se développe.

En nous présentant le tableau que nous avons tracé, nous voyons que la bronchite précède souvent la laryngite; que celle-ci venant à cesser momentanément, l'autre persiste, ce qu'on reconnaît à la gêne de la respiration, avec toux ordinaire; que la gastrite enfin se joint assez souvent à la laryngite. Si cette dernière devient très-intense, si l'on stimule imprudemment la membrane muqueuse de l'estomac et des intestins, on voit survenir les symptômes de l'adynamie selon les uns, de la putridité selon les autres. La laryngite peut cesser, la bronchite augmenter, le parenchyme du poumon ou la plèvre s'enflammer, ou bien la tête devenir le siége d'une congestion, résultat de l'état de souffrance de la poitrine ou plutôt de la membrane muqueuse laryngée, et du trouble porté à l'action du poumon sur l'air. Alors paraissent les signes de l'ataxie, auxquels succèdent ceux d'un état apoplectique, comme il arrive chez les pendus, et le sujet périt. La mort arrive donc dans le croup par congestion cérébrale, par défaut de respiration, ou par extinction de l'action du cerveau, suite de l'inflammation, portée au plus haut degré, du larynx ou de la membrane gastro-intestinale.

Selon la prédisposition individuelle, et le degré d'intensité de la laryngite, suivant que l'inflammation s'étend à la totalité de la membrane muqueuse du canal aérifère, que le cerveau ou les voies gastriques s'affectent de manière à ce que les symptômes qu'ils occasionnent voilent en quelque sorte ceux qui sont particuliers au croup, on voit prédominer les uns ou les autres; il y a appareil de symptômes inflammatoires bien caractérisés, son croupal manifeste, ou bien convulsions, suffocation imminente, ou enfin prostration, assoupissement, immobilité du thorax, inspiration abdominale, langue noire, etc. Or, comme les différences que présentent les divers cas de croup, dans les écrits des auteurs et dans la pratique journalière, sont purement symptomatiques d'une part, et que de l'autre elles ne dépendent que de l'étendue de la maladie et de son siége, c'est-à-dire des divers

organes qui sont affectés, il en résulte qu'admettre un croup *inflammatoire* ou *sthénique*, un croup *spasmodique*, *nerveux*, *suffocant* ou *ataxique*, un croup *asthénique* ou *adynamique*, dire ensuite que le croup peut se compliquer avec la *fièvre adynamique* ou avec la *fièvre ataxique*, c'est, comme le disait Hecquet dans une autre occasion, multiplier les êtres sans nécessité; c'est découper une maladie en plusieurs lambeaux, pour en faire autant de maladies, c'est en un mot plier les faits au joug des opinions, et faire cadrer la nature avec les classifications, au lieu d'établir celles-ci d'après la nature.

Si ces erreurs théoriques n'exerçaient aucune influence sur la pratique, il ne serait important de les proscrire que dans l'intérêt général de la vérité; mais elles touchent de près à l'intérêt de l'humanité, car elles font perdre de vue la nature et le siége du mal, elles justifient l'emploi de méthodes thérapeutiques dont le moindre inconvénient est d'empêcher de recourir aux seuls moyens qui soient propres à guérir.

Jurine a proposé de distinguer un *croup du larynx*, un *croup de la trachée*, et un *croup des bronches*; le premier offrirait les symptômes de suffocation imminente au plus haut degré, le second ne présenterait que des signes d'une gêne considérable de la respiration. L'ouverture des cadavres n'a point confirmé cette division; chez les sujets qu'il disait être affectés du croup du larynx, la guérison s'est opposée à ce qu'on vérifiât la justesse de son assertion; chez ceux qu'il croyait atteints du croup de la trachée, on a en effet trouvé la membrane de cette partie du canal aérifère enflammée, mais celle du larynx l'était également. Ce point de doctrine a été fort bien traité par Royer-Collard, et nous pensons avec lui qu'il peut être intéressant de faire des recherches à ce sujet. Le croup des bronches n'est que ce que nous avons nommé *bronchite* avec suffocation imminente; ce qu'on appelait *catarrhe suffocant*, c'est l'*angine bronchique* de Reil.

La distinction du croup en *continu* et *intermittent*, établie par Jurine, nous paraît précieuse, parfaitement conforme à l'observation et tout-à-fait admissible. Le croup continu offre des rémissions; les intermissions sont complètes dans l'autre. Jurine rapporte trois cas de la dernière espèce; malheureusement l'histoire du troisième cas n'est pas complète. Mais dire que l'on a pris l'*asthme aigu de Millar* pour un croup intermittent, c'est supposer ce qui est en question : il faudrait prouver d'abord que l'asthme aigu de Millar n'est pas le croup, démontrer que ce n'est point un de ces groupes de symptômes érigés en maladies nouvelles, comme il est arrivé si souvent. Albers a réduit à sa juste valeur tout ce que Millar a émis sur la maladie qu'il s'imaginait avoir découverte. Quant à l'absence de la fausse membrane, elle n'a pas toujours lieu dans le croup le mieux caractérisé.

Il s'agit maintenant de dire à quels signes on peut distinguer le croup des maladies avec lesquelles il est susceptible d'être confondu. L'absence du son croupal, de l'inspiration sifflante, de la raucité de la voix, ne permet pas de confondre la bronchite simple avec le croup ; il en est de même de la bronchite avec tendance à la suffocation, au *catarrhe suffocant*, dans laquelle il y a pour principal symptôme une oppression excessive qui provient évidemment de la poitrine et non du larynx, car on distingue aisément les efforts continuels d'ampliation du thorax, qui se dilate dans tous les sens ; la respiration est bruyante, mais *râleuse* ou *stertoreuse*, et ordinairement uniforme pendant tout le cours de la maladie. Il n'est pas permis de supposer que qui que ce soit confonde le croup avec l'*angine* tonsillaire, l'*angine* pharyngée ou *pharyngite*, et l'*angine* gangréneuse ; dans cette dernière, l'aspect de la membrane de l'isthme du gosier ne tarde pas à dissiper toute incertitude ; d'ailleurs s'il y a altération de la voix en raison de l'inflammation du larynx, cette altération diffère de celle qui caractérise le croup parce que la fausse membrane ne se forme point, et que la membrane muqueuse laryngée ne se boursoufle pas. Quant aux moyens de distinguer le *croup* de la *laryngite*, cela se réduit à la considération des symptômes particuliers que cette inflammation occasionne chez les enfans, et chez quelques adultes dont le larynx est construit comme celui des enfans, ainsi que nous l'avons déjà dit.

Quelque rapport qu'il y ait entre les phénomènes de la coqueluche et ceux du croup, on ne peut méconnaître la propagation de l'inflammation au larynx, lorsque, pendant les accès de la coqueluche, se joignent le sifflement de l'inspiration et la raucité de la toux formant le son croupal.

S'il est impossible de confondre le croup avec la présence d'un corps étranger introduit dans le larynx, et avec la *laryngite* chro-nique, il ne serait pas facile de distinguer cette dernière du *croup chronique*, ou plutôt il n'y a aucune différence entre ces deux affections chez les enfans.

Les médecins les plus recommandables se sont occupés de rechercher le traitement le plus efficace contre le croup, et leurs travaux ont été couronnés du succès. Si l'on est bien éloigné de pouvoir dans tous les cas guérir cette maladie, on a du moins l'espoir d'y parvenir quand on est appelé à temps, c'est-à-dire dès les premiers instans de la maladie, quand elle n'est pas très-intense, et lorsqu'on est bien secondé. Ma tâche va se borner à rapporter méthodiquement les résultats de l'expérience sur cette partie importante de la thérapeutique spéciale. Je m'expliquerai néanmoins avec franchise sur l'abus que l'on fait de quelques moyens dans le traitement de la maladie dont il s'agit.

Quelques auteurs se sont beaucoup étendus sur les moyens propres à prévenir le développement du croup ; ils ont fait à cette occasion une sorte de traité de l'éducation des enfans. La prophylaxie se réduit à ceci : préserver les enfans, autant que possible, de l'influence des variations atmosphériques, ou les y exposer, afin qu'ils s'habituent à résister à leur action, au risque de déterminer chez eux des maladies qui peuvent être plus ou moins graves. Il faut par conséquent recourir au premier moyen pour les enfans très-irritables, disposés à la bronchite, et pour les filles surtout. Le second est préférable pour les garçons, particulièrement pour ceux qui sont doués d'une bonne constitution, et qui, d'ailleurs, sont destinés à faire de leurs forces un emploi plus actif que ne peuvent le faire les jeunes filles. Chez les uns et chez les autres, il faut veiller attentivement lorsqu'il se déclare des symptômes de bronchite, de coqueluche, et se tenir prêt à agir de la manière la plus énergique dès que la respiration deviendra gênée, l'inspiration sifflante et la voix rauque. Les médecins qui ont prétendu qu'un vésicatoire à la nuque préservait du croup ont avancé une erreur, parce qu'ils ont conclu d'un très-petit nombre de faits à la généralité des cas. Vingt années d'observation attentive, des expériences répétées, et des milliers de faits, ne sont pas trop pour confirmer la puissance d'un préservatif.

On a conseillé aux parens de fuir les contrées où le croup règne épidémiquement ou endémiquement, et de soustraire ainsi leurs enfans à cette cruelle maladie. Ce conseil leur est tout naturellement donné par la frayeur qu'elle inspire, mais il n'est pas inutile de dire qu'il y aurait plus de danger à faire voyager un enfant dans une saison froide et humide, que d'ailleurs on retrouverait à peu près partout, qu'à le laisser dans la ville où le croup se manifeste, en le préservant autant que possible du froid et de l'humidité.

Dans l'espoir de faire avorter le croup, on a proposé de faire vomir les enfans, ou de leur appliquer des sangsues au cou, s'ils ont le pouls dur et le visage rouge, dès que, dans le cours d'une bronchite ou d'une phlegmasie cutanée, la voix ou la toux semble s'altérer et la respiration devenir plus difficile, de veiller ensuite, durant la convalescence de l'une ou de l'autre de ces deux affections, pour préserver le malade de l'humidité froide, et dans le cas où la toux ou la voix s'altérerait de nouveau, de revenir au vomitif ou à la saignée locale, selon le besoin. Enfin, on recommande de donner un bain chaud, des boissons aqueuses légèrement aromatiques et chaudes, aux enfans qui viennent d'être saisis par le froid ou par l'humidité, et l'on propose en outre de pratiquer sur leur corps des frictions sèches devant un feu vif et clair. Ces conseils sont judicieux pour la plupart; il faut les suivre, principalement dans les saisons et les contrées où règne le croup, et pour les enfans qui ont déjà été affectés de cette maladie, contre laquelle on ne saurait diriger trop de moyens préservatifs. Mais convient-il de proposer ainsi presque indistinctement le vomitif ou les sangsues? C'est ce que nous verrons bientôt.

On a cherché des spécifiques contre le croup, comme on en a cherché contre toutes les maladies meurtrières épidémiques; on n'en a point trouvé, et sans doute on n'en trouvera jamais. Le croup est une inflammation à la suite de laquelle il se développe rapidement, dans la presque totalité des cas, une couche albumineuse, souvent membraniforme, qui, conjointement avec l'épaississement de la membrane muqueuse du larynx, obstrue plus ou moins complètement la cavité de cette partie du canal aérifère. Une mort prompte est l'effet de cette obstruction, et peut-être de la cessation de l'action de la membrane bronchique sur l'air. Les indications sont donc de combattre l'inflammation dès le premier instant de son invasion, de la combattre vigoureusement et sans désemparer, et lorsqu'on pense être parvenu à la faire cesser, au moins assez pour qu'elle ne sécrète

plus la matière qui forme la fausse membrane, d'employer tous les moyens propres à expulser celle-ci, autant qu'on pourra le faire sans ajouter à l'inflammation de la membrane laryngée bronchique. Le croup devient mortel en raison du désordre que l'excès d'inflammation détermine dans cette membrane, de l'obstacle mécanique à l'introduction de l'air, et de l'influence que cette inflammation et cet obstacle exercent sur l'encéphale : on doit donc avoir en vue de faire cesser la laryngite, afin de prévenir l'apnée, le trouble et l'extinction de l'action cérébrale.

Quelque légers que soient les signes avant-coureurs du croup, il faut y donner la plus grande attention. Comme il n'est guère possible de triompher de cette maladie qu'en l'attaquant de très-bonne heure, il vaut mieux employer des moyens dont à la rigueur on aurait pu s'abstenir, que de s'exposer à des regrets en attendant trop long-temps. C'est surtout ici qu'il importe de ne pas s'occuper de la solution de ce problème : une maladie étant donnée, trouver la place qu'elle doit occuper dans le cadre nosologique? Prévoir le mal, user même d'une prudence surabondante, tel est le devoir du médecin dans la plupart des maladies, et plus encore dans celle-ci.

Pour prévenir, ralentir, faire cesser la sécrétion de la matière qui forme la fausse membrane, et pour empêcher qu'elle ne continue ou ne se renouvelle après l'expulsion de celle-ci, il faut combattre l'inflammation dont cette sécrétion n'est qu'un des effets. Or, le moyen le plus efficace, le plus sûr, le mieux indiqué, celui dont l'expérience démontre l'utilité chaque jour, c'est l'application des sangsues au cou : on y joindra l'usage des boissons mucilagineuses édulcorées chaudes, et l'inspiration de la vapeur d'eau chaude, si l'enfant se prête à l'emploi de ce moyen. Si, à mesure que l'abattement augmente, l'oppression s'accroît, il n'y a plus d'espoir. Lorsque les symptômes diminuent d'intensité, on doit prescrire des bains de pied sinapisés, très-chauds, des sinapismes aux pieds, des vésicatoires volans sur le haut du sternum, et si l'estomac ne paraît pas irrité, si la peau n'offre point cette chaleur âcre qui caractérise les irritations gastriques, on pourra provoquer des nausées, ou même le vomissement, à l'aide du sirop d'ipécacuanha, de l'ipécacuanha ou de l'émétique administrés dans de l'eau tiède sucrée. S'il n'y a point d'accélération notable dans le mouvement circulatoire, ni d'irritation gastro-intestinale, des lavemens, rendus purgatifs par l'addition du sulfate de soude ou du jalap, pourront être mis en usage; on peut aussi employer le calomélas à doses répétées.

Tels sont les moyens qui suffisent dans tous les cas où le croup n'est pas au-dessus des ressources de l'art. Ces moyens sont ceux qu'on met en usage dans presque toutes les inflammations dont le siège n'est pas dans les voies digestives, c'est pour cela qu'en théorie ils doivent être préférés, et ils doivent l'être sous tous les rapports, car la pratique en démontre journellement les avantages; mais nous ne devons pas nous borner à les indiquer d'une manière aussi générale, car chacun doit être employé avec certaines précautions et à certain temps de la maladie, pour qu'on en obtienne l'effet désiré.

Les émissions sanguines sont éminemment utiles et parfaitement indiquées dans le croup, en raison de la nature de cette maladie, qui est constamment inflammatoire. Elles doivent être locales dans tous les cas où l'enfant ne se rapproche pas de l'âge de six à sept ans, et l'on ne doit guère recourir à la saignée générale que lorsque le sujet est vigoureux, doué d'un système musculaire bien développé, d'une poitrine large, d'un cœur dont les battemens sont forts et fréquens, quand on observe chez lui une face colorée et un pouls très-plein. La saignée générale a peu d'empire sur les inflammations des membranes muqueuses; elle affaiblit, parce qu'elle soustrait en peu de temps beaucoup de sang, qui, tiré plus lentement, non loin de la partie enflammée, produit de meilleurs effets.

Les émissions sanguines locales ne sont jamais contre-indiquées dans le croup, parce que les contre-indications sont, à son début et lors de son plus haut degré d'intensité, constamment moins redoutables que l'inflammation du larynx. Il serait puéril de redouter les effets affaiblissans de ce moyen dans un moment où le malade est menacé d'une mort prompte, par suite d'un excès d'action vitale dans un point de l'organisme. Quant à la marche de la maladie, les émissions sanguines ne peuvent jamais la troubler, si ce n'est en diminuant ou faisant cesser l'inflammation, et c'est précisément ce qu'on doit désirer. Craint-on que par suite de l'affaiblissement les matières muqueuses et la fausse membrane développées dans le canal aérifère, ne puissent plus être expulsées? cette crainte est chimérique. Si l'affaiblissement qui survient

après l'emploi des sangsues est l'effet de la perte du sang, l'inflammation du larynx a certainement cessé, au moins en grande partie; la sécrétion de la matière albumineuse cesse : c'est là le moment de recourir aux stimulans de la peau, qui excitent l'action cérébrale, achèvent de diminuer celle des voies aériennes, à ceux de l'estomac, qui, en excitant le vomissement, sollicitent l'expulsion des matières contenues dans les bronches ou le larynx, enfin à ceux des intestins qui excitent dans ces organes une irritation sécrétoire supplémentaire. L'emploi de ces divers stimulans n'offre alors aucun inconvénient, parce que l'inflammation du larynx ayant diminué, si même elle n'a cessé entièrement, elle ne peut plus guère être renouvelée par la réaction sympathique de la peau et de la membrane muqueuse des voies digestives, sur celles des voies aériennes, ce que l'on doit toujours craindre quand on y recourt avant d'appliquer les sangsues ou de pratiquer la saignée lorsqu'elle est indiquée.

On doit appliquer depuis deux jusqu'à huit, dix, douze ou quinze sangsues sur les côtés du larynx, selon l'âge du malade, et laisser couler le sang pendant long-temps; s'il s'arrête peu de temps après la chute des sangsues, on en appliquera d'autres en moins grand nombre au-dessus des articulations sterno-claviculaires. S'il y a de la chaleur à la peau, le sang doit couler jusqu'à ce qu'elle soit ramenée au type ordinaire de la température de ce tissu. En général, il ne faut pas craindre de tirer de suite une quantité un peu copieuse de sang, puis il importe de maintenir l'effet obtenu en laissant plusieurs piqûres ouvertes. Il est avantageux que deux ou trois d'entre elles continuent à verser du sang. Si le pouls reste dur et fréquent, et l'appareil inflammatoire toujours aussi intense, on réitérera l'application des sangsues, mais on en mettra moins, et on laissera saigner les piqûres. Le plus souvent on n'obtient le succès désiré qu'au moyen d'une évacuation de sang d'abord abondante, puis moindre, mais long-temps continuée.

Il faut bien se garder d'employer la compression circulaire pour arrêter le sang, quand les sangsues ont été posées sur les côtés du larynx; il faut recourir aux styptiques seulement.

Si le corps du malade se refroidit, que ses lèvres pâlissent, que ses pieds et ses mains se refroidissent, n'y eût-il plus qu'une seule piqûre qui fournisse du sang, on devra l'arrêter sur-le-champ par les moyens connus, et, s'ils ne suffisent pas, cautériser la piqûre avec un stylet chauffé jusqu'au blanc, ou seulement avec la pierre infernale. Cet état d'*anémie* passagère est presque toujours très-avantageux, pourvu qu'il ne soit pas poussé trop loin ; il est redoutable chez les sujets dont l'appareil circulatoire est peu énergique, et l'appareil sensitif très-irritable. Si, au milieu de cet état, l'inflammation du larynx reparaît dans toute sa force, il ne faut plus recourir qu'aux dérivatifs.

Ainsi employées, les sangsues sont un puissant remède, mais il faut les diriger avec habileté, ne pas perdre le malade de vue, savoir oser et s'arrêter à temps : c'est le fruit de l'expérience et d'un bon jugement.

L'extrême jeunesse de l'enfant, la délicatesse de sa constitution, la faiblesse, le tempérament lymphatique le plus prononcé, ne contre-indiquent point l'application des sangsues, à moins que l'on ne soit appelé trop tard, et que l'on ne voie l'oppression augmenter à mesure que la faiblesse s'accroît. Les circonstances que nous venons d'énumérer doivent seulement engager à n'appliquer qu'un petit nombre de sangsues, à ne laisser couler le sang que pendant un temps limité. Si, dans ces circonstances, plusieurs praticiens disent avoir empêché les progrès du croup sans recourir aux émissions sanguines, il faut d'abord leur demander s'ils ont toujours eu affaire au croup, s'ils ont été appelés dès le commencement de la maladie, ou seulement lorsqu'elle était déjà sur son déclin ; si les insuccès qu'ils ont essuyés infailliblement *malgré* l'excellence de leur méthode, n'ont pas été quelquefois dus, au moins en partie, à cette méthode elle-même. Desruelles, en restreignant d'une manière vague le nombre des cas où l'on doit recourir aux sangsues, nous paraît avoir émis une opinion qui, prise trop à la lettre, serait dangereuse, et que des vues théoriques, peu d'accord avec l'état présent de la science, ont pu seules lui inspirer. Nous avons arrêté les progrès du croup, à l'aide des sangsues appliquées sur la partie supérieure du sternum, chez une petite fille âgée d'environ sept ans, pâle, molle, éminemment lymphatique, ayant habituellement les lèvres blanches, et sujette à la bronchite. Après avoir laissé couler le sang pendant une heure, nous vîmes diminuer et cesser enfin les phénomènes du croup ; il ne resta plus qu'une toux qui n'offrait rien de particulier, si ce n'est qu'elle était accompagnée d'une gêne notable dans la région du larynx et de la trachée ; six grains d'ipécacuanha, donnés immédiatement, firent rendre des portions de fausse membrane et des flots de mucus épais et opaque ; un vésicatoire sur la région sternale compléta la guérison ; il fut ensuite transporté au bras par précaution.

Quand on est appelé vers la fin de la maladie, dans ce moment si affligeant où aux convulsions a succédé un affaissement qui annonce une mort presque certaine, il ne faut plus penser aux sangsues ; le cerveau a reçu une atteinte qui doit seule appeler l'attention ; il faut insister sur les dérivatifs de toute espèce, tout en proscrivant sévèrement les vomitifs, qui feraient affluer le sang vers l'encéphale. On a recommandé le musc, l'assafœtida, à cette époque de la maladie ; mais comme tous les praticiens s'accordent à dire qu'elle est alors presque toujours sans remède, il est fort difficile de dire sur quels succès les prôneurs de ces deux médicamens s'appuient pour les recommander.

Les bains de pieds, très-chauds et sinapisés, sont préférables au bain général, qui peut disposer aux congestions cérébrales ; ils excitent aussi bien que celui-ci la diaphorèse que l'on désire obtenir. Souvent on s'en tiendra à ces mêmes bains, que l'on pourra réitérer très-fréquemment, et l'on sera dispensé de recourir aux sinapismes qui, lorsque l'inflammation du larynx est encore intense, peuvent l'accroître sympathiquement, s'ils ne réussissent pas à la faire cesser. Mais les sinapismes sont toujours indiqués chez les sujets dont la circulation est peu rapide, et qui sont peu irritables.

Les vésicatoires et les pommades ammoniacales, les rubéfians et les vésicans agissent dans le croup à peu près comme dans les bronchites intenses, dans les pleurésies et les péripneumonies, amendées par les émissions sanguines. Il ne faut pas les employer trop tôt, car ils pourraient nuire au lieu d'être utiles. A mesure que la faiblesse augmente, ainsi que la gêne de la respiration, il faut les multiplier, en couvrir le thorax, les membres inférieurs et supérieurs ; mais il ne faut jamais les mettre au cou ni entre les épaules, afin de ne pas être obligé de comprimer la première de ces parties, et de ne pas être obligé de remuer beaucoup le malade pour le pansement, quand on les applique dans la région dorsale. Placés au-dessous du cou, ils peuvent d'ailleurs exaspérer l'inflammation du larynx à un degré extraordinaire, et augmenter ainsi le danger qu'ils sont appelés à combattre ; c'est ce qui arrive quelquefois dans les angines du conduit alimentaire, et l'on doit redouter la même chose dans le croup.

Les vomitifs sont très-utiles après que l'on a obtenu la diminution de la laryngite, et ce n'est pas seulement parce qu'en sollicitant la sortie de la fausse membrane ou des mucosités, ils rétablissent la liberté du canal aérien, mais aussi parce qu'en nettoyant la membrane bronchique lorsqu'elle participe à l'état morbide du larynx, ils rétablissent l'action si importante du poumon sur l'air. S'il faut prononcer quand il y a des signes évidens de gastrite intense, on ne doit pas être trop réservé dans le cas où ces signes sont peu prononcés, car on aura toujours plus de facilité pour maîtriser l'inflammation de l'estomac, que pour faire cesser celle du larynx. Le seul motif qui puisse rendre très-circonspect, c'est qu'en stimulant un estomac déjà irrité, on peut accroître sympathiquement la laryngite. Pour suppléer à l'action des vomitifs introduits dans l'estomac, on a conseillé d'insuffler une poudre, dont le sel marin fait la base, dans la gorge, ou d'y porter, à l'aide d'un pinceau, un liquide chargé d'hydro-chlorate d'ammoniaque, enfin de faire inspirer la vapeur de l'eau unie au vinaigre ou à l'éther, celle du vinaigre pur, le gaz ammoniaque, un mélange d'azote et d'air, du gaze acide sulfurique, et autres moyens de ce genre; mais ils ont tous le grave inconvénient d'irriter des parties très-voisines de la glotte, et, qui pis est, la glotte elle-même et le larynx; il faut donc être très-réservé sur leur emploi, si on n'en bannit pas tout-à-fait l'usage.

Lorsque le croup était peu connu, et même depuis qu'il n'existe plus le moindre doute raisonnable sur la nature de cette maladie, une foule de moyens ont été proposés, et sont, pour la plupart, encore en vogue, soit pour dissoudre la fausse membrane, soit pour en provoquer l'expulsion. Tous ceux qui ont été employés dans la première intention, sont maintenant abandonnés. Nous venons d'indiquer ceux qui peuvent le mieux remplir la seconde. Mais il ne suffit pas de provoquer la sortie même de la totalité de la fausse membrane pour opérer la guérison. Après la sortie naturelle ou provoquée de cette membrane, il y a ordinairement un soulagement momentané, et quelquefois le malade guérit; mais plus souvent un ou plusieurs nouveaux accès reparaissent, ou le croup renaît, il reste continu, et la mort en est la suite. C'est surtout ce qui arrive quand l'emploi des vomitifs n'a pas été précédé de l'application des sangsues et suivi de l'apposition d'un vésicatoire.

Les purgatifs sont en général moins utiles que les vomitifs. Cependant on ne doit pas négliger de les administrer, surtout en lavemens, quand il n'y a aucune contre-indication. Le calomélas n'opère pas tous les miracles qu'on serait en droit d'en attendre, si l'on ajoutait foi aux récits du vulgaire sur l'efficacité de cette panacée. Quelques praticiens français commencent à lui donner de pompeux éloges : serait-ce pour imiter les Anglais, et ne point paraître inactifs aux yeux de ces médecins qui déploient l'énergie la plus redoutable dans toutes les maladies ? Cette substance offre l'avantage de purger à très-petite dose, sous un petit volume, et sans causer de très-vives coliques ; c'est là ce qui peut la faire préférer à d'autres.

L'activité du traitement du croup doit être en raison de l'intensité de la maladie ; il est des cas où l'on doit faire donner le bain de pieds sinapisé pendant que le sang coule encore, prescrire le vomitif immédiatement après qu'il a cessé de couler, et appliquer le vésicatoire aussitôt après que le vomissement a cessé ; d'autres fois, on peut laisser plusieurs heures d'intervalle entre ces différens moyens. Si les accidens persistent avec la même intensité, et de manière à prouver que l'inflammation ne diminue nullément, il faut insister sur les sangsues et les bains de pieds employés en même temps. Dès que l'on a obtenu l'expulsion de la membrane, et que les symptômes sont diminués notablement, on doit répéter les vomitifs, mais à dose légère, pour provoquer seulement des nausées, et appliquer le vésicatoire. Les accidens inflammatoires reviennent-ils, il faut de suite revenir aux sangsues et recommencer la série des moyens. Il est des cas tellement menaçans, que l'on ne peut taxer de témérité le médecin qui met en usage tous ces moyens presqu'à la fois.

Jusqu'ici, nous n'avons presque rien dit des *antispasmodiques*. On n'a pas assez réfléchi que le spasme, auquel d'ailleurs on n'assigne pas de siége déterminé, naît de l'inflammation, de l'obstacle au libre passage de l'air et à l'assimilation de ce fluide, que par conséquent il n'offre point d'indication spéciale.

Quant aux toniques recommandés dans la dernière période du croup, lorsque le coma, l'immobilité, la respiration abdominale et l'insensibilité annoncent la mort la plus prochaîne, l'expérience n'a point constaté l'efficacité de ces moyens à cette époque; la routine seule les recommande. Plus tôt ils pourraient être funestes; alors ils ne sont qu'inutiles; quelquefois pourtant ils peuvent ranimer un instant le malheureux près d'expirer.

Toutes les fois que le croup est compliqué d'une autre maladie, quelle qu'elle soit, c'est à lui seul qu'il faut faire attention, car lui seul fait tout le danger, ou le danger le plus prochain. La maladie qui le complique peut engager à insister sur certains moyens : ainsi l'inflammation concomitante de la plèvre et du poumon, exige la saignée générale, si le sujet est assez âgé; la gastrite réclame l'application de quelques sangsues à l'épigastre : elle contre-indique les vomitifs, si elle est intense. Mais aucune maladie ne contre-indique l'emploi des émissions sanguines et des bains de pieds sinapisés, si ce n'est, pour ces derniers, les exanthèmes bien prononcés, lorsque le croup se déclare au moment de leur plus grande intensité; on se borne alors aux bains de pieds avec l'eau chaude seulement. L'ammoniaque donnée à l'intérieur à la dose de trois ou quatre gouttes, dans un verre de véhicule, ou bien administrée en frictions autour du cou, de trois heures en trois heures; le carbonate d'ammoniaque, mêlé à la dose d'un gros dans deux onces de cérat, et appliqué à la région antérieure du cou, à celle de dix grains dans deux onces de sirop de guimauve, et donné par cuillerées de quatre en quatre heures; l'hydro-chlorate d'ammoniaque, à la dose de deux grains dans deux onces de véhicule, en gargarismes ou en collutoires; le sulfure de potasse à la dose de six à dix grains, le matin, et autant le soir, en diminuant peu à peu cette dose, administrée avec du miel, du lait ou du sirop; l'opium donné à une dose aussi forte que possible; le polygala sénéka administré en décoction, à raison de demi-once de la racine de ce végétal pour huit onces d'eau réduites à quatre, et donné toutes les heures ou toutes les deux heures, sont autant de moyens dans lesquels on ne doit point avoir de confiance, et qui sont plus susceptibles de nuire que d'être utiles. Bien que Royer-Collard en ait étudié l'action avec sagacité, il aurait dû prononcer leur exclusion d'une manière formelle. Nous pensons, en outre, que le kermès doit être banni du traitement du croup, parce qu'il n'excite l'expectoration qu'en irritant fortement la membrane bronchique, dans laquelle il détermine plus de chaleur que l'ipéca-

cuanha et même l'émétique. D'ailleurs, dans le croup, c'est moins l'expectoration qu'il faut solliciter que des secousses de l'appareil respiratoire.

L'expérience n'ayant rien décidé sur l'utilité dont pourrait être le cautère actuel dans le traitement du croup, nous n'avons rien à dire à cet égard, si ce n'est que le feu a été recommandé dans la plupart des maladies, plutôt par analogie que d'après des faits positifs, sauf dans quelques-unes, qui seules en réclament l'emploi. On ne voit pas comment le feu, appliqué à la région cervicale antérieure, ferait cesser une inflammation aiguë du larynx.

L'idée d'extraire la fausse membrane en pratiquant la trachéotomie ne mérite pas que nous nous y arrêtions; il est même douteux que cette opération pût retarder la mort en procurant un libre passage à l'air, du moins ce passage ne doit être d'aucune utilité quand l'inflammation s'étend aux bronches, car la mort, dans ce cas, n'a lieu que parce que le poumon cesse ses fonctions, à quoi la *trachéotomie* ne peut remédier en aucune manière.

Il importe de ne pas oublier qu'un sujet qui a eu le bonheur d'échapper au croup est plus disposé qu'auparavant à le contracter, et qu'il faut par conséquent écarter de lui tout ce qui peut irriter la membrane laryngo-bronchique. Quant aux affections consécutives au croup, elles offrent les mêmes indications que dans le cas où elles sont primitives.

Le croup a été observé sur une vache par Gohier, sur les chats et sur les agneaux par Double, sur les chiens et sur les chevaux par Potter et Rush; on pense que Virgile a décrit celui qui attaque les cochons, ce dont il est permis de douter. Les médecins vétérinaires doivent d'autant plus s'attacher à recueillir des observations de ce genre, qu'elles pourront devenir avantageuses pour les progrès de la médecine humaine.

A l'aide de l'alcool, de la térébenthine, de divers sels métalliques, du chlore, de l'action d'un courant galvanique, de l'acide sulfurique étendu d'eau, introduits dans le canal aérifère de plusieurs animaux, tels que des chevaux, des chats, des chiens, des loups, des poules et des canards, Albers et Duval ont déterminé soit de la toux, soit des phénomènes tout-à-fait semblables à ceux du croup, et plusieurs fois ils ont trouvé après la mort une fausse membrane sur la membrane muqueuse laryngo-bronchique. Un fait plus intéressant est celui que rapporte Chaussier, d'un jeune chimiste qui ayant inspiré une grande quantité de chlore, éprouva une toux très-vive, une excrétion abondante de larmes, de sérosité limpide et visqueuse venant du pharynx et de la trachée ; quelques heures après l'accident, cet écoulement cessa, la voix devint enrouée, la vue s'obscurcit, l'odorat se perdit ; on vit qu'il s'était formé à la surface des yeux une couche membraniforme, opaque et blanchâtre : une semblable concrétion existait dans les fosses nasales, à la gorge, et probablement dans le larynx. En peu de jours ces pellicules disparurent, le malade expectora des lambeaux membraniformes, et toutes les fonctions rentrèrent dans l'ordre accoutumé. Nysten a observé des effets analogues chez une personne à laquelle on avait fait inspirer de l'ammoniaque dans un accès d'épilepsie. (DICT. ABRÉGÉ DE MÉD.)

[M. Blaud, médecin à Beaucaire, a cherché à démontrer dans un ouvrage intitulé : *Nouvelles recherches sur la laryngo-trachéite,* par des preuves déduites du raisonnement, de l'analogie, de l'expérience et de l'observation, que cette phlegmasie du tube aérien pouvait s'offrir sous trois modes inflammatoires différens, qui constituaient autant de variétés principales de la maladie ; que de ces trois modes l'un ne donnait lieu qu'à une sécrétion simplement muqueuse dans la membrane affectée, l'autre produisait un fluide putride ; tandis que le troisième, le plus grave de tous, développait ces fausses membranes plus ou moins épaisses, plus ou moins consistantes, que les malades expectorent quelquefois, ou que l'on trouve, après la mort, tapissant la surface interne du larynx ou de la trachée, ou de ces deux conduits à la fois, se propageant même jusqu'aux dernières divisions bronchiques. La légitimité de cette division a été fondée sur un grand nombre de faits observés par M. Blaud et sur beaucoup d'autres puisés dans les ouvrages de bons observateurs, et analysés avec la sévérité la plus scrupuleuse.

Des sangsues appliquées en nombre suffisant sur le larynx et la trachée, et des vésicatoires à la nuque ou sur les parties latérales du cou, composent tous les moyens curatifs de cet habile praticien. Il s'abstient scrupuleusement de mettre en usage le sulfure de potasse, le polygala, le mercure doux, etc., prétendus fondans de la concrétion croupale, dont la raison, l'observation et l'expérience ont d'ailleurs démontré toute l'inutilité.

La saignée locale doit être assez abondante pour produire tout l'effet qu'on en attend, dût-on même voir survenir la syncope, accident qui n'offre ici aucun danger, et qui, au contraire, peut être utile ; il est même des cas où l'on doit la répéter, et c'est lorsqu'après une première application de sangsues, les symptômes inflammatoires et les accidens sympathiques auxquels ils donnent lieu, n'ont pas éprouvé une diminution très-remarquable. Toutefois ce moyen ne doit pas toujours être mis en usage, et il est des circonstances qui le contre-indiquent rigoureusement. Ainsi il faut soigneusement s'en abstenir, lorsque la laryngo-trachéite est déjà très-avancée dans son cours, qu'elle a jeté l'organisation entière dans une profonde économie, que la face est pâle, décolorée, la dyspnée extrême, le pouls petit, faible et très-fréquent, le corps couvert d'une sueur froide, et que tout enfin annonce que le malade ne tardera pas à succomber ; une émission sanguine, quelque peu abondante qu'elle fût, hâterait évidemment alors l'issue funeste de la maladie.

Quelques médecins ont fait usage du *froid* dans le traitement du croup.

M. Harder, de Pétersbourg, est parvenu, à l'aide des affusions d'eau froide, à sauver son enfant, près de succomber à cette terrible maladie. Un premier amendement qu'il avait obtenu d'un premier essai l'encouragea à le recommencer dix fois dans dix exacerbations successives.

Le docteur Sachse, de Ludwiglust, propose aussi d'employer l'*eau froide,* sous forme d'affusion sur le dos, ou de fomentation autour du cou. Ce médecin ne pense pas qu'on doive attendre la dernière période de la maladie pour faire usage du froid. Quelques autres médecins, tels que le professeur Aberle, à Salzbourg, Lobenstein, Lobel, Bedenix, ont employé ce moyen dans des cas désespérés et avec le succès le plus éclatant.

Le journal de Hufeland (1821) contient trois observations de croup, guéri à l'aide de ce même moyen ; une autre a été publiée dans le même journal en 1826.

Nous engageons en conséquence les praticiens à tenter, dans les cas de croup qui auraient résisté aux antiphlogistiques, les affusions d'eau froide, et l'application de la glace sur le cou.

Quant aux différences qui peuvent exister entre le *croup* et l'*angine maligne* ou la *diphthérite,* voyez ces deux mots.]

CROUPAL, adj., employé pour désigner

le son à la fois rauque et aigu, la fausse membrane qui se forme sur la membrane muqueuse du larynx, la voix et la toux particulières que l'on observe pendant le croup : *son croupal, concrétion, membrane, voix, toux croupales*; on appelle *fièvre croupale* l'ensemble des phénomènes de réaction du système circulatoire qui accompagnent si souvent le croup.

                       (DICT. ABRÉGÉ DE MÉD.)

    CROUTE, s. f., *crusta*. On donne ce nom, en pathologie, à toute substance dure, de forme, d'aspect et de volume divers, couvrant une altération quelconque de la peau, et dépendant de la concrétion du fluide qui en découle. Les croûtes, présentant dans certains cas des apparences constantes et régulières, servent de caractères distinctifs dans plusieurs maladies cutanées; mais celles qui se forment à la suite de la plupart des exanthèmes aigus affectent une forme et un aspect différens, et ne peuvent être considérées alors comme signes diagnostiques de ces maladies. *Voyez* DARTRE, LÈPRE, TEIGNE, VARIOLE, etc.

    On a désigné aussi sous le nom spécial de *croûte de lait*, une affection qui se développe particulièrement chez les enfans à la mamelle, et que les pathologistes ont rapportée, les uns à la dartre crustacée, les autres à la teigne muqueuse. (*Voyez* ces deux mots.)

    CRUDITÉ, s. f., *cruditas*. Cette expression, employée en pathologie, appartient au langage de l'humorisme. Elle a été tirée de la comparaison qu'on a établie entre l'état d'une prétendue matière morbifique, des humeurs et des matières des sécrétions, à certaines époques des maladies, et celui d'un fruit qui n'aurait pas acquis les qualités que doivent lui donner la maturité ou la cuisson. Dans la première période des maladies, surtout de la plupart des maladies aiguës, dans celle qu'on a nommée période d'augment, à cause de l'accroissement plus ou moins rapide des symptômes, on observe un état particulier de l'économie marqué par les signes de l'irritation générale des principaux organes, par l'altération de leurs fonctions et par les propriétés insolites des matières des sécrétions. Ainsi, dans le plus grand nombre des cas, il existe des douleurs dans diverses parties du corps, il y a augmentation de la coloration et de la chaleur animale, fréquence et dureté du pouls, difficulté de la respiration, altération de la digestion, trouble des sensations et des fonctions cérébrales, suspension des sécrétions, ou bien altération des matières sécrétées : l'urine est rouge, claire,

aqueuse ou trouble sans être sédimenteuse; les déjections alvines sont séreuses, sans liaison, sans cohésion; les membranes muqueuses sécrètent un liquide séreux, filant, quelquefois âcre. C'est à cet état spécial que les humoristes ont donné le nom de crudité, par opposition à celui de coction, qui le suit lorsque la maladie doit avoir une terminaison heureuse, et dans lequel les organes tendant vers le rétablissement de leurs fonctions, les produits des sécrétions se montrent avec des qualités contraires à celles qu'elles avaient dans le premier cas. En conséquence, les matières sécrétées, suivant le caractère qui les fait rapporter à l'un de ces deux cas, furent distinguées par les dénominations de *crues* ou de *cuites*. Les fauteurs de l'humorisme, voyant uniquement dans les humeurs la cause et les principaux effets des maladies, pensaient que la matière morbifique, unie intimement aux humeurs, dans la première période des maladies, leur imprimait des propriétés particulières qui les rendaient impropres aux fonctions auxquelles elles sont destinées, jusqu'à ce que, atténuée, élaborée par la réaction des organes, de manière à pouvoir être éliminée par l'un des émonctoires de l'économie, elle permît à ces humeurs de reprendre leurs qualités naturelles. Cette hypothèse, toute gratuite, est généralement rejetée aujourd'hui. Cependant, malgré son impropriété, le mot crudité a été conservé pour désigner l'ensemble des phénomènes que nous venons d'indiquer. Sans vouloir remonter à leur cause première, on peut expliquer plus naturellement ces phénomènes par l'influence qu'exerce la lésion d'un organe sur ses fonctions, et par les relations sympathiques qui existent entre tous ceux qui composent l'économie animale, relations dont un plus ou moins grand nombre est mis en jeu, suivant l'importance de l'organe primitivement lésé, et l'intensité de la lésion.

    La durée de l'état de crudité varie suivant une foule de circonstances qui ne peuvent être appréciées que dans chaque cas particulier. Cet état, qu'on a également appelé état d'irritation, est incompatible avec la manifestation des phénomènes critiques, du moins de ceux qui constituent les crises salutaires et complètes. Les moyens de traitement qu'on lui oppose sont communément les débilitans généraux ou locaux; ce sont tous ceux qui sont propres à amener la coction ou à favoriser les crises. *Voyez* ACCROISSEMENT, COCTION et CRISE.

On a aussi, dans un sens analogue, appliqué le mot de crudité aux alimens qui, contenus dans les organes digestifs, n'ont pas subi l'élaboration convenable, ainsi qu'à ceux qui sont généralement réfractaires à l'action de ces mêmes organes. (RAIGE DELORME.)

CRUOR, s. m. Ce mot latin, qui a été conservé en français, désigne, dans la langue d'où on l'a tiré, tantôt le sang en général, tantôt le sang veineux, et celui qui est extravasé ou coagulé. On l'emploie maintenant pour exprimer la matière colorante du sang, qu'on obtient au moyen du lavage du caillot formé par la coagulation. *Voyez* SANG. (A. DEL.)

CRURAL, adj., *cruralis*, qui a rapport à la jambe ou au membre inférieur.

CRURALE (arcade). On donne ce nom au bord inférieur de l'aponévrose du muscle oblique externe de l'abdomen, qui, étendu du tubercule antérieur et supérieur de l'ilium à l'épine, à l'angle et à la crête du pubis, convertit la grande échancrure que présente le bord antérieur de l'os coxal en un véritable trou que traversent des muscles, des nerfs et des vaisseaux, et où se trouve l'anneau crural.

Le bord antérieur de l'os coxal présente successivement, de sa partie latérale à sa partie médiane, les tubercules antérieur, supérieur et inférieur de l'ilium, séparés par une petite échancrure; une échancrure plus grande qui termine en avant la fosse iliaque, l'éminence ilio-pectinée ou ilio-pubienne; une surface triangulaire dont le bord postérieur et supérieur saillant est la crête du pubis, l'épine du pubis; une petite échancrure qui la sépare de l'angle; et enfin cet angle lui-même, formé par la rencontre du bord antérieur avec la partie articulaire du bord inférieur de l'os.

Le bord inférieur de l'aponévrose du muscle oblique externe, épais et comme replié sur lui-même, communément appelé ligament de Fallope ou de Poupart, et contenant dans son épaisseur, mais dans une partie de sa longueur seulement, le canal inguinal, s'attache par son extrémité externe ou latérale au tubercule antérieur et supérieur de l'ilium, et, par son extrémité interne, qui est plus compliquée, s'attache, par le pilier interne de l'anneau, à l'angle et à la symphyse du pubis, plus en dehors, et par le pilier externe à l'épine du pubis, plus en dehors encore et plus en arrière à la crête du pubis, au moyen d'une expansion aponévrotique falciforme qu'on appelle ligament de Gimbernat.

L'ouverture triangulaire comprise entre le bord antérieur de l'os coxal et l'arcade crurale est occupée et close en dehors par des muscles et des aponévroses; close en dedans par le ligament de Gimbernat: mais entre ce ligament et l'éminence ilio-pubienne, il reste un espace occupé par les vaisseaux cruraux.

Les muscles iliaque et grand psoas réunis sortent du bassin pour se porter à la cuisse, en passant par l'échancrure de l'os coxal comprise entre le tubercule antérieur et inférieur de l'ilium et l'éminence ilio-pubienne; ils sont recouverts et maintenus en place dans la fosse iliaque par une aponévrose (*fascia iliaca*), dans laquelle vient se confondre le tendon du petit psoas quand il existe. Cette aponévrose pelvienne, qui tapisse l'excavation du bassin ainsi que la fosse iliaque, et qui s'attache entre ces deux parties à la base de l'ilium et à l'éminence ilio-pubienne qui la termine, se comporte, en bas et en avant, d'une manière différente en dehors et en dedans: en dehors, en effet, elle se divise ou se dédouble pour ainsi dire pour se prolonger d'une part à la cuisse, sur les muscles psoas et iliaque, et d'une autre part pour s'unir solidement au ligament de Fallope et se prolonger avec le *fascia transversalis*, de manière à clore très-solidement le trou compris entre l'os coxal et l'arcade crurale, depuis le tubercule antérieur et inférieur de l'ilium jusqu'à l'éminence ilio-pubienne; en dedans, au contraire, cette aponévrose s'attache à la crête du pubis, passe par-dessus cette crête et par-devant le muscle pectiné, se prolonge dans le creux de l'aine et s'y continue avec le feuillet profond ou pectinéal du *fascia lata*.

D'un autre côté, le *fascia lata* présente, dans la région de l'aine, un autre feuillet plus superficiel attaché à la partie inférieure et antérieure du ligament de Fallope. Ce feuillet se continue, en dehors, avec la partie externe de l'aponévrose, et en dedans, se termine par un bord libre et concave; tandis que le feuillet profond qui se continue en dedans avec l'aponévrose de la cuisse, se continue et se perd insensiblement, en dehors, sur les muscles psoas et iliaque. Ces deux feuillets, séparés l'un de l'autre par les vaisseaux cruraux, se réunissent en bas, immédiatement au-dessous du point où la grande veine saphène s'abouche dans la crurale.

L'anneau crural, que je crois avoir le premier (dans mes leçons) démontré être un véritable canal, présente un orifice supérieur ou abdominal, un trajet situé dans le creux de l'aine et un orifice fémoral ou inférieur. L'orifice supérieur est annulaire ou ebron. Son côté antérieur est formé par le ligament de Fallope, son côté postérieur par la crête du pubis; son côté externe est formé par les muscles psoas et iliaque, revêtus par l'aponévrose iliaque, fixée là à l'éminence ilio-pubienne, et son côté interne est formé par le ligament de Gimbernat. Cet orifice, couvert par le péritoine, est fermé par une cloison tantôt molle et celluleuse, tantôt ligamenteuse et ferme, percée ordinairement de plusieurs ouvertures par lesquelles passent les vaisseaux lymphatiques cruraux, et où sont même quelquefois engagées des glandes lymphatiques; il répond ordinairement à la fossette externe du péritoine et quelquefois à l'interne. Les vaisseaux cruraux sanguins sont en dehors de cet orifice. Le nerf est plus en dehors encore, et séparé des vaisseaux par l'aponévrose iliaque. Les vaisseaux épigastriques, dans leur situation ordinaire, côtoient le côté externe de l'orifice en se portant de bas en haut et de dehors en dedans. On trouve aussi derrière la crête du pubis des anastomoses entre les vaisseaux épigastriques et obturateurs. Le trajet du canal a ordinairement un pouce ou un peu moins de longueur; sa paroi antérieure est formée par le feuillet superficiel du *fascia lata*; en arrière, il est formé en dedans par le pectiné couvert du feuillet profond de l'aponévrose fémorale, et en dehors, par les muscles psoas et iliaque, couverts aussi par une expansion du *fascia iliaca*. Dans le trajet du canal crural, les vaisseaux sanguins sont appliqués sur la paroi postérieure et externe, et y sont fixés par des lames ou cloisons étendues de cette paroi à l'antérieure. Le nerf crural est derrière l'aponévrose qui forme la paroi postérieure et externe; les vaisseaux lymphatiques, au contraire, sont avec des glandes profondes dans le canal même. L'orifice inférieur est une ouverture dont le contour spiroïde n'est pas exactement déterminé : le bord interne du feuillet superficiel, situé devant les vaisseaux cruraux, se contourne par dehors, par derrière, par dedans la veine saphène, à son embouchure dans la veine crurale, pour, en passant derrière cette veine, se continuer enfin avec le feuillet profond; les deux feuillets ainsi réunis derrière l'embouchure de la veine saphène deviennent antérieurs aux vaisseaux cruraux, tandis que plus haut ces vaisseaux sont entre les deux feuillets. Cet orifice inférieur donne aussi passage aux vaisseaux lymphatiques superficiels, à leur embouchure dans les profonds; il est couvert par quelques glandes lymphatiques superficielles et par le *fascia superficialis*.

L'échancrure de l'os coxal, l'arcade crurale et l'anneau crural sont plus grands dans la femme que dans l'homme; ils présentent aussi un assez grand nombre de variétés individuelles. Une des variétés les plus importantes que l'on observe dans les parties voisines de l'anneau crural est relative aux différences d'origine de l'artère obturatrice.

Les hernies crurales se font toujours par l'orifice supérieur du canal; elles s'engagent ordinairement dans son trajet, et souvent sortent même par son orifice inférieur.

CRURAUX (nerfs). On désigne sous ce nom et sous celui de nerfs fémoraux, les nerfs qui, fournis par les plexus lombaire et sacré, se distribuent au membre inférieur. L'un de ces nerfs, appelé crural ou fémoral postérieur, est plus connu sous le nom de nerf ischiatique; un autre, interne, est plus généralement appelé nerf obturateur; un seul est communément appelé crural.

Ce *nerf*, nommé aussi crural antérieur ou grand fémoral, déjà connu de Galien, a été bien décrit et figuré par Styx (*Descript. anat. nerv. crur. et obtur.*, Ienæ, 1784), et supérieurement par Fischer (*Descript. anat. nerv. lumbal. sacral. et extrem. infer. cum tab.* Lips., 1791). Il provient du plexus lombaire, de telle sorte ordinairement, que, pour le former, le second et le troisième nerfs lombaires se réunissent en un cordon renforcé par un rameau considérable du quatrième. Cet origine présente du reste beaucoup de variétés; aussi à peine trouve-t-on deux névrographes d'accord sur ce point. Le nerf crural, d'abord caché sous le grand psoas, paraît ensuite entre ce muscle et l'iliaque; il se porte vers le ligament de Fallope, avec et plus en dehors que les vaisseaux cruraux; séparé d'eux et couvert par le *fascia iliaca*. Il fournit et reçoit plusieurs filets avant de sortir de l'abdomen. Les premiers forment en dedans pour le psoas, et en dehors pour l'iliaque, des plexus élégans composés d'une multitude de filamens déliés. Arrivé sous le ligament de Fallope, il reçoit ordinairement un nerf crural accessoire, né séparément des nerfs lombaires. Ainsi augmenté et parvenu à la cuisse, où il est placé en dehors et en arrière de l'artère, dont il est séparé par le feuillet profond du *fascia lata*, il se divise en plusieurs branches, dont quelques-unes sont déjà distinctes dès avant sa sortie de l'abdomen. Le nombre de ces branches est tellement variable et peu constant, qu'entre Vieussens, qui en a figuré deux, et Sabatier, qui en a énuméré vingt, il y a une foule d'autres déterminations qui tiennent principalement, comme Styx l'a fait remarquer, à la hauteur différente où se fait la séparation des rameaux.

Voici l'énumération des rameaux principaux ou des plus constans que fournit le nerf crural : 1° un au muscle pectiné ; 2° trois au couturier, un supérieur, un moyen et un inférieur ; 3° trois cutanés, un moyen, un antérieur et un interne ; 4° quatre au muscle vaste externe ; 5° deux au muscle crural ; 6° un au muscle droit ; 7° un au petit adducteur ; 8° deux au muscle vaste interne ; 9° un satellite de la veine saphène interne ; 10° un qui accompagne l'artère crurale ; 11° enfin, un quelquefois pour le muscle grêle interne, et quelquefois un pour le muscle du *fascia lata*, d'autres fois pour le muscle demi-tendineux, etc.

CRURAUX (vaisseaux). Une artère, une veine et des vaisseaux *lymphatiques* portent ce nom.

L'*artère* et la *veine* principale du membre inférieur s'étendent de haut en bas, depuis la bifurcation des troncs iliaques primitifs, vis-à-vis la partie postérieure et latérale du détroit supérieur du bassin jusqu'à la fin du creux du jarret ou du quart supérieur de la jambe ; mais pour la facilité et l'exactitude des descriptions, on les divise en plusieurs parties qui sont successivement : l'*iliaque externe*, l'*inguinale*, la *fémorale* et la *poplitée*, laquelle fournit les *tibiales* et la *péronière*.

(A. BÉCLARD.)

CRURALE (région). La région crurale se distingue de la fesse en haut et en arrière, par le pli de cette région, de la paroi abdominale, en haut et en avant, par le pli inguinal, tandis qu'en dedans un sillon rempli d'ouvertures folliculaires, et qui correspond à la branche ascendante de l'ischion, la sépare de la région génitale externe ; en bas, elle est confondue réellement avec le genou, et leur séparation ne peut être établie qu'artificiellement, à l'aide d'une ligne menée circulairement quatre travers de doigts au-dessus de la rotule.

La cuisse a la forme d'un cône tronqué, dont la base est au bassin, et le sommet au genou ; elle est un peu aplatie en sens inverse supérieurement et inférieurement ; sa direction est oblique de haut en bas, et de dehors en dedans ; sa longueur mesure près du quart de celle du corps entier.

Bien que généralement arrondie, la cuisse présente néanmoins un certain nombre de saillies et de dépressions, la plupart musculaires ; ainsi, on voit s'élever en s'inclinant,

de la partie antérieure et supérieure vers l'interne, le relief du muscle couturier ; un autre relief parti du pubis, descend en dehors et en arrière ; il est formé par le faisceau des muscles adducteurs, et il circonscrit avec le premier une dépression triangulaire, le *creux inguinal*, qu'il faut bien distinguer du *pli* de ce nom, creux dans lequel on sent facilement les pulsations de l'artère crurale. Les faces antérieure et externe de la cuisse sont plus ou moins généralement convexes ; ce qu'elles doivent à la direction particulière du fémur, et aussi au volume des masses charnues qui le recouvrent. Les faces interne et postérieure sont moins bombées que les premières, pour une raison inverse ; au milieu de la face interne, on sent, par une pression soutenue, les pulsations de l'artère crurale, qui appuie presque immédiatement sur le fémur. Sur la face postérieure apparaît le faisceau des muscles postérieurs, faisceau d'abord simple et dirigé obliquement en dehors, puis séparé plus tard en deux faisceaux secondaires, qui concourent, comme nous le verrons, à la formation de l'espace poplité.

Structure. — 1° *Élémens.* — Le fémur forme le squelette de la cuisse ; il lui appartient presque uniquement par son centre, qui est arqué en avant et entièrement compacte ; cet os par sa direction donne celle de la région tout entière : des muscles superficiels et profonds lui impriment tous les mouvemens qu'il exécute dans ses articulations supérieure et inférieure ; les premiers mesurent par leur longueur toute l'étendue de la cuisse, et même au-delà ; les seconds sont beaucoup plus courts : parmi les profonds, on compte surtout le triceps, qui recouvre immédiatement le fémur, et dont les fibres sont incomparablement plus courtes que celles des muscles superficiels ; les autres muscles abondent principalement en dedans et en arrière ; ils sont rares, au contraire, en dehors et en avant. Dans ces derniers points existent seulement le tenseur de l'aponévrose crurale, le droit antérieur et le couturier, tandis qu'en dedans il en est une masse bien plus considérable, formée par le droit interne et les adducteurs, qui sont réellement au nombre de quatre, en y comprenant le muscle pectiné (1), et tandis qu'en arrière on remarque le biceps, le demi-tendineux et le demi-membraneux, qui peuvent être considérés

_____

(1) Le muscle pectiné a la position, la forme, la direction, la structure et les usages des autres adducteurs.

comme les cordes de l'arc que représente le fémur. Les muscles psoas et iliaque en avant, grand fessier en arrière, s'y prolongent par leur seule extrémité inférieure.

La plus résistante de toutes les aponévroses recouvre tous ces muscles, auxquels même elle fournit des gaînes remarquables, formées par des cloisons qui procèdent de sa face interne, et qui vont se terminer d'autre part sur la ligne âpre du fémur. L'aponévrose *crurale*, ou *fascia lata*, se continue en haut et en arrière avec celle de la fesse, en haut et en avant avec l'arcade crurale, et au-dessous de celle-ci, avec le *fascia iliaca* en dehors, tandis qu'en dedans elle est fixée sur la lèvre externe de l'arcade pubienne; en bas enfin, cette aponévrose se continue sur le genou. La gaîne la plus forte des muscles de la cuisse est celle commune au triceps et au droit antérieur (1). Les muscles couturier, adducteurs, droit interne et pectiné, en sont tous pourvus séparément; une seule renferme en arrière les muscles et les vaisseaux et nerfs profonds; cette gaîne postérieure se continue, en haut, sous la fesse, jusque vers l'échancrure sciatique; en bas, elle communique avec le creux poplité. Les vaisseaux fémoraux eux-mêmes sont pourvus d'une gaîne triangulaire, très-forte et très-large en haut, où elle constitue le *canal crural*, qui fera le sujet d'une minutieuse description, à l'occasion des rapports de la région qui nous occupe; enfin, la gaîne des muscles psoas et iliaque, comme ces muscles, se prolonge à la cuisse, où seulement elle cesse d'être formée par le *fascia iliaca*. Plusieurs ouvertures du *fascia lata* livrent régulièrement passage à des vaisseaux et à des nerfs, qui tantôt de profonds deviennent superficiels; mais qui, bien plus souvent, ont une disposition inverse. Parmi ces ouvertures, la plus remarquable, sans contredit, est celle de la veine saphène interne, au bas du canal crural.

Les artères crurales émanent presque toutes d'un tronc commun, placé successivement sur les faces antérieure, interne et postérieure de la région, et qui la traverse suivant le trajet d'une ligne menée du milieu de l'arcade crurale, vers la partie postérieure et interne du condyle interne du fémur. Rappelons que de sa partie supérieure, dans l'état régulier, ce tronc fournit, à un pouce et demi au-dessous du ligament de Fallope, une branche con-

sidérable, souvent aussi grosse que lui-même, c'est la *crurale profonde* (1), qui s'enfonce progressivement en arrière à mesure qu'elle descend, et qui fournit presque toutes les branches intrinsèques de la cuisse : 1° les deux *circonflexes*, qui embrassent de toutes parts le col du fémur, se portant l'une et l'autre vers la fesse, dans laquelle elles s'anastomosent avec les artères de cette région, tandis que l'interne seule au niveau du trou obturateur, s'unit largement avec l'artère obturatrice. Les deux artères circonflexes forment sur les limites respectives de la cuisse et du bassin, un cercle artériel complet, qui réunit les systèmes vasculaires de l'une et de l'autre régions, et qui peut dans l'occasion suppléer au tronc principal à ce niveau. 2° Les *perforantes*, que l'on pourrait appeler *crurales postérieures*, et qui, en effet, dès leur origine, se portent toutes en arrière, et constituent par leur bifidité terminale, une chaîne anastomotique entre les artères de la fesse et celles du genou, disposition d'une haute importance pour la circulation collatérale. Pour peu que l'on y réfléchisse, on aperçoit bientôt que l'artère fémorale profonde porte les matériaux de la nutrition aux parties interne et postérieure de la cuisse, tandis que les parties externe et antérieure reçoivent une branche considérable que leur envoie l'artère fémorale de son côté externe et supérieur; cette branche est la *musculaire externe*, dont, au reste, l'origine est singulièrement variable.

Les veines de la cuisse suivent presque partout le trajet des artères; toutefois, sous ce rapport, elles doivent être divisées en sous-aponévrotiques, et en sous-cutanées; ce sont les premières auxquelles on doit exclusivement appliquer l'épithète de *satellites des artères*; les secondes ont une disposition tout-à-fait différente. Parmi les veines sous-aponévrotiques, la crurale profonde commence en s'anastomosant avec la saphène externe, dans le creux poplité; les veines superficielles forment un beau réseau sous-cutané, dont toutes les branches convergent en dedans, et se rendent dans la portion fémorale de la veine saphène interne, qui reçoit aussi, en haut, les veines superficielles des régions *costo-iliaque* et *testiculaire*, en même temps qu'elle est presque toujours unie à la veine

(1) Quelquefois le droit antérieur est renfermé dans une gaîne spéciale fort mince.

(1) Pour parler un langage plus clair, il faut dire avec Meckel, que le tronc destiné au membre abdominal se divise en deux branches à la partie supérieure de la cuisse : l'une constituant la crurale profonde, l'autre la superficielle.

saphène externe, par une branche considérable de celle-ci, qui se porte obliquement
vers elle. La veine saphène interne est successivement placée en dedans et en avant de
la cuisse, à mesure qu'elle remonte; enfin,
en haut, elle passe dans un trou spécial de
l'aponévrose *fascia lata*, et débouche dans la
veine crurale.

De nombreux ganglions lymphatiques occupent le creux inguinal, les uns superficiellement, les autres profondément; relativement
à ces derniers, l'expression de *sous-aponévrotiques* n'est exacte qu'en partie, parce qu'ils
sont placés seulement dans la gaîne des vaisseaux fémoraux (*canal crural*); par conséquent, comme on le verra bientôt, ils sont
simplement recouverts par un feuillet très-
mince du *fascia lata*, et sont loin d'être tout-
à-fait placés au-dessous de lui. Les ganglions
superficiels du creux inguinal reçoivent tous
les vaisseaux lymphatiques superficiels du
membre correspondant, ceux de la région testiculaire, du périnée, de la hanche et de la
partie sous-ombilicale de la région *costo-iliaque*. Les ganglions profonds reçoivent les vaisseaux lymphatiques cruraux profonds.

Les nerfs de la cuisse émanent des plexus
lombaire ou sacré; le premier fournit à ses
parties antérieure, interne et externe; les branches du second sont exclusivement destinées
à la face postérieure de cette région. Tous,
du reste, sont superficiels et profonds : les
premiers en dehors sont, la branche *inguino-
cutanée*; en dedans et en avant, la *génito-
crurale*, et quelques filets du nerf *crural*; en
arrière, le *petit sciatique*, *cutané postérieur
de la cuisse* (CHAUSSIER). Les seconds sont au
nombre de trois : le *grand sciatique*, qui ne
fait presque que passer sans fournir de filets;
le *crural* et le *sous-pubien*, qui se résolvent
en un grand nombre de branches, destinées
presque toutes exclusivement à la cuisse, à
l'exception de la branche saphène interne du
premier, qui la dépasse. Sous le rapport de
la position et de la destination, le nerf sciatique est *postérieur*, le *crural* est antérieur
et externe, le *sous-pubien* ou obturateur est
interne.

Le tissu cellulaire sous-cutané de la cuisse
est abondant en avant et en dedans, il est
d'une médiocre laxité; le sous-aponévrotique
abonde surtout en arrière, autour du nerf
sciatique; la graisse, superficiellement et profondément, présente la même disposition générale que le tissu cellulaire, et est plus
abondante sous la peau que partout ailleurs.

La peau de la cuisse, enfin, est généralement épaisse et résistante; mais elle jouit de
ces propriétés surtout en dehors et en avant;
en dedans et en arrière, elle est proportionnellement remarquable par sa finesse et son
aspect glabre.

2° *Rapports.* — La peau, le tissu cellulo-
graisseux sous-cutané, et le feuillet superficiel du *fascia lata*, forment trois couches communes à tout le contour de la cuisse, couches
sur la nature desquelles tout a été exposé dans
l'article précédent. Disons seulement que le
tissu cellulo-graisseux sous-cutané contient
tous les nerfs, les vaisseaux lymphatiques superficiels, et quelques glandes du même genre
en haut, que la veine saphène interne en
dedans et en avant s'y rencontre avec ses
branches, notamment avec celle qui vient
de la saphène externe; enfin, ne perdons pas
de vue que, parmi ces diverses ramifications
nerveuses et vasculaires sous-cutanées de la
cuisse, les nerfs marchent de haut en bas, et
percent supérieurement l'aponévrose, de dedans en dehors, pour se placer dans le plan
qui leur appartient principalement; tandis
que, tout-à-fait différens, les vaisseaux lymphatiques et les veines suivent une marche
ascendante, et pénètrent en haut sous l'aponévrose, par des ouvertures spéciales.

Au-dessous de l'aponévrose *fascia lata*, les
couches organiques de la cuisse cessent d'être
aussi nettement dessinées, surtout elles ne
sont plus communes à tout son contour, aussi
les rapports doivent-ils être examinés successivement en avant, en arrière, en dehors et
en dedans.

1° *En avant*, les rapports sont encore différens, suivant qu'on les considère supérieurement ou inférieurement. Dans le premier point, l'aponévrose enlevée, on aperçoit
une dépression triangulaire qui a sa base à
l'arcade crurale, et son sommet à l'endroit
où le couturier et le premier adducteur se
croisent; tandis que son bord externe est
formé par le premier de ces muscles, et l'interne par le second; dans cet espace, se trouvent les vaisseaux fémoraux sur le trajet d'une
ligne tirée de son sommet vers sa base, vaisseaux disposés de telle manière que la veine
est en dedans supérieurement, et qu'elle glisse
ensuite en arrière; le tronc du nerf crural,
bientôt divisé en une foule de branches, cô-
toie en dehors ces vaisseaux, séparé d'eux
néanmoins par une lame fibreuse très-dense,
car il est logé dans la gaîne du muscle psoas,
tandis que l'artère est pourvue d'une enve-

loppe spéciale qui constitue le *canal crural*; toutefois, deux des branches du nerf crural viennent bientôt se mettre dans la gaîne des vaisseaux; au-devant de ceux-ci, ce sont les deux racines du nerf saphène interne. Lorsque l'on a suffisamment examiné tous les rapports des organes précédens, et que l'on enlève le muscle couturier et les vaisseaux fémoraux, avec les parois de leur gaîne, on trouve, de dehors en dedans: l'extrémité supérieure du muscle droit antérieur; la fin des muscles psoas et iliaque renfermés dans leur gaîne; l'interstice qui sépare cette masse musculaire du muscle pectiné, et dans lequel glissent les vaisseaux circonflexes internes; le pectiné et l'interstice qui le sépare du premier adducteur, qui vient lui-même ensuite et est croisé dans sa direction, par le passage de l'artère génitale externe sous-aponévrotique; au-dessous du muscle droit antérieur apparaissent le triceps, les vaisseaux circonflexes externes, appuyés sur le col du fémur, puis une portion de la capsule fibreuse, qui est aussi sous-jacente au muscle pectiné, et aux psoas et iliaque, dont elle est séparée par une bourse muqueuse très-abondamment pourvue de synovie; au-dessous du pectiné et du premier adducteur réunis, existe un interstice où l'on trouve les vaisseaux et nerfs obturateurs, et auquel correspond, en haut, le muscle obturateur externe et le trou sous-pubien; plus profondément, viennent le muscle droit interne en dedans, le petit adducteur et ensuite le grand, séparés l'un de l'autre par une branche des vaisseaux et nerfs obturateurs. Dans la moitié inférieure de la cuisse, toujours en avant, on trouve sous l'aponévrose, le muscle droit antérieur, tout-à-fait en avant, et le couturier contourné en dedans; au-dessous, les faisceaux antérieur et interne du triceps, la partie inférieure du grand abducteur, et une lame aponévrotique, qui se porte de la portion interne du premier vers le second, lame percée en bas par un cordon volumineux du nerf crural, le *saphène interne*, et appuyée immédiatement sur les vaisseaux fémoraux disposés de telle manière que la veine est tout-à-fait postérieure à l'artère, et qu'ils correspondent à la face profonde du muscle couturier, plus près, toutefois, de son bord externe que de l'interne. Avant de percer l'aponévrose précédente, le nerf saphène est accolé au côté externe et antérieur des vaisseaux fémoraux; enfin toutes ces parties enlevées, le fémur paraît à nu en avant et en dedans.

2° *En arrière de la région*, toujours sous l'aponévrose, on trouve sur un premier plan le muscle demi-tendineux, et la longue portion du biceps, réunis en haut, et séparés en bas par un intervalle angulaire qui prélude au creux poplité; plus profondément, le muscle demi-membraneux seul en haut, en bas de plus la courte portion du biceps qui est externe, tandis que le premier reste en dedans; plus profondément, le grand nerf sciatique, et la chaîne artérielle postérieure, que forment les perforantes au milieu, les articulaires du genou en bas, et la sciatique en haut, vaisseaux entourés de beaucoup d'un tissu cellulo-graisseux fort lâche, et ayant supérieurement avec la fesse, et inférieurement avec le creux du jarret, des relations indiquées. Tous ces organes enlevés, on aperçoit la partie postérieure du fémur, et le muscle grand adducteur, qui forme comme une cloison, entre les faces postérieure et interne de la région.

3° *En dehors*, au-dessous de l'aponévrose, on trouve immédiatement en haut, le tenseur aponévrotique fémoral dirigé en arrière, et au-dessous duquel glissent les vaisseaux circonflexes externes; en bas, la portion externe du triceps, qui se cache supérieurement sous le premier, enfin plus profondément, la partie externe du fémur.

4° *En dedans*, les rapports nous sont déjà connus, mais ils ont été envisagés d'avant en arrière; considérons-les encore de dedans en dehors, de la peau vers l'os. Un plan sous-aponévrotique est formé en haut par le droit interne, et en bas, par le couturier qui croise le premier; au-dessous et en haut, on voit sur le même plan, le bord interne des trois muscles adducteurs, le petit au milieu, le moyen en avant, le grand en arrière; le petit ne sépare les deux autres que dans le tiers supérieur de la cuisse, et le moyen lui-même ne descend pas au-delà du tiers moyen de la même région: d'où il suit que le grand demeure seul en bas. En se réunissant au fémur, ces trois muscles se placent, en partie, sur le même plan, et forment, avec le triceps, un angle dans lequel, au milieu de la région, on trouve les vaisseaux fémoraux; si l'on pénètre supérieurement dans les deux interstices formés par les trois muscles adducteurs, on arrive sur la face extérieure du muscle obturateur externe, et dans l'un et l'autre interstices, on aperçoit, comme déjà nous l'avons vu, des branches des vaisseaux et nerfs sous-pubiens, et des vaisseaux circonflexes internes ; enfin, remarquons de nouveau que le trou sous-pubien correspond à l'interstice le plus antérieur.

Tels sont les rapports de la région crurale ; mais il est un point où ils ont besoin surtout d'être plus minutieusement étudiés. C'est dans la partie supérieure et interne, lieu où la gaîne des vaisseaux fémoraux, devenue plus large, communique avec l'abdomen, au pli de l'aine, et constitue le *canal crural*.

Canal crural. — Le canal crural, dont nous avons étudié *la partie supérieure* (1), est un espace ou trajet triangulaire, destiné aux vaisseaux dont il porte le nom, et placé à la partie supérieure et antérieure de la région de la cuisse, dans un dédoublement de l'aponévrose *fascia lata*.

Sa forme triangulaire ne peut paraître un instant douteuse, et résulte surtout de la réunion à angle, du muscle pectiné et du faisceau des psoas et iliaque, sur lesquels il est appliqué.

Sa direction est un peu oblique en bas et en dedans ; bien entendu qu'il n'est ici nullement question de la direction des ouvertures.

Sa longueur est d'environ deux travers de doigt ; il est un peu plus étendu en dehors qu'en dedans.

Sa largeur est plus grande en haut qu'en bas.

Le canal crural présente une partie moyenne et deux orifices ; la partie moyenne offre trois parois : des deux orifices, l'un est supérieur et l'autre inférieur.

1° La paroi antérieure du canal crural est mince surtout en dedans ; elle est formée par le feuillet antérieur de l'aponévrose *fascia lata*, fixé sur l'arcade crurale ; elle est recouverte par quelques ganglions lymphatiques, le *fascia superficialis* et la peau. Cette paroi présente plusieurs ouvertures par lesquelles passent des vaisseaux lymphatiques, qui unissent les ganglions superficiels et profonds ; un de ces derniers se trouve lui-même quelquefois engagé dans l'une d'elles.

2° La paroi externe est formée par le feuillet profond de l'aponévrose fémorale, appuyé sur les muscles psoas et iliaque, feuillet en dehors duquel immédiatement repose le nerf crural, qui ainsi n'est pas dans le canal.

3° La paroi postérieure et interne est formée par le feuillet profond du *fascia lata*, dans sa portion appliquée immédiatement sur le muscle pectiné.

Trois angles résultent de la réunion de ces

(1) *Voyez* Région du pli de l'aine.

trois parois : l'un, postérieur et externe, formé par la réunion des deux derniers, est le seul important ; il contient les vaisseaux fémoraux : les deux autres sont moins intéressans ; l'un est externe et l'autre est interne.

Cette partie moyenne du canal crural contient les vaisseaux fémoraux, dans le lieu indiqué, vaisseaux disposés de manière que la veine est interne. On y trouve en outre un tissu dense, interposé entre l'artère et la veine fémorales, et un ganglion lymphatique placé en dedans et en avant de la veine.

L'orifice supérieur du canal crural a été décrit (1), l'inférieur est ovalaire, dirigé en dedans et en avant, et contient la veine saphène interne, à laquelle il est visiblement destiné ; son contour est faible en haut et en dedans ; il est, au contraire, très-résistant en arrière et en dehors, où il est formé par un arceau fibreux, à concavité supérieure, et reçu dans l'angle formé par le confluent des veines fémorale et saphène interne. A part cet orifice inférieur, le canal crural se continue encore en bas avec le reste de la gaîne triangulaire des vaisseaux fémoraux.

Le canal crural est un peu plus long chez l'homme que chez la femme ; en revanche, il est plus large chez cette dernière (2).

Développement. — La cuisse est la troisième partie du membre abdominal que l'on distingue bien chez l'embryon ; elle est dans les premiers temps remarquable par sa gracilité, sa rondeur et son apparence cylindroïde, caractères qu'elle doit à l'abondance de la graisse sous-cutanée, d'une part, et, de l'autre, au peu de développement de ses muscles ; l'os central de la cuisse, le *fémur*, dans les premiers temps, est peu arqué en avant, et la cuisse, en totalité, participe à cette direction ; c'est après l'époque de la puberté que toute la région acquiert cette convexité antérieure, et cette force qui nous ont occupés. Avant ce temps, les caractères de la cuisse n'offrent aucune variété de sexes.

Variétés. — Chez la femme, la cuisse est plus ronde et plus blanche, moins velue, et proportionnellement plus longue que chez l'homme ; chez elle, en même temps, son vo-

(1) *Loc. cit.*

(2) Le canal crural et les parties qui le circonscrivent trouvent leurs analogues dans le creux axillaire ; ces deux parties sont placées à l'union des membres correspondans avec le tronc, ont la forme triangulaire, contiennent les branches vasculaires principales du membre, et communiquent avec le tronc par un orifice triangulaire.

lume est plus considérable, surtout en haut, à cause de l'abondance de la graisse sous-cutanée; son extrémité supérieure est séparée de celle du côté opposé, par un intervalle plus grand, en raison de l'étendue prépondérante du bassin sur lequel elle appuie; il résulte en outre de cette dernière disposition que, chez la femme, la cuisse est plus obliquement dirigée que chez l'homme.

Sous le rapport du volume, de la longueur, et de la direction, la cuisse offre une foule de variétés individuelles; il n'est pas rare de lui trouver, chez certains hommes, tous les caractères qu'elle présente dans la femme.

Les divers élémens de la cuisse présentent aussi des variétés qui doivent être signalées, avec d'autant plus de soin que quelques-unes ont une importance majeure, relativement à la médecine opératoire. Le muscle pectiné est quelquefois séparé en deux faisceaux; il en est de même des trois adducteurs; le couturier est souvent interrompu par des intersections fibreuses. Meckel l'a vu manquer ou être double. Le biceps peut offrir un faisceau surnuméraire, ou n'en avoir qu'un seul, et alors il ne mérite pas son nom. L'artère fémorale, au lieu de fournir la profonde un pouce et demi au-dessous de l'arcade crurale, peut se diviser au niveau de ce repli, ou plus bas que de coutume. Tout récemment, nous avons vu la fémorale profonde, naître au milieu de la cuisse. Le nerf sciatique en arrière se divise quelquefois très-haut; on l'a même vu ainsi disposé depuis son origine.

Usages. — La cuisse joue un rôle fort important dans la station; elle reçoit immédiatement le poids du tronc, puisque la hanche est presque totalement confondue avec ce dernier; elle est tenue en équilibre entre les muscles antérieurs et postérieurs, qui la sollicitent chacun dans leur direction. Ses muscles internes lui impriment un fort mouvement d'adduction; le mouvement d'abduction est moins énergique.

Déductions pathologiques et opératoires. — Les plaies de la partie antérieure et supérieure de la cuisse, celles de sa partie interne et moyenne peuvent être fort graves, la mort en a même quelquefois été le résultat. L'artère fémorale peut être facilement lésée dans ces divers points. Toutefois, c'est surtout en haut et en avant que ce vaisseau, en raison de sa position superficielle, est le plus exposé à être atteint par les instrumens vulnérans; c'est dans ce lieu aussi qu'il a été ouvert par certains individus, dans le but de se donner

la mort. L'accolement et l'union intime de l'artère et de la veine fémorale, font concevoir la possibilité de leur lésion simultanée par un instrument piquant, et en même temps l'espèce particulière d'anévrisme, le *variqueux*, qui en est la suite presque nécessaire. Toutes les circonstances favorables à la formation de cette maladie se rencontrent dans cette région; aussi y a-t-elle été fréquemment observée. Au-dessous du tiers supérieur de la cuisse, l'artère fémorale et sa veine satellite sont facilement lésées ensemble, par un stylet porté directement d'avant en arrière, ou en sens inverse. Au-dessus de ce point, pour obtenir le même résultat, il faut faire agir le même instrument, ou transversalement, ou au moins obliquement, de dehors en dedans et d'avant en arrière; l'anatomie nous rend bien compte de ces phénomènes, puisque, dans le premier point, l'artère est antérieure à la veine, tandis que, dans le second, ces deux vaisseaux sont placés de front, la veine en dedans de l'artère. Outre l'anévrisme variqueux, dont nous venons de montrer les circonstances de formation, toutes les autres variétés d'anévrismes peuvent se manifester à la cuisse; dans cette occurrence, ou lorsqu'il s'agit d'arrêter une hémorrhagie fournie par le tronc artériel principal de la cuisse, ouvert dans une plaie, on peut être appelé à en faire la ligature, moyen qui est encore indiqué pour la cure d'un anévrisme, ou de certaines plaies des artères de la jambe, comme il sera dit plus bas. Cette opération peut être pratiquée à diverses hauteurs, qui sont, en général, subordonnées au siège du mal qui le requiert. Toutefois, lorsqu'on l'applique au traitement d'une maladie des artères du genou, ou de la jambe, le lieu peut réellement être choisi par le chirurgien. Si l'on veut, suivant le conseil du célèbre Hunter, lier l'artère fémorale au moment où elle s'engage dans le canal du muscle troisième adducteur, il faut se rappeler que, dans ce point, elle est, en avant, couverte par le muscle couturier, près du bord externe duquel elle est placée, et qu'immédiatement au-devant d'elle existe une lame aponévrotique qui, du vaste interne se porte vers le troisième adducteur; alors, en suivant ces données anatomiques, et en incisant le long du bord externe du muscle couturier, on coupe successivement: la peau, le tissu cellulaire sous-cutané; on laisse en dedans la veine saphène interne, on coupe encore l'aponévrose *fascia lata;* on déjette en dedans le muscle couturier, dans la gaîne duquel on est parvenu(1); on incise, sur une sonde cannelée, l'aponévrose qui recouvre immédiatement l'artère, et on soulève celle-ci de dehors en dedans, évitant, en dehors, le nerf saphène interne, et la veine fémorale en arrière. Si, au contraire, comme le préfère le professeur Scarpa, on veut lier l'artère au bas du creux inguinal, on a l'avantage de la trouver plus superficielle; pour arriver sur elle, en effet, il n'est besoin d'inciser que la peau et l'aponévrose fémorale, le long du bord interne du biceps, et alors on la trouve en rapport, en arrière et en dedans, avec sa veine satellite, et côtoyée par deux cordons du nerf crural, qui concourent à former le nerf saphène interne; elle doit être soulevée de dedans en dehors, pour éviter la veine qui se trouve dans cette direction. Si l'on voulait atteindre l'artère de la cuisse au milieu de cette région, il serait indifférent de soulever le muscle couturier, de dehors en dedans ou de dedans en dehors, car elle est placée à égale distance de l'un et de l'autre bords. On voit que les opérateurs ne sont point tous d'accord sur le lieu où l'on doit lier l'artère fémorale dans les anévrismes, lorsque toutefois ce lieu peut être choisi; essayons d'estimer par l'anatomie les différens procédés dont je viens de parler. Celui de Hunter est plus difficile à exécuter que celui de Scarpa, mais il procure l'avantage de placer la ligature plus loin de la fémorale profonde; circonstance avantageuse pour éviter au malade une hémorrhagie à la chute du fil; mais, d'autre part, il expose peut-être à l'hémorrhagie par la section trop prompte de l'artère, parce que l'on porte la ligature plus près du lieu où l'artère est anévrismatique, et par suite plus ou moins malade; ainsi, il est clair que les deux procédés de Scarpa et de Hunter ont des avantages et des inconvéniens inverses, qui se compensent à peu près. Toutefois, comme c'est le lieu de l'artère sur lequel repose la ligature, qui imprime à ces procédés des caractères différens et inverses, comme aussi les points de l'artère fémorale qui sont embrassés par le fil dans ces deux cas sont placés à l'opposite l'un de l'autre, il serait peut-être possible de choisir un procédé in-

(1) Si on n'incise pas bien dans la direction du muscle couturier, on ouvre la gaîne du triceps en avant, et l'on a de la peine à trouver l'artère. Le bord externe du couturier est indiqué par une ligne qui partirait de l'épine iliaque antérieure et supérieure, pour se porter vers la partie postérieure du condyle interne du fémur.

termédiaire qui concilierait à la fois les avantages des deux méthodes; c'est ce que l'on obtient, en liant l'artère fémorale au milieu de la cuisse; là, en effet, on est plus éloigné de la profonde et du lieu où l'artère est affectée, que dans le procédé de Scarpa d'une part, et dans celui de Hunter de l'autre. Au reste, nous avons signalé des cas dans lesquels l'artère fémorale profonde naissait plus bas que de coutume; chez un individu portant une semblable variété, si l'on avait fait la ligature suivant le procédé de Scarpa, l'artère aurait pu être liée au-dessus de la fémorale profonde, ou, ce qui serait peut-être plus fâcheux, de peur de l'hémorrhagie consécutive, immédiatement au-dessous. Dans les anévrismes de la partie la plus élevée de l'artère fémorale, c'est l'artère iliaque externe qui doit être liée, comme il a été dit; mais lorsque la tumeur s'est développée au-dessous de la profonde, et très-près d'elle, doit-on, pour ménager cette collatérale, faire la ligature immédiatement au-dessus de la tumeur, ou lier encore l'iliaque externe? M. Roux, tout récemment, a prouvé par l'expérience, que l'on peut bien lier au-dessous de la profonde. On ne saurait cependant dissimuler qu'en appliquant ainsi une ligature immédiatement au-dessous d'une si grosse collatérale, on expose le malade à une hémorrhagie consécutive; mais il faut bien se garder de croire qu'elle soit autant à craindre dans le cas cité, que dans ceux où l'artère iliaque externe, par exemple, a été liée au-dessous de l'épigastrique; en effet, dans ce dernier, tout l'effort de la colonne sanguine lancée par le cœur dans l'artère, est supporté par la cicatrice, et une faible partie de ce fluide prend la route des artères épigastrique et circonflexe iliaque; au contraire dans le cas de ligature de l'artère fémorale immédiatement au-dessous de la profonde, la cicatrice artérielle est heurtée par une colonne sanguine d'autant moins forte que la circulation se rétablit promptement et facilement par la fémorale profonde, qui fait presque suite, pour le volume et la direction, au vaisseau étranglé par le fil. Telle est, à n'en pas douter, la raison pour laquelle, dans ces ligatures de la fémorale, les hémorrhagies sont moins fréquentes qu'elles ne sembleraient devoir l'être au premier abord; cette exception à la règle générale de l'application des ligatures *le plus loin possible au-dessous d'une grosse collatérale*, peut être facilement expliquée par l'anatomie, et doit faire modifier ainsi l'énoncé du précepte relatif au lieu favorable à l'application des ligatures sur les grosses artères : *s'éloigner le plus possible des grosses collatérales supérieures, surtout lorsque, par leur calibre et leur direction, elles s'éloignent beaucoup du tronc principal.* Lorsque l'artère fémorale a été liée en haut, la circulation se rétablit par le moyen des anastomoses des artères circonflexes, avec l'obturatrice, la fessière et la sciatique, et de ces dernières, avec les perforantes. Ces communications, surtout celles de l'obturatrice avec la circonflexe interne, suffisent sur le cadavre, lorsque l'on a lié en haut la fémorale, pour conduire une injection, même grossière, de l'artère iliaque primitive dans toute la cuisse; ne doivent-elles pas suffire plus facilement encore, pour livrer passage au sang, dont la ténuité est bien plus remarquable? alors la fémorale profonde reçoit immédiatement le sang et le porte dans la partie inférieure du tronc fémoral qui a été oblitéré en haut. Si, au contraire, la ligature a été passée au-dessous de la grosse collatérale indiquée, le sang se répand dans tout le système artériel postérieur de la cuisse, dilate les anastomoses des artères perforantes, et, en suivant la chaîne qu'elles forment, arrive dans le tronc poplité. On conçoit alors l'immense importance de la chaîne anastomotique des artères précédentes, qui forment en quelque sorte un canal supplémentaire, destiné à rétablir la circulation entre les parties supérieures et inférieures de la région qui nous occupe. Nulle part, plus qu'à la cuisse, il n'est besoin de débrider dans les phlegmons profonds, parce que nulle part non plus on ne trouve une aponévrose aussi résistante. Les gaines nombreuses que cette lame fibreuse forme pour les muscles expliquent les directions constantes suivant lesquelles les épanchemens sanguins ou purulens se propagent dans cette région; siégent-ils en effet à la partie postérieure de la cuisse, dans la gaine des muscles postérieurs, ils fusent en bas, vers le creux poplité, ou bien en haut, vers la fesse, les trous sciatiques et même le bassin, comme je le dis ailleurs (1). Siégent-ils, au contraire, en avant dans la gaine du triceps? ils remontent ou descendent en décollant le fémur des muscles qui y adhèrent; ceux qui se forment dans les gaines des muscles adducteurs peuvent aussi gagner supérieurement le bassin, et passer dans la région intra-pelvienne, par le trou sous-pubien, comme

j'en cite divers exemples (1); on peut recourir enfin à ce que nous disons des abcès profonds de la fosse iliaque interne, et de leur acheminement vers le petit trochanter(2). Cette facilité avec laquelle le sang ou le pus fusent dans les gaines aponévrotiques des muscles de la cuisse, a souvent été un obstacle à la guérison de malheureux qui avaient subi l'amputation dans ce lieu; aussi doit-elle, dans ces cas, faire établir en principe de faciliter, autant que possible, l'écoulement du pus au dehors, soit en exerçant avec une bande élastique la compression du moignon au-dessus de la plaie, soit en réunissant celle-ci d'une manière peu serrée, et aussi en lui donnant une position déclive. Nulle part le double plan musculaire des membres n'est plus prononcé qu'à la cuisse; nulle part aussi les préceptes de Cheselden et de J.-L. Petit, relativement aux amputations, ne sont plus amplement applicables, et en même temps plus nécessaires. La forme d'un cône renversé, que présente la région crurale, a fait donner l'excellent précepte de l'amputer le plus bas possible, pour avoir une surface saignante d'autant moins étendue. Dans cette opération, on a toujours à lier l'artère fémorale, qui se trouve en dedans de l'os, la profonde, qui est un peu postérieure, et plusieurs artères musculaires, placées en dedans, en arrière et en dehors. L'amputation à lambeaux doit être faite de manière à avoir un lambeau externe et un lambeau interne. Deux raisons anatomiques servent de base à cette conduite : 1° parce que les gros troncs vasculaires se trouvent placés dans le sens de l'un des lambeaux, l'*interne;* 2° parce que les grandes masses de chair sont surtout placées sur les parties latérales de la région. Au reste, après cette amputation à lambeaux, souvent le fémur vient faire saillie dans l'angle antérieur de leur réunion; ce qui se conçoit avec facilité, lorsque l'on réfléchit que, de ce côté, il est naturellement placé très-près de la surface extérieure. Pour éviter cette saillie de l'os, on a bien proposé de faire un des lambeaux en avant, et l'autre en arrière; mais ce procédé offre des inconvéniens qu'il serait superflu de signaler, d'après ce qui vient d'être dit auparavant. On a fait plusieurs fois, avec succès, l'extirpation de la cuisse. Pour l'exécuter, il faut se rappeler que l'articulation coxo-fémorale, est placée trois travers de doigts au-dessous de l'épine iliaque antérieure et supérieure, et qu'à son niveau, les vaisseaux fémoraux renfermés dans le canal crural, sont antérieurement placés. Alors, quel que soit le procédé que l'on suive dans la formation des lambeaux, soit que l'on commence par l'externe, ou par l'interne, et qu'on les forme l'un et l'autre avant d'ouvrir l'articulation, soit que l'on fasse d'abord un des lambeaux, et que l'on ouvre immédiatement l'article pour terminer par le lambeau opposé, toujours il faut ne pas perdre de vue que le moyen le plus expéditif pour opérer la désarticulation, consiste à couper très-haut la capsule fibreuse sur la tête du fémur. Béclard, dans ses cours de médecine opératoire, conseillait de former, pour cette extirpation, deux lambeaux, dont l'un serait antérieur et l'autre postérieur; cette méthode possède l'avantage de laisser l'artère principale dans un des lambeaux, l'*antérieur*, et de permettre une rapide exécution, car le lambeau antérieur une fois établi, la partie antérieure de la capsule fibreuse est à nu dans toute son étendue, et est coupée facilement. Quelle que soit la manière dont on pratique cette opération, elle est effrayante et par ses résultats immédiats, et par les dangers qu'elle entraine à sa suite, en raison de sa proximité du tronc; aussi ne doit-elle être considérée que comme la ressource dernière de l'art. Toutefois, lorsqu'elle est indiquée, il me parait prudent de lier l'artère fémorale au-dessous de l'arcade crurale, avant d'y procéder; on évite ainsi une grande hémorrhagie pendant l'opération. Je conçois d'autant moins le blâme que plusieurs chirurgiens déversent sur cette précaution, conseillée par M. Larrey, que la plaie qui a servi à lier l'artère fémorale, peut servir de point de départ pour l'action du couteau; il est par conséquent inexact de dire que l'on fait ainsi subir aux malades deux opérations.

Nous traitons ailleurs (1) des engorgemens de diverse nature des ganglions inguinaux, et de la hernie fémorale; mais cette dernière n'a été et n'a dû alors être considérée que relativement à son collet ou orifice supérieur; voyons maintenant comment elle se comporte, eu égard au canal crural. La tumeur qui la constitue glisse en avant et en dedans des vaisseaux fémoraux, et descend dans le canal crural, dont elle soulève la paroi antérieure; pendant tout le temps qu'elle séjourne dans ce point, elle est très-peu vo-

lumineuse, mais plus tard toujours elle sort du canal crural, souvent par une des ouvertures de sa paroi antérieure (1); d'autres fois, en franchissant l'ouverture de la veine saphène, qui termine inférieurement le conduit; enfin, M. J. Cloquet a vu la tumeur de la hernie crurale, descendre au-delà du canal crural, dans la gaine des vaisseaux fémoraux. Dans ce dernier cas, le fond de la tumeur regarde en bas; il est dirigé en avant dans les autres dispositions; ce qui communique à la tumeur en totalité, une direction courbe, à concavité supérieure, de manière qu'elle semble embrasser l'arcade crurale. La hernie crurale, si elle est sortie du canal crural, est couverte par la peau, le *fascia superficialis*, dans lequel se trouvent les vaisseaux tégumentaires de l'abdomen, et les génitaux externes superficiels, et enfin par le péritoine; dans le cas contraire, la paroi antérieure de ce conduit existe de plus au-devant d'elle. On voit ainsi, que la hernie crurale est plus superficiellement placée que l'inguinale, surtout que l'*inguinale externe*. C'est dans le canal crural encore, au-devant des vaisseaux de la cuisse, dans le lieu par conséquent qu'occupe la hernie, que fuse le pus de certains abcès par congestion, que nous signalons ailleurs (2); aussi est-il presque inutile de dire que ces abcès présentent des pulsations, que l'on a quelquefois prises pour celles de tumeurs anévrismales. La hernie du trou *sous-pelvien*, que nous avons examinée, relativement à son col et à l'ouverture qui lui livre le passage (3), vient se placer en haut et en dedans de la cuisse, entre les muscles premier adducteur, pectiné et troisième adducteur, laissant derrière elle les vaisseaux obturateurs. M. Hippolyte Cloquet a décrit la manière de l'opérer, si elle venait à s'étrangler; j'ai parlé ailleurs de son débridement; pour la découvrir, il faudrait inciser sur le trajet d'une ligne menée de l'épine du pubis, vers la réunion du tiers supérieur avec les deux tiers inférieurs de la cuisse; et, après avoir coupé la peau, le tissu cellulo-graisseux sous-cutané, et l'une des artères génitales qui le parcourt l'aponévrose *fascia lata* et l'artère génitale profonde qu'elle recouvre, on apercevrait l'interstice cellulaire du pectiné et du muscle premier adducteur, on y pénétrerait en séparant ces deux muscles, et bien-

---

(1) *Voyez* Pli de l'aine.

(1) *Voyez* la Thèse de M. J. Cloquet sur les hernies abdominales.
(2) *Voyez* Régions iliaque et lombaire.
(3) *Voyez* Région intra-pelvienne.

tôt la tumeur se présenterait dans le lieu indiqué.

Ce sont seulement les luxations du fémur, en bas et en dedans, dans lesquelles la tumeur formée par la tête du fémur demeure à la partie interne de la cuisse, sur la partie extérieure du trou sous-pubien. Cette tête osseuse est toujours couverte, dans ces cas, par le muscle pectiné. Lorsque le fémur est fracturé immédiatement au-dessous du petit trochanter, le fragment supérieur est entraîné en haut et en dedans par les muscles psoas et iliaque, et l'inférieur chevauche en dehors, obéissant à la traction des muscles droit antérieur, biceps, etc. Si la fracture a lieu au milieu de la cuisse, les muscles postérieurs rapprochent l'une de l'autre en arrière, les deux extrémités de l'arc du fémur, entre lesquelles ils sont naturellement tendus, et de là résulte une saillie en avant des deux fragments, qu'il est souvent fort difficile de réprimer, malgré les plus grandes précautions. Le fémur est souvent affecté de nécrose; et dans cette maladie lorsque l'on veut faire des incisions pour aller à la recherche du séquestre, elles doivent toujours l'être en dehors, parce que c'est à la fois le lieu le moins vasculaire de la région, et celui où l'os se présente le plus superficiellement.

(BLANDIN, ANAT. TOPOG.)

CRUSTACÉ, adj. synonyme de *croûteux*, auquel il a été substitué dans ces derniers temps, pour caractériser les maladies de la peau dont les croûtes sont le symptôme le plus constant. *Voyez* CROUTE.

CRYPTE, s. f., *crypta*, de κρύπτω, qui signifie, en général, un lieu couvert ou caché. On donne ce nom à de petits organes sécréteurs, renfermés dans l'épaisseur de la peau et des membranes muqueuses, ou situés en partie au-dessous d'elles; et on les distingue, suivant la matière qu'ils fournissent, en *cryptes muqueuses* et *sébacées*. Ils sont plus généralement appelés *follicules*. (*Voyez* ce mot.)

(A. B.)

CUBÈBE, s. m. C'est le nom qu'on donne aux fruits d'une espèce de poivrier (*piper cubeba*, L.) qui croît aux Grandes-Indes, à Java et aux Philippines. Ces fruits sont des espèces de petites baies sèches, à surface noirâtre et ridée, contenant une amande jaune et dure; ils sont portés sur des pédoncules assez longs; de là le nom vulgaire de poivre à queue (*piper caudatum*), sous lequel on les désigne vulgairement. Leur saveur est comme celle de tous les autres poivres, âcre et piquante, mais

cependant elle est moins forte que celle du poivre noir, quoique un peu plus aromatique. Aussi les cubèbes sont-ils peu employés comme condiment, loin des pays où ils croissent naturellement, et ce n'est que depuis un petit nombre d'années que leur usage en médecine a acquis une sorte de vogue, surtout auprès des praticiens anglais. Plusieurs médecins français ont aussi contribué à répandre chez nous l'usage de ce médicament. C'est contre la blennorrhagie que l'on a, dans ces derniers temps, préconisé le poivre cubèbe. On l'administre soit au début de la maladie, avant que les symptômes inflammatoires se soient développés, soit vers le déclin de l'inflammation. Dans le premier cas, il fait en quelque sorte avorter l'inflammation; dans le second cas, il en arrête les progrès et supprime l'écoulement. MM. Cullerier, Delpech, Dupuytren, etc., ont fait un grand nombre d'essais avec ce médicament, et qui presque tous ont été suivis de succès. On voit d'après cela qu'il existe une très-grande analogie, sous ce rapport, entre le poivre cubèbe et le baume de copahu; tous deux sont des médicamens essentiellement stimulans, et qui cependant sont employés avec avantage pour combattre une inflammation souvent très-intense. Cependant il ne faut pas considérer ce remède comme un spécifique infaillible contre la blennorrhagie, ainsi que l'a fait le docteur John Crawford, chirurgien anglais attaché à la compagnie des Indes, qui le premier a préconisé la poudre de cubèbe. M. le docteur Lagneau, dont l'opinion est d'un grand poids dans le traitement des maladies vénériennes, n'a point retiré de son usage des succès aussi constamment heureux que ceux annoncés par quelques auteurs. *Voyez* BLENNORRHAGIE.

C'est sous la forme de poudre que l'on administre ordinairement ce médicament. La dose est de trois à quatre gros par jour, que l'on divise en six portions égales, étendues chacune dans une tasse de tisane convenablement édulcorée. [M. Velpeau l'a administré avec succès sous forme de lavement, à la dose de demie à une once et plus. M. Chevalier se sert avec avantage, dans les blennorrhagies chroniques, d'injections faites avec une forte infusion de cette substance.] *Voyez* BLENNORRHAGIE, COPAHU.

(A. RICHARD.)

CUBITAL, adj., *cubitalis*, s., *ulnaris*, qui appartient au cubitus, qui a quelque rapport avec cet os : ainsi l'on dit le côté ou bord *cubital* de la main, de l'avant-bras, l'articulation huméro-*cubitale*, radio-*cubitale*, etc.

Cette expression sert de nom propre à deux muscles, à une artère, à plusieurs veines et à un nerf.

CUBITAUX (muscles). Il y en a deux, un antérieur ou interne, et un postérieur. Le muscle cubital antérieur (*cubito-carpien*, CH.) est couché le long de la partie antérieure interne de l'*avant-bras*. Son extrémité supérieure, traversée par le nerf cubital, est fixée, en dedans de ce nerf, à la tubérosité interne de l'humérus, avec les autres muscles qui s'attachent à cette tubérosité, et en dehors de lui, au côté interne de l'apophyse olécrâne du cubitus. Son extrémité inférieure est attachée, par un tendon, à l'os pisiforme. Ce muscle tient, en outre, au bord postérieur du cubitus par l'aponévrose de l'avant-bras, qui y est fixée, et sur laquelle ses fibres s'implantent dans une grande étendue; il tire aussi son origine d'un prolongement de cette aponévrose qui le sépare, en haut, du fléchisseur superficiel des doigts. Il résulte de là que sa contraction a pour effet de porter le carpe et toute la main dans la flexion et l'adduction, ou de mouvoir en sens inverse l'avant-bras sur la main.

Le muscle cubital postérieur (*épicondylo-sus-métacarpien*, CH.) est couché un peu obliquement à la partie postérieure interne de l'avant-bras. Fixé, par son extrémité supérieure, à la tubérosité externe de l'humérus, au moyen d'un tendon commun à la plupart des muscles qui s'insèrent à cette tubérosité, il naît aussi, en partie, de l'aponévrose de l'avant-bras, d'une cloison aponévrotique placée entre lui et l'extenseur du petit doigt, ainsi que de la partie moyenne du bord postérieur du cubitus, et s'attache, en bas, par un tendon, à l'extrémité supérieure du cinquième os du métacarpe. Ce muscle repose immédiatement sur la face postérieure du cubitus, tandis que l'antérieur est séparé de cet os par le fléchisseur profond des doigts; son tendon passe inférieurement dans une coulisse du même os, et y est retenu par une gaîne fibreuse que tapisse une membrane synoviale, et qui se prolonge sur le carpe. Le cubital postérieur, tout à la fois antagoniste et congénère de l'antérieur, produit, quand il se contracte, l'extension et l'adduction de la main.

CUBITALE (artère). On désigne sous ce nom l'une des artères principales de l'avant-bras, qui avoisine le cubitus. Elle termine, avec la radiale, la portion humérale du tronc brachial. Quoique plus grosse que la radiale, elle semble moins la continuation du tronc primitif, dont elle s'éloigne davantage par sa direction. Située, à son origine, dans l'espace triangulaire qui est au-dessous du pli du coude, entre le rond pronateur et le long supinateur, elle passe obliquement sous le premier de ces muscles, sous le radial antérieur, le palmaire grêle, et le fléchisseur sublime, pour gagner la face antérieure du cubitus, le long de laquelle elle descend ensuite en décrivant de légères flexuosités, séparée de l'os, en haut, par le fléchisseur profond, en bas par le carré pronateur, et placée d'abord derrière le sublime, près de son point d'union avec le cubital antérieur, puis sous le bord externe de ce dernier, et tout-à-fait en bas, entre son tendon et ceux du sublime, sous l'aponévrose de l'avant-bras et la peau. Vis-à-vis le poignet, l'artère cubitale traverse l'aponévrose, descend dans la paume de la main en passant sur le ligament annulaire antérieur du poignet, à côté de l'os pisiforme, et se recourbe pour former l'arcade palmaire superficielle. *Voyez* PALMAIRES (arcades).

L'artère cubitale donne, avant de se terminer ainsi, les artères de la partie antérieure interne et de toute la partie postérieure de l'avant-bras. Beaucoup de ses rameaux vont immédiatement aux muscles qui l'avoisinent, notamment au cubital antérieur et au fléchisseur superficiel, entre lesquels elle est située, ainsi qu'aux ligamens qui la recouvrent. D'autres, plus volumineux, se rendent à des parties plus éloignées; ils constituent les artères récurrentes cubitales antérieure et postérieure, l'artère inter-osseuse, la musculaire postérieure, naissant par un tronc commun avec l'inter-osseuse, et la dorsale cubitale, principalement destinée aux tégumens du dos de la main.

Les récurrentes cubitales (*récurrentes de l'épitrochlée*, CHAUSS.) se séparent de la cubitale en dedans, près de son origine, se courbent de bas en haut pour remonter l'une devant, l'autre derrière la tubérosité interne de l'humérus, et s'anastomosent, après avoir donné des rameaux aux muscles et aux tégumens de la partie interne du coude, aux ligamens de cette articulation et au périoste de l'humérus, avec les artères collatérales interne et externe. La récurrente antérieure est beaucoup plus petite et naît un peu plus haut que la postérieure. Celle-ci passe avec le nerf cubital à travers l'extrémité supérieure du muscle cubital antérieur, et fournit des rameaux à ce nerf et à l'apophyse olécrâne du cubitus. Ces deux artères forment souvent un seul tronc à leur origine.

On appelle ordinairement *tronc commun des inter-osseuses* une artère qui se détache de la cubitale en arrière, au-dessous des précédentes, et se divise en deux branches, qui sont les inter-osseuses antérieure et postérieure ; mais l'antérieure seule est réellement *inter-osseuse*, et le nom de *musculaire* indique mieux la situation et la distribution de la postérieure. Le tronc commun à l'une et à l'autre donne souvent, avant sa bifurcation, un rameau qui vient d'autres fois de la cubitale même, et qui accompagne le nerf médian entre les muscles sublime et profond, dans lesquels il se perd : ce rameau s'étend quelquefois jusque dans la paume de la main, et concourt alors à la formation de l'arcade palmaire superficielle. L'artère inter-osseuse descend sur la face antérieure du ligament inter-osseux, entre les muscles fléchisseur profond et fléchisseur propre du pouce, donne des rameaux à ces muscles, et fournit, en outre, 1° les artères médullaires du radius et du cubitus, et d'autres qui vont au périoste de la face antérieure de ces os ; 2° des artères *perforantes*, peu volumineuses, en nombre indéterminé, qui traversent les ouvertures que présente le ligament inter-osseux, et se distribuent aux muscles de la partie postérieure de l'avant-bras. L'artère inter-osseuse elle-même, arrivée derrière le carré pronateur, perce le ligament inter-osseux, après lui avoir donné plusieurs rameaux, et finit, en arrière, par plusieurs autres particulièrement destinés au périoste, aux ligamens du poignet, et s'anastomosant avec la radiale et la dorsale du carpe, fournie par cette dernière. L'artère musculaire postérieure traverse, aussitôt après son origine, l'intervalle des deux os, au-dessus du ligament inter-osseux, échancré pour son passage, ce qui l'a fait nommer la première perforante, ou perforante supérieure, et descend entre les deux couches musculaires de la partie postérieure de l'avant-bras. Un rameau récurrent (artère récurrente radiale postérieure, récurrente inter-osseuse ou olé-crânienne) en naît tout-à-fait en haut, remonte entre le radius et le cubitus, se distribue à toutes les parties qui forment le côté externe et postérieur du coude, et s'anastomose derrière la tubérosité humérale externe avec la collatérale externe et la récurrente fournie par la radiale ; il communique aussi, aux environs de l'olécrâne, avec la récurrente cubitale postérieure. Après ce rameau, la

musculaire postérieure en fournit un grand nombre d'autres pour les muscles des parties postérieure et externe de l'avant-bras, auxquels elle est entièrement destinée. Ces rameaux s'anastomosent avec les perforans de l'artère inter-osseuse, et le tronc lui-même s'abouche, à son extrémité, avec un des rameaux qui terminent cette dernière.

La dorsale cubitale (*cubito-sus-palmaire*, CHAUSS.) est une petite branche qui naît de la cubitale en dedans, à peu de distance de l'os pisiforme, se contourne entre le cubitus et le muscle cubital antérieur, pour gagner le dos de la main, et se distribue à ce muscle, au carré pronateur, à l'adducteur du petit doigt, au périoste, aux ligamens, aux tendons, et à la peau de la partie interne postérieure de la main, en s'anastomosant avec la fin de l'inter-osseuse et la dorsale du carpe.

Ces différentes branches établissent, par leurs anastomoses, de nombreuses communications entre l'artère cubitale, d'une part, la brachiale et la radiale, de l'autre. La cubitale s'unit, en outre, le plus souvent à la radiale, par un rameau particulier d'anastomose, qui suit le bord inférieur du carré pronateur, et va au-devant d'un rameau semblable, fourni par la radiale. Ces deux artères communiquent plus directement encore, dans la paume de la main, par le moyen des *arcades palmaires*.

Quand l'artère humérale se divise plus haut qu'à l'ordinaire, la cubitale est d'un volume moindre, parce que l'inter-osseuse naît de la radiale, et la récurrente cubitale postérieure de l'inter-osseuse. Quelquefois, mais rarement, sans que l'origine de la cubitale soit plus élevée, l'inter-osseuse est fournie par la radiale ; d'autres fois elle provient de la brachiale, soit à l'endroit même où celle-ci se divise, soit au-dessus. Dans certains cas, cette artère inter-osseuse est plus considérable que la cubitale elle-même.

CUBITALES (veines). Elles sont au nombre de quatre. Deux, profondes, accolées aux côtés droit et gauche de l'artère du même nom, et, à peu près, chacune de même volume qu'elle, commencent dans la paume de la main, par des arcades veineuses disposées comme l'arcade palmaire superficielle, suivent, en remontant, le même trajet que l'artère en descendant, reçoivent des rameaux absolument semblables à ceux qu'elle fournit, de sorte que chaque branche artérielle a deux branches veineuses qui lui correspondent, et se réunissent au-dessous du pli du coude, pour former l'une des veines brachiales. Les deux autres veines cubitales sont superficielles ou sous-cutanées, et distinguées en antérieure et en postérieure. La postérieure, plus grosse, naît par des radicules répandues sur la face postérieure des deux ou trois derniers doigts, prend, sur le dos de la main, où elle est située entre le quatrième et le cinquième os du métacarpe, le nom de *veine salvatelle*, forme en cet endroit, par ses anastomoses avec les rameaux de la veine céphalique, un réseau et souvent une arcade très-manifestes, se contourne au-dessous ou au-dessus de l'apophyse styloïde du cubitus, pour monter le long des muscles placés en-dedans et au-devant de cet os, en recevant des rameaux cutanés et d'autres qui l'unissent à la radiale superficielle et à la cubitale antérieure, passe au-devant du pli du coude et se joint à cette dernière au-dessus, rarement au niveau de la tubérosité interne de l'humérus. La cubitale antérieure prend naissance au-devant du poignet, et quelquefois dans la paume de la main, monte le long de la partie interne de la face antérieure de l'avant-bras, concourt à former le réseau qui couvre cette face par l'union de ses rameaux avec ceux de la médiane, et finit en se confondant avec la précédente et la médiane basilique en un seul tronc, qui est la veine basilique. La cubitale postérieure est, dans certains cas, plus petite que l'antérieure, parce que la salvatelle, au lieu de former le commencement de cette veine, va se rendre dans la radiale superficielle.

CUBITAL (nerf), *cubito-digital* (CHAUSS.). C'est un des six cordons de terminaison du plexus brachial. Il provient particulièrement des deux ou trois derniers nerfs qui concourent à former ce plexus, et se distribue au côté interne antérieur de l'avant-bras, à la partie interne de la paume et du dos de la main, et aux deux ou trois derniers doigts. Au bras, il est situé en dedans, et marche un peu obliquement d'avant en arrière, le long du muscle triceps, sans donner de rameaux, excepté lorsqu'il fournit un des nerfs cutanés internes. (*Voyez* CUTANÉ.) Arrivé près du coude, il passe sur les ligamens de l'articulation, derrière la tubérosité interne de l'humérus, entre les deux attaches du muscle cubital antérieur, pour descendre sous ce muscle, au côté interne de l'artère cubitale, dont il se rapproche graduellement, et fournit : 1° des filets au cubital antérieur et au fléchisseur profond ; 2° un autre qui s'accole à

l'artère cubitale, et s'étend quelquefois jusqu'à la paume de la main ; 3° quelquefois un filet qui l'unit au nerf médian ; 4° vers le poignet, un rameau qui se contourne autour du cubitus, gagne le dos de la main, laisse des filets dans les tégumens, et se distribue par deux rameaux secondaires, dont l'externe se subdivise, à la face postérieure du petit doigt et du doigt annulaire et au côté postérieur interne du doigt du milieu, en communiquant avec le nerf radial. Au niveau du poignet, le nerf cubital se porte dans la paume de la main avec l'artère cubitale, et se divise en deux branches, une superficielle et une profonde. La première donne, par deux rameaux dont l'externe se bifurque, les nerfs des parties latérale et antérieure du petit doigt et de la partie antérieure interne de l'annulaire ; et de plus, par le rameau interne, des filets aux muscles du petit doigt, et par l'externe au quatrième lombrical, et un autre qui s'anastomose avec un rameau du nerf médian. La seconde s'enfonce derrière les tendons des fléchisseurs, en se courbant en dehors, et se distribue aux muscles du petit doigt, aux interosseux, à l'adducteur du pouce, et quelquefois aussi aux muscles lombricaux.

(A. BÉCLARD.)

CUBITO-CARPIEN (muscle). *Voyez* CUBITAL.

CUBITO-DIGITAL (nerf). *Voyez* CUBITAL (nerf).

CUBITO-PALMAIRE (artère), nom donné par M. Chaussier à la continuation de l'artère cubitale dans la paume de la main. *Voyez* PALMAIRES (arcades).

CUBITO-PHALANGETTIEN commun (muscle). *Voyez* FLÉCHISSEUR profond.

CUBITO-RADIAL (muscle). *Voyez* PRONATEUR (carré).

CUBITO-RADIALE (articulation). *Voyez* RADIO-CUBITALE (articulation).

CUBITO-SUS-MÉTACARPIEN (muscle). *Voyez* CUBITAL.

CUBITO-SUS-MÉTACARPIEN du pouce (muscle). *Voyez* ABDUCTEUR (long) du pouce.

CUBITO-SUS-PALMAIRE (artère), nom donné par M. Chaussier au rameau que l'artère *cubitale* envoie sur le dos de la main.

CUBITO-SUS-PHALANGETTIEN de l'index (muscle). *Voyez* EXTENSEUR de l'index.

CUBITO-SUS-PHALANGETTIEN du pouce (muscle). *Voyez* EXTENSEUR (long) du pouce.

CUBITO-SUS-PHALANGIEN (muscle) du pouce. *Voyez* EXTENSEUR (court) du pouce.

CUBITUS, s. m., *cubitus, ulna*, os de

l'avant-bras, ainsi nommé parce qu'il forme la partie saillante du coude: c'est l'os du coude, comme on le trouve désigné dans quelques traités anciens d'anatomie. Il constitue, avec le radius, la partie solide de l'avant-bras. (*Voyez* ce mot.) Sa figure est celle des os longs: il est courbé d'arrière en avant supérieurement, et présente, en outre, dans son corps, une double courbure latérale en S, très-étendue et par là même peu prononcée, disposée de telle manière que l'os s'incline légèrement vers le radius, en haut, puis s'en écarte, pour s'en rapprocher de nouveau tout-à-fait en bas. Son volume, considérable à son extrémité supérieure, diminue graduellement jusqu'auprès de l'inférieure, légèrement renflée; son corps est épais et presque carré supérieurement, aplati et triangulaire vers son milieu, mince et arrondi inférieurement. Il n'est point tordu sur lui-même.

Le cubitus se joint, en haut, à l'humérus et au radius, au moyen de la grande et de la petite cavités *sigmoïdes*, lesquelles forment une surface articulaire continue et d'une grande étendue. La première de ces cavités semble une vaste échancrure de la partie supérieure et antérieure de l'os; elle embrasse la poulie articulaire de l'humérus et offre, vers son milieu, une saillie longitudinale naissant insensiblement de l'inclinaison des parties latérales et remplissant la gorge de cette poulie. Sa circonférence proémine en haut et en bas, à chaque extrémité de cette saillie, et est échancrée latéralement, de sorte qu'elle représente, dans tous les sens, la forme d'un Σ; d'où le nom de *sigmoïde* que l'on a donné à cette cavité. Deux apophyses résultent de la présence de ce grand enfoncement: l'une, l'*olécrâne*, plus grande, s'élève au-dessus du reste de l'os et se continue avec la presque totalité de son épaisseur, mais spécialement avec sa partie postérieure; l'autre, la *coronoïde*, se dirige en avant et ne paraît formée que par les fibres les plus antérieures de l'os. Elles sont séparées, dans la cavité même, par une ligne transversale, rugueuse, élargie à ses extrémités, surtout à l'interne, et correspondant aux échancrures de la circonférence. L'olécrâne est un peu incliné en dehors, à cause de l'inclinaison dans le même sens de la partie postérieure de la poulie de l'humérus; il présente, du côté opposé à la cavité, 1° en arrière, une surface lisse, rétrécie inférieurement, et continue au bord postérieur du corps; 2° en haut une partie extrêmement rugueuse, formant une sorte de tubérosité; 3° de

chaque côté, de légères inégalités. On voit, sur l'apophyse coronoïde, en bas, une empreinte très-prononcée, se prolongeant un peu sur le corps, et en dedans, des inégalités assez marquées. La petite cavité sigmoïde est creusée sur le côté externe de cette apophyse; elle est allongée et plus large en arrière qu'en devant; ses bords antérieur et postérieur sont saillans et garnis d'aspérités, surtout le postérieur.

En bas, le cubitus est articulé avec le radius, et dans un contact médiat avec le carpe, par deux petites surfaces continues, dont l'une, séparée, dans l'état frais, par un fibro-cartilage de l'os pyramidal, est tournée en bas, et l'autre, convexe, plus large dans son milieu, et formée par la circonférence même de l'os, regarde en dehors. Cette partie articulaire de l'extrémité inférieure du cubitus est ce qu'on appelle la *tête* de cet os; elle occupe les côtés externe et antérieur de cette extrémité: le côté postérieur présente, en effet, 1° une apophyse appelée *styloïde*, assez courte, pointue, convexe en dedans, située sur la même ligne que l'olécrâne; 2° une coulisse qui sépare, en arrière, cette apophyse de la *tête* et descend un peu obliquement en dedans; 3° un enfoncement inégal, aussi placé entre les deux éminences, mais en dessous.

Le corps du cubitus présente trois faces et trois bords; mais à cause de la forme générale de l'os, les uns et les autres sont peu marqués en bas. On voit sur la face antérieure, 1° une portion de l'empreinte qui appartient à l'apophyse coronoïde; 2° une excavation superficielle, inégale, rétrécie par en bas; 3° une partie arrondie, plus étroite encore, et une, très-légèrement rugueuse; 4° le trou nourricier principal, situé au-dessus du milieu de cette face, et dirigé de bas en haut. La face interne est un peu inclinée vers la précédente, et légèrement excavée en haut, entre les deux apophyses de l'extrémité supérieure; elle n'offre que des inégalités peu sensibles dans ses trois quarts supérieurs, et est parfaitement lisse dans l'inférieur; le trou nourricier s'ouvre quelquefois sur elle. Le bord antérieur, mousse dans toute son étendue, sépare ou plutôt réunit ces deux faces. La face postérieure, inclinée vers le radius, présente une ligne saillante qui part du bord postérieur de la petite cavité sigmoïde, prolongé sur le corps de l'os, et descend, obliquement d'abord, puis longitudinalement, jusqu'à l'extrémité inférieure, auprès de laquelle elle est pourtant moins sensible: en dedans de cette ligne, la face postérieure est large, comme triangulaire, excavée et un peu inégale dans son bord supérieur, lisse et beaucoup plus étroite au-dessous; en dehors de la même ligne, elle est plus large que dans cette partie lisse, un peu concave, et inégale dans toute son étendue. Le bord postérieur, saillant et large, surtout en haut, sépare les faces postérieure et interne. Enfin, le bord externe, formé par la réunion, à angle aigu, des surfaces antérieure et postérieure, est mince, tranchant, excepté en bas, convexe et concave en deux sens opposés, à cause de la courbure latérale de l'os, et bifurqué tout-à-fait en haut pour se continuer avec les deux bords de la petite cavité sigmoïde, en comprenant entre les deux branches de la bifurcation une surface triangulaire, concave, située au-dessous de cette cavité, et inégale supérieurement : ce bord répond à l'intervalle qui sépare le cubitus du radius, ou à l'espace inter-osseux.

La structure du cubitus ne diffère point de celle des autres os longs. Il n'en est pas tout-à-fait de même de son développement ; l'extrémité supérieure est formée, presque en totalité, par l'allongement du corps, et le sommet de l'olécrâne a seul un point d'ossification à part : c'est, du moins, ce que j'ai vu dans mes recherches; F. Meckel admet trois points d'ossification pour cette extrémité. L'époque à laquelle le corps commence à s'ossifier, chez l'embryon, est à peu près la même que pour l'humérus : c'est vers six semaines. Le point osseux du sommet de l'olécrâne paraît vers l'âge de dix ans et se soude vers quinze ou seize ans. L'épiphyse de l'extrémité inférieure se développe vers un an et ne se soude que quand l'accroissement est complet.

C'est particulièrement par le cubitus que l'avant-bras se joint avec le bras. Cet os sert de point d'appui au radius dans les mouvemens de pronation et de supination de la main : aussi le voit-on, dans les animaux, diminuer de volume à mesure que ces mouvemens se perdent, et se réduire, dans quelques-uns, à une sorte d'appendice du radius, qui ne s'étend même pas jusqu'à la main. Plusieurs muscles du bras et de l'avant-bras trouvent, dans le cubitus, un point mobile ou un point fixe. *Voyez* ANCONÉ, BRACHIAL ANTÉRIEUR, CUBITAUX (muscles), FLÉCHISSEUR PROFOND, PRONATEUR (carré), etc., etc.

Toutes les maladies des os peuvent affecter le cubitus; les fractures, les luxations, la nécrose, sont les plus fréquentes. (A. B.)

CUBOIDE, adj., *cuboides*, de κυβοειδὴς, qui a la forme d'un cube. On nomme ainsi, depuis Galien, un os du pied qui forme la partie antérieure externe du tarse. C'est un os court, de forme à peu près cubique, en effet, mais plus long et plus épais en dedans qu'en dehors, ce qui incline dans ce dernier sens ses faces supérieure et antérieure; situé un peu obliquement, sa partie interne étant légèrement relevée vers le dos du pied, et l'externe inclinée vers la plante, disposition qui concourt, ainsi que son inégalité d'épaisseur, à la convexité de l'un et à la concavité de l'autre. Cet os se joint, en arrière, au calcanéum, par une surface articulaire, convexe et concave en sens opposé, en avant aux deux derniers métatarsiens, par une facette double, carrée pour le quatrième, triangulaire pour le cinquième; en dedans au troisième cunéiforme par une facette presque ronde, occupant le haut et le milieu de la face interne, dont le reste, ordinairement inégal, offre quelquefois, en arrière, une petite facette articulée avec le scaphoïde. En bas, l'os cuboïde est creusé d'une coulisse oblique, dont le bord postérieur forme une saillie derrière laquelle est un enfoncement inégal; il existe quelquefois, sur la partie externe de cette face, une facette lisse, qui est en contact avec un os sésamoïde. En haut, le cuboïde ne présente qu'une surface rugueuse; enfin, son côté externe, très-étroit, est arrondi, superficiellement échancré, et continu à sa coulisse inférieure.

Cet os a la structure des os courts et se développe par un seul point d'ossification, tardif, comme pour la plupart des os du tarse.

(A. BÉCLARD.)

CUCURBITACÉES, s. f., *cucurbitaceæ*. Cette famille de plantes, dans laquelle nous trouvons les melons, les concombres, la bryone, les courges, la coloquinte, appartient à la classe des végétaux dicotylédones qui ont la corolle monopétale portée sur un ovaire infère. Nous y trouvons généralement un principe résineux, âcre et purgatif, qui quelquefois est très-abondant et très-exalté, comme dans le fruit de la coloquinte et de l'*elaterium*, et dans la racine de bryone, qui sont de violens purgatifs drastiques. Cependant cette famille nous offre des fruits succulens et très savoureux, tels que les différentes espèces de melons et de pastèques, et d'autres qui, quoique ayant une saveur moins agréable et moins sucrée, sont cependant servis sur nos tables, comme les concombres et les différentes espèces de courges. Ces fruits, dont on fait une si grande consommation comme aliment, sont cependant laxatifs, surtout lorsqu'on en mange avec peu de modération. Mais ici ce n'est pas, à notre avis, le principe résineux qui leur communique cette propriété, mais le mélange du mucilage et du sucre uni à une certaine quantité d'acide, comme on l'observe dans les fruits mucoso-sucrés, dont ils se rapprochent étroitement sous ce point de vue.

Les graines, dans toutes les cucurbitacées, sont douces, huileuses et émulsives. On les emploie surtout pour préparer des tisanes ou émulsions adoucissantes dont on fait particulièrement usage dans les inflammations des organes sécréteurs de l'urine. De là le nom de *semences froides majeures*, sous lequel elles sont désignées dans les anciens traités de matière médicale.   (A. BÉCLARD.)

CUCURBITAIN, s. m.; nom sous lequel on désigne une espèce de *tænia*, parce que ses anneaux ressemblent à des semences de courge, *cucurbita*, lorsqu'ils sont détachés. Comme cette espèce est une de celles du corps de laquelle il se sépare le plus fréquemment des anneaux isolés, les anciens ont tantôt considéré ces anneaux comme des vers distincts, et tantôt aussi regardé le tænia lui-même comme un assemblage de cucurbitains, groupés et attachés les uns aux autres en forme de chaîne.   (DICT. ABRÉGÉ DE MÉD.)

CUILLER, s. f., *cochleare*; instrument de chirurgie qui ressemble assez au meuble dont il porte le nom.

Dans certains cas, les chirurgiens rendent l'un des bords de la cuiller tranchant. C'est à l'aide d'un instrument de ce genre que Bartisch, Fabrice de Hilden et Muys voulaient qu'on opérât l'extirpation de l'œil. C'était aussi avec un levier creusé en forme de gouttière qu'on poussait le calcul en avant, dans l'opération de la cystotomie d'après la méthode de Celse. Les petites cuillers qui surmontent quelques instrumens, comme la double érigne et le tire-balle, sont plus généralement connues sous le nom de *curettes*.

CUIR, s. m., *corium*; peau qui a subi des préparations dont le but est de la rendre plus solide, imperméable à l'eau, et inaccessible aux causes de putréfaction.

On donne le nom ridicule de *cuir chevelu* à la portion de la peau de la tête de l'homme qui est couverte de cheveux, parce qu'elle est un peu plus serrée, plus dense, et plus compacte. Son organisation ne diffère d'ailleurs en rien de celle des autres parties du système dermoïde.   (DICT. ABRÉGÉ DE MÉD.)

CUISSART, s. m. On nomme ainsi un instrument que l'on emploie pour remplacer le membre inférieur après l'amputation de la cuisse. L'extrémité supérieure du cuissart représente un cône creux, destiné à recevoir le moignon. Ce cône est surmonté en dehors par un prolongement qui s'élève jusqu'au niveau de la crête iliaque, et qu'on fixe autour du bassin au moyen d'une ceinture en cuir, munie d'une boucle. Le bord qui circonscrit sa base, garni d'un coussin de crin ou de laine, recouvert d'une peau douce et molle, doit servir de point d'appui, en avant aux branches du pubis et de l'ischion, et en arrière à la tubérosité sciatique. Sa cavité, dont la profondeur varie suivant la longueur du moignon, est rembourrée et matelassée, afin d'éviter les froissemens et la pression douloureuse que ses parois pourraient causer aux parties qu'elle renferme. Le sommet du cône se termine en bas par un bâton ou une tige de fer, destiné à remplacer la jambe. Ordinairement la partie de ce dernier support qui appuie sur la terre est légèrement élargie, et recouverte d'un cuir épais : celui-ci a pour avantage d'empêcher l'instrument de glisser, et d'adoucir les chocs que, pendant la marche, il éprouve de la part du sol.

Plusieurs chirurgiens ont fait construire des cuissarts mécaniques plus ou moins compliqués, de manière à représenter les formes du membre qu'ils remplacent; au moyen de ressorts et de rouages diversement combinés, ils sont parvenus même à donner de la mobilité aux articulations factices du genou et du pied. J'ai vu plusieurs de ces instrumens fort ingénieux simuler parfaitement le membre qu'ils suppléaient; mais, il faut l'avouer, les malades ne les traînent que péniblement après eux; ils sont plus incommodes, moins solides et moins sûrs pour la marche que les cuissarts ordinaires : aussi peu de personnes en font-elles maintenant usage.

Pour que les malades se servent avantageusement des cuissarts, il est indispensable que leur moignon ait assez de longueur pour imprimer à l'instrument les divers mouvemens dont ils ont besoin dans la marche, sans quoi l'instrument resterait immobile ou se dérangerait continuellement, et le malade serait exposé à des chutes fréquentes. Les malades chez lesquels l'amputation a été pratiquée très-haut, et qui n'ont un moignon que de quelques pouces de longueur, ne peuvent se servir de cuissarts, et sont obligés d'avoir recours aux béquilles pour marcher. Il faut que le

moignon n'éprouve jamais de pression douloureuse au fond du cône que lui offre le cuissart ; autrement il ne tarderait pas à s'enflammer , à s'ulcérer ; la dénudation de l'os et les
accidens les plus graves pourraient en être la
suite. Cependant il ne faut point que le moignon flotte librement dans la cavité de l'instrument , car il ne le ferait mouvoir qu'avec
difficulté , et à chaque mouvement son extrémité viendrait heurter et se froisser contre ses
parois.

Les malades éprouvent de la gêne quand ils
commencent à se servir de cuissarts, à cause
de la pression que leurs bords exercent sur les
parties ; mais bientôt celles-ci s'accoutument
à ce contact , et la pression qu'elles éprouvent
détermine dans la peau et le tissu cellulaire
un épaississement qui le rend moins pénible ;
les malades finissent par se servir avec beaucoup de facilité et d'adresse de cet instrument
de prothèse.   (J. CLOQUET.)

CUISSE, s. f. , *fémur*, μηρὸς ; partie des
membres inférieurs comprise entre la hanche
et le genou. Elle se continue, en arrière , avec
la fesse , dont elle est distinguée par un pli
de la peau qui dépend de ce que la saillie du
muscle grand fessier cesse tout-à-coup. En
avant , elle est séparée du bas-ventre par le
pli de l'aine , et en dedans , de la région génitale par un autre pli très-marqué , dont le
fond répond à la branche de l'ischion et à celle
du pubis. En bas , elle forme, en s'unissant à
la jambe , le creux du jarret , et est séparée
de celle-ci, dans le reste de sa circonférence ,
par le genou. La cuisse a une forme plutôt
conique que cylindrique , le nombre de ses
muscles diminuant graduellement de haut en
bas. Sa surface, quoique généralement arrondie , présente des saillies, des dépressions et
des *plans* dus à la disposition des muscles,
et variables suivant leur état de contraction ,
d'allongement ou de relâchement, par conséquent suivant l'attitude du membre. Une ligne
un peu enfoncée, étendue obliquement du pli
de l'aine à la partie interne de la cuisse, indique assez souvent le trajet de l'artère crurale , dont les battemens sont très-distincts à
la partie supérieure de cette ligne. La peau
qui forme la surface de la cuisse est plus blanche et plus mince en avant et en dedans qu'en
arrière et en dehors , où elle est garnie de
poils dans l'homme.

Un seul os, le fémur, occupe le centre de
la cuisse. Son axe n'est point parallèle à celui
de ce membre : courbé angulairement à la
réunion de son corps avec son extrémité su-

périeure, il se rapproche des tégumens en
dehors et en haut, où l'une de ses éminences,
le grand trochanter, est même presque sous-
cutanée, de manière à laisser, en dedans, un
espace considérable pour les muscles. Ceux-
ci forment deux couches, une superficielle et
une profonde. Les muscles de la couche superficielle ont une direction à peu près longitudinale, et sont entourés d'une gaîne celluleuse lâche : ces muscles sont : en avant et
en dedans , le droit antérieur , le couturier ,
le droit interne ; en arrière, le demi-tendineux, le demi-membraneux et la longue portion du biceps ; en dehors, le muscle du *fascia lata*. Les muscles profonds sont, en grande
partie , composés de fibres obliques , attachées presque toutes au fémur : tels sont le
triceps crural, le pectiné, les adducteurs, la
courte portion du biceps ; le triceps est immédiatement appliqué sur l'os, tandis que les
autres ne lui correspondent que par leur bord,
particulièrement les adducteurs, qui forment,
en dedans , un plan tout-à-fait distinct et en
partie superficiel en avant. Outre ces muscles , propres à la cuisse , l'extrémité inférieure du grand fessier, celle des psoas et
iliaque, le carré de la cuisse, situé presque
dans l'épaisseur de la fesse, l'extrémité des
obturateurs externe et interne , des ju-
meaux , etc., font encore partie de ce membre. Tous ces muscles sont enveloppés par une
aponévrose forte et épaisse, surtout en dehors , qui se fixe au fémur et envoie entre
eux divers prolongemens ; elle a reçu le nom
particulier de *fascia lata*. (*Voyez* ce mot.)

Les vaisseaux sanguins de la cuisse sont :
l'artère crurale ou fémorale, sa branche profonde, les circonflexes, les perforantes, les
honteuses externes, qui ne font que la traverser, l'obturatrice, l'ischiatique, les veines
qui correspondent à ces artères, et de plus
la veine saphène. Excepté celle-ci, qui est
sous-cutanée , tous ces vaisseaux sont renfermés avec les muscles sous l'enveloppe aponévrotique ; les troncs principaux occupent
la partie interne du membre, de sorte que
c'est en dehors que se trouvent les rameaux
les moins volumineux. Des vaisseaux lymphatiques profonds accompagnent les vaisseaux
cruraux, et un grand nombre de superficiels
rampent entre la peau et l'aponévrose. La
cuisse a trois nerfs principaux : le crural,
l'obturateur, qui avoisinent les vaisseaux du
même nom , et le grand nerf sciatique, situé
seul le long de sa partie postérieure; elle reçoit , en outre , des filets , sous-cutanés pour

la plupart, des nerfs lombaires, sacrés, et du petit nerf sciatique. Le tissu cellulaire de la cuisse est abondant, principalement en avant, dans l'espace qui loge les vaisseaux et le nerf cruraux, et en arrière, vers le creux du jarret, autour du grand nerf sciatique ; le tissu graisseux est accumulé dans les mêmes endroits, et souvent aussi entre la peau et l'aponévrose.

Chez la femme, la cuisse est plus volumineuse, plus conique et plus ronde que chez l'homme, à cause de l'amplitude plus grande du bassin et de la prédominance du tissu cellulaire.

Cette partie importante du membre inférieur est particulièrement utile, dans le mécanisme général de ce membre, par l'étendue et la variété des mouvemens qu'elle exécute, par ceux de rotation, dont elle jouit à un haut degré (*voy.* articulation de la HANCHE), et par les muscles puissans qui entrent dans sa composition.

Les maladies les plus communes aux membres, comme les plaies, les fractures, les luxations, les anévrismes, etc., sont aussi celles que l'on voit le plus souvent à la cuisse.

(A. BÉCLARD.)

CUISSON, s. f., expression populaire, fort énergique, qu'on emploie pour désigner le dernier terme de toute douleur dont le caractère se rapproche de celui de la sensation pénible qu'occasionne l'action du calorique trop concentré sur nos organes. *Cuisson* est synonyme de *douleur cuisante*.

On éprouve de la cuisson toutes les fois que la sensibilité des parties est portée au-delà de son rhythme ordinaire, ou que ces parties se trouvent en contact avec des agens modificateurs à l'impression desquels elles ne sont pas habituées. Ainsi la cuisson peut résulter soit de l'irritation des organes, les corps qui agissent sur eux restant les mêmes, soit d'un changement survenu dans les qualités de ces corps, les organes n'en ayant éprouvé aucun. Un frottement rude, l'action de la chaleur, ou de tout autre agent physique ou chimique, lui donnent également naissance, et, dans presque tous ces cas, elle est le prélude d'une inflammation qui va s'établir. Lorsque la phlogose est déjà déclarée, la cuisson a lieu par le contact même des corps dont l'impression n'est nullement douloureuse dans l'état de santé.

La douleur cuisante paraît ne pouvoir être éprouvée qu'à la peau et à l'origine des membranes muqueuses. On sait qu'elle caractérise un grand nombre de maladies, particulièrement l'anthrax, l'érysipèle, les dartres et les hémorrhoïdes. Toutes les fois qu'un conduit excréteur est enflammé, le passage des matières auxquelles la nature le destine à servir de couloir, cause une cuisson plus ou moins vive. L'urétrite et le coryza nous fournissent deux exemples frappans de ce phénomène. On éprouve aussi de la cuisson quand la peau se trouve dépouillée de son épiderme, qui la garantissait de la rudesse des contacts : il suffit alors de la seule impression de l'air pour faire naître ce sentiment pénible.

(DICT. ABRÉGÉ DE MÉD.)

CUIVRE, s. m., *cuprum, œs*, Vénus des alchimistes : métal rangé par M. Thénard dans la quatrième classe. (*Voyez* MÉTAL.) On le trouve 1° à l'état natif en France, en Angleterre, à Touria en Suède, en Saxe, en Sibérie, dans le Hartz, la Transylvanie, le pays de Salzbourg, en Hongrie, au Japon, au Chili, au Mexique et au Pérou ; 2° à l'état d'oxyde (*voyez* plus bas) ; 3° à l'état de sulfure que l'on désigne sous les noms de *pyrite cuivreuse* et de *cuivre gris*; cette mine, une de celles que l'on exploite le plus souvent, contient du fer, de l'antimoine, de l'arsenic ou de l'argent ; 4° à l'état de sel et de chlorure : tels sont l'arséniate, le sous-carbonate, le sulfate, le phosphate et le chlorure de cuivre.

Propriétés physiques. — Le cuivre est solide, d'un rouge tirant sur l'orangé, plus dur que l'or et l'argent, plus sonore que tous les autres métaux ; quoique brillant, malléable et ductile, il ne possède ces propriétés qu'à un degré inférieur à celui des métaux les plus précieux ; sa ténacité est telle qu'un fil de 0,078 pouces de diamètre supporte un poids de 302,26 livres sans se rompre ; il acquiert une odeur désagréable par le frottement : sa pesanteur spécifique est de 8,895. Il fond à 27° du pyromètre de Wedgwood ; sa surface offre alors une teinte verte-bleuâtre ; il ne se volatilise pas. Soumis à l'action du chalumeau à gaz de Brooks, c'est-à dire à un courant enflammé d'oxygène et d'hydrogène, il brûle avec une flamme verte et avec beaucoup d'éclat. On le débite dans le commerce sous forme de petits pains ronds, de plaques carrées ou rondes, de feuilles ou de baguettes.

Propriétés chimiques. — Soumis à l'action de l'air ou du gaz oxygène, il se transforme en deutoxyde brun ; si on le chauffe, il n'y a point de dégagement de lumière. A froid l'action est nulle, si les deux gaz sont secs : s'ils sont humides, l'oxygène transforme le cuivre en deutoxyde, et l'air atmosphérique en sous-deuto-carbonate verdâtre. Il existe encore deux autres oxydes de cuivre dont nous exposerons bientôt les propriétés. Le *phosphore*, le *soufre*, le *chlore* et l'*iode* se combinent avec le cuivre à l'aide de la chaleur et donnent un phosphure, deux sulfures, deux chlorures et un iodure : ces produits ne sont point employés en médecine. L'*hydrogène*, l'*azote* et le *carbone* sont sans action sur lui. Plusieurs métaux se combinent avec le cuivre pour former des alliages utiles dans les arts : le *laiton*, connu aussi sous le nom de *cuivre jaune*, de *similor*, etc., est formé de 20 à 40 parties de zinc et de 80 à 60 parties de cuivre ; le *bronze* ou le *métal de canons* se compose de 10 à 12 parties d'étain et de 90 à 88 parties de cuivre ; le *métal des cloches* est formé de 22 parties d'étain et de 78 de cuivre ; celui des timbres d'horloge renferme un peu plus d'étain et un peu moins de cuivre que le précédent ; l'*étamage*, que l'on peut considérer jusqu'à un certain point comme un alliage, n'est autre chose que du cuivre décapé, recouvert d'une couche mince d'étain ; le *tam-tam* contient 80,427 parties de cuivre et 19,573 d'étain ; les *miroirs des télescopes* sont formés d'une partie d'étain et de deux de cuivre. Combiné avec un dixième de son poids d'*arsenic*, il fournit un alliage légèrement ductile, semblable au cuivre blanc de la Chine qui paraît avoir été employé à faire des cuillers et des vases. Les monnaies et les pièces d'orfévrerie en or et en argent, contiennent une petite quantité de cuivre qui leur donne plus de corps et de dureté, et les rend susceptibles d'un plus beau travail ; il rehausse en outre la couleur de l'or. Plusieurs autres métaux, tels que le *fer*, l'*antimoine*, etc., peuvent s'unir au *cuivre* et donner des alliages qui ne présentent aucun intérêt.

L'eau et les acides *borique*, *carbonique* et *sulfureux* sont sans action sur le cuivre. L'acide *sulfurique* concentré n'agit point sur lui à froid, mais si on élève la température, il se décompose en partie, oxyde le métal et le transforme en deuto-sulfate ; il se dégage du gaz acide sulfureux. L'acide *nitrique* l'attaque avec rapidité lors même qu'il est étendu d'une certaine quantité d'eau ; il se dégage du gaz deutoxyde d'azote (gaz nitreux) et l'on obtient du deuto-nitrate de cuivre. L'acide *hydro-chlorique* liquide, qui n'agit point sur lui à froid, le transforme en hydro-chlorate de

deutoxyde, avec dégagement du gaz hydrogène, si on élève la température : dans ce cas, l'eau est décomposée, son oxygène oxyde le métal, tandis que l'hydrogène est mis à nu.

L'*ammoniaque* liquide n'exerce aucune action sur le cuivre qui n'a pas le contact de l'air ; mais si on débouche le flacon qui contient le mélange, le cuivre ne tarde pas à s'oxyder et à se dissoudre dans l'alcali, qui acquiert une belle couleur bleue. Lorsqu'on fait bouillir, dans un chaudron de cuivre jaune ou rouge parfaitement décapé, une dissolution saturée de sel commun dans l'eau, le cuivre s'oxyde et se dissout en petite quantité. On peut démontrer la présence de cet oxyde dans la liqueur ; cependant la dissolution ne renferme point de cuivre, si, outre le sel et l'eau, on a employé du bœuf, du lard ou du poisson ; toutefois le sang des animaux chauffé ou conservé pendant très-peu de temps dans des vaisseaux de cuivre exerce sur ce métal une action très-marquée, d'après M. Vauquelin.

On obtient le cuivre en grand, en exploitant les mines de cuivre natif, d'oxyde, de sous-carbonate et de sulfure ; pour le séparer de cette dernière, on la grille pour la priver de la majeure partie du soufre qu'elle contient ; puis on décompose par le charbon l'oxyde de cuivre formé pendant le grillage. Les mines d'oxyde et de carbonate de cuivre fournissent le métal, lorsqu'on les traite par le charbon à une température élevée. Le cuivre a des usages nombreux ; on l'emploie pour faire un très-grand nombre d'ustensiles, pour doubler les vaisseaux, pour faire la monnaie, etc. Il n'est point vénéneux. *Voyez* poison et étamage.

CUIVRE (oxydes de). Il existe trois oxydes de cuivre. Le *protoxyde* se trouve en Angleterre, en Sibérie, en Hongrie, dans le pays de Nassau, en Suède, en Norwège, en France, etc. ; il est tantôt cristallisé, tantôt en masses ou en poudre ; il est rouge ou d'un rouge-brun. Celui que les chimistes obtiennent en décomposant le proto-chlorure de cuivre par la potasse est orangé lorsqu'il est humide, et rougeâtre quand il a été fondu. Chauffé avec du gaz oxygène ou avec de l'air atmosphérique, le protoxyde de cuivre passe à l'état de deutoxyde ; il a beaucoup moins de tendance à s'unir aux acides que ce dernier ; il se dissout dans l'ammoniaque, qu'il colore en bleu ; il est formé de 12,638 d'oxygène et de 100 de cuivre ; il n'a point d'usages. Le *deutoxyde* de cuivre se trouve en masses ou en poussière dans quelques mines de cuivre ; il existe aussi dans la nature, combiné avec des acides. Il est brun lorsqu'il est sec ; il n'agit point sur le gaz oxygène ; il se combine à merveille avec les acides pour former des sels ; il se dissout très-bien dans l'ammoniaque, qu'il colore en bleu. Combiné avec l'eau, il constitue l'*hydrate* de deutoxyde de cuivre bleu, qui, étant exposé à l'air, en absorbe l'oxygène et se transforme en sous-deuto-carbonate de cuivre vert : traité par l'eau oxygénée, cet hydrate passe à l'état de *peroxyde :* si on le fait bouillir dans l'eau, il se change en deutoxyde sec d'une couleur brune. On obtient ce dernier, que l'on appelle vulgairement *batitures de cuivre ,* en chauffant le métal avec le contact de l'air, et en le plongeant dans l'eau froide pour détacher les écailles brunes qui constituent cet oxyde ; l'*hydrate* se prépare en décomposant un deuto-sel de cuivre par un excès de potasse ou de soude. Cet oxyde est formé de 25,27 d'oxygène et de 100 de métal. Les chimistes en font souvent usage pour déterminer les proportions des élémens qui constituent les principes immédiats des végétaux et des animaux. Il était employé autrefois, sous le nom d'*œs ustum ,* comme émétique et purgatif ; on s'en servait aussi contre l'épilepsie et pour stimuler les vieux ulcères atoniques, cancéreux ou de mauvais caractère ; mais il est généralement abandonné aujourd'hui. — *Peroxyde de cuivre.* On ne le trouve point dans la nature ; il est le produit de l'action de l'eau oxygénée sur l'hydrate de deutoxyde de cuivre ; il est solide, insipide, d'un brun-jaune foncé, insoluble dans l'eau et décomposable en oxygène et en deutoxyde à une température peu élevée. Il n'a point d'usages ; on ne connaît point la quantité d'oxygène qui entre dans sa composition.

CUIVRE (sels de). Les sels formés de deutoxyde de cuivre et d'un acide sont d'une couleur verte ou bleue ; ils sont presque tous solubles dans l'eau ou dans l'eau acidulée : les dissolutions qu'ils fournissent précipitent en bleu par la potasse, la soude et l'ammoniaque ; un excès de ce dernier alcali redissout le deutoxyde précipité et donne un liquide bleu foncé ; les hydro-sulfates et l'acide hydro-sulfurique en précipitent du sulfure de cuivre noir ; l'arsénite de potasse y fait naître un précipité vert (vert de Scheele ou arsénite de cuivre) ; l'hydro-cyanate de potasse ferrugineux y occasionne un précipité brun marron, surtout si les dissolutions sont étendues : une lame de fer en précipite le cuivre à l'état métallique, et il se forme un sel ferrugineux soluble, ce qui prouve que le fer s'est emparé à la fois de l'oxygène et de l'acide qui étaient unis avec le cuivre : ce phénomène se manifeste plus ou moins promptement, suivant la nature du sel employé. Un cylindre de phosphore plongé dans une dissolution de cuivre en précipite également le métal. — Nous n'établirons point les caractères des sels que forme le protoxyde de cuivre, parce qu'on ne connaît guère que le proto-hydro-chlorate, dont nous ferons bientôt mention. — Les sels de cuivre solubles dans l'eau sont tous vénéneux (*voyez* POISON) ; on peut néanmoins les employer avec succès dans le traitement de quelques maladies. Donnés à assez forte dose, ils déterminent une irritation de l'estomac, et par suite des vomissemens et des évacuations intestinales ; à des doses réfractées et continuées, ils excitent les systèmes nerveux et sanguin ; enfin, si leur usage est continué pendant long-temps, ils agissent secondairement comme excitans du système lymphatique.

CUIVRE (acétate de) : *cristaux de Vénus, verdet cristallisé.* Il cristallise en rhomboïdes d'un vert-bleuâtre ; il est inodore, d'une saveur forte et styptique ; il est légèrement efflorescent et se dissout dans cinq parties d'eau bouillante. Lorsqu'on le chauffe, il décrépite, lance au loin des fragmens qui vont jusqu'au col de la cornue, se dessèche et devient blanc ; on peut lui rendre sa couleur bleue, en le mettant en contact avec l'eau ou avec l'air humide ; si on continue à le chauffer, il se décompose et fournit entre autres produits de l'acide acétique, connu sous le nom de *vinaigre radical* (*voyez* ce mot), et du cuivre métallique. L'acide sulfurique concentré, versé sur de l'acétate de cuivre pulvérisé, le décompose, s'empare du deutoxyde de cuivre, et il se dégage des vapeurs d'acide acétique, reconnaissables à leur odeur de vinaigre fort. On obtient ce sel en faisant dissoudre, dans du vinaigre chaud, du vert-de-gris artificiel (composé d'acétate de cuivre et de deutoxyde de cuivre hydraté) ; on évapore la liqueur pour la faire cristalliser. L'acétate de cuivre est employé dans la préparation du vinaigre radical, et pour faire la liqueur appelée *vert d'eau,* dont on se sert pour le lavis des plans ; il fait la base de l'opiat de Gamet et des pilules du docteur Gerbier, remèdes dont on fait rarement usage et qui ont été quelquefois utiles dans le traitement des affections cancéreuses, où l'excision et la cautérisation sont impraticables. Lorsqu'on administre l'acétate de cuivre, on doit commencer par en donner un quart de grain par jour, en deux ou trois fois, afin d'éviter les accidens qui ont souvent forcé d'en suspendre l'emploi. *Voyez* POISON.

Vert-de-gris artificiel : Produit formé, suivant Proust, de 43 parties d'acétate de cuivre, de 37,5 de deutoxyde de cuivre hydraté, et de 15,5 d'eau. Il est solide, d'un bleu verdâtre, pulvérulent, inodore et d'une saveur forte, styptique. Lorsqu'on le traite par l'eau froide, l'acétate de cuivre est dissous, et l'hydrate bleu se précipite; si l'eau est bouillante, l'hydrate est réduit en eau et en deutoxyde de cuivre brun qui se précipite : quoi qu'il en soit, la dissolution filtrée est précipitée par les alcalis, les hydro-sulfates, etc., comme nous l'avons dit en parlant des sels de cuivre en général. L'acide acétique, aidé de la chaleur, le convertit entièrement en acétate de cuivre neutre, à moins qu'il ne contienne des substances étrangères. La chaleur et l'acide sulfurique agissent sur lui comme sur l'acétate de cuivre. Pour l'obtenir, on met une lame de cuivre sur une couche peu épaisse de marc de raisin; on recouvre la lame d'une nouvelle couche de marc, sur laquelle on applique une autre lame de cuivre, et ainsi successivement; au bout de six semaines, on sépare le vert-de-gris attaché à la surface des diverses lames, et on fait servir de nouveau celles-ci à la même fabrication: pendant cette opération, le cuivre s'oxyde aux dépens de l'oxygène de l'air, et le deutoxyde formé s'unit à l'acide acétique provenant de la fermentation qu'a éprouvée le moût de raisin contenu dans le marc. Le vert-de-gris est employé pour faire l'acétate de cuivre cristallisé, pour peindre à l'huile et pour certaines opérations de teinture; il sert à préparer l'emplâtre divin, l'onguent égyptiac, le cérat d'acétate de cuivre, l'onguent de poix avec le verdet, la cire verte de Beaumé, etc., que l'on emploie quelquefois dans le traitement extérieur de certains ulcères syphilitiques, scorbutiques, carcinomateux, ainsi que pour détruire les chairs fongueuses, les verrues et les cors. Le vert-de-gris, administré à très-petites doses, à des enfans atteints de scrofules, a déterminé la résolution de quelques tumeurs scrofuleuses, et a détruit certains nodus rachitiques; mais on a été souvent obligé d'en cesser l'emploi, à cause des accidens qu'il occasionait. Quelques médecins ont proposé de l'employer à des doses réfractées et soutenues, au commencement de certaines phthisies tuberculeuses : aucun succès n'a encore justifié l'administration d'un médicament aussi dangereux.

CUIVRE AMMONIACAL : nom donné à de l'ammoniaque tenant du deutoxyde de cuivre en dissolution. Il est liquide, d'un bleu foncé et d'une odeur ammoniacale; il précipite, comme les sels de cuivre par la potasse, la soude, l'arsénite et le prussiate de potasse, les hydro-sulfates, etc.; l'eau de baryte y fait naître un précipité de deutoxyde de cuivre bleu, entièrement soluble dans l'acide nitrique pur, caractère qui le distingue du sulfate de cuivre ammoniacal. On l'obtient directement en combinant l'ammoniaque avec l'oxyde de cuivre. Plusieurs médecins l'ont employé aux mêmes usages que le sulfate de cuivre ammoniacal (*voyez* ce mot plus bas). Boerhaave le regardait comme diurétique et en administrait trois à quatre gouttes à jeun dans un verre d'hydromel; il augmentait successivement tous les jours jusqu'à en faire prendre vingt gouttes en une seule fois; il dit avoir guéri, par ce moyen, une hydropisie ascite confirmée, tout en avouant que ce médicament avait été employé sans succès, dans beaucoup de cas analogues.

CUIVRE (arsénite de), *vert de Scheele* : composé de deutoxyde de cuivre et d'oxyde blanc d'arsenic (acide arsénieux), obtenu en versant de l'arsénite de potasse dans du sulfate de cuivre dissous et en lavant le précipité. Il est solide, vert, insipide et insoluble dans l'eau; il se décompose et répand une odeur d'ail lorsqu'on le met sur les charbons ardens; trituré avec du nitrate d'argent dissous, il se décompose et se transforme en arsénite d'argent jaune et en nitrate de cuivre. Il est employé pour colorer les papiers en vert et dans les peintures à l'huile.

CUIVRE (carbonate de). On trouve dans la nature deux variétés de carbonate de cuivre; la première, connue sous le nom de *malachite*, est verte et se rencontre particulièrement en Sibérie, à Chessy, près de Lyon, etc.; l'autre est bleue et porte le nom de *cuivre azuré*, d'*azur de cuivre* et de *bleu de montagne*; elle existe en très-petite quantité dans toutes les mines de cuivre; c'est elle qui colore les pierres d'Arménie et la plupart des os fossiles appelés *turquoises*. L'une et l'autre de ces variétés sont formées d'acide carbonique, de deutoxyde de cuivre et d'eau; le carbonate vert contient $\frac{1}{4}$ de plus d'eau, tandis que dans l'autre il y a $\frac{1}{2}$ de plus d'acide carbonique. Le *sous-deuto-carbonate de cuivre*, obtenu dans les laboratoires, est formé de 100 parties d'acide et de 181,58 de deutoxyde. On le prépare en versant une dissolution de sous-carbonate de potasse dans du sulfate de cuivre dissous, et en lavant le précipité : c'est lui qui se forme spontanément à la surface des vases de cuivre rouge, de laiton, d'airain, des pièces de monnaie, des alliages de cuivre et d'argent, et on le désigne alors sous le nom de *vert-de-gris naturel.* Il suffit, pour qu'il se produise, que du cuivre métallique soit en contact avec de l'air atmosphérique humide, qui oxyde le métal, et fournit à l'oxyde l'acide carbonique qu'il contient. Le sous-deuto-carbonate de cuivre est solide, vert, insipide, décomposable par la chaleur en acide carbonique et en deutoxyde de cuivre brun ; les acides affaiblis le décomposent avec effervescence, en dégageant l'acide carbonique, et forment un nouveau sel avec l'oxyde ; il se dissout sans effervescence dans les graisses oxygénées et dans l'ammoniaque. Il est insoluble dans l'eau, ce qui explique pourquoi l'eau qui a séjourné dans des fontaines dont la surface interne ou les robinets sont enduits de ce sel, n'est point vénéneuse. Toutefois, s'il était introduit dans l'estomac, seul ou suspendu dans l'eau, il agirait comme les autres poisons cuivreux. *Voyez* POISON.

CUIVRE (hydro-chlorates de). Il existe deux hydro-chlorates de cuivre. — *Hydro-chlorate de protoxyde.* Il est liquide, très-acide, et donne par l'eau un précipité *de chlorure de cuivre blanc* (muriate blanc de quelques chimistes), que l'on emploie à la préparation du protoxyde de cuivre, comme nous l'avons déjà dit. On l'obtient, en faisant bouillir un mélange de 120 parties de cuivre très-divisé, et de 100 parties de deutoxyde du même métal, dans l'acide hydro-chlorique concentré.Il n'est point employé en médecine. — *L'hydro-chlorate de deutoxyde de cuivre* cristallise en parallélipipèdes rectangulaires ou en aiguilles d'une belle couleur vert-gazon, ou d'un bleu-verdâtre, si le sel est moins acide ; il attire l'humidité de l'air, et se dissout très-bien dans l'eau ; la dissolution étendue est bleue, et d'un vert-gazon, si elle contient peu d'eau ; le nitrate d'argent y fait naitre un précipité de chlorure d'argent, blanc, caillebotté, insoluble dans l'eau et dans l'acide nitrique. Les alcalis et les autres réactifs agissent sur elle comme sur les autres sels de cuivre.(*Voyez* CUIVRE (sels de.) On l'obtient en faisant dissoudre du cuivre à chaud dans l'acide hydro-chlorique concentré ; dans ce cas, l'eau se

décompose pour oxyder le métal, et il se dégage du gaz hydrogène : on fait cristalliser. On n'emploie jamais ce sel en médecine ; mais on fait usage sous le nom de *fleurs ammoniacales cuivreuses,* ou d'*ens Veneris,* de l'hydro-chlorate d'ammoniaque cuivreux, obtenu en mêlant exactement de l'hydro-chlorate de deutoxyde de cuivre et de l'hydro-chlorate d'ammoniaque, tandis qu'on le préparait anciennement en sublimant parties égales de sel ammoniac et de deutoxyde de cuivre. Ce dernier mode de préparation a été abandonné dès qu'on s'est aperçu que la composition du médicament variait suivant la température à laquelle on avait agi. Il a été quelquefois employé avec succès, comme tonique, dans les scrofules et le rachitisme ; toutefois on doit lui préférer les teintures vertes de Stisser, et bleue d'Helvétius. La première n'est que de l'hydro-chlorate de deutoxyde de cuivre, dissous dans l'alcohol ; celle d'Helvétius est la même, avec addition d'un cinquième ou d'un sixième d'ammoniac. Ces teintures ont été administrées avec succès par Helvétius aux enfans encore à la mamelle, et aux adultes atteints de rachitisme et de tabès mésentérique. Il commençait par faire prendre, dans du vin de Bourgogne ou dans de l'eau édulcorée, autant de gouttes de teinture verte que le malade avait d'années ; il en doublait la dose, lorsqu'il voyait qu'elle n'excitait plus de nausées. Au bout de huit jours, il donnait la teinture bleue, qu'il regardait comme plus apéritive, et il alternait ainsi tous les huit jours, après avoir purgé le malade de temps en temps.—Le *sable vert du Pérou,* rapporté pour la première fois par Dolomieu, et que certains chimistes regardent comme un sous-hydro-chlorate de cuivre, paraît être un *sous-chlorure* de ce métal.

CUIVRE (nitrate de), *deuto-nitrate de cuivre.* Il cristallise en parallélipipèdes allongés, bleus, d'une saveur âcre, légèrement déliquescens, très-solubles dans l'eau : cette dissolution agit sur les réactifs comme les autres sels de cuivre. (*Voyez* CUIVRE sels de.) Si elle est concentrée, l'acide sulfurique du commerce la décompose, et il se dépose des cristaux de sulfate de cuivre. Mis sur les charbons ardens, le nitrate de cuivre solide se dessèche et se décompose avec détonation et avec scintillation. Il sert à la préparation des *cendres bleues,* dont on fait usage pour colorer les papiers en bleu, et que l'on obtient en mêlant de la chaux pulvérisée avec un excès de dissolution faible de nitrate de cuivre.

CUIVRE (sulfate de), *deuto-sulfate de cuivre, sur-sulfate de cuivre, couperose bleue, vitriol bleu, vitriol de Chypre, cuprum vitriolatum, sulfas cupri*; sel composé de parties égales d'acide de deutoxyde de cuivre. On le trouve dans certaines eaux voisines des mines de sulfure de cuivre. Il cristallise en prismes irréguliers à quatre ou à huit pans, d'un bleu foncé, transparens, d'une saveur acide et styptique. Lorsqu'on le chauffe, il fond dans son eau de cristallisation, se dessèche et devient blanc. Si on continue à le chauffer, il se décompose, et laisse du deutoxyde brun. Il s'effleurit à l'air, et se recôuvre d'une poussière blanchâtre : il se dissout dans deux parties d'eau bouillante, tandis qu'il exige quatre parties du même liquide à la température de 15° (th. centigr.). Cette dissolution rougit l'eau de tournesol, et se comporte avec les réactifs comme les autres sels de cuivre. (*Voyez* CUIVRE (sels de.) L'eau de baryte la décompose et y fait naitre un précipité d'un *blanc-bleuâtre* très-abondant, composé de deutoxyde de cuivre hydraté bleu, et de sulfate de baryte blanc : aussi suffit-il d'ajouter à ce précipité quelques gouttes d'acide nitrique pour opérer la dissolution du deutoxyde de cuivre, et il reste du sulfate de baryte blanc. On obtient ce sel en grand, en faisant évaporer les eaux qui le contiennent, et plus souvent encore en exposant à l'air le sulfure de cuivre natif, ou celui que l'on prépare directement; le soufre et le cuivre absorbent l'oxygène, et passent à l'état d'acide sulfurique et de deutoxyde de cuivre. On dissout le sel dans l'eau, et on le fait évaporer. Le sulfate de cuivre est employé dans les arts pour faire le vert de Scheele, etc. Alston, Hahnemann et Hoffmann l'on rangé parmi les émétiques les plus recommandables; et plusieurs médecins anglais l'ont administré comme tel, à très-petite dose, dans la première période de la phthisie pulmonaire. Il est douteux qu'il soit utile dans l'affection dont nous parlons. Quelques médecins français pensent toutefois qu'il pourrait peut-être convenir dans les catarrhes chroniques et dans quelques cas rares de phthisie tuberculeuse peu avancée et compliquée d'affections catarrhales. Administré comme émétique dans un cas d'empoisonnement par l'opium, il a produit de très-bons effets; mais nous ne croyons pas que le succès que l'on en a obtenu autorise à s'en servir de nouveau, car il est extrêmement vénéneux, même lorsqu'il est expulsé en grande partie par le vomissement. Cullen s'en est servi avec succès

comme tonique et excitant dans certaines épilepsies idiopathiques et dans l'hystérie. Il a encore été employé dans l'hypocondrie, les fièvres intermittentes et rémittentes, les maladies vermineuses, etc. La dose de ce médicament est d'un quart de grain ou d'un demigrain, suivant l'âge du malade : on la réitère deux fois par jour, et on l'augmente graduellement, tant qu'elle ne détermine pas de vomissemens. Quelquefois on l'associe à d'autres substances toniques, telles que la cannelle blanche, le quinquina, etc. La poudre tonique du docteur Smith est formée de ce sel, de gomme kino et de gomme arabique. Le sulfate de cuivre, dissous dans une très-grande quantité d'eau, a été souvent employé en injection et avec succès pour combattre des leucorrhées et des blennorrhagies chroniques, sans douleur et avec atonie des membranes muqueuses, pour arrêter certaines hémorrhagies nasales et utérines; on le fait quelquefois entrer dans la composition des collyres; et en effet on sait depuis long-temps que les ouvriers qui fondent et exploitent le cuivre ne sont jamais affectés d'ophthalmie.

CUIVRE (sulfate d'ammoniaque et de), *sulfate de cuivre ammoniacal;* sel double que l'on obtient en versant dans une dissolution de sulfate de cuivre une assez grande quantité d'ammoniaque pour dissoudre l'oxyde de cuivre qui s'était précipité d'abord. Il est d'un bleu intense et d'une odeur ammoniacale; il verdit le sirop de violettes; l'eau de baryte, les hydro-sulfates, le prussiate de potasse, le fer et le phosphore agissent sur lui, comme sur le sulfate de cuivre; la potasse et la soude en dégagent l'ammoniaque, et précipitent le deutoxyde de cuivre; la dissolution d'oxyde d'arsenic y fait naître sur-le-champ un précipité vert d'arsénite de cuivre. L'alcohol rectifié s'empare de l'eau dans laquelle il est dissous, et alors il se précipite sous forme d'une masse d'un beau bleu brillant, qui s'effleurit légèrement et verdit par l'action de l'air humide, et qu'il faut par conséquent conserver dans un flacon bien bouché. Le sulfate de cuivre ammoniacal a été administré souvent avec succès dans les leucorrhées, les blennorrhagies, les céphalées chroniques et invétérées, et surtout dans l'épilepsie. Winter le croyait tellement efficace dans le traitement de cette dernière affection, qu'il le désigna sous le nom de *spécifique anti-épileptique.* Cullen, Odier, Chaussier et plusieurs autres observateurs assurent avoir guéri par ce moyen quelques épileptiques; mais ils ajoutent l'avoir vu échouer dans plusieurs cas. On en administre un quart de grain ou un demi-grain deux fois par jour, dissous dans un liquide mucilagineux ou associé à de la mie de pain, du sucre et de l'eau, sous forme de pilules ; on augmente successivement la dose, à moins que les malades n'éprouvent des vomissemens, des douleurs à l'estomac, etc.

CUIVRE (maladies produites par le). *Voyez* COLIQUE et PROFESSION.   (ORFILA.)

CULBUTE, s. f. ; mouvement que l'on supposait opéré par le fœtus dans l'intérieur de l'utérus. C'est par le moyen de cette *culbute*, dont le moment était fixé à des époques différentes de la gestation par les différens physiologistes, que l'on expliquait la situation déclive de la tête au moment de l'accouchement. Toutes les questions qui ont rapport à la physiologie du fœtus seront examinées au mot FŒTUS.   (DESORMEAUX.)

CULTELLAIRE, adj. Épithète par laquelle on désigne une espèce de cautère qui a la forme d'une petite hache. *Voyez* CAUTÈRE, CAUTÉRISATION.

CUMIN, s. m. C'est dans la famille des ombellifères et dans la pentandrie digynie, que l'on a classé ce genre, dont les caractères distinctifs sont les suivans : ses ombelles et ses ombellules sont accompagnées d'involucres et d'involucelles composés les uns et les autres de quatre folioles ; une corolle formée de cinq pétales presque égaux entre eux, échancrés en cœur à leur sommet ; des fruits ovoïdes comprimés, marqués de cinq côtes longitudinales sur chacune de leurs faces. Ce genre n'offre qu'une seule espèce, le *cuminum cymmium*, L., plante annuelle, originaire d'Égypte et d'Éthiopie, mais que l'on cultive dans l'Europe méridionale. Ses fruits, qui sont la seule partie employée, sont jaunâtres ; leur saveur est âcre, aromatique et un peu amère. L'huile volatile qu'ils renferment est assez abondante et de couleur verdâtre. On fait aujourd'hui bien rarement usage de ces fruits, que l'on doit placer, comme ceux de beaucoup d'autres végétaux de la même famille, parmi les médicamens stimulans. On les recommandait surtout autrefois dans les coliques, et comme emménagogues et diurétiques. En Allemagne, on les mélange dans la pâte avec laquelle on fait le pain, qui en prend un goût un peu aromatique assez agréable quand on en a l'habitude. (A. RICHARD.)

CUNÉIFORME, adj., *cuneiformis*, qui a la forme d'un coin. Le sphénoïde, l'os crochu, l'os pyramidal, ont porté ce nom, par

lequel on désigne seulement aujourd'hui trois os du tarse situés entre le scaphoïde et les trois premiers os du métatarse, et distingués, d'après leur ordre de position de dedans en dehors, en premier, second, troisième, ou d'après leur volume, en grand, moyen et petit cunéiformes. Le premier a sa base en bas ; celle des deux autres est tournée en haut, ce qui incline le troisième en dehors. Le premier a une hauteur considérable, surtout en avant, et un peu plus de longueur en bas qu'en haut ; il se recourbe supérieurement vers le second, et ne le dépasse pas dans ce sens, ce qui a également lieu pour le troisième à l'égard du second, de sorte que tous trois réunis forment, en haut, une convexité transversale, tandis qu'en bas, le moyen et surtout le grand descendent au-dessous du petit, qu'ils débordent aussi de beaucoup en avant, en faisant une saillie proportionnée à leur volume. La partie postérieure de ces os forme une concavité qui s'articule avec la face antérieure du scaphoïde. Leur partie antérieure se joint aux métatarsiens correspondans par des facettes, dont celle qui appartient au premier cunéiforme est un peu concave de haut en bas et inclinée en dedans, tandis que celle du second regarde directement en avant, et celle du troisième un peu en dehors. Par leurs faces voisines, ces os sont contigus entre eux, savoir : 1° le premier et le second au moyen de deux facettes, l'une concave et l'autre convexe, situées, à la face externe de l'un et interne de l'autre, le long de leur partie postérieure et supérieure ; 2° le second et le troisième par une facette convexe de celui-ci, et une concave de celui-là, placées verticalement en arrière, et continue, ainsi que les précédentes, aux facettes qui s'articulent avec le scaphoïde. De plus, le premier et le troisième cunéiformes sont articulés, en avant, au-delà du second, avec le deuxième métatarsien, par des facettes latérales : celle du grand cunéiforme n'en occupe que le haut et se continue avec la facette contiguë au petit ; celle du moyen, variable dans sa disposition, est souvent double et située en haut et en bas. Le reste des faces par lesquelles les os cunéiformes se correspondent est plus ou moins déprimé et raboteux. La face externe du dernier de ces os s'articule, en haut et en arrière, avec le cuboïde, par une facette arrondie, inclinée en dehors et en bas ; elle est inégale dans le reste. Des inégalités existent également à la face interne du premier cunéiforme, et sur tous, en haut et en bas ; elles

sont surtout très-marquées près des facettes
articulaires, et à la base du premier, qui
forme des tubérosités, ainsi qu'au sommet du
troisième, qui est tuberculeux et détaché de
l'os en arrière.

Les os cunéiformes ont la structure intérieure des os courts; ils présentent un grand
nombre d'ouvertures vasculaires. Leur développement se fait, pour chacun d'eux, par un
seul point d'ossification, qui ne se forme qu'a-
près la naissance.   (A. BÉCLARD.)

CURATIF, adj., qui a rapport à la cure,
à la guérison d'une maladie. C'est dans ce sens
qu'on dit : indication curative, et traitement
curatif, par opposition au traitement qui n'est
que palliatif. *Voyez* INDICATION, THÉRAPEUTI-
QUE, TRAITEMENT.

CURCUMA, s. m. On appelle ainsi les racines de deux plantes de la famille des amo-
mées ou zingiberacées, qui toutes deux sont
originaires de l'Inde. L'une est le CURCUMA
ROND, *curcuma rotunda*, L., dont la racine
est tubéreuse, arrondie; l'autre, le CURCUMA
LONG, *curcuma longa*, L., dont la racine est
également tubéreuse, mais allongée et comme
noueuse, à peu près de la grosseur du doigt.
C'est elle que l'on rencontre surtout dans le
commerce, la première étant moins estimée
et beaucoup plus rare. On la connaît sous les
noms de *safran des Indes* et de *terra merita*.
Elle est dense, assez fragile, d'une cassure
nette et comme résineuse. Sa saveur est un
peu âcre, aromatique et amère, et, quoique
plus faible, elle rappelle celle du gingembre.
Lorsqu'on la mâche, elle colore la salive en
jaune doré. Cette racine est aujourd'hui fort
peu employée comme médicament; mais, en
revanche, on fait grand usage de son principe colorant. Les pharmaciens s'en servent
pour colorer plusieurs préparations officina-
les, telles que des pommades, des onguens.
Les teinturiers en retirent une couleur jaune
très-belle, mais peu durable, avec laquelle
on teint les différentes étoffes de soie. La matière colorante du curcuma, lorsqu'elle est
bien pure, est très-sensible à l'action des acides concentrés, qui lui font prendre sur-le-

champ une belle teinte cramoisie, qui disparaît par l'addition de l'eau. Aussi, les chimistes emploient-ils le curcuma comme un
des réactifs propres à démontrer la présence
d'un acide dans un liquide quelconque. (A. R.)

CURE-DENT, s. m., *dentiscalpium*; instrument fait le plus ordinairement avec des
plumes, quelquefois en écaille, en bois ou
en quelque métal, dont une des extrémités,
ou toutes les deux, ont une forme aiguë qui
les rend propres à s'introduire dans les intervalles ou dans les cavités des dents et à enlever les particules d'alimens qui y sont fixées.
En général, on doit proscrire les cure-dents
de métal; à cause de leur dureté, ils peuvent
léser la substance des dents et en occasioner
la fracture ou la carie. Ceux qui sont faits
avec des plumes sont préférables à tous les
autres, parce qu'ils joignent la solidité à la
flexibilité. On peut encore se servir avec avantage de cure-dents en bois tendre, filamen-
teux et peu cassant, tels que ceux dont on
fait particulièrement usage en Italie.

                 (R. DEL.)

CURE-OREILLE, s. m., *auriscalpium*;
espèce de petite curette, faite en ivoire, en
écaille ou en métal, destinée à retirer du conduit auditif externe le cérumen qui s'y accumule et s'y concrète. Il est certaines personnes chez lesquelles la sécrétion de cette humeur est très-abondante et auxquelles l'usage
fréquent du cure-oreille est indispensable
pour prévenir l'obstruction du conduit auriculaire. On doit se servir de cet instrument
avec ménagement, dans la crainte de léser le
tympan ou de déterminer l'inflammation et
l'ulcération de la membrane qui revêt cette
cloison et le reste du conduit auditif externe,
et qui jouit le plus souvent d'une grande sensibilité.   (R. DEL.)

CURETTE, s. f., *cochleare*; instrument
de chirurgie, de dimension variable, dont la
forme se rapproche de celle d'une cuiller, et
qu'on emploie pour l'extraction de divers
corps étrangers, tels que des balles engagées
dans les parties molles, des calculs de la vessie après l'opération de la lithotomie, etc.

FIN DU TOME QUATRIÈME.

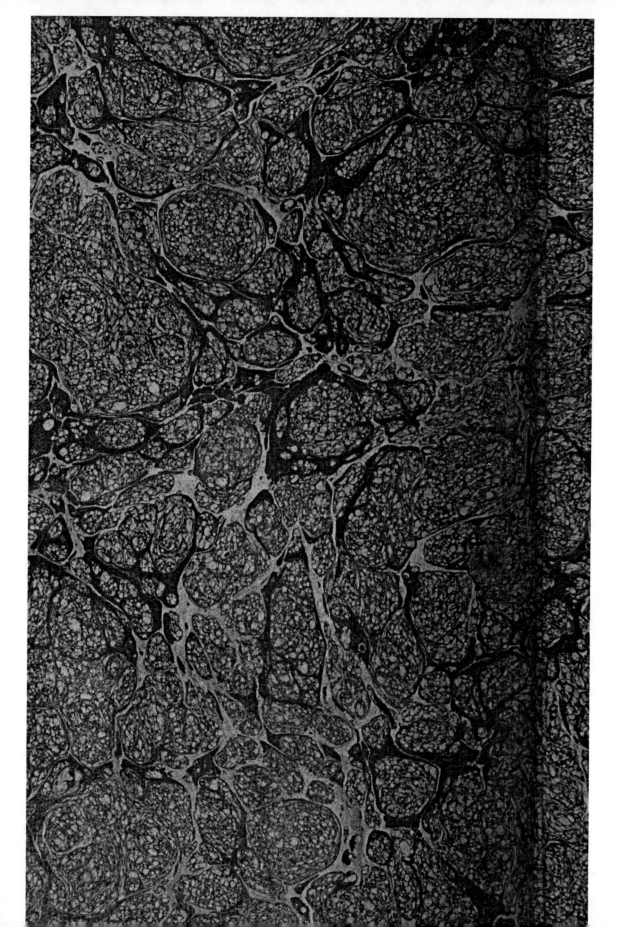